Gebhardt

HANDBUCH DER DEUTSCHEN GESCHICHTE

BAND 1–8
Spätantike bis zum Ende des Mittelalters
Herausgeber
Alfred Haverkamp

BAND 9–12
Frühe Neuzeit bis zum Ende des
Alten Reiches (1495–1806)
Herausgeber
Wolfgang Reinhard

BAND 13–17
19. Jahrhundert (1806–1918)
Herausgeber
Jürgen Kocka

BAND 18–23
20. Jahrhundert (1918–2000)
Herausgeber
Wolfgang Benz

BAND 24
Gesamtregister Band 1–23
Namen, Orte
Anhang: Karten, Stammtafeln, Ergänzungen
Herausgegeben von
Alfred Haverkamp, Wolfgang Reinhard
Jürgen Kocka, Wolfgang Benz

WISSENSCHAFTLICHE REDAKTION

Rolf Häfele

Perspektiven deutscher Geschichte während des Mittelalters

ALFRED HAVERKAMP

Europäische Grundlagen deutscher Geschichte (4.–8. Jahrhundert)

FRIEDRICH PRINZ

Gebhardt
Handbuch der deutschen Geschichte

Zehnte, völlig neu bearbeitete Auflage

BAND 1

Klett-Cotta

INHALT

B. Leitbegriffe deutscher Geschichte: Volk, Stamm, Nation, Reich

C. Grundlagen historischer Erkenntnisse: Quellen

Abschnitt II
Europäische Grundlagen deutscher Geschichte (4.–8. Jahrhundert)
Friedrich Prinz

ZUR 10. AUFLAGE DES GEBHARDT

Im Laufe eines Jahrhunderts ist der *Gebhardt* zum bedeutendsten Handbuch der deutschen Geschichte geworden. In ihm resümiert und reflektiert jede Historikergeneration seit dem ersten Erscheinen den Stand der deutschen Geschichtsforschung und Geschichtsschreibung. Bruno Gebhardt, Gymnasiallehrer in Breslau, veröffentlichte 1891/92 ein zweibändiges Handbuch der deutschen Geschichte, das eigentlich für den Gebrauch in Schulen bestimmt war. Das Werk sollte, wie es im Vorwort der ersten Auflage hieß, mehr die Teilnahme der Gebildeten als die der Fachgelehrten gewinnen. Zwar änderte sich das, als Aloys Meister zum Herausgeber wurde und 1922 die sechste Auflage mit dem Versprechen einleitete, »nur ausgezeichnete Forscher als Mitarbeiter heranzuziehen« und dabei im Interesse des hohen wissenschaftlichen Standards mehr Hochschullehrer als bisher zu beschäftigen. Der übersichtliche, sachliche und damit auch pädagogische Charakter des Werkes wurde indessen erhalten.

Seit seinen Anfängen gilt der *Gebhardt* als Standardwerk, als wichtige Referenz der deutschen Geschichtsschreibung. In seinen Wandlungen von der ersten bis zur zehnten Auflage ist er dem Anspruch treu geblieben, den sein ursprünglicher Herausgeber formuliert hatte: »eine vollständige, dem gegenwärtigen Stande der Wissenschaft entsprechende deutsche Geschichte« zu sein. Blickt man auf die Geschichte des Handbuches zurück, so entstanden dabei Ausgaben, die jeweils ein Höchstmaß dessen repräsentierten, was fachlich möglich war. Mehr noch: in ihrer Folge betrachtet, bilden die Handbücher eine zuverlässige Dokumentation deutscher Historiographie, eine eigene Geschichte dessen, was jeweils Geschichtsschreibung hat sein können.

Die zehnte Auflage trägt den traditionell hohen Maßstäben Rechnung. Wie stets werden die knappen, konzentrierten Darstellungen der Epochen oder Teilepochen ergänzt durch detaillierte Angaben zu Hilfsmitteln, Quellen und zur weiterführenden Literatur. Neu ist die Konzeption: Sie folgt einem integrierenden Verständnis von Geschichte und überwindet die Trennung der Teildisziplinen durch eine umfassende Darstellung jedes Zeitabschnittes in seinen wichtigsten Aspekten.

Das Bild der Historiker von der deutschen Geschichte hat sich in den letzten Jahrzehnten radikal gewandelt. Für die Zeiträume von ihrem Beginn im frühen Mittelalter bis zur Geschichte unserer unmittelbaren

Gegenwart gilt: Die Forschung hat neue Einsichten ergeben und alte »Wahrheiten« obsolet gemacht. Ganze Lebensbereiche wurden neu erschlossen und dem historischen Gesamtbild einverleibt, nach der Sozialgeschichte die Geschlechter- und die Geschichte des privaten Lebens, zuletzt die Geschichte kultureller Praktiken und kollektiver Erinnerungen. Vor allem aber haben sich als Folge der tiefen Umbrüche der Gegenwart, zuletzt in der Zäsur von 1989/90, die Gesichtspunkte verändert, mit denen wir unsere Geschichte befragen, kategorisieren und deuten.

Zu Beginn des 21. Jahrhunderts ist das Verständnis deutscher Geschichte weder von nationalistischem Hochgefühl und nationaler Hybris geprägt – wie so oft im 19. und 20. Jahrhundert – noch von Desorientierung und Katastrophenangst zerklüftet, die nach dem Bruch von 1933–45 nahelagen. Das Bild von der deutschen Geschichte ist europäischer geworden, zugleich differenzierter, vielseitiger und pluralistischer. Es ist auf dem Weg, im globalen Zusammenhang neu konturiert zu werden.

In bisher neun Auflagen – seit 1891 – hat der *Gebhardt* das Grundwissen über deutsche Geschichte versammelt, nach dem jeweiligen Stand der Forschung geordnet und im Lichte der sich wandelnden Gegenwartsfragen interpretiert. Dies tut auch der neue *Gebhardt*, der in 10. Auflage ab 2001 erscheint: völlig neu konzipiert und gegliedert, von ausgewiesenen Fachkennern verfaßt und für ein breites Publikum geschrieben. Er fußt auf dem modernen Forschungsstand; er führt in die Forschungsliteratur ein, die er ausführlich zitiert; er wählt das Wesentliche aus und bietet Gesichtspunkte zu vielfältiger Interpretation: deutsche Geschichte über anderthalb Jahrtausende aus einer Perspektive des 21. Jahrhunderts. Anders als frühere Auflagen integriert der neue *Gebhardt* Politik-, Sozial-, Kultur- und Wirtschaftsgeschichte gleichgewichtig, statt die Geschichte der Politik erdrückend in den Mittelpunkt zu rücken. Der neue *Gebhardt* unterscheidet sich klarer als frühere Auflagen von einer bloßen Chronik deutscher Geschichte. Er ist analytischen Ansätzen verpflichtet, stellt explizit Fragen, macht Angebote für weiterführende Interpretation. Er versammelt das gesicherte Wissen und berichtet über gültige Interpretationen. Er bezeichnet aber auch Lücken im Forschungsstand, identifiziert das Fragwürdige, stellt sich Kontroversen und weist auf offene Probleme hin.

Anders als andere Synthesen zur deutschen Geschichte ist der *Gebhardt* ein Handbuch, an dem zahlreiche Autoren zusammen gearbeitet haben. Das Werk ist deshalb nicht durch das individuelle Urteil einer Person geprägt, es ist vielmehr nuancenreicher und vielfältiger, distanzierter und »objektiver«. Anders als andere Serien zur deutschen Geschichte löst der *Gebhardt* seinen Gegenstand nicht in einzelne Probleme und Themen auf. Vielmehr besteht er auf der Notwendigkeit, den historischen Zusammenhang zu rekonstruieren und diesen chronologisch, mit dem vorwiegenden Interesse am Wandel in der Zeit, darzustellen.

In den letzten Jahrzehnten haben die Landes-, Regional- und die Mikrogeschichte an Bedeutung gewonnen. In den letzten Jahren ist klar geworden, daß die Internationalisierung der historischen Arbeit neu auf der Tagesordnung steht und transnationale Zugriffe gesucht werden. Doch bleibt der nationalgeschichtliche Zugang zur eigenen Geschichte überall wichtig. Es kommt darauf an, ihn nicht zu verabsolutieren, sondern mit der Geschichte kleinerer Einheiten wie mit der Geschichte transnationaler Zusammenhänge zu vereinbaren. Diesem Ziel dient der neue *Gebhardt*, der ein Handbuch deutscher Geschichte ist, aber die deutsche Geschichte in ihrer regionalen Vielfalt und in ihren europäischen Zusammenhängen vorstellt.

Der neue *Gebhardt* erscheint in 24 Bänden unterschiedlichen Umfangs: Die Bände 1–8 setzen bei der Spätantike ein und führen bis zum Ende des Mittelalters; diese Bände werden von Alfred Haverkamp herausgegeben. Die Bände 9–12 sind der Frühen Neuzeit bis zum Beginn des 19. Jahrhunderts gewidmet, die Wolfgang Reinhard als Herausgeber betreut. Die Bände 13–17 beschäftigen sich mit dem »langen 19. Jahrhundert« bis zum Ersten Weltkrieg, unter der Herausgeberschaft von Jürgen Kocka. Dem 20. Jahrhundert sind die Bände 18–23 gewidmet und werden von Wolfgang Benz herausgegeben. Das Gesamtwerk mit 24 Bänden soll im Jahr 2005 vorliegen.

Üblicherweise wird dem »Mittelalter« die Zeitspanne von etwa einem Jahrtausend zwischen dem 4. und 16. Jahrhundert zugerechnet, wobei sich die mehr oder weniger weit gefaßten Ränder mit der »Antike« und der »Neuzeit« überlappen. In diesen Jahrhunderten erhielt der lateinische Westen, der Okzident, neue und bis heute stark nachwirkende Konturen. Zugleich wurden in diesem weiten Kontext wie im engen Verbund mit dem ostfränkischen und dem römisch-deutschen Reich die Grundlagen und Grundzüge der deutschen Geschichte geschaffen. Dazu gehören das föderale Gefüge und die Gemeinde. Die großen historischen Zusammenhänge offenbaren sich ebenfalls in den unterschiedlichen, wiederum bis in die Gegenwart nachwirkenden Gestaltungen der erst spät als »Deutschland« verstandenen deutschen Lande. Diese landschaftliche Vielfalt bietet tragfähige Brücken zur europäischen Geschichte. Es bestanden vielfältige Verflechtungen zwischen römisch-antiken, germanischen und slawischen Traditionssträngen bei unterschiedlichen Prägungen von Heidentum, Christentum und Judentum. Um anachronistische Betrachtungsweisen zu vermeiden, ist die »deutsche Geschichte« des Mittelalters in ihren engen Verknüpfungen mit der Geschichte des Römischen Reichs, der lateinischen Christenheit, des Mittelmeerraumes und des Okzidents zu konzipieren. Die damit zusammenhängenden Fragen über die Grundlagen, die Grundzüge, die Einflüsse und Auswirkungen, die Reichweiten und die räumliche Gliederung, die Phasen der deutschen Geschichte und die leitenden Aspekte stehen im Zentrum der Einleitung des Herausgebers im ersten Band. Band 1 behandelt die vielschichtigen, mediterran und kontinental geprägten Grundlagen von der Spätantike bis zum Beginn des 8. Jahrhunderts unter besonderer Berücksichtigung jener mitteleuropäischen Räume, in denen das römisch-ostfränkische-deutsche Reich seine diversen Ausformungen erhielt. Im Zentrum des zweiten Bandes steht das Karolingerreich, jedoch mit einem Schwerpunkt auf dem in den Reichsteilungen fixierten Ostfrankenreich (714/715–887/888). Band 3 schildert die Vorgänge und Zusammenhänge, die bis zum ersten Viertel des 11. Jahrhunderts (1024) zu einer stärkeren Verankerung der Reichsherrschaft in den erst spät christianisierten Gebieten östlich des Rheins führen. Wie sich auf dieser veränderten Basis anschließend in der Zeit der Salier (1024–1125) die Konturen einer »deutschen« Geschichte innerhalb der Reichsherrschaft und der nunmehr von kräftigeren amtskirchlichen Impulsen geprägten römisch-lateinischen Christenheit im Kontext weiterer tiefgreifender Veränderungen deutlicher abzeichnen, steht im Mittelpunkt des vierten Bandes. Dem folgen im fünften Band Darlegungen über die von neuen Anstößen und Verquickungen mit der europäischen und mediterranen Geschichte bestimmten Jahrzehnte bis zum endenden 12. Jahrhundert. Band 6 umfaßt die Zeitspanne von der keineswegs nur negativ zu beurteilenden Krise der Reichsherrschaft im staufisch-welfischen Thronstreit über die Regierungszeit Friedrichs II., in der der Schwerpunkt der Reichsherrschaft wie nie zuvor seit der Spätantike im mediterranen Süden lag und zugleich im kontinentalen römisch-deutschen Reich lokale – gemeindliche und regionale – Kräfte größeres Gewicht gewannen, bis zum Auseinanderbrechen der imperialen Klammer im sogenannten Interregnum (1198–1273). Daran fügt sich die Darstellung der Zeitspanne zwischen der Reichsherrschaft Rudolfs von Habsburg und der Katastrophe des Schwarzen Todes um die Mitte des 14. Jahrhunderts. Band 7 analysiert die Schwerpunktverlagerung der Reichspolitik und die damit zusammenhängenden Faktoren, die die deutsche Geschichte in der Zeit zwischen 1346/47 und 1410 neu gestalten. Dafür bietet der achte Band für die Zeitspanne bis zum ersten selbständigen Reichstag von Worms (1495) weitere Einsichten wiederum aus größerem Blickwinkel.

Deutschland in der Frühen Neuzeit, die hier zum ersten Mal im *Gebhardt* als eigene Epoche begriffen wird, war die Zeit des Alten Reiches, das 1495 Gestalt annahm und 1806 unterging. Die Krisen der Reformation und des Dreißigjährigen Krieges haben die Struktur dieser einzigartigen politischen Lebensform, die erst heute angemessen gewürdigt werden kann, entscheidend geprägt. Deutschland hat seine große wirtschaftliche und kulturelle Bedeutung, die es zu Beginn besaß, zwar nicht halten können. Die Führung ging auf andere Länder über. Aber die Deutschen bildeten innerhalb der allgemeinen wirtschaftlichen und gesellschaftlichen Entwicklung Europas konfessionelle Varianten einer nationalen Kultur aus, die ebenso wie die deutsche Wirtschaft trotz Krisen und Kriegen ein bleibendes Erbe hinterlassen hat.

In diesem Zusammenhang behandelt Band 9 die Problematik der deutschen Geschichte des 16.–18. Jahrhunderts als eigener Epoche und stellt die Grundlagen im Zeitalter von Reichsreform und Reformation dar. Band 10 handelt vom konfessionellen Zeitalter und vom Dreißigjährigen Krieg. Band 11 schildert die Vollendung und Neuorientierung des Alten Reiches, Band 12 den beschleunigten Wandel von Reichsstruktur und Gesellschaft seit 1763.

Es ist üblich geworden, vom »langen 19. Jahrhundert« in Deutschland und Europa zu sprechen, das von dem Epocheneinschnitt der Französischen Revolution bis zum Ersten Weltkrieg reichte. Die neue Auflage des *Gebhardt* nähert sich dieser Sichtweise an, jedoch nicht zur Gänze. Band 13 stellt das 19. Jahrhundert als Epoche der entstehenden klassischen Moderne vor. Es folgt ein Band über Deutschland im Zeitalter der Napoleonischen Kriege, im Vormärz und in der Revolution von 1848/49. Der häufig zu wenig in seinem Eigengewicht gewürdigte Zeitabschnitt zwischen Revolution und Reichsgründung ist das Thema von Band 15. Das Bild des Kaiserreichs hat sich seit den 1970er Jahren erheblich geändert; Band 16 bietet eine Synthese auf dem neuesten Forschungsstand. Das 19. Jahrhundert wird als Epoche der Industrialisierung, des rasanten Bevölkerungswachstums und der großen Wanderungen begriffen, als Jahrhundert der Nationalstaaten und der Nationenbildung, der bürgerlichen Gesellschaft, ihrer Kultur und ihrer Konflikte, und schließlich auch als bürgerliches Jahrhundert im Sinne zunehmend verwirklichter Zivilgesellschaft. Es endete in der Katastrophe des Ersten Weltkriegs, der in Band 17 behandelt wird.

Der Erste Weltkrieg bezeichnet eine Zäsur, die das 20. Jahrhundert mit dramatischen Entwicklungen in Technik und Wissenschaft und mit Brüchen in den politischen und sozialen Konstellationen, im Welt- und Menschenbild der früheren Geschichte unterscheidet. Das Ende der Hegemonie Europas stand am Anfang, die Globalisierung am Ende des Jahrhunderts. Die ökonomischen und politischen Folgen der gegenwärtigen Revolution aller Informations- und Kommunikationssysteme sind noch ebensowenig abzusehen wie die ethischen Probleme einer Entwicklung, die mit der Gentechnologie in die Baupläne des Lebens eingreift. Dies sind transnationale Probleme. Nationalgeschichtliche Zusammenhänge waren gleichwohl prägend, und sie zu beschreiben bleibt für das Verständnis der Triebkräfte und Wirkungen politischen und sozialen Handelns unerläßlich; sie müssen auch im Zeitalter internationaler Krisen und Konflikte und der supranationalen Konkurrenz politischer Systeme und Ideologien im Blick behalten werden.

Die Weimarer Republik hat doppelte Bedeutung als Formierungsphase der Ideologie des Nationalsozialismus und als gescheiterter Versuch, deutsche Sonderwege zu beenden. Die nationalsozialistische Diktatur als Realisierung der aggressivsten Version aller faschistischen Bewegungen in Europa war mehr als der Kulminationspunkt des deutschen Nationalismus, der mit rassenideologischer Dominanz und unbeschränktem Vernichtungswillen in Konkurrenz zum Kommunismus als Idee und Herrschaftssystem trat. Nationalsozialismus verstand sich ebenso als Gegenentwurf zur westlichen Demokratie und entfesselte mörderische Energien gegen Minderheiten wie gegen Nationen, die im Zweiten Weltkrieg, im Völkermord an den Juden, im Weltanschauungskampf gegen die Sowjetunion und nach der Okkupation weiter Teile Europas im Zusammenbruch endeten. Der Verlust von Staatlichkeit und Territorium, Leben unter Besatzungsherrschaft, Vertreibung und Kontrolle kennzeichnen die deutsche Geschichte nach 1945, die in zwei Staaten in gegensätzlichen Weltsystemen eingebunden als Teil des Kalten Krieges und der Konkurrenz der Supermächte verläuft.

Die Wende 1989/90 als Folge des Untergangs des kommunistischen Systems wurde zur Herausforderung unverhoffter Einheit der beiden deutschen Staaten, deren antagonistische Entwicklung zwangsläufig eine soziale und kulturelle Vereinigungskrise zur Folge hatte. Die Brüche und Verwerfungen Deutschlands nach 1990 sind trotzdem nicht als Erscheinungen der Rückkehr zum Nationalstaat zu begreifen, sondern als sozialgeschichtliche und gesellschaftliche Probleme vor dem Hintergrund neuer europäischer und globaler Strukturen.

Alfred Haverkamp · Wolfgang Reinhard · Jürgen Kocka · Wolfgang Benz
Januar 2001

VORWORT ZU DIESEM BAND

Es ist bis heute mit guten Gründen umstritten, wann die deutsche Geschichte »beginnt«. Diskutiert wird dafür in der neueren Forschung der Zeitraum etwa von der Mitte des 9. bis zum Beginn des 12. Jahrhunderts. Es besteht jedoch weithin darüber Konsens, daß die deutsche Geschichte wesentlich durch Nachwirkungen der Antike, die Ausbreitung der lateinischen Christenheit in Auseinandersetzung mit »Heiden« und Juden, durch keltische, römische, germanische, slawische und später auch baltische Bevölkerungsgruppen und durch Reiche in der Nachfolge des römischen Imperium wie auch weitere regional konzentrierte Herrschaftsgebilde geprägt worden ist. Im Unterschied zu früheren Auflagen des »Gebhardt«, die wegen der seit langem vorgenommenen Gleichsetzung von Germanen und Deutschen mit der »Ur- und Frühgeschichte im mitteleuropäischen Raum« begannen, setzt die Neuauflage mit den Vorgaben und Grundlagen in der Spätantike und im frühen Mittelalter ein.

Als »Mittelalter« wird herkömmlich ein Zeitraum von etwa tausend Jahren bezeichnet. Anders als bei der viel kürzeren Neuzeit, in der seit einigen Jahrzehnten fortschreitend die Frühe Neuzeit von den folgenden Jahrhunderten abgesondert wird, bleibt bei der Epochenbezeichnung Mittelalter außerhalb der fachwissenschaftlichen Öffentlichkeit noch immer die Imagination von einer fast monolithischen Einheitlichkeit dominant, die von der Annahme einer lange währenden Statik unterstützt wird. Derartige Vorurteile werden in anderer Weise durch den Zentralbegriff »deutsche Geschichte« gefördert, soweit damit eine nationale Einheit und Abgeschlossenheit suggeriert wird. So kann zudem die Vorstellung einer auf das Ziel der modernen Nation und des Nationalstaats zulaufenden Entwicklung bestärkt werden. Mit dem Epochenbegriff Mittelalter werden insgesamt – überwiegend in Fortwirkung von Auffassungen der Aufklärung und der Romantik – gegensätzliche Erinnerungsbilder verknüpft. Die damit verbundenen Wertungen sind bis heute stark beeinflußt von den Vorstellungen über die »Moderne« und somit auch von der Sichtweise auf die nachmittelalterlichen und gegenwärtigen Zustände und von den Erwartungen an die Zukunft. Das Moderne und die Moderne werden in der Regel als grundsätzlich anders als das davon zeitlich weit entfernte Mittelalter eingeschätzt, das insgesamt der »Vormoderne« zugewiesen wird. Demgegenüber werden neuerdings nicht nur Kontinuitätsstränge vom

Mittelalter bis zum 20. Jahrhundert stärker betont, sondern auch wesentliche, in den mittelalterlichen Jahrhunderten fundierte Gegebenheiten hervorgehoben, die erneut aktuell erscheinen.

Die historischen Hintergründe dieser divergierenden, teils konträren Einschätzungen sind in Abschnitt 1 skizziert. Darin werden zudem Begriffe vorgestellt, die in der Erforschung und in den Darstellungen der deutschen Geschichte zentrale Bedeutung hatten, mit wesentlichen Modifikationen haben und wohl auch weiterhin haben werden, weil die mit diesen Begriffen verbundenen Sachverhalte – trotz ihrer Instabilität – für die deutsche Geschichte während des langen als Mittelalter bezeichneten Zeitraums konstitutiv waren und darüber hinaus wirksam blieben. Verweisen diese Leitbegriffe trotz ihrer tiefgreifenden Problematik auf Gemeinsamkeiten zwischen den vielfältigen Gruppen, die sich schließlich als Deutsche auffaßten oder doch so wahrgenommen wurden, so werden zugleich die unterschiedlichen Ausprägungen der Lande angedeutet, die erst gegen Ende des Mittelalters als »Deutschland« verstanden wurden. In der Erkenntnis der Offenheit und Vielfalt dieser Lande bieten sich Chancen für die Einsicht in substantielle Zusammenhänge zwischen deutscher Geschichte und anderen Geschichten, unter denen die europäische ebensowenig wie die deutsche eingegrenzt werden kann. Eigenarten der deutschen Geschichte und zugleich deren Komplexität werden abschließend unter dem Aspekt der Quellen und ihrer Überlieferungen angedeutet.[1]

In diesen Darlegungen wird zugleich das Konzept des neuen »Gebhardt« für die mittelalterlichen Jahrhunderte erkennbar. Insoweit bietet der Abschnitt 1 eine Orientierung für die Lektüre der folgenden Beiträge in diesem und in den weiteren sieben Bänden. Unter diesen schildert die anschließende Darstellung von Friedrich Prinz[2] Gegebenheiten und Vorgänge in Spätantike und frühem Mittelalter, die wesentliche Rahmenbedingungen für die spätere deutsche Geschichte schufen; aus denselben Gründen greift sie für fundamentale Gegebenheiten noch weiter zurück.

Alfred Haverkamp

---

1 Der Herausgeber der Bände über das Mittelalter wird in absehbarer Zeit eine weiter ausgreifende Darstellung über Perspektiven der deutschen Geschichte im Mittelalter ebenfalls im Verlag Klett-Cotta veröffentlichen.

2 Friedrich Prinz war unter den zehn Autoren der Beiträge über das Mittelalter der erste, der seine Darstellung druckfertig vorgelegt hat, wofür ihm auch an dieser Stelle herzlich gedankt sei. Danach hat er seinen Text in – leider vergeblicher – Erwartung einer bevorstehenden Publikation mehrfach überarbeitet. – Es war ihm nicht mehr vergönnt, die von ihm mit großer Freude erwarteten Publikationen noch zu erleben. Er erlag am 27. September 2003 einer heimtückischen, von ihm mit großer Tapferkeit ertragenen Krankheit.

VERZEICHNIS DER ABKÜRZUNGEN

AASS	Acta Sanctorum (wie I, 14d)
ADB	Allgemeine Deutsche Biographie (wie I, 5b)
AESC	Annales. Economies-Sociétés-Civilisations
AfD	Archiv für Diplomatik, Schriftgeschichte, Siegel- und Wappenkunde
AGN	Algemene geschiedenis der Nederlanden (wie I, 9)
AHC	Annuarium Historiae Conciliorum
AHP	Archivum Historiae Pontificiae
AHVN	Annalen des Historischen Vereins für den Niederrhein
AKG	Archiv für Kulturgeschichte
AmrhKG	Archiv für mittelrheinische Kirchengeschichte
AQMA	Ausgewählte Quellen zur deutschen Geschichte des Mittelalters (wie I, 14a)
ArchM	Archéologie médiévale
AUF	Archiv für Urkundenforschung
BDLG	Blätter für deutsche Landesgeschichte
BEC	Bibliothèque de l'Ecole des Chartes
Ber. RGK	Berichte der Römisch-Germanischen Kommission des Deutschen Archäologischen Instituts Frankfurt a. M.
BGDSL	Beiträge zur Geschichte der deutschen Sprache und Literatur
BIHR	Bulletin of the Institute of Historical Research
BJ	Bonner Jahrbücher
BRG	Bibliotheca rerum Germanicarum (wie I, 14a)
BZ	Byzantinische Zeitschrift
CC	Corpus Christianorum (wie I, 14d)
CEHE	The Cambridge Economic History of Europe (wie I, 10d)
CICan	Corpus Iuris Canonici (wie I, 14d)
CPL	Clavis Patrum Latinorum (wie I, 13a)
CSEL	Corpus Scriptorum Ecclesiasticorum Latinorum (wie I, 14d)
DA	Deutsches Archiv für Erforschung des Mittelalters
DKPf	Die deutschen Königspfalzen (wie I, 5a)
DLMVerf	Die deutsche Literatur des Mittelalters. Verfasserlexikon (wie I, 5a)

DOP	Dumbarton Oaks Papers
DW	Dahlmann-Waitz (wie I, 1b)
EHR	English Historical Review
FMASt	Frühmittelalterliche Studien
GdV	Die Geschichtsschreiber der deutschen Vorzeit (wie I, 14a)
GHDG	Gebhardt, Handbuch der deutschen Geschichte (wie I, 8)
GGr	Geschichtliche Grundbegriffe (wie I, 5a)
GJ	Germania Judaica (wie I, 5a)
GP	Germania Pontificia (wie I, 15d)
GWU	Geschichte in Wissenschaft und Unterricht
HBG	Handbuch der Bayerischen Geschichte (wie I, 9)
HDWSG	Handbuch der deutschen Wirtschafts- und Sozialgeschichte (wie I, 10d)
HEG	Handbuch der Europäischen Geschichte (wie I, 7)
HEWSG	Handbuch der Europäischen Wirtschafts- und Sozialgeschichte (wie I, 10d)
HGBll	Hansische Geschichtsblätter
HHS	Handbuch der historischen Stätten (wie I, 5a)
HJb	Historisches Jahrbuch der Görres-Gesellschaft
HJLG	Hessisches Jahrbuch für Landesgeschichte
HKG	Handbuch der Kirchengeschichte (wie I, 10b)
HPB	Das Historisch-Politische Buch
HRG	Handwörterbuch zur deutschen Rechtsgeschichte (wie I, 5a)
HSW	Handwörterbuch der Sozialwissenschaften (wie I, 5a)
HWDA	Handwörterbuch des deutschen Aberglaubens (wie I, 5a)
HWP	Historisches Wörterbuch der Philosophie (wie I, 5a)
HZ	Historische Zeitschrift
IP	Italia Pontificia (wie I, 15d)
JAC	Jahrbuch für Antike und Christentum
JbGF	Jahrbuch für Geschichte des Feudalismus
JbKGV	Jahrbuch des Kölnischen Geschichtsvereins
JBLG	Jahrbuch für Brandenburgische Landesgeschichte
JbNum	Jahrbuch für Numismatik und Geldgeschichte
JEcH	Journal of Ecclesiastical History
JFL	Jahrbuch für Fränkische Landesforschung

JGMO	Jahrbuch für die Geschichte Mittel- und Ostdeutschlands
JKG	Jahrbuch für Kunstgeschichte
JMH	Journal of Medieval History
JRGZ	Jahrbuch des Römisch-Germanischen Zentralmuseums Mainz
JWG	Jahrbuch für Wirtschaftsgeschichte
JWLG	Jahrbuch für westdeutsche Landesgeschichte
KiG	Die Kirche in ihrer Geschichte (wie I, 10b)
KJ	Kurtrierisches Jahrbuch
LexMA	Lexikon des Mittelalters (wie I, 5a)
LThK	Lexikon für Theologie und Kirche (wie I, 5a)
MA	Le Moyen Age
MARHP	Moyen-Age. Revue d'histoire et de philologie
MGH	Monumenta Germaniae Historica (wie I, 14a)
MGH AA	MGH Auctores antiquissimi
MGH Capit.	MGH Capitularia regum Francorum
MGH Capit. episc.	MGH Capitula episcoporum
MGH Conc.	MGH Concilia
MGH DD	MGH Diplomata (in Folio)
MGH DD Karol.	MGH Diplomata. Die Urkunden der Karolinger
MGH DD Karol. dt.	MGH Diplomata. Die Urkunden der deutschen Karolinger
MGH DD RIG	MGH Diplomata regum et imperatorum Germaniae
MGH Dt. Chron.	MGH Deutsche Chroniken
MGH DMA	MGH Deutsches Mittelalter. Kritische Studientexte
MGH Epp.	MGH Epistolae
MGH Epp. sel.	MGH Epistolae selectae
MGH Fontes	MGH Fontes iuris Germanici antiqui
MGH Formulae	MGH Formulae Merowingici et Karolini Aevi
MGH LL	MGH Leges (in Folio)
MGH LM	MGH Libri memoriales
MGH LMN	MGH Libri memoriales et necrologia, Nova series
MGH LNG	MGH Leges nationum Germanicarum
MGH NG	MGH Necrologia Germaniae

MGH PP	MGH Poetae latini medii aevi
MGH Schriften	Schriften der MGH
MGH SRG	MGH Scriptores rerum Germanicarum in usum scholarum
MGH SRG NS	MGH Scriptores rerum Germanicarum in usum scholarum, Nova Series
MGH SRL	MGH Scriptores rerum Langobardicarum et Italicarum Saec. VI–IX
MGH SRM	MGH Scriptores rerum Merovingicarum
MGH SS	MGH Scriptores (in Folio bzw. in Quart)
MGH ST	MGH Sudien und Texte
MGH Staatsschriften	MGH Staatsschriften des späteren Mittelalters
MGSL	Mitteilungen der Gesellschaft für Salzburger Landeskunde
MIGNE, PL	MIGNE, Patrologia (wie I, 14d)
MIÖG	Mitteilungen des Instituts für Österreichische Geschichtsforschung
MJb	Mittellateinisches Jahrbuch
MÖSTA	Mitteilungen des Österreichischen Staatsarchivs
MVGN	Mitteilungen des Vereins für Geschichte der Stadt Nürnberg
NAG	Nachrichten der Akademie der Wissenschaften in Göttingen
NCMH	The New Cambridge Medieval History (wie I, 7)
NDB	Neue Deutsche Biographie (wie I, 5b)
NHLW	Neues Handbuch der Literaturwissenschaft (wie I, 10h)
NJLG	Niedersächsisches Jahrbuch für Landesgeschichte
PP	Past and Present
QFIAB	Quellen und Forschungen aus italienischen Archiven und Bibliotheken
RAC	Reallexikon für Antike und Christentum (wie I, 5a)
RBPH	Revue Belge de Philologie et d'Histoire
RDK	Reallexikon zur Deutschen Kunstgeschichte (wie I, 5a)
RDL	Reallexikon der Deutschen Literaturgeschichte (wie I, 5a)
RE	Paulys Realencyclopädie der classischen Altertumswissenschaften (wie I, 5a)

RevBén	Revue Bénédictine
RGA	Reallexikon der germanischen Altertumskunde (wie I, 5a)
RGG	Die Religion in Geschichte und Gegenwart (wie I, 5a)
RH	Revue historique
RHE	Revue d'Histoire Ecclésiastique
RhV	Rheinische Vierteljahrsblätter
RI	Regesta Imperii (wie I, 15a)
RNum	Revue Numismatique
RömHM	Römische Historische Mitteilungen
Rpf	Repertorium fontium historiae medii aevi (wie I, 13a)
RQ	Römische Quartalschrift für christliche Altertumskunde und Kirchengeschichte
RTA	Deutsche Reichstagsakten (wie I, 14a)
SAGG	Siedlungsforschung. Archäologie, Geographie, Geschichte
Sett.Cent.it.	Settimane di studio del Centro italiano di studi sull'alto medioevo
SMBO	Studien und Mitteilungen zur Geschichte des Benediktinerordens und seiner Zweige
StAns	Studia Anselmiana. Philosophica et theologica
StGreg	Studi Gregoriani
StM	Studi Medievali
SZG	Schweizerische Zeitschrift für Geschichte
TAJb	Tel Aviver Jahrbuch für deutsche Geschichte
TechG	Technik-Geschichte
TRE	Theologische Realenzyklopädie (wie I, 5a)
TRG	Tijdschrift voor Rechtsgeschiedenis
TRHS	Transactions of the Royal Historical Society
TS	Typologie des sources du moyen âge occidental (wie I, 13b)
VSWG	Vierteljahrschrift für Sozial- und Wirtschaftsgeschichte
WestfZ	Westfälische Zeitschrift
ZA	Zeitschrift für Archäologie
ZAA	Zeitschrift für Agrargeschichte und Agrarsoziologie
ZAGV	Zeitschrift des Aachener Geschichtsvereins
ZAK	Zeitschrift für schweizerische Archäologie und Kunstgeschichte

ZAM	Zeitschrift für Archäologie des Mittelalters
ZBLG	Zeitschrift für Bayerische Landesgeschichte
ZfG	Zeitschrift für Geschichtswissenschaft
ZGO	Zeitschrift für die Geschichte des Oberrheins
ZGS	Zeitschrift für die Geschichte der Saargegend
ZHF	Zeitschrift für historische Forschung
ZK	Zeitschrift für Kunstgeschichte
ZKG	Zeitschrift für Kirchengeschichte
ZRG	Zeitschrift für Rechtsgeschichte
ZRG GA	ZRG Germanistische Abteilung
ZRG KA	ZRG Kanonistische Abteilung
ZRG RA	ZRG Romanistische Abteilung
ZSHG	Zeitschrift der Gesellschaft für Schleswig-Holsteinische Geschichte
ZWLG	Zeitschrift für Württembergische Landesgeschichte

Abschnitt I
Perspektiven deutscher Geschichte während des Mittelalters

Alfred Haverkamp

Friedrich Prinz,
meinem Lehrer und Freund,
zum Gedächtnis

ALLGEMEINE QUELLEN UND LITERATUR

Alfred Heit (†)*

Vorbemerkungen: Die folgende Titelauflistung bietet innerhalb eines eher knapp bemessenen Rahmens ein bibliographisches Grundgerüst zur mittelalterlichen deutschen Geschichte bis ca. 1495. In 15 Sachbereichen wird eine Auswahl von bibliographischen Hilfsmitteln, Einführungen, Handbüchern, Handwörterbüchern/Lexika, Monographien, Sammelwerken, hilfswissenschaftlichen Instrumentarien, Kartenwerken, Quellensammlungen und Regestenwerken zusammengestellt. Dabei gebot einerseits die Vielfalt der Betrachtungsaspekte moderner Mediävistik eine thematische und räumliche Differenzierung in die geläufigen Teilbereiche, andererseits galt es, den Charakter eines sachlich breiten Überblicks zu wahren. In zeitlicher Hinsicht war das Prinzip maßgebend, nur Werke/Arbeiten mit gesamthafter Darbietung des Mittelalters aufzunehmen. Jüngeres Schrifttum – mit Nachweis des älteren – hat den Vorzug. Das heißt nicht, daß der nichtgenannte ältere Grundbestand überholt sei.

An Einteilungskriterien wurden formal-bibliothekarische und fachlich-thematische, daneben zeitliche und räumliche kombiniert. Wo immer möglich, ist den »Zunftgebräuchen« gefolgt, auch dort, wo dies einer bibliothekarischen Systematik widerstrebt. Der bibliographische Vorspann und das Abkürzungsverzeichnis (AKV) ergänzen sich inhaltlich. Die Abteilungen der Monumenta Germaniae Historica (MGH) sind über das AKV zu erfassen. Es bleibt eine Lücke im Bereich der geschichtswissenschaftlichen Reihen und der Festschriften, für die jedoch unter 1f und 1g weiterführende bibliographische Hinweise geboten werden.

Die Notwendigkeit, äußerst raumsparend zu zitieren, ist kennzeichnend für das gesamte Handbuch. Besonderheiten der Zitierweise, die nicht ohne weiteres ersichtlich sind, seien hier kurz erläutert: Untertitel und Reihentitel entfallen in der Regel. Bei Werken, die (noch) im Erscheinen begriffen sind, wird der Fortsetzungsstrich angewendet (1– etc.). Die vor dem Erscheinungsjahr hochgestellte Auflagenziffer be-

---

* Anmerkung des Herausgebers: Die Vorarbeiten von Herrn Dr. Heit († 2000) wurden von Herrn Richtscheid MA zusammen mit mir fortgeführt.

zeichnet in der Regel die letzte veränderte Auflage. Ein Nachdruck wird nur angeführt, wenn er Korrekturen, Ergänzungen oder Erweiterungen enthält.

Beim wiederholten bibliographischen Nachweis wird das formalisierte Kurzzitat gebraucht. Die Ordnung der Titel erfolgt in der Regel alphabetisch nach Titel oder Verfasser (mit Ausnahme von 1i, 2, 5a) oder nach Städten und Ländern (9, 12c, 14b, 15b, c, d).

Für die Informationsmöglichkeiten in den neuen Medien sei nur allgemein auf: Internet-Handbuch Geschichte, Hg. S. JENKS u. a., 2001, verwiesen.

1 Bibliographien *a* Leitfäden, *b* Abgeschlossene Bibliographien, *c* Periodische Bibliographien, *d* Prospektive Bibliographien, *e* Hochschulschriften, *f* Personal-Bibliographien, Festschriften, *g* Fachzeitschriften, Reihen, *h* Auswahl bibliographisch ergiebiger Periodika, *i* Spezial-Bibliographien – *2* Einführungen – *3* Zur Methodik, Theorie, Geschichtswissenschaft und Geschichtsphilosophie *a* Methodik/Methodologie, *b* Theorie, *c* Geschichtswissenschaft/Geschichtsschreibung, *d* Geschichtsphilosophie – *4* Institutionen der Quellenüberlieferung *a* Archive, *b* Bibliotheken, *c* Museen – *5* Lexika und Biographien *a* Lexika, Hand- und Sachwörterbücher, *b* Biographische Nachschlagewerke – *6* Wörterbücher, Glossare – *7* Handbücher und allgemeine Darstellungen zur Weltgeschichte und europäischen Geschichte – *8* Handbücher und allgemeine Darstellungen zur deutschen Geschichte – *9* Handbücher und allgemeine Darstellungen zur Geschichte von Landschaften und Ländern innerhalb des Deutschen Reiches – *10* Handbücher und allgemeine Darstellungen historischer Teildisziplinen und Teilgebiete *a* Rechts- und Verfassungsgeschichte, Verwaltungsgeschichte, *b* Kirchengeschichte, *c* Geschichte der Juden, *d* Wirtschafts- und Sozialgeschichte, Bevölkerungsgeschichte, Verkehrsgeschichte, Technikgeschichte, Umweltgeschichte, *e* Agrargeschichte/Grundherrschaft, *f* Stadtgeschichte, *g* Wissenschafts- und Bildungsgeschichte, *h* Sprach- und Literaturgeschichte, *i* Philosophiegeschichte, *j* Kunstgeschichte, *k* Geschichte der Mathematik, Naturwissenschaften und Medizin *l* Byzantinische Geschichte, *m* Geschichte des Islams – *11* Historische Hilfswissenschaften *a* Allgemein, *b* Chronologie, *c* Diplomatik, *d* Epigraphik, *e* Paläographie/Kodikologie, *f* Sphragistik, *g* Heraldik, *h* Genealogie, *i* Historische Geographie/Kartographie, *j* Metrologie, *k* Namenkunde, *l* Numismatik und Geldgeschichte, *m* Mittellateinische Philologie, *n* Germanische Philologie, *o* Romanische Philologie, *p* Slawische Philologie, *q* Mittelalter-Archäologie, *r* Realienkunde, Volkskunde – *12* Geschichtsatlanten/-karten *a* Allgemein, *b* Kirchengeschichte, *c* Länder, *d* Städte, *e* Spezialthemen – *13* Zur Quellenerschließung *a* Quellenbibliographie, *b* Quellenkunde/mittelalterliche Historiographie *14* Quellensammlungen *a* Deutsches Reich, *b* Länder, *c* Städte, *d* Kirchengeschichte – *15* Regestenwerke *a* Reichsregesten, *b* Erzbischöfe/Bischöfe/Orden, *c* Sonstige wichtigere Herrschaftsträger, *d* Papstregesten.

1 Bibliographien

a Leitfäden: H. ALLISCHEWSKI, Bibliographienkunde, ^{2}1986; F. DOMAY, Bibliographie der nationalen Bibliographien, 1987; R. FELDMANN u. a., Wie finde ich Literatur zur Geschichte, ^{3}1995; H.-J. KOPPITZ, Grundzüge der Bibliographie, 1977; W. TOTOK u. a., Handbuch der bibliographischen Nachschlagewerke, Bd. 1–2, ^{6}1984f.

b Abgeschlossene Bibliographien: W. BAUMGART, Bücherverzeichnis zur deutschen Geschichte, ^{14}2001; DAHLMANN-WAITZ (DW), Quellenkunde der deutschen Geschichte, Hg. H. HEIMPEL u. a., 1–, ^{10}1969–; A. HEIT u. a., Bibliographie zur Geschichte des Mittelalters, 1997; P.-J. SCHULER, Grundbibliographie Mittelalterliche Geschichte, 1990; vgl. erg.: Gesamtverzeichnis des deutschsprachigen Schrifttums 1700–1910, Bd. 1–160, 1979–1986; 1911–1965, Bd. 1–150, 1976–1981.

c Periodische Bibliographien: Die deutsche Geschichtswissenschaft im Zweiten Weltkrieg (1939–1945), Hg. W. HOLTZMANN u. a., Tl. 1–2, 1951; Historische Bibliographie, 1–, 1986(1987)–; International Bibliography of Historical Sciences, Bd. 1–14, 1926(1930)–1939(1942), 16–, 1947–; International Medieval Bibliography, 1–, 1967(1968)–; Jahresberichte der Geschichtswissenschaft, Bd. 1–26, 1878(1880)–1913(1916); Jahresberichte der deutschen Geschichtswissenschaft, Bd. 1–7, 1918(1920)–1924(1926); Jahresberichte für deutsche Geschichte, Bd. 1–15/16, 1925(1927)–1939/40(1942); Jahresberichte für deutsche Geschichte, NF 1–, 1949(1952)–; Medioevo Latino, 1–, 1978(1980)–; Revue d'Histoire Ecclésiastique (RHE). Bibliographie 1–, 1900–; vgl. erg. Internationale Bibliographie der Zeitschriftenliteratur, 1–, 1963/64(1965)–; Deutsche Bibliographie, Reihe A-D, 1947–, 1965–, 1965–, 1951–; Internationale Bibliographie der Rezensionen, 1–, 1969/70(1971)–; Verzeichnis lieferbarer Bücher (erscheint jährlich). Die für das mittelalterliche Deutsche Reich unmittelbar relevanten ausländischen Fachbibliographien der Geschichte verzeichnen KOPPITZ, Grundzüge (wie I, 1a), 167ff. und BAUMGART, Bücherverzeichnis (wie I, 1b), 32ff.

d Prospektive Bibliographien: Jahrbuch für Historische Forschung in der Bundesrepublik Deutschland, 1–, 1974–; vgl. erg. Deutsche Bibliographie, Reihe N.

e Hochschulschriften: Hochschulschriften zur Geschichte und Kultur des Mittelalters 1939 bis 1972/74 (Deutschland, Österreich, Schweiz), Tl. 1–3, 1975; vgl. ergänzend Deutsche Bibliographie, Reihe H, 1–, 1971(1972)–; Gesamtverzeichnis deutschsprachiger Hochschulschriften, 1966–1980, Hg. W. GORZNY, Bd. 1–40, 1984–1991; Jahresverzeichnis der deutschen Hochschulschriften, 1–, 1885/86 (1887)–.

f Personal-Bibliographien, Festschriften: Bibliographie Internationale des Travaux Historiques publiés dans les volumes de »Mélanges«, Tl. 1, 1880–1939, Hg. H. NABHOLZ, 1955; Tl. 2, 1940–1950, Hg. G. RITTER u. a., 1965; A. HEIT, Bibliographie deutschsprachiger persönlicher Festschriften, Gedenkschriften und Sammelschriften aus dem Bereich der Geschichtswissenschaft, 1950–1990, 1991; 1991–1997, 1999; Répertoire international des médiévistes, ^{9}1999; vgl. ergänzend Kürschners Deutscher Gelehrtenkalender, Bd. 1–3, ^{18}2001; vgl. ergänzend Internationale Jahresbibliographie der Festschriften, 1–, 1980(1982)–; O. LEISTNER, Internationale Bibliographie der Festschriften von den Anfängen bis 1979, Bd. 1–3, ^{2}1984–1989.

g Fachzeitschriften, Reihen: A. HEIT u. a., Bibliographie deutschsprachiger geschichtswissenschaftlicher Reihen nach Stücktiteln, Tl. 1–3, ^{2}1992–1994; Historical periodicals directory, Hg. E. H. BOEHM

u. a., Bd. 1–5, 1981–1986; Verzeichnis deutscher wissenschaftlicher Zeitschriften, [8]1975.

h Auswahl bibliographisch ergiebiger Periodika: Der Archivar, 1–, 1947/48–; Blätter für deutsche Landesgeschichte (BDLG), 1–, 1853–; Deutsches Archiv für Erforschung des Mittelalters (1937–1944: für Geschichte des Mittelalters) (DA), 1–, 1937–; Francia, 1–, 1973–; Geschichte in Wissenschaft und Unterricht (GWU), 1–, 1950–; Hansische Geschichtsblätter (HGBll), 1–, 1871–; Das Historisch-Politische Buch (HPB), 1–, 1953–; Historische Zeitschrift (HZ) (Sonderhefte mit Forschungsberichten), 1–, 1962–; Jahrbuch für Numismatik und Geldgeschichte (JbNum), 1–, 1949–; Mitteilungen des Instituts für österreichische Geschichtsforschung (MIÖG), 1–, 1880–; Mitteilungen des Mediävistenverbandes, 1–, 1984–; Quellen und Forschungen aus italienischen Archiven und Bibliotheken (QFIAB), 1–, 1897/98–; Revue d'Histoire Ecclésiastique (RHE), 1–, 1900–; Rheinische Vierteljahrsblätter (RhV), 1–, 1931–; Siedlungsforschung. Archäologie, Geographie, Geschichte (SAGG), 1–, 1983–; Schweizerische Zeitschrift für Geschichte (SZG), 1–, 1951–; Technik-Geschichte (TechG), 1–, 1909–; Vierteljahrschrift für Sozial- und Wirtschaftsgeschichte (VSWG), 1–, 1903–; Zeitschrift für Agrargeschichte und Agrarsoziologie (ZAA), 1–, 1953–; Zeitschrift für Archäologie des Mittelalters (ZAM), 1–, 1973–; Zeitschrift für bayerische Landesgeschichte (ZBLG), 1–, 1928–; Zeitschrift für Geschichtswissenschaft (ZfG), 1–, 1953–; Zeitschrift für die Geschichte des Oberrheins (ZGO), 1–, 1850–; Zeitschrift für Historische Forschung (ZHF), 1–, 1974–; Zeitschrift für Rechtsgeschichte (ZRG). Germanistische Abteilung (ZRG GA), 1–, 1880–; Romanistische Abteilung (ZRG RA), 1–, 1880–; Kanonistische Abteilung (ZRG KA), 1–, 1911–.

i Spezial-Bibliographien: (ergänzend vor allem zu den periodischen Spezial-Bibliographien s. KOPPITZ, Grundzüge (wie I, 1a), 141 ff. u. a. oben genannte Leitfäden). *Zu 3:* H. BERDING, Bibliographie zur Geschichtstheorie, 1977. *Zu 4:* Basic International Bibliography of Archive Administration, Hg. M. DUCHEIN, 1978; F. HEIDTMANN, Wie finde ich bibliothekarische Literatur, [2]1986. *Zu 5:* G. A. ZISCHKA, Index lexicorum, 1959. *Zu 6:* P. KÜHN, Deutsche Wörterbücher, 1978; W. ZAUNMÜLLER, Bibliographisches Handbuch der Sprachwörterbücher, 1958. *Zu 9:* R. OBERSCHELP, Die Bibliographien zur deutschen Landesgeschichte und Landeskunde, ³1997. *Zu 10a:* Handbuch der Quellen und Literatur der neueren europäischen Privatrechtsgeschichte, Hg. H. COING, Bd. 1, 1973; G. KÖBLER u. a., Bibliographie der deutschen Hochschulschriften zur Rechtsgeschichte (1885–1945), 1975; DERS., Einfache Bibliographie europäisch-deutscher Rechtsgeschichte, 1990; H. PLANITZ u. a., Bibliographie zur deutschen Rechtsgeschichte, Bd. 1–2, 1952. *Zu 10b:* C. T. BERKHOUT u. a., Medieval Heresies. A Bibliography 1960–1979, 1981; M. VON FÜRSTENBERG u. a., Bücherverzeichnis zur Kirchengeschichte, 1999; H. GRUNDMANN, Bibliographie zur Ketzergeschichte des Mittelalters (1900–1966), 1967; G. J. LEWIS, Bibliographie zur deutschen Frauenmystik des Mittelalters, 1989; G. SCHWINGE, Wie finde ich theologische Literatur, ³1994; A. VERNET u. a., La Bible au moyen âge, 1989. *Zu 10c:* Index of articles on Jewish studies, 1–, 1966(1969)–; International bibliography of jewish history and thought, Hg. J. KAPLAN, 1984; G. KISCH u. a., Schriften zur Geschichte der Juden. Eine Bibliographie der in Deutschland und der Schweiz 1922–1955 erschienenen Dissertationen, 1959; G. KISCH, Judaistische Bibliographie. Ein Verzeichnis der in Deutschland und der Schweiz von 1956 bis 1970 erschienenen Dissertationen und Habilitationsschriften, 1972. *Zu 10d:* I. MATSCHINEGG, Migration – Wanderung – Mobilität, 1990; J. E. SALISBURY, Medieval sexuality, 1990; A. SIMON, Bibliographie zur Verkehrsgeschichte Deutschlands im Mittelalter, ²1984; Women in Western European history, Hg. L. FREY u. a., 1982. *Zu 10e:* Bibliographia historiae rerum rusticarum internationalis, Red. P. GUNST, 1–, 1960/61(1964)–; C. REINICKE, Bibliographie zur rheinischen Agrargeschichte 500–1800, ²1986. *Zu 10f:* Bibliographie zur deutschen historischen Städteforschung, Hg. H. STOOB u. a., 2 Bde., Indexbd., 1986–1996; Guide international d'histoire urbaine, Hg. P. WOLFF, Bd. 1, 1977; Österreichische Städtebibliographie, 1–, 1976/77–. *Zu 10g:* Bibliographie internationale de l'histoire des universités, Bd. 1–2, 1973–1976; T. PESTER, Geschichte der Universitäten und Hochschulen im deutschsprachigen Raum von den Anfängen bis 1945. Auswahlbibliographie der Literatur der Jahre 1945–1986, 1990. *Zu 10h:* Bibliographisches Handbuch der deutschen Literaturwissenschaft (1945–1969/72), Hg. C. KÖTTELWESCH, 2 Bde., Reg.bd., Bd. 1, 1973; J. HANSEL, Bücherkunde für Germanisten, [9]1991. *Zu 10i:* W. TOTOK, Bibliographischer Wegweiser der philosophischen Literatur, [2]1985; DERS., Handbuch der Geschichte der Philosophie, Bd. 1–6, [2]1997–. *Zu 10j:* K. G. KASTER, Kunstgeschichtliche Terminologie (mit kommentierter Bibliographie), [4]1981; E. ROTHE u. a., Die Kunst. Bibliographie zur Geschichte der bildenden Kunst, der Musik, der Literatur und des Theaters, 1964. *Zu 10k:* G. BAADER u. a., Medizinhistorische Mittelalterforschung (1950–1980), 1982; Bibliography of the history of medicine, Bd. 1–28, 1965(1966)–1990/1993(1994); B. WEISS, Wie finde ich Literatur zur Geschichte der Naturwissenschaften und Technik, [2]1990. *Zu 11c:* W. KOCH, Literaturbericht zur mittelalterlichen und neuzeitlichen Epigraphik (1992–1997), 2000. *Zu 11e:* Bibliographie Sphragistik, Hg. E. HENNING u. a., 1995. *Zu 11f:* Bibliographie zur Heraldik. Schrifttum Deutschlands und Österreichs bis 1980, Bearb. H. Henning u. a., 1984. *Zu 11g:* Familiengeschichtliche Bibliographie, Bd. 1–6, 1928–1938. *Zu 11h:* G. FRANZ u. a., Historische Kartographie. Forschung und Bibliographie, [3]1980. *Zu 11i:* A. HEIT u. a., Bibliographie zur Historischen Metrologie, Bd. 1–2, 1992, 1995. *Zu 11j:* Bibliographie der Ortsnamenbücher des deutschen Sprachgebietes in Mitteleuropa, Hg. R. SCHÜTZEICHEL, 1988; G. KEMPF, Bibliographie der deutsch-slawischen Namenkunde, Lfg. 1–3, 1976–1978. *Zu 11k:* Bibliographie der bayerischen Münz- und Geldgeschichte 1750–1964, Bearb. B. OVERBECK, 1968. *Zu 11o:* U. BAMBORSCHKE u. a., Bibliographie slavistischer Arbeiten (1922–1976), 1981; DERS. u. a., Bibliographie slavistischer Arbeiten aus deutschsprachigen Fachzeitschriften, 1964–1973, Bd. 1–2, 1976; 1974–1983, 1989; Materialien zu einer slawistischen Bibliographie, 1–, 1963–; G. WYTRZENS, Bibliographie der literarwissenschaftlichen Slawistik, 1970–1980, 1982. *Zu 11p:* Bibliographie zur archäologischen Germanenforschung (1941–1955), 1966; R.-D. BLECK, Bibliographie der archäologisch-chemischen Literatur, Tl. 1–3, 1967–1971. *Zu 11q:* Rheinische volkskundliche Bibliographie, Hg. H. L. COX, 1950–1975, 1987; 1976–1980, 1991.

2 *Einführungen*

Allgemeine Einführungen: H. BOOCKMANN, Einführung in die Geschichte des Mittelalters, [6]1996; E. BOSHOF u. a., Grundlagen des Studiums der Geschichte, [5]1997; Einführung in das Studium der Geschichte, Hg. W. Eckermann u. a., ^{4}1986; H.-W. Goetz, Proseminar Geschichte: Mittelalter, ^{2}2000. *Zu 3b:* T. Schieder, Geschichte als Wissenschaft, ^{2}1968. *Zu 3d:* R. Schaeffler, Einführung in die Geschichtsphilosophie, ^{4}1991. *Zu 4:* E. G. Franz, Einführung in die Archivkunde, ^{5}1999. *Zu 10a:* H. Coing, Epochen der Rechtsgeschichte in Deutschland, ^{4}1981; K. Kroeschell, Deutsche Rechtsgeschichte, Bd. 1, ^{11}1999, Bd. 2, ^{8}1992; E. J. H. Schrage, Utrumque ius: Eine Einführung in das Studium der Quellen des mittelalterlichen Rechts, 1992 (ndl. 1987). *Zu 10b:* D. de Chapeaurouge, Einführung in die Geschichte der christlichen Symbole, ^{3}1991; J. Overath, Einführung in das Studium der mittleren und neueren Kirchengeschichte, 1979; K.-V. Selge, Einführung in das Studium der Kirchengeschichte, 1982. *Zu 10c:* H. H. ben Sasson, Geschichte des jüdischen Volkes, Bd. 1–3, Bd. 2, 1979. *Zu 10d:* A. E. Imhof, Einführung in die historische Demographie, 1977; H. Kellenbenz u. a., Grundlagen des Studiums der Wirtschaftsgeschichte, 1973; B. Kirchgässner, Einführung in die Wirtschaftsgeschichte, 1979; A. Timm, Einführung in die Technikgeschichte, 1972; W. Zorn, Einführung in die Wirtschafts- und Sozialgeschichte des Mittelalters und der Neuzeit, ^{2}1974. *Zu 10e:* W. Rösener, Einführung in die Agrargeschichte, 1997. *Zu 10g:* A. Timm, Einführung in die Wissenschaftsgeschichte, 1973. *Zu 10h:* S. A. Birnbaum, Die jiddische Sprache, ^{3}1997; J. Bumke u. a., Geschichte der deutschen Literatur im Mittelalter, Bd. 1–3, Bd. 1 u. 3, ^{3}2000, Bd. 2, ^{4}2000; W. Haug, Literaturtheorie im deutschen Mittelalter, ^{2}1992; J. Kühnel, Grundkurs: Historische Linguistik, ^{2}1978; K. Langosch, Lateinisches Mittelalter, ^{5}1988; M. Weinrich, History of the Yiddish Language, 1980. *Zu 10i:* K. Flasch, Das philosophische Denken im Mittelalter, ^{2}2000. *Zu 10j:* H. Bauer, Kunsthistorik, ^{3}1989; A guide to the culture of science, technology, and medicine, Hg. P. T. Durbin, 1980; Kunstgeschichte, Hg. H. Belting u. a., ^{5}1996. *Zu 11a:* A.-D. von den Brincken, Historische Chronologie des Abendlandes, 2000. *Zu 11d:* K. Löffler, Einführung in die Handschriftenkunde, Neubearb. W. Milde, 1997. *Zu 11f:* V. V. Filip, Einführung in die Heraldik, 2000. *Zu 11m:* K. Strecker, Einführung in das Mittellatein, ^{3}1939 (engl. ^{6}1971). *Zu 11p:* G. P. Fehring, Einführung in die Archäologie des Mittelalters, ^{3}2000.

3 Zur Methodik, Theorie, Geschichtswissenschaft und Geschichtsphilosophie

a Methodik/Methodologie: K. ACHAM u. a., Methoden der Geschichtswissenschaft und Archäologie, 1974; Geschichtswissenschaft und elektronische Datenverarbeitung, Hg. K. H. KAUFHOLD u. a., 1988; L.-E. HALKIN, Initiation à la critique historique, ^{5}1992; C. HARVEY, Databases in historical research, 1996; J. HEFFER u. a., Outils statistiques pour les historiens, 1981; L'histoire et ses méthodes, Hg. C. SAMARAN, 1961; K. H. JARAUSCH u. a., Quantitative Methoden in der Geschichtswissenschaft, 1985; New methods for social history, Hg. L. J. GRIFFIN, 1998; N. OHLER, Quantitative Methoden für Historiker, 1980; Vergleichende Geschichtswissenschaft, Hg. F. HAMPL u. a., 1978.

b Theorie: J. G. DROYSEN, Historik, Bd. 1–3, ^{8}1977; K.-G. FABER, Theorie der Geschichtswissenschaft, ^{5}1982; C. LORENZ, Konstruktion der Vergangenheit, 1997 (ndl. 1987); J. RÜSEN, Grundzüge einer Historik, Bd. 1–3, 1983–1989; Theorie der Geschichte. Beiträge zur Historik, Bd. 1–6, 1977–1990 (dtv wissenschaft 4281, 4304, 4342, 4389, 4390, 4544).

c Geschichtswissenschaft/Geschichtsschreibung: E.-W. BÖCKENFÖRDE, Die deutsche verfassungsgeschichtliche Forschung im 19. Jahrhundert, ^{2}1995; Deutsche Historiker, Hg. H.-U. WEHLER, Bd. 1–9, 1971–1982; M. ERBE, Zur neueren französischen Sozialgeschichtsforschung, 1979; A. GERLICH, Geschichtliche Landeskunde des Mittelalters, 1986; H.-W. GOETZ, Moderne Mediävistik. Stand und Perspektiven der Mittelalterforschung, 1999; G. G. IGGERS, Geschichtswissenschaft im 20. Jahrhundert, 1993; Landesgeschichte heute, Hg. C.-H. HAUPTMEYER, 1987; Mittelalterforschung, 1981 (Forschung und Information 29); Mittelalterforschung nach der Wende 1989, Hg. M. BORGOLTE, 1995; Probleme und Methoden der Landesgeschichte, Hg. P. FRIED, 1978; W. WEBER, Biographisches Lexikon der Geschichtswissenschaft in Deutschland, Österreich und der Schweiz, ^{2}1987; H. WINKEL, Die deutsche Nationalökonomie im 19. Jahrhundert, 1977.

d Geschichtsphilosophie: J. BURCKHARDT, Weltgeschichtliche Betrachtungen, [12]1978; K. JASPERS, Vom Ursprung und Ziel der Geschichte, [9]1983; R. KOSELLECK, Vergangene Zukunft. Zur Semantik geschichtlicher Zeiten, 1978; K. LÖWITH, Weltgeschichte und Heilsgeschehen, [8]1990.

4 Institutionen der Quellenüberlieferung

a Archive: Archive in der Bundesrepublik Deutschland, Österreich und der Schweiz, [15]1995; H. ROMEYK, EDV und Archive, [2]1981; A. TAUSENDPFUND, Die Archivorganisation in den Ländern der Bundesrepublik Deutschland, 1977.

b Bibliotheken: L. BUZÁS, Deutsche Bibliotheksgeschichte des Mittelalters, 1975; Handbuch der Bibliotheken. Bundesrepublik Deutschland, Österreich, Schweiz, [5]1998; U. JOCHUM, Kleine Bibliotheksgeschichte, [2]1999; Mittelalterliche Bibliothekskataloge Deutschlands und der Schweiz, 1–, 1918–; Mittelalterliche Bibliothekskataloge Österreichs, 1–, 1915–.

c Museen: Handbuch der Museen. Bundesrepublik Deutschland, Deutsche Demokratische Republik, Österreich, Schweiz, Liechtenstein, Hg. H. GLÄSER, [2]1981; R. VAN LUTTERVELT, Holländische Museen, 1975.

5 Lexika und Biographien

a Lexika, Hand- und Sachwörterbücher: Dictionary of the middle ages, Bd. 1–13, Hg. J. R. STRAYER, 1982–1989; Geschichtliche Grundbegriffe (GGr), Hg. O. BRUNNER u. a., Bd. 1–8, 1972–1997; Hilfswörterbuch für Historiker, Hg. E. HABERKERN u. a., Bd. 1–2, [8]1995; Lexikon der deutschen Geschichte, Hg. G. TADDEY, [3]1998; Lexikon des Mittelalters (LexMA), Bd. 1–9, Reg.bd., 1980–1999; Paulys Realencyclopädie der classischen Altertumswissenschaften (RE), Reihe 1, Bd. 1–24, 1893–1963; Reihe 2, Bd. 1–10, 1914–1972; Suppl. Bd. 1–15, 1903–1978; Der Kleine Pauly. Lexikon der Antike, Bd. 1–5, 1964–1975; Der Neue Pauly, Hg. H. CAUCIK, 1–, 1996–; Reallexikon der germanischen Altertumskunde (RGA), Bd. 1–4, 1911–1919; Neubearb. 1–, 1973–. *Zu 9:* Führer zu archäologischen Denkmälern in Deutschland, 1–, 1983–; Führer zu vor- und frühgeschichtlichen Denkmälern, Bd. 1–50, 1964–1982; Handbuch der historischen Stätten (HHS) Deutschlands, Bd. 1–11, 1958–1977 (versch. Neuaufl.); ergänzend: HHS Böhmen und Mähren, 1998; HHS Dänemark, 1982; HHS Österreich, Bd. 1–2, 1970, ^{2}1985; HHS Ost- und Westpreußen, 1981; HHS Schlesien, 1977; HHS Schweiz, 1996; G. KÖBLER, Historisches Lexikon der deutschen Länder, ^{6}1999; Territorien-Ploetz. Geschichte der deutschen Länder, Hg. G.-W. SANTE, Bd. 1–2, 1964, 1971. *Zu 10a:* Deutsche Königspfalzen. Beiträge zu ihrer historischen und archäologischen Erforschung, Bd. 1–5, 1963–2001; Die deutschen Königspfalzen (DKPf). Repertorium der Pfalzen, Königshöfe und übrigen Aufenthaltsorte der Könige im deutschen Reich des Mittelalters, 1–, 1983–; Handwörterbuch zur deutschen Rechtsgeschichte (HRG), Bd. 1–5, 1971–1998; Ius Romanum Medii Aevi, 1–, 1961–. *Zu 10b:* Dictionnaire de droit canonique, Hg. R. NAZ, Bd. 1–7, 1935–1967; Dictionnaire d'histoire et de géographie ecclésiastiques, Hg. R. AUBERT u. a., 1–, 1912–; P. GAMS, Series episcoporum ecclesiae catholicae, 1873–1886; Neubearb. Series episcoporum ecclesiae catholica occidentalis ab initio usque annum 1198, 1–, 1982–; Germania Benedictina, 1–, 1970–; Germania Sacra, 1–, 1929–; NF 1–, 1962–; Helvetia Sacra, 1–, 1972–; Hierarchia catholica medii aevi, Hg. K. EUBEL u. a., Bd. 1–8, 1898–1978, Bd. 1–3, ^{2}1913–1923; Lexikon der christlichen Ikonographie, Hg. E. KIRSCHBAUM, Bd. 1–8, 1968–1990; Lexikon für Theologie und Kirche (LThK), Bd. 1–10, ^{3}1993–2001; Reallexikon für Antike und Christentum (RAC), 1–, 1950–; Die Religion in Geschichte und Gegenwart (RGG), 1–, ^{4}1998–; Theologische Realenzyklopädie (TRE), 1–, 1977–. *Zu 10c:* Germania Judaica (GJ), Bd. 1–3, 1963–2002. *Zu 10d:* Handwörterbuch der Sozialwissenschaften (HSW), Bd. 1–12, Reg.bd., 1956–1968; Lexikon der gesamten Technik und ihrer Hilfswissenschaften, Hg. O. LUEGER, Bd. 1–9, Reg.bd., ^{3}1926–1931; Ploetz – Wirtschaftsgeschichte der deutschsprachigen Länder vom frühen Mittelalter bis zur Gegenwart, Hg. H. SCHÄFER, 1989; Raum und Bevölkerung in der Weltgeschichte. Bevölkerungs-Ploetz, Bd. 1–4, Bd. 1–2, ^{3}1965, 1968; R. REITH, Lexikon des alten Handwerks, ^{2}1991. *Zu 10f:* Deutsches Städtebuch, Hg. E. KEYSER, Bd. 1–5, 1939–1974; Neubearb. H. STOOB, 1–, 1995–; Österreichisches Städtebuch, Bd. 1–5, 1968–1985. *Zu 10g:* Lexikon der Pädagogik, Neue Ausg., Hg. H. ROMBACH, Bd. 1–4, 1970f.; Neues pädagogisches Lexikon, ^{5}1971. *Zu 10h:* Die deutsche Literatur des Mittelalters. Verfasserlexikon (DLMVerf), Hg. K. RUH u. a., Bd. 1–11, ^{2}1978–2000; Enzyklopädie des Märchens, 1–, 1977–; Handwörterbuch des deutschen Aberglaubens (HWDA), Bd. 1–9, Reg.bd., 1927–1942; Lexikon der Germanistischen Linguistik, Bd. 1–4, ^{2}1980; Lexikon der Romanistischen Linguistik, 1–, 1988–; Literatur-Lexikon, Hg. W. KILLY, Bd. 1–12, 1988–1992; Reallexikon der deutschen Literaturgeschichte (RDL), Bd. 1–4, 1958–1984; Tusculum-Lexikon griechischer und lateinischer Autoren des Altertums und des Mittelalters, ^{3}1982. *Zu 10i:* Dictionnaire des philosophes, Hg. D. HUISMAN, Bd. 1–2, ^{2}1993; Historisches Wörterbuch der Philosophie (HWP), Hg. J. RITTER, 1–, 1971–; Lexikon der philosophischen Werke, Hg. F. VOLPI u. a., 1988; Philosophisches Wörterbuch, Hg. W. BRUGGER, ^{14}1976. *Zu 10j:* Allgemeines Lexikon der bildenden Künstler, Bd. 1–37, 1907–1950; G. DEHIO, Handbuch der deutschen Kunstdenkmäler, Neubearb. 1–, 1971–; Die Musik in Geschichte und Gegenwart, Bd. 1–22, 2 Regbde., ^{2}1994–2004; Reallexikon zur Deutschen Kunstgeschichte (RDK), 1–, 1937–. *Zu 10k:* Reallexikon der Medizin und ihrer Grenzgebiete, Bd. 1–5, 1977. *Zu 10l:* Reallexikon zur byzantinischen Kunst, 1–, 1966–. *Zu 10m:* Lexikon der islamischen Welt, Hg. K. KREISER, ^{2}1992.

b Biographische Nachschlagewerke Allgemeine Deutsche Biographie (ADB), Bd. 1–56, 1875–1912; Biographisches Wörterbuch zur deutschen Geschichte, Bearb. K. BOSL, Bd. 1–3, ^{2}1973–1975; Die großen Deutschen, Hg. H. HEIMPEL, Bd. 1–5, 1956f.; Biographisches Lexikon zur Geschichte der böhmischen Länder, 1–, 1979–; Dictionnaire de biographie française, 1–, 1933–; Dizionario biografico degli Italiani, 1–, 1960–; Historisch-biographisches Lexikon der Schweiz (dt. Ausg.), Bd. 1–7, Supplbd., 1921–1934; Nationaal biografisch woordenboek, 1–, 1964–; Neue Deutsche Biographie (NDB), 1–, 1953–; Nieuw Nederlandsch biografisch Woordenboek, Bd. 1–10, 1911–1937.

6 Wörterbücher, Glossare

G. F. BENECKE u. a., Mittelhochdeutsches Wörterbuch, Bd. 1–4, 1854–1866; Bd. 5, E. KOLLER u. a., Neuhochdeutscher Index zum mittelhochdeutschen Wortschatz, 1990; A. BLAISE, Dictionnaire latin-français des auteurs du moyen-âge, 1975; E. BRINCKMEIER, Glossarium diplomaticum, Bd. 1–2, 1856, 1863; K. E. DEMANDT, Laterculus notarum, [6]1994; Deutsches Rechtswörterbuch, 1–, 1914–; L. DIEFENBACH, Glossarium latino-germanicum mediae et infimae aetatis, 1857; C. DU FRESNE SIEUR DU CANGE, Glossarium mediae et infimae latinitatis, Bd. 1–3, 1678; Bd. 1–10, Bearb. L. FAVRE, [5]1883–1887; Frühneuhochdeutsches Wörterbuch, Hg. U. GOEBEL u. a., 1–, 1989–; H. u. K. E. GEORGES, Ausführliches lateinisch-deutsches Handwörterbuch, Bd. 1–2, [8]1912f.; A. GÖTZE, Frühneuhochdeutsches Glossar, [7]1967; J. G. T. GRAESSE u. a., Orbis latinus. Lexikon lateinischer, geographischer Namen des Mittelalters und der Neuzeit, Bd. 1–3, [4]1972; A. HAEMMERLE, Alphabetisches Verzeichnis der Berufs- und Standesbezeichnungen, 1933; C. G. HALTAUS, Glossarium germanicum medii aevi, Tl. 1–2, 1758; H. G. HEUMANN u. a., Handlexikon zu den Quellen des römischen Rechts, [9]1907; Kirchenlateinisches Wörterbuch, Hg. A. SLEUMER u. a., 1926; M. LEXER, Mittelhochdeutsches Handwörterbuch, 1872–1878; A. LÜBBEN u. a., Mittelniederdeutsches Handwörterbuch, 1888; Mittellateinisches Wörterbuch bis zum ausgehenden 13. Jahrhundert, 1–, 1959–; J. F. NIERMEYER, Mediae latinitatis lexicon minus, 1976; H. OESTERLEY, Historisch-geographisches Wörterbuch des deutschen Mittelalters, 1883; Thesaurus linguae latinae, 1–, 1900–; A. TOBLER u. a., Altfranzösisches Wörterbuch, 1–, 1925–; J. VERDAM u. a., Middelnederlandsch handwoordenboek, 1932; Wörterbuch der mittelhochdeutschen Urkundensprache, Hg. B. KIRCHSTEIN u. a., 1–, 1986–.

7 *Handbücher und allgemeine Darstellungen zur Weltgeschichte und europäischen Geschichte*

K. BOSL, Die Grundlagen der modernen Gesellschaft im Mittelalter, Tl. 1–2, 1972; Fischer Weltgeschichte, Bd. 1–36, Bd. 9–12, 1982; Handbuch der europäischen Geschichte (HEG), Hg. T. SCHIEDER, Bd. 1–7, Bd. 1–3, 1971–1987; Histoire générale de l'Europe, Hg. G. LIVET u. a., Bd. 1–3, 1980; Histoire générale des civilisations, Hg. M. GROUZET, 1–, Bd. 3, [4]1965; Historia Mundi. Ein Handbuch der Weltgeschichte in 10 Bänden, Hg. F. KERN, Bd. 5–6, 1956, 1958; The New Cambridge Medieval History (NCMH), Hg. D. ABULAFIA u. a., Bd. 1–7, 1995–2002; Oldenbourg. Grundriß der Geschichte, Hg. J. BLEICKEN, 1–, 4–, 1982–; Propyläen Geschichte Europas, Hg. W.

MITTE, Bd. 1–6, Bd. 1, ³1979; Propyläen-Weltgeschichte. Eine Universalgeschichte, Hg. G. MANN u. a., Bd. 1–10, 1 Erg.bd., 1 Bd. Bilder und Dokumente, Bd. 5–6, 1963f.; Saeculum Weltgeschichte, Hg. H. FRANKE, Bd. 1–7, Bd. 4–5, 1967, 1970.

8 Handbücher und allgemeine Darstellungen zur deutschen Geschichte

Deutsche Geschichte, Begr. P. RASSOW, Neubearb. M. VOGT, ⁴1997; Deutsche Geschichte, Hg. J. LEUSCHNER, Bd. 1–10, Bd. 1–3, 1974–1976 (versch. Neuaufl.); Deutsche Geschichte in 3 Bänden, Hg. H.-J. BARTMUSS, Bd. 1, ³1974f.; Deutsche Geschichte in 12 Bänden, Hg. H. BARTEL u. a., Bd. 1–3, 1982–1985; Deutschlands Grenzen in der Geschichte, Hg. A. DEMANDT, ³1993; GEBHARDT, Handbuch der deutschen Geschichte (GHDG), Hg. H. GRUNDMANN, Bd. 1–4, Bd. 1–2, ⁹1970; Handbuch der deutschen Geschichte, Hg. L. JUST, Bd. 1–4, Bildbd., Reg.bd., Bd. 1, 1957; Jahrbücher der deutschen Geschichte, 1–, 1866– (Einzelaufstellung bei HEIT [wie I, 1b], 150f.); Neue deutsche Geschichte, Hg. P. MORAW u. a., 1–, 1984–, Bd. 1–2, 1985, ²1993; Propyläen Geschichte Deutschlands, Hg. D. GROH, Bd. 1–9, Bd. 1–3, 1985–1994; Das Reich und die Deutschen, 1–, 1987– (Siedler Deutsche Geschichte).

9 Handbücher und allgemeine Darstellungen zur Geschichte von Landschaften und Ländern innerhalb des Deutschen Reiches

Allgemein: Wissenschaftliche Länderkunden, Hg. W. STORKEBAUM, Bd. 8, Tl. 1–, 1975–; Deutsche Geschichte im Osten Europas, Hg. H. BOOCKMANN u. a., 1–, 1993–. *Einzelne Länder:* F. L. BAUMANN u. a., Geschichte des Allgäus, 4 Bde., Bd. 1–2, 1883, 1884; Handbuch der baden-württembergischen Geschichte, Hg. H. SCHWARZMAIER, 5 Bde., Bd. 1, Tl. 1–2, 2000f.; A. SCHMIDT, Geschichte des Baltikums, 1992; K. BOSL, Bayerische Geschichte, ⁷1990; Handbuch der Bayerischen Geschichte (HBG), Hg. M. SPINDLER, 1–, Bd. 1, ²1981, Bd. 2, ²1988, Bd. 3, Tl. 1–3, ³1995–2001; A. KRAUS, Geschichte Bayerns, ²1988; F. PRINZ, Die Geschichte Bayerns, ²1999; H. PIRENNE, Histoire de Belgique, 5 Bde., Bd. 1, ⁵1929, Bd. 2, ³1922 (s. auch Niederlande); Handbuch der Geschichte der böhmischen Länder, Hg. K. BOSL, 4 Bde., Bd. 1–2, 1967, 1974; F. PRINZ, Böhmen im mittelalterlichen Europa, 1984; J. SCHULTZE, Die Mark Brandenburg, 5 Bde.,

Bd. 1–3, 1961–1963; Die Braunschweigische Landesgeschichte, Hg. H.-R. JARCK u. a., 2000; W. HAVEMANN, Geschichte der Lande Braunschweig und Lüneburg, 1853–1857; L. BOEHM, Geschichte Burgunds, ^{2}1979; Histoire de l'Alsace, Hg. P. DOLLINGER, 1970; Das Reichsland Elsaß-Lothringen, Bd. 1–3, 1898–1901; Franken, Hg. C. SCHERZER, Bd. 1, ^{2}1962, Bd. 2, 1959; K. E. DEMANDT, Geschichte des Landes Hessen, ^{2}1972; Lothringen, Hg. H.-W. HERRMANN, 1984 (frz. 1978); M. PARISSE, Austrasie, Lotharingie, Lorraine, 1990; W. MOHR, Geschichte des Herzogtums Lothringen, Bd. 1–4, 1974–1986 (s. auch Elsaß); J. GOEDERT, La formation territoriale du pays de Luxembourg depuis les origines jusqu'au milieu du quinzième siècle, 1963; M. HAMANN, Mecklenburgische Geschichte, 1968; Algemene geschiedenis der Nederlanden (AGN), Hg. J. A. VAN HOUTTE u. a., 12 Bde., Bd. 1–4, ^{2}1980–1982 (s. auch Belgien); R. LEHMANN, Geschichte der Niederlausitz, 1963; Geschichte Niedersachsens, Hg. H. PATZE, 4 Bde., Bd. 1–2, ^{2}1985–1997; Geschichte des Landes Oldenburg, Hg. A. ECKHARDT u. a., 1987; H. LÜBBING, Oldenburgische Landesgeschichte, 1953; J. KÖNIG, Verwaltungsgeschichte Ostfrieslands, 1955; K. UHLIRZ, Handbuch der Geschichte Österreichs und seiner Nachbarländer Böhmen und Ungarn, Bearb. M. UHLIRZ, 4 Bde., Bd. 1, 1927; DERS. u. a., Handbuch der Geschichte Österreich-Ungarns, Bd. 1, ^{2}1963; E. ZÖLLNER, Geschichte Österreichs, ^{8}1990; Österreichische Geschichte, Hg. H. WOLFRAM, 1–, 1995–; M. SCHAAB, Geschichte der Kurpfalz, 2 Bde., Bd. 1, ^{2}1999; O. EGGERT, Geschichte Pommerns, 1–, 1974–; Pommern im Wandel der Zeiten, Hg. J. M. PISKORSKI, 1999; B. SCHUMACHER, Geschichte Ost- und Westpreußens, ^{6}1977; Rheinische Geschichte in drei Bänden, Hg. F. PETRI u. a., Bd. 1, Tl. 1–3, 1978–1983; Geschichtliche Landeskunde des Saarlandes, Hg. K. HOPPSTÄDTER, 3 Bde., Bd. 2, 1977; K. BLASCHKE, Geschichte Sachsens im Mittelalter, 1990; H. HELBIG, Der Wettinische Ständestaat, ^{2}1980; W. SCHLESINGER, Kirchengeschichte Sachsens im Mittelalter, Bd. 1–2, 1962; Geschichte Salzburgs, Hg. H. DOPSCH, 2 Bde., Bd. 1, Tl. 1–3, 1981–1984; Geschichte Schlesiens, Hg. L. PETRY, 2 Bde., Bd. 1, ^{5}1988; O. BRANDT, Geschichte Schleswig-Holsteins, ^{8}1981; Geschichte Schleswig-Holsteins, Begr. V. PAULS, Hg. O. KLOSE, 8 Bde., Bd. 3–4, 1957–1982; Handbuch der Schweizer Geschichte, Bd. 1–2, ^{2}1980; H. C. PEYER, Verfassungsgeschichte der alten Schweiz, 1978; Geschichte Thüringens, Hg. H. PATZE u. a., 6 Bde., Bd. 1–2, 1968, 1974; J. FONTANA u. a., Geschichte des Landes Tirol, 4 Bde., Bd. 1, 1985; J. MARX, Geschichte des Erzstifts Trier, Abt. 1–3, 1858–1864; F. PAULY, Siedlung und Pfarrorganisation im alten Erzbistum Trier, Bd. 1–10, 1957–1976; Westfälische Geschichte, Hg. W. KOHL, 3 Bde., Reg.- u. Dok.bd., Bd. 1, 1983; K. WELLER u. a., Württembergische Geschichte im südwestdeutschen Raum, [10]1989 (s. auch Baden).

10 Handbücher und allgemeine Darstellungen historischer Teildisziplinen und Teilgebiete

a Rechts- und Verfassungsgeschichte, Verwaltungsgeschichte: K. S. BADER u. a., Deutsche Rechtsgeschichte, 1999; O. BRUNNER, Land und Herrschaft, [5]1965; Deutsche Verwaltungsgeschichte, Hg. K. G. JESERICH u. a., 6 Bde., 1983–1988; J. FICKER, Vom Reichsfürstenstande, Hg. P. PUNTSCHART, Bd. 1–2, 1861, 1923; H. MITTEIS, Deutsche Rechtsgeschichte, Bearb. H. LIEBERICH, [19]1992; H. K. SCHULZE, Grundstrukturen der Verfassung im Mittelalter, Bd. 1–2, [3]1995–2000, Bd. 3, 1998; R. SPRANDEL, Verfassung und Gesellschaft im Mittelalter, [5]1994; G. WAITZ, Deutsche Verfassungsgeschichte, Bd. 1–8, 1844–1878, Bd. 1–2, [3]1880–1882, Bd. 3–6, [2]1883–1896; D. WILLOWEIT, Deutsche Verfassungsgeschichte, [4]2001.

b Kirchengeschichte: A. ANGENENDT, Geschichte der Religiosität im Mittelalter, [2]2000; Die Entwicklung des Konziliarismus, Hg. R. BÄUMER, 1976; H. E. FEINE, Kirchliche Rechtsgeschichte, [5]1972; Geschichte der ökumenischen Konzilien, Hg. G. DUMEIGE, 13 Bde., Bd. 1–9, 1963–1990; Die Geschichte des Christentums, Hg. N. BROX u. a., 1–, Bd. 3–7, 1991–2001 (frz. 1990–1998); H. GRUNDMANN, Religiöse Bewegungen im Mittelalter, [4]1977; J. HALLER, Das Papsttum, Bd. 1–5, [2]1962; Handbuch der Kirchengeschichte (HKG), Hg. H. JEDIN u. a., Bd. 1–7, 1962–1979; Handbuch der Religionsgeschichte im deutschsprachigen Raum, Hg. P. DINZELBACHER, 6 Bde., Bd. 1–2, 2000f.; M. HEIMBUCHER, Die Orden und Kongregationen der katholischen Kirche, Bd. 1–2, [5]1987; Die Kirche in ihrer Geschichte (KiG), Hg. K. D. SCHMIDT u. a., 1–, 1962–; M. D. LAMBERT, Ketzerei im Mittelalter, 1991 (vgl. dessen neue Bearb. Häresie im Mittelalter, 2001); B. SCHIMMELPFENNIG, Das Papsttum, [4]1996; F. X. SEPPELT, Geschichte des Papsttums, Bd. 1–5, 1931–1936; Neubearb. (Bd. 4

und 5 von G. SCHWAIGER), Bd. 1–5, 1954–1959; A. WERMINGHOFF, Verfassungsgeschichte der deutschen Kirche im Mittelalter, [2]1913.

c *Geschichte der Juden:* M. TOCH, Die Juden im mittelalterlichen Reich, 1998.

d *Wirtschafts- und Sozialgeschichte, Bevölkerungsgeschichte, Verkehrsgeschichte, Technikgeschichte, Umweltgeschichte:* Alpenübergänge vor 1850. Landkarten – Straßen – Verkehr, Hg. U. LINDGREN, 1987; Auf den Römerstraßen ins Mittelalter, Hg. F. BURGARD u. a., 1997; Die Bedeutung der Kommunikation für Wirtschaft und Gesellschaft, Hg. H. POHL, 1989; Die Bevölkerungsentwicklung des europäischen Mittelalters, Hg. B. HERRMANN u. a., 1988; M. BLOCH, La société féodale, Bd. 1–2, 1939f. (dt. [2]1999); A. BORST, Barbaren, Ketzer und Artisten, [2]1990; The Cambridge Economic History of Europe (CEHE), 8 Bde., Bd. 1–3, [2]1966–1987; F. CURSCHMANN, Hungersnöte im Mittelalter, 1900; E. ENNEN, Frauen im Mittelalter, [6]1999; Europäische Technik im Mittelalter 800 bis 1200, Hg. U. LINDGREN, 1996; R. FOSSIER, L'histoire économique et sociale du Moyen Age occidental, 1999; Geschichte des Wohnens, 5 Bde., Bd. 2, Hg. U. DIRLMEIER, 1998; Handbuch der deutschen Wirtschafts- und Sozialgeschichte (HDWSG), Hg. H. AUBIN u. a., 2 Bde., Bd. 1, 1971; Handbuch der europäischen Wirtschafts- und Sozialgeschichte (HEWSG), 6 Bde., Bd. 2, Hg. J. A. VAN HOUTTE, 1980; Bd. 3, Hg. H. KELLENBENZ, 1986; F.-W. HENNING, Deutsche Wirtschafts- und Sozialgeschichte im Mittelalter und in der frühen Neuzeit, 1990; Hochfinanz im Westen des Reiches 1150–1500, Hg. F. BURGARD u. a., 1996; H. KELLENBENZ, Deutsche Wirtschaftsgeschichte, 2 Bde., Bd. 1, 1977; Kulturgeschichte des Wassers, Hg. H. BÖHME, 1988; J. LE GOFF, La civilisation de l'Occident médiéval, 1964 (dt. 1970); Menschen, Dinge und Umwelt in der Geschichte, Hg. U. DIRLMEIER u. a., 1989; M. MOLLAT, Les pauvres au moyen âge, 1978 (dt. 1984); Propyläen-Technikgeschichte, Hg. W. KÖNIG, Bd. 1–5, 1990–1992; Wirtschaftskräfte und Wirtschaftswege (Fs. H. Kellenbenz), Bd. 1–5, 1978–1981; R. WISSEL, Des alten Handwerks Recht und Gewohnheit, Bd. 1–6, [2]1971–1988.

e Agrargeschichte/Grundherrschaft: Deutsche Agrargeschichte, Hg. G. FRANZ, Bd. 1, 1969, Bd. 2, ³1978, Bd. 3, 1967, Bd. 4, ²1976, Bd. 6, 1984; F.-W. HENNING, Deutsche Agrargeschichte des Mittelalters, 1994; W. RÖSENER, Agrarwirtschaft, Agrarverfassung und ländliche Gesellschaft im Mittelalter, 1992.

f Stadtgeschichte: E. ENNEN, Die europäische Stadt des Mittelalters, ⁴1987; E. ISENMANN, Die deutsche Stadt im Spätmittelalter, 1988; E. MASCHKE, Städte und Menschen, 1980; H. PLANITZ, Die deutsche Stadt im Mittelalter, 1954; Die Stadt des Mittelalters, Hg. C. HAASE, Bd. 1–3, ³1978–1987; Städteforschung, Reihe A, 1–, 1976–; Städtelandschaften in Altbayern, Franken und Schwaben, Hg. H. FLACHENECKER u. a., 1999; H. STOOB, Forschungen zum Städtewesen in Europa, 1970; Untersuchungen zur gesellschaftlichen Struktur der mittelalterlichen Städte in Europa, 1966 (Vorträge und Forschungen 11); Die urbanen Zentren des hohen und späteren Mittelalters, Hg. M. ESCHER u. a., 2002.

g Wissenschafts- und Bildungsgeschichte: L. BOEHM u. a., Universitäten und Hochschulen in Deutschland, Österreich und der Schweiz, 1983; P. CLASSEN, Studium und Gesellschaft im Mittelalter, Hg. J. FRIED, 1983; M. GRABMANN, Mittelalterliches Geistesleben, Bd. 1–3, 1926–1956; H. GRUNDMANN, Vom Ursprung der Universität im Mittelalter, ²1964; G. KAUFMANN, Die Geschichte der deutschen Universitäten, Bd. 1–2, 1888, 1896; Schulen und Studium im sozialen Wandel des hohen und späten Mittelalters, Hg. J. FRIED, 1986; Stadt und Universität im Mittelalter und in der früheren Neuzeit, Hg. E. MASCHKE, 1977.

h Sprach- und Literaturgeschichte: F. BRUNHÖLZL, Geschichte der lateinischen Literatur des Mittelalters, Bd. 1, ²1996, Bd. 2, 1992; E. R. CURTIUS, Europäische Literatur und lateinisches Mittelalter, ¹¹1993; H. DE BOOR u. a., Geschichte der deutschen Literatur von den Anfängen bis zur Gegenwart, 12 Bde., Bd. 1, ⁹1979, Bd. 2, ¹¹1991, Bd. 3, Tl. 1, ⁵1997, Tl. 2, 1987; Deutsche Literatur. Eine Sozialgeschichte, Hg. H. A. GLASER, 9 Bde., Bd. 1–2, 1988, 1991; H. FRIEDRICH, Romanische Literaturen, Bd. 1–2, 1972; Germanische Literaturgeschichte, Hg. H. PAUL, Bd. 1–2, 1984; Geschichte der deutschen Literatur von den Anfängen bis zum Beginn der Neuzeit, Hg. J. HEINZLE, Bd. 1–3, 1984–2001; Geschichte der Textüberlieferung der antiken und mittelalterlichen Literatur, Bd. 1–2, 1961–1964; Grundriß der romanischen Literaturen des Mittelalters, Begr. H. R. JAUSS, 1–, 1972–; Kurzer Grundriß der germanischen Philologie bis 1500, Hg. L. E. SCHMITT, Bd. 1–2, 1970f.; K. LANGOSCH, Mittellatein und Europa, 1990; M. MANITIUS u. a., Geschichte der lateinischen Literatur des Mittelalters, Bd. 1–3, 1911–1931; H. MOSER, Deutsche Sprachgeschichte, [6]1969; Neues Handbuch der Literaturwissenschaft (NHLW), Hg. K. v. SEE, 25 Bde., Bd. 6–8, 1978–1986; P. v. POLENZ, Geschichte der deutschen Sprache, [9]1978; R. SPRANDEL, Gesellschaft und Literatur im Mittelalter, 1982; P. STOTZ, Handbuch zur lateinischen Sprache des Mittelalters, Bd. 1–4, 1996–2002; D. TSCHIZEWSKIJ, Vergleichende Geschichte der slawischen Literaturen, Bd. 1–2, 1968.

i *Philosophiegeschichte:* G. FLØISTAD, Philosophy and science in the Middle Ages, Bd. 1–2, 1990; R. IMBACH u. a., Die Philosophie im lateinischen Mittelalter, 1996; L. STURLESE, Die deutsche Philosophie im Mittelalter, 1993 (ital. 1990).

j *Kunstgeschichte:* G. BANDMANN, Mittelalterliche Architektur als Bedeutungsträger, [11]1998; G. BINDING u. a., Kleine Kunstgeschichte der mittelalterlichen Ordensbaukunst in Deutschland, [3]2001; W. BRAUNFELS, Abendländische Klosterbaukunst, [5]1985; DERS., Die Kunst im Heiligen Römischen Reich Deutscher Nation, Bd. 1–6, 1979–1989; Geschichte der bildenden Kunst in Österreich, Hg. H. FILLITZ, 1–, 1998–; Geschichte der deutschen Kunst, Hg. H. KLOTZ, 3 Bde., Bd. 1–2, 1998f.; W. HOTZ, Kleine Kunstgeschichte der deutschen Burg, [5]1991; Die Kunst der Romanik. Architektur – Skulptur – Malerei, Hg. R. TOMAN, 1996; Propyläen-Kunstgeschichte, 18 Bde., Bd. 3–7, 1968–1972; Universum der Kunst, 1–, 1960–.

k *Geschichte der Mathematik, Naturwissenschaften und Medizin:* O. BECKER, Die Grundlagen der Mathematik in geschichtlicher Entwicklung, [4]1990; M. FOLKERTS, Maß, Zahl und Gewicht, 1989; H. GERICKE, Mathematik im Abendland, 1990; Medizin im mittelalterlichen Abendland, Hg. G. BAADER u. a., 1982; Science in the Middle Ages, Hg. D. C. LINDBERG, 1978; D. J. STRUIK, Abriß der Geschichte der

Mathematik, [7]1980; S. WAGNER, Die Entwicklung der exakten Naturwissenschaften von der Antike bis zur Gegenwart, Bd. 1–2, 1985.

l *Byzantinische Geschichte:* H.-G. BECK, Das byzantinische Jahrtausend, [2]1994; Byzanz, Hg. F. MAIER, [9]1995; Handbuch der Byzantinistik, Hg. O. MAZAL, [2]1997; P. SCHREINER, Byzanz, [2]1994.

m *Geschichte des Islams:* Geschichte der arabischen Welt, Hg. U. HAARMANN, [4]2001; Der Islam, Bd. 1, [11]1995, Bd. 2, [12]1995 (Fischer Weltgeschichte 14f.).

11 *Historische Hilfswissenschaften*

a *Allgemein:* J. BERLIOZ, Identifier sources et citations, 1994; A. VON BRANDT, Werkzeug des Historikers, [15]1998; J. BURKARDT, Die Historischen Hilfswissenschaften in Marburg (17.–19. Jahrhundert), 1997; Clavis mediaevalis. Kleines Wörterbuch der Mittelalterforschung, Hg. O. MEYER, 1962; Neubearb. R. NEUMÜLLERS-CLAUSER, Res medii aevi. Kleines Lexikon der Mittelalterkunde, 1999.

b *Chronologie:* A. BORST, Computus. Zeit und Zahl in der Geschichte Europas, [2]1999; H. GROTEFEND, Taschenbuch der Zeitrechnung, Bearb. J. ASCH, [12]1982; DERS., Zeitrechnung des deutschen Mittelalters und der Neuzeit, Bd. 1–2, 1891–1898.

c *Diplomatik:* H. BRESSLAU, Handbuch der Urkundenlehre für Deutschland und Italien, Bd. 1, [2]1912, Bd. 2, 1915–1931, Reg.bd. 1960; W. ERBEN, Die Kaiser- und Königsurkunden des Mittelalters, [2]1907; J. FICKER, Beiträge zur Urkundenlehre, Bd. 1–2, 1877f.; T. FRENZ, Papsturkunden des Mittelalters und der Neuzeit, [2]2000; O. GUYOTJEANNIN, Diplomatique médiévale, 1993; O. REDLICH, Die Privaturkunden des Mittelalters, 1911; L. SANTIFALLER, Urkundenforschung, [3]1968.

d *Epigraphik:* Fachtagung für lateinische Epigraphik des Mittelalters und der Neuzeit, Hg. R. M. KLOOS, 1982; Epigraphik 1982. Fachtagung für mittelalterliche und neuzeitliche Epigraphik, Hg. W. KOCH, 1983; Deutsche Inschriften. Fachtagung für mittelalterliche und neuzeitliche Epigraphik, Hg. K. STACKMANN, 1986; R. FAVREAU, Epigraphie médiévale, 1997.

e Paläographie/Kodikologie: B. BISCHOFF, Paläographie des römischen Altertums und des abendländischen Mittelalters, ²1986; A. CAPPELLI, Dizionario di abbreviature latine ed italiane, ⁶1973; Suppl. A. PELZER, Abréviations latines médiévales, ²1966; H. FOERSTER, Abriß der lateinischen Paläographie, ²1963; P. A. GRUN, Schlüssel zu alten und neuen Abkürzungen, 1966; O. MAZAL, Lehrbuch der Handschriftenkunde, 1986; J. STIENNON u. a., Paléographie du Moyen Age, 1973; DERS., L'Ecriture, 1995.

f Sphragistik: T. DIEDERICH, Rheinische Städtesiegel, 1984; W. EWALD, Siegelkunde, 1914; E. KITTEL, Siegel, 1970; O. POSSE, Die Siegel der deutschen Kaiser und Könige, Bd. 1–5, 1909–1913; P.-J. SCHULER, Südwestdeutsche Notarszeichen, 1976.

g Heraldik: D. L. GALBREATH u. a., Handbuch der Heraldik, 1990; J. SIEBMACHER, Großes und allgemeines Wappenbuch, Neubearb. O. T. VON HEFNER, Einl.-Bd. A-, 1–, 1854–; General-Index (1605–1961), 1964.

h Genealogie: Europäische Stammtafeln, Hg. W. K. Prinz VON ISENBURG, Bd. 1–3, 1936f.; Neubearb., F. Baron FREYTAG v. LORINGHOVEN, Bd. 1–6, ²1953–1978; NF, Hg. D. SCHWENNICKE, Bd. 1–15, 1979–1993; E. HENNING u. a., Taschenbuch der Familiengeschichtsforschung, ¹²2001.

i Historische Geographie/Kartographie: Genetische Siedlungsforschung in Mitteleuropa und seinen Nachbarräumen, Hg. K. FEHN u. a., Tl. 1–2, 1988; Historische Geographie der Deutschen Demokratischen Republik, Tl. 1–3, Hg. W. STRENZ, 1976–1979; A. HÜTTERMANN, Karteninterpretation in Stichworten, Bd. 1–2, Bd. 1, ³1993; H. JÄGER, Historische Geographie, ²1973; R. OGRISSEK, Die Karte als Hilfsmittel des Historikers, 1968; W. WITT, Lexikon der Kartographie, Hg. E. ARNBERGER, 1979.

j Metrologie: H. J. ALBERTI, Maß und Gewicht, 1957; Die historische Metrologie in den Wissenschaften, Hg. H. WITTHÖFT u. a., 1986; DERS., Umrisse einer historischen Metrologie, Bd. 1–2, 1979; F. VERDENHALVEN, Alte Meß- und Währungssysteme aus dem deutschen Sprachgebiet, ²1993.

k Namenkunde: A. BACH, Deutsche Namenkunde, Bd. 1–3, ²1952–1956; Probleme der Namenforschung im deutschsprachigen Raum, Hg. H. STEGER, 1977; E. SCHWARZ, Deutsche Namenforschung, Bd. 1–2, 1949f.

l Numismatik und Geldgeschichte: M. BOMPAIRE, Numismatique médiévale, 2000; F. FRIEDENSBURG, Münzkunde und Geldgeschichte der Einzelstaaten des Mittelalters und der neueren Zeit, 1926; P. GRIERSON, Münzen des Mittelalters, 1976; A. LUSCHIN v. EBENGREUTH, Allgemeine Münzkunde und Geldgeschichte des Mittelalters und der neueren Zeit, ²1926; A. SUHLE, Deutsche Münz- und Geldgeschichte, ⁶1973; Wörterbuch der Münzkunde, Hg. F. Frh. v. SCHRÖTTER, ²1970.

m Mittellateinische Philologie: B. BISCHOFF, Mittelalterliche Studien, 3 Bde., 1966–1981; Probleme der Edition mittel- und neulateinischer Texte, Hg. L. HÖDL, 1978; P. LEHMANN, Erforschung des Mittelalters, Bd. 1–5, 1941–1962; Mittellateinische Philologie, Hg. A. ÖNNERFORS, 1975; Quellen und Untersuchungen zur lateinischen Philologie des Mittelalters, Hg. L. TRAUBE, 1–, 1906–.

n Germanische Philologie: W. BRAUNE, Althochdeutsche Grammatik, ¹⁴1987; H. DE BOOR u. a., Mittelhochdeutsche Grammatik, ¹⁰1998; O. EHRISMANN, Mittelhochdeutsch, 1976; C. LECOUTEUX, L'allemand du Moyen Age, 1996; R. SCHÜTZEICHEL, Mundart, Urkundensprache, Schriftsprache, ²1974; S. SONDEREGGER, Althochdeutsche Sprache und Literatur, ²1987.

o Romanische Philologie: Grundriß der romanischen Philologie, Hg. G. GRÖBER, Bd. 1–2, 1897, 1906; W. MEYER-LÜBKE, Grammatik der romanischen Sprachen, Bd. 1–4, 1890–1902; B. E. VIDOS, Handbuch der romanischen Sprachwissenschaft, 1968.

p Slawische Philologie: Einführung in die slavischen Sprachen, Hg. P. REHDER, [3]1998; N. FRANZ, Einführung in die slavische Philologie, 1994; B. PANZER, Die slavischen Sprachen in Gegenwart und Geschichte, [3]1999.

q Mittelalter-Archäologie: S. FELGENHAUER-SCHMIEDT, Die Sachkultur des Mittelalters im Lichte der archäologischen Funde, 1993.

r Realienkunde, Volkskunde: A. BACH, Deutsche Volkskunde, [3]1960; Europäische Sachkultur des Mittelalters, Hg. H. KÜHNEL, 1980; Veröffentlichungen des Instituts für mittelalterliche Realienkunde Österreichs, 1–, 1976–; Wörterbuch der deutschen Volkskunde, Begr. O. A. ERICH u. a., Neubearb. R. BEITL, [3]1974.

12 Geschichtsatlanten/-karten

a Allgemein: Atlas zur Geschichte, Bearb. L. BERTHOLD u. a., 2 Bde., Bd. 1, [4]1989, Bd. 2, [3]1982; dtv-Atlas zur Weltgeschichte, Bd. 1–2, Bd. 1, [20]1985; G. DUBY, Atlas historique, 1978; Großer Historischer Weltatlas, Hg. Bayerischer Schulbuch-Verlag, Tl. 1–3, Tl. 2, [2]1979; Erläuterungen, Hg. E. W. ZEEDEN, [4]1983; Historischer Weltatlas, Begr. F. W. PUTZGER, [103]2001; Westermanns Großer Atlas zur Weltgeschichte, 1997.

b Kirchengeschichte: Atlas zur Kirchengeschichte, Hg. H. JEDIN u. a., Bearb. J. MARTIN, [3]1988.

c Länder: Historischer Atlas von Baden-Württemberg, 1988; Bayerischer Geschichtsatlas, Hg. M. SPINDLER, 1969; Historischer Atlas von Bayerisch-Schwaben, 1–, [2]1982–; Historischer Atlas von Bayern, Hg. M. SPINDLER u. a., 1–, 1950–; Historischer Atlas von Brandenburg, NF 1–, 1962–; Historischer Handatlas von Brandenburg und Berlin, Bd. 1–60, 1962–1978; Nachträge 1980; Elsaß-Lothringischer Atlas, Hg. G. K. WOLFRAM, Bd. 1–2, 1931; Geschichtlicher Atlas von Hessen, Bearb. F. UHLHORN u. a., Bd. 1–2, 1978, 1984; Historischer Atlas von Mecklenburg, Hg. R. SCHMIDT, Karte 1–6, 1960–1974; Geschichtlicher Handatlas von Niedersachsen, Bearb. G. PISCHKE, 1989; Historisch-landeskundliche Exkursionskarte von Niedersachsen, Hg. H. JÄGER u. a., 1–, 1964–; Atlas von Niederösterreich und

Wien, 1951–1958; Atlas von Oberösterreich, 1958–1971; E. LENDL, Salzburg-Atlas, Tl. 1–2, 1955; Historischer Atlas der Steiermark, 1–, 1978–; Tirol-Atlas, 1–, 1969–; Pfalzatlas, Hg. W. ALTER, Bd. 1–6, 1963–1994; Historischer Atlas von Pommern, 1–, 1959–; Atlas der ost- und westpreußischen Landesgeschichte, Hg. E. KEYSER, 1–, 1936–; Historisch-geographischer Atlas des Preußenlandes, 1–, 1968–; Geschichtlicher Atlas der Rheinlande, Hg. F. IRSIGLER, 1–, 1982–; H. AUBIN u. a., Geschichtlicher Handatlas der Rheinprovinz, 1926; Geschichtlicher Atlas der Rheinprovinz, Abt. 1–2, 1894–; J. NIESSEN, Geschichtlicher Handatlas der deutschen Länder am Rhein. Mittel- und Niederrhein, 1950; Geschichtlicher Atlas für das Land an der Saar, Hg. H. AMMANN, 1–, 1965–; Atlas des Saale- und mittleren Elbegebietes, Hg. O. SCHLÜTER u. a., Tl. 1–3, 1959–1961 (Sachsen, Sachsen-Anhalt); Atlas östliches Mitteleuropa, Hg. T. KRAUS u. a., 1959 (Schlesien); W. GEISLER, Oberschlesien-Atlas, 1938; Historischer Atlas der Schweiz, Hg. H. AMMANN, ^{2}1958; Sudetendeutscher Atlas, Hg. E. MEYNEN, ^{2}1955; Thüringen-Atlas, Hg. J. MÜLLER, 1939–1942; Geschichtlicher Handatlas von Westfalen, 1–, 1975–.

d Städte: Deutscher Städteatlas, Hg. H. STOOB, 1–, 1973–; F.-J. HIMLY, Atlas des villes médiévales d'Alsace, 1970; W. KLAUS, Die Städte der DDR im Kartenbild, Tl. 1–2, 1972, 1976; Niederrheinischer Städteatlas, Hg. G. KALLEN, Reihe 1–2, 1952–; Niedersächsischer Städteatlas, Abt. 1–3, 1922–1977; Österreichischer Städteatlas, Hg. F. CZEIKE u. a., 1–, 1982–; Rheinischer Städteatlas, 1–, 1972–; Westfälischer Städteatlas, Hg. H. STOOB u. a., 1–, 1975–.

e Spezialthemen: Atlas der deutschen Agrarlandschaft, Hg. E. OTREMBA, 1962–1971; Atlas zur Geschichte der deutschen Ostsiedlung, Bearb. W. KRALLERT u. a., 1958; Hansische Handelsstraßen, Bearb. F. BRUNS u. a., Bd. 1–3, 1962–1968; Österreichischer Volkskunde-Atlas, Hg. E. BURGSTALLER u. a., 1–, 1959–; K. TACKENBERG, Fundkarten zur Vorgeschichte der Rheinprovinz, 1954.

13 Zur Quellenerschließung

a Quellenbibliographie: J. M. BAK, Mittelalterliche Geschichtsquellen in chronologischer Übersicht, 1987; U. CHEVALIER, Répertoire des sources historiques du moyen âge, Tl. 1, Bd. 1–2, ^{2}1905–1907, Tl.

2, Bd. 1–2, 1894–1903; Clavis Patrum Latinorum (CPL), Hg. E. DEKKERS u. a., ^{3}1995; H. VAN HOOF, Internationale Bibliographie der Übersetzung, 1973; MGH, Gesamtverzeichnis (jährl. neue Ausg.); Mittellateinisches Wörterbuch bis zum ausgehenden 13. Jahrhundert, Abkürzungs- und Quellenverzeichnisse, ^{2}1996; F. J. NIERMEYER, Mediae Latinitatis Lexicon Minus, Abbreviationes et Index Fontium, ^{3}1993; N. OHLER, Bibliographie ins Neuhochdeutsche übersetzter mittelalterlicher Quellen, 1991; A. POTTHAST, Bibliotheca historica medii aevi, Bd. 1–2, ^{2}1896; wird ersetzt durch: DERS., Repertorium fontium historiae medii aevi (Rpf), Series collectionum, Bd. 1, 1962; Fontes, Bd. 2–, 1967–; Add. 1 zu Bd. 1 (1962–1972), 1977; L. SANTIFALLER, Neuere Editionen mittelalterlicher Königs- und Papsturkunden, 1958; F. J. WORSTBROCK, Deutsche Antikerezeption, Tl. 1, 1976.

b Quellenkunde/mittelalterliche Historiographie T. BÜHLER, Rechtsquellenlehre, Bd. 1–3, 1977–1985; R. C. VAN CAENEGEM u. a., Kurze Quellenkunde des westeuropäischen Mittelalters, 1964 (engl. 1978); H. GRUNDMANN, Geschichtsschreibung im Mittelalter, ^{4}1987; Historiographia mediaevalis. Studien zur Geschichtsschreibung und Quellenkunde des Mittelalters, Hg. D. BERG, 1988; K. JACOB, Quellenkunde der deutschen Geschichte im Mittelalter, Bd. 1, Bearb. H. HOHENLEUTNER, ^{6}1959; Bd. 2, Bearb. H. HOHENLEUTNER, ^{6}1968; Bd. 3, Bearb. F. WEDEN, 1952; M. JANSEN u. a., Historiographie und Quellen der deutschen Geschichte bis 1500, ^{2}1914; J. KARAYANNOPULOS u. a., Quellenkunde zur Geschichte von Byzanz (324–1453), Tl. 1–2, 1982; A. LHOTSKY, Quellenkunde zur mittelalterlichen Geschichte Österreichs, 1963; O. LORENZ, Deutschlands Geschichtsquellen im Mittelalter, Bd. 1–2, ^{3}1886f.; G. RICHTER, Lagerbücher- oder Urbarlehre, 1979; Typologie des sources du moyen âge occidental (TS), Hg. L. GENICOT, 1–, 1972–; H. VILDHAUT, Handbuch der Quellenkunde zur deutschen Geschichte, ^{2}1909; W. WATTENBACH u. a., Deutschlands Geschichtsquellen im Mittelalter: Vorzeit und Karolinger, Bearb. W. LEVISON u. a., 1991; weitere Bände dieses Editionsvorhabens: Die Zeit der Sachsen und Salier, Neubearb. F.-J. SCHMALE, Tl. 1–3, 1967–1971; Vom Tode Kaiser Heinrichs V. bis zum Ende des Interregnum, Neubearb. F.-J. SCHMALE, Tl. 1–, 1976–.

14 Quellensammlungen

a Deutsches Reich: Acta Imperii selecta. Urkunden deutscher Könige und Kaiser, Hg. J. F. BÖHMER, 1870; W. ALTMANN u. a., Ausgewählte Urkunden zur Erläuterung der Verfassungsgeschichte Deutschlands im Mittelalter, [5]1920; Ausgewählte Quellen zur deutschen Geschichte des Mittelalters (Freiherr vom Stein-Gedächtnisausgabe) (AQMA), 1–, 1955–; Bibliotheca rerum Germanicarum (BRG), Hg. P. JAFFÉ u. a., Bd. 1–6, 1864–1873; Deutsche Reichstagsakten (RTA). Ältere Reihe, 1–, 1867–; Mittlere Reihe, 1–, 1972–; Fontes rerum Germanicarum, Hg. J. F. BÖHMER u. a., Bd. 1–4, 1843–1868; Die Geschichtsschreiber der deutschen Vorzeit (GdV), 1–, [3]1943–; Historische Texte. Mittelalter, 1–, 1965–; Monumenta Germaniae Historica (MGH), 1826– (s. dazu das jeweils neueste Gesamtverzeichnis der MGH; zu einzelnen Abteilungen s. im Abkürzungsverzeichnis unter MGH).

b Länder: Monumenta Boica, 1–, 1764–; NF 1–, 1902–; Dokumente zur Geschichte von Staat und Gesellschaft in Bayern, Abt. 1–3, 1974–; Quellen und Erörterungen zur bayerischen und deutschen Geschichte, 1856–1864; NF 1–, 1903–; Urkundenbuch zur Geschichte der jetzt die Preussischen Regierungsbezirke Coblenz und Trier bildenden mittelrheinischen Territorien, Hg. H. BEYER u. a., Bd. 1–3, 1860–1874; Urkundenbuch für die Geschichte des Niederrheins, Hg. T. J. LACOMBLET, Bd. 1–4, 1840–1858; Fontes rerum Austriacarum. Österreichische Geschichtsquellen, Abt. 1–3, 1855–, 1849–, 1953–; Codex diplomaticus Saxoniae regiae, Hg. H. ERMISCH u. a., Reihe 1–2, 1864–1941; Quellen zur Schweizer Geschichte, Bd. 1–25, 1877–1906; NF Abt. 1–3, 1908–, 1911–, 1927–; Quellenwerk zur Entstehung der Schweizerischen Eidgenossenschaft, Abt. 1–3, 1933–, 1941–, 1947–; Sammlung schweizerischer Rechtsquellen, 1898–; (zu Belgien, den Niederlanden, Italien u. a. s. VAN CAENEGEM u. a., Quellenkunde (wie I, 13b), 225–232).

c Städte: Die Chroniken der deutschen Städte vom 14. bis ins 16. Jahrhundert, Bd. 1–37, 1862–1931; Elenchus fontium historiae urbanae, Hg. C. VAN DE KIEFT u. a., Bd. 1–3, 1967–1996; Hanserezesse, Abt. 1–4, 1870–1897, 1876–1892, 1881–1913, 1941–1970; Hansisches Urkundenbuch, Bd. 1–11, 1876–1939; F. KEUTGEN, Urkunden zur städtischen Verfassungsgeschichte, 1901; Quellen und Darstellungen zur Hansischen Geschichte, 1875–1894; NF 1–, 1900–; Urkunden zur Geschichte des Städtewesens in Mittel- und Niederdeutschland, Hg. H. STOOB, Bd. 1–2, 1985, 1992.

d Kirchengeschichte: Acta Sanctorum (AASS), 1–, 1643–; Corpus Christianorum (CC), Series latina, 1–, 1954–; Corpus Iuris Canonici (CICan), Hg. E. FRIEDBERG, Bd. 1–2, 1879, 1881; Corpus scriptorum ecclesiasticorum latinorum (CSEL), 1–, 1866–; Le Liber Pontificalis, Hg. L. DUCHESNE u. a., Bd. 1–2, 1886, 1892; Add. 1, 1957; J. D. MANSI, Sacrorum conciliorum nova et amplissima collectio, Bd. 1–31, 1759–1798; erg. Neuaufl. 1901–1927; J. P. MIGNE, Patrologia, Series latina (MIGNE, PL), Bd. 1–221, 1844–1864; Supplbd. 1–5, Hg. A. HAMMAN, 1958–1974.

15 Regestenwerke

a Reichsregesten: J. F. BÖHMER, Regesta imperii inde ab anno 1246 usque ad annum 1313, 1844; Add. 1–2, 1849, 1857; DERS., Regesta imperii inde ab anno 1314 usque ad annum 1347, 1839; Add. 1–3, 1841–1865; Neubearb. Regesta Imperii (RI), Begr. J. F. BÖHMER, 1881– (Gesamtaufstellung s. HEIT [wie I, 1b], 286–289); K. F. STUMPF-BRENTANO, Die Reichskanzler, vornehmlich des X., XI. und XII. Jahrhunderts, Bd. 1–3, 1865–1883; Urkundenregesten zur Tätigkeit des deutschen Königs- und Hofgerichts bis 1451, Hg. B. DIESTELKAMP, 1–, 1986–.

b Erzbischöfe/Bischöfe/Orden: Die Regesten der Bischöfe und des Domkapitels von Augsburg, Bd. 1, Hg. W. VOLKERT, 1985; Die Regesten der Bischöfe und des Domkapitels von Bamberg, Hg. E. Frh. v. GUTTENBERG, 1963; Regesten der Erzbischöfe von Bremen, Bd. 1–2, 1937, 1971; Urkunden und Regesten zur Geschichte des Templerordens im Bereich des Bistums Cammin und der Kirchenprovinz Gnesen, Bearb. W. IRGANG, 1987; Die Regesten der Bischöfe von Eichstätt, Abt. 1–3, 1871–1882; Neubearb. F. HEIDINGSFELDER, Bd. 1, [3]1938; Die Regesten der Erzbischöfe von Köln im Mittelalter, Bd. 1–14, 1901–2001; Regesta Episcoporum Constantiensium, Bd. 1–5, 1895–1941; Regesta archiepiscopatus Magdeburgensis, Hg. G. A. v. MUELVERSTEDT, Tl. 1–3, Reg.bd., 1876–1899; J. F. BÖHMER, Regesta archiepiscoporum Maguntinensium, Bd. 1–2, 1877, 1886; Forts.: Die Regesten der Erzbischöfe von Mainz, Abt. 1–2, 1913–1932; Namenverz., 1958; Regesta historico-diplomatica Ordinis S. Mariae Theutonicorum 1198–1525, Tl. 1–2, Reg.bd., 1948–1973; Die Regesten der Bischöfe von Passau, Hg. E. BOSHOF, 2 Bde., 1992, 1999; Die Regesten der Erzbischöfe und des Domkapitels von Salzburg, Hg. F. MARTIN, Bd. 1–3, 1928–1934; Regesten zur Geschichte der Slaven an Elbe und Oder, Hg. C. LÜBKE, 4 Bde., Reg.bd., 1984–1988; Regesten der Bischöfe von Straßburg, Bd. 1–2, 1908, 1928; Regesten der Erzbischöfe zu Trier, Hg. A. GOERZ, 1861; Regesten van oorkonden betreffende de bisschoppen van Utrecht, Hg. J. W. BERKELBACH VAN DER SPRENKEL, 1937.

c Sonstige wichtigere Herrschaftsträger: Regesten der Markgrafen von Baden und Hachberg, Hg. R. FESTER, Bd. 1–4, 1900–1915; Regesten der Markgrafen von Brandenburg aus dem askanischen Hause, 1955; Regesta Habsburgica, Bd. 1–3, 1905–1934; Regesten der Landgrafen von Hessen, Bd. 1–2, 1929–1990; Regesten der Pfalzgrafen am Rhein, Bd. 1–2, 1894, 1939; J. F. BÖHMER, Wittelsbachische Regesten, 1854.

d Papstregesten: A. BRACKMANN u. a., Germania pontificia (GP), 1–, 1911–; W. HOLTZMANN, Kanonistische Ergänzungen zur Italia pontificia, 1959; P. JAFFÉ u. a., Regesta pontificum Romanorum, Bd. 1–2, ²1885–1888; P. F. KEHR u. a., Italia pontificia (IP), Bd. 1–10, 1906–1975; A. POTTHAST, Regesta pontificum Romanorum, Bd. 1–2, 1874f.; O. SEECK, Regesten der Kaiser und Päpste für die Jahre 311 bis 476, 1919.

A. Mittelalter: eine fragwürdige Epoche

§ 1 »Mittelalter« und andere Periodisierungen

Epochenbildung ist stets das Ergebnis von Sinndeutungen geschichtlicher Zusammenhänge. Mit »Epoche« war bis zum 18. Jh. nur ein Zeitpunkt von größerer Bedeutung gemeint. Der Begriff bezog sich demnach nicht auf Zeiträume, sondern auf genau datierbare Ereignisse. Erst im deutschen Idealismus festigte sich jener Epochenbegriff, »der längerfristige Zusammenhänge meinte, die auseinander hervorgehend aufeinander verweisen«. Mit der historischen Einordnung längerer Zeitspannen werden die Eckdaten relativiert und zur vorhergehenden und nachfolgenden Periode gleitende Übergänge angenommen, die auch als Epochenschwellen verstanden werden.[1] Die mit der Epochenkonstruktion verbundene Deutung ist notwendigerweise von unterschiedlichen Standorten und Erkenntnisständen bestimmt und gerät daher wohl unumgänglich mit geschichtlichen Befunden in Konflikt. Andererseits sind derartige Konstruktionen auf der Suche nach weiterreichenden Zusammenhängen unverzichtbar. Dabei besteht für die Antike und insbesondere für das Mittelalter die Gefahr einer unzulässigen Vergröberung durch Vereinheitlichung auf einen Sinn. Für letztere Epoche wird zumeist ein Zeitraum von mindestens acht Jahrhunderten bis zu mehr als einem Jahrtausend in Anspruch genommen. Ihr Geltungsbereich soll sich zudem auf die sehr unterschiedlichen Kulturräume innerhalb der lateinischen Christenheit beziehen; nicht selten soll sie sogar für die Wirkungsbereiche aller christlichen Religionen oder für die Welt insgesamt gelten.[2]

---

[1] R. KOSELLECK, Das achtzehnte Jahrhundert als Beginn der Neuzeit, in: Epochenschwelle und Epochenbewußtsein, Hg. R. HERZOG u. a., München 1987, 269–282 (Zitat 269f.).

[2] Vgl. E. PITZ, in: LexMA 6, 684–687. Zur Problematik vgl. (auch für das Folgende) E. VOLTMER, Das Mittelalter oder wie die Gegenwart sich ein Bild von der Vergangenheit macht …, in: Herrschaft, Kirche, Kultur. Beiträge zur Geschichte des Mittelalters (Fs. Friedrich Prinz), Hg. G. JENAL, 1993, 553–569; H.-W. GOETZ, Das Problem der Epochengrenzen und die Epoche des Mittelalters, in: Mittelalter und Moderne, Hg. P. SEGL, 1995, 163–172; O. G. OEXLE, The Middle Ages Through Modern Eyes: A Historical Problem, in: TRHS, 6th series, Bd. 9, 1999, 121–142.

a) Christliche Zeitalterlehre

Fragwürdig ist »Mittelalter« auch deshalb, weil diese Periodisierung erst seit der Aufklärung des 18. Jhs. vorherrschend geworden ist.[3] Sie entsprach also nicht dem Selbstverständnis der Zeitgenossen, wenn auch erste Ansätze zu dieser Sinnkonstruktion bis in den italienischen Frühhumanismus des 14. Jhs. zurückverfolgt werden können. Während der als Mittelalter bezeichneten Zeiträume und darüber hinaus bis zum 18. Jh. war unter den Christen im wesentlichen unbestritten, daß die Menschwerdung des Gottessohnes und dessen Auferstehung die letzte, bis zur Wiederkunft Christi beim Jüngsten Gericht – am Ende aller Zeiten – reichende Phase der Heilsgeschichte eingeleitet hatten. In diesem Grundverständnis ging die eigene Zeit trotz aller Umbrüche und Veränderungen, die von Gebildeten durchaus wahrgenommen wurden, bis in die Zeit des Augustus wie auch Christi zurück; sie war zugleich das letzte Zeitalter der Welt- und Heilsgeschichte.

Neben der Heilsgeschichte wurde von christlichen Historikern die Weltgeschichte durchaus beachtet, jedoch in diese heilsgeschichtliche Sicht integriert. Ein Instrument für diese Synchronisation bot das auf den alttestamentarischen Propheten Daniel (Daniel, 2 und 7) zurückgeführte Schema der vier Weltreiche, unter denen – nach dem babylonischen, dem persischen und dem griechischen – das Römische Reich als das letzte vor dem Ende der Welt galt. Politisch unmittelbar bedeutsam wurde innerhalb dieser Zeitenfolge die Frage nach den Nachfolgern der Römer in der weiterhin als römisch verstandenen Reichsherrschaft. Einerseits vertraten seit dem ausgehenden 11. Jh. Autoren aus dem römisch-deutschen Regnum die Auffassung, daß das Römische Reich von den Römern über Karl den Großen den Franken und über den Sachsenkönig Heinrich I. (919–936) den Sachsen respektive den Franken oder auch Deutschen übertragen worden sei. Andererseits wurden seit der Mitte des 12. Jhs. von päpstlicher Seite, insbesondere seit dem Beginn des staufisch-welfischen Thronstreits zwischen 1199 und 1203 von Papst Innozenz III. (geb. 1160/61; Papst

[3] Vgl. R. KOSELLECK, Moderne Sozialgeschichte und historische Zeiten, in: Theorie der modernen Geschichtsschreibung, Hg. P. ROSSI, 1987, 173–190, 178: »Erfindung des Mittelalters«; O. G. OEXLE, Die Moderne und ihr Mittelalter, in: Mittelalter, Hg. SEGL (wie Anm. 2), 307–364.

1198, gest. 1216) aus der – so akzeptierten – Übertragung des Römischen Reiches an die Deutschen (*in Germanos*) über Karl den Großen weitgehende, dann auch kirchenrechtlich fixierte Rechtsansprüche des apostolischen Stuhls über das römisch-deutsche Reich abgeleitet; dafür wurde auch die angebliche Konstantinische Schenkung – das zwischen ca. 750 und 850 gefälschte Constitutum Constantini – als Rechtsgrundlage genutzt. Dieser Rechtsanspruch sollte bereits für die Person und Wahl des von den »Deutschen« erhobenen römischen Königs gelten, die einer Billigung (Approbation) seitens der Päpste bedürften. Er wurde bis zur Mitte des 14. Jhs. auch von einigen römisch-deutschen Königen – den Habsburgern Rudolf I. (1279) und Albrecht I. (1303) und dem Luxemburger Karl IV. (1346) – anerkannt. Gegen den Wittelsbacher Ludwig den Bayern wurde derart auch die Forderung erhoben, daß das Papsttum im Falle des Fehlens eines päpstlich approbierten römischen Königs als Vikar über das Reich entscheiden könne.[4] Unberührt von diesen politischen Auseinandersetzungen mit großer Tragweite blieb die Geschichte des Römischen Reiches für große Teile der lateinischen Christenheit ein entscheidender Bestandteil der auf das Ende zulaufenden universalen Heilsgeschichte.

Auch in der Lehre von den sechs Weltzeitaltern, die auf die Schöpfungstage der Genesis rekurrierte, bestimmte die Menschwerdung Christi die Wende zur sechsten und somit letzten Zeitspanne vor dem Weltende, das auch als siebtes Weltzeitalter galt. Mit dieser Doktrin waren die diversen religiös, politisch und insgesamt kulturell höchst wirksamen Vorstellungen über die Endzeit, das »Tausendjährige Reich«, den Endkaiser und den Antichrist verknüpft.[5] So wähnte sich der auch scholastisch gelehrte Eike von Repgow (ca. 1188, gest. nach 1233), der Autor des Sachsenspiegels, im siebten Weltalter, dessen

---

[4] W. GOEZ, Translatio Imperii, 1958; H. THOMAS, in: LexMA 8, 944–946.

[5] Vgl. J. FRIED, Aufstieg aus dem Untergang. Apokalyptisches Denken und die Entstehung der modernen Naturwissenschaft im Mittelalter, 2001; A. D. VON DEN BRINCKEN, Abendländischer Chiliasmus um 1000? Zur Rezeption unserer christlichen Ära, in: Ende und Vollendung. Eschatologische Perspektiven im Mittelalter, Hg. J. A. AERTSEN u. a., 2002, 179–190 (auch weitere Beiträge in demselben Band); W. MÖHRING, Der Weltkaiser der Endzeit, Wandel und Wirkung einer tausendjährigen Weissagung, 2000; DERS., Der Arabersturm, die Endkaiser-Weissagung der Christen und die Mahdi-Erwartung der Muslime, in: Ende und Vollendung, Hg. AERTSEN (wie oben), 193–206.

Ende für ihn nicht berechenbar sei; damit stand er in der Tradition des Kirchenvaters Augustinus und im Unterschied zu den seit dieser Zeit kursierenden astrologischen Voraussagen.[6] Diese religiös konzipierten Einteilungen der Weltgeschichte wurden durch den kalabresischen Eremiten und Mönch Joachim von Fiore (geb. um 1135, gest. 1202) im letzten Viertel des 12. Jhs. grundlegend umgeformt. Gemäß seiner in Analogie zur Trinität begründeten Drei-Zeitalter-Lehre stand in der nahen Zukunft der Übergang von der Epoche des Gottessohnes zu jener des Heiligen Geistes bevor. Damit schuf er erstmals eine umfassende Theorie des positiv bewerteten Fortschritts in der Heils- und Weltgeschichte.[7] Während Joachim das letzte Zeitalter der Weltgeschichte als Friedenszeit charakterisierte, war es für die meisten Franziskanerspiritualen gekennzeichnet durch Auseinandersetzungen zwischen der verweltlichten (*ecclesia carnalis*) und der von den Idealen des Franz von Assisi geprägten Kirche (*ecclesia spiritualis*). Diese Konflikte spitzten sich politisch am schärfsten im Armutsstreit – im Rahmen der Auseinandersetzungen Ludwigs des Bayern mit dem avignonesischen Papsttum – und nochmals in der hussitischen Bewegung zu.[8]

b) Mittlere Zeit – Mittelalter

Gegen diese unterschiedlichen, von der christlichen Heilsgeschichte bestimmten Zeitvorstellungen blieben andere sinndeutende Einteilungen der Vergangenheit und Zukunft bis zum 18. Jh. peripher. Nur formal war die Trias Joachims von Fiore der »humanistischen« ähn-

---

[6] FRIED, Aufstieg (wie Anm. 5), 77f.; G. MENTGEN, Astrologie und Öffentlichkeit im Mittelalter, Habil. Trier 2003.

[7] Zur Orientierung vgl. G. L. POTESTÀ, De Genealogia. Ein frühes Werk Joachims von Fiore und die Anfänge seines Geschichtsbildes, in: DA 56, 2000, 55–101; R. E. LERNER, The Feast of Saint Abraham. Medieval Millenarian and the Jews, 2000; The Encyclopedia of Apocalypticism, Bd. 2, Hg. B. MCGINN, 2000; J. MIETHKE, Zukunftshoffnung, Zukunftserwartung, Zukunftsbeschreibung im 12. und 13. Jahrhundert, in: Ende und Vollendung, Hg. AERTSEN (wie Anm. 5), 504–524; F. ŠMAHEL, Die hussitische Revolution, 3 Bde., 2002 (tschech. 1993), Bd. 2, 1032ff. und passim.

[8] ŠMAHEL, Revolution (wie Anm. 7), Bd. 1, 544ff. und passim; zum Forschungsstand über den »Armutsstreit« s. E. L. WITTNEBEN, Bonagratia von Bergamo. Franziskanerjurist und Wortführer seines Ordens im Streit mit Papst Johannes XXII., 2003.

lich, die erstmals Francesco Petrarca (geb. 1304, gest. 1374) im Jahre 1373 mit der Bezeichnung der Zeit nach der Christianisierung der römischen Welt und dem Einfall der nordischen Barbaren als »medium tempus« andeutete. Vornehmlich aus der Perspektive von Literatur und Kunst unterschieden nach Petrarca auch einige andere italienische Humanisten diese mittlere Zeit der »Finsternis« einerseits von der Antike, deren Andersartigkeit mehr als zuvor[9] in humanistischen Kreisen betont wurde, und andererseits von der eigenen, positiv gewerteten »neuen Zeit«. Damit war jedoch keine bewußte Abkehr von der heilsgeschichtlichen, auf Christi Geburt begründeten Zeitenlehre intendiert.[10]

Anders als die italienischen Humanisten beurteilten protestantische Autoren – wie die Magdeburger Centuriatoren[11] – die Epoche zwischen Papst Leo dem Großen (440–461) und dem Beginn der Reformation vor allem wegen des Wirkens der von ihnen verurteilten Papstkirche als Zeit der Finsternis. Doch auch nördlich der Alpen bestand aus verschiedenen Gründen, zu denen die hohe Einschätzung des andauernden Römischen Reiches »deutscher Nation« gehörte, keineswegs Konsens in der negativen Einschätzung der ohnehin zeitlich sehr verschiedenartig fixierten mittleren Epoche. Unter deutschen Gelehrten fand der neue Zeitbegriff seit dem Erscheinen der Neubearbeitung eines Geschichtshandbuchs aus der Feder des protestantischen Hallenser Professors Christoph Keller (zwischen 1685 und 1696) größere Akzeptanz.[12] Doch erst im 18. Jh. setzte sich die Dreiteilung in der deutschen Historiographie – zuerst bei protestantischen Autoren – allgemein durch.

---

[9] Vgl. (auch aus archäologischer Sicht) A. Esch, Reimpiego dell'Antico nel Medioevo: La prospettiva dell'archeologo, la prospettiva dello storico, in: Ideologie e pratiche del reimpiego nell'Alto medioevo, 1999, 73–108; L. Clemens, Tempore Romanorum constructa. Zur Nutzung und Wahrnehmung antiker Überreste nördlich der Alpen während des Mittelalters, 2003.

[10] K. Stierle, Renaissance. Die Entstehung eines Epochenbegriffs aus dem Geist des 19. Jahrhunderts, in: Epochenschwelle, Hg. Herzog (wie Anm. 1), 453–492.

[11] M. Hartmann, Humanismus und Kirchenkritik: Mathias Flacius Illyricus als Erforscher des Mittelalters, 2001, 198ff.

[12] Vgl. U. Neddermeyer, Das Mittelalter in der deutschen Historiographie vom 15. bis zum 18. Jahrhundert, 1988; H. Zedelmaier, »Im Griff der Geschichte«: Zur Historiographiegeschichte der frühen Neuzeit, in: HJb 112, 1992, 436–456.

Etwa gleichzeitig gab die vom Grundgedanken des Fortschritts bestimmte Geschichtsphilosophie der Aufklärung dieser Trias einen neuen innerweltlichen Sinn; darin wurde auch das jetzt säkular gedeutete Arsenal des Humanismus an Vorstellungen über das »finstere« Mittelalter integriert. Diese negative Einschätzung wurde in der Aufklärung um die Ablehnung der angeblich für das Mittelalter typischen staatlichen und gesellschaftlichen Zustände ergänzt. Spätestens seitdem dienen die Anschauungen über das Mittelalter zumeist als Gegenbild zu den Wertungen der jeweiligen Gegenwart; für die Imaginationen über die Zukunft wurden und werden sie entweder als Vorbild oder als Negativkatalog benutzt.[13]

Gegen die scheinbar rational begründeten Abwertungen der mittleren Zeit bei den meisten Autoren der Aufklärung propagierten führende Romantiker – an erster Stelle Novalis (Friedrich von Hardenberg, geb. 1772, gest. 1801) – den Mythos vom glücklichen, von Einheit und Ganzheit geprägten Mittelalter; dem sei mit der Neuzeit eine Periode des Verfalls und der Anarchie gefolgt. Die so verherrlichte mittelalterliche Ordnung wurde zur Richtschnur für die Utopie eines »Neuen Mittelalters«. Daraus resultieren nach dem Humanismus und der Aufklärung neue Antriebe für die Präsenz des Mittelalters »in allen Reflexionen über die Moderne« bis hin zu den Erörterungen über die »Postmoderne« seit den achtziger Jahren des 20. Jahrhunderts.[14]

Für die divergierenden, von vielfältigen Interessen geleiteten Konzeptionen über die Gestaltung der Zukunft besaßen die jeweiligen fachwissenschaftlichen Erkenntnisse über die Zeit, die dem Mittelalter zugerechnet wurde, nur einen nachgeordneten Stellenwert, zumal an diesen Entwürfen fachlich kompetente Historiker in der Regel nicht direkt beteiligt waren. Deswegen ergab sich und ergibt sich bis hin zum Beginn des dritten Jahrtausends eine starke Diskrepanz zwischen den divergierenden Bildern über die Zeit des Mittelalters vornehmlich in der Publizistik wie auch in den Sozialwissenschaften[15]

---

[13] Vgl. oben Anm. 2 und K. ARNOLD, Das ›finstere‹ Mittelalter. Zur Genese und Phänomenologie eines Fehlurteils, in: Saeculum 32, 1981, 287–300.

[14] OEXLE, Moderne (wie Anm. 3), (Zitat 311); DERS., Von der völkischen Geschichte zur modernen Sozialgeschichte, in: Geschichtswissenschaft um 1950, Hg. H. DUCHHARDT, 2002, 1–36.

[15] Vgl. beispielhaft die Kontroverse zwischen O. G. OEXLE, Luhmanns Mittelalter,

einerseits und andererseits den Ergebnissen und Erörterungen der Fachwissenschaften, die sich mit diesem Zeitraum näher befassen. Nach gut begründeter Auffassung eines Mittelalterhistorikers kann es »geradezu als Regel gelten: Wenn heutzutage etwas als ›mittelalterlich‹ bezeichnet wird, handelt es sich nicht um Zustände, die sich zwischen 500 und 1500 finden lassen«. Doch die Trennungslinien zwischen dem derart »zweigeteilten Mittelalter«[16] sind schon deshalb fließend, weil bekanntlich auch die Fachhistoriker bewußt oder unbewußt an zeitgenössischen Diskursen und ebenfalls an politischen Programmen partizipieren und so auch zeitgebunden forschen und darstellen. Vor allem in den vielen Bereichen, in denen sie ihre Darstellungen nicht auf eigenes Quellenstudium gründen, entfällt ein entscheidendes Korrektiv, wenngleich die Quellen selbst in vielen zentralen Problemen stark divergierende Interpretationen zulassen.[17]

Weiterhin trugen nicht selten fachwissenschaftliche Autoren dazu bei, Stereotypen über *das* Mittelalter, *den* mittelalterlichen Menschen oder *die* mittelalterliche Gesellschaft zu verbreiten.[18] Derartige Vereinfachungen wurden durch die Spezialisierung innerhalb der historischen Wissenschaften begünstigt. Die Einrichtung eigener Lehrstühle für Byzantinistik und Osteuropäische Geschichte seit der Wende zum 20. Jh. war wissenschaftlich produktiv,[19] kam jedoch der Verbreitung der Kenntnisse über den Facettenreichtum der dem Mittelal-

in: Rechtshistorisches Journal 10, 1991, 53–66 und N. LUHMANN, Mein »Mittelalter«, in: ebd., 66–70; ferner OEXLE, Moderne (wie Anm. 3), 317ff.; DERS., Middle Ages (wie Anm. 2), 126ff.

[16] E. SCHUBERT, Alltag im Mittelalter. Natürliches Lebensumfeld und menschliches Miteinander, 2002 (Zitat 277); O. G. OEXLE, Das entzweite Mittelalter, in: Die Deutschen und ihr Mittelalter, Hg. G. ALTHOFF, 1992, 7–28.

[17] Anstelle einer Fülle von einschlägiger Literatur sei verwiesen auf die oben zitierten Arbeiten von O. G. OEXLE und dessen weitere Beiträge in: DERS., Geschichtswissenschaft im Zeichen des Historismus, 1996; ferner J. SCHMITT, Untersuchungen zu den Liberi homines der Karolingerzeit, 1977 und D. WILLOWEIT, Freiheit in der Volksgemeinde. Geschichtliche Aspekte des Freiheitsbegriffs in der deutschen rechtshistorischen und historischen Forschung des 19. und 20. Jahrhunderts, in: Die deutsche Rechtsgeschichte in der NS-Zeit, Hg. J. RÜCKERT u. a., 1995, 301–322.

[18] Ausdrücklich gegen Redeweisen vom »Wesen des Mittelalters« wendet sich H. GRUNDMANN, Das Mittelalter-Problem, 1968, (zuletzt) in: Jahrbuch der Akademie der Wissenschaften in Göttingen, 1969, 40–54, (Zitat 54).

[19] SCHREINER, Byzanz (wie I, 10c), 99ff.; D. DAHLMANN, Osteuropäische Geschichte, in: Geschichtswissenschaften. Eine Einführung, Hg. C. CORNELISSEN, 2000, 206–220.

ter zugeordneten Geschichte kaum zugute, zumal insbesondere der Gegenstand der Byzantinistik von den meisten »westlichen« Historikern in der Regel aus dem »lateinisch« verstandenen Europa ausgeklammert wurde – und oft noch immer wird. An den Simplifizierungen wirkte eine zunehmende Verengung auf nationale und nationalstaatliche Perspektiven wesentlich mit. Dieser stand bis zum Ersten Weltkrieg in der deutschsprachigen Mediävistik die rasch fortschreitende Edition wesentlicher, vornehmlich früh- und hochmittelalterlicher Quellen und deren Auswertung auch für die Reichsgeschichte gegenüber.[20]

Die räumliche Konzentration wurde begleitet von einer ebenfalls bis heute nachwirkenden Vernachlässigung der epochenübergreifenden Zusammenhänge insbesondere zwischen Mittelalter und Neuzeit; die in den letzten Jahrzehnten vorgenommene Verselbständigung von Früher Neuzeit und deren Abschottungen gegenüber dem 19. Jh. schufen weitere Barrieren.[21] Dies geschieht ungeachtet der Tatsache, daß in neueren wirtschafts- und sozialgeschichtlichen Darstellungen die Epochengrenze um 1500 unberücksichtigt bleibt.[22] Von kompetenter Warte wird die »in der bisherigen Literatur weitverbreitete Trennung der ›Verfassungsgeschichte der Neuzeit‹ von einer ›Mittelalterlichen Verfassungsgeschichte‹« – »und mit ihr die Epochengrenze um 1500« – als »sachlich nicht gerechtfertigt« beurteilt, »weil

---

[20] R. SCHIEFFER, Weltgeltung und nationale Verführung. Die deutschsprachige Mediävistik vom ausgehenden 19. Jh. bis 1918, in: Protokoll Nr. 386 der Reichenau-Tagung vom 2.–5. Okt. 2001, 12f. Herrn Schieffer und den weiteren Referenten der Tagung danke ich für die Überlassung ihres Typoskripts. Für die aktuelle Diskussion über Byzanz und Europa vgl. die Beiträge in: Byzanz – das »andere« Europa, Hg. P. SEGL, in: Das Mittelalter 6, 2001, 3–120.

[21] K. F. WERNER, Das »europäische« Mittelalter. Glanz und Elend eines Konzepts, in: Geschichte Europas für den Unterricht der Europäer, Hg. K.-E. JEISMANN u. a., 1980, 23–35; F. GRAUS, Die Einheit der Geschichte, 1980, (zuletzt) in: DERS., Ausgewählte Aufsätze (1959–1989), Hg. H.-J. GILOMEN u. a., 2002, 197–211. Zur »frühen Neuzeit« vgl. W. REINHARD, Probleme deutscher Geschichte 1495–1806, Abschnitt I, 2001, 51ff.; J. KOCKA, Das lange 19. Jahrhundert. Kapitalismus und Industrialisierung, Nationalstaat, Klassengesellschaft und bürgerliche Kultur, 2002, spricht sich in § 6 für das »19. Jahrhundert als Epoche« aus, so daß damit im Rahmen der »klassischen« Neuzeit mindestens drei »Epochen« konstruiert würden.

[22] So im HEWSG (wie I, 10d), in dem die Trennung zwischen dem zweiten Band und dem dritten etwa in der Mitte des 14. Jhs. erfolgt. Hingegen wird noch im HDWSG (wie I, 10d) die Zeit um 1500 (im Rahmen der Periode zwischen 1350 und 1500) als Einschnitt betrachtet.

wesentliche Elemente des neuzeitlichen Staates im Mittelalter entstanden sind«.[23]

Neben diesen vorherrschenden Tendenzen in der deutschsprachigen Forschung blieben freilich weiterhin Sichtweisen erhalten oder setzten sich wieder durch, die vornehmlich in der Religions- und Geistesgeschichte und teils auch im Rahmen der Reichsgeschichte den nationalen Einschränkungen entgegenwirkten. Neue Impulse gingen vor allem seit dem zweiten Drittel des 20. Jhs. von der »Globalisierung« der Mittelalterforschung aus, die sich insbesondere in Amerika, aber auch auf anderen Kontinenten ausbreitete und zumeist ein hohes Niveau erreichte. Aus den viel größeren, von den Nachwirkungen Europas auf die jeweiligen Länder beeinflußten Blickwinkeln erweitern diese außerhalb Europas fundierten Forschungen das Bewußtsein von den »vielen Mittelaltern«.[24] Insgesamt ganz anders geartete, von der internationalen Forschung weithin isolierte Beiträge dazu leisteten seit den zwanziger Jahren des vorigen Jahrhunderts, verstärkt seit dem Zweiten Weltkrieg, auch neue Perspektiven und größere methodische Vielfalt in der deutschsprachigen Landesgeschichte,[25] auch wenn diese noch lange Zeit – anders als die Arbeiten aus der französischen Annales-Schule[26] – stark verfassungsgeschichtlich ausgerichtet blieb.

---

[23] WILLOWEIT, Verfassungsgeschichte (wie I, 10a), Vorwort, 14; der »Zweite Teil« des Buches behandelt den Zeitraum von 1254 bis 1806; P. MORAW, Vom deutschen Zusammenhalt in älterer Zeit, in: Identität und Geschichte, Hg. M. WERNER, 1997, 27– 59 (Zitat 49); vgl. unten mit Anm. 30.

[24] G. CONSTABLE, The Many Middle Ages. Medieval Studies in Europe as seen from America, in: Bilan et persepectives des études médiévales en Europe, Hg. J. HAMESSE, 1995, 1–21.

[25] M. WERNER, Zwischen politischer Begrenzung und methodischer Offenheit, Wege und Stationen deutscher Landesgeschichtsforschung im 20. Jahrhundert, in: Protokoll Nr. 386 (wie Anm. 20), 81–85.

[26] L. RAPHAEL, Die Erben von Bloch und Febvre. *Annales*-Geschichtsschreibung und *nouvelle histoire* in Frankreich 1945–1980, 1994; DERS., Trotzige Ablehnung, produktive Mißverständnisse und verborgene Affinitäten. Westdeutsche Antworten auf die Herausforderungen der »Annales«-Historiographie (1945–1960), in: Geschichtswissenschaft, Hg. DUCHHARDT (wie Anm. 14), 65–80; O. G. OEXLE, Was deutsche Mediävisten an der französischen Mittelalterforschung interessieren muß, in: Mittelalterforschung, Hg. BORGOLTE (wie I, 3c), 89–127; DERS., Von der völkischen Geschichte (wie Anm. 14); Marc Bloch – Historiker und Widerstandskämpfer, Hg. P. SCHÖTTLER, 1999; W. PARAVICINI, Zwischen Bewunderung und Verachtung. Französische und deutsche Mediävistik seit dem letzten Kriege, in: Protokoll Nr. 386 (wie Anm. 20), 65–66.

c) Feudalzeitalter

Noch problematischer als die Sinnstiftungen, die mit der »Erfindung« des Mittelalters verbunden sind, erwiesen sich jene, die mit der Konstruktion des »Feudalzeitalters« respektive des »Feudalismus« einhergingen. Deren Ursprünge liegen wiederum in der »Aufklärung«, in der sich das Bild vom »finsteren Mittelalter« verfestigte. Die Ausgangsbasis bildete die rechtsgeschichtlich ausgerichtete Lehre vom Lehenswesen. Dieses wurde zuerst in Frankreich als ein auf die Franken zurückgehendes, den Staat auflösendes Regierungssystem (Montesquieu, geb. 1689, gest. 1755), dann als universalgeschichtlicher Typus (Voltaire, geb. 1694, gest. 1778) verstanden. Es galt schließlich als Inbegriff einer ungerechten Verfassung, ehe es zum wichtigsten Angriffsobjekt der Französischen Revolution wurde. Über Claude Henri de Saint-Simon (geb. 1760, gest. 1825) und andere Frühsozialisten wurde der so aufgefüllte Begriffsinhalt durch Karl Marx (geb. 1818, gest. 1883) und Friedrich Engels (geb. 1820, gest. 1895) in ein stark europazentrisches, vom Anspruch her jedoch universalgeschichtliches Periodisierungssystem integriert; dieses sollte von der Dialektik zwischen Produktivkräften und Produktionsverhältnissen bestimmt sein. Demnach folgte der klassenlosen Urgemeinschaft die Sklavenhaltergesellschaft der Antike; letztere wurde durch den Feudalismus im Mittelalter abgelöst und dieser vom Kapitalismus verdrängt, um in der Zukunft – wiederum auf dem Wege des Klassenkampfes – in die klassenlose Gesellschaft des Kommunismus zu münden.

Die marxistische Periodisierung blieb in der Geschichtswissenschaft zunächst ohne große Wirkung. Der Feudalismus erhielt jedoch in antimarxistischer Tendenz vor allem in der Herrschaftssoziologie Max Webers (geb. 1864, gest. 1920) und in den Analysen des Historikers Otto Hintze (geb. 1861, gest. 1940) als Idealtypus einen eigenen heuristischen Stellenwert für vergleichende universalgeschichtliche Sichtweisen. Ausgehend von primär westeuropäischen Befunden, wurde der Feudalismus in erster Linie als Zustand der Aufsplitterung staatlicher Gewalt verstanden. Dabei hat man das Lehenswesen – begriffsgeschichtlich der Kernbestand des Feudalismus – nur als eine unter mehreren Äußerungsformen angesehen, ohne daß dieses selbst als eine notwendige Voraussetzung angenommen wurde.[27] Diese Ansätze gerieten freilich während des Kalten Krieges vor allem im deutschsprachigen Bereich durch die politische Festlegung der Geschichtswissenschaft in den Windschatten der Auseinandersetzungen zwischen der nunmehr leninistisch und zeitweise stalinistisch modifizierten Ideologie einerseits und der westlichen, speziell bundesdeutschen Historiographie andererseits.

Nachhaltiger als in anderen Staaten des Ostblocks wurde innerhalb der DDR die in den fünfziger Jahren etablierte marxistische Mittelalterforschung auf den Feudalismus als Epoche festgelegt. Dennoch nutzten deren wissenschaftlich führende Vertreter vornehmlich aus dem Blickwinkel der deutschen Nationalgeschichte, die deutlich im Zentrum der Forschung stand, die zeitweise vorhandenen Freiräume für eine Öffnung des fixierten Schemas.[28] Daraus ergaben sich neue Akzentuierungen hinsichtlich der Charakteristika – darunter die Einordnung des Stadtbürgertums seit dem 11. Jh. als »feudale Nebenklasse« – und der zeitlichen Reichweite des Feudalzeitalters, wofür »Übergänge« vom 2. bis zum 8. und vom endenden 15. bis zum 18. Jh. diskutiert wurden. Seit der Mitte der achtziger Jahre des 20. Jhs. erhielt der Epochenbegriff »Mittelalter« als Folge veränderter politischer Rahmenbedingungen auch in den offiziellen Darstellungen der DDR gegenüber dem »Feudalismus« ein stärkeres Eigengewicht.[29] Seit dem Ende des sowjetisch beherrschten Ostblocks und der Wiedervereinigung ist offenkundig der Feudalismus als Denkmodell weder in seiner marxistisch-leninistischen noch in seiner weiteren Ausrichtung innerhalb der deutschsprachigen Geschichtswissenschaft weiter erörtert worden.

---

[27] O. BRUNNER, Feudalismus, in: GGr, Bd. 2, 1975, 337–350; K. BLASCHKE, Der soziale Feudalismus, in: Studi in memoria di Federigo Melis, 5 Bde., Hg. L. DE ROSA, 1978, Bd. 5, 31–60.

[28] Vgl. vor allem: Feudalismus, Entstehung und Wesen, Hg. E. MÜLLER-MERTENS, 1985 und die bereits in den sechziger Jahren einsetzenden weiteren Bemühungen desselben Autors um Differenzierungen (s. folgende Anm.).

[29] M. BORGOLTE, Sozialgeschichte des Mittelalters. Eine Forschungsbilanz nach der deutschen Einheit, 1996, 93–118, 176–185.

d) »Alteuropäisches« Zeitalter

Nicht vertieft worden ist ferner der Vorschlag eines »alteuropäischen Zeitalters« für den Zeitraum etwa vom 12. bis zum 18. (oder frühen 19.) Jh., obwohl diese bereits zuvor zur Diskussion gestellte Epochenbildung für die erstmals 1974 erschienene »Zeitschrift für Historische Forschung« als programmatisch gelten sollte.[30] Dieser europazentrisch konzipierten Epoche solle seit der Antike ein »›archaisches‹ Zeitalter«[31] vorangehen. Die undifferenzierte Etikettierung »archaisch« verdrängte die zuvor übliche Charakterisierung »germanisch«. Unklar bleibt vielfach, inwieweit in der Antike, nicht zuletzt der Spätantike, archaische Elemente bewahrt oder neu geschaffen wurden und während des Mittelalters fortwirkten. Weiterhin bedarf eine solche Kennzeichnung einer regionalen Präzisierung, wobei insbesondere die Eigenarten der südeuropäischen und mediterranen Räume auch in den frühen mittelalterlichen Jahrhunderten zu beachten sind. Sie läßt zudem unberücksichtigt, daß auch in späteren Jahrhunderten – und keineswegs nur im Mittelalter – in verschiedenen Grundhaltungen und Handlungen regional oder gruppenspezifisch »altertümliche« oder »urtümliche« Verhältnisse andauerten oder auch neu entstanden.[32]

Aus einer ganz konträren Wertung wurde die Fortdauer römischer Institutionen und weiterer Zusammenhänge als Argumente für den Epochenbegriff vom »Ersten Jahrtausend« angeführt.[33] Bis jetzt hat

[30] ZHF 1, 1974, 1f. (Vorwort); zuvor vorgeschlagen von D. GERHARD, Zum Problem der Periodisierung der europäischen Geschichte, in: DERS., Alte und Neue Welt in vergleichender Geschichtsbetrachtung, 1962, 40–56; DERS., Das Abendland. Ursprung und Gegenbild unserer Zeit, 1985, bes. 15–24 (mit Untergliederung: 8.–10., 11.–13, 14.–Mitte 17. Jh. und schließlich bis Ende des 18. Jahrhunderts); vgl. oben Anm. 23; zu Otto Brunners Alteuropa-Begriff vgl. R. BLÄNKNER, Von der »Staatsbildung« zur »Volkwerdung«. Otto Brunners Perspektivenwechsel der Verfassungshistorie im Spannungsfeld zwischen völkischem und alteuropäischem Geschichtsdenken, in: Alteuropa oder Frühe Moderne, Hg. L. SCHORN-SCHÜTTE, 1999, 87–135, 130ff.

[31] So ZHF (wie vorige Anm.); vgl. ausführlich vor allem K. BOSL in mehreren Publikationen, so: Europa im Aufbruch, 1980, 13ff.; vgl. aus anderen Blickwinkeln H. HATTENHAUER, Europäische Rechtsgeschichte, 1992, 5f.; vgl. folgende Anm.

[32] Vgl. A. ANGENENDT, Das Mittelalter – eine archaische Epoche?, in: Theologische Quartalschrift 173, 1993, 287–300.

[33] WERNER, Das »europäische« Mittelalter (wie Anm. 21); vgl. DERS., Histoire de France, Bd. 1: Les origines (avant l'an mil), 1984.

auch diese neuere Periodisierung die traditionelle Dreiteilung, in der das Mittelalter eine zentrale Rolle einnimmt, nicht verdrängt, aber das Bewußtsein über ihre Fragwürdigkeit und über die Erkenntnischancen anderer epochaler Sinnkonstruktionen geschärft. Damit werden zugleich Fragen nach dem Beginn und Ende des Mittelalters und der sinnvollen Gliederung des als mittelalterlich verstandenen Zeitraumes gestellt.

§ 2 Zeitliche Abgrenzungen und Unterteilungen

a) Anfang und Ende

Die Datierungsvorschläge über die zeitliche Dimension des Mittelalters und des Feudalismus weisen entsprechend den unterschiedlichen Perspektiven und den damit verbundenen Maßstäben eine große Variationsbreite auf. So wird für den Feudalismus eine Übergangszeit vom 3. bis zum 8. Jh. postuliert oder aber für seinen Beginn erst um 1000 argumentiert.[1] Für den Anfang des Mittelalters werden Daten oder Epochenschwellen vorgeschlagen, die vom 4. bis zum 8. Jh. reichen.[2] Für das Ende des Mittelalters wie des Feudalismus werden Ereignisstreifen oder Übergangszeiträume erwogen, die sich auf die Zeit um 1500 oder das ausgehende 18. Jh. konzentrieren.[3] Innerhalb des so zur Debatte stehenden weiten Zeitraums von mehr oder weniger einem anderthalb Jahrtausend werden von anderen Seiten ebenso bedenkenswerte Argumente für die Abtrennung eigenständiger Epochen vorgebracht. Dies gilt einerseits für das etwa halbe Jahrtausend vom 4. bis zum 8. Jh., das vornehmlich aufgrund archäologischer Befunde von Antike und Mittelalter ausgegrenzt werden soll,[4]

---

[1] Vgl. C. WICKHAM, The Other Transition. From the Ancient World to Feudalism, in: PP 103, 1984, 3–36; G. BOIS, La mutation de l'an mil. Lournand, village maçonnais de l'Antiquité au féodalisme, 1989, dazu u. a. T. N. BISSON, The »Feudal Revolution«, in: PP 142, 1994, 6–42; vgl. die Reaktionen von D. BARTHÉLEMY, Comment 1, in: PP 152, 1996, 196–204 und S. D. WHITE, Comment 2, in: ebd., 205–223.

[2] J. LE GOFF, Pour un long Moyen Âge, in: Europe 654, 1983, 19–24.

[3] Vgl. LE GOFF, Moyen Âge (wie Anm. 2); KOSELLECK, Jahrhundert (wie § 1, Anm. 1).

[4] Vgl. H. STEUER, Da Teodorico il Grande a Carlomagno, in: Carlomagno e Mao-

und andererseits für den Zeitraum vom 14. bis zum 16. Jahrhundert.

Letzterer wurde seit dem 19. Jh., zunächst in Frankreich (Jules Michelet, geb. 1798, gest. 1874) unter Rückgriff auf Wertungen Voltaires, als Renaissance bezeichnet. Er wurde – vor allem wegen der angeblichen, mit der Rückbesinnung auf die Antike verbundenen »Entdeckung« des Menschen als Individuum und der »Welt« – als Frühzeit der Moderne verstanden. Jacob Burckhardt (geb. 1818, gest. 1897) verbreitete den Begriff und die damit verwobenen Wertungen seit 1859 wirkungsvoll im deutschen Sprachraum. Im Rahmen der deutschen Geschichte erlangte die Renaissance als Epoche – anders als in der Geschichte Italiens – keine konstitutive Geltung.[5] Wohl aber wurden Teile des Begriffsinhalts, insbesondere der Stellenwert der Antike, auch in diesem Kontext bei der Frage berücksichtigt, inwieweit im Verlaufe des Mittelalters »Protorenaissancen« von der Karolingerzeit bis hin zur »Renaissance des 12. Jahrhunderts« stattfanden. Wie problematisch auch immer diese Frage war und beantwortet wurde: Derart wurde jedenfalls der Blick auf Kontinuitätsstränge gelenkt und die Renaissance als Epoche oder epochaler Vorgang, der die neuzeitliche »Moderne« eröffnet, relativiert.[6]

In besonderer Weise für die Epochengliederung der deutschen Geschichte bedeutsam sind Tendenzen in der jüngeren Forschung, die Reformation in den Strom der seit dem 15. Jh. erneut verstärkten Bemühungen um eine Reform der Kirche einzuordnen und somit deren epochalen Charakter in Frage zu stellen.[7] Von einem primär sozialgeschichtlichen Blickwinkel bestimmt ist die ebenfalls umstrittene

---

metto, Hg. B. LYON u. a., 1986, 169–280, bes. 276f.; auf diesen Zeitabschnitt konzentrieren sich auch die Forschungsaktivitäten in der Reihe »The Transformation of the Roman World«, darin beispielsweise: The idea and ideal of the town between Late Antiquity and the Early Middle Ages, Hg. G. P. BROGIOLO u. a., 1999.

[5] STIERLE, Renaissance (wie § 1, Anm. 10).

[6] W. HAUG, Die Zwerge auf den Schultern der Riesen. Epochales und typologisches Geschichtsdenken und das Problem der Interferenzen, in: Epochenschwelle, Hg. HERZOG (wie § 1, Anm. 1), 167–194, für die kritischen Stellungnahmen vgl. den Bericht von B. SCHIMMELPFENNIG, Renaissance/Proto-Renaissance, Renovatio/Renewal, Rezeption, in: Kontinuität und Transformation der Antike im Mittelalter, Hg. W. ERZGRÄBER, 1989, 383–390.

[7] H. BOOCKMANN, Das 15. Jh. und die Reformation, in: Kirche und Gesellschaft im Heiligen Römischen Reich des 15. und 16. Jahrhunderts, Hg. DERS., 1994, 9–25; DERS., Das fünfzehnte Jahrhundert in der deutschen Geschichte, in: Mittelalterforschung, Hg. BORGOLTE (wie I, 3c), 485–511.

These, die »Reformation als theologische Antwort auf den kommunalen Geist des Spätmittelalters zu verstehen«. Damit wird begründet, das 14. und 15. Jh. vom »Mittelalter« abzutrennen und diese beiden Säkula einer eigenen, auch mit anderen Argumenten begründeten Epoche zwischen 1300 und 1800 zuzuschlagen.[8] Fragwürdig erscheint dabei nicht zuletzt, ob die Gemeinden in Stadt und Land tatsächlich seit dem 14. Jh. eine neue, unter dem Begriff »Kommunalismus« gefaßte Qualität erreichten respektive erhielten oder ob auch in dieser Hinsicht starke, jedenfalls bis ins 12. Jh. zurückreichende Kontinuitätsstränge bestanden.[9]

b) Perioden im Mittelalter

Die Diskussion über eigenständige Epochen innerhalb des dem Mittelalter traditionellerweise zugerechneten Zeitraums impliziert die Problematik einer zeitlichen Untergliederung der mittelalterlichen Geschichte. Die Modi sind bereits unter den westeuropäischen Sprachen höchst unterschiedlich. So deckt sich die in der deutschsprachigen Historiographie – freilich erst seit dem frühen 20. Jh. – übliche Untergliederung in frühes, hohes und spätes Mittelalter höchstens partiell mit jener in der französischen, englischen oder italienischen Historiographie.[10] Zudem variieren die Grenzdaten für diese »interne« Dreiteilung auch noch in neueren deutschsprachigen Arbeiten. Entsprechend schwankt die Bandbreite für den Übergang vom Hoch- zum Spätmittelalter selbst in jüngeren Gesamtdarstellungen je nach der vorherrschenden Sichtweise zwischen dem Ende des 12. Jhs., 1215, 1250 und 1273 oder – unbestimmter – der zweiten Hälfte des 13. Jahrhunderts.[11]

---

[8] P. BLICKLE, Der Kommunalismus als Gestaltungsprinzip zwischen Mittelalter und Moderne, in: Gesellschaft und Gesellschaften (Fs. Ulrich im Hof), Hg. N. BERNARD u. a., 1982, 95–113; DERS., Reformation und kommunaler Geist, 1996 (Zitat 41); DERS., Kommunalismus. Skizzen einer gesellschaftlichen Organisationsform, 2 Bde., Bd. 2, 2000, bes. 359; vgl. § 1 mit Anm. 30.

[9] Vgl. die kontroversen Einschätzungen in: Landgemeinde und Stadtgemeinde in Mitteleuropa, Hg. P. BLICKLE, 1991, insbes. im Diskussionsbericht, 489–505.

[10] Vgl. z. B. G. TABACCO u. a., Medioevo V/XV secolo, 1981; G. SERGI, L'idea di medioevo, 1998.

[11] H. GRUNDMANN, Wahlkönigtum, Territorialpolitik und Ostbewegung im 13. und 14. Jahrhundert (1198–1378), in: GGr, Bd. 1, 1972, 427–606; er sieht »in den ersten Jahren nach dem Tode Kaiser Heinrichs VI.« den »entscheidende(n) Wen-

Innerhalb dieser Trias wurde die Bezeichnung »Spätmittelalter« am fragwürdigsten, sofern damit – wie lange Zeit dominant – Vorstellungen vom Ende, Verfall oder Absterben verbunden sind. Derartige Wertungen waren vor allem mit negativen Einschätzungen der Reichs- und Kirchengeschichte verknüpft, wurden aber auch aus umfassender kulturgeschichtlicher Perspektive unterstützt, insbesondere von dem wirkungsvollen Buch von Johan Huizinga (geb. 1872, gest. 1945) »Herbst des Mittelalters«.[12] Darin ließ sich Huizinga von der »Einsicht« leiten, daß »das späte Mittelalter« »nicht Ankündigung eines Kommenden« ist, »sondern ein Absterben dessen, was dahingeht«.[13]

Solche Metaphern sind Ausdruck eines Geschichtsverständnisses, das sich bei der Beschreibung von langfristigen Veränderungen auf biologische Abläufe – und somit auf »natürliche« Gesetzmäßigkeiten – stützt. Von solchen Annahmen kann auch der Sinnbezirk der »Entwicklung« bestimmt sein.[14] Angesichts der Neigung, historische Vorgänge biologisch zu betrachten und damit als Entfaltung vorgegebener »Anlagen«, geriet in der Forschung die »Frage nach dem Alten und Neuen« oft in den Hintergrund.[15]

Auch die Periodisierung in Früh-, Hoch- und Spätmittelalter steht Vorstellungen nahe, die sich von biologischen Phasen wie Keim, Blü-

depunkt, eine(n) epochale(n) Einschnitt nicht nur für die Geschichte Deutschlands und des Reiches, sondern ganz Europas samt dem byzantinischen Osten« (Zitat 427); H. FUHRMANN, Deutsche Geschichte im hohen Mittelalter. Von der Mitte des 11. bis zum Ende des 12. Jahrhunderts, [3]1993; H. JAKOBS, Kirchenreform und Hochmittelalter 1046–1215, [3]1999; U. DIRLMEIER u. a., Europa im Mittelalter 1215–1378, 2003; H. THOMAS, Deutsche Geschichte des Spätmittelalters, 1250–1500, 1983; H. KELLER, Zwischen regionaler Begrenzung und offenem Horizont. Deutschland im Imperium der Salier und Staufer 1024 bis 1250, 1986; P. MORAW, Von offener Verfassung zu gestalteter Verdichtung. Das Reich im späten Mittelalter 1250 bis 1490, 1985; A. HAVERKAMP, Aufbruch und Gestaltung. Deutschland 1056–1273, [2]1993; E. SCHUBERT, Einführung in die Grundprobleme der deutschen Geschichte im Spätmittelalter, 1992 (2. Hälfte des 13. Jhs. respektive um 1300); vgl. auch § 1 mit Anm. 30.

[12] Vgl. K. SCHREINER, »Diversitas Temporum«. Zeiterfahrung und Epochengliederung im späten Mittelalter, in: Epochenschwelle, Hg. HERZOG (wie § 1, Anm. 1), 381–428; SCHUBERT, Einführung (wie Anm. 11), 1 ff.; ANGENENDT, Geschichte der Religiosität (wie I, 10b), 68 ff.; DIRLMEIER, Europa (wie Anm. 11), 153 ff.

[13] J. HUIZINGA, Herbst des Mittelalters. Studien über Lebens- und Geistesformen des 14. und 15. Jhs. in Frankreich und in den Niederlanden, [11]1975 (ndl. 1919) (Zitat VII).

[14] W. WIELAND, Entwicklung, Evolution, in: GGr, Bd. 2, 1975, 199–228; BOOCKMANN, Das fünfzehnte Jahrhundert (wie Anm. 7), 495 f.

[15] SCHUBERT, Einführung (wie Anm. 11), 5.

te und Verfall oder allgemein Lebensphasen leiten lassen. Das Leitbild des Verfalls scheint auch die in den letzten Jahrzehnten des 20. Jhs. vordringende Kennzeichnung des späten Mittelalters als »Krisenzeit« beeinflußt zu haben; deren Schwerpunkt wird für Mitteleuropa zumeist im 14. Jh. – mit einer Kulmination zur Zeit des Schwarzen Todes zwischen 1347 und 1351 – gesehen. Eine derartige Einordnung wird dadurch begünstigt, daß sich seit dem 19. Jh. auch im fachwissenschaftlichen Gebrauch »die alte Kraft des Begriffs« Krise, »unüberholbare, harte und nicht austauschbare Alternativen zu setzen« – wie »Recht oder Unrecht, Heil oder Verdammnis, Leben oder Tod« –, »in die Ungewißheit beliebiger Alternativen verflüchtigt« hat.[16]

Eine größere Offenheit für die Frage nach dem Alten und nach dem Neuen ist in der neueren Forschung hinsichtlich der vorhergehenden Jahrhunderte viel ausgeprägter. Dabei überwiegt für die Kernbereiche des Hochmittelalters tendenziell die Frage nach dem »Neuen«. Dies liegt um so näher, wenn allgemein – ohne sachliche, regionale und gruppenspezifische Differenzierungen – für die frühmittelalterlichen Jahrhunderte von »archaischen« Verhältnissen ausgegangen wird. Vornehmlich für das 11. und 12. Jh. wird das Neuartige mit Metaphern wie »Wasserscheide des Mittelalters«,[17] »Wende«,[18] »Aufbruch«,[19] »Achsenzeit«[20] und »erste europäische Revolution«[21] cha-

---

[16] R. KOSELLECK, Krise, in: GGr, Bd. 3, 1982, 617–650 (Zitate 617, 649); SCHUBERT, Einführung (wie Anm. 11), 5ff.; P. SCHUSTER, Die Krise des Spätmittelalters, in: HZ 269, 1999, 19–55, 53: »Die Krise ist zuerst eine Imagination des 20. Jahrhunderts. Sie hat wesentlich dazu beigetragen, die traditionelle Epocheneinteilung aufrechtzuerhalten, und mehr noch das Konzept eines gerichteten und zwangsläufigen Verlaufs der Geschichte scheinbar bestätigt«; DIRLMEIER, Europa (wie Anm. 11), 3, 158ff. und passim.

[17] ANGENENDT, Geschichte der Religiosität (wie I, 10b), 44ff.

[18] T. STRUVE, Die Wende des 11. Jahrhunderts. Symptome eines Epochenwandels im Spiegel der Geschichtsschreibung, in: HJb 112, 1992, 324–365.

[19] BOSL, Aufbruch (vgl. § 1, Anm. 31), 13: »Für die Zeit vom endenden 10. bis zum beginnenden 14. Jh. bietet sich für den europäischen Aspekt keine treffendere Kennmarke als »Aufbruch« an ...«; vgl. mit anderen Akzenten HAVERKAMP, Aufbruch (wie Anm. 11), bereits in der 1. Aufl. 1984 ohne Annahme einer vorhergehenden »archaischen« Epoche und mit stärkerem Bezug auf die wiederum untereinander differenzierten deutschen Lande, die größtenteils dennoch weiterhin im westeuropäischen Vergleich als »Entwicklungsland« (17) charakterisiert werden. Kritisch zu »Archaik« und hochmittelalterlichem »Aufbruch«: J. FRIED, Deutsche Geschichte im Früheren und Hohen Mittelalter, in: HZ 245, 1987, 625–659.

[20] ANGENENDT, Mittelalter (wie § 1, Anm. 32), 300 für das 12./13. Jahrhundert.

[21] K. LEYSER, Am Vorabend der ersten europäischen Revolution. Das 11. Jh. als

rakterisiert. Als Schwelle oder auch Einschnitt wird dafür zumeist die Zeit um 1000 oder die Mitte des 11. Jhs. betrachtet. Letztere gilt neuerdings sogar als »Epochengrenze« zwischen Früh- und Hochmittelalter,[22] während dafür aus deutscher Perspektive teils erheblich frühere Daten bevorzugt wurden.[23]

c) Pragmatische Gliederung der Zeit

Mit der triadischen Periodisierung der mittelalterlichen Jahrhunderte sind also weitere Sinnstiftungen verbunden. Sie sind als Leitfaden für eine Darstellung, wie sie innerhalb des neu konzipierten Handbuchs intendiert ist, deshalb ungeeignet, weil sie in der bisherigen Forschung zumindest umstritten oder doch nicht hinreichend abgesichert sind. Neutraler erscheinen zeitliche Gliederungen, die sich an der Reichsgeschichte und somit auch an Herrscherdynastien orientieren. Bei einer solchen Verfahrensweise können die so bestimmten Grenzdaten freilich nur als pragmatische Anhaltspunkte für umfassende Analysen dienen, in denen die politischen Ereignisse und Zusammenhänge grundsätzlich gleichwertig mit den weiteren wesentlichen Äußerungsformen des Handelns und der Einstellungen gelten. Dies geschieht unter Beachtung sowohl der Eigenständigkeiten der jeweiligen Lebensbereiche als auch ihrer Verknüpfungen untereinander. Mit den zeitgebundenen Vorgängen und Interaktionsmustern werden auch die vorgegebenen Einzeltraditionen wie auch die zeitübergreifenden Wirkungsfelder berücksichtigt, was zur Differenzierung von Vorgängen unterschiedlicher Dauer führt. Derart wird eine vielfältige Periodisierung anstelle der »einsinnigen Zeitraster«[24] angestrebt. Dafür ergeben sich aus einer räumlich differenzierenden und so auch auf dieser Ebene vergleichenden Betrachtungsweise weitere Impulse.

Umbruchszeit, in: HZ 257, 1993, 1–26; R. I. MOORE, Die erste europäische Revolution: Gesellschaft und Kultur im Hochmittelalter, 2001 (im wesentlichen ohne Berücksichtigung der deutschsprachigen Forschung, mit Verwendung von Metaphern wie »keimender Samen« und reifende »Saat«: 19).

[22] ANGENENDT, Geschichte der Religiosität (wie I, 10b), 45 unter Rekurs auf W. HARTMANN, Der Investiturstreit, 1993: »Daß die Mitte des 11. Jhs. eine Epochengrenze bildet, ist an der Gliederung fast aller Handbücher und Gesamtdarstellungen zur mittelalterlichen Geschichte abzulesen«.

[23] Ploetz, Deutsche Geschichte, Hg. W. CONZE u. a., 1979, 911.

[24] Vgl. HAUG, Zwerge (wie Anm. 6), 173.

§ 3 Räumliche Differenzierungen

a) Natur und Geschichte

Die chronologischen Dimensionen bedürfen auch im Rahmen der deutschen Geschichte einer hinreichenden Berücksichtigung des Raumes.[1] Dieser läßt sich auf abstrahierender Ebene außer in lokalen Zentren vor allem in den regionalen respektive landschaftlichen Differenzierungen fassen. Einen Zugang bietet die Kategorisierung nach der naturräumlichen Gliederung. Darin spiegelt sich das fundamentale und äußerst komplexe Beziehungsnetz zwischen Natur und Geschichte. Die Natur hat ihre eigene Geschichte. Die Menschen veränderten aber zugleich die sie umgebende Natur, kultivierten sie und gestalteten sie so auch während des langen Zeitraums um, den wir Mittelalter nennen. Die Natur wandelte sich in Millionen von Jahren auch ohne das Zutun von Menschen, die selbst wiederum in ihrer körperlichen Existenz an der derart verstandenen Naturgeschichte teilhatten. So änderten die Flüsse auch während des Mittelalters ihre Hauptläufe immer wieder innerhalb verschiedener Arme, wobei zwischen diesen – bis hin zu den toten Wasserläufen – auch trockenere, teils bewachsene und begehbare Zonen bestanden. Besonders ausgeprägt war diese Variabilität an den großen Flüssen wie Rhein, Elbe und Donau in den weiten Talungen. In trockenen Sommern ergab sich selbst bei den Unterläufen dieser Ströme oft die Möglichkeit, sie auf Furten zu überqueren. Der Alte Rhein konnte um 800 noch befahren werden, bis zum 12. Jh. war er völlig verlandet. Seit dem 12. Jh. bildete der Lek den Hauptstrom, wurde jedoch in dieser Funktion seit dem 13. Jh. wieder von der Waal abgelöst.[2]

---

[1] A. HEIT, Raum – Zum Erscheinungsbild eines geschichtlichen Grundbegriffs, in: Gegenwart in Vergangenheit (Fs. F. Prinz), Hg. J. JENAL, 1993, 369–390; zu den derart implizierten Zusammenhängen von »Natur« und »Kultur« vgl. B. VILHAUER, Aby Warburgs Theorie der Kultur, 2002; zur Definition von »Kultur« und der Komplexität von Kulturgeschichte vgl. O. G. OEXLE, Adel, Memoria und kulturelles Gedächtnis, in: Les Princes et l'histoire du XIVe au XVIIIe siècle, Hg. C. GRELL u. a., 1998, 339–367, 343f.

[2] W. VAN ES, Das niederländische Flußgebiet von der Römerzeit bis ins Mittelalter, in: Beiheft zum Bericht der römisch-germanischen Kommission 58, 1977, 105–126; H. JÄGER, Entwicklungsprobleme europäischer Kulturlandschaften, 1987, 88ff.

Wegen dieser »Freizügigkeit« der Flüsse verliefen Überschwemmungen in weiten Flußbereichen und breiteten sich zunächst darin aus, ehe sie den Anwohnern bedrohlich werden konnten. Extreme Überflutungen veranlaßten dennoch die Frage nach den Gründen. Obwohl diese Vorgänge nach moderner Beurteilung nur »natürlich« zu erklären waren, empfanden viele Zeitgenossen sie als von Menschen verursacht. So machte ein Großteil der Trierer Christen in den frühen dreißiger Jahren des 11. Jhs. den griechischen Eremiten und Mönch vom griechisch-orthodoxen Sinai-Kloster Simeon, der sich im Jahre 1030 nach langer Wanderschaft zwischen Orient und Okzident in der römischen Porta Nigra vom Trierer Erzbischof hatte einschließen lassen, für das damals bis weit in die Stadt vorgedrungene Hochwasser der Mosel verantwortlich. Während Abt Eberwin, der Verfasser der Vita[3] des 1035 vom Papst heiliggesprochenen griechischen Inklusen in der lateinischen Metropole, das Hochwasser allgemein auf die Sündenschuld der Christen zurückführte, sahen die Trierer darin eine Folge der vermeintlichen Verbrechen Simeons. Gemeinsam versuchten sie mit allen Mitteln, gewalttätig gegen den fremden Inklusen vorzugehen. Sie fügten ihm schlimme seelische Qualen zu, wenn er auch an seinem sicheren Standort körperlich unversehrt blieb. Ohne sich zu wehren, geriet Simeon in die keineswegs nur für diese Zeit typische Rolle des Fremden, den die Einheimischen zum Verursacher von Katastrophen stempeln oder, in diesem Fall, mit denen sie – nach dem Verständnis Eberwins – von ihren eigenen Sünden ablenkten, ihn also zum »Sündenbock« machten.[4]

Insbesondere die Annalen und Chroniken belegen weit über das Mittelalter hinaus, daß als extrem empfundene Naturerscheinungen die Orientierung für die chronologisch geordnete Erinnerung stark bestimmten. Am »merkwürdigsten« waren die vornehmlich durch Witterungseinflüsse, aber auch durch Kriege hervorgerufenen Hungersnöte und Hungerperioden und andere Naturkatastrophen. Vielen Zeitgenossen erschienen sie oft in Himmelszeichen angekündigt und so als Bestandteil des Makrokosmos, was freilich keineswegs stets und von allen so wahrgenommen wurde.[5] Als solche Vorzeichen wur-

---

[3] T. Heikillä, Vita Sancti Symeonis Treverensis. Ein hochmittelalterlicher Heiligenkult im Kontext, 2002.

[4] F.-J. Heyen, Das Stift St. Simeon in Trier, 2002, 42 ff., 261 ff.

[5] Fried, Aufstieg (wie § 1, Anm. 5); Mentgen, Astrologie (wie § 1, Anm. 6); J.

den zumeist auch die in Mitteleuropa ungewöhnlichen Erdbeben empfunden. Um so größer war ihre psychische Wirkung, was sich beispielsweise in einem Erdbeben mit dem Epizentrum in Friaul von 1348 äußerte.[6]

Das Klima beeinflußte – und beeinflußt – die Lebensformen der Menschen nachhaltig. Die Folgen äußern sich weit über die ökonomischen Bereiche hinaus bis in die Relationen von Öffentlichkeit und häuslicher Zurückgezogenheit, wie bereits der Vergleich zwischen Italien und Deutschland zeigt. Auch in den nordalpinen Landen und wiederum innerhalb einzelner Regionen bestanden erhebliche klimatische Unterschiede. So differieren gemäß den modernen Befunden die Mittelwerte der Temperaturen für den Monat Juli zwischen den Weinbaugebieten einerseits und dem küstennahen Tiefland wie auch den niederen Mittelgebirgen andererseits um mehr als 1 °C, was sich in den höheren Lagen nochmals wesentlich steigert. Für den Wandel des Klimas innerhalb des Mittelalters bis weit ins 19. Jh. bietet die schriftliche Überlieferung subjektiv formulierte Anhaltspunkte, die zwar aufschlußreich sind für die Wahrnehmung des Klimas und der jeweiligen Wetterlagen, jedoch keine objektiven Daten ermöglichen. Diese sind am ehesten aus Indizien über Seespiegel-, Gletscher- und Moränenstände zu ermitteln, die jedoch mehr oder weniger standortbezogen bleiben. Weitere Chancen ergeben sich aus dendrochronologischen Befunden, mit denen behutsam aus der Beschaffenheit der Jahrringe bestimmter Baumarten auf die Witterung vornehmlich im Frühjahr und Sommer geschlossen werden kann. Sie bieten den Vorteil regional differenzierter Werte, jedoch mit dem Nachteil, daß auf das Wachstum der diversen Hölzer die je nach Standort sehr unterschiedlichen Witterungs- und Bodenverhältnisse einwirkten.[7] Abgesicherte Rückschlüsse von den naturwissenschaftlich gewonnenen Befunden auf die Klimageschichte über größere mitteleuropäische

PFEIFFER, Macht der Sterne oder Misamen der Erde: Heinrich von Mügeln und Konrad von Megenberg über die Pest von 1348, in: Artes im Mittelalter, Hg. U. SCHAEFER, 1999, 110–123; zum Wandel der Wahrnehmung vgl. SCHUBERT, Alltag (wie § 1, Anm. 16), 278f.; vgl. auch folgende Anm.

[6] A. BORST, Das Erdbeben von 1348, in: HZ 233, 1981, 529–569; L. CLEMENS, Katastrophenbewältigung im Mittelalter, in: Ein gefüllter Willkomm (Fs. K. Schulz), Hg. F. FELTEN u. a., 2002, 251–266.

[7] F. H. SCHWEINGRUBER, Der Jahrring, 1983.

Regionen während des Mittelalters liegen jedoch noch nicht vor. Dennoch ist insgesamt unbestritten,[8] daß im mittleren und westlichen Europa zwischen dem 2./3. und dem 10. Jh. kalte Winter und feuchte Sommer überwogen, daß zwischen 1000 und 1300 hingegen die Winter mild und feucht und die Sommer trocken waren, wobei die Sommertemperatur durchschnittlich um 1 °C höher war als zuvor. Zwischen 1300 und ca. 1550 nahm die Winterkälte zu, und die Sommerzeiten wechselten zwischen sehr feuchter und sehr trockener Witterung bei einer Abnahme der durchschnittlichen Temperatur wiederum um 1 °C. Wahrscheinlich war also die Expansion des Landesausbaus in West- und Mitteleuropa vor allem zwischen dem beginnenden 11. und dem endenden 13. Jh. von einer lang währenden Warmperiode begleitet und auch begünstigt, freilich dadurch keineswegs allein bestimmt. So wurde vor allem eine intensivere Nutzung von bis dahin kaum erschlossenen Höhenlagen und ebenso die Ausweitung des Weinbaus ermöglicht. Doch spielten dabei nachweislich auch verbesserte Techniken – wie Trockenlegung von Feuchtgebieten – und weitere Faktoren eine wesentliche Rolle. Darunter ist der Rückgang der Gefährdungen von außen, wie sie zuvor durch Normannen, Sarazenen und Ungarn vorlagen, nicht gering zu schätzen. Von der seit der Wende zum 14. Jh. eintretenden Verschlechterung der Klimabedingungen gingen die Stagnation und die Reduktion der agrarwirtschaftlichen Nutzung vornehmlich in den zuvor intensiv erschlossenen Extremlagen aus. Dadurch wurde der agrarwirtschaftliche Ertrag vor allem bei dem Grundnahrungsmittel Getreide in den extremen Höhenlagen, aber auch auf wenig ergiebigen Böden gemindert oder sogar zunichte gemacht.

Primär auf langfristige Klimaveränderungen, die das Polareis zum Abschmelzen brachten und so den Meeresspiegel erhöhten, sind nach modernen naturwissenschaftlichen Erkenntnissen die Überschwem-

---

[8] Vgl. auch für das Folgende die mit Recht zurückhaltenden Ausführungen von H. JÄGER, in: LexMA 3, 869–872; DERS., in: LexMA 5, 1214f.; DERS., Entwicklungsprobleme (wie Anm. 2), 78ff.; DERS., Einführung in die Umweltgeschichte, 1994, 24ff.; SCHUBERT, Alltag (wie § 1, Anm. 16), 21ff. (auch für das Folgende); DIRLMEIER, Europa (wie § 2, Anm. 11), 6ff., 159f., 265; P. ALEXANDRE, Le climat en Europe au moyen âge. Contribution à l'histoire des variations climatiques de 1000 à 1425 d'après des sources narratives de l'Europe occidentale, 1987; die Ausführungen von R. GLASER, Klimageschichte Mitteleuropas, 2001, sind wegen der mangelnden historisch-philologischen Fundierung stellenweise fragwürdig.

mungen in den Küstenstreifen der Nordsee zurückzuführen. Solche Überflutungen machten im frühen Mittelalter große Küstensäume zwischen Flandern und der Elbemündung unbewohnbar; diese blieben bis zum 8. Jh. auch agrarwirtschaftlich ungenutzt. Dem wirkten seitdem die vor allem von geistlichen Grundherrschaften organisierten Entwässerungsmaßnahmen, Einpolderungen und auch die Anlage von Seedeichen entgegen. Der Deichbau wurde seit der Jahrtausendwende verstärkt. Auf diese Weise wurde auch den Folgen von großen Sturmfluten – wie jenen von 838, 1014, 1042, 1134 und 1164 – derart offensiv begegnet, daß ein Teil der neugebildeten Meeresarme für Agrarwirtschaft und Siedlung gewonnen wurde. Jedoch folgten an der Nordseeküste weiterhin Sturmfluten, wie jene von 1219, 1220, 1277, 1287, 1334 und die in Nordfriesland verheerende Marcellusflut von 1362; weitere Katastrophen häuften sich im ersten Viertel des 15. Jhs. (1404, 1412, 1421 und 1424). Von solchen Naturereignissen, deren Folgen des öfteren durch Deichbauten sogar verschlimmert wurden, wurde seit dem 13. Jh. das Land Rüstringen mit zahlreichen Kirchspielen im heutigen Jadebusen (190 km^2) von der See bedeckt. Dadurch entstanden der Dollart, der Meerbusen an der Emsmündung, der Jadebusen und die Zuiderzee (heute nach den Eindämmungen Ijsselmeer). Die so eingetretenen Siedlungsverluste wurden – wie im Falle des Dollart – in der Neuzeit durch Eindeichungen um etwa zwei Drittel der untergegangenen Flächen wieder rückgängig gemacht.[9]

Selbst die Bodenbonitäten waren in ihren Wirkungen keineswegs stabil. Denn die Bearbeitung der Böden war und ist technisch konditioniert, so daß Böden mit einer unter modernen Bedingungen hohen Qualität keineswegs immer in der Vergangenheit bevorzugt beackert, also agrarwirtschaftlich intensiv genutzt wurden.[10] Ähnliches gilt für die Bodenschätze wie Erze, Salz, Kohle oder andere Ressourcen wie Wasser und Wind etwa als Energiequelle. Auch darauf wirk-

---

[9] B. AUGUSTYN u. a., in: LexMA 3, 640–648; A. VERHULST, in: LexMA 8, 941; DERS., in: LexMA 8, 1650f.; JÄGER, Entwicklungsprobleme (wie Anm. 2), 95ff.; K. P. JANKRIFT, Brände, Stürme, Hungersnöte. Katastrophen in der mittelalterlichen Lebenswelt, 2003, 19ff.

[10] H. MORTENSEN, Die mittelalterliche deutsche Kulturlandschaft und ihr Verhältnis zur Gegenwart, in: VSWG 45, 1958, 17–36; H. JÄGER, Die mittelalterliche Kulturlandschaft zwischen Main und Steigerwald, in: Das Land zwischen Main und Steigerwald im Mittelalter, Hg. A. WENDEHORST, 1998, 69–97.

ten Wechselbeziehungen zwischen Bedarf und technischen Möglichkeiten ein.[11]

Das komplexe Verhältnis zwischen Natur und Geschichte erschwert die Bestimmung der von Menschen verursachten Veränderungen einer Landschaft. Dasselbe gilt umgekehrt, wenn der Stellenwert der »beständigeren Eigenschaften« einer Landschaft für die historischen, von Menschen verursachten Vorgänge zu ermitteln ist. Für die Relevanz dieser geographisch verfestigten Eigenschaften waren Klimaschwankungen nebst ihren möglichen Folgewirkungen, zu denen auch Niederschlagsmengen und Windverhältnisse zählen, Bevölkerungsdichte und allgemeine technische und organisatorische Möglichkeiten und Fähigkeiten wesentliche Faktoren. Wie diese Wechselbeziehungen gestaltet waren, kann nur zeitlich und räumlich differenziert beantwortet werden.

b) Naturräumliche Gliederung

Für den Geltungsbereich des römisch-deutschen Reiches werden grob sechs naturgeographische Großräume unterschieden: 1. das Küstenland an Nord- und Ostsee; 2. das nördliche Tiefland; 3. das Mittelgebirge; 4. das süddeutsche Stufenland; 5. das Alpenvorland und 6. die Alpen.[12] Als Charakteristika seien hervorgehoben: a) die geographische Vielgestaltigkeit zwischen den Küsten der Nord- und Ostsee und den Alpen mit den dazwischen gelagerten Mittelgebirgen; b) die durch die Alpen erschwerten Verbindungen zum mediterranen Süden, wobei die Überwindung dieser natürlichen Hindernisse durch die unter römischer Herrschaft in der Antike errichteten oder ausgebauten Alpenstraßen wesentlich erleichtert wurde, die streckenweise seit dem 13. Jh. noch technisch verbessert wurden; c) die relative Offenheit zum Westen und zum Osten wie auch über die Donaulande zum Südosten und die auch durch die Flußläufe vorgegebene Orientierung der nördlichen Tiefebene zur Nord- und Ostsee.

---

[11] Vgl. K.-H. LUDWIG u. a., Metalle und Macht 1000–1600, 1992 und die einschlägigen Beiträge in: Europäische Technik, Hg. LINDGREN (wie I, 10d); ebenso in: Konjunkturen im europäischen Bergbau in vorindustrieller Zeit (Fs. E. Westermann), Hg. C. BARTELS u. a., 2000; H. KRANZ, Lütticher Steinkohlenbergbau im Mittelalter. Aufstieg – Bergrecht – Unternehmer – Umwelt – Technik, 2000, vgl. § 8, Anm. 43.

[12] JÄGER (wie Anm. 8), 869.

Die Unterschiede in der geographischen Situation Deutschlands zu der Insellage Englands, zum viel größeren Küstenanteil Frankreichs, das zudem im Süden zum Mittelmeer geöffnet ist, und zur iberischen wie auch italienischen Halbinsel, auf denen jeweils starke Unterschiede zwischen Küstengebieten und Binnenland herrschten, waren historisch von weitreichender Bedeutung. Die naturräumlichen Gegebenheiten begünstigten innerhalb Deutschlands die Einebnung des historisch vorgegebenen kulturellen West-Ost-Gefälles, in der die deutschen Lande eine Vermittlerrolle einnahmen und in der auch die Ostsee wirksam war. Insoweit »natürlich« grundgelegt war auch die Ausbildung von zwei Wirtschaftsräumen im Norden und im Süden: Der südliche war enger mit den Donaulanden und dem Mittelmeer verbunden, der andere war der Nord- und der Ostsee zugewandt. Anders als das dafür zu weit entlegene Mittelmeer boten Nord- und Ostsee für die Bewohner der deutschen Lande auch zusätzliche Ressourcen am Grundnahrungsmittel Fisch und einen leichteren Zugang zum Grundstoff Salz, der – als Nahrungsmittel für Menschen und Tiere unentbehrlich – für die Konservierung von Nahrungsvorräten unabdingbar war. Seit dem 13. Jh. wurde über See auch Getreide in größeren Massen über Ost- und Nordsee verfrachtet, wie beide Meere seit der Christianisierung der Anrainer Verkehr, Handel und insgesamt Kommunikation über große Strecken begünstigten. Dafür ist seit dem 13. Jh. der auf den Norden konzentrierte Wirkungsbereich der Hanse mit den engen Konnexen zu Nord- und Ostsee ein Symptom. Eine stärkere Bedeutung der nördlichen Meere für die deutsche Geschichte bahnte sich im wesentlichen erst seit dem 12./13. Jh. an, ohne daß dies auf Kosten des mediterranen Südens geschah. Im ausgehenden 13. Jh. wurde der Handelsverkehr für Massenwaren vom Mittelmeer direkt über die Straße von Gibraltar und entlang der Atlantikküste in die Häfen an der Nordsee vornehmlich durch genuesische und venezianische Schiffe üblich.[13] Auch aus anderen Gründen vermittelten die deutschen Lande seit dem 12. Jh. weit mehr als zuvor

[13] Aus dem weiten Spektrum vgl. C. JAHNKE, Das Silber des Meeres. Fang und Vertrieb von Ostseehering zwischen Norwegen und Italien (12.–16. Jahrhundert), 2000; SCHUBERT, Alltag (wie § 1, Anm. 16), 65ff.; D. ELLMERS u. a., Schiffsbau und Schiffstypen im mittelalterlichen Europa, in: Europäische Technik, Hg. LINDGREN (wie I, 10d), 353–370.

zwischen dem mediterranen Süden und dem Norden, zwischen Mittelmeer und den nordeuropäischen Meeren.[14]

c) Historische Landschaften

Die Ausführungen verdeutlichen die Problematik des Begriffs »naturräumliche Gliederung«.[15] Die dynamischen historischen Vorgänge werden im Begriff der »Kulturlandschaft«, in dem die jeweiligen naturgeographischen Grundlagen mit ihren eigenen und von Menschen verursachten Veränderungen ein Faktorenbündel bilden, angemessen berücksichtigt.[16] Die vom Menschen verursachten, also anthropogenen Einflüsse erhalten im Begriff der »historischen Landschaft« oder »Geschichtslandschaft« einen noch stärkeren Akzent.[17] Darunter sind offene, in der Regel nicht linear begrenzte[18] Räume zu verstehen, die innerhalb längerer Zeitspannen tiefgreifenden, von außen und innen kommenden Veränderungen unterworfen waren und davon langfristig geprägt wurden. Auf diese Gestaltungen wirkten auch geographische, nicht zuletzt klimatische Faktoren ein; konstitutiv waren jedoch die von Menschen verursachten Charakteristika der so nach ihren gemeinsamen historischen Merkmalen konstruierten Regionen. Das Ausgangsraster für die Bestimmung der Geschichtslandschaften bildet die spätantike, noch stark vom Römischen Reich vorgegebene Situa-

---

[14] HAVERKAMP, Aufbruch (wie § 2, Anm. 11); DERS., Zwölftes Jahrhundert, 1125–1198, 2003.

[15] J. SCHMITTHÜSEN, Über geschichtliche Landeskunde und über »naturräumliche Gliederung« als Hilfsmittel der Landesgeschichte, in: Oberrheinische Studien, Bd. 3, Hg. A. SCHÄFER, 1975, 1–8.

[16] JÄGER, Mittelalterliche Kulturlandschaft (wie Anm. 10).

[17] Vgl. die Beiträge in: Städtelandschaft – Städtenetz – zentralörtliches Gefüge. Ansätze und Befunde zur Geschichte der Städte im hohen und späten Mittelalter, Hg. M. ESCHER u. a., 2000; zum begriffsgeschichtlichen Hintergrund des Grundwortes »Land« und dessen Abgrenzung von Region: E. SCHUBERT, Der rätselhafte Begriff »Land« im späten Mittelalter und in der frühen Neuzeit, in: Soltauer Schriften 4, 1995, 23–31; auch DERS., Fürstliche Herrschaft und Territorium im späten Mittelalter, 1996, 59ff.; weiterhin K. F. WERNER, Volk, Nation und Nationalismus, Masse, in: GGr, Bd. 7, 1992, Abschn. III-V, 171–281, 198f.; DERS., Von den »Regna« des Frankenreichs zu den »deutschen Landen«, in: Zeitschrift für Literaturwissenschaft und Linguistik 24, 1994, H. 94, 69–81.

[18] W. POHL, Soziale Grenzen und Spielräume der Macht, in: Grenze und Differenz im frühen Mittelalter, Hg. DERS. u. a., 2000, 11–18; M. HARDT, Linien und Säume, Zonen und Räume an der Ostgrenze des Reiches im frühen und hohen Mittelalter, in: ebd., 39–56; vgl. unten mit Anm. 28ff.

tion mit den Geschehnissen in den anschließenden Jahrhunderten. Unter der Perspektive der deutschen Geschichte stehen jene Gebiete Mitteleuropas im Zentrum, in denen das ostfränkische Reich entstand und später der durch Siedlung und Mission im Osten erweiterte Geltungsbereich des »Regnum teutonicum« und schließlich des »Heiligen Römischen Reiches deutscher Nation« bestand.

Darin sind drei historische Landschaften[19] zu unterscheiden:

1. die keltisch-romanisch-germanisch geprägten Gebiete, die innerhalb des Limes Romanus oder in dessen nächstem Umfeld lagen. Diese Landschaft erstreckt sich im wesentlichen links des Rheins bis in Teile der französischen Romania wie auch südlich der Donau mit der freilich durch die Alpen erschwerten Anbindung an die italienische Romania. Im Linksrheinischen ist sie Teil des östlichen Gallien; diese Regionen wurden auch innerhalb der deutschen Sprachräume noch bis ins 16. Jh. hinein als »Gallien« bezeichnet; hingegen wurde »Germanien« überwiegend für die rechtsrheinischen Räume verwendet.[20] Innerhalb des Limes, vor allem südlich der Eifel, blieben die keltisch-römische Kultur und Zivilisation trotz der spätantik-frühmittelalterlichen, im Zusammenhang mit der Völkerwanderung stehenden Störungen und tiefgreifenden Veränderungen langfristig wirksam. Zugleich erfolgte – insbesondere in-

---

[19] Vgl. zu den später bei einzelnen Autoren »völkisch« infizierten, dennoch langfristig methodisch fruchtbaren Ansätzen der »Bonner Kulturraumforschung« um H. Aubin: F. PRINZ, Regionalgeschichte – Landesgeschichte, in: Aspekte der historischen Forschung in Frankreich und Deutschland, Hg. G. A. RITTER u. a., 1981, 202–215; DERS., Bayerische Geschichte: Staats- oder Gesellschafts- und Strukturgeschichte? Eine grundsätzliche Erörterung, in: Landesgeschichte in Deutschland, Hg. W. BUCHHOLZ, 1998, 123–131; F. IRSIGLER, Raumkonzepte in der historischen Forschung, in: Zwischen Gallia und Germania, Frankreich und Deutschland. Konstanz und Wandel raumbestimmender Kräfte, Hg. A. HEIT, 1987, 11–27, 17ff. Für die mustergültige Weiterführung der »Bonner« landeskundlichen Arbeitsweisen vgl. vor allem das grundlegende Buch von F. PRINZ, Frühes Mönchtum im Frankenreich. Kultur und Gesellschaft in Gallien, den Rheinlanden und Bayern am Beispiel der monastischen Entwicklung (4. bis 8. Jahrhundert), ²1988 (zuerst 1965) wie auch weitere Studien desselben Autors und Arbeiten aus dem Kreise seiner Schüler, ferner unten § 4, Anm. 19 und 26.

[20] M. LUGGE, »Gallia« und »Francia« im Mittelalter, 1960 (auch über die Bedeutung von »Germania« = »Deutschland« seit dem 10. Jahrhundert, 140ff.); B. SCHNEIDMÜLLER, Nomen Patriae. Die Entstehung Frankreichs in der politisch-geographischen Terminologie (10.–13. Jahrhundert), 1987, 38ff., passim; K. F. WERNER, in: LexMA 2, 782–789, 783; DERS., Volk (wie Anm. 17), 231 (»Germania / gesamtes Deutschland« zu 1338), 243; vgl. zu *patria* unten § 5, Anm. 26.

nerhalb der Trierer Kirchenprovinz – die Christianisierung (spätestens seit dem ausgehenden 3. Jh.) früher, dauerhafter und auf breiterer, auch institutionell verfestigter Grundlage als im nördlichen Teil und im Voralpenraum südlich der Donau. Mit der Prägung durch das Römische Reich hatte diese Geschichtslandschaft auch Anteile antik-mediterraner Elemente in sich aufgenommen und vermittelte sie in unterschiedlicher Intensität in die mittelalterlichen Jahrhunderte.

2. Germanien zwischen den romanisch-keltischen Gebieten im Westen und Süden einerseits und den Grenzsäumen an Elbe und Saale wie auch dem Bayerisch-Böhmischen Waldgebirge bis etwa zur Traun andererseits. Neben der west-östlichen Perspektive verweist diese Großlandschaft wiederum auf Unterschiede zwischen Süd und Nord. In diesem Raum setzte die Christianisierung seit dem 6. Jh. ein und erreichte erst seit dem ausgehenden 8. Jh. mit der gewaltsamen Einordnung der Sachsen in das Karolingerreich die nordöstlichen Gebiete.
3. Die slawischen und baltischen Regionen, die sich östlich der älteren Grenzsäume und auch jenseits des späteren Geltungsbereichs des Regnum teutonicum erstreckten. Zu den im wesentlichen nur sprachlich miteinander verbundenen Balten zählen die Prußen, Alt- und Stammprußen und Kuren (Westbalten), die Letten und Litauer (Ostbalten); davon unterscheiden sich die Esten, die – wie die Finnen und die Ungarn – zum ugrischen Sprachbereich gehören. Mit Ausnahme der Litauer gelangten die Balten in ihren Siedlungsgebieten, die sich von der Weichsel über Kurland und Semgallen weiter nordostwärts bis zum Peipussee erstreckten, seit dem 13. Jh. unter die Herrschaft von deutschen Fürsten respektive des Deutschen Ordens.[21] Teile der slawischen Gebiete wurden – außer der

---

[21] M. HELLMANN, Die politisch-kirchliche Grundlegung der Osthälfte Europas, in: HEG 1, 857–938, insbes. 916ff.; DERS., Das Großfürstentum Litauen (bis 1430/34), in: HEG 2, 1080–1102; H. LUDAT, Die ältesten geschichtlichen Grundlagen für das deutsch-slawische Verhältnis, in: DERS., Deutsch-slawische Frühzeit und modernes polnisches Geschichtsbewußtsein, 1969, 131–162; DERS., Die Slawen und das Mittelalter, in: ebd., 163–184; DERS., Ostsee und Mare Balticum, in: ebd., 222–245; zur Orientierung über die neuere Forschung: Regesten, Hg. LÜBKE (wie I, 15b); DERS., Die Beziehungen zwischen Elb- und Ostseeslawen und Dänen vom 9. bis zum 12. Jahrhundert, in: Zwischen Reric und Bornhöved, Hg. O. HARCK u. a., 2001, 23–36; Slawen und Deutsche im südlichen Ostseeraum vom

zwischen Saale und Elbe gelegenen Siedlungen der Sorben, die bereits seit dem 10. Jh. unterworfen und missioniert wurden – erst seit dem 12. Jh. durch die »Ostsiedlung« in das »Regnum teutonicum« einbezogen, was von Mission und teils auch Unterwerfung begleitet wurde.

d) Christianisierung und andere kulturräumliche Faktoren

Diese wiederum in sich differenzierten Geschichtslandschaften unterscheiden sich also grundlegend in der Zeitphase ihrer Christianisierung: Der Abstand zwischen den ersten Christengemeinden an der Mosel bis zu den letzten Übertritten von Heiden zum Christentum innerhalb des römisch-deutschen Reiches beträgt nahezu ein Jahrtausend. Im Vergleich zu Italien und Frankreich, Irland und England sind die deutschen Lande östlich des Rheins und nördlich der Donau späte Missionsgebiete, und dies gilt noch weit mehr für die Gebiete jenseits von Elbe und Saale. Letztere wurden größtenteils noch später christianisiert als die nordischen Länder und auch Teile Polens, Ungarns und Rußlands. Sie gewannen damit im westeuropäischen Vergleich, aus dem die iberische Halbinsel mit ihrer erst am Ende des 15. Jhs. abgeschlossenen »Reconquista« ausgeklammert sei, relativ spät Anschluß an die tiefgreifenden Prägungen, die mit der Einbeziehung in die lateinische Christenheit verknüpft waren.

Aus der Christianisierung der historisch so unterschiedlich fundierten Landschaften ergaben sich – trotz wesentlicher zeitlicher Veränderungen und weiterer lokaler und regionaler Varianten, unter denen weiterhin »heidnische« Einstellungen und Verhaltensweisen wirksam waren – in der Substanz gleichartige Gestaltungen des Raumes durch Kult und Religiosität. Wesentliche Träger waren Kirchen, Stifte, Klöster, Orden und Kongregationen und andere religiöse Gemeinschaften unter Einschluß der Bruderschaften. Gemeinsame Grundformen bestanden auch in den größeren Städten, in erster Linie in den Kathedralstädten, die vornehmlich nach den Vorbildern von Jerusalem und

---

11. bis zum 16. Jahrhundert, Hg. M. MÜLLER-WILLE, 1995; F. BIERMANN, Slawische Besiedlung zwischen Elbe, Neiße und Lubsza, 2000.

Rom kultisch ausgestattet und somit auch gestaltet wurden.[22] Damit eng verbunden waren Gemeinsamkeiten in der Kommunikation und Öffentlichkeit, für welche die Glocken ein wesentliches Element waren.[23] Dies äußerte sich alltäglich auch in der Seelsorge und in der Fürsorge für Pilger, Kranke und Arme, in der Verwaltung, in der Schriftkultur, der Bildung in Schulen und Universitäten, aber ebenso in der Legitimation und in der Ausübung von Recht, Herrschaft und Genossenschaft wie auch im wirtschaftlichen Denken und Handeln. Die in mehreren Schüben sich vollziehende Inkorporation der Lande, die erst seit dem Ende des Mittelalters als »Deutschland« verstanden wurden,[24] führte vor allem durch den Wegfall des Gegensatzes von Christen und »Heiden« zu andersartigen politischen Beziehungen untereinander. Dies wirkte sich ebenfalls auf die Austragung von Feindschaften und Kriegen mit weiterreichenden Folgen aus; so endete im 12. Jh. mit der Bekehrung der Elbslawen hier – anders als im Balti-

---

[22] Über die vielfältigen Formen der Einbindung und der Ausgrenzung »heidnischer« Elemente innerhalb des Christentums vgl. The Pagan Middle Ages, Hg. L. J. R. Milis, 1998 (ndl. 1991); (auch zum Folgenden) Angenendt, Geschichte der Religiosität (wie I, 10b); Ders., Mission – christlich und frühmittelalterlich, in: Die Vita Sancti Liudgeri, Hg. E. Freise, 1999, 127–149; als informativen Überblick über Bruderschaften vgl. C.-M. De La Ronciere, Le confraternite in Europa fra trasformazioni sociali e mutamenti spirituali, in: Vita religiosa e identità politiche, Hg. S. Gensini, 1998, 325–382; zum räumlichen Aspekt: F. G. Hirschmann, Stadtplanung, Bauprojekte und Großbaustellen im 10. und 11. Jahrhundert. Vergleichende Studien zu den Kathedralstädten westlich des Rheins, 1998; A. Haverkamp, Comunità e spazio urbano nel Medioevo. Suggestioni dalla »Romania« transalpina e dalla Germania, in: Quaderni storici 107, 2001, 573–593.

[23] A. Haverkamp, »... an die große Glocke hängen«. Über Öffentlichkeit im Mittelalter, (zuletzt) in: Ders., Gemeinden, Gemeinschaften und Kommunikationsformen im hohen und späten Mittelalter, Hg. F. Burgard u. a., 2002, 277–313; Information, Kommunikation und Selbstdarstellung in mittelalterlichen Gemeinden, Hg. A. Haverkamp, 1998.

[24] K. Smits, ›Tiutsch‹ und ›Lant‹ in mittelhochdeutschen und mittelniederdeutschen Quellen vom Annolied bis in die zweite Hälfte des 13. Jahrhunderts, in: Zeitschrift für deutsche Philologie 96 (Sonderheft), 1977, 49–86; gegen deren Methoden und Schlußfolgerungen kritische Einwände von R. Schnell, Deutsche Literatur und deutsches Nationsbewußtsein in Spätmittelalter und Früher Neuzeit, in: Ansätze und Diskontinuität deutscher Nationsbildung im Mittelalter, Hg. J. Ehlers, 1989, 247–319, 277ff., vgl. ferner Schubert, Einführung (wie § 2, Anm. 11), 26ff.; H. Thomas, *Sprache* und *Nation*. Zur Geschichte des Wortes *deutsch* vom Ende des 11. bis zur Mitte des 15. Jahrhunderts, in: Nation und Sprache, Hg. A. Gardt, 2000, 47–101, 69ff.

kum und im späteren Finnland – auch die Versklavung von Gefangenen.[25]

Die Verchristlichung blieb in vielen Regionen auch innerhalb des Westens und des Südens bei einem Großteil der Bevölkerung noch lange mit einem hohen Anteil von nichtchristlichen oder anderweitig abweichenden, darunter »heidnischen«, Einstellungen und Verhaltensformen vermischt. Dennoch schuf die Christianisierung hinreichend Gemeinsamkeiten, um die gegenseitigen Beeinflussungen unter den später missionierten Landschaften und zwischen diesen und den früher christianisierten entscheidend zu intensivieren. Für die Erforschung dieser Vorgänge sind bis jetzt neben den Translationen von Reliquien am intensivsten die Verbreitung der Stifte, die mit ihren Pfründen die Abkömmlichkeit von weltlichen Geistlichen für Aufgaben in der politischen Beratung, Verwaltung und in der Bildung ermöglichten,[26] genutzt worden und ebenso jene der Universitäten wie auch die damit zusammenhängende Migration von Studenten und Gelehrten.[27] Für andere aussichtsreiche Aspekte liegen Untersuchungen nur für einige kleinere Regionen vor; diese Arbeiten sind zudem derart unterschiedlich konzipiert, daß sie nicht hinreichend für einen überregionalen, noch weniger für einen westeuropäischen Vergleich geeignet sind. Dies gilt beispielsweise für die Verbreitung der Gesamtheit geistlicher Gemeinschaften.[28] Ähnliches trifft für das Städtewesen zu. Die inzwischen vorliegenden Konzepte über Städtelandschaften in ihrem Verbund mit Städtenetzen und zentralörtlichem Gefüge und deren analytische und kartographische Umsetzung mit dem

[25] R. ELZE, Über die Sklaven im christlichen Teil des Mittelmeerraumes (12.–15. Jh.), in: Vom Elend der Handarbeit. Probleme historischer Unterschichtenforschung, Hg. H. MOMMSEN u. a., 1981, 131–135; R. MAZO KARRAS, Slave and Society in Medieval Scandinavia, 1988, 46ff.

[26] P. MORAW, Stiftspfründen als Elemente des Bildungswesens im spätmittelalterlichen Reich, in: Studien zum weltlichen Kollegiatstift in Deutschland, Hg. I. CRUSIUS, 1995, 270–297.

[27] Zuletzt P. MORAW, Über gelehrte Juristen im deutschen Spätmittelalter, in: Mediaevalia Augiensia. Forschungen zur Geschichte des Mittelalters, Hg. J. PETERSOHN, 2001, 125–147; R. C. SCHWINGES, Innovationsräume und Universitäten in der älteren deutschen Vormoderne, in: Innovationsräume. Woher das Neue kommt – in Vergangenheit und Gegenwart, Hg. DERS., 2001, 31–44.

[28] Vgl. den bis jetzt zumindest für das hohe Mittelalter am weitesten ausgreifenden Versuch von G. BÖNNEN u. a., Religiöse Frauengemeinschaften im räumlichen Gefüge der Trierer Kirchenprovinz, in: Herrschaft, Hg. JENAL (wie § 1, Anm. 2), 369–415 (mit vier Karten im Anhang).

Schwerpunkt in der linksrheinischen Romania-Germania geben nähere Aufschlüsse über die stark variierende, von vielen Faktoren bestimmte urbane Ausstattung. Sie bieten durch die partielle Einbeziehung rechtsrheinischer Befunde für den Vergleich beider Landschaften eine neue Basis und ermöglichen derart auch fundierte Einblicke in die »Zivilisationsgeschichte« eines zentralen Teils des kontinentalen Europa zwischen dem 11. und 14. Jahrhundert.[29] Damit thematisch verbunden sind räumlich noch weiter ausgreifende, auf das Wirkungsfeld der Juden – der Angehörigen der älteren monotheistischen Religion – und auf die Beziehungen zwischen diesen und Christen konzentrierte, ebenfalls kartographisch verankerte Untersuchungen. Diese versuchen zugleich, die darin verwobenen, bis jetzt stark vernachlässigten Erkenntnischancen über die Einstellungen und Verhaltensweisen der Christen zu nutzen.[30]

Die aus diesen systematisch angelegten Analysen erzielten Einsichten geben neben anderen Untersuchungen[31] weitere Anstöße zu einer facettenreicheren Sicht über das innere Gefüge der linksrheinischen Landschaft in ihren Eigenständigkeiten und ihren Verbindungen mit den benachbarten wie auch weiter entfernten Räumen. Sie verdeutlichen die Komplexität der »Akkulturationsvorgänge« und des »Kulturtransfers«.[32] Dafür eröffnet die Berücksichtigung der Nähe von

[29] M. ESCHER u. a., Städtelandschaft – Städtenetz – zentralörtliches Gefüge. Einleitung, in: Städtelandschaft, Hg. ESCHER (wie Anm. 17), 9–53; M. ESCHER u. a., Die urbanen Zentren des hohen und späteren Mittelalters. Vergleichende Untersuchungen zu Städten und Städtelandschaften im Westen des Reiches und in Ostfrankreich, 2003; F. G. HIRSCHMANN, Der Ausbau der Kathedralstädte im frühen 11. Jahrhundert, in: Aufbruch ins zweite Jahrtausend, Hg. B. SCHNEIDMÜLLER, 2003 (in Vorb.); vgl. oben Anm. 22.

[30] Vgl. die Zusammenstellung der einschlägigen Forschungen zuletzt in: Geschichte der Juden im Mittelalter von der Nordsee bis zu den Südalpen. Kommentiertes Kartenwerk, Hg. A. HAVERKAMP, 3 Bde., 2002.

[31] Vgl. die Tagungsbände: Akkulturation und Selbstbehauptung. Studien zur Entwicklungsgeschichte der Lande zwischen Elbe/Saale und Oder im späten Mittelalter, Hg. P. MORAW, 2001, insb. Deutschland und der Westen Europas im Mittelalter, Hg. J. EHLERS, 2002 nebst den einschlägigen Protokollen Nr. 373 (23.–26. März 1999) und Nr. 376 (5.–8. Okt. 1999) der Reichenau-Tagungen; ferner das Protokoll Nr. 381 der Reichenau-Tagung vom 3.–6. Okt. 2000 über »Das Reich und Polen«, geleitet von A. Patschovsky und Th. Wünsch.

[32] Vgl. M. MIDDEL, Von der Wechselseitigkeit der Kulturen im Austausch. Das Konzept des Kulturtransfers in verschiedenen Forschungskontexten, in: Metropolen und Kulturtransfer im 15./16. Jahrhundert: Prag – Krakau – Danzig – Wien. Hg. A. LANGER, 2001, 15–51.

Christen und »Heiden«, auf der weiteren Ebene von Christentum und Heidentum, und der noch stärker ausgeprägten, in der Regel innerhalb der Städte situierten Nachbarschaft von Juden und Christen, von Judentum und Christentum, auch religionsübergreifende Dimensionen.

Für diese Vorgänge bietet das zivilisationsgeschichtlich orientierte Raster eines West-Ost- respektive Süd-Nord-Gefälles zwar Anregungen, doch erweist es sich zugleich als unzureichend. Wie weit das Autochtone sich gegenüber den Einflüssen behauptete, umgestaltet oder verdrängt wurde und von ihm selbst Impulse nach innen und außen ausgingen, ist eine nur nach den diversen Sachgebieten differenziert zu beantwortende Frage. Dafür sind weitere landschaftlich unterscheidende Untersuchungen förderlich, die in zeitlichen Schnitten politische, wirtschaftliche, soziale, religiöse und andere Aspekte behandeln. Derart werden zugleich Leitbegriffe wie »Entwicklung« und »Modernisierung« für die Beschreibung und Deutung diachroner Vorgänge und Wirkungen relativiert oder erweisen sich in ihren Voraussetzungen als problematisch.[33]

Zur Problematik gehören ebenso Fragen nach der Wahrnehmung und Bewertung solcher Vorgänge durch die jeweiligen Zeitgenossen und gleichfalls durch die neuere Geschichtsschreibung. Dies mag ein Zitat aus der »Bayerische(n) Chronik« des Johannes Turmair, genannt Aventinus (geb. 1477, gest. 1534), die er im Hofdienst des bayerischen Herzogs (seit 1508) verfaßte und bis zum Jahre 1519 führte, illustrieren. Nach dem Vorbild anderer deutscher Humanisten, die unter Berufung vornehmlich auf die neu entdeckte »Germania« des Tacitus die »Unverderbtheit« der Germanen gegen die Sittenlosigkeit der Römer ausspielten, bewertete er die »einfachen« Lebensformen

---

[33] Vgl. mit landschaftlich unterscheidender und so vergleichender Methode für das 11.–13. Jahrhundert HAVERKAMP, Aufbruch (wie Anm. 11, auch bereits in der 1. Auflage von 1984); prononcierter auf »Entwicklung« und »Modernisierung« ausgerichtet: P. MORAW, Die Entwicklungsunterschiede und Entwicklungsausgleich im deutschen und europäischen Mittelalter, (zuletzt) in: DERS., Über König und Reich. Aufsätze zur deutschen Verfassungsgeschichte des späten Mittelalters, 1995, 293–320; DERS., Zusammenhalt (wie § 1, Anm. 23); DERS., Regionen und Reich im späten Mittelalter, in: Regionen und Föderalismus, Hg. M. MATHEUS, 1997, 9–29; DERS., Die Mark Brandenburg im späten Mittelalter. Entwicklungsgeschichtliche Überlegungen im deutschen und europäischen Vergleich, in: Akkulturation, Hg. MORAW (wie Anm. 31), 13–35; DERS., Einleitung, in: ebd., 1–6; J. HELMRATH, Am Ende einer Tagung: Zusammenfassung und Ausblick, in: ebd., 415–424; vgl. vorige Anm.

der mit den Germanen gleichgesetzten »alten Teutschen« ganz im Gegensatz zu den früheren Humanisten: *Das find ich in den alten der Römer und Kriechen historien, das unser vorvordern, die alten Teutschen, allem überflus in claiden essen trinken pauen, allem pracht mähtikait reichtum und gelt hessig und feind sein gewesen, haben mêr auf das eisen dan gelt gehalten, betruegen sich einer slechten g'ringen nit hochgültig (so überal leicht zue bestellen, zue wegen zu bringen war) kost, liessen sich benuegen an milch käs prot haberprein, truegen an ir claine wolfspelzlein, so si am jait (Jagd) fiengen, ir altfränkisch säk und kittel.*[34] Eine derartige Einschätzung der »Germanen« und der damit gemeinten »Deutschen« hatte eine lange Wirkung – bis zu Wertungen in wissenschaftlichem Gewande in der neueren Historiographie.[35]

Insgesamt werden in der Fragestellung über die Formen und Ursachen der Diversifikation in Landschaften, über deren unterschiedliche Verknüpfungen mit dem lateinischen Westen und über ihre weiterreichenden Beziehungsgeflechte die Beschränktheiten der noch immer nachwirkenden nationalstaatlichen und daher für die Zeit vor dem 19. Jh. anachronistischen Geschichtsforschung überwunden. Daraus ergeben sich bei behutsamer Analyse neue Chancen für die Erkenntnis des Facettenreichtums der deutschen Geschichte und zugleich ihrer Eigentümlichkeiten innerhalb des europäischen Ambientes.

B. Leitbegriffe deutscher Geschichte: Volk, Stamm, Nation, Reich

Die Gliederung in historische Landschaften und deren enge Verknüpfungen mit den benachbarten Regionen und insgesamt mit der Geschichte der lateinischen Christenheit bieten Anhaltspunkte für die

---

[34] Johannes Turmair's genannt Aventinus Bayerische Chronik, ed. M. LEXER, Johannes Turmair's genannt Aventinus sämmtliche Werke, Bd. 4, Tl. 1, 1882, 140 (Zitat 306f.); vgl. F. PRINZ, Johann Thurmair, genannt Aventinus, bayerischer Humanist und Historiker, in: Aufsätze zur Kunstgeschichte (Fs. H. Bauer), Hg. K. MÖSENEDER u. a. 1991, 128–136; mehrere Beiträge in: Diffusion des Humanismus. Studien zur nationalen Geschichtsschreibung europäischer Humanisten, Hg. J. HELMRATH u. a., 2002.

[35] J. EHLERS, Einleitung, in: Deutschland, Hg. EHLERS (wie Anm. 31), 1–5, 2f.

naheliegende, aber schwer zu beantwortende Frage nach den Besonderheiten der deutschen Geschichte. Eine Antwort setzt vor allem die Verständigung über die Eigenarten der Geschichte der lateinischen Christenheit voraus. Letztere wiederum war ein substantieller Bereich der auch während des Mittelalters nicht nur von Christen, sondern auch von Andersgläubigen bestimmten europäischen und darüber hinaus mediterranen Geschichte. Die Antwort erfordert nicht zuletzt eine Klärung der Kriterien, die für die »deutsche« Geschichte maßgeblich sein sollen. Diese können verläßlich nur aus strikt vergleichenden Untersuchungen in einem zumindest westeuropäischen Horizont gewonnen werden. Dies ist trotz der großen Verdienste einiger weniger Gelehrter noch viel zu wenig geschehen.[1] Seit dem Beginn der Geschichte als Wissenschaft wurden über derartige Charakteristika höchst unterschiedliche, ja gegensätzliche Auffassungen vertreten. Solche Kontroversen beziehen sich keineswegs nur auf Kernfragen der deutschen, sondern ebenso der europäischen Geschichte und gehen noch weit darüber hinaus, weil das Denkmodell wie auch die Sozialisationsform der Nation in erster Linie vom europäischen Westen aus in der Welt verbreitet wurde.

Zu den Kernfragen gehört, ob ein Volk, mehrere Völker, Nationen oder auch Stämme, ein Reich oder mehrere Reiche respektive Länder die Träger der als deutsch verstandenen Geschichte waren und wie diese unterschiedlichen und überaus wechselvoll gestalteten Gebilde, die jeweils für sich wiederum durchaus verschiedenartig interpretiert wurden, einander zuzuordnen sind. Damit hängt auch die Beantwortung der Fragen zusammen, zu welchem Zeitpunkt oder in welchem Zeitraum deutsche Geschichte einsetzt, auf welchen Faktoren sie in der Folgezeit beruht und wie weit sie räumlich reicht. »Gibt es über-

---

[1] Vgl. K. F. WERNER, Marc Bloch und die Anfänge einer europäischen Geschichtsforschung, 1995 (zu Bloch siehe § 1, mit Anm. 26); B. SCHNEIDMÜLLER, Die mittelalterlichen Konstruktionen Europas, in: Europäische Geschichte als historiographisches Problem, Hg. H. DUCHHARDT u. a., 1997, 5–24 und weitere Beiträge in demselben Band; M. BORGOLTE, Perspektiven europäischer Mittelalterhistorie an der Schwelle zum 21. Jahrhundert, in: Das europäische Mittelalter im Spannungsbogen des Vergleichs, Hg. DERS., 2001, 14–27; DERS., Europa entdeckt seine Vielfalt 1050–1250, 2002, 11 ff.; als neuere anregende Darstellungen mit unterschiedlichen Ansätzen und Zielen vgl. F. PRINZ, Von Konstantin zu Karl dem Großen. Entfaltung und Wandel Europas, 2000, und M. MITTERAUER, Warum Europa? Grundlagen eines Sonderwegs, 2003; vgl. unten § 6 mit Anm. 15 ff.

haupt eine deutsche Geschichte?«,[2] ist aus diesen Gründen speziell für die mittelalterlichen und ebenfalls für die frühneuzeitlichen Jahrhunderte keineswegs nur eine rhetorische Frage.

Diese Problematik bedarf einer – hier freilich nur in groben Zügen möglichen – Standortbestimmung. Ein derartiger Versuch konzentriert sich im Konnex mit der Geschichte der Zentralbegriffe auf die historiographischen Interpretationsmuster vornehmlich über Volk, Stamm und Nation, die bis in die zweite Hälfte des 20. Jh. vorherrschend waren, beschreibt die methodischen Ansätze, die sich in den letzten Jahrzehnten um eine Klärung der Zentralfrage von Nation und Nationsbewußtsein bemühen, und erörtert schließlich die Problematik über die zeitlichen und räumlichen Reichweiten der deutschen Geschichte.

§ 4 Politische und historiographische Traditionen

a) Vom Humanismus bis zur Weimarer Republik

Nach verschiedenen Ansätzen gegen die dominanten Trends der national oder sogar nationalstaatlich bestimmten Geschichtsschreibung begann eine Neubesinnung innerhalb der deutschen Mediävistik auf breiterer Grundlage in den sechziger Jahren des 20. Jahrhunderts. Sie führte zu neuen substantiellen Fragestellungen über die Geschichte der Nationen und die damit zusammenhängenden Bedeutungs- und Wirkungsbereiche von Reichen und Ländern. Daneben blieben frühere Vorstellungen weiterhin wirksam. Diese waren bereits durch deutsche Humanisten seit der Wende vom 15. zum 16. Jh. vorgeprägt, die ihrerseits in westeuropäischen Zusammenhängen agierten. Unter führender Beteiligung vor allem italienischer Gelehrter begünstigte der Humanismus das Nationsbewußtsein in England, Frankreich, der Schweiz, in Böhmen, Ungarn, Polen und in anderen Regionen der lateinischen Christenheit, vertiefte es literarisch-historiographisch und verbreitete es wirkungsvoll vor allem mit Hilfe des Buchdrucks.[3] Da-

[2] So der Titel des Essays von H. SCHULZE, 1989; DERS., Is there a German History?, in: The 1987 Annual Lecture (German Historical Institute, London), 1988, 3–39.

[3] Vgl. als Überblick über den Forschungsstand mehrere Beiträge in: Diffusion, Hg. HELMRATH (wie § 3, Anm. 34).

für bot das von diesen primär philologisch ausgerichteten Kreisen betriebene Studium vorzüglich antiker Texte neue Chancen. Sie wurden für die Fundierung von historisch ausgerichteten Landeskunden – darunter das von mehreren deutschen Humanisten geförderte Projekt der *Germania illustrata*, wofür die *Italia illustrata* (1474 als Druck) des Flavio Biondo ein Vorbild war – genutzt[4] und dienten zugleich sowohl der Dekonstruktion alter als auch der Bildung neuer Mythen. Für die deutschen Humanisten ergaben sich die stärksten Antriebe aus der im frühen 15. Jh. in der Klosterbibliothek von Hersfeld oder Fulda wiederentdeckten »Germania« des Tacitus, die 1470 erstmals in Venedig gedruckt wurde. Dieses Werk wurde in den deutschen Landen erst aktuell, nachdem es nur wenige Jahre nach der Übermittlung der Handschrift über die Alpen von dem damaligen Kurienkardinal Enea Silvio Piccolomini 1457/58 in einer »Beschreibung von Eigenart, Gegend, Sitten und Beschaffenheit Deutschlands« (*De ritu, situ, moribus et conditione Germaniae descriptio*) herangezogen worden war.[5] Damit reagierte der Kardinal auf die seit einigen Jahren vornehmlich von den hohen Geistlichen im Westen des Reiches vorgebrachten Beschwerden der »deutschen Nation« (*gravamina nationis Germanicae*) über die finanzielle Ausbeutung seitens der päpstlichen Kurie. Unter Berufung auf die Germania des Tacitus »verglich er die barbarischen Verhältnisse des alten Germanien mit dem Wohlstand und der Kultiviertheit des zeitgenössischen Deutschland«.[6] Diese Fortschritte seien hauptsächlich auf die römische Kirche zurückzuführen. So müsse Germanien dem Papst dankbar sein, womit sogar noch höhere Forderungen der römischen Kurie gerechtfertigt seien.

Diese und weitere Stellungnahmen vornehmlich italienischer Humanisten regten deutsche Humanisten zu Entgegnungen an, die sich ebenfalls auf die »Germania« (und später auch auf die »Annalen«) des Tacitus stützten. Sie beriefen sich auf die von Tacitus beschriebene *simplicitas* der Germanen, die sie mit den Deutschen gleichsetz-

---

[4] U. MUHLACK, Das Projekt der *Germania illustrata*, in: Diffusion, Hg. HELMRATH (wie § 3, Anm. 34), 142–158.

[5] J. HELMRATH, *Vestigia Aeneae imitari*. Enea Silvio Piccolomini als »Apostel« des Humanismus, in: Diffusion, Hg. DERS. (wie § 3, Anm. 34), 99–141.

[6] K. VON SEE, Barbar, Germane, Arier. Die Suche nach der Identität der Deutschen, 1994; R. KIPPER, Der Germanenmythos im Deutschen Kaiserreich, 2002, 31 ff. (Zitat 34).

ten. Sie verbanden die materielle und zivilisatorische Zurückgebliebenheit der Germanen mit deren besonderen moralischen Qualitäten. Mit diesen Tugenden, unter denen Treue, Keuschheit, Gerechtigkeit, Freigebigkeit und nicht zuletzt militärische Tüchtigkeit hervorgehoben wurden, seien die Germanen/Deutschen den Römern überlegen gewesen. Entsprechend wurde bald auch der Kult des Cheruskerfürsten Arminius literarisch geschaffen. Der siegreiche Germane Hermann der Cherusker sollte so Iulius Caesar, der seit dem ausgehenden 11. Jh. mit großer Akzeptanz als Gründer der römischen Monarchie propagiert worden war, als Identifikationsfigur der mit dem Römischen Reich eng verbundenen Deutschen verdrängen. Zugleich wurden unter dem Einfluß der Tacitus-Rezeption die Deutschen entgegen den früheren Herkunftslegenden zu den Ureinwohnern Germaniens erklärt; sie hätten Jahrtausende in Germanien gelebt, ohne sich mit fremden Völkern zu vermischen. Demgemäß setzt die Geschichte Deutschlands bereits mit Adam und Abraham ein.[7] Die historischen Argumentationen der Humanisten – darunter der »Erzhumanist« Conrad Celtis (1459–1508), Jakob Wimpfeling (1450–1528) und Ulrich von Hutten (1488–1523) – überschnitten sich in ihrer antirömischen (und zumeist anti-italienischen) Einstellung mit den Intentionen der Reformatoren.

Die Langzeitwirkungen der humanistischen Geschichtsdeutung in der »germanischen« Konzeption gingen weit über die Reformation hinaus. Sie wurden seit dem 18. und insbesondere seit der Wende zum 19. Jh. in die Umwertung von Volk und Nation einbezogen. Während zuvor unter »Volk« zunächst die im politischen Sinne führenden Gruppen in einer Gesellschaft verstanden, dann aber auch der »Pöbel« damit bezeichnet wurde,[8] erfuhr der Begriff seit dem ausgehenden 18. Jh. unter der Inspiration von Johann Gottfried Herder (1744–1803) und unter dem Einfluß so gegensätzlicher Faktoren wie der Französischen Revolution und der Romantik oder der Restauration gegen-

---

[7] SCHNELL, Deutsche Literatur (wie § 3, Anm. 24); H. THOMAS, Das Identitätsproblem der Deutschen im Mittelalter, in: GWU 43, 1992, 135–156; J. KNAPE, Humanismus, Reformation, deutsche Sprache und Nation, in: Nation und Sprache, Hg. GARDT (wie § 3, Anm. 24), 103–138; zur »Rolle Caesars in lokalen Geschichtskonstruktionen« vgl. CLEMENS, Tempore (wie § 1, Anm. 9), 342ff.

[8] Für die Vielseitigkeit vgl. WERNER, Volk (wie § 3, Anm. 17), 245ff. (unter der Überschrift: »Volk als Masse, Unterschicht«).

über »Nation« eine deutliche Aufwertung. Schließlich galt »Volk« vielfach als Synonym für »Nation«. Damit konnte oder sollte »sowohl das Staatsvolk als ›Nation‹ wie auch die Bevölkerung« gemeint sein.[9] Diese Ausweitung und Aufwertung erhielten eine langfristig wirksame politische Basis, nachdem seit 1806 im ehemaligen »Römischen Reich deutscher Nation« eine Vielzahl von Staaten entstanden waren, jedoch im deutschsprachigen Bereich – im Unterschied vor allem zu dem als Modell geltenden Frankreich – ein das »deutsche Volk« einigender Nationalstaat unterblieben war. An dessen Stelle wurde die durch die gemeinsame Sprache verbundene und insgesamt auf dem Volk beruhende deutsche »Kulturnation« propagiert. Als Substrat der Kulturnation galt das durch gemeinsame Herkunft – und bald auch Blutsbande – definierte Volk. Es wurde, wie bereits seit den deutschen Humanisten grundgelegt, nun auch im Gewande der wissenschaftlich fundierten Historiographie unter Gleichsetzung der Deutschen mit den Westgermanen weit bis in die germanische Frühzeit zurückprojiziert und als das eigentliche Subjekt der deutschen Geschichte betrachtet, was sich auch noch in der neunten Auflage des Gebhardt von 1954 widerspiegelt.[10]

Dementsprechend wurde – mit weit bis ins 20. Jh. reichenden Auswirkungen – auch die »deutsche Rechtsgeschichte« als ein »Ausschnitt aus der germanischen Rechtsgeschichte« aufgefaßt.[11] Zugleich wurde die ursprüngliche, angeblich auch auf gemeinsamer Sprache beruhende Einheit des germanisch-deutschen Volkes postuliert. Dieses habe sich – wie das Volk Israel – in »Stämme« gegliedert, die ihrerseits als »eine Art natürlicher Lebensgemeinschaften am Anfang

---

[9] R. KOSELLECK »Einleitung« zu: Volk, Nation, Nationalismus, Masse, in: GGr, Bd. 1, 1972, 141–151 (Zitat 143); B. SCHÖNEMANN, ebd., VI-XII, 281–380, 316ff. (Herder).

[10] F. GRAUS, Verfassungsgeschichte des Mittelalters, 1986, (zuletzt) in: DERS., Aufsätze (wie § 1, Anm. 21), 213–258; J. EHLERS, Die Entstehung des deutschen Reiches, 1994, 64ff.; B. SCHNEIDMÜLLER, Reich – Volk – Nation: Die Entstehung des deutschen Reiches und der deutschen Nation im Mittelalter, in: Mittelalterliche nationes – Neuzeitliche Nationenbildung, Hg. A. BUES u. a., 1995, 73–101; ferner – mit Zuspitzungen – der Essay von P. J. GEARY, Europäische Völker im frühen Mittelalter. Zur Legende vom Werden der Nationen, 2002, 25ff.

[11] W. BÖCKENFÖRDE, Die deutsche verfassungsgeschichtliche Forschung im 19. Jahrhundert, ^{2}1995 (auch für das Folgende); K. KROESCHELL, Germanisches Recht als Forschungsproblem, in: Festschrift für Hans Thieme, Hg. DERS., 1986, 3–19 (Zitat 3).

der deutschen Geschichte«[12] eingeschätzt wurden. Dazu wurden in erster Linie die ins fränkische Merowingerreich integrierten »Westgermanen« einschließlich der von Karl dem Großen unterworfenen Sachsen gerechnet.

Die von der Romantik mythologisch »angereicherte« Nationalbewegung ließ selbst der Kritik von bestens ausgewiesenen Historikern an der biologisch fixierten Darstellung von Volk/Nation und Stämmen nur wenig Resonanz. Zu den Kritikern gehörte der herausragende Innsbrucker katholische Historiker Julius von Ficker (geb. 1826, gest. 1902). In der Auseinandersetzung mit dem protestantischen Kollegen Heinrich von Sybel (geb. 1817, gest. 1895) – ältester Ranke-Schüler, Gründer der Historischen Zeitschrift und im selben Jahr Mitbegründer des »Nationalvereins« (1859), Mitglied des preußischen Abgeordnetenhauses (1862–1864, 1874–1880) – über die Beurteilung der mittelalterlichen Kaiserpolitik vertrat er 1861 nicht nur die Berechtigung der universalen Tendenzen dieser Politik gegenüber den zeitgenössischen nationalstaatlichen Maßstäben; vielmehr betonte er auch: »Bei Nationen, welche eine lange Geschichte hinter sich haben, ist die Einheit des Blutes ganz verwischt; selbst bei der deutschen kann nur in sehr beschränktem Maße davon die Rede sein, wollten wir uns auch, von früheren Mischungen absehend, nur an die Tatsache der Germanisierung so vieler Millionen Slawen halten«. »Die Nationen … erscheinen in der Geschichte als etwas Werdendes, nicht als etwas Fertiges; ihre Entwicklung folgt ebensosehr den staatlichen Verhältnissen, als sie die dieselben ihrerseits bestimmen kann.«[13]

Seit der »kleindeutschen« Lösung in Gestalt der Gründung des Kaiserreichs (1871) setzten sich jedoch die nationalstaatlichen Auffassungen politisch durch.[14] Das Kaiserreich wurde als »Endpunkt einer

---

[12] So noch zustimmend der Herausgeber der achten (und neunten) Auflage des GHDG H. GRUNDMANN, Stämme und Völker in der deutschen Geschichte, in: GWU 6, 1955, 591–607 (Zitat 596).

[13] H. SPROEMBERG, Die Anfänge eines »deutschen Staates« im Mittelalter, (zuletzt) in: Mittelalter und demokratische Geschichtsschreibung, Hg. M. UNGER, 1971 (frz. 1958), 4–26 (Zitat 20); J. v. FICKER, Das deutsche Kaiserreich in seinen universalen und politischen Vorgängen, 1861, (zuletzt) in: F. SCHNEIDER, Universalstaat oder Nationalstaat. Macht und Ende des Ersten deutschen Reiches, 1941, 19–158 (Zitat 42); zu Sproemberg vgl. § 5 mit Anm. 3.

[14] Über die höchst unterschiedliche Deutungsmacht der »professionellen akademischen Geschichtswissenschaft« und der enorm auflagestarken »populär- und pseudowissenschaftlichen Literatur« aus der Feder »selbstberufener Geschichtsdeuter«

historischen Entwicklung« stilisiert. Diese habe »in der germanischen Frühzeit ihren Anfang« genommen und bereits in fränkisch-karolingischer Zeit zu einem »deutschen Staat und deutschen Volk« geführt.[15] Die sachlich völlig unberechtigte Berufung auf die Nachfolge des »Ersten deutschen Reichs« stützte den Führungsanspruch des »Zweiten deutschen Kaiserreichs« in Europa. Solchen Intentionen kamen auch fachwissenschaftliche Darstellungen entgegen. So vereinnahmte der Historiker Ludwig Schmidt (geb. 1862, gest. 1944) in seit 1904 publizierten Werken, die um 1940 in »völlig neubearbeiteten« Auflagen erschienen und 1969/70 neugedruckt wurden, auch die »ostgermanischen« Völker – wie Goten, Wandalen, Burgunder, Langobarden – für die »deutschen« Stämme.[16] Auch der Heidelberger Mediävist Karl Hampe (geb. 1869, gest. 1936) stand in einer weit bis ins 19. Jh. zurückgehenden Tradition, als er 1927 wie selbstverständlich den Ostgotenkönig Theoderich (geb. wohl 451, Kg. seit 470, gest. 526) und ebenso Karl den Großen zu seinen »Herrschergestalten des deutschen Mittelalters« zählte.[17]

Nach dem Untergang des wilhelminischen Kaiserreichs entfiel der angebliche Kontinuitätsstrang mit dem tatsächlich völlig gegensätzlich verfaßten »römischen Reich« des Mittelalters. Anknüpfungschancen boten jedoch weiterhin das »deutsche« Volk und die »deutschen« Stämme. Darauf bezog sich auch die Weimarer Verfassung von 1919 mit Formulierungen vom »deutschen Volk«, »einig in seinen Stämmen« – den »großen naturwüchsigen Gliederungen des deutschen Volkes«.[18] Dennoch gab es einzelne Gegenpositionen. So argumentierte der Bonner Landeshistoriker Franz Steinbach (geb. 1895, gest. 1964), ein Schüler Hermann Aubins, in seinen 1926 veröffentlichten »Studien zur westdeutschen Stammes- und Volksgeschichte« gegen die »verbreitete Vorstellung«, die »deutschen« Stämme seien »nicht

---

vgl. W. HARDTWIG, Die Krise des Geschichtsbewußtseins in Kaiserreich und Weimarer Republik und der Aufstieg des Nationalsozialismus, in: Jahrbuch des Historischen Kollegs 2001, 2002, 47–75 (Zitate 48, 55).

[15] BÖCKENFÖRDE, Forschung (wie Anm. 11), 130ff.; SPROEMBERG, Anfänge (wie Anm. 13) (Zitat 4).

[16] L. SCHMIDT, Geschichte der deutschen Stämme, Bd. 1: Die Ostgermanen, [1]1904, [2]1941, ND 1969; Bd. 2: Die Westgermanen, Tl. 1, [1]1910, [2]1938, Tl. 2, [1]1940, ND 1970, vgl. SPROEMBERG, Anfänge (wie Anm. 13), 4.

[17] K. HAMPE, Herrschergestalten des deutschen Mittelalters, [1]1927; [6]1955.

[18] GRUNDMANN, Stämme (wie Anm. 12) (Zitat 591).

in und nach der Völkerwanderung gewordene, sondern vorher rassisch und kulturell zusammenhängende Gruppen«. Vielmehr betonte er, daß sie primär durch herrschaftliche und dynastische Kräfte und Entscheidungen geformt worden seien. Zudem stellte er die Verbindung der sogenannten »Stammesherzogtümer« mit vorhergehenden Stämmen sogar bei den Sachsen und Bayern in Frage, da die Herzöge des 9./10. Jhs. sich um »Stammesgrenzen nicht gekümmert« hätten, »als sie sich ihre Staaten schufen«.[19]

b) Zusammenhänge mit dem Nationalsozialismus

Derartige Bemühungen um Differenzierungen erwiesen sich spätestens unter dem nationalsozialistischen Regime als vergeblich. Gegen Steinbach wurden auf dem Rechtshistorikertag von 1936 die Positionen des österreichischen Rechtshistorikers Karl Gottfried Hugelmann (geb. 1879, gest. 1959) ausgespielt; dieser trat dezidiert für das »gefühlsbetonte Bewußtsein völkischer Eigenart« im Frühmittelalter ein.[20] Derselbe seit 1935 an der Universität Münster wirkende, seit 1944 Göttinger Rechtshistoriker wiederholte seine »völkischen« Grundauffassungen noch 1955 in einem von der Deutschen Forschungsgemeinschaft und anderen Institutionen geförderten Buch.[21]

---

[19] F. STEINBACH, Studien zur westdeutschen Stammes- und Volksgeschichte, 1926 (Neuauflage mit einem Vorwort von F. PETRI, 1962 (Zitate 2f.)); Steinbach bekennt, »selbst noch vor zwei Jahren« die »Auffassung« vertreten zu haben, »die Stämme der Völkerwanderungszeit, die für die Entstehung des deutschen Volkes in Frage kommen, als ›Nationalstaaten mittlerer Größe‹« betrachtet zu haben (124); vgl. GRUNDMANN, Stämme (wie Anm. 12), 598; über die weiteren politischen Implikationen dieses Werkes, das man »auf sehr unterschiedliche Weise lesen« kann, und insgesamt über das 1920 in Bonn gegründete »Institut für die geschichtliche Landeskunde der Rheinlande« (Aubin, Steinbach, Petri) vgl. P. SCHÖTTLER, Von der rheinischen Landesgeschichte zur nazistischen Volksgeschichte oder »Die unüberhörbare Stimme des Blutes«, in: Deutsche Historiker im Nationalsozialismus, Hg. W. SCHULZE u. a., [2]2000, 89–113 (Zitat 96); vgl. unten mit Anm. 26 und § 3, Anm. 19.

[20] SPROEMBERG, Anfänge (wie Anm. 13), 9; EHLERS, Entstehung (wie Anm. 10), 65.

[21] K. G. HUGELMANN, Nationalstaat und Nationalitätenrecht im deutschen Mittelalter, Bd. 1: Stämme, Nation und Nationalstaat im deutschen Mittelalter, 1955 (vgl. auch die Widmung für seine drei im Zweiten Weltkrieg gefallenen Söhne und das Vorwort); über Hugelmann vgl. K. SCHREINER, Führertum, Rasse, Reich. Wissenschaft von der Geschichte nach der nationalsozialistischen Machtergreifung, in: Wissenschaft im Dritten Reich, Hg. P. LUNDGREEN, 1985, 163–252, 198ff.; M. FAHLBUSCH, Die »Südostdeutsche Forschungsgemeinschaft«. Politische Beratung

Zu den wenigen Mediävisten, die sich eindeutig gegen die auf älteren, auch bei Historikern weit verbreiteten Einstellungen gründende völkische Ideologie während der nationalsozialistischen Diktatur[22] wandten, gehörte Carl Erdmann. Dieser große Gelehrte (geb. 1898, gest. 1945) warnte 1935 ausdrücklich »vor der landläufigen Verwechslung der Begriffe Germanisch und Deutsch« und betonte, daß im mittelalterlichen Reich nicht »Stämme«, sondern eigenständige »Völker« lebten. Trotz seiner hochrangigen wissenschaftlichen Leistungen erhielt er keinen Ruf und wurde 1943 zum Heeresdienst gezwungen, in dem er im März 1945 starb.[23] Auch der Tübinger Mediävist Heinrich Dannenbauer (geb. 1897, gest. 1961) bewies Mut. Er wandte sich öffentlich unter anderem »gegen den einseitigen Versuch, in der früh- und hochmittelalterlichen Verfassungsentwicklung ›alles nur vom germanischen Erbe‹ ableiten zu wollen«. Vielmehr bestand er darauf, daß das deutsche Volk »keine natürliche Größe ist, sondern eine geschichtlich gewordene Einheit«.[24]

Hingegen boten sich bereits arrivierte Mediävisten – wie viele andere Geisteswissenschaftler – den Nationalsozialisten schon früh an. Dazu gehörte Hermann Aubin (geb. 1885, gest. 1969). Nach neuerer Einschätzung »repräsentierte« Aubin die »völkische Mediävistik«.[25]

---

und NS-Volkstumspolitik, in: Deutsche Historiker, Hg. SCHULZE (wie Anm. 19), 241–264; vgl. auch zum Folgenden die relativ frühe kritische Bilanz von K. F. WERNER, Das NS-Geschichtsbild und die deutsche Geschichtswissenschaft, 1967; vgl. dazu die positive Rezension von F. GRAUS, Geschichtsschreibung und Nationalsozialismus, in: Vierteljahreshefte für Zeitgeschichte 17, 1969, 87–95.

[22] Vgl. für die Ur- und Frühgeschichte: Eine hervorragend nationale Wissenschaft. Deutsche Prähistoriker zwischen 1900 und 1995, Hg. H. STEUER, 2001 (mit zahlreichen Hinweisen auch auf führende Mittelalterhistoriker wie Aubin, Brackmann, Heimpel, Mayer, Petri, Steinbach); Prähistorie und Nationalsozialismus. Die mittel- und osteuropäische Ur- und Frühgeschichtsforschung in den Jahren 1933–1945, Hg. A. LEUBE, 2002.

[23] C. ERDMANN, Der Name Deutsch, in: Karl der Große oder Charlemagne? Acht Antworten deutscher Historiker, 1935, 94–105 (Zitat 94f.); vgl. SCHREINER, Führertum (wie Anm. 21), 204ff. Über Erdmann vgl. die Würdigung von F. BAETHGEN, Carl Erdmann. Ein Gedenkwort, in: C. ERDMANN, Forschungen zur politischen Ideenwelt des Frühmittelalters, Hg. F. BAETHGEN, 1951, VIII-XXI; ferner K. F. WERNER, Karl der Große in der Ideologie des Nationalsozialismus. Zur Verantwortung deutscher Historiker für Hitlers Erfolge, in: ZAGV 101, 1997/98, 9–64, 41ff.

[24] SCHREINER, Führertum (wie Anm. 21), 186ff. (Zitat 186f.).

[25] OEXLE, Von der völkischen Geschichte (wie § 1, Anm. 14), 18, weiterführende Hinweise in: Deutsche Historiker, Hg. SCHULZE (wie Anm. 19). Aubin war 1953–1958 Präsident des Verbandes der Historiker Deutschlands.

Die politische Verquickung kann freilich seine früheren wissenschaftlichen Verdienste – vor allem die methodisch neuartige, bis heute richtungsweisende Konzeption einer interdisziplinär ausgerichteten geschichtlichen Landeskunde[26] – nicht schmälern. Aubin war ein in seiner wissenschaftlichen Ausrichtung eher an Karl Lamprecht orientierter eigenständiger Schüler des im deutschnationalen, antidemokratischen Sinne politisch höchst aktiven Georg von Below (geb. 1858, gest. 1927). Dieser – ebenfalls Lehrer von Gerd Tellenbach (geb. 1903, gest. 1999) und Hermann Heimpel (geb. 1901, gest. 1988) – propagierte in scharfen Polemiken vor allem gegen den Rechtshistoriker Otto von Gierke (geb. 1841, gest. 1921) und den auch stark wirtschafts- und sozialhistorisch ausgerichteten Karl Lamprecht (geb. 1856, gest. 1915) seine Auffassung über die Alleingültigkeit der politischen Geschichtsschreibung. In seinen zahlreichen Publikationen wollte er den »staatlichen Charakter der deutschen Verfassung des Mittelalters« nachweisen.[27] Heimpel beklagte im November 1933 in öffentlicher Rede den im mittelalterlichen Reich angeblich vollzogenen »Riß von Staat und Volk«; statt dessen feierte er das »neue«, das gerade gewalttätig etablierte Dritte Reich, das als Staat auf dem »Volkstum« aufbaue.[28] Auch der damalige Marburger Mediävist Theodor Mayer (geb. 1883, gest. 1972) – 1942–1945 Präsident der Monumenta Germaniae Historica, nach dem Kriege Initiator und lange Zeit Vorsitzender des einflußreichen und auch für neue Sicht- und Vorgehensweisen offenen »Konstanzer Arbeitskreises für mittelalterliche Geschichte« (seit 1951)[29] – machte sich der nationalsozialisti-

---

[26] H. AUBIN u. a., Kulturströmungen und Kulturprovinzen in den Rheinlanden, 1926 (Neuausgabe mit einem Vorwort von F. PETRI und Nachworten zum geschichtlichen und volkskundlichen Beitrag von H. AUBIN und M. ZENDER, 1966); vgl. § 3 mit Anm. 19.

[27] O. G. OEXLE, Ein politischer Historiker: Georg von Below (1858–1927), in: Deutsche Geschichtswissenschaft um 1900, Hg. N. HAMMERSTEIN, 1988, 283–312 (Zitat 294); H. CYMOREK, Georg von Below und die deutsche Geschichtswissenschaft um 1900, 1998.

[28] OEXLE, Von der völkischen Geschichte (wie § 1, Anm. 14), (Zitat 19); vgl. aus der Sicht des »Schülers« E. SCHULIN, Hermann Heimpel und die deutsche Nationalgeschichtsschreibung, 1998; E. Schulin über Heimpels »Vergangenheitsbewältigung« N. BERG, Der Holocaust und die westdeutschen Historiker, 2003, insb. 248ff.

[29] T. ENDEMANN, Geschichte des Konstanzer Arbeitskreises. Entwicklung und Strukturen 1951–2001, 2001; Der Konstanzer Arbeitskreis für mittelalterliche Geschichte 1951–2001. Die Mitglieder und ihr Werk, Hg. J. PETERSOHN, 2001.

schen Propaganda nützlich. So legitimierte er am 30. Januar 1940 die »Politik der Sicherung des deutschen Lebensraumes« als »die organische Fortsetzung der mittelalterlichen Kaiserpolitik, die vor 700 Jahren abgebrochen worden war«.[30] Im selben Jahr schrieb Herbert Grundmann (geb. 1902, gest. 1970) – damals Professor an der Universität Königsberg, nach dem Kriege Mitbegründer des Historikerverbandes, Herausgeber der 8. und 9. Auflage des Gebhardt-Handbuchs und seit 1959 Präsident der MGH – in der Propyläen-Weltgeschichte für die Zeit um 900: »Nur in Deutschland gab es bereits ein echtes Volk als ständisch und stammhaft gegliederte Lebensgemeinschaft, in der die politische Führungsschicht, der kriegerische, mächtige, reiche Adel, mit dem schaffenden Bauerntum und der dienenden, abhängigen Bevölkerung von alters her gleichen germanischen Blutes und gleicher Sprache war. Diese völkische Einheit ... gab den Deutschen allein in Europa die Kraft, auf den Trümmern des karolingischen Großreichs einen neuen politischen Bau zu errichten.«[31] Fast ein halbes Jahrhundert später wurde vermerkt, daß in diesen und weiteren Passagen »nahezu jedes Wort ... unrichtig ist«.[32] Dessenunge-

[30] SCHREINER, Führertum (wie Anm. 21), 200ff. (Zitat 200, Rede am 30. 1. 1940); J. FRIED, Konstanz und der Konstanzer Arbeitskreis für mittelalterliche Geschichte (1951–1991), in: Vierzig Jahre Konstanzer Arbeitskreis für mittelalterliche Geschichte, Hg. DERS., 1991, 11–37; OEXLE, Von der völkischen Geschichte (wie § 1, Anm. 14), 31ff.; zu den nationalsozialistischen Aktivitäten Mayers vgl. F.-R. HAUSMANN, Der »Kriegseinsatz« der Deutschen Geisteswissenschaften im Zweiten Weltkrieg (1940–1945), in: Deutsche Historiker, Hg. SCHULZE (wie Anm. 19), 63–86.

[31] H. GRUNDMANN, Das hohe Mittelalter und die deutsche Kaiserzeit, in: Die Neue Propyläen-Weltgeschichte, Bd. 2: Der Aufstieg des Germanentums und die Welt des Mittelalters, 1940, 173–350, 176; GRUNDMANN referierte zusammen mit G. Franz, E. Anrich und F. Rörig 1944 an der SS-Junkerschule Bad Tölz über »Reich und Kaisertum des Mittelalters«, in: Germanische Gemeinsamkeit, Hg. Der Reichsführer SS / SS-Hauptamt / H. HIMMLER, 1944, S. 73–93. Vgl. W. BEHRINGER, Bauern-Franz und Rassen-Günther. Die politische Geschichte des Agrarhistorikers Günther Franz (1902–1992), in: Deutsche Historiker, Hg. SCHULZE (wie Anm. 19), 114–141, 127. Der Beitrag ist nicht genannt in der von H. LIETZMANN bearbeiteten »Bibliographie Herbert Grundmann«, in: H. GRUNDMANN, Ausgewählte Aufsätze, 3 Tle., 1976, Tl. 1, 26–37.

[32] K. F. WERNER, Der Streit um die Anfänge. Historische Mythen des 19./20. Jahrhunderts und der Weg zu unserer Geschichte, in: Symposium. Wem gehört die deutsche Geschichte?, Hg. K. HILDEBRAND, 1987, 19–35 (Zitat 27). Hingegen charakterisierte A. BORST, Herbert Grundmann, in: GRUNDMANN, Aufsätze (wie Anm. 31), Tl. 1, 1–25, 8 dieses Werk als »das schönste Produkt seiner Dozentenzeit«, das lehre, daß »er politische Wirklichkeiten und Widerstände ebenso gut wie geistige Höhenflüge durchschaute«.

achtet hat Grundmann, der in seinem Beitrag von 1955 über »Stämme und Länder« die nationalsozialistischen Interpretationen ausblendete,[33] mit seiner 1933 vorgelegten Habilitationsschrift über »Religiöse Bewegungen im Mittelalter« ein fundamentales Werk geschaffen. Darin verknüpfte er fruchtbar Geistes- und Religionsgeschichte miteinander, befreite letztere zugleich von den konfessions- und institutionsgebundenen Kirchen- und Ordensgeschichten, wandte sich aber auch gegen Thesen über den starken Einfluß sozialer und wirtschaftlicher Faktoren auf die religiösen »Bewegungen«, mit denen er auf den »gemeinsamen Stammbaum« der später daraus entstandenen einzelnen Orden und Sekten und so »auf größere Zusammenhänge der religiösen Entwicklung« zielte.[34]

Mit der nationalsozialistischen »Volkstumsforschung« eng verbunden war der Österreicher Otto Brunner (geb. 1898, gest. 1992). Im Jahre 1941, in dem er Mitglied des Sachverständigenrats im »Reichsinstitut für Geschichte des neuen Deutschland« Walter Franks und als Verdun-Preisträger ausgezeichnet wurde, formulierte er der von ihm geleiteten »Südostdeutschen Forschungsgemeinschaft« als erste Aufgabe die »Ermittlung des ›blutsmäßigen germanisch-deutschen Anteils‹ an der Bevölkerung in Südosteuropa und die Wiederbelebung des ›Bewußtseins der verlorenen Siedlungsbrücken‹ des mittelalterlichen Siedlungsraumes«.[35] In den rasch aufeinander folgenden Auflagen von 1939 bis 1943 seines bis weit in die zweite Hälfte des 20. Jhs. überaus wirksamen Buches über »Land und Herrschaft. Grundfragen der territorialen Verfassungsgeschichte Süddeutschlands im Mittelalter« folgerte er, daß »die politischen Grundbegriffe des Dritten Reiches, Führung und Volksgemeinschaft … letztlich nur aus germanischen Wurzeln zu verstehen« seien.[36] Primäres Anliegen dieses Werks

---

[33] Vgl. oben Anm. 12.

[34] H. GRUNDMANN, Religiöse Bewegungen im Mittelalter, 1935, 2. verb. erg. Aufl. mit einem Anhang: Neue Beiträge zur Geschichte der religiösen Bewegungen im Mittelalter, 1961 (Zitate 9f.) (eine neuere, engl. Übersetzung erschien 1995); vgl. BORGOLTE, Sozialgeschichte (wie § 1, Anm. 29), 15ff. und passim.

[35] FAHLBUSCH, Forschungsgemeinschaft (wie Anm. 21) (Zitat 255); vgl. weiterhin BLÄNKNER, »Staatsbildung« (wie § 1, Anm. 30).

[36] O. BRUNNER, Land und Herrschaft. Grundfragen der territorialen Verfassungsgeschichte Südostdeutschlands im Mittelalter, ¹1939 (²1942, ³1943), ⁴1959 (nunmehr »… Verfassungsgeschichte Österreichs …«), ⁵1965, ND 1973 (ital. 1983, engl. 1992). Hier nach der Auflage von 1943 zitiert (Zitat 526).

war die – freilich bereits von anderen Historikern angebahnte – Abkehr von der älteren institutionsgeschichtlich ausgerichteten Rechts- und Verfassungsgeschichte, die, zuletzt am vehementesten von Georg von Below propagiert, den Staatsbegriff der Neuzeit als Maßstab für die Analyse der politischen Geschichte in den mittelalterlichen Jahrhunderten benutzte. Statt dessen trat er ein für die »Darstellung der inneren Volksordnung, durch die das Volk seine jeweilige geschichtliche Formung erfährt.« »Volksgeschichte heißt das Gebot der Stunde.«[37] Von hier aus lag die Interpretation des »Volkes« als ursprüngliche »Rassengemeinschaft« im nationalsozialistischen Sinne nahe. Für diese Verfestigung schufen unter den Mittelalterhistorikern vor allem Hans Hirsch (geb. 1878, gest. 1940) und Albert Brackmann (geb. 1871, gest. 1952) früh und nachhaltig wirksam das wissenschaftsorganisatorische Netzwerk.[38] Brunners Buch konnte bis zum Ende der nationalsozialistischen Diktatur »als Beitrag zur geschichtlichen Grundlegung des germanischen Führerstaates«, den Brunner auch anderweitig tatkräftig unterstützte, »gelesen werden«. Es bietet aber zugleich »grundlegende Einsichten in den Aufbau spätmittelalterlicher Herrschaftsverbände«,[39] was freilich inzwischen relativiert worden ist.[40] Diese Ambivalenz hob Brunner scheinbar auf, indem er – nunmehr seit 1954 (bis 1969) Nachfolger von Hermann Aubin an der Hamburger Universität, deren Rektor er 1959/60 war – in der Auflage von 1959 unter anderem »Volksgeschichte« durch »Struk-

---

[37] BRUNNER, Land (wie Anm. 36), [3]1943 (Zitat 187).

[38] I. HAAR, »Kämpfende Wissenschaft«. Entstehung und Niedergang der völkischen Geschichtswissenschaft im Wechsel der Systeme, in: Deutsche Historiker, Hg. SCHULZE (wie Anm. 19), 215–240, 225.

[39] SCHREINER, Führertum (wie Anm. 21), 211.

[40] G. ALGAZI, Herrengewalt und Gewalt der Herren im späten Mittelalter, 1996; dazu mit begründeten Einwänden S. SCHMITT, Schutz und Schirm oder Gewalt und Unterdrückung?, in: VSWG 89, 2002, 72–78; G. ALGAZI, Otto Brunner – »Konkrete Ordnung« und Sprache der Zeit, in: Geschichtsschreibung als Legitimationswissenschaft 1918–1945, Hg. P. SCHÖTTLER, 1997, 166–203; zur notwendigen differenzierten Einschätzung der wissenschaftlichen Leistung Brunners vgl. S. WEISS, Otto Brunner und das Ganze Haus oder die zwei Arten der Wirtschaftsgeschichte, in: HZ 273, 2001, 335–365, weiterhin E. BÜNZ, Das Land als Bezugsrahmen von Herrschaft, Rechtsordnung und Identitätsbildung. Überlegungen zum spätmittelalterlichen Landesbegriff, in: Protokoll Nr. 378 der Reichenau-Tagung vom 11.–14. April 2000 (»Spätmittelalterliches Landesbewußtsein«), 1–13 mit weiteren Vorträgen wie auch Diskussionsbeiträgen (Publikation in Vorb.: Spätmittelalterliches Landesbewußtsein in Deutschland, Hg. M. WERNER).

turgeschichte« ersetzte. Dieser Begriff erschien ihm damals weniger mißverständlich als die früher von ihm verwendeten Termini »wie Geschichte der Volksordnung, Sozialgeschichte, Geschichte der Verfassung (im weiteren Sinne)«.[41] Brunner gehörte zusammen mit Hans Freyer (geb. 1887, gest. 1969) und dem der Soziologie ebenfalls nahestehenden Werner Conze (geb. 1910, gest. 1986) zu den Initiatoren der Sozialgeschichte. Diese beruht trotz der deutlichen Verquickungen von einigen ihrer führenden Vertreter mit der nationalsozialistischen Ideologie auch auf neueren und weiterführenden Ansätzen.[42]

§ 5 Neue Sicht- und Vorgehensweisen

a) Kontinuitäten und Neuansätze nach dem Zweiten Weltkrieg

Mitbeeinflußt durch die Emigration[1] und durch den Kriegstod mehrerer Historiker und nicht zuletzt durch die führende Position einiger Mediävisten, die sich mehr oder weniger für das Naziregime engagiert oder sich mit ihm arrangiert hatten,[2] kam es in der Nachkriegszeit nur zögerlich zu einer kritischen Auseinandersetzung mit den in der nationalsozialistischen Ideologie zentralen Bedeutungsfeldern von Volk, Nation und Stamm. Wichtige Anstöße zu einer Revision dieser Zentralbegriffe und ihrer Implikationen kamen zunächst von Außenseitern. Dies gilt für Heinrich Sproemberg (geb. 1889, gest. 1966), der

---

[41] BRUNNER, Land (wie Anm. 36), [4]1959, 164 mit Anm. 1; W. SCHULZE, Deutsche Geschichtswissenschaft nach 1945, 1989, 289 ff.; BLÄNKNER, »Staatsbildung« (wie § 1, Anm. 30), 111 ff.

[42] W. OBERKRONE, Historiker im »Dritten Reich«, in: GWU 50, 1999, 74–98.

[1] J. PETERSOHN, Deutschsprachige Mediävistik in der Emigration. Wirkungen und Folgen des Aderlasses der NS-Zeit, in: HZ 277, 2003, 1–60; A. HAVERKAMP, »Ponti« e »pontieri« fra medievistica italiana e tedesca dopo la Seconda Guerra Mondiale, in: La storiografia di Eugenio Duprè Theseider, Hg. A. VASINA, 2002, 43–60.

[2] P. MORAW, Kontinuität und später Wandel: Bemerkungen zur deutschen und deutschsprachigen Mediävistik 1945–1975, in: Protokoll Nr. 386 (wie § 1, Anm. 20), 31–33; im Typoskript heißt es: »Traditionelle Stoffe galten als unbelastet und unpolitisch. Die politisch Belasteten – annähernd die Hälfte unter den hier als Protagonisten Benannten und kaum weniger unter den nicht so sehr Hervorgehobenen – sahen sich damit ihrerseits entlastet, wenigstens zunächst.« Ferner G. ALTHOFF, Das Mittelalterbild vor und nach 1945, in: Reich, Regionen und Europa in Mittelalter und Neuzeit (Fs. P. Moraw), Hg. P.-J. HEINIG u. a., 2000, 731–749.

erst nach 1945 in Rostock und dann in Leipzig als Professor wirken konnte,[3] und noch mehr für den aus einer jüdischen Familie Mährens stammenden František Graus (geb. 1921, gest. 1989), der – nach seiner erzwungenen Emigration aus Prag – seit 1970 in Gießen und dann in Basel wirkte. Gestützt auf seinen böhmischen Forschungsschwerpunkt, den er auch für vergleichende Untersuchungen über die »Nationenbildung bei den Westslawen« nutzte, und seine hervorragenden Kenntnisse der internationalen, insbesondere der französischen Mittelalterforschung, deckte er beharrlich und eindringlich Traditionsstränge älterer, in der NS-Zeit zumeist verstärkter Auffassungen über »Volk« und andere auf die Germanen zurückgeführte Elemente – wie Herrschaft, Dienst, Treue und Gefolgschaft – in der deutschsprachigen Nachkriegsmediävistik auf.[4] In anderer Hinsicht ein Außenseiter war Reinhard Wenskus (geb. 1916 in Tilsit, gest. 2001), der seit seinem erst 1949 aufgenommenen Studium auch über profunde Kenntnisse in der Vorgeschichte und Ethnologie verfügte. Diese nutzte er für grundlegend neue Einsichten über das »Werden der frühmittelalterlichen gentes«.[5] Wenskus schuf in kritischer Auseinandersetzung mit der Ethnosoziologie auch eine neue Basis für die Frage nach der »Entstehung« der Nationen. Eben diese Fragestellung war aufgrund der bis weit ins 20. Jh. hinein dominierenden Prämissen von der Nationalgeschichtsschreibung ausgeklammert worden.[6]

---

[3] BORGOLTE, Sozialgeschichte (wie § 1, Anm. 29), 9ff. (passim); vgl. § 4, Anm. 13 zitierten Aufsatz von SPROEMBERG.

[4] F. GRAUS, Herrschaft und Treue. Betrachtungen zur Lehre von der germanischen Kontinuität I, in: Historica 12, 1966, 5–44; DERS., Die Bildung eines Nationalbewußtseins im mittelalterlichen Böhmen, in: ebd. 13, 1966, 5–49; DERS., Die Nationenbildung bei den Westslawen im Mittelalter, 1980; DERS., Verfassungsgeschichte (wie § 4 Anm. 10); vgl. § 4 Anm. 21.

[5] R. WENSKUS, Stammesbildung und Verfassung. Das Werden der frühmittelalterlichen gentes, 1961, ^{2}1977; vgl. ferner vor allem DERS., Probleme der germanisch-deutschen Verfassungs- und Sozialgeschichte im Lichte der Ethnosoziologie, in: Historische Forschungen für W. Schlesinger, Hg. H. BEUMANN, 1974, 19–46; DERS., Sächsischer Stammesadel und fränkischer Reichsadel, 1976. Das Buch von 1961 ist in der Mitte der achtziger Jahre mit Recht als »das wohl wichtigste Werk der letzten Jahrzehnte zur Verfassungsgeschichte des Frühmittelalters« bezeichnet worden: H. PATZE im »Geleitwort« zu R. WENSKUS, Ausgewählte Aufsätze zum frühen und preußischen Mittelalter, Hg. H. PATZE, 1986, XI.

[6] H. BEUMANN, Europäische Nationenbildung im Mittelalter. Aus der Bilanz eines Forschungsschwerpunktes, in: GWU 39, 1988, 587–593, 587.

Unter diesen Voraussetzungen war für die romantisch-mythologisch fundierte, später rassistisch ausgerichtete Auffassung entscheidend, daß Volk, Stamm und Nation über viele Jahrhunderte hinweg relativ stabile Gebilde waren und daß die gesamte Bevölkerung, die diesen zugeordnet war, als Träger des unterstellten Gemeinschaftsbewußtseins galt. Diese Einschätzung wurde nach dem Zweiten Weltkrieg – nicht zuletzt aufgrund des Mißbrauchs dieser Zentralbegriffe im Nationalsozialismus – zumindest fragwürdig. Einige Historiker traten für die Vermeidung vornehmlich von »Stamm« und »Volk«, aber auch »Nation« für die Zeit vor dem 18./19. Jh ein.[7] Andere, darunter prominente wie Walter Schlesinger (geb. 1908, gest. 1984), bekannten sich weiterhin zum »Prinzip der Volksgeschichte«, was keineswegs mit der Kontinuität nationalsozialistischer Einstellung verbunden sein mußte.[8]

b) Das Konzept der Ethnogenese

Gestützt vor allem auf das von Wenskus für das frühe Mittelalter erprobte Forschungskonzept der Ethnogenese setzten seit den siebziger Jahren des 20. Jhs. neue, interdisziplinär ausgerichtete Forschungen über mittelalterliche »nationes« ein.[9] Diese befinden sich jedoch

---

[7] J. BAUERMANN, ›herescepe‹. Zur Frage der sächsischen Stammesprovinzen, in: WestfZ 97, 1947, 38–68, 63 mit Anm. 92; BEUMANN, Nationenbildung (wie Anm. 6), 588; O. Brunner trat 1954 generell für eine Klärung der mit »modernen Bedeutungsgeschichten« »belastet(en) Begriffe(n) ›Volk‹, ›Nation‹ wie auch ›Gesellschaft‹ und das ›Soziale‹« ein, »bevor man sie auf ältere Jahrhunderte anwenden kann«: DERS., Das Problem einer europäischen Sozialgeschichte, 1954, (zuletzt) in: DERS., Neue Wege der Verfassungs- und Sozialgeschichte, 1968, 80–102, 81.

[8] J. EHLERS, Was sind und wie bilden sich Nationes im mittelalterlichen Europa (10. bis 15. Jahrhundert)?, in: Mittelalterliche nationes, Hg. BUES (wie § 4, Anm. 10), 7–26, 13 mit Anm. 20; M. GOCKEL, Die Übersiedlung Walter Schlesingers nach Marburg im Jahre 1951, in: Neues Archiv für sächsische Geschichte 72, 2001, 215–253.

[9] Vgl. J. EHLERS, Methodische Überlegungen zur Entstehung des deutschen Reiches im Mittelalter und zur nachwanderzeitlichen Nationenbildung, in: Beiträge zur mittelalterlichen Reichs- und Nationsbildung in Deutschland und Frankreich, Hg. C. BRÜHL u. a., 1997, 1–13 nebst weiteren Beiträgen in demselben Bande; B. SCHNEIDMÜLLER, Völker – Stämme – Herzogtümer? Von der Vielfalt der Ethnogenesen im ostfränkischen Reich, in: MIÖG 108, 2000, 31–47, 38 (mit Hinweisen auf H. Wolfram und W. Pohl etc.); H. WOLFRAM, Typen der Ethnogenese. Ein Versuch, in: Die Franken und die Alemannen bis zur »Schlacht von Zülpich« (496/97), Hg. D. GEUENICH, 1998, 608–627.

auch noch an der Jahrtausendwende in der »deskriptiven Phase«,[10] so daß wesentliche Aspekte noch zu untersuchen und Zusammenhänge zu ermitteln sind. In den neuen Ansätzen wird »Nation« gegenüber »Volk« und »Stamm« deutlich bevorzugt und sogar vorgeschlagen, »auf den wissenschaftlichen Gebrauch des Volksbegriffs überhaupt zu verzichten.«[11] Dies geschieht trotz der Kenntnis, daß auch der Bedeutungsgehalt von »Nation« einerseits durch die Fixierung auf »Staatsvolk« und »Nationalismus« während des 19. und 20. Jhs. okkupiert ist und andererseits bis zu dieser Zeit – wie begriffsgeschichtliche Studien detailliert gezeigt haben – eine große Variationsbreite aufwies.[12] Der wichtigste Impuls besteht in der »Lösung vom völkischen Prinzip der Abstammung zugunsten historisch-politischer Realität« und somit auch in der Widerlegung der These von der »Priorität des Ethnos vor dem Staat«, die im deutschen Geschichtsbewußtsein tief verankert und noch heute wirksam ist.[13]

Im Gegensatz zu der bis dahin vorherrschenden Annahme, daß das Volk »zum Staat drängte« und demgemäß sich das »deutsche Volk« »in seinen Stämmen« das so als »deutsch« verstandene Reich geschaffen habe,[14] wird auch die seit dem Zerfall des Karolingerreichs neu einsetzende Genese der Nationen in der lateinischen Christenheit vornehmlich auf politische Faktoren, insbesondere die Herrscher und ihre Reiche, zurückgeführt. Unter diesen blieb – so die neuere Auffassung – ebenfalls die »deutsche Nation« in ihren Trägergruppen und in ihrem Gemeinschaftsbewußtsein für größere Zeitspannen im wesentlichen auf den politisch führenden Teil der Bevölkerung beschränkt. Sie kann daher, wie andere, eher als »politische Nation« charakterisiert werden.[15] Ähnlich wie die französische war die deutsche Nation eine supra- oder extragentile Einheit. Sie blieb jedoch unter dem Einfluß des mit dem Kaisertum verbundenen Reiches,

---

[10] So 1995: EHLERS, Nationes (wie Anm. 8), (Zitat 8), weiterhin: »Für die wissenschaftliche Beschäftigung mit der Nation gilt ja nach wie vor, daß diese jenseits der politischen Mythen und der positiv oder negativ besetzten Kampfbegriffe als wissenschaftlicher Gegenstand erst konstituiert werden muß«; zum Forschungsstand mit Hinweisen auf Defizite auch SCHNEIDMÜLLER, Völker (wie Anm. 9).

[11] EHLERS, Entstehung (wie § 4, Anm. 10), 73.

[12] WERNER, Volk (wie § 3, Anm. 17).

[13] EHLERS, Entstehung (wie § 4, Anm. 10), 72f.

[14] SCHNEIDMÜLLER, Reich (wie § 4, Anm. 10), 78; DERS., Völker (wie Anm. 9), 31.

[15] B. ZIENTARA, Nationale Strukturen des Mittelalters, in: Saeculum 32, 1981, 301–316.

mehr, als dies für Frankreich zutraf, auch seit dem 13. Jh. äußerst labil. Ebensowenig wie andere war sie auf das Erreichen eines bestimmten Zustandes ausgerichtet.[16]

Die Grundlage dieses komplexen langgestreckten Vorgangs – der permanenten, freilich unterschiedlich wirksamen Ethnogenese – bildeten gemäß der neueren Forschung seit dem 9. Jh. die Völker (*populi*, *gentes, nationes*) und die damit nicht immer identischen Provinzen und Reiche (*regna*), die im zerfallenden fränkisch-karolingischen Großreich neu formiert wurden. Sie wurden zwar nach älteren Räumen und Völkern – der Sachsen, Franken, Alamannen/Schwaben, Bayern, Thüringer – bezeichnet. Doch waren sie politische Neubildungen, die sich von den Völkern der Wanderungszeit auch deshalb wesentlich unterschieden, weil sie inzwischen durch Christianisierung und Einbindung in das fränkisch-karolingische Großreich in ihrer Substanz verändert worden waren. Demgemäß ist die in der älteren Forschung übliche Bezeichnung »Stammesherzogtümer« für Franken, Sachsen, Alamannen/Schwaben und Bayern, mit der ihre »völkische« Kontinuität verdeutlicht werden sollte, aufgegeben worden.[17] Die Dynamik politischer Faktoren äußerte sich am auffälligsten bei den Lotharingiern/Lothringern. Deren Ethnogenese setzte in dem auf das Reich des Karolingers Lothar II. (855–869) zurückgehenden lotharingischen Herzogtum ein, brach jedoch nach dessen Auseinanderfallen im 11. Jh. ab.[18] Die bis zum 13. Jh. auch als Reiche (*regna*), daneben als Länder (*terrae* etc.) charakterisierten Verbände befanden sich also ebenso in der Ethnogenese wie die auf diesen »Bausteinen« beruhende supragentile deutsche Nation. Beide Ebenen waren miteinander

[16] SCHNEIDMÜLLER, Völker (wie Anm. 9), 37ff.

[17] Vgl. H.-W. GOETZ, »Dux« und »ducatus«. Begriffs- und verfassungsgeschichtliche Untersuchungen zur Entstehung des »jüngeren« Stammesherzogtums an der Wende vom 9. zum 10. Jahrhundert, 1977; DERS., Zur zeitgenössischen Terminologie und Wahrnehmung ostfränkischer Ethnogenese im 9. Jahrhundert, in: MIÖG 108, 2000, 85–116; M. BECHER, Rex, Dux und Gens. Untersuchungen zur Entstehung des sächsischen Herzogtums im 9. und 10. Jahrhundert, 1996; DERS., Volksbildung und Herzogtum in Sachsen während des 9. und 10. Jahrhunderts, in: MIÖG 108, 2000, 67–84.

[18] T. BAUER, Lotharingien als historischer Raum. Raumbildung und Raumbewußtsein im Mittelalter, 1997, 68ff., passim; M. WERNER, Der Herzog von Lothringen in salischer Zeit, in: Die Salier und das Reich, 3 Bde., Hg. S. WEINFURTER, 1991, Bd. 3, 245–277; F. G. HIRSCHMANN, Landesbewußtsein im Westen des Reiches: die Niederlande, die Rheinlande und Lothringen (Protokoll Nr. 378, wie § 4 Anm. 40); SCHNEIDMÜLLER, Völker (wie Anm. 9), 41.

verbunden, was auch noch unter nationalstaatlichen Tendenzen bis weit ins 19. Jh. wirksam war.[19] Für diese Verknüpfung bildete auch das ostfränkische respektive römisch-deutsche Reich mit seiner – über das Imperium vermittelten – multigentilen Ausrichtung eine Klammer.[20] Doch auch dieses Reich war entgegen früheren Auffassungen »kein Zustand«, »sondern ein auf Integration gerichteter Vorgang, dem immer neu die Voraussetzungen geschaffen werden mußten«.[21]

c) Elemente des Nationsbewußtseins

In diesen unterschiedlichen, jedoch miteinander verwobenen Wirkungsbereichen ist nicht die objektive Abstammung, sondern das Bewußtsein der Gemeinsamkeit, das wiederum nach den Trägergruppen zu differenzieren ist, der entscheidende Maßstab für den jeweiligen Stand der Ethnogenese. Dem widersprechen nicht Vorstellungen einer gemeinsamen Abstammung. Diese Imaginationen konnten zudem mit dem – wandelbaren und anpassungsfähigen – Bewußtsein gemeinsamer Geschichte angereichert und in dauerhafteren Zentren der kollektiven Erinnerung verfestigt werden. Solche Funktionen erfüllten Orte, mit denen Traditionen und deren Wirkungen verknüpft waren. Darunter besaß Jerusalem für Judentum und Christentum den höchsten und geradezu universal geltenden Stellenwert. Rom war der zentrale Gedächtnisort für die lateinische Christenheit und – mit zeitlich unterschiedlichem Wirkungsgrad – auch für das Kaisertum. Im ostfränkischen und römisch-deutschen Reich hatte Aachen, die Grablege Karls des Großen, eine solche Vorzugsstellung, die sich jedoch nicht aus dem Schatten Roms lösen konnte. Aachen war zudem auf der Reichsebene eingebunden in ein weitverzweigtes Bedeutungsgeflecht mit anderen Gedächtnisorten, die sich auf Grablegen von anderen Dynastien und Dynasten – wie Bamberg und Speyer – stützten oder anderweitig religiös-politisch hervorragten. Weitere Orte der Erinnerung hatten eine eher regionale Reichweite mit primärer Wirkung auf

---

[19] Vgl. für das 19. Jh. A. GREEN, »Fatherlands«. State-Building and Nationhood in Nineteenth-Century Germany, 2001.

[20] WERNER, Volk (wie § 3, Anm. 17), 243f.; SCHNEIDMÜLLER, Völker (wie Anm. 9), 46f.; vgl. § 3, Anm. 17.

[21] EHLERS, Entstehung (wie § 4, Anm. 10), 30.

Stämme oder ähnliche Personenverbände.[22] Wesentliche Elemente des Nationsbewußtseins waren Vorstellungen eines gemeinsamen Rechts wie auch Selbstbezeichnungen und anderweitige Selbsteinschätzungen. Die Antriebe des Nationsbewußtseins bildeten politische Faktoren. Kristallisationskerne waren – abgesehen von den Friesen – Könige und Fürsten und die ihnen nahestehenden Personenverbände.[23] Wie weit dieses gemeinsame Bewußtsein über den Königs- oder Fürstenhof und den damit enger verbundenen Kreis von weltlichen und geistlichen Großen hinausging und weitere Bevölkerungsgruppen erfaßte, war wesentlich abhängig von der Bindefähigkeit des jeweiligen politischen Gefüges. Dieser Zusammenhalt wiederum wurde in unterschiedlicher Gewichtung nicht nur durch die Wirkung monarchischer Macht und durch militärische Gewaltanwendung von der Spitze her erreicht, sondern ebenso – damit verwoben – durch konsensuale Mitwirkung »und den Grundkonsens derjenigen, die nach Zusammengehörigkeit strebten«.[24]

1. Räumlich-politische Komponenten

Vor diesem Hintergrund erhält die Frage nach der räumlichen Dimension von Ethnogenesen ihren hohen Stellenwert. Damit ergibt sich zugleich die Problematik, wieweit das jeweilige politische Gemeinwesen nur als eine Addition von untereinander abhängigen Personenverbänden zu verstehen ist, wie dies in der deutschsprachigen Forschung bevorzugt geschieht, oder darüber hinaus räumlichen und somit auch transpersonalen und institutionalisierten Charakter besaß.[25] Anhaltspunkte für die räumliche Fundierung bieten Quellenbelege über *terra* und *regnum* und vor allem über *patria.* Letztere verweisen

---

[22] J. EHLERS, Tradition und Integration. Orte, Formen und Vermittlung kollektiven Erinnerns im frühen Mittelalter, in: Mittelalterforschung, Hg. BORGOLTE (wie I, 3c), 363–386.

[23] EHLERS, Entstehung (wie § 4, Anm. 10), 71.

[24] H. J. SCHMIDT, Kirche, Staat, Nation. Raumgliederung der Kirche im mittelalterlichen Europa, 1999 (Zitat 24).

[25] K. F. WERNER, L'historien et la nation d'État, in: DERS., Einheit der Geschichte. Studien zur Historiographie, Hg. W. PARAVICINI, 1999, 29–41; mit früheren Studien desselben Autors, vgl. DERS., Vom Frankenreich zur Entfaltung Deutschlands und Frankreichs. Ausgewählte Beiträge, 1984; B. SCHNEIDMÜLLER, Nomen gentis. Nations- und Nationenbildung im nachkarolingischen Europa, in: Nomen et gens, Hg. D. GEUENICH u. a., 1997, 140–156; DERS., Völker (wie Anm. 9), 34ff.

seit dem Ende der Wanderungszeit einerseits auf eine emotional aufgeladene Bindung an die Heimat, an den Geburtsort und dessen weitere Umgebung und den längere Zeit dauernden Wohnsitz, andererseits auf andere Räume, die mit ihren länger andauernden geographischen, rechtlichen und herrschaftlichen Bindungen die lokale oder regionale Beziehung an die Herkunft in den Hintergrund drängen konnten.[26] Des öfteren schufen bestimmte Heiligenkulte – bis hin zu »Nationalheiligen« – religiös vertiefte Gemeinsamkeiten. Dafür sei hier für die Zeit seit dem 10. Jh. nur hingewiesen auf die unterschiedlichen Funktionen des Apostels Jakobus in den iberischen Königreichen, des angeblichen Apostelschülers Dionysius (Denis) für das französische Königreich, des Bischofs, Mönchs, Missionars und Märtyrers Adalbert von Prag (ca. 956–997) für Polen, des heiligen Fürsten Wenzel (Fürst seit 921, ermordet 929/35) für Böhmen und des heiligen Königs Stephan (geb. um 970, Großfürst 997–1000, Kg. 1001–1038) für Ungarn sowie der heiligen Könige in den skandinavischen Reichen.[27]

Für die Gestaltung von Räumen waren auch die Organisationsformen der christlichen Kirche als Vorbild geeignet, das seinerseits von Mustern des antik-römischen Imperiums bestimmt war. Die Institution der römischen Kirche richtete sich mit ihrem universalen Anspruch zwar gegen ethnisch begründete Separierungen. Sie förderte jedoch vor allem in der jeweiligen Frühphase der Christianisierung mit ihrer Raumordnung in Kirchenprovinzen und Diözesen die Bildung neuer Nationen, wie dies bei den angelsächsischen, skandinavischen, slawischen, baltischen Völkern und in Ungarn geschah. In anderen Fällen bot sie mit ihrer räumlichen Gliederung, der damit verbundenen Ämterverfassung, an deren hierarchischer Spitze die zusätzlich mit Besitz und politischen Rechten ausgestatteten Bischöfe standen, und

---

[26] T. EICHENBERGER, Patria. Studien zur Bedeutung des Wortes im Mittelalter (6.–12. Jahrhundert), 1991, insb. 236f.; WERNER, Volk (wie § 3, Anm. 17), 219f.; BAUER, Lotharingien (wie Anm. 18), 71ff.; W. POHL, Zur Bedeutung ethnischer Unterscheidungen in der frühen Karolingerzeit, in: Sachsen und Franken in Westfalen. Zur Komplexität der ethnischen Deutung zweier frühmittelalterlicher Stämme, Hg. H.-J. HÄSSLER, 1999, 193–208; mit weiten zeitlichen und thematischen Aspekten – auch für den Vergleich zwischen Frankreich und auf der Grundlage der neuesten Forschung vgl. (auch für das Folgende) P. MONNET, La *patria* médiévale vue d'Allemagne, entre construction impériale et identités régionales, in: MARHP 97, 2001, 71–99.

[27] Politik und Heiligenverehrung im Hochmittelalter, Hg. J. PETERSOHN, 1994.

den ebenfalls für die politische Raumerfassung wesentlichen geistlichen Konventen eine wirkungsvolle Basis für die Konsolidierung von Ethnien. So begünstigte die Kongruenz der unter Karl dem Großen eingerichteten Kirchenprovinz Salzburg mit dem bayerischen Herzogtum die Zusammengehörigkeit der Bayern auf lange Dauer.[28]

Die raumgestaltende Effizienz der römisch-lateinischen Kirche beruhte auf ihrer Funktion als langfristig wirkungsvollster Kontinuitätsträger spätantik-römischer Verfassung und Kultur. Bereits im spätantik-römischen Reich führte das Christentum auch mit seinen Wertvorstellungen und Normen zu einer grundlegenden Veränderung der sozialen Beziehungen und politischen Ordnung. Damit beeinflußte die Kirche wesentlich die innerhalb und dann auch außerhalb des antiken Reiches entstehenden germanischen Reiche.[29] Die in diesen Reichen formulierten »Volksrechte« wurden neben dem römischen Vulgarrecht auch stark von kirchlichen Normen und Praktiken geprägt.[30] Religiös fundiert und kirchlich normiert wurde offenbar auch der in der früheren Forschung als typisch germanisch angesehene und für die politischen Beziehungen zentrale Begriff der Treue.[31]

Auch die in den »Volksrechten« und anderen frühmittelalterlichen Texten festgehaltene Notwendigkeit des Herrschers, bei wesentlichen Entscheidungen Rat und Zustimmung einzuholen, erscheint in einem anderen Licht. Sie wird nicht mehr auf den germanischen Gefolgschaftsverband, aus dem sich angeblich das Mitwirkungsrecht des Adels an den Entscheidungen des Herrschers ergab, zurückgeführt. Ebensowenig wird sie in der neueren Forschung als Ausdruck eines ursprünglichen und in germanischer Kontinuität fortwirkenden Mitspracherechts des Volkes aufgefaßt. Demnach war vielmehr die Bindung des Herrschers an Partizipationsrechte anderer im wesentlichen

---

[28] J. EHLERS, Die Entstehung der Nationen und das mittelalterliche Reich, (zuletzt) in: DERS., Ausgewählte Aufsätze, Hg. M. KINTZINGER, 1996, 399–413, 406; WERNER, Volk (wie § 3, Anm. 17), 181ff.; SCHMIDT, Kirche (wie Anm. 24), v. a. 26, 513ff.; Beiträge von W. STÖRMER u. a. in: Handbuch der bayerischen Kirchengeschichte, Bd. 1, 2 Tle., Hg. W. BRANDMÜLLER, 1999, Tl. 1, 36ff., 98ff., 133ff. und passim.

[29] F. PRINZ, Von der Spätantike bis zum Beginn des 8. Jahrhunderts, 2003.

[30] Weiterführend und mit der neueren Literatur: KROESCHELL, Germanisches Recht (wie § 4, Anm. 11); WILLOWEIT, Verfassungsgeschichte (wie I, 10a), 17ff.

[31] F. GRAUS, Über die sogenannte germanische Treue, 1959, (zuletzt) in: DERS., Aufsätze (wie § 1, Anm. 21), 133–179; KROESCHELL, Germanisches Recht (wie § 4, Anm. 11), 6, 10f.

in der Kontinuität spätantiker Staatlichkeit begründet. Wichtige Kontinuitätsträger für dieses tiefgreifende Verfassungsprinzip und die politische Praxis des Merowingerreichs waren die romanischen Amtsträger am Hof der merowingischen Könige und vor allem die führenden Vertreter der fränkischen Reichskirche.

Diese normative Bindung blieb – wiederum unter starkem Einfluß des Episkopats und kirchlicher Organisationen, aber auch der realen Machtverhältnisse – im Karolingerreich und weit darüber hinaus wirksam.[32] Die römisch-lateinische Kirche war als Institution zugleich aus religiösen Gründen auf die Fortdauer des heilsgeschichtlich fundierten römischen Reiches angewiesen. Sie verband damit vielfältige politische Ziele, zu denen auch die Sicherung des kirchlichen Zusammenhalts durch das Reich und dessen monarchische Spitze gegen lokale und regionale Abhängigkeiten gehörte. Nach früheren Versuchen gelang die formale Anknüpfung an das weströmische Kaisertum in der Kaiserkrönung Karls des Großen im Jahre 800.[33] Die Erneuerung des römischen Reiches wurde seit 962, seit der Kaiserkrönung Ottos des Großen, für das eigentümliche Zusammenspiel der Ethnogenesen zwischen der supragentilen deutschen Nation und den zum Reich gehörenden gentilen Regna und Landen konstitutiv und auf lange Dauer prägend.

Wie weit die in der spätantik-römischen Tradition verankerten und unter wesentlicher Vermittlung und Mitwirkung der römisch-lateinischen Kirche transferierten und umgestalteten räumlichen und institutionellen Komponenten als Faktoren der Reichsbildungen seit dem Ende der Wanderungszeit effizient waren und somit auch die Ethno-

---

[32] J. HANNIG, Consensus fidelium. Frühfeudale Interpretationen des Verhältnisses von Königtum und Adel am Beispiel des Frankenreiches, 1982, zusammenfassend: 299; B. APSNER, Vertrag und Konsens im früheren Mittelalter. Studien zur Gesellschaftsprogrammatik und Staatlichkeit im westfränkischen Reich, 2003; B. SCHNEIDMÜLLER, Konsensuale Herrschaft. Ein Essay über Formen und Konzepte politischer Ordnung im Mittelalter, in: Reich, Regionen und Europa, Hg. HEINIG (wie Anm. 2), 53–87; W. EHBRECHT, *uppe dat sulck grot vorderfenisse jo nicht meer enschaghe*. Konsens und Konflikt als eine Leitfrage städtischer Historiographie nicht nur im Hanseraum, in: Städtische Geschichtsschreibung im Spätmittelalter und in der Frühen Neuzeit, Hg. P. JOHANEK, 2000, 51–109; O. G. OEXLE, Konsens – Vertrag – Individuum. Über Formen des Vertragshandelns im Mittelalter, in: Das Individuum und die Seinen, Hg. Y. L. BESSMERTNY u. a., 2001, 15–37.

[33] M. BECHER, Die Kaiserkrönung im Jahr 800, in: RhV 66, 2002, 1–38.

genesen beeinflußten, ist in der neueren Forschung umstritten. Dieses Ausmaß ist ohnehin nur in zeitlicher und regionaler Differenzierung näher zu bestimmen. Das von der räumlich-institutionellen Effizienz ausgehende Regna-Konzept (K. F. Werner) wird in jüngster Zeit als derart tragfähig bewertet, daß demgegenüber die These von der Wirkkraft »verbandsbezogener Kontinuitäten« in den »Stämmen« für die »Beschreibung frühmittelalterlicher Raum- und Herrschaftsvorstellungen« weniger angemessen erscheint.[34]

Für diese Einschätzung spricht die verbreitete Tendenz einer Bewohnergemeinschaft, sich als Abstammungsgemeinschaft zu verstehen. Diese Neigung wurde nach der jeweiligen Einordnung solcher Verbände in neue politische Einheiten zumeist durch ihrerseits wiederum wirkkräftige Mythenbildung in historischem Gewande realisiert. Letzteres gilt auch für die angebliche Herkunft der Franken von den Trojanern. Darauf hatten sich bereits die Römer berufen. Im ausgehenden 12. Jh. beanspruchten auch die Staufer und später die Habsburger, seit dem frühen 13. Jh. sogar viele Stadtkommunen Reichsitaliens diesen herrschaftslegitimierenden Ursprung.[35]

Insgesamt sollten freilich weiterhin beide Faktoren – die räumlich-institutionelle Komponente und die ethnisch-verbandsmäßige – nicht als einander ausschließend, sondern als komplementäre Wirkkräfte mit zeitlich und regional unterschiedlicher Effizienz betrachtet werden. Dafür spricht beispielsweise auch die Geschichte des bayerischen Volkes und Landes bereits während des frühen Mittelalters.[36]

2. Recht

Entgegen früheren Annahmen von einer ursprünglichen Einheitlichkeit im Recht wird in der neueren Forschung betont, daß die germa-

---

[34] SCHNEIDMÜLLER, Nomen (wie Anm. 25), 145; vgl. K. F. WERNER, Völker und Regna, in: Beiträge, Hg. BRÜHL (wie Anm. 9), 15–43.

[35] WERNER, Volk (wie § 3, Anm. 17), besonders 219; EHLERS, Entstehung (wie § 4, Anm. 10), 36ff., 90ff.; H. H. ANTON, Troja – Herkunft, origo gentis und frühe Verfaßtheit der Franken in der gallisch-fränkischen Tradition des 5. bis 8. Jahrhunderts, in: MIÖG 108, 2000, 1–30; J. W. BUSCH, Die vorhumanistischen Laiengeschichtsschreiber in den oberitalienischen Kommunen und ihre Vorstellungen vom Ursprung der eigenen Heimat, in: Diffusion, Hg. HELMRATH (wie § 3, Anm. 34), 35–54, 48ff.

[36] F. PRINZ, Die Geschichte Bayerns, ^{2}1999, 37ff., vgl. oben Anm. 28.

nischen Völker, die im spätantik-römischen Reich den Status von Konföderaten besaßen, das den Zusammenhalt steuernde Modell der Gesetzgebung von der römischen Universalmonarchie übernahmen. Erst dieser Akkulturation verdankten sie ihren Charakter als »Rechts- und Gesetzesvolk«; dies ging einher mit einer Integration unterschiedlich starker vulgar-römischer Rechtselemente und insgesamt christlicher Wertvorstellungen.[37] Die vom fränkischen König Chlodwig I. (geb. um 466, Taufe zwischen 497–499, gest. 511) veranlaßte Aufzeichnung der Lex Salica dürfte nach der Ausweitung seines fränkischen Reiches um die westgotischen Gebiete Galliens nach 507 zu datieren sein. Schon in den ältesten Teilen wurde neben den Franken auch die romanische Bevölkerung in die Rechtsgenossenschaft einbezogen; so ging diese Rechtskodifikation über das Recht der Franken hinaus und sprengte den Rahmen eines »Stammesrechts«.[38] Aus anderen Gründen als Zeugnisse für die Rechtskonservierung von Abstammungsgemeinschaften ungeeignet ist die Lex Alamannorum, die auf Herzog Lantfrid zwischen 724 und 730 zurückgeht und neben einem starken Einfluß der Kirche auch die Zentralgewalt des Herzogs verdeutlicht.[39] Ähnliches gilt für die wohl nur etwa zwei Jahrzehnte später (743/44) aufgezeichnete Lex Baiuvariorum, auf die andere Rechtscodices – von der Lex Alamannorum bis hin zu den Langobardenrechten – kräftig einwirkten.[40] Es trifft noch mehr für die Lex Frisionum zu, die zudem Charakterzüge einer »Privatarbeit« trägt, für die Lex Thuringorum – beide wohl 802/803 im Zusammenhang mit dem Aachener Reichstag aufgezeichnet – und ebenso für die Lex Saxonum, die ebenfalls Bestandteil der Reformbestrebungen Karls

---

[37] C. SCHOTT, in: LexMA 5, 1802f. (Zitat 1803); R. SCHMIDT-WIEGAND, Franken und Alemannen. Zum Gebrauch der Stammesbezeichnungen in den Leges barbarorum, (zuletzt) in: DIES., Stammesrecht und Volkssprache (Fs. R. Schmidt-Wiegand), Hg. D. HÜPPER u. a., 1991, 429–439.

[38] H. NEHLSEN, Zur Aktualität und Effektivität germanischer Rechtsaufzeichnungen, in: Recht und Schrift im Mittelalter, Hg. P. CLASSEN, 1977, 449–502; R. SCHMIDT-WIEGAND, Stammesrecht und Volkssprache, 1991.

[39] C. SCHOTT, Lex Alamannorum. Das Gesetz der Alemannen, 1993; D. GEUENICH, Geschichte der Alemannen, 1997; T. ZOTZ, Ethnogenese und Herzogtum in Alemannien, in: MIÖG 108, 2000, 48–66.

[40] R. KOTTJE, Die Lex Baiuvariorum – das Recht der Bayern, in: Überlegungen und Geltung normativer Texte des frühen und hohen Mittelalters, Hg. H. MORDEK, 1986, 9–23; G. VON OLBERG, Die Bezeichnungen für soziale Stände, Schichten und Gruppen in den Leges barbarorum, 1991.

des Großen um dieselbe Zeit war.[41] Ohnehin auf Räume bezogen waren die unter König Dagobert I. (geb. um 608, gest. 638/39) für die Franken im Land Ribuarien aufgezeichnete Lex Ribuaria und die ebenfalls vom erwähnten Aachener Reichstag beeinflußte Lex Chamavorum; letztere besaß ausgeprägten Weistumscharakter und war für die im »Völkerschaftsgau« Hamalant (zwischen Ijssel und Rhein) lebenden (fränkischen) Chamaven, Friesen und Sachsen bestimmt.[42] Derartige Rechtskodifikationen brachen in der Folgezeit innerhalb des ostfränkischen Reiches ab und wurden auch später nicht wieder aufgenommen. Mit guten Gründen wird bei den jüngeren »Leges« von der neueren Forschung in Frage gestellt, ob sie im gallisch-germanischen Norden des Kontinents überhaupt vor Gericht, also in der Rechtspraxis, eine Rolle spielten.[43]

Ebensowenig wie die seit dem ausgehenden 9. Jh. entstehenden Herzogtümer jeweils eine wesentliche Lebensbereiche umfassende Rechtseinheit bildeten, schuf das folgende supragentile Reich eine tiefergehende Rechtsgemeinschaft. Entsprechend fragwürdig geworden ist nicht nur »das Verhältnis des Deutschen Rechts zu dem viel weiteren Begriff des germanischen Rechts«, sondern auch das wissenschaftliche Konstrukt des »Deutschen Rechts« selbst. Von letzterem dürfe »man jedenfalls erst nach der Gründung des Deutschen Reiches, also vom 10. Jh. ab, sprechen«,[44] sofern denn überhaupt noch von einer derartigen »Gründung« die Rede sein kann.

---

[41] Vgl. die entsprechenden Artikel von R. Schmidt-Wiegand, in: LexMA 5, 1929, 1932f.

[42] Ebenso ebd. 5, 1929f.

[43] K. Kroeschell, in: LexMA 7, 510–513.

[44] H. Thieme, in: HRG 1, 709–712 (Zitat 711); J. Weitzel, in: LexMA 3, 777–781, 777f.: »Angesichts ungeklärter germanischer Grundlagen und mehrerer Wellen der Rezeption römischen Rechts ist nicht nur der deutschrechtliche Gehalt einzelner Einrichtungen fraglich, die Wissenschaft ist sich vielmehr gelegentlich der Erscheinung« (d. h. des deutschen Rechts) »selbst unsicher geworden.« Dennoch heißt es weiter (ebd.): »Das deutsche Recht stellt im frühen Mittelalter trotz des zunächst fortwirkenden Einflusses römischer Kultur die maßgebliche Unterströmung dar, kommt im Hochmittelalter zur breitesten Entfaltung und wird seit dem 12. Jh. allmählich durch das (erneut) rezipierte römische Recht zurückgedrängt.«

3. Sprache

Wie in der neueren Forschung überwiegend die Entstehung von Rechtsgemeinschaften erst als Folge der politisch-militärisch geschaffenen Einheiten verstanden wird, so werden auch die Sprachgemeinschaften nicht mehr als eine unabdingbare Basis, noch weniger als primäre Antriebskraft der Ethnien aufgefaßt, sondern als Resultate derartig geschaffener Gebilde. Sprachliche Faktoren können die von dieser politischen Grundlage ausgehende Ethnogenese wesentlich, aber eben nur sekundär beeinflussen, so daß sich in diesem Zusammenhang Sprachgemeinschaften bilden konnten.[45] Letztere gelten dementsprechend nicht als unabdingbare Voraussetzung für die Ethnogenese. Wohl aber sind sie ein Kriterium, neben anderen, für Qualität und somit auch Tiefenwirkung der Ethnogenese auf der Ebene der *gentes* wie auch der des supragentilen Reiches; dies schließt zugleich die Frage nach den Trägergruppen des einzelnen Nationsbewußtseins ein.

Für das supragentile Nationsbewußtsein blieb über Jahrhunderte entscheidend, daß im ostfränkischen und dem daraus hervorgehenden römisch-deutschen Reich keine einheitlich deutsche Volkssprache bestand, sondern eine Mehrzahl von Sprachen. Sie werden zumeist als Althochdeutsch, Altniederfränkisch, Altsächsisch und Altfriesisch – neben Altenglisch – dem Westgermanischen zugeordnet. Diese Kategorisierung beruht jedoch auf der wissenschaftlich nicht mehr haltbaren »Stammbaumtheorie«, nach der die verschiedenen Sprachen aus einer ursprünglich umfassenden Einheit abgeleitet werden. Tatsächlich hat das Westgermanische als eine solche Einheit nie bestanden. Dasselbe gilt für das Althochdeutsche und in anderer Gewichtung für das Altsächsische, das neuerdings als ein »›Sprachbund‹ nah verwandter Sprachen« charakterisiert worden ist. Aussagekräftiger für die sprachliche Diversifikation innerhalb des ostfränkischen Reiches ist die Gliederung in Sprachlandschaften. Dabei wird aufgrund der sogenannten althochdeutschen Lautverschiebung unterschieden zwischen den – jeweils fließende Übergänge ausbildenden – althochdeut-

---

[45] WERNER, Volk (wie § 3, Anm. 17), 219, 233f., vgl. ebd., 215f. die neue Interpretation über die viel zitierte Formulierung Reginos von Prüm: *diversae nationes populorum inter se discrepant genere moribus lingua legibus*; EHLERS, Entstehung (wie § 4, Anm. 10), 49ff.; SCHNEIDMÜLLER, Nomen (wie Anm. 25), 140ff.

schen und den altniederdeutschen Sprachlandschaften. Zu letzteren zählen die niederfränkische, die sächsische und die friesische Region. Zum Althochdeutschen gehören die alamannischen, bayerischen, südrheinfränkischen, ostfränkischen, rheinfränkischen, mittelfränkischen und thüringischen und ferner die westfränkischen Gebiete; die westfränkische Sprache befand sich in romanischer Umgebung und löste sich im 9. und 10. Jh. auf. Die in diesen beiden großen Sprachlandschaften des Altniederdeutschen und des Althochdeutschen vorherrschenden Sprachen waren zwar untereinander partiell mehr oder weniger verwandt, dennoch eigenständig und für Leute aus entfernteren Regionen nur äußerst schwer, wenn überhaupt, verständlich.[46] Hinzu kamen noch die romanischen Sprachgebiete vor allem im Westen und die slawischen im Osten des ostfränkischen Reiches.[47]

Die regional differenzierte Sprachenvielfalt wurde durch den Einfluß der Kirche über das Latein – nicht zuletzt in der Liturgie – und durch die ebenfalls von Geistlichen geprägte lateinische Schriftkultur, die in den großen Klöstern ihre überragenden Zentren besaß, partiell ausgeglichen. Vereinheitlichend wirkte auch das Fränkische. Dessen übergreifende Funktion wurde auch noch im späteren Verlauf des 9. Jhs. durch das karolingische Königtum, die politische Führungsposition der Franken und die zentrale Lage vor allem der mittel- und rheinfränkischen Sprachlandschaften begünstigt. Dafür bot zudem der ausgeprägte Charakter des Mittelrheinraumes als ethnisches Mischgebiet gute Voraussetzungen. In diesem auch wirtschaftlich herausragenden Vermittlungsgebiet, das unter König Chlodwig den Alamannen abgenommen worden war, wurden seit merowingischer Zeit

---

46 W. HAUBRICHS, Sprachliche Differenzen und Kongruenzen zwischen Sachsen und Franken innerhalb der ›Westgermania‹, in: Sachsen, Hg. HÄSSLER (wie Anm. 26), 123–142 (Zitat 129); ebd., 140–142 Angaben der grundlegenden Literatur; DERS., Geschichte der deutschen Literatur von den Anfängen bis zum Beginn der Neuzeit, Bd. 1, Tl. 1: Die Anfänge: Versuche volkssprachlicher Schriftlichkeit im frühen Mittelalter (ca. 700–1050/60), ^{2}1995, 21 ff.; H.-W. GOETZ, Gentes et linguae. Völker und Sprachen im Ostfränkisch-deutschen Reich in der Wahrnehmung der Zeitgenossen, in: Theodisca, Hg. W. HAUBRICHS u. a., 2000, 290–312.

47 Vgl. M. PFISTER, Die sprachliche Situation zwischen Maas und Rhein im Frühmittelalter, in: Beiträge zum Sprachkontakt und zu den Urkundensprachen zwischen Maas und Rhein, Hg. K. GÄRTNER u. a., 1995, 61–96, und das Slawische: H. BRACHMANN, Slawische Stämme an Elbe und Saale, 1978; vgl. Indogermanisch, Slawisch und Baltisch. Materialien des vom 21.–22. September 1989 in Jena in Zusammenarbeit mit der Indogermanischen Gesellschaft durchgeführten Kolloquiums, Hg. B. BARSCHEL u. a., 1992; vgl. § 3, Anm. 21 und unten Anm. 54.

mit Sachsen, Schwaben, Romanen und Slawen Bevölkerungssplitter auch sprachlich höchst heterogener Herkunft angesiedelt. Aus ähnlichen Gründen konnte das Fränkische auch im austrasischen Kernraum um Mosel und Maas vereinheitlichend wirken.[48] So besaß die im Mittel- und Rheinfränkischen verfaßte Literatur bessere Chancen, einen größeren Leser- und Zuhörerkreis auch außerhalb der eigenen Sprachlandschaft zu erreichen.[49] Diesen Befunden entspricht, daß die Belege für *theudisca lingua* (mit Varianten) sich auf die jeweilige, des öfteren als »bäuerlich« bezeichnete Volkssprache beziehen, also nicht auf eine überregionale Sprache.[50]

Die Bemühungen der fränkischen Herrscher – insbesondere des ostfränkischen Königs Ludwig (833 bzw. 843–876) – und der ihnen nahestehenden Personen, das Fränkische als Basis für ein transgentiles Sprachbewußtsein zu benutzen, brachen im ausgehenden 9. Jh. ab. Aufgrund dieser Indizien erscheint die Existenz einer »deutschen« Sprache bereits in der Karolingerzeit nicht hinreichend begründet.[51] Hingegen wird aus philologischer Sicht die These vertreten, daß im »Schmelztiegel des fränkischen Reiches« »allmählich das ›Deutsche‹« »entstand«. Freilich wird zugleich eingeräumt, daß »im Laufe des achten bis zehnten Jahrhunderts« sich Tendenzen durchsetzten, »welche die Ausgliederung der ›niederdeutschen‹ und niederfränkisch-›niederländischen‹ Dialekte bestärkten«.[52]

---

[48] WENSKUS, Stammesadel (wie Anm. 5), 466.

[49] EHLERS, Entstehung (wie § 4, Anm. 10), 30ff.; D. KARTSCHOKE, Geschichte der deutschen Literatur im frühen Mittelalter, 1990.

[50] Für den Beleg über *lingua todesca* (*quod olim Langobardi loquebantur*) in der Chronik von Salerno aus dem späten 10. Jh. vgl. C. BRÜHL, Deutschland – Frankreich. Die Geburt zweier Völker, ²1995, 191.

[51] H. THOMAS, Frenkisk. Zur Geschichte von *theodiscus* und *teutonicus* im Frankenreich des 9. Jahrhunderts, in: Beiträge zur Geschichte des Regnum Francorum, Hg. R. SCHIEFFER, 1990, 67–95; H. JAKOBS, Diot und Sprache. Deutsch im Verband der Frankenreiche (8. bis frühes 11. Jahrhundert), in: Nation und Sprache, Hg. GARDT (wie § 3, Anm. 24), 7–46 (mit Betonung der ursprünglichen Rolle der *theodisca lingua* als Sprache im Gericht und im weiteren rechtlichen Umfeld); W. HAUBRICHS, »die tiuitsche und die andern zungen«: Von der Vielfalt und Entwicklung eines Sprach- und Volksbegriffs, in: Kultureller Wandel und die Germanistik in der Bundesrepublik. Vorträge des Augsburger Germanistentags 1991, 4 Bde., Bd. 1: Vielfalt der kulturellen Systeme und Stile, Hg. J. JANOTA, 1993, 21–41; T. KLEIN, Zum Alter des Wortes »deutsch«, in: Zeitschrift für Literaturwissenschaft und Linguistik 4, 1994, Heft 94, 12–25 (weitere Beiträge ebd.).

[52] HAUBRICHS, Anfänge (wie Anm. 46), 26.

Angesichts dieser Forschungslage entfällt die Sprache als eindeutiges Kriterium für die Entscheidung über die immer wieder gestellte Frage nach den Anfängen der deutschen Nation. Sprachliche Einheitlichkeit war aber auch in den späteren Jahrhunderten nicht vorhanden. Besondere Beachtung verdienen die romanischen Sprachgebiete im einst lotharingischen Westen des Reiches. Östlich der tatsächlich zumeist einen breiteren Saum bildenden »Sprachgrenze« blieb bis ins 12. Jh. hinein auch noch das Moselromanische in Sprachinseln erhalten.[53] Im Elbe-Saale-Gebiet behauptete sich – in Teilen der Lausitz bis heute – das Sorbische. Jenseits dieser Linie und in Böhmen und Mähren wie auch in den Donaulanden und in den Ostalpen bewirkte die Siedlungserweiterung und -intensivierung seit der Mitte des 12. Jhs. in regionaler Differenzierung ein Neben- und vielfach auch Miteinander von deutschen Sprachen, wie sie die Zuwanderer mitbrachten und auch ein Teil der ansässigen Bevölkerung im Laufe der Zeit übernahm, und den slawischen, baltischen und ugrischen Sprachen. Im weiteren Verlauf der Ostsiedlung – seit dem späteren 13. Jh. – entstanden neue Dialekte: so im Mittelniederdeutschen das Brandenburgische, Mecklenburg-Vorpommerische, Ostpommerische und Niederpreußische, im Mittelhochdeutschen das Schlesische und Hochpreußische. Selbst innerhalb des Geltungsbereichs des Regnum teutonicum bestanden auch weit über das 13. Jh. hinaus mehr oder weniger große Zonen, in denen sowohl deutsche als auch nichtdeutsche Sprachen verwendet wurden. Eine diskriminierende Ausgrenzung der nichtdeutsch sprechenden Personen richtete sich »nur« gegen die slawisch sprechenden Bewohner wie die Wenden. Sie setzte in Städten östlich von Elbe und Saale erst seit der Mitte des 14. Jhs. mit dem Ausschluß aus Zünften vereinzelt ein, ehe dort diese derart von der Sprache auf die Herkunft schließende Diskriminierung seit dem 15. Jh. eine verbreitete Praxis wurde.[54]

---

[53] Vgl. oben Anm. 47, und R. KAISER, Churrätien im frühen Mittelalter, 1998, bes. 184–194.

[54] Vgl. allgemein W. KLEIBER, Möglichkeiten historischer Sprachgeographie I: Der hochdeutsche Raum, in: Sprachgeschichte. Ein Handbuch zur Geschichte der deutschen Sprache und ihrer Erforschung, Hg. W. BESCH u. a., ^{2}1998, Teilbd. 1, 889–899 mit dem Resümee: »Die historische Sprachgeographie zeigt … noch wenig konkrete Ergebnisse« (897); J. GROSSENS, Möglichkeiten historischer Sprachgeographie II: Der niederdeutsche und der niederfränkische Raum, in: ebd., 900–913; zu den sprachlichen Diversifikationen und Vermischungen H. K. SCHUL-

Auch unter den deutschen Sprachen waren die Unterschiede zwischen dem Hochdeutschen im Süden und dem Niederdeutschen gravierend, wobei im Norden wiederum erhebliche Verständnisschwierigkeiten zwischen dem Niederländischen auf niederfränkischer und dem Niederdeutschen auf sächsischer Basis bestanden. Daher kann »von einer in der Sprache begründeten Einheitstendenz« unter den Bewohnern dieser »deutschen« Lande »nicht die Rede sein«.[55] Auch die anscheinend nur zwischen den letzten Jahrzehnten des 12. und etwa der Mitte des 13. Jhs. gepflegte hochhöfische Dichtersprache ging in ihrer Wirkung nicht über den hochdeutschen Raum und die anschließenden mitteldeutschen Randzonen hinaus. Selbst unter den in diesen Regionen heimischen führenden Gruppen wurde sie weder allgemein gesprochen noch generell in der Schrift verwendet.[56] Andererseits ermöglichte das Lateinische weiterhin in Wort und Schrift eine weit über die deutschen Lande hinausreichende direkte Verständigung unter den Geistlichen und den wenigen lateinisch geschulten Laien und begünstigte durch Übersetzungen vor Ort eine Anpassung an die Dialekte und an die spezifischen Rezipientenkreise.

Mit dem Bedeutungsrückgang der mittelhochdeutschen Literatur- respektive Standardsprache seit dem ausgehenden 13. Jh. war ebenfalls die damit konstruierte – hinsichtlich der Rezipienten – schmale Brücke über die innerdeutschen Sprachbarrieren kaum noch tragfähig.

ZE, Slavica lingua penitus intermissa. Zum Verbot des Wendischen als Gerichtssprache, in: Europa slavica – Europa orientalis (Fs. H. Ludat), Hg. K.-D. GROTHUSEN u. a., 1980, 354–367; J. M. PISKORSKI, Die deutsche Ostsiedlung des Mittelalters in der Entwicklung des östlichen Mitteleuropa. Zum Stand der Forschung aus polnischer Sicht, in: JGMO 40, 1991, 27–84 (mit reichhaltiger Literatur, darunter weiteren Publikationen desselben Autors), 33ff.; M. BISKUP, Das Problem der ethnischen Zugehörigkeit im mittelalterlichen Landesausbau in Preußen. Zum Stand der Forschung, in: JGMO 40, 1991, 3–25; W. SCHICH, Zum Ausschluß der Wenden aus den Zünften nord- und ostdeutscher Städte im späten Mittelalter, in: Mit Fremden leben. Eine Kulturgeschichte von der Antike bis zur Gegenwart, Hg. A. DEMANDT, 1995, 122–136, 263–270.

[55] P. WIESINGER, Regionale und überregionale Sprachausformung im Deutschen vom 12. bis zum 15. Jahrhundert, in: Ansätze und Diskontinuität, Hg. EHLERS (wie § 3, Anm. 24), 321–343; H. THOMAS, Zur Geschichte des Wortes »deutsch« vom Ende des 11. bis zur Mitte des 13. Jahrhunderts, in: Geschichtliche Landeskunde, G. Droege zum Gedenken, Hg. M. NIKOLAY-PANTER u. a., 1994, 131–158 (Zitat 136); DERS., *Sprache* und *Nation*. Zur Geschichte des Wortes *deutsch* vom Ende des 11. bis zur Mitte des 15. Jahrhunderts, in: Nation und Sprache, Hg. GARDT (wie § 3, Anm. 24), 47–101; EHLERS, Entstehung (wie § 4, Anm. 10), 100ff.

[56] WIESINGER, Sprachausformung (wie Anm. 55), 331.

Die enorme Zunahme und die Diversifikation der literarischen Produktion in den Kanzleien der Fürsten in den größeren Stadtgemeinden, aber auch in den Klöstern, unter denen die neuen Seelsorge- und Bettelorden auch wegen ihrer intensiven Predigttätigkeit verstärkt die volksnahen Sprachen bevorzugten, förderten die regionalen und lokalen Divergenzen.[57]

Zwar gab es auch im 14. Jh. Tendenzen zu einer Vereinheitlichung der Schriftsprache, doch blieben wesentliche Sprachbarrieren insbesondere zwischen dem Niederdeutschen und dem Hochdeutschen erhalten. Das Niederdeutsche selbst war erst das Produkt einer Angleichung unter dem Einfluß der Ostsiedlung und vor allem der Hansekaufleute. Doch niederdeutsche Schriftstücke mußten bis weit ins 16. Jh. hinein ins Hochdeutsche übersetzt werden, um selbst in einer großen Handelsstadt wie Nürnberg oder in der Kanzlei Maximilians verstanden zu werden. Erst in der zweiten Hälfte des 15. Jhs. waren die Impulse für eine neuhochdeutsche Schriftsprache stärker wirksam. Daran hatte offenbar auch die Kanzlei Kaiser Friedrichs III. und Maximilians einen größeren Anteil, doch gilt dies auch für die Ratskanzleien von Nürnberg und Erfurt. Der Buchdruck trug zur Verbreitung dieser Sprache bei; von der Reformation gingen weitere Anstöße aus.[58]

§ 6 Zeiten, Räume und größere Zusammenhänge

a) Zeiten und Räume

Die Erörterungen über die Anfänge der deutschen Nation sind mit der Problematik des »Entstehens« des »deutschen« Reiches mit guten Gründen eng verknüpft. Zwischen beiden bestehen jedoch starke Spannungen, sofern »Nation« als staatlich klar abgrenzbare Einheit

---

[57] R. E. KELLER, Die deutsche Sprache und ihre historische Entwicklung, 1986, 246ff. (mit Hinweisen auf den unbefriedigenden Forschungsstand über die »Standardsprache); THOMAS, *Sprache* (wie Anm. 55), 78f.

[58] SCHUBERT, Einführung (wie § 2, Anm. 11), 27ff.; W. BESCH, Sprachlandschaften und Sprachausgleich im 15. Jahrhundert, 1967; Beiträge in: Frühneuhochdeutsch. Zum Stand der sprachwissenschaftlichen Forschung, 1987 (Zeitschrift für deutsche Philologie 106, Sonderheft); REINHARD, Probleme, Abschnitt II (wie § 1, Anm. 21), 153–368, 278ff.

verstanden wird. Denn das »deutsche« Reich hatte stets zunächst großfränkisch-karolingische, dann – noch länger – römische Komponenten. Fragwürdig ist zudem, ob beide Vorgänge auch die »Anfänge« oder den »Beginn« der deutschen Geschichte bestimmen. Soweit von einer solchen Dependenz ausgegangen wird,[1] ergeben sich für das Einsetzen der deutschen Geschichte kontroverse Datierungen zwischen dem 9. und dem endenden 15. Jh., also über mehr als ein halbes Jahrtausend.[2]

Gegen eine solche Annahme der Abhängigkeit der deutschen Geschichte von der Existenz eines fränkisch- oder römisch-deutschen Reiches und einer davon stark geprägten deutschen Nation ist jedoch anzuführen, daß als Träger einer »deutschen Geschichte« nicht nur ein »deutsches« Reich oder eine »deutsche« Nation aufgefaßt werden können, sondern auch jene *regna* oder *gentes*, die in vielfältiger Hinsicht die Basis für Reich und Nation gebildet haben.[3] An diesem Leitfaden führen die langfristig bestimmenden Faktoren bis in die Spätantike zurück. Damals erhielten zudem die Gebiete links des Rheins und südlich der Donau ein Gepräge, mit dem sie über viele Jahrhunderte hinweg die rechtsrheinischen Regionen maßgeblich beeinflußten. Hinsichtlich der ethnischen Verbände verbieten freilich tiefgreifende Brüche und grundlegende Veränderungen die Konstruktion von stärkeren Kontinuitätssträngen, wenn diese später auch vielfach in historiographischen Quellen betont werden.[4] Diese Gebilde erhielten im Karolingerreich wiederum neue Konditionen und wurden erneut radikal umgestaltet. Erst in dessen Rahmen, insbesondere im ostfränkischen Reich, ergeben sich Anhaltspunkte für Erörterungen über das deutsche Reich und die deutsche Nation.

Das Ostfrankenreich und dessen im 10. Jh. erfolgte Erweiterungen, das spätere römisch-deutsche Reich wie auch die Verbreitung eines

---

[1] So jüngst H. KELLER, Entscheidungssituationen und Lernprozesse in den ›Anfängen der deutschen Geschichte‹, in: FMASt 33, 1999, 20–48.

[2] Vgl. zum Beispiel SCHUBERT, Einführung (wie § 2, Anm. 11), 33: »Eine ›deutsche Geschichte‹ bleibt bis zum ausgehenden 15. Jh. unter der Geschichte des deutschen Reiches verborgen. Erst dann kann, strenggenommen, von ihr gesprochen werden.« Er versteht diese »Bezeichnung« als »modernen Vereinbarungsbegeriff«.

[3] EHLERS, Entstehung der Nationen (wie § 5, Anm. 28), 413.

[4] Vgl. noch immer das grundlegende Werk von WENSKUS, Stammesbildung (wie § 5, Anm. 5), Betonung der Diskontinuität durch GEARY, Völker (wie § 4, Anm. 10).

Bewußtseins von einer deutschen Nation bieten sich als Orientierung für das weitere Problem der räumlichen Reichweite der deutschen Geschichte an. Doch auch diese Orientierung stößt schon deswegen auf Schwierigkeiten, weil sich die Ausdehnung des Reiches immer wieder veränderte. Daher sind chronologische Differenzierungen nötig. Dafür sei nur hingewiesen auf die politischen Begleitumstände und Konsequenzen der von Otto I. um die Mitte des 10. Jhs. verstärkten Mission der Elb- und Ostseeslawen, die seitdem als Reichsangehörige galten. Die damals erzielten Erfolge wurden jedoch mit dem großen Slawenaufstand von 983, dem bald darauf eine heidnische Reaktion auch bei den Obodriten folgte, größtenteils wieder zunichte gemacht. Die slawisch-heidnische Herrschaft hielt sich bis ins 12. Jh. und wurde erst seit der Mitte desselben Jahrhunderts beseitigt, als auch größere Fortschritte in der Mission und in der deutschen Ostsiedlung erzielt wurden.[5] Die komplexe, teils mit gewalttätiger Christianisierung verbundene Ostsiedlung ging mit höchst unterschiedlichen politischen Zuordnungen einher. In deren Wirkungsbereich wie in vielen anderen Regionen waren ohnehin eindeutige Grenzverläufe jahrhundertelang wohl nur Ausnahmen; aber beispielsweise auch in Oberitalien war die Zugehörigkeit zum Reich für viele Räume oder Personenverbände selbst unter den Zeitgenossen unklar oder strittig.[6] So war der Deutsche Orden mit seinen Herrschaftsgebieten südlich der Ostsee, aus denen 1525 das zunächst vom polnischen König lehnsabhängige Herzogtum Preußen der Hohenzollern hervorging, auf der Grundlage der Goldbulle von Rimini Friedrichs II. (von 1226), in der der Kaiser als universaler Herrscher agierte, nicht Bestandteil des römisch-deutschen Reiches, sondern der *monarchia imperii*. Die Herrschaftsgebiete des Deutschen Ordens, der selbst aus der Kreuzzugsbewegung entstand und vom Heiligen Land ausging, wären deshalb – und übrigens auch aus anderen politisch-rechtlich fundierten Gründen, die beispielsweise der zeitweise vorherrschenden

[5] C. LÜBKE, in: LexMA 7, 2003f., vgl. § 3, Anm. 21.

[6] F. PRINZ, Die Grenzen des Reiches in frühsalischer Zeit. Ein Strukturproblem der Königsherrschaft, in: Salier, Hg. WEINFURTER (wie § 5, Anm. 18), Bd. 1, 159–173; R. HÄRTEL, Friedrich I. und die Länder an der oberen Adria, in: Friedrich Barbarossa. Handlungsspielräume und Wirkungsweisen des staufischen Kaisers, Hg. A. HAVERKAMP, 1992, 291–352, 292ff.; A. HAVERKAMP, Einführung, in: ebd., 9–47, 13f.

Auffassung des Papsttums folgen – nicht der deutschen Geschichte zuzurechnen. Doch gegen diese Auffassung können wiederum für das Deutschordensland Preußen Gegenargumente ins Feld geführt werden. Sie stützen sich auf die Verquickung der Kompetenzen von römischem König- und Kaisertum und Auffassungen preußischer Städte vornehmlich in der zweiten Hälfte des 15. Jhs., ohne dabei auch für diese Zeit die Verschränkungen mit der polnischen Geschichte leugnen zu können oder zu wollen.[7]

Mit derartigen rechtlichen Kriterien läßt sich für mehrere Jahrhunderte auch über die Zugehörigkeit Savoyens, Flanderns, Böhmens, Estlands und Schlesiens oder auch der Niederlande streiten, wie dies seit dem 19. Jh. in nationalstaatlicher Konkurrenz auch geschah.[8] Für die Niederlande sei zur Veranschaulichung der Problematik nur der neueste, »uneindeutige« Befund für das späte Mittelalter zitiert: »mal werden die Niederländer als Deutsche gesehen, dann wieder als eigenständig, wobei sich möglicherweise ein gewisser Unterschied abzeichnet, je nachdem ob es sich um eine Eigen- oder Fremdbezeichnung handelt.« Die Niederländer empfanden »sich selbst offenbar eher nicht als Deutsche«, während »die oberdeutschen Quellen die Niederländer als Deutsche begriffen«.[9]

Die Entscheidung wird deshalb noch schwieriger, weil sich Zugehörigkeit zum Reich und Verbreitung eines – wie auch immer gearteten – deutschen Nationsbewußtseins keineswegs immer deckten. So bestanden in einigen Regionen – und nicht zuletzt größeren Städten – verschiedene national bestimmte Gruppen nebeneinander. Dies traf für Gebiete und insbesondere viele Städte im Wirkungsbereich der deutschen Ostsiedlung und darüber hinaus im östlichen Mitteleuropa zu. Dort war seit dem 13. Jh. in vielen Städten – wie in Reval (Tallinn), Dorpat (Tartu) oder auch Riga – der Anteil der Deutschen

---

[7] H. BOOCKMANN, Ostpreußen und Westpreußen, 1992.

[8] H. BOOCKMANN, Der Deutsche Orden, [3]1989, 80ff.; K. MILITZER, Von Akkon zur Marienburg. Verfassung, Verwaltung und Sozialstruktur des Deutschen Ordens 1190–1309, 1999; M. BISKUP u. a., Die Geschichte des Deutschen Ordens in Preußen, 2000 (poln. 1986); C. A. LÜCKERATH, in: LexMA 4, 1541f.; SCHUBERT, Einführung (wie § 2, Anm. 11), 33ff.; F. PRINZ, Böhmen im mittelalterlichen Europa, 1984, vor allem 180ff.; P. MORAW, Das Mittelalter, in: Böhmen und Mähren, Hg. F. PRINZ, [2]1995, 23–178 und die Beiträge des Herausgebers in demselben Band.

[9] HIRSCHMANN, Landesbewußtsein (wie § 5, Anm. 18).

vornehmlich in der Oberschicht sehr hoch; das galt beispielsweise aber auch für Stockholm, die schwedische »Hauptstadt«, wo Deutsche – überwiegend Lübecker – schwedisches Recht erhielten und die Hälfte des Stadtrats besetzten. In Prag lebten vielleicht bereits seit dem 11., sicher seit dem späteren 12. Jh. Deutsche in Nachbarschaft zusammen und besaßen eine eigene, vom Fürsten privilegierte Rechtsstellung, die sich auch auf ihre Gemeinde bezog.[10] Der teils hohe Anteil von Deutschen in bestimmten Regionen und Städten Böhmens und Mährens ging wohl hauptsächlich infolge der Pestzüge seit der zweiten Hälfte des 14. Jhs. stark zurück. In Böhmen erhielten die Unterschiede zwischen Tschechen und Deutschen seit dem ausgehenden 14. Jh. für einige Jahrzehnte durch die religiöse Differenz zwischen Hussiten und Katholiken eine Zuspitzung. Sie äußerte sich in schweren, oft gewalttätig ausgetragenen Konflikten. Deutsche, oft Handwerker, lebten seit dem 14. Jh. auch in einigen Städten Ober- und Mittelitaliens des öfteren in eigenen Bruderschaften; eigene Identitäten bewahrten dort auch aus dem süddeutschen Bereich stammende Juden.[11]

Versuche, deutsche Geschichte für das Mittelalter auf bestimmte Räume fest einzugrenzen, erweisen sich als Aporie. Sie bleiben einer nationalstaatlichen Sichtweise verhaftet, sind also anachronistisch. Dies gilt noch mehr für Absichten, aus der deutschen Geschichte jene Bewohner des römisch-deutschen Reiches auszugrenzen, die sich religiös einem eigenen Volk verbunden fühlten, wie dies für die Juden zutraf; diese wurden in der deutschsprachigen Mittelalterforschung bis vor wenigen Jahrzehnten im Rahmen von deutschen Geschichten nicht berücksichtigt und werden noch immer nicht oder nur am Rande

---

[10] L. DRALLE, Die Deutschen in Ostmittel- und Osteuropa, 1991; G. DAHLBÄCK, in: LexMA 8, 188f.

[11] F. GRAUS, Nationale Deutungsmuster der Vergangenheit in spätmittelalterlichen Chroniken, in: DERS., Aufsätze (wie § 1, Anm. 21), 73–92, 80ff.; ŠMAHEL, Revolution (wie § 1, Anm. 7), bes. Bd. 1, 297ff., Bd. 3, 1692ff.; vgl. oben Anm. 8. K. SCHULZ, Rom und die Fremden: Deutsche Handwerkergruppen als privilegierte Minderheiten in Rom der Renaissance (Anfang 15. bis Mitte 16. Jahrhundert), in: Nationale, ethnische Minderheiten und regionale Identitäten in Mittelalter und Neuzeit, Hg. A. CZACHAROWSKI, 1994, 53–58; DERS., Deutsche Handwerker in Italien, in: Kommunikation und Mobilität im Mittelalter, Hg. S. DE RACHEWILTZ, 1995, 115–133; U. ISRAEL, Fremde aus dem Norden. Transalpine Zuwanderer im spätmittelalterlichen Italien, Habil. Göttingen 2003; A. MÖSCHTER, Juden im venezianischen Treviso (Diss. Trier 2004).

beachtet.[12] Ebenso anachronistisch wäre es, weitere Bevölkerungsgruppen, bei denen ein deutsches Nationsbewußtsein nicht nachzuweisen ist oder nicht vorausgesetzt wird, auszuklammern. Nach diesem Kriterium müßte für die Jahrhunderte des Mittelalters und der frühen Neuzeit wohl durchgehend der größte Teil der Bevölkerung innerhalb des römisch-deutschen Reiches nicht als Bestandteil der deutschen Geschichte betrachtet werden, denn es ist geradezu ein Kennzeichen des Nationsbewußtseins vor dem 19. Jh., daß es nur eine begrenzte Trägerschicht hatte.[13]

Da das römisch-deutsche Reich in seiner seit 962 bestehenden Verbindung mit dem (west-)römischen Imperium der weitaus stärkste Antrieb für ein Nationsbewußtsein der Deutschen war, muß deutsche Geschichte aus diesem Grunde wie auch wegen der weiteren Konnexe insbesondere mit der römisch-lateinischen Christenheit die zeitweise starken Verquickungen dieses Reiches mit benachbarten Regionen und weiterreichenden Vorgängen berücksichtigen. Von dieser Komplexität ist die deutsche Geschichte gerade während der mittelalterlichen Jahrhunderte bestimmt worden. Mit dem Leitfaden der neueren Konzepte für die Geschichte von Ethnien und Formen des Nationsbewußtseins, in denen sowohl die regionalen als auch die weiter ausgreifenden Gegebenheiten und Einstellungen beachtet werden, besteht die begründete Chance, die geistigen Fesseln nationaler, nationalstaatlicher oder sogar nationalistisch gelenkter deutscher Geschichte zu sprengen, deren verheerende Folgen das 20. Jh. geprägt haben und wohl auch noch die Zukunft beeinflussen.

b) Deutsche Geschichte und andere Geschichten

Durch die Verbundenheit mit dem Reich und durch die Vielfalt und Offenheit der »deutschen« Lande war deutsche Geschichte während des Mittelalters und lange danach ein aufschlußreicher Bestandteil in der Geschichte des germanischen, slawischen und baltischen »Heidentums«, des Judentums und der Christenheit, wobei diese religiösen Gegebenheiten auch innerhalb des römisch-deutschen Reiches zeitlich

---

[12] A. HAVERKAMP, Juden im Mittelalter: Neue Fragen und Einsichten, in: Informationen für den Geschichts- und Gemeinschaftskundelehrer, Heft 59, 2000, 5–23.
[13] Vgl. § 5 mit Anm. 15.

und räumlich wiederum höchst unterschiedlich gestaltet waren. Unter religiösen, aber auch unter allen anderen wesentlichen Perspektiven – einschließlich der politischen Konnexe – ging die deutsche Geschichte weit über sich selbst hinaus. Sie war über das Reich, vor allem aber in fundamentalen, langfristig wirksamen religiösen Bezügen in die lateinische Welt, den *orbis latinus,* einbezogen. Dabei blieb jedoch die lateinische Sprache in der Germania – anders als in der Romania – eine »Fremdsprache«, die nur den gelehrten Geistlichen und den wenigen geschulten Laien mehr oder weniger vertraut war. In dieser Akkulturation waren die Verbindungen zur südlichen und westlichen lateinisch-romanischen Umgebung insgesamt am fruchtbarsten. Auf deren produktiver Nutzung beruhten wiederum die Impulse, die von den Kernlanden des ostfränkischen und später römisch-deutschen Reiches in die anderen deutschen Lande und darüber hinaus in den Nordosten, Osten und Südosten wirksam wurden.

Die lateinisch-römische Christenheit bildete mit ihren starken kirchlichen Tendenzen zur Normierung und Institutionalisierung[14] während des Mittelalters die stärkste Klammer innerhalb der lateinischen Welt, die durch das Christentum wesentlich erweitert und zusammen mit anderen Faktoren substantiell stetig verändert wurde. Während des Mittelalters war die so stark auf die deutsche Geschichte einwirkende westliche *Christianitas* in ihrem Geltungsbereich nicht nur im nordalpinen Raum vor allem östlich des Rheins und nördlich der Donau extremem Wandel unterworfen. Die deutsche Geschichte wurde aber auch beeinflußt von den starken Umschwüngen in den Relationen zwischen Christentum und Islam im Kernbereich der drei monotheistischen Religionen am einst römischen *mare nostrum,* dem drei Kontinente verbindenden Mittelmeer, und darüber hinaus vom Judentum, das seit dem 10. Jh. zunächst in den großen Metropolen, dann auch in vielen anderen Orten des römisch-deutschen Reiches präsent war. Die dafür wichtigsten Phasen bildeten die Expansion des Islam seit dem 7. Jh., die größeren Erfolge der christlichen »Reconquista« auf der iberischen Halbinsel sowie im westlichen Mittelmeerraum seit dem 10. und die Kreuzzüge seit dem ausgehenden 11. Jh.

[14] P. VON MOOS, Krise und Kritik der Institutionalität. Die mittelalterliche Kirche als »Anstalt« und »Himmelreich auf Erden«, in: Institutionalität und Symbolisierung. Verstetigungen kultureller Ordnungsmuster in Vergangenheit und Gegenwart, Hg. G. MELVILLE, 2001, 293–340.

wie auch das Vordringen der Osmanen im östlichen Mittelmeerraum seit dem frühen 14. Jahrhundert. Mit dem verstärkten Anspruch auf universale Geltung des Papsttums und mit der Ausbreitung des lateinischen Westens im mediterranen Osten ging seit der zweiten Hälfte des 11. Jhs. eine Entfremdung zwischen lateinischem und griechisch-orthodoxem Christentum einher, die sich jedoch erst seit der Wende zum 13. Jh. verfestigte. Dafür waren die Eroberung Konstantinopels auf dem sogenannten Vierten Kreuzzug unter der Führung Venedigs und das so herbeigeführte Ende des oströmisch-byzantinischen Reiches oder auch die Versklavung von griechisch-orthodoxen Christen und deren Vermarktung in der mediterranen lateinischen Christenheit vornehmlich im 14. Jh. symptomatisch.[15]

Von der Rolle des Islams und der Einschätzung des griechisch-orthodoxen Christentums mit dessen starken Verankerungen in der griechischen Tradition waren im lateinischen Westen im wesentlichen die nur vereinzelt überlieferten Vorstellungen von Europa während des Mittelalters bestimmt. So verstand Papst Gregor der Große (590–604) »das ganze Gebiet des alten Römischen Reiches rings um das Mittelmeer«, das damals noch ein *mare nostrum* christlicher Anlieger war, als Europa. Hingegen wurde es in der lateinischen Christenheit seit der Kaiserkrönung Karls des Großen bis zum 13. Jh. vorwiegend auf das Karolingerreich und deren Nachfolger eingegrenzt, was umgekehrt auch auf byzantinischer Seite hinsichtlich des Ostreichs geschah. Diese gegenseitige Ausgrenzung trat mit der akuten Bedrohung des byzantinischen Reiches seit dem frühen 15. Jh. zugunsten einer positiveren Einstellung zurück, die von der humanistischen Wertschätzung der antik-griechischen Bildung gestützt wurde.[16] Nach dem Fall von Konstantinopel propagierte diese Auffassung am wirkungsvollsten der humanistische Gelehrte und erfahrene Politiker Enea Silvio Piccolomini, der »als eigentlicher Schöpfer der modernen Europaidee gilt«, der aber zugleich auch für die Verbreitung

[15] Vgl. zu den Beziehungen zwischen Byzanz und dem Westen allgemein SCHREINER, Byzanz (wie § 1, Anm. 19), für griechische Sklavinnen und Sklaven siehe C. VERLINDEN, L'esclavage dans l'Europe médiévale, Bd. 1, 1955, 321 ff., 456 ff., 781 ff. und passim; Bd. 2, 1977, 196 ff., 464 ff., 554 ff., 820 ff., 831 ff., 975 ff. und passim.

[16] B. KARAGEORGOS, Der Begriff Europa im Hoch- und Spätmittelalter, in: DA 48, 1992, 137–162; F. TINNEFELD, Abendland und Byzanz: ein Europa, in: Byzanz, Hg. SEGL (wie § 1, Anm. 20), 19–38 (Zitat 21); vgl. B mit Anm. 1.

des Nationsbewußtseins unter den Deutschen eine herausragende Bedeutung hatte. In seinem Aufruf an den von ihm als kaiserlichem Kommissar geleiteten Reichstag in Frankfurt vom Oktober 1454 charakterisierte er das eroberte Konstantinopel als Bestandteil Europas und der gemeinsamen *patria*, wenig später in einem Brief an Kaiser und Papst als »Bollwerk der Freiheit Europas«, der *libertas Europae.*[17]

Eine breitere Fundierung eines Gemeinschaftsbewußtseins der Europäer oder auch nur die Stabilität einer Trägergruppe waren während des Mittelalters noch weit weniger gegeben als ein Nationsbewußtsein unter den Deutschen. Ebensowenig bestand eine allein christlich bestimmte Kultur, wie sie von immer noch gebräuchlichen Schlagworten – wie dem »christlichen Abendland« – suggeriert wird. Die Konstruktion einer europäischen Geschichte während des Mittelalters muß sich den angedeuteten Gegensätzen und Konvergenzen stellen, der sich daraus ergebenden Vielfalt und zugleich Offenheit, die weder auf dem Kontinent noch in Nordeuropa und am wenigsten im Konnex des Mittelmeeres auf feste und noch weniger langfristig stabile Grenzen stieß. Diese Charakteristika sind ebenso maßgeblich für die deutsche Geschichte. In ihren Gemeinsamkeiten sind die derartig konzipierte deutsche und die europäische Geschichte aufeinander abgestimmt; sie vermengen und ergänzen sich.

C. Grundlagen historischer Erkenntnisse: Quellen

§ 7 Begriff, Reichweite und Überlieferung

a) Begriff und Reichweite

Nach Paul Kirn gelten als »Quellen« »alle Texte, Gegenstände oder Tatsachen, aus denen Kenntnis der Vergangenheit gewonnen werden kann«.[1] Diese Definition zielt nicht auf ein objektiv umschreibbares

---

[17] R. HIESTAND, »Europa« im Mittelalter – vom geographischen Begriff zur politischen Idee, in: Europa – Begriff und Idee, Hg. H. HECKER, 1991, 33–48 (Zitat 46); vgl. § 4 mit Anm. 5; zu *patria* vgl. § 5 mit Anm. 26; ferner REINHARD, Probleme, Abschnitt I (wie § 1, Anm. 21), 73ff.

[1] P. KIRN, Einführung in die Geschichtswissenschaft, [5]1968 (Zitat 29).

Corpus von Quellen, sondern geht von den wechselnden Fragestellungen und Fähigkeiten der Historiker aus, irgendwie zugängliches Material irgendwelcher Art für eine historische Analyse und Aussage zu nutzen. Dies wird noch stärker akzentuiert in der ebenfalls allgemein akzeptierten Definition von Karl Jacob: »Mit dem Worte Quellen bezeichnen wir in der Geschichtswissenschaft die Summe aller wissenschaftlich brauchbaren Überlieferung, aus deren methodischer Verwertung wir geschichtliche Kenntnisse und geschichtliches Verständnis schöpfen können.«[2]

Was als Quelle für die historische Erkenntnis dient, ist wesentlich abhängig von dem Erkenntnisziel des Historikers. Diverse Gegenstände aus der Vergangenheit erhalten ihren Charakter und ihren Stellenwert als Quelle erst aus dem historischen Erkenntnisinteresse. Demgemäß gibt es weder einen feststehenden Kanon von Quellen noch eine allgemein gültige Rangordnung unter ihnen. Ihre jeweilige Bedeutung variiert dementsprechend innerhalb der historischen Fachrichtungen und auch mit den Veränderungen der dominanten Trends in der Geschichte der Geschichtswissenschaft. Die historische Fragestellung erzeugt Quellen aus einem großen Reservoir von Überlieferungen. Selbst ein einzelnes Getreidekorn oder auch nur ein Staubpartikel können zu Quellen der historischen Erkenntnis werden. Der Quellenvorrat ist potentiell unerschöpflich, auch wenn vielfach nur ein äußerst geringer Teil des ursprünglichen Materials überkommen ist und noch weniger für die Untersuchung zur Verfügung steht. Die jeweiligen Fragestellungen entschieden in der Regel auch über die kritische Bearbeitung und über die Herausgabe der Quellen. Dies äußert sich namentlich in den Editionen der »Monumenta Germaniae Historica«, der seit 1819 respektive 1826 tätigen »Societas aperiendis fontibus rerum Germanicarum medii aevi«. Die in der Erschließung schriftlicher Quellen weltweit führende Institution der deutschsprachigen Geschichtswissenschaften edierte bis über die Mitte des 20. Jhs. hinaus fast ausschließlich nur solche – handschriftlich überlieferten, weit überwiegend früh- und hochmittelalterlichen – Quellen, die in erster Linie für die Ermittlung von politisch relevanten Fakten

[2] JACOB, Quellenkunde (wie I, 13b) (Zitat Bd. 1, 9). Vornehmlich als bibliographisches Hilfsmittel über Quellenkunden s. Quellenkunde zur deutschen Geschichte im Spätmittelalter (1350–1500), Hg. W. DOTZAUER, 1996.

geeignet erschienen. Hingegen wurden die großen Bereiche der Geistes- und Religions- wie auch der Wirtschaftsgeschichte nur sehr partiell berücksichtigt, jedenfalls stark vernachlässigt.[3] Wie selbstverständlich kamen hebräische Quellen aus der Feder von Autoren jüdischen Glaubens, die in den mitteleuropäischen Zentren urbanen Lebens wirkten, für dieses Editionsprogramm nicht in Frage, was sich in naher Zukunft durch Kooperation mit der »Israel Academy of Sciences and Humanities« erfreulicherweise ändern wird.[4]

Die Vielfalt von möglichen Quellen ist auch für das Mittelalter nur grob zu unterteilen. Für die schriftlichen Quellen sind Gattungen oder Typologien bereits seit langem mit mehr oder minder großem Erkenntnisgewinn erörtert worden. Je mehr die Geschichtswissenschaft ihre Fragestellungen ausweitet, desto mehr verschieben sich die Stellenwerte unter den diversen Quellenarten. Kennzeichnend dafür ist das weite Spektrum der Titel bereits erschienener Lieferungen und projektierter Abhandlungen in der vom »Institut d'études médiévales« an der Katholischen Universität Louvain-la-Neuve unter der Initiative von Leopold Genicot herausgegebenen »Typologie des sources du Moyen Âge occidental«. Darin sind u. a. zu finden: Dekretalen und Dekretalensammlungen, Klosterregeln, Sakramentare, Bußbücher, Nekrologe, Martyrologien, Predigten, Visitationsberichte, Genealogien, Annalen, Universalchroniken, Reiseberichte, Briefe, alchimistische und astronomische Texte, medizinische Abhandlungen, Kochbücher, kartographische Quellen, Universitätsmatrikel, Inschriften, aber auch der Roman und die Novelle. In derselben Reihe wurden zudem Studien über Zähne und Knochen (als Untersuchungsobjekte für die Ermittlung der Ernährung) oder über die Wappen, die Waffen und die Keramik publiziert.[5]

Unter den zahlreichen Quellenarten ist grob zwischen schriftlichen und schriftlosen zu unterscheiden. Letztere als »materielle« Quellen zu bezeichnen ist schon deshalb fragwürdig, weil auch schriftliche

---

[3] J. FRIED, Vom Zerfall der Geschichte zur Wiedervereinigung. Der Wandel der Interpretationsmuster, in: Stand und Perspektiven der Mittelalterforschung am Ende des 20. Jahrhunderts, Hg. O. G. OEXLE, 1996, 47–72.

[4] Vgl. R. SCHIEFFER, Monumenta Germaniae Historica. Bericht für das Jahr 1999/2000, in: DA 56, 2000, I-XIII, IV.

[5] Typologie des sources du Moyen Âge occidental: siehe neuesten Band: C. POLET, Les dents et les osements humains: que mangeait-on au Moyen Âge?, 2001.

Quellen eine materielle Substanz aufweisen. Eine physische Verquikkung bestand bereits im Beschriftungsmittel wie den diversen Formen von Tinten oder Tuschen.[6] Noch »gewichtiger« sind die Beschreibstoffe. Dazu gehören bei Inschriften Stein und Metalle und weitere verschiedene Materialien für die Lettern, die bei wichtigen Inhalten – an hervorragenden Stellen wie Domportalen angebracht – auch vergoldet wurden.[7] Siegel bestanden aus Wachs, Blei und Gold, aber auch Bronze, Messing und Zinn. Diese Formen der Beglaubigung weisen auch höchst aufschlußreiche nichtliterarische Formen der Selbstdarstellung seitens der Aussteller auf.[8] Die Beschreibstoffe bei den meisten Textsorten waren Papyrus, Wachstafeln, Birkenrinde, Pergament und Papier. Papyrus stammte vornehmlich aus dem Nildelta und wurde von den Schreibern der Päpste bis ins 11. Jh. auf Sizilien noch länger verwendet. Die Wachstafeln dienten in erster Linie Schreibübungen, Konzepten und Rechnungen, die von der Antike bis in die frühe Neuzeit in Gebrauch waren und im Mittelalter öfter auch zu kleinen Büchern verbunden wurden.[9] Birkenrinde fand vor allem im nordöstlichen Europa noch bis ins 15. Jh. für Notizen Verwendung; darauf wurden dort zuvor vereinzelt aber auch Bücher geschrieben.[10] Mit dem Christentum drang das Pergament vor, das in Mitteleuropa seit dem 8. Jh. üblich war und in diesem Raum erst seit dem späteren 14. Jh. durch Papier ergänzt wurde.[11] Auf dem dauerhaften, wenn auch kostspieligen Pergament (benannt nach der antiken Stadt Pergamon), dessen aus Fellen von Schafen, Rindern, aber auch anderen Tieren bestehende und regional unterschiedlich bearbeitete Rohstoffe in den Grundherrschaften der großen Klöster seit dem 6./7. Jh. in größerem Umfang direkt verfügbar waren, wurden im frühen Mittelalter auch wesentliche Bestandteile des antiken Bildungsguts, das bis dahin auf dem im westeuropäischen Klima leicht ver-

---

[6] P. LADNER, in: LexMA 8, 797f.

[7] HAVERKAMP, Glocke (wie § 3, Anm. 23), 292ff.

[8] Vgl. (Art.) Siegel, in: LexMA 7, 1848–1861.

[9] Les tablettes à écrire de l'antiquité à l'époque moderne, Hg. E. LALOU, 1992, insb. 231–350 mit Beiträgen zum Mittelalter.

[10] H. RÜSS, Das Reich von Kiev, in: Handbuch der Geschichte Rußlands, Hg. M. HELLMANN, Bd. 1, 1981, 199–429, 219f., 413; C. GOEHRKE, Groß-Novgorod und Pskov/Pleskau, in: ebd., 431–483; 433, 458, 468, 478.

[11] L. SANTIFALLER, Beiträge zur Geschichte der Schreibstoffe im Mittelalter, 1953.

gänglichen Papyrus tradiert worden war, für die weitere Kulturgeschichte Europas gerettet.[12] Die in den Klöstern Hersfeld oder Fulda überlieferte »Germania« des Tacitus mit ihrer folgenreichen Nachwirkung seit dem deutschen Humanismus ist dafür nur ein Beispiel unter vielen.[13]

Für die Herstellung des Papiers bildeten seit dem 8. Jh. Textilabfälle den Hauptrohstoff, während die Chinesen in der bei ihnen bereits ein oder zwei Jahrhunderte vor unserer Zeitrechnung einsetzenden Papierproduktion Bambusfasern benutzten. Die neuartige Papierschöpfung verbreitete sich rasch im muslimischen Mittelmeerraum mit der zunehmenden Verwendung des Papiers als Beschreibstoff. Sie drang von dort seit dem 11. Jh. in die benachbarten christlich beherrschten Länder im byzantinischen Osten,[14] auf die iberische Halbinsel und auf Sizilien wie auch Unteritalien vor. Schon unter dem normannisch-sizilischen König Roger II. (1130–1154) wurden königliche Urkunden auf Papier geschrieben, was unter Friedrich II. jedoch 1231 wegen der größeren Vergänglichkeit dieses Beschreibstoffs verboten wurde. Seit dem frühen 13. Jh. wurde von den ober- und mittelitalienischen Seehandelsstädten Papier hauptsächlich aus Spanien eingeführt, doch wurden seitdem auch schon bei Genua Papiermühlen betrieben. Auch in Südfrankreich wurde Papier zunehmend für die dort wie vor allem auch in Italien üblichen und überaus zahlreichen Notariatsakten verwendet. Seit der zweiten Hälfte des 13. Jhs. setzte in der mittelitalienischen Stadt Fabriano (Mark Ancona) die Papierherstellung ein, die dort – seit 1283 sicher bezeugt – nochmals technisch wesentlich verbessert wurde. Von Italien aus wurde Papier seit dem ausgehenden 13. Jh. in großen Mengen in den Mittelmeerraum und ins übrige Europa exportiert, wo insbesondere die Champagne zu einem wichtigen Zentrum der Papierherstellung wurde. Der Preis für Papier betrug nur 10 Prozent desjenigen für Pergament. Die erste Papiermühle in Deutschland errichtete der Nürnberger Patrizier Ulman Stromeir (Stromer) im Jahre 1390 unter Heranziehung italienischer Fachleute, die sich jedoch nach dem Urteil des Unternehmers als wenig effizient erwiesen. In Basel wurde 1440 – also noch zur

---

[12] P. LADNER, in: LexMA 6, 1885–1887.
[13] Vgl. § 3, Anm. 5ff.
[14] O. MAZAL, Handbuch der Byzantinistik, 1997, 181.

Zeit des Konzils – eine Papiermühle eingerichtet, doch ist diese nur eine unter vielen, die sich seit der Mitte des 15. Jhs. in Mitteleuropa nochmals beschleunigt ausbreiteten. Aber auch noch danach wurde dieser Beschreibstoff weiterhin vor allem aus Italien nach Deutschland importiert. Aufschlüsse über die Herkunft und den Handel mit Papier bieten die seit Fabriano üblichen Wasserzeichen, mit deren Hilfe auch Handschriften und Drucke verläßlich datiert werden können.[15]

Mit der Verwendung des Papiers ging das Zeitalter des Pergaments, das in Westeuropa seit der Spätantike den Papyrus langsam ablöste, keineswegs abrupt zu Ende. Pergament und Papier wurden noch über Jahrhunderte nebeneinander, wenn auch für sehr verschiedene Zwekke als Beschreibstoff verwendet. Durch Papier wurde die Ausbreitung der Schriftlichkeit in Mitteleuropa auf allen Ebenen der Verwaltung und bei allen Arten von Herrschaftsträgern bis hin zu den Städten, deren Zahl im nordalpinen Reich in den zwei Jahrhunderten zwischen ca. 1150 und 1350 um etwa das Zwanzigfache anstieg, seit der Mitte des 14. Jhs. stark begünstigt. Um dieselbe Zeit, als in Prag die erste mitteleuropäische Universität errichtet wurde – fast 200 Jahre nach den ersten Anfängen in Bologna und Paris –, leitete das Papier nun auch hier die »tintenklecksenden Säkula« ein, also wiederum etwa zwei Jahrhunderte nach dem frühesten Gebrauch desselben Beschreibstoffs in Italien.

Die relativ späte Verwendung des Papiers in den deutschen Landen ist ein Gradmesser für das Vordringen der Schriftkultur in Lebensbereiche, die bis dahin ohne dauerhaftere schriftliche Fixierung auskamen, und zugleich für die Ausbreitung der Lese- und Schreibfähigkeit in breiteren Schichten vornehmlich der städtischen Bevölke-

---

[15] H. B. KÄLIN, in: LexMA 6, 1664–1666; R. I. BURNS, Paper comes to the West, 800–1400, in: Europäische Technik, Hg. LINDGREN (wie I, 10d), 413–422; W. VON STROMER, Große Innovationen der Papierfabrikation in Spätmittelalter und Frühneuzeit, in: TechG 60, 1993, 1–6; F. IRSIGLER, La carta: Il commercio, in: Produzione e commercio della carta e del libro, secc. XIII-XVIII, Hg. S. CAVACIOCCHI, 1992, 143–199 und weitere Beiträge in demselben Band; DERS., Überregionale Verflechtungen der Papierer. Migration und Technologietransfer vom 14. bis zum 17. Jahrhundert, in: Handwerk in Europa. Vom Spätmittelalter bis zur Frühen Neuzeit, Hg. K. SCHULZ, 1999, 255–276; P. TSCHUDIN, Grundzüge der Papiergeschichte, 2002; außerdem demnächst: Lebenswelten Gutenbergs, Hg. M. MATHEUS (in Vorb.).

rung – und unter diesen vor allem der Kaufleute und Handwerker, von denen einige seit dem 13. Jh. auch in deutschen Städten schulische Grundkenntnisse erwarben. Doch sind diese höchst aufschlußreichen Zeugnisse bis auf verhältnismäßig wenige Reste wieder verlorengegangen. Begründet war dies hauptsächlich in der geringeren Geltungskraft der auf Papier geschriebenen Texte und Sachverhalte: also in deren in jeder Hinsicht größeren Vergänglichkeit, die eine weitaus schlechtere Überlieferungschance zur Folge hatte als jene auf dem dauerhafteren Pergament, das mit wichtigen, längerfristig gültigen Texten beschrieben wurde. Zu den besonders gefährdeten Beständen gehörten die Papiere mit Aufzeichnungen über alltägliche Geschäfte und insgesamt über den Handel und das Gewerbe, während bedeutendere Rechtsakte über Grundstücke und Immobilien aller Art wie auch über Herrschaftsrechte weiterhin dem wertvolleren und beständigeren Pergament anvertraut wurden.

Andererseits begünstigte das billigere Papier am Ende des Mittelalters die Rettung und Verbreitung vieler weiterer Texte aus der römischen, dann auch griechischen Antike. Seine Verfügbarkeit war zugleich eine unabdingbare Voraussetzung für den Buchdruck. Dieser ging von Südwestdeutschland (Straßburg und Mainz) unter wesentlicher Mitwirkung Gutenbergs aus und wurde auch noch längere Zeit in anderen Ländern maßgeblich von Druckern aus Deutschland betrieben. Die weitaus meisten frühen Drucke brachten – wie zuvor die stark vermehrten Handschriften – religiöse Texte unter das »Volk«.[16]

Die schriftlichen Quellen bieten zugleich Material für Analysen von Formen der Gestaltung. Einen hohen Stellenwert besitzen dafür die Schriftformen. Sie sind ihrerseits eigenartige Spiegelbilder der kulturellen Prägungen und Beziehungen. So übernahmen Klosterskriptorien im später ostfränkischen Reich bereits seit den ersten Jahrzehnten des 9. Jhs. wohl hauptsächlich unter dem Einfluß des Klosters St. Martin in Tours, einem Zentrum der karolingischen »Renaissance«, die Charakteristika der karolingischen Minuskel. Hingegen gingen seit dem 11. Jh. die stärksten Impulse für die »gotische« Schrift von Nordfrankreich und den Maaslanden aus. Von dort aus

---

[16] MITTERAUER, Europa (wie B, Anm. 1), 244ff. (auch über Buchdruck in anderen Religionen und Kulturen); LUDWIG, Metalle (wie § 3, Anm. 11), 573ff., 618–620; vgl. § 8 mit Anm. 10.

wirkte dieses neue Muster seit der ersten Hälfte des 12. Jhs. auch auf die Kernbereiche des Regnum teutonicum: etwa zur selben Zeit, als die hohen Schulen in Frankreich für viele deutsche Scholaren höchst attraktiv waren und viele andere Einflüsse aus dem romanischen Westen in den deutschen Landen prägend wurden. Bezeichnenderweise orientierten sich die italienischen Humanisten seit dem Beginn des 15. Jhs. – frühere Anregungen Petrarcas aufnehmend – am Vorbild der frühmittelalterlichen Minuskel, später sogar an griechischen Mustern. Die humanistischen Schriftformen wurden seit dem ausgehenden 15. Jh. auch in Deutschland verbreitet.[17]

Pergament und Papier dienten zudem oft als Bildträger, wofür die vielfältige Buchmalerei die herausragenden ästhetischen, historisch überaus aufschlußreichen Objekte bietet. Daß solche Darstellungen auch für die Erörterung wesentlicher Fragen nicht nur in der Kunstgeschichte, sondern ebenfalls in der »allgemeinen« Geschichte[18] zentrale Bedeutung besitzen, äußerte sich in den letzten Jahrzehnten besonders auffällig in der Interpretation der Darstellung der welfischen Familie im Helmarshausener Codex, wobei freilich die immer noch ungesicherte Datierung zwischen 1173 und 1188 auf wesentliche Fragen nur hypothetische Antworten zuließ.[19] Geradezu eine Reichsinsignie bildete seit Karl dem Großen das Aachener Krönungs- oder auch Reichsevangeliar, das teilweise an antike Vorbilder anknüpft und wahrscheinlich nach Vorlagen aus Byzanz oder aus Italien angefertigt wurde. Herausragende weitere, teils beschriftete Reichsinsignien waren neben der Reichskrone die Stephansbursa, die Heilige Lanze, das Reichskreuz und der Krönungsmantel. Sie bilden nur einen schmalen, wenn auch bedeutenden Ausschnitt aus dem weiten Bereich der Herrschaftszeichen. Damit hat sich die deutschsprachige Mittelalterforschung seit dem 20. Jh. intensiv befaßt und dabei auch

[17] Bischoff, Paläographie (wie I, 11e).

[18] Für Ansätze zur Methodologie vgl. R. Wohlfeil, Das Bild als Geschichtsquelle, in: HZ 243, 1986, 91–100; zur Interpretation aus »allgemein« historischer Fragestellung vgl. neuerdings L. Körntgen, Königsherrschaft und Gottes Gnade. Zu Kontext und Funktion sakraler Vorstellungen in Historiographie und Bildzeugnissen der ottonisch-frühsalischen Zeit, 2001, 178ff. Zu Methode und Theorien aus kunsthistorischer Sicht vgl. G. Wolf, Schleier und Spiegel. Traditionen des Christusbildes und die Bildkonzepte der Renaissance, 2002.

[19] Haverkamp, Zwölftes Jahrhundert (wie § 3, Anm. 14), 225, vgl. § 8 mit Anm. 32f.

die große religiöse, oft liturgisch verankerte Bedeutung und somit die Liturgie einbezogen.[20] Weitere aufschlußreiche Quellen für das große Spektrum der Herrschaftszeichen und herrschaftlichen Repräsentation, in der seit dem 12. Jh. vermehrt die Stadtgemeinden aktiv wurden, bilden die diversen Siegel, Wappen und Münzen. Letztere wirkten vornehmlich seit dem 12./13. Jh. auch nördlich der Alpen durch Schrift und Bild und nicht zuletzt in ihrer »Handgreiflichkeit« sozial am weitesten und bestimmten am intensivsten das tägliche Leben.[21]

Schrift und Bild verbinden sich des öfteren auch in vielen mittelalterlichen Wandmalereien, von denen einige noch in jüngster Zeit unter späteren Übermalungen oder Putzschichten entdeckt worden sind. Auf diese Weise wurden 1996 Wandmalereien aus einem Haus in der Zürcher Brunngasse bekannt. Auftraggeber war ein Mitglied einer jüdischen Finanziers- und Gelehrtenfamilie. Er ließ um 1330 im ersten Stock seines Hauses großflächige Fresken anbringen. An Besucher – wohl vor allem aus seinem Kundenkreis, zu dem auch Hochadlige gehörten – richteten sich 80 Wappen, darunter jene der Mainzer Erzbischöfe und der Grafen von Luxemburg. Die Wappen befinden sich unterhalb der Balkendecke in einem Fries und sind jeweils mit einer hebräischen Beschriftung versehen. Hohe Adlige und Geistliche waren also in diesem repräsentativen Raum im Hause höchst angesehener Juden in den bekanntesten Formen ihrer Selbstdarstellung versammelt.[22]

Die Ermittlung deutscher Spezifika hinsichtlich der Quantität und der Qualität der Quellen und ihrer Überlieferung erfordert wiederum eine vergleichende Perspektive vornehmlich im Horizont des lateinischen Westens. Dabei sind zeitliche und ebenso kulturräumliche Differenzierungen auch innerhalb der Lande zu beachten, die zum wech-

---

[20] H. TRNEK, in: LexMA 7, 623–626; in vielerlei Hinsicht wegweisend: P. E. SCHRAMM u. a., Denkmale der deutschen Könige und Kaiser, Bd. 1; [2]1981, Bd. 2, [1]1978; zum neueren Forschungsstand vgl. H. M. SCHALLER, Die Wiener Reichskrone – entstanden unter Konrad III., in: Die Reichskleinodien, 1997, 58–105.

[21] A. REVERCHON, Metzer Geldgeschichte vom 10. bis 13. Jahrhundert. Untersuchungen zum regionalen Pfennig, Trier 2003.

[22] D. WILD u. a., Die spätmittelalterlichen Wandmalereien im Haus »Zum Brunnenhof« in Zürich und ihre jüdischen Auftraggeber, in: Zürcher Denkmalpflege 1995/96, 1–20; A. HAVERKAMP, »Mainz, die uralte Gemeinde«. Mutterstädte der Juden im mittelalterlichen Deutschland, in: Jahrbuch der Akademie der Wissenschaften und der Literatur Mainz 53, 2002, 148–162, 157.

selnden Geltungsbereich des späteren Regnum teutonicum gehörten. Weil Quellen insgesamt Produkte menschlichen Handelns, Fühlens und Denkens sind oder doch darauf verweisen, sind ihre Eigenarten untrennbar mit allen wesentlichen Lebensbereichen ihrer Entstehungszeit verwoben.

b) Überlieferung

Bei allen Quellenarten sind ihre unterschiedlichen Überlieferungschancen[23] zu beachten. Diese waren von vielen Faktoren abhängig. Eine wesentliche Bedingung war die den Quellen zugewiesene Funktion. Größer waren die Überlieferungschancen, wenn sie als »Denkmäler« für die Zukunft vorgesehen waren, geringer, wenn sie nur einem zeitlich begrenzten Zweck dienten. Zudem waren dafür viele Faktoren nach ihrer Entstehung bis zur Gegenwart entscheidend, darunter insbesondere die Einschätzung der jeweiligen Zeitgenossen über den Wert ihrer Erhaltung oder aber Vernichtung. Hingewiesen sei nur auf die Zerstörung von Synagogen und jüdischen Friedhöfen bei Judenverfolgungen oder auf die Umwandlung von Synagogen in Kirchen im Zusammenhang von Pogromen und Vertreibungen,[24] auf die »Bilderstürme« oder »Abtuung der Götzen« in der Evangelischen Bewegung seit dem Beginn der zwanziger Jahre des 16. Jhs.[25] oder auch auf die zahlreichen Vernichtungen von Kirchen und kirchlichen Ausstattungen und auf die Säkularisationen im Vorfeld, im Zusammenhang oder als Folge der Französischen Revolution.[26]

---

[23] Vgl. den grundlegenden Aufsatz von A. ESCH, Überlieferungs-Chance und Überlieferungs-Zufall als methodisches Problem des Historikers, in: HZ 240, 1985, 529–570.

[24] Vgl. A. HAVERKAMP, Judenvertreibungen in Mittelalter und Frühneuzeit – Erscheinungsformen und Zusammenhänge, Betrachtungsweisen und Erkenntnischancen, in: Judenvertreibungen in Mittelalter und früher Neuzeit, Hg. F. BURGARD u. a., 1999, 1–21 nebst den weiteren Beiträgen und J. R. MÜLLER, Judenverfolgungen und -vertreibungen zwischen Nordsee und Südalpen im hohen und späten Mittelalter, in: Geschichte der Juden, Hg. HAVERKAMP (wie § 3, Anm. 30), Bd. 1, 189–222 mit weiteren einschlägigen Beiträgen und Karten.

[25] Macht und Ohnmacht der Bilder. Reformatorischer Bildersturm im Kontext der europäischen Geschichte, Hg. P. BLICKLE u. a., 2002.

[26] Vgl. zu den vielschichtigen Vorgängen beispielhaft mehrere Beiträge in: Klosterkultur und Säkularisation im Rheinland, Hg. G. MÖLICH, 2002.

Die günstigsten Voraussetzungen für die Konservierung der verschiedenartigen Quellen besaßen die transpersonalen Institutionen: in erster Linie die geistlichen Gemeinschaften mit einem baulich verfestigten Zentrum, also mit einer möglichst »versteinerten« lokalen Konstanz und mit institutioneller Kontinuität. Die religiösen Konvente waren zudem bevorzugte Horte der Schriftkultur von der Antike bis weit ins Mittelalter. Dieser Vorzug äußerte sich am extremsten in den Gebieten außerhalb des Limes Romanus, wo im Unterschied vor allem zur mediterranen Welt keine Anknüpfungsmöglichkeiten an eine von Laien mitgetragene Schriftkultur bestanden. Hingegen waren Familien einschließlich der Herrscherdynastien auch in dieser Hinsicht sehr stark den genealogischen Zufällen ausgeliefert und besaßen in den seltensten Fällen ein dauerhaftes Zentrum für die Aufbewahrung ihrer eigenen Tradition. Ausnahmen bildeten am ehesten die englischen Könige seit der normannischen Eroberung und die ebenfalls auf Eroberung basierende sizilisch-unteritalische Königsherrschaft, die jeweils längere Zeit über festere Mittelpunkte und eine wirksame, kontinuierliche und derart transpersonal ausgerichtete Verwaltung verfügten. Günstiger waren die Chancen bei Gemeinden, sobald sie sich auf längere Dauer institutionell verfestigt hatten und auch baulich stärker ausgestattet waren. Dies geschah wiederum in der Romania – insbesondere in Reichsitalien – seit dem ausgehenden 11. Jh. und somit mindestens ein Jahrhundert früher als nördlich der Alpen. Weitaus schlechter war es um die schriftliche Überlieferung der diversen Bruderschaften bestellt, wenn deren Schriftgut nicht in die Obhut von Kommunen oder Kirchen und Klöstern geriet.[27]

Allein aufgrund der Überlieferungschancen erscheinen die mittelalterlichen Jahrhunderte in den deutschen Landen – mehr als etwa in Reichsitalien oder auch England – kirchlicher und »religiöser«, als sie ohnehin waren. Dieser Trend ist eben nicht nur eine Folge der Vorrangstellung oder gar des Monopols der Geistlichen als Schriftproduzenten, sondern in erster Linie eine Konsequenz aus der größeren Stabilität der geistlichen Institutionen als Überlieferungsträger. Hinzu kam das große, geradezu existentielle Interesse von Kirchen, Stiften

[27] D. GEUENICH, Was sind eigentlich »Stadtbücher«?, in: Stadtbücher als namenkundliche Quelle, Hg. F. DEBUS, 2000, 17–29; F. MACHILEK, Fränkische ›Gotteshausbücher‹ des 15. und 16. Jahrhunderts, in: Forschungen zur bayerischen und fränkischen Geschichte (Fs. P. Herde), Hg. K. BORCHARDT u. a., 249–256.

und Klöstern und auch anderen geistlichen wie auch weltlichen Gemeinschaften an schriftlich fixierten Rechtstiteln und weiteren Regelungen. Es war eine Folge der starken Kontinuitätsbrüche durch Verfolgungen und Vertreibungen, daß die Überlieferung der Juden einschließlich ihres Gemeindelebens nur in verstreuten Resten überlebt hat und schriftliche Zeugnisse – abgesehen von den wenigen hebräischen Handschriften, die oft im Besitz von Familien überdauerten – fast ausnahmslos nur in christlichen Archiven an verstreuten Stellen erhalten blieben.[28]

§ 8 Verschriftlichung und Verfestigung

a) Mündlichkeit und Schriftlichkeit

Neben den angedeuteten Gemeinsamkeiten in der Produktion und in der Überlieferung von schriftlichen und anderen historischen Zeugnissen gelten für die schriftlichen Quellen Besonderheiten. Sie ergeben sich bereits aus der Frage nach den Gründen und weiteren Rahmenbedingungen des qualitativen Sprungs von der Mündlichkeit zur Schriftlichkeit, sind also Bestandteil des tiefgreifenden und zugleich umfassenden Vorgangs der Verschriftlichung. Damit sind andere Formen des kulturellen Gedächtnisses, aber auch der Äußerung von Einstellungen und des Vollzugs von Handlungen bis hin zu Symbolen, Gesten und Riten wie auch zu weiteren Formen des Hörens und Sehens tangiert.[1] Mit dem Fortschreiten der Verschriftlichung ist nicht auf einen Rückgang der mündlichen, visuellen und weiteren Kommunikationsformen zu schließen, zumal die schriftliche Verständigung und Erinnerung auch innerhalb derselben Gesellschaften sozial-

---

[28] A. GRABOÏS, Les sources hébraïques médiévales, Bd. 1, 1987, Bd. 2, 1993.

[1] A. NITSCHKE, Bewegungen in Mittelalter und Renaissance. Kämpfe, Spiele, Tänze, Zeremoniell und Umgangsformen, 1987; J.-C. SCHMITT, Die Logik der Gesten im europäischen Mittelalter, 1992 (frz. 1990); H. WENZEL, Hören und Sehen, Schrift und Bild. Kultur und Gedächtnis im Mittelalter, 1995; weitere Hinweise in: A. HAVERKAMP, Zur Einführung, in: Information, Hg. DERS. (wie § 3, Anm. 23), IX-XX; G. ALTHOFF, Spielregeln der Politik im Mittelalter. Kommunikation in Frieden und Fehde, 1997; DERS. u. a., Symbolische Kommunikation und gesellschaftliche Wertesysteme vom Mittelalter bis zur französischen Revolution, in: FMASt 34, 2000, 393–412.

spezifisch different war und bis heute geblieben ist und zudem auch zwischen den unterschiedlichen Lebensbereichen überaus verschiedenartig wirksam war und ist.[2]

Dennoch war die Verschriftlichung selbst ein Produkt grundlegender Veränderungen und verstetigte und verstärkte diese kurzfristig und vor allem auf lange Sicht. Sie verwandelte so auch die Welt mit den auf das Judentum zurückgehenden drei monotheistischen Buchreligionen. In ihnen wurde aufgrund der maßgeblichen Rolle der »heiligen Schrift« die Religion öffentlich, in wesentlichen Zügen normiert und zugleich jederzeit vermittelbar.[3] Entsprechend weitreichend waren die Auswirkungen der Expansion des Christentums im Rahmen der Missionierung und der vertiefenden Christianisierung für die Schriftkultur und somit insbesondere für die deutsche Geschichte während des Mittelalters. Diese Effekte wurden ergänzt und auch beeinflußt von der Präsenz des Judentums in zentralen Städten des römisch-deutschen Reiches seit dem 10. Jh., so daß zwei verschiedene, zugleich aber auch miteinander verwandte Buchreligionen jeweils vor Ort vertreten waren. Dabei zeichneten sich die Juden als Tradenten der ältesten heiligen Schrift und Sprache aus, so daß gelehrte Christen – also bis zum 13. Jh. fast ausschließlich nur Geistliche – für die Grundlagen des Christentums Rat und Hilfe bei den Juden vor Ort finden konnten und nachweislich oft auch suchten und bekamen.[4] Ebenso ergaben sich aus der schriftlichen Fixierung von rechtlichen Normen starke Impulse für neue Formen des Rechtslebens. Sie fanden

---

[2] M. RICHTER, The oral tradition in the early Middle Ages, 1994; Schriftkultur und Reichsverwaltung unter den Karolingern, Hg. R. SCHIEFFER, 1996; KOTTJE, Lex (wie § 5, Anm. 40).

[3] Für die universalgeschichtlichen Dimensionen vgl. J. ASSMANN, Die Erfindung der Schrift, in: Könnte es nicht auch anders sein? Die Erfindung des Selbstverständlichen, 2003, Hg. K. A. GEISSLER u. a., 25–40; B. STOCK, Textual Communities: Judaism, Christianity, and the Definitial Problem, in: DERS., Listening to the Text: on the Uses for the Past, 1990, 140–158; auch für weitere Aspekte J. COLEMAN, Ancient and medieval memories. Studies in the reconstruction of the past, 1992, bes. 285ff.; H. KELLER, Vom »heiligen Buch« zur »Buchführung«, in: FMASt 26, 1992, 1–31.

[4] G. DAHAN, La connaissance de l'exégèse juive par les chrétiens du XIIe au XIVe siècle, in: Rashi et la culture juive en France du Nord au moyen âge, Hg. DERS. u. a., 1997, 343–359; vgl. die Beiträge von G. DAHAN u. a., in: Hebrew Bible / Old Testament. The History of Its Interpretation, Bd. 1, Tl. 2, Hg. M. SÆBØ, 2000; A. HAVERKAMP, Die Juden inmitten der Stadt, in: 2000 Jahre Trier, Bd. 2, Hg. H. H. ANTON u. a., 1996, 477–500, 498.

am stärksten in den städtischen Gemeinden Ausdruck, wobei die vordringende Schriftlichkeit mit der Rationalisierung des Rechts einen wesentlichen Beitrag leistete.[5] Bisher mündlich tradierte Erzählstoffe bekamen mit der Verschriftlichung andere Sinnzusammenhänge, zumeist ohne daß damit die weitere orale Überlieferung aufgehoben wurde. In mündlicher und daher leicht variabler, den wechselnden Umständen anpaßbarer Überlieferung wurden vielfach Motive vermittelt, die von maßgeblichen Trägern der Schriftkultur – im römisch-deutschen Reich waren dies mehr als in den mediterranen romanischen Ländern die Geistlichen – als »unchristlich« mißbilligt wurden und demgemäß in der schriftlichen Fassung eine andere Bedeutung erhielten.[6] Nur schriftlich fixierte Texte ermöglichten eine Kanonisation von Überlieferungen und somit auch die Aussonderung von vornehmlich religiösem Schriftgut, das einigen als apokryph galt und daher überschrieben oder anderweitig vernichtet, dennoch oft über Jahrhunderte in verschiedenen Sprachfassungen weitertradiert wurde. Zwischen dem Kanon der heiligen Schriften und den Apokryphen, die während des Mittelalters um viele neue, in zahlreichen Fällen überaus wirksame Texte vermehrt wurden, bestand eine breite Grauzone.[7]

Im schriftlichen, potentiell öffentlichen und auch kontrollierbaren Zustand fanden generell auch andersartige Rezeptionsweisen statt, bei denen der fiktionale Charakter stärker hervortrat. Dafür bieten die Heldenepen ein Beispiel, die wie das motivgeschichtlich weit bis ins frühe Mittelalter zurückgreifende Nibelungenlied seit etwa 1200 – also zunächst im Umfeld der höfischen Literatur – schriftlich gefaßt

---

[5] G. DILCHER, Oralität, Verschriftlichung und Wandlungen der Normstruktur in den Stadtrechten des 12. und 13. Jahrhunderts, in: Pragmatische Schriftlichkeit im Mittelalter, Hg. H. KELLER u. a., 1992, 9–19; G. DILCHER, »Hell, verständig, für die Gegenwart sorgend, die Zukunft bedenkend«, (zuletzt) in: DERS., Bürgerrecht und Stadtverfassung im europäischen Mittelalter, 1996, 239–279; K. KROESCHELL, Von der Gewohnheit zum Recht. Der Sachsenspiegel im späten Mittelalter, in: Recht und Verfassung im Übergang vom Mittelalter zur Neuzeit, Hg. H. BOOCKMANN u. a., 1998, 68–92, 79ff.

[6] Vgl. PRINZ, Spätantike (wie § 5 Anm. 29), v. a. Tl. 3; vgl. außerdem § 3 mit Anm. 22.

[7] Vgl. die Artikel zu Apokryphen, in: LexMA 1, 759–770; Heilige Schriften: Eine Einführung, Hg. U. TWORUSCHKA, 2000, insb. den Beitrag des Herausgebers: Vom Umgang mit Heiligen Schriften, 1–28; M. MOSTERT, Reflections of Canonization and the Authority of the Written Word in Judaism, Christanity and Islam, in: Medieval Transformations: Texts, Power, and Gifts in Context, Hg. E. COHEN, 2001, 13–24.

wurden.[8] Die Verschriftlichung ist demnach keineswegs nur ein zentraler Aspekt der Bildungsgeschichte, sondern ebenso der Religions-, Rechts- und Verfassungsgeschichte und bildet insgesamt einen Leitfaden für die Kulturgeschichte.[9]

b) Ausbreitung der Schrift

Da in den späteren deutschen Landen wie insgesamt in Mitteleuropa im Unterschied zu mediterranen Regionen eine von Laien ausgeübte Schriftlichkeit bis zum 12./13. Jh. nicht existierte und in den folgenden Jahrhunderten des Mittelalters erheblich geringer blieb, waren die Geistlichen und ihre diversen Gemeinschaften wie auch die kirchliche Amtsorganisation und der christliche Kult im Zusammenhang der Christianisierung die stärksten Antriebskräfte für die Schriftkultur. Religiös-kirchliche Texte hatten noch im frühen Buchdruck immer noch den weitaus höchsten Anteil.[10] Zu den religiösen Gründen kamen herrschaftliche hinzu. Während die Adligen, die Fürsten und die Könige und schließlich die größeren Stadtgemeinden zur Durchsetzung ihrer Rechtsansprüche auch militärische Gewalt einsetzten oder doch einsetzen konnten, waren die Geistlichen und ihre Konvente viel stärker darauf angewiesen, die ihnen verliehenen oder von ihnen beanspruchten Rechtstitel und Besitzungen durch schriftlichen Nachweis gegen Anfechtungen zu sichern. Ihre »Waffe« war auch in dieser Hinsicht die Schrift. Die möglichst dauerhafte Schrift setzten sie früh ein zur Regelung des Lebens innerhalb der eigenen Gemeinschaft, für die Fixierung ihrer Beziehungen zu anderen Kommunitäten – etwa im Ordensverband – und innerhalb der kirchlichen Amtshierarchie sowie zu den Laien. Dementsprechend schreckten die geistlich-kirchlichen Gemeinschaften in Konflikten insbesondere mit gewalttätigen Laien um so weniger vor Fälschungen und Verfälschungen zurück. Im Selbstverständnis der Fälscher waren solche Manipulationen durchaus legitime Beweismittel für ihre Einschätzung der Wahrheit und Ge-

---

[8] W. HAUG, Mündlichkeit, Schriftlichkeit und Fiktionalität, in: Modernes Mittelalter, Hg. J. HEINZLE, 1994, 376–397.

[9] Vgl. Beiträge auch über Byzanz und Judentum in: (Art.) Schriftlichkeit, in: LexMA 7, 1566–1568 (mit Lit.).

[10] Vgl. SCHUBERT, Einführung (wie § 2, Anm. 11), 42ff., 186ff., bes. 189, 267ff.; vgl. § 7 mit Anm. 16.

rechtigkeit, wobei sie sich auch auf mündliche tradierte Auffassung stützten.[11] Die hohen Prälaten – in erster Linie die Reichsbischöfe westlich von Elbe und Saale – verfügten freilich über Schwert und Feder. Hingegen waren die Bischöfe und Äbte in den östlich angrenzenden Gebieten von Anfang an den weltlichen Gewalten und langfristig den Landesherren viel stärker ausgeliefert.

Davon abgesehen ergab sich eine Vermehrung der schriftlichen Überlieferung hier wie dort aus der Zunahme von geistlichen Institutionen, aber auch infolge der Urbanisierung und der politischen Eigenständigkeit der Stadtkommunen, ferner als Begleiterscheinung der herrschaftlichen Verdichtung und ebenso des Vordringens von genossenschaftlich-gemeindlichen Lebensformen. Die Kommunen und weiteren Gemeinschaften einschließlich der Bruderschaften waren – ähnlich wie die Kirchen, Stifte und Klöster – für die Regelung auch ihrer eigenen Angelegenheiten untereinander auf schriftliche Fixierung in weit höherem Maße angewiesen als die vielfältigen Gruppen, für die Abstammung und andere familiäre Bindungen konstitutiv waren.

In den deutschen Landen wuchs die Zahl der Kirchen, Stifte und Klöster in mehreren Schüben. Aufgrund der tiefgreifenden Krisen vor allem der zweiten Hälfte des 9. und der ersten Hälfte des 10. Jhs. wurde ein Großteil der schriftlichen Überlieferung der bis dahin entstandenen, insgesamt noch wenigen geistlichen Institutionen zerstört, die vielfach in dieser Zeit auch eine überaus wechselvolle Geschichte durchmachten, sofern sie überhaupt kontinuierlich weiterbestanden. Eine stabilere Kontinuität setzte erst im weiteren Verlauf des 10. Jhs. ein. Seit dieser Zeit wurden auch viele der schon früher existierenden geistlichen Institutionen – zunächst ausgehend von den Zentren Gorze und St. Maximin (Trier) – reformiert oder wieder errichtet. Viele andere wurden neu gegründet. Derart wurde vor allem in den nordöstlichen Gebieten, insbesondere im ottonischen Sachsen, erstmals eine breitere Basis für das kirchliche Leben geschaffen. Ein neuer, enormer Anstieg setzte seit dem endenden 11. Jh. zuerst von Westen her

[11] H. FUHRMANN, »Mundus vult decipi«. Über den Wunsch des Menschen, betrogen zu werden, in: HZ 241, 1985, 529–541; Fälschungen im Mittelalter. 6 Bde., 1988, 1989; R. HÄRTEL, Historisches Denken bei mittelalterlichen Fälschern, in: Falsos y falsificaciones de documentos diplomaticos en la edad media, Hg. Comisión internacional de diplomatica, 1991, 87–121 nebst weiteren Beiträgen in demselben Band; COLEMAN, Memories (wie Anm. 3), 293ff.

mit Hunderten von zumeist kleineren benediktinischen Reformklöstern von Mönchen und/oder Nonnen ein. Zeitlich etwa parallel erfolgte die Gründung von vielen klosterartigen Stiften nach den verschiedenen Augustinus-Regeln. Die strengere Fassung benutzten seit dem frühen 12. Jh. etwa die Prämonstratenser, die schließlich unter den Regularkanonikern einen eigenen Orden bildeten. Seit den zwanziger Jahren des 12. Jhs. breiteten sich auch die Zisterzienser aus, die ebenso wie etwas später die Prämonstratenser zentralisierte Organisationsformen mit entsprechend größerem Interesse an Schriftlichkeit schufen.[12] Die Zahl dieser Neugründungen erhöhte sich innerhalb des Regnum teutonicum in relativ kurzer Zeit im Rahmen der Binnenkolonisation und dann auch der Ostsiedlung in einem Maße, wie es im westlichen Europa – vielleicht mit Ausnahme einiger Regionen auf der iberischen Halbinsel infolge der Reconquista – sonst nirgendwo zu beobachten ist. Mit diesen Neugründungen vielfältig verwoben waren überaus zahlreiche Frauenkonvente, in denen viel mehr Frauen als je zuvor in die klösterliche Schriftkultur eingebunden und darin auch aktiv wurden. Diesen großen Wellen von neuen Konventen und Orden folgten seit dem zweiten Viertel des 13. Jhs. die Seelsorge- und Bettelorden, mit denen wiederum viele neuentstehende religiöse Frauengemeinschaften in engem Kontakt standen. Diese neuartigen, überwiegend stadtkonzentrierten Orden hinterließen jedoch aufgrund der gebotenen Armut der Konvente nur geringe urkundliche Quellen. Hingegen führte die Tätigkeit ihrer Konventsmitglieder in der Seelsorge und deren oft hoher Bildungsstand zu bislang nur schwach vertretenen Quellensorten wie etwa der Predigtliteratur[13] – mit einer auch quantitativ enormen Hinterlassenschaft.

Hinzu kamen seit derselben Zeit die Entstehung, Konsolidierung und interne Differenzierung von Stadtkommunen, daneben aber auch von Dorf- und Landgemeinden. Die diversen Gemeinden – einschließlich der Kirchgemeinden – waren seit dem 12. Jh. auch im Regnum teutonicum geradezu »Treibhäuser« der Schriftlichkeit, ohne daß in der Regel vornehmlich die ländlichen Gemeinden über ein eigenes Archiv verfügten. Dabei zeichnen sich wiederum die kulturlandschaftlichen Unterschiede innerhalb des Regnum teutonicum ab.

[12] Vgl. J. OBERSTE, Die Dokumente der klösterlichen Visitationen, 1999.
[13] Vgl. H.-J. SCHIEWER, German Sermons in the Middle Ages, in: The Sermon, Hg. B. M. KIENZLE, 2001, 861–962.

Trotz dieser bis zum ausgehenden 15. Jh. anhaltenden Fortschritte nördlich der Alpen blieb weiterhin ein großer Rückstand in der Quantität und Qualität der Schriftlichkeit gegenüber den mediterranen Landschaften erhalten. Diese Unterschiede lassen sich vereinzelt auch durch statistische Befunde verdeutlichen. So sind für das 12. Jh. aus der toskanischen Stadt Lucca insgesamt etwa 3700 Urkunden überliefert.[14] Das ist fast das Vierfache dessen, was an überlieferten Urkunden Friedrich Barbarossas für Empfänger in Italien, Deutschland und Burgund insgesamt aus der fast vierzigjährigen Regierungszeit dieses sicher bedeutenden Kaisers bekannt ist (1031 inklusive Fälschungen), oder um etwa die Hälfte mehr als von allen römischen Königen bzw. Kaisern im 12. Jh. an Diplomen (etwa 2300, davon 1605 aus der zweiten Hälfte unter Friedrich Barbarossa und Heinrich VI.) für Empfänger im Imperium ermittelt wurde. Gute Überlieferungschancen hatten diese Herrscherurkunden vor allem bei den geistlichen, dann auch bei den stadtkommunalen Empfängern, nicht jedoch bei Adligen und auch ebensowenig bei städtischen Familien. Aus ähnlichen Gründen war der Urkundenverlust in Lucca und anderen vergleichbaren Städten Italiens nachweislich enorm. Die Masse der in solchen Städten Reichsitaliens ausgestellten Urkunden ist vornehmlich seit dem 12. Jh. von öffentlichen Notaren – in der Regel juristisch erfahrenen oder sogar geschulten Laien – geschrieben und beglaubigt worden. Ein vollbeschäftigter Notar konnte im Jahresdurchschnitt bis zu tausend solcher Urkunden ausstellen. Während in den Kanzleien der römischen Könige bzw. Kaiser auch im 12. Jh. des öfteren nicht mehr als ein bis zwei Schreiber gleichzeitig tätig waren, war die Zahl der Notare in Reichsitalien so groß, daß zumindest für das ausgehende 12. Jh. für Städte wie Lucca, Genua, Pisa und Florenz mit einer Jahresproduktion von jeweils 20000–40000 Notariatsurkunden – ein Jahrhundert später wiederum etwa das Doppelte – zu rechnen ist. Dies bedeutet beispielsweise für Genua, daß dort in der zweiten Hälfte des 12. Jhs. etwa anderthalb Millionen solcher Urkunden angefertigt worden sind. Für dieselbe Seehandelsstadt sind aber nur etwa 4500 solcher Notariatsurkunden aus der zweiten Hälfte des 12. Jhs. überliefert, also höchstens 0,5 Prozent der in diesem halben Jahrhundert ausgestellten. Unter Beachtung dieser starken Verluste ermöglichen die ge-

[14] ESCH, Überlieferungs-Chance (wie § 7, Anm. 23), 532f. (auch zum Folgenden).

nuesischen Notariatsurkunden überaus wertvolle Erkenntnisse zur Sozialstruktur dieser Stadt, aber auch beispielsweise über den Sklavenhandel im Mittelmeerraum, über die Sklaverei in Genua und im weiteren Umland; sie enthalten zugleich die beste Quellenbasis für die so weit entfernten, doch mit Genua eng verbundenen Messen der Champagne während der zweiten Hälfte des 12. Jahrhunderts.[15]

Dieses hohe Niveau der Schriftlichkeit in den urbanen Zentren des mediterranen Westens erreichte innerhalb des Regnum teutonicum am ehesten die Stadt Köln – damals die bedeutendste Civitas im Regnum teutonicum –, wobei ihr Metz bis zum beginnenden 14. Jh. kaum nachstand. In Köln wurden seit 1135 in Kurzform Rechtsakte vornehmlich über Immobilien in den sogenannten Schreinsurkunden, später in Schreinsbüchern, aufgezeichnet und in den Schreinen der Kölner Pfarreien und Sondergemeinden aufbewahrt. Aus der Pfarrei St. Martin, die unter den insgesamt zehn Kölner Schreinen in dieser Hinsicht quantitativ am ergiebigsten war, sind für die Zeit zwischen 1135 und 1193 ca. 2100 solcher Aufzeichnungen überliefert. Für die achtziger Jahre des 12. Jhs. ist in Köln eine Gesamtproduktion von 3570 Schreinsurkunden anzunehmen. Dies ist aber nur etwa ein Sechzigstel dessen, was im selben Jahrzehnt in den größeren Städten Reichsitaliens von den Notaren ausgefertigt wurde. Halten wir ferner fest, daß diese Art der kommunalen, im Kern auf die kirchlich-gemeindliche Organisationsform der Pfarreien beruhende Schriftproduktion selbst im Westen nur in Metz, dort nach Kölner Vorbild, ähnlich produktiv war und sich auch in dieser Hinsicht geradezu um Welten von den Zuständen im Osten, vor allem jenseits von Elbe und Saale unterschied.[16]

Der Abstand zwischen den deutschen Landen und der südlichen Romania läßt sich auch daran ablesen, daß das öffentliche Notariatswesen, das in Italien – wenn auch nur für viele Jahrhunderte in dünnen Rinnsalen – bis in die Antike zurückreicht, im südwestdeutschen

---

[15] A. HAVERKAMP, Zur Sklaverei in Genua während des 12. Jahrhunderts, (zuletzt) in: DERS., Verfassung, Kultur, Lebensform, 1997, 1–52, 4ff.; R. DOEHAERD, Les relations commerciales entre Gênes, la Belgique et l'Outremont d'après les archives notariales génoises aux XIIIe et XIVe siècles, 3 Bde., 1941, bes. Bd. 1, 61–71.

[16] HAVERKAMP, Zwölftes Jahrhundert (wie § 3, Anm. 14), 16, 197f.; M. PUNDT, Metz und Trier. Vergleichende Studien zu den städtischen Führungsgruppen vom 12. bis zum 14. Jahrhundert, 1998, 114ff.

Raum erst seit dem ausgehenden 13. Jh. langsam einsetzte. Es nahm im weiteren Verlauf des 14. Jhs. bereits stark zu. So sind etwa in der Stadt Trier im Jahre 1387 in einer Bruderschaft (*fraternitas juratorum curiarum ecclesiasticarum Treverensium*) unter den darin aufgeführten 26 Mitgliedern allein 14 als öffentliche Notare bezeugt.[17] Doch die Zahl der Urkunden, die aus der Moselmetropole für das gesamte Mittelalter überliefert ist, dürfte eher geringer sein als jene für Lucca allein aus dem 12. Jahrhundert.

Ein erneut steiler Anstieg der Überlieferung ist bei den römischen Königen und Kaisern seit dem 13. Jh. zu beobachten, als vor allem seit der Mitte desselben Säkulums deren Machtbasis enorm reduziert wurde. Für das zehn Jahre währende Königtum Ruprechts (1400–1410) – des wittelsbachischen Pfalzgrafen bei Rhein, dessen Einfluß sich weitgehend auf den Westen des römisch-deutschen Reiches beschränkte – sind etwa 4800 aus seiner Königskanzlei stammende Urkunden bekannt: also rund das Fünffache dessen, was für die knapp vier Jahrzehnte des vergleichsweise mächtigen staufischen Kaisers Friedrich I. insgesamt in seinen drei Regna ermittelt worden ist; es ergibt sich also eine Steigerung um das Zwanzigfache pro Jahrzehnt. Ruprecht übertraf in dieser Hinsicht auch noch König Rudolf von Habsburg um das Vierfache. Unter Friedrich III. (1440–1493) erfolgte nochmals ein erheblicher Anstieg, obwohl der Habsburger zwischen 1444 und 1471 dem engeren Reichsgebiet fernblieb.[18] Diese Befunde gleichen Schätzungen, nach denen etwa 90 Prozent aller Handschriften, die aus dem Mittelalter für das römisch-deutsche Reich überliefert sind, »aus dem 14. und 15. Jh. stammen, und bei den Akten die Verhältnisse nicht anders« sind.[19] Aus dieser

[17] F. BURGARD, Auseinandersetzungen zwischen Stadtgemeinde und Erzbischof (1307–1500), in: 2000 Jahre Trier, Hg. ANTON (wie in Anm. 4), Bd. 2, 295–398, 383; G. BÖNNEN, Die Bischofsstadt Toul und ihr Umland während des hohen und späten Mittelalters, 1995, 415f.; P.-J. SCHULER, Geschichte des südwestdeutschen Notariats. Von seinen Anfängen bis zur Reichsnotariatsordnung von 1512, 1976; DERS., Notare Südwestdeutschlands, 2 Bde., 1987.

[18] P. MORAW, Kanzlei und Kanzleipersonal König Ruprechts, in: AfD 15, 1969, 428–531, 439ff.; DERS., Von offener Verfassung zu gestalteter Verdichtung. Das Reich im späten Mittelalter 1250 bis 1490, 1985, 172; P.-J. HEINIG, Kaiser Friedrich III. (1440–1493). Hof, Regierung und Politik, 3 Tle., 1997, Tl. 2, 874ff. mit Hinweis, daß zahlreiche »Privilegien« Friedrichs III. »vom Herrscher nicht intentional gestaltet, sondern nur bewilligt worden sind« (874).

[19] H. BOOCKMANN, Stauferzeit und spätes Mittelalter, Deutschland 1125–1517, 1987, 240.

Masse spätmittelalterlicher Handschriften ist bisher nur äußerst wenig ediert.

Dementsprechend ist im 14. Jh. ein weiterer steiler Anstieg in der Zahl überlieferter Urkunden auch anderer Provenienzen zu beobachten. Zugleich traten »neue Typen des Geschäftsschriftgutes« auf. Dazu zählen im Regnum teutonicum auch die – vereinzelt seit dem frühen 13. Jh. nachweisbaren – vielen Arten von »Stadtbüchern«. Darin hielten die offiziell bestellten Stadtschreiber im Auftrage des städtischen Führungsgremiums wichtige gemeindliche Rechtstitel, Entscheidungen und Verordnungen, aber auch Verwaltungsakte, die insbesondere für die Finanzen relevant waren, fest.[20] Während aus Reichsitalien bereits für die zweite Hälfte des 12. Jhs. einige Bruchstücke städtischer Steuerlisten auf uns gekommen sind, sind diese für mehrere deutsche Städte erst seit der zweiten Hälfte des 14. Jhs. überliefert. Darunter befinden sich zwei Steuerlisten aus der Stadt Trier von ca. 1364/65 und 1375. Die Trierer Steuerlisten sind wegen ihrer Vollständigkeit und ihrer ausführlichen Angaben noch ergiebiger als die weiteren derartigen Quellen vor dem ersten Drittel des 15. Jhs. nördlich der Alpen. Einen ähnlichen Kataster, wie er von dem Stadtstaat Florenz von 1428/29 für die Erfassung der gesamten Bevölkerung im inzwischen stark erweiterten Territorium für die moderne Forschung zur Verfügung steht,[21] ist in den deutschen Landen bis zu den Umlagen der Türkensteuer ab ca. 1540 nicht bekannt.[22] Seit dem 14. Jh. begünstigte die intensivierte Verwaltung der Städte und der geistlichen Institutionen eine starke Zunahme der Akten verschiedener Art, die seitdem mit der Verstetigung der Residenzen und der

---

[20] H. PATZE, Neue Typen des Geschäftsschriftgutes im 14. Jahrhundert, in: Der deutsche Territorialstaat im 14. Jahrhundert, 2 Bde., Hg. DERS., 1970, Bd. 1, 9–64; GEUENICH, »Stadtbücher« (wie § 7, Anm. 27).

[21] Vgl. die Angaben in A. HAVERKAMP, Ober- und Mittelitalien, in: Italien im Mittelalter, Berichte von A. HAVERKAMP u. a., 1980, 7–297, 241f.; M. LUZZATI, in: LexMA 5, 1061f.

[22] M. MERSIOWSKY, Die Anfänge territorialer Rechnungslegung im deutschen Nordwesten. Spätmittelalterliche Rechnungen, Verwaltungspraxis, Hof und Territorium, 2000; Adel und Zahl. Studien zum adligen Rechnen und Haushalten in Spätmittelalter und früher Neuzeit, Hg. H. VON SEGGERN u. a., 2000; K. O. BULL, Die württembergischen Türkensteuerlisten von 1544/45 und ihre Bedeutung für die Sozial- und Wirtschaftsgeschichte, in: Voraussetzungen und Methoden geschichtlicher Städteforschung, Hg. W. EHBRECHT, 1979, 101–110; E. SCHWARZE, Soziale Struktur und Besitzverhältnisse der ländlichen Bevölkerung Ostthüringens im 16. Jahrhundert, 1975, bes. 13.

Administration bessere Rahmenbedingungen für ihren Erhalt besaßen. Darunter fallen auch in größerem Umfang Lehenbücher und diverse Einkünfteverzeichnisse.[23]

Das Vordringen der Schrift in den deutschen Landen äußerte sich ebenfalls in den sogenannten erzählenden Quellen mit dem weiten und facettenreichen Spektrum von der Hagiographie[24] – die selbst eine große Bandbreite von Objekten, Intentionen und Darstellungsweisen aufwies – über die Exempelliteratur[25] bis hin zur wiederum in sich überaus differenzierten Geschichtsschreibung. Einen hohen Anteil an der Zunahme hatten wie zuvor die geistlichen Gemeinschaften, in denen die Historiographie weiterhin stark mit der Pflege der Memoria für die Stifter und dem weiteren Totengedenken verbunden blieb.[26] Im römisch-deutschen Reich wurde die Weltchronistik auch nach den Höhepunkten des 12. Jhs. in vielen »Spielarten« weiter gepflegt – und zwar intensiver als in den anderen westeuropäischen Ländern. Neue Akzente setzte seit dem späten 12. Jh. in verschiedenartigen Ausprägungen die »Landesgeschichtsschreibung«.[27] In Reichsitalien hingegen war die stadtkommunale Geschichtsschreibung bereits um die Mitte des 12. Jhs. stark ausgeprägt und verbrei-

---

[23] Vgl. PATZE, Typen (wie oben Anm. 20); D. WILLOWEIT, Die Entwicklung und Verwaltung der spätmittelalterlichen Landesherrschaft, in: Deutsche Verwaltungsgeschichte, Hg. JESERICH (wie I, 10a), Bd. 1, 66–143, 136ff. und weitere Beiträge in demselben Band; SCHUBERT, Einführung (wie § 2, Anm. 11), 200f.; MERSIOWSKY (wie Anm. 22); J. ROGGE, Herrschaftsweitergabe, Konfliktregelung und Familienorganisation im fürstlichen Hochadel. Das Beispiel der Wettiner von der Mitte des 13. bis zum Beginn des 16. Jahrhunderts, 2002, 354ff.

[24] Vgl. als Überblick über Fragestellungen in der neueren Forschung: Hagiographie im Kontext. Wirkungsweisen und Möglichkeiten historischer Auswertung, Hg. D. R. BAUER u. a., 2000; Medieval Hagiography, Hg. T. HEAD, 2002.

[25] Vgl. H.-J. GILOMEN, Volkskultur und Exempla-Forschung, in: Modernes Mittelalter, Hg. HEINZLE (wie Anm. 8), 165–208; H.-J. SCHMIDT, Les recherches sur les exampla dans les pays germaniques, in: Les exempla médiévaux: Nouvelles perspectives, Hg. J. BERLIOZ u. a., 1998, 215–242 und weitere Beiträge in demselben Band.

[26] H. PATZE, Adel und Stifterchronik. Frühformen territorialer Geschichtsschreibung im hochmittelalterlichen Reich, (zuletzt) in: Ausgewählte Aufsätze von Hans Patze, Hg. P. JOHANEK u. a., 2002, 109–249; OEXLE, Memoria (wie § 3, Anm. 1); beispielhaft für neuere Untersuchungen: S. TENBRUCK, Die Reinhardsbrunner Geschichtsschreibung im Hochmittelalter, 2001, 161ff.

[27] Vgl. mit wichtigen Beiträgen: Geschichtsschreibung und Geschichtsbewußtsein im späten Mittelalter, Hg. H. PATZE, 1987; Schriftkultur und Landesgeschichte. Studien zum südlichen Ostseeraum vom 12. bis zum 16. Jahrhundert, Hg. M. THUMSER, 1997; Städtische Geschichtsschreibung (wie § 5, Anm. 32).

tet.[28] Das an antike Traditionen anknüpfende Städtelob (*Laus urbis*) wurde dort bereits seit dem 8. Jh. wieder literarisch gepflegt. Nördlich der Alpen geschah dies erst seit dem 11. Jh. bezeichnenderweise am frühesten in den linksrheinischen, stark von antiken Überresten geprägten Metropolen Trier und Metz. Dieselben Städte erhielten etwa gleichzeitig auch in den »Gesta Treverorum« und »Gesta episcoporum Mettensium« einen hohen Stellenwert.[29] Doch davon abgesehen begann im Regnum teutonicum eine genuin städtische Geschichtsschreibung mit sporadischen Ansätzen während der zweiten Hälfte des 13. Jhs. in Worms und Köln, also wiederum in linksrheinischen Kathedralstädten. Sie gewann erst seit dem 14. Jh. eine breitere Basis. Darin besaßen jedoch die Städtechroniken im engeren Sinne zumeist bis zum ausgehenden 15. Jh. nur einen kleinen Anteil neben den städtischen Verwaltungs- und Rechtstexten, Stadtbüchern, Gedenkbucheinträgen und Gedenkbüchern, mit denen sie zumeist funktional und auch textlich verwoben waren. Sie stützten sich des öfteren auf Bettelordenschronistik, soweit sie nicht ohnehin von Franziskanern, Dominikanern oder doch Geistlichen verfaßt waren.[30]

Aus der Zunahme der Verschriftlichung von historischen Vorgängen und Einstellungen, deren Darstellung entscheidend vom Wahrnehmungshorizont und der Intention des Autors wie auch vom Zweck der Aufzeichnung bestimmt ist, und dem höchst unterschiedlichen Anteil der Überlieferung einstmals »produzierter« Quellen ergeben sich schwerwiegende methodische Probleme für die historische Analyse. Dies sei nur an einem Beispiel veranschaulicht. Bis etwa zur Mitte des 12. Jhs. sind innerhalb des Regnum teutonicum Hinweise auf Grundherrschaften und andere Herrschaftsrechte von Adligen im wesentlichen nur aus Quellen überliefert, die für geistliche Institutionen geschrieben und wiederum von Geistlichen verfaßt wurden. In diesen Quellen erscheinen solche adligen Rechte und Besitzungen eben nur ausschnittweise, und zwar oft in der Art von Teilschenkun-

---

[28] Vgl. J. W. BUSCH, Ceri et veri cupidus: geschichtliche Zweifelsfälle und ihre Behandlung um 1100, um 1300 und um 1475, 2001; vgl. § 5, Anm. 35.

[29] A. HAVERKAMP, Die Städte Trier, Metz, Toul und Verdun. Religiöse Gemeinschaften im Zentralitätsgefüge einer Städtelandschaft zur Zeit der Salier, (zuletzt) in: DERS., Verfassung (wie Anm. 15), 485–514.

[30] K. WRIEDT, Bürgerliche Geschichtsschreibung im 15. und 16. Jahrhundert, in: Städtische Geschichtsschreibung, Hg. JOHANEK (wie § 5, Anm. 32), 19–50 und weitere Beiträge in demselben Band.

gen oder auch – aus der Sicht der geistlichen Verfasser – als Entfremdungen oder gar Raub von kirchlichen Gütern oder anderen Rechtstiteln. Nur bei den bedeutenden weltlichen Herrschaftsträgern besteht die Chance, aus der Addition von mehreren derartigen Angaben etwas mehr zu erfahren. Dafür lassen bis zum 13. Jh. am ehesten die vornehmlich nur im süddeutschen Bereich üblichen Traditionsurkunden und -bücher, die auch unter vielen anderen Aspekten aufschlußreich sind,[31] Informationen erwarten. Diese Ausschnitte liefern jedoch ebenfalls nur Teilinformationen. Sie legen so den Schluß nahe, daß Streu- und Splitterbesitzungen selbst für bedeutendere Adlige charakteristisch waren.

Ein ganz anderes Bild ergibt sich jedoch aus dem ältesten erhaltenen Einkünfteverzeichnis einer weltlichen Grundherrschaft: dem in seinem Kernbestand 1166 verfaßten Urbar der Grafen von Falkenstein aus dem bayerischen Alpenvorland. Dieses Güter- und Einkünfteverzeichnis ist Bestandteil weiterer Rechtsaufzeichnungen und wurde mit ihnen größtenteils gegen Ende des 12. Jhs. ins Mittelhochdeutsche übersetzt, doch ist diese Fassung seit dem 17. Jh. verschollen. Überliefert ist das lateinische Original des »Codex Falkensteinensis« wohl nur deshalb, weil die Grafenfamilie schon früh ausstarb und der letzte Falkensteiner im Jahre 1245 seine sämtlichen Allodialgüter an den Bischof von Freising verkaufte. So geriet der Codex in kirchliche, später in herzogliche Archive und erhielt damit eine wesentlich bessere Überlieferungschance. Verfaßt wurde er von Geistlichen: von den Kanonikern des Stifts Herrenchiemsee, dessen Vögte die Falkensteiner waren. Der Codex vermittelt ein sehr differenziertes Bild einer kleineren gräflichen Herrschaft. Deren Kern bestand aus dem Allod um vier Hauptkomplexe, die jeweils einem *procurator* oder *prepositus* unterstanden. Er ermöglicht auch neue Einsichten über die Einstellung der Grafen zur Geldwirtschaft: Sie verliehen sogar Geld gegen Pfand und kauften Güter und Rechte, während sonst Adlige nur als Schuldner oder Verkäufer in den Quellen erscheinen. Der spezifische Wahrnehmungshorizont dieses Codex äußert sich auch derart, daß darin unter anderem das früheste Gruppenbild einer adligen Familie – und zwar auf der ersten Seite – enthalten ist. »Auf einer

[31] S. MOLITOR, Das Traditionsbuch. Zur Forschungsgeschichte einer Quellengattung und zu einem Beispiel aus Südwestdeutschland, in: AfD 36, 1990, 61–91.

bankartigen Leiste sitzen in der Mitte die beiden Eltern, Graf Siboto IV., der Urheber der Handschrift, sowie seine Gemahlin, Hildegard von Mödling, rechts und links davon die zwei halberwachsenen Söhne, Kuno und Siboto V. Die vier Figuren halten gemeinsam ein Spruchband« mit der Aufschrift: *Dic valeas patri, bene fili, dicite matri. Qui legis hec care, nostri petimus memorare. Hoc quidem cuncti, mage tu, carissime fili.* (»Sag Lebewohl dem Vater, und Ihr, Söhne, befleißigt Euch einer ehrerbietigen Sprache gegenüber der Mutter. Lieber, der Du dies liest, gedenke, bitte, unser. Das mögen zwar alle [tun], in erster Linie aber Du, liebster Sohn.«) Der Codex äußert mit diesem Titelblatt also seinen testamentarischen Charakter; er dient zugleich ausdrücklich der Memoria,[32] in der die Generationen über den Tod hinaus miteinander in liebender Fürsorge für das ewige Leben verknüpft werden, und damit auch der Selbstdarstellung einer adligen Familie von weit geringerem Rang als jene der königsnahen Welfen.[33]

Auch in diesem konkreten Fall stellen sich mehrere grundsätzliche Fragen: Verdankt dieser Codex seine Überlieferung nur besonders günstigen Bedingungen, so daß also angenommen werden kann, bereits in dieser Zeit oder sogar früher seien derartige Verzeichnisse angefertigt, aber dann nicht überliefert worden? Oder aber ist dieser Codex ein spezifisches Produkt von Zeitverhältnissen und damit symptomatisch für Veränderungen, die sich in der zweiten Hälfte des 12. Jhs. ergaben? Ist dieser Codex nur das Ergebnis einer fortschreitenden Verschriftlichung, mit der nunmehr – aus welchen Gründen auch immer – Vorgänge oder Zustände aufgezeichnet wurden, die bis dahin schriftlos blieben? Festzuhalten ist, daß mit Hilfe einer solchen erstmals überlieferten Quelle jetzt Antworten auf Fragen möglich

---

[32] Codex Falkensteinensis. Die Rechtsaufzeichnungen der Grafen von Falkenstein, Hg. E. NOICHL, 1978, Tafel 1 (Zitate 29* u. Anm. 2); O. G. OEXLE, Memoria in der Gesellschaft und in der Kultur des Mittelalters, in: Modernes Mittelalter, Hg. HEINZLE (wie Anm. 8), 297–323; W. RÖSENER, Codex Falkensteinensis. Zur Erinnerungskultur eines Adelsgeschlechts im Hochmittelalter, in: Adelige und bürgerliche Erinnerungskulturen des Spätmittelalters und der Frühen Neuzeit, Hg. DERS., 2000, 35–56.

[33] Vgl. (auch zum Folgenden) P. GEARY u. a., Literacy and Violence in Twelfth-Century Bavaria: The »Murder Letter« of Count Siboto IV, in: Viator 25, 1994, 115–129; W. RÖSENER, Beobachtungen zur Grundherrschaft des Adels im Hochmittelalter, in: Grundherrschaft und bäuerliche Gesellschaft im Hochmittelalter, Hg. DERS., 1995, 116–161 und DERS., Codex Falkensteinensis (wie Anm. 32).

sind, die vorher nur gestellt werden konnten, denen aber aufgrund des anderweitigen Wahrnehmungshorizonts der überlieferten Quellen nicht näher nachgegangen werden konnte. Ohne weitere Absicherungen ist aus dieser Handschrift nicht zu schließen, daß die darin geschilderten Gegebenheiten – etwa das Verhältnis der Grafen zur Geldwirtschaft – erst für den Berichtszeitraum gelten können, also neuartig sind.

Ebenso fragwürdig ist der später in den Codex eingebundene Brief des Grafen aus den achtziger Jahren des 12. Jhs. an seinen ihm besonders vertrauten Dienstmann. Das *mandatum* gehört zu den ganz wenigen Briefen, die bis dahin und noch lange danach von adligen Absendern bekannt sind.[34] Geradezu atemberaubend ist sein Inhalt: Der Graf gab seinem *homo* und *amicus* den offensichtlich schon zuvor vereinbarten, aber geheimzuhaltenden Auftrag, seinen Feind (*inimicus*) zu blenden, was – womit auch hier »gerechnet« wurde – zumeist den Tod bedeutete, mit der Auflage, möglichst die Gründe für die Verhängung einer Kirchenstrafe zu vermeiden. Im Falle des Erfolgs verpflichtete sich der Graf zu weitreichenden Gegenleistungen, die mit der Überlassung eines Gutes (*bonum*) konkretisiert wurden. Wahrscheinlich ist der Brief nur deshalb – wenn auch an entlegener Stelle des Codex – überliefert, weil der Auftrag erfolgreich ausgeführt wurde.[35] Die »rechtsverbindliche«, jedoch erst im Erfolgsfalle begrenzt publizierbare Vereinbarung kalkulierte mit Normen des Kirchenrechts und wohl mit Landfriedensbestimmungen, die die Blendung eines Friedbrechers zuließen.[36] Der extreme Zufall der Überlieferung veranschaulicht die große Spannweite zwischen Recht und Gewalt und damit ein Grundproblem, das keineswegs nur »mittelalterliche« oder »vormoderne« Gesellschaften kennzeichnet.[37]

---

[34] Vgl. G. CONSTABLE, Letters and Letter-Collections, 1976; Hinweise auf weitere Literatur bei HAVERKAMP, Zwölftes Jahrhundert (wie § 3, Anm. 14), 5, 18f.

[35] Codex Falkensteinensis (wie oben Anm. 33), Nr. 183, S. 163f.

[36] Vgl. E. KAUFFMANN, in: HRG 2, 1777–1789, 1786; E.-D. HEHL, Die Sorge für den Landfrieden als Fall des gerechten Krieges, in: Landfrieden. Anspruch und Wirklichkeit, Hg. A. BUSCHMANN u. a., 2002, 55–72 und weitere Beiträge in demselben Band.

[37] Vgl. M. STOLLEIS, Das Auge des Gesetzes. Materialien zu einer neuzeitlichen Metapher, in: Jahrbuch des Historischen Kollegs 2001, 2002, 15–43; P. BURSCHEL, Paradiese der Gewalt. Martyrium, Imagination und die Metamorphosen des nachtridentinischen Heiligenhimmels, in: ebd., 139–186.

c) Überlieferung materieller Zeugnisse

Der weite Bereich der Quellen, die keine oder nur eine geringe Beschriftung aufweisen, besaß ganz unterschiedliche Chancen der Überlieferung. Aufbewahrt wurden am ehesten materiell oder symbolisch wertvoll erscheinende Objekte, die in ihrer späteren Tradition vielfach aus ihren ursprünglichen Sinnzusammenhängen herausgelöst wurden. Zusätzliche Vorteile besaßen darunter zudem Gegenstände von hoher religiöser Bedeutung, insbesondere wenn sie sich im Besitz und in der Obhut geistlicher Institutionen befanden, also zum religiös »sanktionierten« Kirchen- oder Klosterschatz gehörten, der bevorzugt in den kirchlichen Sakristeien gehütet wurde. Die Überlieferung war weiterhin durch die Festigkeit der jeweiligen Materialien beeinflußt, weshalb Holz gegenüber Stein benachteiligt war. Doch lassen sich Hölzer mit Hilfe der Dendrochronologie zumeist besser als Stein für die Datierung nutzen. So ergeben sich unterschiedliche Möglichkeiten für die historische Erkenntnis in den noch stark von den »steinernen« Relikten bestimmten Regionen innerhalb des Limes, wo auch die schriftliche Überlieferung zumeist viel weiter zurückreicht, und den Gebieten östlich des Rheins und nördlich der Donau. Dort bestimmten Holz und daneben – soweit vorhanden – auch Natursteine noch bis weit in das Mittelalter hinein das Grundgerüst der diversen Bauten, wobei am frühesten die Klöster und Kirchen im dauerhafteren Stein errichtet wurden.[38] Backsteine kam in Norddeutschland erst seit dem späteren 12. Jh. in Gebrauch.[39] Innerhalb des Limes überstanden relativ viele Steinbauten vornehmlich in den ehemaligen Römerstädten die Antike, wenn auch oft in ruinösem Zustand. Sie dienten vor allem zwischen dem 10. und 13. Jh. als »Steinbrüche« für die Errichtung romanischer Kirchen, Klöster und der zahlreichen weltlichen Gebäude oder fanden im 14. und 15. Jh. für die Pflasterung von städtischen Plätzen und Straßen Verwendung. Teils knüpften romanische Bauten an römische Relikte an. Dies geschah beispielsweise in Trier im 11. und 12. Jh. beim Dom im Anschluß an den aus dem 4. Jh. stammen-

---

[38] HIRSCHMANN, Stadtplanung (wie § 3, Anm. 22); DERS., Ausbau (wie § 3, Anm. 29).

[39] H. J. BÖKER, Die mittelalterliche Backsteinarchitektur Norddeutschlands, 1988; vgl. HAVERKAMP, Zwölftes Jahrhundert (wie § 3, Anm. 14), 222f.

den Quadratbau der Kathedrale, deren größtenteils aus römischem Steinmaterial errichteter romanischer »Anbau« das Grundmuster des römischen Kirchenbaus fortsetzte. Die im späten 2. Jh. errichtete Porta Nigra wurde wegen des griechischen Heiligen Simeon, der sich nach griechischer Art auch in diesem bis dahin »heidnischen« Gebäude bestatten ließ, seit etwa 1040 in eine Stiftskirche umgewandelt und derart vor der Ausbeutung und dem Verfall gerettet, so daß sie in dieser christlich-sakralen Bedeutung ihren römischen Kern und ihre romanische Umgestaltung bis zur Französischen Revolution bewahrte, was danach nur noch als baulich reduziertes Denkmal möglich war.[40] Versteinerte Römerstraßen bildeten innerhalb des Limes Romanus bis weit ins Mittelalter das Grundgerüst für den Straßenverkehr, in dem die Menschen freilich auch neue Ziele verfolgten und so auch andere Wege einschlugen. Dies stand in Wechselbeziehungen mit dem langsamen Verfall der antiken Trassen, die nicht hinreichend instandgehalten wurden und daher in ihrem Material nur vereinzelt Aussagen über die mittelalterlichen Jahrhunderte zulassen.[41] Wohl auch von den wenigen noch funktionsfähigen Großbauten aus der Antike inspiriert, sorgten in erster Linie bischöfliche Stadtherren, bald unter Mitwirkung der Stadtgemeinden, seit dem ersten Drittel des 12. Jhs. für den Bau von steinernen Brücken über große Flüsse in der Nähe ihrer Metropolen, womit sie Handel und Verkehr großräumig auf sich lenkten.[42]

Auch Gegenstände des täglichen Bedarfs größerer Bevölkerungsgruppen wurden im Verlaufe des Mittelalters, insbesondere seit dem 12. Jh., durch die vermehrte Verwendung von Metall als Werkstoff in der gewerblichen Produktion dauerhafter. Dafür waren die Bedingungen in den deutschen Landen vergleichsweise günstig. Für die Erschließung von Metallen sammelten deutsche Bergleute seit der zweiten Hälfte des 10. Jhs. reiche Erfahrung, als der Abbau der Silber- und

---

[40] Clemens, Tempore (wie § 1, Anm. 9); vgl. § 3, Anm. 4.

[41] Römerstraßen, Hg. Burgard (wie I, 10d); vgl. ferner H.-D. Heimann, Räume und Routen in der Mitte Europas, in: Raumerfassung und Raumbewußtsein im späteren Mittelalter, Hg. P. Moraw, 2002, 203–231.

[42] Vgl. den grundlegenden Aufsatz von E. Maschke, Die Brücke im Mittelalter (zuletzt) in: Die Stadt am Fluß, Hg. Ders. u. a., 1978, 1–39; Haverkamp, Zwölftes Jahrhundert (wie § 3, Anm. 14), 54f., 223; Schubert, Alltag (wie § 1, Anm. 16), 80ff.; F. D. Lohrmann, Technischer Austausch zwischen Ost und West zur Zeit der Kreuzzüge, in: AKG 82, 2000, 319–344.

Kupfervorkommen am Rammelsberg im Harz bei Goslar einsetzte und die Münzprägung in Sachsen starke Impulse erhielt. Sie nutzten und erweiterten ihr technisches Wissen in ihren Familien über Generationen und begrenzten es so zugleich. Dies steigerte ihre Attraktivität für den Einsatz auch an anderen Orten und in anderen Regionen. Deutsche Bergleute wurden auch in Böhmen und in der Toskana tätig. Daraus ergab sich ein wechselseitiger Transfer von technologischem und organisatorischem Wissen insbesondere zwischen Mittel- und Norditalien und dem kontinentalen Mitteleuropa. Im Montanwesen wie auch in der Metallverarbeitung gewannen einzelne Regionen im nordalpinen Reich seit dem 15. Jh. eine Spitzenstellung in Europa.[43] Auf der breiten Basis des Metallgewerbes erwuchsen seit dem 10. Jh. auch »künstlerisch« herausragende Leistungen im Bronzeguß, in dem seit dem 12. Jh. grundlegende technische Innovationen wirksam wurden, wie auch in der Anfertigung von Goldschmiede- und Emailarbeiten. Nach neueren Schätzungen sollen die im »Westen« bis heute aus der Zeit zwischen 1200 und 1500 überlieferten etwa 5000 Goldschmiedewerke nur 1 Prozent der einstmals vorhandenen Arbeiten darstellen.[44]

Ein großer Teil der historischen Materialien sind »Bodenschätze«, die nur über die Aufdeckung durch die Archäologie für wissenschaftliche Zwecke verfügbar sind. Diese Disziplin ist in den meisten deutschen Regionen immer noch äußerst schwach vertreten und in nicht wenigen erst in den letzten Jahrzehnten auf schmaler Basis eingerichtet worden. Zumeist ist sie dort besser ausgestattet, wo – wie in Norddeutschland und nicht zuletzt in den meisten ostmitteleuropäischen Ländern – die Schriftlichkeit erst seit der Christianisierung punktuell einsetzte und noch längere Zeit geringer war als innerhalb des ehemaligen Limes. Viel zu wenig genutzt blieben so vor allem in den westlichen Landschaften die großen Möglichkeiten, die eigenständig erarbeiteten Erkenntnisse aus den Bodenfunden mit jenen zu konfrontieren und zu erweitern, die aus der Interpretation schriftlicher Quel-

---

[43] Konjunkturen im europäischen Bergbau (wie § 3, Anm. 11); LUDWIG u. a., Metalle (wie § 3, Anm. 11), insb. 37–75, 211–246, 356–392; vgl. § 3 mit Anm. 11.

[44] Vgl. U. MENDE, Die Bronzetüren des Mittelalters, 800–1200, 1983; H. DRESCHER, Zum Guß von Bronze, Messing und Zinn »um 1200«, in: Zur Lebensweise in der Stadt um 1200, Hg. H. STEUER, 1986, 389–404; F. NIEHOFF, in: LexMA 4, 1548–1551.

len gewonnen werden.[45] Eine derartige umsichtige Verbindung beider Erkenntniswege ist vor allem deswegen ergiebig, weil so oft Aufschlüsse über ganz unterschiedliche Gruppen und Lebensbereiche in derselben Zeit und im selben Raum gewonnen werden können. Für eine solche Verknüpfung sind in den letzten Jahrzehnten auch Impulse von der Realienkunde ausgegangen, die sich dabei von der älteren, in der Zeit des Nationalsozialismus teils belasteten Volkskunde gelöst hat.[46] Die konsequente Einbeziehung der materiellen Überlieferung schlägt aussichtsreiche Brücken zur Archäologie und Kunstgeschichte, die mit ihren eigenen Aussagemöglichkeiten unersetzlich sind, bildet zugleich eine weitere Klammer zwischen den ihrerseits eng verwobenen historischen Disziplinen insbesondere der Religions-, Wirtschafts-, Technik- und Rechtsgeschichte und bietet zugleich bisher zu wenig genutzte Chancen für eine fundierte Kulturgeschichte.[47]

---

[45] Vgl. die Tagungsbände: Ausgewählte Probleme europäischer Landnahmen des Früh- und Hochmittelalters. Methodische Grundlagendiskussion im Grenzbereich zwischen Archäologie und Geschichte, Hg. M. MÜLLER-WILLE u. a., 2 Bde., 1993, 1994; vgl. FEHRING, Einführung (wie I, 2), dazu H. STEUER, in: Trierer Zeitschrift 53, 1990, 386–389; R. D'AUJOURD'HUI, Zur archäologischen Stadtforschung im deutschsprachigen Gebiet Europas: Standortbestimmung und Zukunftsaufgaben, in: ZAM Beiheft 9, 1995, 37–52; neben ZAM (und den Beiheften) informativ für den Forschungsstand: Geschichte des Wohnens, Bd. 2, Hg. U. DIRLMEIER, 1998.

[46] Vgl. mit einigen einschlägigen, jedoch nicht durchgehend vertretenen Ansätzen das von H. Kühnel in Krems gegründete Institut für Realienkunde, vgl. H. KÜHNEL, Aufgaben und Probleme der Realienkunde des Spätmittelalters, in: Bericht über den 13. Österreichischen Historikertag in Klagenfurt veranstaltet vom Verband Österreichischer Geschichtsvereine 18.–21. Mai 1976, 1977, 52–57.

[47] Vgl. § 3 mit Anm. 1 und passim.

Orts- und Sachregister

Personenregister

Abschnitt II
Europäische Grundlagen deutscher Geschichte (4.–8. Jahrhundert)

Friedrich Prinz

Quellen und Literatur

1 Quellenkunden – *2* Urkunden und Rechtsnormen – *a* Zur Geschichte der Könige und Päpste, *b* Urkunden und Traditionen, *c* Gesetzessammlungen – *3* Briefsammlungen – *4* Geschichtsschreibung *a* Frankenreich, *b* Regionalgeschichte, *c* Volksgeschichte, *d* Memorialbücher, Verbrüderungsbücher, *e* Andere Quellen, *f* Handschriften – *5* Literatur *a* Allgemein, *b* Landesgeschichte, *c* Sammelschriften.

1 Quellenkunden

R. BUCHNER, Die Rechtsquellen, 1953 (Beiheft zu WATTENBACH u. a. [wie unten]); als Hilfsmittel zur Auffindung der neuesten Editionen spätantiker und frühmittelalterlicher Autoren: CPL (wie I, 13a); DLMVerf (wie I, 5a); MANITIUS u. a., Literatur (wie I, 10h), Bd. 1; Rpf (wie I, 13a); TS (wie I, 13b); WATTENBACH u. a., Deutschlands Geschichtsquellen (wie I, 13b).

2 Urkunden und Rechtsnormen

a Zur Geschichte der Könige und Päpste: Chartae Latinae Antiquiores. Facsimile edition of the Latin charters prior to the 9th century (ChLA), Hg. A. BRUCKNER u. a., Bd. 13–14 (France, Tl. 1–2), 1981 f.; Diplomata Karolinorum. Faksimile-Ausgabe der in der Schweiz liegenden originalen Karolinger und Rudolfinger Diplome, Hg. A. BRUCKNER, Lfg. 1–3, 1969–1972; Diplomata Karolinorum. Recueil de Réproductions en fac-similé des actes originaux des souverains Carolingiens conservés dans les archives et bibliothèques de France, Hg. F. LOT u. a., Bd. 1–9, 1936–1949; Diplomata Karolinorum, Bd. 1: Die Urkunden Pippins, Karlmanns und Karls des Großen, Hg. E. MÜHLBACHER u. a., 1906 (MGH DD Karol. 1); Diplomata regum Francorum e stirpe Merowingica. Diplomata maiorum domus regiae. Diplomata spuria, Hg. G. H. PERTZ, 1872 (MGH DD 1); Les diplômes originaux des Mérovingiens, Hg. P. LAUER u. a., 1908.

b Urkunden und Traditionen: Documents comptables de Saint-Martin de Tours à l'époque mérovingienne, Hg. P. GASNAULT, 1975; J. M. PARDESSUS u. a., Diplomata, chartae et instrumenta aetatis Merovingicae, Bd. 1–2, 1843,1849; Traditiones Wizenburgenses. Die Urkunden des Klosters Weißenburg 661–864, Hg. A. DOLL, 1979.

c Rechtsnormen: Capitularia regum Francorum, Hg. A. BORETIUS, Bd. 1, 1883 (MGH Capit. 1); Codex Theodosianus, Hg. T. MOMMSEN, 1905 [Ndr. 1954] (engl.: The Theodosian Code, Hg. C. PHARR, 1952); El codigo de Eurico, Hg. A. D'ORS, 1960 (Estudios visigóticos. Cuadernos del Instituto juridico español 12); Concilia aevi Karolini [742–842], Hg. A. WERMINGHOFF, 1906ff. (MGH Conc. 2/1–2); Concilia aevi Merovingici [511–695], Hg. F. MAASSEN, 1893 (MGH Conc. 1); Concilia Galliae a. 511– a. 695, Hg. C. DE CLERCQ, 1963; Corpus Iuris Civilis, Hg. P. KRÜGER u. a., Bd. 1–3, 1877–1892, Übers.: Das Corpus Iuris Civilis, Hg. C. E. OTTO u. a., Bd. 1–7, 1830–1833; J. GAUDEMET u. a., Les canons des conciles mérovingiens, Bd. 1–2, 1989. Leges Alamannorum, Hg. K. A. ECKHARDT, 2. Ausg., 1966 (MGH LNG 5/1); Lex Baiwarorium, Hg. E. VON SCHWIND, 1926 [Ndr. 1997] (MGH LNG 5/2); lat.-dt.: K. A. ECKHARDT, Die Gesetze des Karolingerreiches 714–911, 1934, 73–183 (Germanenrechte. Texte und Übersetzungen, Hg. K. A. ECKHARDT, Bd. 2); Lex Burgundionum, Hg. J. R. VON SALIS, 1892 [Ndr. 1973] (MGH LNG 2/1); Lex Ribvaria, Hg. F. BEYERLE u. a., 1954 [Ndr. 1997] (MGH LNG 3/2); Lex Romana Burgundionum, Hg. F. BLUHME, 1863 [Ndr. 1993], 579–624 (MGH LL 3), und in: Fontes iuris Romani antejustiniani, Hg. S. RICCOBONO u. a., Bd. 2, 1940; Lex Salica, Hg. K. A. ECKHARDT, 1969 (MGH LNG 4/2); Pactus legis Salicae, Hg. K. A. ECKHARDT, 1962 (MGH LNG 4/1).

3 Briefsammlungen:
Alcimi Ecdicii Aviti Viennensis episcopi opera quae supersunt, Hg. R. PEIPER, 1883, 29–103 (MGH AA 6,2); Desiderii Cadurcensis Epistulae, in: CC 117, 1957, 309–342; Epistolae Austrasiacae, in: Epistolae Merovingici et Karolini aevi, Hg. W. GUNDLACH u. a., Bd. 1, 1892 [Ndr. 1994] (MGH Epp. 3), 110–153. Formulae Merowingici et Karolinici Aevi, Hg. K. ZEUMER, 1882–1886 (MGH Formulae); Liber Diurnus Romanorum Pontificum ex unico codice Vaticano, Hg. T. SICKEL, 1889; Marculfi Formularum libri duo, Hg. A. UDDHOLM, 1962.

4 Geschichtsschreibung

a Frankenreich: Annales Alamannici (et Guelpherbitani etc.) cum cont., Hg. G. H. PERTZ, 1826 [Ndr. 1976], 22–60 (MGH SS 1); Annales Fuldenses sive Annales regni Francorum orientalis, Hg. F. KURZE, 1891 [Ndr. 1993] (MGH SRG [7]); Annales Mettenses priores, Hg. B. VON SIMSON, 1905 [Ndr. 1979] (MGH SRG [10]); Annales Mosellani, Hg. G. H. PERTZ, 1859 [Ndr. 1994], 491–499 (MGH SS 16); Annales regni Francorum inde ab a. 741 usque ad a. 829, qui dicuntur Annales Laurissenses maiores et Einhardi, Hg. F. KURZE, 1895 [Ndr. 1950] (MGH SRG [6]); Annales S. Amandi, Tiliani, Laubacenses et Petaviani, Hg. G. H. PERTZ, 1826 [Ndr. 1976], 3–18 (MGH SS 1); Chronicon Moissacense, Hg. G. H. PERTZ, 1826 [Ndr. 1976], 280–313 (MGH SS 1); Continuator Fredegarii, Hg. J. M. WALLACE-HADRILL, 1960; L. DUCHESNE, Fastes épiscopaux de l'ancienne Gaule, Bd. 1–3, ^{2}1907–1915; Fredegarii et aliorum Chronica. Vitae sanctorum, Hg. B. KRUSCH, 1888 [Ndr. 1984] (MGH SRM 2), Teilübers. in: Quellen zur Geschichte des 7. und 8. Jahrhunderts, Hg. H. WOLFRAM, 1982 (AQMA 4a); Gregor von Tours, Historia Francorum, d. i. Gregorius [Turonensis], Gregorii Episcopi Turonensis libri historiarum X, Hg. B. KRUSCH u. a., 1937–1951 (MGH SRM 1,1); dt.: Gregorius [Turonensis]: Zehn Bücher Geschichten = Historiarum libri decem / Gregor von Tours. Auf Grund der Übers. W. GIESEBRECHTS neubearb. von R. BUCHNER, Bd. 1–2, 1955f., Bd. 1 (Bücher 1–5 = AQMA 2), Bd. 2 (Bücher 6–10 = AQMA 3); wird wie folgt zitiert: Gregor von Tours, Historia Francorum, Buch (I-X), Kap. (c.), Seitenangabe MGH SRM (optional in Klammern: Übersetzungsstelle AQMA, Seitenangabe); zur Papstgeschichte: Liber pontificalis (wie I, 14d).

b Regionalgeschichte: Apollinaris Sidonii Opera v. CPL 986, 987a; Arbeo, Vita Corbiniani, Hg. B. KRUSCH, 1920, 100–232 (MGH SRG [13]); Chronica minora saec. IV, V, VI, VII, Tl. 1–2, Hg. T. MOMMSEN, 1892ff. [Ndr. 1981] (MGH AA 9 u. 11); Eugippius, Das Leben des Heiligen Severin, lateinisch und deutsch, Hg. R. NOLL, 1963, ^{2}1981; Gesta sanctorum patrum Fontanellensis coenobii, Hg. F. LOHIER u. a., 1936; Gregorii Turonensis Opera, Tl. 2: Miracula et opera minora, Hg. B. KRUSCH, 1885 [Ndr. 1969] (MGH SRM 1f.); zu seinen Werken insgesamt v. CPL 1023–1032; Ionae Vitae sanctorum

Columbani, Vedastis, Iohannis, Hg. B. KRUSCH, 1905 (MGH SRG [37]); Passiones vitaeque sanctorum aevi Merovingici et antiquiorum aliquot, Tl. 1–5, Hg. B. KRUSCH u. a., 1896–1920 [Ndr. 1995ff.] (MGH SRM 3–7); Venantii Fortunati Opera v. CPL 1033–1052; Viennensis Opera v. CPL 990–997; Vita Corbiniani, Hg. H. GLASER u. a., 1983 [mit dt. Übers.].

c Volksgeschichte: Beda Venerabilis, Historia ecclesiastica gentis Anglorum, Hg. B. COLGRAVE u. a., 1969; Nennius, Historia Brittonum, Hg. J. MORRIS, 1980; Paulus Diaconus, Historia Langobardorum cum cont., Hg. G. WAITZ u. a., 1878 [Ndr. 1988], 12–219 (MGH SRL).

d Memorialbücher, Verbrüderungsbücher: Liber memorialis von Remiremont, Hg. E. HLAWITSCHKA u. a., 1970 (MGH LM 1); Das Verbrüderungsbuch der Abtei Reichenau, Hg. J. AUTENRIETH u. a., 1979 (MGH LMN 1).

e Andere Quellen: Agathias, Historiarum libri quinque, Hg. R. KEYDELL, 1967 (Corpus Fontium Historiae Byzantinae 2) [griech. Text], dt. Übers. von Buch I und II, 1–14, in: GdV 2,7, Hg. D. COSTE, ³1922, 327–371; Caesarius von Arles, Sermones, Hg. G. MORIN, Bd. 1, 1953 (CC 103f.); Johannes Cassianus, Collationes [Jean Cassien: Les Conférences], Hg. E. PICHERY, Bd. 1–3, 1953–1959; Johannes Cassianus, De institutis coenobiorum [Jean Cassien: Les Institutions cénobitiques], Hg. J. C. GUY, 1965.

f Handschriften: Codices Latini Antiquiores (CLA). A palaeographical guide to latin manuscripts prior to the 9th century, Hg. E. A. LOWE, 12 Bde. und Suppl.bd., 1934–1985.

5 Literatur

a Allgemein: H. AMENT, Archäologie des Merowingerreiches, in: Ber. RGK 51/52, 1970/71 bis 61, 1980; A. ANGENENDT, Das Frühmittelalter, 1990; A. ANGENENDT, Pirmin und Bonifatius, in: Mönchtum, Episkopat (wie II, 5c), 251–304; H. AUBIN, Von der Antike zum Mittelalter, in: DERS., Grundlagen und Perspektiven geschichtlicher Kulturraumforschung, 1965, Teil B, 127–345; Aufstieg und Niedergang der römischen Welt (ANRW), Hg. H. TEMPORINI, Bd. I,1–II,37,3, 1972–1996; Ausgrabungen in Deutschland 1950–1975, Bd. 1–4, [2]1975 (RGZ Monographien); B. S. BACHRACH, Merovingian Military Organization 481–751, 1972; K. BAUS u. a., Die Kirche von Nikaia bis Chalkedon, 1973 (HKG 2,1); K. BAUS u. a., Die Kirche in Ost und West von Chalkedon bis zum Frühmittelalter (451–700), 1975 (HKG 2,2); T. D. BARNES, The New Empire of Diocletian and Constantine, 1982; A. BERGENGRUEN, Adel und Grundherrschaft im Merowingerreich, 1958; H. BEUMANN, Gregor von Tours und der Sermo Rusticus, (zuletzt) in: DERS., Wissenschaft vom Mittelalter, 1972, 41–70; W. BLEIBER, Das Frankenreich der Merowinger, 1988; H. W. BÖHME, Germanische Grabfunde des 4. bis 5. Jahrhunderts zwischen unterer Elbe und Loire, Bd. 1–2, 1974; DE BOOR u. a., Geschichte (wie I, 10h), Bd. 1; BOSL, Grundlagen (wie I, 7); P. BROWN, The Cult of the Saints, 1981 (dt.: Die Heiligenverehrung. Ihre Entstehung und Funktion in der lateinischen Christenheit, 1991); P. BROWN, Society and the Holy in Late Antiquity, 1982; C. BRÜHL, Fodrum, gistum, servitium regis, Bd. 1–2, 1968; P. CLASSEN, Karl der Große, das Papsttum und Byzanz, Hg. H. FUHRMANN u. a., 1985; D. CLAUDE, Die Bestellung der Bischöfe im merowingischen Reich, in: ZRG KA 49, 1963, 1–75; D. CLAUDE, Der Handel im westlichen Mittelmeer während des Frühmittelalters, 1985; D. CLAUDE, Untersuchungen zum frühfränkischen Comitat, in: ZRG GA 81, 1964, 1–79; K. H. DEBUS, Studien zu merowingischen Urkunden und Briefen, Tl. 1–2, in: AfD 13, 1967, 1–109, und 14, 1968, 1–192; A. DEMANDT, Die Spätantike, 1989; A. DOVE, Studien zur Vorgeschichte des deutschen Volksnamens, 1916; L. DUPRAZ, Contribution à l'histoire du regnum Francorum pendant le troisième quart du VIe siècle, 1948; H. EBLING, Prosopographie der Amtsträger des Merowingerreiches von Chlothar II. (613) bis Karl Martell (741), 1974; S. EPPERLEIN, Herrschaft und Volk im karolingischen Imperium, 1969; E. EWIG, Die Merowinger und das Frankenreich, 1988; E. EWIG, Spätantikes und fränkisches Gallien, Hg. H. ATSMA, Bd. 1–2, 1976, 1979; F. J. FELTEN, Äbte und Laienäbte im Frankenreich, 1980; J. FISCHER, Oriens – Occidens – Europa, 1957; G. FOURNIER, Les Mérovingiens, 1966; F. GRAUS, Sozialgeschichtliche Aspekte der Hagiographie der Merowinger- und Karolingerzeit, in: Mönchtum, Episkopat (wie II, 5c), 131–176; F. GRAUS, Volk, Herrscher und Heiliger im Reich der Merowinger, 1965; G. E. VON GRUNEBAUM, Der Islam im Mittelalter, 1963; J. HANNIG, Consensus fidelium. Frühfeudale Interpretationen des Verhältnisses von Königtum und Adel am Beispiel des Frankenreiches, 1982; W. HAUBRICHS, Die Anfänge. Versuche volkssprachiger Schriftlichkeit im frühen Mittelalter (ca. 700–1050/60), 1988 (Geschichte der deutschen Literatur [wie I, 10h], Bd. 1,1); K. HAUCK, Geblütsheiligkeit, in: Liber Floridus (Fs. P. Lehmann), 1950, 187–240; K. HAUCK, Von einer spätantiken Randkultur zum karolingischen Europa, in: FMASt 1, 1967, 3–93; HEG 1; M. HEINZELMANN, Bischofsherrschaft in Gallien. Zur Kontinuität römischer Führungsschichten vom 4. bis zum 7. Jahrhundert, 1976; R. HOLTZMANN, Die Italienpolitik der Merowinger und des Königs Pippin, 1962; J. HUBERT u. a., Frühzeit des Mittelalters, 1968; P. E. HÜBINGER, Spätantike und frühes Mittelalter – ein Problem historischer Periodenbildung, 1959; Intitulatio. Lateinische Königs- und Fürstentitel bis zum Ende des 8. Jahrhunderts, Hg. H. WOLFRAM u. a., Bd. 1–3, 1967–1988; F. IRSIGLER, Untersuchungen zur Geschichte des frühfränkischen Adels, ^{2}1981; R. KAISER, Das römische Erbe und das Merowingerreich, 1993; Karl der Große (KdG). Lebenswerk und Nachleben, Hg. W. BRAUNFELS, Bd. 1–4, Registerbd., 1965–1968; Kirchengeschichte als Missionsgeschichte, Hg. H. FROHNES u. a., Bd. 1: Hg. H. FROHNES u. a., 1974, Bd. 2: Hg. K. SCHÄFERDIEK, 1978; G. KÖBLER, Das Recht im frühen Mittelalter, 1971; L. KUCHENBUCH, Bäuerliche Gesellschaft und Klosterherrschaft im 9. Jahrhundert, 1978; G. KURTH, Clovis, Bd. 1–2, 1901; E. LEVY, Weströmisches Vulgarrecht. Das Obligationenrecht, Weimar 1956; R. LORENZ, Das vierte bis sechste Jahrhundert (Westen), in: KiG 1, Lfg. C 1, 1970; F. G. MAIER, Die Verwandlung der Mittelmeerwelt, 1968; J. MARTIN, Spätantike und Völkerwanderung, 1987 (Oldenbourg. Grundriß der Geschichte [wie I, 7], Bd. 4); P. MIKAT, Dotierte Ehe – rechte Ehe. Zur Entwicklung des Eheschließungsrechts in fränkischer Zeit, 1976; E. MÜLLER-MERTENS, Karl der Große, Ludwig der Fromme und die Freien, 1963; H. NEHLSEN, Sklavenrecht zwischen Antike und Mittelalter, Bd. 1, 1972 (keine weiteren Bde. erschienen); H. NEHLSEN, Zur Aktualität und Effektivität germanischer Rechtsaufzeichnungen, in: Recht und Schrift im Mittelalter, Hg. P. CLASSEN, 1977, 449–502; U. NONN, Merowingische Testamente. Studien zum Fortleben einer römischen Urkundenform im Frankenreich, in: AfD

18, 1972, 1–129; A. M. ORSELLI, L'immaginario religioso della città altomedievale, 1985; P. PÉRIN u. a., Les Francs, Bd. 1–2, 1987; H. PIRENNE, Mahomet et Charlemagne, 1937 (dt.: Geburt des Abendlandes, 1939, neuer Titel: Mohammed und Karl der Große, [2]1985); O. PONTAL, Die Synoden im Merowingerreich, 1986; F. PRINZ, Die bischöfliche Stadtherrschaft im Frankenreich vom 5. bis 7. Jahrhundert, in: HZ 217, 1973, 1–35; F. PRINZ, Deutschlands Frühgeschichte. Kelten, Römer und Germanen, 2003; F. PRINZ, Frühes Mönchtum im Frankenreich, [2]1988; F. PRINZ, Grundlagen und Anfänge. Deutschland bis 1056, [2]1993; F. PRINZ, Klerus und Krieg im frühen Mittelalter, 1971; F. PRINZ, Von Konstantin zu Karl dem Großen. Entfaltung und Wandel Europas, 2000; Recht und Schrift im Mittelalter, Hg. P. CLASSEN, 1977; P. RICHÉ, Les temps mérovingiens, in: Histoire de la France, Hg. G. DUBY, Bd. 1, 1970, 169–188; F. ROSENTHAL, Das Fortleben der Antike im Islam, 1965; E. SALIN, La civilisation mérovingienne d'après les sépultures, les textes et le laboratoire, Bd. 1–4, 1950–1959; H. H. SCHAEDER, Der Orient und das griechische Erbe [1928], in: DERS., Der Mensch in Orient und Okzident, 1960, 107–160; G. SCHEIBELREITER, Der Bischof in merowingischer Zeit, 1983; R. SCHIEFFER, Die Entstehung von Domkapiteln in Deutschland, 1976; T. SCHIEFFER, Winfrid-Bonifatius und die christliche Grundlegung Europas, [2]1972; W. SCHLESINGER, Das Heerkönigtum, in: Das Königtum. Mainauvorträge 1954, 1956, 105–141 (VuF 3); W. SCHLESINGER, Herrschaft und Gefolgschaft in der germanisch-deutschen Verfassungsgeschichte [1953], in: DERS., Beiträge zur deutschen Verfassungsgeschichte des Mittelalters, Bd. 1–2, 1963, Bd. 1, 9–52 und 335–338; K. SCHMID, Gebetsgedenken und adliges Selbstverständnis im Mittelalter (Fs. K. Schmid), 1983; L. SCHMIDT, Die Ostgermanen, [2]1934; L. SCHMIDT, Die Westgermanen, Bd. 1–2, [2]1938, 1940; R. SCHMIDT-WIEGAND, Gens Francorum inclita. Zu Gestalt und Inhalt des längeren Prologs der Lex Salica, in: Fs. A. Hofmeister, 1955, 233–250; R. SCHNEIDER, Das Frankenreich, [3]1995; R. SCHNEIDER, Königswahl und Königserhebung im Frühmittelalter, 1972; C. SCHOTT, Der Stand der Leges-Forschung, in: FMASt 13, 1979, 29–55; H. K. SCHULZE, Vom Reich der Franken zum Land der Deutschen, 1987; K. SELLE-HOSBACH, Prosopographie merowingischer Amtsträger in der Zeit von 511–613, Diss. Bonn 1973; E. STEIN, Geschichte des spätrömischen Reiches, Bd. 1 [284–476

n. Chr.], 1928 (frz.: Histoire du Bas-Empire [284–565 n. Chr.], Hg. J.-R. PALANQUE, Bd. 1–2, 1949, 1959); F. STEIN, Adelsgräber des achten Jahrhunderts in Deutschland, Bd. 1–2, 1967; F. STEINBACH, Das Frankenreich, in: Handbuch der deutschen Geschichte (wie I, 8), Bd. 1, 2–90 (Abschnitt 2); H. STEUER, Frühgeschichtliche Sozialstrukturen in Mitteleuropa, 1982; F. K. STROHEKER, Der senatorische Adel im spätantiken Gallien, 1948; G. TESSIER, Le baptême de Clovis, 1964; Untersuchungen zu Handel und Verkehr der vor- und frühgeschichtlichen Zeit in Mittel- und Nordeuropa, Hg. K. DÜWEL u. a., Bd. 1–7, 1985–1997 (Bd. 1, 3, 4: Hg. DERS., Bd. 2: Hg. D. CLAUDE, Bd. 5–7: H. JANKUHN): Bd. 1: Methodische Grundlagen und Darstellungen zum Handel in vorgeschichtlicher Zeit und in der Antike, 1985; Bd. 2: Der Handel im westlichen Mittelmeer während des Frühmittelalters, 1985; Bd. 3: Der Handel des frühen Mittelalters, 1985; Bd. 4: Der Handel der Karolinger- und Wikingerzeit, 1987; Bd. 5: Der Verkehr, Verkehrswege, Verkehrsmittel, Organisation, 1989; Bd. 6: Organisationsformen der Kaufmannsvereinigungen in der Spätantike und im frühen Mittelalter, 1989; Bd. 7: Register zu den Teilen I-VI, 1997; J. M. WALLACE-HADRILL, The Frankish Church, 1983; J. M. WALLACE-HADRILL, The Long-Haired Kings and other Studies in Frankish History, 1962; M. WEIDEMANN, Kulturgeschichte der Merowingerzeit nach den Werken Gregors von Tours, Bd. 1–2, 1982; R. WEISS, Chlodwigs Taufe. Reims 508, 1971; S. F. WEMPLE, Women in Frankish Society, 1981; R. WENSKUS, Stammesbildung und Verfassung, [2]1977; K. F. WERNER, Art. »Adel. A. Fränkisches Reich, Imperium, Frankreich«, in: LexMA 1, 118–128; K. F. WERNER, Les origines avant l'an mil, 1984 (dt.: Die Ursprünge Frankreichs bis zum Jahr 1000, 1989); I. N. WOOD, The Merovingian Kingdoms, 450–751, 1994; E. ZÖLLNER, Geschichte der Franken bis zur Mitte des sechsten Jahrhunderts, 1970.

b Landesgeschichte: Althessen im Frankenreich, Hg. W. SCHLESINGER, 1975; H. H. ANTON, Trier im frühen Mittelalter, 1987; R. BAUERREISS, Kirchengeschichte Bayerns, Bd. 1, [2]1958; K. BÖHNER, Die fränkischen Altertümer des Trierer Landes, Bd. 1–2, 1958; M. BORGOLTE, Geschichte der Grafschaften Alemanniens in fränkischer Zeit, 1984; R. BUCHNER, Die Provence in merowingischer Zeit, 1933; R. CHRISTLEIN, Die Alamannen. Archäologie eines lebendigen Volkes,

[2]1979; O. P. CLAVADETSCHER, Churrätien im Übergang von der Spätantike zum Mittelalter nach den Schriftquellen, in: Von der Spätantike (wie II, 5c), 159–178; A. DIERKENS, Abbayes et chapîtres entre Sambre et Meuse, 1985; O. DOPPELFELD u. a., Fränkische Fürsten im Rheinland. Die Gräber aus dem Kölner Dom, von Krefeld-Gellep und Marken, [2]1966; E. EWIG, Frühes Mittelalter, 1980 (Rheinische Geschichte [wie I, 9], Bd. 1, Tl. 2); E. EWIG, Trier im Merowingerreich, 1954, [2]1987; P. A. FÉVRIER, Le développement urbain en Provence de l'époque romaine à la fin du XIVe siècle, 1964; W. H. FRITZE, Frühzeit zwischen Ostsee und Donau, 1982; Die Germanen. Geschichte und Kultur der germanischen Stämme in Mitteleuropa, Hg. B. KRÜGER, Bd. 1–2, Bd. 1, [5]1988, Bd. 2, [2]1986; Geschichte Thüringens (wie I, 9); F. GRAUS, Die Nationenbildung der Westslawen im Mittelalter, 1980; HBG (wie I, 9), Bd. 1 und 3; H. HEINEN, Trier und das Trevererland in römischer Zeit, 1985; W. HENSEL, Die Slawen im frühen Mittelalter, 1965; Hessen im Frühmittelalter, Hg. H. ROTH u. a., 1984; H. JANKUHN, Haithabu, ein Handelsplatz der Wikingerzeit, [8]1986; H. KELLER, Archäologie und Geschichte der Alamannen in merowingischer Zeit, in: ZGO 129, 1981, 1–51; H. KELLER, Fränkische Herrschaft und alemannisches Herzogtum im 6. und 7. Jahrhundert, in: ZGO 124, 1976, 1–30; K. H. KRÜGER, Königsgrabkirchen der Franken, Angelsachsen und Langobarden bis zur Mitte des 8. Jahrhunderts, 1971; W. LEVISON, Aus rheinischer und fränkischer Frühzeit. Ausgewählte Aufsätze, 1948; W. LEVISON, England and the Continent in the Eighth Century, 1946; H. LÖWE, Pirmin, Willibrord und Bonifatius, in: La conversione al cristianesimo nell' Europa dell' alto medioevo, 1967 (Sett.Cent.it. 14), 217–261; F. LOTTER, Severinus von Noricum. Legende und historische Wirklichkeit, 1976; R. MOOSBRUGGER-LEU, Die Schweiz zur Merowingerzeit, Bd. A-B, 1971; F. PRINZ, Böhmen (wie I, 9); F. PRINZ, Frühes Mönchtum in Südwestdeutschland und die Anfänge der Reichenau, in: Mönchtum, Episkopat (wie II, 5c), 37–76; F. PRINZ, Die innere Entwicklung: Staat, Gesellschaft, Kirche, Wirtschaft, in: HBG 1, 350–518; K. REINDEL, Grundlegung: Das Zeitalter der Agilolfinger (bis 788), in: HBG 1, 99–245; M. ROBLIN, Le territoire de Paris aux époques gallo-romaine et franque, [2]1971; M. ROUCHE, L'Aquitaine des Wisigoths aux Arabes, 418–781, 1979; G. SCHEIBELREITER, Audoin von Rouen, in: La Neustrie (wie II, 5c), Bd. 1, 195–216; F.-J. SCHMALE, Grundlegung:

Die Eingliederung Thüringens in das merowingische Frankenreich (bis 716/19), in: HBG 3,1, 1–26; G. SCHRAMM, Eroberer und Eingesessene. Geographische Lehnnamen als Zeugen der Geschichte Südosteuropas im ersten Jahrtausend nach Christus, 1981; Die Slawen in Deutschland, Hg. J. HERRMANN, 1970; Welt der Slawen. Geschichte, Gesellschaft, Kultur, Hg. J. HERRMANN, 1986; A. WENDEHORST, Das Bistum Würzburg, Bd. 1, 1962; Das Werden Hessens, Hg. W. HEINEMEYER, 1986; J. WERNER, Spätes Keltentum zwischen Rom und Germanien, Hg. L. PAULI, 1979; H. WOLFRAM, Ethnogenesen im frühmittelalterlichen Donau- und Ostalpenraum, 6.–10. Jahrhundert, 1985; H. WOLFRAM, Die Geburt Mitteleuropas. Geschichte Österreichs vor seiner Entstehung, 1987; H. WOLFRAM, Geschichte der Goten, ^{2}1980, ^{3}1990 u. d. T. Die Goten; H. WOLFRAM, Die Zeit der Agilolfinger – Rupert und Virgil, in: Geschichte Salzburgs (wie I, 9), Bd. 1, Tl. 1, 121–156.

c *Sammelschriften:* Die Anfänge des Klosters Kremsmünster, Hg. S. HAIDER, 1978; Angli e sassoni al di qua e al di là del mare, 1986 (Sett.Cent.it. 32); Die Ausgrabungen in St. Ulrich und Afra in Augsburg 1961–1968, Hg. J. WERNER, Bd. 1–2, 1977; Bavaria Sancta, Bd. 1–3, Hg. G. SCHWAIGER, 1970–1973; Die Bayern und ihre Nachbarn, Hg. H. WOLFRAM u. a., Bd. 1–2, 1985; Bedeutung und Rolle des Islam beim Übergang vom Altertum zum Mittelalter, Hg. P. E. HÜBINGER, 1968; Cristianizzazione ed organizzazione ecclesiastica delle campagne nell' alto medioevo: espansione e resistenze, Tl. 1–2, 1982 (Sett.Cent.it. 28); La cultura antica nell' occidente latino dal VII all' XI secolo, 1975 (Sett.Cent.it. 22); Das Dorf der Eisenzeit und des frühen Mittelalters, Hg. H. JANKUHN u. a., 1977; Early Medieval Kingship, Hg. P. H. SAWYER u. a., 1977; Zur Frage der Periodengrenze zwischen Altertum und Mittelalter, Hg. P. E. HÜBINGER, 1969; Frühmittelalterliche Ethnogenese im Alpenraum, Hg. H. BEUMANN u. a., 1985; Geschichtswissenschaft und Archäologie, Hg. H. JANKUHN u. a., 1979; Gli ebrei nell' alto medioevo, 1980 (Sett. Cent.it. 26); Das Handwerk in vor- und frühgeschichtlicher Zeit, Hg. H. JANKUHN u. a., Bd. 1–2, 1981,1983; Herrschaft und Kirche. Beiträge zur Entstehung und Wirkungsweise episkopaler und monastischer Organisationsformen, Hg. F. PRINZ, 1988; Die Iren und Europa im früheren Mittelalter, Hg. H. LÖWE, Bd. 1–2, 1982; Irland und die

Christenheit. Bibelstudien und Mission, Hg. P. NI CHATHÁIN u. a., 1987; Irland und Europa – Ireland and Europe. Die Kirche im Frühmittelalter, Hg. P. N. CHATHAIN u. a., 1984; Kilian – Mönch aus Irland, aller Franken Patron, Hg. J. ERICHSEN u. a., 1989; Kulturbruch oder Kulturkontinuität im Übergang von der Antike zum Mittelalter, Hg. P. E. HÜBINGER, 1968; Medieval Women, Hg. D. BAKER, 1978; Mentalitäten im Mittelalter, Hg. F. GRAUS, 1987; Mönchtum, Episkopat und Adel zur Gründungszeit des Klosters Reichenau, Hg. A. BORST, 1974; Mönchtum und Gesellschaft im Frühmittelalter, Hg. F. PRINZ, 1976; Il monachesimo nell' alto medioevo e la formazione della civiltà occidentale, 1957 (Sett.Cent.it. 4); Le Moyen Âge, Hg. R. FOSSIER, Bd. 1–3, 1982f., Bd. 1: Les mondes nouveaux, 350–950; La Neustrie. Les pays au nord de la Loire de 650 à 850, Hg. H. ATSMA, Bd. 1–2, 1989; Ordinamenti militari in occidente nell' alto medioevo, Tl. 1–2, 1968 (Sett.Cent.it. 15); F. PRINZ, Das 7. Jahrhundert: Verfallsepoche oder Neubeginn?, in: Fs. E. Hlawitschka, Hg. K. R. SCHNITH u. a., 1993, 1–10; La scuola nell' occidente latino dell' alto medioevo, Tl. 1–2, 1972 (Sett.Cent.it. 19); Le septième siècle. Changements et continuités/ The Seventh Century. Change and Continuity, Hg. J. FONTAINE u. a., 1992; Siedlung, Sprache und Bevölkerungsstruktur im Frankenreich, Hg. F. PETRI, 1973; Studien zu den Anfängen des europäischen Städtewesens, Hg. T. MAYER, 1958; Studien und Vorarbeiten zur Geschichte des großfränkischen und frühdeutschen Adels, Hg. G. TELLENBACH, 1957; Topografia urbana e vita cittadina nell' alto medioevo in occidente, Tl. 1–2, 1974 (Sett. Cent.it. 21); Untersuchungen zur eisenzeitlichen und frühmittelalterlichen Flur in Mitteleuropa und ihrer Nutzung, Hg. H. BECK u. a., Bd. 1–2, 1979,1980; Von der Spätantike zum frühen Mittelalter, Hg. J. WERNER u. a., 1979; Vor- und Frühformen der europäischen Stadt im Mittelalter, Hg. H. JANKUHN u. a., Bd. 1–2, 1973,1974; Wort und Begriff »Bauer«, Hg. R. WENSKUS u. a., 1975.

§ 1 Einleitung

a) Die Quellen

Wenn der folgende Beitrag Ende und Anfang zweier großer Weltepochen – der Antike und des Mittelalters – umfassen soll, muß dies auch Folgen für den Umfang und die Bewertung der Quellen haben, und zwar sowohl der literarischen[1] als auch der rechts-, kirchen- und sozialgeschichtlichen.[2] In den letzten Jahrzehnten haben archäologische Ergebnisse gleichermaßen für die Sachkultur wie für die Gesellschafts- und Religionsgeschichte der Spätantike und des Frühmittelalters sehr an Bedeutung gewonnen.[3] Es sind daher, quer durch die Sachgliederung des schriftlich Überlieferten, drei sehr verschiedene Großgruppen von Bedeutung, nämlich spätantike und frühmittelalterliche Texte und materielle Relikte, die aber in breiten Segmenten ineinander übergehen und damit von der Quellensituation her sehr deutlich den inneren Zusammenhang beider Epochen markieren. In der Spätantike wie im Frühmittelalter sind es fast ausschließlich kirchliche Quellen oder Texte kirchlicher Autoren, ein Faktum, das sowohl vom historischen Geschehen her gegeben ist als auch von der Überlieferung, und zwar dadurch, daß seit dem 6. Jh. mehr und mehr die Kirche als Trägerin von Literatur und Kultur insgesamt auch eine Art »Monopol« für jede Art von Schriftlichkeit erlangt.[4] Das gilt nicht nur für innerkirchliche Belange, sondern auch für Quellen rechts- und sozialgeschichtlicher Art, z. B. für Güterverzeichnisse, Schenkungsurkunden, Privilegien sowie für Memorialbücher und ähnliches. Dieser scheinbare simple Quellenbefund ist zugleich der konkreteste Hinweis auf die kulturelle Kontinuität zwischen den beiden Großepochen. Ein weiterer Beleg ist auch die Gliederung der für diese Zeit einschlägigen Quellen in der maßgeblichen Quellenedition der Monumenta Germaniae Historica (MGH), insofern die »Scriptores«-Reihe

---

[1] WATTENBACH u. a., Deutschlands Geschichtsquellen (wie I, 13b).

[2] BUCHNER, Rechtsquellen (wie II, 1); PONTAL, Synoden; NEHLSEN, Aktualität; LEVY, Vulgarrecht (alle wie II, 5a).

[3] Für wertvolle Ratschläge und Hilfe in archäologischen Fragen danke ich Frau Kollegin Frauke Stein, Saarbrücken, und Herrn Kollegen Volker Bierbrauer, München.

[4] S. u. § 19 mit Anm. 1.

der »Auctores antiquissimi« gleichermaßen Wichtiges für die spätrömische wie für die germanische Welt enthält und umgekehrt die Quelleneditionen der »Scriptores rerum Merovingicarum« sowohl mit dem monumentalen Geschichtswerk Gregors von Tours († 593/94) als auch mit zahlreichen Heiligenviten weit in die christlich-römische Spätantike zurückgreifen.[5] Ähnliches gilt für die MGH-Serie der Leges, Diplomata, Epistolae und Antiquitates (Poetae, Necrologia etc.).[6] Die nicht sehr zahlreich erhaltenen merowingischen Königsurkunden sowie merowingische Privaturkunden und andere Aktenstücke der Zeit[7] sind als schriftlicher Niederschlag politischer und vermögensrechtlicher Vorgänge ebenso unentbehrlich wie die Ergebnisprotokolle der kirchlichen Versammlungen[8] und königlicher Willensbekundungen.[9] Wieviel bei den letzteren allerdings real wirksam geworden ist, bleibt umstritten, doch spiegeln solche mehr oder weniger »offiziellen« Verlautbarungen unmittelbar wie mittelbar kirchliche, politische und soziale Zustände wider, auf die König und Kirche reagierten. Unentbehrlich für die Kenntnis der Merowingerzeit ist neben den bereits erwähnten Werken des Bischofs Gregor von Tours die sogenannte Fredegar-Chronik aus dem 7. Jh. mit ihren frühkarolingischen Fortsetzungen und dem »Liber Historiae Francorum« (726/27),[10] ferner die Gesta der Äbte von St. Wandrille an der unteren Seine, eine auch für die allgemeine Geschichte der späten Merowinger- und frühen Karolingerzeit wichtige Klostergeschichte.[11] Ähnliches gilt für die Hagiographie, die in Gallien exemplarisch mit der »Vita S. Mar-

---

[5] Siehe Quellen und Literatur II, 4a.

[6] Leges (LL), Leges nationum Germanicarum, Capitularia, Concilia; Diplomata (DD), Epistolae (Epp), Antiquitates (Poetae, Necrologia etc.).

[7] Diplomata regum Francorum (MGH DD 1); die im Original erhaltenen Königsurkunden in: Les diplômes (beide wie II, 2a). Eine Neuausgabe als Faksimile-Edition im Rahmen der von A. Bruckner und R. Marichal herausgegebenen Reihe der Chartae Latinae Antiquiores (ChLA) erfolgte durch H. Atsma u. a. (wie II, 2a) mit jeweils 37 bzw. 38 Originalen oder als Kopien der vor 800 überlieferten Königsurkunden. Von Chlodwig und seinen Nachfolgern im 6. Jh. sind keine echten Urkunden erhalten: T. Kölzer, Merowingerstudien, Bd. 1–2, 1998, 1999.

[8] Concilia aevi Merovingici (wie II, 2c) (MGH Conc. 1).

[9] Capitularia (wie II, 2c) (MGH Capit. 1); H. Mordek, Bibliotheca capitularium regnum Francorum manuscripta, 1995. Zur Frage der Effektivität merowingischer Rechtsaufzeichnungen vgl. Nehlsen, Aktualität (wie II, 5a).

[10] Gregor von Tours, Historia Francorum (wie II, 4a).

[11] Gesta sanctorum (wie II, 4b).

tini« des Sulpicius Severus beginnt und für die neue Forschungsperspektive der Mentalitätsgeschichte hohen Wert besitzt.[12]

b) Forschungsstand

Besonders Archäologie und Siedlungsgeschichte haben für Spätantike und Frühmittelalter sowohl methodisch als auch faktographisch viel Neues für einen Zeitraum erbracht, der von schriftlichen Quellen nur teilweise oder überhaupt nicht erschlossen werden kann. Mit vorsichtiger Methodenkombination sind hier – besonders durch H. Jankuhn, J. Werner und deren Schüler – wesentliche Fortschritte erzielt worden, und zwar sowohl hinsichtlich der Sozialstruktur und des ethnischen Wandels, der »Germanisierung« und »Slawisierung«, als auch bei der notwendigen landschaftlichen Differenzierung des Übergangs zwischen Antike und Mittelalter. Die Anwendung vor- und frühgeschichtlicher Arbeitsmethoden, vor allem durch die großflächigen Grabungen der Siedlungsarchäologie mit der systematischen Erschließung von Reihengräberfriedhöfen, hat unsere Kenntnis des Totenkults und damit religiöser Vorstellungen, aber auch der materiellen Kultur, der konkreten Lebensbedingungen, der ländlichen Arbeitswelt, des Handels, der Vorformen städtischen Lebens und der gesellschaftlichen Differenzierungen ungemein erweitert und präzisiert. Dies gab dann auch Anlaß, bei der Zuweisung archäologischer Formenkreise an bestimmte ethnische Gruppen oder gar an einzelne germanische Stämme äußerste Vorsicht walten zu lassen.[13] Gleichermaßen wichtig

---

[12] MGH SRM 1–7. Daneben immer noch unentbehrlich: MIGNE, PL (wie I, 14d); H. DELEHAYE, Sanctus. Essai sur le culte des saints dans l'antiquité, 1927; B. DE GAIFFIER, Études critiques d'hagiographie et d'iconologie, 1967. Grundlegend: W. BERSCHIN, Biographie und Epochenstil im lateinischen Mittelalter, Bd. 1–5, 1986–2001. Vgl. zum Quellenwert F. PRINZ, Der Heilige und seine Lebenswelt, in: DERS., Mönchtum, Kultur und Gesellschaft, Hg. A. HAVERKAMP u. a., 1989, 251–268. – Zur Mentalitätsgeschichte: A. VAUCHEZ, Religion et société dans l'Occident médiéval, 1980; J. LEGOFF, Für ein anderes Mittelalter, 1986; J.-C. SCHMITT, Religione, folclore e società nell' occidente medioevale, 1988; H. VOLLRATH, Christliches Abendland und archaische Stammeskultur, 1990; A. J. GURJEWITSCH, Mittelalterliche Volkskultur, 1987.

[13] Geschichtswissenschaft und Archäologie; Von der Spätantike (beide wie II, 5c); R. CHRISTLEIN u. a., Das unterirdische Bayern. 7000 Jahre Geschichte und Archäologie im Luftbild, 1982. Im einzelnen: SALIN, La civilisation; PÉRIN u. a., Les Francs (beide wie II, 5a); H. AMENT, Franken und Romanen im Merowingerreich als archäologisches Problem, in: BJ 178, 1978, 377–394; WEIDEMANN, Kulturge-

sowohl für die Kirchengeschichte als auch für die Frage der Kontinuität zwischen Spätantike und Frühmittelalter sind die frappierenden Ergebnisse der christlichen Archäologie und der Archäologie des Mittelalters.[14] Ohne Übertreibung kann man sagen, daß heute Frühmittelalterforschung ohne Kenntnis archäologischer Ergebnisse, vor allem im Bereich der Kult- und Sozialgeschichte sowie der Realienkunde, weitgehend unmöglich ist.

In die Gesamtentwicklung des Mittelmeerraums und West- wie Mitteleuropas eingeordnet wurde die Geschichte Galliens und des Frankenreiches durch das »Handbuch der europäischen Geschichte«, womit erstmals eine moderne Zusammenschau geleistet war. Sie beruht auf einer subtilen Darstellung der einzelnen Länder, Regionen und Kulturkreise.[15] Geschlossene Darstellungen der fränkisch-merowingischen Geschichte, die auch die Ergebnisse der Archäologie be-

---

schichte; STEUER, Sozialstrukturen (beide wie II, 5a); Wort und Begriff »Bauer«; Das Dorf; Vor- und Frühformen; Das Handwerk; Untersuchungen (mit reicher Literatur); Von der Spätantike (alle wie II, 5c); J. WERNER, Verbreitung der Reihengräberfelder im 7. Jahrhundert (Karte), in: Großer Historischer Weltatlas (wie I, 12a), Tl. 2, Karte 8a; Erläuterungen, Bd. 2, 48f.; BÖHNER, Altertümer; DOPPELFELD u. a., Fürsten (beide wie II, 5b); STEIN, Geschichte; BÖHME, Grabfunde (beide wie II, 5a); JANKUHN, Haithabu; Welt der Slawen (beide wie II, 5b). Für das Gebiet der ehemaligen DDR vgl. Archäologie in der Deutschen Demokratischen Republik, Hg. J. HERRMANN u. a., Bd. 1–2, 1989.

[14] Grundlegend für die christliche Archäologie: JAC 1–, 1958– und Ergänzungsbde. sowie RAC (wie I, 5a); für Rom mustergültig: Corpus Basilicarum Christianarum Romae (CBCR), Hg. R. KRAUTHEIMER u. a., Bd. 1–5, 1937–1977; R. KRAUTHEIMER, Rom – Schicksal einer Stadt, 1987; für Gallien: M. VIEILLARD-TROÏEKOUROFF, Les Monuments religieux de la Gaule d'après les Œuvres de Grégoire de Tours, 1976; WEIDEMANN, Kulturgeschichte (wie II, 5a); L. PIETRI, La ville de Tours du IVe au VIe siècle. Naissance d'une cité chrétienne, 1983; vgl. generell RAC. – Für das Mittelalter: ZAM 1–, 1973–, und FEHRING, Einführung in die Archäologie (wie I, 2). – Überzogen ist die pauschale Kritik an der deutschen archäologischen Forschung: Eine hervorragende nationale Wissenschaft. Deutsche Prähistoriker zwischen 1900 und 1945 (RGK Erg.bd. 29), Hg. H. STEUER, 2001.

[15] HEG 1; Europa ab ca. 700 wird behandelt in NCMH 2. – Zur Spätantike: A. H. M. JONES, The Later Roman Empire. 284–602, Bd. 1–2, 1964, ^{2}1973; J. VOGT, Der Niedergang Roms, 1965; J. DHONDT, Das frühe Mittelalter, 1968; W. GOFFART, Rome's Fall and After, 1989. – Vgl. auch E. DEMOUGEOT, La formation de l'Europe et les invasions barbares de l'avènement de Dioclétien au début du VIe siècle, Bd. 1–2, 1969, 1979 (Synthese bis zum Anfang des 6. Jhs.); C. JULLIAN, Histoire de la Gaule, Bd. 1–8, 1908–1926, hier bes. Bde. 7 und 8; E. GRIFFE, La Gaule chrétienne à l'epoque romaine, Bd. 1–3, 1964ff.; A. CHASTAGNOL, La fin du monde antique, 1977; MARTIN, Spätantike (Überblick); grundlegend: DEMANDT, Spätantike; PRINZ, Konstantin (alle wie II, 5a); problematisch: E. PITZ, Die griechisch-römische Ökumene und die drei Kulturen des Mittelalters, 2001.

rücksichtigen, gibt es mehrere, wobei sich, ungeachtet unterschiedlicher Ausgangspunkte, die wissenschaftlichen Urteile sehr angenähert haben.[16]

Besonders ertragreich waren die interdisziplinären Forschungen der letzten Jahrzehnte auf dem Felde der germanisch-romanischen Kultur des Frühmittelalters und der Kirchengeschichte. Dafür sind nicht nur große Übersichtswerke nach dem neuesten Wissensstand erschienen, sondern ist auch die enge, typisch mittelalterliche Verbindung von Kirche, Mönchtum und politischer Herrschaft Gegenstand umfangreicher Untersuchungen geworden. Schwerpunkte der Studien über Spätantike und Frühmittelalter sind Dumbarton Oaks in Washington DC, das Münsteraner Frühmittelalter-Forschungszentrum und als internationales Tagungszentrum besonders das Centro italiano di studi sull' Alto Medioevo in Spoleto.[17] Insgesamt wurde in den letzten Jahrzehn-

---

[16] ZÖLLNER, Geschichte; SCHNEIDER, Frankenreich; STEINBACH, Frankenreich; WERNER, Ursprünge (alle wie II, 5a); E. JAMES, The Origins of France. From Clovis to the Capetians, 500–1000, 1982. Letzte große Zusammenfassung: NCMH 2. – Unentbehrlich die gesammelten Aufsätze zur merowingischen Geschichte von EWIG, Gallien (wie II, 5a). Anregend: LEGOFF, Für ein anderes Mittelalter (wie Anm. 12). – Regionale Gesamtdarstellungen: ROBLIN, Le territoire; ROUCHE, L'Aquitaine; MOOSBRUGGER-LEU, Schweiz; CHRISTLEIN, Alamannen; KELLER, Archäologie (alle wie II, 5b); HBG 1 (bes. die Beiträge von W. TORBRÜGGE, H.-J. KELLNER, K. REINDEL, F. PRINZ) und HBG 3 (F.-J. SCHMALE, Grundlegung [wie II, 5b]); Geschichte Thüringens (wie I, 9), Bd. 1; Althessen; EWIG, Frühes Mittelalter; Hessen; Das Werden Hessens (alle wie II, 5b); F. STAAB, Untersuchungen zur Gesellschaft am Mittelrhein in der Karolingerzeit, 1975. – Gewichtige Beiträge zur deutsch-französischen Geschichte in der Zeitschrift »Francia«, 1973 ff. Vgl. allgemein: Aspekte der Nationenbildung im Mittelalter, Hg. H. BEUMANN u. a., 1978. – Zur Kontinuitätsproblematik: KAISER, Das römische Erbe (wie II, 5a); konkreter für den Mittel- und Oberrhein: Zur Kontinuität zwischen Antike und Mittelalter am Oberrhein, Hg. F. STAAB, 1994, mit dem Nachweis, daß sowohl römische Militärkastelle (Alzey, Altripp) als auch *villae rusticae* in diesem Bereich bis zur Mitte des 5. Jhs. fortexistierten; ebenso ergibt die Sprachforschung ein Fortleben romanisierter Bevölkerungsteile bis etwa zum Jahr 1000. Methodisch wichtig auch der Hinweis von F. STAAB für die Diözese Mainz, daß die Nichterwähnung von Bischöfen in einer bestimmten Epoche nicht automatisch auf Abbruch der kirchlichen Kontinuität schließen lasse.

[17] Wichtig die Arbeiten des von K. HAUCK ins Leben gerufenen Sonderforschungsbereichs Frühmittelalter in Münster mit der Zeitschrift »Frühmittelalterliche Studien« (FMASt) und zahlreichen Monographien; ebenso: Edizioni del Centro italiano di studi sull' Alto Medioevo, Spoleto, catalogo generale, 1952–1997, Hg. R. ARELLI u. a., 1997. Unentbehrlich sind die Nachschlagewerke LexMA, RAC, RGA (alle wie I, 5a) und HKG (wie I, 10b). – Das Max-Planck-Institut für Geschichte in Göttingen hat mit der Weiterführung der »Germania Sacra« und mit der

ten die Kirchengeschichte als zentraler Bereich des Aufbaus der mittelalterlichen Welt behandelt, nämlich als tragender Pfeiler von Kultur und Gesellschaft beim Übergang von der Antike zum Mittelalter.[18] Die mannigfachen Anstöße, die Kirche und Mönchtum des Kontinents vom frühmittelalterlichen Irland empfangen und die man entweder überschätzt oder unterschätzt hat, sind neuerdings zusammenfassend dargestellt worden.[19] Eine vergleichbare Synopse für den angelsächsischen Einfluß im Frankenreich und einige wichtige Einzeluntersuchungen liegen ebenfalls vor.[20]

Ein wichtiger Sonderbereich, der in den letzten Jahrzehnten durch interdisziplinäre Forschungen zu grundsätzlich neuen Ergebnissen geführt hat, betrifft die Ethnogenese der Germanen und deren Zusammenhang mit der früher hervortretenden keltischen Welt. Sie vollzog sich in einem breiteren geographischen Rahmen, wobei sowohl Südskandinavien als auch ostmitteleuropäische Gruppen beteiligt waren, ebenso aber auch die keltische »Oppida-Zivilisation« mit ihren präurbanen, befestigten Siedlungen, wie sie Iulius Caesar (100–44 v. Chr.)

Erforschung der Königspfalzen Grundlagenarbeit geleistet, desgleichen das Deutsche Historische Institut Paris unter K. F. WERNER mit der Zeitschrift »Francia«. – Zu Vertretern deutscher Historiographie: Deutsche Historiker (wie I, 3c); W. SCHULZE, Deutsche Geschichtswissenschaft nach 1945, 1989; Vierzig Jahre Konstanzer Arbeitskreis für mittelalterliche Geschichte, Hg. J. FRIED, 1991; IGGERS, Geschichtswissenschaft (wie I, 3c); Historische Sinnbildung. Problemstellungen, Zeitkonzepte, Wahrnehmungshorizonte, Darstellungsstrategien, Hg. K.-E. MÜLLER u. a., 1997. – Zur Kirchengeschichte: PONTAL, Synoden; WALLACE-HADRILL, Frankish Church; BAUS u. a., Die Kirche in Ost und West; LORENZ, Jahrhundert; Kirchengeschichte als Missionsgeschichte (alle wie II, 5a).

[18] PRINZ, Mönchtum (wie II, 5a); Herrschaft und Kirche (wie II, 5c); HEINZELMANN, Bischofsherrschaft; SCHIEFFER, Entstehung (beide wie II, 5a); Die Germanen (wie II, 5b); FELTEN, Äbte (wie II, 5a). Neben der in § 13 angeführten Literatur vgl. H.-J. DIESNER, Der Untergang Roms im Zwielicht, in: JAC 32, 1989, 7–22, bes. 16f., der Ergänzungen zu dem Standardwerk von DEMANDT, Spätantike (wie II, 5a), bringt.

[19] Die Iren; Irland und Europa; Irland und die Christenheit. Vgl. auch: Kilian (alle wie II, 5c); Ireland in Early Medieval Europe, Hg. D. WHITELOCK u. a., 1982; M. RICHTER, Irland im Mittelalter, 1996. Einen Überblick bietet B. MAIER, Die Kelten, 2000. Methodisch wichtig für die Missionspraxis: L. E. VON PADBERG, Mission und Christianisierung. Formen und Folgen bei Angelsachsen und Franken im 7. und 8. Jahrhundert, 1995.

[20] LEVISON, England (wie II, 5b), und SCHIEFFER, Winfrid-Bonifatius (wie II, 5a); A. ANGENENDT, Willibrord im Dienste der Karolinger, in: AHVN 175, 1973, 63–113. J. M. WALLACE-HADRILL, Bede's Ecclesiastical History of the English People, 1988. Zusammenfassend: Angli e Sassoni (wie II, 5c).

beschrieben hat. Man nimmt heute mit guten Gründen an, daß das relativ späte Einsetzen genauerer historischer Nachrichten aus antiken Quellen kein Zufall ist, sondern den Prozeß der Entstehung der germanischen Welt aus wesentlich älteren Wurzeln in seiner entscheidenden Endphase unmittelbar widerspiegelt.[21]

In ihrer Bedeutung für die Kenntnis der kulturellen Transformationen zwischen Spätantike und Frühmittelalter kaum zu überschätzen ist die lateinische Philologie des Mittelalters, die L. Traube entwikkelte und P. Lehmann sowie besonders B. Bischoff auf breiter codicologischer Basis ausbauten. Neben Texteditionen waren es ihre grundlegenden Untersuchungen zu Handschriftenwanderungen und zur Rezeption antiker Literatur im Mittelalter, die neue Erkenntnisse über den kulturellen Transfer zwischen beiden Epochen erbrachten.[22]

Für das Verständnis des Früh- und Hochmittelalters wurde auch die moderne Adelsforschung wichtig, die sich der von O. von Mitis und J. Sturm entwickelten, von G. Tellenbach und seinen Schülern ausgebauten besitzgeschichtlich-genealogischen Methode bedient. Es war vor allem die systematische Auswertung der klösterlichen Memorialbücher, die genealogische Zusammenhänge und überregionale Verbindungen aufdeckte. Phänomene wie die karolingische Reichsaristokratie und ihre Verwurzelung in den einzelnen Reichsteilen konnten damit besser erhellt werden, wie auch am Beispiel Fuldas die engen Verbindungen zwischen Adel und Kirche und die weiten personellen Einzugsgebiete eines Klosters. Desgleichen ergaben sich neue Aspekte für die Rolle des Totenkults und von dessen liturgischer Einbindung für das Selbstverständnis der frühmittelalterlichen Führungsschicht.[23]

---

[21] S. u. §§ 3f.; WENSKUS, Stammesbildung (wie II, 5a).

[22] L. TRAUBE, Vorlesungen und Abhandlungen, Hg. F. BOLL, Bd. 1–3, 1909–1920; LEHMANN, Erforschung des Mittelalters (wie I, 11m); B. BISCHOFF, Die südostdeutschen Schreibschulen und Bibliotheken in der Karolingerzeit, Bd. 1–2, ³1974, 1980; DERS., Mittelalterliche Studien (wie I, 11m), Bd. 3, 55–72; DERS., Paläographie (wie I, 11e). B. Bischoff hat maßgeblichen Anteil an den Katalogbänden Codices Latini Antiquiores, CLA (wie II, 4f).

[23] Das prototypische Werk der besitzgeschichtlich-genealogischen Methode: J. STURM, Die Anfänge des Hauses Preysing, 1931. Aus den zahlreichen Arbeiten der Tellenbach-Schule seien hier nur erwähnt: Studien und Vorarbeiten (wie II, 5c); SCHMID, Gebetsgedenken (wie II, 5a); Die Klostergemeinschaft von Fulda im früheren Mittelalter, Bd. 1–3, Hg. K. SCHMID, 1978; vgl. dazu: The Medieval Nobility, Hg. T. REUTER, 1978; J. B. FREED, Reflections on the Medieval German

Grundsätzliche Anstöße vor allem auch für die Frühmittelalterforschung brachte die moderne Landesgeschichte und Kulturraumforschung, wie sie H. Aubin, T. Frings und J. Müller seit 1920 im Bonner Institut für geschichtliche Landeskunde der Rheinlande entwickelt und F. Steinbach, F. Petri, E. Ennen und M. Zender in verschiedenen Bereichen weiter ausgebaut haben. Nicht zu vergessen ist dabei das Wirken K. Lamprechts (1856–1915) als eines Vorläufers kulturmorphologischer Methodik. Weit davon entfernt, nur Regionalgeschichte unter dynastischem Aspekt zu sein, verwirklicht diese Forschungsrichtung seit 1922 durch Methodenkombination und mit systematischer Zusammenführung zahlreicher Einzeldisziplinen effektive Arbeitsprinzipien, wie sie erst viel später unter dem Schlagwort »interdisziplinäres Forschen« bzw. »histoire totale« programmatisch gefordert worden sind. Die französische Schule der »Annales«, die sich zeitlich parallel entwickelte, nahm wesentliche Anregungen der landesgeschichtlichen deutschen Kulturraumforschung auf und brachte bedeutende neue Erkenntnisse; sie erreicht bis heute mit Forschern wie M. Bloch, F. Braudel, G. Duby und J. LeGoff ein großes Publikum. Zentrale Ausgangspunkte der Arbeiten des Bonner Instituts unter kulturmorphologischem Aspekt waren sowohl die Frage nach der Rolle der Spätantike im Rheinland als auch ihre Weiterwirkung im fränkischen Großreich und damit verbunden das generelle Problem

---

Nobility, in: American Historical Review 91/3, 1986, 553–575, und unten § 16; Memoria. Der geschichtliche Zeugniswert des liturgischen Gedenkens im Mittelalter, Hg. K. SCHMID u. a., 1984; E. HLAWITSCHKA, Franken, Alemannen, Bayern und Burgunder in Oberitalien (774–962), 1960. – Für Bayern wichtig: W. STÖRMER, Früher Adel, Bd. 1–2, 1973; einen weiterführenden Überblick bieten G. ALTHOFF, Verwandte, Freunde und Getreue, 1990; Nobilitas. Funktion und Repräsentation des Adels in Alteuropa, Hg. O. G. OEXLE u. a., 1997. – Umstritten ist neuerdings wiederum die genealogische Herleitung der Welfen aus dem Maas-Moselraum: J. FLECKENSTEIN, Über die Herkunft der Welfen und ihre Anfänge in Süddeutschland, in: Studien und Vorarbeiten (wie II, 5c), 71–136; dagegen W. HARTUNG, Die Herkunft der Welfen aus Alamannien, in: Die Welfen. Landesgeschichtliche Aspekte ihrer Herrschaft, Hg. K.-L. AY, 1998, 23–55. – Methodische Bedenken hinsichtlich der Rolle von Leitnamen in der Adelsforschung meldet an: F. GRAUS, Verfassungsgeschichte des Mittelalters, in: HZ 243, 1986, 529–589, bes. 576f. und 579 mit Anm. 173. Gleiches gilt für die Vorentscheidungen, die mit der personellen Gleichsetzung ähnlich geschriebener Namen getroffen werden, wodurch genealogische Zusammenhänge sehr unterschiedlich konstruiert werden können. – Ein realistisches Bild von Adelsmacht bieten R. LE JAN, Famille et pouvoir dans le monde franc (VIIe-Xe siècle), 1995; Violence and Society in the Early Medieval West, Hg. G. HALSALL, 1998.

der Kontinuität zwischen beiden Epochen, wobei naturgemäß die Fortdauer bzw. der Neuansatz städtischen Lebens im Mittelpunkt standen. Weit über das Rheinland hinaus ging es dann um Art und Umfang des germanisch-fränkischen Bevölkerungsanteils in Frankreich nördlich der Loire, wobei Archäologie, Siedlungsgeographie, Kirchen- und Kulturgeschichte, Orts- und Flurnamenforschung, Ergebnisse der Untersuchungen der materiellen Kultur (Hausbau, Agrarwirtschaft u. a.), aber auch der Volkskunde (Verbreitung von Heiligenkulten und Lebensformen des Alltags) sowie der Rechtsgeschichte zur wechselseitigen Erhellung historischer Prozesse herangezogen wurden. Diese Methodik war ein entscheidender Schritt weg von der traditionellen Ereignis- und Verfassungsgeschichte, den in vergleichbarer Weise auch T. Mayer, W. Schlesinger, O. Brunner und K. Bosl in ihren grundlegenden Untersuchungen vollzogen. Struktur- und Gesellschaftsgeschichte nach dem Vorbild der historischen Soziologie M. Webers traten dabei in den Vordergrund, ebenso die Stadtgeschichte, für die E. Ennen und H. Stoob Grundlegendes geleistet haben. Sowohl im »Konstanzer Arbeitskreis für mittelalterliche Geschichte« (1955ff.) als auch besonders in den internationalen Frühmittelaltertagungen der »Settimane di studio del Centro Italiano di studi sull' Alto Medioevo« (Spoleto 1954ff.) wirkt dieser komparatistische Ansatz historischer Forschung fruchtbar weiter, in letzterem Fall unter Einbeziehung der gesamten spätantiken und frühmittelalterlichen Mittelmeerwelt.[24]

---

[24] Literatur in: Probleme und Methoden (wie I, 3c). F. PRINZ, Regionalgeschichte – Landesgeschichte, in: Aspekte der historischen Forschung in Frankreich und Deutschland, Hg. G. A. RITTER u. a., 1982, 202–215; letzter umfassender Überblick: Landesgeschichte in Deutschland, Hg. W. BUCHHOLZ, 1998. Vgl. auch H. SCHÖNBAUM, Heinrich von Treitschke und Karl Lamprecht, 1960; U. LEWALD, Karl Lamprecht und die rheinische Geschichtsforschung, in: RhV 21, 1956, 279–304; AUBIN, Grundlagen und Perspektiven (wie II, 5a); M. WÜSTEMEYER, Die »Annales«: Grundsätze und Methoden ihrer »neuen Geschichtswissenschaft«, in: VSWG 54, 1967, 1–45; P. BURKE, Offene Geschichte. Die Schule der »Annales«, 1991; Alles Gewordene hat Geschichte. Die Schule der Annales in ihren Texten 1929–1992, Hg. M. MIDDELL u. a., 1994; vgl. auch HEIT u. a., Bibliographie (wie I, 1b). – Programmatischer Ausgangspunkt moderner Landesgeschichte war: H. AUBIN u. a., Kulturströmungen und Kulturprovinzen in den Rheinlanden, 1926 [Ndr. 1966]; Collectanea Franz Steinbach. Aufsätze und Abhandlungen zur Verfassungs-, Sozial- und Wirtschaftsgeschichte, geschichtlichen Landeskunde und Kulturraumforschung, Hg. F. PETRI, 1967. Die für das Frühmittelalter einschlägigen Bände des »Konstanzer Arbeitskreises« und der »Settimane« (Spoleto;

In den letzten Jahren ist schließlich die historische Frauenforschung auf den Plan getreten, deren – verständlicher – Impetus zwar anfangs einige Verwirrung stiftete, die aber inzwischen durch eine klärende Methodendiskussion bemerkenswerte Ergebnisse auf einem neuen und grundsätzlich wichtigen Forschungsfeld brachte.[25] Zu substantiellen Fortschritten im gesellschaftsgeschichtlichen Bereich und besonders auf dem Felde der materiellen Kultur führte, ungeachtet systembedingter, ideologischer Prämissen, die Mediävistik der ehemaligen DDR, auch für das Frühmittelalter. Die Arbeiten von E. Müller-Mertens, S. Epperlein, B. Töpfer und für die Archäologie die Publikationen von J. Herrmann und J. Henning sind hier beispielhaft zu erwähnen. Damit konnten wenigstens partiell Forschungsdefizite ausgeglichen werden, die in Westdeutschland eine starke, thematisch einengende Konzentration auf die Adelsforschung mit sich gebracht hatte. Befruchtend für die deutsche Mediävistik war wiederum der Einfluß der französischen Annales-Schule, wobei mit einer intensiven Mentalitätsforschung unter kollektivem Aspekt manche Traditionen der älteren deutschen Geistesgeschichte, aber auch der Sozialgeschichte der Schule K. Lamprechts wieder aufgenommen und fruchtbar weiterentwickelt wurden.[26]

Sett.Cent.it.) sind verzeichnet bei PRINZ, Grundlagen (wie II, 5a), 387ff. (1. und 2. Aufl.) und 429ff. (Nachtrag 2. Aufl.). Zur älteren Forschungsdiskussion vgl. T. FRINGS u. a., Germania Romana, Bd. 1–2, 1966, 1968; E. GAMILLSCHEG, Romania Germanica. Sprach- und Siedlungsgeschichte der Germanen auf dem Boden des alten Römerreiches, Bd. 1–3, 1934ff., [2]1970, hier Bd. 1; Siedlung (wie II, 5c); K.-J. GILLES, Spätrömische Höhensiedlungen in Eifel und Hunsrück, 1985.

[25] E. POWER, Medieval Women, 1975; WEMPLE, Women (wie II, 5a); S. SHAHAR, Die Frau im Mittelalter, 1981; ENNEN, Frauen (wie I, 10d); Frauen in Spätantike und Frühmittelalter, Hg. W. AFFELDT, 1990; Frauen in der Geschichte, Bd. 7: Interdisziplinäre Studien zur Geschichte der Frauen im Frühmittelalter, Hg. DERS. u. a., 1986; H.-W. GOETZ, Frauen im frühen Mittelalter, 1995; C. NOLTE, Conversio und Christianitas. Frauen in der Christianisierung vom 5. bis 8. Jahrhundert, 1995; D. HELLMUTH, Frau und Besitz. Zum Handlungsspielraum von Frauen in Alemannien (700–940), 1998. – Weitere Literatur § 18, Anm. 29.

[26] MÜLLER-MERTENS, Karl der Große; EPPERLEIN, Herrschaft (beide wie II, 5a); dazu von westdeutscher Seite J. SCHMITT, Untersuchungen zu den Liberi Homines der Karolingerzeit, 1977; K. BOSL, Frühformen der Gesellschaft im mittelalterlichen Europa, 1964. Ein erstes, kaum befriedigendes Resumé des Beitrags der DDR-Historiographie bietet: Zwischen Parteilichkeit und Professionalität, Hg. K. H. JARAUSCH, 1991; gleiches gilt für die ideologische Kritik von M. BORGOLTE, Sozialgeschichte des Mittelalters. Eine Forschungsbilanz nach der deutschen Einheit, 1996. – Eine kritische Würdigung der Annales-Schule unter zeitgeschicht-

c) Vorüberlegungen zur Ausgangslage

»In die weiten Hallen der Monarchie der Merowinger und Karolinger ziehen an der Hand der Geschichte die alten, wohlbekannten gentes ein; unter dem zerfallenden Gewölbe des stolzen Reiches treten dagegen neue Volksgebilde hervor, in denen wir die werdenden Nationen erblicken müssen.«[27] In diesem anschaulichen Bilde ist der weite Rahmen abgesteckt, in den sich der folgende Beitrag einordnet; doch weist seine Thematik auch weit hinter den Kern dieser Epochendarstellung, das Merowingerreich, zurück, wenn er – zumindest skizzenhaft – die ur- und frühgeschichtlichen Grundlagen der mitteleuropäischen Kulturentwicklung mit einbezieht. Sieht man von den antiken schriftlichen Quellen ab, die sich auf die Zeit- und Lebensräume des vor- und frühgeschichtlichen Menschen in Mitteleuropa beziehen, so beruhen unsere Erkenntnisse weitgehend auf archäologischem Fundgut. Zumeist handelt es sich um die Hinterlassenschaft von Beigaben führenden Gräbern und deren Bestattungsweisen, um die mühsame, oft schwer zu leistende Rekonstruktion von Siedlungsformen, ferner um die Vergrabung wertvoller Materialien aus Metall und Edelmetall aus Anlaß weitreichender, ganz Europa durchlaufender Unruhehorizonte und dergleichen mehr.[28] Entgegen dem Optimismus, mit dem man anfangs diese Hinterlassenschaften sozialstrukturell und kultgeschichtlich gedeutet hat, ist man heute vorsichtiger hinsichtlich der Interpretationsfähigkeit des Fundmaterials, und dies auch noch für wesentlich spätere Epochen, denen es nicht an schriftlichen Quellen

---

lichem Aspekt bietet L. RAPHAEL, Die Erben von Bloch und Febvre. Annales-Geschichtsschreibung und Nouvelle Histoire in Frankreich, 1994.

[27] DOVE, Studien (wie II, 5a), 75. – Den Prozeß der Entstehung der europäischen Nationen will auch die von W. SCHLESINGER initiierte, von H. BEUMANN und W. SCHRÖDER herausgegebene Reihe »Nationes«, 1975–, darstellen.

[28] STEIN, Adelsgräber (wie II, 5a); zum Problem der Deutung von Hortfunden, die nicht nur Opferfunde sind, vgl. auch R. BRADLEY, The Passage of Arms, 1990. S. u. §§ 3ff. – Zu Langobarden und Goten jetzt überzeugend V. BIERBRAUER, Die Landnahme der Langobarden in Italien aus archäologischer Sicht, in: Ausgewählte Probleme europäischer Landnahmen des Früh- und Hochmittelalters, Hg. M. MÜLLER-WILLE u. a., Bd. 1–2, 1993, 1994, Bd. 1, 103–172; V. BIERBRAUER, Archäologie und Geschichte der Goten vom 1.–7. Jahrhundert, in: FMASt 28, 1994, 52–171; siehe auch WOLFRAM, Goten (wie II, 5b). – Vgl. auch STEUER, Sozialstrukturen; dazu mit Recht einschränkend AMENT, Archäologie (beide wie II, 5a).

mangelt. Dennoch sind bedeutende Fortschritte und Erkenntnisse gewonnen worden, so etwa bei der archäologischen Rekonstruktion der Wanderzüge und Aufenthalte der Langobarden und Goten sowie der ethnischen und sozialen Deutung von Siedlungsresten und Gräberfeldern.

Deutsche Geschichte war und ist auf Europa als Ganzheit bezogen. Europa hat es aber als geographischen und dann auch als ethnischen Begriff schon in der griechischen Antike gegeben.[29] Hekataios von Milet teilte um 500 v. Chr. den ihm bekannten, im Mittelmeerraum zentrierten Erdkreis in die zwei Hälften Europa und Asien, wobei die konkrete Kenntnis des europäischen Westens und Nordens durch griechische Kaufleute bis nach Spanien und um 330 v. Chr. durch die Erkundungsreise des Pytheas von Massalia (Marseille) bis England, Irland und Skandinavien (Thule) erweitert wurde. Ein politisch-kulturelles »Europabewußtsein« kannte die Antike aber kaum: Die Trennungslinien verliefen zwischen Griechen und Barbaren, Römern und Fremden, wobei letztere so weit wie möglich in den Bannkreis des Imperiums einbezogen wurden: Die schließlich atemberaubende militärische Expansion brachte eine verwaltungsmäßige, politische und wirtschaftliche Einheit und Verkehrsgemeinschaft, die weitreichende kulturelle Folgen hatte, welche auch für die deutsche Geschichte konstitutiv werden sollte. Das Reich hatte Anteil an allen drei Erdteilen: an Europa, Asien und Afrika. Augustus wird als »Herr Europas und Asiens« apostrophiert. Als »christlicher Kontinent«, der identisch mit dem lateinischen Westen ist, taucht Europa um 400 n. Chr. in der »Vita Martini« des Sulpicius Severus auf, um 600 n. Chr. fügt Papst Gregor der Große (ca. 590–604) dem christlich-lateinischen Europabegriff die Zentrierung auf Rom hinzu. Die Karolingerzeit schließlich bringt den Europa-Begriff mit Karl dem Großen als Herrn dieser Einheit in Zusammenhang: Die politische wie religiöse, innere Verbundenheit des Subkontinents ist damit gegeben und füllt sich – trotz wechselnder Grenzen – zunehmend mit Realität auf. Inwiefern dabei

---

[29] FISCHER, Oriens (wie II, 5a); D. HAY, Europe. The Emergency of an Idea, 1957; O. HALECKI, Europa. Grenzen und Gliederung seiner Geschichte, 1957; H. DANNENBAUER, Die Entstehung Europas. Von der Spätantike zum Mittelalter, Bd. 1–2, 1959, 1962; H. GOLLWITZER, Europabild und Europagedanke, ^{2}1964, bes. Kap. 2; H. J. SATTLER, Europa. Geschichte und Aktualität des Begriffs, 1971; NHLW 6; HEG 1; G. PFLIGERSDORFFER, Art. »Europa I« (geographisch); W. BÜHLER, Art. »Europa II« (mythologisch), beide in: RAC 6, 1966, 895–964.

eine lange wirksame Schicksalsgemeinschaft gegenüber der islamischen Welt eine Rolle gespielt haben mag, bleibe dahingestellt. Andererseits gibt es neben der ideologisch-militärischen Konfrontation beider Kulturkreise einen die Jahrhunderte überdauernden wirtschaftlichen und geistigen Austausch von wechselnder Intensität. Wenn es auch eine ganz Europa umfassende Reichsbildung nie gegeben hat – auch im Karolingerreich blieben weite Teile Süd-, Nordwest- und Nordeuropas sowie das slawische Osteuropa außerhalb der Grenzen dieses Imperiums –, so wird man doch der Schöpfung Karls des Großen, die keineswegs einer auslaufenden Epoche angehört hat, einen bedeutenden Anteil an der Entstehung Europas zubilligen müssen. Schon die mit Karl einsetzende Kooperation von Papsttum und Kaisertum wurde ein konstitutives Novum der europäischen Geschichte.[30]

Es versteht sich von selbst, daß der historische Begriff »Europa« für eine Frühgeschichte Deutschlands nicht ausgeklammert werden kann, denn in der Forschung der letzten Jahrzehnte spielte der Kern unseres Themas als »Grundlegung der europäischen Einheit durch die Franken« eine nicht unwesentliche Rolle. In der Tat hat ja die Entstehung des fränkischen Reiches als erste Großreichsbildung nach dem Ende der Antike mit der Ausbildung Europas als jener politisch-kulturellen Einheit zu tun, die mehr wurde als ein Subkontinent der asiatischen Landmasse, mehr auch als eine »Randkultur« der griechisch-römischen Kulturwelt.[31]

Die bewußte Einbettung der deutschen Geschichte in gesamteuropäische Entwicklungen mindert eine grundsätzliche Schwierigkeit der ersten beiden Beiträge dieses Handbuchs, nämlich eine »Geschichte Deutschlands vor seiner Entstehung« zu schreiben, ein Problem, das nicht mit dem Hinweis abgetan werden kann, daß ja jede Geschichte ihre »Vorgeschichte« habe.[32] Es geht dabei doch um mehr, nämlich

---

[30] Was die große Bedeutung des Frankenreichs für die Ausformung Europas anbetrifft, so wird man C. DAWSON gegenüber G. BARRACLOUGH recht geben müssen: C. DAWSON, Die Gestaltung des Abendlandes, 1935, ²1961; G. BARRACLOUGH, Die Einheit Europas als Gedanke und Tat, 1964, 14f.; R. LOPEZ, The Birth of Europe, 1976. Eher kritisch zu bewerten – ausgenommen die linguistisch-philologischen Teile des Buches zur Umgangssprache – ist M. BANNIARD, Europa. Von der Spätantike bis zum frühen Mittelalter, 1993; siehe auch PRINZ, Konstantin (wie II, 5a). Problematisch: H. FREYER, Weltgeschichte Europas, 1948, ²1969.

[31] STEINBACH, Frankenreich (wie II, 5a); DAWSON, Gestaltung (wie Anm. 30). – Zur Integration einer Randkultur grundlegend: HAUCK, Randkultur (wie II, 5a).

[32] Ähnliche Probleme ergeben sich für eine »Geschichte Österreichs vor seiner Ent-

um die möglichst genaue Darstellung des Kaleidoskops jener Ethnika, Institutionen und Kräfte, aus deren immer inniger werdender Verbindung und verwandelnder Verschmelzung später die deutsche Geschichte entstehen sollte. Dabei stellen sich grundsätzliche Probleme, die nur unter europäischem Aspekt zu lösen sind. Das gilt beispielsweise für die Entstehung und Dauer von Völkern, denn neueste Forschungen haben die Tatsache erhärtet, daß die Ethnika keinesfalls feste Größen waren.[33]

Hinsichtlich solcher Probleme besteht zum ersten die Gefahr, das Mittelalter insgesamt mit seinen wenig ausgeprägten und wechselnden Grenzzonen in anachronistischer Weise nationsweise zu fragmentieren, womit man sein tiefgestaffeltes kulturelles Kommunikationsnetz – weitgehend ein Werk der Kirche – in zusammenhanglose Teilstücke zerspaltet. Damit aber übersieht man ein entscheidendes Wesensmerkmal des Mittelalters selbst: die grundsätzliche Einheit in der herrschaftlichen und ethnischen Vielfalt. Eine andere und weitaus größere Gefahr ergibt sich auch aus der oben angedeuteten Notwendigkeit, Entwicklungen und Ereignisse, die einst buchstäblich »am Rande« der mittelmeerischen Hochkulturen stattfanden, im Rückblick von einer karolingischen oder ottonisch-salischen Reichsgeschichte her mit einer Bedeutung auszustatten, die ihnen damals kaum zukam. Falsch wäre ein solcher Ansatz schon deshalb, weil er die wirklichen Proportionen der generellen Kulturentwicklung verzerrt und verfälscht; denn die gleichzeitige Entfaltung der islamisch-arabischen Hochkultur und die staatliche und kulturelle Kraft und Renaissance des Griechentums im Byzantinischen Reich haben doch ein anderes Gewicht als fränkische Erbteilungsstreitigkeiten und die fast ununterbrochenen Grenzkämpfe im Norden und Osten des Frankenreiches.[34]

---

stehung«: vgl. dazu WOLFRAM, Geburt (wie II, 5b), 12; PRINZ, Deutschlands Frühgeschichte (wie II, 5a).

[33] Strategies of Distinction. The Construction of Ethnic Communities 300–800, Hg. W. POHL u. a., 1998.

[34] F. J. DÖLGER, Byzanz und die europäische Staatenwelt, 1964; H. HUNGER, Reich der neuen Mitte. Der christliche Geist der byzantinischen Kultur, 1965; BECK, Jahrtausend (wie I, 10l), und die reiche Literatur in HEG 1, bes. die Beiträge von E. WAGNER, Der Einbruch des Islam, 323–343; M. A. SHAHAN, Islamic History A. D. 600–750, 1971. L'occidente e l'islam nell' alto medioevo, 1965 (Sett.Cent.it. 12); M. AMARI, Storia dei Musulmani di Sicilia, Bd. 1–5, [2]1933–1939; A. S. ATIYA, Kreuzfahrer und Kaufleute, 1964; F. MCGRAW DONNER, The Early Islamic Conquests, 1981; H. N. KENNEDY, The Prophet and the

Sicher ist das hier angedeutete Problem allgemeiner Natur, insofern es immer auch ein Problem der »neu Hinzugekommenen« bleibt: Auch Gallien, aus dem das fränkische Großreich als Keimzelle Europas entstand, lag – vom fortbestehenden griechisch-byzantinischen Imperium aus gesehen – lange am Rande der immer noch zentralen mediterranen Welt, und erst recht waren die seit dem Ende des 6. Jhs. ins Licht schriftlicher Quellen tretenden Slawen lange Zeit nur ein Randphänomen zwischen den etablierten politischen Einheiten des ostfränkisch-deutschen Reiches und dem neu erstarkten Byzantinischen Reich. Die spätere deutsche Geschichte muß in den großen, von der Mittelmeerwelt angestoßenen Akkulturationsprozeß eingebettet bleiben, der sich in jenem Großraum nördlich der Alpen wie der Pyrenäen vollzog, aus dem dann das mittelalterliche Europa entstand.[35] Damit nahm aber auch der geographische Bereich des späteren Deutschland, teils passiv als politisch-herrschaftliches Objekt, teils aber auch aktiv – und dies in wachsendem Maße – am Gesamtschicksal der um das Mittelmeer zentrierten Welt teil und damit auch an

---

Age of the Caliphates, 1986; A. AHMAD, A History of Islamic Sicily, 1975; R. COLLINS, The Arab Conquest of Spain 710–797, 1989; P. GUICHARD, Structures sociales »orientales« et »occidentales« dans l'Espagne musulmane, 1977; Geschichte der arabischen Welt (wie I, 10m), [3]1994, bes. 264–322; C. CAHEN, Vom Ursprung bis zu den Anfängen des Osmanenreiches, 1968; N. DANIEL, The Arabs and Medieval Europe, 1975; T. NAGEL, Staat und Glaubensgemeinschaft im Islam, Bd. 1–2, 1981, Bd. 1: Von den Anfängen bis ins 13. Jahrhundert; R. ARIE, España musulmana (siglos VIII-XV), 1982; weitere Literatur in: LexMA 1, 847f.; O. MAZAL, Das Byzantinische Reich (641–717), in: HEG 1, 344–357; DERS., Das Byzantinische Reich unter der Syrischen und der Makedonischen Dynastie, in: ebd., 805–856; H. ENZENSBERGER, Venedig (6.–11. Jahrhundert), in: ebd., 389–396, und DERS., Unteritalien seit 774, in: HEG 1, 784ff.; H.-G. BECK, Kirche und theologische Literatur im byzantinischen Reich, 1959; P. GOUBERT, Byzance avant l'Islam, Bd. 1–3, 1951–1965; G. OSTROGORSKY, Geschichte des byzantinischen Staates, [3]1963; DERS., Byzanz und die Welt der Slawen, 1974; R.-J. LILIE, Die byzantinische Reaktion auf die Ausbreitung der Araber, 1976; DERS., Byzanz. Das zweite Rom, 2003; J. DÉER, Byzanz und das westliche Kaisertum, 1979; C. MANGO, Byzantium: The Empire of New Rome, 1980; O. MAZAL, Byzanz und das Abendland, 1981; A. CAMERON u. a., The Byzantine and Early Islamic Near East, Bd. 1–2, 1989, 1994; SCHREINER, Byzanz (wie I, 10l); methodisch wichtig: J. F. HALDON, Byzantium in the Seventh Century. The Transformation of a Culture, [2]1997 (dt.: Das Byzantinische Reich. Geschichte und Kultur eines Jahrtausends, 2002). – Vgl. ferner PITZ, Ökumene (wie Anm. 15).

[35] Vgl. dazu T. SCHIEFFER, Europa im Wandel von der Antike zum Mittelalter, in: HEG 1, 22–50; PRINZ, Grundlagen (wie II, 5a), 16–40; J. FRIED, Der Weg in die Geschichte. Die Ursprünge Deutschlands bis 1024, 1994, 162–244.

deren partieller Loslösung und radikalen religiösen Umpolung, die sich mit dem Siegeszug des Islam ergab. Entscheidend war, daß es zu keiner Einschmelzung der Araber in die antik-mediterrane Kulturwelt kam, wie dies nördlich der Alpen bei den germanischen Völkern noch der Fall gewesen ist;[36] es ging sogar das gesamte Südufer der Mittelmeerwelt samt den Heiligen Stätten der Christenheit an eine neue, militante Religion verloren, die eben nicht mehr »integrierbar« war, mochte sie auch bald nach der explosionsartigen Eroberungsphase viel vom wissenschaftlich-technischen Wissen und Können und wichtige zivilisatorische Standards des täglichen Lebens von der christlichen Spätantike übernommen haben.[37] Das konsequente Festhalten an der islamischen Religion wie an der arabischen Sprache haben in jedem Fall diesen expandierenden, 711 auch auf Spanien und fast gleichzeitig auf Süditalien übergreifenden Kulturkreis gegen seine Zersetzung durch die unterworfene höhere Weltzivilisation der christlichen Spätantike gleichsam »imprägniert«.

Unter solchen Umständen fällt es schwer, eine Art von universalhistorischer »Gesamtrechnung« aufzustellen, denn Gewinn wie Verlust ergeben sich je nach Standpunkt: Einerseits ging bis zum 8. Jh. für die christliche Religion und Kultur etwa die Hälfte ihres Wirkungsbereichs an den Islam verloren, andererseits hat dieser herbe Verlust mittelbar zur Ausprägung einer eigenen, christlich-abendländischen Kultur mit neuen Schwerpunkten beigetragen. Dies könnte man jedenfalls als den haltbaren Kern der berühmten kulturhistorischen These von H. Pirenne ansehen, wonach die zeitweilige Störung der wirtschaftlich-kulturellen Verkehrsgemeinschaft des Mittelmeerraums durch die arabischen Invasionen den Aufstieg des Karolingerreiches wesentlich gefördert habe.[38] Insgesamt brachte aber die islamisch-arabische Expansion nicht jenen radikalen Bruch, von dem

---

[36] SCHIEFFER, Europa (wie Anm. 35), 34f.

[37] SCHAEDER, Orient; VON GRUNEBAUM, Islam; ROSENTHAL, Fortleben (alle wie II, 5a); R. WALZER, Greek into Arabic. Essays on Islamic Philosophy, 1962; M. LOMBARD, Blütezeit des Islam. Eine Wirtschafts- und Kulturgeschichte, 8.–11. Jahrhundert, 1992.

[38] PIRENNE, Mahomet (wie II, 5a); Bedeutung, Hg. HÜBINGER (wie II, 5c) (Diskussion der These Pirennes); darüber mit wichtigen Argumenten: CLAUDE, Handel (wie II, 5a), bes. 274ff., und R. HODGES u. a., Mohammed, Charlemagne and the Origins of Europe, 1983; vgl. auch den Sammelband: Mohammed und Karl der Große, mit Beitr. von F. GABRIELI, ^{2}1993 (Sonderausgabe von PIRENNE, Mahomet [wie II, 5a]. – S. u. § 19b mit Anm. 42–49 [Handel]).

man früher ausging; schon die Handelsbeziehungen waren bald sehr intensiv.

Man hat für die schrittweise Entstehung des europäischen Kulturkreises als äußerste Grenzdaten die Zeit Konstantins des Großen († 337) und Karls des Großen († 814) angenommen, also eine Epoche von fast einem halben Jahrtausend, und kein Geringerer als Leopold von Ranke sah in der sich damals vollziehenden »Mischung von germanischen und romanischen Elementen« den entscheidenden Vorgang, auf dem »die ganze Entwicklung unserer Zustände bis auf die neueste Zeit« zurückzuführen sei und wodurch sich eben Europa als »eine Welt für sich« gebildet habe.[39] Wenn Ranke auch die dritte Säule der europäischen Völkergemeinschaft, nämlich die slawische Welt, die seit dem Ende des 6. Jhs. ein wesentlicher Faktor wurde, dabei außer acht gelassen hat, wird man doch mit ihm hier eine weltgeschichtlich bedeutsame Weggabelung sehen dürfen, die sowohl durch den Eintritt der germanischen Welt in den Kulturkreis des Imperium Romanum bewirkt wurde als auch durch die islamische Okkupation großer Teile desselben. Von einer Abkapselung der germanisch-romanischen, später der westslawischen Völker gegenüber ihrer Umwelt kann jedoch keine Rede sein. Das christliche Keltentum Irlands und Schottlands wirkte seit dem 6. Jh. durch eine monastische Wanderbewegung in mehreren Wellen auf das fränkische Großreich nachhaltig ein, und auch die Verbindungen zu Byzanz, dem christlichen Ostreich, liefen trotz der Unterbrechung der Landverbindungen durch die slawische West- und Südwanderung weiter, vor allem in den byzantinisch verwalteten Teilen Italiens, aber auch an der Südostflanke des Frankenreichs.[40] Den Vorstoß der islamischen Welt über

---

[39] L. VON RANKE, Über die Epochen der neueren Geschichte, historisch-kritische Ausgabe, Hg. T. SCHIEDER u. a., 1971, 124–139, hier 139. – Gewichtige Argumente für eine eigenständige, wandlungsreiche Epoche zwischen Konstantin dem Großen und Beda Venerabilis († 735) bringt M. FUHRMANN, Rom in der Spätantike, 1994, 13–18.

[40] Zur irischen Mission auf dem Kontinent: PRINZ, Mönchtum (wie II, 5a), bes. 121ff., 293ff. und 345ff.; Die Iren; Irland und Europa (beide wie II, 5c). – Zu Byzanz und dem Westen vgl. die Art. »Byzantinische Kunst«, »Byzantinische Literatur«, »Byzantinisches Recht«, »Byzantinisches Reich« u. a., in: LexMA 2, 1169–1327; DÖLGER, Byzanz; MAZAL, Das Byzantinische Reich; ENZENSBERGER, Venedig, und DERS., Unteritalien (alle wie Anm. 34). Für die weitere Entwicklung CLASSEN, Karl der Große (wie II, 5a). – Zum byzantinischen Einfluß im lateinischen Westen vgl. M. MCCORMICK, Triumphal Rulership in Late Antiquity. By-

die Pyrenäenhalbinsel hinaus nach Gallien konnte Karl Martell 732 und 738 erfolgreich stoppen, so daß schon seit dem 8. Jh. eine gewisse Normalisierung der Beziehungen zur Omaijadenherrschaft im Reich von Córdoba eintrat, ein Zustand, der auch durch die erbitterte Feindschaft zwischen den Omaijaden und Abbasiden gefördert wurde. Dies und die erfolgreiche Regeneration des Byzantinischen Reiches unter der syrischen und der makedonischen Dynastie führte dann auch im Osten seit dem 8./9. Jh. eine Art von politischem Gleichgewichtszustand zwischen der islamischen-arabischen Welt und dem karolingisch-päpstlichen Abendland und Byzanz herbei, wenn es auch weiterhin Krisenzonen gab. In diesem weit abgesteckten Rahmen konnte sich seit dem 5. Jh. mit den germanischen Völkerwanderungen das fränkische Großreich entfalten, das später durch die energische Herrschaftsorganisation zweier Dynastien und die Gunst der historischen Situation zur Keimzelle der europäischen Völkergemeinschaft wurde. Daß auch der Zufall und das machtvolle Wirken großer Persönlichkeiten dabei eine Rolle spielten, sei jedoch nicht vergessen: etwa die Spaltung der siegreichen islamischen Welt oder die zentrierende politische Kraft Karls des Großen, der den neuen Großraum des späteren West- und Mitteleuropa politisch-kulturell organisierte.

Das fränkische Großreich: Der Beginn der fränkischen Geschichte auf gallisch-römischem Boden ist kaum spektakulär zu nennen, denn anders als bei Wandalen, Goten oder Langobarden war sie nicht mit großen Wanderzügen durch Europa verbunden.[41] Schon hundert Jahre vor der eigentlichen Völkerwanderung kam es links des Rheins zu einer längeren provinzialrömisch-fränkischen Symbiose, die zweifellos den politischen Aufstieg Chlodwigs I. († 511) erleichterte.[42] Seine

---

zantium and the Early Medieval West, 1986. – Für den kirchlich-monastischen Bereich ist der byzantinische Einfluß kaum zu überschätzen. S. u. §§ 13f. Vgl. dazu M. HERREN, The Sacred Nectar of the Greeks. The Study of Greek in the West in the Early Middle Ages, 1988.

41 Zusammenfassend: Siedlung (wie II, 5c); STEINBACH, Frankenreich (wie II, 5a), 1–90; GAMILLSCHEG, Romania Germanica (wie Anm. 24), Bd. 1, Die Franken; W. GOFFART, Barbarians and Romans A. D. 418–584, 1980; E. A. THOMPSON, Romans and Barbarians. The Decline of the Western Empire, 1982. Zur Bildung der Großstämme der Franken, Alamannen etc. grundlegend: WENSKUS, Stammesbildung (wie II, 5a), und unten §§ 6 und 10.

42 Wichtig für die fränkisch-merowingische Geschichte insgesamt: WALLACE-HADRILL, Kings; TESSIER, Le baptême; PÉRIN u. a., Les Francs; WEIDEMANN,

Reichsgründung, die er in zäher Auseinandersetzung mit dem germanischen Bündnissystem Theoderichs des Großen und unter brutaler Ausschaltung fränkischer Teilkönige zuwege brachte, erwies sich als dauerhaft: Die lange provinzialrömische Vorgeschichte der fränkischen Herrschaft in Gallien trug dazu ebenso bei wie die ständige, enge Rückverbindung mit dem germanischen Zentralraum östlich des Rheins, desgleichen aber auch die frühe und erfolgreiche Einbeziehung der katholischen Kirche in den fränkischen Staatsaufbau, ein Vorgang, den man ebensogut als Integration der Franken in die Kirche bezeichnen könnte.[43]

Noch in die Zeit des Ausbaus der merowingischen Reichsherrschaft, vor allem in den Gebieten rechts des Rheins, fällt die Westbewegung der slawischen Stämme und ihr schrittweiser Eintritt sowohl in die griechisch-byzantinische Welt als auch in das östliche Vorfeld des Frankenreiches.[44] Schon Ende des 6. Jhs. kämpften die Bajuwaren im Südosten mit slawischen Verbänden, im frühen 7. Jh. wurde das Samo-Reich, dessen Zentrum wohl in Böhmen lag, ein ernstzunehmender Gegner der Franken, und spätestens im 8. Jh. baute sich im Vorfeld der fränkischen Großmacht von der Ostsee bis an die Donau, Save und Drau ein Gürtel slawischer Regionalherrschaften und Stammesbünde auf, die sowohl Objekte der Eroberung als auch der christlichen Mission wurden.[45] Mit der slawischen Besiedlung Mittel- und Osteuropas, die auch für Byzanz nachhaltige Folgen hatte, war auf jeden Fall jene große ethnische Trias von Romanen, Germanen und Slawen entstanden, in deren Rahmen sich die fränkische wie später die deutsche Geschichte entfaltete. Letztere ist sogar in

---

Kulturgeschichte; EWIG, Gallien; BLEIBER, Frankenreich (alle wie II, 5a); EWIG, Frühes Mittelalter (wie II, 5b); P. J. GEARY, Before France and Germany. The Creation and Transformation of the Merovingian World, 1988 (dt.: Die Merowinger. Europa vor Karl dem Großen, 1996); EWIG, Merowinger; WOOD, Merovingian Kingdoms (beide wie II, 5a); DERS., Merovingian Gaul, 1993; letzte Zusammenfassung des Forschungsstandes über die beiden wichtigsten germanischen Großstämme am Rhein: Die Franken und die Alemannen bis zur »Schlacht bei Zülpich« (496/97), Hg. D. GEUENICH, 1998.

[43] PRINZ, Stadtherrschaft (wie II, 5a); Herrschaft und Kirche (wie II, 5c), darin bes. die Beiträge von M. HEINZELMANN, R. KAISER und G. JENAL; zur Herrschaft der Äbte: F. FELTEN.

[44] S. u. § 11.

[45] FRITZE, Frühzeit (wie II, 5b); PRINZ, Böhmen (wie I, 9); WOLFRAM, Ethnogenesen; DERS., Geburt (beide wie II, 5b).

ganz besonderer Weise allen drei Großethnika verbunden: Während jedoch die lange Zugehörigkeit des linksrheinischen Deutschland und der Lande südlich der Donau zum Imperium Romanum durch erhaltene Großbauten und ein breitgefächertes Spektrum von Kulturtraditionen im allgemeinen Bewußtsein durchaus präsent geblieben ist, spielt die Tatsache, daß die slawische Siedlung einst bis vor die Tore Hamburgs und Nürnbergs reichte, bis heute nur eine untergeordnete oder gar keine Rolle im deutschen Kulturbewußtsein.

Die Kirche: Wichtigstes Medium dieses für die Entstehung Europas entscheidenden Akkulturationsvorgangs war dabei eine spätantike Institution, nämlich die christliche Kirche, die über den Umbruch der Völkerwanderungen hinweg ein effizientes kulturelles Kommunikationssystem ausbildete, ohne dessen Existenz Europa wohl nur ein schemenhaft-geographischer Begriff geblieben wäre. Dabei spielte auch eine Rolle, daß das allgemeine Kulturniveau in der Spätantike aus mannigfachen Gründen gesunken war und sich verändert hatte, was zweifellos die Verschmelzung mit der germanischen wie mit der slawischen Völkerwelt wesentlich erleichterte.[46] Die Kirche wurde trotz regionaler Einbußen die umfassende Traditionsträgerin einer christlich-dogmatisch gefilterten, griechisch-römischen Antike, ihre

[46] Vgl. Passaggio dal mondo antico al medioevo da Teodosio a San Gregorio Magno. Convegno internazionale 1977, 1980 (Accademia nazionale dei Lincei 45). – Zur Entfaltung der Kirche vgl. allgemein: HALLER, Papsttum (wie I, 10b); E. CASPAR, Das Papsttum unter fränkischer Herrschaft, 1956; W. ULLMANN, The Growth of Papal Government in the Middle Ages, [4]1970; Ökumenische Kirchengeschichte, Hg. R. KOTTJE, Bd. 1–3, 1970–1974, [4]1988f.; BAUS u. a., Die Kirche in Ost und West (wie II, 5a); Die Kirche des früheren Mittelalters, Hg. K. SCHÄFERDIEK, 1978; G. HAENDLER, Die abendländische Kirche im Zeitalter der Völkerwanderung, 1980, [2]1983; Das Papsttum, Hg. M. GRESCHAT, Bd. 1–2, [2]1994, Bd. 1: Von den Anfängen bis zu den Päpsten in Avignon; R. MACMULLEN, Christianizing the Roman Empire (A. D. 100–400), 1984; Religion, culture, and society in the early middle ages (Fs. R. E. Sullivan), Hg. T. F. X. NOBLE, 1987; A. ANGENENDT, Princeps imperii – Princeps apostolorum. Rom zwischen Universalismus und Gentilismus, 1989; J. GAUDEMET, L'Église dans l'Empire romain (IVe-VIe siècles), [2]1989; C. SCHWEIZER, Hierarchie und Organisation der römischen Reichskirche in der Kaisergesetzgebung vom 4. bis zum 6. Jahrhundert, 1991; J. MEYENDORFF, Imperial Unity and Christian Divisions: the Church 450–680, 1989; Spätantike und Christentum, Hg. C. COLPE u. a., 1993; E. DASSMANN, Die Anfänge der Kirche in Deutschland, 1993; J. C. RUSSELL, The Germanization of Early Medieval Christianity, 1994; Das Entstehen der einen Christenheit (250–430), Hg. C. PIETRI u. a., 1996.

Institutionen gaben ein gesichertes, wenn auch selektives Erbe an die neuen Völker weiter, die sich im zertrümmerten Gebäude des Imperium Romanum angesiedelt hatten. Mit Recht ist dabei betont worden, daß sich gerade im Bannkreis der Kirche wesentlich Neues entwikkeln und der mittelalterlichen Welt weitergegeben werden konnte.[47] Aus dem Schoße der Kirche, wenn auch des öfteren in kritischer Distanz zu ihr, ging das Mönchtum als kulturprägende Kraft diesseits wie jenseits der umstrittenen Epochengrenze zwischen Antike und Mittelalter hervor.[48] Erinnert sei an den ersten Höhepunkt christlicher Literatur und Geschichtsschreibung bei Aurelius Prudentius Clemens (349–nach 405), Paulus Orosius (ca. 380/85–nach 417), Ancius Manlius Boëthius (ca. 475/80–524) und Cassiodor (ca. 485–580) und vor allem an die subtile psychologische Selbsterforschung eines Augustinus in seinen »Confessiones« – eine neue Art von Literatur. Vor allem die lateinische Bibelübersetzung des heiligen Hieronymus (347/48–419/20) und seine Interpretationen der Heiligen Schrift sowie die Theologie Augustins öffnen gleichsam das Tor für das lateinische Mittelalter Europas. Desgleichen sei hingewiesen auf die Ausbildung von Basilika und Zentralbau als kultische Architektur, auf die christliche Mosaikkunst in Rom, Konstantinopel und Ravenna, ferner auf die Kodifizierung der römischen Rechtskultur unter den Kaisern Theodosius II. (408–450) und Justinian I. (527–565). Schließlich sei auch nicht vergessen, daß das neue kirchliche Latein und Griechisch, geschmeidigt durch die dogmatischen Auseinandersetzungen auf den spätantiken Reichskonzilien, nicht nur die sprachlichen Medien der Christianisierung der germanischen wie der slawischen Völker wurden, sondern auch die schriftliche Fixierung und Spiritualisierung der neuen Volkssprachen bewirkten.[49]

Art und Intensität der gesellschaftlichen, politisch-institutionellen und kulturellen Kräfte im Übergang von der Spätantike zum Frühmittelalter sind seit A. Dopsch, H. Pirenne und M. Bloch vor allem im Zusammenhang einer lebhaften internationalen Diskussion über Kulturbruch oder Kulturkontinuität zwischen beiden Epochen erörtert worden, desgleichen das Problem der Periodengrenze zwischen Altertum und Mittelalter. Dabei ist zu beachten, daß sich mehr und mehr

---

47 S. u. § 13.
48 S. u. § 14.
49 S. u. § 15 mit Anm. 66ff.

die Spätantike als durchaus eigenständige geschichtliche Epoche erweist; desgleichen zeigt sich, daß man vom »Ende der Antike« – wenn überhaupt! – nur dann sprechen kann, wenn man die gravierenden Unterschiede in den einzelnen Großregionen berücksichtigt, die sowohl einen chronologischen als auch einen strukturgeschichtlich-kulturellen Aspekt haben.[50] Das westgotische Spanien erlebte bis zum Beginn des 8. Jhs. eine Nachblüte christlich-antiker Zivilisation.[51] Dagegen ist Irland, das niemals Teil des Imperium Romanum gewesen ist, durch die frühe Mission des 5. Jhs., vor allem durch St. Patrick, dem spätantik-christlichen Kulturkreis erschlossen worden. Es erlebte zwischen dem 6. und 8. Jh. seinen ersten kulturellen Höhepunkt: Auf der Grundlage einer noch durchwegs gentilen Gesellschaft entwickelte hier die Kirche und besonders das Mönchtum mit Hilfe christlich-spätantiker Traditionen eine neuartige Kultur, die in mannigfacher Weise Vorläuferin der agrarisch-grundherrschaftlichen Gesellschaft des Frühmittelalters auf dem Kontinent geworden ist. Eine Epochengrenze ist in diesem für die weitere kontinentale Geschichte so einflußreichen Land kaum feststellbar, eher kann man vom Kontinuum einer Randkultur der Alten Welt sprechen, die vor und nach dem Übergang zwischen Antike und Mittelalter von der Hochkultur der Anrainer des Mittelmeers beeinflußt worden ist wie zuvor das Keltentum insgesamt. Seit dem Ende des 6. Jhs. wirkte die kirchliche Kultur Irlands prägend auf ganz Westeuropa.[52] In Gallien verlor die

[50] Diskussion in: Zur Frage der Periodengrenze; Kulturbruch; Bedeutung, Hg. HÜBINGER (alle wie II, 5c); M. BLOCH, Une mise au point: Les invasions, in: DERS., Mélanges historiques, Bd. 1–2, 1963, Bd. 1, 110–141; A. DEMANDT, Der Fall Roms. Die Auflösung des Römischen Reiches im Urteil der Nachwelt, 1984; Kontinuität und Transformation der Antike im Mittelalter, Hg. W. ERZGRÄBER, 1989; methodisch wichtig: H. VON PETRIKOVITS, Der diachorische Aspekt der Kontinuität von der Spätantike zum frühen Mittelalter, in: NAG I, Philologisch-Historische Klasse 1982,5, 209–224. – Zur definitorischen Abschichtung der Spätantike von der Antike insgesamt vgl. zuletzt, vor allem im Hinblick auf die literarischen Leistungen, FUHRMANN, Rom (wie Anm. 39), 13–18.

[51] R. WENSKUS, Das tolosanische Westgotenreich, in: HEG 1, 236–242; J. M. LACARRA u. a., Das Westgotenreich in Spanien (507–711), in: ebd., 435–448; D. CLAUDE, Geschichte der Westgoten, 1970; WOLFRAM, Goten (wie II, 5b), 207f.; L. A. GARCIA MORENA, I Visigoti nella penisola iberica, in: I Goti [Katalog], 1994, 292–297. – Für Südfrankreich: ROUCHE, L'Aquitaine (wie II, 5b).

[52] Literatur wie Anm. 19. – Zur irischen Geschichte immer noch unentbehrlich: J. KENNEY, Sources for the Early History of Ireland, 1929; F. J. BYRNE, Die keltischen Völker (5.–11. Jahrhundert), in: HEG 1, 449–493; P. M. DUVAL, Die Kelten, 1978; WERNER, Keltentum (wie II, 5b); siehe auch oben Anm. 20.

Provence erst im 8. Jh. endgültig ihre noch typisch spätantike Stadtverfassung, und zwar sowohl durch die islamischen Vorstöße nach Südfrankreich als auch durch die Wiedereroberungskriege Karl Martells (714–741). Jetzt erst wurde diese gallorömisch-spätantike Region, typologisch gesehen, ein Bestandteil des Frankenreiches.[53] Mit anderen Worten: Das Problem der Periodengrenze zwischen Spätantike und Frühmittelalter stellt sich in jeder Region anders, ein »Einheitsdatum« zu postulieren ist in sich widersinnig. Im Südosten des Merowingerreiches, wo bislang eine unmittelbare Verbindung zu Byzanz bestanden hatte, unterbrach erst die slawische Wanderung bis ans Ostufer der Adria im späten 6. und vor allem im 7. Jh. die regionale Kommunikation zwischen Romanen und Griechen. Die politisch-herrschaftliche Neuorganisation Südosteuropas, die wie im Frankenreich mit einer Reagrarisierung in vielen Lebensbereichen verbunden war, zog sich jedoch noch über Jahrhunderte hin, desgleichen die Einschmelzung der alten romanisierten Bevölkerung in die mittelalterliche slawische Welt.[54]

Überblickt man insgesamt den hier behandelten Zeitraum vom 3. bis zum Beginn des 8. Jhs. – eine Epoche, die sich weitgehend mit dem Begriff Spätantike deckt, wie ihn neuerdings die Altphilologie definiert[55] –, so drängt sich zu deren Charakterisierung vor allem der Begriff »Transformation« auf, den die Historiker nach wie vor und mit guten Gründen in Spätantike und Frühmittelalter gliedern. Man kann sagen, daß kein Phänomen der ersteren ohne spezifische Umwandlung in die folgende Epoche übernommen worden ist. Kontinuität zwischen beiden Phasen bleibt sicher ein wesentliches Signum des gesamten Zeitraums, aber ebenso wichtig ist die Tatsache, daß die überkommenen Elemente antiker Kultur und Staatlichkeit umgewandelt, vielfach neu gedeutet, transformiert und an neue politisch-gesellschaftliche Verhältnisse angepaßt wurden. Das gilt in besonders hohem Maße, wie zu zeigen sein wird, für die Kirche als stabilste Lebens- und Organisationsform, die sich innerhalb des Imperium Ro-

---

[53] Buchner, Provence. – Zum Strukturwandel der Städte: Février, Le développement (beide wie II, 5b); P. J. Geary, Aristocracy in Provence, 1985; Ders., Die Merowinger (wie Anm. 42).

[54] Schramm, Eroberer (wie II, 5b); Literatur bei M. Hellmann, Südslawen, in: HEG 1, § 135, 883ff.

[55] So Fuhrmann, Rom (wie Anm. 39).

manum gebildet hatte und ein Grundmuster des mittelalterlichen Europa wurde und blieb. Man könnte pointiert vom »Spolien-Charakter« des antiken Erbes in der Welt des Mittelalters sprechen, denn diese antiken Elemente wurden jetzt in andere Lebens- und Bedeutungszusammenhänge eingebaut. Das gilt im materiellen wie im geistigen Sinne.

Was sich zwischen dem 3. und 8. Jh. wandelte und blieb, waren gleichsam die oft noch disparaten Bauelemente, die sich erst im Laufe des Mittelalters zu einer weitgehend stimmigen Einheit zusammenfügten. Oder, um ein anderes Bild zu gebrauchen: Wie im Kaleidoskop die einzelnen Farben überraschend zum Bild zusammenschießen, so fügten sich Teile einer langen hochkulturellen Tradition in die neuen gesellschaftlichen und ethnischen Gegebenheiten ein: Es entstand die unverwechselbare Kultur des christlichen Mittelalters, von der auch das spätere Deutschland grundlegend geprägt worden ist.[56] Dessen »Vorgeschichte« war untrennbar mit dem spätantiken und gallo-fränkischen Gesamterbe verbunden; ohne letzteres gäbe es keine deutsche Geschichte. Oder anders ausgedrückt: Alles, was in der Spätantike materiell und geistig entwickelt worden ist, bildete die unabdingbare Voraussetzung und Grundlage auch für jene Region Europas, die später Deutschland wurde. Insofern gehört die lange Vorgeschichte der spätantiken Mittelmeerwelt unlösbar zur deutschen Geschichte.

Dieser einleitende geschichtliche Rundblick bliebe unvollständig, wenn man die – allerdings schwankende – Bedeutung Roms auch für die Regionen nördlich der Alpen außer acht ließe. Das gilt selbst für die hier zu behandelnden Epochen, in denen die Rolle dieser historischen Hauptstadt der europäischen Welt als Kaiser- wie als Papstresidenz für die Frühgeschichte Deutschlands eher peripher erscheinen mag. Denn schon beim Hervortreten der späteren deutschen Stämme war Rom als militärischer Widerpart, als Okkupant westlich des Rheins und südlich der Donau auch kulturell prägend.[57] Germanische Fürsten waren an der Einsetzung römischer Kaiser oder Gegenkaiser beteiligt, traten allerdings auch seit dem Gotenkönig Alarich als Plünderer Roms (410) in Erscheinung. Roms Stern als *caput mundi* be-

---

[56] F. Prinz, Art. »Transformation«, in: LexMA 8, 937–941.
[57] S. u. §§ 4f.

gann allerdings schon früh zu sinken, nachdem Kaiser Konstantin der Große, der einst mit Hilfe germanischer Truppen in Köln und Trier als Caesar und später als Imperator mächtig geworden war, Rom verlassen hatte, um am Bosporus seine »Nova Roma« Konstantinopel zu erbauen. Zweifellos erlitt Rom damit einen sehr empfindlichen Macht- und Prestigeverlust und konnte in der darauffolgenden Epoche leichter das Opfer germanischer Invasoren werden; doch blieb in der alten Metropole immer noch eine reiche und einflußreiche Senatorenaristokratie politisch am Ruder, der selbst noch der Gotenkönig Theoderich der Große (473–526) als »Vizekönig« des oströmischen Kaisers seine Referenz erwies.[58] Auch für die gebildeten Christen wie den Kirchenvater Hieronymus blieb Rom *caput mundi*, wobei für ihn sowohl die kaiserliche Vergangenheit als auch der sakrosankte Ort zweier Apostelgräber im Vordergrund standen.[59]

Aber auch die Plünderungskatastrophen scheint Rom mit Hilfe seines potenten Senatorenadels besser überstanden zu haben, als man bislang angenommen hat. Neueste kunsthistorische wie archäologische Untersuchungen bezeugen die erstaunliche Regenerationskraft des paganen wie des christlichen Rom im 5. und 6. Jahrhundert.[60] Machtpolitisch gesehen geriet Rom seit Konstantins Weggang zweifellos in ein Vakuum, wie dies auch der Aufstieg der Kaiserresidenzen Mailand, Ravenna und Trier seit dem 4. Jh. belegt. Aber gerade in der hoch gefährdeten Übergangsepoche zwischen dem 4. und 6. Jh. wird Rom der große Kristallisationspunkt christlicher Hierarchie und Kultur im lateinischen Westen des zerbrechenden Imperium Romanum – eine Entwicklung, die etwa mit den großen Päpsten Damasus I. (366–384), Leo dem Großen (440–461) und Gregor dem Großen (ca.

---

[58] DEMANDT, Spätantike (wie II, 5a), 180–191; WOLFRAM, Goten (wie II, 5b), 403–409.

[59] DEMANDT, Der Fall Roms (wie Anm. 50), 588, und Sancti Eusebii Hieronymi epistulae, Pars III: 121–154, Hg. I HILLBERG, 1918 [Ndr. 1961], 145–156, c. 12, 154f. (CSEL 56).

[60] The Transformation of Urbs Roma in Late Antiquity, Hg. W. V. HARRIS, 1999; Epochenwandel? Kunst und Kultur zwischen Antike und Mittelalter, Hg. F. A. BAUER u. a., 2001, darin bes. Beiträge von J. G. DECKERS, S. REBENICH, B. ZIMMERMANN und F. A. BAUER. DERS., Stadt, Platz und Denkmal in der Spätantike, 1996. – Zum Problem generell: C. JÄGGI u. a., »... this great appetite for church building still needs adaequate explanation«: Zum Kirchenbauboom am Ende der Spätantike, in: Pratum Romanum (Fs. R. Krautheimer), Hg. R. L. COLELLA, 1997, 181–198.

590–604) markiert ist, die nicht zufällig alle aus der politischen Klasse der Metropole hervorgegangen sind. Gleichzeitig verfestigt sich der geistliche wie jurisdiktionelle Primatanspruch der Apostelstadt; dies wiederum geschieht in enger Verbindung mit einer schrittweisen politischen Umorientierung des Papsttums an die neue Machtkonstellation des Westens, die mit dem Frankenreich und dem Langobardenreich in Italien gegeben war. Die offiziellen Beziehungen zum Kaisertum in Byzanz werden zwar aufrechterhalten, und es gab auch immer wieder Anläufe zu einer kirchlichen Einigung zwischen Konstantinopel und Rom, aber das Auseinanderdriften beider Reichsteile und ihres Kirchentums sollte sich als irreversibel erweisen.

Die wachsende Orientierung des päpstlichen Rom am Frankenreich als der neuen Großmacht des Westens, die sich mit Chlodwigs I. katholischer Taufe ergab, bot dann auch eine Plattform für die Regeneration der gallischen Kirche mit Unterstützung Roms. Chlodwig I. hatte kurz vor seinem Tod eine Votivkrone an den Papst schicken lassen; es war ein bedeutsames Zeichen kultischer Verbundenheit mit dem Patriarchat des Westens. Auch das Anwachsen römischer Heiligenkulte im Frankenreich signalisiert Roms zunehmenden geistlichen Einfluß, desgleichen die Wallfahrten zu den Apostelgräbern seit dem 7. Jahrhundert. Die Verbundenheit wirkte sich dann auch sehr konkret unter Papst Gregor dem Großen aus, der mit Unterstützung der fränkischen Kirche die Mission der Angelsachsen planmäßig ins Werk setzte.[61] In einem auch providentiell deutbaren Prozeß von »self-fulfilling prophecy« verstärkte sich die Anbindung der fränkischen Kirche an Rom mit Hilfe der »romverbundenen« angelsächsischen Landeskirche. Ihr entstammten die großen angelsächsischen Missionare Willibrord (657/58–739) und Winfrid-Bonifatius (672/75–754), wobei letzterer als »Apostel der Deutschen« in das Geschichtsbewußtsein einging. Pointiert gesagt: Rom, einst die starke Militärmacht an

[61] K. HALLINGER, Römische Voraussetzungen der bonifatianischen Wirksamkeit im Frankenreich, (zuletzt) in: Mönchtum und Gesellschaft (wie II, 5c), 37–90; W. H. FRITZE, Universalis gentium confessio, in: FMASt 3, 1969, 78–130; K. SCHÄFERDIEK, Die Grundlegung der angelsächsischen Kirche im Spannungsfeld insular-keltischen und kontinental-römischen Christentums, in: Kirchengeschichte als Missionsgeschichte (wie II, 5a), Bd. 2, 149–191; F. PRINZ, Peregrinatio, Mönchtum und Mission, in: ebd., 445–465, hier 446–451; E. EWIG, Der Petrus- und Apostelkult im spätrömischen und fränkischen Gallien, in: DERS., Gallien (wie II, 5a), Bd. 2, 318–354.

Rhein und Donau, kehrte verwandelt in geistlichem Gewande durch die Mission als Kulturmacht zurück.[62]

A. Voraussetzungen und Gestaltungen in der Antike

§ 2 Die natur- und kulturräumliche Gliederung Mitteleuropas

Der mitteleuropäische Großraum, in dem sich die Geschichte des mittelalterlichen Deutschland entfaltete und in dessen Grenzen nacheinander wie miteinander die drei Ethnika Romanen, Germanen und Slawen auf einem nicht leicht zu bestimmenden keltischen Substrat ihre Geschichte gestalteten, hatte auch naturräumliche Voraussetzungen, die den historischen Prozeß beeinflußten. Weit davon entfernt, einem geographischen Determinismus das Wort zu reden, stellen die sechs naturgeographischen Regionen Mitteleuropas doch gewisse Rahmenbedingungen dar, die für den Gang der Geschichte unmittelbar oder mittelbar relevant wurden.[1]

---

[62] S. u. §§ 14c und 15 sowie PRINZ, Konstantin (wie II, 5a), 334–367.

[1] Zum Forschungsstand: HDWSG, darin bes. die Beiträge von H. AUBIN, H. JANKUHN und W. ABEL; Deutsche Agrargeschichte (wie I, 10e), Bd. 1: J. LÜNING, Vor- und Frühgeschichte, 1969; Mensch und Umwelt in der Bronzezeit, Hg. B. HÄNSEL, 1998. – Eine gute Einführung in die Probleme des Zusammenhangs von Naturraum und Geschichte bietet JÄGER u. a., Historische Geographie (wie I, 11i); DERS., Entwicklungsprobleme europäischer Kulturlandschaften, 1987 (mit reicher Literatur), hier 22ff.; DERS., Art. »Altlandforschung«, in: RGA 1, 1973, 225–233; M. BORN, Die Entwicklung der deutschen Agrarlandschaft, 1974. Grundlegend: K. H. SCHRÖDER u. a., Die ländlichen Siedlungsformen in Mitteleuropa, ²1978; E. ENNEN u. a., Deutsche Agrargeschichte, 1979; Geschichtswissenschaft und Archäologie; Untersuchungen (beide wie II, 5c); Genetische Siedlungsforschung (wie I, 11i); H. SCHICHTERLE u. a., Archäologie in Seen und Mooren, 1986. Teilweise noch nicht überholt: O. SCHLÜTER, Die Siedlungsräume Mitteleuropas in frühgeschichtlicher Zeit, Bd. 1–3, 1952–1958. Vgl. allgemein: M. BORN, Siedlungsgenese und Kulturlandschaftsentwicklung in Mitteleuropa, 1980; vgl. auch SAGG (wie I, 1h). Mit der Siedlungsgeschichte befaßt sich auch: Archäologie und Geschichte des ersten Jahrtausends in Südwestdeutschland, Hg. H. U. NUBER u. a., 1990; vgl. auch R. DENNELL, European Economic Prehistory, 1985; F. SCHEFFER u. a., Art. »Boden, Bodennutzungssysteme«, in: RGA 3, 1978, 108–125. Methodisch wichtig: H. KÜSTER, Vom Werden einer Kulturlandschaft, 1988; DERS., Geschichte des Waldes, 1988; DERS., Geschichte der Landschaft in Mitteleuropa, 1999; H. SCHICHTERLE, Siedlungsarchäologie im Alpenvorland, Bd. 1–4, 1990–1998; vgl. auch: Geschichte des deutschen Gartenbaues, Hg. G. FRANZ,

Es sind dies das Küstenland, das nördliche Tiefland, die Mittelgebirgszone, in die sowohl die niederrheinische und die westfälische Bucht als auch die Leipziger und die schlesischen Tieflandsbuchten von Norden eindringen; ferner das süddeutsche Stufenland (Schwäbisch-Fränkisches Schichtstufenland), das Alpenvorland und schließlich die Alpenregion selbst. Wenn auch in diese größeren Räume naturräumliche Einheiten geringeren Umfangs eingebettet sind, die, wie etwa die großen Ströme Rhein, Elbe und Donau, diese klare Nord-Süd-Gliederung durchbrechen und ihr eigenes geographisches und klimatisches Umfeld ausformen, so bilden die ersteren dennoch durch Klima, Böden und Vegetation jeweils besondere Voraussetzungen für die menschliche Besiedlung wie auch für Wirtschaft und Verkehr; ob diese genutzt werden bzw. in welcher Weise, ist dann allerdings von anderen, nämlich menschlichen Faktoren abhängig.[2]

Schon seit der Steinzeit waren neben den offenen Seeufern etwa des Bodensees die nur locker mit Bäumen und Sträuchern bewachsenen Grasländereien auf trockenen Kalk-, Löß- und Sandböden für den Menschen geeignet, auf denen Jagd und Weide möglich wurden. Allerdings ist damit zu rechnen, daß große Waldgebiete schon früh durch Viehverbiß Heideland wurden. Besonders galt dies für Teile des süddeutschen Stufenlandes sowie Hessens, Thüringens, für den Bördengürtel am Fuße der Mittelgebirge, für Gebiete Schlesiens, die Kalkmulden der Eifel und des Sauerlandes sowie für viele sandige Geestböden Norddeutschlands.

Zweifellos waren schon in prähistorischer Zeit die umwälzenden geologischen Prozesse, die auch der Erdoberfläche Mitteleuropas ihre Gestalt gaben, im wesentlichen abgeschlossen, und nur die Küstenlinie vor allem der Nordsee erfuhr noch markante Veränderungen. Dennoch wurde eine vorwiegend auf Ackerbau und Weidewirtschaft angewiesene Bevölkerung auch in historischer Zeit zum einen von Kli-

---

1984 (Deutsche Agrargeschichte [wie oben], Bd. 6); vgl. allgemein: Mensch und Umwelt im Mittelalter, Hg. B. HERRMANN, 1986 [Ndr. 1996].

[2] Handbuch der naturräumlichen Gliederung Deutschlands, Hg. E. MEYNEN u. a., Lfg. 1–8, 1953–1962; für das Mittelalter: H. JÄGER, Zur Erforschung der mittelalterlichen Landesnatur, in: StM IV,1, 1963, 1–51. Einen umfassenden Überblick über den Forschungsstand zur Frage des Verhältnisses von Naturraum und Geschichte bieten H. H. LAMB, Climate. Present, Past and Future, 1977, und The Climate of Europe, Hg. H. FLOHN u. a., 1984; dazu H. H. LAMB, Klima und Kulturgeschichte, 1989.

maschwankungen nachhaltig beeinflußt; zum anderen veränderte sie auch selbst durch starke Verringerung des Waldbestandes, Viehverbiß, Flußregulierungen und Deichbauten am Meer die Naturlandschaft.[3]

Eine Dominante für das Klima Deutschlands ist seine Lage zwischen einer Westwindzone mit starken Niederschlägen einerseits und Hochdrucklagen mit Ostwinden andererseits, die Trockenheit bringen und im Sommer zu Hitze, im Winter zu starken Kälteeinbrüchen führen, von denen besonders der Osten Deutschlands betroffen ist. Während die höheren Mittelgebirge neben den Alpen ab 800 Meter Meereshöhe meist längere Zeit eine Schneedecke tragen, durchbricht der warme Oberrheingraben als klimatischer Sonderbereich die deutlich erkennbare Nordsüdschichtung der Klimazonen Deutschlands; ähnliches gilt für die Weinbaugebiete an Mittelrhein, Main, Mosel und Donau. Die sich urplötzlich einstellenden Föhnlagen am Alpenrand modifizieren ebenfalls die jeweiligen Großwetterlagen.

Für die Änderung der Vegetation und der allgemeinen Lebensbedingungen sind klimatische, d. h. vom Menschen unabhängige Faktoren nur teilweise verantwortlich. Ein Zusammenhang zwischen einer Polschmelze in den ersten nachchristlichen Jahrhunderten einerseits und dem Anstieg des Mittelmeers um etwa zwei Meter ist aber wohl erwiesen; desgleichen dürften die frühmittelalterlichen Meeresüberschwemmungen besonders im Nordseegebiet durch eine allgemeine Erwärmung verursacht worden sein. Phasen mit sehr warmen trockenen Sommern und kalten Wintern, also eher kontinentales Klima, wurden für die Epochen zwischen 300 und 500 und zwischen 700 und 800 ermittelt.[4]

Zu den vom Menschen verursachten (anthropogenen) Veränderungen der Landschaft gehören sowohl die großen Flußregulierungen, die am Rheindelta schon in der Römerzeit einsetzten (»Fossa Drusiana«),[5] wie auch Anfänge des Deichbaus (Ringdeiche), welche durch das

---

[3] Grundlegend: F. FIRBAS, Spät- und nacheiszeitliche Waldgeschichte Mitteleuropas nördlich der Alpen, Bd. 1–2, 1949, 1952. – Gegenüber R. GRADMANNS Steppenheide-Theorie konnte ein höherer Anteil des Waldes gesichert werden: R. GRADMANN, Das mitteleuropäische Landschaftsbild nach seiner geschichtlichen Entwicklung, in: Geographische Zeitschrift 7, 1901, 361 ff. und 435 ff.

[4] LAMB, Climate (wie Anm. 2), 428.

[5] E. NORDEN, Die germanische Urgeschichte in Tacitus' Germania, ^{4}1959, 304.

gesteigerte Hereindrängen des Meeres zwischen 150/250 und 700 n. Chr. notwendig wurden.[6] Desgleichen kam es in diesem Zeitraum im Küstengebiet zur Anlage von künstlichen Wohnhügeln (Wurten), auf denen ganze Dörfer Platz hatten.[7]

Die Frage, ob es in der Landbautechnik und den Flurformen grundlegende Unterschiede zwischen der »Germania romana« und der »Germania libera« gab, wie nach der hochentwickelten römischen Agrartechnik anzunehmen naheliegt, kann noch nicht endgültig geklärt werden; das gilt auch für das Problem der Fortdauer solcher Unterschiede im Frühmittelalter, wie aus der Kontinuität römischer Flurformen und Ackermaße zu vermuten ist. Fragen dieser Art sind nur in enger Verbindung von Archäologie und Mediävistik zu lösen, wofür es nunmehr wegweisende Regionalstudien (Feddersen Wierde bei Bremerhaven, Archsum auf Sylt, Flögeln-Eekhöltjen bei Cuxhaven) gibt, die den Gesamtzusammenhang von Siedlungskontinuität, Fortdauer oder Unterbrechung der Verkehrswege sowie Beginn und Lage frühmittelalterlicher Befestigungen zur Sicherung politischer Herrschaft in einem Raum analysieren.[8] Die frühere Annahme jeden-

---

6 Zu Meeresüberflutungen, Flußregulierungen in den Niederlanden und den Nachbargebieten (Niederrhein und Nordostfrankreich) grundlegend und auch methodisch wichtig: M. K. E. GOTTSCHALK, Stormvloeden en revieroverstromingen in Nederland, Bd. 1–3, 1971–1977. Über die bei Gregor von Tours, Historia Francorum (wie II, 4a), VI, c. 25, 292f., bezeugten großen Überschwemmungen von Seine und Marne im Jahre 583 siehe: ebd., Bd. 1, 3ff.; Transgressies en occupatiegeschiedenis in de kustgebieden van Nederland en België, Hg. A. E. VERHULST u. a., 1980; JÄGER, Erforschung (wie Anm. 2), 92ff.

7 W. HAARNAGEL, Die Grabung Feddersen-Wierde, Bd. 1–2, 1979; G. KOSSACK u. a., Zehn Jahre Siedlungsforschung in Archsum auf Sylt, in: Ber. RGK 55, 1974, 261–427; G. KOSSACK u. a., Archsum auf Sylt, Bd. 1–3, 1980–1990; zu Flögeln-Eekhöltjen s. u. § 4, Anm. 35f. Allgemein: Archäologische und naturwissenschaftliche Untersuchungen an ländlichen und frühstädtischen Siedlungen im deutschen Küstengebiet vom 5. Jahrhundert v. Chr. bis zum 11. Jahrhundert n. Chr., Hg. G. KOSSACK u. a., Bd. 1: Ländliche Siedlungen, 1984, und Bd. 2: Handelsplätze des frühen und hohen Mittelalters, Hg. H. JANKUHN u. a., 1984. – Über frühe Spuren regelmäßiger Düngung (z. B. mit Mergel): H. JÄGER, Art. »Düngung und Bodenmelioration«, in: RGA 6, 1986, 250–260.

8 Ansätze hierzu bei M. BORN, Römerzeitliche Flurrelikte im Saarkohlenwald, in: DERS., Siedlungsgenese (wie Anm. 1), 314–331; K. A. SEEL, Römerzeitliche Fluren im Mayener Stadtwald, in: BJ 163, 1963, 134–141; G. SCHRÖDER-LEMBKE, Zur Flurform der Karolingerzeit, in: ZAA 9, 1961, 143–152; W. A. BOELCKE, Die frühmittelalterlichen Wurzeln der südwestdeutschen Gewannflur, in: ZAA 12, 1964, 131–163, und bes. Untersuchungen über die Fortdauer bzw. Weiterbildung römischer Flurmaße: G. DIEPOLDER, Aschheim im frühen Mittelalter, 1988, Tl. II:

falls, daß es einen kausalen Zusammenhang zwischen den unregelmäßigen Flurformen des Altsiedellandes und dem Haufendorf mit Gewannflur gibt, läßt sich in dieser Ausschließlichkeit nicht mehr halten. Die Gewannflur ist vielmehr das Ergebnis langer und in den einzelnen Landschaften sehr verschiedenartiger Entwicklungen.[9]

Zum anthropogenen Wandel der Naturlandschaft Mitteleuropas gehört auch die Schrumpfung des Waldes durch intensive Waldweide. Für manche Landschaften nimmt man einen Rückgang des Baumbestandes um ein Drittel an, doch ist es im einzelnen schwierig, zwischen Waldweide und Rodungstätigkeit als den beiden Hauptursachen der Reduktion des Waldes zu unterscheiden. Art und Ausmaß der Ernährungsmöglichkeiten hingen von beiden Faktoren ab, ebenso aber von Jagd und Fischfang.[10] Ein zentrales Problem des kulturräumlichen Wandels ist die Frage, ob wir mit den germanischen Einbrüchen über den Limes hinweg mit einem generellen und einschneidenden Siedlungsrückgang und nachfolgender Verwaldung der verlassenen Gebiete wie der eroberten Regionen zu rechnen haben. Zum einen ist festzuhalten, daß schon seit dem Ende des 2. Jhs., d. h. vor den großen germanischen Invasionen, die römische Besiedlung an Rhein und Donau rückläufig ist, ein Vorgang, der sich im 3. Jh. merklich verstärkt; zum anderen lassen sich gravierende Unterschiede hinsichtlich der Kontinuität der Besiedlung oder deren Reduktion und Abbruch für einzelne Regionen feststellen. Allgemein läßt sich aber sagen, daß am Mittel- und Niederrhein im Verlauf des 5. Jhs. die ländliche, auf der antiken Wirtschaftsform der *villa rustica* beruhende Besiedlung ihr Ende gefunden hat; erst Generationen später setzte nach Ausweis der Gräberfelder die fränkische Besiedlung ein. Es kam

---

Ortsgeschichtliche, siedlungs- und flurgenetische Beobachtungen im Raum Ascheim, hier 183–217; H. WITTHÖFT, Maß und Gewicht im 9. Jahrhundert, in: VSWG 70, 1983, 457–482. Methodisch wichtig für die interdisziplinäre Erforschung von Siedlungs-, Herrschafts- und Verkehrsstrukturen im Frühmittelalter: K. SCHWARZ, Archäologisch-topographische Studien zur Geschichte frühmittelalterlicher Fernwege und Ackerfluren im Alpenvorland zwischen Isar, Inn und Chiemsee, Bd. 1–2, 1989, Bd. 1, 29ff. und 307. – Vgl. auch: Römerstraßen (wie I, 10d).

[9] A. KRENZLIN, Zur Genese der Gewannflur in Deutschland, in: Geografiska Annaler 43, 1961, 190–203, hier 200f.; JÄGER, Erforschung (wie Anm. 2), 153ff.

[10] JÄGER, Entwicklungsprobleme (wie Anm. 1), 177ff.; H. KÜSTER, Mittelalterliche Eingriffe in Naturräume des Voralpenlandes, in: Umwelt in der Geschichte, Hg. B. HERRMANN, 1989, 63–76. – Vgl. allgemein: P. CASELITZ, Ernährungsmöglichkeiten und Ernährungsgewohnheiten prähistorischer Bevölkerungen, 1986.

zu Verwaldungen, die erst seit dem 7. Jh. rückläufig wurden. Städtische Siedlungskerne blieben hingegen in größerer Zahl erhalten, von denen wohl auch die ländliche Besiedlung wieder ausgegangen sein dürfte.[11] Der Saar-Moselraum mit den Argonnen im Westen, den Ardennen und der Südeifel im Norden, dem Hochwald und dem Pfälzer Bergland im Osten und den Vogesen im Süden – ein Raum, der sich ungefähr mit der römischen Provinz Belgica I deckt – fällt aus dem chronologischen Schema insofern heraus, als er mit der spätantiken Kaiserstadt Trier im Zentrum eine Blütezeit bis ans Ende des 4. Jhs. erlebte.[12] – Für die Vorderpfalz am Mittelrhein hat sich ergeben, daß im 3. Jh. nur etwa ein Drittel der Siedlungen verlassen und daß zahlreiche Gräberfelder kontinuierlich weiterbelegt wurden, die galloromische Bevölkerung also auch auf dem Lande fortlebte.[13]

---

[11] Vgl. VON PETRIKOVITS, Der diachorische Aspekt (wie § 1, Anm. 50). – Während etwa M. MARTIN, Die spätrömisch-frühmittelalterliche Besiedlung am Hochrhein und im schweizerischen Jura und Mittelland, in: Von der Spätantike (wie II, 5c), 411–446, einen sehr starken Rückgang der Besiedlung zwischen dem 3. und 7. Jh. annimmt, kommt J. WERNER, Die romanische Trachtprovinz Nordburgund im 6. und 7. Jahrhundert, in: ebd., 447–465, zu dem Ergebnis, daß diese südlichere Region »einheitlich romanisch« geblieben ist. Siehe auch Anm. 13.

[12] Methodisch wichtige Übersicht: F. STEIN, Die Bevölkerung des Saar-Mosel-Raumes am Übergang von der Antike zum Mittelalter, in: Archaeologia Mosellana 1, 1989, 89–195; P. VAN OSSEL, Etablissements ruraux de l'Antiquité tardive dans le Nord de la Gaule, 1992 (wichtig für Unterschiede zwischen Rheingebiet, Belgica II und Belgica I). Vgl. auch E. M. WIGHTMAN, Gallia Belgica, 1985, und M.-T. RAEPSAET-CHARLIER, Gallia Belgica et Germania Inferior, in: ANRW (wie II, 5a) II,4, 1975, 3–299; L'habitat rural du haut moyen âge (France, Pays-Bas, Danemark et Grande Bretagne), Hg. C. LORREN u. a., 1995; HEINEN, Trier (wie II, 5b). Abweichend über die fränkische Besiedlung: PÉRIN u. a., Les Francs (wie II, 5a). Zur vorgermanischen Sprachsituation des Trierer Landes: M. BUCHMÜLLER-PFAFF, Siedlungsnamen zwischen Spätantike und frühem Mittelalter. Die –(i)acum-Namen der römischen Provinz Belgica Prima, 1990; Grenzen und Grenzregionen, Hg. W. HAUBRICHS u. a., 1994; W. KLEIBER u. a., Aspekte und Probleme der römisch-germanischen Kontinuität. Sprachkontinuität an Mosel, Mittel- und Oberrhein sowie im Schwarzwald, 1992; M. BUCHMÜLLER-PFAFF, Namen im Grenzland – Methoden, Aspekte und Zielsetzung in der Erforschung der lothringisch-saarländischen Toponomastik, in: Francia 18/1, 1991, 165–194; W. HAUBRICHS, Romanen an Rhein und Mosel. Onomastische Reflexionen, in: Deutsche Sprache in Raum und Zeit (Fs. P. Wiesinger), Hg. P. ERNST, 1998, 379–413.

[13] H. BERNHARD, Beiträge zur römischen Besiedlung im Hinterland von Speyer, in: Mitteilungen des Historischen Vereins der Pfalz 73, 1976, 37–165. – Geländebegehungen in fünf naturräumlich unterschiedlich günstigen Regionen des Rheinlandes haben für das 4. Jh. Siedlungsfrequenzen zwischen 0 und 50 % der Siedlungsdichte des 2. Jhs. ergeben, wobei auf dem fruchtbaren Boden der Rheinbacher Ebene und auf der Kölner Niederterrasse die Kontinuität der Besiedlung besonders

Da Franken und Alamannen sowie andere germanische Völker, verglichen mit der einheimischen Bevölkerung, in relativ geringer Zahl die ehemals römischen Gebiete besetzten, reichten die reduzierten Agrarflächen für die Neuankömmlinge vorläufig aus. Erst der neuerliche Bevölkerungsanstieg seit dem 7. Jh. machte dann Rodung und damit die Reagrarisierung der aufgegebenen gallorömischen Siedlungszonen erforderlich. Die schon seit der Spätantike feststellbare Verwaldung weniger siedlungsgünstiger Regionen findet sich in Frankreich ebenso wie in der »Germania romana« West- und Süddeutschlands, wobei sich oft herausstellt, daß »die ältesten Siedlungsräume als kulturlandschaftliche Kernräume dem frühesten und stärksten Wandel unterliegen«.[14] Die in den letzten Jahrzehnten stark intensivierte Wüstungsforschung hat unsere Kenntnisse vom Wandel der Kulturlandschaft ebenfalls wesentlich erweitert, wobei sich zeigte, daß Wüstungen nicht nur im Spätmittelalter auftraten, sondern auch in früheren Perioden,[15] und daß für ihre Entstehung neben Klimaänderungen noch andere Faktoren verantwortlich waren, vor allem anthropogene.[16] Auch wenn man nach dem Forschungsstand einen generellen Rückgang von Siedlung und Bevölkerung seit dem 3. Jh. n. Chr. für gesichert hält,[17] darf nicht übersehen werden, daß die Fort-

---

stark gewesen ist. Vgl. STEIN, Bevölkerung (wie Anm. 12), 102ff.; M. GECHTER u. a., Zur ländlichen Besiedlung der Rheinlande in römischer Zeit, in: BJ 186, 1986, 377–396. – Einen Überblick mit Katalog bieten für den Mittelrhein M. MÜLLER-WILLE u. a., Die ländliche Besiedlung des Umlandes von Mainz in spätrömischer und frühmittelalterlicher Zeit, in: Ber. RGK 62, 1981, 261–316; vgl. allgemein: J.-B. HAVERSATH, Die Agrarlandschaft im römischen Deutschland der Kaiserzeit (1.–4. Jahrhundert n. Chr.), 1984. – Vgl. auch J. HENNING, Südosteuropa zwischen Antike und Mittelalter. Archäologische Beiträge zur Landwirtschaft des 1. Jahrtausends u. Z., 1987.

[14] H.-J. NITZ, Gefügemuster von Siedlungsräumen, in: Gefügemuster der Erdoberfläche, Hg. J. HAGEDORN u. a., 1979, 185f.; STAAB, Untersuchungen (wie § 1, Anm. 16); JÄGER, Entwicklungsprobleme (wie Anm. 1), 185f.; DERS., Erforschung (wie Anm. 2), 46f. – Skeptisch gegenüber der Erschließung frühmittelalterlicher Flurformen: D. AUSTIN, Doubts about Morphogenesis, in: Journal of historical geography 11, 1985, 201–209, wohl kaum zu Recht, s. o. Anm. 8.

[15] W. JANSSEN, Studien zur Wüstungsfrage im fränkischen Altsiedelland zwischen Rhein, Mosel und Eifelnordrand, 1975; dazu kritisch E. WISPLINGHOFF, Rezension, in: ZAM 4, 1976, 188–192.

[16] Literatur bei JÄGER, Entwicklungsprobleme (wie Anm. 1), 187ff.

[17] Die pauschale Feststellung von BORN, Agrarlandschaft (wie Anm. 1), 30, die Schrumpfung der in römischer Zeit bewohnten Siedlungsräume sei derart groß gewesen, »daß in gewisser Weise die Besiedelungsgegebenheiten des Neolithi-

dauer römischer Getreidesorten und Agrarstrukturen sowie insgesamt von Siedlung und Verkehrswegen an Rhein und Donau auch auf die Kontinuität einer agrarischen Bevölkerung verweist.[18] Pollenanalytische Untersuchungen in Südbayern bestätigen einerseits eine Schrumpfung der Anbaufläche nach dem Abzug der Römer, andererseits aber auch die Kontinuität des Ackerbaus von der Eisenzeit bis ins frühe Mittelalter. Vor allem in der Nähe weiter benutzter Römerstraßen scheinen sich antike Flursysteme erhalten zu haben.[19]

Das Weiterbestehen des Weinbaus an Mosel, Rhein und Donau und der Almwirtschaft im Alpengebiet[20] spricht zwar für Elemente ländlicher Siedlungskontinuität, jedoch darf darüber das Ausmaß des

---

kums wieder hergestellt wurden«, ist in dieser Verallgemeinerung nicht haltbar. – Zur demographischen Entwicklung allgemein s. u. Anm. 25.

[18] JÄGER, Entwicklungsprobleme (wie Anm. 1), 153ff.; G. DIEPOLDER, Grundzüge der Siedlungsstruktur, in: Die Bajuwaren [Katalog], Hg. H. DANNHEIMER u. a., 1988, 168–178; DIEPOLDER, Aschheim; SCHWARZ, Studien (beide wie Anm. 8), bes. Bd. 1, 29ff. und 307ff.; I. HEITMEIER, Ortsnameninterpretation und Siedlungsgeschichte, in: ZBLG 53, 1990, 551–658. Grundlegend: DIES., Strukturen des historischen Tiroler Raums in Spätantike und frühem Mittelalter, 1–, 2003–, Bd. 1: Pagus Vallensium. Studien zum Nordtiroler Inntal; vgl. auch E. PFEIFFER, Die alten Längen- und Flächenmaße, ihr Ursprung, geometrische Darstellungen und arithmetische Werte, 1989.

[19] KÜSTER, Kulturlandschaft (wie Anm. 1); DERS., Werden und Wandel einer Kulturlandschaft im Alpenvorland, in: Germania 64,2, 1986, 533–559; SCHWARZ, Studien (wie Anm. 8).

[20] Zur Weiterbenutzung einer Kelteranlage an der Mosel zwischen dem 4./5. Jh. und dem Frühmittelalter: K.-J. GILLES, Die spätrömische Großkelteranlage von Piesport, in: KJ 27, 1987, 53–59; DERS., Die neu entdeckte spätrömische Weinkelter von Brauneberg, in: KJ 30, 1990, 33–45; L. CLEMENS, Trier – eine Weinstadt im Mittelalter, 1993, 16–25. Merowingerzeitliche Gräber und karolingerzeitliche Funde belegen die Weiterbenutzung, ob als Kelter ist jedoch fraglich. Vgl. allgemein: L'uomo di fronte al mondo animale nell' alto medioevo, Tl. 1–2, 1985 (Sett.Cent.it. 31), mit wichtigen Beiträgen über Weidewirtschaft, Jagdwesen, Nutztierhaltung für den Ackerbau, Transport und Krieg (Pferde), Fischfang und Fleischnahrung sowie über Tierallegorie etc.; Mensch und Umwelt im Mittelalter (wie Anm. 1). – Zum Schicksal antiker Architektur im Mittelalter vgl. L. CLEMENS, Tempore Romanorum constructa. Zur Nutzung und Wahrnehmung antiker Überreste nördlich der Alpen während des Mittelalters, 2003. – Zu Bayern siehe in HBG 1: REINDEL, Grundlegung, 128f., und PRINZ, Entwicklung (beide wie II, 5b), 375; W. WEBER, Die Entwicklung der nördlichen Weinbaugrenze in Europa, 1980 (mit reicher Literatur); K. H. SCHRÖDER, Weinbau und Siedlung in Württemberg, 1953; DERS. u. a., Wesen und Verbreitung der Zweifelderwirtschaft im Rheingebiet, in: ZAA 7, 1959, 14–31; H. BERNHARD, Das römische Weingut »Weilberg« bei Bad Dürkheim-Ungstein, in: Pfälzer Heimat 35, 1984, 1–15; allgemein: M. LACHIVER, Vins, vignes et vignerons. Histoire du vignoble français, 1988.

Bruchs nicht unterschätzt werden. Fest steht aber, daß seit dem 7. Jh. zwischen Rhein und Elbe eine Intensivierung der Besiedlung einsetzte,[21] nämlich als erstes Anzeichen von Rodung im Zuge des beginnenden frühmittelalterlichen Landesausbaus, der wiederum mit der Ausbildung der arbeitsteiligen königlichen, adeligen und kirchlichen Grundherrschaft zusammenhängt.[22]

Man muß dabei allerdings jene Phasenverschiebung in Rechnung stellen, die mit der von Westen nach Osten bzw. von Süden nach Norden verlaufenden Akkulturation zusammenhängt. Die alten römischen Zentren an Rhein und Donau förderten doch, so rudimentär sie in manchen Regionen auch gewesen sein mögen,[23] eine frühere und deutlichere Differenzierung der Siedlungsstrukturen als in der ehemaligen »Germania libera«, die man auch als »Germania barbarica« bezeichnet. Der Unterschied zwischen einer typischen, römisch geprägten Altsiedellandschaft wie dem Mittelrheingebiet und germanisch bzw. später westslawisch besiedelten Landschaften wie dem Fritzlar-Waberner Becken oder Thüringen veranschaulicht dies und läßt zugleich erkennen, daß sich auch relativ spärliche Reste römischer Kontinuität innovativ bei der Entfaltung der frühmittelalterlichen Kulturlandschaft auswirken konnten.[24]

---

[21] F. L. GANSHOF, Das Fränkische Reich, in: HEWSG (wie I, 10d), Bd. 2, 151–205, hier Kap. »Landwirtschaft«, 157–182, bes. 159; vgl. die instruktive Einleitung von J. A. VAN HOUTTE, Europäische Wirtschaft und Gesellschaft von den großen Wanderungen bis zum Schwarzen Tod, in: ebd., 1–149, hier 9ff., 31ff. und 51ff., sowie E. GRINGMUTH-DALLMER, Zur regionalen Siedlungsstruktur der Merowinger- und Karolingerzeit, in: ZA 19, 1985, 51–81, bes. 57 und 61ff.; G. FINGERLIN, Zur alamannischen Siedlungsgeschichte des 3.–7. Jahrhunderts, in: Die Alamannen in der Frühzeit, Hg. W. HÜBENER, 1974, 45–88. – Zum archäologischen Befund: R. WINDLER, Das Gräberfeld von Elgg und die Besiedlung der Nordostschweiz im 5.–7. Jahrhundert, 1994; R. MARTI, Das Grab eines wohlhabenden Alamannen in Altdorf UR, in: Jahrbuch der Schweizerischen Gesellschaft für Ur- und Frühgeschichte 78, 1995, 83–130. – P. DONAT, Haus, Hof und Dorf in Mitteleuropa vom 7. bis 12. Jahrhundert, 1980; J. STEEN, Königtum und Adel in der frühmittelalterlichen Siedlungs-, Sozial- und Agrargeschichte der Wetterau, 1979, und N. WAND, Die Büraburg bei Fritzlar, 1974, der für das Fritzlar-Waberner Becken seit Ende des 7. Jhs. zahlreiche Neuanlagen von Ortschaften feststellte. BORN, Agrarlandschaft (wie Anm. 1), 28ff.; vgl. auch H.-J. NITZ, Siedlungsstrukturen der königlichen und adeligen Grundherrschaft der Karolingerzeit, in: Strukturen der Grundherrschaft im frühen Mittelalter, Hg. W. RÖSENER, 1989, 411–482.

[22] S. u. § 18a (Grundherrschaft).

[23] S. u. § 19a (Städte).

[24] Vgl. Anm. 21. Skeptisch hinsichtlich des Ausmaßes von Siedlungskontinuität im

Was die allgemeine Bevölkerungsentwicklung zwischen dem 4. und 8. Jh. anbelangt, so nimmt man für Westrom einen stärkeren Rückgang in der Spätantike an als für den Osten. Pestperioden gab es zwischen 542 und 750 und dementsprechend einen Bevölkerungsrückgang zwischen 25 und 50 Prozent. Für Männer hat man in diesem Zeitraum eine Lebenserwartung von 25 Jahren errechnet, für Frauen 23 Jahre. Dabei ist jedoch zu bedenken, daß diese niedrige Lebenserwartung statistisch auch von der hohen Kindersterblichkeit abhängig ist. Zahlenangaben für Bevölkerungen sind immer noch problematisch. Während man um 300 für Frankreich und Deutschland (einschließlich Skandinavien) 8,5 Millionen Menschen annimmt, scheint um 600 ein Tiefpunkt von etwa 5,1 Millionen erreicht gewesen zu sein, dem bis 750 ein Neuanstieg der Bevölkerung folgte, die bis zum Jahr 1000 im selben Bereich auf 10 Millionen angewachsen sein dürfte. Aber auch in diesem Fall ist Vorsicht gegenüber Generalisierungen am Platze, weil es große regionale Unterschiede gibt. Untersuchungen an rechtsrheinischen Friedhöfen zeigen, daß dort einerseits schon im 7. Jh. eine Bevölkerungsvermehrung und damit eine erste Landesausbauphase einsetzte, wobei sich gleichzeitig eine Oberschicht mit ihren Gräbern vom früher gemeinsamen Gräberfeld absonderte oder gar nach dem Vorbild der Königsfamilie sich eigene Grabkirchen erbaute. Bevölkerungszunahme und soziale Differenzierung gehen somit Hand in Hand.[25]

Alpenvorland der Schweiz W. JANSSEN, Römische und frühmittelalterliche Landerschließung im Vergleich, in: Villa – Curtis – Grangia, Hg. DERS. u. a., 1983, 81–122 (aufgrund lokaler Befunde: Hambacher Forst, Bürgewälder, Kottenforst), wonach »von einer gleichmäßigen Weiterbesiedelung römischer Gebiete in fränkischer Zeit keine Rede sein kann«. Ob dies verallgemeinert werden kann, ist fraglich, doch trifft zu, daß die hochentwickelte römische Agrartechnik auch Gebiete mit geringerer Bodenbonität noch zu nutzen verstand, die dann in fränkischer Zeit verwaldeten. – Eine methodisch wegweisende Regionalstudie mit positiveren Ergebnissen als W. JANSSEN bietet für Bayern HEITMEIER, Ortsnameninterpretation (wie Anm. 18). Auf die Bedeutung der von Römern geschaffenen Voraussetzungen für die frühmittelalterliche Besiedlung verweisen auch G. FINGERLIN, Frühe Alamannen im Breisgau, in: Archäologie und Geschichte (wie Anm. 1), 97–137, hier 131, und H. STEUER, Höhensiedlungen des 4. und 5. Jahrhunderts in Südwestdeutschland, in: ebd., 139–206, hier 197ff. Ein Sonderproblem sind die militärischen Siedlungen und Baukomplexe, die zumeist im 5. Jh. zerstört oder aufgegeben wurden. GILLES, Spätrömische Höhensiedlungen (wie § 1, Anm. 24).

[25] A. E. BOAK, Manpower Shortage and the Fall of the Roman Empire in the West, 1953; R. WENSKUS, Art. »Bevölkerung«, in: RGA 2, 1976, 331–361; J. C. RUS-

Hinsichtlich des Klimas scheint die Epoche zwischen dem 7. und 10. Jh. günstig und relativ konstant gewesen zu sein.[26] Die natur- und kulturräumliche Gliederung Mitteleuropas und seiner benachbarten Regionen spiegelt sich auch in der Nahrung wider.[27] Deren Beschaffenheit hängt sowohl von natürlichen, geologischen wie klimatischen Bedingungen ab als auch von anthropogenen Faktoren. Fleisch, Milch und Käse werden schon von Iulius Caesar als Hauptnahrungsmittel der Germanen erwähnt; Tacitus (55–116 n. Chr.) führt überdies wildes Obst an. Das Schwein, schon in keltischer Zeit für die Ernährung wichtig, spielt in der germanischen Welt neben dem Wildbret eine große Rolle und taucht sogar in der Mythologie auf. In den Urbaren frühmittelalterlicher Grundherrschaften war die Eichelmast ein wichtiger Faktor; die Zahl der gemästeten Schweine ersetzte dabei oft die Flächenmaße für Wald.[28]

In der mediterranen Welt, wo der Weizenanbau, Ölbäume, Gemüse und Wein, also ausgesprochene Kulturpflanzen, überwogen, findet sich eine, auch klimatisch bedingte, unterschiedliche, vorherrschend vegetarische Ernährung, die durch Fisch, Geflügel, Fleisch von Klein-

---

SELL, Late Ancient and Medieval Population, 1958; vgl. Bevölkerungsgeschichte Europas 500–1500, Hg. C. M. CIPOLLA u. a., 1971; zur ländlichen Siedlung: L'Habitat rural (wie Anm. 12); Determinanten der Bevölkerungsentwicklung im Mittelalter, Hg. B. HERRMANN u. a., 1987. – Zum Bevölkerungsanstieg des 7. Jhs. im alamannischen Bereich: F. STEIN, Grabkammern bei Franken und Alamannen, in: Herrschaft, Kirche, Kultur (Fs. F. Prinz), Hg. G. JENAL, 1993, 3–41.

26 B. H. SLICHER VAN BATH, Le climat et les récoltes en haut moyen âge, in: Agricoltura e mondo rurale in occidente nell' alto medioevo, 1966, 399–425 (Sett.Cent.it. 13); P. ALEXANDRE, Le climat en Europe au Moyen Âge, 1987; H. JÄGER, Art. »Klima«, in: LexMA 5, 1214f.

27 Einen Überblick bieten: K. und F. BERTSCH, Geschichte unserer Kulturpflanzen, 1947; U. NÜRNBERG, Biologie und Geschichte unserer Kulturpflanzen, 1965; vgl. speziell: KOSSACK u. a., Archsum (wie Anm. 7), Bd. 2; U. KÖRBER-GROHNE, Nutzpflanzen in Deutschland. Kulturgeschichte und Biologie, 1987; N. BENECKE, Der Mensch und seine Haustiere, 1994; W. ABEL, Massenarmut und Hungerkrisen im vorindustriellen Europa, [3]1986; Essen und Trinken in Mittelalter und Neuzeit, Hg. I. BITSCH, 1987; W. RUDORF, Zur Geschichte und Geographie alteuropäischer Kulturpflanzen, [3]1988; M. MONTANARI, Der Hunger und der Überfluß. Kulturgeschichte der Ernährung in Europa, 1993; Determinanten der Bevölkerungsentwicklung (wie Anm. 25); M. LIVI-BACCI, Popolazione e alimentazione. Saggio sulla storia demografica europea, 1987; F. DESPORTES, Le pain au moyen âge, 1987. – Vgl. auch oben Anm. 25.

28 M. BARUZZI u. a., Porci e porcari nel Medioevo, 1981. – Weitere Literatur vgl. § 18e, Anm. 43–47.

tieren und Schafen, vor allem für die Oberschicht, ergänzt wurde. Der Getreideanbau spielte in Nordeuropa im Vergleich zur Mittelmeerwelt eine geringere Rolle; Gerste und Weizen standen dabei im Vordergrund. Roggen trat relativ spät auf und wurde vor allem für cerevisia, ein bierähnliches alkoholisches Getränk ohne Hopfen, verwendet, das auch kultischen Zwecken diente. In der griechisch-römischen Zivilisation galt der übermäßige Fleischgenuß und besonders der Verzehr rohen Fleisches als typisch barbarisch. Die jahrhundertelange Nachbarschaft von Kelten und Germanen mit der römischen Welt führte schon bald zur Nachahmung römischer Agrartechniken und -produkte, wohingegen die Viehzucht des Nordens relativ autochthonen Charakter hatte. Insgesamt zeichnete sich eine Intensivierung der Übernahmen aus der römischen Welt ab. Hier kam der christlichen Mission seit dem 6./7. Jh. eine wesentliche Rolle zu, denn Brot, Öl und Wein hatten hier auch sakramentale und liturgische Bedeutung; ebenso erfolgte eine Intensivierung der Fischzucht, da Fisch Fastenspeise war.[29] All dies führte zu einer schrittweisen Durchdringung der Nahrungssysteme: Der Weinstock und der Weizenanbau drangen trotz klimatischer Hemmschwellen weit nach Norden vor, desgleichen kultivierte Formen von Obst und Gemüse, während die Kultur des Olivenbaums diese Nordbewegung nicht mitvollziehen konnte; sie war allzusehr auf die Temperaturen des Mittelmeerraums angewiesen. Dabei sollte man aber grundsätzlich im Auge behalten, daß die regionalen »Ernährungskulturen« immer auch durch das jeweilige soziale Gefälle durchkreuzt wurden. Die Oberschichten konnten sich durch Import immer einen reichhaltigeren Küchenzettel leisten.

Schließlich soll nicht unerwähnt bleiben, daß bis ins 19. Jh. auch in Europa, wie in anderen Kulturen, die Nahrungsdecke grundsätzlich zu knapp und daher Hungersnot, wenn auch nach Zeit und Region wechselnd, ein Dauerphänomen gewesen ist. Infolge des zu geringen Verkehrsaufkommens war es kaum möglich, den Nahrungsmangel durch Massenimporte zu beheben; auch im günstigsten Falle konnte sich nur eine gehobene Schicht durch Zukauf eingeführter Lebensmittel behelfen. Kein Wunder, daß selbst im christlichen Europa immer wieder

---

[29] B. A. HENISCH, Fast and Feast. Food in Medieval Society, [3]1985; H. ZUG-TUCCI, Il mondo medievale dei pesci tra realtà e immaginazione, in: L'uomo (wie Anm. 20), Tl. 1, 1985, 293–360 (Sett.Cent.it. 31).

Kannibalismus auftrat. Schon im 5./6. Jh. sind bei rückläufiger Bevölkerung im Frankenreich Hungersnöte bezeugt; erst seit dem 7. Jh. kommt es wieder zu einer Vergrößerung der Anbauflächen und damit zu einer schrittweisen Verbesserung der Ernährungslage.[30]

§ 3 Die Kelten

a) Die Anfänge

Da für die steinzeitlichen Frühkulturen Europas nur mittelbare Zusammenhänge mit der Kulturentwicklung in historischer Zeit zu ermitteln sind, ist die keltische Zivilisation, eine Hochkultur ohne Schrift, die erste, die nachhaltige Spuren hinterlassen und mit ihrem irisch-britischen Zweig sowohl die mittelalterliche Welt dauerhaft geprägt als auch im Inselkeltischen Elemente ihrer Sprache bewahrt hat.[1]

---

[30] CURSCHMANN, Hungersnöte (wie I, 10d); P. BONNASSIE, Consommation d'aliments immondes et cannibalisme de survie dans l'Occident du Haut Moyen Âge, in: AESC 44, 1989, 1035–1056. S. u. § 18e, Anm. 46.

[1] J. MOREAU, Die Welt der Kelten. Große Kulturen der Frühzeit, 1958 [Ndr. 1985]; J. FILIP, Die keltische Zivilisation und ihr Erbe, 1961; DERS., Art. »Kelten«, in: Enzyklopädisches Handbuch zur Ur- und Frühgeschichte Europas, Hg. DERS., Bd. 1–2, 1969, Bd. 1, 586–594, und der Art. »Latènezeit«, in: ebd., Bd. 2, 681 f.; R. HACHMANN u. a., Völker zwischen Germanen und Kelten, 1962; N. K. CHADWICK, The Celts, 1970, [2]1974; H. E. JOACHIM, Die Hunsrück-Eifel-Kultur, 1968, und bes. A. HAFFNER, Die westliche Hunsrück-Eifelkultur, 1976. V. KRUTA u. a., Die Kelten, 1979; Die Kelten in Mitteleuropa [Katalog], Hg. L. PAULI, 1980; P. S. WELLS, Culture Contact and Culture Change: Early Iron Age in Central Europe and the Mediterranean World, 1980; Die Hallstattkultur (Symposion Steyr), Hg. C. und A. EIBNER, 1981; K. BITTEL u. a., Die Kelten in Baden-Württemberg, 1981. – Für Bayern: W. TORBRÜGGE, Vor- und Frühzeit bis zum ersten Auftreten der Bayern im Alpen-Donau-Raum, in: HBG 1, 3–64, bes. 44 ff.; G. KOSSACK, Südbayern im 5. Jahrhundert v. Chr., in: Bayerische Vorgeschichtsblätter 47, 1982, 9–25; Das keltische Jahrtausend [Katalog], Hg. H. DANNHEIMER u. a., 1993; B. MAIER, Lexikon der keltischen Religion und Kultur, 1994. – Vgl. auch J. COLLIS, The European Iron Age, 1984; Geschichte und Kultur der Kelten, Hg. K. H. SCHMIDT, 1986; K. SPINDLER, Die frühen Kelten, 1983; D. SCHLINKE, Kelten in Österreich, 1987; A. FURGER-GUNTI, Die Helvetier. Kulturgeschichte eines Keltenvolkes, 1984, [2]1986; H. PARZINGER, Chronologie der Späthallstatt- und Frühlatène-Zeit, 1988; R. und V. MEGAW, Celtic Art. From its beginnings to the Book of Kells, 1989; Tresor des princes celtes [Katalog], 1988; I Celti [Katalog], Hg. S. MOSCATI u. a., 1991; The Celtic World, Hg. M. J. GREEN, 1995; MAIER, Kelten (wie § 1, Anm. 19).

Seit dem 7./6. vorchristlichen Jh. sind keltische Völker als Teile der indogermanischen-indoeuropäischen Sprachfamilie nachweisbar. Ihr Kernraum umfaßte Ostfrankreich, West- und Süddeutschland, Teile Mitteldeutschlands sowie Böhmen; hier bildete sich keltische Sprachen aus, deren Spuren noch in Orts- und Gewässernamen zu finden sind. Viele Stammesnamen haben uns antike Quellen überliefert, besonders detailliert Iulius Caesar in seinem »Gallischen Krieg«: über die Helvetier etwa, die sich von Südwestdeutschland in die Nord- und Mittelschweiz verlagerten, und – westlich von ihnen, jenseits des Schweizer Jura – über die Sequaner in der späteren Franche-Comté. Nordwestlich von ihnen siedelten die Lingonen und vor allem die politisch bedeutenden Haeduer, deren Zentrum Bibracte (Mont Beuvray) war. Im Nordosten waren im Flußgebiet der Seine die Senonen ansässig, an Mosel und Saar die mächtigen Treverer, nordwestlich von ihnen die Belger. Zwischen Alpen und Donau siedelten die Räter und Vindeliker, in Böhmen, südlich wohl bis an die Donau reichend, die Boier, deren Namen dem Land wohl geblieben ist.[2]

Man nimmt an, daß sich eine keltische Gemeinsprache schon geraume Zeit vor Beginn der Latènekultur gebildet hat, d. h. ab dem 8. Jh. vor unserer Zeitrechnung etwa gleichzeitig mit dem Beginn der Hallstattkultur. Archäologisch erkennbare und einschneidende strukturelle Veränderungen deuten darauf hin, daß sich das frühe Keltentum erst in der Spätstufe der Hallstattkultur ausgebildet hat. Mit Sicherheit läßt es sich in der erwähnten Latènekultur fassen. Obwohl lange umstritten, ist nunmehr von einem Nacheinander der Späthallstatt- und der Frühlatènezeit auszugehen; dies wird an der Hunsrück-Eifelkultur deutlich, die eine eigenständige Kultur innerhalb des Hallstatt- und Latène-Verbandes darstellt. Der generelle Wandel zur spezifisch keltischen Latènekultur vollzog sich im Großraum zwischen Pariser Becken und Burgund im Westen und Böhmen sowie dem weiteren Voralpenraum (Salzach-Gebiet) im Osten. Neben die archäologischen Quellen treten erste Nachrichten antiker Autoren über keltische Völker. Seit Hekataios von Milet (560/50–480 v. Chr.),

[2] H. KRAHE, Unsere ältesten Flußnamen, 1964; H. BIRKHAN, Germanen und Kelten bis zum Ausgang der Römerzeit, 1970. – Zum Indogermanenproblem insgesamt: Die Urheimat der Indogermanen, Hg. A. SCHERER, 1968. K. PESCHEL, Kelten und Germanen während der jüngeren vorrömischen Eisenzeit, in: Frühe Völker in Mitteleuropa, Hg. F. HORST u. a., 1988, 167–200.

Herodot (484 – nach 430 v. Chr.), Polybios (200–120 v. Chr.), Livius (59 v. Chr. – 17 n. Chr.) und vor allem seit Iulius Caesars »Gallischem Krieg« (geschrieben 58–50 v. Chr.) haben wir eine beträchtliche Anzahl zeitgenössischer Berichte. Extrem negativ berichten über die Kelten der Sizilianer Diodoros, ein Zeitgenosse Caesars, und der griechische Dichter Lukian (um 120–um 180).[3]

b) Gesellschaft und Kultur

In Mitteleuropa, also im späteren französisch-deutschen Sprachraum, entwickelte sich gegen Ende des 6. vorchristlichen Jhs. eine keltische Herrenschicht, deren auffallender Prunk und Reichtum sich in monumentalen »Fürstengräbern« dokumentiert. Man bringt diese Herrenkultur mit Einflüssen pontisch-eurasischer Reitervölker in Verbindung, von denen die keltische Oberschicht spezielle Pferdegeschirre und die Gewohnheit, Hosen zu tragen, übernommen hat. Fürstliche Hügelgräber dieser Art, in denen sich neben Goldgeschirr und Goldschmuck, einer Spezialität keltischen Handwerks, auch Prunkwagen finden, gibt es in Mähren sowie in Südwestdeutschland. Besonders gut ist in Süddeutschland die Heuneburg an der oberen Donau mit ihren weitreichenden wirtschaftlichen wie kulturellen Verbindungen erforscht.[4]

---

[3] Griechische und lateinische Quellen zur Frühgeschichte Mitteleuropas bis zur Mitte des 1. Jahrtausends u. Z., Hg. J. HERRMANN, Bd. 1–4, 1988–1991, Bd. 1. – Zu den Hypothesen der keltischen Ethnogenese vgl. L. PAULI, Die Herkunft der Kelten, in: Die Kelten in Mitteleuropa (wie Anm. 1), 16–24; K. PESCHEL, Kelten und nordwestalpine Hallstattkultur, in: Ethnographisch-Archäologische Zeitschrift 29, 1988, 279–300; F. FISCHER, Die Ethnogenese der Kelten, in: Ethnogenese europäischer Völker, Hg. W. BERNHARD u. a., 1986, 209–224. – Zum Strukturwandel: G. KOSSACK, Gedanken zur Periodisierung der Hallstattzeit, in: Die Hallstattkultur (wie Anm. 1), 35–46. – Zum Übergang von der Hallstatt- zur Latènekultur, bes. in der Champagne: La Civilisation de Hallstatt (Kongreßbericht), Hg. M. ULRIX-CLOSSET, 1989. – Zur Sonderstellung der Hunsrück-Eifelkultur: HAFFNER, Hunsrück-Eifelkultur (wie Anm. 1). – Zur kulturellen und sozialen Gliederung: H. LORENZ, Totenbrauchtum und Tracht, in: Ber. RGK 59, 1978, 1–80; J. BIEL, Frühkeltische Fürsten, in: Das keltische Jahrtausend (wie Anm. 1), 40–46; A. LORENTZEN, Frauen in keltischer Zeit, in: ebd., 47–53; S. SIEVERS, Krieger der Latènezeit, in: ebd., 54–59; J. CALLIS, Die Oppidazivilisation, in: ebd., 102–106; R. GEBHARD, Ergebnisse der Ausgrabungen von Manching, in: ebd., 113–119.

[4] Literatur zur Archäologie bei BITTEL u. a., Kelten (wie Anm. 1), 517f.; F. FISCHER, Frühkeltische Fürstengräber in Mitteleuropa, 1982; G. KOSSACK, Gräberfelder der Hallstattzeit an Main und fränkischer Saale, 1970; DERS., Prunkgräber.

Die für eine unter mehreren Befestigungsphasen der Heuneburg charakteristische, griechisch-mediterrane Bauweise der betürmten Umwallung (4.–3. Jh. v. Chr.), die aus luftgetrockneten Lehmziegeln besteht, war nördlich der Alpen eher eine Ausnahme. Ihre beherrschende Lage über dem Donautal, d. h. ihr Akropolis-Charakter mit vorgelagerter Außensiedlung, zeigt ebenso kulturelle Verbindungen zur Mittelmeerwelt an wie die Funde schwarzfiguriger griechischer Keramik, von Amphoren und Schnabelkannen; gleiches gilt für die Kostbarkeiten etruskischer, griechischer oder gar phönizischer Herkunft. Mediterrane Einflüsse lassen sich auch für andere »Herrensitze« und »Fürstengräber« nachweisen. Es dürfte sich dabei vornehmlich um Beutestücke oder Geschenke handeln, erst in zweiter Linie um Handelsgut. »Import« waren wohl die rhodischen Bronzekannen in den Fürstengräbern von Vilsingen und Kappel (6. Jh. v. Chr.). Der Bronzekrater von Vix bei Châtillon-sur-Seine etwa, ein Gefäß von 164 cm Höhe, eine qualitativ hochwertige großgriechische Arbeit, die aus einem prunkvoll ausgestatteten Frauengrab stammt, dokumentiert die Intensität des griechischen Einflusses. Mediterranen »Import« im

---

Bemerkungen zu Eigenschaften und Aussagewert, in: Studien zur vor- und frühgeschichtlichen Archäologie (Fs. J. Werner), Hg. DERS., Bd. 1–2, 1974, Bd. 1, 3–33; J. BIEL, Der Keltenfürst von Hochdorf, Bd. 1–4, 1985–1999; TORBRÜGGE, Vor- und Frühzeit (wie Anm. 1). – Zum Komplex Heuneburg grundlegend die Publikationsreihe: Heuneburgstudien, Hg. RGK, Bd. 1–11, 1962–2000, insbes. der letzte Band: Importe und mediterrane Einflüsse auf der Heuneburg, Hg. W. KIMMIG, 2000; vgl. auch K. BITTEL u. a., Die Heuneburg an der oberen Donau, ein frühkeltischer Fürstensitz, 1951; W. KIMMIG, Die Heuneburg an der oberen Donau, ^{2}1983; DERS. u. a., Ein Fürstengrab der späten Hallstattzeit von Kappel am Rhein, in: JRGZ 1, 1954, 179–216; E. GERSBACH, Neue Aspekte zur Geschichte des späthallstatt-frühlatènezeitlichen Fürstensitzes auf der Heuneburg, in: Die Hallstattkultur (wie Anm. 1), 357–374; Der Keltenfürst von Hochdorf [Katalog], Hg. D. PLANCK u. a., 1985; H. ZÜRN, Hallstattforschungen in Nordwürttemberg, 1970; methodisch wichtig: W. KIMMIG, Zum Problem späthallstattischer Adelssitze, in: Siedlung, Burg und Stadt. Studien zu ihren Anfängen (Fs. P. Grimm), Hg. K.-H. OTTO u. a., 1969, 95–113; F. R. HERRMANN u. a., Die Keltenfürsten von Glauberg, 1996; R. JOFFROY, L'oppidum de Vix et la civilisation hallstattienne finale dans l'Est de la France, 1960. – Zum Dürrnberg bei Hallein, der aber kein Fürstensitz war, sondern durch die Salzgewinnung bedeutend geworden ist, der Katalog: Die Kelten in Mitteleuropa (wie Anm. 1), 150–193 (mit Beiträgen von E. PENNINGER, K. W. ZEILLER, L. PAULI), und bes.: Der Dürrnberg bei Hallein, Hg. F. MOOSLEITNER u. a., Bd. 1–4, 1972–1995. Vgl. zusammenfassend: H. MÜLLER-KARPE, Grundzüge früher Menschheitsgeschichte, Bd. 1–5, 1998, hier bes. Bde. 4 und 5, sowie H. BIRKHAN, Kelten, 1997; J. SIMON, Das Zeitalter der Kelten, 1996; B. CUNLIFFE, The Ancient Celts, 1997.

weiteren Sinne bezeugt auch das Grab von Kappel nahe dem Burgberg von Breisach. Der Reichtum keltischer Grabinventare erhellt sich auch aus den wertvollen Beigaben des 1977 entdeckten Tumulus von Hochdorf beim Oppidum Hohenasperg (ca. 540 v. Chr.), dessen Grabkammer mit 50 Tonnen Steinen überwölbt wurde und wohl deshalb von Grabräubern verschont blieb, sowie aus dem erst 1994 gefundenen reichen Grabkult am Glauberg am Rande der Wetterau. Glauberg war nach dem Stand der archäologischen Forschung der bislang nördlichste Punkt keltischer Expansion östlich des Rheins.[5]

Während des 5. Jhs. v. Chr. brechen im südwestdeutschen Raum die Herrensitze mit reich ausgestatteten Grablegen ab; die Gründe hierfür sind noch nicht geklärt. Dafür bilden sich an Mittelrhein und Mosel sowie in der Champagne in der anschließenden Frühlatènezeit ähnlich strukturierte Verhältnisse aus. Es kommt hier seit der späten Hallstattzeit bzw. in der synchronen Phase der Hunsrück-Eifelkultur zu einer deutlichen sozialen Differenzierung. Gräber mit vierrädrigen Wagen finden sich in diesem Bereich, die jedoch bei weitem nicht den Prunk der gleichzeitigen östlichen Grablegen erreichen. Erst seit der Mitte des 5. Jhs. treten auch hier überdurchschnittlich reich ausgestattete Gräber unter großen Hügeln auf. Vielfach liegen sie in der Nähe von Befestigungsanlagen, die aber offensichtlich nicht als ständige Wohnsitze dieser Herren dienten. Statt der vierrädrigen Prunkwagen gelangen jetzt zweirädrige Streitwagen in die Bestattungen. Rotfigurige griechische Keramik und vor allem griechisches und etrurisches Bronzegeschirr bezeugen die Fortdauer der mediterranen Beziehungen. Völlig neu ist aber die im Kunsthandwerk deutlich werdende Fähigkeit, diese südlichen Anregungen zu verarbeiten und schöpferisch umzusetzen. Der Frühlatènestil darf als erste genuin keltische Kulturerscheinung angesehen werden, und ihre offensichtlich rasche Ausbreitung im gesamten Bereich des Hallstatt-Latène-Kulturverbandes ist Anzeichen für eine Konsolidierung des Keltentums insgesamt.[6]

---

[5] S. u. Anm. 9 (insbes. W. KIMMIG); BIEL u. a., Keltenfürst; HERRMANN u. a., Keltenfürsten (beide wie Anm. 4).

[6] Das keltische Fürstengrab vor Reinheim, Bearb. J. KELLER, Bd. 1, 1965; R. ECHT, Das Fürstinnengrab von Reinheim, 1999; P. JACOBSTHAL, Early Celtic Art, ^{2}1969; W. KIMMIG, Das Kleinaspergle. Studien zu einem Fürstengrabhügel der frühen Latènezeit bei Stuttgart, 1988; R. WYSS, Der Schatzfund von Erstfeld, 1975. –

In der Folgezeit kommt es zu einer auffälligen Änderung der Bestattungsformen: Es treten Flachgräber auf, gleichzeitig ist ein Rückgang der Besiedlung erkennbar. Dieser war wohl eine Konsequenz der großen Wanderbewegungen nach der unteren Donau und nach Italien. Die Abwanderung läßt sich zunächst in Ostfrankreich, Südwestdeutschland und Südbayern feststellen. Im Rhein-Moselgebiet, einem Kernraum der Latènekultur, setzt sie erst im frühen 3. Jh. v. Chr. ein. Jedenfalls sieht man für diese Epoche einen ursächlichen Zusammenhang zwischen dem Aufhören der reichen frühkeltischen Fürstengräber, dem Einsetzen der Flachgräber und der Ausbildung eines eher bäuerlichen Kriegertums (»Bauernrevolution«) einerseits und dem Beginn der großen keltischen Wanderzüge andererseits. Auch von Überbevölkerung als Ursache der Süd- und Südostwanderung ist schon bei Livius die Rede, obwohl sich dies archäologisch schwer nachweisen läßt.[7]

Für die Geschichte der Kelten insgesamt erwies es sich als folgenschwer, daß ihre Expansion seit dem 4. und vor allem seit dem 3. vorchristlichen Jh. im Westen bis Spanien, im Süden bis Ober- und Mittelitalien und im Südosten seit etwa 300 v. Chr. donauabwärts auf den Balkan bis zum Schwarzen Meer führte. Im Donauraum selbst und südlich davon tauchten im 3. vorchristlichen Jh. die Taurisker und ebenso die Skordisker auf, die Singidunum, das heutige Belgrad, gründeten. In demselben Raum sind auch Teile des aus Böhmen-Mähren kommenden Boier-Volkes bezeugt. Letzteres kämpfte in Oberitalien gegen die Etrusker. Keltische Verbände vernichteten 387 v. Chr. vor Rom an der Allia ein Heer, sie eroberten auch die Stadt – bis auf das Kapitol – und zogen erst nach Zahlung eines großen Goldtributs wieder ab. Kelten gelangten sogar bis Zentralanatolien; dort entstand um 278 v. Chr. um Ankara das Galaterreich. Es kam aber zu

Einen Zusammenhang zwischen Erzgewinnung und Fürstengräbern vermutet J. DRIEHAUS, »Fürstengräber« und Eisenerze zwischen Mittelrhein, Mosel und Saar, in: Germania 43, 1965, 32–49; vgl. auch H. E. JOACHIM, Waldalgesheim. Das Grab einer keltischen Fürstin, 1995.

[7] FISCHER, Fürstengräber (wie Anm. 4); W. KRÄMER, Das keltische Gräberfeld von Nebringen (Kreis Böblingen), 1964; F. R. HODSON, The La Tène Cemetery at Münsingen-Rain, 1968. – Überbevölkerung als Grund der keltischen Wanderzüge an die Donau und nach Italien gibt u. a. T. Livius, Ab urbe condita V, 34f., Hg. R. SEYMOUR-CONWAY u. a., 1951, an. Zu früheren antiken Nachrichten: F. FISCHER, Die Kelten bei Herodot, in: Madrider Mitteilungen 13, 1972, 109–124.

keinem dauerhaften Durchbruch in die Zentren der mittelmeerischen Hochkulturen: Wie Rom blieb auch Delphi nur vorübergehender Grenzpunkt jener gewaltigen kriegerischen Vorstöße, die wohl von innerkeltischen gesellschaftlichen Krisen und Wandlungen vor allem des 4. vorchristlichen Jhs. ausgelöst worden sind.[8]

Nach der römischen Eroberung der Poebene und Mailands seit 225/22 v. Chr. und der Niederlage Hannibals im Zweiten Punischen Krieg (218–216), von der auch die mit ihm verbündeten Kelten betroffen waren, verloren letztere ihre Selbständigkeit in ganz Oberitalien. Teilweise wichen sie nach Nordosten aus, in der Hauptsache jedoch vollzog sich ihre vollständige Assimilation in die norditalische Kultur erst unter römischer Herrschaft.

c) Die Oppida

In den alten mitteleuropäischen Kernräumen entwickelte das Keltentum seit dem 2. vorchristlichen Jh. andere, noch stärker von der mediterranen Stadtzivilisation geprägte gesellschaftliche und kulturelle Formen, die sich in einem neuartigen Siedlungsbild widerspiegeln. Es ist die Oppida-Kultur, wie sie Iulius Caesar ausführlich beschreibt.[9]

Diese Oppida, allen voran Manching oder der Glauberg, waren befestigte Plätze von oft riesigen Dimensionen, in denen es Handwerk und Gewerbe in einer bislang unbekannten Konzentration gab.[10] Kel-

---

[8] I Galli e l'Italia [Katalog], Hg. P. SANTORO, 1978; I Celti (wie Anm. 1); M. SZABÓ, Auf den Spuren der Kelten in Ungarn, ^{2}1976. – Zu den Boiern: H. BIRKHAN u. a., Art. »Boier«, in: RGA 3, 1978, 205ff.; FILIP, Die keltische Zivilisation (wie Anm. 1), 69–74 und 198–202. – K. BITTEL, Die Galater in Kleinasien, archäologisch gesehen, in: Assimilation et résistance à la culture gréco-romaine dans le monde ancien, Hg. D. M. PIPPIDI, 1976, 241–249; F. MAIER, Keltische Altertümer in Griechenland, in: Germania 51, 1973, 499–577; H. D. RANKIN, Celts and the Classical World, 1987; J. WERNICKE, Kelten in Italien, 1991.

[9] WERNER, Keltentum (wie II, 5b); W. KIMMIG, Die frühen Kelten und das Mittelmeer, in: BITTEL u. a., Kelten (wie Anm. 1), 248–278 mit Literatur 523; 250ff.; J. J. HATT, Kelten und Galloromanen, 1970, hier 86ff. und 91ff. Vgl. allgemein: Les mouvements celtiques du cinquième au premier siècle avant notre ère, Hg. P.-M. DUVAL u. a., 1979; J. COLLIS, Oppida: Earliest Towns North of the Alps, 1984; Keltische Oppida in Mitteleuropa und im Karpatenbecken (Symposium), in: Archeologické Rozhledy 23, 1971 (mehrere Aufsätze).

[10] R. SHEPHERD, Prehistoric Mining and Allied Industries, 1980; H. BECK u. a., Art. »Eisen«, in: RGA 7, 1989, 58–66; Beiträge zur Eisenverhüttung auf der Schwäbischen Alb, 1995 (Forschungen und Berichte zur Vor- und Frühgeschichte in Baden-Württemberg 55).

tische Zentren dieser Art finden sich oft als Höhensiedlungen, den Griechenstädten mit herrschaftlicher Akropolis (Oberstadt) vergleichbar. Sie hatten steinerne Mauern mit militärtechnisch hervorragend abgesicherten, komplizierten Toreingängen; ein klarer Bebauungsplan mit Zisternen und Speichern ist erkennbar. Das mittelmeerische Vorbild wird dabei deutlich, die straff herrschaftliche Sozialstruktur hat Iulius Caesar mit dem geschärften Blick des Politikers für Macht und Abhängigkeitsverhältnisse sehr genau geschildert.[11]

Die Verbreitung dieser großräumigen Siedlungen, die gleichzeitig politische Mittelpunkte waren, läßt sich vor allem für Frankreich, für Südwest- bzw. Süddeutschland und Böhmen feststellen, während sich in Mitteldeutschland eher die älteren keltischen Siedlungsformen fortsetzten. Umstritten ist, ob die keltische Oppida-Kultur, die von Frankreich bis Ungarn reichte, aber sehr verschiedenartige Ausprägungen ihrer präurbanen Zentren hatte, eine Reaktion auf die zwischen 125 und 118 v. Chr. erfolgte Einrichtung der römischen Provincia Gallia Narbonensis im Rhône-Raum gewesen ist oder eine fortifikatorische Antwort auf die ersten großen Einfälle der Kimbern und Teutonen (113–101 v. Chr.) oder aber, was wohl am wahrscheinlichsten sein dürfte, ein genereller Akkulturationsvorgang unter Einfluß der Mittelmeerwelt. Archäologisch lassen sich nicht nur weiträumige Handelsbeziehungen der Oppida nachweisen, sondern auch stark arbeitsteilige Gewerbe: besonders Eisenverhüttung und -verarbeitung Goldgewinnung, Münzprägung, Serienherstellung von Keramik auf der Töpferscheibe, Bronzeguß, Kunsthandwerk und Herstellung von Trachtzubehör. Vor allem die Goldschmiedekunst erreichte ein erstaunliches künstlerisches Niveau; es hält in manchen Bereichen dem Vergleich mit Arbeiten der antiken Hochkultur durchaus stand.[12]

---

[11] C. Iulii Caesaris Commentarii VI, 11–20, Hg. R. du Pontet, [19]1988. Für die spätere Entwicklung und die Frage der keltischen Kontinuität in der gallo-romanischen Welt vgl. Hatt, Kelten (wie Anm. 9), bes. 171ff., 215ff. und 277ff.; R. Hachmann, Die Treverer und die Belger zur Zeit Caesars, in: Bericht der Staatlichen Denkmalpflege im Saarland 23, 1976, 85–116.

[12] Duval, Kelten (wie § 1, Anm. 52); Megaw, Celtic Art (wie Anm. 1); R. Hachmann, Gundestrup-Studien, in: Ber. RGK 71/72, 1990/91, 565–903. – Mit der reichen Beute an Goldschätzen, die Iulius Caesar bei der Niederwerfung der gallischen Stämme in die Hand fiel, konnte er dann in Rom Politik machen. – C. Eluere, Das Gold der Kelten, 1987.

Sozialstrukturell erinnern die keltischen Oppida eher an frühmittelalterliche als an klassisch-antike Verhältnisse. Zwei Stände heben sich durch Macht und Reichtum deutlich vom Gros der relativ ärmlichen Bevölkerung ab: die Druiden als kultische Gemeinschaft und die Ritter (*equites*). Beide rekrutierten sich aus wenigen vornehmen Familien und bildeten die Oligarchie des jeweiligen Gemeinwesens. Sie konnte sich auf eine breite Klientel stützen. Kult wurde auch hier, wie vielerorts, der »Kitt archaischer Staatlichkeit«. Stätten des Kultes waren vielerorts die keltischen Viereckschanzen, deren Deutung allerdings weiterhin umstritten ist.[13]

Wenn durch Iulius Caesars genaue Berichterstattung die gallischen Oppida wie Alesia (Alise-Sainte Reine), Vesontio (Besançon), Bibracte (Mt. Beuvray) bei Autun und Avaricum (Bourges) im vollen Licht historischer Überlieferung stehen, finden sich doch auch im späteren deutschen Sprachraum bedeutende Zentren präurbaner keltischer Zivilisation. So etwa der »Hunnenring« bei Otzenhausen im Saarland, ein Hauptort der Treverer,[14] der Titelberg in Luxemburg,[15] der Donnersberg bei Kirchheimbolanden,[16] das Heidentränk-Oppidum bei Oberursel. In Baden-Württemberg sind das Oppidum Creglingen-Finsterlohr,[17] der »Heidengraben« bei Urach, das Oppidum Tarrodunum (Zarten) und Altenburg-Rheinau bei Schaffhausen zu nennen.

Besonders ergiebig und zu neuen Erkenntnissen führend sind die Ausgrabungen auf dem Glauberg am Ostrand der Wetterau, wo man

---

[13] K. SCHWARZ, Die Geschichte eines keltischen Temenos im nördlichen Alpenvorland, in: Ausgrabungen in Deutschland (wie II, 5a), Bd. 1, 324–358; DERS., Atlas der spätkeltischen Viereckschanzen Bayerns, 1959; D. PLANCK, Eine neuentdeckte Viereckschanze in Fellbach-Schmiden, Rems-Murr-Kreis, in: Germania 60, 1982, 105–172; K. BITTEL u. a., Die keltischen Viereckschanzen in Baden-Württemberg, 1990; vgl. auch G. DOBESCH, Die Kelten in Österreich nach den ältesten Berichten der Antike, 1980; Die Kelten in den Alpen und an der Donau, Hg. E. JEREM u. a., 1996; Keltische Viereckschanzen, Hg. G. WIELAND, 1999.

[14] R. SCHINDLER, Studien zum vorgeschichtlichen Siedlungs- und Befestigungswesen des Saarlandes, 1968. – Otzenhausen gehörte zum Gebiet der Treverer.

[15] J. METZLER u. a., Beiträge zur Archäologie und Numismatik des Titelberges, 1977; J. KRIER, Die Treverer außerhalb ihrer Civitas, 1981; J. METZLER, Das treverische Oppidum auf dem Titelberg, 1995.

[16] K. BITTEL, Der Donnersberg, eine keltische Stadtanlage, 1981.

[17] F. MAIER, Das Heidentränk-Oppidum, 1985. – Zu den Oppida Baden-Württembergs vgl. die Einzelbeschreibungen mit weiterer Literatur bei BITTEL u. a., Kelten (wie Anm. 1), 321 ff.; zum paläobotanischen Aspekt der Keltenzeit vgl. KÖRBER-GROHNE, Nutzpflanzen (wie § 2, Anm. 27).

einen keltischen Fürstensitz mit befestigter Höhensiedlung und gewaltigen sakralen Anlagen am Fuß des Berges freilegte. Der Reichtum dieses Zentralorts beruhte mit hoher Wahrscheinlichkeit auf den etwa 20 km entfernten Salinen bei Bad Nauheim. Hier wie an anderen Zentren keltischer Kultur tritt die materielle Grundlage dieser Kultur, ihr hoher technischer Standard, besonders klar zutage. Die vier gefundenen Großplastiken keltischer Krieger vermitteln neue, für die Selbstinterpretation keltischer Kultur wichtige Erkenntnisse. Dazu gehört die schon 1974 von G. Kossack vertretene These, daß die keltische Zivilisation mit ihren elitären Prunkgräbern eine Reaktion auf die intensiven, nicht nur wirtschaftlichen Beziehungen zu mediterranen Hochkulturen war, ein »Rangbegehren … [um] die innere Notwendigkeit zu demonstrieren, daß man zur Elite zählt«.[18] Das war in gewisser Weise auch eine Abwehrhaltung, zu der auch die Weigerung gehörte, eine eigene Schriftkultur zu entwickeln, obwohl man sich im Handelsverkehr mit der Mediterranée durchaus ihrer Schriftzeichen zu bedienen wußte. Neu zur Diskussion steht auch das Problem der zahlreichen keltischen »Viereckschanzen« Süddeutschlands, die keine Verteidigungsbauten waren, sondern eher Kultorte oder sogar nur große Bauernhöfe und damit Vorläufer der römischen *villae rusticae*. Auch die angeblichen zahlreichen Menschenopfer der Kelten, die sowohl von feindseligen griechisch-römischen Autoren kolportiert wurden als auch durch archäologische Befunde erwiesen schienen, werden erneut in Frage gestellt: Es könne sich ebenso um normale Friedhöfe handeln, deren Tote einer Art von kultischer »Nachbehandlung« (Kopfabtrennung, Knochenspaltung) unterzogen wurden. Inwieweit solche weitreichenden Neuinterpretationen der Kritik standhalten, muß sich noch erweisen.[19]

In Bayern sind vor allem die Oppida auf dem Staffelberg bei Staffelstein und auf dem Michelsberg bei Kelheim[20] zu erwähnen, beson-

---

[18] KOSSAK, Prunkgräber (wie Anm. 4).

[19] Das Rätsel der Kelten vom Glauberg. Glaube, Mythos, Wirklichkeit [Katalog], Hg. K. WEBER, 2002, darin die Beiträge von O.-H. FREY, F.-R. HERRMANN, H. BAITINGER und B. CHAUME sowie bes.: W. REINHARD, Das frühkeltische Heiligtum von Vix, in: ebd., 221 f.

[20] Zum Michelsberg F.-R. HERRMANN, Grabungen im Oppidum von Kelheim 1964–1972, in: Ausgrabungen in Deutschland (wie II, 5a), Bd. 1, 298–311. – Zur beträchtlichen Eisenproduktion innerhalb dieses Oppidums K. SCHWARZ, Zur spätlatènezeitlichen und mittelalterlichen Eisenerzgewinnung auf der südlichen Fran-

ders aber der im Flachland an der Donau bei Ingolstadt gelegene zentrale Vorort der keltischen Vindeliker Manching mit seiner imposanten Umwallung. Dieses Oppidum war vielleicht die größte geschlossene Ansiedlung im prähistorischen Europa und zugleich ein kunsthandwerkliches Zentrum. Etwa 380 Hektar Innenfläche wurden durch Moore, umgeleitete Bäche und vor allem durch eine 7,2 Kilometer lange Mauer in der von Caesar beschriebenen Form des *murus gallicus* geschützt; es war der östlichste Bau dieser Art. Manching, das am Flußübergang einer alten wichtigen Handelsstraße nach Böhmen lag, zeichnete sich nach dem Befund großflächiger Grabungen besonders als Wirtschafts- und Produktionszentrum aus. Eisenschmiede, Bronzegießer, Glasarbeiter, Töpfer wohnten in planmäßig angelegten Gebäudekomplexen. Geprägt wurden hier vornehmlich die goldenen »Regenbogenschüsselchen«, die nicht nur im vindelikischen Gebiet, sondern auch in Nordbayern und in Württembergisch-Franken als Geld im Umlauf waren und auf den Reichtum der Oberschicht verweisen. Außerhalb dieses Bereiches gab es ebenfalls seit der Mittellatènezeit (ca. 400–250 v. Chr.) Gold- und Silbermünzen nach makedonisch-griechischen Vorbildern oder im Westkeltischen auch nach dem Vorbild von Massilia (Marseille).

Hatte man bislang angenommen, daß Manching um 15 v. Chr. bei der römischen Eroberung des Alpenvorlandes zugrunde ging, so läßt sich heute mit Sicherheit sagen, daß diese stadtähnliche Großsiedlung mit ihren weiten Verkehrsverbindungen schon früher nach und nach verlassen wurde, als nämlich unter dem römischen wie germanischen Angriff auf die keltische Welt deren Handels- und Wirtschaftssystem zusammengebrochen war. Als die Römer ins Land kamen, dürfte von der einst blühenden Stadt wohl nur noch die verfallene Stadtmauer vorhanden gewesen sein.[21] Eine Kontinuität keltischer Bevölkerung

---

kenalb bei Kelheim, in: Jahresberichte der Bayerischen Bodendenkmalspflege 6/7, 1965/66, 35–66.

[21] Grundlegend: Die Ausgrabungen in Manching, Bd. 1–15, 1970–1992; vgl. dazu W. Krämer, Zwanzig Jahre Ausgrabungen in Manching, in: Ausgrabungen in Deutschland (wie II, 5a), Bd. 1, 287–297; Torbrügge, Vor- und Frühzeit (wie Anm. 1), 58f. mit Anm. 42–46; H.-J. Kellner, Die glatten Regenbogenschüsseln, in: JbNum 13, 1963, 105–130; H. Polenz, Münzen in latènezeitlichen Gräbern Mitteleuropas aus der Zeit zwischen 300 und 50 v. Chr., in: Bayerische Vorgeschichtsblätter 47, 1982, 27–222; F. Maier, Das Kultbäumchen von Manching, ein Zeugnis hellenistischer und keltischer Goldschmiedekunst aus dem 3. Jahrhundert

ist aufgrund schriftlicher Quellen auch für das Alpenvorland anzunehmen, wenn es auch bislang schwierig ist, archäologische Belege dafür zu finden. Die naheliegendste Erklärung dieses Widerspruchs könnte sein, daß bereits lange vor der römischen Okkupation die »keltische Identität« sehr geschwächt war und die Bevölkerung daher überraschend schnell romanisiert wurde. Mit diesem Tatbestand hängt es auch zusammen, daß die kürzlich wieder ans Licht gezogene Hypothese von der Ethnogenese der Bajuwaren aus keltischem Substrat unhaltbar ist. Nach der Mitte des 1. vorchristlichen Jhs. ist von einer eher sporadischen germanischen Neubesiedlung zwischen Alpen und Donau auszugehen. Die keltische Bevölkerung lebte aber wohl noch in Oppida, vor allem aber in kleineren Befestigungen und ländlichen Siedlungen weiter.[22]

Anders als an Donau und Lech, wo kontinuierliche Übergänge von Siedlungen der Keltenzeit in die römische Epoche relativ schwer festzustellen sind, gingen in Frankreich und an Rhein und Mosel keltische Oppida samt ihrer Bevölkerung in die Hand der neuen Besatzungsmacht über. Besonders deutlich wird dies im Gebiet der keltischen Treverer, die zu Caesars Zeiten in enger politischer Verbindung mit den benachbarten Germanen westlich des Rheins (»Germani cisrhenani«) standen und in mehreren Aufständen (54/53 v. Chr.) sich der römischen Okkupation zu erwehren suchten.[23] Ihre Heiligtümer bestanden unter römischer Herrschaft weiter, und noch der Kirchenvater Hieronymus, der sich längere Zeit in Trier aufhielt, bezeugt in seinem

---

v. Chr., in: Germania 68, 1990, 129–165. Letzte Zusammenfassung: Das keltische Jahrtausend (wie Anm. 1). – Zum griechischen Handel mit Zentral- und Westeuropa vgl. D. TIMPE, Griechischer Handel nach dem nördlichen Barbaricum, in: Untersuchungen (wie II, 5a), Bd. 1, 181–213.

[22] Zur Situation zwischen Alpen und Donau R. CHRISTLEIN, Zu den jüngsten keltischen Funden Südbayerns, in: Bayerische Vorgeschichtsblätter 47, 1982, 275–292, und F. FISCHER, Die Besiedlung Südwestdeutschlands am Ende der Latènezeit, in: Archäologie und Geschichte (wie § 2, Anm. 1), 29–42; T. FISCHER u. a., Grabungen in der spätkeltischen Siedlung im Sulztal bei Berching-Pollanten, Landkreis Neumarkt/Oberpfalz, in: Germania 62, 1984, 311–372; S. RIECKHOFF, Süddeutschland im Spannungsfeld von Kelten, Germanen und Römern, 1995; G. WIELAND, Die Spätlatènezeit in Württemberg, 1996. E. KELLER, Die frühkaiserzeitlichen Körpergräber von Heimstetten bei München und die verwandten Funde aus Südbayern, 1984, vertritt die allerdings umstrittene Auffassung einer Einwanderung aus Noricum.

[23] JULLIAN, Histoire (wie § 1, Anm. 15); HATT, Kelten (wie Anm. 9). Zusammenfassend: WIGHTMAN, Gallia Belgica (wie § 2, Anm. 12).

Kommentar zum 2. Galaterbrief, daß die (keltischen) Galater in Kleinasien fast die gleiche Sprache sprächen wie die Treverer. Sowohl das Lenus-Mars-Heiligtum am linken Moselufer als auch der unweit des Trierer Amphitheaters gelegene riesige Tempelbezirk im Altbachtal mit über 70 Tempelgrundrissen bezeugen das Weiterleben keltischer Kulte in romanisierter Form.[24]

Ob die Treverer nach der bekannten Einteilung Caesars eher zu den Kelten Mittelgalliens gehörten oder zu den Belgern Nordgalliens, die ihm zufolge aus dem rechtsrheinischen Gebiet in den Mosel-Saar-Maasraum zugezogen sein sollen, ist unklar. Für letzteres spräche eine Nachricht in Tacitus' »Germania« (c. 28), daß sich nämlich Treverer und Nervier ihrer germanischen Abstammung rühmten, um sich von der Schlaffheit der Gallier abzusetzen.[25]

Die besonders an den Treverern sichtbare Fortdauer des vorrömischen keltischen Ethnikums bis in römische Zeit gehört ebenso zu den Voraussetzungen der deutschen Geschichte wie der hohe Standard keltischer Kunst zum allgemeinen europäischen Erbe. Von einer Fortdauer einer integralen keltischen Kultur wird man aber kaum sprechen können. Insgesamt bedeutete die Keltenzeit, besonders die Latènekultur, einen großen Fortschritt in der Entwicklung der materiellen Kultur: Das gilt sowohl für die umfassende Gewinnung und Nutzung des Eisens bei der Rodung von Wäldern und für die Konstruktion eisenbeschlagener Pflüge wie auch für die Produktion besserer Waffen aus diesem neuen, vielseitigen Material. Es gilt ebenso für die Konzentration dieser neuen Techniken in den befestigten großen Oppida, die auch Zentren des Handels mit Rohmaterialien, aber auch mit Edelmetallen und Kunstprodukten wurden. Die bergbaumäßige Salzgewinnung, etwa in Hallstatt und auf dem Dürrnberg in Hallein,[26] war

---

[24] Hieronymus, Commentar, in: epist. ad Galatas II, 3, p. 429f. (Vallarsi), MIGNE, PL 26, 1845, 357A. – Zu den Trierer Kultstätten: W. DEHN, Trier und das Trierer Land vor dem Erscheinen der Römer, in: Geschichte des Trierer Landes, Hg. R. LAUFNER, Bd. 1, 1964, 39–97; E. GOSE, Der Tempelbezirk des Lenus Mars in Trier, 1955; DERS., Der gallo-römische Tempelbezirk im Altbachtal zu Trier, 1972; Trier, Augustusstadt der Treverer [Katalog], 1984. Vgl. ferner J.-P. PETIT, Puits et fosses rituelles en Gaule d'après l'exemple de Bliesbruck, 1988.

[25] C. Iulii Caesaris Commentarii II, 4,1 (wie Anm. 11) und P. C. Tacitus, De origine et situ Germanorum, c. 28, Hg. A. A. LUND, 1988, 90ff.; vgl. dazu MUCH u. a., Die Germania des Tacitus, Hg. W. LANGE, [3]1967, 359ff.; HACHMANN, Treverer (wie Anm. 11).

[26] KRIER, Treverer, und METZLER u. a., Beiträge (beide wie Anm. 15). Zum Über-

neben der Eisenproduktion eine weitere wichtige Voraussetzung für den Reichtum und technischen Standard der Kelten. Typisch ist auch die starke soziale Differenzierung, die sie von der einfacher strukturierten germanischen Welt der zweiten Hälfte des 1. Jahrtausends v. Chr. merklich unterscheidet. Der gerade deswegen starke Einfluß der keltischen Zivilisation auf die Entstehung der germanischen Welt ist ein weiteres wichtiges Moment ihres Fortwirkens, das über der Bedeutung des Imperium Romanum als Grundlage der deutschen Geschichte nicht vergessen werden darf. Das bedeutet aber u. a., daß die intensive Einwirkung der römischen Kultur auf das Keltentum, die sich etwa im römischen Import von Wein und Luxusgütern archäologisch nachweisen läßt, auch mittelbar für die angrenzende germanische Welt frühe Folgen hatte. Die spätkeltische Adelsgesellschaft Galliens dürfte dabei eine wichtige Rolle gespielt haben. Neuerdings wird betont, daß der starke römische Import in Gallien nicht unbedingt auf eine intensive Romanisierung der keltischen Oberschicht hindeutet, sondern Ergebnis ihrer Selbstdarstellung und der guten Organisation der römischen Händler gewesen sei.[27]

Da man von einer vorwiegend ethnischen Definition des Keltentums abgekommen ist, erklärt sich damit auch dessen relativ rasche Auflösung oder Integration in die Nachfolgekulturen: Die Kelten waren zwar ethnisch nicht homogen und daher auch nicht resistent, aber ihre Kultur war von nachhaltiger Wirkung. Das gilt für keltische Oppida ebenso wie für das bereits vorhandene Straßennetz Galliens, das von den Römern übernommen und weiter ausgebaut werden konnte. Politisch-militärisch fielen die Kelten der sich ausformenden germanischen Völkerwelt im Norden und Nordosten zum Opfer, während

---

gang von der keltischen zur römischen Zivilisation vgl. Gräber – Spiegel des Lebens. Zum Totenbrauchtum der Kelten und Römer am Beispiel des Treverer-Gräberfeldes Wederath-Belginum, Hg. A. HAFFNER, 1989. Vgl. allgemein: Integration in the Early Roman West. The Role of Culture and Ideology, Hg. J. METZLER u. a., 1995; O. SCHAUBERGER, Ein Rekonstruktionsversuch der prähistorischen Grubenbaue im Hallstätter Salzberg, 1960; Der Dürrnberg bei Hallein (wie Anm. 4); Die Kelten in Mitteleuropa (wie Anm. 1), bes. 150–193, mit Beiträgen von E. PENNINGER, K. W. ZEILLER, L. PAULI.

[27] CHADWICK, Celts (wie Anm. 1), 42; WERNER, Ursprünge (wie II, 5a), 133–163, hier 162f. Zur Problematik von Handel und keltischer Adelsgesellschaft zuletzt: N. METZLER-ZENS u. a., Die spätantike Aristokratie in Gallien, in: Studien zur Archäologie der Kelten, Römer und Germanen in Mittel- und Westeuropa (Fs. A. Haffner), Hg. A. MÜLLER-KARPE u. a., 1998, 417–427.

sie im Süden und Westen im römischen Imperium aufgingen, womit sie insgesamt in die Zange genommen und als eigenständige Kraft aufgelöst wurden, ehe sie sich im Bereich der mittelmeerischen Hochkulturen durchsetzen konnten.

Da die Ausbreitung des Imperium Romanum und der germanischen Welt der keltischen Kultur Mitteleuropas weitgehend ein Ende bereiteten, konnte letztere nur in den westlichen Randregionen noch lange Zeit ungebrochen weiterleben: in der Bretagne, in Wales, in Cornwall und in Irland. Im provinzialrömischen Bereich ist das Fortleben des Keltentums zwar ethnisch und kultisch gesichert, doch brachte die römische Zivilisation eine sehr starke Umformung mit sich, so daß es oft schwierig ist, die keltische Götterwelt in der »interpretatio romana« wiederzuerkennen. Dennoch haben Mythologie-Forschung und Archäologie viel dazu beigetragen, das Substrat keltischer Kultformen zu erhellen. Ähnliches gilt für die intensive römische Überformung keltischer Kunst. Einen weiteren »Romanisierungsschub« außerhalb der damals stark schrumpfenden Grenzen des Imperiums bewirkte die Mission der christlichen Spätantike, die vornehmlich in Irland eine christlich-spätkeltische Kultur – unter Beibehaltung der alten Clan-Struktur der keltischen Gesellschaft – entstehen ließ, die in mancher Hinsicht für ganz Europa ein kulturelles Bindeglied zwischen Antike und Mittelalter werden sollte.[28]

§ 4 Die Germanen

a) Ethnogenese und mediterraner Einfluß

Eng mit der Spätphase des Keltentums auf dem Kontinent und besonders in Mitteleuropa ist die Entstehung der germanischen Völkerwelt verbunden. Wenn man unter Germanen eine Gruppe von Völkern versteht, die durch sprachliche Gemeinsamkeiten (germanische Lautverschiebung, Akzentverschiebung nach dem Vernerschen Gesetz) verbunden sind und sich daher innerhalb der größeren indogermanischen Sprachfamilie als Einheit absetzen lassen, dann muß man sich darüber im klaren sein, daß diesem durch die Sprache definierten

---

[28] S. u. § 14b.

Germanenbegriff[1] weder das als kulturelle Einheit verstandene Germanische der Vor- und Frühgeschichte voll entsprechen muß noch das Germanenbild der Antike.[2]

Zweifellos entstand ein ethnisch und kulturell eigenständiges Germanentum als Folge einer sehr komplexen ethnischen Entwicklung, die sich vordergründig in den zahlreichen Deutungsversuchen des Germanen-Namens widerspiegelt. Nach Tacitus (Germania c. 2) bezeichneten sich anfangs nur die Tungrer (um Tongern) als Germanen; der Sammelname ging dann auf alle ostrheinischen Stämme über. Von der Gesamtheit dieser Völker ist er zwar als Eigenbezeichnung niemals durchgängig benutzt worden, doch gab es offenbar ein Gefühl der Zusammengehörigkeit, das sich aber wohl erst seit der Begegnung mit der römischen Welt und später auch in der Absetzung gegenüber

---

[1] Literatur s. o. § 3, Anm. 1 f. (bes. HACHMANN u. a., Völker [wie § 3, Anm. 1], und PESCHEL, Kelten und Germanen [wie § 3, Anm. 2]); D. TIMPE u. a, Art. »Germanen, Germania, Germanische Altertumskunde«, in: RGA 11, 1998, 181–438. Die ältere Literatur bei L. SCHMIDT, Geschichte der deutschen Stämme bis zum Ausgang der Völkerwanderung, Bd. 1–2, 1938, 1949; E. NORDEN, Alt-Germanien. Völker- und namengeschichtliche Untersuchungen, 1934 [Ndr. 1962]. Vgl. weiter: R. VON USLAR, Die Germanen vom 1. bis 4. Jahrhundert, 1980; H. AMENT u. a., Art. »Germanen«, in: LexMA 4, 1338–1343 (mit Literatur); DERS., Die Ethnogenese aus der Sicht der Vor- und Frühgeschichte, in: Ethnogenese europäischer Völker (wie § 3, Anm. 3), 247–256. – Zur Forschungslage vgl. Germanenprobleme in heutiger Sicht, Hg. H. BECK, ²1999; K. DÜWEL, Runenkunde, ²1983; Runische Schriftkultur in kontinental-skandinavischer und -angelsächsischer Wechselbeziehung, Hg. DERS., 1994; R. HACHMANN, Die Germanen, 1971; Germanische Rest- und Trümmersprachen, Hg. H. BECK, 1989; F. SCHLETTE, Germanen zwischen Thorsberg und Ravenna, 1972; H. POLENZ, Römer und Germanen in Westfalen, 1985; G. MILDENBERGER, Sozial- und Kulturgeschichte der Germanen von den Anfängen bis zur Völkerwanderungszeit, 1972, ²1977; Die Germanen (wie II, 5b). Vgl. auch die einschlägigen Beiträge in: R. WENSKUS, Ausgewählte Aufsätze zum frühen und preußischen Mittelalter, 1986, sowie H. WOLFRAM, Die Germanen, 1995; D. H. GREEN, Language and History. The Early Germanic World, 1998. Knapper Überblick bei W. POHL, Die Germanen, 2000. Quellensammlungen bieten: Altes Germanien [bis 238 n. Chr.], Hg. H.-W. GOETZ u. a., Tl. 1, 1995 (AQMA 1 a); Griechische und lateinische Quellen (wie § 3, Anm. 3); vgl. Beiträge zum Verständnis der Germania des Tacitus, Hg. H. JANKUHN u. a., Bd. 1–2, 1989, 1992; Arminius und die Varusschlacht, Hg. R. WIEGELS u. a., ²1999.

[2] Tacitus, De origine et situ Germanorum, c. 2 (wie § 3, Anm. 25), 70 ff.; R. WENSKUS, Die germanische Welt am Vorabend des Hunnensturms, in: HEG 1, 94–106 (mit Literatur); Beiträge zum Verständnis; vgl. auch: Arminius und die Varusschlacht (beide wie Anm. 1). – Vgl. allgemein: Ethnogenese europäischer Völker (wie § 3, Anm. 3); Frühmittelalterliche Ethnogenese (wie II, 5c). Methodisch wichtig: Ausgewählte Probleme (wie § 1, Anm. 28).

den Westslawen ausbildete. Es formte sich eine ethnisch und kulturell eigenständige germanische Welt aus, die nicht nur im Kontext der indogermanisch-keltischen Zivilisation gesehen werden darf; doch bleibt ihre Rekonstruktion schwierig. Die gemeinsame Abstammung aller Germanen von einem Urvater Mannus, von der Tacitus in seiner »Germania« berichtet, könnte auf dieses »Wir-Bewußtsein« hinweisen. Die Söhne des Mannus wurden nach dieser Überlieferung die Ahnherren der drei großen germanischen Völkergruppen: der Ingaevonen, Herminonen und Istaevonen, die allgemein der Nordseeküste, dem Binnenland und dem Niederrhein zugeordnet werden. In etwas abweichender Schreibung (Inguaeones, Hermiones, Istuaeones) werden sie bereits von Plinius dem Älteren (23/24–79 n. Chr.; vgl. Nat. hist. 4,98–100) genannt, bei ihm allerdings neben anderen Gruppierungen. Es handelt sich wohl um Kultverbände, von denen es sicherlich weitere gab, nämlich die auch bei Tacitus genannte Gruppe der sieben Nerthusvölker an der Ostsee, die Wandilier und vor allem den Kultverband der Sueben. Nach Tacitus (Germania, c. 38) hatten diese »den größten Teil Germaniens inne«. Die von dem antiken Historiker wiedergegebene kultische Dreigliederung der Germanen bezieht sich also kaum auf alle Völkerschaften, die heute als Germanen gelten, und sie ist in jedem Fall von der Trias West-, Ost- und Nordgermanen zu trennen, die erst Zustände der Völkerwanderungszeit widerspiegelt und überdies ein Konstrukt der historischen und philologischen Wissenschaften des 19. Jhs. ist. Die Vielzahl kleiner germanischer Völkerschaften, die Iulius Caesar, Plinius der Ältere und P. Cornelius Tacitus überliefern,[3] entspricht sicher der ursprünglichen politischen Struktur Germaniens vor und nach der Zeitenwende; solche archaischen Zustände haben sich bis ins 6. Jh. noch in Skandinavien erhalten, sie finden sich aber auch in den keltischen Kleinfürstentümern des Frühmittelalters in Irland. Sowohl durch das Heerkönigtum der Wanderzeit als auch durch die Verschmelzung älterer germanischer Völkerschaften am Limes (Alamannen) und später durch Akkultura-

[3] Griechische und lateinische Quellen (wie § 3, Anm. 3); R. SEYER, Antike Nachrichten, in: Die Germanen (wie II, 5b), Bd. 1, 37–63, mit sechs Karten, und WENSKUS, Stammesbildung (wie II, 5a), Karten 1 und 2; G. DOBESCH, Zur Ausbreitung des Germanennamens, in: Pro arte antiqua (Fs. H. Kenner), Red. W. ALZINGER, Bd. 1–2, 1982, 1985, Bd. 1, 77–99. – Zur Entwicklung und Wanderung der Ostgermanen jetzt grundlegend: BIERBRAUER, Archäologie und Geschichte der Goten (wie § 1, Anm. 28).

tionsvorgänge (Franken), aber auch durch politische Neubildungen (Bajuwaren im 6. Jh.) formten sich seit dem 3./4. Jh. jene germanischen Großstämme aus, die am Beginn der deutschen Geschichte stehen.[4]

Anders stellt sich die Genese des Germanentums aufgrund der archäologischen Befunde dar. An ihrem Beginn steht die »Jastorf-Kultur«, die seit der Mitte des letzten vorchristlichen Jahrtausends sowohl im zentralen als auch im östlichen Norddeutschland um Nord- und Ostsee und in den angrenzenden Teilen Mitteldeutschlands verbreitet war. Aus der spätbronzezeitlich-früheisenzeitlichen Kultur Norddeutschlands hervorgegangen, wurde sie von der keltischen Hallstatt- und Latènekultur stark beeinflußt. Von dieser frühgermanischen Kultur ausgehend, vollzog sich seit dem Ende des 2. vorchristlichen Jhs. die eigentliche Ethnogenese der Germanen, und zwar in einer breiten Zone nördlich der Mittelgebirge bis Südskandinavien sowie zwischen Rhein und Weichsel.[5] Das relativ späte Einsetzen genauerer Nachrichten über die Germanen, die lange von antiken Autoren topisch mit den Skythen oder Kelten gleichgesetzt wurden, könnte den Prozeß der Entstehung der germanischen Welt in seiner Endphase unmittelbar, d. h. zeitgenössisch widerspiegeln.[6]

Infolge des wohl polyethnischen Ursprungs der Germanen ist man davon abgekommen, das »Germanische« in ein »Urgermanisches« zurückzuprojizieren, vor allem was Religion und Sozialverfassung anbelangt. Auf jeden Fall aber ist die von Iulius Caesar und dem Geographen Strabon († 26 n. Chr.) stammende Auffassung, der Rhein

---

[4] WENSKUS, Stammesbildung (wie II, 5a), passim; S. u. § 10.

[5] H. AMENT, Der Rhein und die Ethnogenese der Germanen, in: Prähistorische Zeitschrift 59, 1984, 37–47; F. HORST, Die Herausbildung der germanischen Stämme, in: Die Germanen (wie II, 5b), Bd. 1, 86–105, mit Karte gegenüber 96; K. PESCHEL, Anfänge germanischer Besiedlung im Mittelgebirgsraum, 1978. – Die Bezeichnung »Jastorf-Kultur« nach einem Urnengräberfeld in Jastorf, Kreis Uelzen, Niedersachsen. – Ob es zwischen Kelten und Germanen noch ethnisch eigenständige Völkerschaften gab, ist teilweise umstritten: R. HACHMANN u. a., Völker zwischen Germanen und Kelten (wie § 3, Anm. 1). Kritisch zu den philologischen Argumenten: W. MEID, Hans Kuhns »Nordwestblock«-Hypothese, in: Germanenprobleme (wie Anm. 1), 183–212. Vgl. dazu aber die positiven Ergebnisse der modernen Materialanalysen: K. WILHELMI, Die vorrömische Eisenzeit zwischen Sieg und Mittelweser, 1981; H. NORTMANN, Die vorrömische Eisenzeit zwischen unterer Weser und Ems, 1983.

[6] K. E. MÜLLER, Geschichte der antiken Ethnographie und ethnologischen Theoriebildung, Bd. 1, 1972, 94ff. (Hekataios) und 101ff. (Herodot).

sei die Grenze zwischen Kelten und Germanen, aufzugeben. Archäologische Befunde haben erwiesen, daß die Trennungslinien zwischen Germanen und Kelten quer zum Strom lagen. Anders zu beurteilen sind die bei Iulius Caesar genannten »Germani cisrhenani«, die eine gesonderte ethnische Gruppe darstellen. Sie dürften ein »Wanderungsbund« oder »Stammesverband« mit eigener Herkunftstradition gewesen sein. Wie später bei Franken und Alamannen ist wohl von mehreren Einwanderungswellen ins Linksrheinische auszugehen; auch gab es Umsiedlungen durch die Römer.[7]

b) Handel, Handwerk, Ackerbau

Was die wirtschaftlichen Verhältnisse anbetrifft, so sind schriftliche Nachrichten, selbst bei Tacitus, mit Vorsicht zu interpretieren, da mit Topoi aus der älteren Historiographie gerechnet werden muß, die aus dem generell verwendeten Fundus zur Beschreibung »barbarischer« Völker der verschiedensten ethnischen Herkunft stammen. Handelsbeziehungen gab es aber schon in keltischer Zeit, doch seit dem endgültigen Vorrücken des Imperium Romanum an Rhein und Donau vor und nach der Zeitenwende kam es zu einem starken römischen Import in die »Germania libera«, der sich vor allem in den Schatz- und Grabfunden nachweisen läßt.[8]

---

[7] H. VON PETRIKOVITS, Germani Cisrhenani, in: Germanenprobleme (wie Anm. 1), 88–106; vgl. auch G. NEUMANN, Germani cisrhenani – Die Aussage der Namen, in: ebd., 107–129.

[8] Überblick: H. STEUER, Art. »Handel«, in: RGA 13, 1999, § 4–16, 502–574. – Zum Import römischer Waren, Münzen und Luxusgüter, die als Handelsgut, Sold oder Geschenke an germanische Fürsten in die »Germania libera« kamen, vgl. H. J. EGGERS, Der römische Import im freien Germanien, 1951; R. VON USLAR, Germanische Sachkultur in den ersten Jahrhunderten nach Christus, 1975; MILDENBERGER, Sozial- und Kulturgeschichte (wie Anm. 1), bes. 58ff.; J. KUNOW, Negotiator et vectura, Händler und Transport im freien Germanien, 1980; DERS., Das Limesvorland der südlichen Germania inferior, in: BJ 187, 1987, 63–77, bes. 72ff.; A. KNAACK, Austausch und Handel, in: Die Germanen (wie II, 5b), Bd. 2, 157–172, und R. LASER, Wirtschaftliche Auswirkungen der römisch-germanischen Beziehungen, in: ebd., 311–317; U. LUND-HANSEN, Römischer Import im Norden, Warenaustausch zwischen dem Römischen Reich und dem freien Germanien, 1987; Corpus der römischen Funde im europäischen Barbaricum. Deutschland, Hg. RGK, Bearb. R. LASER u. a., Bd. 1–4, 1994–2002, Bd. 5 vorauss. 2004. – Überblick: Untersuchungen (wie II, 5a), Bd. 1, bes. die Beiträge von H. VON PETRIKOVITS, K. GODŁOWSKI, H. CHANTRAINE, J. KUNOW und P. SCHMID.

Importiert werden Metallgefäße, zumeist aus Bronze, seltener aus Silber, Gläser und feine Tonwaren (Terra Sigillata). Relativ gering ist der Anteil an Trachtzubehör, Schmuck und Waffen sowie Bronzestatuetten, meist Götterbildern; dafür wurden verhältnismäßig häufig Mühlsteine aus den Basaltbrüchen von Mayen (Megina) in der Eifel eingeführt, letztere zumeist auf dem Wasserwege über Nord- und Ostsee. Es war dies ein Produktionszweig, der sich ins Frühmittelalter fortsetzte.[9]

Römische Kaufleute waren wohl maßgeblich am Handel mit dem freien Germanien beteiligt; es gab auch bestimmte, für den marktmäßigen Austausch bestimmte Plätze, etwa Augsburg (Augusta Vindelicorum), wo die Rom treu ergebenen Hermunduren Handel treiben durften. Ähnliches war dann im 2. Jh. n. Chr. den Markomannen gestattet. Römische Anlagen an der Donau in Niederösterreich, in Mähren und der Slowakei aus derselben Zeit lassen darauf schließen, daß sie für den Handel gedacht waren. In Pannonien züchtete man Schweine, die von der einheimischen Bevölkerung an die römischen Grenzkastelle verkauft wurden. Auch im Nordseebereich gab es germanische Viehauftriebplätze, von denen aus die römische Expeditionsflotte mit Fleisch beliefert wurde. Wie wichtig solche »Versorgungsplätze« für die militärische Präsenz insgesamt waren, geht schon aus der trockenen Bemerkung des römischen Militärschriftstellers Vegetius hervor, daß der Hunger im Heer mehr Tote fordere als das Schwert.[10]

Die Ausgrabungen von Siedlungen und reich ausgestatteten Gräbern in weiten Teilen der Germania libera I bestätigen ebenfalls den Import römischen Handelsgutes, aber auch von Beutegut und Ge-

---

[9] H. KARS, Early Medieval Dorestad. An Archeo-Petrological Study, in: Berichten Amersfoort 30, 1980, 393–422; J. RÖDER, Art. »Basaltlava«, in: RGA 2, 1976, 76f., und unten § 19 mit Anm. 77; R. LASER, Terra-Sigillata-Funde aus den östlichen Bundesländern, 1998.

[10] H. W. BÖHME, Archäologische Zeugnisse zur Geschichte der Markomannenkriege, in: JRGZ 22, 1975, 153–217, hier 190ff.; Markomannenkriege. Ursachen und Wirkungen, Hg. H. FRIESINGER u. a., 1994 (teilweise mit neuen Deutungen); R. F. Vegetius, Epitoma rei militaris, lib. III, 3, in: Epitoma rei militaris, lateinisch und deutsch, Hg. F. WILLE, 1986, bzw. Hg. A. ÖNNERFORS, 1995, 107–111 (Ende 4. Jh.); S. BÖKÖNYI, Animal Husbandry and Hunting in Tác-Gorsium, 1984, 101–119; K. BRANDT, Die Ergebnisse der Grabung in der Marschsiedlung Bentumersiel/Unterems (1971/73), in: Probleme der Küstenforschung im südlichen Nordseegebiet 12, 1977, 1–31.

schenken an germanische Fürsten. Neben kunstvollen Gefäßen aus Terra Sigillata, Glas oder Bronze finden sich auch römische Waffen, damaszierte Schwerter und Kettenpanzer, obwohl es schon in römischer Zeit Waffenausfuhrverbote gab, die sich dann in fränkischer Zeit gegenüber der slawischen und skandinavischen Welt ebenso erfolglos wiederholten.[11]

Aus dem Bereich der »Germania magna« kamen auf dem Handelswege oder als Tribute Großvieh, Getreide, Häute, Felle und Pelze und vor allem Bernstein ins Imperium, in geringerem Maße Federn, Seife und als Modeartikel blondes Frauenhaar.[12] Tacitus (Germania, c. 5) zufolge betrieben die grenznahen Germanenvölker ihren Handel mit Münzen, während die im Landesinneren beim Tauschhandel blieben. Dennoch war geprägtes Edelmetall im gesamten freien Germanien in großem Umfang vorhanden, wie die etwa 73 000 Münzen beweisen, die allein aus dem östlichen Teil der »Germania libera« bekannt geworden sind. Es wäre aber falsch, daraus auf einen ausgedehnten Geldverkehr zu schließen, denn das Vorherrschen von Silber- und Goldmünzen bei Schatzfunden beweist, daß bei der Thesaurierung nur der Gehalt an Edelmetall wichtig war.[13] Nicht allein durch Handel,

---

[11] Lund-Hansen, Römischer Import (wie Anm. 8); Dies., Römischer Glasimport in das freie Germanien, in: Kölner Jahrbuch für Vor- und Frühgeschichte 22, 1989, 177–185; S. Berke, Römische Bronzegefäße und Terra Sigillata in der Germania libera, 1990; Beiträge zu römischer und barbarischer Bewaffnung in den ersten vier nachchristlichen Jahrhunderten, Hg. C. von Carnap-Bornheim, 1994; zum Händler: O. Schlippschuh, Der Händler im römischen Kaiserreich in Gallien, Germanien und den römischen Donauprovinzen Rätien, Noricum und Pannonien, 1974; Kunow, Negotiator (wie Anm. 8), vgl. allgemein: Centre and Periphery in the Ancient World, Hg. M. Rowlands, 1987; R. Wolters, Zum Waren- und Dienstleistungsaustausch zwischen dem Römischen Reich und dem Freien Germanien in der Zeit des Principats, in: Münstersche Beiträge zur antiken Handelsgeschichte IX/1, 1990, 14–44. – Vgl. auch Anm. 13.

[12] Großer Historischer Weltatlas (wie I, 12a), Tl. 1, Karte 47 und 47a; Erläuterungen, 239f.; D. Bohnsack u. a., Art. »Bernstein«, in: RGA 2, 1976, 288–298. – Der Begriff »Germania libera« für die germanische Welt außerhalb des Imperiums (»Germania magna«) ist ein Begriff des 19. Jhs., hat sich aber als Terminus technicus in den einschlägigen Fachwissenschaften eingebürgert und ist immer noch brauchbarer als das Wort »Barbaricum« (vgl. von Schnurbein). Zur Diskussion vgl. H. Neumaier, »Freies Germanien«/»Germania libera« – Zur Genese eines historischen Begriffs, in: Germania 75, 1997, 53–67; M. R. Alföldi, Germania magna – nicht libera, in: ebd., 45–52. Der komplementäre Begriff ist das linksrheinische Germanien, die »Germania romana«.

[13] Literatur zu den römischen Münzfunden bei von Uslar, Sachkultur (wie Anm. 8), 101f., wobei er sich für Münzen als Zahlungsmittel ausspricht. Mit guten Gründen

sondern auch als Beute, als Ehrengeschenke, als römische Subsidienzahlungen oder als Sold von Germanen im römischen Heeresdienst gelangten viele Münzen ins freie Germanien.[14] Um Ehrengeschenke und Beutegut wird es sich auch zumeist gehandelt haben, wenn qualitativ hochwertige Erzeugnisse des keltischen Kunsthandwerks, etwa Prunkwagen oder figürlich verzierte Kessel, in dänischen Mooren geopfert worden sind.[15]

Wichtig ist die Rolle des »Imports« in Germanien auch für die Entwicklung des germanischen Kunsthandwerks. In der Zeit vor der Zeitenwende wird nur ausnahmsweise etwas von keltischen Anregungen in eigenes Schaffen umgesetzt, und in den ersten beiden Jahrhunderten n. Chr. beschränkt man sich zumeist auf die Übernahme geometrischer Ornamente.[16] Erst seit dem 3. Jh. gibt es eine eigenständige Umformung szenischer römischer Bildvorlagen. Dies läßt sich an Funden auf den Dänischen Inseln, besonders an Silberbechern, beobachten, während es im Südosten der »Germania libera« zu einer selbständigen Verwendung oströmischer Model kommt. Wohl nicht zufällig geht dies einher mit der Verwendung germanischer Schriftzeichen, der Runen, die sich auf Schmuckstücken und Waffen als magische Formeln, als Namen oder Zueignungen finden. Auch wenn römische Besitzerinschriften und ähnliches Vorbilder waren, spiegelt

---

dagegen V. ZEDELIUS, Spätkaiserzeitlich-völkerwanderungszeitliche Keramik und römische Münzen von Laatzen, Ldkr. Hannover, 1974; R. LASER, Die römischen und frühbyzantinischen Fundmünzen auf dem Gebiet der DDR, 1980; generell: Die Fundmünzen der römischen Zeit in Deutschland, Hg. H. GEBHART (RGK), 1–, 1960–; Corpus der römischen Funde (wie Anm. 8); H. CHANTRAINE, Die Bedeutung der römischen Fundmünzen in Deutschland für die frühe Wirtschaftsgeschichte, in: Untersuchungen (wie II, 5a), Bd. 1, 367–429; H. VON PETRIKOVITS, Römischer Handel am Rhein und an der oberen und mittleren Donau, in: ebd., 299–336. – Die römischen Münzen des Freien Germanien im Bereich der alten Bundesrepublik sind inzwischen bis auf die von Schleswig-Holstein ediert in dem Corpus: Kritische Neuaufnahme der Fundmünzen der römischen Zeit in Deutschland (FMRD), Cohen-RIC-Konkordanz, Hg. M. R. ALFÖLDI, 1978–. – Auch nach 260 n. Chr. gab es rechtsrheinisch einen Umlauf römischer Münzen: K. STRIBRNY, Römer rechts des Rheins nach 260 n. Chr., in: Ber. RGK 70, 1989, 351–505.

[14] J. WERNER, Bemerkungen zur mitteldeutschen Skelettgräbergruppe Hassleben-Leuna, in: Fs. W. Schlesinger, Hg. H. BEUMANN, Bd. 1–2, 1973, 1974, Bd. 1, 1–30, bes. 23ff.; VON USLAR, Germanen (wie Anm. 1), 83.

[15] HACHMANN, Gundestrup-Studien (wie § 3, Anm. 12).

[16] Vgl. VON USLAR, Germanen (wie Anm. 1), 82f. (mit Literatur); H. J. EGGERS, Die Kunst der Germanen in der Eisenzeit, in: DERS. u. a., Kelten und Germanen in heidnischer Zeit, 1964, 5–87.

diese Umsetzung, wie im Kunsthandwerk, doch einen deutlichen geistigen Reifeprozeß durch Akkulturation wider.[17] Auch die germanische Tierornamentik der Völkerwanderungszeit verarbeitet südliche Anregungen der spätantiken Kerbschnitt- und Punzornamentik. Vermittelt wurde diese durch Vorlagen auf Trachtzubehör, das Germanen als Söldner im römischen Bewegungsheer bei der Rückkehr in die Heimat mitbrachten. Die stilisierten Tierdarstellungen waren aber mehr als Ornament, da bestimmte Tiere Gottheiten symbolisierten, die dem Träger Schutz und Heil bringen sollten.[18]

Für die Organisation des Handwerks bei den Germanen war die rein agrarische Wirtschaftsstruktur Germaniens maßgeblich. Entgegen älteren Auffassungen, wonach bestimmte Siedlungsformen als typisch germanisch angesehen worden sind, konnte die archäologische Forschung nachweisen, daß es vom Einzelhof und Weiler bis zum volkreichen Dorf die unterschiedlichsten Siedlungsformen gab,[19] jedoch keine stadtähnlichen Zentren wie bei den Kelten. Selbst größere Befestigungen dürften anfangs gefehlt haben, sieht man von einigen Anlagen der späten vorrömischen Eisenzeit und der frühen Kaiserzeit ab, die aber auch wegen ihrer fehlenden Innenbebauung als Versammlungsorte oder als geschützte Stapelplätze gedeutet werden können; solche finden sich etwa an der niederländischen Küste.[20] Auch die gut

---

[17] Die Runeninschriften im älteren Futhark, Hg. W. KRAUSE, Bd. 1–2, 1966; J. WERNER, Das Aufkommen von Bild und Schrift in Nordeuropa, 1966; DÜWEL, Runenkunde (wie Anm. 1); R. HACHMANN, Verzierte Lanzenspitzen der Jüngeren Kaiserzeit, in: Kulturen zwischen Ost und West (Fs. G. Kossack), Hg. A. LANG, 1993, 327–423.

[18] J. E. FORSSANDER, Provinzialrömisches und Germanisches, in: Meddelanden från Lunds Universitets Historiska Museum 7, 1936/37, 11–100; G. HASELOFF, Zum Ursprung der germanischen Tierornamentik – die spätrömische Wurzel, in: FMASt 7, 1973, 406–442; DERS., Die germanische Tierornamentik der Völkerwanderungszeit, Bd. 1–3, 1981; H. ROTH, Die Kunst der Völkerwanderungszeit, 1979 (mit Beiträgen von K. BÖHNER, B. ARRHENIUS, E. BAKKA, V. BIERBRAUER u. a.). – Immer noch grundlegend: B. SALIN, Die altgermanische Tierornamentik, ²1935. Zum mediterranen Einfluß auf die germanische Mythologie s. u. Anm. 48.

[19] H. JÄGER, Art. »Dorf«, § 1–8, in: RGA 6, 1986, 82–89; H. JANKUHN, Art. »Dorf«, §§ 11–20, in: ebd., 94–111; Das Dorf (wie II, 5c); vgl. allgemein: SCHRÖDER u. a., Siedlungsformen (wie § 2, Anm. 1) (Sammelbd.); Ländliches Siedlungswesen in vor- und frühgeschichtlicher Zeit, in: Offa (Berichte und Mitteilungen zur Urgeschichte, Frühgeschichte und Mittelalterarchäologie) 39, 1982, 3–279; P. SCHMID, Siedlungsstrukturen, in: Archäologische Untersuchungen (wie § 2, Anm. 7), Bd. 1, 193–244; E. GRINGMUTH-DALLMER, Die Entwicklung der frühgeschichtlichen Kulturlandschaft auf dem Territorium der DDR, 1983.

[20] G. MILDENBERGER, Germanische Burgen, 1978. SCHMID, Siedlungsstrukturen

untersuchte Befestigung »Heidenschanze« bei Bremerhaven gehört zu diesem Typ.[21]

Die Frage nach Existenz und Umfang eines germanischen Burgenbaus ist nicht nur ein chronologisches Problem, sondern hängt auch davon ab, wie hoch man den mediterranen, keltischen wie römischen, Einfluß in der »Germania magna« einschätzt oder umgekehrt eine autochthone Gesellschaftsentwicklung als ausschlaggebend annimmt. Es wäre aber auch möglich und kulturmorphologisch sogar naheliegend, daß eine autogene soziale Differenzierung der Germanen die Aufnahme fremder Vorbilder sehr erleichterte. So scheint es kein Zufall zu sein, daß Iulius Caesar »oppida« der Sueben und Ubier kennt, Tacitus die *castella* des Markomannenkönigs Marbod und des Quaden Vannius sowie ein *caput gentis* der Chatten erwähnt und Sextus Julius Frontinus (ca. 30–104 n. Chr.) von der Eroberung der chattischen *refugia* durch Domitian berichtet. Diesen äußerst sporadischen Notizen ist zumindest soviel zu entnehmen, daß es sich entweder um Stammesvororte, um Sitze der Führungsschicht oder auch um Zufluchtsorte gehandelt hat; letzteres galt wohl für die Altenburg bei Niedenstein in Nordhessen und für die schon erwähnte Heidenschanze bei Bremerhaven. Ob die Trockenmauer auf dem Petersberg bei Bonn und die große, kaum besiedelte Erdenburg bei Bensberg (Bez. Köln) schon germanischen Ursprungs sind, ist umstritten. Zwischen dem 3. und 5. Jh. n. Chr. wurden von Germanen auch ältere vorgeschichtliche Burgwälle wieder als Wehranlagen instandgesetzt; das war z. B. auf der »Gelben Bürg« bei Gunzenhausen und auf dem Glauberg bei Büdingen der Fall. Der ältere Bering am »Runden Berg« bei Urach geht noch ins späte 3. Jh. zurück, die Blütezeit war jedoch im 4. und 5. Jh.; damals war es ein Herrensitz mit zentralörtlichen Funktionen.[22]

(wie Anm. 19), erwägt mit Recht auch die Nutzung solcher Anlagen als Stapelplätze und vor allem als Kultplätze, letztere Funktion gesichert für die Archsum-Burg; vgl. KOSSACK u. a., Archsum (wie § 2, Anm. 7), Bd. 3. – Knappe Übersicht in R. VON USLAR, Art. »Burg«, § 21: Germanische Burgen der Spätlatène- und römischen Kaiserzeit«, in: RGA 4, 1981, 176–179.

[21] W. HAARNAGEL, Die Grabung auf der Heidenschanze bei Wesermünde im Jahre 1958, in: Studien aus Alteuropa (Fs. K. Tackenberg), Hg. R. VON USLAR, Bd. 1–2, 1965, Bd. 2, 142–178.

[22] J. WERNER, Zu den alamannischen Burgen des 4. und 5. Jahrhunderts, in: Speculum historiale (Fs. J. Spörl), Hg. C. BAUER, 1965, 439–453; STEUER, Höhensied-

Germanische Dörfer unterschiedlicher Größe sind, neben den Siedlungen Feddersen Wierde und Flögeln, in Bärhorst bei Nauen, in Wijster (Prov. Drenthe) und Hodde ausgegraben worden. Aus den späteren merowingerzeitlichen Reihengräberfeldern hat man sowohl Siedlungen erschlossen, die zu Adelshöfen gehören (z. B. Niederstotzingen, Gammertingen), als auch große Dorfsiedlungen (z. B. Hailfingen, Pleidelsheim, Schretzheim, Sasbach).[23] Am besten erforscht sind die Wurten der römischen Kaiserzeit, besonders Feddersen Wierde, wo die Reste von acht übereinanderliegenden ländlichen Siedlungen ausgegraben wurden, die eine zunehmende Differenzierung zwischen Landbau und Gewerbe erkennen lassen, aber auch eine Verstärkung der herrschaftlichen Organisation.[24]

Dies dürfte insgesamt für die Entwicklung im kaiserzeitlichen Germanien gelten. Aufgrund der Grabungsergebnisse an verschiedenen Orten finden sich nacheinander und teilweise gleichzeitig ländliches Hauswerk, bäuerliches Handwerk als Nebenerwerb und schließlich als spezialisiertes Handwerk; dieses entfaltete sich besonders als Kunsthandwerk zur Buntmetallverarbeitung in engem Verbund mit dem Herrenhof. Zum Hauswerk gehören Spinnen und Weben als Frauenarbeit, Holz- und Lederverarbeitung, Böttcherei, Töpferei, Knochenverarbeitung, Zimmerei, Bootsbau; letztere Gewerbe können auch schon Nebenerwerb sein, der in Handwerkerhäusern einer bäuerlichen Betriebsgemeinschaft ausgeübt wurde. Eisengewinnung wurde teilweise als saisonale Nebenbeschäftigung ausgeübt.[25] Es gab aber

---

lungen (wie § 2, Anm. 24); vgl. auch die Artikel in RGA, vor allem H. STEUER u. a., Art. »Fürstengräber«, und Art. »Fürstensitze«, beide in: RGA 10, 1998, 168–232; U. KOCH, Der Runde Berg bei Urach, Bd. 1–11, 1974–1997, Bd. 5: Die Metallfunde der frühgeschichtlichen Perioden aus den Plangrabungen 1967–81, und § 10a mit Anm. 7.

[23] Zu Niederstotzingen: P. PAULSEN, Alamannische Adelsgräber in Niederstotzingen (Kreis Heidenheim), Bd. 1–2, 1967; zu Gammertingen: F. STEIN, Alamannische Siedlung und Kultur, 1991; FINGERLIN, Zur alamannischen Siedlungsgeschichte (wie § 2, Anm. 21). – Vgl. auch zum Siedlungswesen Beiträge in: Das Dorf (wie II, 5c) und Offa (wie Anm. 19) 39, 1982, sowie H. DÖLLING, Haus und Hof in westgermanischen Volksrechten, 1958; HAVERSATH, Agrarlandschaft (wie § 2, Anm. 13).

[24] HAARNAGEL, Grabung (wie § 2, Anm. 7); DERS., Das Handwerk im Verband der kaiserzeitlichen Marschensiedlung Feddersen Wierde, in: Das Handwerk (wie II, 5c), Bd. 2, 67–89; s. u. § 19c.

[25] H. HINGST, Neumünster Oberjörn. Ein Urnenfriedhof der vorrömischen Eisenzeit aus Südholstein, 1989; W. HAARNAGEL u. a., Güterproduktion, in: Archäologische

auch schon gewerbliche Zentren wie die Schmiedesiedlung bei Warburg-Daseburg aus der älteren Kaiserzeit, in denen die Landwirtschaft nur noch eine untergeordnete Rolle spielte und Eisen gleichzeitig mit Bronze und Edelmetall verarbeitet wurde. Allerdings fehlt es bislang an Belegen für die Gewinnung von Bunt- und Edelmetallen in der »Germania libera« selbst. Man war hier vermutlich auf Import aus dem römisch-gallischen Bereich angewiesen, wobei der Bedarf für Feinschmiedearbeiten zumeist durch Einschmelzen von Münzen und Altmetall gedeckt wurde. Dabei ist generell zu bedenken, daß die intensive Einwirkung der römischen Kultur auf das Keltentum, die sich etwa im römischen Import von Wein und Luxusgütern archäologisch nachweisen läßt, auch mittelbar für die angrenzende germanische Welt frühe Folgen hatte. Die spätkeltische Adelsgesellschaft Galliens dürfte dabei eine wichtige Rolle gespielt haben. Neuerdings wird betont, daß der starke römische Import in Gallien nicht unbedingt auf eine intensive Romanisierung der keltischen Oberschicht hindeutet, sondern Ergebnis ihrer Selbstdarstellung und der guten Organisation der römischen Händler gewesen sei.[26]

Umstritten bleibt die Rolle des Wanderhandwerkertums, dessen Existenz seit der frühen Bronzezeit anzunehmen ist.[27] Sicher gab es aber »mobiles Handwerk«, besonders bei Goldschmieden, die mit ihren Modeln ein bestimmtes »Wander- und Auftragsgebiet« versorg-

---

Untersuchungen (wie § 2, Anm. 7), Bd. 1, 289–304. – Zur Eisengewinnung allgemein: Internationales Symposion zur vor- und frühgeschichtlichen Eisengewinnung (Fs. H. Hingst), in: Offa (wie Anm. 19) 40, 1983, 15–197, und H. Jöns, Frühe Eisengewinnung in Joldelund, Kr. Nordfriesland, Bd. 1–2, 1997, 2000.

[26] Schmiedesiedlung der älteren römischen Kaiserzeit bei Warburg-Daseburg, Hg. K. Günther, 1990 (mit Beiträgen von K. Hilpert, A. Höhndorf, D. Horstmann, G. Nobis, E. Speetzen, J. Riederer); E. Cosack, Die Fibeln der Älteren Römischen Kaiserzeit in der Germania libera, Tl. 1, 1979; U. Koch, Handwerker in der alamannischen Höhensiedlung auf dem Runden Berg bei Urach, in: Archäologisches Korrespondenzblatt 14, 1984, 99–109. – Zur Problematik von Handel und keltischer Adelsgesellschaft zuletzt: Metzler-Zens u. a., Aristokratie (wie § 3, Anm. 37).

[27] Immer noch grundlegend: H. Ohlhaver, Der germanische Schmied und sein Werkzeug, 1939; J. Werner, Zur Verbreitung frühgeschichtlicher Metallarbeiten, in: Early Medieval Studies 1, 1970, 65–81; T. Capelle u. a., Modeln der Merowinger- und Wikingerzeit, in: FMASt 5, 1971, 42–100. Zu diesem ebenfalls umstrittenen Punkt s. u. § 19c mit Anm. 86f. – Zu provinzialrömischen Einflüssen auf das germanische Handwerk: E. Cosack, Fibeln (wie Anm. 26); J. Driehaus, Zum Problem der merowingischen Goldschmiede, in: NAG I, Philologisch-Historische Klasse 1972,7, 389–405.

ten;[28] auch sind »Schmiedegräber« nachweisbar.[29] Allerdings ist mobiles Handwerk keineswegs die einzige oder auch nur vorherrschende Produktionsform. Es finden sich nämlich auch feste Werkstätten, und die Feinschmiede waren zumindest teilweise an Fürsten- und Adelshöfe gebunden, wo sie nicht nur Aufträge erhielten, sondern auch das erforderliche Edelmetall.[30]

Kontrovers ist auch die soziale Stellung der Fein- und Waffenschmiede. Nach den Grabbeigaben, neben Werkzeugen und Waffen finden sich auch Kostbarkeiten, hat man geschlossen, daß es sich um freie Waffenträger einer durchwegs sozial gehobenen Schicht handelt. In manchen Leges muß die Tötung eines Goldschmieds mit dem höchsten Wergeld bezahlt werden. Auch aus Liedern und Sagen des germanischen Kulturkreises, etwa der Wielandsage, kann man eine soziale Sonderstellung dieser Spezialisten ableiten.[31] Allerdings ist Vorsicht bei Rückschlüssen von der Merowingerzeit auf die älteren germanischen Zustände am Platze. Ein Sonderproblem ist das Fortwirken römischer Handwerkstraditionen an Rhein und Donau und damit die Frage, ob und in welchem Umfang germanische Auftraggeber als die neuen Herren hinzutraten und damit technologische Kontinuität ermöglichten. In diesen Zusammenhang gehört wohl auch das Phänomen, daß die frühe germanische Tierornamentik deutlich spätrömische Einflüsse aus den nordgallischen Provinzen zeigt.[32]

---

[28] WERNER, Verbreitung, 68ff.; mit gewissen Einschränkungen nehmen dies auch CAPELLE u. a., Modeln (beide wie Anm. 27), 86, an. – Zum Begriff »mobiles Handwerk« vgl. CLAUDE, Handel (wie II, 5a).

[29] DRIEHAUS, Goldschmiede (wie Anm. 27) (stark an südgallischen literarischen Belegen orientiert).

[30] Überblick bei R. SEYER u. a., Kunst und Ideologie, in: Die Germanen (wie II, 5b), Bd. 2, 173–248, bes. 199ff.

[31] K. HAUCK, Wielands Hort. Die sozialgeschichtliche Stellung des Schmiedes in frühen Bildprogrammen nach und vor dem Religionswechsel, 1977; M. MÜLLER-WILLE, Der frühmittelalterliche Schmied im Spiegel skandinavischer Grabfunde, in: FMASt 11, 1977, 127–201; vgl. auch R. PLEINER, Eisenschmiede im frühmittelalterlichen Zentraleuropa, in: FMASt 9, 1975, 79–92. – Zu den Aussagen der Leges vgl. R. SCHMIDT-WIEGAND, Fränkische und frankolateinische Bezeichnungen für soziale Schichten und Gruppen in der Lex Salica, in: NAG I, Philologisch-Historische Klasse 1972,4, 219–258, bes. 229ff.; NEHLSEN, Sklavenrecht (wie II, 5a), 58ff., 356ff.; DERS., Die rechtliche und soziale Stellung der Handwerker in den germanischen Leges, in: Das Handwerk (wie II, 5c), Bd. 1, 267–283; SEYER u. a., Kunst (wie Anm. 30), 202f.

[32] Zur Ornamentik: HASELOFF, Zum Ursprung (wie Anm. 18).

Die Kenntnis des germanischen Siedlungswesens insgesamt ist in den letzten Jahrzehnten durch umfangreiche Flächengrabungen im weiteren Nordseeküstengebiet ungemein gefördert worden, so daß sich heute ein relativ präzises Bild der Entwicklung zeichnen läßt.[33] Vergleichbare Ergebnisse wie auf Feddersen Wierde erbrachte die archäologische Untersuchung einer ganzen Siedlungskammer in Archsum auf Sylt, wo sich zwischen dem 1. und 4. nachchristlichen Jh. ca. 20 kaiserzeitliche Siedlungskerne mit jeweils etwa fünf dicht beieinander liegenden Höfen durch das Auftreten von arbeitsteiligen Großgehöften strukturell veränderten.[34] Man hat darin eine Antwort der Küstenbewohner auf eine fortschreitende Klimaverschlechterung gesehen: Zur Lösung drängender Fragen der Entwässerung und der Erhöhung der Wurten gegen das Eindringen des Meeres waren gemeinschaftliche Sicherungsarbeiten nötig, die wiederum sozialstrukturellen Wandel, d. h. Ansätze zur Ausbildung einer Oberschicht, zur Folge hatten. Meeresüberflutungen bewirkten eine Verknappung der landschaftlichen Nutzflächen und in deren Gefolge ein Ausweichen auf handwerkliche Produktion, die teilweise mit einer abhängigen Bevölkerung organisiert wurde. Desgleichen kam es zum Handel mit dem Imperium auf dem Schiffswege, aber auch zu systematischer Seeräuberei. Zwischen der Entwicklung des germanischen Handwerks, der Änderung der Sozialstruktur und der Klimaverschlechterung gab es also einen ursächlichen Zusammenhang.[35]

Mit einer grundlegenden Klimaverschlechterung hängt auch das Ende vieler Siedlungen an der Wende vom 4. zum 5. Jh. zusammen. Sowohl im Küstengebiet als auch in anderen Teilen der »Germania

---

[33] Knapper Überblick bei ENNEN u. a., Agrargeschichte (wie § 2, Anm. 1), bes. 97ff. (W. JANSSEN mit Literatur).

[34] G. KOSSACK u. a., Grabungen in der Archsum-Burg auf Sylt, Vorbericht, in: Germania 51,2, 1973, 477–499; DERS. u. a., Zehn Jahre (wie § 2, Anm. 7), 261–427.

[35] Es ist aber zu betonen, daß sich nicht nur Einzelhofsiedlungen zu eher herrschaftlich organisierten Dorfsiedlungen umstrukturierten, sondern daß es schon von Anfang an daneben auch Dorfsiedlungen gab, neben Feddersen Wierde und Flögeln etwa die Wurt Ezinge bei Groningen und die Siedlung von Wigster bei Drenthe; ferner die kaiserzeitlichen und völkerwanderungszeitlichen Siedlungen von Tornow in der Lausitz und vielleicht auch die jüngere kaiserzeitliche Siedlung auf dem Bärhorst bei Nauen in Brandenburg, letztere ein von einem gemeinsamen Zaun umschlossenes Dorf mit schätzungsweise 30–40 Gehöften, das um 300 n. Chr. endete. Vgl. P. DONAT, Hausbau und Siedlung, in: Die Germanen (wie II, 5b), Bd. 1, 321–330.

libera« zeichnet sich ein umfangreicher Wüstungsprozeß ab, der aber keineswegs, wie lange angenommen wurde, ein genereller Siedlungsabbruch war.[36] Ungeachtet gewisser methodischer Vorbehalte wird man dieses Phänomen als einen wichtigen Faktor mit dem Beginn der germanischen Völkerwanderung im 4. und 5. Jh. in Verbindung bringen müssen, d. h. sowohl mit dem schubweisen Vordringen germanischer Völkerschaften nach Südwesten und über die Grenzen des Imperiums hinweg als auch mit der nach 400 einsetzenden Landnahme der Angeln und Sachsen in Britannien.[37] Schon die Markomannenkriege (166–180 n. Chr.) brachten die germanische Völkerwelt – wie später die Hunnen – in Bewegung; Germanen, in späteren Quellen Alamannen, überrennen im 3. Jh. die römische Grenzverteidigung in den Provinzen Germania superior und Raetia. Zum Jahre 285/86 meldet die Universalgeschichte des Paulus Orosius (um 417), daß »Franken und Sachsen ... die See unsicher machen«. Das Imperium errichtete dagegen auf beiden Seiten des Kanals ein Verteidigungssystem (Litus Saxonicum), das mehr als 100 Jahre zwischen Dover und Boulogne durch Sperrforts die Flußmündungen sicherte, und dies offensichtlich bis zum Abzug der Römer aus Britannien (407) mit

---

[36] Gegen einen völligen Siedlungsabbruch mit Recht: P. SCHMID, Zur chronologischen Auswertung von Siedlungsfunden des 4.–5. Jahrhunderts n. Chr. im Küstengebiet von Elbe und Weser, in: Archäologische Beiträge zur Chronologie der Völkerwanderungszeit, Hg. G. KOSSACK u. a., 1977, 29–41; P. SCHMID u. a., Flögeln. Zur Struktur einer Siedlung des 1. bis 5. Jahrhunderts, in: Probleme der Küstenforschung im südlichen Nordseegebiet 11, 1976, 1–78; K.-E. BEHRE, Pollenanalytische Untersuchungen zur Vegetations- und Siedlungsgeschichte bei Flögeln und im Ahlenmoor (Elb-Weser-Winkel), in: ebd., 101–118; s. u. Anm. 66f. sowie W. H. ZIMMERMANN, Die Siedlungen des 1. bis 6. Jahrhunderts nach Christus von Flögeln-Eeckhöltjen, Niedersachsen, 1992.

[37] S. CHADWICK HAWKES, Die anglo-sächsische Invasion Britanniens, in: Sachsen und Angelsachsen [Katalog], Hg. C. AHRENS, 1978, 71–83; Angles, Saxons, and Jutes (Fs. J. N. L. Myres), Hg. V. I. EVISON, 1981. Der frühere Zeitansatz der Einwanderung (nach 400) hat sich gegenüber dem späteren, bei Beda Venerabilis errechneten Datum (449 n. Chr.) durchgesetzt. H. W. BÖHME, Das Ende der Römerherrschaft in Britannien und die angelsächsische Besiedlung Englands im 5. Jahrhundert, in: JRGZ 33, 1986, 469–574; zusammenfassend: J. N. L. MYRES, The English Settlement, 1986. – Den früheren Zeitansatz hatte schon J. WERNER, Kriegsgräber aus der ersten Hälfte des 5. Jahrhunderts zwischen Elbe und Weser, in: BJ 159, 1958, 372–413, vertreten. Zur archäologischen Sachsenforschung vgl. Führer zu vor- und frühgeschichtlichen Denkmälern (wie I, 5a), Bd. 29: Das Elb-Weser-Dreieck, 1976; H. VOLLRATH, Die Landnahme der Angelsachsen nach dem Zeugnis der erzählenden Quellen, in: Ausgewählte Probleme (wie § 1, Anm. 28), Bd. 1, 317–337.

Erfolg.[38] Insgesamt jedoch ist festzuhalten, daß das 4./5. Jh. die schärfste Zäsur in der germanischen Siedlungsgeschichte gewesen ist.

Was den Ackerbau der Germanen anbelangt, so ist wohl der umfassendere Begriff »Bodennutzungssysteme« angebracht; einen festen Bauernstand hat es noch nicht gegeben. Als Anbauform ist von einer Feldgraswirtschaft bzw. Feldwaldwirtschaft auszugehen. Klar unterschieden werden muß zwischen den durch Klimaschwankungen bedingten Veränderungen und den jeweiligen Bodenbonitäten. Entscheidend wurde die Entwicklung besserer Pflüge.[39] Seit der Bronzezeit ist der Hakenpflug (Ard) belegt, mit dem der Boden durch kreuzweises Aufritzen gelockert wurde. Wesentlich effektiver konnte dann mit dem um Christi Geburt aufkommenden Wendepflug geackert werden. Mit diesem wohl von den Kelten übernommenen Pfluggerät wurde es möglich, auch schwere Böden mit längerer Ertragsfähigkeit zu pflügen und damit die Jungmoränen durch Rodung intensiver zu nutzen, desgleichen die Marschen mit ihren schweren Kleieböden, die auf diese Weise aufgesiedelt wurden. Römische Autoren erwähnen Mergeldüngung bei Galliern und Germanen, aber schon in vorrömischer Zeit wußte man leichte Böden durch Aufbringung von Soden zu verbessern, ähnlich wie dies später bei der frühmittelalterlichen Plaggendüngung geschah. In den Niederlanden, in Nordwestdeutschland und in Jütland haben sich vielfach Flursysteme aus dieser Zeit erhalten.[40]

---

[38] Orosius, Historia adversus paganos, 7,25,3, zit. nach: Lateinische Quellen (wie § 3, Anm. 3), Bd. 4, 284f. – S. JOHNSON, The Roman Forts of the Saxon Shore, 1976; A. R. BIRLEY, The Fasti of Roman Britain, 1981, hier 309ff. – Zu den Völkerbewegungen, die von den Markomannenkriegen ausgelöst wurden: K. GODŁOWSKI, »Superiores Barbari« und die Markomannenkriege im Lichte archäologischer Quellen, in: Slovenská Archeológia 32,2, 1984, 327–350.

[39] E. GRINGMUTH-DALLMER, Ein Hortfund landwirtschaftlicher Geräte von Guhrow, Kreis Cottbus, in: ZA 9, 1975, 281–300; M. MÜLLER-WILLE, Art. »Ackergeräte«, in: RGA 1, 1973, 50–53.

[40] M. MÜLLER-WILLE, Eisenzeitliche Fluren in den festländischen Nordseegebieten, 1965; H. KÖRBER-GROHNE, Geobotanische Untersuchungen auf der Feddersen-Wierde, 1967, 44f. und 207ff.; weitere Literatur bei VON USLAR, Germanen (wie Anm. 1), 61ff., und Die Germanen (wie II, 5b), Bd. 2, 100–123 (E. LANGE, E. GRINGMUTH-DALLMER, M. TEICHERT, H.-H. MÜLLER). Für Schleswig-Holstein: H. JANKUHN, Die römische Kaiserzeit und die Völkerwanderungszeit, in: Geschichte Schleswig-Holsteins (wie I, 9), Bd. 2, 1979, 251–335, bes. 270ff. Vgl. oben § 2 mit Anm. 13.

Bei Erschöpfung der Anbauflächen legte man eine längere Brache ein, bei der auch oft die Siedlung in den neu beackerten Bereich verlagert wurde. Fruchtwechsel gab es wohl, vor allem zwischen Getreide und Leguminosen, aber eine geregelte Dreifelderwirtschaft bildete sich wohl erst innerhalb der frühmittelalterlichen Grundherrschaft und ihrer Arbeitsorganisation aus. Das wichtigste Getreide war bei den Germanen die Gerste, die als Brei gegessen wurde, wohingegen der Weizen – Hauptgetreide des Neolithikums – stark zurückgegangen war. Roggenanbau findet sich vor allem in der östlichen »Germania libera«, daneben behaupteten sich die alten Körnerfrüchte Emmer und Spelt (Dinkel); Flachsanbau diente der Leinenherstellung, aber auch der Speiseölproduktion und der Beleuchtung. Sowohl die Analyse von großen Haustier- und Wildtierknochenfunden als auch das seit der späten Bronzezeit archäologisch gesicherte dreischiffige Wohnstallhaus mit Boxen für Großtiere beweisen eine relativ umfangreiche Viehhaltung. Die Einstallung diente wohl hauptsächlich der Stabilisierung der Viehbestände und der Fütterung während der Kälteperiode. Auf jeden Fall spielte aber der Wald als Viehweide für Rinder und Schweine eine große Rolle. In der Regel wurden über 90 % des Fleischbedarfs aus der Haustierhaltung gedeckt, der Rest aus Jagd und Fischfang.[41] Weitgehend ungeklärt ist die Frage, ob und in welcher Weise römische Agrartechnik auf die Germanen eingewirkt hat.[42]

---

[41] Kossack u. a., Archsum (wie § 2, Anm. 7), bes. in Bd. 2 die Beiträge von O. Harck und H. J. Kroll; dazu: Feddersen Wierde. Die Ergebnisse der Ausgrabungen der vorgeschichtlichen Wurt Feddersen Wierde bei Bremerhaven in den Jahren 1955–1963, Hg. W. Haarnagel (RGK), Bd. 1–4, 1967–1991; M. Teichert u. a., Viehwirtschaft, in: Die Germanen (wie II, 5b), Bd. 1, 450–464, und Dies., Jagd und Fischfang, in: ebd., 464–467; J. Schäffer u. a., Tierknochenfunde aus fünf frühmittelalterlichen Siedlungen Altbayerns, 1983; H. Reichstein, Die Fauna des germanischen Dorfes Feddersen Wierde, 1991 (Feddersen Wierde [wie oben], Bd. 4); N. Benecke, Archäozoologische Studien zur Entwicklung der Haustierhaltung in Mitteleuropa und Südskandinavien, 1994, bes. 143–166.

[42] Hinweise bei Laser, Auswirkungen (wie Anm. 8), 305–311, der Beeinflussungen bei den grenznahen Germanen, etwa in der Tierzucht, für möglich hält. Vgl. Diepolder, Aschheim (wie § 2, Anm. 8).

c) Kult

Besonders schwierig zu rekonstruieren sind Religion und Kultformen der Germanen.[43] Das hat verschiedene Gründe. Archäologische Quellen ermöglichen aber Teileinsichten, etwa über weiträumig verbreitete, sehr ähnliche Opfersitten; gleiches gilt für die Jenseitsvorstellungen, die sich durch vergleichende Analyse der Gräberfelder aus den Totenritualen erschließen lassen. Allerdings sind seit der Kaiserzeit und der Völkerwanderungsepoche zeitlich und räumlich variierende Einzelzüge im Totenkult feststellbar, etwa die jütländischen Waffenopferfunde von Ejsbol und Illerup.[44] Dennoch spricht einiges für eine in den Grundzügen gemeinsame Religion. Fraglich ist aber, ob dem Gemeingermanischen zeitlich ein »gemeinsames Nordisches« als dessen Wurzel vorausgegangen ist, da weiträumig ähnliche mythische Bildkompositionen in Mittel- und Nordeuropa erst seit dem späten 5. Jh. n. Chr. nachweisbar sind, ob also eine Rückprojektion in frühere Epochen methodisch richtig ist.[45]

Wie stark im einzelnen ideologische Vorstellungen die Bewertung des Fundmaterials beeinflußt haben, geht aus neueren Forschungen hervor.[46] Die antiken Zeugnisse, besonders Tacitus' »Germania«, las-

---

[43] Immer noch wichtig: V. GRÖNBECH, Kultur und Religion der Germanen, Bd. 1–2, [10]1987. – Germanische Religionsgeschichte. Quellen und Quellenprobleme (RGA Erg.bd. 5), Hg. H. BECK, 1992; DERS., Heldensage und Heldendichtung im Germanischen, 1988; K. SCHÄFERDIEK, Art. »Germanenmission«, in: RAC 10, 1978, 492–548.

[44] Vorgeschichtliche Heiligtümer und Opferplätze in Mittel- und Nordeuropa, Hg. H. JANKUHN, 1970; »Opfer«-Kolloquium, in: FMASt 18, 1984, 1–581; G. BEHM-BLANCKE, Ein westgermanisches Moor- und Seeheiligtum in Nordwestthüringen, in: Ausgrabungen und Funde. Nachrichtenblatt für Vor- und Frühgeschichte 3, 1958, 264ff; T. VOIGT, Kult und Bestattungswesen, in: Die Germanen (wie II, 5b), Bd. 1, 182–191; zum Kult zusammenfassend: SEYER u. a., Kunst (wie Anm. 30), und E. SCHULTZE, Grabsitte und Grabkult, 269–279, die allerdings den Zusammenhang zwischen Bestattungsriten und Jenseitsvorstellungen negiert, wohl zu Unrecht. M. ØRSNES, Waffenopferfunde des 4.–5. Jahrhunderts n. Chr., 1988; H.-P. HASENFRATZ, Die religiöse Welt der Germanen. Ritual, Magie, Kult, Mythus, 1992; J. ILLKJAER, Illerup Ådal, Bd. 1–2, 1996; M. MÜLLER-WILLE, Opferkult der Germanen und Slawen, 1999.

[45] J. WERNER, Die Langobarden in Pannonien, 1962, bes. 94–104.

[46] K. VON SEE, Das »Nordische« in der Deutschen Wissenschaft des 20. Jahrhunderts, in: Jahrbuch für internationale Germanistik 15, 1985, 8–38, und DERS., Deutsche Germanenideologie, 1979; Europäisches Frühmittelalter, Hg. DERS., 1985; H. BECK, Andreas Heuslers Begriff des Altgermanischen, in: Germanenprobleme (wie Anm. 1), 396–412.

sen zwar ein vielgestaltiges Kultleben und große, regionale Kultverbände erkennen, jedoch erschwert die römische Auffassung desselben, die Tacitus (Kap. 43) selbst »interpretatio romana« nennt und der Bezeichnung germanischer Gottheiten nach griechisch-römischen Göttern dient, ein tieferes Eindringen in die religiöse Welt der Germanen.[47] Ist schon die »interpretatio romana« eine Erkenntnisbarriere, so verdichtet sich dieser semantische Schleier vor der kultisch-mythischen Welt der germanischen Völker durch die Tatsache, daß die Germanen schon früh römische, besonders spätantike und frühbyzantinische Bildvorlagen aufnahmen und sie offensichtlich mit eigenen Inhalten füllten, die aber schwer zu deuten sind.[48]

Die ältere Forschung ist bei der Rekonstruktion germanischer Religion und Mythen den Weg gegangen, die wesentlichen Inhalte der skandinavischen Saga-Überlieferungen, die erst im Mittelalter auf Island aufgezeichnet wurden, in die Frühzeit, teilweise bis in die Eisen- und Bronzezeit zurückzuprojizieren.[49] Dabei blieb jedoch der starke Wandel der Völkerwanderungszeit unberücksichtigt, wie er sich beispielsweise in der weitgehenden Aufgabe der Brandbestattung in der alamannischen Oberschicht manifestierte, wenn sich auch in den neuen Siedlungsräumen die ältere Beisetzungsart bei der normalen Bevölkerung noch bis ins 5. Jh. hielt. Unter diesen Umständen ist schwer zu entscheiden, ob und ab wann es einen gemeingermanischen »Göt-

---

47 Zu den Schwierigkeiten der Rekonstruktion germanischer Gottheiten zuletzt E. C. POLOMÉ, Germanentum und religiöse Vorstellungen, in: Germanenprobleme (wie Anm. 1), 267–297. – Zu Donar/Thor: H. BECK, Art. »Donar – Þorr«, in: RGA 6, 1986, 1–7.

48 Die mediterranen Einflüsse auf die germanische Mythologie erforschte grundlegend K. HAUCK, Art. »Brakteatenikonologie«, in: RGA 3, 1978, 361–401; DERS., Völkerwanderungszeitliche Bildzeugnisse eines Allgottes des Nordens und ihre mediterranen Analogien, in: Pietas (Fs. B. Kötting), Hg. E. DASSMANN u. a., 1980, 566–583; DERS., Die bildliche Wiedergabe von Götter- und Heldenwaffen im Norden seit der Völkerwanderungszeit, in: Wörter und Sachen im Lichte der Bezeichnungsforschung, Hg. R. SCHMIDT-WIEGAND, 1981, 168–269; Die Goldbrakteaten der Völkerwanderungszeit, Hg. K. HAUCK u. a., Bd. 1,1–3,2, 1985–1989. Weitere Literatur bei L. E. VON PADBERG, Verzeichnis der Schriften von K. Hauck, in: Tradition als historische Kraft (Fs. K. Hauck), Hg. N. KAMP u. a., 1982, 1–12.

49 K. HELM, Altgermanische Religionsgeschichte, 1913; J. DE VRIES, Altgermanische Religionsgeschichte, Bd. 1–2, ^{2}1957; Literatur zur germanischen Mythologie bei SEYER u. a., Kunst (wie Anm. 30), 260, Anm. 254, bes. die dort zitierten Arbeiten von W. GRÖNBECH, O. HÖFLER, H. KUHN und E. MAROLD; vgl. auch A. V. STRÖM, Germanische Religion, in: Germanische und Baltische Religion, Hg. DERS., 1975, 9–306.

terhimmel« gegeben hat, zumindest ist Vorsicht bei der Interpretation von regional und chronologisch unterschiedlichen Kultzeugnissen am Platze. Ein sehr urtümlicher Gott der Germanen ist der Kriegsgott Ziu gewesen; er dürfte sich wohl hinter dem bei Tacitus (Germania, c. 9) erwähnten Mars verbergen. Unklar bleibt, seit wann es die Göttertrias Odin (Wotan) – Thor (Donar) – Freyr (Frigg) gab, doch ist es methodisch fragwürdig, sie aufgrund skandinavischer Felszeichnungen in die Bronzezeit zurückzuverfolgen. Eine bedeutende Rolle spielte neben den männlichen Göttern auch die Fruchtbarkeitsgöttin Nerthus; ob sie mit dem bei Tacitus (Germania, c. 9) als Import bezeugten Isiskult der Sueben in Verbindung gebracht werden kann oder mit dem Matronenkult der romanisierten keltisch-germanischen Rheinlande, bleibt offen.[50]

Ähnliche Schwierigkeiten wie bei der Deutung germanischer Mythen ergeben sich für die Interpretation einer spezifischen germanischen Ethik. Auch wenn davor zu warnen ist, allgemeine gesellschaftliche Phänomene und Verhaltensweisen archaischer Gesellschaften als typisch germanisch anzusprechen, glaubt man doch in Tacitus' »Germania« – so eindeutig ihre auf römische Sittenzustände abzielende, kritische Tendenz auch ist – »ein echtes Zeugnis für germanisches Wesen« zu sehen.[51] Dies gilt neben dem religiös begründeten Kampfethos der Germanen vor allem für das Gefolgschaftswesen als ein freiwillig eingegangenes Treueverhältnis zwischen Herr und Gefolgsmann, das den letzteren zu Tapferkeit für den Gefolgsherrn bis in den Tod hinein verpflichtet und den ersteren zu Freigebigkeit (»Milde«).[52] Alle jedoch sind zur Gastfreundschaft verpflich-

---

[50] E. A. PHILIPPSON, Der germanische Mütter- und Matronenkult am Niederrhein, in: The Germanic Review 19, 1944, 81–142; DERS., Die Genealogie der Götter in germanischer Religion, Mythologie und Theologie, 1953; Matronen und verwandte Gottheiten (Kolloquium), Beiheft BJ 44, 1987.

[51] H. BACKES u. a., Art. »Ethik«, in: RGA 7, 1989, 601–611, hier 602; zurückhaltend WENSKUS, Die germanische Welt (wie Anm. 2), hier 96; L. HELLMUTH, Gastfreundschaft und Gastrecht bei den Germanen, 1984; problematisch: A. HEUSLER, Vom Lebens- und Formgefühl der alten Germanen, 1934.

[52] G. VON OLBERG, Freie, Nachbarn und Gefolgsleute, 1983; A. K. KRISTENSEN, Tacitus' germanische Gefolgschaft, 1983; kritisch zum Gefolgschaftswesen: GRAUS, Verfassungsgeschichte (wie § 1, Anm. 23); anders: SCHLESINGER, Herrschaft (wie II, 5a); DERS., Randbemerkungen zu drei Aufsätzen über Sippe, Gefolgschaft und Treue, in: Alteuropa und die moderne Gesellschaft (Fs. O. Brunner), Red. A. BERGENGRUEN u. a., 1963, 11–59. Für Gefolgschaft als eine spätere

tet, die sogar das Gebot der Blutrache zeitweise außer Kraft setzt, die ansonsten – wie in vielen archaischen Gesellschaften ohne staatlich organisierte Verbrechensverfolgung – eine große Rolle spielt. Ersatzfunktion für eine politisch-staatlich gesicherte Rechtsordnung hat auch die Sippe, die über Blutsverwandte, Verschwägerte und die Hausgemeinschaft der Familie hinaus die gesellschaftlichen Verhältnisse wesentlich bestimmt. Die Beziehungen zwischen Sippe und Familie, die kleiner und anders strukturiert war, ist noch weitgehend ungeklärt; letztere hatte sicher einen patriarchalischen Charakter, doch bezeugt Tacitus (Germania, c. 8) ausdrücklich die hohe Wertschätzung der Frau.[53]

In diesem Zusammenhang ist auch dessen umstrittene Beschreibung der vorehelichen Keuschheit der Jugendlichen und des angeblich monogamen Charakters der germanischen Ehe zu sehen, denn an anderer Stelle (Germania, c. 18) berichtet der römische Historiker selbst, daß hochgestellte Personen mehrere Frauen haben konnten, wie dies auch für das Frühmittelalter vielfach bezeugt ist. Schon die Tatsache, daß es zwar eine eheliche Treuepflicht der Frau und schwere Strafen bei deren Verletzung gab, nicht jedoch eine vergleichbare Verpflichtung und Straffälligkeit des Mannes, sollte davor warnen, Tacitus' sittliches Idealbild unbesehen zu übernehmen.[54] Auf jeden Fall ist es schwierig, aus der sporadischen schriftlichen Überlieferung zuverlässige Einblicke in die ursprüngliche Sozialverfassung der Germanen zu gewinnen. Schon die Wanderzeit brachte, wie erwähnt, große Veränderungen, der Rückschluß aus hochmittelalterlichen skandinavischen Verhältnissen ist methodisch ebenso bedenklich wie deren Rekonstruktion nach den sogenannten »Germanenrechten« des Frühmittelalters.[55]

Erscheinung plädiert H. KUHN, Die Grenzen der germanischen Gefolgschaft, in: ZRG GA 73, 1956, 1–83. – S. u. § 16b.

[53] MUCH u. a., Germania (wie § 3, Anm. 25), 164ff.

[54] R. SCHULZE, Art. »Ehebruch«, »Eherecht«, in: RGA 6, 1986, 479f. u. 480–500; C. SCHOTT, Art. »Ehe«, in: LexMA 3, 1629f., und W. SELLERT, Art. »Ehebruch«, in: ebd., 1655. S. u. § 18.

[55] Zur Problematik der Leges s. u. § 17.

d) Sozialstruktur

So grundlegend der Beitrag der Archäologie für die Kenntnis der germanischen Gesellschaftsordnung auch ist, so bedarf es doch einer methodischen Vorüberlegung hinsichtlich der Grenzen unserer Erkenntnis. Aussagefähig sind nämlich Grabfunde als die wohl wichtigste Quelle nur dann, wenn aus dem Material erkennbar ist, daß man es mit einem Totenritual zu tun hat, dessen Jenseitsvorstellungen sich am Leben im Diesseits orientieren und die daher Zustände des letzteren mehr oder weniger genau widerspiegeln. Auch wenn Grabausstattungen oder unterschiedlich große Anwesen in den ergrabenen Siedlungen unmittelbar nur etwas über Reichtum und Besitzverhältnisse aussagen, nicht jedoch den Rechtsstand der Bestatteten bzw. der einstigen Bewohner signalisieren, läßt sich doch aus solchen Befunden viel über deren Rang in der Gesellschaft ableiten und damit eben doch auch etwas über ihre konkrete soziale Stellung ermitteln. Für den größeren Teil der germanischen Stämme – nämlich für »Nordgermanen«, »Elbgermanen« und »Ostgermanen« – kann man anhand der überdurchschnittlich reich ausgestatteten Grablegen vom »Lübsow-Typ« für die ersten zwei nachchristlichen Jahrhunderte eine oberste Führungsschicht nachweisen, die ihre Toten offenbar bewußt ohne Waffen, aber mit reichem Schmuck aus einheimischen Werkstätten und viel römischem Geschirr erdbestatteten. Eine Sonderform reicher Erdbestattung bis in die Merowingerzeit hinein ist die Mitbestattung von Pferden um das Häuptlingsgrab.[56] Unterhalb dieser Oberschicht läßt sich durch die Ausstattung von Brandgräbern mit Waffen, Schmuck und Gerät eine weitere breite Gesellschaftsschicht ausmachen, die aus Bewaffneten bestand. Wenn sich dieselbe auch wiederum nach der Zusammensetzung ihrer Waffenbeigaben differenzieren läßt, so hebt sie sich doch deutlich von einer Unterschicht mit sehr einfach ausgestatteten Gräbern ab. Für die jüngere römische Kaiserzeit, d. h. für die Epoche zwischen der zweiten Hälfte des 2. und

---

[56] Zum Problem der obersten Führungsschicht (»Adel«) vgl. die gehaltvolle Zusammenfassung von VON USLAR, Germanen (wie Anm. 1), bes. 47ff.; zum archäologischen Aspekt germanischen Fürstentums: H. J. EGGERS, Lübsow, ein germanischer Fürstensitz der älteren Kaiserzeit, in: Prähistorische Zeitschrift 34/35, 1949/50, H. 2 (1953), 58–111; M. GEBÜHR, Zur Definition älterkaiserzeitlicher Fürstengräber vom Lübsow-Typ, in: Prähistorische Zeitschrift 49, 1974, 82–128.

der ersten Hälfte des 4. Jhs., läßt sich bislang aber nur die oberste Führungsschicht mit ihren reichen Körpergräbern relativ genau erfassen.[57]

Das Totenritual der »Westgermanen« verwehrt uns aber archäologische Einblicke in die Sozialstruktur, da sie bei ihren Brandbestattungen beim Auslesen des Scheiterhaufens offenbar eine sehr zufällige Auswahl jener Beigabenreste trafen, die mit Teilen des Leichenbrands beerdigt wurden.[58] Dies macht eine systematische Auswertung in sozialstruktureller Hinsicht sehr schwierig, obwohl wir wegen der räumlichen Nähe der Westgermanen zum Imperium wiederum wesentlich genauere, schriftliche Belege dafür haben, daß es auch in ihrem Bereich eine ähnlich starke soziale Differenzierung gegeben haben muß wie beim elbgermanischen Kultverband der Sueben. Ergiebiger als die Analyse von kaiserzeitlichen Gräberfeldern sind im westgermanischen Bereich die Ergebnisse der Siedlungsarchäologie, die eine klare gesellschaftliche Entwicklung erkennen lassen. Für die vorrömische Eisenzeit sind geringe Größenunterschiede bei den Häusern der Ackerbau und Viehzucht treibenden Bevölkerung festzustellen; dies deutet auf ausgeglichene Eigentumsverhältnisse hin. Seit dem 1. Jh. v. Chr. prägen sich stärkere Unterschiede aus; dies entspricht dem Befund der Gräberfelder in der östlichen »Germania magna«. Die Lage der Häuser zueinander und die gemeinsam genutzten Wege und Brücken bezeugen in dieser Zeit ein geregeltes Zusam-

---

[57] Die deutlichen Abstufungen im Reichtum sind nur für den elbgermanischen Bereich eingehend analysiert: R. HACHMANN, Zur Gesellschaftsordnung der Germanen in der Zeit um Christi Geburt, in: Archaeologia geographica 5, 1956, 7–41; W. SCHLÜTER, Versuch einer sozialen Differenzierung der jungkaiserzeitlichen Körpergräbergruppe von Haßleben-Leuna anhand einer Analyse der Grabfunde, in: Neue Ausgrabungen und Forschungen in Niedersachsen 6, 1970, 117–145; M. GEBÜHR, Der Trachtschmuck der älteren römischen Kaiserzeit im Gebiet zwischen unterer Elbe und Oder und auf den westlichen dänischen Inseln, 1970; T. CAPELLE, Studien über elbgermanische Gräberfelder in der ausgehenden Latènezeit und der älteren römischen Kaiserzeit, 1971; T. WESKI, Waffen in germanischen Gräbern der älteren römischen Kaiserzeit südlich der Ostsee, 1982; J. LICHARDUS, Körpergräber der frühen Kaiserzeit im Gebiet der südlichen Elbgermanen, 1984; zusammenfassend: STEUER, Sozialstrukturen (wie II, 5a); vgl. auch: Schmuck und Waffen mit Inschriften aus dem ersten Jahrtausend [Katalog], 1995.

[58] R. VON USLAR, Westgermanische Bodenfunde des ersten bis dritten Jahrhunderts aus Mittel- und Westdeutschland, 1938; SCHMID, Siedlungsstrukturen (wie Anm. 19).

menleben innerhalb der Gruppensiedlung, wie dies später bei Dörfern der Fall war. Die immer noch gleichsam »parataktische« Sozialstruktur geht auch aus den vor allem in Jütland anzutreffenden Reliktfluren oder »celtic fields« hervor, d. h. Ackersystemen, bei denen die Felder mit flachen Wällen gegeneinander abgegrenzt sind. In der römischen Kaiserzeit lassen sich sowohl in der Marsch wie in der Geest deutliche Größenunterschiede der Hofplätze und der Wohnstallhäuser feststellen, ebenso Platzkontinuitäten über mehrere Generationen hinweg.[59] Auf einzelnen Hofplätzen entwickeln sich sogenannte »Mehrbetriebsgehöfte«, die man als Verbund von Betrieben verschiedenen Umfangs durch den Zusammenschluß freier Bauern zu einem Wirtschaftsverband deuten kann; doch läßt sich auch, wie die Entwicklung auf der Wurt Feddersen Wierde zeigt, an die Ausbildung herrschaftlicher Abhängigkeiten denken, wobei eine Herrenfamilie die Organisation und die Verpflichtungen für die gesamte Siedlungsgemeinschaft übernahm: etwa durch Konzentration des Metallhandwerks und wohl auch des Handels auf dem Herrenhof, durch den Bau einer Versammlungs- oder Kulthalle und durch die Bereitstellung eines gesonderten Viehauftriebsplatzes mit eigener Tränke. Die Häuser der Hofgemeinschaft beherbergten je eine Familie und hatten nur einen Herd, in den großen Wohnstallhäusern lebte die Familie des Hofbesitzers; kleinere Unterkünfte in deren unmittelbarer Nähe wurden wohl von den Abhängigen bewohnt. Etwas anders organisiert war der Wohnhügel in Archsum auf Sylt. Dort bestand ein großes Wohnstallhaus mit beträchtlichem Viehbestand; man sieht es als Haus einer Großfamilie an, dem mehrere kleinere Gebäude als Wohnungen von Gesindefamilien zugeordnet waren. Zeitweilig gliederte sich ein zweites Wohnstallhaus aus dem Verband der Großfamilie aus.[60]

---

[59] HAARNAGEL, Grabung (wie § 2, Anm. 7).

[60] KOSSACK u. a., Zehn Jahre (wie § 2, Anm. 7), bes. 321 ff.; allgemein: B. TRIER, Das Haus im Nordwesten der Germania libera, 1969; vgl. P. SCHMID, Siedlungen der vorrömischen Eisenzeit bis Völkerwanderungszeit im niedersächsischen Küstengebiet, in: Offa (wie Anm. 19) 39, 1982, 163–182; W. H. ZIMMERMANN, Zur funktionalen Gliederung völkerwanderungszeitlicher Langhäuser in Flögeln-Eckhöltjen, Kreis Cuxhaven, in: Probleme der Küstenforschung im südlichen Nordseegebiet 16, 1986, 55–86; DERS., Siedlungen (wie Anm. 36). – Zum Flursystem: MÜLLER-WILLE, Fluren (wie Anm. 40).

Diese Befunde belegen eine zunehmende Differenzierung der Gesamtgesellschaft und weisen auf eine zumindest ansatzweise herrschaftliche Struktur schon vor der Völkerwanderung hin, wobei keltische und römische Einflüsse eine Rolle gespielt haben dürften. Auch das allmähliche Auftauchen burgähnlicher Anlagen deutet in diese Richtung, wenn es auch im einzelnen schwierig ist, zwischen umzäunten Anlagen wie in Flögeln oder auf dem Bärhorst bei Nauen und echten Befestigungen oder gar Burgen wie beim »Runden Berg« von Urach zu unterscheiden.[61]

e) Die Völkerwanderung

Vor Beginn der Völkerwanderung lassen sich folgende, als germanisch anzusprechende archäologische Kulturen zwischen Rhein, Donau und Weichsel ausmachen: vom Mittel- und Niederrhein bis zur Weser die rhein-wesergermanische; nördlich davon die nordseegermanische, an die sich die ostseegermanische in Jütland, auf den Dänischen Inseln und in Südschweden anschließt. Das Flußgebiet der Elbe südlich Stade und über die Altmark hinaus den Großteil Mitteldeutschlands sowie Böhmen, Mähren und die slowakischen Regionen nördlich der Donau umfassen die Siedlungsgebiete der großen elbgermanischen Kultur, die mit den Sueben bei Tacitus (Germania« c. 38–45) identisch sind. Zu ihnen, für die sich der Begriff »Kultverband« eingebürgert hat, gehörten die Langobarden, Semnonen, Hermunduren, Markomannen, Quaden und Naristen. In Ostmitteleuropa lassen sich zwei germanisch besiedelte Regionen archäologisch unterscheiden: die Willenberger-(Wielbark-)Kultur zwischen Pommern und unterer Weichsel, die man mit den Goten und Gepiden identifiziert, und die südlich davon zu lokalisierende Przeworsk-Kultur, die man mit dem Kultverband der Lugii/Vandili und dem späteren wandalischen Ethnikum gleichsetzt.

Die Ethnogenese der Langobarden an der Unterelbe (Bardengau) sowie der Wandalen, Goten und Gepiden an der Ostseeküste und der unteren Weichsel fällt in die jüngere vorrömische Eisenzeit (2.–1. Jh. v. Chr.).[62] Ob und in welcher Weise die Wanderung dieser Völker in

---

[61] S. o. § 4b mit Anm. 36. Zu klimatischen Veränderungen s. o. § 2.

[62] WENSKUS, Stammesbildung (wie II, 5a), 440ff. und passim, sowie bes. BIER-

südlichere Räume ihre politisch-gesellschaftliche Struktur – etwa durch das Heerkönigtum – verändert hat, ist umstritten. Der zeitliche Wandel von Sachformen, den es zweifellos gegeben hat, muß aber nicht die Folge der Wanderungen gewesen sein. Vielmehr läßt die bemerkenswerte Identität von Kleidung und Grabbeigaben in den Aus- und Einwanderungsgebieten dieser germanischen Völker erkennen, daß sie ethnisch relativ konstant geblieben sind; dies ist auch der Grund, weshalb ihre Wanderwege von der Archäologie überhaupt rekonstruiert werden konnten. Wesentliche Veränderungen, d. h. Akkulturation, vollzogen sich erst in den neuen Siedlungsräumen: bei den Goten in der Nähe des Schwarzen Meeres unter dem Einfluß der griechisch-byzantinischen Kultur und bei den »Alamannen« nach der Okkupation des vom Limes geschützten römischen Dekumatenlandes zwischen Oberrhein und oberer Donau (259/60 n. Chr.).[63]

BRAUER, Archäologie und Geschichte der Goten (wie § 1, Anm. 28); DERS., Gepiden in der Wielbark-Kultur (1.–4. Jahrhundert n. Chr.)?, in: Studien zur Archäologie des Ostseeraums (Fs. M. Müller-Wille), Hg. A. WESSE, 1998, 389–403. – Da Zeitgenossen der gotischen Invasionen zwischen 378 und 410, wie Hieronymus, Augustinus und Orosius, kein Wissen über Herkunft und Frühgeschichte der Goten haben, wird neuerdings angenommen, daß die Mitteilungen des Jordanes (6. Jh.) über die Gotengeschichte, die er einem verlorenen Werk Cassiodors entnommen hat, rein fiktiver Natur sind und allein einer besseren Würdigung der Goten gegenüber den Römern dienten. Vgl. A. S. CHRISTENSEN, Cassiodorus, Jordanes, and the History of the Goths, 2002. Diese These bedarf einer interdisziplinären Diskussion.

[63] H. J. EGGERS, Zur absoluten Chronologie der römischen Kaiserzeit im freien Germanien, in: JRGZ 2, 1955, 196–244; K. GODŁOWSKI, The Chronology of Late Roman and Early Migration Periods in Central Europe, 1970. – Zu den »Decumates agri« G. NEUMANN u. a., Art. »Decumates agri«, in: RGA 5, 1984, 271–286; H. DELBRÜCK, Geschichte der Kriegskunst im Rahmen der politischen Geschichte, Bd. 2: Die Germanen, 1909; L. MUSSET, Les invasions. Les vogues germaniques, 1969. – Zum ideologisch besetzten Begriff »Landnahme« vgl. Ausgewählte Probleme (wie § 1, Anm. 28), darin einschlägig die Beiträge der Herausgeber: M. MÜLLER-WILLE, Zwischenstand, in: Bd. 1, 339–354; R. SCHNEIDER, Zur Problematik eines undifferenzierten Landnahmebegriffs, in: Bd. 1, 11–57, sowie von G. FINGERLIN, Die alamannische Landnahme im Breisgau, in: Bd. 1, 59–82; H. KELLER, Probleme der frühen Geschichte der Alamannen (»alamannische Landnahme«) aus historischer Sicht, in: Bd. 1, 83–102; J. JARNUT, Die Landnahme der Langobarden in Italien aus historischer Sicht, Bd. 1, 173–194; C. HILLS, The Anglo-Saxon Settlement of England. The State of Research in the late 1980s, Bd. 1, 303–315; VOLLRATH, Landnahme (wie Anm. 37). BIERBRAUER, Landnahme (wie § 1, Anm. 28); Romani e Germani nell'arco alpino (sec. VI-VIII), Hg. DERS. u. a., 1986. – Zur neueren Sicht der elb- und ostgermanischen Wanderungen jetzt ausführlich DERS., Archäologie und Geschichte der Goten (wie § 1, Anm. 28). Vgl.

Konstanz und Wandel der Germanen werden besonders deutlich in der eigentlichen Wanderungsepoche des 4. und 5. Jhs., als die ganz Europa, Kleinasien und Nordafrika erfassenden Völkerzüge und »Stammesschwärme« germanischer Heerkönige auch nichtgermanische Gruppen aufnahmen, ein Vorgang, der besonders klar an der »Wanderlawine« der Langobarden von der Unterelbe nach Pannonien und von dort nach Italien im 5. und 6. Jh. erkennbar ist.[64] Die Goten wanderten seit dem 2. Jh. von der unteren Weichsel in einer ersten Expansionsphase an die mittlere Weichsel und von dort aus in die Ukraine (Pontusgebiet), wo sie seit dem 3. Jh. eine relativ weiträumige Herrschaft aufbauten, die am Rand des Schwarzen Meeres bald unter hellenistischen kulturellen Einfluß geriet.[65] Als auslösende Momente für die großen Wanderbewegungen seit dem ausgehenden 4. Jh. kommen mehrere Faktoren in Frage, deren Relevanz jedoch unterschiedlich eingeschätzt wird. An der Nordseeküste lassen sich in dieser Epoche schwere Meereseinbrüche verbunden mit einer Klimaverschlechterung feststellen, die weite Marschenregionen unbewohnbar machten und zur Aufgabe sowohl der meeresnahen Wurtensiedlungen als auch zu starker Abwanderung führten.[66] Zu einer völ-

---

auch: Gallo-Romains, Wisigoths et Francs en Aquitaine, Septimanie et Espagne, Hg. P. PÉRIN, 1991; Kingdoms of the Empire. The Integration of Barbarians in late Antiquity, Hg. W. POHL, 1997.

[64] WENSKUS, Stammesbildung (wie II, 5a), 486ff.; WERNER, Langobarden (wie Anm. 45). – Zu Italien: I Langobardi [Katalog], Hg. G. C. MENIS, 1990; BIERBRAUER, Archäologie und Geschichte der Goten (wie § 1, Anm. 28).

[65] WENSKUS, Stammesbildung (wie II, 5a), 469ff. und passim. Zusammenfassende Darstellung der Germanenzüge bei DEMOUGEOT, La formation (wie § 1, Anm. 15); H.-J. DIESNER, Die Völkerwanderung, Bd. 1–2, 1976, 1981; K. F. STROHEKER, Die geschichtliche Stellung der ostgermanischen Staaten am Mittelmeer, in: DERS., Germanentum und Spätantike, 1965, 101–133; CLAUDE, Westgoten (wie § 1, Anm. 51); H. WOLFRAM, Das Reich und die Germanen, 1990 (Das Reich und die Deutschen [wie I, 8], Bd. 1); methodisch wichtig: V. BIERBRAUER, Frühgeschichtliche Akkulturationsprozesse in den germanischen Staaten am Mittelmeer (Westgoten, Ostgoten, Langobarden) aus der Sicht des Archäologen, in: Atti del 6. Congresso Internazionale di Studi sull' Alto Medioevo, Tl. 1, 1980, 89–105; DERS., Archäologie und Geschichte der Goten (wie § 1, Anm. 28); anders: WOLFRAM, Goten (wie II, 5b); I Goti (wie § 1, Anm. 51). – Zur politisch-geistigen Reaktion Roms auf dieses Phänomen: J. STRAUB, Regeneratio Imperii. Aufsätze über Roms Kaisertum und Reich im Spiegel der heidnischen und christlichen Publizistik, Bd. 1–2, 1972, 1986; R. W. MATHISEN, Roman Aristocrats in Barbarian Gaul, 1993.

[66] Zusammenfassend: ENNEN u. a., Agrargeschichte (wie § 2, Anm. 1), 99. Zu den Umweltverhältnissen: A. BANTELMANN, D. HOFFMANN, K.-E. BEHRE und W.

ligen Entvölkerung ist es aber wohl nicht überall gekommen, wie z. B. die archäologischen Ergebnisse in Flögeln erwiesen haben. Dennoch lassen pollenanalytische Untersuchungen erkennen, daß es zwischen dem 4. und 8. Jh. zu einem völligen oder teilweisen Aussetzen der Kulturpflanzen im Küstenbereich der Nordsee gekommen ist und damit zu einem enormen Siedlungsschwund.[67] Neben den klimatisch bedingten Zwängen dürften auch die generelle Zunahme der Bevölkerung und die mit der stärkeren gesellschaftlichen Differenzierung gegebenen sozialen Spannungen zu Konflikten geführt haben, die junge Krieger unter einem Gefolgschaftsherrn zu Beutezügen ins Imperium und nachfolgend zur Eroberung von Siedelland veranlaßten. Soziale Differenzierung haben auch die vielen einzeln oder in Gruppen organisierten Germanen ausgelöst, die in zunehmendem Maße im spätrömischen Bewegungsheer dienten, dort Karriere machten und gleichzeitig in die Heimat verlockende Kunde vom zivilisatorisch blühenden Imperium vermittelten oder dorthin mit ihrer Beute und anderen anspruchsvolleren Vorstellungen von Lebensführung und Sozialprestige zurückkehrten. Art und Stärke der jeweiligen Motive zur Wanderung sind im einzelnen schwer einzuschätzen, denn schon in der mittleren Kaiserzeit beginnen mit den Markomannenkriegen – die in Innergermanien ähnliche Völkerbewegungen auslösten wie später die Hunnen – militärisch organisierte Invasionen ins Römerreich, und im 3. Jh. zeichnen sich an dessen Nordwest- und Ostgrenze schwere Einfälle ab, die in den Grenzregionen einen ersten empfindlichen Kulturbruch bewirkten.[68]

HAARNAGEL u. a., in: Archäologische Untersuchungen (wie § 2, Anm. 7), Bd. 1, 51–124. Die Wikingereinfälle des 8.–11. Jhs. hatten ähnliche Ursachen: H. ZETTEL, Wikingereinfälle – Motive und Ergebnisse, in: Offa (wie Anm. 19) 41, 1984, 7–11.

[67] ZIMMERMANN, Gliederung (wie Anm. 60); vgl. auch BEHRE, Untersuchungen (wie Anm. 36), bes. 114f.; BÖHME, Ende der Römerherrschaft (wie Anm. 37), bes. 548ff. mit Anm. 189. – Wichtig ist auch der Nachweis H. W. BÖHMES, daß es eine Abfolge von Ansiedlung germanischer Söldner und Einwanderung von Bevölkerungsgruppen vom Kontinent nach Britannien gab. Zur herkunftsmäßigen Mischung der frühen angelsächsischen Ansiedler vgl. C. HILLS u. a., The Anglo-Saxon Cemetery at Spong Hill, North Elmham, Bd. 1–8, 1977–1994.

[68] Anerkennung und Integration. Zu den wirtschaftlichen Grundlagen der Völkerwanderungszeit, Hg. H. WOLFRAM u. a., 1988; Das Reich und die Barbaren, Hg. E. K. CHRYSOS u. a., 1989; W. POHL, Konfliktverlauf und Konfliktbewältigung: Römer und Barbaren im frühen Mittelalter, in: FMASt 26, 1992, 165–207; B. LUISELLI, Storia culturale dei rapporti tra mondo romano e mondo germanico,

Es sollte dabei jedoch nicht übersehen werden, daß die römisch-barbarischen, in diesem Fall römisch-germanischen Beziehungen durchaus und über lange Zeiträume hinweg ambivalent und keineswegs nur von militärischer Konfrontation bestimmt waren. Es gab nicht nur die »Logik des Konfliktes, die die Barbarenfürsten an den römischen Staat band« (W. Pohl), denn ohne Vorbild, Prestige und Reichtum des Imperiums und ohne das römisch-militärische Training vieler germanischer Heerführer ist das oft rasche Wechselspiel zwischen Konfrontation einerseits und »Anerkennung und Integration« andererseits nicht adäquat zu erfassen, ein Wechselspiel, dessen Ausgang zur Neuordnung der westlichen Mittelmeerwelt durch germanische Herrschaften auf spätantiker Grundlage führte – womit das europäische Mittelalter eingeleitet wurde. Unter dem ostgotischen Amalerfürsten Ermanerich († 370/75) erreichte die Gotenherrschaft am Pontus ihren Höhepunkt, aber auch ihr Ende.[69]

Am klarsten scheint noch – außer der Einwanderung der Goten und Langobarden in Italien – eine ethnische Zuweisung für die Landnahme der Angeln, Sachsen und Jüten in Britannien seit dem frühen 5. Jh. möglich, doch wird dies neuerdings in Frage gestellt.[70] Ein weiteres Problem bei der Identifikation germanischer Wanderwege und der oftmals multiethnischen »Wanderlawinen« ergibt sich aus dem teilweise radikalen Wandel der stammesmäßigen Struktur der Germanen seit 121/22 n. Chr., als die schon vorher existierende Kette von Limes-Kastellen durch ein durchgehendes Mauer- und Grabensystem

---

1992. – Zur Auswirkung der Markomannenkriege: GODŁOWSKI, Chronology (wie Anm. 63).

[69] POHL, Konfliktverlauf (wie Anm. 68) (Zitat 203); WOLFRAM, Goten (wie II, 5b), 98–102 und passim. Für die Elb- und Ostgermanen wurde das Wanderungsphänomen neu interpretiert von BIERBRAUER, Archäologie und Geschichte der Goten. Zur langobardischen »Landnahme« in Italien vgl. DERS., Landnahme (beide wie § 1, Anm. 28); JARNUT, Landnahme der Langobarden (wie Anm. 63).

[70] J. N. L. MYRES, The Angles, the Saxons, and the Jutes, 1971; DERS., Settlement (wie Anm. 37); HILLS u. a., Cemetery (wie Anm. 67). – Zur angelsächsischen Siedlung zuletzt DIES., Settlement (wie Anm. 63). Vgl. auch C. J. ARNOLD, From Roman Britain to Saxon England, 1984; Voyage to the Other World: The Legacy of Sutton Hoo, Hg. C. B. KENDALL u. a., 1992; The Anglo-Saxons from the Migration Period to the Eighth Century, Hg. J. HINES, 1997 (hier Kritik an Bedas Darstellung, daß klar unterscheidbare Stämme – Angeln, Sachsen, Jüten – Britannien erobert haben); BÖHME, Ende der Römerherrschaft (wie Anm. 37). Letzte zusammenfassende Darstellung: N. J. HIGHAM, The English Conquest, Convert Kings and English Empire, Bd. 1–3, 1994–1997.

ergänzt wurde. Von seiten der Archäologie wie der Frühmittelalterforschung ist man davon abgekommen, die großen Durchbrüche germanischer Verbände im 3. Jh. bereits »Alamannen«[71] oder »Franken« zuzuschreiben.

Auf die Dauer war allerdings weder das vorwiegend friedliche Einsickern und die Niederlassung germanischer Bevölkerungsgruppen[72] im Reichsgebiet aufzuhalten noch die kriegerische Eroberung. Es handelte sich um Verbände, die jeweils sehr verschiedenartige Stammessplitter umfassen konnten, ganz gleich, ob es sich dabei um *dediticii* oder bereits um *Foederati*, also um Unterworfene oder Verbündete handelte.[73] Die rapide Zunahme von Germanen im spätrömischen Bewegungsheer und die wachsende Instabilität des Imperiums seit der Reichskrise unter den Soldatenkaisern (235–284) beschleunigten die Entwicklung.[74] Nachdem es schon zu einem bedrohlichen Vorspiel der Invasionen durch Kimbern und Teutonen (102 und 101 v. Chr.) gekommen war und die Einfälle der Markomannen und Quaden (166–180 n. Chr.) die Größe der Gefahr hatten erkennen lassen, spitzte sich die Lage im 3. Jh. zu: Goten besiegen 251 bei Abrittus (Razgrad in der Dobrudscha) den Kaiser Decius; Ostgermanen, vor allem die Heruler, fallen in Griechenland und Kleinasien ein; 271 erobern die Westgoten die Länder an der unteren Donau (Dacien) und germanische Verbände, die später als Alamannen zu identifizieren sind, durchbrechen zwischen 233/34 und 260 mehrfach den obergermanisch-rätischen Limes. Fränkische Verbände tauchen am Niederrhein auf und unternehmen gegen Ende des 3. Jhs. wie die Sachsen zur See Raubfahrten entlang der gallischen Küste und sogar bis Spanien (Tarragona). Das erforderte dringende militärische Gegenmaßnahmen von großem Ausmaß, die wiederum die soziale Binnenstruktur des Imperiums gravierend veränderten. Die diokletianisch-konstantinischen Reichsreformen haben den sich anbahnenden Prozeß der Auflösung des Imperiums immerhin um fast 200 Jahre aufgehalten oder zumindest verlangsamt.[75]

---

[71] S. u. § 10.

[72] S. u. § 5.

[73] P. TASLER u. a., Art. »Dediticii«, in: RGA 5, 1984, 286–307.

[74] Vgl. unten § 5 und DEMANDT, Spätantike (wie II, 5a), 34–46 und passim.

[75] S. u. § 5. – Zu den Gotenzügen L. VARADY, Das letzte Jahrhundert Pannoniens 376–476, 1969; DERS., Epochenwechsel um 476, 1984; WOLFRAM, Goten (wie

Seit Kaiser Valens 378 bei Adrianopel Schlacht und Leben gegen die Westgoten verlor und diese später unter Alarich († 410) und Athaulf († 415) in Italien, Südgallien und Spanien einbrachen, die Wandalen und Alanen 406 durch Gallien nach Spanien und dann unter Geiserichs Führung 429 nach Nordafrika zogen, war das Ende bzw. die tiefgreifende ethnische Umstrukturierung des westlichen Imperium Romanum unaufhaltbar. Die dramatische Endphase dieser jahrhundertelangen Entwicklung, die man pauschal als Zeitalter der Völkerwanderungen bezeichnet, wurde durch den Einbruch der Hunnen ausgelöst, eines innerasiatischen Reitervolks, das nach Ptolemaios um 150 im pontischen Raum auftaucht, seit den 70er Jahren des 4. Jhs. vermutlich das Gotenreich König Ermanerichs in der Ukraine und ebenso die Westgoten westlich des Dnjestr und in Teilen Rumäniens unterwarf.[76]

Letztere zogen sich zum Teil in die Karpaten zurück, eine andere Gruppe, angeblich 200000 Personen, bat 376 um Aufnahme ins Römische Reich, die Kaiser Valens zögernd bewilligte, worauf die Goten »wie Aschenregen des Ätna« ins Land drangen.[77] Unter hunnischem Druck geriet die östliche Germanenwelt in Bewegung, teils im Gefolge diese Reitervolkes, teils gegen dasselbe. Wenige Jahre nach der vernichtenden Niederlage des Kaisers Valens bei Adrianopel bedrohten die Hunnen die Germanenvölker des Donau-Theiß-Beckens. Die Wandalen zogen seit 401 gegen Westen ab, Donausueben, Teile der Gepiden, Warnen und Sarmaten schlossen sich an. Bald danach verließen auch die Westgoten des Karpatenraums das Land, so daß

II, 5b); Überblick bei WENSKUS, Die germanische Welt (wie Anm. 2), 95ff., und DERS., Die germanischen Herrschaftsbildungen des 5. Jahrhunderts, in: HEG 1, 213–296, hier 213ff., sowie MARTIN, Spätantike (wie II, 5a).

[76] J. WERNER, Beiträge zur Archäologie des Attila-Reiches, 1958; H. HOMEYER, Attila. Der Hunnenkönig von seinen Zeitgenossen dargestellt, 1951; O. J. MAENCHEN-HELFEN, Die Welt der Hunnen, 1978; R. WENSKUS u. a., Art. »Attila«, in: RGA 1, 1973, 467–473; vgl. auch die Aufsatzsammlung: F. ALTHEIM, Geschichte der Hunnen, Bd. 1–5, 1959–1962, bes. Bd. 4, 1962, [2]1969; H.-W. HAUSSIG, Geschichte Zentralasiens und der Seidenstraße in vorislamischer Zeit, [2]1992. Vgl. auch den Katalog: Germanen, Hunnen und Awaren. Schätze der Völkerwanderungszeit, Hg. W. MENGHIN, 1987; G. WIRTH, Attila. Das Hunnenreich und Europa, 1999. – Zum Verhältnis Goten – Hunnen: WOLFRAM, Goten (wie II, 5b).

[77] Ammianus Marcellinus, lib. I, 4,9; 4,12; 5,3, Hg. V. GARDTHAUSEN, 1875 [Ndr. [3]1975], Hg. W. SEYFARTH, 241ff.; dazu DEMANDT, Spätantike (wie II, 5a), 120ff.; K. ROSEN, Ammianus Marcellinus, 1982; Teiledition des Textes mit Übers. (Buch 14–21): Römische Geschichte, Hg. W. SEYFARTH, Bd. 1–4, [3]1975.

sich 405 eine große Wanderlawine nach Italien ergoß, die der römisch-germanische Heerführer Stilicho mit Hilfe alanischer und hunnischer Verbände aufhalten konnte. Stilicho hatte Truppen aus Nordostgallien und vom Rhein abgezogen und dadurch mittelbar den Einbruch germanischer Völker in Gallien ermöglicht. Erst 409 zogen Wandalen, Sueben und Alanen nach der iberischen Halbinsel ab, während die von der mittleren Oder ausgewanderten Burgunder nach einem Aufenthalt im Limesvorland, vielleicht im Neckar-Jagst-Gebiet (ca. 378–430), sich um Worms ansiedelten, wo sie wohl den Foederatenstatus erhielten. Wegen ihrer Beutezüge nach Innergallien bekämpfte sie der römische Heermeister Aëtius und siedelte sie nach 443 als Foederaten in der Sapaudia an, d. h. in Teilen Savoyens, in der Südschweiz und in einigen Regionen Südostfrankreichs, einem Raum, den sie durch Eroberung und im Einverständnis mit Theoderich dem Großen bis Lyon erweitern konnten.[78] Die weiträumige Reichsgründung des Hunnenkönigs Attila († 453), der auch zahlreiche Germanenfürsten unterworfen waren, brach 454 mit der entscheidenden Niederlage der Hunnen am Nedao (Leitha) in Pannonien zusammen, so daß es nach einer Auseinandersetzung mit den Gepiden vorübergehend zu einer Vormachtstellung der Goten im Donaubecken kam, die aber um 472 mit deren Abzug aus Pannonien nach der Balkanhalbinsel und 488/89 mit König Theoderichs († 526) Eroberung Italiens endete.[79] Nach der Abwanderung der Goten aus Pannonien konnten die Gepiden ihre Siedlungsgebiete an der Theiß und in Siebenbürgen nach Süden in die Pannonia II ausdehnen. Die Heruler tauchten um diese Zeit in Pannonien und Noricum ripense auf. Letztere Provinz stand um 480 unter der Herrschaft der Rugier, die das Nordufer der

---

[78] O. PERRIN, Les Bourgondes, 1968; H. H. ANTON u. a., Art. »Burgunden«, in: RGA 4, 1981, 235–248; H. BERNHARD, Die spätrömischen Burgi von Bad Dürkheim-Ungstein und Eisenberg, in: Saalburg-Jahrbuch 37, 1981, 23–85, hier 55ff.; J. OLDENSTEIN, Neue Forschungen im spätrömischen Kastell von Alzey, in: Ber. RGK 67, 1986, 289–356, bes. 330ff. und 346ff. – Zu Stilichos Truppenabzug, der sich insgesamt auf *comitatenses* und nicht nur auf *limitanei* (Grenztruppen) bezog, vgl. D. HOFFMANN, Die Gallienarmee und der Grenzschutz am Rhein in der Spätantike, in: Nassauische Annalen 84, 1973, 1–18.

[79] VARADY, Pannonien (wie Anm. 75); WOLFRAM, Goten (wie II, 5b), 346ff.; A. SCHWARCZ, Die Goten in Pannonien und auf dem Balkan nach dem Ende des Hunnenreiches bis zum Italienzug Theoderichs des Großen, in: MIÖG 100, 1992, 50–83; ALTHEIM, Geschichte der Hunnen; MAENCHEN-HELFEN, Welt der Hunnen; Germanen, Hunnen und Awaren (alle wie Anm. 76).

Donau besetzten und ein für die gesamte Wanderepoche wohl typisches Wechselspiel zwischen friedlicher Nachbarschaft und militärischer Aggression gegenüber den Resten römischer Herrschaft in Ufernoricum betrieben.[80] Im quellenmäßig kaum aufgehellten, durch den Westzug der Germanenvölker entstandenen Machtvakuum Ostmittel- und Südosteuropas konnte sich dann seit der Mitte des 6. Jhs. die awarische Herrschaft entfalten und in deren Gefolge die slawische Welt.[81]

Der für die deutsche Geschichte entscheidende Umbau der germanischen Welt fand aber zweifellos am Rhein und an der oberen und mittleren Donau statt; er sollte sich dort als dauerhaft erweisen. Für die weitere Geschichte der germanischen *gentes* spielte auch der Bezug zu den jeweils gegenüberliegenden Zentren römischer Herrschaft und insgesamt die Faszination durch eine immer noch reiche, mittelmeerisch geprägte Hochkultur eine nicht zu unterschätzende Rolle. Für die später Franken genannten Gruppen waren wichtige »Anlaufstellen« für ihre Züge über die Rheingrenze hinaus Xanten, Köln und vor allem die Kaiserstadt Trier, für die später als Alamannen bezeichneten Heerhaufen Mainz, Straßburg oder auch Augsburg.[82] Der zweite und im Endeffekt noch weitaus wichtigere Faktor bei der Ausbildung und Stabilisierung der späteren deutschen Stämme war die Integration aller germanischen Gruppen rechts des Rheins durch die fränkisch-merowingische Machtentfaltung des 6. und 7. Jhs., die sich ihrerseits in mehreren Phasen vollzog.[83] Als Rechts- und Friedensgemeinschaften entwickelten die neuen Großstämme beiderseits des Rheins und der oberen und mittleren Donau eine große Lebenskraft und einen durch historische Traditionen festen Zusammenhalt, der ältere Wurzeln hat als das deutsche Volk und teilweise bis heute bewußtseinsbildend blieb. Man kann die Gegenwelt des »Imperium Romanum«, den Limes wie die dahinterliegenden tiefgestaffelten Zentren einer

---

[80] LOTTER, Severinus (wie II, 5b). Die fast zeitgenössische Severinus-Vita vermittelt ein realistisches Bild vom Durcheinander, Miteinander und Gegeneinander spätrömischer und germanischer Herrschaft sowie von der Vielzahl germanischer Gruppen an der mittleren Donau (Alamannen, Goten, Heruler, Rugier, Skiren, Thüringer). – S. u. § 10a (zu Bajuwaren); W. MENGHIN u. a., Frühgeschichte Bayerns: Römer und Germanen – Bayern und Schwaben, 1990.

[81] S. u. § 11.

[82] S. u. § 5.

[83] S. u. §§ 6, 8 und 10.

ausgereiften Hochkultur als Katalysatoren bei der Bildung der Großstämme betrachten, wobei auch ein chronologischer Aspekt zutage tritt, der die unterschiedliche Entwicklung von Franken und Alamannen verständlich macht. Das ältere Bild von der fränkischen Eroberung Galliens ist nämlich durch eine weiträumige archäologische Analyse der Grabfunde in entscheidender Weise modifiziert worden.[84] Zwar gibt es in der Tat die frühen »fränkischen« Einfälle und Beutezüge über den Rhein in römisches Reichsgebiet, und der Einbruch von 350, bei dem angeblich 45 Städte erobert wurden, stellte zweifellos einen Höhepunkt dar, desgleichen die Plünderungen Triers im 5. Jahrhundert. Dies scheinen aber eher Ausnahmesituationen gewesen zu sein. Entscheidend war jedoch, daß die Römer den späteren Franken, nachdem sie diese besiegt oder aufgehalten hatten, die Niederlassung in Gallien gewährten, indem sie sie nach ihrer Unterwerfung (*deditio*) als *dediticii*, als nunmehr geduldete, mit besonderen Aufgaben betraute Landesbewohner ansiedelten. Andere Gruppen wurden als Kriegsgefangene in geschlossene Siedlungen eingewiesen; es waren dies wohl die *laeti*. Die wichtigste Gräbergruppe, nämlich fränkisch-germanische Bestattungen mit Waffenbeigaben, die sich in Gemengelage mit gallorömischen Gräbern finden, deuten auf Gentilensiedlungen, d. h. Niederlassungen kleinerer germanischer Söldnergruppen und vielleicht auf Foederaten hin.[85]

Dabei handelt es sich wohl zumeist um »Franken«, die sich freiwillig unter römische Verwaltung begeben haben oder als freie Söldner wie auch als fürstliche Gefolgschaften im römischen Dienst im Bewegungsheer und zur Grenzverteidigung verwendet wurden.[86] Alles spricht eher für ein kontinuierliches Einsickern waffentragender Germanen als für lawinenartige Masseninvasionen, wenn auch das Faktum regionaler gewaltsamer Störungen dieses Vorgangs nicht zu leugnen ist. In diesem Zusammenhang ist auch der bemerkenswerte Aufstieg zuerst alamannischer, dann fränkischer wie insgesamt germanischer Truppenführer in die obersten Ränge des spätrömischen

[84] BÖHME, Grabfunde (wie II, 5a). – Die ältere Forschung bei SCHMIDT, Westgermanen (wie II, 5a), und unten § 6.

[85] R. GÜNTHER, Laeti, Foederati und Gentilen in Nord- und Nordostgallien im Zusammenhang mit der sogenannten Laetenzivilisation, in: ZA 5, 1971, 39–59.

[86] Archäologischer Nachweis bei J. MERTENS u. a., Het laat-romeins grafveld van Oudenburg, Bd. 1–2, 1971.

Heeres zu sehen,[87] desgleichen Chlodwigs I. Ausgangsbasis als spätrömischer Regionalkommandant. Auf diese Weise bekamen die Franken wichtige und noch funktionierende Teile der römischen Reichsverwaltung schon als »Insider« in die Hand, und dies wiederum war eine essentielle Voraussetzung für Chlodwigs Reichsgründung, die letztlich nicht gegen die gallorömische Bevölkerung erfolgte. Jedenfalls hat die zahlenmäßig überlegene einheimische Bevölkerung die fränkische Herrschaft schließlich ohne organisierten Widerstand hingenommen. Die Bischofsstädte als entscheidende gallorömische Siedlungskonzentrationen wurden sehr bald auch feste Stützen der frühmerowingischen Herrschaft. Bei den Alamannen hingegen verlief die Entwicklung gegenüber dem Imperium wesentlich konfrontativer, und auch bei der Integration ins Frankenreich waren sie erst Objekte dieses Prozesses, ehe sie die neue politische Konstellation aktiv mitgestalten konnten.[88] Dieser wichtige Unterschied zwischen Alamannen und Franken in ihrer Haltung gegenüber dem Imperium schlägt sich auch in der archäologischen Hinterlassenschaft beider Germanenvölker nieder: Die spätrömischen Traditionen sind bei den Franken stärker ausgeprägt, die germanischen eher bei den Alamannen, wo sie sich im Dekumatenland zwischen Oberrhein und oberer Donau offenbar besser erhalten haben.[89] Sichtbares Zeugnis des grundsätzlichen Wandels fränkischer Herrschaft in Gallien geben die Bestattungsarten Childerichs und seines Sohnes Chlodwig. Ersterer fand seine letzte Ruhe noch in einem jener monumentalen Königsgrabhügel nach germanisch-paganer Tradition – von mehr als 20 Pferdegräbern umringt –, wie sie sich noch später in den Königs-

---

[87] Zum »Magister militum«: A. DEMANDT, Der spätrömische Militäradel, in: Chiron 10, 1980, 609–637; H. CASTRITIUS, Zur Sozialgeschichte der Heermeister des Westreichs, in: MIÖG 92, 1984, 1–33; weiteres Material in: Das Reich und die Barbaren (wie Anm. 68). Vgl. auch für den mediterranen Einfluß auf die germanische Glaubenswelt: Die Goldbrakteaten der Völkerwanderungszeit (wie Anm. 48); H. KÜHN, Die germanischen Bügelfibeln der Völkerwanderungszeit, Bd. 1–3, ²1965–1981.

[88] S. u. §§ 6 und 10.

[89] F. SIEGMUND, Alemannen und Franken. Archäologische Überlegungen zu ethnischen Strukturen in der zweiten Hälfte des 5. Jahrhunderts, in: »Schlacht bei Zülpich« (wie § 1, Anm. 42), 558–580. – Möglicherweise hängt es mit diesen Unterschieden zusammen, daß mit der wachsenden Bedrohung des Imperiums seit 364 keine alamannischen Offiziere mehr im römischen Heer vorkommen, vielmehr vor allem fränkische: M. MARTIN, Alemannen im römischen Heer, in: ebd., 407–422.

gräbern von Alt-Uppsala finden. Dem Getauften von Reims wurde 511 bereits eine Bestattung in der Apostelkirche zu Paris zuteil, die bald danach das Patrozinium der heiligen Genoveva erhielt; er fand also im engsten Schutzbereich und Kultbau einer spätantiken Heiligen, in ihrer Kirche, seine letzte Ruhe und gab noch im Tode Zeugnis von der integrativen Kraft des Christentums unter den neuen Völkern auf römischem Reichsboden.[90]

Was die ethnisch orientierte Siedlungsgeschichte des frühen Merowingerreiches anbelangt – ein Thema, das in den dreißiger und vierziger Jahren des 20. Jhs. aus ideologischen Gründen zwischen der französischen und deutschen Geschichtsforschung heftig diskutiert wurde – so haben sich in den letzten Jahrzehnten interdisziplinär bedeutende Forschungsfortschritte ergeben, die besonders auch der modernen Landesgeschichte mit ihren regionalen Feinanalysen zu verdanken sind. Methodisch sorgfältig getrennt, erbrachten Archäologie, Siedlungsforschung und Ortsnamenkunde wichtige Erkenntnisse über das Neben- und Miteinander von Romanen und Germanen und über die fortschreitenden Integrations- und Assimilationsprozesse im Großraum zwischen Loire und Rhein sowie an der Donau.[91] Für das spätere Lothringen hat man anschaulich von einer ethnisch-sprachlichen »Leopardenfellmusterung« gesprochen, wobei die romanische Bevölkerung zumeist in den baulich wie personell stark reduzierten Städten und deren weiterem Umland überlebten. Daß dabei die Bischofsstädte günstigere Überlebenschancen hatten als andere »Civitates«, zeigt zur Genüge, daß der generelle Strukturwandel nicht nur materielle, beziehungsweise militärische, sondern auch religiöse wie kirchenpolitische Gründe hatte: Der Episkopat war dann eine der wichtigsten Säulen der merowingischen Königsherrschaft und konnte auch schon während den »incursiones barbarorum« Schutz gewähren, wobei die Heiligengräber und Märtyrerkirchen gegenüber den Barbaren eine wichtige Rolle spielten. Sie waren numinose Schutzbereiche, vor denen die Invasoren oft zurückschreckten. Weitere Ergebnisse der Siedlungsforschung erbrachten die umfassenden Analysen der merowingischen Gräberfelder wie die archäologische Erschließung der dazugehörigen Siedlungen, so daß sich jetzt ein sehr diffe-

---

[90] M. MÜLLER-WILLE, Zwei religiöse Welten: Bestattungen der fränkischen Könige Childerich und Chlodwig, 1988.

[91] S. o. § 1b mit Anm. 12–19.

renziertes, von Landschaft zu Landschaft wechselndes Siedlungsbild abzeichnet, das durch die Kenntnisse der Gelände- und Gewässernamen zusätzliche Stringenz erhält. Auch wenn Ortsnamenkunde, Sprache, Personennamen der Urkunden und archäologisches Substrat nicht immer klar einander zugeordnet werden können, bringt die methodische Verfeinerung aller beteiligten Fächer ein immer deutlicheres Bild der Siedlungsstruktur und ihres Wandels hervor.[92]

Eher ideologisch relevant als historiographisch wichtig ist es, daß im Bewußtsein der Deutschen, zumeist unreflektiert, die antiken Germanen als unmittelbare Vorfahren der Deutschen gelten, obwohl zwischen beiden Entitäten eine lange Epoche der frühen Stammesherrschaften liegt, die in sehr unterschiedlicher Weise spätantik-römischen Einwirkungen ausgesetzt waren. Das gilt besonders für die Franken, die als politische Einheit erst auf dem Boden des Imperium romanum entstanden; es gilt teilweise auch für die Germanen beiderseits des Limes, deren Höhenburgen starke römische Einflüsse zeigen und wohl auch für die stammesmäßig am spätesten organisierten Bajuwaren an der Donau. Immerhin ist zu bedenken, daß sich das Deutsche wohl kaum zufällig in einem Sprachraum entfaltete, den man als »Germania germana« zwischen »Germania romana« und »Germania slavica« bezeichnen kann, und der doch sicher, im Vergleich mit anderen germanischen Völkern der Wanderzeit, die dichteste Substanz dieses Ethnikums bewahrte.[93]

---

[92] STEIN, Bevölkerung (wie § 2, Anm. 12). Einen Überblick zur älteren Forschung bietet: Siedlung (wie II, 5c). – Zur modernen Siedlungsgeschichte und Onomastik vgl. BACH, Deutsche Namenkunde, Bd. 2,2, 1954: Die deutschen Ortsnamen; Probleme der Namenforschung (beide wie I, 11k); Kleine Schriften zur Namenforschung: 1945–1981 (Fs. B. Boesch), in: Beiträge zur Namenforschung, NF, Beiheft 20, 1981; Gießener Flurnamenkolloquium, 1.–4. Oktober 1984, Hg. R. SCHÜTZEICHEL, 1985.

[93] Zur Geschichte der Gleichung »germanisch – deutsch«, Hg. H. BECK u. a., 2004.

§ 5 Römerzeit

a) Grundzüge der Romanisierung

Im Nachfolgenden kann es sich nicht um einen Abriß oder gar um eine Darstellung[1] der römischen Geschichte seit deren Eingriff in die keltisch-germanische Welt Mitteleuropas handeln, sondern nur um bestimmte Aspekte: nämlich erstens um die Römerzeit der Rhein-Mosel- und Donaulande und deren Einbindung in die antike Hochkultur[2] und zweitens um jene Elemente, die wesentlich die Geschichte

---

[1] Für die Spätzeit grundlegend: O. SEECK, Geschichte des Untergangs der antiken Welt, Bd. 1–6, ²1920ff., VOGT, Niedergang Roms (wie § 1, Anm. 15), und bes. DEMANDT, Spätantike (wie II, 5a); K. CHRIST, Geschichte der römischen Kaiserzeit von Augustus bis zu Konstantin, 1988; DERS., Römische Geschichte. Eine Bibliographie, 1976; Der Untergang des Römischen Reiches, Hg. A. DEMANDT, ²1986; DIESNER, Der Untergang Roms (wie § 1, Anm. 18); A. HEUSS, Römische Geschichte, 1987; MARTIN, Spätantike (wie II, 5a); JONES, Empire (wie § 1, Anm. 15); J. BLEICKEN, Verfassungs- und Sozialgeschichte des römischen Kaiserreiches, Bd. 1–2, ⁴1994; H. LEPPIN, Von Constantin dem Großen zu Theodosius II., 1996. Vgl. allgemein: ANRW (wie II, 5a) und W. KUNKEL, Römische Rechtsgeschichte, ¹⁰1983; Der Untergang des Römischen Reiches, Hg. K. CHRIST, 1970; STRAUB, Regeneratio Imperii (wie § 4, Anm. 65); J. F. MATTHEWS, The Roman Empire of Ammianus, 1989. Eine große geistesgeschichtliche Perspektive bietet: DEMANDT, Der Fall Roms (wie § 1, Anm. 50); problematisch: Fifth-Century Gaul: A Crisis of Identity?, Hg. J. DRINKWATER u. a., 1992; R. LEEB, Konstantin und Christus, 1992; Innovation in der Spätantike, Hg. B. BRENK, 1996; R. KLEIN, Roma versa per aevum. Ausgewählte Schriften zur heidnischen und christlichen Spätantike, Hg. R. VON HAEHLING, 1999; vgl. auch J. GARBSCH u. a., Spätantike zwischen Heidentum und Christentum [Katalog], 1989; Christentum und antike Gesellschaft, Hg. J. MARTIN u. a., 1990. Lexika: RAC; LexMa; Der Neue Pauly (alle wie I, 5a). – Vgl. auch E. KORNEMANN, Weltgeschichte des Mittelmeerraums, 1967.

[2] H. VON PETRIKOVITS, Art. »Germania (Romana)«, in: RAC 10, 1978, 548–654; DERS., Altertum, 1980 (Rheinische Geschichte [wie I, 9], Bd. 1, Tl. 1); F. STAEHELIN, Die Schweiz in römischer Zeit, ³1948; E. E. MEYER, Römische Zeit, 1972 (Handbuch der Schweizer Geschichte [wie I, 9], Bd. 1); K. WEIDEMANN, Untersuchungen zur Siedlungsgeschichte des Landes zwischen Limes und Rhein vom Ende der Römerherrschaft bis zum Frühmittelalter, in: JRGZ 19, 1972, 99–154; H. J. KELLNER, Die Zeit der römischen Herrschaft, in: HBG 1, 65–96. Neueste Überblicke unter regionalem Aspekt bieten: C.-M. TERNES, Römisches Deutschland, 1986 (reiche Bibliographie), und die Sammelbände: Die Römer in der Schweiz, Hg. W. DRACK u. a., 1988; Die Römer in Nordrhein-Westfalen, Hg. H. G. HORN, 1987; Die Römer in Rheinland-Pfalz, Hg. H. CÜPPERS, 1990; Die Römer in Hessen, Hg. D. BAATZ u. a., 1982, ²1989; Die Römer in Baden-Württemberg, Hg. P. FILTZINGER u. a., 1976, ²1986; H.-J. KELLNER, Die Römer in Bayern, ²1972; W. CZYSZ u. a., Die Römer in Bayern, 1995. Weiterhin: WIGHT-

Deutschlands geprägt haben. Damit wird aber auch der umfangreiche Komplex all jener Probleme angesprochen, die mit der kulturellen Kontinuität zwischen Spätantike und Frühmittelalter in Zentraleuropa zusammenhängen.[3]

Da in den folgenden Abschnitten gerade auf das Weiterwirken spätantiker Traditionen in Staat, Gesellschaft und Recht, in Technik, Wirtschaft und Handel, aber auch in Religion, Bildung und Literatur ausführlicher eingegangen werden soll, können hier knappe Hinweise genügen. Das gilt vor allem für die christliche Kirche als die stärkste überbrückende Kraft zwischen beiden Epochen.[4] Nach dem Stande der Forschung erübrigt sich fast die Feststellung, daß die Jahrhunderte der römischen Herrschaft an Rhein und Donau keineswegs nur eine »Vorgeschichte« Deutschlands im landläufigen Sinne sind, sondern – wenn auch mit graduellen und regionalen Unterschieden und Abstrichen – ein *integraler Bestandteil* der deutschen Geschichte, wie die gallorömische Ära eine wesentliche Voraussetzung der Entwicklung Frankreichs wurde. Das war schon deshalb so, weil die römische Formung dieser Regionen Europas sich nicht in deren zeitweiliger Okkupation, Beherrschung und Ausbeutung erschöpfte, sondern im Gefolge der militärischen Sicherung zugleich zu dauerhaften Innovationen in vielen Bereichen des politischen und sozialen Lebens und damit zu einer tiefgreifenden Umstrukturierung führte: ein Vorgang, der mit dem plakativen Begriff der »Romanisierung« kaum hinreichend zu charakterisieren ist.[5] So bewirkte die verkehrsmäßige Erschließung durch ein bis an die Nordsee führendes, dauerhaftes Stra-

---

MAN, Gallia Belgica (wie § 2, Anm. 12); G. ALFÖLDY, Noricum, 1974; D. TIMPE, Art. »Donau. III. Historisches«, in: RGA 6, 1986, 17–26; Severin – Zwischen Römerzeit und Völkerwanderung [Katalog], Hg. D. STRAUB, 1982. – Zur Sonderstellung Triers als Kaiserresidenz: HEINEN, Trier (wie II, 5b); H. CÜPPERS u. a., Römische Siedlungen und Kulturlandschaften, in: Geschichtlicher Atlas der Rheinlande (wie I, 12c), Beiheft III/1,2: Römische Siedlungen 1. bis 5. Jahrhundert und unteres Saartal, 1985.

[3] Konzentrierter Literaturüberblick bes. zur kirchlichen Entwicklung: VON PETRIKOVITS, »Germania (Romana)« (wie Anm. 2); vgl. auch E. DEMOUGEOT, Art. »Gallia I«, in: RAC 8, 1972, 822–927. Vgl. auch E. KELLER, Die Germanenpolitik Roms im bayerischen Teil der Raetia Secunda während des 4. und 5. Jahrhunderts, in: JRGZ 33, 1986, 575–592.

[4] S. u. §§ 13f.

[5] Für die Rheinlande exemplarische Darstellung bei VON PETRIKOVITS, Altertum (wie Anm. 2), bes. 67ff., 97ff., 112ff. und 245ff. (mit reicher Literatur).

ßensystem und durch eine staatlich organisierte Flußschiffahrt mit einem für die damalige Zeit effizienten Post- und Transportwesen einen gut organisierten Verbund West- und Mitteleuropas mit der mittelmeerischen Hochkultur und ihren zivilisatorischen Errungenschaften. In Köln-Marienburg lag die Flotte der Rhein-Armeen (classis Germanica), und viele Militärlager und Städte hatten eigene Häfen mit Kai-Anlagen und Magazinen.[6] Unter den Mainzer Römerschiffen aus dem 1. und 4. nachchristlichen Jh. sind sowohl Kriegsschiffe als auch Typen für den Reiseverkehr und für den Transport von Schwerlasten.[7] In der »Tabula Peutingeriana«, jener im 4./5. Jh. entstandenen römischen Weltkarte, besitzen wir noch für die Spätzeit eine Übersicht des antiken Verkehrssystems,[8] das mit dem »cursus publicus« auch für die Nachrichtenübermittlung wichtig war, weil es öffentlichen Charakter hatte.

Ein weiteres und dauerhaftes Charakteristikum römischer Herrschaft war der Auf- und Ausbau einer städtischen Zivilisation außerhalb der alten, mittelmeerischen Hochkulturen. Wenn auch die Kelten in ihrer Oppida-Kultur bereits wichtige Elemente des mediterranen Städtewesens aufgenommen hatten,[9] so kam es doch erst jetzt zur vollen Ausbildung städtischen Lebens, sowohl was die bauliche Substanz als auch was die innere, ämtermäßige Organisation und deren Verknüpfung mit der überregionalen Reichsverwaltung betrifft.[10] Mochte auch die ursprünglich der Stadt Rom nachgebildete Munizipialverfassung spätestens nach der diokletianischen Reichsreform empfindliche, mit Verlusten kommunaler Rechte verbundene Verän-

---

[6] H. G. HORN, Das Leben im römischen Rheinland, in: Die Römer in Nordrhein-Westfalen, 139–317, bes. 148ff.; O. ROLLER, Wirtschaft und Verkehr, in: Die Römer in Rheinland-Pfalz, 258–296, bes. 261ff.; D. BAATZ, Das Leben im Grenzland des Römerreiches, in: Die Römer in Hessen, 84–156, bes. 110ff.; R. FELLMANN, Straßen und Verkehr, in: Die Römer in der Schweiz, 88–100; D. PLANCK, Die Zivilisation der Römer in Baden-Württemberg, in: Römer in Baden-Württemberg (alle wie Anm. 2), 165–200, bes. 145ff.; J. GARBSCH, Mann und Roß und Wagen [Katalog], 1986.

[7] Die Mainzer Römerschiffe, Hg. G. RUPPRECHT, ^{3}1984.

[8] DEMANDT, Spätantike (wie II, 5a); 32. Auswertung für die Rheinlande, in: Geschichtlicher Atlas der Rheinlande (wie I, 12c), Beiheft III/1,2 (wie Anm. 2), darin die Beiträge von B. BEYER, H. CÜPPERS, C. RÜGER und M. J. MÜLLER; E. WEBER, Tabula Peutingeriana. Codex Vindobonensis 324. Kommentar, 1976.

[9] S. o. § 3 u. a.

[10] F. KOLB, Die Stadt im Altertum, 1984; DEMANDT, Spätantike (wie II, 5a), 399ff.

derungen erfahren haben,[11] blieben dennoch die wesentlichsten Elemente des Idealtyps Stadt erhalten: ihre Zentralität und die politisch-administrative Überordnung gegenüber dem flachen Land sowie ihre militärische und teilweise auch ihre wirtschaftliche Funktion. Als Kultmittelpunkt gewann die Stadt mit dem Sieg des Christentums und besonders als Bischofssitz mit administrativen Kompetenzen zusätzliche Bedeutung.[12] Die Kirchenorganisation hat damit in der Spätzeit politisch stabilisierend gewirkt und über die Existenz des Imperiums hinaus Elemente organisierter Staatlichkeit an die germanischen Völker und insbesondere an die Franken weitergegeben. In gewisser Weise vollendete die Kirche durch die schrittweise und seit Konstantin dem Großen und Theodosius I. forcierte Durchsetzung des Christentums als alleinige Staatsreligion die kultisch-politische Einheit des Reiches,[13] auch wenn dies erst zu einem Zeitpunkt geschah, als Rom als allumfassende Weltmacht des erweiterten Mittelmeerraumes schon seiner teilweisen Auflösung entgegenging. Die Kirchenorganisation lehnte sich nicht zufällig an die reorganisierte, diokletianische Reichsstruktur an, sondern wurde mehr und mehr deren integraler Bestandteil. Die konservativen, bei den alten Göttern gebliebenen Senatorenkreise haben allerdings die offensichtliche zeitliche Koinzidenz von römischem Machtverfall und Christianisierung des Imperiums weidlich genutzt, um der Kirche die Schuld an der Katastrophenepoche der Völkerwanderung zu geben.[14] Nichtsdestoweniger ist

---

[11] W. Langhammer, Die rechtliche und soziale Stellung der Magistratus Municipales und der Decuriones in der Übergangsphase der Städte von sich selbst verwaltenden Gemeinden zu Vollzugsorganen des spätantiken Zwangsstaates, 1973; F. Vittinghoff, Zur Entwicklung der städtischen Selbstverwaltung, in: Stadt und Herrschaft – Römische Kaiserzeit, Hg. Ders., 1982, 107–146.

[12] S. u. § 13.

[13] Daß auch die vom Staat hergestellte religiöse Einheit des Reiches ihre Probleme hatte, zeigt die von Trier aus dekretierte Verfolgung der christlich-asketischen Sekte der Priscillianer; es war im lateinischen Westen die erste blutige Christenverfolgung durch Christen mit staatlicher Hilfe. S. u. § 13a u. a. mit Anm. 18.

[14] Dazu: The Conflict between Paganism and Christianity in the Fourth Century, Hg. A. Momigliano, 1963, darin bes. der Beitrag von H. Bloch, The Pagan Revival in the West at the End of the Fourth Century, 193–218; Das frühe Christentum im römischen Staat, Hg. R. Klein, 1971; Konstantin der Große, Hg. H. Kraft, 1974; J. Vogt, Constantin der Große, ^{2}1960; H.-J. Diesner, Kirche und Staat im spätrömischen Reich, 1964; Die Kirche angesichts der konstantinischen Wende, Hg. G. Ruhbach, 1976; Barnes, Empire (wie II, 5a); T. Grunewald, Constantinus Maximus Augustus, 1990; J. Bleicken, Constantin der Große und die Christen,

es gerade die von Konstantin dem Großen und seinen Nachfolgern schrittweise hergestellte spätere Einheit von Herrscher und Kirche gewesen, die über die germanischen Nachfolgestaaten Roms als verpflichtendes Erbe in die Welt des Mittelalters einging.[15]

Die Kultur des Altertums ist in ihrem Wesen zunächst städtische Kultur gewesen, und dies gilt trotz aller substantiellen Verluste auch noch für die Spätantike, wobei im Osten das hellenistische Erbe mit seinem reich entwickelten Städtewesen prägend blieb. Im lateinischen Westen jedoch war die Urbanisierungspolitik der Kaiser ausschlaggebend, wobei zivilisatorischer Fortschritt, effektivere Verwaltung und damit Kontrolle Hand in Hand gingen. Es entsprach dem nüchternen Sinn römischer Staatskunst, daß im Zentrum der städtischen Architektur immer der Zweckbau für öffentliche Erfordernisse stand. In gewisser Weise gehörten auch die Augustustempel als offizielle Kultzentren der städtischen Gemeinschaft und ihrer Verknüpfung mit der obersten Staatsgewalt dazu. Die riesigen Wasserleitungen dienten nicht nur der extrem entwickelten antiken Badekultur, sondern waren auch, wie die planmäßige Anlage umfangreicher Entsorgungssysteme (Kloaken) und die Verlagerung der Friedhöfe in Gelände außerhalb der Stadt, unabdingbare hygienische Voraussetzungen für das Leben der Massen in den Großstädten.[16]

Mit der Zerstörung zahlreicher antiker Fernwasserleitungen starben auch viele antike Metropolen, doch blieben manche Aquädukte in Benutzung oder wurden wieder restauriert, so in Trier und Bonn. Die weitläufigen Foren, Kaiserpaläste und die riesigen Arenen gehörten ebenfalls als Orte für Massenveranstaltungen, Kommunikation und

---

1992; K. BRINGMANN, Die konstantinische Wende, in: HZ 260, 1995, 21–47; A. LIPPOLD, Theodosius der Große, 1968; PRINZ, Konstantin (wie II, 5a), 321–333. Die wichtigsten, authentischen, wenn auch parteiischen Quellen sind die Kirchengeschichte des B. Eusebius von Caesarea und die ihm zugeschriebene Vita Constantini: Eusèbe de Cesarée. Histoire ecclésiastique, lib. 1–7, Hg. G. BARDY, 1–, 1952–; H. DÖRRIES, Das Selbstzeugnis Kaiser Konstantins, 1954; H. KRAFT, Kaiser Konstantins religiöse Entwicklung, 1955.

[15] Vgl. dazu das differenzierte Urteil von T. SCHIEFFER, Die spätantike Reichskirche, in: HEG 1, § 3, 78–94.

[16] Der Codex Theodosianus (wie II, 2c) (De operibus publicis), Bd. I/2, 801–814, zeigt die maßgebliche Rolle auch der spätantiken Kaiser bei der Erhaltung öffentlicher Bauten. Den Aspekt römischer Zweckarchitektur betont R. BIANCHI-BANDINELLI, Rom, das Zentrum der Macht, 1970, 145–175; DERS., Rom – Das Ende der Antike, 1971.

Handel zu diesen politisch-öffentlichen Erfordernissen und stellten zugleich Monumente der staatlichen und kommunalen Repräsentation dar. Die Bedeutung der Stadtmauer war in der Epoche des »Kaiserfriedens« zurückgegangen; seit den germanischen Invasionen, die unter Kaiser Gallienus († 268) einen ersten Höhepunkt erreichten, wurden jedoch die Städte wieder ummauert, wobei man zugleich das städtische Areal verkleinerte und Reste der außerhalb liegenden Gebäude, Tempel und Grabbauten als Spolien in der neuen Befestigung verwendete. Parallel dazu kam es zur systematischen Ansiedlung germanischer Volksteile auf dem vielerorts preisgegebenen flachen Lande, dessen Agrarstruktur sich schon damals stark veränderte – etwa in den großen Latifundien, auf denen nunmehr der senatorische Adel ständig lebte, der sich aus den Städten zurückgezogen hatte. Auch in der Spätantike bleibt der Vorrang öffentlicher Nutzbauten: der Kastelle, Speicher, Ställe, Straßen, Brücken, Wasserleitungen und später der Zisternen, die nach Zerstörung der großen Aquädukte an Bedeutung gewannen.[17]

Gerade mit der Wassertechnik und dem Bauwesen haben die Römer in den Provinzen entscheidende Fortschritte bewirkt: Siedlungen konnten jetzt auch in Hang- und Höhenlage mit Wasser versorgt werden, Steinbrücken über Rhein und Mosel förderten den Warenverkehr, Fußboden- und Wandheizungen (Hypokaustik) erleichterten der römischen Oberschicht das Leben in nördlichen Regionen. Mörtelgebundene Steinmauern, Gewölbekonstruktionen, Glasfenster und Ziegeldächer ermöglichten das dauerhafte Wohnen an einem geschützten Platz, ein Grunderfordernis städtischer Zivilisation.[18]

---

[17] F. W. DEICHMANN, Die Spolien der spätantiken Architektur, 1975; A. ESCH, Spolien. Zur Wiederverwendung antiker Baustücke und Skulpturen im mittelalterlichen Italien, in: AKG 51, 1969, 1–64; Antike Spolien in der Architektur des Mittelalters und der Renaissance, Hg. J. POESCHE, 1996; W. MÜLLER-WIENER, Von der Polis zum Kastron, in: Gymnasium 93, 1986, 435–475; DEMANDT, Spätantike (wie II, 5a), 402f.

[18] H. MEUSEL, Die Verwaltung und Finanzierung der öffentlichen Bäder zur römischen Kaiserzeit, Diss. Köln 1960; F. KIECHLE, Sklaverei und technischer Fortschritt, 1969; zu den Trierer Bauten und Thermen: HEINEN, Trier (wie II, 5b), 110ff., und Trier – Kaiserresidenz und Bischofssitz [Katalog], 1984, bes. 199f. Vgl. außerdem: J. NIELSEN, Thermae et Balnea. The Architecture and Cultural History of Roman Public Baths, Bd. 1–2, 1990; A. T. HODGE, Roman Aequaducts and Water Supply, 1991; Les aequaducs de la Gaule romaine et des régions voisines, Hg. R. BEDON, 1997; ferner K. GREWE, Licht am Ende des Tunnels, 1998;

Eng mit diesen materiellen Errungenschaften verknüpft, die das Staunen der Germanen erregten, waren die dauerhaften Folgen der römischen Verwaltungsorganisation, die am Anfang zwar vor allem Instrument der militärischen Okkupation sowie der fiskalischen Nutzung und Ausbeutung der Provinzen gewesen ist, die aber dennoch innovativ den bis zu einem gewissen Grade zentralistischen Überbau des Reiches mit den Erfordernissen der jeweiligen Regionen verband. Es gab erstmalig Ansätze zu einem geregelten Instanzenzug und zugleich den im allgemeinen erfolgreichen Weg, die verbliebene gentile Oberschicht Galliens und der Donauländer durch die systematische Ausweitung des römischen Bürgerrechts an die Interessen der Zentralgewalt zu binden. Es kam gleichsam zur »Verstaatlichung« älterer, vorrömischer Herrschaftsstrukturen, zu ihrem Einbau in das imperiale System. Das gilt vor allem für die neu entstehende Schicht des Senatorenstandes, der später besonders in Gallien durch Ämter, aber auch durch Klientel und riesigen Landbesitz ein machtvoller Faktor beim Aufbau der fränkisch-merowingischen Reichsverwaltung werden sollte.[19] Die fortdauernde Wirkung dieser wichtigen, durch Bildung und langes politisches Training qualifizierten Bevölkerungsgruppe läßt sich sowohl in der merowingischen Finanzverwaltung als auch an der Übernahme römischer Rechtsvorstellungen in den Leges der germanischen Nachfolgestaaten feststellen, in ganz besonderer Weise aber in ihrer lange Zeit ausschließlichen Rolle im fränkischen Episkopat.[20] Was die Gesamtwertung des spätantiken Imperiums anbelangt, das schon seit Diokletians Staatsumbau eine wirksame Herrschaftsideologie entwickelte, so begegnet das verbreitete negative Urteil über den autokratischen, militaristischen »Zwangsstaat«, der wie ein großer Polyp »seine Fangarme über das ganze Reich ausbreitet«, zunehmender fachlicher Kritik.[21]

DERS., Atlas der römischen Wasserleitungen nach Köln, 1986; W. CZYSZ, Wiesbaden in der Römerzeit, 1994.

[19] STROHEKER, Adel (wie II, 5a); The Prosopography of the Later Roman Empire, Hg. A. H. M. JONES u. a., Bd. 1–3, 1971–1992, Bd. 1: A. D. 260–395, Bd. 2: A. D. 395–527; M. HEINZELMANN, Gallische Prosopographie (260–527), in: Francia 10, 1982, 531–718; s. u. § 16 mit Anm. 45; La noblesse romaine et les chefs barbares du IIIe au VIIe siècle, Hg. F. VALLET u. a., 1995.

[20] S. u. §§ 13 und 17; ähnliches gilt für die geistige Kultur (§§ 20f.).

[21] DEMANDT, Der Fall Roms (wie § 1, Anm. 50), 584; DERS., Spätantike (wie II, 5a), 46f. und 477ff.; A. HEUSS, Das spätantike Reich kein »Zwangsstaat«?, in:

Der zweifellos wachsenden Berufsbindung von Bauerntum, Handel und Gewerbe steht ein starker Rückgang der Sklaverei gegenüber. Das gilt vor allem für das kasernenmäßig organisierte Sklaventum der riesigen Latifundien, wofür sowohl das Aufhören der Eroberungskriege und damit der Rückgang des Angebots von Kriegsgefangenen auf den Sklavenmärkten verantwortlich war als auch die engere Verbindung von Staat und christlicher Religion. Unbezweifelt bleibt, daß die schwere Belastung durch die drückenden Militärausgaben, die mit den zunehmenden Invasionen fremder Völker im Osten des Reiches und an den Grenzen der Germania verbunden waren, ihre negative Rückwirkung auf Lebensstandard und Sozialverfassung haben mußten. Dieser bedrohliche Trend führte in der Endphase des westlichen Imperiums in weiten, teilweise germanisch okkupierten Gebieten zur Zerstörung der Infrastruktur und teilweise auch zur Entromanisierung, die durch den Rückzug der Senatorenschicht auf ihre Latifundien noch verstärkt wurde. Das gilt ebenso für den Rückgang des Städtewesens als der für die spätere deutsche Geschichte wichtigsten Innovation an Rhein, Mosel und Donau.[22]

Es sollte nicht übersehen werden, welche kulturelle Bedeutung für den Aufbau des mittelalterlichen Europa gerade das Erbe der Spätantike hatte: Die Kodifizierung der Rechtskultur, das geistige Kommunikationsnetz der Reichskirche und ihre theologisch-philosophischen Leistungen, die neuen Formen in Architektur und bildender Kunst, die Verchristlichung der lateinischen Sprache und deren Wirkung auf die germanischen Völker im Rahmen der Mission und vieles andere weisen weit über das vom Humanismus allein favorisierte »klassische Erbe« hinaus.[23] Der Vorgang der Rebarbarisierung, der an Rhein,

---

GWU 37, 1986, 603–618, hier 615, als Antwort auf R. Rilinger, Die Interpretation des späten Imperium Romanum als »Zwangsstaat«, in: GWU 36, 1985, 321–340; vgl. allgemein: Barnes, Empire (wie II, 5a); Christ, Kaiserzeit (wie Anm. 1), 445–457 und 702ff.; F. Kolb, Herrscherideologie in der Spätantike, 2001. – Einen speziellen Aspekt römischer Innenpolitik, der auch für die Spätzeit wichtig war, behandelt P. Veyne, Brot und Spiele. Gesellschaftliche Macht und politische Herrschaft in der Antike, 1990. Ein günstigeres Bild des spätantiken Staates zeichnet auch G. Wirth, Der Kaiser und der Untertan, in: Anzeiger der Philosophisch-Historischen Klasse der Österreichischen Akademie der Wissenschaften 136, 2001, 111–141.

[22] S. u. § 19. – Zur Entwicklung der städtischen Zentren C. Brühl, Palatium und Civitas, Bd. 1–2, 1975, 1991.

[23] S. o. § 1c.

Mosel und Donau besonders stark gewesen ist und mit gravierenden Umbrüchen und teilweise Abbrüchen der Besiedlung verbunden war, darf aber in keinem Fall heruntergespielt werden.

Immer noch ungeklärt sind letztlich die Ursachen des Endes respektive der grundlegenden Umwandlung der Antike.[24] Sicher wirkte hier eine Vielfalt von Momenten struktureller und ereignisgeschichtlicher Art zusammen. Es gibt »endogene« Faktoren, wobei seit E. Gibbon[25] immer wieder der Anteil des Christentums am politischen Niedergang des Imperiums betont wurde – ein Urteil, dem aber mit gewichtigen Gründen widersprochen wurde. Man hat sozialökonomische Ursachen angeführt, »Rassenverfall« oder Verschlechterung der physischen Lebensbedingungen sowie »kulturmorphologische«, etwa das pflanzenhafte Aufblühen und Verwelken großer Kulturen. Letztere Vorstellung liefert aber kaum brauchbare Erklärungen, sondern bestenfalls phänomenologische Beschreibungen und Analogien von fragwürdiger Stringenz. Als »exogenen« Faktor hat man den wachsenden militärischen Druck auf die Reichsgrenzen und die nachfolgenden Invasionen angeführt: etwa das demographische, technische und politische Erstarken der Germanen, wobei der Norden Europas den Römern als schier unerschöpflicher Mutterschoß neuer Völker (»vagina gentium«) galt. Die zeitlich und quantitativ anschwellenden germanischen Einbrüche ins Reich waren sicher ebenfalls wesentliche Faktoren.[26]

Von Bedeutung war in besonderem Maße die merkliche Klimaverschlechterung im Nord- und Ostseebereich, die, verbunden mit einer starken Bevölkerungszunahme, die Südwanderungen auslöste. Verstärkt wurde dieser Vorgang auch durch den Druck der hunnischen Expansion seit der 2. Hälfte des 4. Jhs. Es kam dabei zu beträchtlichen germanischen Völkerzügen quer durch Europa, denen die römische Militärmacht nur deshalb noch lange gewachsen war, weil

---

[24] Überblick bei DEMANDT, Der Fall Roms (wie § 1, Anm. 50); DERS., Spätantike (wie II, 5a), 481–492, sowie: Der Untergang, Hg. DEMANDT (wie Anm. 1).

[25] E. GIBBON, The History of the Decline and Fall of the Roman Empire, Bd. 1–12 und 2 Bde. Anm., 1776–1788, [2]1838 f.; in sieben Bänden: Hg. J. B. BURY, Bd. 1–7, 1896–1900.

[26] M. I. FINLEY, Manpower and the Fall of Rome, in: The Economic Decline of Empires, Hg. C. M. CIPOLLA, 1970, 84–91, hier 88, spricht von »persistant hammering«, wodurch das Imperium in einen fast dauernden Belagerungszustand versetzt wurde. Vgl. auch JONES, Empire (wie § 1, Anm. 15), Bd. 2, 1027 ff.

immer mehr Germanen die Legionen auffüllten und höchste Chargen erlangten. Auch die Gleichzeitigkeit schwerer Invasionen fremder Völker im Osten und Westen des Reiches spielte sicher eine Rolle. Der Umschlag erfolgte dann mit einer gewissen Folgerichtigkeit, als germanische Heerführer als Usurpatoren oder Regionalherrscher auch die politische Macht an sich rissen: Insofern bestanden zwischen Germanenfürsten wie beispielsweise Stilicho – »Magister utriusque militum« und Mitglied der kaiserlichen Familie war – und Odoaker, Alarich, Theoderich, aber auch Chlodwig nur graduelle Unterschiede. Mit Recht ist auch darauf verwiesen worden, daß »die Auflösung des Reiches nicht nur als gescheiterte Abwehr, sondern ebenso als mißglückte Einbürgerung der Germanen« gedeutet werden kann.[27]

Die Völker des Mittelalters allerdings sahen diesen Vorgang kaum als radikalen Bruch; im Begriff der »Translatio Imperii« fand man eine adäquate Formel für dieses welthistorische Phänomen des Übergangs.

b) Formen und Phasen römischer Herrschaft

Die Macht Roms etablierte sich in Mitteleuropa erstmalig in dem nordöstlichen Ausläufer der 122/21 v. Chr. geschaffenen »Provincia Gallia Narbonensis«, an dessen Grenze die Helvetier um den Genfer See siedelten. Um 70 v. Chr. tauchen in dieser Region auch germanische Völkerschaften unter ihrem Heerkönig Ariovist auf, den die Sequaner als westliche Nachbarn der Helvetier zur Unterstützung herbeigerufen hatten.

War die römische Republik bislang hier eher defensiv verfahren, so änderte sich dies mit Iulius Caesar grundlegend, der die Helvetier unterwarf und Ariovist besiegte. Erstere zwang er zum Wiederaufbau ihrer Oppida; gleichzeitig dürfte er die mit den Helvetiern ausgezogenen Rauriker im Raum Basel angesiedelt haben. Das Bündnis mit diesen Völkern wurde hinfällig, als sich jene 52 v. Chr. dem großen Gallieraufstand unter Vercingetorix anschlossen. Nunmehr entstanden zur Sicherung des Landes römische Kolonien; doch die eigentliche Eroberung des Westalpenraumes und die Sicherung der Paßroute über den Kleinen St. Bernhard durch die Gründung von Aosta erfolgten

---

[27] DEMANDT, Spätantike, 491; KAISER, Das römische Erbe (beide wie II, 5a), 47–58.

erst zwischen 25 und 15 v. Chr. Seit Augustus und seinen Nachfolgern entstanden als Vororte einzelner Civitates neben anderen die Römerorte Curia (Chur), Octodurum (Martigny) und Sedunum (Sitten).[28] Nach der Niederlage der Römer in der Varusschlacht 9 n. Chr.[29] wurde die militärische Präsenz durch Legionslager verstärkt. Seit 86 n. Chr. kam es zur Organisation zweier Militärbezirke (Ober- und Untergermanien) an der Rheingrenze. Gleichzeitig entstand eine Finanzverwaltung, die den Übergang zu einer auf Städte gegründeten zivilen Provinzialverwaltung einleitete.

Den Großraum zwischen Alpen und Donau hatten lange vor der römischen Okkupation größere keltische Völkergruppen besiedelt: Östlich der Helvetier waren es die Vindeliker und andere rätische Gruppen, an die sich im Bereich der Ostalpen die weiträumige Herrschaft der Noriker anschloß, die Ober- und Niederösterreich, die Steiermark und Teile Sloweniens umfaßte. Diese Keltenvölker wurden aber seit dem 1. Jh. v. Chr. vom Nordosten her durch germanische Stammesgruppen eingeengt, die sich über Böhmen und die Mainmündung hinaus bis an den unteren Neckar vorschoben. Unter Ariovist ließen sich um 70 v. Chr. Elbgermanen beiderseits des Oberrheins nieder.[30]

Mit den Norikern hatte Rom wohl schon seit der Mitte des 2. Jhs. v. Chr. einen Bündnisvertrag, der dann stufenweise zur friedlichen Eingliederung führte, während die Räter lange in Feindschaft verharrten und mehrfach nach Oberitalien einfielen. Diesem Zustand machte

---

[28] Die Römer in der Schweiz (wie Anm. 2), 13–315 und 581–611 (Anm.); H. CALLIES, Art. »Ariovist«, in: RGA 1, 1973, 407f.; G. WALSER, Caesar und die Germanen, 1956; Ur- und frühgeschichtliche Archäologie der Schweiz, Hg. W. DRACK, Bd. 1–6, 1968–1979, Bd. 5; vgl. auch Literatur in Anm. 31f. Zusammenfassend: Raumordnung im Römischen Reich, Hg. G. GOTTLIEB, 1989; H. WOLFF, Die politisch-administrative Binnengliederung des gallisch-germanischen Raumes, in: Labor omnibus unus (Fs. G. Walser), Hg. H. E. HERZIG u. a., 1989, 257–273.

[29] W. SCHLÜTER, Archäologische Zeugnisse der Varusschlacht?, in: Germania 70,2, 1992, 307–402 (mit Beiträgen von F. BERGER, G. FRANZIUS, J. LIENEMANN, A. ROST, E. TOLKSDORF-LIENEMANN, R. WIEGELS, S. WILBERS-ROST).

[30] DOBESCH, Ausbreitung (wie § 4, Anm. 3); KELLNER, Die Zeit (wie Anm. 2), 66ff. – Zur Besiedlung des Alpenraums seit der Spätantike: Romani e Germani (wie § 4, Anm. 63). Zu Noricum: G. WINKLER, Noricum und Rom, in: ANRW (wie II, 5a) II,6, 1977, 183–262, und S. DU ANIC, Aspects of Roman Mining in Noricum, Pannonia, Dalmatia, and Moesia Superior, in: ebd., 53–81; allgemein: F. VITTINGHOFF, Zur römischen Municipalisierung des lateinischen Donau-Balkanraumes, in: ebd., 3–51.

Rom im Zuge einer umfassenden Militäraktion unter Drusus und Tiberius im Jahre 15 v. Chr. ein Ende, die nicht nur die Donaulande betraf, sondern auch der endgültigen Stabilisierung der Grenze am Niederrhein diente. Während das Legionslager von Dangstetten am Hochrhein und wohl auch das von Augsburg-Oberhausen als Aufmarschlager angelegt und benutzt wurden, kam dem gleichzeitig errichteten Legionslager von Vindonissa (Windisch) eine längerfristige Aufgabe zu. Dieses Lager und zahlreiche kleine Militärstationen wie der Auerberg bei Schongau, Kempten, Abodiacum (Epfach) und Gauting bei München sicherten das eroberte Gebiet.[31]

Über das Schicksal der einheimischen Bevölkerung wissen wir relativ wenig, doch läßt das Ende des Oppidums Manching, das schon vor der Ankunft der Römer weitgehend verlassen war, auf starke Einbußen schließen; eine völlige Entvölkerung fand aber nicht statt. Seit Kaiser Tiberius nach 16 n. Chr. weitere Eroberungspläne aufgab, übernahmen kleinere Garnisonen die militärische Sicherung südlich der Donau. Mit der Einsetzung eines kaiserlichen Prokurators unter Claudius (41–54) begann die reguläre, zivile Verwaltung Rätiens. Das reiche Fundmaterial von Augsburg-Oberhausen belegt ein bedeutendes römisches Militärlager bereits für die Zeit zwischen 8–5 v. Chr. und 15–17 n. Chr. Nach heutigem Forschungsstand hat es wohl keine Siedlungslücke zwischen dem Oberhausener Militärplatz und der Zivilsiedlung gegeben, die etwa 15–20 n. Chr. einsetzte und unter Kai-

---

[31] G. ULBERT, Der Lorenzberg bei Epfach. Die frührömische Militärstation, 1965, 92ff.; zusammenfassend: I. METZGER u. a., Die Räter – I Reti, 1992; G. GOTTLIEB, Die Eroberung des Alpenvorlandes und die Ausdehnung der römischen Herrschaft, in: Geschichte der Stadt Augsburg, Hg. DERS., 1985, 18–23; L. BAKKER, Das frühkaiserliche Militärlager Augsburg Oberhausen, in: ebd., 23–33; dort auch weitere Beiträge zum römischen Augsburg; S. VON SCHNURBEIN, Die Funde von Augsburg-Oberhausen und die Besetzung des Alpenvorlandes durch die Römer, in: Forschungen zur provinzialrömischen Archäologie in Bayerisch-Schwaben, Hg. W. CZYSZ u. a., 1985, 15–43. – Zu Dangstetten: G. FINGERLIN, Dangstetten, ein augustäisches Legionslager am Hochrhein, in: Ber. RGK 51/52, 1970/71, 197–232; DERS., Dangstetten. Katalog der Funde, Bd. 1–2, 1986, 1998, Bd. 1 (mit weiterer Literatur). Zusammenfassend: CZYSZ u. a., Die Römer in Bayern (wie Anm. 2); Die Römer zwischen Alpen und Nordmeer [Katalog], Hg. L. WAMSER u. a., 2000 (stark auf Bayern bezogen). – Zur kultischen Integration des nordalpinen Raums: M. TRUNK, Römische Tempel in den Rhein- und westlichen Donauprovinzen, 1991. – Zum Aufbau der Verwaltung vgl. allgemein: W. ECK, Lokale Autonomie und römische Ordnungsmacht in den kaiserzeitlichen Provinzen vom 1. bis 3. Jahrhundert, 1999.

ser Claudius (41–54) als Augusta Vindelicorum (Augsburg) zur Hauptstadt der Provinz Raetia aufstieg. Militär- und Zivilsiedlung finden sich auch am Beginn von Castra Regina (Regensburg), das in der Zeit Marc Aurels (161–180) und Commodus' (177–192) ein bedeutender Stützpunkt römischer Herrschaft an der Donau wurde. Es war Sitz eines Legaten, dem sowohl der militärische Oberbefehl als auch die Zivilverwaltung unterstand. Mit Brigantium (Bregenz), Cambodunum (Kempten), Augusta Vindelicorum (Augsburg), Castra Regina (Regensburg) und Castra Batava (Passau) wurde Rätien bis zum 2. nachchristlichen Jh. sowohl verkehrsmäßig wie strategisch durch Coloniae, Municipia und Castra erschlossen wie auch durch den obergermanisch-rätischen Limes und die anschließende Donaugrenze gegen die Germanen gesichert. Obwohl in Cambodunum bislang keinerlei weiterführende Inschriften gefunden wurden, nimmt man doch wegen der beträchtlichen archäologischen Hinterlassenschaft an, daß diese mehrfach in römischen Quellen bezeugte Siedlung am rechten Iller-Hochufer das erste römische Verwaltungszentrum der Raetia Secunda vor Augsburg gewesen ist.[32] Neuere Grabungen haben die Bedeutung dieses Ortes erwiesen.

Östlich des Inns entwickelte sich die Provinz Noricum offenbar ohne Bevölkerungsverluste, die Besiedlung im norischen Hauptort Juvavum (Salzburg) geht ohne Bruch von der Spätlatènezeit in die römische Epoche über. Die Kärntner und Steiermärker Eisengewinnung war offenbar schon lange für die Römer wichtig, und daher war Schonung am Platze.[33] Kaiser Claudius erhob die Orte Virunum am Zollfeld, Celeia (Celje), Aguntum bei Lienz, Teurnia (St. Peter im Holz) und Salzburg zu Munizipien mit Selbstverwaltung. Mit dem Aufstieg

---

[32] Als zivile Siedlungen kamen Bedaium (Seebruck), München-Denning, Pocking u. a. hinzu. – Zum Ende Manchings s. o. § 3c. – KELLNER, Die Römer in Bayern (wie Anm. 2), 33ff., 80ff. und Literatur 204–208; Das römische Bregenz [Katalog], Hg. E. VONBANK, 1985; W. SCHLEIERMACHER, Cambodunum-Kempten, 1972; G. GOTTLIEB, Das römische Augsburg, 1981, und Literatur in Anm. 31; Die Römer in Schwaben [Ausstellungskatalog 2000 Jahre Augsburg], 1985; S. VON SCHNURBEIN, Das römische Gräberfeld von Regensburg, Bd. 1–2, 1977; K. DIETZ u. a., Regensburg zur Römerzeit, ^{2}1979. – Zu Kempten: CZYSZ u. a., Die Römer in Bayern (wie Anm. 2), 463–467; Geschichte der Stadt Kempten, Hg. V. DOTTERWEICH u. a., 1989, hier Kap I.: Die Frühgeschichte Kemptens, 3–68.

[33] N. HEGER, Die Römerzeit, in: Geschichte Salzburgs (wie I, 9), Bd. 1, Tl. 1, 75–91, und Bd. 1, Tl. 3, 1185–1196.

Virunums als norischer Provinzhauptstadt dürfte es zusammenhängen, daß die Siedlung auf dem Magdalensberg bei Klagenfurt, ein Zentrum des Metallwarenhandels, am Beginn der 40er Jahre n. Chr. rasch zu Ende ging. Bis zu Kaiser Marc Aurel (161–180) erlebten die Donaulande eine Blütezeit, dann waren die jahrelangen Markomannenkriege und im Osten die schweren Kämpfe mit den Parthern erste Anzeichen einer existentiellen Bedrohung der Grenzen, die zur Verlegung italischer Legionen nach Noricum und nach Castra Regina (Regensburg) zwang. Doch beruhigte sich die Situation seit Septimius Severus (193–211) wieder. Die durch Markomanneneinfälle entstandenen Schäden konnten beseitigt, Fernstraßen erneuert werden. Immerhin war es ein Vorklang auf spätere Zeiten, daß militärische Belange und Bedürfnisse nun stärker in den Vordergrund traten: Es gab jetzt Legionsziegeleien, etwa bei Bad Abbach, und die Straßen wurden durch Wachttürme gesichert.[34] Für die Romanisierung Noricums wurden dann vor allem die Stadtgründungen Kaiser Hadrians (117–138) wichtig, der Vindobona (Wien), Carnuntum, Cetium (St. Pölten) und Ovilava (Wels) zu Koloniestädten erhob, während Lauriacum (Lorch) erst unter Caracalla (211–217) diesen Status erhielt.[35]

Im Westen hatte schon Iulius Caesar den Rhein bis ans Meer gesichert, zweimal überschritt er 55 und 53 v. Chr. den Fluß. Eine verwaltungsmäßige Durchdringung der linksrheinischen Gebiete, verbunden mit Straßenbau und Truppenstationierung, fand aber erst seit der Statthalterschaft des Marcus Vipsanius Agrippa (39–37 und 19 v. Chr.) statt.[36] Unter Kaiser Tiberius (14–37 n. Chr.) wurde die links-

---

[34] KELLNER, Die Zeit (wie Anm. 2), 80f; G. PICCOTTINI, Die Stadt auf dem Magdalensberg – ein spätkeltisches und frührömisches Zentrum im südlichen Noricum, in: ANRW (wie II, 5a) II,6, 1977, 263–301. – Es kam aber auch zu neuen zivilen industriellen Aktivitäten, zu denen die keramische Produktion in Westheim bei Augsburg und die Terra Sigillata-Manufaktur in Westerndorf St. Peter zählen. Zur römischen Verwaltungsorganisation in Gallien, Rätien, Noricum und Pannonien: Raumordnung im Römischen Reich; für den gallisch-germanischen Raum WOLFF, Binnengliederung (beide wie Anm. 29).

[35] E. POLASCHEK, Art. »Noricum«, in: RE 17,1, 1936, 971–1048; Die Römer an der Donau. Noricum und Pannonien [Katalog], Hg. P. WENINGER, 1973; H. STIGLITZ u. a., Carnuntum, in: ANRW (wie II, 5a) II,6, 1977, 583–730; H. VETTERS, Virunum, in: ebd., 302–354; DERS., Lauriacum, in: ebd., 355–379; R. M. SWOBODA-MILENOVIĆ, Art. »Carnuntum«, in: RGA 4, 1981, 343ff.; später gehörten Carnuntum und Vindobona zur Provinz Pannonia.

[36] P. FILTZINGER, Die römische Besetzung Baden-Württembergs, in: Die Römer in Baden-Württemberg (wie Anm. 2), 23–116.

rheinische Militärzone in zwei Distrikte mit je vier Legionen Besatzung geteilt: in die spätere »Germania superior« mit dem Zentrum Mogontiacum (Mainz), die bei Remagen endete, und in die »Germania inferior« nördlich davon mit dem Sitz des Legionslegaten in der Colonia Claudia Ara Agrippinensium (Köln). Die Germania inferior wurde vom Meer und im Westen von der »Provincia Belgica« begrenzt. Die von Augustus ursprünglich erstrebte Elbgrenze war nach der siegreichen Schlacht des Germanenfürsten Arminius gegen Varus im Jahre 9 n. Chr. aufgegeben worden.[37]

Der weit um sich greifende Bataveraufstand am Niederrhein und die inneren Wirren des »Vierkaiserjahres« 69 n. Chr. konnten durch Kaiser Vespasian (69–79) rasch überwunden werden. Am Oberrhein ließ er durch einen spektakulären Straßenbau von Straßburg über Offenburg, Tuttlingen und Augsburg nach Noricum die ältere Kastell-Linie an der oberen Donau neu sichern; ebenso gliederte er den Raum am oberen Neckar und einen Teil der Wetterau am unteren Main dem Imperium ein. Nach einem erfolgreichen Krieg Kaiser Domitians gegen die Chatten entstand nach 83 eine vorgeschobene dichte römische Kastellkette, die das okkupierte fruchtbare untere Neckarland auf der einen und bedeutende Teile der Schwäbischen Alb und vor allem das Ries auf der anderen Seite (Alblimes) schützte. In der Mitte des 2. Jhs. wurde die Kastellkette nochmals vorgeschoben und zwischen oberer Donau, oberem Neckar und Main- Lahngebiet das ausgedehnte Wall-Grabensystem und die rätische Mauer als rechtsrheinische Verteidigungslinie gegenüber der »Germania libera« angelegt. Für etwa 150 Jahre vermochte dieser Limes (Militärgrenze) den Invasionen germanischer Völker standzuhalten, so daß sich in dessen Schutz am Rhein eine Blüte provinzialrömischen Lebens zu entfalten vermochte,

---

[37] Großer Historischer Weltatlas (wie I, 12a), Tl. 1, Karten 44, 45a und 45b; Erläuterungen, Bd. 1, 232–237; Frontières d'empire. Nature et signification des frontières romaines, Hg. P. BRUN u. a., 1992; S. VON SCHNURBEIN, Untersuchungen zur Geschichte der römischen Militärlager an der Lippe, in: Ber. RGK 62, 1981, 5–101. – Der Ort der Varusschlacht dürfte jetzt wohl feststehen: SCHLÜTER, Archäologische Zeugnisse (wie Anm. 29) (Kalkriese bei Osnabrück). Vgl. auch FILTZINGER, Besetzung (wie Anm. 36); H. SCHÖNBERGER u. a., Das Kastell Okabern und die Besetzung der Wetterau seit Vespasian, 1980, bes. 37ff.; J. HEILIGMANN, Der »Alblimes«, ein Beitrag zur römischen Besetzungsgeschichte Südwestdeutschlands, 1990.

bis der Grenzwall seit 233 und vor allem seit 259 in mehreren Durchbrüchen von eindringenden Germanen mehrfach überrannt wurde.[38]

Die Limes-Kastelle nördlich der Donau wurden dabei schwer in Mitleidenschaft gezogen. Daß diese Kastelle mit ihren Garnisonen nicht nur militärische, sondern auch kulturelle Bedeutung hatten, zeigt der spektakuläre Tempelschatzfund von Weißenburg in Bayern (Biriciana), dessen qualitätvolle Bronzestatuetten, Silbervotive und Paraderüstungsteile bei alamannischen (?) Einfällen sorgfältig vergraben wurden. Zugrunde gingen damals auch wohlhabende Handelsplätze wie Nassenfels (Vicus Scuttarensium) bei Eichstätt. Größere Siedlungen finden sich östlich des Lech innerhalb Bayerns in München-Denning, in Gauting (Bratananium), in Pöcking, in Seebruck am Chiemsee (Bedaium) sowie an der Donau: Günzburg (Guntia), Eining (Abusina), Straubing (Sorviodurum) und Künzing (Quintana). Der erste große germanische Einbruch 233 zerstörte vor allem Kempten (Cambodunum) und außer dem schon erwähnten Biriciana das Kastell

---

[38] Grundlegend zum Limes ab Mitte des 2. Jhs.: Der obergermanisch-rätische Limes des Römerreiches (ORL), Hg. F. HETTNER u. a., Bd. 1–14, 1894–1937, mit eingehender Kritik der landläufigen, auf Münzschätzen beruhenden Zeitansätze für die Einfälle; J. GARBSCH, Der spätrömische Donau-Iller-Rhein-Limes, 1970; D. BAATZ, Der römische Limes, 1974; D. PLANCK, Neue Forschungen zum obergermanischen und rätischen Limes, in: ANRW (wie II, 5a) II,5,2, 1976, 404–456; H. U. NUBER, Das Ende des Obergermanisch-Raetischen Limes – eine Forschungsaufgabe, in: Archäologie und Geschichte (wie § 2, Anm. 1), 51–68. Der Fall des Limes in Südwestdeutschland war nicht die Folge eines einmaligen, schlagartigen »Alamanneneinfalls«, sondern das Ergebnis längerer Auseinandersetzungen und innerrömischer Krisen, die von Anläufen zur militärischen Rückeroberung unterbrochen wurden, so schon NUBER; ferner F. UNRUH, Kritische Bemerkungen über die historischen Quellen zum Limesfall in Südwestdeutschland, in: Fundberichte aus Baden-Württemberg 18, 1993, 241–252. Zum bayerischen Limes: G. ULBERT u. a., Der Limes in Bayern, 1983; J. GARBSCH u. a., Der römische Limes in Bayern [Katalog], 1992; DERS. u. a., Spätantike (wie Anm. 1); K. GENSER, Der österreichische Donaulimes in der Römerzeit, 1986; M. HARTMANN, Vindonissa. Oppidum – Legionslager – Castrum, 1986; Severin (wie Anm. 2), darin bes. die Beiträge von R. CHRISTLEIN, H. UBL und G. WINKLER; M. GECHTER, Die Anfänge des niedergermanischen Limes, in: BJ 179, 1979, 1–128; H. SCHÖNBERGER, Die römischen Truppenlager der frühen und mittleren Kaiserzeit zwischen Nordsee und Inn, in: Ber. RGK 66, 1985, 321–497; KELLER, Germanenpolitik Roms (wie Anm. 3); ferner D. BAATZ, Römische Eroberungen unter den flavischen Kaisern – Bau des Limes, in: Die Römer in Hessen (wie Anm. 2), 66–83; DERS., Fall des Limes und Spätantike, in: ebd., 210–224; HEILIGMANN, »Alblimes« (wie Anm. 37); T. BECHERT u. a., Die römische Reichsgrenze zwischen Mosel und Nordseeküste, 1995.

Pfünz (Vetoniana). Versteckfunde mit Sachgütern konnten in Kempten und Dambach geborgen werden; ein besonders bedeutendes Depot von Helmen, Rüstungen und Statuetten stammt aus Straubing, Silbergefäße fanden sich bei Manching.[39]

Erst gegen Ende des 3. Jhs. und besonders unter Kaiser Diokletian (284–305) konnte die Grenze auf der Linie Donau-Iller-Rhein erneut stabilisiert und durch Kastellbauten gesichert werden. Das während der Flavierzeit römisch gewordene Dekumatenland zwischen altem und neuem Limes mußte man jedoch den Alamannen überlassen. Damit brach auch in diesem Raum die städtische Zivilisation ab, die im Municipium Arae Flaviae (Rottweil), in Civitates wie Sumelocenna (Rottenburg) und in zahlreichen, zumeist an Kastellplätzen entstandenen Kleinstädten (*vici*) wie Grinario (Köngen) und insgesamt in den fruchtbaren Regionen des oberen und mittleren Neckar Fuß gefaßt hatte.[40]

Am unteren Neckar war es vor allem Lopodunum (Ladenburg), das 259/60 in germanische Hand geriet, aber offenbar nicht völlig ausgelöscht wurde. Es erhielt in valentinianischer Zeit eine Brückenkopfbefestigung.[41] Am Oberrhein entwickelte sich Argentoratum (Straßburg) neben Mogontiacum (Mainz) zum wichtigsten militärisch-politischen Zentrum Obergermaniens. Es spielte in den letzten schweren Abwehrkämpfen Kaiser Julians gegen die Alamannen und Franken zwischen 356 und 360 eine wichtige Rolle als Rückgrat der

---

[39] KELLNER, Die Römer in Bayern (wie Anm. 2), 73ff. und 86f; DERS. u. a., Der römische Tempelschatz von Weißenburg in Bayern, 1993.

[40] PLANCK, Zivilisation (wie Anm. 6), 117–163, und die einschlägigen Ortsartikel daselbst. – Arae Flaviae, Bd. 1–5, von D. PLANCK, M. KOKABI, M. KLEE UND R. FRANKE, 1975–2003; A. GAUBATZ, Sumelocenna. Civitas Summelocensis. Archäologischer Plan des römischen Rottenburg, 1986; M. LUIK, Köngen – Grinario, Bd. 1, 1996; O. HÖCKMANN, Römische Schiffsverbände auf dem Ober- und Mittelrhein und die Verteidigung der Rheingrenze in der Spätantike, in: JRGZ 3, 1956, 369ff.; C. S. SOMMER, Kastellvicus und Kastell, in: Fundberichte aus Baden Württemberg 13, 1988, 457–707. – Zum Absterben städtischer Zivilisation, bes. mittelalterlicher Städte auf römischer Grundlage im einstigen Dekumatenland: H. KELLER u. a., Mittelalterliche Städte auf römischer Grundlage im einstigen Dekumatenland, in: ZGO 135, 1987, 1–64; gründlich und umfassend: CLEMENS, Tempore Romanorum constructa (wie § 2, Anm. 20).

[41] PLANCK, Zivilisation (wie Anm. 6); B. HEUKEMES, Art. »Ladenburg«, in: Die Römer in Baden-Württemberg (wie Anm. 2), 383–397; C. S. SOMMER u. a., Lopodunum – Ladenburg a. N. Archäologische Ausgrabungen 1981–1987, 1988; R. M. SWOBODA, Die spätrömische Befestigung Sponeck am Kaiserstuhl, 1986.

römischen Grenzverteidigung.[42] Ähnliches gilt auch für das wohl schon vor Kaiser Valentinian I. (364–375) errichtete Kastell Brisiacum (Breisach).[43] Weiter nördlich hatte rechtsrheinisch Aquae Mattiacorum (Wiesbaden), der Vorort der gleichnamigen Civitas, wegen der heißen Quellen als früher römischer Badeort seit dem 1. Jh. eine besondere Bedeutung. Infolge der Germaneneinfälle des 3. Jhs. verkleinerte sich das besiedelte Stadtgebiet stark, eine begonnene spätantike Befestigungsmauer wurde wohl nicht mehr fertiggestellt. Dagegen gingen um 260 der Hauptort der Civitas Auderiensium (Dieburg) und Nida, der Hauptort der Civitas Taunensium nördlich von Frankfurt, bei schweren Alamanneneinfällen zugrunde.[44]

Kernstück der römischen Verteidigung und Verwaltung war am Mittelrhein Mogontiacum (Mainz) mit seiner Rheinbrücke und dem rechtsrheinischen Brückenkopf Castellum Mattiacorum (Kastel). Seit 13 v. Chr. ein festes Lager für zwei Legionen, war Mainz zusammen mit Vetera Castra (b. Xanten) Basis für zahlreiche Feldzüge nach Germanien. Nordöstlich des Lagers schloß sich die bis zum Rhein reichende Zivilstadt an, deren Stadtmauer aus der Mitte des 3. Jhs. stammt. Etwa 100 Jahre später wurde das Legionslager aufgegeben und die dadurch entstandene Mauerlücke der anschließenden Zivilstadt geschlossen. Als 406 Wandalen, Sueben und Alanen bei Mainz den Rhein überschritten, verlor die Stadt zwar ihre Bedeutung als strategisches Zentrum und Verwaltungsmittelpunkt Obergermaniens, doch bestand sie als Bischofssitz mit allerdings stark reduzierter Bevölkerung weiter.[45]

Die Anfänge der Provinz Germania inferior gehen auf Iulius Caesar zurück, der wohl schon im ersten gallischen Kriegsjahr 58 v. Chr. die

---

[42] J. J. HATT, Strasbourg au temps des Romains, 1953; BRÜHL, Palatium (wie Anm. 22), Bd. 2, 149–173.

[43] G. FINGERLIN, Art. »Breisach«, in: Die Römer in Baden-Württemberg (wie Anm. 2), 257–261; Archäologische Ausgrabungen in Breisach am Rhein 1984 bis 1986 [Begleitheft zur Ausstellung], 1987.

[44] E. SCHALLMAYER, Art. »Dieburg«, in: Die Römer in Hessen (wie Anm. 2), 250–256; I. HULD-ZETSCHE, Art. »Frankfurt-Heddernheim (Nidda)«, in: ebd., 275–293, und H.-G. SIMON u. a., Art. »Wiesbaden«, in: ebd., 485–493.

[45] K. WEIDEMANN, Die Topographie von Mainz in der Römerzeit und dem frühen Mittelalter, in: JRGZ 15, 1968, 146–199; K. H. ESSER, Mogontiacum, in: BJ 172, 1972, 212–227; G. RUPPRECHT, Art. »Mainz«, in: Die Römer in Rheinland-Pfalz (wie Anm. 2), 458–469; K. HEINEMEYER, Das Erzbistum Mainz in römischer und fränkischer Zeit, Bd. 1, 1979.

Rheingrenze ins Auge faßte; dies vor allem deshalb, weil germanische Verbände immer wieder den Rhein überschritten und in die wechselvollen Kämpfe eingriffen.[46] Die Stämme der Belger und die der Treverer beiderseits der Mosel widersetzten sich hartnäckig der römischen Okkupation, und erst nach der Niederschlagung des großen gallischen Aufstandes unter Vercingetorix im Jahre 52/50 v. Chr. konnte sich die römische Herrschaft stabilisieren. Sie blieb längere Zeit eine rein militärische Besetzung mit schweren Tributzahlungen. Das Gebiet der Eburonen in der Kölner Bucht, deren Bevölkerung Caesar weitgehend dezimiert hatte, wurde 39/38 v. Chr. den mit Rom verbündeten Ubiern zugewiesen. Andere germanische Völker wie die Tenkterer und Usipeter zwischen Niederrhein und Nordsee und die Sugambrer zwischen Ruhr und Sieg konnten entweder zurückgeschlagen oder ebenfalls unter römischer Kontrolle angesiedelt werden. All diese Maßnahmen standen im Zusammenhang mit dem großangelegten Versuch des Augustus und seines Oberkommandierenden in Gallien, Marcus Vipsanius Agrippa († 12 v. Chr.), die Grenze des Imperiums bis zur Elbe vorzuschieben. Die bereits erfolgte endgültige Eroberung und Sicherung des Alpenraums und Rätiens durch Drusus und Tiberius 15 v. Chr. erlaubte eine starke Konzentration der Legionen am linken Rheinufer, wobei als Bereitstellungsplätze Vetera (Xanten) und Mogontiacum (Mainz), aber auch die Garnisonen in Noviomagus (Nijmegen/Nimwegen), Novaesium (Neuss) und Bonna (Bonn) dienten.[47]

In den nächsten Jahren fanden konzentrische Feldzüge gegen die »Germania libera« statt, die aber immer wieder im Osten durch gefährliche Angriffe des Dakerreiches, schwere Aufstände der Illyrer auf dem Balkan, aber auch wegen der wachsenden Bedrohung durch die Parther in Kleinasien unterbrochen werden mußten. Ein bleibender Erfolg blieb Rom versagt, da sich die germanischen Stämme unter Arminius und Marbod zu größeren Bündnissen zusammenschlossen und der römischen Militärstrategie eine hinhaltende Volkskriegstaktik entgegensetzten, die 9 n. Chr. in der Varusschlacht eine Wende herbeiführte; diese war trotz des Vergeltungsfeldzugs des Germanicus

---

[46] Vgl. VON PETRIKOVITS, Altertum (wie Anm. 2), 46ff.

[47] Zu Neuss: H. VON PETRIKOVITS, Novaesium: das römische Neuss, 1957; Spätantike und frühes Mittelalter [Katalog], Hg. J. ENGEMANN u. a., 1991. Zu Xanten siehe Anm. 53.

nicht mehr rückgängig zu machen. In der Folgezeit wurde die Rhein-Donaulinie für Jahrhunderte eine zwar im einzelnen veränderbare, aber dennoch prägende Grenze zwischen dem Imperium und der germanischen Welt, hinter der sich dann die planmäßige Romanisierung entfalten konnte.[48] Gleichzeitig vergrößerte sich aber auch der zivilisatorische Unterschied zwischen der einheimischen Bevölkerung beiderseits des Rheins: Der linksrheinischen Entwicklung, an der Kelten und angesiedelte Germanen gleicherweise beteiligt waren, wurde der Stempel einer überlegenen Zivilisation sehr entschieden aufgeprägt, während rechts des Stroms die spätlatènezeitlichen, d. h. vorwiegend keltischen Bewohner durch eine nordöstlich anschließende germanische Kultur überformt wurden; dabei sind auch ältere Oppida verödet. Auf diese Weise wichen ältere, gleitende Übergänge seit der Zeitwende einer relativ klaren und die nachfolgenden Jahrhunderte stark prägenden Kulturgrenze.[49]

Besonders aufgeschlossen für römische Innovationen scheinen die Treverer gewesen zu sein. Unter Augustus gaben sie offenbar ältere Oppida wie den Titelberg in Luxemburg auf und fanden in der von Augustus um 16–13 v. Chr. gegründeten Colonia Augusta Treverorum (Trier) ihren neuen politisch-verwaltungsmäßigen Mittelpunkt, ohne daß es zu einem radikalen ethnisch-kulturellen Bruch kam.[50]

---

[48] Kontrovers zur Germanienpolitik des Augustus: C. M. WELLS, The German Policy of Augustus, 1972; dazu H. VON PETRIKOVITS, Rezension, in: Göttingische Gelehrte Anzeigen 228, 1976, 163–173; Die römische Okkupation nördlich der Alpen zur Zeit des Augustus (Kolloquium Bergkamen 1989), Red. R. ASSKAMP, 1991; VON SCHNURBEIN, Untersuchungen (wie Anm. 37); zum römischen Einfluß in Westfalen: DERS., Die unverzierte Sigillata von Haltern, 1982; J. HARNECKER, Katalog der römischen Eisenfunde von Haltern, 1997; J.-S. KÜHLBORN, Das Römerlager in Oberaden III, 1992.

[49] Vgl. VON PETRIKOVITS, Altertum (wie Anm. 2), 57–63, und oben § 4a mit Anm. 7 und weiter unten § 4e.

[50] R. KRAUTHEIMER, The Constantinian Basilica, in: DOP 21, 1967, 115ff.; METZLER u. a., Beiträge (wie § 3, Anm. 15); Die Römer in Rheinland-Pfalz (wie Anm. 2), bes. der Beitrag von H. CÜPPERS, Art. »Trier«, in: ebd., 577–653; DERS., Die Kaiserthermen in Trier, 1985. Vgl. allgemein: HEINEN, Trier (wie II, 5b), und für Kontinuität im Mittelalter: Trier im Mittelalter, Hg. H. H. ANTON u. a., 1996. Weitere Literatur zur Kontinuitätsfrage s. u. §§ 13 und 19. – Umstritten ist, ob es eine vorrömische Vorgänger-Siedlung im Bereich des antiken Trier gab: A. HAFFNER, Die Trierer Talweite in der Latènezeit, in: Trier, Augustusstadt (wie § 3, Anm. 24), 16ff.; neuerdings positiv: K.-J. GILLES, Neue Funde zu den Anfängen Triers, in: Trierer Zeitschrift für Geschichte und Kunst des Trierer Landes und seiner Nachbargebiete 55, 1992, 193–232; vgl. auch KRIER, Treverer, und METZ-

Eine Neugründung ohne ersichtliche vorrömischen Vorläufer war die Colonia Claudia Ara Agrippinensium (Köln), die unter Marcus Vipsanius Agrippa während seiner ersten Statthalterschaft am Niederrhein 39/38 v. Chr. entstand und zunächst den Namen Ara Ubiorum trug. Sie war wahrscheinlich auch topographisch die Vorgängerin der Colonia Claudia Ara Agrippinensium, lag nahe dem nicht lokalisierten älteren Militärlager für zwei Legionen und hatte einen gesicherten Hafen.[51] Während Trier und das mittlere Moseltal sowie Teile der Eifel und des Hunsrück ein beträchtliches Maß keltisch-römischer Kontinuität bewahrten und die Kaiserstadt vor allem ein ziviles Verwaltungszentrum war, gewann Köln in erster Linie als Rückgrat der Rheinverteidigung und der Offensiven gegenüber den Germanen seine Bedeutung. Wahrscheinlich sollte es Hauptort der bis an die Elbe gehenden, von Augustus geplanten großen Provinz Germanien werden. Die Bezeichnung der Militärsiedlung änderte sich, als die in Köln geborene Tochter des Feldherrn Germanicus und Gattin des Kaisers Claudius, Agrippina, diesen Ort 50 n. Chr. zur Colonia (Veteranen-Kolonie) erheben ließ. Als Provinzmetropole Niedergermaniens erlebte die Stadt nach der Niederwerfung des Bataveraufstands 69/70 bis zur großen Reichskrise der 2. Hälfte des 3. Jhs. wie andere Städte am Rhein eine Blütezeit. Die Einwohnerzahl betrug mit den Gewerbebezirken vor der Stadtmauer etwa 20000; als Zentralort der Verwaltung gewann Köln sowohl wirtschaftlich als auch kulturell überregionale Bedeutung. Die nachfolgenden Germaneneinbrüche beendeten auch hier diese positive Entwicklung; Siedlungsareal und Bevölkerung gingen stark zurück. Selbst die Gunst Konstantins des Großen brachte im frühen 4. Jh. keine grundlegende Erholung mehr, doch scheint Köln, vom Sonderfall Trier abgesehen, insofern eine

---

LER u. a., Beiträge (beide wie § 3, Anm. 15). Ein Indiz für die Bedeutung Triers sind auch die 232 Mosaiken, die in der Stadt und ihrem näheren Bereich gefunden wurden: P. HOFFMANN u. a., Katalog der römischen Mosaiken aus Trier und dem Umland, 1999. – Zu den kulturellen Folgen der Romanisierung zuletzt: Integration in the Early Roman West (wie § 3, Anm. 26).

[51] Übersicht in: O. DOPPELFELD u. a., Das römische Köln, in: ANRW (wie II, 5a) II,4, 1975, 715–782, und H. HELLENKEMPER, Architektur als Beitrag zur Geschichte der Colonia Claudia Ara Agrippinensium, in: ebd., 783–824; H. BORGER, Das Römisch-Germanische Museum Köln, 1977, 11–20; Führer zu vor- und frühgeschichtlichen Denkmälern (wie I, 5a), Bd. 37: Köln, Tl. 1–3, 1980; H. HELLENKEMPER u. a., Art. »Köln«, in: Die Römer in Nordrhein-Westfalen (wie Anm. 2), 459–521.

Ausnahme gewesen zu sein, als sich offenbar ein höherer Lebensstandard und ein verfeinertes gewerbliches Können erhielt. Der Bau einer Rheinbrücke und des schützenden Kastells Divitia (Deutz) auf der östlichen Seite des Stroms fallen in diese Restaurationsepoche, die aber 355 mit der zehn Monate währenden Besetzung und Plünderung Kölns durch die Franken ein abruptes Ende fand. Als städtische Siedlung wie als Bischofssitz ist die Stadt aber nicht ausgelöscht worden, und auch die gewerbliche Tätigkeit scheint sich in gewissem Umfang fortgesetzt zu haben.[52] Um 98/100 n. Chr. wurde am Niederrhein von Kaiser Trajan die Colonia Ulpia Traiana (Xanten) gegründet, vermutlich als Ersatz für den Abzug einer Legion aus dem älteren Militärlager Vetera, das schon vor der Offensive gegen die Germanen 12 v. Chr. entstanden war.[53] Der Zerstörung der Colonia Ulpia Traiana im Jahre 351 folgte zwar noch eine unter Kaiser Julian errichtete Militärstation, die aber nichts mehr mit der untergegangenen Großfestung aus der Zeit Konstantins des Großen zu tun hatte.

Man muß immer damit rechnen, daß Kontinuität oder Diskontinuität der römerzeitlichen Besiedlung auch in kleineren Räumen sehr unterschiedlich sein konnten. Die kontinuierliche Belegung des Gräberfeldes unter dem Xantener Dom zwischen Spätantike und Frühmittelalter und ebenso des großen Gräberfeldes von Krefeld-Gellep (Gelduba) zwischen dem 2. und 7. Jh. sprechen hier eine deutliche Sprache, desgleichen die Tatsache, daß mindestens noch in der ersten

---

[52] D. CLAUDE, Köln zur Merowingerzeit, in: Bericht über das 3. deutsch-norwegische Historikertreffen in Trondheim, 1988, 23–34; H. STEUER, Die Franken in Köln, 1980; DERS., Stadtarchäologie in Köln, in: Lübecker Schriften zur Archäologie und Kulturgeschichte 14, 1988, 55–69; s. u. § 19, Anm. 11f.

[53] C. B. RÜGER u. a., Art. »Xanten«, in: Die Römer in Nordrhein-Westfalen (wie Anm. 2), 619–650; DERS., Die spätrömische Großfestung in der Colonia Ulpia Traiana, in: BJ 179, 1979, 499–524; H. HINZ, Xanten zur Römerzeit, ^{4}1971; W. BADER, Die Stiftskirche des Hl. Viktor zu Xanten, Bd. 2: Sanctos: Grabfeld, Märtyrergrab und Bauten vom 4. Jahrhundert bis um und nach 752–68 n. Chr., 1985 (Tafelbd. 1960); überholt durch: T. OTTEN, Die Ausgrabungen unter St. Viktor zu Xanten. Dom und Immunität (Phil. Diss. Bonn 1999), Tl. 1, 2003; R. PIRLING, Das römisch-fränkische Gräberfeld von Krefeld-Gellep, Bd. 1–5, 1979–1997; Kreis Bergheim, 1969 (Archäologische Funde und Denkmäler des Rheinlandes, Bd. 2), darin die Beiträge von H. HINZ, 91ff., und H. CÜPPERS, 94–120; dazu VON PETRIKOVITS, Der diachorische Aspekt (wie § 1, Anm. 50), bes. 213f.; zur kirchlichen Kontinuität: H. BORGER u. a., Beiträge zur Frühgeschichte des Xantener Viktorstiftes, 1969; Spurenlese. Beiträge zur Geschichte des Xantener Raumes, Hg. G. PRECHT u. a., 1989.

Hälfte des 4. Jhs. Guts- und Bauernhöfe in der Kölner Lößbörde weiter bestanden oder sogar neu errichtet wurden. Ungeachtet dieser Feststellungen wird man, aufs ganze gesehen, dennoch einen merklichen Siedlungsrückgang annehmen müssen.

Die meist ungeschützten kleineren Siedlungen, vor allem die römischen Gutshöfe (*villae*) auf dem Lande, hatten allerdings seit den politisch-militärischen Krisen des 3./4. Jhs. insgesamt schwer zu leiden. Darüber geben archäologisch erschließbare Brand- und Zerstörungshorizonte Auskunft, manchmal auch schriftliche Quellen. Der zeitgenössische Historiker Ammianus Marcellinus nennt für die Zeit um 360 für die Rheinprovinzen die wichtigsten noch existierenden Städte. Es waren dies Tongern, Köln, Mainz, Worms, Speyer, Straßburg und Kaiseraugst. Um 425/30 zählt die »Notitia Dignitatum« für den Abschnitt des »dux Mogontiacensis« noch 11 Grenzbefestigungen auf, die auch Zivilsiedlungen waren, nämlich Seltz, Rheinzabern, Germersheim, Speyer, Altripp, Worms, Mainz, Bingen, Boppard, Koblenz und Andernach.[54]

Am Hochrhein und an der Donau hatte sich seit den Kaisern Valentinian I. (364–375) und Valens (364–378) die Lage wieder stabilisiert. Nach frühen vorausgegangenen Befestigungsanlagen unter Kaiser Probus wurde ein tiefgestaffeltes, auf steinerne Wachttürme und Kleinkastelle (burgi) gestütztes Verteidigungssystem geschaffen, wie es schon im Hinterland der Germania I und II entstanden war, das von Chur über Schaan, Bregenz, Kempten an die Donau bis Regensburg und Passau führte. Schon durch die diokletianische Reichsreform (284–305) war Curia (Chur) Hauptstadt der Raetia I, Augsburg Metropole der Raetia II geworden. In letzterem Zentrum scheint sich aber

---

[54] DEMANDT, Spätantike (wie II, 5a), 24; zu Kaiseraugst: R. LAUR-BELART, Führer der Augusta Raurica, [5]1988; M. MARTIN, Das spätrömisch-frühmittelalterliche Gräberfeld von Kaiseraugst, Kanton Aargau, 1991; H. STADLER, Das römische Konstanz und sein Umfeld, 1989; VON PETRIKOVITS, »Germania (Romana)« (wie Anm. 2), 555ff.; D. HOFFMANN, Das spätrömische Bewegungsheer und die Notitia Dignitatum, Bd. 1–2, 1969, 1970, bes. Bd. 1, 339ff.; vgl. auch A. LEVI u. a., Itineraria picta, Rom 1967, und unten §§ 13 und 19. Zu Ammianus Marcellinus: H. GÄRTNER, Art. »Ammianus Marcellinus«, in: RGA 1, 1973, 253–256; H. DREXLER, Ammianus-Studien, 1974; MATTHEWS, Roman Empire (wie Anm. 1); vgl. auch § 4 mit Anm. 77. Zu den positiver als bisher einzuschätzenden Verhältnissen auf dem Lande im 4. Jh. BERNHARD, Beiträge, 84ff.; GECHTER u. a., Besiedlung (beide wie § 2, Anm. 13); STEIN, Bevölkerung (wie § 2, Anm. 12), 117ff.; Zur Kontinuität (wie § 1, Anm. 16).

um die Märtyrerkirche der hl. Afra und vielleicht auch um den Dom christliches und damit städtisches Leben über das 4. Jh. hinaus besser erhalten zu haben, als man bislang annahm.[55] So problematisch die Reorganisation des Imperiums, wie sie von Diokletian begonnen und von Konstantin dem Großen vollendet wurde, auch in ihrer Wirkung auf die inneren Verhältnisse gewesen sein mag, sie verlängerte die Existenz des Reiches immerhin um zwei Jahrhunderte.

Umstritten sind freilich die Langzeitwirkungen der Reichsreformen, die mit Diokletians dezentralisierender »Tetrarchie« und zweimaligen Anläufen zu Währungsreformen (294 und 301) eingeleitet wurden und mit der Bekehrung Konstantins zum Christentum auch zu einem umstürzenden religiösen Wandel führten. Dieser erwies sich als welthistorisch bedeutsam, ganz gleich, ob man die Hinwendung des Kaisers als eher politisches Verhalten oder als echte Überzeugungstat interpretiert. Im einzelnen ging es vor allem um die durchgreifende Heeresreform, die zur Entstehung des effektiven Bewegungsheeres führte. Des weiteren und als notwendige Folge der militärischen Reorganisation und der Verstärkung des Beamtenapparates kam es zu einer Münz- und Steuerreform, die in ihren Auswirkungen kontrovers beurteilt wird. In der zeitgenössischen Literatur finden sich zahlreiche Klagen über die Höhe der Steuern und über die Härte, mit der sie eingetrieben wurden; sogar Standespersonen wurden rechtswidrig ausgepeitscht, wenn sie die Zahlungen verweigerten. Die Steuerfreiheit Italiens und der Provinzialstädte mit »ius Italicum« entfiel. Dafür kam es zu einer gleichmäßigeren Verteilung der Steuerlasten, die aber dennoch drückend blieben und später sogar eine Flucht von Teilen der Bevölkerung in germanisch okkupierte Regionen auslösten. In Zweifel gezogen wird neuerdings die bisherige Meinung, es habe eine kollektive Steuerhaftung und eine Zwangsrekrutierung der Dekurionen, d. h. des städtischen Mittelstandes, gegeben. Ebenso umstritten ist, ob es eine Realteilung zwischen den römischen Grundbesitzern (*possessores*) und den überwiegend barbarischen einquartierten Soldaten gegeben hat (*hospitalitas*), wie dies im Geschichtswerk Prokops (ca. 500–562) mehrfach ausdrücklich bezeugt ist, oder ob nach wie

[55] KELLNER, Die Römer in Bayern (wie Anm. 2), hier 172ff.; DERS., Augsburg, Provinzhauptstadt Rätiens, in: ANRW (wie II, 5a) II,5,2, 1976, 690–717. Ähnliches gilt für Chur: W. DRACK, Art. »Chur«, in: Die Römer in der Schweiz (wie Anm. 2), 380–384. – NEUMANN u. a., »Decumates agri« (wie § 4, Anm. 63).

vor die Versorgung und Einquartierung der Truppen über eine fortbestehende und funktionsfähige Finanzverwaltung erfolgte. Für letzteres spräche, daß die Merowinger in ihrem gallorömischen Herrschaftsbereich das spätantike Steuersystem weiterführten, allerdings unter Anpassung an die veränderten Verhältnisse. Das bedeutete u. a., daß die Besteuerung der Unterschichten bis in die frühmittelalterlichen Polyptychen nachweisbar ist, während sie seit Chlothar II. und Dagobert I. für die Oberschicht entfiel. Mit Blick auf das fortbestehende und unter Justinian sich regenerierende oströmische Reich, das jetzt der militante Träger der Reichseinheitsidee wurde, muß man wohl auch im Finanzwesen mit starken regionalen Unterschieden rechnen, vor allem, was dessen Effizienz und Fortleben anbelangt.[56]

Die Ereignisgeschichte setzte schließlich ihre irreversiblen Zäsuren: Als der Wandale Stilicho als Reichsverweser des Westens zur Bekämpfung der Italien bedrohenden Goten unter Alarich nach 400 Teile des Bewegungsheeres von Rhein und Donau zum Schutz Italiens abzog, war kein Halten mehr. Das Zusammentreffen von innerer Krise und äußerer Bedrohung des Imperiums im Norden und Osten

[56] Zum Christentum Konstantins des Großen: MARTIN, Spätantike (wie II, 5a), 148ff.; CHRIST, Kaiserzeit (wie Anm. 1), 762ff.; DEMANDT, Spätantike (wie II, 5a), 66f., und allgemein: STRAUB, Regeneratio Imperii (wie § 4, Anm. 65). – Zu den Währungsreformen und deren engen Zusammenhang mit der Erneuerung des Steuersystems und der Heeresstationierung: MARTIN, Spätantike (wie II, 5a), 146f.; M. HENDY, Mint and Fiscal Administration under Diocletian, his Colleagues and his Successors, in: Journal of Roman Studies 62, 1972, 75–82. – Zum Fortleben des römischen Steuersystems im Frühmittelalter: W. GOFFART, Caput and Colonate: Towards a History of Late Roman Taxation, 1974; DERS., Merovingian Polyptychs, in: Francia 9, 1981, 57–77; DERS., Rome's Fall (wie § 1, Anm. 15); R. KAISER, Steuer und Zoll in der Merowingerzeit, in: Francia 7, 1979, 1–17; J. DURLIAT, Les finances publiques de Diocletien aux Carolingiens (284–889), 1990, bes. 95–187. – Zur nachweislichen Realteilung des Grundbesitzes zwischen germanischen Eroberern und römischen *possessores* positiv: R. KRIEGER, Untersuchungen und Hypothesen zur Ansiedlung der Westgoten, Burgunder und Ostgoten, 1992 (Kritik an W. GOFFART und J. DURLIAT). Eine andere Frage ist, ob die bei Goten und Burgundern nachweisbare Realteilung auch für die anders gearteten fränkischen Verhältnisse gilt. – Zum Steuersystem insgesamt: J. KARAYANNOPULOS, Das Finanzwesen des frühbyzantinischen Staates, 1958; DEMANDT, Spätantike (wie II, 5a), 246ff.; G. SCHNEIDER-SCHNECKENBURGER, Churrätien im Frühmittelalter aufgrund der archäologischen Funde, 1980; A. FURGER[-GUNTI] u. a., Die Schweiz zwischen Antike und Mittelalter, 1996. – Vgl. noch allgemein das Einzelproblemen gewidmete Sammelwerk: Kingdoms of the Empire (wie § 4, Anm. 63), und bes. oben Anm. 1 (bei DEMANDT, Der Fall Roms (wie § 1, Anm. 50): 487f. und passim) und Anm. 25.

löste schrittweise den Kollaps des lateinischen Westens aus. Zwar hat Stilicho die Flußgrenzen im Norden nicht völlig von Militär entblößt, aber die Schwächung der Verteidigung genügte doch für einen gravierenden Wandel der Situation an Rhein und Donau.[57] Die germanischen Völkerschaften auf Reichsboden verselbständigten sich mehr und mehr, und neue Stammesverbände besetzten die Regionen hinter den aufgegebenen Grenzsicherungssystemen. Was an römischer Zivilisation an Rhein und Donau sich noch erhalten hatte, mußte sich nun ohne den Schutz des Imperiums zu erhalten und den neuen Gegebenheiten anzupassen versuchen: Dies war dann trotz substantieller Einbußen die Stunde des Christentums und seiner Kirchenorganisation. Wie eng die Kirche und vor allem ihre gebildeten Eliten mit dem Schicksal des Römischen Reiches verbunden waren, erhellt aus dem Entsetzen von Heiden und Christen über die Eroberung und Plünderung Roms im Jahre 410 durch den Gotenkönig Alarich. Der Kirchenvater Hieronymus konnte vor Schluchzen nicht mehr weiterschreiben, als er diese Schreckensnachricht erhielt, während Augustinus in seinem ideengeschichtlichen Hauptwerk »De civitate Dei« die Schuldzuweisungen der Heiden an die Christen zurückwies und der Katastrophe einen heilsgeschichtlichen Sinn abzugewinnen verstand. Der Kirchenhistoriker Orosius versuchte in seinem Geschichtswerk den Fall Roms sogar bewußt herunterzuspielen. Er tat dies allerdings mit recht fragwürdigen Argumenten; tief betroffen waren die Häupter der Kirche jedoch alle.[58]

Für die spätere deutsche Geschichte war aber das Weiterleben der Kirche und christlicher Gemeinden auf ehemals provinzialrömischem Boden ein Grundelement ihrer Entfaltung, ohne dessen Wirkung sie in weiten Bereichen völlig anders verlaufen wäre.

---

[57] DEMANDT, Spätantike (wie II, 5a), 138ff.; HOFFMANN, Bewegungsheer (wie Anm. 54); DERS., Gallienarmee (wie § 4, Anm. 78). – Anders als HOFFMANN nimmt H. CASTRITIUS, Die Grenzverteidigung in Rätien und Noricum im 5. Jahrhundert n. Chr., in: Die Bayern (wie II, 5c), Bd. 1, 17–28, an, daß die Kommandostruktur und Zivilverwaltung in Noricum und Rätien Mitte des 5. Jhs. noch intakt gewesen seien. Vgl. auch B. BLECKMANN, Honorius und das Ende der römischen Herrschaft in Westeuropa, in: HZ 265, 1997, 561–595, sowie allgemein: WOLFRAM, Das Reich (wie § 4, Anm. 65).

[58] DEMANDT, Spätantike (wie II, 5a), 145ff.; H.-W. GOETZ, Die Geschichtstheologie des Orosius, 1980; D. KOCH-PETERS, Ansichten des Orosius zur Geschichte seiner Zeit, 1984. Zum weiteren Schicksal der Kirche s. u. § 13.

c) Die Folgen der Reichskrise für die Römerherrschaft an Rhein und Donau

Mit Recht hat man der Krise des Imperiums im 3. Jh. und ihrer Bewältigung durch Diokletian und Konstantin den Großen große Bedeutung für die Endphase des westlichen Imperiums zugeschrieben, vor allem was den Strukturwandel in der Verwaltung wie im sozialen und kulturellen Leben anbetrifft. Militärisch allerdings bedeutete die Epoche zwischen Kaiser Julian (355–363) und den Kaisern Valentinian I. und Valens (364–378) noch einmal eine Atempause und eine Phase der vorübergehenden Regeneration an Rhein und Donau.[59] Für die dortige Stadtkultur waren die Veränderungen insgesamt gravierend, die Blüte des 2. Jhs. wurde nie wieder erreicht, die Städte reduzierten sich nicht nur räumlich, sondern verloren zu einem beträchtlichen Teil

[59] Zur Krise des 3. Jhs.: R. MACMULLEN, Roman Government's response to crisis A. D. 235–337, 1976; The Roman West in the Third Century, Hg. A. KING u. a., 1981; J. F. DRINKWATER, The Gallic Empire 260–274, 1987; DEMOUGEOT, La formation (wie § 1, Anm. 15); S. WILLIAMS, Diocletian and the Roman Recovery, 1985; F. KOLB, Diocletian und die erste Tetrarchie, 1987; G. ALFÖLDY, Die Krise des römischen Reiches, 1989; LIPPOLD, Theodosius (wie Anm. 14). Zur Auswirkung der Reichskrise am Rhein bes. VON PETRIKOVITS, Altertum (wie Anm. 2), 167 ff. – Zur allgemeinhistorischen Bedeutung Kaiser Julians vgl. J. BIDEZ, Julian der Abtrünnige, 1940; R. BROWNING, Der Kaiser Julian, 1977; G. W. BOWERSOCK, Julian the Apostate, 1978; M. GIEBEL, Kaiser Julian Apostata, 2002; E. PACK, Städte und Steuern in der Politik Julians, 1986; Imperial Revenue, Expenditure and Monetary Policy in the Fourth Century, Hg. C. E. KING, 1980; allgemein: THOMPSON, Romans and Barbarians (wie § 1, Anm. 41); R. BRULET, La Gaule septentrionale au Bas-Empire. Ooccupation du sol et défense du territoire dans l'arrière-pays du Limes aux IVe et Ve siècles [= Nordgallien in der Spätantike], 1990; I. KÖNIG, Die gallischen Usurpatoren von Postumus bis Tetricus, 1981; B. VIGNERON, Divodurum Mediomatricum. Metz antique, 1986; G. HALSALL, Settlement and Social Organization. The Merovingian Region of Metz, 1995; Fifth-Century Gaul (wie Anm. 1); J. MATTHEWS, Western Aristocracies and Imperial Court A D 364–425, 1975; A. CHASTAGNOL, L'évolution politique sociale et économique du monde romain de Dioclétien à Julien, 1982; DURLIAT, Les finances (wie Anm. 56); T. S. BURNS, Barbarians within the Gates of Rome. A Study of Roman Military Policy and the Barbarians, ca. 375–425 A. D., 1994; R. MACMULLEN, Changes in the Roman Empire, 1990. – Zur Diskussion über den Wandel des spätantiken Städtewesens: P. FÉVRIER, Permanence et héritages de l'antiquité dans la topographie des villes de l'occident durant le haut moyen âge, in: Topografia urbana (wie II, 5c), Tl. 1, 41–138; M. ROBLIN, Cités ou citadelles? Les enceintes romaines du Bas-Empire d'après l'exemple de Senlis, in: Revue des études anciennes 67, 1965, 368–391; KOLB, Stadt (wie Anm. 10), 236, nimmt sogar an, daß die Stadtkerne nur als Fluchtburgen für die vorstädtische Bevölkerung dienten.

ihre Selbstverwaltung. Im Zuge dieses durch die Reichskrise bedingten Strukturwandels der Städte wurden diese Zentren der Lokalverwaltung und behielten damit ihre Bedeutung. Als Bischofsstädte gewannen sie sogar zusätzlich an regionalpolitischem Gewicht. Deshalb wird auch neuerdings die ältere Auffassung von einer totalen Reduktion des städtischen Areals bezweifelt. Es gibt Hinweise auf eine fortdauernde Besiedlung der suburbia in Spätantike und Frühmittelalter, auch konnte die Entwicklung unter dem Einfluß regionaler Faktoren von Fall zu Fall sehr verschieden verlaufen. Unbestritten bleibt, daß die bischöfliche Stadtherrschaft und die Rolle von Märtyrerkirchen und christlichen Kultstätten fast überall eine Verlagerung der Siedlungskerne innerhalb und außerhalb der antiken Stadtmauern bewirkte. Die Germaneneinfälle und die an die Substanz gehenden militärischen Anstrengungen gegen diese Invasionen wirkten sich gleichermaßen belastend auf die provinzialrömische Kultur aus. Dabei ist es sicher übertrieben, dem spätantiken Imperium die alleinige Schuld an dieser Entwicklung anzulasten, aber der negative Trend ist nicht zu übersehen. Das läßt sich am deutlichsten an der Entwicklung der wichtigsten städtischen Institution, der *curia*, dem »städtischen Rat«, ablesen, aus dessen Reihen seit der Prinzipatszeit die städtische Amtshierarchie der Quaestoren, Aedilen, Praetoren sowie der *duumviri* besetzt wurde. Die *curiales* oder *decuriones* rekrutierten sich aus den wohlhabendsten Bürgern, der Sitz im Stadtrat war lebenslänglich; sie waren von den *munera sordita*, d. h. physischer Arbeitsleistung befreit, mußten allerdings in der Notzeit des 3. und 4. Jhs. an den Arbeiten zur Verteidigung mitwirken; von Leibesstrafen blieben sie verschont. Zu ihren Aufgaben gehörten nach dem Vorbild Roms die Verteilung der kommunalen Lasten und Leistungen (*munera*), die Ordnung und Sauberkeit der Stadt, die Sicherung der Lebensmittelversorgung und die Preisüberwachung, aber auch das Kult- und Bildungswesen sowie die Vergnügungszentren wie Theater und Arenen. Mit der Militarisierung der Reichsgewalt seit der Krise des 3. Jhs. wälzte der Staat in steigendem Maße finanzielle Lasten auf die Städte ab. Es war dies eine Entwicklung, die Kaiser Julian zwar während seiner Regierung teilweise rückgängig machte, die sich aber nach ihm noch verstärkte, so daß sich die Ehre, Curiale zu sein, zunehmend in eine schwere Belastung verwandelte. Besonders gravierend war die Haftung für das Steueraufkommen der Stadt, der die Curialen nur entrinnen konnten, wenn sie in die höheren Ränge des Reichsdienstes aufzusteigen vermochten, wo sie als Senatoren, viri clarissimi und illustrissimi zu einer steuerlich weitgehend exemten Oberschicht gehörten, in deren Hand Staatsverwaltung und Politik lag. Parallel dazu und kausal mit dieser personellen Ausblutung der Städte verbunden war die Flucht der Reichen auf ihre oft riesigen Latifundien, die sich zu Bezirken eigenen Rechts und zu Sonderverwaltungen mit eigenen Truppen (*bucellarii*), also zu Staaten im Staate, auswuchsen.[60] Dieses sogenannte »Patrozinienwesen« wirkte sich auch als wachsende Ausbeutung der Landbevölkerung, der *coloni*, aus, ein Zustand, den sowohl Bischof Johannes Chrysostomos (345/49–407), der Rhetor Libanios (314–393) als auch der Kirchenschriftsteller und Presbyter Salvian von Marseille († um 475) und später Papst Gregor der Große (ca. 540–604) in schärfsten Worten geißelten.[61] Die Versuche der Staatsgewalt, besonders Kaiser Valentinians I., die die Gesellschaft sprengende Kraft des Patrozinienwesens durch die Einrichtung des Amtes eines *defensor plebis* und entsprechende Gesetze zu bekämpfen, erwiesen sich als wenig wirksam.[62]

[60] MARTIN, Spätantike (wie II, 5a), 180ff. – Auch im Hinblick auf diese Zustände war es nicht verwunderlich, daß die öffentliche Macht und politische Bedeutung der in den Städten bleibenden Bischöfe anwuchs. Vgl. auch H.-J. HORSTKOTTE, Die Theorie vom spätrömischen »Zwangsstaat« und das Problem der »Steuerhaftung«, 1984, der an der Steuerhaftung der Kurialen zweifelt; F. VITTINGHOFF, Selbstverwaltung (wie Anm. 11), relativiert die kaiserlichen Zwangsmaßnahmen insofern, als er darin nur eine Weiterentwicklung der »Honoratiorenverwaltung« der Prinzipatszeit sieht. Zum Wandel der Herrschaftsstruktur insgesamt: J.-U. KRAUSE, Spätantike Patronatsformen im Westen des römischen Reiches, 1987; F. J. DÖLGER, Christliche Grundbesitzer und heidnische Landarbeiter, in: DERS., Antike und Christentum, Bd. 1–6, ^{2}1974ff., Bd. 6, 297–320; M. MAAS, Ethnicity, Orthodoxy, and Community in Salvian of Marseilles, in: Fifth-Century Gaul (wie Anm. 1), 275–284; vgl. generell: BLEICKEN, Verfassungs- und Sozialgeschichte (wie Anm. 1).

[61] DEMANDT, Spätantike (wie II, 5a), 331ff. und 405ff.; J. FISCHER, Die Völkerwanderung im Urteil der zeitgenössischen kirchlichen Schriftsteller Galliens unter Einbeziehung des heiligen Augustinus, 1948, bes. 169ff. und 255ff. – Textedition: Salvien de Marseille, Œuvres, Hg. G. LAGARRIGUE, Bd. 1–2, 1971, 1975. – Die scharfe kirchliche Kritik an der Haltung auch christlicher Patrone gegenüber ihren Abhängigen übersieht S. REBENICH, Wohltäter und Heilige, in: Epochenwandel? (wie § 1, Anm. 60), 27–34, hier 32. – Zur Mentalität christlicher Großgrundbesitzer und Patrone vgl. J. FONTAINE, Antike und christliche Werte in der Geistigkeit der Großgrundbesitzer des ausgehenden 4. Jahrhunderts im westlichen Römerreich, in: Askese und Mönchtum in der Alten Kirche, Hg. K. S. FRANK, 1975, 281–324.

[62] VITTINGHOFF, Selbstverwaltung (wie Anm. 11); MARTIN, Spätantike, 76f. und 94;

Man hat wohl zutreffend die Kombination politisch-fiskalisch motivierter Stadtflucht und Bedrückung der Landbevölkerung in den Latifundien als eine Mitursache für den Untergang des westlichen Imperiums bezeichnet. Inwiefern dies allerdings für die »Germania romana« gilt, muß dahingestellt bleiben, da es ja hier schon seit dem 3. Jh. als Folge der Germaneneinfälle zu einem Rückgang der ländlichen einheimischen, weitgehend schutzlosen Bevölkerung und gleichzeitig, wenn auch regional sehr unterschiedlich, zu einer Okkupation weiter Landstriche durch germanische Eroberer gekommen war. Der politische und soziale Gegensatz zwischen Stadt und Land hatte hier teilweise andere, nämlich auch ethnische, Ursachen als in den mediterranen Kerngebieten des Imperiums.[63]

Inseln der »Romania« bildeten nach wie vor besonders die Städte und ihr Umland, doch gab es im späteren deutschen Siedlungsgebiet eine größere Region, wo sich aufgrund einer herrschaftlichen Sondersituation die strukturelle und kulturelle Rückbildung und teilweise Rebarbarisierung noch nicht durchsetzen konnte, wo vielmehr nach der Reichskrise des 3. Jhs. eine geradezu hektische Blüte römischen Lebens neu einsetzte, die bis ins 5. Jh. währte: Es war dies die Formation des »Trierer« Kaisertums, das sich dann mit der konstantinischen Dynastie zu weltgeschichtlicher Bedeutung erheben konnte. Dabei darf nicht übersehen werden, daß Trier weniger in Parallele zu den militärisch geprägten Metropolen Ober- und Niedergermaniens, Mainz und Köln, zu sehen ist, sondern eher zu den zivilen Städten Lyon und Bordeaux. Alle drei waren im 3. Jh. die Verwaltungszentren der großen innergallischen Provinzen Gallia Belgica, Gallia Lugdunensis und Gallia Aquitania. Trier überragte also schon in dieser Epoche als Metropole alle anderen Städte am Rhein und wurde daher an der Wende vom 3. zum 4. Jh. nicht zufällig Kaiserresidenz. Politisch-strategische und wirtschaftliche Faktoren kamen hinzu, denn die Mo-

---

DEMANDT, Spätantike (beide wie II, 5a), 404; J. K. KNIGHT, The End of Antiquity. Archaeology, Society, Religion AD 235–700, 1999. Andererseits erkennt man im »Patrozinium« eine Vorwegnahme regional-grundherrschaftlicher Strukturen der frühmittelalterlichen Adelsgesellschaft. – Zur wachsenden Rolle des »magister militum« vgl. DEMANDT, Militäradel (wie § 4, Anm. 87).

[63] S. u. §§ 6 und 10. – Neuere Untersuchungen ergeben, daß der Anteil von Romanen in mittelrheinischen Gräberfeldern sehr groß sein konnte. Vgl. M. SCHULZE-DÖRRLAMM, Die spätrömischen und frühmittelalterlichen Gräberfelder von Gondorf, Gem. Kobern-Gondorf, Kr. Mayen-Koblenz, Bd. 1–2, 1990.

selstadt war schon unter Kaiser Maximian zwischen 286 und 293 dessen wichtigste Residenz gewesen und damit fester Standort kaiserlicher Elitetruppen geworden. Die tetrarchische Neuordnung des Reiches durch Kaiser Diokletian (284–305) war durch den zwangsläufigen Wandel der Reichsstruktur unter dem Eindruck schwerer Invasionen im Osten und Westen sowohl vorgegeben als auch dringend nötig. Das galt auch für Trier und die Region an der mittleren Mosel, die seither ins Zentrum des großen politischen Geschehens rückten.[64]

Die germanischen Völker, deren Angehörige inzwischen einen beträchtlichen Teil des mobilen römischen Heeres und dessen Offizierscorps stellten, waren ganz offensichtlich gut über die fast permanenten inneren Rivalitäten der Kaiser in West und Ost sowie über die Erfolge von Usurpatoren informiert, desgleichen über Truppenverschiebungen. Schon das gallische Sonderkaisertum (ca. 259–285) war in gewisser Weise ein Ergebnis der Dauerkonfrontation mit den Germanen gewesen. Diokletian erkannte dann aber, daß nur die Teilung kaiserlicher Gewalt in den bedrohten Regionen effektive Verteidigung ermöglichte, als er im Westen 286 seinen Mitstreiter Maximianus zuerst zum Caesar und dann zum Augustus erhob, der dann auch gleich von Trier aus 287/88 einen schweren fränkischen Angriff zurückschlug und einen Verwüstungsfeldzug ins Rechtsrheinische unternahm. Mit dessen Nachfolger in Trier, C. Flavius Valerius Constantius Chlorus (d. h. der »Bleiche«), verfestigte sich die Rolle Triers als Regierungssitz. Constantius, der schon unter Maximianus Caesar gewesen und mit der Verteidigung der Nordwestgrenze betraut war, warf am Niederrhein die Franken zurück und eroberte 289 in einer wohl mit Diokletian abgestimmten Zangenbewegung zeitweilig die damals erstmals erwähnte »Alamannia«. Nach dem Rücktritt der beiden Augusti Diokletian und Maximian im Jahr 305 folgten ihnen Constantius im Westen und Galerius im Osten. Beim Tode des ersteren wurde sein Sohn Konstantin am 25. Juli 306 vom Heer zum Augustus ausgerufen und konnte sich in einer Reihe von Feldzügen

[64] CHRIST, Kaiserzeit (wie Anm. 1), 702ff.; DEMANDT, Spätantike (wie II, 5a), 46ff. – Zu Gallien: DEMOUGEOT, La formation (wie § 1, Anm. 15); BRULET, La Gaule (wie Anm. 59); Zwischen Gallia und Germania, Frankreich und Deutschland, Hg. A. HEIT, 1987; W. KUHOFF, Diokletian und die Epoche der Tetrarchie, 2001. – Ein Indiz für die Bedeutung Triers sind auch die 232 Mosaiken, die in der Stadt und ihrem näheren Bereich gefunden wurden: HOFFMANN u. a., Katalog (wie Anm. 50).

gegen Maximian, dessen Sohn Maxentius und gegen Licinius zum neuen Alleinherrscher aufschwingen. Gleichzeitig warf er die wieder eingedrungenen Germanen zurück und ließ für seine Feldzüge rechts des Niederrheins die Brücke bei Köln und das rechtsrheinische Sicherungskastell Divitia (Deutz) erbauen.[65]

Bereits um 269 war die kaiserliche Münzstätte für vier Jahre von Mainz nach Trier verlegt worden. Seit 293, als Constantius Chlorus als Caesar residierte, wurden dort fortlaufend Münzen in Gold, Silber und Bronze geprägt. Unter seinem Sohn Konstantin kam es dann zur Restaurierung und zu Neubauten in der Stadt, die im 4. Jh. zur sechstgrößten Stadt des Imperiums avancierte und in deren weiteren Umland auch offene Siedlungen wie Ehrang überdauerten.[66] Konstantins großzügige Stadterneuerung und -erweiterung gilt vor allem für die Großbauten: etwa den Ruwertal-Aquädukt aus dem 2. Jh., der jetzt erneuert wurde. Älteren Datums waren die umfangreichen Thermen, das Forum, das Amphitheater (um 100) und der gleichzeitig erbaute Zirkus und ebenso die Stadtmauer mit ihren gewaltigen Torbauten, vor allem der Porta Nigra aus dem letzten Drittel des 2. Jahrhunderts. Die mächtigen Bauwerke seit Konstantin dem Großen veränderten das Stadtbild. Ganze Stadtviertel wurden niedergelegt, um auf einem Areal von 800 mal 350 m eine imperiale Residenz zu errichten, von der die Thermenanlage, die zwischen 305/11 erbaute Palastbasilika sowie Wohnpaläste nachweisbar bzw. erhalten sind. Die umfangreichen Speicherbauten für die Großstadt in Oeren (*ad horrea*) entstanden im 4. Jh.[67] Die ausgedehnten frühchristlichen Anlagen im Bereich

---

[65] Vgl. von Petrikovits, Altertum (wie Anm. 2), 178ff. – Zum materiellen Substrat (Beute) alamannischer Einfälle vgl. Die Alamannenbeute aus dem Rhein bei Neupotz. Plündergut aus dem römischen Gallien, Hg. E. Künzl, Bd. 1–2, 1993.

[66] Überblick bei Brühl, Palatium (wie Anm. 22), Bd. 2, 63–88; C. M. Ternes, Die römerzeitliche Civitas Treverorum im Bilde der Nachkriegsforschung, in: ANRW (wie II, 5a) II,4, 1975, 320–424; H. Bernhard, Die römische Geschichte in Rheinland-Pfalz, in: Die Römer in Rheinland-Pfalz (wie Anm. 2), 39–168, bes. 133ff. – Trier hatte ca. 285 ha ummauerte Fläche, Köln nur 97 ha. – Zur Münze: Heinen, Trier (wie II, 5b), 220. Zum Umland: Böhner, Altertümer (wie II, 5b), bes. 285–325.

[67] Trier, Augustusstadt (wie § 3, Anm. 24), 577–647; Die Römer in Rheinland-Pfalz (bester Überblick); Cüppers, Kaiserthermen (beide wie Anm. 2). – Die Barbara-Thermen scheinen durch die Germaneneinfälle des 3. Jhs. keine großen Schäden erlitten zu haben und wurden bis Ende des 4. Jhs. benutzt. Die Kaiserthermen entstanden im letzten Jahrzehnt des 3. Jhs. und dürften unter Kaiser Valentinian (364–375) zu kaiserlichen Wohnzwecken umgebaut worden sein; sie verfielen

des heutigen Doms, die man mit Kaiser Konstantin und seiner Mutter Helena in Verbindung bringt, passen nach Umfang und Ausstattung zum imperialen Charakter der Stadterneuerung, wie er sich auch in der Palastbasilika manifestiert. Der Dom wurde seit konstantinischer Zeit aus mehreren Bauten zu einer Doppelbasilika gestaltet. Auch die große Kirchenanlage von St. Maximin nördlich der Stadtmauer könnte auf Konstantin zurückgehen. Hingegen entstand der Kirchenbau von St. Paulin erst unter Bischof Felix (386–398/99). Die ersten Trierer Bischöfe Eucharius und Valerius gehören mit großer Wahrscheinlichkeit in die 2. Hälfte des 3. Jhs.; nach ihrer Translation um 454 ist ihr kontinuierlicher Kult in St. Eucharius-Matthias gesichert.[68]

Trier allein hat an Rhein und Donau eine ununterbrochene Bischofsliste. Nirgends manifestiert sich die Kontinuität von Kult und kirchlicher Bausubstanz reicher als in dieser Stadt; in gewissem Abstand folgt das römische Köln. In beiden Fällen war es der Impetus Kaiser Konstantins und seiner Nachfolger, der hier das überdauernde Gehäuse christlichen Lebens festigte. Auch die Bautätigkeit in Köln war mit der Eroberung durch die Franken 355 nicht erloschen. Das großzügig gebaute Prätorium wurde 392/94 erneuert, etwa zur selben Zeit entstand der monumentale Zentralbau der Märtyrerkirche »Ad sanctos aureos« (bei den goldenen Heiligen), wie sie Gregor von Tours nennt, heute St. Gereon.[69] Auf dem Areal einer kaiserzeitlichen Nekropole entstand im späten 4. oder frühen 5. Jh. durch Umgestaltung eines Vorgängerbaus eine Kirche, das frühmittelalterliche Stift

---

teilweise im 5. Jh.; ob der ehemalige Badeteil als Amtssitz eines frühmittelalterlichen *comes* genutzt wurde, ist fraglich, doch wurden die Ruinen später als Bischofsburg und als Teil der Stadtbefestigung genutzt. Führer zu vor- und frühgeschichtlichen Denkmälern (wie I, 5a), Bd. 32: Trier, Tl. 1–2, 1977; Trier – Kaiserresidenz (wie Anm. 18); zur vor- und frührömischen Zeit: Trier, Augustusstadt (wie § 3, Anm. 24); vgl. auch: Gallien in der Spätantike. Von Kaiser Constantin zu Frankenkönig Childerich [Katalog], Hg. RGZ, 1980. – K. P. GÖTHERT, Römerbauten in Trier, 2003.

68 Die Römer in Rheinland-Pfalz (wie Anm. 2), 633 ff. Zusammenfassend für Trier: H. HEINEN, Frühchristliches Trier. Von den Anfängen bis zur Völkerwanderung, 1996; A. NEYSES, Die Baugeschichte der ehemaligen Reichsabtei St. Maximin bei Trier, Bd. 1–2, 2001.

69 J. BRACKER, Das römische Köln. III. Politische und kulturelle Grundlagen für Kunst in Köln seit Postumus, in: ANRW (wie II, 5a) II,4, 1975, 763 ff.; Römer am Rhein [Katalog], [3]1967; Die Römer in Nordrhein-Westfalen (wie Anm. 2), 312 ff. und 459–516. Zu den Kirchen: H. BORGER, Die Abbilder des Himmels in Köln. Kölner Kirchbauten des Mittelalters, Bd. 1, 1979.

St. Severin. Dies und die Weiterbelegung des römerzeitlichen Friedhofs bis ins 8. Jh. sprechen für einen relativ bruchlosen Übergang in die Merowingerzeit.[70]

Unter den Kaisern Julian (355–363) und Valentinian I. (364–375) gelang es noch einmal, Franken und Alamannen in schweren Kämpfen zurückzuwerfen; letzterer konnte sogar seit 369 ein erneuertes, gestaffeltes Festungssystem aufbauen. Sein Sohn Gratian (375–383) war der letzte dauernd in Trier weilende Kaiser, Valentinian II. (375–392) residierte nur noch zeitweise dort, ab 391 aber in Mailand bzw. Vienne. Die neuerlichen germanischen Invasionen seit Beginn des 5. Jhs. setzten den Schlußpunkt; die Rückverlegung der gallischen Präfektur von der Moselstadt nach Arles zog die verwaltungstechnische Konsequenz aus dem allgemeinen Umbruch.

Die Datierung des Rückzugs der Trierer Verwaltungen nach Mailand bzw. Arles ist umstritten. Nimmt man innerrömische Auseinandersetzungen als Ursache an, dann dürfte er 394/95 erfolgt sein; waren jedoch – was wahrscheinlicher ist – die Barbareneinfälle von 406/07 das auslösende Moment, dann gehört die Rückverlegung zentraler Institutionen in den Beginn des 5. Jahrhunderts. Die römische Herrschaft war danach zwar nördlich der Alpen noch vorhanden und konnte sich sogar unter dem Heermeister Aëtius (429–454) noch einmal stabilisieren,[71] doch blieben große Regionen germanisch besetzt oder infiltriert, ganz gleich, ob die neuen Völker durch kriegerische Eroberung oder, einigermaßen integriert, aufgrund von Foederatenverträgen im Lande lebten und sogar zur Abwehr weiterer Germaneneinfälle eingesetzt werden konnten, wie dies bei den Franken der Fall war. Für die Zukunft sollte es sich als besonders wichtig erwei-

---

[70] Aufgrund der umfangreichen archäologischen Untersuchungen F. Fremersdorfs († 1983) jetzt B. PÄFFGEN, Die Ausgrabungen in St. Severin zu Köln, Bd. 1–3, 1992; J. G. DECKERS, St. Gereon in Köln. Ausgrabungen 1978/79, in: JAC 25, 1982, 102 ff.; G. WOLFF, Das römisch-germanische Köln, 1993; B. PÄFFGEN u. a., Die Römerstadt Köln zur Merowingerzeit, in: Die Franken. Wegbereiter Europas, Hg. A. WIECZOREK, Bd. 1–2 [Kataloghandbuch in 2 Teilen], 1996, Bd. 1, 145–159. – Vgl. auch W. SCHMITZ, Die spätantiken und frühmittelalterlichen Grabinschriften in Köln (4.–7. Jh. n. Chr.), in: Kölner Jahrbuch für Vor- und Frühgeschichte 28, 1995, 643–776.

[71] DEMANDT, Spätantike (wie II, 5a), 151 ff. und passim. Zur Kontroverse über den Rückzug der Verwaltung aus Trier vgl. KAISER, Das römische Erbe (wie II, 5a), 54; zu den verschiedenartigen Formen der fränkischen Landnahme in Gallien s. u. § 6, Anm. 5 ff.

sen, daß vor allem die fränkische Völkergruppe, weniger auch die Alamannen, genügend Zeit und Gelegenheit hatten, sich mit dem Erbe römischer Kultur und Verwaltungspraxis, so fragmentarisch es auch in weiten Gebieten damals schon gewesen sein mag, vertraut zu machen. Es fand, wenn auch regional sehr unterschiedlich, eine wechselseitige Annäherung, Symbiose und schließlich eine Integration statt, die zu einer neuen Kultur, nämlich der des Frühmittelalters führte. Der verschiedentlich verwendete Terminus »fränkische Reichskultur« dürfte aber zu hohe Erwartungen wecken. Es handelt sich im wesentlichen um Integrations- und Assimilationsphänomene von allerdings nachhaltiger Wirkung.

Wesentlich schwieriger als an Rhein und Mosel läßt sich ethnische und kulturelle Kontinuität zwischen Spätantike und Frühmittelalter an der Donau in Rätien und Noricum nachweisen.[72] Eine gleichsam »flächendeckende« Fortdauer provinzialrömischen Lebens ist ohnehin nicht anzunehmen; diese ist bestenfalls im Bereich spätrömischer Festungen gegeben. Vor allem gilt dies für Regensburg, aber auch etwa für Eining bei Kelheim und wohl auch für Alkofen und Steinkirchen, desgleichen für Neuburg an der Donau, Sorviodurum (Straubing), Quintana (Künzing), Batavis (Passau) und Boiotro (Passau-Innstadt), wobei die vier zuletzt genannten Plätze Neugründungen der spätrömischen Zeit waren. Bei den älteren, mittelkaiserzeitlichen Kastellen war es zumeist so, daß verkleinerte Besatzungen nur noch einen Teil des Festungsareals belegten, wodurch sich die auf dem Lande von den Germanen bedrohte Bevölkerung in freigewordenen Lagerräumen ansiedeln konnte. Man hat dafür den nur scheinbar widersprüchlichen Begriff der »gebrochenen Kontinuität« (V. Bierbrauer) geprägt. Ein Rückgang der Bevölkerung ist seit den Alamanneneinfällen des 3. Jhs. überall festzustellen; erst im 6./7. Jh. kommt es zu einer Umkehr der Entwicklung. Eine Fortdauer politischer Strukturen ist bis-

[72] Zum Forschungsstand: MENGHIN u. a., Frühgeschichte Bayerns (wie § 4, Anm. 80); KELLNER, Die Zeit; DERS., Die Römer in Bayern (beide wie Anm. 2); E. KELLER, Die spätrömischen Grabfunde in Südbayern, 1971; DERS., Das spätrömische Gräberfeld von Neuburg an der Donau, 1979; V. BIERBRAUER, Alamannische Besiedlung Augsburgs und seines näheren Umlandes, in: Geschichte der Stadt Augsburg (wie Anm. 31), 87–100; T. FISCHER, Zur Kontinuität von der Spätantike zum frühen Mittelalter im baierischen Donauraum, in: DERS., Das bajuwarische Reihengräberfeld von Straubing, 1993, 104–132.

lang an der Donau nicht erkennbar; dies dürfte jedoch im Salzburger Raum und in Binnennoricum der Fall gewesen sein. In den Grenzkastellen im Donaugebiet waren zumeist nicht mehr die Nachkommen der ursprünglichen keltoromanischen Bevölkerung, sondern romanisierte Germanen stationiert. Ebenso scheint es auch für den bayerischen Donauraum charakteristisch zu sein, daß seit der zweiten Hälfte des 4. Jhs. die Besiedlung des flachen Landes aufhört: ein Zustand, den für das ausgehende 5. Jh. die »Vita Severini« drastisch schildert. Feldbestellung ist meist nur noch in Nähe der Festungen unter militärischem Schutz möglich, desgleichen ist man auf Lebensmittelzufuhr auf der Donau angewiesen.[73]

Wichtiger Ort für die Kontinuitätsfrage an der Donau ist zweifellos die spätantike Festungsstadt Regensburg.[74] Das ursprüngliche Römerlager in Kumpfmühl, das unter Kaiser Trajan (98–117) entstanden war, wurde dann für die 3. Legion durch ein gewaltiges Castrum unter Kaiser Marc Aurel (166–180) ersetzt. Es ragt allein schon mit seiner Fläche von 24,6 ha unter allen anderen Befestigungen des Donaugebiets hervor, desgleichen durch seine repräsentative massive Bauweise. Einen schweren Bruch brachten die Alamanneneinfälle des 3. Jhs., aus denen eine räumlich und besatzungsmäßig reduzierte Festungsstadt Castra Regina hervorging, die ihrerseits durch den Juthungeneinfall von 357 stark geschädigt wurde. Der danach erfolgende Wiederaufbau führte zu einer weiteren Reduktion des bebauten Innenraums, wobei ein neues, elbgermanisches Bevölkerungselement auftaucht.

---

[73] BIERBRAUER, Alamannische Besiedlung (wie Anm. 72) (Zitat 88). E. KELLER, Germanische Truppenstationen an der Nordgrenze des spätrömischen Rätien, in: Archäologisches Korrespondenzblatt 7, 1977, 63–74; DERS., Germanenpolitik Roms (wie Anm. 3); Das Reich und die Barbaren (wie § 4, Anm. 68); J. ULRICH, Barbarische Gesellschaftsstruktur und römische Außenpolitik zu Beginn der Völkerwanderung, 1995. Einen instruktiven Überblick zur Kontinuitätsproblematik an der Donaugrenze bietet FISCHER, Kontinuität (wie Anm. 72). Zur Glaubwürdigkeit der in der »Vita Severini« geschilderten Zustände bzw. zu ihrer hagiologischen Stilisierung vgl. LOTTER, Severinus (wie II, 5b), hier bes. 156–177.

[74] DIETZ u. a., Regensburg zur Römerzeit (wie Anm. 32); T. FISCHER, Das Umland des römischen Regensburg, Bd. 1–2, 1990; vgl. dazu U. OSTERHAUS, Die Ausgrabungen bei St. Emmeram in Regensburg, in: Bayerische Vorgeschichtsblätter 58, 1993, 272–303, sowie posthum DERS., Die Ausgrabungen bei St. Emmeram in Regensburg, in: Berichte der Bayerischen Bodendenkmalpflege 34/35, 1995, 202–223; K. SCHWARZ, Das spätmerowingerzeitliche Grab des hl. Bischofs Erhard in Niedermünster zu Regensburg, in: Ausgrabungen in Deutschland (wie II, 5a), Bd. 2, 1975, 129–164.

Ob dieses aus Böhmen kam und für die Ethnogenese der Bajuwaren bedeutsam wurde, ist umstritten.[75] Bedeutsam bleibt aber für unseren Zusammenhang, daß es zu keinem plötzlichen Abbruch des römischen Fundgutes kam, daß also mit einem Nebeneinander, vielleicht sogar Miteinander von einheimischer Bevölkerung und Germanen zu rechnen ist.[76] Organisatorische Form dürfte es jedoch – wenn überhaupt – nur im kirchlichen Bereich angenommen haben. Man vermutet, daß es sich bei den Kastellbesatzungen um germanische Foederaten handelt, die bis spätestens 476 den Grenzschutz an der Donau wahrgenommen haben.[77] Für eine fortdauernde Besiedlung Regensburgs spricht überdies, daß ein umfangreiches römisches Gräberfeld mit großer Wahrscheinlichkeit kontinuierlich durch eine römische bzw. romanisierte Bevölkerung bis ins Frühmittelalter hinein belegt worden ist.[78]

Ähnlich verlief die Entwicklung in Straubing, dessen Kastell drei Gräberfelder sowie das nur drei Kilometer entfernte Gräberfeld Straubing-Bajuwarenstraße zugeordnet sind. Um 400 wurde es mit einer elbgermanischen, vielleicht aus Böhmen kommenden Besatzung belegt. Die dort anwesenden Foederaten dürften nach dem Ende der Römerherrschaft, d. h. nach 476, das Kastell verlassen und sich auf dem fruchtbaren Gäuboden angesiedelt haben. Auch das in der »Vita Severini« erwähnte Quintana (Künzing) läßt einen kontinuierlichen Übergang der Siedlung von römischer in bajuwarische Zeit erkennen.[79] Unklar ist die Situation in Batavis (Passau) und Boiotro (Pas-

[75] S. u. § 10 mit Anm. 34.

[76] FISCHER, Kontinuität (wie Anm. 72), 116f. – Einen kontinuierlichen Anschluß »baiuwarischer« Gräber des 7. Jhs. an spätantike Gräber des 4. und 5. Jhs. in Lauriacum nimmt an: A. KLOIBER, Die Gräberfelder von Lauriacum. Das Ziegelfeld, 1957, bes. 178–181.

[77] H. W. BÖHME, Zur Bedeutung des spätrömischen Militärdienstes für die Stammesbildung der Bajuwaren, in: Die Bajuwaren (wie § 2, Anm. 18), 23–45, hier 32f.

[78] U. KOCH, Die Grabfunde der Merowingerzeit aus dem Donautal um Regensburg, 1968, Textband, bes. 204–207; VON SCHNURBEIN, Gräberfeld von Regensburg (wie Anm. 32), Bd. 1, 125 und passim.

[79] Eugippius, Das Leben des Heiligen Severin (wie II, 4b); Beiträge zur Topographie und Geschichte niederbayerischer Römerorte, Hg. R. CHRISTLEIN, 1976, hier 37ff.; T. FISCHER, Spätrömische Siedlungsfunde aus Künzing/Quintanis, in: Bayerische Vorgeschichtsblätter 54, 1989, 153ff. Zweifel an der Einwanderung von Germanen aus Böhmen meldet KELLER, Germanenpolitik Roms (wie Anm. 3), an.

sau-Innstadt).[80] In Batavis, der Passauer Altstadt, gehen bislang die Funde in spätantik-romanischer Tradition nicht über das 5. Jh. hinaus, doch deuten Funde aus einem Körpergräberfeld im Domhof auf eine kontinuierliche Belegung von der Spätantike bis ins Frühmittelalter; auch die Fortdauer des Siedlungsnamens würde für Kontinuität sprechen. In Boiotro entstand am Ende des 3. Jhs., nach den Alamanneneinfällen, ein trapezförmiges Kastell mit mehrgeschossigen Arkadenreihen, in das wahrscheinlich das in der »Vita Severini« erwähnte Kloster eingebaut wurde. Da im weiteren Umfeld nirgendwo Siedlungsunterbrechung festzustellen ist, wird man auch hier eine »gebrochene Kontinuität« annehmen dürfen. Wie sich allerdings die Dinge nach der Brandkatastrophe am Ende des 5. Jhs., von der auch die 150 m entfernte Johanneskirche – der Standort der heutigen Severinskirche – betroffen war, konkret weiterentwickelten, muß vorläufig offen bleiben. Allgemein ergibt sich als Gesamtsituation an der Donau, daß nach dem Zusammenbruch des weströmischen Reiches ein »Macht- und Bevölkerungsvakuum« entstand, das nach der Mitte des 5. Jhs. von alamannischen und thüringischen Volksteilen zumindest teilweise aufgefüllt wurde. Sie waren die vermutlich wichtigsten Komponenten bei der Ethnogenese der Bajuwaren.

Für die wichtige Frage der kulturellen Kontinuität zwischen Spätantike und Mittelalter stellt sich insgesamt im Bereich der »Germania romana« als neuer Aspekt die Frage, in welcher Weise die materiellen Relikte der Antike, Verwaltungsgebäude, Tempel, Bäder, Villen, Thermen, Aquädukte und Befestigungsanlagen, fortbestanden. Wie wurden sie weiterverwendet, umfunktioniert oder lediglich als »Steinbrüche« für den mittelalterlichen Städtebau benutzt? Gleichzeitig geht es um das mentalitätsgeschichtliche Problem, in welchen neuen, nämlich christlichen Verständnismustern waren diese Überreste im Bewußtsein des Mittelalters, d. h. in dessen schriftlichen Quellen vorhanden? Bei allem Erstaunen über die hohe Qualität der Relikte: des Baumaterials, der Kunstwerke, Münzen, Gebrauchsgegenstände und Gläser, die immer wieder zutage kamen, festigte sich doch seit dem 7./8. und 9. Jh. das Bewußtsein, daß die Römerzeit eine abgeschlossene, ferne Epoche war. Aus Tempeln wurden Kirchen; Klöster wie

---

[80] R. CHRISTLEIN, Das spätrömische Kastell Boiotro zu Passau-Innstadt, in: Von der Spätantike (wie II, 5c), 91–123; T. FISCHER, Passau im 5. Jahrhundert, in: Anzeiger des Germanischen Nationalmuseums Nürnberg 1987, 89–104.

Luxeuil oder St. Irmina in Trier/Oeren richteten sich in ruinösen antiken Baukomplexen ein, Wasserleitungen wurden restauriert oder als wertvolles Baumaterial anderweitig verwendet und sogar über weite Strecken exportiert. Insgesamt gab es bis ins Hochmittelalter eine bemerkenswert differenzierte Wahrnehmung der teilweise monumentalen Baureste, die im Frankenreich sogar einen kirchenpolitischen Aspekt haben konnte, nämlich bei den heftigen Auseinandersetzungen mächtiger Bischofskirchen um eine primatiale Stellung innerhalb der Kirchenorganisation. Der Hinweis auf die römische Vergangenheit von Bischofsstädten wurde in Trier, Reims und Mainz zum wichtigen Argument für die Anciennität und damit für die Vorrangstellung einer Kathedralkirche. Seit dem 12. und besonders im 13. Jh. trat mit dem Ausbau großer mittelalterlicher Städte ein starker Substanzverlust bei römerzeitlichen Überresten ein; man hat in diesem Zusammenhang sogar von einer Überw indung der Antike durch die Gotik gesprochen.[81]

B. Das Merowingerreich (511–714)

§ 6 Vorgeschichte und Reichsgründung

a) Die Ausgangslage

Das fränkische Großreich darf als die historisch wichtigste europäische Reichsbildung seit dem Ende der Antike gelten. Sie war das Ergebnis eines Bündnisses und bald auch der Verschmelzung des fränkischen Stammesbundes und seiner Führungsschicht mit der gallorömischen Aristokratie. Ungeachtet der schrittweisen militärischen Eroberung Galliens durch die Franken wurde diese alte aristokratische Oberschicht, die als Latifundienbesitzer, Bischöfe und Stadtherren mächtig und einflußreich blieb, bald eine feste Stütze der fränkischen Monarchie. Letztere wiederum war das Ergebnis einer längeren Entwicklung, die unter den Königen Childerich († 481/82) und Chlodwig I. († 511) zum »fränkischen Reichsvolk« führte. Erstmalig tauchen die Salier (Salfranken) als Kerngruppe der Franken 358 in rö-

[81] Grundlegend: CLEMENS, Tempore Romanorum constructa (wie § 2, Anm. 20).

mischen Quellen auf. Der Historiker Ammianus Marcellinus berichtet vom Kampf Kaiser Julians (331–363) gegen die fränkischen Invasoren folgendes: »Nach diesen Vorbereitungen [Julians] wandte er sich zunächst gegen die Franken, die man gewöhnlich als Salier bezeichnet; sie hatten sich vor längerer Zeit erfrecht, auf römischem Boden in Toxandrien ihre Wohnsitze einzurichten.« Julian besiegte sie mit einer Kriegslist, gestattete ihnen aber die Ansiedlung auf Reichsboden mit der Pflicht der Grenzverteidigung, drehte sie also militärpolitisch um.

Die Heimat der salischen Franken lag wohl zwischen Deventer und Kampen-Zwolle; ob in diesem westgermanischen Volk auch Nordgermanen aufgegangen sind, ist umstritten. Einen Hinweis auf nordgermanische Wurzeln des salischen Königsgeschlechts der Merowinger hat man in der Überlieferung sehen wollen, daß diese Herrschersippe ihre Herkunft nicht vom Gott Wotan herleitete, sondern von einem Meergott in Stiergestalt. Zwischen dem 4. und 5. Jh. vollzog sich offenbar eine Konzentration der germanischen Völkerschaften zwischen Wiehengebirge und Teutoburger Wald, die wahrscheinlich mit der fast permanenten Auseinandersetzung mit dem Imperium Romanum zusammenhängt. Das Fortbestehen älterer Stammesnamen im fränkischen Bereich läßt aber darauf schließen, daß die Franken kein fest organisierter, quasi homogener Stammesverband waren, sondern eher ein »Stammesschwarm« oder »Stammesbund«.[1] Für die

[1] Die zuverlässige Erstnennung des fränkischen Großstammes bei Ammianus Marcellinus (wie § 4, Anm. 77), lib. XVII, 8, 230. Zum mythischen Ursprung der salischen Merowinger: Fredegarii et aliorum Chronica (wie II, 4a), 94f. (MGH SRM 2); dazu ZÖLLNER, Geschichte (wie II, 5a), 37f.; AMENT, Archäologie (wie II, 5a), jeweiliger Jahrgang; Die Germanen (wie II, 5b), hier bes. Bd. 2, 379–442; BÖHME, Grabfunde. Zum ethnosoziologischen Stammesbegriff grundlegend: WENSKUS, Stammesbildung (beide wie II, 5a); H. BECK u. a., Art. »Franken«, in: RGA 9, 1995, 373–461; J. M. WALLACE-HADRILL, Early Medieval History, 1975; PÉRIN u. a., Les Francs; SCHNEIDER, Frankenreich (beide wie II, 5a); E. JAMES, The Franks, 1988; F. BEISEL, Studien zu den fränkisch-römischen Beziehungen, 1987. – Neue Erkenntnisse zur Frankenforschung in: Beiträge zur Geschichte des Regnum Francorum, Hg. R. SCHIEFFER, 1990 (Kolloquium zum 75. Geburtstag von E. Ewig); R. SCHIEFFER, Die Karolinger, 1992; GEARY, Die Merowinger; I. N. WOOD, Merovingian Gaul (beide wie § 1, Anm. 42); DERS., Merovingian Kingdoms (wie II, 5a); S. LEBECQ, Les origines franques Ve-IXe siècle, 1990; Y. HEN, Culture and religion in Merovingian Gaul, A. D. 481–751, 1995. – Neue Gesamtdarstellungen der merowingischen Geschichte bieten WERNER, Ursprünge, bes. 269–384; EWIG, Merowinger; KAISER, Das römische Erbe (alle wie II, 5a). Vgl.

Ereignisse des 3. Jhs. fassen römische Autoren des späten 4. Jhs. die zahlreichen Völkerschaften am niedergermanischen Limes, die Chamaven, Brukterer, Chattuarier und Amsivarier, unter dem Frankennamen zusammen, der entweder die »Freien« oder nach neuerer Meinung die »Kühnen«, »Mutigen« bedeutet. Nach der Reichsgründung dürfte sich dann die Gleichsetzung Franke mit Freier in den Vordergrund geschoben haben. Wann und in welcher Weise die einzelnen »Stammesschwärme« zu einem Großstamm der Franken verschmolzen, ist schwer festzustellen. Es muß jedenfalls ein längerer Prozeß gewesen sein, der im 4. Jh. abgeschlossen war.

Das gilt wie für die Franken so auch für die Alamannen.[2] Schon im 3. Jh. überschritten nicht näher bezeichnete germanische Verbände die Limesgrenzen; sie sind um 275 an der Maas bezeugt, erobern erstmalig die Kaiserresidenz Trier und bedrohen mit ihren Schiffen die nordgallische wie die britische Küste. Der Caesar Constantius Chlorus, Vater Konstantins des Großen, siedelte um 294/95 besiegte Germanen in Nordgallien an. Unter Konstantin dem Großen festigt sich die römische Reichsverteidigung gegen die germanischen Invasionen, doch ging die militärische Grenzverteidigung Hand in Hand mit der Ansiedlung fränkischer Verbände auf Reichsboden. Unter dem Caesar Julian werden zwar 358 die in den Kölner Raum eingedrungenen fränkischen Salier geschlagen, aber als *dediticii*, d. h. als zwangsweise Reichsuntertanen, in Toxandrien zwischen Maas und Schelde angesiedelt. In einer gleitenden, nach Region und Umständen sehr unterschiedlichen Entwicklung gelangt die germanische Bevölkerung mehr und mehr in den Status von »Foederati«, gewinnt also einerseits aufgrund von Bündnisverträgen mit den Trierer Caesaren größere Eigenständigkeit, wächst aber auch andererseits in die Aufgaben der Reichsverteidigung hinein. Damit tauchen germanische

---

auch GOFFART, Rome's Fall (wie § 1, Anm. 15). Immer noch unentbehrlich: LEVISON, Frühzeit (wie II, 5b). Eine gute Zusammenfassung: Die Franken (wie § 5, Anm. 70), Bd. 1–2. Vgl. ferner C. STRAHM, Art. »Gallien (Frankreich)«, in: RGA 10, 1998, 345–402, bes. 374–402.

[2] ZÖLLNER, Geschichte (wie II, 5a), 1. – Einen guten Überblick über die Probleme der älteren Franken-Forschung bieten: Siedlung (wie II, 5c) und zuletzt: Die Franken (wie § 5, Anm. 70), Bd. 1, darin bes. die Beiträge von H. AMENT, S. REICHMANN, P. PÉRIN und H. W. BÖHME. Zur merowingischen Königsfamilie: WALLACE-HADRILL, Kings (wie II, 5a). – Zur Landesbezeichnung: M. LUGGE, »Gallia« und »Francia« im Mittelalter, 1960.

Heerführer immer häufiger in dem von Kaiser Konstantin geschaffenen mobilen gallischen Feldheer (exercitus Gallicanus) auf. Sowohl am Trierer wie am Mailänder Hof Konstantins II. gibt es seit etwa 350 höchste germanische Truppenführer, im letzten Drittel des 4. Jhs. allein vier fränkische Heermeister (*magistri militum*); drei von ihnen erlangen sogar das Konsulat. Fränkische Verbände kämpften dann 406/07 gegen Wandalen, Alanen und Sueben, als diese den Rhein überschritten; dadurch blieb die Germania secunda, der Kölner Raum, von den Invasoren verschont. Zweifellos war der Beginn des 5. Jhs. ein entscheidender Wendepunkt der Entwicklung, denn damals wurde nach dem Kaiserhof, der schon nach Mailand und Ravenna verlegt war, auch die Zentralverwaltung Galliens, die »praefectura Galliarum«, von Trier nach Arles zurückgenommen. Bald danach plünderten Franken 413 die Kaiserstadt Trier, und nach dem Tode des Kaisers Honorius 423 nahmen sie den Kölner Raum in Besitz.[3] Zwar gelang es dem großen römischen Heermeister Aëtius 428, sie noch einmal über den Rhein zurückzuwerfen, aber auch er ließ es bei diesem militärischen Erfolg bewenden und gestattete ihnen die dauerhafte Ansiedlung links des Rheins. Neuere archäologische Untersuchungen haben erwiesen, daß auch nach 406 römische Kastelle am Rhein zumindest noch teilweise in Funktion waren oder erneuert wurden. Aëtius war es dann auch, der die salischen Franken, die 440 unter ihrem König Chlodio/Chlojo über den »Kohlenwald«, die »Carbonaria«, nach Arras und Cambrai vorstießen, besiegte, ihnen aber ebenfalls das Gebiet um Tournai südlich des »Kohlenwaldes« als Foederaten überließ. Die Siedlungs- und Gewässernamen der breiten

[3] Von einem radikalen Bruch im Jahr 406 ging aus: H. NESSELHAUF, Die spätrömische Verwaltung der gallisch-germanischen Länder, 1938; anders: E. M. WIGHTMAN, Roman Trier and the Treveri, 1970; DIES., Gallia Belgica (wie § 2, Anm. 12); J. DRINKWATER, Roman Gaul, London 1983; HEINEN, Trier; ANTON, Trier. – Zur Siedlungsgeschichte des Trierer Landes: BÖHNER, Altertümer (alle wie II, 5b), und – bes. für den Saar-Maas-Moselraum – STEIN, Bevölkerung (wie § 2, Anm. 12); A. WIECZOREK, Die Ausbreitung der fränkischen Herrschaft in den Rheinlanden vor und seit Chlodwig I., in: Die Franken (wie § 5, Anm. 70), Bd. 1, 241–260. – Zum Aufstieg von Germanen im römischen Heeresdienst bzw. von Barbaren als Verwandte der Kaiser: M. WAAS, Germanen im römischen Dienst im 4. Jahrhundert nach Christus, [2]1971; D. CLAUDE, Zur Begründung familiärer Beziehungen zwischen dem Kaiser und barbarischen Herrschern, in: Das Reich und die Barbaren (wie § 4, Anm. 68), 25–56; S. KRAUTSCHICK, Die Familie der Könige in Spätantike und Frühmittelalter, in: ebd., 109–142; A. DEMANDT, The Osmosis of Late Roman and Germanic Aristocracies, in: ebd., 75–86.

romanisch-germanischen Mischzone zwischen Rhein, Schelde und Maas beweisen – ebenso wie archäologische Befunde – die Fortdauer der gallorömischen Bevölkerung; deren Quantität ist aber regional sehr unterschiedlich.[4]

Die Ermordung des erfolgreichen Heermeisters Aëtius (454) und Kaiser Valentinians III. (455) gab das Signal für den großen Aufbruch aller Franken nach Westen bzw. Südwesten. Die Einzelheiten dieser militärischen Expansion der bislang, wie angedeutet, als Foederaten »domestizierten« Franken bleiben unklar, doch scheint festzustehen, daß eine Gruppe vom Mittel- und Oberrhein seit dem Ende der fünfziger Jahre Mainz eroberte und Trier belagerte, während gleichzeitig am Niederrhein Köln endgültig in fränkische Hand fiel. In den sechziger und siebziger Jahren des 5. Jhs. erlebte Trier, nach mehrfachen Eroberungen und Plünderungen, unter der Familie des fränkischen *comes* Arbogast eine Epoche der relativen Ruhe und Erholung. Arbogasts gleichnamiger Verwandter war ein berühmter römischer Heermeister gewesen, beide scheinen von Trier aus in kaiserlichem Auftrag amtiert zu haben. Bei dem anzunehmenden Ausfall einer effizienten imperialen Zentralgewalt kann es aber auch eine eher usurpierte Regionalherrschaft gewesen sein.[5]

Man hat die beim Kosmographen von Ravenna (8. Jh.) genannte »Francia Rinensis« mit dem Reich der Kölner Franken identifiziert, das sich in den achtziger Jahren an die Mosel bis Trier und Toul erweiterte. Insgesamt bewirkte die fränkische Landnahme in Gallien jedoch eine Auflösung der alten Stammesstrukturen zugunsten regionaler Verbände oder Kleinkönigreiche, die sich oft an ältere gallorömische Civitates anschlossen, so etwa in Cambrai und Tournai. Die

---

[4] Gallien in der Spätantike (wie § 5, Anm. 67); Spätantike und frühes Christentum [Katalog], Hg. H. BECK u. a., 1983; Von der Spätantike (wie II, 5c); T. BECHERT, Römisches Germanien zwischen Rhein und Maas, 1982. – Grundlegend: Zwischen den Sprachen, Hg. W. HAUBRICHS u. a., 1983 (bes. die Beiträge von H. DRAYE, M. GYSSELING, W. KLEIBER, M. PFISTER und S. SONDEREGGER); Grenzen und Grenzregionen (wie § 2, Anm. 12); KLEIBER u. a., Kontinuität (wie § 1, Anm. 24), sowie M. BUCHMÜLLER u. a., Namenkontinuität im frühen Mittelalter, in: ZGS 34/35, 1986/87, 24–163. – Zur Aussagekraft vorgermanischer Ortsnamen für gallorömische Bevölkerungskontinuität methodisch wegweisend: BUCHMÜLLER-PFAFF, Siedlungsnamen, bes. 743ff. – Zur Siedlungsgeschichte zuletzt: L'habitat rural (beide wie § 2, Anm. 12).

[5] EWIG, Trier, 56ff.; ANTON, Trier (beide wie II, 5b), 50ff.; WAAS, Germanen (wie Anm. 3), und unten § 20, Anm. 5.

alten fränkischen Stammesnamen hingegen verflüchtigten sich, das Königreich um Köln dürfte sich auf Kosten kleinräumiger Herrschaften erweitert haben. In dieser Epoche treten mit König Childerich (ca. 460–481/82) die Salfranken entschieden in den Vordergrund: zuerst als Bundesgenossen des Heermeisters Aegidius in dessen Krieg gegen die Westgoten. Vermutlich war Childerich damals römischer General. Doch scheint es in den 70er Jahren bereits zu Konflikten mit Aegidius gekommen zu sein, der nach dem Bericht Gregors von Tours Childerich zeitweise als *rex* abgesetzt haben soll und selbst für einige Zeit als Römer von einem Teil der Salfranken zu ihrem König gekürt wurde.[6]

Mag auch die Interpretation der Reste des Childerichgrabes in mancher Hinsicht umstritten sein – es geht vor allem darum, ob bei dieser Bestattung auch ein Frauengrab sowie Pferdegräber inbegriffen waren –, an der politischen Bedeutung von Chlodwigs Vater ist nicht zu zweifeln: Er war in jedem Fall mehr als ein »Zaunkönig« (roitelet) von Tournai. Wie stark die spätere Königssippe der salischen Merowinger aber bereits in die gallorömischen Verhältnisse der Endphase des Imperiums integriert war, geht schon daraus hervor, daß der charakteristische Namensbestandteil *– mero –* als Bestimmungs- wie auch als Grundwort in den Namen fränkischer Regionalkönige wie hoher römischer Truppenführer auftaucht. Hingegen ist die Feststellung bei Gregor von Tours, daß alle Frankenkönige zur Merowingersippe gehörten, entweder nur ein späteres Konstrukt zur Erhöhung der

---

[6] Gregor von Tours, Historia Francorum (wie II, 4a), II, c. 12, 61 f. Das Grab Childerichs in Tournai und dessen Beigaben zeigen zur Genüge, wie stark sich bereits im 5. Jh. gallorömische und fränkisch-germanische Kulturtraditionen verbunden hatten. Zur Kontroverse: K. BÖHNER, Art. »Childerich von Tournai«, in: RGA 4, 1981, 440–460; anders: J. WERNER, Art. »Childerichgrab«, in: LexMA 2, 1817-1820; F. DUMAS, Le tombe de Childéric, père de Clovis, 1982. – Zur Chronologie und Archäologie der Merowingerzeit, die sich durch den Fund des Arnegundis-Grabs grundlegend geändert hat, vgl. allgemein: P. PÉRIN u. a., La datation des tombes mérovingiennes, 1980, und bes. A. FRANCE-LANORD u. a., Das Grab der Arnegunde in Saint-Denis, in: Germania 40, 1962, 341–359, hier 341 ff. Durch das genau datierbare Arnegunde-Grab konnte J. WERNERS hartnäckig aufrechterhaltene fehlerhafte Chronologie der merowingischen Funde endgültig widerlegt werden: J. WERNER, Münzdatierte austrasische Grabfunde, 1935. – Vgl. ferner: Les fouilles du quartier Saint Brice à Tournai, Hg. R. BRULET, Bd. 1–2, 1990, 1991. – Zur Wahl des Aegidius zum Frankenkönig: J. JARNUT, Gregor von Tours, Frankengeschichte II, 12: Franci Egidium sibi regem adsciscunt, in: Ethnogenese und Überlieferung, Hg. K. BRUNNER u. a., 1994, 129–134.

Königsfamilie, oder es handelt sich um Verschwägerungen der Könige, also um eine kognatische Verbindung. Was Ausmaß und Struktur der fränkischen Siedlung in Gallien anbetrifft, so hat eine großflächige Auswertung des archäologischen Materials der älteren Vorstellung von einem tiefgestaffelten, gleichsam »auf breiter Front« sich vollziehenden Vorgang der »Landnahme« weitgehend den Boden entzogen. Statt dessen ist mit einem Einsickern von Germanen seit der Mitte des 4. Jhs. und besonders im 5. Jh. zu rechnen, wobei je nach dem Zustand der spätrömischen Verwaltung und Verteidigung sowie nach der Lage der jeweiligen Region diese germanischen Gruppen als freie Verbände, Abhängige, Unterworfene oder als Foederaten anzusehen sind. Aufgrund genauerer archäologischer Untersuchungen muß man auch von der traditionellen Vorstellung Abschied nehmen, »die Franken« wären als bereits gefestigte ethnische Einheit ins Linksrheinische vorgestoßen. Die im 4./5. Jh. eindringenden oder einsickernden Germanen waren sehr verschiedener ethnischer Herkunft, also nur in sehr bedingtem Sinne schon »Franken«. Vielmehr hat sich die fränkische Ethnogenese erst auf römischem Reichsboden vollzogen, wobei die prägende Kraft des Dienstes im spätrömischen Heerwesen eine wichtige Rolle spielte. Erst jetzt entstanden die Regionalherrschaften der »Salfranken« und »Rheinfranken«.

Insgesamt lassen sich zwei Etappen der fränkischen Okkupation Galliens archäologisch feststellen: Ab Mitte des 5. Jhs. das Vordringen Childerichs († 482) bis zur Somme; sein reich ausgestattetes Grab wurde 1653 in Tournai gefunden. Unter seinem Sohn Chlodwig I. erfolgte dann der Vorstoß ins Pariser Becken. Die »fränkische Landnahme« führte, wie immer man ihre Intensität westlich des Rheins beurteilen mag, im Endergebnis zu einer ethnisch-kulturellen Zweigliederung des Merowingerreiches zwischen dem 5. und 7. Jahrhundert. Im westlichen Bereich mit seiner räumlich geschlossenen und zahlenmäßig wesentlich stärkeren galloromanischen Bevölkerung behauptete sich das »romanische Kulturmodell«, d. h. es kam zu einer Romanisierung der Franken, die sich u. a. im Abbrechen der Beigabensitte in den Gräberfeldern und in der Nicht-Adaption der germanischen Tierstile I und II manifestierte. Um 600 ist der Raum zwischen Seine, Marne und Maas frei von Waffenbeigaben, die im östlichen Frankenreich beiderseits des Rheins wie auch an Elbe und Donau noch bis ins 8. Jh. zur Grabausstattung gehörten. An Mosel,

Rhein und Donau sind die vorhandenen Inseln der Romania schrittweise frankisiert bzw. alamannisiert oder bajuwarisiert worden. Parallel dazu kam es zu einer Abwanderung von Romanen nach Westen und Süden; die verbleibende romanische Bevölkerung geriet in eine Isolierung und verlor dabei zweifellos an zivilisatorischem Niveau. Dies galt selbst für intensiv romanisierte Räume wie das Trierer Land, doch vollzog sich dort aus diesem Grunde der Entromanisierungsprozeß wesentlich langsamer und endete teilweise erst im Hochmittelalter.[7]

b) Chlodwig I. († 511)

Die Einbindung der salfränkischen Herrschaft in die Restbestände der sich seit 454/55 rapide auflösenden römischen Reichsverwaltung läßt sich noch deutlicher am Werdegang Chlodwigs ablesen, der 482 seinem Vater Childerich als König folgte.[8] Während nämlich Gregors Frankengeschichte eher den gentilen, d. h. fränkischen Aspekt der Herrschaftsübernahme anklingen läßt, tritt uns in einem Glück-

---

[7] Zusammenfassung des älteren Diskussionsstandes mit weiterführenden Aspekten: Siedlung (wie II, 5c); BÖHME, Grabfunde (wie II, 5a); zum Fortgang der Diskussion vgl. STEIN, Bevölkerung (wie § 2, Anm. 12); zum quasi »bipolaren« Ergebnis des galloromanisch-fränkischen Akkulturationsprozesses: V. BIERBRAUER, Romanen im fränkischen Siedelgebiet, in: Die Franken (wie § 5, Anm. 70), Bd. 1, 110–120. – Zur Situation in den Städten: H. AMENT, Die Franken in den Römerstädten der Rheinzone, in: ebd., 129–137, und H.-P. KUHNEN, Zwischen Reichs- und Stadtgeschichte – Trier in Spätantike und Frühmittelalter, in: ebd., 138–144; PÄFFGEN u. a., Römerstadt. Zur fränkischen Ethnogenese: H. W. BÖHME, Söldner und Siedler im spätantiken Nordgallien, in: Die Franken (beide wie § 5, Anm. 70), Bd. 1, 91–101; AMENT, Franken und Romanen (wie § 1, Anm. 13); übertrieben skeptisch W. JANSSEN, Bemerkungen zur neueren archäologischen Merowingerforschung in Frankreich, in: Francia 12, 1984, 511–533. Schriftliche und archäologische Quellen faßt zusammen: WEIDEMANN, Kulturgeschichte (wie II, 5a). Teilweise kontrovers: P. PÉRIN, À-propos des publications récentes concernant le peuplement en Gaule à l'époque mérovingienne, in: ArchM 11, 1981, 125–145.

[8] ZÖLLNER, Geschichte (wie II, 5a), 44–73; E. EWIG, Art. »Chlodwig I.«, in: LexMA 2, 1863–1868; A. LIPPOLD, Art. »Chlodovechus«, in: RE Suppl.bd. 13, 1973, 139–174; TESSIER, Le baptême (wie II, 5a); W. VON DEN STEINEN, Chlodwigs Übergang zum Christentum, 1932; davon abweichend: WEISS, Chlodwigs Taufe (wie II, 5a); K. SCHÄFERDIEK, Ein neues Bild der Geschichte Chlodwigs, in: ZKG 84, 1973, 270–277; DERS., »Germanenmission« (wie § 4, Anm. 43), bes. 536ff.; P. PÉRIN, Clovis et la naissance de la France, 1990; M. ROUCHE, Clovis, 1996; letzte große Zusammenfassung der Forschung: Clovis. Histoire et mémoire, Hg. DERS., Bd. 1–2, 1997; L. THEIS, Clovis. De l'histoire au mythe, 1996.

wunschbrief des Bischofs Remigius von Reims, den er wohl 481/82 anläßlich des Regierungsantritts Chlodwigs schrieb, die römische Komponente seines Königtums entgegen. Der junge Herrscher wird hier nämlich nicht als Nachfolger seines Vaters Childerich, des Regionalkönigs von Tournai, angesprochen, sondern als Inhaber eines römischen Amtes, der »administratio« der »provincia Belgica secunda« mit der Hauptstadt Reims. Damit steht Chlodwig durchaus in der Tradition der germanischen »Generäle« mit Merowingernamen, die vor ihm in Heer und Staatsverwaltung tätig waren, wenn sich auch am Ende des 5. Jhs. die letztere als flächendeckende römische Herrschaftsstruktur schon in voller Auflösung befand. Es blieben gleichsam nur noch feste Inseln im reißenden Strom des allgemeinen Wandels, und im Machtbereich der Franken war es vor allem das römische Restgebiet des Syagrius um Soissons, dem Chlodwig schon 486/87 ein Ende bereitete. Doch wäre es falsch, diese Konflikte rein ethnisch zu deuten, nämlich als Kampf zwischen Gallorömern und Franken, denn die Angehörigen des einflußreichen Familienclans der Syagrii und Aegidii besetzten nicht nur viele gallische Bischofsstühle, sondern hatten später auch höchste Ämter am merowingischen Königshof inne.[9]

Die römische und daher quasi legale Komponente von Chlodwigs Königtum war neben seiner faktischen Herrschaft über Romanen und seinem militärischen Potential ein wichtiges Sprungbrett in dem nun folgenden Machtkampf. Der Frankenkönig muß sich dieser römischen Legitimation als regionaler Amtsinhaber wohl immer bewußt gewesen sein; dies legt auch die berühmte Szene nahe, die Gregor von Tours aus lokaler Tradition schildert. Nach seinem Sieg über die Westgoten 507 nach Tours zurückgekehrt, »... erhielt er vom Kaiser Anastasius ein Patent als Konsul ... von diesem Tage an wurde er Konsul oder Augustus genannt«.[10] Es handelte sich somit um ein von Byzanz wohl oder übel legitimiertes Vizekönigtum Chlodwigs in Gallien. Dessen Anerkennung wurde allerdings durch die etwa zehn Jahre zuvor (498) erfolgte katholische Taufe des Herrschers durch Bischof Remigius (ca. 438–533) sehr erleichtert; dies war ein wichtiger

---

[9] Briefe des Bischofs Remigius von Reims, in: Epistulae Austrasiacae (wie II, 3), Nr. 1–3, 112ff.. – Zur Rolle der Syagrii vgl. WERNER, Ursprünge (wie II, 5a), 323.

[10] Gregor von Tours, Historia Francorum (wie II, 4a), II, c. 38, 88.

Unterschied zur Herrschaft des arianischen Christen Theoderich in Italien.[11]

Mit Recht wird Chlodwigs Taufe durch Bischof Remigius am Weihnachtsfest 498 in der Kathedrale von Reims, was ihre Auswirkungen anbelangt, als ein zentrales Ereignis der frühmittelalterlichen Geschichte angesehen, denn sie leitete die Verschmelzung von Galloromern und Franken zu einem Reichsvolk ein, und dies war wiederum eine Voraussetzung der Stabilität des Frankenreiches gegenüber den arianischen Staatsgründungen germanischer Herkunft; letztere waren grundsätzlich von der religiösen Spaltung belastet, welche den offen oder latent vorhandenen ethnischen Gegensatz verschärfte.[12] Schon Childerich hatte, obwohl selbst Heide, gute Beziehungen zum Episkopat seines Herrschaftsbereichs, besonders zum Metropoliten von Reims, unterhalten. Chlodwigs Heirat mit der katholischen Burgunderprinzessin Chrodechilde führte dann zur katholischen Taufe ihrer Söhne Ingomer und Chlodomer, doch brachte der Tod des ältesten noch in der Taufwoche insofern eine Irritation, als der König nun doch wieder die Macht der alten Götter fürchtete. Die Einbeziehung des Merowingerreiches in das germanisch-arianische Bündnissystem Theoderichs des Großen gab vermutlich in der Königsfamilie arianischen Sympathien Raum: Chlodwigs Schwester Audefleda wurde die Gemahlin Theoderichs des Großen, und es ist wohl kaum ein Zufall, daß Lantechilde, eine weitere Schwester des Frankenkönigs, Arianerin war und blieb. Bei der strengen archaischen Hausherrschaft über alle Angehörigen und Hausgenossen, wie sie auch bei den Franken üblich war, fällt es schwer zu glauben, daß Lantechilde als Schwester des Königs ohne dessen Einwilligung diesen schwerwiegenden Schritt hätte unternehmen können. Vielmehr liegt die Vermutung nahe, daß es auch bei Chlodwig eine wohl po-

---

[11] R. MATHISEN, Clovis, Anastase et Grégoire de Tours: Consul, Patrice et roi, in: Clovis (wie Anm. 8), Bd. 1, 395–407. – Zur weiteren Entwicklung der Beziehungen zu Byzanz vgl. J.-M. SANSTERRE, Die Franken und Byzanz, in: Die Franken (wie § 5, Anm. 70), Bd. 1, 396–400.

[12] Es darf allerdings nicht außer acht gelassen werden, daß sich später auch die arianischen Germanenreiche, besonders die der Ost- und Westgoten, bemühten, das Konfliktpotential mit der alteingesessenen Bevölkerung möglichst gering zu halten. Dies gilt besonders für Theoderich den Großen in Italien, aber auch für die Politik der westgotischen Könige gegenüber dem katholischen Episkopat. Vgl. WOLFRAM, Goten (wie II, 5b), hier 235f.

litisch motivierte arianische Phase gegeben hat, die später, nach seiner katholischen Taufe, vom Hofklerus mit Stillschweigen übergangen worden ist. Auf jeden Fall zögerte der König lange, bis er – nach dem wohl glaubwürdigen Bericht Gregors von Tours – in der schweren Bedrängnis einer Alamannenschlacht Christus, den Gott seiner Gemahlin Chrodechilde, um Hilfe anrief, daraufhin den Sieg errang und so von der Macht des wahren Gottes überzeugt wurde. Parallelen zu diesem Verhalten bieten nicht nur die Bekehrung Konstantins des Großen, sondern auch ähnliche Begebenheiten bei germanischen Fürsten.[13] Nach dem Gelübde der Alamannenschlacht stellte offenbar Chrodechilde die Verbindung zu Bischof Remigius von Reims her, während Chlodwig auf einem Märzfeld seines Heeres die Zustimmung des fränkischen *populus* für den Übertritt zum Christentum einholte.

Die Bedeutung der Taufe Chlodwigs hat schon der Metropolit Avitus von Vienne in seinem Glückwunschbrief an den König erkannt. In der Tat wurde damit nicht nur die religiöse Einheit des Frankenreiches gesichert, sondern dieser Übertritt zum Katholizismus hatte in der Folge auch eine gewisse Werbewirkung auf die katholisch-romanische Bevölkerung der arianischen Germanenreiche in Italien, Südfrankreich und Spanien. Politisch bedeutete Chlodwigs Konversion auch ein Ausbrechen aus dem von Theoderich sorgfältig aufgebauten Bündnissystem der germanischen Nachfolgestaaten des Imperium. Dies zeigte sich sogleich beim fränkischen Angriff auf das Westgotenreich in Spanien und Südwestfrankreich, in dessen Verlauf Bordeaux erobert wurde; doch kam es durch Theoderichs Vermittlung damals noch zu einem vorläufigen Frieden. Ein Bruderkrieg im Burgunderreich gab dann dem Frankenkönig die Gelegenheit einzu-

---

[13] E. EWIG u. a., Christliche Expansion im Merowingerreich, in: Kirchengeschichte als Missionsgeschichte (wie II, 5a), Bd. 2, 116–145; zum Arianismus der Germanen: K. SCHÄFERDIEK, Die geschichtliche Stellung des sogenannten germanischen Arianismus, in: ebd., Bd. 2, 79–90, und bes. K. D. SCHMIDT, Die Bekehrung der Germanen zum Christentum, Bd. 1–2, 1939, 1942, Bd. 1; G. HAENDLER u. a., Geschichte des Frühmittelalters und der Germanenmission, in: KiG 2, Lfg. E, [2]1976, 1–75. Zur arianischen Vorphase von Chlodwigs katholischer Taufe, an der kaum zu zweifeln ist: I. N. WOOD, Gregory of Tours and Clovis, in: RBPH 63, 1985, 249–272, bes. 266f.; DERS., Gregory of Tours, 1994; ihm folgend: A. DIERKENS, Die Taufe Chlodwigs, in: Die Franken (wie § 5, Anm. 70), Bd. 1, 183–191, und NOLTE, Conversio (wie § 1, Anm. 25), bes. 34.

greifen, doch endete auch dieses Unternehmen ohne greifbaren Erfolg. Dafür gelang Chlodwig 506 die endgültige Niederwerfung der Alamannen. Umstritten ist in der Forschung, ob die Alamannen bei dieser gewaltsamen Südostverlagerung mittelbar auch einen Anteil an der Ethnogenese des Bayernvolkes hatten.[14] Im Westen jedoch wurde jetzt der ursprünglich alamannische Grenzraum um Worms und Speyer frankisiert, während das Elsaß zwar unter unmittelbare fränkische Verwaltung kam, jedoch wie Alamannien rechts des Oberrheins seine ethnische Identität bewahren konnte. Auf jeden Fall geriet das Elsaß unter fränkische Herrschaft. Eine andere Frage ist es, ob der Nordwesten des alamannischen Siedlungsgebietes geräumt und »frankisiert« wurde, wie man bislang annahm, oder ob mit Chlodwigs Sieg über die Alamannen in der Schlacht bei Zülpich (496/97) eine radikalere Lösung durchgesetzt wurde: nämlich, wie neuerdings zur Diskussion gestellt wird, die völlige Integration des alamannischen Siedlungsraums als reichsfränkisches »Binnenterritorium«. Einem Brief Theoderichs des Großen von 506/07 an seinen Schwager Chlodwig ist zu entnehmen, daß Alamannen in ostgotisches Hoheitsgebiet geflüchtet waren. Der König mahnt den Frankenherrscher, diese Flüchtlinge nicht weiter zu verfolgen, da den Franken von ihnen keine Gefahr drohe. Vieles deutet indessen darauf hin, daß Chlodwig nach 500 eine gewaltsame Neuordnung Alamanniens nach vorausgegangenen Aufständen durchführte, wobei die alamannische Führungsschicht, soweit sie nicht schon länger der fränkischen Herrschaft eingegliedert war, durch Franken ersetzt wurde. Archäologische Befunde stützen diese These. Die Ausgrabungen auf dem »Runden Berg« bei Urach und auf anderen alamannischen Höhenburgen haben ergeben, daß diese um 500 völlig zerstört wurden. Damit verschwand eine politisch-gesellschaftliche Organisationsform, die es im reichsfränkischen Bereich nie gegeben hat. Es liegt nahe, diesen radikalen Siedlungsbruch Chlodwigs durchgreifender Zwangsintegration Alamanniens zuzuschreiben.[15]

---

[14] So W. HARTUNG, Süddeutschland in der frühen Merowingerzeit, 1983. Immerhin sprechen sowohl schriftliche wie vor allem archäologische Quellen für einen Anteil der Alamannen an der Ethnogenese des Bayernvolkes. Zurückhaltend: REINDEL, Grundlegung (wie II, 5b), 101–116.

[15] KELLER, Fränkische Herrschaft; DERS., Archäologie (beide wie II, 5b). BIERBRAUER, Landnahme (wie § 1, Anm. 28), unter Bezug auf U. KOCH, Besiegt, beraubt,

Nach diesem entscheidenden Sieg im Südosten ging Chlodwig 507 erneut zum Angriff auf die Westgoten über, diesmal mit der religiösen Begründung, es handle sich um einen Kampf gegen die häretischen Arianer. Ausdrücklich rief der Merowinger jetzt Martin von Tours und Hilarius von Poitiers, die Vorkämpfer gegen den Arianismus im 4. Jh., als Siegeshelfer an. Anders als in Burgund scheint sich aber der katholische Episkopat des tolosanischen Westgotenreiches mit der Gotenherrschaft ausgesöhnt und daher zumindest neutral verhalten zu haben.[16] Chlodwigs Heer wurde diesmal durch Franken aus dem Kölner Reich Sigiberts verstärkt, so daß in der Entscheidungsschlacht bei Poitiers Chlodwig einen glänzenden Sieg erringen konnte. Der Westgotenkönig Alarich II. fiel durch seine Hand; 508 eroberte der Franke zusammen mit den verbündeten Burgundern unter König Sigismund die westgotische Königsresidenz Toulouse. Theoderich der Große, der 508 zu spät zugunsten seines Schwiegersohns Alarich eingegriffen hatte, konnte zwar nicht verhindern, daß Teile Aquitaniens und der Novempopulana südlich der Garonne samt der westgotischen Königsstadt Toulouse fränkisch wurden, versperrte Chlodwig aber den Zugang zum Mittelmeer, den erst dessen Söhne erkämpften.

Parallel zur Eroberungspolitik, wenn auch chronologisch im einzelnen schwer einzuordnen, lief Chlodwigs gesamtfränkische Politik, die mit der Beseitigung des Syagrius-Reiches um Soissons 486/87 begann. An diesem Krieg gegen die Reste römischer Herrschaft in Gallien hatte sich auch der Frankenherrscher Ragnachar von Cambrai beteiligt. Ein anderer fränkischer Regionalherrscher, Chararich, wurde wegen seines Fernbleibens vom Krieg gegen Syagrius von Chlodwig gefangengesetzt, zum Kleriker geschoren und dann trotzdem mit seinem Sohn hingerichtet. Die Tonsurierung Chararichs läßt darauf schließen, daß der Merowingerkönig damals schon getauft war. Anschließend wandte sich Chlodwig gegen seinen Verbündeten Ragnachar, besiegte ihn und ermordete ihn eigenhändig. Danach unterwarf er 491/92 die »Thoringi« – wahrscheinlich ein linksrheinischer Teilstamm der Thüringer –, die um Tongern siedelten; doch ist auch eine

---

vertrieben: Die Folgen der Niederlagen von 496/97 und 506, in: Die Alamannen. Begleitbd. zur Ausstellung, Hg. K. FUCHS u. a., 1997, 191–201; s. u. § 10, Anm. 10.

[16] K. SCHÄFERDIEK, Die Kirche in den Reichen der Westgoten und der Suewen, 1967; CLAUDE, Westgoten (wie § 1, Anm. 51).

erste Auseinandersetzung mit dem nach Westen expandierenden Thüringerreich am Main nicht auszuschließen.[17] Nach dem erfolgreichen Westgotenkrieg von 507 stiftete er seinen Waffengefährten Chloderich, den Sohn König Sigiberts von Köln, zum Vatermord an, ließ aber dann Chloderich selbst durch seine Boten ermorden. Danach begab sich Chlodwig, seine Unschuld an diesen Morden beteuernd, nach Köln und ließ sich durch Schilderhebung zum König ausrufen. Sogar seinem Lobredner Gregor von Tours waren diese blutigen Ausscheidungskämpfe innerhalb der fränkischen Teilherrschaften zuviel, vor allem Chlodwigs selbst für damalige Zeiten extreme Brutalität und Tücke.[18] Allerdings scheute sich Gregor keineswegs, nach einer detaillierten Schilderung der hinterhältigen Liquidierung des Frankenkönigs Sigibert von Köln die Handlungsweise Chlodwigs biblisch-feierlich zu paraphrasieren: »Gott aber warf Tag für Tag seine [Chlodwigs] Feinde vor ihm zu Boden und vermehrte sein Reich, darum, daß er rechten Herzens vor ihm wandelte und tat, was seinen Augen wohlgefällig war.«[19]

So erstaunlich auch Chlodwigs Expansion nach fast allen Richtungen war, Theoderichs Bündnissystem, das sich nach Chlodwigs katholischer Taufe naturgemäß gegen diesen richtete, verhinderte doch den Durchbruch zum Mittelmeer. Trotz der völligen militärischen Niederlage der Westgoten unter Alarich II. blieb das Westgotenreich erhalten, und ebenso hielten die Ostgoten die Provence in ihrer Hand. Theoderich hat auch die Alamannen vor der völligen Vernichtung bewahrt. Zwar war ein Großteil oder sogar die Gesamtheit des alamannischen Gebietes unter fränkische Oberhoheit gekommen, doch konnten sich beträchtliche Teile der von Chlodwig geschlagenen Verbände in den Raum südlich des Bodensees, in die Raetia secunda zwischen Iller und Inn, und wohl auch ins rätoromanische Churrätien zurückziehen, wo sie sich der Schutzherrschaft des Ostgotenkönigs unterstellten. An der mittleren Donau, im späteren agilolfingischen Bayern, sind nach dem Zeugnis der Anfang des 6. Jhs. entstandenen

---

[17] H. H. ANTON, Art. »Chlodwig I.«, in: RGA 4, 1981, 478–485; LIPPOLD, »Chlodovechus«; EWIG, »Chlodwig I.« (beide wie Anm. 8); vgl. auch SCHMALE, Grundlegung (wie II, 5b), bes. 7 ff.

[18] Gregor von Tours, Historia Francorum (wie II, 4a), II, c. 42, 92 f., hier 93.

[19] Gregor von Tours, Historia Francorum, II, c. 40, 89 ff., hier 91 (AQMA 2, 137) (beide wie II, 4a).

»Vita Severini« bereits in der zweiten Hälfte des 5. Jhs. alamannische Verbände unter einem König Gibuld bezeugt; sie dürften sich nach der Niederlage der Alamannen gegen Chlodwig wohl noch wesentlich verstärkt haben.[20] Auf jeden Fall konnte nunmehr die fränkische Herrschaft in Alamannien endgültig als stabilisiert gelten; was folgte, war lediglich der territoriale und innere Ausbau dieser machtvollen Position.

Neben Chlodwigs Eroberungen, die von seinen Söhnen fortgesetzt wurden, war das wichtigste Werk des Frankenkönigs die Einbindung der Kirche in sein Reich. Diese vollzog sich nicht als gewaltsame Integration, die von den Bischöfen mehr oder weniger passiv mitvollzogen wurde, sondern als eine grundsätzliche strukturelle Neuordnung, die auf alle Bistümer Galliens abzielte. Schließlich war die Kirche nicht nur eine geistliche Institution und für Seelsorge und Mission unentbehrlich, sondern sie repräsentierte mit der Stadtherrschaft der Bischöfe auch die politisch-gesellschaftliche Organisationsform des Großteils der gallorömischen Bevölkerung, der zahlenmäßig den fränkischen Teil um ein Vielfaches überstieg. Die politischen Funktionen der Bischöfe hatten sich seit Kaiser Konstantin dem Großen gut eingespielt, und auch nach dem Zerbröckeln des Überbaus der römischen Reichsverwaltung hatten die Bistümer, soweit sie die germanischen Invasionen überstanden, eher noch an Bedeutung für die gallorömische Stadtbevölkerung gewonnen.[21] Daß aber nicht alles beim alten blieb, zeigen schon die Schwerpunktverlagerungen in den Römer- und jetzigen Bischofsstädten von den alten munizipialen Zentren zu den neuen geistlichen Mittelpunkten: den Dom- und Märtyrerkirchen wie den Klöstern.[22]

---

[20] Eugippius, Das Leben des Heiligen Severin (wie II, 4b). Trotz mancher überspitzter Thesen grundlegend: LOTTER, Severinus (wie II, 5b); zum Alamannenproblem in Bayern s. o. Anm. 14. – Zum Problem einer Herrschaft Theoderichs südlich der Donau s. u. § 10 mit Anm. 36. Vgl. allgemein: V. BIERBRAUER, Die germanische Aufsiedlung des östlichen und mittleren Alpengebietes im 6. und 7. Jahrhundert aus archäologischer Sicht, in: Nationes 5, 1985, 9–47.

[21] Zur Kontinuität der Bischofsherrschaft: M. HEINZELMANN, Bischof und Herrschaft vom spätantiken Gallien bis zu den karolingischen Hausmeiern, in: Herrschaft und Kirche (wie II, 5c), 23–82; R. KAISER, Königtum und Bischofsherrschaft im frühmittelalterlichen Neustrien, in: ebd., 83–108; PRINZ, Stadtherrschaft (wie II, 5a); E. EWIG, Kirche und Civitas in der Merowingerzeit, in: DERS., Gallien (wie II, 5a), Bd. 2, 1–20.

[22] EWIG, Trier (wie II, 5b); Studien zu den Anfängen (wie II, 5c); D. CLAUDE, To-

Chlodwig war sich wohl der Bedeutung dieses geistlichen und organisatorischen Erbes bewußt, denn er ließ es nicht bei einem Nebeneinander von Kirche und politischer Herrschaft bewenden, sondern schuf mit dem Konzil von Orléans im Juli 511 nach westgotischem Vorbild (Konzil von Agde 506) eine reichsfränkische Landeskirche. Er selbst hatte das Konzil einberufen und wohl auch das Programm der Beratungen entwickelt. Man hat den Kanon 4 dieser Reichssynode mit Recht dahingehend interpretiert, daß nicht nur, wie darin festgelegt, dem König das Recht zustand, bei der Ordinierung von Laien zu Klerikern seine Zustimmung zu erteilen, sondern daß er dann auch konsequenterweise das Recht beanspruchen konnte, maßgeblich bei der Einsetzung von Bischöfen mitzuwirken. So schwierig es im Einzelfall auch sein mag, die Bedeutung der Wahl des Bischofs durch »Klerus und Volk« gegenüber einem »Kooptationsrecht« der Bischöfe abzuwägen, am starken Einfluß des Königs bei der Besetzung der Bischofsstühle ist nicht zu zweifeln.[23] Dies bedeutete aber, daß die Fülle von Befugnissen, die den Bischöfen als faktischen Stadtherren über ihre geistlichen Aufgaben hinaus zugewachsen waren, durch die Mitwirkung des Königs bei der Bischofsernennung wieder in die königliche Gewalt integriert werden konnte. Es versteht sich von selbst, daß diese Konstruktion nur unter einem effizienten Herrscher funktionierte, in Zeiten der Schwäche des Königtums aber sich bischöfliche Regionalherrschaften ausbilden konnten.[24]

Bald nach dem Konzil von Orléans ist Chlodwig am 27. November 511 verstorben und wurde in der von ihm gestifteten Pariser Basilika beigesetzt, die ursprünglich den Aposteln, bzw. Petrus, bald aber der dort ebenfalls bestatteten heiligen Genoveva geweiht war. Als gemeinsamer Begräbnisort erlangte der Kult der spätantiken Heiligen dann, neben den »Reichsheiligen«, Martin, Hilarius und Remigius, im Merowingerreich große Bedeutung. Der grundlegende politisch-

---

pographie und Verfassung der Städte Bourges und Poitiers bis in das 11. Jahrhundert, 1960; FÉVRIER, Permanence (wie § 5, Anm. 59). – Die wichtige Parallele für Rom: C. PIETRI, Roma christiana. Recherches sur l'Église de Rome, son organisation, sa politique, son idéologie de Miltiade à Sixte III (311–440), Bd. 1–2, 1976.

[23] LIPPOLD, »Chlodovechus« (wie Anm. 8), bes. 168f.; H. MORDEK, Kirchenrecht und Reform im Frankenreich, 1975; CLAUDE, Bestellung (wie II, 5a); F. LOTTER, Designation und angebliches Kooptationsrecht bei Bischofserhebungen, in: ZRG KA 59, 1973, 112–150.

[24] S. u. § 7 mit Anm. 27.

kultische Wandel im fränkischen Gallien kann nicht besser charakterisiert werden als durch einen Vergleich der Bestattung Chlodwigs mit der seines Vaters Childerich. Denn dieser erhielt noch einen Grabhügel nach germanisch-paganer Tradition, der von mehr als 20 Pferdegräbern umringt war.[25]

Daß die merowingische Kirche, entgegen früheren Auffassungen, von Anfang an auch eine »romverbundene Landeskirche« gewesen ist, erhellt aus der Übersendung einer Votivkrone nach Rom, die Papst Hormisdas nach dem Tode Chlodwigs in Empfang nahm; vermutlich handelte es sich um eine letztwillige Verfügung des Frankenkönigs.[26] Es war dies eine bewußte Einbeziehung der Kirche in den Staatsaufbau, die einen grundlegenden Wandel bewirkte. Die gallorömische Bevölkerung und vor allem deren aristokratisch-senatorische Oberschicht dürften wohl noch jene Zeiten des 5. Jhs. erlebt haben, wo die Germanen – ganz gleich ob als heidnische Foederaten oder als Invasoren – die Kirchen geplündert hatten und es besonderer Anordnungen von seiten der Teilkönige und noch Chlodwigs I. bedurfte, um den Schutz der großen christlichen Heiligtümer zu erlangen. Das galt etwa für die Martins-Basilika in Tours. Jetzt aber traten der König und seine Nachfolger selbst als Kirchenstifter, als Verehrer der Heiligen und als großzügige Schenker von Land und Leuten an Bistümer und Klöster hervor. Das oft zitierte Taufwort des heiligen Remigius (von Reims) für König Chlodwig: »Beuge still deinen Nacken, Sicamber, verehre, was du verfolgtest, verfolge, was du verehrtest«, faßte in einem Satz sowohl programmatisch wie beschwörend diesen Wandel zusammen.[27] Chlodwig war mit der orga-

---

[25] KRÜGER, Königsgrabkirchen (wie II, 5b), 40–54; P. PÉRIN, La tombe de Clovis, in: Media in Francia (Fs. K. F. Werner), 1989, 363–378. – Zur Frage der Echtheit der Genoveva-Viten vgl. M. HEINZELMANN u. a., Les vies anciennes de sainte Geneviève de Paris, 1986. – Vgl. auch den Schluß von § 4; M. MÜLLER-WILLE, Zwei religiöse Welten (wie § 4, Anm. 90).

[26] A. ANGENENDT, Taufe und Politik im frühen Mittelalter, in: FMASt 7, 1973, 143–168. – Zu den gallisch-fränkischen Beziehungen zum Papsttum in vorkarolingischer Zeit vgl. K. HALLINGER, Papst Gregor der Große und der hl. Benedikt, in: StAns 42, 1957, 231–319; H. FUHRMANN, Das Papsttum und das kirchliche Leben im Frankenreich, in: Nascita dell' Europa ed Europa Carolingia, Tl. 1–2, 1981, Tl. 1, 419–456 (Sett.Cent.it. 27); für die Frühzeit bes. G. LANGGÄRTNER, Die Gallienpolitik der Päpste im 5. und 6. Jahrhundert, 1964 (Vikariat von Arles). Vgl. auch J. RICHARDS, The Popes and the Papacy in the Early Middle Ages 476–752, 1979.

[27] Gregor von Tours, Historia Francorum, II, c. 31, 76ff., hier 77 (AQMA 2, 118)

nischen Eingliederung der Kirche in sein Reich in der Tat »ein neuer Konstantin« geworden, wie es in Gregors Tauferzählung heißt. Es war ein Akt von weitreichender Wirkung, denn er überbrückte die Kluft zwischen Galloromanen und Franken, zwischen christlicher Stadtbevölkerung und antiker Kult- und Verwaltungstradition einerseits und den neuen, das Land beherrschenden fränkischen Bewohnern andererseits. Es muß die alte christliche Bevölkerung Galliens tief beeindruckt haben, daß die Frankenherrscher und ihr Adel nun wie sie an den christlichen Märtyrergräbern und Altären beteten und daß ihre Bischöfe aus Schutzherren vor barbarischer Bedrohung nun zu geachteten und notwendigen, ja willkommenen Mitträgern und Stützen der neuen politischen Ordnung geworden waren. Das erklärt, warum sich im gallischen Episkopat bald ein unverkennbares fränkisches Reichsbewußtsein bildete, wie an der Frankengeschichte Gregors von Tours ersichtlich.[28] Das familiäre wie politische Selbstbewußtsein dieser spätantik-christlichen Führungsschicht ist durch ihre große Rolle im merowingischen Herrschaftssystem zusätzlich bestätigt worden.[29] Über der Kontinuität aristokratischer Familien in der kirchlichen Hierarchie darf aber nicht vergessen werden, daß es eine solche auch unter den weltlichen Amtsträgern des Merowingerreiches gegeben hat. Schon zu Chlodwigs Zeiten setzt die Verschmelzung der jeweiligen gallorömischen Oberschichten mit den fränkischen ein, so daß man zu Recht das Frankenreich als einen »Schmelztiegel« der Ethnica bezeichnet hat. Es kam sehr bald zum Konnubium beider Gruppen, wenn auch der Einstieg fränkisch-germanischer Personen in die höheren Ränge der kirchlichen Hierarchie relativ langsam vor sich ging und erst im Verlaufe des 7. Jhs. zahlenmäßig deutlicher faßbar wird.[30]

(beide wie II, 4a). Zum Problem der königlichen Dotationen zuletzt F. DORN, Die Landschenkungen der fränkischen Könige. Rechtsinhalt und Geltungsdauer, 1991.

[28] Siehe die Einleitung der deutschen Übersetzung von Gregor von Tours' Historia Francorum von R. BUCHNER, in: AQMA 2 (wie II, 4a), XI-XX, bes. XIX.

[29] Grundlegend: STROHEKER, Adel; HEINZELMANN, Bischofsherrschaft; EBLING, Prosopographie (alle wie II, 5a); Prosopography (wie § 5, Anm. 19). Vgl. auch zur Funktion der Bischöfe: SCHEIBELREITER, Bischof (wie II, 5a). Vgl. zur Vorgeschichte dieses Verschmelzungsprozesses R. VAN DAM, Leadership and Community in Late Antique Gaul, 1985. Für Südgallien und Spanien vgl. Gallo-Romains (wie § 4, Anm. 63).

[30] EBLING, Prosopographie (wie II, 5a); H. WIERUSZOWSKI, Die Zusammensetzung des gallischen und fränkischen Episkopats bis zum Vertrag von Verdun (843) mit besonderer Berücksichtigung der Nationalität und des Standes, in: BJ 127, 1922, 2–83.

Sicher ist auf jeden Fall, daß Chlodwig die bereits in Gang befindliche Verschmelzung von Galloromanen und Franken durch seine Kirchenpolitik und Verwaltungspraxis vorangetrieben und in geregelte Bahnen gelenkt hat. Mit der »Lex Salica« als königlicher Rechtsordnung[31] und mit der Entwicklung klarer Herrscherattribute festigte er seine Dynastie in weiteren wesentlichen Bereichen. Das Reich erlebte unter ihm und seinen Nachfolgern eine Epoche des Friedens, was über den spektakulären Auseinandersetzungen in der merowingischen Familie nicht vergessen werden sollte.

§ 7 Das Frankenreich im Zeitalter der Teilungen (511–614)

Gregor von Tours weiß von der Erbteilung des Jahres 511 zu berichten, sie sei »aequa lance«, d. h. auf gleicher Waage, erfolgt.[1] Es waren vier Söhne von sehr unterschiedlichem Alter, die erbten. Theuderich, der Älteste (511–533), stammte wohl aus einer Friedelehe Chlodwigs, also aus einer kirchlich nicht voll anerkannten Verbindung. Dennoch erhielt er umfangmäßig das größte Erbe, ein gutes Drittel der »Francia«, also der salisch-fränkischen Kernlande zwischen Rhein und Loire, nämlich die drei ehemaligen römischen Provinzen Belgica I (Trier), Germania I (Mainz) und II (Köln) sowie aus der alten Belgica II die Residenz Reims und Châlons-sur-Marne, ferner Teile Aquitaniens. Dazu kamen große fränkische und alamannische Gebiete rechts des Rheins, die zwar fiskalisch wenig erbrachten, aber für die fränkische Heeresmacht stark ins Gewicht fielen. Man hat aus diesem unverhältnismäßig großen Anteil Theuderichs, der bereits einen militärisch tüchtigen Sohn hatte, wohl mit Recht geschlossen, daß die Teilung ein Kompromiß zwischen dem Chlodwigsohn aus erster Ehe und den drei Söhnen Chrodechildes gewesen ist. Chlodwig selbst hatte für die Rolle Theuderichs insofern schon früher eine Vorentscheidung getroffen, als er ihm 507 die Eroberung der Auvergne übertrug und ebenso die Regentschaft in der »Francia Rinensis«. Sein Reichsteil schirmte gleichsam die Anteile der jüngeren Söhne an den gefähr-

[31] S. u. § 17a.

[1] Gregor von Tours, Historia Francorum (wie II, 4a), III, c. 1, 97. – Zur Reichsteilungspraxis: B. KASTEN, Königssöhne und Königsherrschaft. Untersuchungen zur Teilhabe am Reich in der Merowinger- und Karolingerzeit, 1997.

lichen Flanken im Osten und Süden ab, womit der Älteste zum Garanten für den Bestand des Reiches wurde.[2]

Chlothar (511–56), wohl der jüngste und wie die übrigen Erben ein Sohn Chrodechildes, erbte den Großteil der Provinz Belgica mit der Residenz Soissons, ferner Laon, Noyon, Cambrai, Thérouanne und Tournai. Schwerer zu definieren ist der Reichsteil Childeberts (511–558), dem aus der Belgica II Amiens, Beauvais und vielleicht auch Senlis zufielen, ferner die Provincia Lugdunensis II um Rouen, Teile der Touraine mit Le Mans, Rennes und der Bretagne, vor allem aber die Zentrallandschaft des Pariser Beckens mit Chlodwigs Hauptresidenz Paris und wohl auch die Kathedralstadt Meaux. Von der bevölkerungsmäßigen Dichte und finanziellen Ergiebigkeit dieses Reichsteils her gesehen, kann man nicht sagen, daß Childebert gegenüber Theuderich benachteiligt worden wäre.

Chlodomer (511–524) wurde mit Teilen der Provinz Sens (Sens, Auxerre, Chartres, Nevers) und mit Tours, Angers und Nantes ausgestattet, seine *sedes regia* war Orléans. Wie Theuderich erhielten auch die Söhne Chrodechildes Anteile am eroberten Erbe südlich der Loire in Aquitanien: Childebert und Chlothar Teile Westaquitaniens, Chlodomer den Norden dieses Großraumes mit den wichtigen Civitates Bourges und Poitiers. Ob der Teilung ein Prinzip zugrunde lag – und gegebenenfalls: welches –, ist nach wie vor umstritten. Es könnte sein, daß man 511, wie später bei den karolingischen Teilungen, auf eine möglichst gleichmäßige Aufteilung des merowingischen Königsgutes und seiner Erträgnisse achtete. In diesem Falle wären die reinen Gebietsumfänge der Teilreiche kein Indiz für eine willkürliche oder gar ungerechte Aufteilung des Erbes und damit auch kein Argument gegen das Prinzip der Aufgliederung des Chlodwig-Reiches »aequa lance«. Die Einheit des Reiches manifestierte sich trotz der Teilungen nach salischem Recht vor allem darin, daß sowohl vom Kerngebiet

---

[2] ZÖLLNER, Geschichte (wie II, 5a), 74 und 108, sowie E. EWIG, Die fränkischen Teilungen und Teilreiche (511–613), in: DERS., Gallien (wie II, 5a), Bd. 1, 114–230. Weniger als Teilung »aequa lance«, sondern als innerfamiliären Kompromiß zwischen den Söhnen aus erster und zweiter Ehe interpretiert die Vorgänge I. WOOD, Kings, Kingdoms, and Consent, in: Early Medieval Kingship (wie II, 5c), 6–29; dazu die Korrekturen von EWIG, Merowinger (wie II, 5a), 214, unter Verweis auf die ansprechende Hypothese von WERNER, Ursprünge (wie II, 5a), 338f., daß Theuderich durch seine namentlich nicht bekannte Mutter auf das Kölner Teilreich, die »Francia Rinensis«, Anspruch hatte.

der »Francia« zwischen Rhein und Loire als auch vom neu hinzuerworbenen Aquitanien Teile an jeden Erben fielen. Auch lagen die vier Residenzen Paris, Reims, Soissons und Orléans relativ nahe beieinander im Herzen der »Francia«, so daß man daraus schließen kann, daß zwar eine Herrschaftsteilung stattgefunden hatte, aber die ideelle Einheit des Chlodwig-Reiches als Besitz des Königshauses erhalten blieb. Daß das Frankenreich von anderen ebenfalls als politische Einheit angesehen wurde, bezeugt Agathias (ca. 536–582),[3] der Geschichtsschreiber der Epoche Kaiser Justinians, der durch seine griechischen Landsleute in Marseille gut über die Franken informiert war und hervorhebt, daß sie von römischer Verwaltung und römischem Recht Gebrauch machten und auch im Eherecht und in der Gottesverehrung dem römischen Vorbild folgten.[4]

Es scheint, daß die brüderliche Erbengemeinschaft etwa zehn Jahre in Frieden bestand; die Hauptursache war wohl der zwischen den Merowingern und dem Ostgotenkönig Theoderich um 513 geschlossene Friede, der auf einer wechselseitigen Respektierung des Status quo basierte. Dies änderte sich, als die Ermordung des burgundischen Königssohnes Sigerich 523 zu einer politischen Krise zwischen Ostgoten und Burgundern führte und die drei Merowingerkönige Chlodomer, Childebert und Chlothar das Burgunderreich angriffen. Dessen König Sigismund fiel durch Verrat in ihre Hände, er wurde auf Befehl Chlodomers samt seiner Familie getötet, eine Tragödie, die später hagiographisch als Martyrium umgedeutet worden ist. Sigismund war von Bischof Avitus von Vienne vom Arianismus zum Katholizismus bekehrt worden und hatte 515 die Abtei Agaunum (Saint Maurice) im Wallis gestiftet; von dort aus verbreitete sich auch sein Kult.[5] Sigismunds Bruder und Nachfolger Godomar besiegte aber das fränkische Heer in der Schlacht von Vézeronce bei Vienne. Chlodomer fiel, und damit begann die lange und verworrene Geschichte der Teilungen der Teilreiche. Sie beschleunigte sich, als sich mit dem Tode Theoderichs

---

[3] Agathias, Hist. I, 2, 11f.; GdV 2,7, 328f. (beide wie II, 4e). – Zur zeitlichen Aufeinanderfolge der Merowinger: M. WEIDEMANN, Zur Chronologie der Merowinger im 6. Jahrhundert, in: Francia 10, 1982, 471–513.

[4] ZÖLLNER, Geschichte (wie II, 5a), 261.

[5] E. ZÖLLNER, König Sigismund, das Wallis und die historischen Voraussetzungen der Völsungensage, in: MIÖG 65, 1957, 1–14; R. FOLZ, Zur Frage der heiligen Könige: Heiligkeit und Nachleben in der Geschichte des burgundischen Königtums, in: DA 14, 1958, 317–344.

des Großen das gotisch-arianische Bündnissystem auflöste. Dabei ging die fränkische Expansion nach außen Hand in Hand mit den aus der jeweiligen Situation sich anbietenden inneren Umverteilungen.

König Theuderich, der sich aus dem Angriff der jüngeren Brüder gegen das Burgunderreich herausgehalten hatte, baute seine Position an der Ostflanke aus. Er verheiratete seinen Sohn Theudebert mit Wisigarda, der Tochter des Langobardenkönigs Wacho, dessen Herrschaft in Pannonien lag, dem heutigen Niederösterreich und Westungarn.[6] Mit den von Norden nachdrängenden Sachsen griffen Theuderich und sein Halbbruder Chlothar 531 das mächtige Thüringerreich an, das sich bis an den unteren Main vorgeschoben hatte.[7] In den 20er Jahren des 6. Jhs. herrschte dort der König Herminafrid mit seinen Brüdern Baderich und Berthachar. Thüringen gehörte damals zum Bündnissystem Theoderichs des Großen, dessen Nichte Amalaberga mit dem König verheiratet war. Herminafrid entledigte sich gewaltsam seines Bruders Berthachar, der mehrere Kinder hinterließ, darunter Radegunde, die spätere Gattin des Frankenkönigs Chlothar I. Danach soll sich der Thüringerkönig mit Theuderich verbündet haben, um mit diesem gegen Baderich vorzugehen, wobei dem Franken als Beute das halbe Thüringerreich zugestanden wurde. Baderich fiel im Kampf gegen die Franken, aber der versprochene Lohn wurde Theuderich vorenthalten. Daraufhin griff dieser, zusammen mit Chlothar, 531 Herminafrid an. Mit Hilfe der herbeigerufenen sächsischen Verbände siegten die Franken an der Unstrut, doch konnte sich der Thüringer noch halten, war aber offenbar schon tributpflichtig. Scheinbar zum Frieden bereit, lud Theuderich König Herminafrid 533 nach Zülpich ein und ließ ihn von der Stadtmauer zu Tode stürzen. Die Witwe flüchtete mit ihren Kindern zu ihrem Bruder Theodahad nach Italien. Als Chlothar I. den jüngeren Bruder seiner Gemahlin Radegunde ebenfalls ermorden ließ, war dies wohl für die edle germanische Fürstin der Anstoß, sich in das von ihr gegründete Heiligkreuzkloster in Poitiers zurückzuziehen. Damit war das Thüringerreich Teil des

---

[6] WERNER, Langobarden (wie § 4, Anm. 45); G. HAUPTFELD, Die gentes im Vorfeld von Ostgoten und Franken im 6. Jh., in: Die Bayern (wie II, 5c), Bd. 1, 121–134.

[7] Zum Thüringerreich: W. SCHLESINGER, Die Entstehung der Landesherrschaft, [2]1964 [Ndr. 1983], 26ff.; H. PATZE, Die Entstehung der Landesherrschaft in Thüringen, Bd. 1, 1962; SCHMALE, Grundlegung (wie II, 5b), 7ff.; R. BUTZEN, Die Merowinger östlich des mittleren Rheins, 1987.

»Regnum Francorum«, seine Grenzen erstreckten sich bis an die Unterelbe und im Süden zeitweise bis Böhmen und an die Donau. Das thüringische Gebiet nördlich der Unstrut mußten die Franken aber als Siegeslohn an die Sachsen abtreten, das westliche Thüringen verwalteten fränkische Amtsherzöge.

Zeitlich parallel lief der Krieg Childeberts von Paris gegen die Westgoten. Obwohl deren König Amalarich sein Schwager war, schlug er diesen bei Narbonne und konnte dadurch die Grenze des Frankenreichs bis an die Pyrenäen ausdehnen. Der flüchtige Westgotenkönig wurde 531 in Barcelona erschlagen. Aus dem Krieg heimgekehrt, verband sich Childebert mit Chlothar, um das Erbe Chlodomers von Orléans zu teilen. Chlodomers unmündige Kinder sollten jedoch nach dem Willen ihrer Großmutter Chrodechilde das väterliche Reich erben. Zwei Erbprinzipien standen sich hier gegenüber: Nach dem älteren »Anwachsungsrecht« konnten die Brüder Chlodomers in dessen Erbe eintreten, nach dem jüngeren »Eintrittsrecht« waren die Söhne des Verstorbenen erbberechtigt. Childebert und Chlothar bemächtigten sich dieser Söhne unter dem Vorwand, sie zu Königen zu erheben; Chlothar erschlug sie jedoch eigenhändig. Chlodoald, den jüngsten, retteten seine Getreuen, er wurde Kleriker und gründete das nach ihm benannte Kloster Saint-Cloud bei Paris. Die Teilung des Chlodomer-Reiches brachte Childebert mit den Civitates Orléans, Chartres, Angers, Nantes und Bourges den größeren Anteil, doch erhielt Chlothar mit den Städten Tours und Poitiers zugleich die bedeutenden Heiligtümer der Frankenpatrone Martin und Hilarius sowie den Kronschatz des gefallenen Bruders. Bald darauf griffen die beiden Frankenkönige 532 wieder das Burgunderreich an und besiegten dessen König Godomar bei Autun; damit war auch diese germanische Herrschaft der Völkerwanderungszeit Teil des Merowingerreiches geworden. Doch spielte Burgund als historischer Begriff, wenn auch in partieller geographischer Verlagerung und unter völlig gewandelten historisch-politischen Umständen, weiterhin eine eigene Rolle. Die Germanisierung des Burgunderreiches war nicht tiefgreifend, da die romanische Kontinuität auch in Nordburgund weitgehend erhalten blieb.[8]

---

[8] WERNER, Trachtprovinz (wie § 2, Anm. 11); vgl. allgemein: ANTON u. a., »Burgunden« (wie § 4, Anm. 78); A. HOFMEISTER, Deutschland und Burgund im frü-

König Theuderich von Reims war dem Burgunderfeldzug der Brüder ferngeblieben. Dafür eroberte sein Sohn Theudebert jene südaquitanischen Städte, die von den Westgoten nach Chlodwigs I. Tod zurückgewonnen worden waren. Es ging dabei um das Gebiet der Civita Rodez und wohl auch um Albi und Javols. Darüber hinaus stieß Theudebert nach Narbonne und bis in die Provence vor, doch konnten dort die Ostgoten noch ihre Herrschaft behaupten. Auch die Provincia Narbonensis (Septimanien) blieb in gotischer Hand, so daß bis zur arabischen Invasion am Beginn des 8. Jhs. hier eine relativ stabile Grenze zwischen Westgoten und Franken bestand. Als Theuderich 533 starb, versuchten Childebert und Chlothar I. das gleiche Spiel wie mit Chlodomers Erbe: Sie wollten das Königreich von Reims unter sich aufteilen, scheiterten aber an der Energie Theudeberts. Daraufhin stellte sich Childebert, der keine Söhne hatte, auf die Seite des Neffen und adoptierte ihn auch als seinen Erben.[9]

Die Teilung Burgunds von 534 brachte Theudebert den Nordteil mit den Regionen Avenches-Lausanne, Octodurum-Sitten, mit Langres, Autun und Chalon-sur-Saône, vielleicht auch Nevers, Besançon, Genf und Tarantaise, womit eine Brücke zum Reimser Reich Theudeberts geschlagen war. An Childebert fiel der Süden Burgunds mit Lyon und Vienne. Chlothars Anteil ist ungewiß, man hatte ihn wohl benachteiligt. Der darüber ausbrechende Krieg der Merowinger untereinander wurde aber nicht bis zur letzten Konsequenz ausgetragen, weil der sich abzeichnende Verfall des Ostgotenreiches in Italien den Frankenkönigen gemeinsame Chancen weiterer Expansionspolitik eröffnete. Auslöser der Krise war die Ermordung der Regentin Amalaswintha am 30. April 535, die den Gotenkrieg des oströmischen Kaisers Justinian (527–565) unter seinem Feldherrn Belisar auslöste, ein Wiedereroberungskrieg, der durch ein kaiserliches Bündnis mit den Franken lokal begrenzt werden sollte. Der Gotenkönig Theodahad, Mitregent und Vetter Amalaswinthas und dann Veranlasser ihres gewaltsamen Todes, suchte nun seinerseits, da seine Herrschaft von innen und außen bedroht war, sich Rückhalt bei den Franken zu ver-

heren Mittelalter, 1924; WENSKUS, Herrschaftsbildungen (wie § 4, Anm. 75), 230–235; K. F. WERNER, Art. »Burgund, fränkisches Teilreich«, in: LexMA 2, 1062–1066.

[9] ZÖLLNER, Geschichte, 84 ff.; vgl. auch WERNER, Ursprünge, 329 ff.; EWIG, Merowinger (alle wie II, 5a), 33 ff.

schaffen. Er trat ihnen 536 die Provence ab, wodurch das Merowingerreich endlich den Zugang zum Mittelmeer erlangte. Als Theodahad noch im selben Jahr ermordet wurde, trat sein Nachfolger Vitigis (536–540) den fränkischen Vertragspartnern zusätzlich Churrätien und die Schutzherrschaft über alamannische Gebiete ab.[10] Hatten die Merowingerkönige bislang gemeinsam gegenüber den Ostgoten und dem byzantinischen Kaiser operiert, wobei Childebert die Provence besetzt hielt, gingen ihre Wege seit dem Ende der 30er Jahre wieder auseinander. Childebert nahm 541 den Krieg gegen die Westgoten wieder auf, an dem sich auch Chlothar beteiligte.

Nunmehr trat aber König Theudebert (533–547/48) entschieden in den Vordergrund; er wurde für die Vorgeschichte der Deutschen insofern bedeutsam, als durch ihn erstmalig die später das mittelalterliche »Regnum Teutonicorum« konstituierenden Stämme und Regionen östlich des Rheins in enge Verbindung mit dem Frankenreich traten und an dessen geschichtlicher und kultureller Entwicklung teilnahmen. Ausgangspunkt der Machtentfaltung Theudeberts war, neben den Kerngebieten der »Francia« um die Residenz Reims, seine Herrschaft über Thüringer und Alamannen. Seine 537 geschlossene Ehe mit Wisigarda, einer langobardischen Fürstentochter, festigte seine Stellung an der mittleren Donau, d. h. in jenem Raum, in dem fast zur selben Zeit oder bald danach die Bajuwaren auftraten. Nach dem frühen Tode Wisigardas gab Theudebert seinem Sohn Theudebald deren Schwester Waldrada zur Gattin. Es war besonders Rätien, das zum Ausgangspunkt des militärischen Eingreifens Theudeberts in Italien wurde, wo mit dem Vordringen des oströmischen Heeres unter Belisar eine neue Lage entstand. Kaiser Justinian hatte den Franken die noch von Vitigis verfügte Abtretung der Provence sowie Churrätiens bestätigt und wohl auch auf ein antiarianisches Bündnis gegen die Ostgoten gebaut, doch sah er sich darin getäuscht. Theudebert hatte offenbar kein Interesse an einem völligen Umschwung in Italien, sondern wollte die byzantinisch-ostgotische Konfrontation zum eigenen Vorteil nutzen. Als der Ostgotenkönig Vitigis jedoch Theudeberts Angebot eines Bündnisses gegen Byzanz ablehnte, weil dieser die Hälfte Italiens für die Vertreibung Belisars forderte,[11] fielen alaman-

[10] WOLFRAM, Goten (wie II, 5b), 421 ff.
[11] Ebd., 428 f.

nische Truppen auf fränkischen Befehl unter großen Verwüstungen in Venetien ein. Da aber die ostgotische Belagerung Roms scheiterte und sich das Kriegsglück wieder auf die oströmische Seite neigte, schickten die Franken 538 zwar wieder burgundische Hilfstruppen für Vitigis, mit deren Hilfe Mailand erobert werden konnte, doch war diese Unterstützung nicht mehr als ein getarntes Eigeninteresse. Das zeigte sich 539, als Theudebert selbst mit einem großen Heer über die Westalpenpässe nach Italien vorrückte und nach Überquerung des Po nacheinander sowohl die Ostgoten als auch die Byzantiner besiegte, Genua eroberte und im Südosten Oberitaliens die Emilia zwischen Po und Apennin verwüstete. Seuchen im Heer zwangen aber den Frankenkönig zum Waffenstillstand mit Belisar; doch blieben Ligurien und das südliche Vorfeld der Alpen in fränkischer Hand. Der Frankenkönig baute nun ohne Rücksicht auf die Goten seine Macht zwischen oberer und mittlerer Donau und dem Alpenraum aus, festigte seine Herrschaft in den Provinzen Raetia I (Chur) und Raetia II (Augsburg), in den westlichen Teilen Ufernoricums (Salzburg und vielleicht auch in Lorch) und in Innernoricum (Aguntum, Lienz, Teurnia und Spittal an der Drau).[12] Von diesen Paßlandschaften aus konnte Theudebert 545 große Teile Venetiens mit Aquileia erobern. Der neue Ostgotenkönig Totila mußte diese Gebietsverluste anerkennen, ohne daß es ihm gelang, wenigstens durch eine Eheverbindung mit dem merowingischen Königshause eine sichere Rückendeckung im Norden für seinen Kampf gegen Belisar zu erlangen.

Theudebert, der als politischer Typus seinem Großvater Chlodwig ähnelte, verfolgte noch weiter gesteckte Ziele als die Ausdehnung seiner Machtsphäre. Mit der Herrschaft über mehrere nichtfränkische Völker und über einstige Kernregionen des Imperiums glaubte er, nun auch selbst imperiale Ansprüche erheben zu können. So war es programmatisch, daß er Goldmünzen auf seinen Namen prägen ließ und sich selbst den Titel Augustus gab; dies war bislang ein respektiertes kaiserliches Vorrecht gewesen. Er soll einen Angriff auf Byzanz geplant und sich zu diesem Zwecke mit den damals noch in Pannonien

[12] G. Löhlein, Die Alpen- und Italienpolitik der früheren Merowinger im 6. Jahrhundert, 1932; Zöllner, Geschichte (wie II, 5a), 89ff.; R. Schneider, Fränkische Alpenpolitik, in: Die transalpinen Verbindungen der Bayern, Alemannen und Franken bis zum 10. Jahrhundert, Hg. H. Beumann, 1987, 23–49; vgl. daselbst die Beiträge von A. Schmid und P. Fried.

siedelnden Langobarden und mit den Gepiden verbündet haben.[13] Abwegig war dieser Plan wohl nicht, denn noch war der Westen nicht durch den breiten Keil der slawischen Einwanderung auf dem Balkan vom oströmischen Reich getrennt, und überdies hatte sich Theudeberts Einflußsphäre weit über die rechtsrheinischen Regionen nach Osten und Südosten vorgeschoben. Dies erhellt aus einem allerdings nicht ganz sicher zu deutenden, selbstbewußten Brief des Frankenkönigs an Kaiser Justinian, der um 545 zu datieren ist und worin die seiner Macht unterworfenen Völkerschaften und Länder aufgezählt werden. Dazu gehörten die Thüringer, Nordsueben und Sachsen, die nach Theudeberts Schreiben »nostrae sint dicione subiecte«.[14] Das bedeutete aber keine völlige Unterwerfung, denn an anderer Stelle wird für das Abhängigkeitsverhältnis dieser rechtsrheinischen Völker der römische Begriff der »amicitia« verwendet, d. h. es gab zwar keine politische Gleichstellung der Partner, aber wohl eine Garantie ihrer gentilen Integrität. Somit kann man sich die fränkische Organisation der *gentes* rechts des Rheins ähnlich institutionalisiert vorstellen wie einst das römische Foederatensystem.[15]

Auch innenpolitisch ahmte Theudebert das römische Vorbild nach: Er setzte bei seinen fränkischen Untertanen die Steuerpflicht durch, der sie allerdings nur sehr widerwillig nachkamen.[16] Dagegen schonte und förderte er, wie sein Großvater, die Kirche, deren Bedeutung er offenbar erkannt hatte. Das mag auch erklären, daß Gregor von Tours sein rücksichtsloses politisches Vorgehen zwar ebenso ungeschminkt darstellte, wie er dies im Falle Chlodwigs I. getan hatte, und dennoch seine Herrschertugenden lobt: Er habe das Reich mit Gerechtigkeit regiert, die Bischöfe geehrt und die Kirchen beschenkt.[17] Die Chronik des Bischofs Marius von Avenches gibt ihm sogar das Epitheton »magnus«,[18] wohingegen ihn Agathias als kühnen und unruhigen

---

[13] Agathias, Hist. I, 4, 13ff.; GdV 2,7, 330ff. (beide wie II, 4e).
[14] Epistulae Austrasiacae (wie II, 3), Nr. 20, 132f.; dazu ZÖLLNER, Geschichte (wie II, 5a), 91–94.
[15] HAUPTFELD, Die gentes (wie Anm. 6), hier 129.
[16] Gregor von Tours, Historia Francorum (wie II, 4a), III, c. 36, 131f., hier 131.
[17] Ebd., III, c. 25, 123.
[18] Marius episcopus Aventicensis, Chronica a. CCCCLV-DL I, in: Chronica minora saec. (wie II, 2c), Tl. 2, 225–239 (MGH AA 11), hier 236 (ad a. 548); R. COLLINS, Theodebert I, »Rex Magnus Francorum«, in: Ideal and Reality in Frankish and Anglo-Saxon Society (Fs. J. M. Wallace-Hadrill), Hg. P. WORMALD, 1983, 7–33.

Geist schildert, der die Gefahren mehr als nötig liebte.[19] Nach seinem frühen Tod ging seine Gestalt als Wolfdietrich in die Heldensage ein.[20] Die imposante Gestalt Theudeberts I. verdeckt einen wichtigen Trend der Entwicklung, der sich schon gegen die Jahrhundertmitte abzuzeichnen begann: das wachsende Gewicht und später auch Übergewicht der östlichen Regionen des Merowingerreiches beiderseits des Rheins.[21] Zwar konnte Theudeberts I. Sohn Theudebald I. (548–555) die weit gegen Byzanz vorgeschobenen Positionen in Oberitalien und an der Donau nicht behaupten, aber die Anbindung der Gebiete östlich des Rheins – das agilolfingische Bayern eingeschlossen – an die fränkische Gesamtherrschaft äußerte sich, so ungesichert sie auch zeitweise sein mochte, in der zweiten Hälfte des 6. und im 7. Jh. im steigenden Einfluß des Adels dieser Gebiete. Nicht zufällig taucht 561 erstmalig die Bezeichnung »Auster«, »Austria« (Ostreich) auf.[22] Damals starb Chrodechildes Sohn Chlothar von Soissons, der durch eine glückliche Erbkonstellation 555 das Erbe Theudebalds an sich bringen konnte und drei Jahre später auch das Teilreich Childeberts I. von Paris (511–558), so daß er für kurze Zeit das Merowingerreich in seiner Hand vereinigte. Bei der Teilung nach seinem Tode erhielt Chlothars Sohn Sigibert den Reichsteil Austrien mit dessen Annexen in der Auvergne und der Provence. Das einst geteilte Burgund erstand wieder als Einheit und gewann durch die *sedes regia* Orléans sogar eine feste Verbindung mit dem Kerngebiet der merowingischen »Francia«. Desgleichen kam das Gebiet von Bourges an Burgund. Chlothars Sohn Gunthram (561–593), den Gregor von Tours besonders sympathisch schildert, wurde König dieses Teilreiches, das fortan, zumeist in Verbindung mit Austrien, eine bedeutende politische Rolle in den schweren Auseinandersetzungen der dritten und vierten Merowinger-Generation spielte.[23] Das Reich von Paris erhielt Chari-

---

[19] Agathias, Hist. I, 4, 13ff.; GdV 2,7, 330ff. (beide wie II, 4e).

[20] ZÖLLNER, Geschichte (wie II, 5a), 95, Anm. 6 (mit Kontroversliteratur, da auch Theoderich der Große als Vorbild in Frage kommt). Vgl. auch DE BOOR u. a., Geschichte (wie I, 10h), Bd. 2, 196, und die Würdigung bei WERNER, Ursprünge (wie II, 5a), 340f.

[21] STEINBACH, Frankenreich, 35; WERNER, Ursprünge (beide wie II, 5a), 340f.

[22] E. EWIG, Descriptio Franciae, in: DERS., Gallien (wie II, 5a), Bd. 1, 274–322. Die Gewichtsverlagerung des Frankenreiches deutet sich auch in den Grabfunden an: DOPPELFELD u. a., Fürsten (wie II, 5b).

[23] EWIG, Teilungen (wie Anm. 2). – Zu Gregor von Tours: WOOD, Gregory of Tours

bert I. (561–567), das Teilregnum Soissons Chilperich (561–584), so daß alle vier Söhne am Erbe teilhatten, das erst jetzt ein Großreich war.

Das hinderte aber nicht den Fortgang merowingischer Erbkämpfe. Chilperichs Versuche, seinen Reichsteil auf Kosten des weit nach Osten ausgreifenden Erbteils Sigiberts zu erweitern, scheiterten zwar, und selbst nach dessen Tod verstand es seine Witwe, die Westgotin Brunichilde, die Herrschaft für ihren fünfjährigen Sohn Childebert II. (575–596) zu sichern. Dabei taucht aber als neues Moment der Herrschaftssicherung erstmalig die Macht des Adels auf, der jetzt ein Mitspracherecht erlangte. In den folgenden blutigen Kämpfen und intrigenreichen Wirren um die Herrschaft in den Teilreichen, die vor allem in den Jahrzehnten nach der Ermordung Chilperichs I. (584) eskalierten, kam es zu dramatischen Wendungen, bei denen sowohl Sigiberts Witwe Brunichilde als auch Chilperichs Witwe Fredegunde eine zentrale Rolle spielten; das Nibelungenlied dürfte in verfremdeter Form einen Nachhall dieser Ereignisse bewahrt haben. Es war auch ein Machtkampf zwischen den austrasischen Großen und dem Königtum – repräsentiert durch den burgundischen König Gunthram und Brunichilde –, der mit dem Vertrag von Andelot (586 oder 587) vorläufig zugunsten der »merowingischen Zentralistin« Brunichilde endete. In diesem Übereinkommen, das die innerdynastischen Spannungen beseitigen sollte, wurde Childebert II., der Sohn Brunichildes, als Nachfolger des kinderlosen Gunthram bestimmt; die Macht der Adelsgruppen einzudämmen gelang jedoch nicht. Damit war die Auseinandersetzung nicht abgeschlossen, denn 613 gelang es Chlothar II. (584–629) – dem Sohn Chilperichs und Fredegundes, der alle Rivalen überlebt hatte – von seiner stark reduzierten Machtbasis am Unterlauf der Seine überraschend zum Gesamtherrscher aufzusteigen. Dies wurde ihm möglich durch ein Bündnis mit dem burgundisch-austrischen Adel, an dessen Spitze bereits die beiden Stammväter der Karolinger, Arnulf, der »domesticus« Theudeberts II., seit 614 Bischof von Metz († 629) und Pippin der Ältere († 640), standen. Nachdem die Austrier Chlothar II. zur Übernahme der Herrschaft aufgefordert und auch der burgundische Adel Brunichilde verlassen hatte, wurde die Königin

---

(wie § 6, Anm. 13); M. HEINZELMANN, Gregor von Tours (538–594). »Zehn Bücher Geschichte«. Historiographie und Gesellschaftskonzept im 6. Jahrhundert, 1994.

gefangen und grausam hingerichtet. Sie war bis zu ihrem Tode die konsequenteste Verteidigerin der Macht des Königtums wie der Reichseinheit gewesen.[24]

Die unter Chlothar II. wiederhergestellte Reichseinheit war allerdings nur eine relative, denn die Herrschaft dieses Königs über drei Königreiche (»monarchia trium regnorum«) konnte nur gegen politische Konzessionen an den austrischen wie den franko-burgundischen Adel gesichert werden. Der König wählte wieder Paris zur Residenz, und damals taucht auch erstmals für den Reichsteil zwischen Pariser Becken und Atlantik die Bezeichnung »Neustria« (Neu-Westreich) auf, eine Gegenbildung zu Auster, dem Ostreich. Die Herrschaft Chlothars II. war eher eine Personalunion und von den Sonderinteressen der Teilreiche beschränkt. Erstmalig treten sich hier Königtum und Adelsherrschaft gegenüber, und damit zeichnete sich schon eine grundlegende Signatur mittelalterlicher Staatlichkeit ab. Ihren Niederschlag fand diese neue Konstellation im Pariser »Edictum Chlotharii« von 614, einem Kompromiß zwischen der siegreichen austrischen Adelsopposition und dem neuen König.[25] Die harten Steuergesetze Chilperichs und der Königin Brunichilde wurden aufgehoben. Wichtiger war noch, daß in Zukunft nur noch Grafen aus den in der jeweiligen Region ansässigen Grundherren eingesetzt werden sollten, eine Bestimmung (Art. 12), die dem ursprünglichen Sinn des Grafenamtes zuwiderlief, ein zentrales Kontrollorgan des Königtums zu sein. Der *comes* war damit sowohl Vertreter regionaler Interessen als auch Teilhaber an der Königsherrschaft geworden. Parallel dazu ist die schon zuvor von Chlothar II. getroffene Entscheidung zu sehen, für jedes Teilreich einen Hausmeier zu bestellen, desgleichen die Bestimmung (Art. 19), die das Indigenat auch für die Amtsträger aus den Reihen der Bischöfe und *potentes* festlegt. Insgesamt enthielt das Edictum nicht nur einseitige Zugeständnisse des Königs an die Großen des Reiches, sondern es war gleichzeitig eine eher pragmatische Verwaltungsmaxime, denn nur der im Sprengel ansässige Amtsträger konnte auch für Verfehlungen mit seinem Besitz zur Rechenschaft gezogen werden. Die kirchlichen Forderungen nach kö-

[24] M. BRION, Frédegonde et Brunéhaut, 1935; H. GRAHN-HOEK, Die fränkische Oberschicht im 6. Jahrhundert, 1976, passim.

[25] Chlotarii II. edictum [614, Oct. 18], in: Capitularia (wie II, 2c), 20–23 (MGH Capit. 1).

niglicher Anerkennung einer Bischofswahl durch Klerus und Volk wie auch der bischöflichen Amtsgewalt über den Diözesanklerus akzeptierte Chlothar II., doch behielt er sich das wichtige Recht vor, daß nach wie vor der Befehl des Herrschers zur Erteilung der Bischofsweihe notwendig war, die Königsherrschaft über die Kirche also im wesentlichen erhalten blieb. Eine »Magna Charta« des fränkischen Adels war also das »Edictum Chlotharii« nicht, sondern eher ein Kompromiß, der durch teilweise Regionalisierung der Herrschaft eine größere Rechtssicherheit gewährleisten sollte. Auch der Gesichtspunkt eines Schutzes der austrischen und franko-burgundischen Großen vor der Macht neustrischer Amtsträger mag dabei eine Rolle gespielt haben.[26] Das ändert aber nichts an der Tatsache, daß im weiteren Verlauf des 7. und frühen 8. Jhs. die Regionalisierung politischer Macht immer größere Fortschritte machte und besonders in der Kombination von regionaler Adelsherrschaft und Bischofsmacht in den Civitates jene »Kirchenstaaten« oder »aristokratischen Republiken mit bischöflicher Spitze« entstanden, die den Bestand des Frankenreiches aufzulösen drohten und erst von den Karolingern wieder mit großer Mühe in den Staatsverband fest eingefügt werden konnten.[27] Für den Moment jedoch verfehlte das Edikt nicht seine Wirkung, zumal Chlothar II. im mächtigen Austrien seinen Sohn Dagobert I. als Unterkönig in Metz einsetzte und ihm nach den Hausmeiern Rado und Hugo mit Pippin dem Älteren und den Bischöfen Arnulf von Metz und Kunibert von Köln wichtige und einflußreiche Berater aus dem Lande selbst zur Seite gab. Mit Pippin gewann das Hausmeieramt seine überragende politische Bedeutung; zuvor war damit lediglich die Leitung der königlichen Haushaltung verbunden. Auch diese eher pragmatische Entscheidung des in Paris residierenden Gesamtherrschers sollte sich in ihren Auswirkungen als ambivalent er-

[26] R. SPRANDEL, Struktur und Geschichte des merovingischen Adels, in: HZ 193, 1961, 33–71, bes. 62ff.; WERNER, Ursprünge (wie II, 5a), 345f. Gegen die traditionelle Deutung des Edictum Chlotharii neuerdings EWIG, Merowinger (wie II, 5a), 118f., und, kaum überzeugend, G. KOCHER, Das Pariser Edikt von 614 und die merowingische Rechtspflege aus der Sicht der deutschen Rechtsgeschichte, 1976.

[27] E. EWIG, Milo et eiusmodi similes, in: DERS., Gallien (wie II, 5a), Bd. 2, 189–219, hier 212f. – Zur Rolle Neustriens als Kernland der westlichen Francia vgl. ROBLIN, Le territoire (wie II, 5b), und bes.: La Neustrie. Les pays au nord de la Loire de Dagobert à Charles le Chauve (VIIe-IXe siècles), Hg. P. PÉRIN u. a., 1985; La Neustrie (wie II, 5c).

weisen, denn einerseits verstärkte die Etablierung der Königsmacht im Osten des Reiches eine gewisse Sicherheit gegenüber der sich abzeichnenden awarischen Bedrohung, andererseits bahnten sich mit dem austrischen Unterkönigtum Sonderentwicklungen an, die nicht im Interesse der Reichseinheit sein konnten.[28]

§ 8 Letzter Höhepunkt und politisch-kulturelle Ostexpansion des Merowingerreiches unter Dagobert I.

Beim Tode Chlothars II. folgte ihm sein Sohn Dagobert I. (629–639) unangefochten in der Gesamtherrschaft nach. Dieser verlegte seine Residenz von Metz nach Paris. Hatte der burgundische Autor der sogenannten »Fredegar-Chronik« Dagoberts Herrschaft als austrischer Unterkönig hoch gelobt und dies u. a. mit dem wohltätigen Einfluß Arnulfs von Metz, des Hausmeiers Pippin und Kuniberts von Köln begründet, so erfuhr seine Gesamtherrschaft seit 629 scharfe Kritik: Er habe alle Gerechtigkeit vergessen, den Königsschatz auf Kosten der Kirche rücksichtslos bereichert, sich der »luxuria«, der Fleischeslust, ergeben und drei Königinnen sowie zahllose Konkubinen unterhalten. Es war wohl die erfolgreiche Reorganisation der Königsherrschaft, die oppositionellen Adelskreisen mißfiel, denn Dagobert war zweifellos der letzte bedeutende und energische Merowinger. Er hat sich in raschem Zugriff Neustrien und Burgund gesichert und durch eine straffe Steuerpolitik die königlichen Ressourcen beträchtlich gesteigert. Da hiervon auch die Bistümer betroffen wurden, ist es kein Wunder, daß man ihm Ausplünderung reicher Kirchen und insgesamt eine erpresserische Finanzwirtschaft vorwarf. Im Kern handelte es sich um eine erste Säkularisation von Kirchengut.[1] Da die finanziell

---

[28] Zum Hausmeieramt s. u. § 16a mit Anm. 25.

[1] Fredegarii et aliorum Chronica (wie II, 4a), 1–193, IV, c. 58–61, 149ff. (MGH SRM 2); WALLACE-HADRILL, Kings (wie II, 5a); M. BOUVIER-AJAM, Dagobert, 1980; C. WEHRLI, Mittelalterliche Überlieferungen von Dagobert I., 1982; M. WEIDEMANN, Adelsfamilien im Chlotharreich, in: Francia 15, 1987, 829–851. – Zur »Säkularisation« Dagoberts I. vgl. M. ROUCHE, Religio calcata et dissipata ou les premières sécularisations de terres d'Église par Dagobert, in: Le septième siècle (wie II, 5c), 236–249; WOOD, Merovingian Kingdoms (wie II, 5a), 140–155 und 181–202; die konkrete zeitgenössische Raumerfahrung in Austrien untersucht F. CARDOT, L'espace et le pouvoir. Etude sur l'Austrasie mérovingienne, 1987.

ergiebigen Civitates vor allem im Kerngebiet der »Francia«, d. h. im Westen, lagen und die Bischöfe oftmals reiche Stadtherren waren, mußte sich Dagoberts schroffer Fiskalismus dort wesentlich stärker auswirken als im agrarischen, zumeist städtearmen Austrien. Zu einer Reichsteilung kam es unter ihm nicht, denn Dagobert schickte nur den jüngeren Stiefbruder Charibert II. (629–632), der als einfältig (*simplex*) galt, als Unterkönig nach Toulouse. Dort entstand eine Art Großmark gegen die Basken und gegen die Reste der Gotenherrschaft um Narbonne. Nach Chariberts frühem Tod übernahm Dagobert die Herrschaft auch im südlichen Aquitanien.[2]

Als wichtiger noch und für die spätere deutsche Geschichte von nachhaltiger Wirkung erwiesen sich Dagoberts Aktivitäten an der Ostflanke des Merowingerreiches, wo er als erster König seit Theudebert I. wieder reorganisierend eingriff. In Ost- und Ostmitteleuropa hatten sich seit der Wende vom 6. zum 7. Jh. die Verhältnisse grundlegend gewandelt, und zwar sowohl durch die großräumige Awarenherrschaft[3] als auch durch deren mittelbare Folgen für die slawische Einwanderung.[4] Mit der slawischen Welt entstand eine mitteleuropäische Pufferzone zwischen dem Merowingerreich im Westen und der sich am Beginn des 7. Jhs. wieder konsolidierenden Macht des byzantinischen Kaisertums.[5] Slawische Verbände übernahmen im 6. Jh. als Limitantruppen den Grenzschutz für Byzanz an der unteren Donau, schoben sich aber gleichzeitig auch nach Westen vor und drangen nach 572/79 in Binnennoricum ein, wo ihnen 591 der Bayernherzog Tassilo I. erfolgreich entgegentrat. Jedoch schon vier Jahre später siegten die Slawen, nach dem auf älteren Nachrichten basierenden Bericht des langobardischen Chronisten Paulus Diaconus († 799), mit Hilfe eines awarischen Kagans über die Bajuwaren; 610 besiegten sie Tassilos Sohn Garibald II. bei Aguntum (Dölsach b. Lienz), wurden aber bald danach von den Bajuwaren entscheidend

---

[2] Zur Rolle Aquitaniens in dieser Epoche insgesamt: ROUCHE, L'Aquitaine (wie II, 5b).

[3] M. HELLMANN, Die Awaren, in: HEG 1, 357–362. Grundlegend: A. KOLLAUTZ u. a., Geschichte und Kultur eines völkerwanderungszeitlichen Nomadenvolkes, Bd. 1–2, 1970, und W. POHL, Die Awaren, 1988. S. u. § 11 mit Anm. 3.

[4] M. HELLMANN, Die Slawen, in: HEG 1, 362–366; Die Slawen; FRITZE, Frühzeit (beide wie II, 5b); H. BRACHMANN, Slawische Stämme an Elbe und Saale, 1978, und unten § 11.

[5] O. MAZAL, Vom Oströmischen zum Byzantinischen Reich, in: HEG 1, 297–313.

geschlagen, womit ihr Vorrücken im Pustertal und im gesamten Ostalpenraum endgültig zum Stehen kam.[6] Aus einem schwer genauer zu definierenden Zustand zwischen awarisch-slawischer Symbiose und harter awarischer Oberherrschaft über die Slawen entwickelte sich um 623/24 die Reichsgründung Samos, eines fränkischen Kaufmanns. Samo, nach Fredegar »natione Francus«, trat offenbar an die Spitze slawischen Widerstandes gegen die Awaren und erlangte eine königsgleiche Herrschaft, die vom Erzgebirge bis zu den Ostalpen reichte und wohl in Westböhmen ihr Zentrum hatte.[7] Der Druck der Awaren hatte sich vermindert, seit sich durch die vernichtende Niederlage dieser Nomaden vor Konstantinopel (626) ihr Großreich aufzulösen begann. Dafür kam es 631 zum Konflikt Samos mit König Dagobert I., der, vielleicht im Bunde mit den Langobarden, in drei Heersäulen zum Angriff überging. Während die Langobarden in Kärnten gegen die Slawen siegten und ein alamannisches Heer unter Herzog Chrodobert ebenfalls gegen Samos Truppen erfolgreich war, erlitt das Hauptheer bei Wogastisburc (Kaaden/Kadañ) an der Eger eine schwere Niederlage, worauf sich die Sorben zwischen Elbe und Saale unter ihrem *dux* Derwan dem Samo-Reich anschlossen.[8] Die Fredegar-Chronik führt diesen Fehlschlag auf ein Zerwürfnis Dagoberts mit den Austrasiern zurück, die sich vom König ausgeplündert gefühlt haben sollen.

Die Auseinandersetzung mit dem Samo-Reich muß im Zusammenhang mit der politischen Neuorganisation der Gebiete rechts des Rheins unter Chlothar II. und Dagobert I. gesehen werden. Dabei handelte es sich nicht einfach um ein Wiederanknüpfen an die Oberherrschaft in der Zeit Theudeberts I., sondern um einen viel tiefer in die Gesellschaftsstruktur eingreifenden Umbau der älteren gentilen Verhältnisse.[9] Alamannien wurde davon zuerst betroffen, denn schon Chlothar II. hat im ersten Jahrzehnt seiner Gesamtherrschaft durch Aufzeichnung des »Pactus Alamannorum« eine neue, vom Königtum

---

[6] Reindel, Grundlegung (wie II, 5b), 146–149.

[7] Fredegarii et aliorum Chronica (wie II, 4a), 154ff. (MGH SRM 2).

[8] Prinz, Böhmen (wie I, 9), 46ff.

[9] Christlein, Alamannen; Keller, Archäologie; vgl. auch Ders., Fränkische Herrschaft (alle wie II, 5b). – Zu Austrasiens wachsender Bedeutung: H. H. Anton, Art. »Austrasia/Austria«, in: RGA 1, 1973, 512f.; Austrien im Merowingerreich, Hg. H. Lademacher, 1965; Cardot, L'espace (wie Anm. 1); vgl. allgemein: M. Parisse, Lothringen. Geschichte eines Grenzlandes, 1984.

legitimierte Rechtsordnung gesetzt, die aber dennoch auf den Rechtstraditionen der älteren »gens Alamannorum« beruhte. Dies hing wiederum mit der multigentilen Grundstruktur des Merowingerreiches zusammen, die im 7. Jh. zu einer »Regionalisierung« der Volkstümer führte.[10] Einerseits wurde so eine zunehmende »Verfrankung« der rechtsrheinischen Gebiete bewirkt, andererseits die alamannische Oberschicht in die fränkische Reichsherrschaft integriert und den regionalen Voraussetzungen durch einen alamannischen Dukat Rechnung getragen. Gekoppelt war diese Entwicklung mit der Ausbildung erster Ansätze einer im engeren Sinne adeligen Gesellschaftsformation, wobei zweifellos der Anstoß von der fränkischen Königsmacht kam. Umstritten ist allerdings das archäologische Pendant dieser differenzierenden Entwicklung, doch dürfte sich in den »Adelsfriedhöfen« des 6./7. Jhs., in deren Separierung von den allgemeinen Nekropolen, ferner in Kirchengründungen und Stiftergräbern sowie in der Häufigkeit des typisch fränkisch-merowingischen Martinspatroziniums in adeligen Stiftungen der enge Zusammenhang zwischen königlichem und adeligem Herrschaftsaufbau manifestieren.[11] Im 7. Jh. kam es auch zu einer Wiederbesetzung und Renovierung fortifikatorischer Schlüsselstellungen, ehemaliger Römerkastelle, frühalamannischer »Burgen« und sogar alter keltischer Höhensiedlungen, und auch dies kann dem ordnenden, planenden Zugriff Chlothars II. und Dagoberts I. zugeschrieben werden.[12]

Stärker noch als sein Vater Chlothar hat Dagobert als Organisator der politischen wie der damit eng verbundenen kirchlichen Ordnung im Elsaß wie insgesamt am Oberrhein und Hochrhein gewirkt. Auf

---

[10] E. EWIG, Volkstum und Volksbewußtsein im Frankenreich des 7. Jahrhunderts, in: DERS., Gallien (wie II, 5a), Bd. 1, 231–273.

[11] Für die Kaiserstuhllandschaft: G. FINGERLIN, Kastellorte und Römerstraßen im frühmittelalterlichen Siedlungsbild des Kaiserstuhls, in: Von der Spätantike (wie II, 5c), 379–409.

[12] W. SCHLESINGER, Zur politischen Geschichte der fränkischen Ostbewegung vor Karl dem Großen, in: Althessen, 9–61, bes. 26f.; KELLER, Fränkische Herrschaft (beide wie II 5b), 12ff.; K. WEIDEMANN, Karte der Burgen, Klöster und Bistümer im Frankenreich rechts des Rheins (7.–8. Jahrhundert), in: Ausgrabungen in Deutschland (wie II, 5a), Bd. 3, 367–370. – Gegen die Echtheit der Konstanzer und St. Galler Dagobert-Tradition: U. MAY, Untersuchungen zur frühmittelalterlichen Siedlungs-, Personen- und Besitzgeschichte anhand der St. Galler Urkunden, 1976, bes. 18ff., 34ff., 38ff. und 61ff., wohl kaum zu Recht. Vgl. dagegen PRINZ, Südwestdeutschland (wie II, 5b), hier 45f.

ihn geht wohl die Gründung des elsässischen Herzogtums zurück, dessen Basis er durch den Sornegau zwischen Basel und Biel und durch das Gebiet bis zum Thuner See erweiterte.[13] Vermutlich war damit auch die Einführung der fränkischen Grafschaftsverfassung verbunden, deren »Amtscharakter« man allerdings nicht anachronistisch überschätzen darf.[14] Ob das Bistum Konstanz schon vor Dagobert I. bestand, ist umstritten, doch Konstanz selbst geht wohl als Siedlung auf eine spätrömische Befestigung des Kaisers Constantius II. (337–361) zurück; allerdings ist deren Fortbestehen nicht gesichert. Neben Dagobert I., der das Bistum mit Königsgut ausstattete, war auch der alamannische *dux* Gunzo an der Gründung beteiligt; genauere Nachrichten bringt jedoch erst das 8. Jh., als die Christianisierung des Bodenseeraums sowohl von Chur als auch von St. Gallen und der Reichenau aus intensiviert worden ist. Auf jeden Fall hat Dagobert Konstanz feste Diözesangrenzen gegen Avenches-Lausanne und Chur gegeben, vielleicht auch gegenüber dem Bistum Augst-Basel, das zur gleichen Zeit durch Bischof Ragnachar, einen Schüler des Abtes Eustasius von Luxeuil, gegründet wurde. Dies geschah bereits mit Unterstützung des irofränkisch-columbanischen Mönchtums, dessen entschiedener Förderer der Merowinger gewesen ist.[15] Luxeuiler Mönche besiedelten auch die vom elsässischen Herzog Gundoin gestiftete Abtei Granfelden/Moutier-Grandval im Jura an der alten Straße vom Oberrhein nach Mailand.[16] Sie war sicher eine adelige Gründung, aber auch dahinter dürfte – sowohl vom politisch-herrschaftlichen Impuls als auch von der monastischen Orientierung her – Dagobert I. gestanden haben, der überdies das erneuerte Bistum Straßburg mit Schen-

---

[13] BOUVIER-AJAM, Dagobert (wie Anm. 1); I. EBERL, Dagobert I. und Alemannien, in: ZWLG 42, 1983, 7–51; M. BORGOLTE, Die Geschichte der Grafengewalt im Elsaß von Dagobert I. bis Otto d. Gr., in: ZGO 131, 1983, 3–54; für Alamannien insgesamt: DERS., Geschichte (wie II, 5b).

[14] Vgl. D. CLAUDE, Art. »Comes« (§ 2–§ 6), in: RGA 5, 1984, 65–68 (Literatur); ferner H.-P. NAUMANN u. a., Art. »Dux«, in: RGA 6, 1986, 296–311. SCHULZE, Reich (wie II, 5a); kritisch dazu F. PRINZ, Rezension, in: ZBLG 38, 1975, 357ff.; auch die Ergebnisse von BORGOLTE, Geschichte (wie II, 5b), sprechen gegen eine Überbetonung des Amtscharakters der Grafschaft östlich des Rheins.

[15] Die Bischöfe von Konstanz, Hg. E. L. KUHN, Bd. 1–2, 1988; H. MAURER, Konstanz im Mittelalter, 1989.

[16] H. KELLER, Mönchtum und Adel in den Vitae patrum Jurensium und in der Vita Germani abbatis Grandivallensis, in: Landesgeschichte und Geistesgeschichte (Fs. O. Herding), Hg. K. ELM, 1977, 1–23.

kungen aus dem gesamten Herzogtum Elsaß bedacht hatte. Auch den Ausbau des ebenfalls zwischenzeitlich erloschenen Bistums Speyer hat er mit Dotationen an die Germanus-Kirche gefördert. Im alamannisch-bajuwarischen Grenzraum ist Dagoberts Wirken gleichermaßen erkennbar: Das spätantike Afra-Heiligtum in Augsburg, das die Völkerwanderungsepoche überdauerte, erhielt im ersten Drittel des 7. Jhs. eine neue, große Steinkirche und wurde bevorzugter Begräbnisplatz einer archäologisch feststellbaren neuen Oberschicht, die nach ihren Grabbeigaben auf Burgund und den Rhône-Raum verweist. Es ist wohl kein Zufall, daß Dagobert als einziger König vor Kaiser Konrad II. im Totengedächtnis von St. Afra erscheint. Wahrscheinlich ist damals das Bistum Augsburg gegründet worden, doch wären nach neuen archäologischen Befunden auch spätantike Wurzeln möglich.[17]

Das, was man etwas allgemein als »fränkischen Ausgriff« in die Gebiete östlich des Rheins bezeichnet, hat aber noch andere, generelle Aspekte. Es handelt sich bei der »Regionalisierung der Volkstümer« nämlich auch um durchgreifende Akkulturationsvorgänge, die zur Angleichung sehr unterschiedlicher ethnischer Traditionen führten. Das gilt für die schon erwähnte »Verfrankung« der östlichen Teile des Merowingerreiches ebenso wie für die teilweise Integration der Romanen. Bewaffnung und Tracht passen sich im 6./7. Jh. gegenseitig an, doch bleibt für das gesamte Frankenreich die Feststellung gültig, daß eine fränkische Volkssiedlung nur bis zur Seine, doch kaum darüber hinaus reichte. Erschwert wird das Urteil über die jeweilige ethnische Zuweisung von Grabbeigaben durch die Tatsache, daß man

---

[17] Ausgrabungen St. Ulrich, Afra (wie II, 5c) (Publikation aufgrund der Ausgrabungen von A. RADNOTI); F. PRINZ, Augsburg im Frankenreich, in: ebd., 375–398. Fraglich: BRÜHL, Palatium (wie § 5, Anm. 22), Bd. 2, 210f., der die Gründung des Augsburger Bistums »etwa im 3. Viertel des 7. Jahrhunderts« vermutet, ohne Gründe anzugeben. W. SAGE, Die Ausgrabungen in der Krypta des Augsburger Domes in den Jahren 1979/80, in: Ars Bavarica 23/24, 1981, 13–40, hält aber eine spätantike Kathedralkirche für möglich. S. u. § 19a mit Anm. 31. – Zusammenfassung in: Geschichte der Stadt Augsburg (wie § 5, Anm. 31), bes. die Beiträge von L. BAKKER, G. GOTTLIEB, V. BIERBRAUER und W. SAGE. Andererseits ist die Vermutung geäußert worden, daß zwischen Spätantike und Frühmittelalter Säben bei Brixen statt Augsburg das christliche Kultzentrum gewesen sei. V. BIERBRAUER u. a., Die Ausgrabungen im spätantik-frühmittelalterlichen Bischofssitz Sabiona-Säben, in: Der Schlern 62, 1988, 243–300. B. SCHIMMELPFENNIG, War die heilige Afra eine Römerin?, in: Vera lex historiae (Fs. D. Kurze), Hg. S. JENKS, 1993, 277–303, bezweifelt das Martyrium Afras in Augsburg, wohl kaum zu Recht.

zwar für Lothringen als Kennzeichen romanischer Gräberfelder Beigabenarmut, Fehlen von Waffen- und Fibelbeigaben, ferner das Auftreten von Sarkophagen und Mehrfachbestattungen feststellen konnte, daß jedoch schon in der jüngeren Merowingerzeit, also für das 7. Jh., die Übernahme romanischen Grabbrauchs durch die Franken – auch dies ein Zeichen der »Akkulturation» – gesichert ist.[18] Unter diesem Gesichtspunkt ist auch die sogenannte »Reihengräberzivilisation« des 7. Jhs. zu sehen, die bei aller Schwierigkeit der Deutung doch zeigt, daß diese relativ homogene Bestattungssitte ohne einen gleichartigen religiösen und gesellschaftlichen Hintergrund kaum vorstellbar ist, und dieser kann nach Lage der Dinge für die rechtsrheinischen Regionen wohl nur die multiethnische, aber doch vereinheitlichende Expansion des Frankenreiches nach Osten gewesen sein.[19] Es handelt sich bei den sogenannten Reihengräberfriedhöfen um unverbrannte, nach Osten ausgerichtete Bestattungen, wobei die Toten ihre Tracht sowie Beigaben ins Grab mitbekamen. Seit der zweiten Hälfte des 5. Jhs. waren Reihengräber allgemein üblich; aufwendige Grabbauten finden sich aber ebenfalls. Seit Ende des 7. Jhs. löst sich die Reihengräbersitte mit Beigaben schrittweise auf, wahrscheinlich unter dem wachsenden Einfluß christlicher Vorstellungen. Daß dennoch viele Fragen bei der Deutung offenbleiben, sei ausdrücklich betont, vor allem ist auf das methodische Bedenken Rücksicht zu nehmen, daß sich manche Rückschlüsse speziell auf die reichen Beigaben der Oberschichtengräber beziehen, das Gros der ärmer ausgestatteten bis beigabenlosen Gräber aber mangels Anhaltspunkten oft ausgeklammert bleiben muß.[20] Immerhin wird man als gesichert annehmen dürfen, daß nach Ausweis der Verbreitung der Reihengräberzivilisation auch Alamannien und das agilolfingische Bayern zum politischen

---

[18] Zum Diskussionsstand: AMENT, Franken und Romanen (wie § 1, Anm. 13); abweichend, aber kaum überzeugend: P. PÉRIN, Zur Forschungsgeschichte und Methodendiskussion, in: Francia 8, 1980, 537–552. – Für Lothringen: F. STEIN, Franken und Romanen in Lothringen, in: Studien zur vor- und frühgeschichtlichen Archäologie (wie § 3, Anm. 4), Bd. 2, 579–590. Auf Alamannen-Romanen bezogen: H. KELLER, Spätantike und Frühmittelalter im Gebiet zwischen Genfer See und Hochrhein, in: FMASt 7, 1973, 1–26, hier 15f., und bes. MARTIN, Gräberfeld von Kaiseraugst (wie § 5, Anm. 54). – Methodisch wichtig: BIERBRAUER, Frühgeschichtliche Akkulturationsprozesse (wie § 4, Anm. 65).

[19] WERNER, Verbreitung (wie § 1, Anm. 13).

[20] Dies ist einer der kontroversen Punkte zwischen der Auffassung R. CHRISTLEINS und H. KELLERS (siehe Anm. 9).

Verband und zur kulturellen Verkehrsgemeinschaft des Merowingerreiches gehörten.[21] Dazu passen auch die irofränkisch-monastischen Aktivitäten in Bayern durch die Mönche Agrestius und Agilus zur Zeit des Abtes Eustasius von Luxeuil. Der Name des Missionars Agilus dürfte ein latinisierter Agilolfingername sein. Da dieser Mönch ein Verwandter der mächtigen Burgundofaronensippe von Meaux war, bestanden wohl auch Verwandtschaftsbeziehungen zur bayerischen Herzogsfamilie.

War man bislang eher skeptisch hinsichtlich der Wirksamkeit der Luxeuilmission in Bayern, liefern neue archäologische Ergebnisse den Beweis, daß sich seit 600 und während des 7. Jhs., also in der Epoche der bayerischen Luxeuilmission, die Christianisierung vor allem der Oberschicht fast schlagartig intensivierte. Die Funde von Goldblattkreuzen, eindeutigen Zeichen christlicher Bestattung, nehmen stark zu. Es besteht ein enger Zusammenhang zwischen Christianisierung und Herausbildung einer Herrenschicht, wie sie sich archäologisch in der Separierung der Oberschichtengräber von den allgemeinen Reihengräbern und deren Lozierung bei oder in neuerrichteten Kirchen manifestiert. Die »Selbstheiligung« des entstehenden Adels hatte somit eine sehr konkrete Folge im Wandel der Bestattungsformen oder, anders ausgedrückt: Die christliche Mission förderte fast paradoxerweise eine weitere starke soziale Differenzierung der germanischen Gesellschaft.

Wie auch in anderen Fällen bedurfte eine kontinuierliche und daher erfolgreiche Mission der politischen Unterstützung, die in der Zeit Dagoberts I. gegeben war.[22] Wenn man bedenkt, daß dieser König den

---

[21] Bayerischer Geschichtsatlas (wie I, 12c), Karte 9a: »Reihengräber 6.–8. Jahrhundert« und der dazugehörige Kommentar, 56f. – Problematisch: G. HALSALL, The Origins of Reihengräberzivilisation: forty years on, in: Fifth-Century Gaul (wie § 5, Anm. 1), 196–207; U. KOCH, Stätten der Totenruhe – Grabformen und Bestattungssitten der Franken, in: Die Franken (wie § 5, Anm. 70), Bd. 1, 723–737. Die Behauptung der Autorin, das Ende der Reihengräberzivilisation hänge »nicht mit dem Aufkommen der christlichen Religion zusammen«, ist insofern ungenau, als das Eindringen des Christentums in die germanisch-fränkische Welt ein langanhaltender Prozeß war. Der auch von ihr erwähnte »Wechsel vom Reihengräberfeld zum Friedhof neben der Kirche, auf dem beigabenlos bestattet wurde«, markiert ziemlich genau den durch die Kirche bewirkten Vorgang der Christianisierung vor allem der Oberschicht.

[22] Zur Ausbreitung christlicher Adelsgrablegen östlich des Rheins und an der Donau: H. W. BÖHME, Adelsgräber im Frankenreich, in: JRGZ 40,2, 1993, 397–534; dazu

Bajuwaren befehlen konnte, mehrere Tausend nach Bayern geflüchtete Bulgaren zu töten, und daß der Grundstock der »Lex Baiuvariorum« unter diesem König redigiert oder ganz neu gefaßt wurde,[23] dann rundet sich das Bild einer wohlorganisierten Expansion des Frankenreichs bis an die slawisch-awarische Grenzzone im Osten.

Die Mainlande, die Wetterau und Thüringen waren schon unter Childebert II. und Theudebert II. Aufmarschgebiete gegen die nach Westen bis an die fränkische Saale vordringenden Slawen.[24] König Dagobert I. dürfte auch hier organisatorisch erneut eingegriffen und drei Amtssprengel geschaffen haben. Es war dies zum einen das Markherzogtum Thüringen, das nach der fränkischen Niederlage vor Wogastisburc Herzog Radulf zum Grenzschutz übertragen wurde. Um Würzburg gab es ein mainfränkisches Herzogtum, und in der Wetterau oder um Aschaffenburg vermutlich das Gebiet der Farasippe.[25] Daß bei den schlechten organisatorischen Möglichkeiten überregionaler Herrschaft im Frühmittelalter immer wieder Regionalherrschaften zu politischer Sondermacht tendierten, zeigt der Konflikt Dagoberts mit Faras Vater Chrodoald am Beginn seines Metzer Unterkönigtums, ein Konflikt, den angeblich Arnulf von Metz und der austrische Hausmeier Pippin angestiftet hatten. Chlothar II. versöhnte Chrodoald mit Dagobert, doch dieser befahl dennoch, den Herzog in Trier zu töten; dem Sohn Fara beließ er aber seinen Amtsbereich. Die Würzburger Herzöge, die später, an der Wende vom 7. zum 8. Jh., für die Missionsarbeit des Angelsachsen Willibrord wichtig werden sollten, reichen genealogisch mit ihrem Stammvater Ruodi (Hruodi) bis

---

die Verbreitungskarten Nr. 42, 77, 98 und 99; DERS., Adel und Kirche bei den Alamannen der Merowingerzeit, in: Germania 74, 1996, 477–507. – Zu einer Adelsgrablege bei Weltenburg vgl. R. CHRISTLEIN, Stupinga – Staubing, Landkreis Kelheim, 1973; E. KELLER, Der frühmittelalterliche »Adelsfriedhof« mit Kirche von Herrsching am Ammersee, in: Jahresberichte der bayerischen Bodendenkmalspflege 32/33, 1991/92, 7–68; vgl. auch: Die Stadtkirche St. Dionysius in Esslingen a. N., Hg. G. P. FEHRING u. a., Bd. 1–3, 1995, Bd. 1. Zu den Goldblattkreuzen: Die Goldblattkreuze des frühen Mittelalters, Hg. W. HÜBENER, 1975.

[23] REINDEL, Grundlegung (wie II, 5b), 234–245, hier 244.

[24] Grundlegend: SCHLESINGER, Zur politischen Geschichte (wie Anm. 12).

[25] SCHMALE, Grundlegung (wie II, 5b), hier 12 und 16. Die genealogischen Angaben, die SCHMALE teilweise von A. FRIESE, Studien zur Herrschaftsgeschichte des fränkischen Adels, 1979, übernommen hat, sind umstritten; B. SCHMIDT, Das Königreich der Thüringer und seine Eingliederung in das Frankenreich, in: Die Franken (wie § 5, Anm. 70), Bd. 1, 285–297.

in die Dagobertzeit zurück. Der Leitname Heden (Chedinus) taucht sogar schon 590 auf; vielleicht hatte bereits der Träger dieses Namens den Würzburger Dukat inne.[26]

Am Niederrhein und in der austrasischen Francia ist die Wirksamkeit Dagoberts eng mit dem Bischof Kunibert von Köln (626/27 – ca. 663) verbunden, der während dessen Unterkönigtum sein politischer Berater gewesen ist und ein Parteigänger des Hausmeiers Pippin war. Wie weit damals die Macht Austriens im Osten und Nordosten reichte, geht aus Dagoberts Schenkung von Soest und Utrecht an Kunibert hervor. Wie am Main spielte dabei bereits Mission eine Rolle, die dann am Ende des 7. Jhs. in Friesland wieder von dem Angelsachsen Willibrord aufgenommen wurde.[27] Numismatische Befunde aus der Zeit zwischen 630 und 650 deuten auf Präsenz des Merowingerreiches in Friesland, besonders in dem wichtigen Handelsplatz Dorestad bei Utrecht.[28] Nicht nur die Kölner Kirche spielte unter Kunibert eine bedeutsame Rolle, sondern insgesamt der niederrheinische Dukat Ribuarien, denn die zweite Festschreibung des fränkischen Rechts trägt den Titel »Lex Ribuaria«. Diese Redaktion erfolgte unter Dagobert I., und zwar wohl anläßlich der Errichtung des austrasischen Unterkönigtums für dessen Sohn Sigibert III. Auffällig ist, daß die jüngeren Textschichten durch Berücksichtigung des Urkundenwesens auf eine Zunahme der Schriftlichkeit im Rechtsverkehr schließen lassen; desgleichen nehmen jetzt kirchliche Belange einen breiteren Raum ein, auch dies ein Zeichen der steigenden Bedeutung der Kirchenorganisation für das politisch-gesellschaftliche Gefüge des Merowingerreiches.[29] Eine schwierige Frage ist allerdings die Art der Einbeziehung jener großen Regionen östlich des Rheins in die merowingische Reichsverwaltung. Zweifellos gehörten diese Gebiete noch voll zum Frankenreich, waren also nicht nur tributär an dasselbe gebunden.

---

[26] SCHLESINGER, Zur politischen Geschichte (wie Anm. 12), 42.

[27] E. EWIG, Die Stellung Ribuariens in der Verfassungsgeschichte des Merowingerreiches, in: DERS., Gallien (wie II, 5a), Bd. 1, 450–471; DERS., Frühes Mittelalter (wie II, 5b), hier 26ff.

[28] P. BERGHAUS, Wirtschaft, Handel und Verkehr der Merowingerzeit im Lichte numismatischer Quellen, in: Untersuchungen (wie II, 5a), Bd. 3, 193–213; CLAUDE, Handel (wie II, 5a); J. LAFAURIE, Eligius Monetarius, in: RNum 19, 1977, 111–151.

[29] SCHOTT, Stand (wie II, 5a); F. BEYERLE, Die süddeutschen Leges und die merowingische Gesetzgebung, in: ZRG GA 49, 1929, 264–432.

Aber die Rolle der von Merowingern eingesetzten Amtsherzöge in Alamannien, in den Mainlanden, der Wetterau und in Thüringen läßt doch erkennen, daß hier die Intensität der Königsherrschaft im Vergleich zur zentralen Francia abgestuft war und die autochthonen Kräfte eine stärkere Position innehatten. Diese mag im einzelnen verschieden gewesen sein und auch zeitlich variiert haben; dennoch ist man versucht, vor allem im Blick auf Alamannien und Bayern von einer Art Kondominium zwischen Königtum und Herzogsmacht zu sprechen, nicht verfassungsmäßig, sondern eher pragmatisch-faktisch.[30]

Stärker noch als bei Chlodwigs I. Taufe und in sehr viel deutlicherer Weise wird unter Dagobert I. eine kirchliche Herrschaftsideologie sichtbar, die einerseits das Königtum sakralisiert, gleichzeitig aber auch die Herrscher strengeren sittlichen Maßstäben nach christlicher Vorstellung vom Herrscheramt als einer von Gott verliehenen Aufgabe unterwirft.[31] *Pietas, sapientia* und *clementia* gehören zu diesem neuen Bilde des christlichen Herrschers ebenso wie *iustitia* und die ihm verliehene Strafgewalt (*districtio*). Die zeitgenössischen Quellen schildern Dagobert durchwegs als hochbedeutenden König, als *rex pacificus*, als gewaltigen Nährvater der Franken (*fortissimus enutritor*), verschweigen aber auch keineswegs seine schwachen Seiten.

Dagoberts größte, weit über seine Zeit hinausweisende Leistung war die Reorganisation des Reiches mit Hilfe einer Gruppe von Bischöfen und Äbten aus dem Kreise des irofränkischen Mönchtums und teilweise des mächtigen Adels. Es waren dies vor allem Bischof Desiderius von Cahors, Bischof Sulpicius von Bourges, Bischof Burgundofaro von Meaux, Bischof Eligius von Noyon, der Schatzmeister und Goldschmied des Königs, und Bischof Audoenus von Rouen.[32] Die kirchlich-monastische Erneuerung des Frankenreiches, die Dagobert bewirkte, trug auch zur Akkulturation der Ethnika vor allem in der Oberschicht bei: Das irofränkische Mönchtum wurde gleichsam

---

[30] Vgl. unten § 10a.

[31] E. Ewig, Zum christlichen Königsgedanken im Frühmittelalter, in: Ders., Gallien (wie II, 5a), Bd. 1, 3–71; Ders., Merowinger (wie II, 5a), 138–142 (Charakterisierung Dagoberts). – Zum frühmittelalterlichen Königtum insgesamt: Early Medieval Kingship (wie II, 5c) und unten § 16.

[32] Prinz, Mönchtum (wie II, 5a), 121 ff.; H. Vierck, Werke des Eligius, in: Studien zur vor- und frühgeschichtlichen Archäologie (wie § 3, Anm. 4), Bd. 2, 309–380.

zum »Katalysator« der romanisch-germanischen Symbiose, die sich im Zeichen des Kreuzes in den neuen oder irofränkisch erneuerten Klöstern des Reiches vollzog. Dagobert selbst förderte diese Entwicklung durch großzügige Schenkungen für Klostergründungen columbanischer Observanz und für die alten berühmten Kultzentren wie St. Martin in Tours und besonders St. Denis bei Paris, das er prachtvoll ausstattete. Sein Thesaurarius Eligius, der spätere Noyoner Bischof, schmückte St. Denis mit Werken seiner Goldschmiedekunst, und so ist es nicht verwunderlich, daß ihm diese Königsabtei nach seinem plötzlichen Tod († 639) ein besonders ehrendes Angedenken bewahrte. Auf Dagoberts Namen sind in späterer Zeit viele Urkunden gefälscht worden, ein Zeichen der Wertschätzung, die ihm die Nachwelt wohl nicht ohne Grund entgegengebracht hat.[33]

§ 9 Die spätmerowingische Epoche als Zeit der Hausmeier

Hatte schon unter Dagoberts I. Gesamtherrschaft (633–639) die Einsetzung Sigiberts III. in Austrien und Chlodwigs II. (639–657) in Neustrien als Unterkönige eine Auseinanderentwicklung von Ost- und Westreich allmählich eingeleitet, so verstärkte sich dieser Trend nach seinem Tode, als unter der Teilherrschaft Sigiberts zuerst Pippin der Ältere († 640) und danach sein Sohn Grimoald als Hausmeier zusammen mit dem einflußreichen Bischof Kunibert von Köln die faktische Macht ausübten.[1] Schon die Tatsache, daß die Gründung der Klöster Stablo-Malmedy in den Ardennen und St. Martin in Metz von Sigibert

[33] WEHRLI, Überlieferungen (wie Anm. 1).

[1] K. H. HAAR, Studien zur Entstehung und Entwicklungsgeschichte des fränkischen Maior Domus-Amtes, 1970; I. HEIDRICH, Les maires du palais neustriens du milieu du VIIe au milieu du VIIIe siècle, in: La Neustrie (wie II, 5c), Bd. 1, 217–229. Zur Genealogie: E. HLAWITSCHKA, Die Vorfahren Karls des Großen, in: KdG (wie II, 5a), Bd. 1, 51–82. Kontrovers dazu M. WERNER, Der Lütticher Raum in frühkarolingischer Zeit, 1980; DERS., Adelsfamilien im Umkreis der frühen Karolinger, 1982; Erwiderung: E. HLAWITSCHKA, Zu den Grundlagen des Aufstiegs der Karolinger, in: RhV 49, 1985, 1–61. – Fest steht, daß Plektrud zur Familie Irminas von Oeren gehört und daß die Verbindung Pippins mit der Familie Plektruds eine wesentliche Voraussetzung für die Macht der Frühkarolinger (= Arnulfinger, Pippiniden) gewesen ist. – Zu Kunibert: H. MÜLLER, Bischof Kunibert von Köln, in: ZKG 98, 1987, 167–205. – Zum Problem der Herrschaftsnachfolge: SCHNEIDER, Königswahl (wie II, 5a).

und den Pippiniden zusammen durchgeführt wurde, beweist den Aufstieg der letzteren. Dem entspricht, daß die Arnulfinger als der andere Zweig der Frühkarolinger seit 641 in Metz ihr eigenes Hauskloster besaßen.[2] Trier tritt in dieser Epoche in den Hintergrund, vielleicht wegen seiner gallorömischen Kontinuität; erst gegen Ende des Jahrhunderts rückt es mit der Trierer »Bischofsdynastie« der Liutwine wieder stärker in den Vordergrund.[3] Der Rückblick auf den Aufstieg der Karolinger darf nicht vergessen machen, welche Schwierigkeiten sich auf diesem Wege ergaben. Schon die Nachfolge Grimoalds im Hausmeieramt seines Vaters Pippin wurde eine Zeitlang durch den Erzieher Sigiberts III. namens Otto blockiert, der selbst diese Position anstrebte. Die Gegensätze am Metzer Hof wirkten sich auch nach außen aus, da ein von Grimoald und seinem Anhang begonnener Krieg gegen den Thüringerherzog Radulf durch konspiratives Verhalten der rivalisierenden Partei mit einem Mißerfolg endete. Radulf trat seither wie ein König auf und schloß mit den benachbarten slawischen Wenden und anderen Völkern Freundschaftsverträge. Es war dies ein Vorspiel auf die dann eskalierenden Machtkämpfe der Hausmeier untereinander, die zu großen Terrainverlusten an der Peripherie des Reiches führen sollten. Nach der fränkischen Niederlage gegen Radulf bahnte sich mit dem Vordringen der Sachsen (Engern) über Soest und Brilon bis zur Ruhr und in Westfalen bis zur Lippe und Issel eine dauernde Bedrohung der Nordostflanke des Frankenreiches an, die erst durch die Sachsenkriege Karls des Großen endgültig beseitigt wurde.

Da Sigibert III. lange Zeit kinderlos blieb und damit die Gefahr bestand, daß Austrien an das Westreich Chlodwigs II. bzw. an dessen mächtigen Hausmeier Erchinoald fallen könnte, bestimmte Grimoald den kränklichen König, seinen eigenen Sohn unter dem Merowingernamen Childebert zu adoptieren – dies in der Hoffnung, damit den Übergang der Königsherrschaft auf die eigene Familie herbeizufüh-

---

[2] Es gab schon sehr früh einen für die Merowinger fast undurchdringlichen Raum, in dem die Frühkarolinger und ihr Anhang allein als Klosterstifter und Schenker auftraten: PRINZ, Mönchtum (wie II, 5a), 169f. und 192ff.; vgl. auch DIERKENS, Abbayes (wie II, 5b). – Zur Rolle der austrischen Hauptstadt Metz: O. G. OEXLE, Die Karolinger und die Stadt des heiligen Arnulf, in: FMASt 1, 1967, 250–364.

[3] ANTON, Trier (wie II, 5b), 101ff.

ren.[4] Das schien zu glücken, doch wurden Sigibert in späteren Jahren eine Tochter Bilihild und ein Sohn Dagobert (II.) geboren, womit sich die Nachfolgefrage erneut stellte. Als der König Anfang 656 schwer erkrankte, trat Grimoald gleichsam die Flucht nach vorn an. Er traf zusammen mit Bischof Desiderius von Poitiers die für den Fall des Todes von Sigibert nötigen Vorkehrungen; der Tod trat am 1. Februar ein. Desiderius nahm das Kind Dagobert zu sich nach Poitiers und ließ es nach Irland ins Exil verbringen. Sigiberts Leichnam wurde in die Königsstadt Metz überführt und in der Abtei St. Martin beigesetzt. Vermutlich war derzeit schon Chlodulf, der älteste Sohn Arnulfs von Metz, Bischof der Stadt, was den »Staatsstreich« Grimoalds erleichtert haben dürfte. Offenbar gab es keinen Widerstand gegen die Erhebung des Childebertus Adoptivus (656–662) zum austrasischen König; doch blieb Grimoald der eigentliche Regent. Die Opposition gegen ihn war jedoch keineswegs erloschen; sie nahm damals wohl Verbindungen mit dem neustroburgundischen Hof und dem dort faktisch herrschenden Hausmeier Erchinoald auf. Der unerwartete Tod Childeberts brachte jedoch das Machtgefüge der Pippiniden wieder ins Wanken, da mit dem Tode des Königs auch die Rechtsgrundlage von Grimoalds Hausmeieramt verlorengegangen war. Grimoald suchte nun seinerseits Verbindungen zur neustroburgundischen Regierung aufzunehmen und wurde zu Verhandlungen nach Paris eingeladen. Durch fingierte Freundschaftsschwüre auf falsche Reliquien in Sicherheit gewiegt, geriet er dort in einen Hinterhalt und wurde hingerichtet. Damit war der erste Anlauf der Frühkarolinger zur Königsherrschaft gescheitert; die Machtkämpfe der Hausmeier nahmen jedoch in unverminderter Härte ihren Fortgang.

Im neustroburgundischen Reich waren die Verhältnisse durch die Unmündigkeit des vierjährigen Königs Chlodwig II. ebenfalls insta-

[4] E. Ewig, Noch einmal zum Staatsstreich Grimoalds, in: Ders., Gallien (wie II, 5a), Bd. 1, 573–577; K. A. Eckhardt, Studia Merovingica, 1975; anders: E. Hlawitschka, Studien zur Genealogie und Geschichte der Merowinger und der frühen Karolinger, in: RhV 43, 1979, 1–99; H. Thomas, Die Namensliste des Diptychon Barberini und der Sturz des Hausmeiers Grimoald, in: DA 25, 1969, 17–63; insgesamt: J. Semmler, Zur pippinidisch-karolingischen Sukzessionskrise 714–723, in: DA 33, 1977, 1–36. Mit bedenkenswerten Argumenten versucht M. Becher, Der sogenannte Staatsstreich Grimoalds, in: Karl Martell in seiner Zeit, Hg. J. Jarnut u. a., 1994, 119–147, nachzuweisen, daß Childebert (Childebertus »adoptivus«) wahrscheinlich ein leiblicher Sohn Sigiberts III. und Adoptivsohn Grimoalds gewesen sei.

bil. Für den Minderjährigen regierte seine Mutter Nanthild, während in Wahrheit erst der Hausmeier Aega und seit 614 sein Nachfolger Erchinoald, zusammen mit Adelsgruppen, die Herrschaft ausübte.[5] In den wirren Auseinandersetzungen – wie sie die Fredegar-Chronik knapp schildert –, bei denen die mächtige Sippe der Burgundofaronen von Meaux eine Rolle spielte, scheint Erchinoald lange Zeit das Heft in den Händen behalten zu haben. Um seinen Einfluß auf den jungen König auch nach dessen Volljährigkeit zu bewahren, führte er ihm seine angelsächsische Sklavin Balthilde zu, die Chlodwig sogar heiratete. Die Königin gebar drei Söhne: Chlothar, Theuderich und Childerich, der König selbst starb 657 mit 23 Jahren, und nun riß Balthilde energisch die Macht in Neustrien und Burgund an sich. Die schöne, energische Königin erwies sich bald als Gegenspielerin ihres einstigen Herrn Erchinoald. Nach dessen Tod (vor 660) erhob sie nicht seinen Sohn Leudesius zum Hausmeier, sondern Ebroin, einen Franken aus der Gegend von Soissons. Er galt den Hofkreisen als Emporkömmling, weil er nicht den höchsten Optimatenkreisen entstammte. Doch gehörten zu den Beratern der Königin auch die Metropoliten Audoenus von Rouen und Chrodobert von Paris. Audoenus stand in freundschaftlicher Verbindung mit dem mächtig gewordenen Ebroin. In die Zeit der faktischen Herrschaft Balthildes fallen zwei spektakuläre Ereignisse: Das eine war das Gerichtsverfahren gegen Erzbischof Aunemundus von Lyon und seine Hinrichtung, das andere Balthildes gleichartiges Vorgehen gegen Aunemundus' Bruder, der als *praefectus* eine starke Regionalherrschaft im Lyonnais ausgeübt hatte und ebenfalls hingerichtet wurde. Beide Morde lastete man der Königin an, ferner die Ermordung von insgesamt neun gallischen Bischöfen; doch dürfte hier auch Ebroin seine Hand mit im Spiel gehabt haben.[6] Auf jeden Fall konnte Balthilde als Nachfolger des Metro-

---

[5] E. EWIG, Teilreiche im 7. Jahrhundert (613–714), in: DERS., Gallien (wie II, 5a), Bd. 1, 172–230.

[6] WEMPLE, Women (wie II, 5a), 56f., 67–70, 177f., 182f., 235f. und passim; J. L. NELSON, Queens as Jezebels: the Careers of Brunhild and Balthild in Merovingian History, in: Medieval Women (wie II, 5c), 31–77; DUPRAZ, Contribution (wie II, 5a), und unten § 18c, Anm. 41. – Zur Lyoner »Bistumsrepublik« des Erzbischofs Aunemundus E. EWIG, Die Klosterprivilegien des Metropoliten Emmo von Sens, das Reichskonzil von Mâlay-le-Roi (660) und der Sturz des Metropoliten Aunemund von Lyon (661/62), in: Herrschaft, Kirche, Kultur (wie § 2, Anm. 25), 63–82.

politen Aunemundus ihren Vertrauten, den Hofgeistlichen Genesius, durchsetzen. Der Kampf gegen die sich immer mehr stabilisierenden »Bischofsrepubliken«, in denen sich zumeist die weltliche und geistliche Macht in der Hand einer Familie vereinigte, war sicher eine Überlebensfrage für das »zentralistische« Königtum und damit ein Politikum ersten Ranges. Ähnliches gilt auch für Balthildes und Erchinoalds Vorgehen gegen die Pippiniden in Austrien, das mit deren vorläufigem Sturz und der Hinrichtung Grimoalds in Paris endete sowie mit der Einsetzung ihres unmündigen Sohnes Childerich II. (662–675) als austrasischer Unterkönig. Es war ein Kampf gegen die wachsenden zentrifugalen und regionalistischen Kräfte im Reich, nicht unähnlich dem rigorosen Vorgehen Brunichildes gegen ihre Feinde.[7]

Als Balthildes Sohn Chlothar III. um 664/65 mündig wurde und damit ihre Regentschaft endete, gelang es Ebroin, sie zum Rückzug in ihr Hauskloster Chelles zu veranlassen. Ausgelöst wurde dies durch ihren Konflikt mit den neustrischen Optimaten, die den Bischof Sigobrand von Paris ermordet hatten, eine Tat, die sie aufs schärfste mißbilligte. Die Königin, die außer Chelles auch das bedeutende Kloster Corbie in der Picardie gegründet und in den großen Basiliken des Reiches die in Luxeuil kombinierte benediktisch-columbanische Mischregel eingeführt hatte,[8] starb um 680. Dem scharfen Verdikt Wilfrids von York über Balthilde als »neue Jezabel« steht das Urteil des frommen Metropoliten Audoenus von Rouen entgegen, der sie »regina christianissima« nennt. Neben Chrodechilde, Radegunde und Brunichilde ist sie wohl die bedeutendste Frauengestalt der Merowingerzeit gewesen ist.[9]

Die Endphase merowingischer Politik wurde durch die machtvolle Gestalt des Hausmeiers Ebroin geprägt, der in zweimaligem Anlauf unter dramatischen Umständen versuchte, die Königsherrschaft an sich zu reißen. Einer seiner Gegenspieler war dabei Bischof Leodegar von Autun, nicht minder aktiv und ehrgeizig wie Ebroin, mit dem er

[7] S. o. § 7 mit Anm. 24.
[8] S. u. § 14b mit Anm. 11.
[9] E. Ewig, Das Privileg des Bischofs Berthefrid von Amiens für Corbie von 664 und die Klosterpolitik der Königin Balthild, in: Ders., Gallien (wie II, 5a), Bd. 1, 538–584; H. Vierck, La »Chemise de Sainte Bathilde« à Chelles et l'influence byzantine sur l'art de cour merovingien au VIIe siècle, in: Actes du Colloque international d'archéologie, Rouen, 3, 4, 5 juillet 1975, 1978, 521–571.

in einer Zwischenphase des großen Machtkampfes sogar die Klosterhaft in Luxeuil teilte.[10] Es war ein Kampf aller gegen alle. Dennoch lassen sich gewisse Linien dieser Auseinandersetzung erkennen:[11] Ausgangspunkt war der Tod Chlothars III. im Jahre 673, der die Macht Ebroins erschütterte. Seinen Gegnern gelang es damals, den jüngeren Bruder Chlothars, den austrasischen Unterkönig Childerich II. (662–675), auch in Neustrien und Burgund auf den Thron zu bringen. Dies geschah allerdings unter Konzessionen an die neustroburgundischen Optimaten, die sich unter Berufung auf das Edictum Chlotharii von 614 ihre regionalen Sonderrechte bestätigen und wohl auch erweitern ließen. Im Anschluß an die Königserhebung Childerichs in Paris versprach dieser, das Recht und die Gewohnheiten jedes Landes und das Indigenat der *rectores provinciae* zu respektieren. Das Hausmeieramt sollte künftig in regelmäßigem Turnus vergeben werden, damit niemand mehr wie Ebroin die Macht als Tyrann an sich reißen könne. Childerichs Bruder Theuderich III. (673–690/91) wurden die langen Haare, Kennzeichen der Merowingerfamilie, abgeschnitten, um ihn vor einer Hinrichtung zu bewahren. Der neue König wies ihm das Kloster St. Denis als Aufenthalt zu; doch blieb Theuderich nach wie vor eine Figur im Spiel um die Königsmacht. Childerich schwenkte nun sehr bald in die traditionellen Bahnen zentralistischer Königspolitik ein. Als er anstelle des eher ausgleichenden Leodegar von Autun den austrischen Hausmeier Wulfoald zu seinem Vertrauensmann machte, wurde er von revoltierenden Adeligen ermordet. Sowohl Ebroin als auch Leodegar von Autun versuchten nach dem Tod Childeberts II., nun Theuderich III. als Thronanwärter und Faustpfand in die Hand zu bekommen. Kompliziert wurde die Lage noch dadurch, daß Sigiberts III. gewaltsam exilierter Sohn Dagobert II. 676 aus Irland zurückkehrte und als König in Austrien regierte. Doch schon 679 fiel er einem Mordanschlag in den Ardennen zum Opfer, hinter dem wohl Ebroin und die Arnulfinger-Pippiniden standen, da er beiden Gruppierungen im Wege war. Er starb »durch die Tücken von Herzögen mit Zustimmung von Bischöfen«, eine aufschlußreiche zeitgenössische Charakterisierung der politisch führen-

[10] Zu Ebroin und Leodegar von Autun vgl. DUPRAZ, Contribution (wie II, 5a); J. FISCHER, Der Hausmeier Ebroin, Phil. Diss. Bonn 1954; SCHNEIDER, Königswahl (wie II, 5a); EBLING, Prosopographie (wie II, 5a); EWIG, Teilreiche (wie Anm. 5).

[11] EWIG, Teilreiche (wie Anm. 5), bes. 210ff.

den Gruppen.[12] Nach dem schweren Rückschlag für diese Familien durch Grimoalds Ermordung griffen sie nun wieder aktiv in die Politik ein. Pippin II., der Mittlere († 714), ein Sohn von Bischof Arnulfs Sohn Ansegisel und der Pippinidin Begga, einer Schwester Grimoalds, wurde jetzt der entscheidende Gegenspieler Ebroins, der sich nach seinem Sturz beim Tode Chlothars III. wieder durchgesetzt und Theuderich III. in seine Hand gebracht hatte. Dies war um so bedeutsamer, als mit der Ermordung Dagoberts II. die austrasischen Merowinger ausgestorben und nur noch die neustroburgundische Linie, repräsentiert von Theuderich III., vorhanden war. Der Endkampf wurde jetzt militärisch ausgetragen, nachdem Ebroin zuvor grausam mit Leodegar und seinem Bruder Gairenus (Warin) abgerechnet hatte. Mit Dagobert II. schied auch dessen Hausmeier Wulfoald, ein erklärter Gegner der Frühkarolinger, aus; jetzt gab es keine Alternative zur Anerkennung der nominellen Gesamtherrschaft Theuderichs III., die de facto die neuerliche Herrschaft Ebroins bedeutete.[13] Darüber kam es jedoch zum Krieg zwischen den austrasischen *duces* Pippin dem Mittleren und Martin einerseits und Ebroin andererseits; letzterer siegte bei Laon, schloß den *dux* Martin, der wohl Herzog der Champagne war, in dieser Stadt ein und ließ ihn, als er sich ergab, hinrichten. Pippin konnte sich durch Flucht retten, eine Katastrophe schien unvermeidlich. Da brachte die Ermordung Ebroins durch den Franken Ermenfred 680/81 die entscheidende Wende. Da der Mörder zu Pippin II. floh, ist es nicht ausgeschlossen, daß dieser in den Anschlag verwickelt war. Die Neustrier schlossen jetzt unter ihrem neuen Hausmeier Waratto mit Pippin Frieden, doch hatte letzterer damit noch nicht das Hausmeieramt in Austrien erlangt. Auch in den Verhandlungen zwischen dem Ostreich und Neustrien, die der greise Metropolit Audoenus von Rouen in Köln mit Pippin II. nach 683 führte, wurde der Frühkarolinger zwar als *dux* in der austrasischen Francia anerkannt, doch blieb Waratto bis zu seinem Tod 686 Hausmeier des Gesamtreiches.

---

[12] Stephanus, Vita Wilfridi, Hg. B. KRUSCH u. a., 1913 [Ndr. 1997], 163–263, c. 33, 227f. (MGH SRM 6).

[13] EWIG, Teilreiche (wie Anm. 5). – Zu Bischof Leodegar von Autun vgl. H. MORDEK, Bischofsabsetzungen in spätmerowingischer Zeit, in: Papsttum, Kirche und Recht im Mittelalter (Fs. H. Fuhrmann), Hg. H. MORDEK, 1991, 31–53; zuletzt G. SCHEIBELREITER, Von der Aneignung des Heiligen, in: Ethnogenese und Überlieferung (wie § 6, Anm. 6), 135–156.

Das folgende Jahr 687 brachte die letzte Entscheidung. In der Schlacht von Tertry an der Somme siegte Pippin II. über den neustrischen Hausmeier Berchar, den Nachfolger Warattos, ordnete aber danach die Verhältnisse mit großer Umsicht. Es wäre übertrieben, schon für die Jahre nach 687 von einer Alleinherrschaft des Karolingers zu sprechen, diese mußte erst schrittweise gesichert werden; die Konsolidierung seiner Macht in Austrien war dafür die wichtigste Voraussetzung. Pippin II. (der Mittlere) beließ Berchar im Hausmeieramt; damit war auch die nominelle Gesamtherrschaft Theuderichs III. anerkannt. Als Gegenleistung mußte wohl der König den weitverzweigten, auch Neustrien umfassenden Schwurverband von Optimaten wieder in Gnaden aufnehmen, der hinter dem Karolinger stand, und wahrscheinlich erweiterte er jetzt auch den Herrschaftsbereich Pippins um die ursprünglich austrasische Champagne (Reims, Laon, Châlons-sur-Marne) und um das Gebiet von Cambrai.[14] Einen Schritt weiter ging der Karolinger dann 688, als bei einem Streit in der Familie Warattos der Hausmeier Berchar erschlagen wurde. Pippin übernahm jetzt selbst das Hausmeieramt, residierte aber weiterhin als »Princeps Francorum« und *vir inluster* in seinen austrischen Stammlanden. Beide Titel sind »Ausdruck einer vom Hausmeieramt unabhängigen Herrschaftsgewalt, die jedoch in ihrem ganzen Umfang erst mit Hilfe des Hausmeieramtes erworben wurde«. Hier deutet sich ein neues politisches Selbstverständnis der Karolinger an.[15] Pippin ging nicht an den neustrischen Königshof, die traditionelle *sedes regia*, sondern er schickte als seinen Bevollmächtigten den Arnulfinger Nordebert an den Pariser Hof. Dieser hatte auch die wichtige Grafschaft Paris inne; damit war eine zusätzliche politische Kontrolle des Merowingerkönigs gewährleistet. Offenbar gehörte es auch zu den Abmachungen mit den Neustriern, daß im Rate Theuderichs III. Pippins neustrische Schwurfreunde saßen. Der neue Hausmeier knüpfte durch die Verheiratung seines Sohnes Drogo mit der Witwe Berchars familiäre Bande zum immer noch mächtigen neustrischen Adelsclan

---

[14] W. H. FRITZE, Die fränkische Schwurfreundschaft der Merowingerzeit, in: ZRG GA 71, 1954, 74–125.

[15] I. HEIDRICH, Titulatur und Urkunden der arnulfingischen Hausmeier, in: AfD 11/12, 1965/66, 71–279; Intitulatio (wie II, 5a), Bd. 1, 116ff. und 141ff.; P. J. FOURACRE, Observations on the Outgrowth of Pippinid Influence in the »Regnum Francorum« after the Battle of Tertry (687–715), in: Medieval Prosopography 5/6, 1984, 1–31.

Warattos. Gleichzeitig erhob er den Sohn zum Herzog der Champagne. Es war insgesamt eine wohlüberlegte Schritt-für-Schritt-Politik, die Pippin faktisch zum Gesamtherrscher des Frankenreiches machte. Hatte sich schon unter Dagobert I. eine entschiedene Schwerpunktverlagerung des Frankenreiches nach Austrien und seinen östlichen germanischen Ausbaugebieten angebahnt, so intensivierte sich jetzt dieser Prozeß und zeigte mit dem Prinzipat Pippins II., der von Köln aus regierte, auch institutionelle Züge: ein Vorgang, der für die spätere deutsche Geschichte wichtig werden sollte. Ob das Weiterbestehen des nominellen Königtums der Merowinger etwas mit der Fortdauer älterer sakraler Vorstellungen zu tun hat, wonach der Königssippe sakrale Würde zukam, bleibe dahingestellt.[16] Die Vorrangstellung Pippins war wohl unbestritten, doch gab es noch in der ersten Hälfte des 8. Jhs. unterhalb der nominellen Oberherrschaft der Merowinger die »Dynastien« gleichrangiger *principes* im Reich selbst, vor allem an dessen Peripherie, nämlich in den Dukaten, die ihre politische Rolle weiterspielten.[17]

§ 10 Die rechtsrheinischen germanischen Stämme, ihre Entstehung und Integration ins Frankenreich

a) Alamannen und Bajuwaren

In den neuen Großstämmen, die das spätere Deutschland bilden sollten, sind zahlreiche kleinere Einheiten aufgegangen und durch einigende Kultformen sowie durch gemeinsames Handeln in der Rechts- und Friedenswahrung, aber auch auf Kriegszügen zusammengefügt worden. Dies hat sich nicht ausschließlich im Frankenreich vollzogen, sondern muß als ein langgestreckter Prozeß von der Spätantike bis zur Karolingerzeit angesehen werden, der mit der schriftlichen Fixierung der Leges seinen vorläufigen Abschluß fand.[1] Es handelte sich dabei

---

[16] Dazu allgemein: K. HAUCK, Lebensnormen und Kultmythen in germanischen Stammes- und Herrschergenealogien, in: Saeculum 6, 1955, 186–223; WALLACE-HADRILL, Kings (wie II, 5a); vgl. ferner: Early Medieval Kingship (wie II, 5c).

[17] WERNER, Ursprünge (wie II, 5a), 360f.; CARDOT, L'espace (wie § 8, Anm. 1).

[1] SCHMIDT, Geschichte der deutschen Stämme (wie § 4, Anm. 1); die neuere ethnogenetische Auffassung bei WENSKUS, Stammesbildung (wie II, 5a), und DERS.,

nicht nur um eine ethnische Verschmelzung, sondern die Umformung hatte auch sozialstrukturelle Folgen, vor allem was Herkunft und Funktion der Oberschicht anbelangt.[2]

Für das fränkische »Staatsvolk« war bestimmend, daß seine Entstehung zugleich der Werdegang des Frankenreiches selbst gewesen ist. Dies war ein Politikum ersten Ranges, insofern sich bei den anderen germanischen Großstämmen zwischen Rhein, Elbe und Donau die ethnische Genese entweder gleichzeitig mit der fränkischen oder bald danach vollzog, ohne daß sie vorerst an der Reichsbildung Anteil gehabt hätten. Ihr eigener *politischer* Werdegang wurde zumeist durch die Expansion des Merowingerreiches gestört, was vor allem für Burgunder, Alamannen sowie Thüringer und Friesen gilt, oder er kam erst später in Gang, wofür die bajuwarische Ethnogenese ein Beispiel ist. Es dürfte dies u. a. damit zusammenhängen, daß die Franken schon früh – trotz kriegerischer Auseinandersetzungen – in Gallien Mitträger spätantiker Staatlichkeit geworden sind und damit den anderen Germanenvölkern, vor allem rechts des Rheins, sowohl institutionell als auch zeitlich vieles an Herrschaftspraxis voraus hatten.

Dies wird besonders durch den Vergleich mit den Alamannen klar, deren Geschichte ebenfalls vom Imperium Romanum mitgeprägt wurde, jedoch viel stärker als die fränkische durch eine lang anhaltende militärische Konfrontation.[3] Der Name dieses Großstammes, »Ala-

---

Die deutschen Stämme im Reiche Karls des Großen, in: KdG (wie II, 5a), Bd. 1, 179–219; s. o. § 4; zu den Leges vgl. unten § 20.

[2] Am Beispiel der Alamannen: KELLER, Archäologie (wie II, 5b), 10ff.; D. GEUENICH, Zur Landnahme der Alemannen, in: FMASt 16, 1982, 25–44, hier 34ff.; zur Frage des »Einkönigtums«: »Schlacht bei Zülpich« (wie § 1, Anm. 42); CHRISTLEIN, Alamannen (wie II, 5b); Die Alamannen (wie § 6, Anm. 15); C. BÜCKER, Frühe Alamannen im Breisgau. Untersuchungen zu den Anfängen der germanischen Besiedlung im Breisgau während des 4. und 5. Jahrhunderts n. Chr., 1999. Vgl. auch: Die historische Landschaft zwischen Lech und Vogesen, Hg. P. FRIED u. a., 1988.

[3] H. KUHN u. a., Art. »Alemannen«, in: RGA 1, 1973, 137–163, hier 138; Zur Geschichte der Alamannen, Hg. W. MÜLLER, 1975; Quellen zur Alamannengeschichte, Hg. C. DIRLMEIER u. a., Bd. 1–6, 1976–1984; Alamannen in der Frühzeit (wie § 2, Anm. 21); STEIN, Alamannische Siedlung (wie § 4, Anm. 23), hier 12–33; M. KNAUT, Frühe Alamannen in Baden-Württemberg, in: Archäologie in Württemberg, Hg. D. PLANCK, 1988, 311–331; vgl. zuletzt: Archäologie und Geschichte (wie § 2, Anm. 1). – Zur Ethnogenese: H. CASTRITIUS, Von politischer Vielfalt zur Einheit – Zu den Ethnogenesen der Alamannen, in: Typen der Ethnogenese unter besonderer Berücksichtigung der Bayern, Hg. H. WOLFRAM u. a., Bd. 1–2, 1990, Bd. 1, 71–84; Ethnogenese und Überlieferung (wie § 6, Anm. 6) sowie KELLER,

manni«, soll auf dessen Genese verweisen, insofern eine durch kriegerische Unternehmungen neu entstandene Einheit die alten Stammesbindungen teilweise ersetzte und offenbar jedem, der teilnehmen wollte, offenstand: eine Hypothese, die durch Agathias' Mitteilung gestützt wird, die Alamannen hießen deshalb so, weil sie »zusammengespülte und vermengte Menschen« seien. Diese Deutung des Alamannen-Namens wird neuerdings mit stichhaltigen Argumenten von altgermanistischer Seite in Frage gestellt. Danach wäre »alaman« – wie schon J. Grimm meinte – ein »ausgezeichneter Mensch oder Mann« (d. h. ein Mensch katexochen), der Name also eine selbstbewußte ethnische Selbstbezeichnung, wie sie sich im Katalog der Völkernamen oft findet. Die bislang favorisierte Interpretation des Griechen Agathias verlöre damit als eher »volksetymologische« Deutung aus weiter Ferne ihren Wert. Ein neuerlicher Augsburger Fund beweist, daß vor 260 von einem einheitlichen Alamannenvolk kaum die Rede sein kann.[4]

Die Alamannen waren ein erst allmählich entstehender Kampf- oder Wanderverband, als dessen Grundstock man zumeist die elbgermanischen Sueben annimmt, weshalb auch der Sueben-/Schwabenname neben der Bezeichnung Alamannen immer erhalten blieb. Ursache des Zusammenschlusses waren, ähnlich wie bei den Franken, die Angriffe auf die Grenzlandschaften des Imperiums zwischen Limes und Rhein (*decumates agri*), die mit einem ersten mißglückten Angriff 233/34 begannen und in erfolgreichen Durchbrüchen seit 259/60 gipfelten. Neuerdings wird mit Recht bezweifelt, daß in diesem Stadium bereits der Kollektivname »Alamanni« die Realität zutreffend umschreibt; zumindest sind die Römer frühestens seit der

---

Archäologie (wie II, 5b), GEUENICH, Landnahme (wie Anm. 2), und UNRUH, Kritische Bemerkungen (wie § 5, Anm. 38); M. KNAUT, Die alamannischen Gräberfelder von Neresheim und Kösingen, 1993 (mit Beiträgen von H.-J. HUNDT und R. HAHN).

[4] Agathias, Hist. I, 6,3 17; GdV 2,7, 333 (beide wie II, 4e); dazu GEUENICH, Landnahme (wie Anm. 2), hier 27ff. Gegen die bisherige Deutung des Alamannen-Namens mit umfangreichem Vergleichsmaterial: W. HAUBRICHS, Nomen gentis. Die Volksbezeichnung der Alamannen, in: Röllwagenbüchlein (Fs. W. Röll), Hg. J. JAEHRLING u. a., 2002, 19–42. – Zur archäologischen Bestätigung, daß es vor 260 kein »Alamannenvolk« gab, sondern nur Völkerschaften, die sich später zu den »Alamannen« zusammenschlossen, vgl. L. BAKKER, Raetien unter Postumus. Das Siegesdenkmal einer Juthungenschlacht im Jahre 260 n. Chr. aus Augsburg, in: Germania 71, 1993, 369–386.

Mitte des 3. Jhs. mit dem Alamannennamen bekannt geworden und haben ihn erst seit dem letztem Viertel des 3. Jhs. für ihre Gegner am Oberrhein verwendet. Zuvor waren es Gruppen und »Völkerschwärme«, die sich wohl erst im Verlauf des 3./4. Jhs. zum Großstamm der Alamannen vereinigten. Deshalb hat man auch dafür plädiert, daß es zu einer Verschmelzung von Alamannen und Sueben gekommen ist und damit zum Nebeneinander beider Namen.

Vorsicht geboten ist gegenüber der generellen Annahme, die Zerstörung von Kastellen am obergermanisch-rätischen Limes sei allein auf alamannische Invasionen zurückzuführen. Aufgrund genauerer Untersuchungen des Fundgutes in Limes-Kastellen und im Hinblick auf Münzfunde ist vielmehr anzunehmen, daß die Grenzverteidigung nach 260 noch existierte und Zerstörungen auch auf Kämpfe zwischen den Kaisern Gallienus (253–268) und Postumus (259–268) zurückgeführt werden können. Zwar ist der Münzumlauf rechtsrheinisch schwächer als links des Ober- und Mittelrheins, aber er setzt sich noch im 4. Jh. bis zum Limes fort. Die spätrömische, archäologisch gut erschlossene neue Verteidigungszone seit Konstantin dem Großen mit ihrem gestaffelten Kastellsystem blieb trotz wiederholter alamannischer Durchbrüche bis ins 5. Jh. bestehen. Kaiser Julian (331–363) besiegte 357 bei Straßburg ein Alamannenheer, an dessen Spitze ein König Chnodomar stand; weitere Niederlagen folgten 368 bei Chalon-sur-Saône und 378 bei Colmar. Römische Gegenangriffe im Limesgebiet führten wahrscheinlich bis Heidenheim. Ein schrittweises Einsickern der Alamannen in die höchsten Kommandostellen der spätrömischen Militärorganisationen hat verschiedentlich stattgefunden, jedoch nicht in so großem Maße wie bei den Franken. Trotz des gemeinsamen Alamannennamens lassen sich im 4. Jh. aufgrund römischer Quellen Regionalherrschaften alamannischer *reges* und *reguli* ausmachen, die teilweise durch Integration früherer kleinerer Stammesgruppen entstanden sein dürften.[5]

---

[5] Vgl. auch § 4c. Zum Heeresdienst der Germanen: Waas, Germanen (wie § 6, Anm. 3); K. F. Stroheker, Zur Rolle der Heermeister fränkischer Abstammung im späten 4. Jahrhundert, in: Ders., Germanentum (wie § 4, Anm. 65), 9–29, und Ders., Alamannen im römischen Reichsdienst, in: ebd., 30–53; A. Radnoti, Die germanischen Verbündeten der Römer, 1967. – Zur Diskussion um Art und Fortdauer des Limes: Nuber u. a., Das Ende (wie § 5, Anm. 38); zur monetären Situation am Limes: Stribrny, Römer (wie § 4, Anm. 13); Bakker, Raetien (wie Anm. 4).

Nach Ausweis der um 510 geschriebenen Vita Severins von Noricum operierten alamannische Verbände im letzten Drittel des 5. Jhs. unter ihrem König Gibuld bei Passau; ob es sich dabei um den *rex* Gebavult handelt, der gleichzeitig an der oberen Seine bezeugt ist, bleibt offen. Das eroberte Dekumatenland zwischen Oberrhein und Limes wurde von den Alamannen agrarisch genutzt, römische *villae rusticae* hat man verschiedentlich weiter verwendet, sie sind aber dann doch aufgegeben worden, da die neuen Bewohner bei der vorwiegend extensiven Nutzung des Landes die Wohnplätze häufiger wechselten; auch die römischen Kastelle verfielen. Die selektive und mobile Art der Okkupation römischer Gebiete im Südwesten wie an der mittleren Donau sowie die Beibehaltung der Brandbestattung bei einem Teil der alamannischen Zuwanderer erschweren die Deutung des archäologischen Fundgutes zwischen dem 3. und 5. Jahrhundert. Erst seit der zweiten Hälfte des 5. Jhs. sind *ingen*-Siedlungen durch Reihengräberfriedhöfe datierbar. Eine Stabilisierung der Siedlungen brachte vermutlich erst die Festlegung der Grenzen Alamanniens durch die Franken.[6]

Auffällig ist die starke Differenziertheit der frühalamannischen Siedlungsstrukturen. Seit dem 3. Jh. haben sich »alamannische« Fürsten Höhenburgen geschaffen, die teilweise auf keltische oppida oder andere vorgeschichtliche Befestigungen zurückgingen, so auf dem Glauberg bei Büdingen, auf dem Lochenstein bei Balingen, auf der »Gelben Bürg« südlich Gunzenhausen und vor allem auf dem »Runden Berg« bei Urach. Auch der Zähringer Burgberg bei Freiburg dürfte zu diesen alamannischen Herrschaftszentren gehört haben. Mit der Unterwerfung der Alamannen nach den Niederlagen zwischen 497

---

[6] R. ROEREN, Zur Archäologie und Geschichte Südwestdeutschlands im 3. bis 5. Jahrhundert, in: JRGZ 7, 1960, 214–294; GEUENICH, Landnahme (wie Anm. 2); C. GRÜNEWALD, Das alamannische Gräberfeld von Untertürkheim, 1988; U. KOCH, Das fränkische Gräberfeld von Klepsau im Hohenlohekreis, 1990; S. BUCHTA-HOHM, Das alamannische Gräberfeld von Donaueschingen, 1996. – KNAUT, Gräberfelder (wie Anm. 3). Vgl. auch die Beiträge von D. PLANCK, Die Wiederbesiedlung der Schwäbischen Alb und des Neckarlandes durch die Alamannen, in: Archäologie und Geschichte (wie § 2, Anm. 1), 69–96, und FINGERLIN, Frühe Alamannen (wie § 2, Anm. 24). – Zur alamannischen Frühgeschichte zuletzt: BÜCKER, Frühe Alamannen (wie Anm. 2) (mit Beiträgen von J. B. WAGNER, C. BERZIN und K. W. ALT); H. SCHACH-DÖRGES, Zu süddeutschen Grabfunden frühalamannischer Zeit, in: Fundberichte aus Baden-Württemberg 22/I, 1997, 627–654.

und 506 gegen Chlodwig I. dürfte es zusammenhängen, daß diese fast stadtähnlichen Höhensiedlungen abbrachen. Die Grabungen auf dem »Runden Berg« haben ergeben, daß die Alamannen des 3. und 4. Jhs. bereits den Steinbau kannten, sich römischer scheibengedrehter Gefäße bedienten, Gläser und Münzen zur Verfügung hatten und daß es in diesem Zentrum Eisengewinnung, Waffenschmieden, Bronze-, Silber- und Goldgießer sowie Glas- und Edelsteinverarbeitung, Weberei und ein auf byzantinische Gewichtsmaße eingestelltes Händlertum gab. Man hat die großen Siedlungen als alamannische »Gauburgen«, d. h. als Anlagen mit zentralörtlicher Funktion, gedeutet, die den *reges* und ihrem zahlreichen Gefolge bis zum Ende des 5. Jhs. als ständige Wohnsitze dienten und der übrigen Bevölkerung notfalls als Fluchtburgen geöffnet wurden. Doch gibt es auch Parallelen zu den südgallischen Burgstädten des 5. und 6. Jhs., so daß man sich wohl auch die Bewohner des »Runden Berges« viel »romanisierter« und »verstädterter« wird vorstellen müssen, als man angenommen hat. Offen bleiben muß, ob die Neubesiedlung dieser um 500 aufgegebenen Plätze seit der zweiten Hälfte des 7. Jhs. mit dem fränkischen Ausgriff nach Osten unter Dagobert I. und der Entstehung eines kräftigen alamannischen Herzogtums unter fränkischer Oberhoheit zusammenhängt.[7] Auch in fränkischer Zeit gab es eine mächtige alamannische Oberschicht, die *primi* des »Pactus Alamannorum« (7. Jh.), die den *mediani* und *minofledi* gegenüberstanden und offenbar über beträchtlichen Grundbesitz verfügten. Das Adelsgrab von

---

[7] Zu den Erkenntnisfortschritten der Archäologie vgl. Ausgrabungen in Deutschland (wie II, 5a), Bd. 1–2; Historischer Atlas von Baden-Württemberg (wie I, 12c), Lfg. 3, 1974, Karte III, 6: »Die frühe Alemannenzeit« mit Erläuterungen von R. Christlein. Grundlegend: Fingerlin, Zur alamannischen Siedlungsgeschichte, 45–88; Windler, Elgg; Marti, Altdorf (alle wie § 2, Anm. 21); Steuer, Höhensiedlungen (wie § 2, Anm. 24). – Zum Glauberg: Werner, Burgen (wie § 4, Anm. 22), bes. 449 ff.; V. Milojčić, Zu den bisherigen Ergebnissen der Untersuchungen am Runden Berg bei Urach, in: Geschichtswissenschaft und Archäologie (wie II, 5c), 519–544; Der Runde Berg bei Urach, Hg. Ders. u. a., Bd. 1–11, 1976–1997. – Zum Zähringer Burgberg: Fingerlin, Die alamannische Landnahme (wie § 4, Anm. 63). – Weitere Höhenburgen des 4. und 5. Jhs. waren der Staffelberg (Oberfranken), die Ehrenbürg bei Forchheim, der Turmberg bei Kasendorf (Oberfranken), der Dünsberg bei Gießen und die Hasenburg bei Worbis im Eichsfeld. Zusammenfassend: H. Steuer, Alamannische Höhensiedlungen des 4. und 5. Jahrhunderts in Südwestdeutschland, in: Geschichtswissenschaft und Archäologie (wie II, 5c), 139–205.

Wittislingen etwa steht an reicher Ausstattung fränkischen Fürstengräbern nicht nach.[8]

Ursprünglicher Kern Alamanniens war das Land am Neckar mit dem oberen Donautal bis zum Ries; seit dem 5. Jh. kam es zur Besiedlung des Raumes zwischen Hochrhein und Voralpen um Basel und Zürich und damit zu einem neuen Schwerpunkt gegenüber Churrätien im Süden. Schon seit Mitte des 4. Jhs. und besonders nach dem Tode des Heermeisters Aëtius (454) beanspruchten Alamannen das Elsaß als Siedlungsland; weiterreichende Eroberungen in Burgund (Besançon, Langres) bis ins Neuwieder Becken, ferner um Worms, Speyer, Aschaffenburg und Würzburg gingen wohl um 500 wieder an die Franken verloren. Diese Expansionen haben möglicherweise zur Ausbildung eines zentralen alamannischen Königtums[9] geführt, dem dann Chlodwig I. gegenüberstand. Der Sieg des Frankenkönigs 496/97 stoppte den weiteren Ausgriff alamannischer Verbände, doch ist anzunehmen, daß zurückgeworfene Alamannen nach Südosten in das Voralpenland auswichen und damit an der Entstehung des Bayernvolkes beteiligt waren. Auf jeden Fall wird man sagen dürfen, daß für die endgültige Konstituierung des frühmittelalterlichen Alamannien der Einfluß des Frankenreiches entscheidend war.[10]

---

[8] J. WERNER, Das alamannische Fürstengrab von Wittislingen, 1950. Die große Bügelfibel von Wittislingen, für die WERNER die Herkunft aus dem Rheinland annahm, wird neuerdings einem lokalen Kunsthandwerker zugewiesen von K. BÖHNER, Die große Bügelfibel von Wittislingen – ein Werk des »Wittislinger Meisters«?, in: Bayerische Vorgeschichtsblätter 65, 2000, 179–191 (Fs. H.-J. Kellner). Zu neuen Grabungsergebnissen im Südwesten: J. STORK, Die Merowingerzeit in Württemberg, in: Archäologie in Württemberg (wie Anm. 3), 333–352. – S. u. § 16b mit Anm. 42; WINDLER, Elgg; MARTI, Altdorf (beide wie § 2, Anm. 21).

[9] Anders: B. BEHR, Das alemannische Herzogtum bis 750, 1975. Vgl. auch T. SCHIEFFER, Die Alemannen, in: HEG 1, 227ff.; dazu KELLER, Fränkische Herrschaft (wie II, 5b). Zur Frage des alamannischen Großkönigtums: E. EWIG, Bemerkungen zur Vita des Bischofs Lupus von Troyes, in: Geschichtsschreibung und geistiges Leben im Mittelalter (Fs. H. Löwe), Hg. K. HAUCK u. a., 1978, 14–26, bes. 22, und (skeptisch) GEUENICH, Landnahme (wie Anm. 2), 34ff. – Zum nördlichen Vorstoß der Alamannen beiderseits des Rheins: L. GRUNWALD, Das Moselmündungsgebiet zwischen Spätantike und Frühmittelalter, in: Berichte zur Archäologie an Mittelrhein und Mosel, Bd. 5, 1997; Alemannien und Ostfranken im Frühmittelalter, Hg. F. QUARTHAL, 1984.

[10] Umstritten: HARTUNG, Süddeutschland (wie § 6, Anm. 14). – Zur Deutung des Doppelnamens »Alamannen/Schwaben« H. KELLER, Alamannen und Sueben nach den Schriftquellen des 3. bis 7. Jahrhunderts, in: FMASt 23, 1989, 89–111, bes. 97ff.; DERS., Probleme (wie § 4, Anm. 63); zur letzten alamannischen Ethnogenese vgl. CASTRITIUS, Vielfalt (wie Anm. 3), hier 81ff.

Mit der fränkischen Oberherrschaft über die Alamannen traten auch gesellschaftliche Änderungen ein. Zu einer Konzentration der Herrschaftsbereiche jener »Gaukönige«, über die Ammianus Marcellinus relativ ausführlich berichtet, kam es wohl im 5. Jahrhundert. Unterhalb der Gruppe der Könige (*reges*, *reguli*) scheint es eine Aristokratie gegeben zu haben, die bei Ammianus mit den Termini *primates* bzw. *optimates* charakterisiert wird, doch gab es auch ein engeres Königsgefolge (*satellites*, *comites*). Dieses war, so ist anzunehmen, eine zahlenmäßig starke Schicht waffenfähiger Krieger, die zu Fuß kämpften, so daß man rückschließen kann, daß die Reiterei Sache der Könige und der »Optimaten« gewesen ist.[11] Vom archäologischen Befund her läßt sich ferner vermuten, daß es bereits in frühalamannischer Zeit seit der Mitte des 5. Jhs. eine deutlich abgegrenzte, schmale Oberschicht gab, deren Vorrangstellung und politische Macht durch vererbbaren Reichtum abgesichert war. Aus dieser Gruppe rückten alamannische Optimaten in die neue austroburgundische Führungsschicht ein, die den festen Zusammenhang mit dem Merowingerreich sicherte und unter der sich sogar romanische Amtsträger befanden. Die alamannischen Heerführer Leuthari und Butilin, die mit einem fränkischen Heer 553/54 in Italien gegen Narses operierten, gehörten zu dieser integrierten Oberschicht.

Mit Recht wird neuerdings darauf verwiesen, daß es sehr schwierig oder sogar unmöglich ist, archäologisch zwischen fränkischen und alamannischen Grabbeigaben zu unterscheiden; das hat auch für die Beurteilung der politischen Verhältnisse insofern Konsequenzen, als alle bisherigen Versuche scheitern, zwischen alamannischen und fränkischen Bestattungen genauer zu unterscheiden.[12] – Man kann aber jedenfalls von einem Ausgleichsvorgang sprechen, und dies gilt auch für die vieldiskutierte Frage, ob der nach 561 entstandene alamannische Dukat, der aber nicht das gesamtalamannische Siedlungsgebiet umfaßte, von einem Herzog beherrscht wurde, der vom Merowingerkönig ein- und abgesetzt werden konnte und ein fränkischer Großer

---

[11] KELLER, Archäologie (wie II, 5b), hier 30ff.

[12] Für die Zeit nach 500: R. CHRISTLEIN, Besitzabstufungen zur Merowingerzeit im Spiegel reicher Grabfunde aus West- und Süddeutschland, in: JRGZ 20, 1973, 147–180; einschränkend: STEUER, Sozialstrukturen (wie II, 5a) (überkritisch). – Zu Leuthari und Butilin: ZÖLLNER, Geschichte (wie II, 5a), 98ff. – Zum archäologischen Aspekt STEIN, Grabkammern (wie § 2, Anm. 25).

gewesen ist, oder ob der *dux* aus einem alamannischen Fürstenhause stammte und unter einer eher nominellen fränkischen Oberhoheit weitgehend selbständig regierte. Beide Positionen sind in dieser zugespitzten Form unhaltbar, weil sie die Variablen außer acht lassen, die sich aus dem Zustand des Gesamtreiches und der teilweisen »Frankisierung« der Oberschicht ergaben. In Epochen des noch starken merowingischen »Zentralismus«, d. h. bis zu Brunichilde und Dagobert I., konnte ein alamannischer Herzog, der zugleich ein Großer am Königshof war, ein- oder abgesetzt werden: so die Herzöge Uncilen (588) und Leudefrid (588). Diese Herzöge führten das alamannische Aufgebot in Reichskriegen, wie noch 630 Herzog Chrodobert in Dagoberts Krieg gegen das Samo-Reich. Sie konnten am Beginn der Hausmeierzeit aber auch selbständig in die Kämpfe der rivalisierenden Gruppen und Teilreiche eingreifen, wie dies 642 Herzog Leutfrid tat. In der Spätphase des Merowingerreiches wurden die Herzöge naturgemäß selbständiger. Doch ist aufgrund der Quellen schwer festzustellen, ob sie Franken oder Alamannen waren, und gerade diese Unklarheit ist ein Indiz dafür, daß die Zeit selbst dem ethnischen Kriterium keine entscheidende Bedeutung beilegte: Der »Regionalisierung der Volkstümer« (E. Ewig) entspricht ziemlich genau die Regionalisierung der Herzogsmacht. Auch die Kriege der frühkarolingischen Hausmeier, die sie seit 709 gegen die Herzöge Gotefrid, Willehari und Lantfrid führten, sind nicht in erster Linie unter dem Aspekt alamannisch-ethnischer Selbständigkeit zu sehen, sondern Teilvorgänge der frühkarolingischen Reintegrationspolitik gegenüber den Außenbezirken des Frankenreiches, die sich gleichzeitig in Bayern wie in Aquitanien vollzogen.[13]

Wichtiger als solche generellen Überlegungen ist der Strukturwandel Alamanniens selbst.[14] Auszugehen ist von der Tatsache, daß die Schwerpunkte alamannischer Herzogsmacht südlich des Rheins und am Bodensee lagen und daß hier offensichtlich, wenn auch nicht immer unmittelbar, an Reste römischer Verteidigungsbauten oder Ver-

---

[13] H. JÄNICHEN, Art. »Alemannen. II. Geschichtliches«, in: RGA 1, 1973, 138–142, hier 141f. – Es versteht sich von selbst, daß diese Feststellung auch für den anachronistischen Aspekt einer völligen »Selbständigkeit« Bayerns vor 788 gilt. Abwägend: REINDEL, Grundlegung (wie II, 5b), 168ff.

[14] Zur Frage der Abhängigkeit der alamannischen Herzöge abwägend: KELLER, Fränkische Herrschaft (wie II, 5b).

waltungszentren angeknüpft werden konnte. Der fränkische Anstoß zu dieser Entwicklung ist dabei unverkennbar und entspricht ziemlich genau den gallischen Verhältnissen.

Vorausgegangen waren aber schon seit dem 4. Jh. im rechtsrheinischen Vorland der Grenze des Imperiums alamannische Siedlungen in Kastellnähe, so in Herten beim Brückenkastell Wyhlen. Man nimmt daher an, daß die dort siedelnden Alamannen im vertraglichen Verhältnis zur noch existenten römischen Herrschaft standen und daß sie auch die Kastellbesatzung stellten.[15] Man darf ferner vermuten, daß sich auch die Merowingerkönige in diesem südlichen Bereich auf römisches Fiskalgut stützen konnten, doch fällt auf, daß von ihnen keine Aufenthalte östlich des Elsaß überliefert sind. Unter Chlothar II. und besonders unter Dagobert I. verstärkte sich aber der fränkische Einfluß auch östlich des Rheins. Neben der Aufzeichnung des »Pactus legis Alamannorum« ist hier vor allem um 630 das Auftreten der »Huntaren« als einer fränkischen Verwaltungsorganisation in Inneralamannien zu nennen. Diese umschloß vermutlich ein Kerngebiet der »Baaren«, was wohl zinstragendes Land bedeutet. Doch ist ungewiß, ob der Frankenkönig oder der Herzog Empfänger dieses Zinses war.[16] Um spätrömische wie fränkisch-merowingische Einflüsse geht es aber auch in dem teilweise zu Südalamannien gehörenden Raum zwischen Genfer See und Hochrhein, der um 600 durch Siedlung, Bevölkerungsanstieg, intensive Herrschaftsbildung, durch Klostergründungen[17] und Adelsherrschaften sowie durch neue Zentren und Bischofssitze von seiner spätantiken Kultur und Gesellschaftsstruktur zu einer mittelalterlichen Region umgepolt wurde.[18] Es ist dies in gewisser Weise eine Parallele zum Aufholen und Aufstieg Austriens, wodurch

---

[15] CHRISTLEIN, Alamannen (wie II, 5b), 48f.; FINGERLIN, Kastellorte (wie § 8, Anm. 11), hier 399ff.; R. VON USLAR, Art. »Burg. III.«, in: RGA 4, 1981, 179–197, bes. 190ff.; KELLER, Archäologie (wie II, 5b), 23f. – Zur grenznahen Alamannensiedlung im Breisgau: FINGERLIN, Die alamannische Landnahme (wie § 4, Anm. 63), bes. 78ff.; DERS., Frühe Alamannen (wie § 2, Anm. 24).

[16] JÄNICHEN, »Alemannen« (wie Anm. 13), 140f.

[17] Daß für die kirchlich-monastische Regeneration Alamanniens Churrätien eine wichtige Rolle spielte, ist an der alamannisch-herzoglichen Vorgeschichte der Gründung des Klosters Reichenau ersichtlich. PRINZ, Südwestdeutschland (wie II, 5b), 51ff.

[18] KELLER, Spätantike (wie § 8, Anm. 18), bes. 18ff. – Zur Methodik: P. DONAT u. a., Einwohnerzahlen und Siedlungsgrößen der Merowingerzeit, in: ZA 5, 1971, 234–265.

der karolingischen Herrschaft der Weg geebnet worden ist, gleichzeitig aber auch ein Hinweis darauf, daß bereits im 7. Jh. im Frankenreich wesentliche Weichen für die Entwicklung der bislang als spezifisch karolingisch geltenden Zustände gestellt worden sind.[19]

In der zweiten Hälfte des 7. Jhs. zeichnen sich für Alamannien zwei Entwicklungsstränge ab: Einerseits konnte sich der Dukat – wegen der Schwäche der Zentralgewalt und der Kämpfe der Hausmeier untereinander – verselbständigen, andererseits kam es im Inneren zu einer Allodialisierung der fränkischen Verwaltungsbezirke und damit zur Ausbildung regionaler Adelsherrschaften, etwa der Pleonungen und der Bertholde, die sich durch den Beginn des Landesausbaus stabilisierten. Die merowingische Prägung des Herzogtums verflüchtigte sich damit. Sie hatte sich im zweiten Drittel des 7. Jhs. noch deutlich bei dem *dux* »Gunzo« gezeigt, der wohl mit jenem Gundoin identisch ist, der das irofränkische Kloster Granfelden im Sornegau/Moutier-Grandval südlich von Basel gründete. Gunzo stand in engen Beziehungen zum Metzer Hof König Sigiberts III.[20] Um 700 jedoch übten agilolfingische Herzöge in Alamannien wie in Bayern eine vom Königtum relativ unabhängige erbliche Herrschaft aus. Erst den Frühkarolingern gelang es durch Pippin II. und Karl Martell seit 709, in mehreren Anläufen gegen die Söhne des Alamannenherzogs Gotefrid, Lantfrid und Theutbald, den Dukat wieder fester an die nunmehr neue, karolingische Zentralgewalt zu binden.[21] Der Endpunkt dieser Entwicklung war dann die Vernichtung eines Teils des alamannischen Adels auf dem »Cannstatter Gerichtstag« 746, wobei auch das Herzogsgut konfisziert und an dessen Stelle die fränkische Grafschaftsverfassung eingeführt wurde.[22]

Läßt sich die Geschichte der Franken und Alamannen, so verschieden sie sich dann auch entwickelte, mit bedeutenden antiken Zeug-

---

[19] PRINZ, Stadtherrschaft (wie II, 5a).

[20] KELLER, Fränkische Herrschaft (wie II, 5b), bes. 26ff.; H. JÄNICHEN, Der Neckargau und die Pleonungen, in: Zur Geschichte der Alamannen (wie Anm. 3), 288–318. – Vgl. ferner SPRANDEL, Struktur (wie § 7, Anm. 26); K. SCHMID, Königtum, Adel und Klöster zwischen Bodensee und Schwarzwald, in: Studien und Vorarbeiten (wie II, 5c), 225–334, bes. 309ff.

[21] PRINZ, Südwestdeutschland (wie II, 5b). – Zum nach wie vor verwirrenden Problem der Gründungsurkunden: Die Gründungsurkunden der Reichenau, Hg. P. CLASSEN, 1977.

[22] BEHR, Herzogtum (wie Anm. 9).

nissen bis ins 3. Jh. zurückverfolgen und damit auch in ihren wesentlichen Zügen rekonstruieren, so treten die Bajuwaren erst in der Spätphase der Völkerwanderungsepoche, nämlich im 6. Jh., ins Licht historischer Überlieferung.[23] Erstmalig werden die Bajuwaren in der sogenannten »fränkischen Völkertafel« genannt, die wahrscheinlich um 520 im Ostgotenreich redigiert worden ist, also zu einer Zeit, als Theoderich der Große eine Art Oberhoheit sowohl über Rätien-Alamannien als auch über das Voralpenland innehatte oder zumindest beanspruchte.[24] Bald darauf weiß Jordanes in seiner Gotengeschichte um 550 zu berichten, daß die Bajuwaren ein seßhaftes Volk östlich der Alamannen seien,[25] und der spätlateinische Dichter Venantius Fortunatus erwähnt fast zur selben Zeit, daß sie östlich des Lechs siedeln, aber offenbar die Verbindung von Augsburg nach Italien behindern.[26] Archäologisch faßbare Niederschläge der Siedlungsvorgänge, die diese ersten schriftlichen Nennungen veranlaßten, sind zwar in stattlicher Zahl vorhanden, im Fundgut selbst läßt sich aber nichts typisch Bajuwarisches aussondern.[27] Sicher hängt dies auch mit der immer noch ungeklärten Frage der Herkunft bzw. Entstehung des Bayernvolkes zusammen, dessen ethnische Heterogenität wohl außer Frage steht.

---

[23] Beste Darstellung: REINDEL, Grundlegung (wie II, 5b); H. BECK u. a., Art. »Bajuwaren«, in: RGA 1, 1973, 601–627. Als Gesamtdarstellung immer noch unentbehrlich: S. VON RIEZLER, Geschichte Baierns, Bd. 1, ^{2}1927. Die Bayern (wie II, 5c); Die Bajuwaren (wie § 2, Anm. 18); letzte Zusammenfassungen: J. JAHN, Ducatus Bajuvariorum. Das bairische Herzogtum der Agilofinger, 1991, und (archäologisch) MENGHIN u. a., Frühgeschichte Bayerns (wie § 4, Anm. 80).

[24] W. GOFFART, The Supposedly »Frankish« Table of Nations: An Edition and Study, in: FMASt 17, 1983, 98–130; zum archäologischen Aspekt: H. ZEISS, Die Nordgrenze des Ostgotenreiches, in: Germania 12, 1928, 25–34; V. BIERBRAUER, Zu den Vorkommen ostgotischer Bügelfibeln in Raetia II, in: Bayerische Vorgeschichtsblätter 36, 1971, 131–165.

[25] Jordanes, De origine actibusque Getarum, Hg. T. MOMMSEN, 1882 [Ndr. 1982], 53–138, c. 55, 130f. (MGH AA 5,1).

[26] Venantius Fortunatus, Vita S. Martini, Hg. F. LEO, 1881 [Ndr. 1981], 293–370 (MGH AA 4,1), hier 368 (um 565). Ob der Lech eine alte Westgrenze der Bajuwaren darstellt, ist fraglich, da die archäologischen Funde beiderseits des Flusses sehr ähnlich und überdies westlicher (alamannisch-fränkischer) Herkunft sind.

[27] R. CHRISTLEIN, Art. »Bayern. A. Archäologie«, in: LexMA 1, 1696ff., bes. 1697; DERS., Die rätischen Städte Severins, in: Severin (wie § 5, Anm. 2), 217–253. Vgl. KOCH, Grabfunde (wie § 5, Anm. 78). – DIES., Alamannische Gräber der ersten Hälfte des 6. Jahrhunderts in Südbayern, in: Bayerische Vorgeschichtsblätter 34, 1969, 162–193. – Hinzu kommt, daß »die großen kulturellen Zentren des 8. Jahrhunderts archäologisch kaum erforscht« sind (CHRISTLEIN [wie oben], 1698).

Während im deutschen Südwesten durch die politische Existenz Churrätiens bis ins 8. Jh. hinein Rätoromanen und Alamannen relativ deutlich gegeneinander abzugrenzen sind, scheint in Bayern die romanische Bevölkerung im Alpenraum (Salzburg), um Kuchl und an der Donau (Regensburg, Passau und Lorch etc.) relativ früh in das agilolfingische Herzogtum integriert gewesen zu sein. Entgegen früherer Auffassung und der Darstellung der »Vita Severini«, wonach alle Romanen abgezogen seien, haben sich auch Teile der romanischen Oberschicht im Alpengebiet erhalten.[28] Neben diesen Romanen, die allerdings kein großes, kulturelles Zentrum mehr hatten – wie die Rätoromanen in Churrätien oder die romanisierte Bevölkerung an der mittleren Mosel um Trier und um Metz[29] –, trugen seit 400 zur Entstehung der Bajuwaren auch germanische Gruppen aus Böhmen bei.[30]

Stärker ins Gewicht fallende germanische Funde westlicher Herkunft – Siedlungen und Friedhöfe – konnten seit der Mitte des 5. Jhs. sowohl an der mittleren Donau als auch in der Münchner Schotterebene festgestellt werden und dürften auf alamannische Siedlergruppen zurückgehen. Das große Gräberfeld von Altenerding mit etwa 2200 bis 2300 Bestattungen läßt zwischen der Mitte des 5. und der Mitte des 6. Jhs. zwei Phasen »alamannisch-westlichen« Zuzugs erkennen, seit dem Ende des 5. Jhs. aber auch Zuwanderung aus dem »östlich-merowingischen« Reihengräberkreis (Langobarden, Thüringer), wobei auch Herkunft aus Böhmen nicht auszuschließen ist.[31]

---

[28] F. PRINZ, Salzburg zwischen Antike und Mittelalter, in: FMASt 5, 1971, 10–36; KELLER, Grabfunde (wie § 5, Anm. 72); vgl. auch H. DANNHEIMER, Auf den Spuren der Bajuwaren, 1987; WOLFRAM, Agilolfinger (wie II, 5b); Frühes Mönchtum in Salzburg, Hg. E. ZWINK, 1983; BIERBRAUER u. a., Ausgrabungen (wie § 8, Anm. 17). – Zur bajuwarisch-romanischen Siedlungsgrenze im Süden: DERS., Langobarden, Bajuwaren und Romanen im mittleren Alpengebiet im 6. und 7. Jahrhundert, in: Il territorio tra tardoantico e alto medioevo, Hg. G. P. BROGLIO u. a., 1993, 31–51. – Zur Rolle Churrätiens: CLAVADETSCHER, Churrätien (wie II, 5b); SCHNEIDER-SCHNECKENBURGER, Churrätien (wie § 5, Anm. 56); MOOSBRUGGER-LEU, Schweiz (wie II, 5b), hier bes. Bd. B.

[29] Vgl. dazu STEIN, Bevölkerung (wie § 2, Anm. 12).

[30] B. SVOBODA, Zum Verhältnis frühgeschichtlicher Funde des 4. und 5. Jahrhunderts aus Bayern und Böhmen, in: Bayerische Vorgeschichtsblätter 28, 1963, 97–116; T. FISCHER, Römer und Germanen an der Donau, in: Die Bajuwaren (wie § 2, Anm. 18), 39–45. SVOBODA glaubte, eine nordwestböhmische Fundgruppe in Niederbayern wiederfinden zu können, äußerte sich allerdings in späteren Publikationen zurückhaltender. KELLER, Germanenpolitik Roms (wie § 5, Anm. 3).

[31] KOCH, Alamannische Gräber (wie Anm. 27). Zu den Funden in Erding-Altener-

Ein gewisser Anteil östlicher germanischer Gruppen hat Spuren im älteren Fundgut von München-Ramersdorf hinterlassen.[32] Nimmt man die sprachwissenschaftliche Erkenntnis hinzu, daß im Frühmittelalter die sprachlichen Unterschiede zwischen dem Alamannischen und Bayerischen sehr gering gewesen sind,[33] wird man kaum bezweifeln können, daß das Alamannische einen gewichtigen Anteil an der bajuwarischen Ethnogenese hatte. Gegenüber dem Tatbestand der Entstehung der Bajuwaren im Lande selbst tritt die ältere Streitfrage an Bedeutung zurück, ob für die Baiuvarii keltische Boier des norisch-rätischen Raums das namensgebende Element gewesen sind oder ob eine stärkere germanische Gruppe im ersten Drittel des 6. Jhs. eingewandert ist, die entweder aus Böhmen-Boiohaemum oder aus der »deserta Boiorum« in Pannonien oder aber aus einem Lande »Baias« kam, das beim Kosmographen von Ravenna (8. Jh.) erwähnt wird. Neuerdings hat man »Baias« wieder mit Böhmen bzw. eine elbgermanisch geprägte Fundgruppe beim Straubinger spätrömischen Kastell im Donautal mit südwestböhmischen Funden (Friedenhain-Přestovice) ursächlich in Verbindung gebracht. Danach wären seit der zweiten Hälfte des 4. Jhs. Germanen aus Böhmen nach Niederbayern eingesickert; ähnliche Funde enthält das Gräberfeld Straubing-Bajuwarenstraße. In Altenerding zeigen die Bestattungen seit dem 5. Jh., daß um 500 Alamannen, Ostgoten, Leute aus Mitteldeutschland und Böhmen und Germanen von der mittleren Donau, wohl Langobarden, eingewandert sind. Dies bestätigt zwar den polyethnischen Charakter der bayerischen Stammesbildung, doch bleibt nach wie vor zu erwä-

---

ding-Klettham, München-Aubing und Pliening: W. SAGE, Das Reihengräberfeld von Altenerding in Oberbayern, Bd. 1–2, 1984; V. BIERBRAUER, Das Reihengräberfeld von Altenerding in Oberbayern und die bajuwarische Ethnogenese, in: ZAM 13, 1985, 7–25; Das Reihengräberfeld von Altenerding, Hg. H. HELMUTH u. a., Bd. 2, 1996; Das baiuwarische Reihengräberfeld von Aubing, Stadt München, Hg. H. DANNHEIMER, Bd. 1–2a, 1998; S. CODREANU-WINDAUER, Pliening im Frühmittelalter. Bajuwarisches Gräberfeld, Siedlungsbefunde, Kirche, 1997.

32 LOTTER, Severinus (wie II, 5b); Eugippius, Das Leben des Heiligen Severin (wie II, 4b). Zum archäologischen Befund: J. WERNER, Die frühgeschichtlichen Grabfunde von Spielberg bei Erlbach, Landkreis Nördlingen, und von Fürst, Landkreis Laufen an der Salzach, in: Bayerische Vorgeschichtsblätter 25, 1960, 164–179; zum Ende der Römerzeit an der Donau und zur germanischen Infiltration: KELLER, Germanenpolitik Roms (wie § 5, Anm. 3).

33 H. BECK, Art. »Bajuwaren. I. Philologisches«, in: RGA 1, 1973, 601–606, bes. 602f.

gen, ob die »Männer aus Böhmen« (Přestovice) so etwas wie der ethnische Kern der Bajuwaren geworden sind.[34] Umstritten ist ferner, ob es sich bei den fünf *genealogiae* der Huosi, Fagana, Hahhilinga, Draozza und Anniona, die als die vornehmsten nach den Agilolfingern in der »Lex Baiuvariorum« genannt sind, um Sippen handelt, aus denen ein Teil des Bayernvolks zusammengewachsen ist, oder um Adelsgruppen, die in einem »historischen Kompromiß« des 6. Jhs. zwischen dem agilolfingischen *dux* und den *genealogiae* ins Herzogtum integriert wurden.[35] Ob die kurze ostgotische Herrschaft im Donauraum bis zum Tode Theoderichs des Großen († 526), die eher politischer Anspruch als verwaltungsmäßige Realität gewesen ist, einen Anteil an der bajuwarischen Ethnogenese hatte, bleibe dahingestellt. Mit einem verstärkten Zuzug von Ostgoten, aber auch von Langobarden und anderen Gruppen aus dem östlich-merowingischen Reihengräberkreis, besonders von Alamannen aus dem Westen, ist in jedem Fall zu rechnen. Für die politische Entstehung Bayerns will dies jedoch wenig besagen. Prägender für die Zukunft war in jedem Fall der fränkische Vorstoß an die mittlere Donau seit König Theuderich I. und besonders unter dessen Sohn Theudebert I. (534–548).[36] Nach dem Stand der Forschung ist die Frage, ob die Goten oder die

---

[34] T. FISCHER, Römer und Bajuwaren an der Donau, 1988, 47f.; ablehnend: T. SPRINGER, Germanenfunde der Völkerwanderungszeit in Nordbayern, in: Archäologisches Korrespondenzblatt 15, 1985, 235–243, dem die böhmischen Funde nicht aussagekräftig genug sind und der sie aufgrund sehr allgemeiner Vergleiche lediglich für allgemein elbgermanisch hält; zuletzt noch einmal: FISCHER, Reihengräberfeld (wie § 5, Anm. 72), bes. 109 und 124; SAGE, Reihengräberfeld (wie Anm. 31); REINDEL, Grundlegung (wie II, 5b); MENGHIN u. a., Frühgeschichte Bayerns (wie § 4, Anm. 80); BIERBRAUER, Reihengräberfeld (wie Anm. 31).

[35] So W. STÖRMER, Zum Prozeß sozialer Differenzierung bei den Bayern von der Lex Baiuvariorum bis zur Synode von Dingolfing, in: Typen der Ethnogenese (wie Anm. 3), Bd. 1, 155–172; JAHN, Ducatus (wie Anm. 23); DERS., »Bayerische Pfalzgrafen« im 8. Jahrhundert?, in: Früh- und hochmittelalterlicher Adel in Schwaben und Bayern, Hg. I. EBERL u. a., 1988, 80–114.

[36] ZÖLLNER, Geschichte (wie II, 5a), 91ff.; COLLINS, Theodebert I (wie § 7, Anm. 18). Archäologische Anhaltspunkte für die Anwesenheit gotischer Krieger im späteren Bayern: R. CHRISTLEIN, Ein bajuwarischer Friedhof des 5.–7. Jahrhunderts von Straubing-Alburg, Niederbayern, in: Das archäologische Jahr in Bayern, 1981, 154f.; H. GEISLER, Das Gräberfeld von Straubing – Bajuwarenstraße, in: Germanen, Hunnen und Awaren (wie § 4, Anm. 76), 608–611 und 614–622; BIERBRAUER, Vorkommen (wie Anm. 24); DERS., Reihengräberfeld (wie Anm. 31), hier 14f.

Franken die bajuwarische Ethnogenese ermöglichten oder maßgeblich beeinflußten, falsch gestellt. Es war wohl so, daß in den wenigen Jahrzehnten gotischer Oberherrschaft zwischen Alpen und Donau die Stammesbildung relativ ungestört anlaufen konnte. In einer zweiten und letztlich entscheidenden Phase bewirkte dann vor allem seit Theudebert I. die dauerhafte Präsenz des fränkischen Großreiches die politisch-militärische Organisation und Stabilisierung Bayerns als agilolfingisches Herzogtum im merowingischen Reichsverband: Ethnogenese und Herrschaftsbildung sind daher als gesonderte Vorgänge anzusehen.

In dieser Epoche dürfte die bajuwarische Stammesbildung erfolgt sein, und zwar im Lande selbst; daß sie politischer Natur war und gewissermaßen »von oben« erfolgte, geht auch aus der Tatsache hervor, daß die Bajuwaren, anders als Franken, Alamannen, Goten und Langobarden, kein Heerkönigtum kannten. Die maßgebliche Mitwirkung der Merowingerkönige am Aufbau der politisch-rechtlichen wie der gesellschaftlichen Struktur des bayerischen Herzogtums wird durch den Prolog und die Inhalte der »Lex Baiuvariorum« bezeugt, desgleichen durch die Tatsache, daß sich der erste bekannte Herzog Garibald I. (um 590) in Abhängigkeit vom Frankenkönig befand.[37] Ähnlich wie beim alamannischen Herzogtum schwankte in der Folgezeit das Ausmaß dieser Abhängigkeit je nach dem innenpolitischen Zustand und damit der Integrationskraft des Merowingerreiches. Ein erster Versuch eigener Politik der Agilolfingerherzöge ergab sich, als die Langobarden seit 568 in Ober- und Mittelitalien ihre Herrschaft errichteten und es 589 zur Heirat von Garibalds I. Tochter Theodelinde (570/75–627) mit dem Langobardenkönig Authari kam. Jedoch schon 592 wird mit Tassilo I. vom Frankenkönig ein neuer Herzog eingesetzt, der sich in der Abwehr der ersten slawisch-awarischen Invasionen im Donauraum bewährt; ähnliches gilt für seinen Sohn Herzog Garibald II. Sowohl Awaren als auch Slawen werden von diesen *duces* auf der Linie vom Pustertal über die Hohen Tauern, das Enns- und Trauntal zum Stehen gebracht. Gleichzeitig dringt die bajuwarische Besiedlung ins Inn-, Eisack- und auch ins Pustertal vor,

[37] REINDEL, Grundlegung (wie II, 5b), 136ff.; J. JARNUT, Agilolfingerstudien, 1986; DERS., Genealogie und politische Bedeutung der agilolfingischen Herzöge, in: MIÖG 99, 1991, 1–22; DERS., Herrschaft und Ethnogenese, 2002.

dessen Name den Vorstoß der Slawen festgehalten hat.[38] In der Mitte des 7. Jhs. ist bereits in Bozen ein bayerischer Grenzgraf bezeugt. Wie das alamannische Herzogtum unter Gotefrid erfreut sich das agilolfingische Bayern unter Herzog Theodo (ca. 696–716) einer größeren Selbständigkeit, die von diesem auch zu dem Versuch genutzt wird, eine eigene bayerische Kirchenorganisation mit päpstlicher Unterstützung ins Leben zu rufen.[39] Theodos Heirat mit Folchaid aus dem mittelrheinischen Adelsgeschlecht der Rupertiner zeigt aber, daß die Verbindungen zur spätmerowingisch-austrischen Reichsaristokratie nicht abgebrochen waren. In dieselbe Richtung weist die Missionstätigkeit Ruperts (Hrodperts) von Salzburg († 716), der vom Mittelrhein unter Theodo nach Bayern kam.[40] Was die Herkunft des agilolfingischen Herzogsgeschlechts anbetrifft, so weisen sowohl langobardische Quellen als auch die Einsetzung durch Merowingerkönige und die Garantie agilolfingischer erblicher Herrschaft in Bayern durch dieselben, wie sie in der »Lex Baiuvariorum« ausgesprochen wird, am ehesten auf fränkischen Ursprung. Möglich wäre aber auch eine langobardische oder burgundische Abstammung; doch würde letzteres eher eine frankoburgundische Herkunft bedeuten.[41] Der gut bezeugte fränkisch-merowingische Einfluß auf Bayern schloß jedoch eine kräftige Eigenentwicklung nicht aus, und insofern geht auch die in der Literatur verschiedentlich zugespitzte, aber eher anachronistisch »staatsrechtliche« Alternative zwischen »Amtsherzogtum« und »Stammesherzogtum« an der geschichtlichen Realität vorbei. Der Anteil der Alpenromanen an der Ethnogenese des agilolfingischen Herzogtums ist in letzter Zeit stärker ins Kalkül gezogen worden.[42] Grundsätzlich ist zu der Fülle widersprüchlicher Erklä-

[38] P. Stockmeier, Theodelinde, Königin der Langobarden, in: Bavaria Sancta (wie II, 5c), Bd. 3, 9–20. – Zur Besiedlung: Bierbrauer, Aufsiedlung (wie § 6, Anm. 20).

[39] S. u. § 15 mit Anm. 44.

[40] Prinz, Mönchtum (wie II, 5a), 394ff.; Ders., Salzburg (wie Anm. 28); Wolfram, Agilolfinger (wie II, 5b); Ders., Der heilige Rupert und die antikarolingische Adelsopposition, in: MIÖG 80, 1972, 4–34; Vita Corbiniani (wie II, 4b) und unten § 15 mit Anm. 50f.

[41] Reindel, Grundlegung (wie II, 5b).

[42] W. Mayerthaler, Woher stammt der Name »Baiern«?, in: Das Romanische in den Ostalpen, Hg. D. Messner, 1984, 7–72. – H. Wolfram, Libellus Virgilii. Ein quellenkritisches Problem der ältesten Salzburger Güterverzeichnisse, in: Mönchtum, Episkopat (wie II, 5c), 177–214; Bierbrauer u. a., Ausgrabungen (wie § 8, Anm. 17).

rungsversuche der bayerischen Ethnogenese zu bemerken, daß es seit den neuen Erkenntnissen über die Labilität der *gentes* des 5./6. Jhs. immer fragwürdiger wird, »Stammesanteile« an der Ethnogenese zu diskutieren; ähnliches gilt für die ethnischen Zuweisungen der Archäologie, die um so vorsichtiger ausfallen, je subtiler sich die Interpretation von Grabinventaren und Siedlungsresten entwickelt.[43]

Ähnlich wie in Alamannien ein südlich von Rhein und am Bodensee gelegener, stark herzoglich bestimmter Raum sich von Inneralamannien unterscheidet, wo eine ursprünglich fränkische Verwaltungsorganisation allodialisiert und damit seit dem späten 7. Jh. und im 8. Jh. zur Adelslandschaft geworden ist,[44] weist auch Bayern eine spezifische Binnenstruktur auf. Während der Agilolfingerherzog an der Donau um Regensburg und im Ausbaugebiet des Ostens bis zur Ennsgrenze eine starke Machtposition hat und dort auch Klöster gründet und reich beschenkt, tritt westlich der Inn-Salzach-Linie eine Adelsgruppe als landbeherrschend und klostergründend hervor, die nachweislich fränkisch orientiert und zum Teil mit der in der »Lex Baiuvariorum« genannten *genealogia* der Huosi identisch ist. Auf jeden Fall gab es enge genealogische Zusammenhänge zwischen dem Adel des Frankenreiches bzw. Alamanniens und dem des agilolfingischen Bayern.[45]

Der Nordsüdstrukturierung von Adels- und Herzogsraum in Alamannien entspräche die Westostgliederung Bayerns; in beiden Fällen

---

[43] Vgl. die Feststellung von H. WOLFRAM, Ethnogenesen im frühmittelalterlichen Donau- und Alpenraum, in: Frühmittelalterliche Ethnogenese (wie II, 5c), 97–151, hier 108. Das Überangebot von Interpretationen bietet unkritisch M. MENKE, 150 Jahre Forschungsgeschichte zu den Anfängen des Baiernstammes, in: Typen der Ethnogenese (wie Anm. 3), Bd. 2, 123–220.

[44] Vgl. zu den Alamannen in diesem Kap. oben ab Anm. 4ff.

[45] G. DIEPOLDER, Die Orts- und »in pago«-Nennungen im bayerischen Stammesherzogtum zur Zeit der Agilolfinger, in: ZBLG 20, 1957, 364–436; F. PRINZ, Herzog und Adel im agilulfingischen Bayern, in: ZBLG 25, 1962, 283–311. Abweichend: L. HOLZFURTNER, Gründung und Gründungsüberlieferung. Quellenkritische Studien zur Gründungsgeschichte der bayerischen Klöster der Agilolfingerzeit und ihrer hochmittelalterlichen Überlieferung, 1984. Dazu kritisch: PRINZ, Mönchtum (wie II, 5a), 655f. Zur frühmittelalterlichen Adelsgeschichte Bayerns und deren Verbindung mit dem Frankenreich vgl. STÖRMER, Früher Adel (wie § 1, Anm. 23); G. MAYR, Studien zum Adel im frühmittelalterlichen Bayern, 1974; Die Bayern (wie II, 5c), Bd. 2. – Zur Archäologie: KELLER, »Adelsfriedhof« (wie § 8, Anm. 22); DERS. u. a., Ein Bestattungsplatz der Huosi in Jesenwang?, in: Das archäologische Jahr in Bayern, 1987, 148–151.

dürfte bei der Entstehung dieses herrschaftsstrukturellen Unterschieds die fränkische Reichsgewalt eine Rolle gespielt haben, und in beiden Fällen geht es, zumindest seit dem frühen 8. Jh., um agilolfingische Gegenspieler der fränkisch-austrasischen Hausmeier.[46] War in Alamannien die Organisation bzw. die Reorganisation der Bistümer und Kirchensprengel seit Dagobert I. von weitreichender Bedeutung auch für die generelle Herrschaftsstruktur und Grenzziehung, so gilt dies auch für die Kirchenorganisation Bayerns. Die fränkische Bindung der bayerischen Kirche seit der irofränkischen Mission an der Donau unter dem Luxeuiler Abt Eustasius ist hier ebenso wichtig geworden wie – in noch höherem Maße – die Wirksamkeit reichsfränkischer Klostergründer und Missionare vor und nach 700.[47] Zeitlich fast parallel laufen die Bestrebungen Herzog Theodos, 716 eine Rom verbundene bayerische Landeskirche zu schaffen.[48] Doch dürften diese Pläne wohl erst unter Herzog Odilo mit Hilfe des Angelsachsen Winfrid-Bonifatius 739 endgültig verwirklicht worden sein.

Die Beziehung zu den Langobarden, die spätestens mit der Ehe von Garibalds I. Tochter Theodelinde und dem Langobardenkönig Authari 590 begonnen hatte, setzte sich im 7. Jh. mit bayerischen Interventionen in langobardischen Auseinandersetzungen fort. Am Beginn des 8. Jhs. stützte Herzog Theodo den nach Bayern geflüchteten langobardischen Thronanwärter Liutprand gegen Raginbert von Turin, führte ihn 711/12 erfolgreich nach Italien zurück und festigte das dynastische Bündnis durch die Heirat seiner Tochter Guntrud mit dem Langobardenkönig. Diese Politik wechselseitiger Hilfe setzte sich dann unter Herzog Tassilo III. (748–788) fort, fand aber auch mit ihm ihr Ende.[49]

---

[46] E. ZÖLLNER, Das Geschlecht der Agilolfinger, in: Die Anfänge (wie II, 5c), 83–110; DERS., Die Herkunft der Agilolfinger, in: MIÖG 59, 1951, 245–264; bes. JARNUT, Agilolfingerstudien; DERS., Genealogie und politische Bedeutung (beide wie Anm. 37).

[47] Das Christentum im bairischen Raum. Von den Anfängen bis ins 11. Jahrhundert, Hg. E. BOSHOF u. a., 1994 (mit archäologischen Beiträgen).

[48] Versuche, das päpstliche Kapitular von 716 (Litterae Gregorii II decretales, Hg. J. MERKEL, 1863, 451–451 [MGH LL 3]) zur Einrichtung einer bayerischen Provinz als Fälschung zu erweisen, widerlegt K. REINDEL, Die bayerische Kirche und Rom am Anfang des 8. Jahrhunderts, in: Bayerische Vorgeschichtsblätter 65, 2000, 219–226 (Fs. H.-J. Kellner), gegen L. VOGEL, Bayern und Rom im frühen 8. Jahrhundert, in: ZBLG 63, 2000, 357–414.

[49] JAHN, Ducatus (wie Anm. 23), 465 ff. – Zur allgemeinen Entwicklung im Donau-

b) Thüringer, Sachsen, Friesen

Im Thüringerreich waren die elbgermanischen Angeln und Warnen, die vermutlich aus dem Raum Schleswig-Holstein und Mecklenburg kamen, die wichtigsten Träger des Stammesbewußtseins.[50] Der Zusammenschluß zur größeren Einheit der Thüringer erfolgte wohl unter dem Druck der Sachsen. Aber noch das auf Veranlassung Karls des Großen 802/03 aufgezeichnete Volksrecht läßt durch seinen Titel »Lex Angliorum et Werinorum, hoc est Thuringorum« die Schlüsselstellung der beiden erstgenannten Stämme erkennen.[51] Unsicher bleibt die sprachliche Herleitung des Thüringernamens von den Hermunduren, doch müssen diese der Kern des neuen Großstammes gewesen sein.[52] Es ist anzunehmen, daß die heutige Landschaft gleichen Namens das Kerngebiet des Stammes gewesen ist, von wo aus Thüringer bis in die Mainlande um Würzburg und den Obermain vordrangen. Der Versuch Theoderichs des Großen, durch Vermählung seiner Nichte Amalaberga mit dem König Herminafrid Thüringen in sein ursprünglich antibyzantinisches, dann antifränkisches Bündnissystem einzufügen, endete mit dem Tode des Ostgotenkönigs. Im frühen 6. Jh. waren die Thüringer noch die Ostnachbarn der Franken; Ortsnamen und archäologische Indizien weisen darauf hin, daß das Thüringerreich sich damals im Norden bis in den Raum Hannover und in die Altmark erstreckte und im Osten die Elbe bis an die Mittelgebirge die Grenze gewesen ist. Nach der Beseitigung des Thüringerreiches

---

raum zusammenfassend: H. Wolfram, 378–907. Grenzen und Räume. Geschichte Österreichs vor seiner Entstehung, 1995 (Österreichische Geschichte [wie I, 9], Bd. 1).

[50] W. Schlesinger, Das Frühmittelalter, in: Geschichte Thüringens (wie I, 9), Bd. 1, 317–380; zur schwierigen Problematik von Herkunft und Wohnsitzen der Angeln vgl. H. Kuhn u. a., Art. »Angeln«, in: RGA 1, 1973, 284–292. Wenskus, Herrschaftsbildungen (wie § 4, Anm. 75), hier 224ff. (mit Literatur); B. Schmidt, Die Thüringer, in: Die Germanen, Bd. 2, 502–548; Schmale, Grundlegung (beide wie II, 5b).

[51] Zur Legesproblematik insgesamt vgl. § 17.

[52] B. Schmidt, Hermunduren – Warnen – Thüringer, in: Jahresschrift für mitteldeutsche Vorgeschichte 65, 1982, 173–215; Ders., Königreich der Thüringer (wie § 8, Anm. 25). – Einen guten Forschungsüberblick für fränkische Interventionen im Nordosten bietet: Völker an Nord- und Ostsee und die Franken, Hg. U. von Freeden u. a., 1999. Zum archäologischen Nachweis fränkischen Einflusses: L. Wamser, Eine thüringisch-fränkische Adels- und Gefolgschaftsgrablege des 6./7. Jahrhunderts bei Zeuzleben, 1984.

durch die Merowinger ließen sich Sachsen unter fränkischer Oberhoheit nördlich der Unstrut nieder. Unklar ist, ob Teile der ursprünglichen Bevölkerung nach Süden zu den Bajuwaren und Langobarden auswichen. Eine fränkische Expedition gegen die ostthüringischen Warnen zwischen Saale und Elster diente wohl der Grenzsicherung nach Osten, wo seit 596 die Awaren erfolgreich angriffen. Die Franken suchten sich hier durch Hilfsvölker zu sichern, so etwa durch die »Nordsueben« von der Havel, die sich nach dem Wegzug sächsischer Volksteile um Aschersleben niederließen, während wesentlich später die slawischen Sorben die Region zwischen Elbe und Saale besetzten. Seit dem 7. Jh. setzt von Südwesten her fränkische Besiedlung und Burgenbau ein; letzterer knüpft topographisch zwar verschiedentlich an ältere Befestigungen des 5. und 6. Jhs. an, jedoch ohne funktionalen Zusammenhang mit den Vorgängeranlagen. Die seit dem 7./8. Jh. einsetzende slawische Besiedlung östlich der Saale hat einerseits die älteren Traditionen beeinträchtigt und andererseits auch zu einer Westverlagerung des Thüringerreichs geführt, so daß entweder der neue von Dagobert I. geschaffene thüringische Dukat gegen Ende des 7. Jhs. sein Zentrum in Würzburg hatte oder, was neuerdings angenommen wird, zur Zeit dieses Merowingerkönigs zwei Dukate bestanden, nämlich Thüringen und Mainfranken/Würzburg. Im letztgenannten Herzogtum dürfte Dagobert I. den Alamannendux Chrodobert-Hruodi eingesetzt haben.[53]

Seit dem 6. Jh. war Hessen, die Wetterau, ein wichtiges Aufmarschgebiet der Franken gegen Thüringer und Sachsen. Obwohl dem Merowingerreich schon früh einverleibt, bewahrte es, wie Thüringen, eine gewisse Eigenständigkeit, da sich die Franken mit der Anerkennung ihrer Herrschaft in den führenden Schichten der ansässigen Bevölkerung begnügen mußten, so daß der politische Zusammenhang auch unter merowingischer Oberhoheit gewahrt blieb.[54]

---

[53] Zu diesen aufgrund der schlechten Quellenlage hypothetischen Auffassungen zuletzt W. STÖRMER, Zu Herkunft und Wirkungskreis der merowingerzeitlichen »mainfränkischen« Herzöge, in: Fs. E. Hlawitschka (wie II, 5a), 11–21. – Zu Würzburg s. u. § 12 mit Anm. 17.

[54] STEEN, Königtum (wie § 2, Anm. 21); grundlegend: Althessen (wie II, 5b) mit Beiträgen von W. SCHLESINGER, H. AMENT, K. WEIDEMANN, R. GENSEN, N. WAND und F. SCHWIND; K. HEINEMEYER, Hessen im Fränkischen Reich, in: Das Werden Hessens (wie II, 5b), 125–158; BUTZEN, Die Merowinger (wie § 7, Anm. 7). – Zur Archäologie: K. SIPPEL, Die frühmittelalterlichen Grabfunde in Nordhessen, 1989.

Diese verpflichtete zur Heerfolge und verschiedentlich auch zu Tributen. Kernräume Hessens waren die Fritzlarer Ebene und das Kasseler Becken, die eine kontinuierliche Besiedlung seit der römischen Kaiserzeit aufwiesen und insofern eine Sonderstellung vermuten lassen, als es dort im 6. Jh. noch keine (reichsfränkische) Reihengräberbestattung gab und Ortsnamen mit dem Suffix *-heim* weitgehend fehlen. Noch 738 nennt ein Papstbrief an Winfrid-Bonifatius regionale Gruppen: die »Hessi« an Eder, Schwalm und unterer Fulda, die »Nistresi« zwischen Diemel und Eder, die »Wedrecii« zwischen Eder und Lahn, die »Lognai« an der oberen Lahn und die »Suduodi« und »Graffelti« an der oberen Fulda und im Grabfeld; doch bleibt ungewiß, ob hier ältere Strukturen durchscheinen oder spätere fränkische Reorganisation vorliegt.[55] Gegen das merowingische Rheinfranken waren die Diemel und das Rothaargebirge die Grenze, gegen Thüringen die Wasserscheide zwischen Werra und Fulda, gegen Süden die alte Limesgrenze, die nur bei Gießen und gegen die Wetterau darüber hinausgreift. Die Wetterau, der Rheingau und das Gebiet um Aschaffenburg und Würzburg waren wohl vor 500, ehe die Franken die Nordwestexpansion der Alamannen zum Stehen brachten, alamannisch; danach setzte vermutlich die sowohl herrschaftliche wie siedlungsmäßige »Verfrankung« ein.[56]

Von größter Bedeutung für den Beginn einer deutschen Geschichte wurde das Volk der *Sachsen*.[57] Dessen Ursprünge sind trotz der bei

---

[55] Die Briefe des heiligen Bonifatius und Lullus, Hg. M. TANGL, 1916 [Ndr. 1989], Nr. 43, 68f. (MGH Epp. sel. 1) (Brief Papst Gregors III. von 738). Zur archäologischen Seite der fränkischen Durchdringung vgl. die Beiträge von H. AMENT, K. WEIDEMANN, R. GENSEN und N. WAND, in: Althessen (wie II, 5b) und SIPPEL, Grabfunde (wie Anm. 54).

[56] EWIG, Merowinger (wie II, 5a), 72ff.; Althessen; Hessen (beide wie II, 5b); Geschichte Thüringens (wie I, 9). Daß der Abbruch von Gräberfeldern und die »Landnahme« in Bayern nicht zwingend mit Chlodwigs Sieg 489 bzw. 507 zusammenhängen muß, zeigt H. AMENT, Das alamannische Gräberfeld von Eschborn (Main-Taunus-Kreis), 1992.

[57] Erste Erwähnung der Sachsen bei dem Geographen und Astronomen Klaudios Ptolemaios (lat. Claudius Ptolemaeus, zwischen 80 und 100 n. Chr.): C. Ptolemaeus, Geographia, Hg. K. MÜLLER, Bd. 1–3, 1883–1901, Bd. 2, 11,7, 257. – M. LAST, Niedersachsen in der Merowinger- und Karolingerzeit, in: Geschichte Niedersachsens (wie I, 9), Bd. 1, 543–652; W. WINKELMANN, Frühgeschichte und Frühmittelalter, in: Westfälische Geschichte (wie I, 9), 187–230; DERS., Beiträge zur Frühgeschichte Westfalens, 1984; Entstehung und Verfassung des Sachsenstammes, Hg. W. LAMMERS, 1957; Die Eingliederung der Sachsen in das Fran-

Widukind von Corvey überlieferten Ursprungssage[58] schwierig zu erhellen, weil es sich dabei um innergermanische Vorgänge handelt, die sich spätantiker schriftlicher Überlieferung weitgehend entzogen. Neuere Untersuchungen haben aber deutlich gemacht, daß auch bei der altsächsischen Ethnogenese und Expansion die Einwirkung des Merowingerreiches eine wichtige Rolle spielte.[59] Was den Vorgang selbst anbelangt, so stehen sich zwei Erklärungsmodelle gegenüber: Einerseits werden die Sachsen als ein Zusammenschluß kleinerer Völkerschaften verstanden, der sich als intergentiler Verschmelzungsprozeß wie bei Alamannen und Franken relativ friedlich vollzog; andererseits geht man von einer von Norden nach Süden und Westen ausgreifenden, sich über ein halbes Jahrtausend erstreckenden Ausbreitung aus, die mit der Unterwerfung anderer Völkerschaften verbunden war. Gegen diese alternativen Deutungen ist mit Recht geltend gemacht worden, daß die schrittweise Süd- und Westwanderung des Sachsen-Namens ein nach Zeit und Region sehr differenzierter Vorgang gewesen ist, bei dem Eroberung ebenso eine Rolle gespielt habe wie kultisch begründete Assimilation und – damit verknüpft – dauerhafte Bündnisse, die zwar eine politische Einordnung bewirkten, aber keine Unterwerfung waren.[60]

Der Ursprung der Sachsen ist wohl im Norden zu suchen. In den ersten zwei nachchristlichen Jahrhunderten lebten sie nach Ptolemaios nördlich der Unterelbe (Nordalbingien). Allerdings ist es fraglich, ob sich diese Nachricht wirklich auf das Sachsenvolk bezieht; hinzu kommt, daß man wegen der schlechten Ptolemaios-Überlieferung

kenreich, Hg. DERS., 1970; Sachsen und Angelsachsen (wie § 4, Anm. 37); Ur- und Frühgeschichte in Niedersachsen, Hg. H.-J. HÄSSLER, 1991; T. CAPELLE, Die Sachsen des frühen Mittelalters, 1998.

[58] Widukind, Res gestae Saxonum, Hg. A. BAUER u. a., ^{2}1977, 1–182, I, c. 2–14, 20ff. (AQMA 8).

[59] K. HAUCK, Goldbrakteaten aus Sievern – spätantike Amulett-Bilder der »Dania Saxonica« und die Sachsen-»Origo« bei Widukind von Corvey, 1970; LAST, Niedersachsen (wie Anm. 57), 552ff.

[60] Entstehung und Verfassung (wie Anm. 57). Die soziale Schichtung der Sachsen, wie sie uns in antikisierend verfremdeter Form die Vita Lebuini aus dem 8. Jh. schildert, dürfte von solchen Unterwerfungsvorgängen verursacht worden sein: Vita Lebuini, Hg. A. HOFMEISTER, 1926–1934 [Ndr. 1976], 789–795, c. 4, 793 (MGH SS 30,2). Abwägendes Urteil bei LAST, Niedersachsen (wie Anm. 57), 567, dort auch der wichtige Hinweis, daß die uns bekannte Stammessage nicht die einzige gewesen sein muß (556); Ur- und Frühgeschichte Niedersachsens (wie Anm. 57).

überlegen könnte, ob es sich bei dieser ersten Erwähnung nicht um eine Verschreibung aus »Aviones« handelt, ein Volk, das auch bei Tacitus (Germania, c. 40) genannt ist. Auch wurde von archäologischer Seite darauf verwiesen, daß es im heutigen Niedersachsen zahlreiche kontinuierlich belegte Gräberfelder gibt, die von der älteren und jüngeren Kaiserzeit bis in die Völkerwanderungsepoche, d. h. von den westgermanischen Chauken bis zu den Sachsen reichen. Dies würde eher für eine Ethnogenese des Sachsenvolkes in diesem Raum sprechen. Westholstein und Dithmarschen gehörten aber nicht dazu, sondern zum anglischen Bereich.

Um 200 begann das Vorrücken der Sachsen nach Süden, im 3. und 4. Jh. drangen sie als seefahrendes Volk an der Nordseeküste entlang auf Raubzügen nach Westen. Genaueres über die kontinentale Ausbreitung der Sachsen berichten dann fränkische Quellen des 6. und 7. Jhs., wobei Bündnisse der Franken mit den Sachsen, etwa gegen die Thüringer, und schwere Abwehrkämpfe abwechselten. Dabei konnte der sächsische Stammesbund bis Nordthüringen und an die Lippe vordringen.[61] Ein Königtum wie bei den Franken und Alamannen haben die Sachsen entweder gar nicht oder nur sehr rudimentär ausgebildet. Nach Beda Venerabilis († 735) wurde bei ihnen im Kriegsfall ein Herzog durch das Los bestimmt.[62] Fraglich ist, ob die in den Sachsenkriegen Karls des Großen vorhandene sächsische Organisation von drei Heerschaften (herescephe, Aufgebotsverbände) der Westfalen, Engern und Ostfalen erst ein Ergebnis der jahrzehntelangen Auseinandersetzungen mit dem Frankenherrscher war oder ob sie schon im Rahmen der Stammesbildung im 4. und 5. Jh. entstanden.[63]

Man hat aufgrund der Tatsache, daß sich in den Kämpfen mit Karl schon sehr bald ein Teil des sächsischen Adels auf die fränkische Seite schlug, gemeint, daß es sich um einen Erobereradel gehandelt

---

[61] WENSKUS, Stammesbildung (wie II, 5a), 541 ff.; DERS., Herrschaftsbildungen (wie § 4, Anm. 75), hier 286. – Zur umstritteneneN Erwähnung der Sachsen bei Ptolemaios vgl. A. GENRICH, Die Altsachsen bis zum Ende des 5. Jahrhunderts, in: Geschichte Niedersachsens (wie I, 9), Bd. 1, 513–541, bes. 513 ff. – Zur These einer »sächsischen Kontinuität« im Lande vgl. P. SCHMID, Some Bowls from the Excavations of the Terp at Feddersen Wierde, in: Angles, Hg. EVISON (wie § 4, Anm. 37), 39–58.

[62] Beda Venerabilis (wie II, 4c), V, c. 10, 458.

[63] Entstehung und Verfassung (wie Anm. 57), 301 ff.; WINKELMANN, Frühgeschichte Westfalens (wie Anm. 57).

habe oder zumindest starke soziale Gegensätze vorhanden gewesen sein müssen.[64] Die Schilderung der »Vita Lebuini« über die jährlichen Stammesversammlungen der Sachsen in Markloh an der Weser läßt, bei aller Vorsicht gegenüber dieser stilisierten, erst um 850 geschriebenen Quelle, doch erkennen, daß es eine strenge Scheidung der Sachsen in Adel (Edelinge), Freie (Frilinge) und Laten gegeben haben muß, wobei letztere statusmäßig nicht allzutief unter den Freien gestanden haben dürften. Jede Ehegemeinschaft war zwischen diesen Gruppen bei Todesstrafe untersagt. Im Adel, der durch ein besonders hohes Wergeld geschützt war, hat sich wohl der Kern einer grundbesitzenden, die Stammestradition repräsentierenden und kultisch bewahrenden Oberschicht erhalten. Dementsprechend gehörten wohl die Freien den unterworfenen Gruppen an und die Laten einer offenbar breiten Unterschicht, die aber bewaffnet war und ihre Vertreter nach Markloh schicken durfte. Aufgrund der in der »Vita Lebuini antiqua« geschilderten Versammlung unabhängiger Vertreter einzelner *pagi* bei Markloh hat man auch an einen föderativen Zusammenschluß benachbarter Stämme gedacht, die sich den Sachsen-Namen zulegten. Diese eher »bündische Einrichtung« (R. Wenskus) spricht wiederum gegen die Annahme einer generellen Unterwerfung ganzer Völker. Allerdings gab es im sächsischen Stammesbereich regionale Unterschiede, die sich südlich der Elbe als starke ständische Differenzierung äußern und die auf Überschichtung durch Eroberung schließen lassen könnten; sie fehlen im sächsischen Ursprungsgebiet nördlich des Stroms.[65] Noch schwieriger ist die gesellschaftsgeschichtliche Interpretation der archäologischen Befunde. Ein Sonderproblem ist zudem die Abgrenzung zwischen Franken und Sachsen.[66] Immerhin

---

[64] M. LINTZEL, Der sächsische Stammesstaat und seine Eroberung durch die Franken, in: Entstehung und Verfassung, 149–206, hier 198ff., und bes.: Eingliederung der Sachsen (beide wie Anm. 57).

[65] Vita Lebuini (wie Anm. 60), c. 4, 793. Zur Vita: H. LÖWE, Entstehungszeit und Quellenwert der Vita Lebuini, in: DA 21, 1965, 345–370. Lebuin, ein angelsächsischer Missionar der Sachsen, starb um 780. WENSKUS, Stammesbildung (wie II, 5a), 543. Siehe auch E. FREISE, Das Frühmittelalter bis zum Vertrag von Verdun (843), in: Westfälische Geschichte (wie I, 9), 275–335.

[66] Einen ersten großen Anlauf zur archäologischen Definition von fränkisch-germanischen Oberschichten unternahm F. STEIN, Adelsgräber (wie II, 5a), ebenso für die Sachsen. Die Kritik von H. STEUER u. a., Zur Interpretation der beigabenführenden Gräber des achten Jahrhunderts im Gebiet rechts des Rheins, in: Nachrichten aus Niedersachsens Urgeschichte 38, 1969, 25–88, an diesem Versuch ist kaum

weisen für Sachsen reich ausgestattete Gräber des 8. Jhs. mit zahlreichen Pferdebestattungen darauf hin, daß es eine sozial abgehobene und offenbar mächtige Oberschicht gegeben haben muß, die man zumindest als Vorform des Adels ansehen darf und deren Spitzengruppe sogar schon fürstlichen Charakter trug.[67] Außer Frage steht wohl, daß der Sachsenstamm als späterer wichtiger Bestandteil des mittelalterlichen Reiches am nachhaltigsten ursprüngliche, nämlich germanische Züge bewahrt und tradiert hat. Zwischen Altsachsen, Thüringen, dem Rheinland, Skandinavien und England gab es intensive Kulturkontakte, wobei die Sachsen eher der nehmende als der gebende Teil gewesen sind.

Neben den Sachsen waren es die *Friesen*,[68] die zwischen Waal und Niederrhein die Franken aus dem Küstengebiet nach Süden und Südwesten abdrängten und selbst bis in den Raum Brügge vorstießen, wobei sie allerdings teilweise selbst wiederum unter sächsische Gewalt gerieten. In römischen Quellen tauchen die Friesen schon 12 v. Chr. auf, ihr ursprüngliches Siedlungsgebiet zwischen Ems und Zuydersee erweiterte sich zwischen dem 6. und 8. Jh. im Westen bis zur Schelde und im Osten bis Jütland. Damals spielten sie eine wichtige Rolle im nordwesteuropäischen Fernhandel besonders mit England und Skandinavien, ebenso als Gründer präurbaner Handelsemporien.[69] Unter ihrem König Radbod († 719) leisteten sie den Frühkarolingern und der christlichen Mission, die schon seit Dagobert I.

---

berechtigt. Vgl. dazu J. KLEEMANN, Grabfunde des 8. und 9. Jahrhunderts im nördlichen Randgebiet des Karolingerreiches, 1992; zur Abgrenzung zwischen Franken und Sachsen: H.-J. HÄSSLER, Sachsen und Franken in Westfalen, 1999.

[67] STEUER, Sozialstrukturen (wie II, 5a); dazu kritisch J. KUNOW, Rezension, in: BJ 184, 1984, 841–849. Vgl. auch R. WENSKUS, Randbemerkungen zum Verhältnis von Historie und Archäologie, insbesondere mittelalterlicher Geschichte und Mittelalterarchäologie, in: Geschichtswissenschaft und Archäologie (wie II, 5c), 637–657; M. MÜLLER-WILLE, Pferdegrab und Pferdeopfer im frühen Mittelalter, in: Berichten. Rijksdienst vor het Outheitkundige Bodemonderzoek 20/21, 1970/71, 119–248; H. VIERCK, Ein westfälisches Adelsgrab des 8. Jahrhunderts n. Chr., in: Studien zur Sachsenforschung, Hg. H.-J. HÄSSLER, 1–, 1977–, Bd. 2, 1980, 457–488. Allerdings finden sich die reichen Gräber mit Pferdebestattungen sowohl nördlich als auch südlich der unteren Elbe, was wiederum *gegen* eine unterschiedliche Sozialstruktur beider Regionen spricht.

[68] A. KOPPE, Die Friesen, in: Die Germanen (wie II, 5b), Bd. 2, 485–502; D. P. BLOK u. a., Art. »Friesen, Friesland«, in: LexMA 4, 970–976; U. TIMMERMANN u. a., Art. »Friesen, Friesenhandel«, in: RGA 10, 1998, 3–80; Vor- und Frühformen (wie II, 5c).

[69] S. u. § 19.

ihre Stützpunkte im friesischen Gebiet hatte, lange Widerstand. Die Bekehrung durch Winfrid-Bonifatius vollendete dann ihre militärisch-politische Integration ins Frankenreich.[70] Die Gesellschaftsverfassung der Friesen ist für die Frühzeit schwierig zu erhellen, weil die sogenannte »Lex Frisionum«, eine Gesetzessammlung von Rechtstexten sehr verschiedener Zeitstufen, wohl erst aus dem 9. Jh. stammt. Ob es sich dabei um eine karolingische Endredaktion handelt, wie bei anderen Leges, bleibt ungewiß.[71] Hält man sich vor Augen, daß Friesen wie Sachsen wirtschaftlich und kulturell stark in den gesamten Nordseeraum eingebunden waren und daß andererseits Alamannen und Bajuwaren zeitweise enge Verbindungen zum langobardischen Italien hatten, dann muß man die einigende Kraft des fränkischen Großreiches für die rechtsrheinischen deutschen Stämme als eine wichtige Voraussetzung der Entstehung des deutschen Volkes hoch veranschlagen. Das gleiche gilt aber auch für die unifizierende Wirkung des weitgespannten Kommunikationsnetzes der Kirche, das sich mit der Mission sowohl geographisch erweiterte als auch verdichtete.[72] Beide – Reich und Kirche – haben ein dauerhaftes Auseinanderdriften der südlichen und der nördlichen Stammesgruppen mit gravierenden politischen Folgen verhindert und damit »deutscher Geschichte« erst eine Grundlage gegeben.

§ 11 Die »Germania slavica«. Der Aufbau der westslawischen Welt zwischen Ostsee und Alpen

Angesichts der Tatsache, daß sich deutsche Geschichte in einem Raum ereignete, der zu einem Drittel und lange Zeit fast zur Hälfte dem slawischen Siedlungsbereich angehörte, kann die slawische Welt nicht einfach als »Randphänomen« oder gar nur als »Rohstoff« oder Vorgeschichte der späteren deutschen Ostkolonisation behandelt werden, sondern muß in ihrer Bedeutung neben der »Germania romana« links des Rheins und südlich der Donau und ebenso neben der »Germania« im engeren Sinne, d. h. der Welt der frühen deutschen Groß-

---

[70] SCHIEFFER, Winfrid-Bonifatius (wie II, 5a).

[71] H. SIEMS, Studien zur Lex Frisionum, 1980. – Vgl. zur Problematik der Leges unten § 17a und b.

[72] S. u. § 15.

stämme, stehen: nämlich als »Germania slavica« oder »Slavia germanica« mit weitreichenden Auswirkungen auf die Entwicklung Deutschlands.[1]

Ähnlich wie im 5. Jh. die Großreichbildung der Hunnen einen wichtigen Anstoß für die Westwanderung der germanischen Völker gegeben hat,[2] bewirkten die Awaren in Symbiose wie Konfrontation sowohl die West- und Südwestverschiebung der slawischen Stämme wie auch deren Ausformung zu regional faßbaren, ethnisch-politischen Gemeinschaften. Im Jahre 557 erschienen Reiternomaden unter dem Namen Awaren an der nordöstlichen Grenze des oströmischen Reiches; sie waren von ihren einstigen Unterworfenen türkischer Her-

---

[1] Es ist erstaunlich und nur ideologiegeschichtlich erklärbar, wie wenig die slawische Welt in renommierten Handbüchern der deutschen Geschichte auftaucht; wenn überhaupt, dann meist nur in Verbindung mit der Ostkolonisation. Das hat sich erst nach dem Zweiten Weltkrieg geändert. O. HALECKI, Grenzraum des Abendlandes. Eine Geschichte Ostmitteleuropas, 1956; F. DVORNIK, The Slavs. Their early history and civilisation, 1956; Z. VÁŇA, Einführung in die Frühgeschichte der Slawen, 1970; Welt der Slawen (wie II, 5b); H. KUNSTMANN, Die Slaven. Ihr Name, ihre Wanderung nach Europa und die Anfänge der russischen Geschichte in historisch-onomastischer Sicht, 1996; Siedlung und Verfassung der Slawen zwischen Elbe, Saale und Oder, Hg. H. LUDAT, 1960; DERS., Slaven und Deutsche im Mittelalter, 1982; J. HERRMANN, Wikinger und Slawen, 1982; Die Slawen (wie II, 5b); DERS., Frühe Kulturen der Westslawen, [3]1981; ebenso: FRITZE, Frühzeit (wie II, 5b); DERS., Untersuchungen zur frühslawischen und frühfränkischen Geschichte, 1994; M. HELLMANN, Neue Kräfte in Osteuropa, in: HEG 1, 357–370; DERS., Die politisch-kirchliche Grundlegung der Osthälfte Europas, in: ebd., 857–938; HENSEL, Slawen (wie II, 5b); A. P. VLASTO, The Entry of the Slavs into Christendom, 1970. – Die beste Zusammenfassung unter dem Aspekt der Ausbildung der europäischen Nationen bietet GRAUS, Nationenbildung (wie II, 5b). Für das Frühmittelalter wichtig: Gli slavi occidentali e meridionali nell' alto medioevo, 1983 (Sett.Cent.it. 30). – Zur slawischen Archäologie: Corpus archäologischer Quellen zur Frühgeschichte der Slawen auf dem Gebiet der Deutschen Demokratischen Republik (7. bis 12. Jahrhundert), Hg. J. HERRMANN u. a., Bd. 1–4, 1973–1985; Archäologie, Hg. HERRMANN (wie § 1, Anm. 13). Umstritten ist, ob es sich bei den Anten um die Ostslawen handelt. – Zur Methodik: E. GRINGMUTH-DALLMER, Mitteldeutschland in der mittelalterlichen Siedlungsgeschichte, in: Kulturen zwischen Ost und West (wie § 4, Anm. 17), 425–449. Wichtig: M. PARCZEWSKI, Die Anfänge der frühslawischen Kultur in Polen, 1993; H. DITTEN, Zu Fragen der Siedlungsgebiete der Slawen in der Antike (1.–6. Jahrhundert) nach den schriftlichen Quellen, in: Klio 71,1, 1989, 202–210; B. KRÜGER, Dessau-Mossigkau. Ein frühslawischer Siedlungsplatz im mittleren Elbegebiet, 1967; J. SZYKULSKI, Frühe slawische Funde in Böhmen, Mähren und der Slowakei und ihre kulturhistorische Bewertung, in: Studia Archeologiczne 20, 1991, 85–94.

[2] SCHRAMM, Eroberer (wie II, 5c); B. FRIEDMANN, Untersuchungen zur Geschichte des obodritischen Fürstentums bis zum Ende des 10. Jahrhunderts, 1986.

kunft vertrieben worden und suchten in Byzanz um Zuweisung eines Siedlungsgebietes nach. Zwar wurden sie abschlägig beschieden, doch nahm sie der Kaiser gegen einen Jahrestribut als Foederaten in seinen Dienst, ohne sie in das oströmische Limitansystem einzuordnen. Ob es wirklich 20000 Awaren gewesen sind, muß bei der Unsicherheit antiker wie mittelalterlicher Zahlenangaben offenbleiben, doch dürfte es sich anfangs um getrennte Gruppen gehandelt haben, die sich erst später unter dem Kagan Bajan zusammenschlossen.[3] Ihre Niederlassung im Donau-Theiß-Gebiet geschah teils auf römische Weisung, teils auf eigene Faust, also ähnlich wie zuvor im Westen bei den fränkischen Teilstämmen in Gallien. In beiden Fällen förderte der Zwang zu Verhandlungen und Auseinandersetzungen mit dem Imperium den eigenen politischen Zusammenschluß.[4] Schon sehr früh sind aber slawische Völkerschaften unter awarischer Herrschaft bezeugt, deren Vorrücken nach Westen vom Awaren-Kagan entweder erzwungen oder unterstützt wurde. Die Ethnogenese der slawischen Welt, von Sklavenen und Anten, läßt sich zwar nicht monokausal auf die Expansion der Awaren zurückführen, hat aber zweifellos mit ihr zu tun, wenn auch in zeitlich und regional sehr unterschiedlicher Weise. Jedenfalls tauchen am Ende des 6. Jhs. slawische Verbände unter awarischem Schutz an der Drau auf und geraten mit dem agilolfingischen Bayern in Konflikt.[5] Während sich der Niederlassungsraum der Awaren im wesentlichen auf das Donau-Theiß-Gebiet konzentrierte, suchten sie durch fortgesetzte Einfälle ins Byzantinische Reich immer größere Tribute zu erlangen. Gleichzeitig waren sie bestrebt,

---

[3] KOLLAUTZ u. a., Geschichte (wie § 8, Anm. 3); zur Archäologie: D. CSALLANY, Archäologische Denkmäler der Awarenzeit in Mitteleuropa, 1956; A. C. SÓS, Zur Problematik der Awarenzeit in der neueren ungarischen archäologischen Forschung, in: Berichte über den II. Internationalen Kongreß für Slawische Archäologie, Berlin 24.–28. August 1970, Hg. J. HERRMANN u. a., Bd. 1–3, Bd. 2, 1973, 85–102. – Zur Auseinandersetzung mit Byzanz: A. AVENARIUS, Die Awaren in Europa, 1974; STEIN, Geschichte (wie II, 5a), Bd. 2, 542ff. und passim; H. W. HAUSSIG, Zur Lösung der Awarenfrage, in: Byzantinoslavica 34, 1973, 173–192; HELLMANN, Awaren (wie § 8, Anm. 3), und bes. FRITZE, Frühzeit (wie II, 5b); DERS., Untersuchungen (wie Anm. 1), sowie allgemein: POHL, Awaren (wie § 8, Anm. 3), bes. 94–162 und 256ff. (Samo-Reich). Vgl. auch I. BÓNA, Die Geschichte der Awaren im Lichte der archäologischen Quellen, in: Popoli delle steppe. Unni, Avari, Ungari, 1988, Tl. 1–2, Tl. 2, 437–481 (Sett.Cent.it. 35).

[4] Vgl. o. § 6.

[5] FRITZE, Frühzeit (wie II, 5b), 90–95.

die nach Westen und Südwesten vorgedrungenen slawischen Verbände unter ihrer Herrschaft zu halten, was aber nur teilweise gelang.

Ob die Einwanderung der Sorben östlich der Saale von Awaren veranlaßt wurde oder unter fränkisch-merowingischem Schutz gegen das awarische Vordringen erfolgte, ist umstritten.[6] Jedoch fand die Expansion awarischer Herrschaft durch die verheerende Niederlage des Kagans vor Konstantinopel 626 und den fast gleichzeitigen Slawenaufstand unter der Führung des Franken Samo ein Ende. Böhmen, Mähren, Niederösterreich und wohl auch die Ostalpenregion wurden für eine Generation eine selbständige slawische Reichsbildung, die sich gegen fränkische wie langobardische Angriffe behaupten konnte. Nördlich des Karpatenbogens setzte die slawische Besiedlung Polens wohl schon während der ersten Hälfte des 6. Jhs. ein, ausgenommen die baltischen Gebiete. Der Raum an der mittleren und unteren Elbe wurde in der zweiten Jahrhunderthälfte slawisch, die Region zwischen Saale und Weißer Elster sowie westlich der Saale folgte anfangs des 7. oder erst im 8. Jahrhundert. Südlich der Karpaten findet sich slawische Siedlung seit der ersten Hälfte des 6. Jhs. in der Slowakei und vielleicht auch in Nordmähren, hingegen in Südmähren, Böhmen und im Ostalpenraum erst nach dem Abzug der Langobarden nach Italien und dem Auftauchen der Awaren in Pannonien, also erst nach 568.[7] Die Ereignisgeschichte spielte dabei eine nicht unwesentliche Rolle. Dabei bildete das Merowingerreich, besonders nach der Zerstörung des Thüringerreiches 531, eine starke Barriere gegen eine weitere slawische Westwanderung. Fränkische Feldzüge gegen in Nordthüringen seßhaft gewordene Sachsen (555/56), die Umsiedlung von Sueben aus dem Havelgebiet in den späteren Schwabengau zwischen Wipper und Bode (556/65) und ebenso die Niederwerfung der germanischen Warnen östlich der unteren Saale (595) führten später zur Ausbildung einer schütteren Grenzzone zwischen dem Frankenreich und den Slawen und damit zu wechselnden politisch-militärischen Konstellationen, die etwa slawischen Einwanderern die Möglichkeit bot, das ehemalige Siedlungsgebiet der Warnen zu besetzen.

---

[6] Ebd., 65, 74ff. und 95f.

[7] K. GODŁOWSKI, Die Slawen im 5. und 6. Jahrhundert und die Frage ihrer Expansion gegen Westen, in: Die Bayern (wie II, 5c), Bd. 2, 137–146; zusammenfassend: WOLFRAM, Geburt (wie II, 5b), 347–367.

Dieser in seiner Chronologie bislang kaum bezweifelte Ausbreitungsvorgang erfuhr aber jetzt – nach dem Wegfall »vorgegebener ideologischer Prämissen« – für den Raum nördlich der Elbe eine beträchtliche Revision. Ausgrabungen, die zu einer großflächigen Freilegung von Siedlungen und Burgwällen östlich der Elbe führten, haben ergeben, daß dort die slawische Einwanderung nicht ins 6./7. Jh. fällt, daß sie vielmehr ihren Schwerpunkt in Brandenburg und Mecklenburg erst im 8./9. Jh. hatte. Dementsprechend entstanden Burganlagen wohl kaum in der frühen Karolingerzeit, sondern zumeist erst seit der zweiten Hälfte des 9. Jhs. und im 10. Jahrhundert.

Damit erhebt sich aber die naheliegende Frage, ob man es in jedem Fall mit slawischen Befestigungen und nicht auch mit westlichen fränkischen bzw. sächsischen Verteidigungsanlagen des 9. und 10. Jhs. zu tun hat, wie dies jetzt für die Burgen von Saßleben sowie Tornow (Kr. Calau) und Presenchen (Kr. Luckau) angenommen wird. Wegen der Uniformität der westslawischen archäologischen Hinterlassenschaften bleibt es nach wie vor schwierig, absolute Zeitangaben für die Ausbreitung der Slawen zu machen. Die in der Forschung bislang üblichen, von J. Herrmann vertretenen Zeitangaben sind wohl bis zu einem ganzen Jahrhundert später anzusetzen. Neue archäologische Ergebnisse aus dem Großraum Berlin haben hier größere Klarheit erbracht. Nach der Abwanderung der Germanen, die eher ein »sukzessives als schlagartiges Ereignis war, das bis zu einem gewissen Grade zum ›Selbstläufer‹ wurde« und mit germanischen Kleingruppen im 6. Jh. auslief, setzte erst um 700 in diesem Raum eine slawische Aufsiedlung ein. Sie schloß sich an die weitgehend menschenleer gewordenen, günstigen germanischen Siedlungsplätze an und zeigte »ein geringeres Maß an gesellschaftlicher Arbeitsteilung in der nichtagrarischen Produktion als in germanischer Zeit«. Entgegen früheren, u. a. aus der Toponymie abgeleiteten Auffassungen bedeutete der zeitliche Zwischenraum von 100–150 Jahren, »daß es in den wesentlichen Lebensbereichen Wirtschaft, Gesellschaftsgliederung, Hausbau, Kunsthandwerk und Stilempfinden nicht zu Beeinflussungen [zwischen der vorangegangenen germanischen und der nachfolgenden slawischen Kultur] gekommen ist« (K. Frey). Das bedeutet u. a. auch, daß ein Teil der slawischen Burganlagen erst parallel zum ottonischen Burgenbau entstand. Die schon im 8./9. Jh. entstandenen slawischen Burgen Schleswig-Holsteins lassen sich in ihren Anlageformen gut vom westlichen Burgenbau unterscheiden; doch schließt dies nicht aus, daß karolingische Vorbilder dabei eine Rolle spielten. Die Befunde in Alt-Lübeck, in Mecklenburg und in Oldenburg-Starigard (Wagrien) hingegen, das an einem heute verlandeten Meeresarm, der die Hochwachter und Lübecker Bucht verband, und inmitten eines Gebiets slawischer Burgwälle lag, beginnen schon im 8. Jahrhundert. Helmold von Bosau bezeichnet im 12. Jh. Oldenburg-Starigard als Westgrenze des Slawenlandes (»terminus Slaviae«) und als Sitz mächtiger Fürsten der Obodriten.[8]

Insgesamt ist also an eigenständigen slawischen Befestigungsanlagen nicht zu zweifeln, weil große und kleine Fortifikationen sehr genau in das slawische Siedlungssystem eingebunden und somit Zentren von Siedlungskammern sind; so beispielsweise Bosau am Großen Plöner See und Ralswik auf Rügen. Auffällig ist dabei, daß im allgemeinen keine »strategischen« Funktionen dieser Burganlagen erkennbar sind, sondern eher ihr defensiver Charakter. So wurden vor allem Inseln, Halbinseln und Kuppen in versteckter Lage bevorzugt.

---

[8] Helmold von Bosau, Chronica Slavorum I, Hg. B. SCHMEIDLER, [3]1937, c. 12, 23f. (MGH SRG 32). – Die bisherige Chronologie stützte sich weitgehend auf J. HERRMANN, Die germanischen und slawischen Siedlungen und das mittelalterliche Dorf von Tornow, Kreis Calau, 1973. Dagegen: Starigard, Oldenburg, Hauptburg der Slawen in Wagrien, Hg. I. GABRIEL, Bd. 1–4, 1984–1993, Bd. 1: DERS., Stratigraphie und Chronologie, und Bd. 2: T. KEMPKE, Die Keramik des 8.–12. Jahrhunderts; J. HENNING, Germanen – Slawen – Deutsche, in: Prähistorische Zeitschrift 66, 1991, 119–133; K. W. STRUVE, Starigard – Oldenburg, in: 750 Jahre Stadtrecht Oldenburg in Holstein, 1985, 73–206; Starigard-Oldenburg. Ein slawischer Herrschersitz des frühen Mittelalters in Ostholstein, Hg. M. MÜLLER-WILLE, 1991, darin bes. K. W. STRUVE, Zur Ethnogenese der Slawen, 9–28; J. HENNING u. a., Zur Burgengeschichte im 10. Jahrhundert – Neue archäologische und dendrochronologische Daten zu Anlagen vom Typ Tornow, in: Ausgrabungen und Funde (wie § 4, Anm. 44) 37, 1992, 314–324; DERS., Der Burg-Siedlungs-Komplex von Presenchen. Forschungsprobleme und Perspektiven slawischer Archäologie im Braunkohlengebiet der Niederlausitz, in: Veröffentlichungen des Museums für Ur- und Frühgeschichte Potsdam 25, 1991, 141–146; DERS., Frühmittelalterlicher Burgenbau in Mittel- und Osteuropa, 1998. Die Befestigungsanlage von Tornow, Typ B wurde auf den Ruinen einer slawischen Siedlung in der Mitte des 10. Jhs. von Sachsen errichtet. – T. KEMPKE, Alt-Lübeck. Die Ergebnisse der Ausgrabung 1947–50, Tl. 1–2, in: Lübecker Schriften zur Archäologie und Kulturgeschichte 9, 1984, 9–23, und 11, 1985, 53–73; W. NEUGEBAUER u. a., Alt-Lübeck, ein Forschungsbericht, in: Offa (wie § 4, Anm. 19) 21/22, 1964/65, 127–283. – Zur Neudatierung im Großraum um Berlin: K. FREY, Späte Germanen und frühe Slawen auf dem Teltow und im Berliner Raum, in: Ethnographisch-Archäologische Zeitschrift 40, 1999, 351–415, hier 387ff.

Kleinere Burgen wie Tornow, Kreis Calau, waren vor allem Fluchtburgen mit Unterkünften für kurzzeitige Besatzung, zugleich aber auch Herrensitze. Immerhin gab es in Tornow 19 große Radialbauten in Blockbautechnik sowie Speicher mit Getreide, ferner Mühlen.

Inzwischen kann man auch die slawische Keramik der Karolingerzeit genauer datieren. Dabei ist nachgewiesen, daß es auch im slawischen Bereich methodisch unhaltbar ist, keramische Fundgruppen bestimmten Stämmen zuzuweisen. In dieser Epoche läßt sich auch ein wachsender Bestand karolingischen Fundguts im westslawischen Bereich belegen. Dies kam zustande einerseits durch Handelsbeziehungen, die teilweise über Skandinavien und in die Küstenregionen gingen, oder im »politischen« Geschenkaustausch, der auch Waffen umfaßte, ins Landesinnere, wodurch auch die materielle Kultur merklich verbessert wurde. Mit dem Erstarken des Frankenreiches unter den Karolingern und der damit verbundenen Stabilisierung der fränkischen Herrschaft an der Ostflanke, die sich u. a. im systematischen Burgenbau zeigte, mehren sich die Nachrichten über die slawische Völkerwelt, die sich inzwischen in Mitteleuropa entwickelt hatte; Rückschlüsse auf frühere Zustände sind daher kaum zu umgehen.[9] Der sogenannte »Bayerische Geograph« nennt um 850 die slawischen Hauptstämme der Obodriten, Wilzen, Heveller, Sorben, Daleminzer, Lusizer, Milzener und Besunzanen sowie eine Anzahl von Teilstämmen, wobei jeweils »Civitates« angegeben werden, d. h. burgartige, präurbane Zentren.[10] Die Obodriten werden erstmals 781 erwähnt, als

[9] Bosau. Untersuchung einer Siedlungskammer in Ostholstein, Hg. H. HINZ, Bd. 1–6, 1974–1983; J. HERRMANN, Ralswik auf Rügen – ein Handelsplatz des 9. Jahrhunderts, in: ZA 12, 1978, 163–180; DERS., Tornow und Vorberg. Ein Beitrag zur Frühgeschichte der Lausitz, 1966; Oldenburg – Wolin – Staraja – Ladoga – Novgorod – Kiev. Handel und Handelsverbindungen im südlichen und östlichen Ostseeraum während des frühen Mittelalters, in: Ber. RGK 69, 1988, darin bes. J. HERRMANN, Zur Struktur von Handel und Handelsplätzen im südwestlichen Ostseegebiet im 8.–10. Jahrhundert, in: ebd., 720–739, teilweise überholt durch S. BRATHER, Feldberger Keramik und frühe Slawen. Studien zur nordwestslawischen Keramik der Karolingerzeit, 1996; DERS., Merowinger- und karolingerzeitliches »Fremdgut« im südwestlichen Ostseeraum, in: Prähistorische Zeitschrift 71, 1996, 47–84. – Zur fränkischen Burgenorganisation an der Slawengrenze: B. SCHMIDT, Das Westsaalegebiet im Verband des fränkischen Staates und die Ostexpansion des 9./10. Jahrhunderts, in: ZA 18, 1984, 23–32.

[10] Edition: Descriptio civitatum ad septentrionalem plagam Danubii, Hg. B. HORÁK u. a., 1956; R. NOVÝ, Die Anfänge des böhmischen Staates, Bd. 1, 1969, 140ff; B. SASSE, Die Sozialstruktur Böhmens in der Frühzeit, 1982. – Dazu W. H. FRITZE,

sich Karl der Große mit ihnen zu einem Zangenangriff gegen die Sachsen verbündet. Ihre Wohnsitze liegen an der Ostseeküste zwischen Kieler Förde und mittlerer Warnow. Obodritische Teilstämme sind die Wagrier in Ostholstein, die Polaben zwischen Trave und Elbe, die Warnower an der oberen Warnow und Mildenitz. Die namengebenden und offensichtlich auch kultisch-herrschaftlich bestimmenden Gruppen der Obodriten siedeln von der Wismarer Bucht bis südlich des Schweriner Sees.[11] Die Wilzen, seit dem Ende des 10. Jhs. in westlichen Quellen als Lutizen bezeichnet, siedeln östlich der Obodriten. Nördlich der Peene ist das Wohngebiet der Kessiner und Zirzipanen, südlich davon das der Tollenser und Redarier zu suchen. Von allen Teilstämmen der Wilzen/Lutizen waren die Redarier die angesehensten, denn in ihrem Gebiet lag das Heiligtum des Gesamtvolkes, die Tempelburg Rethra. Der kleinere Stamm der Rujanen oder Ranen siedelte auf Rügen, an dessen Nordspitze das Heiligtum Arkona lag. Fast jeder Stamm scheint seine eigene Gottheit gehabt zu haben, Kult war auch hier der »Kitt« archaischer Staatlichkeit.[12] So-

---

Die Datierung des Geographus Bavarus und die Stammesverfassung der Obodriten (1952), in: DERS., Frühzeit (wie II, 5b), 111–126, und DERS., Zu einer Edition des sogenannten Baierischen Geographen, in: ebd., 127ff. Argumente für eine frühere Datierung der Quelle bei NOVÝ, Die Anfänge (wie oben), 197ff. (zwischen 811 und 821). Vgl. zur Entwicklung slawischer Zentralorte: Vor- und Frühformen (wie II, 5c); Siedlung, Burg und Stadt (wie § 3, Anm. 4); U. SCHOKNECHT, Menzlin, ein frühgeschichtlicher Handelsplatz an der Peene, 1977. – Zu den archäologischen Ergebnissen: G. P. FEHRING, Die frühstädtische Burgwall-Siedlung von Alt Lübeck an der Trave und Buku auf dem Lübecker Stadthügel im 11. und 12. Jahrhundert, in: Siedlungen und Landesausbau zur Salierzeit, Hg. H. W. BÖHME, Bd. 1–2, 1991, 1992, Bd. 1, 233–261; K. GREBE, Die Brandenburg vor 1000 Jahren, 1991; A. VON MÜLLER u. a., Die Ausgrabungen auf dem Burgwall von Berlin-Spandau, 1987; M. MÜLLER-WILLE, Mittelalterliche Grabfunde aus der Kirche des slawischen Burgwalles von Alt Lübeck, 1996 (mit Literatur).

[11] BRACHMANN, Slawische Stämme (wie § 8, Anm. 4); W. H. FRITZE, Probleme der obodritischen Stammes- und Reichsverfassung und ihre Entwicklung vom Stammesstaat zum Herrschaftsstaat, in: Siedlung und Verfassung (wie Anm. 1), 141–219.

[12] W. BRÜSKE, Untersuchungen zur Geschichte des Lutizenbundes, 1955; W. H. FRITZE, Beobachtungen zu Entstehung und Wesen des Lutizenbundes [1958], in: DERS., Frühzeit (wie II, 5b), 130–166; R. SCHMIDT, Rethra. Das Heiligtum der Lutizen als Heiden-Metropole, in: Fs. W. Schlesinger (wie § 4, Anm. 14), Bd. 2, 366–394, hier 372. – Vgl. insgesamt: J. HERRMANN, Religion und Kult, in: Die Slawen (wie II, 5b), 309–325. Vgl. auch den ausgegrabenen Tempelkomplex Groß Raden: E. SCHULDT, Groß Raden. Ein slawischer Tempelort des 9./10. Jahrhunderts in Mecklenburg, 1985, und allgemein: L. P. SŁUPECKI, Die slawischen Tem-

wohl die Lutizen als auch die Obodriten vermochten ihre eigenständige politische Organisation teilweise bis ins 11. bzw. 12. Jh. zu bewahren, ehe sie mit militärischen und kolonisatorischen Mitteln in das Reich integriert und von politischen Partnern oder Opponenten zu Objekten der königlichen oder fürstlichen Territorialpolitik des Reiches wurden.[13] Slawische Stämme und Gruppen, die an der unteren Elbe, in der Altmark und im hannoverschen Wendland siedelten und unter denen die Linonen die wichtigsten waren, behaupteten sich sowohl gegen die Obodriten als auch gegen Franken und Sachsen; ihr Hauptort war Lenzen.[14] Südlich der Obodriten und Wilzen/Lutizen trennte eine ausgedehnte Urwaldzone deren Siedlungsgebiet von dem der Havel-Spree-Stämme, deren herausragende Gruppe die Heveller waren, die sich selbst Stodoranen nannten.[15] Ob ein ursprünglicher Zusammenhang mit den Wilzen/Lutizen bestand oder ob es sich lediglich um ein späteres Bündnis zwischen beiden slawischen Großgruppen handelt, ist unklar. Ein siedlungsfreier Höhenzug, der Fläming, trennte die Havel-Spree-Stämme von den Lusizern und Milzenern der Nieder- und Oberlausitz und von der Großgruppe der Sorben, zu denen sie später auch gezählt wurden.[16] Gegen die Sorben wurde im 9. Jh. der Limes Sorabicus errichtet, der wohl hauptsächlich der Saale folgte, die von Einhard († 840) als Grenze zwischen Thüringern und Sorben erwähnt wird.[17] Sorbische Niederlassungen gab es allerdings auch westlich der Saale, und zwar in Gemengelage mit thürin-

pel und die Frage des sakralen Raumes bei den Westslawen in vorchristlichen Zeiten, in: Tor 25, 1993, 247–298.

[13] F. PRINZ, Die Grenzen des Reiches in frühsalischer Zeit, in: Die Salier und das Reich, Hg. S. WEINFURTER, Bd. 1–3, 1991 f., Bd. 1, 159–173.

[14] H. K. SCHULZE, Das Wendland im frühen und hohen Mittelalter, in: NJLG 44, 1972, 1–8, und B. WACHTER, Deutsche und Slawen im hannoverschen Wendland, in: ebd., 9–26; G. OSTEN, Slawische Siedlungsspuren im Raum um Uelzen, Bad Bevensen und Lüneburg, 1978; zusammenfassend: R. ERNST, Die Nordwestslaven und das fränkische Reich, 1976.

[15] W. H. FRITZE, Eine Karte zum Verhältnis der frühmittelalterlich-slawischen und hochmittelalterlichen Siedlung in der Ostpriegnitz, in: Germania Slavica, Hg. DERS., Bd. 2, 1981, 41–92; L. DRALLE, Slawen an Havel und Spree, 1981.

[16] J. HERRMANN, Siedlung, Wirtschaft und gesellschaftliche Verhältnisse der slawischen Stämme zwischen Oder/Neiße und Elbe, 1968. Vgl. allgemein: J. BRANKAČK u. a., Geschichte der Sorben, Bd. 1–4, 1976–1979, Bd. 1, und DRALLE, Slaven (wie Anm. 15); BRACHMANN, Slawische Stämme (wie § 8, Anm. 4).

[17] Annales regni Francorum (wie II, 4a), ad a. 782, 61: »Interea regi adlatum est, quod Sorabi Sclavi, qui campos inter Albim et Salam interiacentes incolunt …«

gischen Siedlungen. Ähnliches gilt auch für die slawischen Siedler an Obermain und Regnitz um Bamberg und insgesamt in Nordostbayern, für die sich keine eigene Stammesstruktur nachweisen läßt. Man hat hier planmäßige Ansiedlung Karls des Großen vermutet, doch dürfte es sich eher um ältere Streusiedlungen in kleineren Gruppen gehandelt haben.[18]

Nachdem an der Wende vom 6. zum 7. Jh. die Westwanderung von Awaren und Slawen durch die agilolfingischen Herzöge sowohl an der Donau wie im Pustertal militärisch gestoppt worden war und sich gleichzeitig durch frühen Landesausbau die bayerische Siedlung bis zur Ennsgrenze vorgeschoben hatte, kam es hier zu einem gewissen Ausgleich, auch mit der awarischen Oberherrschaft.[19] Der große Karantanensieg Herzog Tassilos III. im Jahre 772 und die von Salzburg und Kloster Chiemsee aus betriebene Karantanenmission erweiterten dann das bayerische Herrschaftsgebiet beträchtlich, ohne daß die slawische Bevölkerung verschwunden wäre.[20] Sowohl Kloster Innichen im slawisch besiedelten Pustertal als auch Kloster Kremsmünster waren ausdrücklich auch zur Slawenmission bestimmt. Die Stiftungsur-

---

[18] E. SCHWARZ, Sprache und Siedlung in Nordostbayern, 1960; H. WALTHER, Deutsche und slawische Siedlung im oberen Maingebiet, in: Slawische Namenforschung, Hg. F. WITKOWSKI, 1963, 95–109; E. EICHLER, Ergebnisse der Namenforschung im deutsch-slawischen Berührungsgebiet, 1982; H. JAKOB, Der Klotzgau – ein slawischer Kleingau am Rande der Fränkischen Alb, in: ZA 16, 1982, 95–112; K. SCHWARZ, Frühmittelalterlicher Landesausbau im östlichen Franken zwischen Steigerwald, Frankenwald und Oberpfälzer Wald, 1984. – Zur Intensität slawischer Besiedlung vgl. J. HABERSTROH, Merowingische Funde an der Regnitz. Landesausbau an der Ostgrenze des Frankenreiches, in: Bayerische Vorgeschichtsblätter 63, 1998, 227–271. Für das 10./11. Jh.: A. HEIDENREICH, Ein slawischer Friedhof mit Kirche auf dem Barbaraberg im Landkreis Neustadt/Waldnaab, 1998 (mit einem anthropologischen Anhang von O. RÖHRER-ERTL). Zusammenfassend: H. LOSERT, Die slawische Besiedlung Nordostbayerns aus archäologischer Sicht, in: Vorträge des 11. Niederbayerischen Archäologentages, Hg. K. SCHMOTZ, 1993, der das Ausmaß slawischer Besiedlung relativ hoch ansetzt.

[19] REINDEL, Grundlegung (wie II, 5b), 146ff.; L. WALDMÜLLER, Die ersten Begegnungen der Slawen mit dem Christentum und den christlichen Völkern vom VI. bis VIII. Jahrhundert, 1976, 183ff.; H.-D. KAHL, Die Baiern und ihre Nachbarn bis zum Tode des Herzogs Theodo (717/718), in: Die Bayern (wie II, 5c), Bd. 1, 159–225.

[20] G. MORO, Zur politischen Stellung Karantaniens im fränkischen und deutschen Reich, in: Südost-Forschungen 22, 1963, 78–96; Karantanien und der Alpen-Adria-Raum im Frühmittelalter, Hg. G. HÖDL u. a., 1993; B. MADER, Die Alpenslawen in der Steiermark, 1986. Grundlegend: J. GIESLER, Der Ostalpenraum vom 8. bis 11. Jahrhundert, Bd. 2, 1997 (Bd. 1 noch nicht ersch.).

kunde des letzteren vom Jahre 777 läßt Rückschlüsse auf die Sozialstruktur der dem Kloster zugeordneten Slawen-Dekanie zu. In der klösterlichen Grundherrschaft bildete diese slawische Gruppe eine besondere Einheit mit einem eigenen Oberhaupt (Jopan, Zupan), die zu Abgaben verpflichtet war und sich am planmäßigen Landesausbau beteiligte.[21] Die slawischen Gruppen des späteren Ostösterreich, von Karantanien/Kärnten abgesehen, entwickelten keine so widerstandsfähige politisch-militärische Struktur wie im Norden der deutsch-slawischen Kontaktzone die Obodriten oder der Lutizenbund; diese sind noch für Kaiser Heinrich II. ein ernstzunehmender bündnisfähiger Partner gewesen. Doch lassen sich auch im Donauraum kleinere, herrschaftlich strukturierte slawische Siedlungsräume feststellen, desgleichen eine Oberschicht, die mit dem bajuwarischen Adel in Connubium treten konnte.[22] Das Weinviertel nördlich der Donau gehörte zeitweise zum späteren Großmährischen Reich, und um Thunau gab es im 9. Jh. einen zwar vom Karolingerreich abhängigen, aber geschlossenen slawischen Herrschaftsbereich. Insgesamt ist nach Ausweis der Orts-, Flur- und Gewässernamen sowie der Bodenfunde im Raum östlich des Haselgrabens mit einer slawischen Besiedlung zu rechnen; doch ist diese eher sporadisch gewesen. Kirchliche und adelige Grundherrschaften dürften an der Ostflanke Bayerns wie an Elbe und Saale im Rahmen des Landesausbaus deutsche wie slawische Siedlungskomplexe gleichermaßen umfaßt haben, wenn dies auch erst wesentlich später in schriftlichen Quellen bezeugt ist. Für den Südosten läßt sich dennoch mit aller gebotenen Vorsicht eine ethnische Grenzzone erkennen, die, ähnlich wie im Westen die germanisch-romanische Sprachgrenze, auf kleinräumigen Ausgleichsvorgängen beruhte. Sie verlief vom Pustertal nordwärts über die Hohen Tauern bei Radstadt über die Enns und Traun bis zur Donau; von dort über die Grenzscheide des Haselgrabens zur bedeutendsten Herrschaftsbildung

---

[21] H. FICHTENAU, Die Urkunden Herzog Tassilos III. und der »Stiftsbrief« von Kremsmünster, in: DERS., Beiträge zur Mediävistik, Bd. 1–3, 1975–1986, Bd. 2, 62–99; H. WOLFRAM, Die Gründungsurkunde Kremsmünsters, in: Die Anfänge (wie II, 5c), 51–82, hier 80.

[22] E. SCHWARZ, Die Ortsnamen des östlichen Oberösterreich, in: Bayerische Hefte für Volkskunde 9, 1922, 34–106; E. KRANZMAYER, Ortsnamenbuch von Kärnten, Tl. 1–2, 1956, 1958; H. FRIESINGER, Studien zur Archäologie der Slawen in Niederösterreich, Bd. 1–2, 1971/74, 1977. Vgl. auch M. MITTERAUER, Karolingische Markgrafen im Südosten, 1963.

der Slawen in Mitteleuropa: Böhmen. Ungeachtet einer umfangreichen deutschen Besiedlung der böhmischen Länder im Zuge des hochmittelalterlichen Landesausbaus blieb hier im Kern das Slawentum in allen Gesellschaftsformationen bis zu Adel und Fürstentum weitgehend erhalten.

Da die schriftlichen Nachrichten der fränkischen Annalistik relativ spärlich sind, kommt den archäologischen Erkenntnissen für die Frühgeschichte Böhmens erhöhte Bedeutung zu. Den älteren slawischen Brandgräberfeldern mit Keramik vom »Prager Typ« folgen unter dem Einfluß der Awaren wie vor allem der reichsfränkischen Mission Körpergräberfelder. Wie zwischen den Mittelgebirgen und der Ostsee finden sich auch in den böhmischen Ländern Burganlagen als Mittelpunkte größerer Siedlungskammern, die wohl mit kleineren Stammeseinheiten gleichzusetzen sind; so etwa in Alt-Kouřim. Das Gewicht des zeitweise überschätzten »großmährischen« Einflusses ist umstritten. Endpunkt der Frühgeschichte war 845 die Taufe von 14 böhmischen Stammesfürsten in der ostfränkischen Residenzstadt Regensburg.[23]

Überblickt man die gesamte, breite Kontaktzone zwischen germanischer und slawischer Völkerwelt, soweit sie nach den grundlegenden Veränderungen der deutschen Ostbewegung[24] noch rekonstruierbar ist, so ergibt sich ein abgestuftes, regional sehr variables System von Integrations- und Assimilationsvorgängen, von Konfrontationen und Partnerschaften, die für beide großen Ethnika schicksalhaft wurden. Als eigenständige, politisch-kulturelle Einheiten haben sich Polen und Böhmen in Auseinandersetzung mit dem fränkischen und später dem deutschen Reich des Mittelalters entfaltet und zu europäischen Mächten entwickelt, Böhmen allerdings im Rahmen einer re-

---

[23] Zur Vor- und Frühgeschichte Böhmens: H. PREIDEL, Die Anfänge der slawischen Besiedlung Böhmens und Mährens, Bd. 1–2, 1954, 1957, und bes. G. MILDENBERGER, Vor- und Frühgeschichte der böhmischen Länder, in: Handbuch der Geschichte der böhmischen Länder (wie I, 9), Bd. 1, 21–161; K. RICHTER, Die böhmischen Länder im Früh- und Hochmittelalter, in: ebd., 165–347; R. TUREK, Böhmen im Morgengrauen der Geschichte, 1974; PRINZ, Böhmen (wie I, 9). Von archäologischer Seite ist die oberösterreichische Landbrücke zwischen Süd- und Nordslawen allerdings bezweifelt worden: E. BENINGER u. a., Oberösterreichs Bodenfunde aus baierischer und frühdeutscher Zeit, in: Jahrbuch des Oberösterreichischen Musealvereins 107, 1962, 125–250, hier 221.

[24] Grundlegend: Die deutsche Ostsiedlung des Mittelalters als Problem der europäischen Geschichte, Hg. W. SCHLESINGER, 1975.

lativ festen, nicht unproblematischen Bindung an die mitteleuropäische Vormacht.[25] Westlich von Polen und Böhmen konnten sich größere und zeitweise beachtliche Regionalherrschaften wie die Obodriten, der Lutizenbund, die Heveller und Sorben im Konflikt oder Bündnis mit dem Reich bis ins Hochmittelalter halten. In weiten Gebieten vollzog sich die sprachliche wie die kultisch-religiöse Umwandlung auf der untersten Ebene der geistlichen und weltlichen Grundherrschaften, wie dies am Beispiel der Slawen-Dekanie des Klosters Kremsmünster ersichtlich ist. Dabei darf nicht vergessen werden, daß besonders die kirchlichen und klösterlichen Großgrundherrschaften, die zugleich Träger der Christianisierung waren, wichtige agrartechnische Innovationen an die slawische Bevölkerung vermittelten. Es dürften aber auch aus dem Osten, etwa im Pflugbau, Neuerungen gekommen sein.[26] Im Gefüge der bipolaren Villikationsverfassung war es dann möglich und sogar normal, daß slawische und deutsche Dörfer jahrhundertelang neben- und miteinander existierten, wodurch wiederum sprachliche Ausgleichsprozesse gefördert wurden, die überwiegend zugunsten der deutschen Oberherrschaft verliefen. Dennoch hat sich in der Toponymik Mittel- und Ostdeutschlands viel an slawischem Namensgut erhalten.[27] Die militärische Komponente der fränkischen bzw. deutsch-slawischen Geschichte offenbart sich im Burgenbau, der sowohl offensiven wie defensiven Charakter haben konnte, etwa am Limes Saxoniae zwischen Sachsen und Obodriten. Das Pendant bildeten auf slawischer Seite Burganlagen von unter-

---

[25] F. PRINZ, Die Stellung Böhmens im mittelalterlichen deutschen Reich, in: ZBLG 28, 1965, 99–113; weitere Literatur bei RICHTER, Länder (wie Anm. 23), 262f. – Die böhmischen Länder sind der klassische Sonderfall fränkisch-deutscher und slawischer Gemeinsamkeit wie Konfrontation in Geschichte und Kultur, da sie ihre slawische Grundsubstanz und deren Herrschaftsgefüge mit bemerkenswerter Zähigkeit gegenüber einem oft übermächtigen deutschen Einfluß auf allen Ebenen (Herrschaft, Siedlung, Mission, Kolonisation) bewahrt haben. Es scheint, als ob gerade die frühe Verrechtlichung der Beziehungen zwischen Böhmen und dem fränkisch-deutschen Großreich jenen schrittweisen Auflösungsprozeß verhinderte, dem die politischen Gebilde und Stammesherrschaften der Slawen Mittel- und Ostdeutschlands anheimgefallen sind.

[26] Das gilt z. B für die Verbreitung entwickelter Pflugformen im Zusammenhang mit der effizienten mittelalterlichen Dreifelderwirtschaft. K.-R. SCHULTZ-KLINKEN, Haken, Pflug und Ackerbau, 1981; D. HÄGERMANN, Art. »Pflüge«, in: Propyläen-Technikgeschichte (wie I, 10d), Bd. 1, 380–392. – S. u. § 18a (Grundherrschaft). – Zu örtlichen Einflüssen vgl. HENNING, Südosteuropa (wie § 2, Anm. 13).

[27] Vgl. z. B. SCHWARZ, Sprache, und EICHLER, Ergebnisse (beide wie Anm. 18).

schiedlicher Größe und Struktur. Sie waren wohl vor allem Stammesvororte, also Volksburgen, und geben Hinweise auf die Herrschaftsstruktur des frühen Slawentums, die keineswegs egalitär-demokratisch gewesen ist, wie die ältere, romantisierende Forschung glaubte.[28] Die christliche Mission unter den Slawen war seit dem 7. Jh. die geistliche Seite der herrschaftlichen Integration, die mit dem Begriff der Unterwerfung nur unvollständig charakterisiert würde.[29] In Mittel- und Osteuropa läßt die Übernahme indogermanischer und germanischer Orts- und Gewässernamen durch die Slawen auf das Fortleben germanischer Gruppen schließen, von deren selbständiger Weiterexistenz kann jedoch keine Rede sein.[30] Was die materielle Kultur der slawischen Frühzeit anbelangt, so ist vor der Annahme zu warnen, daß spärliche oder fehlende Grabbeigaben hier auf einen niedrigen Stand deuteten. Es handelt sich um andere Totenriten als im merowingischen Westen.[31] Die westslawische Welt hat für ihre Kultur re-

[28] J. HERRMANN, Herausbildung und Dynamik der germanisch-slawischen Siedlungsgrenze in Mitteleuropa, in: Die Bayern (wie II, 5c), Bd. 1, 269–280. – Zur Sozialstruktur der Slawen vgl. F. GRAUS, Deutsche und slawische Verfassungsgeschichte?, in: HZ 197, 1963, 265–317; DERS., Nationenbildung (wie II, 5b), 24f. und 75f. – Zum slawischen Burgenbau: P. DONAT, Die Mecklenburg. Eine Hauptburg der Obodriten, 1984; Starigard, Oldenburg (wie Anm. 8), Bd. 1.

[29] Vgl. dazu die Überlegungen von H.-D. KAHL, Die ersten Jahrhunderte des missionsgeschichtlichen Mittelalters, in: Kirchengeschichte als Missionsgeschichte (wie II, 5a), Bd. 2, 11–76; I. GABRIEL, Hof- und Sakralkultur sowie Gebrauchs- und Handelsgut im Spiegel der Kleinfunde von Starigard-Oldenburg, in: Ber. RGK 69, 1988, 103–291. – Zur Religions- und Kirchengeschichte vgl. L. MOSZYŃSKI, Die vorchristliche Religion der Slawen im Lichte der slawischen Sprachwissenschaft, 1992; Cyrillo-Methodiana. Zur Frühgeschichte des Christentums bei den Slawen, Hg. M. HELLMANN, 1964; Rom und Byzanz im Norden. Mission und Glaubenswechsel im Ostseeraum während des 8.–14. Jahrhunderts, Hg. M. MÜLLER-WILLE, Bd. 1–2, 1997, 1998; C. HANNICK, Die byzantinischen Missionen, in: Kirchengeschichte als Missionsgeschichte (wie II, 5a), Bd. 2, 279–359; Bohemia Sacra. Das Christentum in Böhmen 973–1973, Hg. F. SEIBT, 1974; H. DOPSCH, Passau als Zentrum der Slawenmission, in: Südostdeutsches Archiv 28/29, 1985/86, 5–28; Der heilige Method, Salzburg und die Slawenmission, Hg. T. PIFFL-PERCEVIC u. a., 1987. Vgl. auch A. AVENARIUS, Die byzantinische Kultur und die Slawen. Zum Problem der Rezeption und Transformation (6.–12. Jahrhundert), 2000.

[30] E. EICHLER, Grundsätzliche Bemerkungen zur Erforschung des vorslawischen Substrats in der altsorbischen Onomastik, in: ZA 2, 1968, 117–125. – Ein Sonderfall dieses Problems ist die von B. BRETHOLZ vertretene These vom Fortleben der Markomannen in den böhmischen Ländern: B. BRETHOLZ, Geschichte Böhmens und Mährens, Bd. 1–4, 1921–1925, Bd. 1, 20–33; dagegen mit Recht: E. SCHWARZ, Die Ortsnamen der Sudetenländer als Geschichtsquelle, 1961, bes. 366.

[31] P. DONAT, Archäologisch-kulturelle Gebiete und materielle Kultur in den slawi-

lativ wenig frühe Berichterstatter gefunden, wie er den Germanen mit Tacitus zuteil geworden ist. Die Chroniken Thietmars von Merseburg und Helmolds von Bosau sind hier Ausnahmen. So sind wir über slawische Kultburgen und Heiligtümer wie Arkona auf Rügen[32] und Rethra,[33] die Tempelburg der Redarier, deren genaue Lage unbekannt ist, auf die meist dürftigen oder verzerrenden Nachrichten späterer kirchlicher Quellen angewiesen.[34] Der enge Zusammenhang zwischen Eroberung und Mission brachte es zwangsläufig mit sich, daß – wie im Falle der Germanen – pagane Gegenschläge auch die Missionserfolge oft zunichte machten. Aber so, wie 100 Jahre nach der Taufe des Herzogs Widukind die Sachsen eine führende Rolle im Karolingerreich spielten, bedeutete auch für die Westslawen die Integration in den Reichsverband eine politische Chance. Das gilt für die Rolle des Lutizenbundes in ottonischer Zeit und mehr noch für die politische Stabilisierung Böhmens in derselben Epoche. Mit der christlich gewordenen westslawischen Welt trat das dritte Großethnikum neben Romanen und Germanen. Dies wurde die eigentliche Geburtsstunde Europas und damit etwas Neues, das sich trotz tiefer Wurzeln in der antik-mediterranen Welt dennoch entscheidend von dieser unterschied und neue Prämissen der Kulturentwicklung setzte. Daneben sollte nicht vergessen werden, daß alle drei Großethnien einen wesentlichen Anteil an der Entstehung des deutschen Volkes hatten – zumindest für die Regionen westlich des Rheins und östlich der Elbe. Im 9. Jh. kam es zu einer Konfrontation mit der ersten bedeutenden, dem Christentum sich öffnenden Staatsbildung der Slawen, dem »Großmährischen

schen Stammesgebieten vom 8.–13 Jahrhundert, in: Archäologie, Hg. HERRMANN (wie § 1, Anm. 13), Bd. 1, 268–276.

32 Vgl. o. Anm. 12.

33 J. HERRMANN u. a., Die Nordwestslawen zwischen Germanen und Deutschen, in: Welt der Slawen (wie II, 5b), 253–288, bes. 277–283.

34 H. ZOLL-ADAMIKOWA, Die Jenseitsvorstellungen der heidnischen Slawen: defuncti vivi oder immaterielle Seelen?, in: Przeglad archeologiczny 43, 1995, 123–126. Eine Ausnahme ist der genaue Bericht über das slawische Heiligtum des Gottes Svarožić in Riedegost (Lokalisierung offen) bei Thietmar von Merseburg (975–1018) in dessen Chronik: Thietmar, Chronica, Hg. R. HOLTZMANN, 1935 [Ndr. 1996], VI, c. 23f., 302ff. (MGH SRG NS 9); Adam von Bremen, Hamburgische Kirchengeschichte, Hg. B. SCHMEIDLER, 1917 [Ndr. 1993], II, c. 21, 77f. (MGH SRG 2), nennt den Ort Rethre und den dort verehrten Gott Redigast. Ebenso berichtet Helmold von Bosau, Chronica Slavorum (wie Anm. 8), ausführlicher über die slawische Welt: Helmold von Bosau, Slawenchronik, Hg. H. STOOB, 1963, [6]2002 (AQMA 19).

Reich«, das am Beginn des 10. Jhs. unter dem Ansturm des Reitervolks der Madjaren zusammenbrach. Während der Existenz dieses Reiches kam es im Zusammenhang mit der Missionierung zu Konfrontationen zwischen der westlich-lateinischen und der griechisch-byzantinischen Kirche, wobei das Papsttum mit wechselndem Erfolg einen Ausgleich zwischen beiden Missionskreisen versuchte.

§ 12 Der Aufstieg der Frühkarolinger bis Karl Martell (687–714)

Der Weg jener zwei Familien, der Arnulfinger und der Pippiniden, die dann unter dem Namen *Karolinger* 750/51 die Königsherrschaft im Frankenreich erlangten, war schwierig und immer wieder durch empfindliche Rückschläge belastet, die sich auch auf ihren reichen Familienbesitz in Austrien auswirkten. Die drei Hausklöster Nivelles, Fosses und Andenne lagen im Kern des pippinidischen Hausbesitzes. Des weiteren hatte die Familie im Hasbengau und in Toxandrien Güter, d. h. um Tongern und Maastricht. So scheint es durchaus glaubhaft, daß nach den um 805/06 entstandenen »Annales Mettenses priores« schon Pippin der Ältere »das Volk zwischen dem Kohlenwald und der Maas bis zur Grenze der Friesen« regiert hat.[1] Mit der Kirche dieses Raumes waren die Pippiniden nicht nur durch ihre Klostergründungen eng verbunden, sondern auch durch ihren Einfluß bei der Besetzung des Bistums Tongern-Maastricht, wohin Pippin der Ältere den heiligen Amandus berufen konnte. Mit dem politisch einflußreichen Kölner Metropoliten Kunibert waren sowohl Pippin als auch Grimoald durch Schwurfreundschaft eng verbunden.

---

[1] Zur Vorgeschichte s. o. § 9; zum Besitz H. MÜLLER-KEHLEN, Die Ardennen im Frühmittelalter, 1973; EWIG, Merowinger (wie II, 5a), 181 ff.; vgl. ferner P. RICHÉ, Les Carolingiens, 1983; FOURACRE, Observations (wie § 9, Anm. 15); K. F. WERNER, Les principautés périphériques dans le monde franc du VIIIe siècle, in: I problemi dell'occidente nel secolo VIII, 1973, 483–514 (Sett.Cent.it. 20); T. REUTER, Germany in the Early Middle Ages, 1991. – Zu den Gründen des Aufstiegs der Karolinger: PIRENNE, Mahomet (wie II, 5a); The Pirenne Thesis, Hg. A. F. HAVIGHURST, 1976; Das erste Jahrtausend. Kultur und Kunst im werdenden Abendland an Rhein und Ruhr, Hg. K. BÖHNER u. a., Bd. 1–3, 1962 ff.

Der Aufstieg der Familie schien sich geradlinig fortzusetzen, als die Pippinidin Begga, Schwester der Äbtissin Gertrud von Nivelles († 659) und des Hausmeiers Grimoald († 661/62), den Domesticus Ansegisel ehelichte, den Sohn Bischof Arnulfs von Metz († 629). Sie waren die Alleinerben beider Familien; der mißglückte Staatsstreich Grimoalds warf 662 diese beiden mächtigen Sippen wieder zurück. Das Herzogsamt ging an Gundoin. Ansegisel, der dies offenbar nicht hinnehmen wollte, fiel im Kampf gegen ihn. Stablo-Malmedy kam wieder unter königliche Gewalt und verlor einen Teil seines Besitzes, Bischof Theodard von Maastricht, ursprünglich Parteigänger der Pippiniden, ging auf die Seite König Childerichs II. über, und selbst Ansegisels Bruder, Bischof Chlodulf von Metz und sein Sohn Aunulf schlossen offenbar mit dem Merowinger Frieden. Nach dieser schweren Niederlage kam es aber schon um 665 zu einer Wende, als Pippin der Mittlere, der Sohn Beggas und Ansegisels, Plektrud ehelichte, die Tochter des fränkischen Großen Hugobert, der im Kölner Raum, an der Maas, am Niederrhein und ebenso um Trier reich begütert war.[2] Zentrum dieser nunmehr wesentlich erweiterten Herrschaft Pippins II. waren die Güterbezirke wie Herstal mit etwa 2500 bis 3000 Hektar; es bleibt unklar, ob es sich um altes pippinidisches Hausgut handelt. Auf jeden Fall wurden sowohl Jupille mit dem »Novum castellum« und dem von Pippin gestifteten Klerikerstift wie auch Herstal wichtige karolingische Pfalzorte; erst Karl der Große verlegte seinen Aufenthalt endgültig von Herstal nach Aachen.

Als die weiteren Turbulenzen und Krisen mit dem machtvollen Aufstieg Pippins II. nach der Schlacht von Tertry 687 abgeschlossen waren, trat eine Konsolidierung ein.[3] Doch wäre es verfehlt, schon für diese Epoche eine gewissermaßen homogene karolingische Herrschaft im gesamten Frankenreich anzunehmen, denn nicht nur Aquitanien

---

[2] Kontrovers ist die Zuordnung der Plektrud-Sippe: HLAWITSCHKA, Vorfahren; anders: WERNER, Adelsfamilien; dagegen: HLAWITSCHKA, Grundlagen (alle wie § 9, Anm. 1). Fest steht, daß die Klosterstifterin Irmina von Oeren (bei Trier) zur Sippe Plektruds (»Hugobert-Irminasippe«) gehört und der Wiederaufstieg der Arnulfinger-Pippiniden mit der familiären Verbindung zu dieser mächtigen Familie zusammenhängt. – W. HAUBRICHS, Die Urkunde Pippins des Mittleren und Plectruds für St. Vanne in Verdun (702). Toponomastische und besitzgeschichtliche Überlegungen zum frühen Besitz der Pippiniden-Arnulfinger und zum Königsgut im Verdunois, in: Francia 13, 1985, 1–46. Zur Rolle der Dukate an den Flanken des Frankenreiches: WERNER, Les principautés (wie Anm. 1).

[3] EWIG, Teilreiche (wie § 9, Anm. 2), 221–230; zur Titulatur s. o. § 9, Anm. 15.

war spätestens seit 675 der Zentralgewalt entfremdet. Auch das Rektorat über die Provence, das sich in den Händen einer alten gallo-römisch-senatorischen Familie befand, hielt sich aus den Machtkämpfen des Nordens weitgehend heraus.[4] Eigene Wege ging auch die südgallische Kirche, weil auch sie territoriale Sonderherrschaften entwickelt hatte, die oft nur noch lose, wenn überhaupt, mit der fränkischen Oberherrschaft verbunden waren. Ziemlich regelmäßig nahmen an frühkarolingischen Synoden die Bischöfe der Provinzen Reims, Rouen, Tours, Sens und Lyon teil, aus Aquitanien kamen der Metropolit von Bourges und der Bischof von Poitiers; in Clermont konnten zwischen 690 und 700 die Bischöfe Bonitus und Nordebert mit Genehmigung des Merowingerkönigs und Pippins eingesetzt werden. Die große Kirchenprovinz Arles war zwar 660 noch durch ihren Metropoliten auf Reichskonzilien vertreten, aus der Zeit von Pippins Prinzipat sind aber weder aus Arles noch aus dem Metropolitanbereich von Vienne Bischöfe auf fränkischen Reichsversammlungen bekannt. Pippin vermochte das Neben- und Miteinander weltlicher und geistlicher Regionalherrschaften noch nicht grundsätzlich zu beseitigen, und auch die Einsetzung seines ältesten Sohns Drogo zum »dux Burgundionum«, d. h. zum Statthalter der frankoburgundischen Königsprovinz mit Sens und Lyon, und die Bestallung seines zweiten Sohnes Grimoald in Neustrien dürften diesen labilen Zustand noch nicht beendet haben.

Dafür setzte der Princeps in Neustrien mit einer Kirchenpolitik ein, welche die Struktur der Diözesen aufbrechen sollte, und zwar besonders durch die oft erzwungene Tradierung von Klöstern an ihn, die damit in Pippins Verfügung (*potestas*) übergingen. Diese Politik bezog sich nicht nur auf Adelsklöster, sondern auch auf große Abteien in bischöflicher Hand. Sein Vorgehen hatte sowohl eine kirchenpolitische Seite, nämlich die Schwächung eines nach Selbständigkeit strebenden Episkopat, als auch eine materielle, da sich die Karolinger damit die großen Ressourcen der klösterlichen Grundherrschaften erschließen konnten.[5] Mit der herrschaftlichen Abkoppelung der Ab-

---

[4] ROUCHE, L'Aquitaine; BUCHNER, Provence (beide wie II, 5b), und GEARY, Aristocracy (wie § 1, Anm. 53), bes. 101 ff. und 126 ff.

[5] Grundlegend: J. SEMMLER, Episcopi potestas und karolingische Klosterpolitik, in: Mönchtum, Episkopat, 305–395; vgl. allgemein: Herrschaft und Kirche (beide wie II, 5c).

teien von ihren Bistümern ging eine harte Personalpolitik in den letzteren einher, die ebenfalls schon unter Pippin II. begann und mit Karl Martell einen ersten Höhepunkt erreichte.[6]

Absetzung oder Verbannung mißliebiger Bischöfe und die oft rücksichtslose Einsetzung karolingischer Parteigänger waren seit Pippins Sieg bei Tertry (687) an der Tagesordnung. Die Vertreibung des Bischofs Ansbert von Rouen gehört ebenso zu diesen scharfen Eingriffen wie der Übertritt des Metropoliten Reolus von Reims ins karolingische Lager und mehr noch die gewaltsame Beseitigung burgundischer Bischofsherrschaften durch Karl Martell. Erleichtert wurde dieses Vorgehen durch die drohende Gefahr arabisch-islamischer Invasionen, die für den Süden des Frankenreiches politische Sonderwege abschnitt und Karl sowohl die geistliche Legitimation seiner Maßnahmen sicherte wie auch die Möglichkeit, unter dem Deckmantel des dringend erforderlichen militärischen Schutzes gegen das Vordringen der »Ungläubigen« die politischen Strukturen in Burgund wie zwischen Loire und Pyrenäen grundlegend zu seinen Gunsten zu verändern. Der »Kirchenstaat« von Lyon, den schon die Königin Balthilde zu beseitigen versucht hatte,[7] wurde auf diese Weise 736 endgültig entmachtet, desgleichen die Regionalherrschaft einer »Bischofssippe« in Auxerre und Orléans, so daß innerhalb weniger Jahrzehnte die »Bischofsrepubliken« in Rouen, Reims, Angers, Autun, Sens, Tours, Orléans, Auxerre, Langres, Chalon-sur-Saône, Mâcon und Le Mans beseitigt bzw. der karolingischen Herrschaft eingefügt werden konnten. Aktuelle Politik und Verfassungswandel gingen dabei Hand in Hand, desgleichen militärische Notwendigkeiten, die sich durch die arabisch-islamischen Vorstöße ins Innere des Frankenreiches ergaben.[8]

Damals entstand aus der Verpflichtung der Bistümer und Reichsabteien, aus ihren eigenen Mitteln Truppen für die Kriege der Karolinger aufzustellen und bereitzuhalten, die Stiftsvasallität. Das war

---

[6] EWIG, Milo (wie § 7, Anm. 27); skeptisch: FOURACRE, Observations (wie § 9, Anm. 15), und R. A. GERBERDING, The Rise of the Carolingians and the Liber Historiae Francorum, 1987, bes. 92ff. und 116ff.; abwägend: H. H. ANTON, Liutwin, Bischof von Trier und Gründer von Mettlach, in: ZGS 38/39, 1990/91, 21–51. Vgl. dazu die unten in Anm. 11 angeführte weitere Literatur.

[7] Siehe § 9, Anm. 6.

[8] SEMMLER, Episcopi potestas (wie Anm. 5); Herrschaft und Kirche (wie II, 5c).

eine schwere Belastung, die nur zu oft auf Kosten der im engeren Sinne kirchlichen Aufgaben ging. In der Praxis bedeutete die doppelte staatliche Nutzung des Kirchengutes durch die *precaria verbo regis* wie durch die Stiftsvasallität, daß die Kirche in zunehmendem Maße direkt und indirekt Trägerin der Wehrkraft des Reiches wurde – ob mit oder gegen ihren Willen läßt sich im einzelnen schwer entscheiden. Die militärische Vormachtstellung der karolingischen und später, bis zum Investiturstreit, der deutschen Könige in Europa beruhte weitgehend auf dem Aufgebot der kirchlichen Vasallen, das zeitweise bis zur Hälfte des Heeres ausmachte.[9]

In den teilweise erbitterten Auseinandersetzungen mit den regionalen Kräften und wohl auch unter geschickter innenpolitischer Ausnützung der Sarazenengefahr vermochten die Frühkarolinger immer mehr Bistümer und Abteien mit ihren engsten Anhängern zu besetzen, d. h. mit jener austrischen Adelsgruppe aus dem Maas-Moselraum, die auf diese Weise mit den Karolingern politisch aufstieg, teilweise mit ihnen verschwägert war und später als karolingische »Reichsaristokratie« die wichtigsten Kommandostellen – weltliche wie geistliche – innerhalb der neuen Zentralverwaltung des karolingischen Großreiches in die Hand bekam.[10] Durch die Besetzung von Bistümern und Abteien mit ihren Parteigängern haben die Frühkarolinger, und speziell Karl Martell, wohl kaum viel für die dringend notwendige, vor allem geistliche Verbesserung der fränkischen Landeskirche getan. Die Einsetzung Bischof Milos von Trier, eines militanten Mitstreiters der Frühkarolinger, läßt eher das Gegenteil vermuten, obwohl dieses Negativbeispiel wiederum nicht verallgemeinert werden darf.[11]

---

[9] PRINZ, Klerus (wie II, 5a), 64ff.; vgl. allgemein: Ordinamenti (wie II, 5c); J. BEELER, Warfare in Feudal Europe 730–1200, 1971.

[10] Studien und Vorarbeiten (wie II, 5c).

[11] Zu Bischof Milo von Trier und der Liutwin-Sippe, die Kloster Mettlach gründeten, vgl. außer EWIG, Milo (wie § 7, Anm. 27), hier 193–199, T. RAACH, Kloster Mettlach/Saar und sein Grundbesitz, 1974. Kaum überzeugend zum Verhältnis Karl Martells zu den Klöstern und zum Episkopat: A. DIERKENS, Carolus monasteriorum multorum eversor et ecclesiasticarum pecuniarum in usus proprios commutator? Notes sur la politique monastique du maire du palais Charles Martel, in: Karl Martell (wie § 9, Anm. 4), 277–315; ausgewogen dagegen T. REUTER, »Kirchenreform« und »Kirchenpolitik« im Zeitalter Karl Martells, in: ebd., 35–59, und F. STAAB, Rudi populo rudis adhuc presul. Zu den wehrhaften Bischöfen der Zeit Karl Martells, in: ebd., 249–275.

Aus dem gleichsam »parataktischen« Nebeneinander spätmerowingischer Bischofsrepubliken, die sich dem Herrscher oft nur zögernd unterordneten, war seit der Wende vom 7. zum 8. Jh. ein eher »hypotaktisches« Gefüge geworden, in dem die Bischöfe und Äbte als delegierte Herrschaftsträger des Königs wirkten. In Grundzügen schufen also bereits Pippin der Mittlere und Karl Martell eine Form der Herrschaft über die fränkische Kirche, die Karl der Große dann energisch vervollständigte und handhabte. Es wäre aber sicher einseitig, den »Einbau« der Kirche nur als politischen Pragmatismus abzustempeln. Schon die aktive Hilfe der Hausmeier beim Ausbau der Germanenmission östlich des Rheins spricht dagegen. Auch haben sich die Karolinger, wie schon die Merowinger, eigene Stätten christlichen Heils geschaffen und konnten sich inzwischen auf zwei Heilige aus ihrer Familie berufen: Arnulf von Metz und Gertrud von Nivelles. Dies waren Stufen der »Selbstheiligung« der Dynastie, deren Wirkung man nicht unterschätzen darf.

Man kann von einer karolingischen Sakrallandschaft sprechen, die sich vom Hausbistum Metz mit dem Familienkloster St. Arnoul bis Fulda und von Utrecht bis zur Reichenau erstreckte. Hier finden sich auch andere wichtige Karolingergründungen wie die Pippinidenstiftung Nivelles, Süsteren, Stablo-Malmedy, Prüm sowie Pfalzel und Oeren bei Trier sowie Echternach.[12] Weiter im Westen kamen Lobbes und St. Wandrille hinzu. Es waren Stätten des allgemeinen Heils und der Heiligung der neuen Dynastie und später Träger der fränkischen Kulturblüte des 9. Jahrhunderts. Ebenso darf nicht übersehen werden, daß erst die Brechung der regionalen Bischofsherrschaften durch die Karolinger jenes innere, auch geistige Verbundsystem der Bischofskirchen und Reichsklöster ermöglichte, dessen Effizienz die karolingische Renaissance mit ihren künstlerischen und geistigen Leistungen ermöglichte.[13]

Auch bei der Ausdehnung der Herrschaft Pippins II. nach Osten und Norden spielte die Unterstützung der Kirche eine wichtige Rolle. Bei der Wiedergewinnung des um 650 verlorengegangenen Friesland,

---

[12] PRINZ, Mönchtum (wie II, 5a), 185ff.; OEXLE, Karolinger (wie § 9, Anm. 2); F.-J. HEYEN, Untersuchungen zur Geschichte des Benediktinerklosters Pfalzel bei Trier, 1966; MÜLLER-KEHLEN, Ardennen (wie Anm. 1).

[13] Siehe § 21 und allgemein: BRUNHÖLZL, Geschichte (wie I, 10h), Bd. 1, 241–315; KdG (wie II, 5a), Bd. 2.

die ihm 690 in einem Feldzug gegen den Friesenkönig Radbod glückte, arbeitete der Princeps von Anfang an eng mit dem angelsächsischen Mönch und Missionar Willibrord (657/58–739) zusammen.[14] Als Schüler des Erzbischofs Wilfrid von York begann Willibrord mit Erlaubnis Pippins seine Missionsarbeit in Friesland, sicherte sich aber danach durch eine Romfahrt die päpstliche Genehmigung seiner Tätigkeit. Antwerpen wurde sein erster Stützpunkt, wo schon der aquitanische Missionar Flanderns, Amandus († 676/84) missioniert hatte. Die Fortschritte des Bekehrungswerkes zwischen Maas und Lek veranlaßten Willibrord 695 zu einer zweiten Romreise; Papst Sergius I. († 701) weihte ihn damals zum Erzbischof des Friesenvolkes. Inzwischen hatte Pippin in neuerlichem Kampf mit Radbod die Grenze des Frankenreiches bis zum Alten Rhein vorgeschoben. Damit wurden Utrecht und das wichtige Handelsemporium Dorestad wieder fränkisch, so daß der Karolinger seinem Missionar Utrecht als Bischofssitz zuweisen konnte. Missionarische Vorstöße über die Grenze hinaus und bis nach Sachsen blieben aber ohne nachhaltige Wirkung, denn auch in diesem Falle war der Mission ohne den Schutz des Frankenreiches kein Erfolg beschieden.[15]

Um 697/98 übertrug dann die Trierer Äbtissin Irmina von Oeren ihr Kloster Echternach an der Sauer an Willibrord, doch spätestens 704/06 konnten Pippin und seine Gemahlin Plektrud die Abtei übernehmen und machten ihr bedeutende Schenkungen. Dadurch kam die Abtei in die Schutzherrschaft des Princeps und wurde von nun an für Willibrord der sicherste Stützpunkt für den kirchlichen Aufbau in Friesland. Wie notwendig dieser fränkische Schutz war, zeigte die weitere Entwicklung. Willibrords Missionshelfer Suidbert wirkte bei den Boruktuariern zwischen Ruhr und Lippe, die »beiden Ewalde« missionierten nördlich der Lippe in sächsischem Gebiet, und Willibrord selbst suchte die Dänen für das Christentum zu gewinnen; er blieb ohne Erfolg, die Ewalde erlitten in Sachsen den Märtyrertod.[16]

---

[14] ANGENENDT, Willibrord (wie § 1, Anm. 20); Willibrord, zijn wereld en zijn werk, Hg. P. BANGE u. a., 1990; M. VAN VLIERDEN, Willibrord en het begin van Nederland, 1995.

[15] Vgl. VON PADBERG, Mission (wie § 1, Anm. 19), 95ff. und passim.

[16] Willibrord, Apostel der Niederlande – Gründer der Abtei Echternach, Hg. G. KIESEL u. a., ^{2}1990, bes. der Beitrag von H. H. ANTON, Klosterwesen und Adel im Raum um Mosel, Saar und Sauer in merowingischer und frühkarolingischer Zeit, in: ebd., 96–124; LÖWE, Pirmin (wie II, 5b), bes. 203ff.

In Austrien bezog Pippin in umsichtiger Weise 714 das Kloster Süsteren an der Maas, das durch Plektrud gegründete Kölner Klerikerstift St. Maria im Kapitol und das vom Regentenpaar gemeinsam gestiftete Kaiserswerth auf einer Rheininsel (bei Düsseldorf) fest in seine Kirchenherrschaft ein. Von den Bistümern war, außer dem »Hausbistum« Metz, Trier in Pippins Hand, in Maastricht konnte nach Bischof Lamberts gewaltsamem Tod wohl ein Verwandter Plektruds, Hugbert, im Amt folgen, so daß auch hier sich der karolingische Einfluß als massive Herrschaft über die Kirche durchsetzte.

Sehr unterschiedlich war Pippins Einfluß in den östlichen Rand-Dukaten des Reiches, also in Alamannien, Churrätien, im Elsaß, in Bayern, Thüringen, Sachsen und Friesland. Zumeist hatte man dort die Erblichkeit der Herzogswürde *via facti* erreicht, auch wenn sie nicht, wie im agilolfingischen Bayern, legal abgesichert war. In Thüringen war Radulf Herzog, den König Dagobert vor 634/35 eingesetzt hatte, der sicher Christ und wohl auch Franke war, aber bald eigene Wege ging. Es kam vermutlich zu einer Teilung des Herzogtums, dessen westlicher, mainfränkischer Teil noch unter Dagobert an den Herzog Ruodi (Hruodi) ging, der in Würzburg residierte und der Stammvater der folgenden Herzöge bis Heden II. wurde.[17] Wenig zuverlässig sind die Nachrichten der Passio des Iren Kilian, der unter Ruodis Enkel, dem Herzog Gozbald nach Würzburg gekommen und Mainfranken missioniert haben soll und als eine Art »Hofbischof« das Martyrium erlitt. Erst mit Herzog Heden II. betritt man festeren Boden; für dessen Tochter Immina wurde auf dem Würzburger Burgberg um 706 ein Kloster errichtet. Heden II. war es auch, der 704 und 716/17 an Willibrord Güter im östlichen Thüringen, das damals offenbar wieder zum Würzburger Herzogtum gehörte, schenkte; doch hatte dies noch keine nachhaltigen Folgen für die Mission. Erfurt scheint aber bereits damals eine Rolle gespielt zu haben, es war schon seit heidnischer Zeit eine Hauptburg der gesamten Region.[18] Über das Verhältnis Herzog Hedens II. zum Princeps wissen wir nicht genug,

---

[17] K. LINDNER, Untersuchungen zur Frühgeschichte des Bistums Würzburg und des Würzburger Raumes, 1972, bes. 58ff.; SCHLESINGER, Zur politischen Geschichte (wie § 8, Anm. 12), 36ff.; WERNER, Adelsfamilien (wie § 9, Anm. 1), 148ff. und 156ff.

[18] WENDEHORST, Bistum (wie II, 5b), 13ff. – Zu Erfurt: M. GOCKEL, Erfurt, in: DKPf 2, 2. Lfg. 1984, 103–148.

doch läßt Willibrords vorübergehende Zusammenarbeit mit dem Würzburger Herzog auch auf die guten Beziehungen des letzteren zum Frankenherrscher schließen. Nach Hedens Tod (um 717?) scheint das Herzogtum an Karl Martell gefallen zu sein, der inzwischen die Alleinherrschaft erlangt hatte und für den der Besitz Thüringens als Aufmarschgebiet gegen die Sachsen wichtig war.[19]

Auch für das Elsaß, wo um 666/73 Adalricus-Eticho durch König Childerich II. als Herzog eingesetzt war, fehlen jegliche Nachrichten über eine Verbindung mit Pippin dem Mittleren. Zwar scheiterte der Versuch Etichos, nach der Ermordung des Königs durch rebellische Große sich der Provence zu bemächtigen. Immerhin konnte er jeglicher fränkischer Einflußnahme ausweichen und seinen Sohn Adalbert im Herzogtum nachfolgen lassen. Gleichzeitig verschwinden die mit der Verwaltung des Königsguts von Dagobert I. eingesetzten Grafen im Elsaß. Auf Adalbert folgte dessen ältester Sohn Luitfrid als Herzog; sein jüngerer Bruder Eberhard bekam im Sundgau eine Unterherrschaft zugewiesen.[20] Als Klostergründer traten die Etichonen, meist in Zusammenarbeit mit Pirmin, hervor. Sie stifteten die Klöster Ebersmünster und Odilienberg (Hohenburg) – in letzterem wurde die Herzogstochter Odilia Äbtissin –, ferner Honau bei Straßburg und St. Stephan in Straßburg selbst sowie Murbach und Masmünster.[21] Mit dem Tode Herzog Luitfrids endete die Selbständigkeit des elsässischen Dukats durch Karl Martell, die Herzogsfamilie fiel in Ungnade, gewann aber nach Jahrzehnten in hohen karolingischen Ämtern wieder an Bedeutung. Im Raum des späteren Hessen sind für die Zeit Pippins II. weder Grafen noch Herzöge nachweisbar, dafür aber eine Reihe von Großburgen gegen Sachsen, die wohl nur auf karolingische Initiative zurückgehen können und gleichzeitig Stützpunkte der Mission wurden: so die Büraburg bei Fritzlar, der Christenberg nördlich von Marburg und die Amöneburg östlich der Lahnberge. Auf seiten

---

[19] SCHMALE, Grundlegung (wie II, 5b), 16f. – Zur Genealogie: STÖRMER, Herkunft (wie § 10, Anm. 53). – Neuerdings wird angenommen, daß schon unter Herzog Heden I. eine engere Zusammenarbeit mit dem Frankenherrscher bestanden habe: H. MORDEK, Die Hedenen als politische Kraft im austrasischen Frankenreich, in: Karl Martell (wie § 9, Anm. 4), 345–366 (mit Stammtafel der Hedenen, 365).

[20] F. VOLLMER, Die Etichonen, in: Studien und Vorarbeiten (wie II, 5c), 137–184; BORGOLTE, Grafengewalt (wie § 8, Anm. 13); H. BÜTTNER, Geschichte des Elsaß, Bd. 1, 1991.

[21] PRINZ, Mönchtum (wie II, 5a), 223ff.

der Sachsen-Engern entsprachen dem gegen die Franken errichtete Volks- und Fluchtburgen. Wie nötig die fränkischen Burgen waren, geht schon daraus hervor, daß die Engern um 700 sich zwischen Diemel und Eder festsetzten und die Westfalen das Gebiet der Boruktuarier an der Lippe eroberten, den Missionsbischof Suidbert († 713) vertrieben und in den Machtkämpfen nach Pippins II. Tod auch das Land an der Ruhr vorübergehend in Besitz nahmen, bis sie Karl Martell 718 wieder zurückwerfen konnte. Auch Willibrords Missionsarbeit erlitt nach 714 schwere Rückschläge.[22]

Besser unterrichtet sind wir über die Reintegration Alamanniens und Bayerns unter Pippin dem Mittleren und Karl Martell. Diese großen, rechtsrheinischen Herzogtümer, welche die Schwäche des spätmerowingischen Frankenreiches zum konsequenten Ausbau ihrer eigenen Macht benutzten, hatten zwar einst mit der austrischen Adelsopposition gegen die Zentralgewalt gekämpft; jetzt aber, seit dem unaufhaltbar scheinenden Aufstieg von Arnulfingern und Pippiniden, erklärten sie, wohl den Königen, nicht aber dem Princeps Pippin II. Gehorsam zu schulden. Das galt besonders für den Alamannenherzog Gotefrid († 709), nach dessen Tod aber Pippin zwischen 709 und 712 in mehreren Feldzügen in Alamannien eingriff. Das Ergebnis dieser Interventionen war wohl die Unterwerfung des südlichen Teils des Herzogtums, also vor allem des Bodenseegebietes, unter fränkische Oberhoheit, während der Herzog im nördlichen Teil, d. h. im Bereich der Schwäbischen Alb- und im Neckarraum, die Herrschaft behielt. Ob damals eine grundlegende politische Umstrukturierung Alamanniens erfolgte, ist ungewiß, da Gotefrids ältester Sohn, Herzog Lantfrid, nach dem Tode des Princeps (714) sich wieder verselbständigte und sogar die »Lex Alamannorum« aus eigener Machtvollkommenheit neu fassen und verkünden ließ.[23] Lantfrids jüngere Brüder Theutbald und Odilo wurden mit Teilherrschaften im Bodenseegebiet und im Thurgau versorgt. Selbst unter Karl Martell war die Macht der alamannischen Herzogsfamilie noch nicht gebrochen.

---

[22] Althessen (wie II, 5b) mit Beiträgen von W. SCHLESINGER, H. AMENT, K. WEIDEMANN, R. GENSEN, N. WAND und F. SCHWIND; DEMANDT, Geschichte des Landes Hessen (wie I, 9); K. HEINEMEYER, Königshöfe und Königsgut im Raum Kassel, 1971; Hessen (wie II, 5b).

[23] Vgl. o. § 10a mit Anm. 13.

Ähnliches gilt für das agilolfingische Herzogtum in Bayern unter Theodo (ca. 680–725/28), dessen relative Unabhängigkeit vom Frankenreich wohl am größten war.[24] Zwar gab es im kirchlich-monastischen Bereich gerade in dieser Epoche mit Emmeram, Erhard, Rupert und Corbinian starke fränkische Einflüsse, hinter denen teilweise Pippin der Mittlere stand,[25] doch wäre es wohl verfehlt, politische und religiöse Entwicklungen einfach gleichzusetzen, mag auch deren Interdependenz bedeutend gewesen sein. Schon die engen Verbindungen Bayerns mit den Langobarden in dieser Epoche zeigen die politische Eigenständigkeit des Herzogtums, vor allem das agilolfingische Eingreifen in die langobardischen Thronfolgekämpfe seit 700, die mit dem Königtum Liutprands (712–744) endeten. Dieser heiratete Guntrud, die Tochter Theodos oder Theodeberts; das war wohl die Konsequenz aus der bayerischen Hilfe während des Kampfes um das Königtum.[26] Für die vorübergehende Unabhängigkeit Bayerns von der Zentralgewalt steht auch die Teilung des Herzogtums unter seine vier Söhne, die Theodo um 715/16, also vor seiner Romreise, durchgeführt haben dürfte, wobei er sich wohl eine Oberherrschaft vorbehielt. Es ist anzunehmen, daß die späteren kirchlichen Hauptorte Bayerns im Rahmen der bonifatianischen Kirchenreform von 739 zuvor schon die Herzogssitze der Söhne Theodos gewesen sind, nämlich Regensburg, Freising, Passau und Salzburg: doch ist nur für den Herzog Grimoald Freising als Residenz in der »Vita Corbiniani« Bischof Arbeos von Freising einwandfrei bezeugt.[27] Karl Martell konnte nach der Festigung seiner Herrschaft 725 einen ersten Feldzug nach Bayern unternehmen, wo ihm offenbar innere Streitigkeiten das Eingreifen erleichterten. Daß damit die Lage noch nicht endgültig zugunsten des Karolingers bereinigt war, beweist sein zweiter Feldzug im Jahre 728; vielleicht wurde damals die Freisinger Herzogsfamilie (Grimoald) beseitigt. Ob der nachfolgende Herzog Hucbert († um 736) ganz Bayern

---

[24] Vgl. o. § 10a mit Anm. 39ff.

[25] Vgl. u. § 15 mit Anm. 45ff.

[26] Vgl. o. § 10a mit Anm. 49 und J. JARNUT, Beiträge zu den fränkisch-bayerisch-langobardischen Beziehungen im 7. und 8. Jahrhundert (656–728), in: ZBLG 39, 1976, 331–352; REINDEL, Grundlegung (wie II, 5b), 156ff.; vgl. auch: Die transalpinen Verbindungen (wie § 7, Anm. 12).

[27] Arbeo, Vita Corbiniani (wie II, 4b), c. 15, 202–205, hier 203 und passim; Vita Corbiniani (wie II, 4b), 108–111; dazu REINDEL, Grundlegung (wie II, 5b), 161ff., über Theodos Nachfolge, die zahlreiche Probleme aufwirft.

beherrschte und ob er dies unter fränkischer Oberherrschaft tat, muß offenbleiben, doch war mit Karl Martell sicher eine Entwicklung eingeleitet, die in den nächsten Jahrzehnten zur völligen Integration Bayerns ins Karolingerreich führte.[28]

Pippin der Mittlere hatte sicher als erster Karolinger die faktische Macht inne: Zwar gab es noch nominelle Merowingerkönige, aber er regelte ihre Nachfolge und dachte selbst, wie die Herzöge, dynastisch. So beteiligte er seine beiden legitimen Söhne von Plektrud schon zu Lebzeiten an der Herrschaft: Grimoald bekam Neustrien zugeteilt, Drogo erhielt das neustroburgundische Teilreich als Unterherrschaft. Als Drogo schon 708 starb, bedeutete dies eine Erschütterung der karolingischen Position im Süden, die sowohl der *rector* und *patricius* der Provence, Antenor, als auch Herzog Eudo von Aquitanien zur Ausdehnung ihrer Machtbereiche nach Norden nutzten. Ob der Feldzug Pippins gegen Eudo (wohl 711/12) Erfolg hatte, ist ungewiß, doch spätestens 714 konnte der Aquitanier die Städte Poitiers, Bourges und Clermont seinem Herzogtum einverleiben.[29] Grimoald hatte Neustrien fest in seiner Hand, aber als er im April 714, auf dem Wege zum Sterbebett seines Vaters, in der Lütticher Lambertuskirche von einem Friesen ermordet wurde, gerieten auch im Westen die Dinge ins Schwanken. Es sollte sich als ein Fehlgriff erweisen, daß Pippin damals, wohl unter Plektruds Einfluß, Drogos erwachsenen Sohn Arnulf überging und den unmündigen Theudoald, den Sohn Grimoalds, als Nachfolger im Hausmeieramt vorsah, für den die energische Plektrud die Herrschaft bis zu dessen Volljährigkeit ausüben sollte. Als aber Pippin II. am 16. Dezember 714 starb, scheiterte der Versuch seiner Witwe, die Nachfolge in ihrem Sinne durchzusetzen, sowohl am Widerstand der Neustrier als auch am unerwartet energischen Handeln ihres Stiefsohns Karl Martell, dem Sohn Chalpaidas. Diese war entweder eine Friedelfrau (Konkubine) Pippins oder dessen legitime Gattin in zweiter Ehe. Träfe letzteres zu, wäre dies eine Erklärung dafür, daß Karl Martell innerhalb weniger Jahre die karolingische Herrschaft endgültig auf feste Füße stellen konnte. Die Provence, die entgegen älterer Auffassung teilweise schon im 7. Jh. ihre spätantike Gesellschaftsstruktur verlor, war seit dem Niedergang der

---

[28] Karl Martell (wie § 9, Anm. 4).
[29] ROUCHE, L'Aquitaine (wie II, 5b), 104ff.

merowingischen Königsherrschaft ebenfalls politisch eigene Wege gegangen, und zwar unter einer Familie, die am Hofe Dagoberts I. großen Einfluß erlangt hatte. Erst unter Karl Martell gelang die endgültige Reintegration des Rhôneraumes in den fränkisch-karolingischen Reichsverband.[30]

C. Die Kirche zwischen Spätantike und Frühmittelalter

§ 13 Die Bistümer

a) Anfänge und Stagnation

Die konstante, verändernde wie bewegende Kraft und eine unabdingbare Voraussetzung für die europäische Völkerwelt wurde das Christentum in seiner geschichtlichen Gestalt, der Kirche, wie sie sich seit Jahrhunderten erst abseits oder gar gegen den Staat und dann im engen Verbund mit ihm in der Spätantike als Reichskirche entwickelt hatte.[1] Von ihr, die sich seit der konstantinischen Wende organisato-

---

[30] Gegen BUCHNER, Provence (wie II, 5b), 23f. und 98f., mit Recht GEARY, Aristocracy (wie § 1, Anm. 53); W. JOCH, Karl Martell – ein minderberechtigter Erbe Pippins?, in: Karl Martell (wie § 9, Anm. 4), 149–169; DERS., Legitimität und Integration. Untersuchungen zu den Anfängen Karl Martells, 1999.

[1] K. ALAND, Geschichte der Christenheit, Bd. 1–2, 1980, 1982, Bd. 1: Von den Anfängen bis an die Schwelle der Reformation; Inscriptiones Latinae Christianae Veteres, Hg. E. DIEHL, Bd. 1–3, 1925–1931, [2]1961. – Stark auf die Ostkirche konzentriert ist die auf 14 Bände angelegte Geschichte des Christentums (wie I, 10b) (frz.: Histoire du christianisme des origines à nos jours, Hg. J.-M. MAYEUR u. a., Bd. 1–14, 1990–2001), Bd. 4: Bischöfe, Mönche und Kaiser (642–1054), Hg. E. BOSHOF, 1994. – H. LIETZMANN, Geschichte der alten Kirche, Bd. 1–4, [3]1961, Bd. 3–4; J. DANIELOU u. a., Geschichte der Kirche, Bd. 1–5, 1963–1977, Bd. 1, bes. 237ff.; C. ANDRESEN, Die Kirche der alten Christenheit, 1971; LORENZ, Jahrhundert; Kirchengeschichte als Missionsgeschichte (beide wie II, 5a), Bd. 1; HAENDLER, Die abendländische Kirche (wie § 1, Anm. 46); gute Zusammenfassung: SCHIEFFER, Reichskirche (wie § 5, Anm. 15), bes. 79; WALLACE-HADRILL, Frankish Church (wie II, 5a); vgl. insgesamt DW (wie I, 1b), Abschnitt 42, Nr. 2151ff. – Zur allgemeinen Entwicklung vgl. F. LOT, La fin du monde antique et le début du Moyen Âge, [2]1951; JONES, Empire (wie § 1, Anm. 15); BAUS u. a., Die Kirche von Nikaia (wie II, 5a); W. H. C. FREND, The Rise of Christianity, 1984; MACMULLEN, Christianizing (wie § 1, Anm. 46); DERS., Christianity and Paganism in the 4th to 8th Century, 1997; MATTHEWS, Roman Empire (wie § 5, Anm. 1); R. A. MARKUS, The End of Ancient Christianity, 1990; J. KREMER, Studien zum frühen Christentum in Niedergermanien, 1993; Das Entstehen, Hg.

risch eng an die diokletianische Reichsstruktur angeschlossen hatte und deren Häupter die Bischöfe in den Civitates waren, ging sowohl die Christianisierung des flachen Landes innerhalb des Imperiums aus als auch die missionarische Arbeit unter den germanischen und slawischen Völkern auf dem wie außerhalb des Reichsbodens. Noch ehe sich Germanen und Slawen in Teilbereichen des Imperiums endgültig festsetzen konnten, hatte sich die Kirche zum einen vom regionalen »jüdischen Mutterboden« gelöst und zum anderen innerhalb der hellenistisch-römischen Hochkultur und teilweise mit deren philosophischem Rüstzeug nach schweren dogmatischen Auseinandersetzungen ein eigenes Lehrgebäude errichtet.[2] Das entscheidende 4. und die erste Hälfte des 5. Jhs. brachten mit den großen Reichskonzilien[3] trotz immer wieder auftretender Spaltungen die organisatorisch und dogmatisch gefestigte Einheit der Kirche, die nicht zuletzt auch ein Werk der Kaiser seit Konstantin dem Großen gewesen ist. Gleichzeitig stabilisierte sich die Rolle der Kirche im Staate. Die Bischöfe wurden auch politische Funktionsträger, Staat und Kirche wuchsen schon in der Spätantike auf vielen Ebenen zusammen, und im 5. Jh. blieb die Kirchenorganisation in weiten Regionen des Imperiums der einzige Teil römischer Verwaltung, der sich auch unter den radikal veränderten Verhältnissen der Völkerwanderungsepoche behaupten konnte. Es waren vor allem die *Bistümer*, die trotz regionaler substantieller Einbußen das stärkste Kontinuitätselement zwischen Antike und Mittel-

PIETRI (wie § 1, Anm. 46); K. SCHÄFERDIEK, Schwellenzeit. Beiträge zur Geschichte des Christentums in Spätantike und Frühmittelalter, 1996; J. C. PICARD, Évêques, saints et cités en Italie et en Gaule, 1998; Les premiers monuments chrétiens de la France, Hg. N. DUVAL, Bd. 1–3, 1995–1998, Bd. 1: Sud-Est et Corse; DASSMANN, Die Anfänge (wie § 1, Anm. 46); Die Kirche (wie § 5, Anm. 14); SCHWEIZER, Hierarchie und Organisation (wie § 1, Anm. 46). – Hilfreich für die Geschichte der Alten Kirche: Encyclopedia of the Early Church, Hg. A. DI BERARDINO, Bd. 1–2, 1992.

[2] SCHIEFFER, Reichskirche (wie § 5, Anm. 15) (Zitat 79); Ökumenische Kirchengeschichte (wie § 1, Anm. 46), Bd. 1: Alte Kirche und Ostkirche. Zum geistigen Wandel: M. FUHRMANN, Die Romidee der Spätantike, in: HZ 207, 1968, 529–561, und bes. DERS., Rom (wie § 1, Anm. 39). Vgl. auch J. CHELINI, L'aube du moyen âge: Naissance de la chrétienté occidentale, 1991. – Über den Sieg des Christentums darf man aber nicht das starke Fortleben antiker, auch erotischer Mythen in der Kunst und Wohnkultur übersehen. S. MUTH, Eine Kultur zwischen Veränderung und Stagnation, in: Epochenwandel? (wie § 1, Anm. 60), 95–116.

[3] H. J. SIEBEN, Die Konzilsidee der Alten Kirche, 1979; Konziliengeschichte, Hg. W. BRANDMÜLLER, 1979ff.; Konziliengeschichte des ersten Jahrtausends, Hg. J. WOHLMUTH, [2]1998.

alter wurden. Seit das Christentum in den spätantiken Civitates die vorherrschende und dann auch die alleinige Religion geworden war, kam es zu Wechselwirkungen zwischen Herrschaft und Kult, die dem Bischof von Anfang an eine Sonderstellung im städtischen Leben sicherten.[4] Äußeres Zeichen dieser Entwicklung war in der Regel, daß das Patrozinium einer Kirche – entweder der Bischofskirche selbst oder einer Kirche mit Märtyrergrab – zu einem sakralen Stadtpatronat wurde: Der heiligmäßige Stadtpatron wurde gleichsam der geistliche Schutz- und Stadtherr, ein Phänomen, das es schon in der paganen Stadtkultur gegeben hatte. Durch den Heiligen und Patronus, etwa St. Petronius in Bologna oder St. Eucharius in Trier, legitimierte sich auch die Stadtherrschaft des Bischofs, weil letzterer für dessen Kult verantwortlich war und damit zum Mittler zwischen dem Schutzheiligen und der Civitas wurde.[5] Hatte aber eine Stadt keinen originären Heiligen oder Blutzeugen der Verfolgungszeit, dann mußte auf andere Weise Ersatz geschaffen werden. Nach dem Vorbild des offiziellen Kaiserempfangs (*adventus*) suchte man von anderen Orten wirkkräftige Reliquien in die Stadt einzuholen und einen eigenen Stadtheiligenkult ins Leben zu rufen: so im 4. Jh. die Bischöfe Victricius in Rouen und besonders Ambrosius mit der Erhebung der Reliquien von Gervasius und Protasius in Mailand.[6] Seit dem 4. Jh. signalisierten die

---

[4] LORENZ, Jahrhundert (wie II, 5a), und SCHIEFFER, Reichskirche (wie § 5, Anm. 15); H. H. ANTON, Kaiserliches Selbstverständnis in der Religionsgesetzgebung der Spätantike, in: ZKG 88, 1977, 38–84; BEISEL, Studien (wie § 6, Anm. 1).

[5] ORSELLI, L'immaginario (wie II, 5a), bes. 413ff. und Einleitung, XII; HEINEN, Trier (wie II, 5b), 282ff. und 327ff.

[6] S. MCCORMACK, Change and Continuity in Late Antiquity. The Ceremony of »Adventus«, in: Historia 21, 1972, 721–752, bes. 748ff.; N. GUSSONE, Adventus-Zeremoniell und Translatio von Reliquien, Victricius von Rouen, in: FMASt 10, 1976, 125–133; PIETRI, La ville (wie § 1, Anm. 14). Zur Problematik der Reliquienverehrung: K. SCHREINER, Discrimen veri ac falsi. Ansätze und Formen der Kritik in der Heiligen- und Reliquienverehrung des Mittelalters, in: AKG 48, 1966, 1–53; DERS., Zum Wahrheitsverständnis im Heiligen- und Reliquienwesen des Mittelalters, in: Saeculum 17, 1966, 131–169; zur Problematik des Reliquiendiebstahls speziell: P. J. GEARY, Furta Sacra. Thefts of Relics in the Central Middle Ages, ^{2}1990; vgl. auch allgemein: M. VAN UYTFANGHE, Art. »Heiligenverehrung II« (Hagiographie), in: RAC 14, 1988, 150–183; A. ANGENENDT, Heilige und Reliquien. Die Geschichte ihres Kultes vom frühen Christentum bis zur Gegenwart, 1994. Vgl. auch A. LEGNER, Reliquien in Kunst und Kult, 1995; L. SCHMUGGE, Die Anfänge des organisierten Pilgerverkehrs im Mittelalter, in: QFIAB 64, 1984, 1–83; L. CARLEN, Wallfahrt und Recht im Abendland, 1987. – Zu topo-

feierlichen Reliquientranslationen und -erhebungen zugleich die Entstehung einer christlichen Elite von Bischöfen. Sehr deutlich wird der Zusammenhang zwischen politischer und kirchlicher Macht bei Papst Damasus I. (366–384), der in den Katakomben Roms nicht nur Märtyrergräber entdeckte, sondern sich überdies auch der persönlichen Verwandtschaft mit diesen Glaubenszeugen rühmen konnte. Das spätantike und merowingische Gallien bietet eine Fülle ähnlicher Belege. Die Verchristlichung der spätantiken Städte läßt sich auch an der steigenden Zahl paganer Tempel ablesen, die zu Kirchen umgewidmet bzw. umgebaut wurden. Im lateinischen Westen erreichte diese Entwicklung ihren Höhepunkt im 6. Jahrhundert.[7]

Für die bischöfliche Stadtherrschaft der Spätantike wie des Frühmittelalters bedeutete die Einholung und feierliche Erhebung von Reliquien zugleich die festliche religiöse Integration (*concordia*, *consensus*) der gesamten Stadtbevölkerung in all ihren ständischen Gliederungen in die kirchliche Stadtherrschaft.[8] Die Kehrseite dieser christlichen Sozialisation der städtischen Bevölkerung durch den bischöflich geförderten Heiligenkult in ihren Mauern war allerdings, daß das Christentum lange Zeit eine städtische, von der Oberschicht maßgeblich getragene Religion gewesen ist und daß erst das frühmittelalterliche Mönchtum missionarisch das flache Land durchdrungen hat. Die christliche Sozialisation der städtischen Bevölkerung in der Spätantike gewann an Kraft und zwingender Gewalt, seit Kaiser Konstantin der Große die Bischöfe auch für staatliche Aufgaben heranzog

---

graphischen und siedlungsgeschichtlichen Fragen des Heiligenkults: L. REEKMANS, Siedlungsbildung bei spätantiken Wallfahrtsstätten, in: Pietas (wie § 4, Anm. 48), 325–355.

[7] R. KRAUTHEIMER, Three Christian Capitals: Topography and Politics, 1983; PIETRI, Roma christiana (wie § 6, Anm. 22); BROWN, The Cult (wie II, 5a), 94f. Vgl. hierzu weiter unten in § 13a mit Anm. 42. – Zu Gallien: HEINZELMANN, Bischofsherrschaft (wie II, 5a); R. KAISER, Bistumsgründungen im 6. Jahrhundert, in: Beiträge zur Geschichte des Regnum Francorum (wie § 6, Anm. 1), 9–35. – Zum Funktionswechsel von Tempeln: F. W. DEICHMANN, Frühchristliche Kirchen in antiken Heiligtümern, in: Jahrbuch des Deutschen Archäologischen Instituts 54, 1939, 105–136.

[8] DELEHAYE, Sanctus (wie § 1, Anm. 12); Aspekte frühchristlicher Heiligenverehrung, Hg. F. VON LILIENFELD u. a., 1977; BROWN, The Cult (wie II, 5a), 8ff., 94f., 99ff. und 124. Zum politischen Aspekt: R. SCHIEFFER, Der Bischof zwischen Civitas und Königshof (4.–9. Jahrhundert), in: Der Bischof in seiner Zeit (Fs. J. Höffner), Hg. P. BERGLAR u. a., 1986, 17–39; S. BAUMGART, Die Bischofsherrschaft im Gallien des 5. Jahrhunderts, 1995; PICARD, Évêques (wie Anm. 1).

und damit der *episcopus* eine zunehmend politische Figur der Gesellschaft wurde. Nunmehr konnte in weit effektiverer Weise gegen das Heidentum wie gegen Häretiker und Juden vorgegangen werden. Gleichzeitig gewann der Klerikerstand insgesamt eine feste Struktur und hierarchische Formen. So bildete sich bereits in der Spätantike ansatzweise eine erstaunliche geistlich-politische Vollgewalt heraus, die sich unter gewandelten Rahmenbedingungen auch im Merowingerreich fortsetzte[9] und von den Karolingern erfolgreich in ihr Herrschaftssystem integriert wurde.[10]

Heiligengräber, *loca sancta*, sind seit der christlichen Spätantike nicht mehr Privatsache einer Familie, sondern öffentliche Kultorte, ganz gleich, ob sie innerhalb oder außerhalb der Stadt lagen; letzteres gilt für das Petrusgrab beim Vatikanischen Hügel ebenso wie für das Grab des heiligen Martin außerhalb der Mauern der alten Civitas Tours. Man sieht wohl zu Recht in der bischöflichen Herrschaft über Heiligengräber einen Grund für den politischen Aufstieg der kirchlichen Hierarchie im Westen, während der byzantinische Osten diese Entwicklung nicht mitvollzog. Hält man sich dies vor Augen, dann gewinnt auch die topographische Umpolung der spätantiken Civitas zur frühmittelalterlichen Bischofsstadt mit der Schwerpunktverlagerung von den alten munizipialen Repräsentationszentren auf die Heiligen- und Märtyrerkirchen im engeren und weiteren Bereich der Ci-

---

[9] K. L. NOETHLICHS, Die gesetzgeberischen Maßnahmen der christlichen Kaiser des 4. Jahrhunderts gegen Häretiker, Heiden und Juden, 1971; DERS., Zur Einflußnahme des Staates auf die Entwicklung eines christlichen Klerikerstandes (4. und 5. Jahrhundert), in: JAC 15, 1972, 136–154; DERS., Zur Entstehung der Diözesen als Mittelinstanz des spätrömischen Verwaltungssystems, in: Historia 31, 1982, 70–81; DERS., Materialien zum Bischofsbild aus den spätantiken Rechtsquellen, in: JAC 16, 1973, 28–59; DERS., Anspruch und Wirklichkeit. Fehlverhalten und Amtspflichtverletzungen des christlichen Klerus anhand der Konzilsakten des 4.–8. Jahrhunderts, in: ZRG KA 76, 1990, 1–61; PRINZ, Stadtherrschaft (wie II, 5a); REBENICH, Wohltäter (wie § 5, Anm. 61), 28; dort auch der wichtige Hinweis auf das frühe Auftreten kirchlichen Ämterkaufs. Grundlegend: DERS., Hieronymus und sein Kreis, 1992; T. D. BARNES, Statistics and the Conversion of the Roman Aristocracy, in: Journal of Roman Studies 85, 1995, 135–147. Vgl. allgemein: E. HERRMANN-OTTO, Ecclesia in Re publica. Die Entwicklung der Kirche von pseudostaatlicher zu staatlich inkorporierter Existenz, 1980; W. ECK, Der Einfluß der konstantinischen Wende auf die Auswahl der Bischöfe im 4. und 5. Jahrhundert, in: Chiron 8, 1978, 561–585; G. SCHEIBELREITER, Der Bischof in merowingischer Zeit, 1983; W. LIEBESCHUETZ, Bishops and Barbarians, 1990.

[10] PRINZ, Klerus (wie II, 5a); M. KLOFT, Oratores vestri monent. Das Bischofsamt des karolingischen Reiches im Spiegel juristischer und theologischer Texte, 1994.

vitates eine gleichermaßen spirituelle wie kirchenpolitisch-herrschaftliche Bedeutung: Die *loca sanctorum* sind im einen wie im anderen Sinne die dauerhafteste Verankerung bischöflicher Herrschaft in der und über die Stadt und über deren Umland. Die Bischofsherrschaft der alten, zumeist senatorialen Oberschicht erfährt durch den aristokratischen Episcopus, der zumeist den Kult eines oder mehrerer Stadtheiliger ins Leben rief und jährlich mit der gesamten Bevölkerung feierte, eine religiöse Vertiefung von starker Intensität. Man könnte auch sagen, daß das Christentum auf dem Umweg über die im Heiligenkult legitimierte bischöfliche Stadtherrschaft zu jener Sakralisierung politischer Herrschaft gelangte, die es einst, als ursprünglich staatsfremde oder gar staatsfeindliche Religion, dem heidnischen Kaisertum und seinen Kultformen radikal abgesprochen hatte. Die bischöfliche Stadtherrschaft – mental verankert im urbanen Heiligenkult und zumeist in der Hand des Adels – war somit ein wirksames Kontinuum zwischen christlicher Antike und Mittelalter und wurde in dieser dauerhaften, religiösen wie politisch-herrschaftlichen Struktur ein wesentliches Charakteristikum der mittelalterlichen Welt.

Angesichts der Wirksamkeit bischöflicher Stadtherrschaft ist es eine zweitrangige Streitfrage, ob sie bereits von den spätantiken Kaisern an die Bischöfe »delegiert« oder ob sie zwischen Spätantike und Merowingerzeit in quasi herrschaftsfreien Räumen vom Episkopat »usurpiert« worden ist; dabei macht die Not der Völkerwanderungsepoche, die den militärischen Schutz der Städte einfach erzwang, den Begriff der »Usurpation« staatlicher Rechte durch den Episkopat ohnehin fragwürdig. Auf jeden Fall aber ist die Kirchenorganisation nicht nur Erbe der Antike gewesen, sondern, weit in die Zukunft des Mittelalters hineinwirkend, ebenso das Organisationsmuster der politischen Herrschaft geworden, so daß man für die Epoche zwischen Spätantike und Frühmittelalter von »monarchischem Episkopat« sprechen kann. Vieles, was man bislang nur germanischer Tradition zugeschrieben hat, geht viel eher auf das prägende Vorbild der Kirche zurück, etwa das Mitspracherecht des Adels an politischen Entscheidungen und dessen Integration in die karolingische Königsherrschaft. Daß der hohe Klerus des Früh- und Hochmittelalters sich überwiegend aus dem Adel rekrutierte, hat sicherlich die Übernahme kirchlicher Organisationsformen in den weltlichen Herrschaftsaufbau gefördert und zu jener engen Verzahnung von weltlicher und geistlicher

Sphäre beigetragen, die ein Wesensmerkmal des Mittelalters schlechthin geworden ist.[11] – Zum Charakter speziell des Frühmittelalters gehört auch der Einfluß des Alten Testaments auf Recht und Kirche; es war eine Art »Wahlverwandtschaft« zweier weithin archaischer Gesellschaften, die hier wirksam wurde und die bis in die Thematik der Kunst spürbar ist, etwa bei der häufigen Darstellung des Priesterkönigs Melchisedech, der Kult und Herrschaft in einer Person beispielhaft vereinigt.[12]

Das Netz der Bistümer Galliens und des Frankenreiches baute sich seit dem 2. Jh. n. Chr. im Zuge des großen, alten Kulturstromes vom Mittelmeer her rhôneaufwärts ins Landesinnere Galliens auf. Gab es bis in die Epoche vor Konstantin dem Großen etwa 25 bis 28 Bischofssitze, so steigerte sich deren Zahl bis um 400 auf mehr als 100.[13] Für Süddeutschland, speziell für Bayern, wurde auch der Ausbreitungsweg über Italien wichtig.[14] Lyon scheint ein erster kirchlicher Stützpunkt seit etwa 170 gewesen zu sein, um 200 weiß Bischof Irenäus von Lyon schon von Kirchen in der Germania superior, also in Obergermanien, zu berichten. Da sich jedoch diese römische Provinz bis in die Nähe von Lyon erstreckte, wird man daraus keine allzu weitreichenden Schlüsse für eine frühe Berührung des Christentums mit der germanischen Welt ziehen dürfen. Der Rhôneraum wies wahrscheinlich schon im 2. Jh. drei Bistumsgründungen auf: neben Lyon waren dies Marseille und Vienne. Im 3. Jh. folgten Arles, Toulouse

---

[11] Zu dieser Streitfrage zuletzt: F. PRINZ, Herrschaftsformen der Kirche vom Ausgang der Spätantike bis zum Ende der Karolingerzeit, in: Herrschaft und Kirche (wie II, 5c), 2–22. Umstritten ist die These von DURLIAT, Les finances (wie § 5, Anm. 56), daß es unter bischöflicher Leitung eine Fortdauer der spätantiken Kurialenverwaltung in der Hand der *principales* und *primates* gegeben habe.

[12] HANNIG, Consensus fidelium (wie II, 5a). Parallel dazu muß man das Vasallitätsverhältnis weniger von einem postulierten speziell »germanischen« Treuebegriff ableiten als von kirchlichen Gehorsamsvorstellungen: F. GRAUS, Über die sogenannte germanische Treue, in: Historica 1, 1959, 71–121. – Zum AT vgl. R. KOTTJE, Studien zum Einfluß des Alten Testamentes auf Recht und Liturgie des früheren Mittelalters, [2]1970.

[13] Immer noch unentbehrlich: DUCHESNE, Fastes épiscopaux (wie II, 4a); DERS., L'église au VIe siècle, 1925; GRIFFE, La Gaule (wie § 1, Anm. 15); zuletzt zusammenfassend: DEMOUGEOT, »Gallia I« (wie § 5, Anm. 3), bes. 891 ff.; PONTAL, Synoden (wie II, 5a).

[14] Beste Zusammenfassung: REINDEL, Grundlegung (wie II, 5b), 178–233; für den alamannischen Bereich: MOOSBRUGGER-LEU, Schweiz (wie II, 5b). – Zur Kontinuitätsproblematik südlich der Donau s. o. § 5 mit Anm. 72f.

und Narbonne, in Aquitanien Poitiers, Bordeaux, Saintes, Limoges und Clermont, in der Gallia Lugdunensis Tours, Autun, Auxerre, Rouen und Paris, in der Provincia Belgica Reims und Trier; in den beiden germanischen Reichsprovinzen am Rhein entstanden im 4. Jh. Tongern, Köln und Mainz; in der Belgica prima Metz, Verdun und wohl auch Toul. Die Bedeutung der Trierer Kirchengemeinde ergab sich aus der Stellung der Moselstadt als spätantiker Kaiserresidenz.[15] In Köln ist 313 Maternus als Bischof nachweisbar, in Tongern um die Mitte des 4. Jhs. der Bischof Servatius.[16] Bischof Hilarius von Poitiers widmete 358/59 seine Schrift über die Synoden u. a. den Bischöfen der Germania secunda, deren Metropole Mainz war.[17]

Seit der Zeit Konstantins des Großen entwickelte auch das Christentum Galliens eine feste Organisation, die sich eng an die diokletianische Reichseinteilung anschloß. Der Einfluß der gallischen Bistümer erhellt aus den dogmatischen Lehrstreitigkeiten des 4. Jahrhunderts. Kaiser Konstantin der Große berief 313 Bischof Maternus von Köln in ein Gremium zur Beilegung des nordafrikanischen Donatistenstreits. Eine radikale Strömung in der Kirche lehnte dort jede Nachgiebigkeit ab und verurteilte strikt jedes Versagen von Christen während der diokletianischen Verfolgungen und bestritt daher auch die Gültigkeit der Sakramente unwürdiger Priester. Auch soziale Probleme spielten in der donatistischen Kirche eine starke Rolle. Maternus und Agricius von Trier unterschrieben das Schlußprotokoll der Arler Synode von 314, auf der die donatistischen Streitigkeiten abge-

---

[15] EWIG, Trier; HEINEN, Trier; ANTON, Trier (alle wie II, 5b); neuer: HEINEN, Frühchristliches Trier (wie § 5, Anm. 68); KREMER, Studien (wie Anm. 1). – Zur Archäologie des Christentums in Trier und am Mittelrhein: E. GOSE, Katalog der frühchristlichen Inschriften in Trier, 1958; K. KRÄMER, Die frühchristlichen Grabinschriften Triers, 1974; W. BOPPART, Die frühchristlichen Inschriften des Mittelrheingebiets, 1971; vgl. N. GAUTHIER, Première Belgique, 1975; F. G. HIRSCHMANN, Verdun im hohen Mittelalter, 3 Tle., 1996, 43; G. BÖNNEN, Die Reichsstadt Toul und ihr Umland während des hohen und späten Mittelalters, 1995, 92ff.

[16] Das Bistum Köln von den Anfängen bis zum Ende des 12. Jahrhunderts, Hg. E. HEGEL, neu hg. von F. W. OEDIGER, ^{2}1972; E. EWIG, Das Bistum Köln im Frühmittelalter, in: DERS., Gallien (wie II, 5a), Bd. 2, 91–125; O. DOPPELFELD, Köln von der Spätantike bis zur Karolingerzeit, in: Vor- und Frühformen (wie II, 5c), Bd. 1, 110–129.

[17] WEIDEMANN, Topographie (wie § 5, Anm. 45); HEINEMEYER, Erzbistum Mainz (wie § 5, Anm. 45). Beste Darstellungen der Geschichte der spätantiken Rheinlande: VON PETRIKOVITS, Altertum (wie § 5, Anm. 2), und EWIG, Frühes Mittelalter (wie II, 5 b).

schlossen wurden. In der folgenden Periode dogmatischer Auseinandersetzungen um die Lehre des Arius, bei der es um die Gottähnlichkeit Christi (Arianer) oder um dessen Gottgleichheit (Katholiken) ging, stand Bischof Maximin von Trier auf seiten der Konzilsbeschlüsse von Nicäa; er veranlaßte bei Kaiser Constans die Berufung der Synode von Sardica (342/43). Nicänisch waren auch Bischof Euphrates von Köln und Bischof Servatius von Tongern. Die Verfolgung der gnostisch-mystischen Sekte Priscillians († 385), des Bischofs von Avila, die sich besonders in Westgallien und Spanien ausgebreitet hatte, nahm 384/85, gegen den Widerstand Martins von Tours, von der kaiserlichen Residenz- und Bischofsstadt Trier ihren Ausgang. Nach einem fragwürdigen Prozeß, den sowohl Ambrosius von Mailand (ca. 339–397) als auch Papst Siricius († 399) mißbilligten, wurde Priscillian in der Kaiserstadt 385 hingerichtet. Auch wenn Trier im 4. und teilweise auch im 5. Jh. eine gewisse kirchliche Führungsrolle als Kaiserresidenz hatte, darf doch hier, wie überall in der »Germania romana«, die lange und oft kraftvolle Fortdauer des Heidentums in lokalen Kulten (Matronenkult) nicht übersehen werden. Mission betraf also nicht nur die germanischen oder germanisierten Siedlungsgebiete.[18]

Die fränkische Eroberung und Reichsgründung brachte Gallien tiefgreifende Veränderungen, wobei die Kirche sowohl in ihrer Substanz wie in ihrer Organisation beträchtliche Einbußen durch das heidnische Frankentum erlitt. Diese waren um so schwerwiegender, als sich der Paganismus in gallorömischer, vorfränkischer Zeit außerhalb der Städte noch am Leben gehalten hatte, wie gerade auch die Missionsarbeit Martins von Tours zeigt. Zwar begann mit der Taufe Chlodwigs die Christianisierung der Franken zwischen Loire und Rhein, aber dieser Vorgang erstreckte sich bis tief ins 7. Jh. und konnte vorerst die erlittenen Verluste und Rückschläge in der kirchlichen Entwicklung Galliens nicht ausgleichen. Kennzeichnend für diesen

---

[18] Vgl. von Petrikovits, »Germania (Romana)« (wie § 5, Anm. 2) (mit Literatur); über das Fortleben des Heidentums in der »Germania romana« siehe: ebd., 608–620; Demougeot, »Gallia I« (wie § 5, Anm. 3); Demandt, Spätantike (wie II, 5a), 414–430; Anton, Trier (wie II, 5b), 79 ff. – Zu Martins Haltung: F. Prinz, Der Testfall: Das Kirchenverständnis Bischof Martins von Tours und die Verfolgung der Priscillianer, in: Hagiographica 3, 1996, 1–13. Zur kaiserlichen Instrumentalisierung der Kirche: Noethlichs, Einflußnahme; Ders., Materialien (beide wie Anm. 9).

krisenhaften Übergang des Christentums in eine überwiegend germanisch bestimmte Herrschaftsbildung sind sowohl das Abbrechen von Bischofslisten zwischen 450 und 550 als auch die Bistumsverlegungen des 5. und 6. Jahrhunderts. Der Bischofssitz von Tournai wurde nach Noyon, der von Tongern nach Maastricht zurückgezogen; das Bistum Arras vereinigte sich mit dem von Cambrai, welches seinerseits die Nachfolge von Bavai angetreten hatte. Straßburg, Speyer und Worms erschienen erst wieder auf dem Konzil von Paris (614), die Bischöfe von Köln und Mainz werden erstmals wieder von Venantius Fortunatus († 601) erwähnt.[19] Zwar sind die Bischofslisten der Germania romana erst in Handschriften des 9. bis 13. Jhs. überliefert, doch erlauben archäologische Zeugnisse sowie Konzilsakten mit Namens- und Ortsnennungen der Teilnehmer und ebenso Urkunden eine Kontrolle. In Trier sind als erste Bischöfe Eucharius und Valerius bezeugt, die sehr wahrscheinlich in der zweiten Hälfte des 3. Jhs. lebten. Gesichert ist für 314 der schon erwähnte Bischof Agricius. Haben sowohl Trier wie Reims eine ununterbrochene Bischofsfolge für die Belgica I I und II aufzuweisen, so finden sich in Tongern und auf der Rheinlinie von Köln bis Mainz und Worms Lücken in der Bischofsreihe, wobei die beiden letzteren wohl erst nach 342/43, d. h. nach der Synode von Sardica (Sofia), Bistümer erhielten; dort wurde beschlossen, daß jede Civitas ein Bischofssitz sein solle.

Tongern dürfte von Bischof Maternus von Köln gegründet worden sein, da Servatius von Tongern schon an der Synode von Sardica teilnahm. Die Verlegung des Bistums nach Maastricht erfolgte aber nicht unter ihm. Über eine Bistumsorganisation, die über den jeweiligen Stadtbereich hinausging, wird man sich keine übertriebenen Vorstellungen machen dürfen. Selbst im Trierer Land war sie eher rudimentär, obwohl hier die Voraussetzungen noch am günstigsten gewesen sein mögen.[20] Um so erstaunlicher ist es daher, daß sogar in der schwersten Krise der mosselländischen Metropole um die Mitte des 5. Jhs. die Trierer Bischöfe eine bedeutende Rolle spielten.[21] Das

---

[19] VON PETRIKOVITS, Altertum (wie § 5, Anm. 2), 302ff. und 343ff. (Literatur); W. A. VAN ES, De Romeinen in Nederland, 1972; R. DE MAEYER, Art. »Belgien«, in: RAC 2, 1954, 118–125, und DEMOUGEOT, »Gallia I« (wie § 5, Anm. 3). Allgemein: MARKUS, The End (wie Anm. 1).

[20] PAULY, Siedlung (wie I, 9).

[21] ANTON, Trier (wie II, 5b), 65–85.

gilt bereits für Mauricius, den Nachfolger des Bischofs Felix, der in einem Brief des Papstes Bonifatius I. (418–432), bei dem es um den Primat der Arler Kirche ging, als alleiniger Adressat außer den unmittelbar Betroffenen genannt wird.[22] Seinen Nachfolger Leontius (um 419–445/46) ernannte Papst Leo der Große 445 zum Ehrensenator der gallischen Kirche mit dem Vorsitz bei allen gallischen Synoden. Leontius wurde auch in die schweren Auseinandersetzungen der gallischen Kirche zwischen dem Metropoliten Hilarius von Arles und Chelidonius von Besançon verwickelt.[23] Sein Nachfolger Severus (etwa 445/46–um 450) stand mit dem vom Inselkloster Lérins geprägten Episkopat Galliens in enger Verbindung, nämlich mit Bischof Germanus von Auxerre und Bischof Lupus von Troyes, dessen Schüler er war.[24] Zusammen mit Germanus und Lupus nahm Severus an einer Missionsfahrt nach Britannien 446/47 teil, die der Bekämpfung der pelagianischen Häresie galt. Der Pelagianismus war eine weitverbreitete theologische Richtung, die – anders als der radikale Kirchenvater Augustinus – die Willensfreiheit des Menschen verteidigte. Auch bei den *gentes* der beiden germanischen Provinzen, also bei Franken und Alamannen, war Bischof Severus als Missionsprediger tätig, womit er den Trierer Sprengel, der in der Belgica I lag, zu Untermosel und Mittelrhein erweiterte.[25] Die Nachfolger des Severus, Cyrillus, Jamblychus und Miletus, sind wegen ihrer griechisch-orientalischen Namen auffällig; man hat deshalb ihre Herkunft aus dem Rhône-Raum angenommen. Cyrillus ließ zu Beginn der zweiten Hälfte des 5. Jhs. für die ersten Trierer Bischöfe Eucharius und Valerius jene Inschrift anbringen, die deren Kult erstmals bezeugt. Jamblychus, sein Nachfolger, der ebenfalls mit Lupus von Troyes in Verbindung

---

[22] E. BOSHOF, Die Rombeziehung der Trierer Kirche im 4. und beginnenden 5. Jahrhundert, in: AHC 1/2, 1972, 82–108, hier 104f.

[23] ANTON, Trier (wie II, 5b), 81f. mit Anm. 172; anders: BOSHOF, Rombeziehung (wie Anm. 22), 107.

[24] PRINZ, Mönchtum (wie II, 5a), 51f., 198f. und 636 mit Anm. 6. Da nach HEINZELMANN, Bischofsherrschaft (wie II, 5a), 110, die Vita des B. Lupus von Troyes im wesentlichen zuverlässig ist, kann auch nicht an der dort bezeugten Verbindung Severus – Lupus gezweifelt werden. N. GAUTHIER, L'évangélisation des pays de la Moselle, 1980, 130f.; E. EWIG, Von der Kaiserstadt zur Bischofsstadt, in: DERS., Gallien (wie II, 5a), Bd. 1, 33–50, bes. 45ff.

[25] EWIG, Trier (wie II, 5b), 43f. und 47f. (mit Anm. 172). – Zu Trier H. H. ANTON, Verfassungsgeschichtliche Kontinuität und Wandlungen von der Spätantike zum hohen Mittelalter: das Beispiel Trier, in: Francia 14, 1986, 1–25.

stand, begegnet in einer metrischen Epistel des Bischofs Auspicius von Toul, desgleichen in einem Brief des hochgebildeten Bischofs Sidonius Apollinaris von Clermont. Aus der Bezeichnung des Trierer Bischofs als »papa noster« in der Epistel des Auspicius wurde geschlossen, »daß der ideell-moralische Vorrang, den die Trierer Kirche im 4. Jh. eingenommen hatte, sich in Richtung auf eine rechtliche Überordnung, ja schon zu einem Metropolitanverband, zu dem auch Toul gehörte, gesteigert hatte«. Eines wird man für diese krisenreiche Übergangsepoche Triers auf jeden Fall sagen dürfen, nämlich daß die Moselstadt trotz der fränkischen Eroberungen und Plünderungen, die uns der Zeitgenosse und Lérins-Zögling Salvian von Marseille in so grellen Farben schildert, noch als Stadt und als kirchliche Metropole in Gallien einen hohen Rang besaß. Wenn auch die nachfolgende merowingische Epoche bis zur Mitte des 6. Jhs. Trier in eine gewisse, durch den politisch-gesellschaftlichen Wandel bedingte Isolierung brachte, so ist dennoch keine totale Unterbrechung im Leben Triers anzunehmen.[26] Gallien insgesamt trat in eine quellenärmere Epoche ein, die sich erst wieder gegen Ende des Jahrhunderts mit dem literarischen Werk des Bischofs Gregor von Tours lichtet, dem wir auch die Biographie des bedeutendsten Trierer Bischofs dieses Saeculums verdanken: Nicetius, dessen Episkopat die Jahre von 525/26 bis 566 umfaßte. Von seiner Zeit ab ist die Bistumsgeschichte der Moselstadt wieder genauer zu fassen, vor allem auch die Verstärkung der Kirchenorganisation durch südgallische Geistliche und der Ausbau der politischen Gewalt des Bischofs. Insgesamt trat mit der Stabilisierung der fränkischen Herrschaft auch eine merkliche kirchliche Regeneration im 6. Jh. ein. Das gilt auch für Regionen, die erst später dem Machtgefüge der Merowinger eingegliedert wurden, so etwa für das Erzbistum Arles, dessen Metropolit Caesarius (ca. 470–542) eine herausragende Figur der Kirche in einer schwierigen Übergangsepoche wurde und der durch seine Predigten wie durch seine Klostergründungen ein wichtiger Zeuge für den Stand der Christianisierung und der fortlebenden paganen Volkskultur im Rhône-Raum geworden ist.[27]

---

[26] ANTON, Trier (wie II, 5b), 81 ff.

[27] EWIG, Trier, 97–106; ANTON, Trier (beide wie II, 5b), 131–138. Vgl. für Austrasien insgesamt: CARDOT, L'espace (wie § 8, Anm. 1). – Für das spätantike Rhône-Gebiet: W. E. KLINGSHIRN, Caesarius of Arles. The Making of a Christian Com-

Wenn Trier seit der zweiten Hälfte des 3. Jhs. die am besten belegbare Bischofsliste der Germania romana besaß, so hängt dies zweifellos auch mit seiner überragenden Rolle als Kaiserresidenz und damit als Ort kirchlicher Synoden zusammen. Das zeigt besonders der Vergleich mit der Bistumsgeschichte anderer Orte links des Rheins und südlich der Donau.[28] Methodisch ergibt sich dabei in jedem Einzelfall die Schwierigkeit, zwischen den Anfängen einer Christengemeinde in spätrömischer Zeit und dem Beginn eines regulären Bistums zu unterscheiden. Theodor Mommsens These, daß die Notitia Galliarum (zwischen 386 und 450) ein Verzeichnis der gallischen Bischofssitze sei, kann nicht schlüssig bewiesen werden. Immerhin wurde für die Maxima Sequanorum festgestellt, daß die archäologischen Befunde den Angaben der Notitia Galliarum nicht widersprechen.[29] Auch der militärische Sektor ist zu berücksichtigen, denn es ist unwahrscheinlich, daß an der Rheingrenze militärische Siedlungen (*canabae legionis*) vor der konstantinischen Wende episkopal organisierte Christengemeinden hatten. Deshalb kann für Worms und Speyer die Entstehung eines Bischofssitzes frühestens für die Zeit Konstantins des Großen angenommen werden. Das gilt wohl auch für Städte nahe bei Legionslagern, also für Straßburg (Argentoratum) und Mainz (Mogontiacum). Köln hatte als Vorort Niedergermaniens aber schon vor Konstantin eine größere Christengemeinde und deshalb wohl auch einen Bischof, wenn er auch erst ab 313 bezeugt ist, als der Kaiser den Bischof Maternus zusammen mit zwei gallischen und 15 italischen Bischöfen nach Rom zur Beilegung eines Schismas einlud. Der nächste bekannte Kölner Bischof Euphrates wurde wegen Irrlehren 346 abgesetzt. Nach Bischof Severinus (um 400) bricht die Kölner Bischofsliste bis etwa 565 ab. Das Bistum Besançon (Vesontio) dürfte bis in die zweite Hälfte des 3. Jhs. zurückgehen. In die Mitte des 4. Jhs. reicht das Bistum Mainz und wohl auch das Bistum Straßburg

---

munity in Late Antique Gaul, 1994; Césaire d'Arles et la christianisation de la Provence, Hg. D. BERTRAND u. a., 1994; P. MIKAT, Caesarius von Arles und die Juden, 1996.

[28] VON PETRIKOVITS, »Germania (Romana)« (wie § 5, Anm. 2), 576ff., und H. BERG, Bischöfe und Bischofssitze im Ostalpen- und Donauraum vom 4. bis zum 8. Jahrhundert, in: Die Bayern (wie II, 5c), Bd. 1, 61–108.

[29] Vgl. die Kontroverse zwischen L. DUCHESNE und A. von HARNACK über die Entstehungsdaten gallischer Bistümer: VON PETRIKOVITS, »Germania (Romana)« (wie § 5, Anm. 2), 594f.

zurück;[30] letzteres taucht allerdings zunächst nur in der in ihrer Echtheit umstrittenen Synodalakte von 346 auf, an der ein Amandus als Bischof teilnahm. Auch Bischof Victor von Worms und Bischof Jesse von Speyer gelten als Teilnehmer dieser Synode; beide Städte weisen danach in der Bischofsfolge große Lücken auf. In derselben Quelle wird auch ein Bischof Justinianus für Kaiseraugst (Castrum Rauracense) genannt. Falls es wirklich Bistum gewesen sein sollte, wurde es im Verlauf des 4. Jhs. nach Basel verlegt. Das Bistum Basel erschließt man allerdings wiederum nur aus der Notitia Galliarum, wogegen Bedenken bestehen.[31] Wenn dieselbe Quelle Mainz als Metropolis, Straßburg, Speyer und Worms als Civitates nennt, dann besaß der erstgenannte Ort zweifellos eine Vorrangstellung, die sich auch auf dessen kirchliche Bedeutung bezog. Der Metropolis Besançon in der Maxima Sequanorum waren als Civitates Nyon (Wallis), Avenches (Aventicum) und Basel zugeordnet, wobei wohl nur Aventicum Bistum gewesen und unter Bischof Marius (nach 594) nach Lausanne verlegt worden ist. Köln war die Metropolis der Germania II, der aber lediglich das Bistum Tongern-Maastricht unterstellt war.

Umstritten ist nach wie vor, ob es in Köln bereits seit dem 4. Jh. eine Bischofskirche gegeben hat, die unter dem »alten Dom« archäologisch erschließbar ist. Inzwischen steht fest, daß der von W. Weyres angenommene älteste Kirchenbau in dieser Form nicht existiert haben kann. Fraglich bleibt in diesem Zusammenhang auch, ob das gefundene antike Becken wirklich zu einem *christlichen* Taufbecken umgewidmet wurde. Hingegen käme als Beleg für eine Bischofskirche des 4. Jhs. ein knapp 40 m langer, archäologisch gesicherter Estrich in Frage, der eine kleine Apsis besaß. Ob allerdings eine einzige gefundene Münze aus der Zeit des Kaisers Constantius II. (337–361) als Beweis für das Alter des zu diesem Estrich gehörenden Baus genügt,

---

[30] BRÜHL, Palatium (wie § 5, Anm. 22), Bd. 2, 89–111, bes. 101f. (Mainz), und 149–173, bes. 158f. (Straßburg), in letzterem Fall eher zurückhaltend. BRÜHL nimmt eine längere Vakanz im 5./6. Jh. an, die durch den Erneuerer des Bistums, Bischof Arbogast, um 570 beendet wurde.

[31] VON PETRIKOVITS, »Germania (Romana)« (wie § 5, Anm. 2), 599f.; H. C. BRENNECKE, Zur angeblichen Kölner Synode gegen Euphrates, in: ZKG 90, 1979, 176–200; für die Echtheit der Kölner Synode zuletzt C. PIETRI, Remarques sur la christianisation du nord de la Gaule (IVe-VIe siècles), in: Revue du Nord 66, 1984, 55–68, bes. 56. – Vgl. insgesamt: MOOSBRUGGER-LEU, Schweiz (wie II, 5b), Bd. B, 34–66 und 54–59.

bleibe dahingestellt. Die fränkischen Plattengräber mit dem reichen Frauengrab (um 530) beweisen aber auf jeden Fall eine frühe christliche Bausubstanz, auch wenn sich der sakrale Bereich innerhalb des späteren Dombaus verlagert haben sollte. Schließlich ist zu bedenken, daß es im 4. Jh. nicht an repräsentativen Großbauten in Köln fehlte. Neben der steinernen Stadtmauer waren dies der Statthalterpalast unter dem heutigen Rathaus und der Kern von St. Gereon, der aus der Zeit von 345 und 394 stammt. Dieser Bau, der im Hochmittelalter neu ummantelt wurde, war ursprünglich als Coemeterialbasilika im Auftrag eines hohen spätrömischen Militärbefehlshabers erbaut worden und wurde wohl erst in nachrömischer Zeit dem Kult der Thebäischen Märtyrer geweiht.[32] Dem 4. Jh. sind in Köln auch die Gründungsbauten unter St. Severin und die dreischiffige Grabkirche unter St. Ursula zuzuordnen.[33] Fraglich bleibt, ob die spätrömischen Spuren unter St. Johannes in Mainz auf eine frühe Bischofskirche hindeuten. Im 5. Jh. bricht die ohnehin fragwürdige Bischofsliste ab und setzt erst um 540 mit Sidonius wieder ein.[34]

So schwer die spätrömische Bistumsorganisation sowohl durch die germanischen Invasionen als auch durch den Hunnensturm der Mitte des 5. Jhs. in Mitleidenschaft gezogen worden ist,[35] so erwiesen sich im allgemeinen doch die Bistümer in den Civitates am widerstandsfähigsten. Auch bei reduzierter baulicher Substanz und Bevölkerung

---

[32] O. DOPPELFELD u. a., Die Ausgrabungen im Dom zu Köln, 1980; H. BORGER, Zu den Ausgrabungen unter Kölner Kirchen, in: Köln. Die Romanischen Kirchen in der Diskussion 1946–47 und 1985, Hg. H. KIER u. a., 1986, 110–129; H. FUSSBROICH, Die Ausgrabungen in St. Pantaleon zu Köln, 1983; Die Domgrabung Köln. Altertum – Frühmittelalter – Mittelalter, Hg. A. WOLFF, 1996, bes. J. ENGEMANN, Spätantike Kirche und Baptisterium, in: ebd., 69–86 und 89–98, gegen W. WEYRES, Die vorgotischen Bischofskirchen in Köln, 1987; S. RISTOW, Zur Frage einer frühchristlichen Bischofskirche unter dem Kölner Dom, in: JAC 40, 1997, 178–199; DERS., Das Baptisterium im Osten des Kölner Domes, in: Kölner Domblatt 58, 1993, 291–312; DERS., Die frühen Kirchen unter dem Kölner Dom, 2002, mit Beiträgen von L. BAKKER und D. HOCHKIRCHEN; F. STEIN, Die Gräber unter dem Kölner Dom im Vergleich zu anderen Grablegen der Merowingerdynastie, in: Domgrabung Köln (wie oben), 99–118. – Zu St. Gereon: DECKERS, St. Gereon (wie § 5, Anm. 70).

[33] VON PETRIKOVITS, »Germania (Romana)« (wie § 5, Anm. 2), 637f. und passim. Zur durchgängigen Kontinuität von St. Severin: PÄFFGEN, Ausgrabungen (wie § 5, Anm. 70).

[34] HEINEMEYER, Erzbistum Mainz (wie § 5, Anm. 45); EWIG, Gallien (wie II, 5a), Bd. 2, 160 und 172f.

[35] VON PETRIKOVITS, »Germania (Romana)« (wie § 5, Anm. 2), 553ff.

blieben die Römerstädte an Mosel und Rhein als schützende Großfestungen von Bedeutung; von ihnen aus konnte sogar mit belagernden Barbaren verhandelt werden. Auch die ethnisch-sozialstrukturelle Auswertung der merowingischen Friedhöfe zeigt, daß im Umkreis der Städte die romanische Bevölkerung weiterlebte.[36] Auf jeden Fall waren die Überlebenschancen der gallorömischen Bevölkerung im Bereich einer Stadt und ihres bischöflichen Stadtherrn größer als anderswo, so daß auch von diesen Zentren aus, in Verbindung mit den Klöstern, die Germanenmission wie später die Mission unter den Slawen ihren Ausgang nehmen konnte. Schon das 6./7. Jh. brachte unter den völlig gewandelten politisch-gesellschaftlichen Verhältnissen einen Neuansatz der Kirchenorganisation, so im Falle von Konstanz, das vielleicht schon von Chlothar II., eher jedoch von Dagobert I. gegründet worden ist und sich in Rätien auf Kosten der älteren Bistümer entwickeln konnte. Es fällt auf, daß bei der Weihe des ersten Bischofs Johannes der benachbarte Churer Oberhirte nicht beteiligt war, sondern neben dem Bischof von Speyer nur ein »episcopus Augustodunensis«, der entweder Augst-Basel oder Augsburg zuzuordnen ist. Spätantike Bistumsorganisation und fränkisch-merowingischer Neuansatz scheinen hier wie anderswo nicht immer harmoniert zu haben, denn schließlich bedeutete eine merowingische Initiative bei Kirchengründungen auch deren grundsätzliche Umorientierung von italischen zu reichsfränkischen Metropolitanstädten.[37] Das Bistum Chur, das zum Jahr 451 erstmals bezeugt ist, gehörte zum Metropolitanverband Mailand. Seine Entstehung dürfte in der ersten Hälfte des 5. Jhs. erfolgt sein. Von 451 bis zum Jahr 548, in dem der Tod des

---

[36] Hierzu methodisch wichtig: STEIN, Bevölkerung (wie § 2, Anm. 12), und DIES., Franken und Romanen (wie § 8, Anm. 18). – Auch kleinere Städte wie z. B. Boppard und Mayen konnten überdauern: vgl. H. EIDEN, Die Ergebnisse der Ausgrabungen im spätrömischen Kastell Bodobrica (Boppard) und im Vicus Cardena (Karden), in: Von der Spätantike (wie II, 5c), 317–345; H. AMENT, Mayen und Andernach im Übergang von der Spätantike zum frühen Mittelalter, in: ebd., 347–356; W. WEBER, Archäologische Zeugnisse aus der Spätantike und dem frühen Mittelalter zur Geschichte der Kirche im Bistum Trier, in: Im Umbruch der Kulturen, Hg. H. HEINEN u. a., 2003, 407–541.

[37] KELLER, Fränkische Herrschaft (wie II, 5b), bes. 19ff.; BERG, Bischöfe (wie Anm. 28), 99f. – Vgl. allgemein: H. BÜTTNER u. a., Frühes Christentum im schweizerischen Alpenraum, 1967. Das Bistum Konstanz war vermutlich die Folge einer Verlegung des kirchlichen Zentrums von Windisch nach Konstanz. – Zur schlecht erschließbaren römischen Vorgeschichte von Konstanz vgl. BRÜHL, Palatium (wie § 5, Anm. 22), Bd. 2, 175–192, bes. 181ff.

Churer Bischofs Valentian bezeugt ist, fehlt jede Nachricht. Wenn 614 der Bischof Victor am fränkischen Reichskonzil in Paris teilnimmt, dann spricht dies für eine beginnende politische Umorientierung Churrätiens zum Merowingerreich, ohne daß damit eine Loslösung vom Mailänder Metropolitanverband erfolgt sein muß. Auf jeden Fall entstand aber im 7. Jh. die Doppelherrschaft der Viktoriden (Zacconen), die sowohl die Provinz als auch den Episkopat umfaßte, erst im 8. Jh. in das Karolingerreich und spätestens jetzt in die Mainzer Kirchenprovinz einbezogen wurde.[38] Die Sonderentwicklung Churrätiens war ein Ergebnis der starken – archäologisch nachweisbaren – Siedlungskontinuität, deren Pendant die weitgehende Bewahrung der kirchlichen Substanz und Organisation gewesen ist.[39]

In der Provinz Noricum, die in der diokletianischen Reichsreform geteilt wurde, ist bereits anfangs des 4. Jhs. für Poetovio (Pettau-Ptuj) ein Bistum bezeugt.[40] Die zu Beginn des 6. Jhs. entstandene »Vita Severini« kennt Bischofssitze in Lauriacum (Lorch), Tiburnia/Teurnia (St. Peter im Holz) in Kärnten sowie in Celeia (Celje-Cilli in Slowenien) und möglicherweise auch in Favianis (Mautern) an der Donau.[41] Schwieriger noch als an der Rheingrenze ist es bei Rätien und

---

[38] B. HELBING, Die Entstehung des christlichen Churrätien, in: SZG 25, 1975, 469–498, hier 476; CLAVADETSCHER, Churrätien (wie II, 5b), bes. 175. Vgl. in demselben Sammelband: Von der Spätantike (wie II, 5c) die Beiträge von G. SCHNEIDER-SCHNECKENBURGER, H. R. SENNHAUSER und S. SONDEREGGER; G. SANDBERGER, Bistum Chur in Südtirol, in: ZBLG 40, 1977, 705–828, hier 780ff.; BERG, Bischöfe (wie Anm. 28), 70ff. Vgl. auch W. HARTUNG u. a., Frühmittelalter zwischen Alpen und Bodensee, 1990.

[39] MARTIN, Besiedlung (wie § 2, Anm. 11); M. BORGOLTE, Der churrätische Bischofsstaat und die Lehre von der Eigenkirche, in: Geschichte und Kultur Churrätiens (Fs. I. Müller OSB), Hg. U. BRUNOLD, 1986, 83–103; R. KAISER, Churrätien im frühen Mittelalter, 1998; vgl. auch HARTUNG u. a., Frühmittelalter (wie Anm. 38).

[40] R. NOLL, Frühes Christentum in Österreich, 1956; K. REINDEL, Die Bistumsorganisation im Alpen-Donau-Raum in der Spätantike und im Frühmittelalter, in: MIÖG 72, 1964, 277–310; P. F. BARTON, Die Frühzeit des Christentums in Österreich und Südostmitteleuropa bis 788, 1975; Das Christentum im bairischen Raum (wie § 10, Anm. 47); BERG, Bischöfe (wie Anm. 28), 61ff.; ebenso für das Folgende.

[41] Eugippius, Das Leben des Heiligen Severin (wie II, 4b); LOTTER, Severinus (wie II, 5b); I. BÓNA, Severiana, in: Acta Antiqua Academiae Scientiarum Hungariae 21, 1973, 281–338. – Zur Kontroverse um Severin, ebenso zur Lokalisierung von Favianis (Mautern oder Heiligenstadt bei Wien) vgl. REINDEL, Grundlegung (wie II, 5b), 180, und R. BRATOŽ, Severinus von Noricum und seine Zeit, 1983. – Karte der erwähnten Orte bei ANGENENDT, Frühmittelalter (wie II, 5a), 126.

Noricum, zwischen christlichen Gemeinden und regulären Bistümern zu unterscheiden, da die verschiedentlich allein vorhandenen archäologischen Befunde selten klare Aussagen erlauben. Deutlicher ist dies bei Märtyrerkirchen wie St. Afra in Augsburg zu erkennen, ein Heiligtum, das zwar archäologisch nicht vollständig erschlossen werden konnte, dessen Existenz zwischen Spätantike und Frühmittelalter wegen der räumlichen Nähe von *ad sanctos*-Bestattungen aber mit Sicherheit anzunehmen ist. Die Existenz einer frühen Bischofskirche ist hingegen noch nicht nachweisbar, so daß es weiterhin bei einer Datierung in die Zeit Dagoberts I. bleiben muß. Immerhin haben Grabungen in der Westkrypta des Doms das Trockenfundament eines spätantiken Bauwerks ergeben, »das zu einem die bis heute vom Dom beibehaltene Orientierung aufnehmenden Gebäude zu gehören scheint« (W. Sage).[42] Frühe christliche Kirchen hat man auf dem Lorenzberg bei Epfach, in Regensburg-St. Emmeram und in Lauriacum (Lorch) an der Donau gefunden, im letzteren Fall sogar eine dreischiffige Hallenkirche, die als Bischofskirche gedeutet wurde. Ob für das große römische Militärlager Carnuntum (zwischen Hainburg und Deutsch-Altenburg) aufgrund archäologischer Befunde eine Bischofskirche angenommen werden kann, ist fraglich. In Binnennoricum überlebten bis zur slawischen Landnahme in der zweiten Hälfte des 6. Jhs. die Bischofssitze von Aguntum (Dölsach bei Lienz), Virunum und Tiburnia-Teurnia. Auf dem Hemmaberg bei Globasnitz in Kärnten wurde ein frühchristliches Pilgerheiligtum mit fünf Kirchen ausgegraben. Doch nimmt man neuerdings an, daß mit der Zerstörung der dortigen Sakralanlagen durch slawische Einwanderer zwar »die offizielle und institutionalisierte Kirchenorganisation« (S. Ladstätter) im Ostalpenraum ein Ende fand, nicht aber das Christentum insgesamt. Die Gefährdung dieses Raumes erhellt auch aus dem Vorhandensein befestigter Siedlungen mit Kirchen auf den benachbarten Anhöhen. Die Existenz von römerzeitlichen Kirchen auf dem Martinsbühel bei Zirl und auf dem Säbener Felsenmassiv hat ebenfalls zu der Annahme geführt, daß man es mit Bistümern zu tun hat. Aufschlußreich ist immerhin, daß es in Sabiona (Säben) schon früh eine

[42] SAGE, Ausgrabungen Augsburger Dom (wie § 8, Anm. 17), 168f.; Ausgrabungen St. Ulrich, Afra (wie II, 5c); E. DASSMANN, Art. »Augsburg«, in: RAC Suppl.bd. 1, 2001, 693–718.

Friedhofsgemeinschaft zwischen Romanen und christianisierten Bajuwaren gegeben hat.[43]

Nach der ersten großen Zäsur, welche die germanischen Völkerwanderungen im 5. und 6. Jh. bewirkte und in deren Verlauf der Metropolit von Aquileia vor den Langobarden nach Grado und der Erzbischof von Mailand zeitweise nach Genua auswich, brachte das Vordringen der Awaren und Slawen in Südosteuropa am Ende des 6. Jhs. einen noch empfindlicheren Einschnitt in der kirchlichen Entwicklung. Vor 599 zog sich der Bischof von Celeia (Celje) nach Istrien zurück. Mit diesem grundlegenden Wandel hängt auch zusammen, daß die Kirchen des Drautals, Teurnia und Aguntum, seit 572/77 nicht mehr auf Synoden in Grado vertreten sind und wohl auch Virunum nicht mehr existierte. Damit war eine Entwicklung abgebrochen, die sich in der Mitte des 6. Jhs. angebahnt hatte, als unter dem Merowingerkönig Theudebert I. das Frankenreich an der mittleren Donau festen Fuß gefaßt und gallische Bischöfe im Metropolitanbereich von Aquileia Priester ordiniert hatten, ein Übergriff, der von Kaiser Justinian gestoppt wurde.[44] Ein Brief der Bischöfe von Aquileia von 591 an Kaiser Maurikios, in dem es um das Schisma zwischen Aquileia-Grado geht, nennt ebenfalls benachbarte fränkische Bischöfe (»Galliarum episcopi vicini«) und ist zugleich das letzte uns erhaltene Dokument über die norische Kirchenorganisation. Insgesamt erfolgten im Donau- und Alpenraum sowohl die Missionierung

---

[43] F. Glaser, Die römische Stadt Teurnia, 1983; Ders., Das frühchristliche Pilgerheiligtum auf dem Hemmaberg, Bd. 1–2, 1991; S. Ladstätter, Kontinuität trotz Katastrophe. Zur Spätantike im südlichen Noricum am Beispiel des frühchristlichen Pilgerheiligtums auf dem Hemmaberg, in: Epochenwandel? (wie § 1, Anm. 60), 57–66; V. Bierbrauer, Invillino-Iblico in Friaul II, 1988, 47, Karte 7: Verbreitung spätantiker Kirchenbauten mit freistehender Priesterbank (typisch für den Metropolitanbereich von Aquileja); R. Egger, Die Kirchen in Sabiona-Säben und Maria Saal, in: Ders., Römische Antike und frühes Christentum, Bd. 1–2, 1962, 1963, Bd. 2, 218–225; Berg, Bischöfe (wie Anm. 28), 89ff. Vgl. insgesamt: Bierbrauer u. a., Ausgrabungen (wie § 8, Anm. 17). – Zur Situation im Alpenraum und zu Säben vgl. die instruktive Studie von O. Hageneder, Die kirchliche Organisation im Zentralalpenraum vom 6. bis zum 10. Jahrhundert, in: Der Schlern 62, 1988, 201–235. W. Sydow, Das frühe Christentum in Nord- und Osttirol nach den archäologischen Zeugnissen, in: Tiroler Heimat 54, 1990, 25–51. Zum Kontinuitätsproblem zwischen Alpen und Adria: H. Krahwinkler, Friaul im Frühmittelalter, 1992; Karantanien (wie § 11, Anm. 20).

[44] H. Schmidinger, Art. »Aquileia. II. Patriarchat«, in: LexMA 1, 827f.; Patriarchi [Katalog], Hg. S. Tavano u. a., 2000.

als auch der Aufbau der Kirchenorganisation von den Zentren Aquileia, Mailand und von Sirmium (Sremska Mitrovica)[45] an der Save aus. Doch gab es wohl noch keine voll ausgebildete Metropolitanverfassung; vor allem hier sind die negativen Wirkungen der aufeinanderfolgenden germanischen und slawischen Völkerwanderung in Rechnung zu stellen, die den Ausbau der Kirchenorganisation längere Zeit unterbrachen.[46]

b) Reorganisation der Kirche und Neuansatz

Mit der räumlichen Ausdehnung des Merowingerreiches und seinem Ausgreifen nach dem Nordosten gingen dann seit dem 6. Jh. der Neuaufbau und die Erweiterung der Kirchenorganisation Hand in Hand. Die fränkische Reichsgründung förderte in besonderer Weise eine »mittelbare Kontinuität« der Kirchenorganisation, die sich an Mosel und Rhein insofern auswirkte, als im Rahmen der neuen merowingischen und dann karolingischen Herrschaft die christlichen Kerne, vor allem in den Civitates, mit staatlicher Unterstützung sehr bald wieder erstarken konnten. Mit Hilfe des Personals aus relativ intakt gebliebenen Bischofsstädten südlich der Loire, aber auch durch die irofränkische und angelsächsische Mission kam es bald zu einer kräftigen Regeneration der Kirche, die auch ihre materielle Seite hatte. Die Könige statteten ihre großen Bischofskirchen zwischen Loire und Rhein (etwa Reims, Metz, Paris, Toul, Verdun, Köln, Trier, vermutlich auch Cambrai) mit reichem Fiskalgut aus, vielfach mit Besitzungen in Aquitanien. Es gingen aber auch Geistliche, Priester wie Bischöfe, aus der von der Völkerwanderung weniger berührten und daher intakt gebliebenen Kirche Südgalliens in die im Norden und Osten liegenden Kerngebiete fränkischer Macht und Besiedlung zwischen Loire und Rhein: so etwa Bischof Nicetius von Trier und Bischof Sidonius von Mainz. Desgleichen kamen südgallische Magnaten nach

[45] R. EGGER, Der heilige Hermagoras, in: Carinthia I 134/135, 1947, 16–55, und 136/138, 1948, 208–246. Zu Aquileia: S. TAVANO, Art. »Aquileia«, in: RAC Suppl.bd. 1, 2001, 522–553.

[46] NOLL, Christentum (wie Anm. 40), 126ff.; P. STOCKMEIER, Die spätantike Kirchen-Organisation des Alpen-Donauraums im Lichte der literarischen und archäologischen Zeugnisse, in: Jahrbuch für altbayerische Kirchengeschichte, 1963, 40–76, hier 73; REINDEL, Grundlegung (wie II, 5b), hier 146ff. Vgl. auch den Sammelband: Das Christentum im bairischen Raum (wie § 10, Anm. 47).

Austrien.[47] Der Stillstand und Rückgang des 5. Jhs. war damit überwunden. Die Besitzerweiterungen der Bistümer Verdun, Metz, Trier und Mainz nach Osten hin zeigen die große Rolle an, die der fränkischen Reichsgewalt beim Ausbau der Diözesen und deren materieller Sicherung durch Landschenkungen zukam. Infolge der engen Verknüpfung kirchlicher und staatlicher Interessen wird die Kirche erst jetzt im eigentlichen Sinne fränkische Landeskirche; ihre Bischöfe wirken oft im königlichen Dienst als Berater, Verwaltungsbeamte und Finanzleute (Geldbeschaffer), so etwa im 7. Jh. Arnulf von Metz, der Ahnherr der Karolinger, ebenso Modoald von Trier (614–ca. 646/47) sowie Audoenus von Rouen und Eligius von Noyon, der Schatzmeister König Dagoberts I. Es waren dies herausragende Persönlichkeiten, die auch den bischöflichen Einfluß auf dem flachen Lande durch Evangelisation und Klostergründungen verstärken konnten.[48]

Mit der am Ende des 7. Jhs. auf dem Festland beginnenden angelsächsischen Mission unter Willibrord, Winfrid-Bonifatius und anderen bedeutenden Kirchenmännern und mit dem Bündnis zwischen Papsttum und Karolingern setzte eine neue Phase von Bistumsgründungen rechts des Rheins ein.[49] Dem Christentum des agilolfingischen Bayern, durch fränkische Mission und Neubelebung antik-christlicher Relikte wiedererstarkt, sollte der von Herzog Theodo anläßlich seiner Romfahrt (716) mit Papst Gregor II. vereinbarte Organisationsplan für neue Bistümer (Salzburg, Freising, Regensburg) den festen Rahmen einer bayerischen Landeskirche geben. Regensburg dürfte dabei

[47] EWIG, Trier (wie II, 5b), 88ff.; DERS., Merowinger (wie II, 5a), 112ff. Daß die kirchliche Restauration in Gallien von einem theologischen Substanzverlust begleitet war, zeigt das Beispiel des Bischofs Nicetius von Trier; ANTON, Trier (wie II, 5b), 136ff. – Zur »mittelbaren Kontinuität«: VON PETRIKOVITS, Der diachorische Aspekt (wie § 1, Anm. 50), bes. 220f.; La christianisation des pays entre Loire et Rhin (Ve-VIIe siècle), Hg. P. RICHÉ, 1993.

[48] OEXLE, Karolinger (wie § 9, Anm. 2), hier 301f.; SCHEIBELREITER, Audoin; zu Modoald vgl. ANTON, Trier (beide wie II, 5b), 143ff.; M. WERNER, Zur Verwandtschaft des Bischofs Modoald von Trier, in: JWLG 4, 1978, 1–35. – P. J. FOURACRE, The Work of Audoenus of Rouen and Eligius of Noyon in Extending Episcopal Influence from the Town to the Country in Seventh-Century Neustria, in: Studies in Church History 16, 1979, 77–91. – Eine neue Interpretation der ältesten Vita Arnulfs von Metz bietet L. CRACCO RUGGINI, The Crisis of the Noble Saint: The »Vita Arnulfi«, in: Le septième siècle (wie II, 5c), 116–153.

[49] ANGENENDT, Frühmittelalter (wie II, 5a), 265–283; H.-J. REISCHMANN, Willibrord – Apostel der Friesen, 1989; JAHN, Ducatus (wie § 10, Anm. 23).

schon eine Rolle gespielt haben, ebenso aber Salzburg. Inwieweit dieser Plan damals verwirklicht wurde, ist umstritten. Passau war jedenfalls schon vor der bonifatianischen Kirchenorganisation (739) ein Bistum.[50]

Auf dieselbe Zeit gehen die Errichtung des Bistums Utrecht sowie die Diözesen Würzburg und Eichstätt wie auch die kurzlebigen Bischofssitze Büraburg und Erfurt zurück, womit erstmals jenseits von Rhein und Donau Bistümer entstanden.

Durch die Ausweitung der Kirchenorganisation auf die germanischen Großstämme an Rhein und Donau bis hin zur langsam sich ausbildenden Grenzzone der slawischen Völkerwelt wurde die einstige »Germania libera« in ein weitgespanntes Kommunikationsnetz eingebunden, dessen Bedeutung für die spätere Kulturentwicklung Deutschlands kaum überschätzt werden kann. Es handelte sich ja nicht nur um im engeren Sinne Kirchliches, das in diesem Netz aus der alten, hochkulturellen Mittelmeerwelt bis in die äußersten Regionen des fränkischen Großreiches und damit nach Zentraleuropa transportiert wurde, sondern ebenso um die Vermittlung überregionaler Verwaltungspraxis durch die kirchliche Metropolitanverfassung mit ihrem Instanzenzug, den regelmäßigen Synoden und deren enger Verbindung mit den Reichsversammlungen sowohl der Merowingerkönige wie der Karolinger.

Mit dem Konzil von Orléans, das Chlodwig I. im Juli 511 kurz vor seinem Tode einberief, begann eine lange Reihe von merowingischen Reichssynoden, an denen später auch die Metropoliten und Bischöfe Burgunds und der Kirchenprovinz Arles teilnahmen. Diese Synoden wurden nicht nur vom König einberufen oder zumindest genehmigt, sondern der Herrscher nahm auch, wie schon Konstantin der Große, inhaltlich Einfluß und machte sein Gewicht bei Bischofserhebungen

---

[50] REINDEL, Grundlegung (wie II, 5b), 226ff., und unten § 15 mit Anm. 44. – Zur römischen Vorgeschichte Regensburgs zusammenfassend: DIETZ u. a., Regensburg zur Römerzeit (wie § 5, Anm. 32), und bes. K. HAUSBERGER, Geschichte des Bistums Regensburg, Bd. 1–2, 1989, Bd. 1; P. MORSBACH, Ratisbona sacra. Das Bistum Regensburg im Mittelalter, 1989; L. KOLMER, Zur Frühgeschichte des Bistums Regensburg, 1989; vgl. F. G. HIRSCHMANN, Stadtplanung, Bauprojekte und Großbaustellen im 10. und 11. Jahrhundert, 1998 (in Utrecht: 67); DERS., *Wirtzburgensibus … naturale est destruere et edificare* – Bauprojekte und Stadtplanung in Würzburg im hohen Mittelalter, in: Das Mittelalter 7, 2002, 39–70.

geltend.[51] Die auf dem 5. Konzil von Orléans 549 entwickelte Kompromißformel für die Kompetenzen von Königtum und Episkopat sah vor, daß die Weihe eines von Klerus und Volk gewählten Bischofs durch den Metropoliten der vorher einzuholenden Zustimmung des Königs bedurfte. Schon damals (549) hatten sich simonistische Praktiken, d. h. Geldzahlungen an den König für sein Placet, eingeschlichen, und im weiteren Verlauf des 6., vor allem aber im 7. Jh. konnte der Herrscher unter Mißachtung des altkirchlichen Indigenatsprinzips und der Ämterlaufbahn Männer seines Vertrauens, auch Laien, zu Bischöfen erheben. Daß dies nicht grundsätzlich negative Folgen für die Kirche hatte, beweist der Episkopat von Männern wie Eligius von Noyon und Audoenus von Rouen, die den Kreisen der Klosterreform von Luxeuil eng verbunden waren.[52] Überdies war die fränkische Reichskirche ungeachtet ihrer staatstragenden Rolle der Überzeugung, »daß die römische Kirche der eigentliche Hort der rechten Tradition sei«, eine Auffassung, die sich in der ersten systematischen Kanones-Sammlung des Merowingerreiches, der »Vetus Gallica«, findet, die universales und partikulares Kirchenrecht verband und wahrscheinlich unter dem Metropoliten Aetherius von Lyon (586/88–602/03) redigiert wurde.[53]

c) Der Einfluß des Papsttums

Dies führt zur Frage nach der Rolle des Papsttums im Merowingerreich. Verstand sich die römische Kirche, zumindest von seiten des Papsttums, schon sehr früh als Kirche des Westens und als »petrinisch«,[54] so dauerte es doch in Wirklichkeit sehr lang, bis mit den

---

[51] PONTAL, Synoden; CLAUDE, Bestellung; HEINZELMANN, Bischofsherrschaft (alle wie II, 5a), 175ff.

[52] PRINZ, Mönchtum (wie II, 5a), 132ff. (Eligius) und 124ff. (Audoenus); SCHEIBELREITER, Audoin (wie II, 5b).

[53] H. BARION, Das fränkisch-deutsche Synodalrecht des Frühmittelalters, 1931; C. DE CLERCQ, La législation religieuse franque de Clovis à Charlemagne (504–814), 1936; Concilia Galliae (wie II, 2c); FEINE, Kirchliche Rechtsgeschichte (wie I, 10b); MORDEK, Kirchenrecht (wie § 6, Anm. 23).

[54] E. CASPAR, Geschichte des Papsttums von den Anfängen bis zur Höhe der Weltherrschaft, Bd. 1–2, 1930, 1933; HALLER, Papsttum (wie I, 10b), bes. Bd. 1; K. BAUS, Das Papsttum zwischen Byzanz und den Germanenreichen von Hilarus (461–468) bis Sergius I. (687–701), in: DERS. u. a., Die Kirche in Ost und West (wie II, 5a), 192–213; RICHARDS, Popes (wie § 6, Anm. 26); K. F. MORRISON,

»romverbundenen Landeskirchen« des Frühmittelalters konkrete Auswirkungen päpstlicher Autorität spürbar wurden;[55] letztere erreichte mit dem klar formulierten Primatsanspruch Papst Leos des Großen (440–461) einen ersten programmatischen Höhepunkt. Vorstufe dieses ersten Gipfels päpstlicher Autorität war vor allem, daß Rom die Grabstätte zweier Apostel, Petrus und Paulus, besaß und sich das Prestige der alten Hauptstadt des Imperium Romanum mit dem Ruhm dieser neuen *loca sancta* verband. Damit entstand eine christliche Rom-Idee für das Abendland, die sich auch in der frühen Verbreitung von Petrus- und Apostelpatrozinien im spätantiken Gallien und im Frankenreich manifestierte. Seit dem 2. Jh. ist mit einem »monarchischen Episkopat« zu rechnen, so dunkel auch die ersten drei Jahrhunderte des päpstlichen Rom bleiben. Primatansprüche sind wohl schon seit Papst Victor I. (189–ca. 199) erkennbar, unter Papst Stephan I. (254–257) sicher belegt, doch ist für diese Epoche vor allem die Rolle Roms für die kirchliche Einheit im Gesamtepiskopat Italiens zu sehen. Als Kaiser Konstantin der Große das Zentrum politischer Macht in seine neue Hauptstadt am Bosporus verlegte, bedeutete dies für die römische Kirche eine Chance zur eigenen Machtentfaltung und zur Stärkung der kirchlichen Autorität Roms, bewirkte aber zugleich Konkurrenz mit dem Patriarchen von Konstantinopel, eine Situation, die immer wieder auf den großen Reichskonzilien des 4. und 5. Jhs. spürbar wurde. Ungeachtet der Tatsache, daß die römische Kirche nach Weggang des Kaisertums im Westen und besonders in Italien einen Freiraum für ihre Entfaltung gewonnen hatte, blieb die Unterordnung unter das Reichskirchensystem vor allem Kaiser Justinians I. (527–565) sehr straff: Der Bischof von Rom stand im byzantinischen Italien, das vom Exarchen in Ravenna regiert wurde, unter der Oberhoheit des Kaisers; jede Papstwahl mußte über den Exarchen in Byzanz gemeldet werden. Erst dann konnte die Weihe erfolgen. Die ständige Bedrohung Roms durch die Langobarden brachte zwar das

---

Tradition and Authority in the Western Church 300–1140, 1969; Das Papsttum; MEYENDORFF, Imperial Unity (beide wie § 1, Anm. 46); vgl. auch MARKUS, The End (wie Anm. 1). Eine Zusammenfassung gibt ANGENENDT, Frühmittelalter, 238–252; vgl. auch MARTIN, Spätantike (beide wie II, 5a), 129ff.

[55] T. SCHIEFFER, Die angelsächsische Kirche, in: HEG 1, 523–526, bes. 524f., und DERS., Kirchlicher und politischer Neuansatz 741–751, in: ebd., 536–541, bes. 537ff. Mit Recht warnt vor einer Überschätzung des römischen Einflusses auf die gallofränkische Kirche: BEISEL, Studien (wie § 6, Anm. 1).

Papsttum in neue schwere Bedrängnisse, die weit über den Pontifikat Gregors des Großen (590–604) hinaus anhielten, lockerte aber gleichzeitig die Bindung an das oströmische Kaisertum. Die anhaltenden dogmatischen Streitigkeiten zwischen Rom und Konstantinopel konnten zwar auf dem Konzil von 680/81 in der byzantinischen Metropole noch einmal überbrückt werden; am Auseinanderdriften von Ost und West, das von vielen Faktoren bestimmt war, konnte dies aber letztlich nichts ändern.

Von entscheidender Bedeutung wurde es für den Anstieg der päpstlichen Autorität, daß es seit der katholischen Taufe des Frankenkönigs Chlodwig I. im Jahr 496 zu einer allmählich enger werdenden Verbindung des Papsttums mit dem fränkischen Großreich kam.[56] Es gab noch andere konkrete, innere wie äußere Gründe, die zur Festigung der päpstlichen Autorität im geistlichen wie weltlichen Bereich führten. Zu den ersteren gehörte die Ausbildung vorbildlicher und bald auch verbindlicher Wahl- und Weiheformen und vor allem einer römisch-päpstlichen Liturgie, die sich im 7. Jh. in den beiden Sakramentaren manifestierte, die »zum Inbegriff der römischen Liturgie« geworden sind: dem »Sacramentarium Gelasianum« und dem »Gregorianum«, dessen großes Ansehen darauf zurückzuführen ist, daß es seit dem 8. Jh. als Werk Papst Gregors des Großen galt.[57] Zu den äußeren Faktoren zählt die dominierende Stellung des Papsttums in Mittel- und Süditalien, die schon um 600 durch die Unterstellung der

---

[56] CASPAR, Geschichte (wie Anm. 54), Bd. 1, 155–158; H. M. KLINKENBERG, Papsttum und Reichskirche bei Leo dem Großen, in: ZRG KA 38, 1952, 37–112; W. ULLMANN, Leo I. and the Theme of Papal Primacy, in: Journal of Theological Studies 11, 1960, 25–51; DERS., The Growth (wie § 1, Anm. 46). Vgl. M. WOJTOWYTSCH, Papsttum und Konzile von den Anfängen bis zu Leo I., 1981; PIETRI, Roma christiana (wie § 6, Anm. 22), bes. Bd. 1, 159ff. Unbestritten ist die Anlehnung der Primatsidee an römisch-weltliche Anschauungen, doch wurde vor allem die charismatische Bedeutung des Wirkens und des Märtyrertodes der Apostel Petrus und Paulus für den Aufstieg der römischen Bischöfe ausschlaggebend. Siehe auch ANGENENDT, Princeps imperii (wie § 1, Anm. 46). Weitere Literatur bei A.-M. HAYEZ u. a., Art. »Papst, Papsttum«, in: LexMA 6, 1667–1682 und 1684f. – Zur Verbreitung römischer Apostelpatrozinien vgl. EWIG, Gallien (wie II, 5a), Bd. 2, 318–354. Zum Konzil von 680/81 vgl. die musterhafte Edition von R. RIEDINGER, Concilium universale Constantinopolitanum tertium, Bd. 1–2, 1990.

[57] Le sacramentaire grégorien. Ses principales formes d'après les plus anciens manuscrits, Hg. J. DESHUSSES, 1–, 1971–; G. JENAL, Gregor der Große und die Stadt Rom, in: Herrschaft und Kirche (wie II, 5c), 109–145; ANGENENDT, Frühmittelalter (wie II, 5a), 238–252 und 484f. (Literatur).

etwa 200 Bistümer unter Rom gegeben war und selbst in Zeiten schwerster Bedrohung durch die Langobarden nicht verlorenging. Die sich zögernd ausbildende Verbindung mit der fränkischen Reichsgewalt kulminierte 751 mit der Königserhebung Pippins des Jüngeren,[58] doch war dies keineswegs eine geradlinige Entwicklung, denn im 6. und 7. Jh. blieben die Beziehungen zum Frankenreich noch relativ schwach. Eine allerdings wichtige Ausnahme bildete der Pontifikat Gregors des Großen, der mit der Merowingerkönigin Brunichilde, die in Autun Klöster gegründet hatte, deswegen Briefe wechselte.[59] Noch wichtiger für die Zukunft waren aber das Missionsprogramm Gregors und dessen Wirkungen in der germanischen Welt.[60] Schon die von ihm eingeleitete Angelsachsenmission, die zur Organisation der ersten romverbundenen Landeskirche unter den Germanen führte, läßt erkennen, daß der Papst auch an aktive Mithilfe des gallischen Episkopats dachte.[61]

Im 7. Jh. ist dennoch römischer Einfluß auf die gallisch-fränkische Kirche als institutionalisiertes Recht relativ schwach. Doch gehört die Ausbreitung der *Regula S. Benedicti* als Werk eines »Abbas Romensis« zweifellos dazu, wenn auch deren breite Akzeptanz als columbanisch-benediktinische Mischregel erst im Frankenreich erfolgte.[62] Trotzdem wuchs die Autorität der römischen Kirche weiter an: Am Beginn des 8. Jhs. erbat der Bayernherzog Theodo in Rom einen Organisationsplan für die bayerische Kirche, und etwa zur selben Zeit

---

58 W. AFFELT, Untersuchungen zur Königserhebung Pippins. Das Papsttum und die Begründung des karolingischen Königtums im Jahr 751, in: FMASt 14, 1980, 95–187.

59 PRINZ, Mönchtum (wie II, 5a), 161.

60 FRITZE, Universalis gentium confessio (wie § 1, Anm. 61), sowie unten § 15.

61 J. M. WALLACE-HADRILL, Rome and the Early English Church, in: Le chiese nei regni dell'Europa occidentale, 1960, 519–548 (Sett.Cent.it. 7); F. PRINZ, Von der Bekehrung der Angelsachsen bis zu ihrer Missionstätigkeit im Frankenreich, in: Angli e Sassoni (wie II, 5c), 701–734, hier 705f. und 717.

62 HALLINGER, Papst Gregor (wie § 6, Anm. 26), bes. 249ff.; verschärft wurde das Problem durch die Zweifel an der Authentizität der Benedikt-Vita in Gregors »Dialogi«. Vgl. F. CLARK, The Pseudo-Gregorian Dialogues, 1987. Vgl. zur Diskussion um die Echtheit der Benedikt-Vita in P. Gregors »Dialogi« die komprimierte Übersicht bei G. JENAL, Italia ascetica atque monastica. Das Asketen- und Mönchtum in Italien von den Anfängen bis zur Zeit der Langobarden (ca. 150/250–604), Bd. 1–2, 1995, Bd. 1, 192–196. – Zur Ausbreitung der »Regula Benedicti« siehe PRINZ, Mönchtum (wie II, 5a), 263–292. – Zu den differenzierten Varianten der Mischregel: A. DIEM, Keusch und rein. Eine Untersuchung zu den Ursprüngen des frühmittelalterlichen Klosterwesens und seinen Quellen, 2000.

trugen angelsächsische Missionare die Konzeption einer romverbundenen Landeskirche mit Erfolg auch ins Frankenreich.[63]

d) Spätzeit und Bildungsstand

Mit dem Niedergang der merowingischen Monarchie[64] erlitt auch die Kirche insgesamt, trotz des Aufblühens des irofränkischen Mönchtums, schweren Schaden, da sie in die regionalen Machtkämpfe der Adelssippen hineingezogen wurde bzw. durch die Macht adeliger Bischöfe, die für die Interessen ihrer Familien sorgten, selbst solche Kämpfe auslöste.[65] Auch die zahlreichen Schenkungen und Privilegien aus der Hand des Königs wie des Adels trugen zur Macht des hohen Klerus und zu dessen wachsendem Reichtum bei, so daß schon König Chilperich I. (561–584) sich beklagen konnte, daß der königliche Fiskus mit seinem Reichtum an die Kirche gefallen sei.[66] Mag die Klage des Königs auch übertrieben sein – denn auch Bischöfe wie Berthram von Le Mans beschenkten Kirchen aus ihrem Erbe als Adelige[67] –, so beschreibt sie dennoch einen Entwicklungstrend, der für die merowingische Reichskirche typisch war. Besonders reich beschenkt und privilegiert wurden das Martinsheiligtum in Tours und die königliche Hausabtei St. Denis bei Paris sowie die Bischofskirchen zwischen Loire und Rhein, also in den fränkischen Kernlanden; dasselbe gilt für die großen Reichsklöster.[68] Aufgrund dieser Landschenkungen konnten die Kirchen umfangreiche Grundherrschaften mit Tausenden Bauernstellen organisieren, die agrar- und verwal-

---

[63] S. u. § 15, insbes. mit Anm. 44; A. ANGENENDT, Willibrord als römischer Erzbischof, in: Willibrord (wie § 12, Anm. 16), 31–41, sieht Utrecht als ursprünglichen, römisch konzipierten Erzsitz Willibrords an, dessen mangelhafte Entfaltung von den Frühkarolingern verursacht worden sei. Zu den Anfängen des Kirchenstaates: T. F. X. NOBLE, The Republic of St. Peter: The Birth of the Papal State 680–825, 1984.

[64] S. o. § 9.

[65] PRINZ, Klerus (wie II, 5a), 48ff.

[66] Gregor von Tours, Historia Francorum, VI, c. 46, 320 (AQMA 3, 85) (beide wie II, 4a); dazu PRINZ, Stadtherrschaft (wie II, 5a).

[67] M. WEIDEMANN, Das Testament des Bischofs Berthram von Le Mans, 1986.

[68] EWIG, Gallien (wie II, 5a), Bd. 2, passim; J. SEMMLER, Saint Denis. Von der bischöflichen Coemeterialbasilika zur königlichen Benediktinerabtei, in: La Neustrie (wie II, 5c), Bd. 2, 75–123, hier 75ff. – Zu den archäologischen Befunden in St. Denis, bes. zum Arnegundisgrab, abschließend: M. FLEURY u. a., Les trésors mérovingiens de la basilique de Saint-Denis, 1998.

tungstechnisch an der Spitze der Entwicklung standen,[69] die aber auch für die sich im 6./7. Jh. intensivierende Christianisierung des flachen Landes, vor allem in den germanischen Reichsteilen, wichtig waren. Die Privilegierung von Bischofskirchen, Heiligtümern und Klöstern brachte dem hohen Klerus zusätzlich Macht und Sicherheit; es waren dies besonders die schon in der Spätantike üblichen Immunitätsprivilegien, die Steuerautonomie sicherten sowie das Recht, öffentliche Lasten in eigener Regie zu erheben. Dadurch wurde der Zugriff des königlichen Fiskus weitgehend eingeschränkt. Seit dem 6. Jh. verliehen die Könige des öfteren mit dem Privileg völlige Steuerfreiheit und Befreiung von Zöllen. Auch das in der Merowingerzeit hinzukommende Introitusverbot, wodurch den königlichen Amtsträgern nicht gestattet war, im Immunitätsbezirk der Kirchen Amtshandlungen vorzunehmen, förderte die Eigenständigkeit des Kirchenbesitzes.[70] Damit wurde die Tendenz verstärkt, daß die Kirchenorganisation auf diese Weise nicht nur eine tragende Säule des Frankenreiches wurde, sondern auch ein »Staat im Staate«. In den Städten kam es häufig zur Verdrängung des *comes* (Grafen) durch den Bischof oder zur Vereinigung beider Ämter in der Hand einer Familie.[71] Mit zunehmender Dekadenz der merowingischen Königsherrschaft seit der 2. Hälfte des 7. Jhs. trat eine rasche Regionalisierung der politisch-militärischen Gewalt ein, an der auch die bischöflichen Stadtherren wesentlichen Anteil hatten.[72] Was man als »Verwilderung« der Kirche in dieser Epoche bezeichnet hat, liegt zumindest teilweise in diesem Ausufern regionaler Gewalten begründet. Mit der Germanisierung des Episkopats im 7. Jh. hat es kaum etwas zu tun. Wie komplex die Verhältnisse im einzelnen waren, läßt sich an Bischof Leodegar von Autun zeigen, der zwar als politischer Gegenspieler des Hausmeiers Ebroin ein blutiges Ende nahm, aber als Bischof ein eifriger Förderer

---

[69] E. LESNE, Histoire de la propriété ecclésiastique en France, Bd. 1–6, 1910–1943. S. u. § 18a.

[70] F. L. GANSHOF, L'immunité dans la monarchie franque, Brüssel ^{2}1958; HEINZELMANN, Bischof (wie § 6, Anm. 21); wegen der Materialfülle immer noch unentbehrlich: LESNE, Histoire (wie Anm. 69).

[71] CLAUDE, Comitat, hier 26ff.; PRINZ, Stadtherrschaft (beide wie II, 5a).

[72] S. o. § 7 mit Anm. 27. Vgl. auch B. JUSSEN, Über »Bischofsherrschaften« und die Prozeduren politisch-sozialer Umordnung in Gallien zwischen Antike und Mittelalter, in: HZ 260, 1995, 673–718. – Zur Beseitigung dieses Zustands regionaler Bischofsherrschaft: SEMMLER, Episcopi potestas (wie § 12, Anm. 5).

des Luxeuiler Mönchtums gewesen ist. Ähnliches gilt für herausragende Gestalten wie den Metropoliten Audoenus von Rouen, einen der wichtigsten Förderer des irofränkischen Mönchtums, für Arnulf von Metz, für Kunibert von Köln und andere.[73]

Freilich, für tiefgründige theologische Spekulationen, in denen die östliche Reichskirche schon in der Spätantike gegenüber dem Westen tonangebend gewesen ist, blieb in merowingischer Zeit wenig Raum. Man sah sich einer Fülle drängender praktischer Fragen gegenüber: Die Völkerwanderungsepoche und die bewegten Jahrhunderte danach erforderten die ganze Kraft des Episkopats und des Klerus insgesamt für den Schutz der vielfach bedrängten Bevölkerung in den Civitates. Hinzu kam die Notwendigkeit, über die Städte hinaus die Christianisierung auf dem flachen Land und durch Mission in den Gebieten rechts des Rheins voranzubringen.[74] Heidnische Vorstellungen beherrschten noch weithin das Gros der Bevölkerung,[75] und die Durchsetzung einer christlichen Ehemoral gegenüber heidnischer Polygamie und Friedelehe steckte erst in den Anfängen, ebenso das Gebot des Zölibats im Klerus.[76] Arme und Waisen waren nach dem Gebot der Kirche in besonderer Weise auf bischöfliche Hilfe angewiesen, desgleichen Flüchtlinge und Pilger sowie Gefangene, deren Befreiung in der Hagiographie der Zeit eine besonders große Rolle gespielt zu haben scheint.[77] Das fünfte fränkische Reichskonzil von Orléans (549) schrieb nicht nur die Bereitstellung von Mitteln für den Unterhalt von

---

[73] Epistolae aevi Merovingici collectae, in: MGH Epp. 3 (wie II, 3), Nr. 17, 464–467, und die Einleitung des Herausgebers in: Passiones Leudegarii episcopi et martyris Augustodunensis, Hg. B. KRUSCH u. a., 1910 [Ndr. 1997], 249–264 (MGH SRM 5), hier 253. – Zu Bischof Kunibert: MÜLLER, Bischof Kunibert (wie § 9, Anm. 1); zu Bischof Arnulf: OEXLE, Karolinger (wie § 9, Anm. 2). Vgl. oben § 9 mit Anm. 10–13.

[74] Grundsätzliche Überlegungen bei KAHL, Die ersten Jahrhunderte (wie § 11, Anm. 29); FRITZE, Universalis gentium confessio (wie § 1, Anm. 61); GAUTHIER, L'évangélisation (wie Anm. 24). – Zur Entstehung der christlichen Landgemeinden exemplarisch: PAULY, Siedlung (wie I, 9); EWIG, Frühes Mittelalter (wie II, 5b), 55–75. Zur Rolle der Klöster s. u. § 15.

[75] Literatur bei DEMOUGEOT, »Gallia I« (wie § 5, Anm. 3), 914 ff., und VON PETRIKOVITS, »Germania (Romana)« (wie § 5, Anm. 2), 606 ff. und 627 ff.

[76] B. KÖTTING, Der Zölibat in der alten Kirche, 1970; R. GRYSON, Les origines du célibat ecclésiastique, 1970.

[77] F. GRAUS, Die Gewalt bei den Anfängen des Feudalismus und die »Gefangenenbefreiung« der merowingischen Hagiographie, in: JWG 1, 1961, 61–156; DERS., Volk (wie II, 5a).

Gefangenen und die Pflege von Aussätzigen vor, sondern auch priesterliche Besuche von Gefängnissen, wobei es nicht selten zum Freikauf von Gefangenen kam und damit zu Konflikten mit der staatlichen Gewalt. Die Sklavenfrage hingegen wurde von der Kirche nicht grundsätzlich gelöst.[78] Ein ständiges Anliegen hingegen war die kirchliche Fürsorge für Arme und Kranke und damit die Einrichtung von Pilgerhäusern und Hospitälern.[79]

Wie sehr die Kirchenorganisation die Kontinuität des religiösen und geistigen Lebens insgesamt zwischen Antike und Mittelalter sicherte, zeigt beispielhaft die Synodalordnung des großen provençalischen Metropoliten und Lérins-Schülers Caesarius von Arles, die vom merowingischen Episkopat auf dem 3. Konzil von Orléans (538) im wesentlichen übernommen wurde.[80] Dabei ging es um die Regelung vermögensrechtlicher Fragen, wobei die Verwaltung des Kirchengutes grundsätzlich in bischöflicher Hand blieb, ferner um die Verpflichtung für Landpriester zu regelmäßiger Predigt, um eine Mindestausbildung für den Klerus, um die Einrichtung kirchlicher Schulen und von speziellen Bischofsschulen, von denen sich etwa zwanzig in der Merowingerzeit nachweisen lassen.[81] Für die Kirchenorganisation wurde vor allem wichtig, daß auch das grundsätzliche Verfügungsrecht der Bischöfe über alle Kirchen ihrer Diözesen, wie es die spätantike Kirchenordnung vorsah, in der Epoche des germanisch-fränkischen »Eigenkirchenwesens« nicht durchzuhalten war.[82] Die Grundherren als Stifter von Kirchen und Klöstern beanspruchten

---

[78] S. u. § 18b mit Anm. 11ff.

[79] D. JETTER, Geschichte des Hospitals, Bd. 1–6, 1966–1987, Bd. 1, 1966; MOLLAT, Les pauvres (wie I, 10d); vgl. auch: Vom Elend der Handarbeit, Hg. H. MOMMSEN u. a., 1981, Tl. 1: Armut, Unfreiheit und Sklaverei in Antike und Mittelalter (bes. die Beiträge von O. G. OEXLE und H.-W. GOETZ), und T. STERNBERG, Orientalium more secutus. Räume und Institutionen der Caritas des 5.–7. Jahrhunderts in Gallien, 1991. – Weitere Literatur § 18, Anm. 13.

[80] D. VON DER NAHMER u. a., Art. »Caesarius«, in: LexMA 2, 1360ff.; immer noch unentbehrlich: C. F. ARNOLD, Caesarius von Arelate und die gallische Kirche seiner Zeit, 1894.

[81] BAUS u. a., Die Kirche in Ost und West (wie II, 5a).

[82] Mit Recht betont die neue Forschung, daß das sogenannte Eigenkirchenwesen keineswegs, wie U. STUTZ, Die Eigenkirche als Element des mittelalterlich-germanischen Kirchenrechts, 1895 [Ndr. 1955], meinte, ethnischen, nämlich germanischen Ursprungs war, daß es vielmehr mit dem agrarisch-grundherrschaftlichen Charakter des Frühmittelalters zusammenhängt. R. SCHIEFFER, Art. »Eigenkirche, -nwesen. I. Allgemein«, in: LexMA 3, 1705–1708.

auch ein Ernennungsrecht für die anzustellenden Priester oder Äbte. Das 4. Konzil von Orléans (541) gestand ihnen zwar ein Vorschlagsrecht zu, verband dies aber mit der Verpflichtung, für den Unterhalt der Geistlichen durch Landschenkungen zu sorgen. Doch bleibt es fraglich, ob sich dieser Kompromiß in der Realität durchsetzen ließ, das eigenkirchliche Übergewicht des Stifteradels war wohl stärker. Insbesondere wurde dies bedeutungsvoll für den Einbau jener großen Laienbewegung der Spätantike in die Kirchenorganisation, aus der sich das Mönchtum als asketische Sonderform christlichen Lebens entwickelte.[83] Grundsätzlich galt auch hier die beherrschende Stellung des Bischofs über alle Klöster und Mönchssiedlungen seiner Diözese, doch kam es in fränkischer Zeit zu einem teilweisen Auseinanderdriften von episkopaler Organisation und monastischer Entfaltung sowohl aus inneren wie aus äußeren Gründen. Das hatte ebenso mit dem asketischen Sonderbewußtsein der ersten Mönche zu tun wie mit dem anderen Selbstverständnis der irischen wie auch teilweise der angelsächsischen Kirche am Rande des Orbis Christianus, die seit dem 6. Jh. einen bedeutenden Einfluß auf dem Kontinent ausübten.[84] Es kam dann noch hinzu, daß die Klöster als Träger der Mission in den städtelosen Regionen der germanischen und später auch der slawischen Welt eine größere Selbständigkeit erlangten und teilweise sogar in ihrer Bedeutung die Bischofskirchen erreichten.[85]

Mit der engen Verbindung von Kirche und politischer Herrschaft, die sich bereits unter den Merowingern anbahnte und dann von den Karolingern quasi institutionalisiert wurde, gewannen auch die Synoden eine wachsende, auch staatliche Bedeutung; gleichzeitig förderten sie die Vereinheitlichung des Kirchenrechts und der Stellungnahmen gegenüber dem Herrscher in religiösen wie weltlich-politischen Fragen. – Das spätantike Prinzip der Koinzidenz von weltlichen und

---

[83] Guter Überblick bei LORENZ, Jahrhundert (wie II, 5a), bes. Kap. 5: Askese, Gnosis, Mönchtum, 46–54; DERS., Die Anfänge des abendländischen Mönchtums im 4. Jahrhundert, in: ZKG 77, 1966, 1–61; ferner die Literatur in Anm. 1f.; K. S. FRANK, Frühes Mönchtum im Abendland, Bd. 1–2, 1975. Zu Gnosis und Manichäismus vgl. W. FOERSTER u. a., Die Gnosis, Bd. 1–3, 1995ff.

[84] Irland: Die Iren; Irland und Europa; Irland und die Christenheit (alle wie II, 5c). – England: LEVISON, England (wie II, 5b); S. CRAWFORD, Anglo-Saxon Influence on Western Christendom, ²1966; T. SCHIEFFER, Das Karolingerreich, in: HEG 1, 527–632, bes. die §§ 65ff., 532ff.; J. CAMPBELL, Essays in Anglo-Saxon History, 1986.

[85] FELTEN, Äbte (wie II, 5a), bes. 61ff.

kirchlichen Verwaltungsgrenzen blieb – zumindest als Ziel – in der Merowingerzeit erhalten, wenn auch an die Stelle der römischen administrativen Einheiten jetzt der organisierte Personenverband trat. Das gilt besonders für die Missionsgebiete östlich des Rheins und nördlich der Donau.[86]

§ 14 Die Entwicklung des Mönchtums

Die Anfänge des Mönchtums als einer Sonderform christlichen Daseins liegen bereits in den Ursprüngen asketischen Lebens der ersten Christengemeinden. Anfangs war dies eher ein Asketismus innerhalb der Familie, dann entwickelte sich diese religiöse »Sonderwelt«, die sich als neuer *ordo* zwischen Klerikern und Laien verstand, seit dem 3. Jh. relativ selbständig. Asketentum war jetzt deutlich getrennt von Familie und lokaler Christengemeinde, blieb aber doch innerhalb der kirchlichen Organisation, ein Zustand, der im Laufe der Geschichte immer wieder zu Konflikten, aber auch zu kreativen Spannungen führte, wobei Kirche und Laienwelt durch das Mönchtum nicht selten aus Gefährdung und Weltverfallenheit zum Kern christlicher Existenz zurückgeführt wurden. Wie sehr das Verhältnis zwischen asketischer und allgemein christlicher Lebensform immer wieder der Neubestimmung bedurfte, zeigt schon der Versuch des Eusebius von Caesarea (ca. 260/64–ca. 339/40), beiden Formen christlicher Existenz, dem Mönchtum wie der Familie, Gerechtigkeit widerfahren zu lassen, wozu schon in seiner Zeit aktueller Anlaß bestand. Mit einer gewissen zeitlichen Phasenverschiebung erreichte das im griechischen Osten entstandene Mönchtum auch die westlich-lateinische Kirche, ein Vorgang, bei dem herausragende Figuren wie Ambrosius, Hieronymus und Augustinus sowie das päpstliche Rom als Zentrum des Westens eine maßgebliche Rolle spielten.[1]

---

[86] KAISER, Bistumsgründungen (wie Anm. 7); W. HARTMANN, Die Synoden der Karolingerzeit im Frankenreich und in Italien, 1989.

[1] K. HEUSSI, Der Ursprung des Mönchtums, 1936 (Zitat 53); B. LOHSE, Askese und Mönchtum in der Antike und in der alten Kirche, 1969; FRANK, Mönchtum (wie § 13, Anm. 83), Bd. 1, 7ff.; H. BACHT, Das Vermächtnis des Ursprungs. Studien zum frühen Mönchtum, Bd. 1–2, 1983, 1984; A. DE VOGÜÉ, Les débuts de la vie monastique à Lérins, in: RHE 88, 1993, 5–53; A. E. J. GROTE, Anachorese und Zönobium. Der Rekurs des frühen westlichen Mönchtums auf monastische Kon-

Für die Gebiete beiderseits des Rheins wurden die Formen des Mönchtums in Gallien und im Frankenreich bestimmend. Bei diesem Vorgang von schlechthin welthistorischer Bedeutung, der in jeder Weise durch »Neuland« führte, nahm die frühe europäische Klosterkultur Formen an, die auch die mitteleuropäische Entwicklung nachhaltig beeinflußten und gleichzeitig auf die altchristliche Mittelmeerwelt zurückwirkten. Auf dem Wege aus seiner orientalischen Heimat bis in das Frankenreich hat das Mönchtum, bei aller Bewahrung typischer Züge seines Ursprungs, doch wesentliche Wandlungen erfahren. Wie die Bistumsgründungen nahmen auch die Klöster vom Mittelmeerraum her ihren Ausgang und erfaßten seit dem 4. Jh. Gallien wie den Donauraum. Die Ausbreitung der monastischen Lebensform, die auf alten Kult- und Kulturstraßen rhôneaufwärts erfolgte, bedeutete eine zweite Phase und zugleich eine Vertiefung der Christianisierung. Drei Stadien monastischer Entwicklung lassen sich im Westen deutlich voneinander unterscheiden: zunächst die altgallisch-spätantike Phase, die vielleicht schon mit Bischof Hilarius von Poitiers (ca. 350–367/68), sicher aber mit dem heiligen Martin (ca. 336–397) im Poitou und der Touraine und mit Bischof Victricius von Rouen (ca. 340–vor 410) beginnt, vor allem aber mit den Klöstern der Provence einen ersten Höhepunkt erreicht. Es folgte die irofränkische Phase, die der heilige Columban mit seiner Klostergründung Luxeuil in den Vo-

zepte des Ostens, 2001; Mönchtum und Gesellschaft (wie II, 5c); M.-E. BRUNERT, Das Ideal der Wüstenaskese und seine Rezeption bis zum Ende des 6. Jahrhunderts, 1994; Askese, Hg. FRANK (wie § 5, Anm. 61); G. CONSTABLE, Medieval Monasticism. A Select Bibliography, 1976; J. M. CLEMENT, Lexique des anciennes règles monastiques occidentales, 1978; Dizionario degli Istituti di Perfezione, Hg. G. ROCCA, Bd. 1–9, 1973–1997; C. H. LAWRENCE, Medieval Monasticism: Forms of Religious Life in Western Europe in the Middle Ages, [2]1989; L. J. R. MILIS, Angelic Monks and Earthly Men, 1992; K. HOLTZ, Geschichte des christlichen Ordenslebens, [2]1991; T. LIENHARD, Paulinus of Nola and Early Western Monasticism, 1977; G. JENAL, Zum Asketen- und Mönchtum Italiens in der Zeit vor Benedikt, in: Atti del 7. Congresso Internazionale di Studi sull' Alto Medioevo. Norcia, Subiaco, Cassino, Montecassino [Internationaler Benedikt-Kongreß 1980], Tl. 1, 1982, 137–183. Für Italien grundlegend: DERS., Italia ascetica (wie § 13, Anm. 62); Doppelklöster und andere Formen der Symbiose männlicher und weiblicher Religiosen im Mittelalter, Hg. K. ELM u. a., 1992. – Für den Westen: PRINZ, Mönchtum (wie II, 5a). Zu Poitiers als frühem monastischen Zentrum: J. FONTAINE, Hilaire et Martin, in: Hilaire de Poitiers – Évêque et Docteur, 1968, 59–86. – Einen innerklösterlichen Aspekt behandeln H. LUTTERBACH, Monachus factus est. Die Mönchswerdung im frühen Mittelalter, 1995, und M. DE JONA, In Samuels Image. Child Oblation in the Early Medieval West, 1996.

gesen einleitete (etwa 590–690), und schließlich die angelsächsische Missions- und Klostergründungswelle der Frühkarolingerzeit (etwa 690–768). Sie wurde von Männern wie Willibrord, dem Gründer von Klöstern in Utrecht und Echternach, und Winfrid-Bonifatius, auf den das Kloster Fulda zurückgeht, maßgeblich bestimmt. Bis zum Ende des 8. Jhs. entstanden in Westeuropa bis zur Elbe und mittleren Donau etwa 1000 Klöster. Die Regula S. Benedicti wird seit dem 7./8. Jh. mehr und mehr die maßgebliche monastische Lebensnorm des lateinischen Westens.[2]

a) Das altgallische Klosterwesen

Gesamthistorisch gesehen entfaltete sich das spätantike Mönchtum innerhalb eines Zeitraums, der den Zusammenbruch des römischen Imperiums in Gallien und die Gründung und Vergrößerung des Merowingerreiches unter Chlodwigs Söhnen und Enkeln umschließt (bis ca. 590). Das spätantike und frühfränkische Mönchtum ist bis zum 6. Jh. im wesentlichen nicht über eine Nordgrenze hinausgedrungen, die von Trier westlich bis zur Somme verläuft. Das Moselgebiet selbst war schon eine vorgeschobene Insel der Romania, gallorömische Kulturkontinuität und Verbreitung des frühen Mönchtums fallen hier zusammen. Sind auch die Spuren frühen monastischen Lebens in Trier, der größten Römerstadt nördlich der Alpen und auf später deutschem Boden, im 5. Jh. noch relativ schwach, so gibt doch das Zeugnis des heiligen Augustinus sichere Auskunft darüber, daß in der Kaiserresidenz Mönche lebten, die dem altgallischen monastischen Bereich zu-

---

[2] L. UEDING, Geschichte der Klostergründungen der frühen Merowingerzeit, 1935; Askese und Mönchtum (wie § 5, Anm. 61); Mönchtum und Gesellschaft (wie II, 5c); T. P. MCLAUGHLIN, Le très ancien droit monastique de l'Occident, 1935; E. VACANDARD, Saint Victrice, évêque de Rouen. IVe-Ve siècle, 1903; GUSSONE, Adventus-Zeremoniell (wie § 13, Anm. 6); H. ATSMA, Klöster und Mönche im Bistum Auxerre bis zum Ende des 6. Jahrhunderts, in: Francia 11, 1983, 1–96; DERS., Die christlichen Inschriften Galliens als Quelle für Klöster und Klosterbewohner bis zum Ende des 6. Jahrhunderts, in: Francia 4, 1976, 1–57. Zu St. Maurice: Helvetia Sacra (wie I, 5a), Bd. 3,1,1, 1986, 304–320; J.-M. THEURILLAT, Le trésor de Saint-Maurice, 1974. – Zur neuerlichen Diskussion um den Autor der Regula S. Benedicti: CLARK, Dialogues (wie § 13, Anm. 62); anders: Grégoire le Grand, Vie de Saint Benoît, Bearb. A. DE VOGÜÉ, 1982, und La règle de Saint Benoît, Bearb. DERS., Bd. 1–6, 1971 f. Vgl. dazu näher unten § 14d mit Anm. 33.

zuordnen sind. Auch das irofränkische Mönchtum scheint in der Stadt Eingang gefunden zu haben.[3] Östlich der Mosel sind die frühen monastischen Spuren undeutlich, erst das irofränkische Klosterwesen des 7. Jhs. überschritt die Rheingrenze. Hauptzentren dieses spätantikfrühmerowingischen Mönchtums waren die Klöster des heiligen Martin in der Touraine und die stark orientalisch beeinflußten Klöster des Rhônegebiets, allen voran Lérins bei Cannes, Cassians Klöster in Marseille und die von Lérins und Marseille geprägten Klöster Süd- und Mittelgalliens. Ein liturgisch weit ausstrahlendes monastisches Kultzentrum wurde Agaunum (St. Maurice) im Wallis. Lérins' Aufblühen stand wohl in ursächlichem Zusammenhang mit der Räumung Nordgalliens durch die Römer am Beginn des 5. Jahrhunderts. Das Großkloster an der Côte d'Azur war gleichsam eine mittelbare Folge der Verlegung der römischen Zentralverwaltung Galliens von Trier nach Arles, denn Vertreter der nordgallischen, in den Süden geflüchteten römischen Aristokratie bestimmten seinen Charakter. Das martinische Mönchtum der Touraine dagegen zeigte schon bald infolge seiner Nähe zum merowingischen Kerngebiet zwischen Loire und Maas erste Spuren germanischen Einflusses.

Neben dem antiarianischen Theologen und Bischof Hilarius von Poitiers stellte die theologische Schule der Mönche von Lérins den bedeutendsten Beitrag des lateinischen Westens zu den entscheidenden dogmatischen Diskussionen des 4./5. Jahrhunderts. Es war vor allem ihre vermittelnde Position zur schroffen Prädestinationslehre des Kirchenvaters Augustinus, der sogenannte »Semipelagianismus«, welcher den radikalen Fatalismus seiner elitären Gnadenlehre entscheidend abmilderte: Der unerforschlichen Gnade Gottes kann sich – so die Lérinenser Position – der Mensch durch eigenes sittliches Streben würdig erweisen. Formell lehnte die Kirche zwar den Semi-

---

[3] PRINZ, Mönchtum (wie II, 5a), 196–200; M. WERNER, Zu den Anfängen des Klosters St. Irminen-Oeren in Trier, in: RhV 42, 1978, 1–51; GAUTHIER, L'évangélisation (wie § 13, Anm. 24); P. BECKER, Das frühe Trierer Mönchtum von den Anfängen bis zur anianischen Reform, in: Beiträge zur Geschichte und Struktur der mittelalterlichen Germania Sacra, Hg. I. CRUSIUS, 1989, 9–44; Die ehemalige Abteikirche St. Maximin in Trier: Geschichte, Renovierung, Umnutzung, Hg. Bischöfliches Generalvikariat Trier, 1995; NEYSES, Baugeschichte (wie § 5, Anm. 68); vgl. allgemein: Trier im Mittelalter (wie § 5, Anm. 50); Die Männer- und Frauenklöster der Benediktiner in Rheinland-Pfalz und Saarland, Hg. F. JÜRGENSMEIER u. a., 1999 (Germania Benedictina 9).

pelagianismus ab, in ihrer praktischen Theologie folgte sie aber der ausgleichenden Tendenz der Schule des Inselklosters. Das martinische Mönchtum der Touraine trat hingegen theologisch kaum hervor. Lérins' Sonderrolle im Westen hing wohl vor allem mit dem geistigen Niveau der führenden Aristokraten im Kloster zusammen, für die oft die monastische Schulung auf der Mönchsinsel ein Durchgangsstadium auf ihrem Weg auf bedeutende gallische Bischofssitze war. Sie repräsentierten als Mönche wie als Bischöfe einen neuen Typus des gebildeten, »aufgeklärten« Christen, der erst Jahrhunderte später in der karolingischen Renaissance wieder hervortreten sollte.[4]

b) Die irofränkische Klosterkultur

Am Beginn dieser für das frühe Frankenreich wohl wichtigsten monastischen Phase steht die monumentale, streitbare Figur des irischen Mönchsvaters Columban des Jüngeren (um 543–615).[5] Mit ihm und

---

[4] PRINZ, Mönchtum (wie II, 5a), 19ff., 47ff., 62ff. und 121ff.; für Lérins teilweise abweichend: S. PRICOCO, L'isola dei santi. Il cenobio di Lerino e le origini del monachesimo gallico, 1978; dazu PRINZ, Mönchtum (wie II, 5a), Nachtrag zur 2. Auflage, 636, Anm. 6. – R. NÜRNBERG, Askese als sozialer Impuls, 1988, bes. 97–139; Hilaire d'Arles, Vie de Saint Honorat, Bearb. M.-D. VALENTIN, 1977; C. M. KASPER, Theologie und Askese. Die Spiritualität des Inselmönchtums von Lérins im 5. Jahrhundert, 1991. – Die südgallischen Mönchsregeln bei A. DE VOGÜÉ, Les règles des Saints Pères, Bd. 1–2, 1982; R. NOUAILHAT, Saints et Patrons. Les premiers moines de Lérins, 1988. – Zur Theologie des Hilarius von Poitiers: E.-R. LABANDE, Hilaire et son temps, 1969; H. DOIGNON, Hilarius von Poitiers, in: Restauration und Erneuerung: die lateinische Literatur von 284 bis 374 n. Chr., Hg. R. HERZOG, 1989, § 582, 447–480.

[5] Jonas de Bobbio, Vie de Saint Colomban et ses disciples, Bearb. A. DE VOGÜÉ, 1988; Mélanges Colombaniens. Actes du Congrès international de Luxeuil 20–23 juillet 1950, 1951; PRINZ, Mönchtum (wie II, 5a), 121ff., passim und 640f.; Columbanus and Merovingian Monasticism, Hg. H. B. CLARKE u. a., 1981. – Einschränkend hinsichtlich Columbans Einfluß: K. U. JÄSCHKE, Kolumban von Luxeuil und sein Wirken im alamannischen Raum, in: Mönchtum, Episkopat (wie II, 5c), 77–130, und A. DIERKENS, Prolégomènes à une histoire des relations culturelles entre les îles britanniques et le continent pendant le Haut Moyen Âge, in: La Neustrie (wie II, 5c), Bd. 2, 371–394; ferner G. MOYSE, Les origines du monachisme dans le diocèse de Besançon, in: BEC 131, 1973, 21–104 und 369–485. – Letzte Zusammenfassung: Die Iren (wie II, 5c) und L. BIELER, Ireland and the Culture of Early Medieval Europe, Hg. R. SHARPE, 1987 (gesammelte Aufsätze). – Zur Vita Columbans: I. WOOD, The Vita Columbani and Merovingian Hagiography, in: Peritia 1, 1982, 63–80. Vgl. auch: Ireland in Early Medieval Europe (wie § 1, Anm. 19). – Zum frühchristlichen Irland: K. HUGHES, The Church in Early Irish Society, 1972; D. Ó'CRÓINÍN, Early Medieval Ireland 400–1200, 1995.

seinen Nachfolgern in Luxeuil sind auch Versuche verbunden, nach irischer Tradition die Bindung des Klosterwesens an die Bistumsorganisation zumindest zu lockern, doch lief die Auseinandersetzung mit dem gallofränkischen Episkopat letztlich auf eine gemilderte, durch Privilegien gewährte Exemtion der irofränkischen Klöster innerhalb des Diözesanverbandes hinaus.[6]

Die zweite irofränkische Welle monastischer Kultur entwickelte sich seit 590 schon ganz innerhalb der Machtsphäre des Merowingerreiches. Sie wurde ihrerseits am Ende des 7. Jhs. von der angelsächsischen Mission überlagert bzw. abgelöst, wenn auch die irofränkischen Klostergründungen bis ins 8. Jh. hineinreichten. Klostergründer wie Amandus, Audoenus, Remaclus, Filibert, Wandregisel, Romarich, Arnulf von Metz und Gertrud von Nivelles prägten diese Epoche. Zu den irischen Klöstern auf dem Kontinent, die unabhängig von Luxeuil entstanden, gehörte etwa Péronne an der Somme, während sich in Nivelles sowohl columbanische als auch originär irische Einflüsse verbanden. Überhaupt ist mit einer Vielzahl von monastischen Regelkombinationen zu rechnen, die neben der Luxeuiler kombinierten Benedikt-Columban-Regel existierten. Vermutlich war es der jeweilige Abt, der als »Lex animata« die inhaltliche Zusammensetzung der *Regula mixta* in seinem Kloster bestimmte.

Durch die Verbindung mit dem Adel und dem Königtum der Franken gewann das ursprünglich irische Mönchtum Columbans neue Energien, Hilfsmittel und Wirkungsmöglichkeiten. Es drang oft an führender Stelle in die neubesiedelten oder politisch neuerschlossenen Räume vor und nahm an der Urbarmachung weiter Sumpf- und Waldgebiete in Belgien, in den Ardennen und Vogesen, später auch rechts des Rheins in Alamannien und in Bayern teil. Die Klostergründungen hatten sich nun meist aus dem Bannkreis relativ intakter städtischer Kulturen entfernt und drangen in Gebiete vor, in denen seit der Völkerwanderung die städtische Zivilisation gänzlich oder zumindest in ihren höheren Lebensäußerungen erloschen war. Der fränkische Adel, der inzwischen die Mitglieder der immer noch einflußreichen gallorömischen, teilweise senatorischen Oberschicht in seine Reihen aufgenommen hatte, war sowohl über Klostergründer als auch mit zahl-

[6] E. EWIG, Beobachtungen zu den Klosterprivilegien des 7. und frühen 8. Jahrhunderts, in: DERS., Gallien (wie II, 5a), Bd. 2, 411–426, und DERS., Privileg (wie § 9, Anm. 9).

reichen Klostereintritten an der monastischen Lebensform beteiligt. Im Gefolge der weiteren Ostexpansion des Frankenreiches breitete sich das Mönchtum als Mitträger und Wegbereiter einer germanisch-romanischen Mischkultur weiter aus, es erreichte und überschritt den Rhein. Man kann von einem Zeitalter der Mischregeln sprechen, in dem irische, orientalische und altgallische Klosterordnungen mit derjenigen Benedikts verbunden und praktiziert wurden.[7] Da der neue, reichsfränkische Adel die obersten Ränge der kirchlichen Hierarchie in der Hand hatte und sowohl die Bistümer als auch die Klöster leitete, verschwand die unter irischem Einfluß anfangs eingetretene Lockerung des Diözesanverbandes durch die Klöster und ihre Privilegien relativ rasch. Hingegen bedeutete das Eigenkirchenwesen von König und Adel eine zeitweise beträchtliche Einschränkung der Diözesangewalt über die Klöster.

Wenigstens einige Klöster der irofränkischen Welle sollen hier genannt werden: die Klöster der Brie: Rebais, Faremoutiers, Jouarre, dann Chelles bei Paris, Fleury-sur-Loire, ferner Jumièges und Saint-Wandrille am Unterlauf der Seine, Corbie in der Picardie, Saint-Amand-Elnone an der Schelde, das Pippinidenkloster Nivelles, Laon, Noyon, Saint-Trond, Lobbes, Stablo-Malmedy in den Ardennen, Saint-Martin und Saint-Arnoul in Metz, St. Symphorian in Trier und das Nonnenkloster Oeren nahe der Stadt, die Vogesenklöster mit dem zentralen Luxeuil, mit Remiremont, Saint-Dié, schließlich Granfelden im Sornegau, Honau bei Straßburg und St. Gallen, das aber wohl erst im 8. Jh. ein wirkliches Kloster wurde.[8] Etwas anders lagen die Dinge auch bei den beiden Hausklöstern des neustrischen Hausmeiers Erchinoald, Lagny an der Marne und Péronne an der Somme, weil sie als irische Gründungen nicht zum Luxeuiler Mönchtum gehörten.[9]

---

[7] PRINZ, Mönchtum (wie II, 5a), 485ff.; K. ZELZER, Von Benedikt zu Hildemar, in: FMASt 23, 1989, 112–130.

[8] Einzelbelege bei PRINZ, Mönchtum (wie II, 5a) (Register und Karten VI A, XII A, B, C); zu St. Gallen: J. DUFT, Irische Einflüsse auf St. Gallen und Alemannien, in: Mönchtum, Episkopat (wie II, 5c), 9–35; teilweise abweichend: JÄSCHKE, Kolumban (wie Anm. 5). – Das Inselkloster Honau (nördlich von Straßburg) gehörte ebenfalls zur irofränkischen Observanz: I. EBERL, Das Iren-Kloster Honau und seine Regel, in: Die Iren (wie II, 5c), Bd. 1, 219–238.

[9] DIERKENS, Abbayes (wie II, 5b). Zu Péronne, Nivelles und deren Klosterordnung: P. FOURACRE u. a., Late Merovingian France. History and Hagiography 640–720, 1996, bes. 301–329; E. COLLET, Sainte Gertrude de Nivelles, 1983; E. PETRASCHKA, Fränkischer Adel und irische Peregrini im 7. Jahrhundert, 1999.

Das Verbreitungsgebiet des irofränkischen Mönchtums, das sich sowohl nach seiner inneren Organisation (Benedikt-Columban-Regel) wie nach seiner ethnischen Zusammensetzung stark vom altgallischen Klosterwesen unterschied, deckte sich nur zum geringen Teil mit dem Raum, den das antik-gallische Mönchtum erfaßt hatte. Vielmehr schließen sich die Hauptzentren dieses neuen Mönchtums von Luxeuil an die Nordflanke des spätantiken Klosterwesens an. Seine Zentren sind das Pariser Becken, der Unterlauf der Seine mit dem Bistum Rouen, das nördliche Burgund, die Vogesen, der Oberrhein und der weitere Bodenseeraum.

Der politische Umschwung von 613/14, als Brunichilde brutal beseitigt wurde und das neustrische Königtum nur durch große politisch-herrschaftliche Konzessionen an die austrische Führungsschicht unter Leitung von Arnulfingern und Pippiniden die Gesamtherrschaft im Merowingerreich erlangte, spiegelte sich auch in der klösterlichen Entwicklung wider. Sicher war es kein Zufall, daß die austrische Hauptstadt Metz im Verlaufe des 7. Jhs. sechs neue Klöster erhielt, davon vier in den ersten Jahrzehnten (St. Symphorian, St. Felix-Clemens, St. Glossindis, Saint-Pierre-aux-Nonnaines). Auch das Vordringen des Luxeuiler Mönchtums ins Bodenseegebiet und in die Gebiete östlich des Rheins war ohne die gestiegene Bedeutung Austriens undenkbar. Das starke Hervortreten germanischer Namen in den Bischofslisten, das seit 613 festzustellen ist, signalisierte ebenfalls den Aufstieg des fränkisch-germanischen Ostens im Gesamtreich. Mit den jetzt entstehenden Landklöstern von König und Adel ging auch die notwendige Landmission in hohem Maße auf die großen Abteien mit ihren umfangreichen Grundherrschaften über, womit sich wiederum eine stärkere Selbständigkeit der *monasteria* gegenüber der bischöflichen Gewalt ergab.[10] Die durch Columban verbreitete irische, bald jedoch irofränkische Klosterkultur erhielt ihre epochale Bedeutung durch die enge Verbindung dieses rigorosen Mönchsvaters und seiner Nachfolger mit dem merowingischen Königtum von Paris und mit

---

[10] J. SEMMLER, Mission und Pfarrorganisation in den rheinischen, mosel- und maasländischen Bistümern (5.–10. Jahrhundert), in: Cristianizzazione (wie II, 5c), Tl. 2, 813–888; vgl. W. HARTMANN, Der rechtliche Zustand der Kirchen auf dem Lande, in: ebd., Bd. 1, 397–444. – Für das Erzbistum Mainz: HEINEMEYER, Erzbistum Mainz (wie § 5, Anm. 45). Vgl. allgemein: The Church in Town and Countryside, Hg. D. BAKER, 1979.

dem Hofbeamtentum der Pariser Reichszentrale. Chlothar II. und Dagobert I. spielten hier ebenso eine wichtige Rolle als Förderer wie später die Königin Balthilde. Daher kam es auch, daß die wichtigsten Klostergründungen im Geiste Columbans und des neuen irofränkischen Mönchtums im Pariser Becken und an der unteren Seine zu finden sind, während die unmittelbaren Filiationen von Luxeuil demgegenüber an Wichtigkeit zurückstehen.

Eine Sonderstellung nahm die bischöfliche Coemeterialbasilika Saint Denis bei Paris ein, die vor der Mitte des 7. Jhs. wohl kein Kloster im engeren Sinne war. Sehr wahrscheinlich erfolgte aber damals die Umwandlung in einen Mönchskonvent mit benediktinisch-columbanischer Mischregel.[11] Die Streuung und Gruppierung der merowingischen und frühkarolingischen Klostergründungen sowie der von Merowingern und Frühkarolingern dotierten und privilegierten Königs- und Adelsklöster zeigt ferner, daß es schon früh im 7. Jh. einen kirchenpolitischen und damit auch herrschaftlich-politischen Kernraum karolingischer Macht in Austrien gegeben haben muß, der für die merowingische Herrschaft mehr oder weniger undurchdringlich war.[12]

c) Die karolingisch-angelsächsische Phase

Die dritte und letzte Welle monastischen Lebens im Frankenreich vor Karl dem Großen, ausgelöst und großenteils repräsentiert durch die angelsächsische Mission auf dem Kontinent, wurde an der Wende vom 7. zum 8. Jh. von dem Angelsachsen Willibrord (657/58–739) eingeleitet.[13] Auf ihren Höhepunkt geführt und bis zu einem gewissen

---

[11] La Neustrie (wie II, 5c), vor allem die Beiträge in Bd. 1 von R. KAISER, G. SCHEIBELREITER und I. HEIDRICH (wie § 9, Anm. 1), und bes. SEMMLER, Coemeterialbasilika (wie § 13, Anm. 68), bes. 102ff. – Zur Besitzgeschichte: R. PETERS, Die Entwicklung des Grundbesitzes der Abtei Saint-Denis in merowingischer und karolingischer Zeit, 1993.

[12] PRINZ, Mönchtum (wie II, 5a), 169f. und 192ff. – Zu den Regelvarianten zuletzt: DIEM, Keusch (wie § 13, Anm. 62).

[13] ANGENENDT, Willibrord (wie § 1, Anm. 20); Willibrord (wie § 12, Anm. 16); H. ZIELINSKI, Die Kloster- und Kirchengründungen der Karolinger, in: Beiträge zur Geschichte und Struktur (wie Anm. 3), 95–134; R. MCKITTERICK, Books, Scribes, and Learning in the Frankish Kingdoms, 1994; DIES., Anglo-Saxon Missionaries in Germany, in: DIES., The Frankish Kings and Culture in the Early Middle Ages (Collected studies series 477), 1995, I, 1–40.

Grade auch abgeschlossen hat sie dann sein Landsmann Winfrid-Bonifatius.[14] Am Oberrhein war der Vertreter dieser dritten monastischen Phase Perminius-Pirmin († ca. 755), der Gründer von Murbach und der Reichenau sowie des Klosters Hornbach in der Pfalz.[15] Organisatorisch unterschieden sich die Träger dieser Phase von der vorhergehenden irofränkischen dadurch, daß sie nun nachdrücklicher die Benedikt-Regel gegenüber der columbanisch-benediktinischen Mischregel durchsetzten. Doch hielt sich letztere vielfach noch bis zur Reform des Reichsmönchtums unter Benedikt von Aniane (779–821).[16] Politisch waren die angelsächsischen Missionare eng an die aufsteigenden Karolinger gebunden, so daß sie, wie beispielsweise Willibrord, durch ihre Mission wichtige Helfer karolingischer »Ostpolitik« wurden.[17] Utrecht, Kaiserswerth, Prüm, Echternach, Fritzlar, Fulda, die etichonischen, herzoglichen Klöster des Elsaß, Murbach und die Reichenau – letztere bis nach Niederbayern (Niederaltaich) und Rätien (Pfäfers) ausstrahlend –, all diese Klöster lagerten sich an den militärisch gefährdeten Nord- und Ostrand des Frankenreiches. Sie waren bald auch missionarische Stützpunkte für Friesland, Sachsen, Thüringen, Alamannien und Bayern. Demgegenüber sind die Neugründungen im Inneren des Frankenreiches weniger zahlreich und meist von zweitrangiger Bedeutung: auch dies ein indirekter Hinweis

---

[14] SCHIEFFER, Winfrid-Bonifatius (wie II, 5a); L. E. VON PADBERG, Wynfreth-Bonifatius, 1989; The Greatest Englishman: Essays on St. Boniface and the Church at Crediton, Hg. T. REUTER, ²1988; S. SCHIPPERGES, Bonifatius ac socii eius. Eine sozialgeschichtliche Untersuchung des Winfrid-Bonifatius und seines Umfeldes, 1996.

[15] LÖWE, Pirmin (wie II, 5b); A. ANGENENDT, Monachi peregrini. Studien zu Pirmin und den monastischen Vorstellungen des Frühmittelalters, 1972; Mönchtum, Episkopat (wie II, 5c); Die Kultur der Reichenau, Hg. K. BEYERLE, Bd. 1–2, 1925 [Ndr. 1970]; R. SCHMIDT, Reichenau und St. Gallen, 1985; R. RAPPMANN u. a., Die Reichenauer Mönchsgemeinschaft und ihr Totengedenken im frühen Mittelalter, 1998; Gründungsurkunden (wie § 10, Anm. 21); F. PRINZ, Das Mönchtum in fränkischer Zeit, in: Württembergisches Klosterbuch, Hg. W. ZIMMERMANN u. a., 2003, 3–21.

[16] Grundlegend: Corpus consuetudinum monasticarum, Hg. K. HALLINGER, 1–, 1963–, Bd. 1: Initia consuetudinis Benedictinae; J. SEMMLER, Zur Überlieferung der monastischen Gesetzgebung Ludwigs des Frommen, in: DA 16, 1960, 309–388; U. K. JACOBS, Die Regula Benedicti als Rechtsbuch, 1987.

[17] ANGENENDT, Willibrord (wie § 1, Anm. 20); vgl. auch DERS., Pirmin (wie II, 5a); J. SCHROEDER u. a., Die Anfänge der Abtei Echternach, 1996; Die Abtei Echternach 698–1998, Hg. M. C. FERRARI u. a., 1999.

auf die politisch-missionarische Funktion, die den Klostergründungen jener Zeit außer ihrem asketischen Hauptzweck zukam.[18] Sorge um das eigene Seelenheil erfüllte Stifter wie Mönche, sie äußerte sich im mönchischen Gebet für die Lebenden und die Toten, dessen sich König und Adel durch reiche Schenkungen an ihre Klöster zu versichern suchten. Unter Karl Martell und König Pippin lagen die Zentren kirchlichen und monastischen Aufbaus in Austrien und in den Austrien zugeordneten Gebieten rechts des Rheins; man könnte von einer karolingischen Klosterregion zwischen Maas, Mosel, Rhein, Main und fränkischer Saale sprechen.[19]

Anders als in Hessen und Thüringen, aber vergleichbar mit den Rheinlanden, ist in Bayern und Alamannien mit spätantiken Wurzeln des Christentums und vielleicht auch des Mönchtums zu rechnen. Das Salzburger Land, ein stark romanisch besiedeltes Gebiet, das jedoch – im Gegensatz zu Churrätien – kein politisches Eigenleben bewahren konnte, dürfte ältere kirchliche und monastische Relikte in die Agilolfingerzeit hinübergerettet haben.[20] Die Anknüpfung an den spätantik-christlichen Afra-Kult in Augsburg kann als gesichert gelten,[21] auch in Regensburg, Salzburg und Lorch ist christliche Kontinuität seit der Spätantike anzunehmen.[22] Der Einfluß Italiens, der etwa im Bestand alter Patrozinien faßbar wird, riß mit der Entstehung des bayerischen Herzogtums nicht etwa ab, sondern wirkte unter dem Schutze des politischen Zusammengehens von Bajuwaren und Langobarden noch weiter. Die Spuren oberitalienischer Schriftkultur in Bayern machen einen wesentlichen Unterschied zur gesamtfränkischen Entwicklung deutlich,[23] mag auch der Einfluß der fränkischen

[18] Vgl. PRINZ, Mönchtum (wie II, 5a), Karte XII C.
[19] Ebd., 185–231.
[20] PRINZ, Salzburg (wie § 10, Anm. 28); zurückhaltend: REINDEL, Grundlegung (wie II, 5b), 199f. und 205; WOLFRAM, Agilolfinger (wie II, 5b). Vgl. auch H.-D. KAHL, Zwischen Aquileja und Salzburg, 1981, 33–81, und F. LOTTER, Antonius von Lérins und der Untergang Ufernorikums, in: HZ 212, 1971, 265–315.
[21] PRINZ, Augsburg (wie § 8, Anm. 17).
[22] REINDEL, Grundlegung (wie II, 5b), 178–233.
[23] Grundlegend: BISCHOFF, Schreibschulen (wie § 1, Anm. 22); K. HOLTER, Der Buchschmuck in Süddeutschland und Oberitalien, in: KdG (wie II, 5a), Bd. 3, 74–114; K. BIERBRAUER, Die Ornamentik frühkarolingischer Handschriften aus Bayern, 1979; V. BIERBRAUER, Das sogenannte Rupertuskreuz aus Bischofshofen, in: Virgil von Salzburg. Missionar und Gelehrter, Hg. H. DOPSCH u. a., 1985, 229–243.

Mission seit dem Ende des 7. Jhs. aus politischen Gründen immer mehr zugenommen haben.[24]

d) Lebensnormen des westlichen Mönchtums

Es war kein Zufall, daß die philosophisch und spirituell bemerkenswert entfaltete Theologie und die Mönchsväter-Literatur des griechischen Ostens auch das Muster für die westlich-lateinische monastische Kultur abgaben, auch wenn hier, römischer Tradition entsprechend, die pragmatischen Fragen der Organisation asketischen Lebens weit besser entwickelt wurden. Dennoch blieb das griechisch-orientalische Vorbild in den Anfängen auch für den Westen prägend, wie etwa die Schriften des Johannes Cassianus († 430) zeigen. Der Kirchenvater Hieronymus spielte von Bethlehem aus bei der Umsetzung der orientalischen Asketen-Ideale, wie sie sich in den »Apophthegmata patrum«, den »Sinnsprüchen« der Wüstenväter, zu höchster spiritueller Selbsterkenntnis gesteigert hatten, eine wichtige Rolle. Auch die für den lateinischen Westen stark prägende »Vita Martini« des ersten großen Mönchsvaters Galliens ist gleichsam gegen die spirituelle Übermacht des Ostens geschrieben worden. Augustinus, der für 388 in Rom sowohl Männer- als auch Frauenklöster bezeugt, hat selbst mit den Schriften »Ordo monasterii« und »Praeceptum« die frühesten erhaltenen normativen Texte für den lateinischen Westen geschaffen, aus denen die später veränderte Augustinus-Regel für Mönche und Nonnen hervorging.[25] Wie gefährdet die asketische Bewegung am Rande oder auch innerhalb der Gesamtkirche blieb, zeigt die blutige Verfolgung der Priscillianer-Sekte in Spanien und Südwestfrankreich, die auf bischöfliches Drängen, aber gegen den Willen des Kirchenvaters Ambrosius und des Bischofs Martin von Tours 385 vom Trierer Kaiser Magnus Maximus durchgeführt wurde: Es war im

---

[24] PRINZ, Mönchtum (wie II, 5a), 351–413.

[25] Zu den frühen lateinischen Lebensordnungen grundlegend: A. DE VOGÜÉ, Les règles monastiques anciennes (400–700), 1985, und JENAL, Italia ascetica (wie § 13, Anm. 62): generell und bes. zu Hieronymus, Bd. 1, 318–386. – Zu den »Apophthegmata patrum«: W. BOUSSET, Apophthegmata. Studien zur Geschichte des ältesten Mönchtums, Hg. T. HERMANN, 1923; C. BATLLE, Die »Adhortationes Sanctorum Patrum« (»Verba Seniorum«) im lateinischen Mittelalter, 1972.

lateinischen Westen die erste organisierte Christenverfolgung durch Christen.[26]

Gefährdungen theologisch-dogmatischer Art war auch das einflußreichste westliche Kloster des 5. Jhs., Lérins, ausgesetzt, das sich, wie erwähnt, der extremen Prädestinationslehre Augustins entgegenstellte, wenn es auch in anderen theologischen Fragen auf der Linie des Kirchenvaters lag. Stark vom orientalischen Mönchsideal beeinflußt, besonders von den Schriften des Johannes Cassianus, entwickelte das provençalische Inselkloster nicht nur eine eigene Theologie,[27] sondern auch nacheinander mehrere jeweils modifizierte Mönchsregeln.[28] Grundlegend war die sogenannte »Vier-Väter-Regel«, die sich als Text der ägyptischen Mönchsväter Serapion, Makarios, Paphnutios und wiederum Makarios ausgibt. Anders als in der Augustinus-Regel wird hier die spirituelle *lectio* zugunsten der schon aus asketischen Gründen nötigen Handarbeit auf drei Stunden täglich eingeschränkt, eine Weisung, die für die Entwicklung und den pragmatischen Geist des abendländischen Mönchtums seit Benedikt von Nursia bedeutungsvoll werden sollte. Unter Abt Maximus, dem Nachfolger des Klostergründers Honoratus, entstand 426 eine kürzere »Zweite Regel der Väter«, die sehr stark den Gehorsam gegenüber dem vom Bischof eingesetzten Abt forderte. Eine unter Abt Porcarius entstandene, wiederum Makarios zugeschriebene Regel vermehrte die konkreten Vorschriften, etwa über die Aufnahme neuer Mönche. Ebenfalls in Lérins dürfte die *Regula Orientalis* entstanden sein, in der Elemente der Regel des östlichen Mönchsvaters Pachomios enthalten sind. Mit der »Dritten Väter-Regel« endet die normative Entwicklung Lérinenser Klosterordnungen; sie wurde 535 auf dem Konzil von Clermont formuliert. Im 7. Jh. kam es dann in Lérins zur Übernahme der Benedikt-Regel.

---

[26] H. E. CHADWICK, Priscillian of Avila, 1976; C. STANCLIFFE, St. Martin and his Hagiographer, 1983 (passim). Speziell zur Rolle des Priscillianismus: K. GIRARDET, Trier 385 – Der Prozeß gegen die Priszillianer, in: Chiron 4, 1974, 576–608, der unter Hinweis auf Kanon V des Konzils von Antiochia die formale Rechtmäßigkeit des Prozesses betont, wohl kaum zu Recht. Archäologische Indizien lassen es als möglich erscheinen, daß das Jakobus-Grab in Compostella ursprünglich das Grab Priszillians gewesen sei, so CHADWICK.

[27] KASPER, Theologie (wie Anm. 4).

[28] DE VOGÜÉ, Les règles (wie Anm. 25); DERS., Les débuts (wie Anm. 1).

Mit den zahlreichen Bischöfen, die aus Lérins hervorgingen, wirkten dessen Regeln weit über die Provence nach Gallien hinein. Wichtigster Vermittler wurde hier Erzbischof Caesarius von Arles, der auch für seine Klostergründung St. Jean die erste für Frauen bestimmte lateinische Regel schrieb. Neben Lérins sind Einflüsse der Augustinus-Regel unverkennbar. Caesarius' Regel für Frauen läßt sich auch im Heiligkreuzkloster der Merowingerkönigin Radegunde in Poitiers nachweisen, ebenso in Besançon unter Bischof Donatus und in Clermont.[29]

In dieser Epoche beginnt sich im Westen wie in Konstantinopel eine Neuerung durchzusetzen: An die Stelle der individuellen *cellae* oder Lauren, wie sie sowohl in Lérins als auch in Marmoutier bei Tours, dem Hauptkloster des gallischen Mönchsvaters Martin, rund um die Kirche bestanden hatten und in gewisser Weise trotz der monastischen Gemeinschaft eine Fortdauer der alten anachoretischen Lebensform ermöglichten,[30] trat jetzt der gemeinsame Schlafsaal der Mönche, das *dormitorium.* Zwar gab es auch weiterhin die Möglichkeit anachoretischer Lebensweise im Bereich des regulären Klosters, aber dies war jetzt die Ausnahme und oft eine besondere Auszeichnung. Die »Einzelzelle« aus anachoretischer Tradition wirkte aber insofern weiter, als sie in späteren Epochen des Mönchtums dazu führte, daß in der Klosterarchitektur die Einzelzelle für jeden Mönch vorgesehen war, wenn auch im Verbund eines Schlaftrakts.

In Italien entstand in der weiteren Umgebung Roms im ersten Drittel des 6. Jhs. die *Regula Magistri*, ein in Frage und Antwort gegliederter, umfangreicher, von den monastischen Schriften des Johannes Cassianus beeinflußter Text, der aber auch relativ eingehend die konkrete klösterliche Organisation schildert. Wichtig ist die *Regula Magistri* vor allem, weil ihr spiritueller Gehalt in der *Regula S. Benedicti* rezipiert wurde.[31] Letztere, die seit dem 9. Jh. zur schlechthin beherrschenden Klosterregel des Abendlandes wurde, entstand wohl zwischen 530 und 560. Ungeachtet ihres spirituellen Grundtenors, der vor allem in dem berühmten Kapitel über die Demut (*humilitas*) gipfelt,

---

[29] PRINZ, Mönchtum (wie II, 5a), 76–81.

[30] Zur monastischen Architektur vgl. G. BINDING, Art. »Klosterbaukunst«, in: LexMA 5, 1221 ff.

[31] La règle du maître, Hg. A. DE VOGÜÉ, Bd. 1–3, 1964 f. (dt.: Die Magisterregel, Hg. K. S. FRANK, 1989); M. BOZZI, Regola del Maestro, Bd. 1–2, 1995.

zeichnet sich die Regel Benedikts durch ihren praktischen Sinn für das dem Menschen Mögliche und durch ihre organisatorisch ausgewogenen Bestimmungen aus. Auch verbindet sie die »vertikale«, vom Lehrer-Schüler-Verhältnis bestimmte Konzeption der Regula Magistri mit dem eher »egalitären«, »horizontalen« Strukturprinzip der Klostergemeinschaft bei Augustinus und stellt somit unter den etwa 30 Klosterregeln des frühen Mönchtums, die allesamt charismatisch beflügelte Anläufe zur Institutionalisierung asketischer Lebensformen waren, zweifellos den humanitären, ausgereiften Höhepunkt dar. Auf jeden Fall ist ihr spektakulärer Erfolg kein Zufall.[32] Letzte Gewißheit über die Person des Verfassers ist bis heute nicht möglich, da die Authentizität der Benedikt-Vita in Gregors des Großen »Dialogi« umstritten bleibt. Auffällig ist immerhin, daß die Regel erstmals im frühen 7. Jh. im Merowingerreich bezeugt ist, nicht jedoch in Italien, wo sie nachweislich erst im 8. Jh. auftritt, und hier auch nur in Klöstern mit fränkischen Mönchen.[33]

Gegenüber der humanen Ausgewogenheit der Regula S. Benedicti bedeutete es dann einen gewissen Rückschritt, als im Merowingerreich seit Beginn des 7. Jhs. irische Klosterregeln mit äußerst rigorosen Strafbestimmungen für Mönche auftauchten, allen voran Columbans Luxeuiler *Regula monachorum* und *Regula coenobialis*. Für eine weitgehend archaische und teilweise noch zu missionierende Gesellschaft mögen die zahlreich angedrohten Prügel noch ein adäquates Erziehungsmittel gewesen sein. Ob Columban bereits die Benedikt-Regel kannte, ist umstritten, aber spätestens Waldebert, der dritte Abt von Luxeuil, verfaßte eine Klosterordnung, in der bereits das Vorbild der Regula S. Benedicti die Einflüsse Columbans bei weitem überwiegt. Mehr noch: In den wichtigen Bußbestimmungen neigt er überwiegend der psychologisch ausgewogenen Bußpraxis

---

[32] A. DE VOGÜÉ, Art. »Regula S. Benedicti«, in: LexMA 7, 603ff. (mit Literatur); Atti del 7. Congresso (wie Anm. 1); JENAL, Italia ascetica (wie § 13, Anm. 62), Bd. 1, 233–264.

[33] CLARK, Dialogues (wie § 13, Anm. 62); PRINZ, Mönchtum (wie II, 5a), 262–292. – Anders als CLARK: A. DE VOGÜÉ, der in den Kommentaren zu seinen Übersetzungen Grégoire le Grand, Vie de Saint Benoît, und La règle de Saint Benoît (beide wie Anm. 2), an der traditionellen Identifizierung des in den »Dialogi« Gregors des Großen genannten Benedikt mit dem Autor der Regel festhält. Der Kernpunkt der Diskussion ist die Frage, ob die Benedikt-Vita der »Dialogi« ein originäres Werk Gregors des Großen ist, was F. CLARK verneint.

Benedikts zu, die vor allem auf dem die Selbstreflexion fördernden antiken Bußverständnis beruht, das den Sünder ethisch umzuerziehen sucht; die strengen, auch körperlichen Strafen bei Columban entstammen dem rigiden Prinzip der Tathaftung. Anders verhält es sich bei der Nonnenregel des Bischofs Donatus von Besançon, die zwar ebenfalls die Kombination von Benedikt-, Columban- und Caesarius-Regel kennt, aber doch weitgehend und, stellenweise sogar noch steigernd, den columbanischen Strafrigorismus beibehält. Beide Bußvorstellungen wirkten noch bis ins Hochmittelalter, doch setzte sich letztlich der antike Humanismus Benedikts durch.[34] Die Donatus-Regel findet sich auch im Nonnenkloster des Bischofs Praejectus in Clermont.[35] Im Laufe des 7. und vor allem seit dem 8. Jh. schwinden die mannigfaltigen Regelkombinationen. Sie tauchen noch einmal als monastisches, gleichsam »historisches Erbgut« im Regelcodex des Klosterreformers Benedikt von Aniane auf, ansonsten jedoch behauptet die Benedikt-Regel im frühmittelalterlichen Europa das Feld.[36]

Das Mönchtum insgesamt war schließlich auf seinem Entwicklungsgang von der Spätantike bis zum Frühmittelalter aus einer radikal christlich-asketischen »Gegenkultur« am Rande der Gesellschaft im Frankenreich zu einer unentbehrlichen Säule dieser Gesellschaft geworden. Mit der von ihm maßgeblich getragenen Mission und der Ausbildung der wohlorganisierten mittelalterlichen klösterlichen Grundherrschaft gewann das Mönchtum auch Teilhabe an politischer Herrschaft; es vermochte einen Großteil der Kultur und Erziehung, vor allem der Oberschicht, in seiner Hand zu vereinigen und wurde überdies zum Vermittler antiker Kulturtraditionen, soweit diese mit christlichen Werten und Paradigmen vereinbar waren.[37]

---

[34] R. KOTTJE, Art. »Bußbücher«, in: LexMA 2, 1118–1122; L. KÖRNTGEN, Studien zu den Quellen der frühmittelalterlichen Bußbücher, 1993; Mit Recht betont H. LUTTERBACH, Die Klosterbuße am Übergang von der Spätantike zum Frühmittelalter, in: ZKG 106, 1995, 56–69, daß die Vielfalt der »Regula-Mixta«-Texte nicht allein nach den jeweiligen »Anteilen« Benedikts, Columbans etc. quantifizierend beschrieben werden kann, sondern nach dem jeweiligen inhaltlichen Gewicht der übernommenen Bestimmungen.

[35] A. DE VOGÜÉ, La Règle de Donat pour l'Abbesse Gauthstrude, in: Benedictina 25, 1975, 219–313.

[36] Zur Ausbreitung der Benedikt-Regel zuletzt P. ENGELBERT, Regeltext und Romverehrung, in: RQ 81, 1986, 39–60; J. WOLLASCH, Benedictus abbas Romensis, in: Tradition als historische Kraft (wie § 4, Anm. 48), 119–137.

[37] PRINZ, Konstantin (wie II, 5a), 321–333 und 496–542.

§ 15 Mission und Herrschaft

Mission – das war und ist nicht nur Bekehrung anderer Menschen und Völker aus dem Geist der Verkündigung Jesu Christi, sondern zugleich permanente Selbsterneuerung der Gesamtkirche unter gewandelten Umständen. Die positive Rückwirkung der jungen irischen, angelsächsischen und fränkischen Kirche auf das päpstliche Rom im 7., 8. und 9. Jh. ist hierfür ein beredetes Beispiel. Maßgeblicher Initiator und geistiger Vater der frühmittelalterlichen Mission war Papst Gregor der Große (ca. 540–604), der die Bekehrung der Angelsachsen in die Wege leitete und dafür praktikable, psychologisch kluge Anweisungen entwickelte. Bistümer und Klöster wirkten auch eng bei der Mission auf dem Lande zusammen, doch ebenso wichtig für die Christianisierung der germanischen Regionen des Frankenreiches wurde die Zusammenarbeit mit dem Königtum und dem grundbesitzenden Adel, denn Mission wurde in steigendem Maße Auftrag der Kirche an die Herrscher. Schon mit der Bekehrung Chlodwigs I. und seiner Kirchenpolitik taucht der enge Konnex von politischer Gewalt und geistlichen Zielsetzungen auf.[1] Mit Chlodwigs Taufe ging seine

[1] Zum Gesamtphänomen von Christianisierung und Mission im Frühmittelalter: Kirchengeschichte als Missionsgeschichte (wie II, 5a), Bd. 2; Pagans and Christians. The Interplay between Christian Latin and Traditional Germanic Cultures in Early Medieval Europe, Hg. T. HOSTRA u. a., 1995; I. N. WOOD, The Missionary Life. Saints and the Evangelisation of Europe 400–1050, 2001; La conversione al cristianesimo nell' Europa dell' alto medioevo, 1967 (Sett.Cent.it. 14), sowie die instruktive Synopse: Cristianizzazione (wie II, 5c), darin bes. die Beiträge von R. MANSELLI (vgl. unten Anm. 3), G. CONSTABLE, W. HARTMANN und J. SEMMLER; P. THRAMS, Christianisierung des Römerreiches und heidnischer Widerstand, 1992; La christianisation (wie § 13, Anm. 47); K. SCHÄFERDIEK u. a., Art. »Christentum der Bekehrungszeit«, in: RGA 4, 1981, 501–599, hier 502–557; zum Anteil der Frauen: NOLTE, Conversio (wie § 1, Anm. 25). – Zur Mission als Herrscherauftrag: A. ANGENENDT, Kaiserherrschaft und Königstaufe, 1984. – Überblick bei EWIG u. a., Christliche Expansion (wie § 6, Anm. 13), hier 119ff.; J. HERRIN, The Formation of Christendom, 1987; K. H. KRÜGER, Königskonversionen im 8. Jahrhundert, in: FMASt 7, 1973, 169–222; R. E. SULLIVAN, The Papacy and Missionary Activity in the Early Middle Ages, in: Mediaeval Studies 17, 1955, 46–106; H. MAYR-HARTING, The Coming of Christianity to Anglo-Saxon England, 1972; J. N. HILLGARTH, Modes of Evangelization of Western Europe in the Seventh Century, in: Irland und die Christenheit (wie II, 5c), 311–331, und allgemein: Christianity and Paganism, 350–750. The Conversion of Western Europe, Hg. J. N. HILLGARTH, 1986, sowie: Les fouilles (wie § 6, Anm. 6); PRINZ, Peregrinatio (wie § 1, Anm. 61); L. DREES, Der Kult des Mannus in den Ardennen, in: AHVN 175, 1973, 7–62; VOLLRATH, Christliches Abendland (wie § 1,

mythisch begründete, heidnische Heilsmächtigkeit verloren, die einst zur Herrschaft berechtigte.[2] Mit dem Ausschließlichkeitsanspruch des Christentums stellte sich von selbst die Frage nach einer neuen religiösen Legitimierung der Königsherrschaft, die Chlodwig sehr konkret durch die Förderung spätantiker Heiligenkulte, wie den Martinskult, beantwortete und ebenso durch eine aktive Kirchenpolitik, die sich bald als staatlich geförderte Mission auswirkte. Damit wurde die Kirche aber auch eine legitimierende Macht für das mittelalterliche Fürstentum schlechthin. Wenn nach dem Bericht Gregors von Tours sich mit Chlodwig »mehr als 3000 aus seinem Heer« taufen ließen, dann beweist dies einerseits die Wirkung des »Heerkönigs« auf seine Gefolgschaft, andererseits aber wird damit klar, daß nur ein Teil des Frankenvolkes diesen Schritt vollzog und deshalb eine planmäßige Mission nötig war: Noch im 7. Jh. sind im Merowingerreich heidnische Franken und sogar *duces* bezeugt. Auf jeden Fall gab es bei der Christianisierung sowohl ein starkes Süd-Nord-Gefälle als auch große Inseln der christlichen Romania im Norden, so etwa das Trierer Land.[3] Schon Chlodwigs I. Sohn Theuderich I. holte Geistliche aus

---

Anm. 12); J.-M. PICARD, Ireland and Northern France, 1991; RUSSELL, Germanization (wie § 1, Anm. 46); W. HAUBRICHS, Die Angelsachsen und die germanischen Stämme des Kontinents im frühen Mittelalter: sprachliche und literarische Beziehungen, in: Irland und die Christenheit (wie II, 5c), 387–412; La civilisation mérovingienne dans le bassin mosan, Hg. M. OTTE, 1986; K. SCHÄFERDIEK, Fragen der frühen angelsächsischen Festlandsmission, in: FMASt 28, 1994, 172–195. Auch methodisch wichtig: VON PADBERG, Mission (wie § 1, Anm. 19); DERS., Die Christianisierung Europas im Mittelalter, 1998; DERS., Topos und Realität in der frühmittelalterlichen Missionspredigt, in: Hagiographica 4, 1997, 35–70; zur Problematik des plakativen Begriffs »Heidentum«: DERS., Art. »Mission, Missionar, Missionspredigt«, in: RGA 20, 2002, 81–89; A. DIERKENS, Christianisme et »paganisme« dans la Gaule septentrionale, in: »Schlacht bei Zülpich« (wie § 1, Anm. 42), 451–474.

[2] Zum Erbcharisma grundlegend: HAUCK, Lebensnormen (wie § 9, Anm. 16); DERS., Geblütsheiligkeit (wie II, 5a), hier 194f.; EWIG, Königsgedanke (wie § 8, Anm. 31).

[3] Gregor von Tours, Historia Francorum (wie II, 4a), II, c. 31 (Zitat 77); dazu GRAHN-HOEK, Oberschicht (wie § 7, Anm. 24), 135–140. Dagegen mit Recht: HANNIG, Consensus fidelium (wie II, 5a), 96f. mit Anm. 14. – Zur Resistenz des Heidentums: R. MANSELLI, Resistenza dei culti antichi nella pratica religiosa dei laici nelle campagne, in: Cristianizzazione (wie II, 5c), Tl. 1, 57–127, und die Literatur bei SCHÄFERDIEK u. a., »Christentum« (wie Anm. 1), sowie VON PETRIKOVITS, »Germania (Romana)« (wie § 5, Anm. 2). – Zu optimistisch hinsichtlich der Stärke des Christentums im Merowingerreich: HEN, Culture and religion (wie § 6, Anm. 1).

der Auvergne nach Trier, und um die Mitte des 6. Jhs. setzen die Bischofslisten von Maastricht, Köln und Mainz mit galloromanischen Namen neu ein.[4] Man muß allerdings im Auge behalten, daß das spätantike bischöfliche Netz von Seelsorgestationen (»Urpfarreien«) noch sehr schütter gewesen ist und daher schon vor der germanischen Invasion das Heidentum in den kaum erschlossenen Randgebieten zwischen Maas und Rhein weitergelebt hatte, während das Christentum vor allem in den städtischen Zentren, *castella* und *vici* das Übergewicht besaß. Die von den Merowingerkönigen nachdrücklich geförderte Mission betraf also im Nordosten nicht nur die Germanen; für letztere wurde aber an vielen Orten – neben der spätantiken Pfarrkirche für die Romanen – eine zweite, ursprünglich nur für Neubekehrte germanischer Abkunft bestimmte Kirche errichtet, so in Kreuznach, Boppard, Andernach und Bitburg sowie in vielen Dörfern des Moseltals.[5] Gleichzeitig erweiterten die Bistümer missionierend ihre Aktionsräume; von festen Sprengeln kann man in dieser Frühzeit nicht sprechen. Köln greift auf diese Weise in den Raum Nimwegen-Xanten aus, Trier moselabwärts bis an den Rhein. Begleitet wurde diese Missionsarbeit von der Tätigkeit asketischer »Einsiedlermissionare« wie Wulfilaich in den Ardennen oder Goar, Ingobert, Wendelin und Disibod, über die man wenig Konkretes weiß, beiderseits des Rheins.[6] Wie schon während der Missionsfahrten des heiligen Martin war auch diese Missionswelle großen Ausmaßes mit der Zerstörung heidnischer Heiligtümer verbunden. Radegunde, die Gattin Chlothars I., ließ 536/55 ein Heiligtum anzünden, von dem ausdrücklich gesagt wird, daß es fränkischem Kult diente.[7] Ähnliches ereignete sich in der Gegend von Soissons und in Cambrai, wo Bischof Gaugerich an die Stelle eines heidnischen Heiligtums eine Medardus-Kirche erbaute.[8] Für den salfränkischen Raum nördlich der Somme läßt sich sogar noch für das gesamte 6. Jh. eine kirchliche Rückzugs-

---

[4] EWIG u. a., Christliche Expansion (wie § 6, Anm. 13), 128ff.; SEMMLER, Mission (wie § 14, Anm. 10).

[5] SEMMLER, Mission (wie § 14, Anm. 10), 839ff., und PAULY, Siedlung (wie I, 9).

[6] EWIG, Trier (wie II, 5b), 88 und 108–111.

[7] Gregor von Tours, Vitae patrum, in: Gregorii Turonensis Opera (wie II, 4b), VI, 2: De sancto Gallo episcopo, 231; Baudonivia, De Vita sanctae Radegundis libri duo, Hg. B. KRUSCH, 1888 [Ndr. 1984], 358–395 (MGH SRM 2), hier 380.

[8] Vita Gaugerici, Hg. B. KRUSCH, 1896 [Ndr. 1995], c. 13, 649–658 (MGH SRM 3), hier 657.

bewegung feststellen, wobei offenbleiben muß, ob dort missionarische Gegenkräfte noch stärkere Einbrüche verhindern konnten. So fand um die Mitte des Jahrhunderts der heilige Vedastus, den Remigius von Reims als Bischof von Arras zur Frankenmission eingesetzt hatte, noch starkes Heidentum in der Umgebung König Chlothars I. vor.

In der zweiten Hälfte des 6. Jhs. scheint es im Norden des Merowingerreiches zu einer Stagnation der Mission gekommen zu sein, die erst durch den Impetus Papst Gregors des Großen und vor allem durch die irische Mission auf dem Kontinent überwunden wurde. Aufschlußreich ist in diesem Zusammenhang, daß Eligius von Noyon († 660) in Nordgallien lateinisch missionierte; von einer »protoromanischen« Sprache kann also im 7. Jh. noch nicht die Rede sein.[9] – Noch die Viten der Bischöfe Lambert (671/75–705) und Hubert (703/5–727) berichten von der Bekämpfung des Heidentums in den Ardennen und in Toxandrien (Nordbrabant).[10] Dagegen dürfte im Rhein-Moselgebiet die frühmerowingische Germanenmission erfolgreich gewesen sein, denn nicht zufällig setzen seit dem Ende des 6. Jhs. mit Magnerich in Trier und Ebergisel in Köln germanische Namen in den Bischofslisten ein. In Maastricht erscheint 614 der Bischof Bertulfus, doch begegnet hier schon um 500 ein germanischer Name. Worms und Speyer beginnen um 614 sogar mit Bischöfen germanischer Abkunft. Der ethnische und religiöse Wandel vollendete sich in der ersten Hälfte des 7. Jhs., seit in Trier und Köln nur mehr germanische Namen in den Bischofslisten auftauchen.

Eine weitere Phase expansiver Mission setzt im 7. Jh. mit der Regeneration des Merowingerreiches unter Chlothar II. und Dagobert I. ein; sie wird maßgeblich von der irofränkischen monastischen Bewegung getragen.[11] In deren Klöstern wurde nicht nur die tiefere

---

[9] Ionae Vitae sanctorum Columbani (wie II, 4b), Vita Vedastis, 295–320, c. 7, hier 314ff. – Ein Sonderfall war der Langobarde Wulfilaich, der unter Bischof Magnerich (566–nach 586) aus Aquitanien in die Trierer Diözese kam: Gregor von Tours, Historia Francorum (wie II, 4a), VIII, c. 15, 380–383. – Zu Eligius vgl. M. BANNIARD, Latin et communication orale en Gaule franque, in: Le septième siècle (wie II, 5c), 58–86; K. F. WERNER, Le rôle de l'aristocratie dans la christianisation du Nord-Est de la Gaule, in: RHE 62, 1967, 45–73.

[10] E. DE MOREAU, Histoire de l'église en Belgique des origines au début du XIIe siècle, Bd. 1–6, ^{2}1945–1952, Bd. 1, 95ff. und 101ff.

[11] W. LEVISON, Die Iren und die fränkische Kirche, in: DERS., Frühzeit (wie II, 5b),

Christianisierung der fränkischen Oberschicht geleistet und ihr ein neues, christlich-adeliges Selbstverständnis vermittelt,[12] sondern es wurde auch die Volksmission von monastischen Stützpunkten aus eingeleitet oder weitergeführt. Amandus († 676/84), der »Apostel Flanderns«, entfaltete an Scarpe und Schelde seine Missionsarbeit und gründete das Kloster Elnone (St. Amand); sein Schüler Bavo wirkte um Gent und Antwerpen.[13] Aus dem Kreise der mit Luxeuil eng verbundenen Hofbeamten Dagoberts I. kamen Bischof Eligius von Noyon und Tournai wie auch Bischof Audoenus von Rouen, die den Missionsauftrag in ihren Diözesen in Zusammenarbeit mit dem moselfränkischen Adeligen Wandregisel und dem Adeligen Filibert, den Gründern von St. Wandrille und Jumièges an der unteren Seine, durchführten. Erst mit dem Ende des 7. Jhs. beginnt in diesem Raum das Heidentum zu erlöschen. Die bedeutende Adelsfamilie der Burgundofaronen, die auch zum Pariser Hofkreis Dagoberts gehörte, förderte durch ihre Klöster in Meaux und Faremoutiers im östlichen Pariser Becken ebenfalls die irofränkische Mission.[14] Mit dem Niedergang der merowingischen Königsmacht schwand der Einfluß der bischöflichen Zentralorte, soweit sie nicht eigene politische Herrschaft – »Bischofsrepubliken« – ausgebildet hatten. Dagegen wuchs die Bedeutung der adelig-grundherrschaftlich organisierten *monasteria*, die nun auch die Pfarrorganisation und damit die Mission vorantrieben. Das gilt vor allem auch für den Ausbau der rechtsrheinischen Pfarreien und monastischen Filiationen. Auch ist es kein Zufall, daß seit der frühen Karolingerzeit die Rolle der Äbte als Inhaber großer überregionaler Grundherrschaften auf Kosten der Bischöfe sich verstärkte. Dies führte dazu, daß im 7. Jh. ein zähes Ringen zwischen Bischöfen und Klöstern um die Sicherung von Rechten und Besitzansprüchen einsetzte. Die meist vom Adel gestifteten Klöster wehrten sich dagegen, daß sie vermögensrechtlich wie eine Pfarrei dem Bi-

---

247–263; PRINZ, Mönchtum (wie II, 5a), 12–151; K. SCHÄFERDIEK, The Irish Mission of the Seventh Century, in: The End of Strife, Hg. D. LOADES, 1984, 139–154; DIERKENS, Abbayes (wie II, 5b).

[12] Siehe bes. Anm. 2f.

[13] E. DE MOREAU, St. Amand apôtre de la Belgique et du Nord de la France, 1927; A. VERHULST, Over de stichting en de vroegste geschiedenis van de St. Pieters en de St. Baafs abdijen te Gent, 1953.

[14] PRINZ, Mönchtum (wie II, 5a), 121 ff. – Zur irisch-klösterlichen Mission außerhalb des Luxeuil-Kreises: PETRASCHKA, Fränkischer Adel (wie § 14, Anm. 9).

schof unterstellt waren, und suchten auch in geistlichen Dingen dessen Korrektionsrecht zu entschärfen und seine Oblationsforderungen bei Besuchen und Weihehandlungen einzuschränken oder gar zu beseitigen. »Die Abtei gibt sich als Kirchenstadt, phänotypisch gleichwertig einem Bischofssitz«. Wenn sich auch diese privilegierte »große Freiheit« der Klöster gegenüber der Diözesangewalt auf die Dauer nicht durchsetzen konnte und man sich schließlich auf der mittleren Kompromißlinie, einer »kleinen Freiheit«, fand, blieb doch die Spannung zwischen *episcopium* und *monasterium* ein Moment der weiteren Entwicklung. Die für die Zukunft so wichtige Klosterimmunität, die sich aus diesem Stand der Dinge entwickelte, hatte somit geistliche wie materielle Wurzeln.[15] An der nicht störungsfreien Konkurrenz zwischen bischöflicher Seelsorgeorganisation und grundherrlichem »Eigenkirchenwesen« des Adels und der Adelsklöster konnte selbst die karolingische Kirchenreform des 8. Jhs. nichts ändern; die Zukunft gehörte der Eigenkirche, die öfters mit dem Stiftergrab ausgestattet war.[16] Aus rechtsgeschichtlichen wie archäologischen Gründen abzulehnen ist die Hypothese vom germanischen bzw. indogermanischen Ursprung des Eigenkirchenwesens, denn es findet sich ebenso bei slawischen und orientalischen Völkern und fehlt andererseits auch bei germanischen Völkern. Vielmehr handelt es sich um eine Übergangsform in der allgemeinen Rechtsentwicklung.[17]

Die beschriebene Entwicklung wurde dann besonders für die Rheinlande, aber auch für Alamannien und das agilolfingische Bayern

---

[15] FELTEN, Äbte (wie II, 5a), 76ff. und 106ff. – Zum Gegensatz zwischen Bistum und Kloster: EWIG, Beobachtungen (wie § 14, Anm. 6); A. HÄUSSLING, Mönchskonvent und Eucharistiefeier, 1973, 199–206 und 303–307 (Zitat 303); ANGENENDT, Pirmin (wie II, 5a), 251–304, hier bes. 252–267.

[16] SEMMLER, Mission, 846ff. und 886; vgl. auch HARTMANN, Zustand (beide wie § 14, Anm. 10); EWIG u. a., Christliche Expansion (wie § 6, Anm. 13), 132ff.

[17] Das hartnäckig aufrechterhaltene Konstrukt vom germanischen Ursprung des Eigenkirchenwesens (U. STUTZ; vgl. § 13, Anm. 82) ist schon bald nach seiner Entstehung mit Recht von A. DOPSCH unter Hinweis auf dessen grundherrschaftlichen Kontext zurückgewiesen worden: vgl. SCHIEFFER, »Eigenkirche« (wie § 13, Anm. 82). – Zur neuerlichen Diskussion: SCHNEIDER-SCHNECKENBURGER, Churrätien (wie § 5, Anm. 56), 111; DIES., Raetia I vom 4. bis 8. Jahrhundert aufgrund der Grabfunde, in: Von der Spätantike (wie II, 5c), 179–191; BORGOLTE, Der churrätische Bischofsstaat (wie § 13, Anm. 39); DERS., Stiftergrab und Eigenkirche – Ein Begriffspaar der Mittelalterarchäologie in historischer Kritik, in: ZAM 13, 1985, 27–38. Vgl. auch E. HASSENPFLUG, Das Laienbegräbnis in der Kirche, 1999.

an der Wende vom 7. zum 8. Jh. wichtig. Im rheinfränkischen Raum, wo die Luxeuil-Bewegung mit dem pippinidischen Hauskloster Nivelles sowie mit Stablo-Malmedy in den Ardennen um die Mitte des 7. Jhs. Fuß gefaßt hatte und die Abtei Prüm in der Eifel seit dem frühen 8. Jh. sich zu einem karolingischen Hauskloster entwickelte, sind die Erfolge der eigenkirchlichen Mission deutlich zu fassen: das Heidentum erlischt in diesem Zeitraum. In einer nächsten Etappe greifen die rheinischen Bischofsstädte missionarisch ins Rechtsrheinische aus. Die Grabsteine von Königswinter-Niederdollendorf und Leutesdorf bezeugen ein christliches Vorfeld östlich des Rheins, das dann in karolingischer Zeit nicht mehr missioniert zu werden brauchte.[18]

Im Rhein-Main-Gebiet lebte das antike Christentum nachweislich in Mainz-Kastel und in Wiesbaden fort, die Mission des 7. Jhs. erreichte den unteren Main bis zum Niddagau und auch den Spessart. Fränkische Macht und damit die Möglichkeit erfolgreicher Missionsarbeit von Mainz aus bestimmen auch die Situation in der Wetterau, von der aus wiederum über die fränkischen Kastelle Glauberg bei Büdingen, Amöneburg, die Kerstburg (Christenberg bei Wetter) und die Büraburg bei Fritzlar die Mission den hessischen Raum erschließen konnte.[19] Vom Bistum Worms aus wurde der untere Neckar von Ladenburg bis Bad Wimpfen missioniert und ebenso der Odenwald mit dem Kloster Amorbach, einer Gründung des frühen 8. Jhs., die sich später wiederum in die Sachsenmission einschaltete.[20] Das Bistum Speyer wirkte zusammen mit der um 660 gegründeten Abtei Weißenburg im Elsaß, einer Stiftung der austrasischen Adelsfamilie der Theodarde und Chrodoine, missionarisch im späten 7. und frühen 8. Jh. im Kraichgau und im mittleren Neckargebiet, aber auch um Hammelburg und Schweinfurt, wo Weißenburg früh Besitz hatte. Auch die Trierer Kirche missionierte in Hessen, und noch Winfrid-Bonifatius traf auf deren Spuren.[21]

---

[18] So H. BÜTTNER, Mission und Kirchenorganisation des Frankenreiches bis zum Tode Karls des Großen, in: KdG (wie II, 5a), Bd. 1, 454–487, hier 457.

[19] BÜTTNER, Mission (wie Anm. 18), 457 ff., und bes.: Althessen (wie II, 5b) mit den Beiträgen von W. SCHLESINGER, K. WEIDEMANN, R. GENSEN, N. WAND und F. SCHWIND.

[20] Die Abtei Amorbach im Odenwald, Hg. F. OSWALD u. a., 1984, bes. die Beiträge von W. STÖRMER und M. LAST.

[21] H. BÜTTNER, Zur frühmittelalterlichen Reichsgeschichte an Rhein, Main und Neckar, Hg. A. GERLICH, 1975, 102–128; K. E. DEMANDT, Hessische Frühzeit, in:

Auch in den Randzonen des Frankenreiches waren Fürstensitze, römische und merowingische Kastelle, grundherrschaftliche Zentren des Königsgutes und des bereits christlich gewordenen Adels das Rückgrat der Mission. Nur selten ging es dabei um völliges Neuland für das Christentum. Die Mainlande um Würzburg, die Arnulf von Metz um 620/30 noch heidnisch vorfand, müssen Ende des 7. Jhs., als der Ire Kilian im Konflikt mit Herzog Gozbert den Tod fand, schon vom Christentum erfaßt gewesen sein. Für Kilian nimmt man neuerdings einen päpstlichen Missionsauftrag an, ob zu Recht, bleibe dahingestellt. Ausmaß und Wirkung einer irischen Frühmission in Mitteldeutschland werden allerdings heute eher skeptisch beurteilt. Gozberts Sohn Heden II., der um 700 auch das westliche Thüringen beherrschte, konnte dann für die Mission vorübergehend den Angelsachsen Willibrord gewinnen, dem er 704 Güter in Arnstadt, Mühlberg bei Gotha und Großmohra und 716 die Hammelburg im Saalegau übertrug.[22] Auch Willibrords Landsmann Winfrid-Bonifatius missionierte 725 in Thüringen. Letzterer gründete in Eichstätt wohl ein Eigenkloster an einem Platz, an dem eine kleine römische und eine durch Feuer vernichtete frühmittelalterliche Siedlung vorausgegangen waren. Von diesem Kloster aus missionierte der 742 zum Bischof von Erfurt geweihte Angelsachse Willibald.[23]

Für den alamannischen Bereich gilt, daß sich zwar weit verstreut immer wieder vor allem archäologische Zeugnisse für Christentum schon im 6. Jh. finden, daß aber wohl das Urteil des frühbyzantinischen Historikers Agathias (ca. 536–582) zutreffen dürfte, der die heidnische Naturreligion der Alamannen schildert und dazu bemerkt, daß erst die Einsichtsvollen unter ihnen Christen seien. So plündern alamannische Truppen beim Italienzug König Theudeberts I. ohne

---

HJLG 3, 1953, 35–56, hier 50ff. Vgl. auch SCHWARZ, Frühmittelalterlicher Landesausbau (wie § 11, Anm. 18); WAMSER, Adels- und Gefolgschaftsgrablege (wie § 10, Anm. 52).

[22] LÖWE, Pirmin (wie II, 5b); ANGENENDT, Willibrord (wie § 1, Anm. 20); Willibrord (wie § 12, Anm. 16). – Zu Kilian zuletzt: Kilian (wie II, 5c), darin bes. die Beiträge von G. HASELOFF, H.-W. GOETZ, W. STÖRMER und M. KLEIN-PFEUFFER; M. WERNER, Iren und Angelsachsen in Mitteldeutschland, in: Die Iren (wie II, 5c), Bd. 1, 239–318; 1250 Jahre Bistum Würzburg. Archäologisch-historische Zeugnisse der Frühzeit, Hg. J. LENSSEN u. a., 1992.

[23] Der hl. Willibald – Klosterbischof oder Bistumsgründer?, Hg. H. DICKERHOF, 1990. – Zu Kilian: K. SCHÄFERDIEK, Kilian von Würzburg, in: Iconologia Sacra (Fs. K. Hauck), Hg. H. KELLER u. a., 1994, 313–340.

Scheu christliche Kirchen, während sich die Franken zurückhalten. Darüber hinaus scheinen die Alamannen am längsten unter den Germanenvölkern am kultischen Menschenopfer festgehalten zu haben.[24] Seit dem Ende des 6. Jhs. treten Goldblattkreuze auf; sie sind in der ersten Hälfte des 7. Jhs. relativ stark verbreitet und laufen anfangs des 8. Jhs. aus, als die Kirchenorganisation einigermaßen gefestigt war. Das bedeutet aber, daß sie vor allem für eine synkretistische Zwischenphase charakteristisch sind. Mit Recht hat man daher davor gewarnt, das Vorkommen von christlichen Goldblattkreuzen in Alamannien hinsichtlich des Standes der Christianisierung zu überschätzen.[25] Insgesamt dürfte die durchgreifende, kirchenorganisatorisch gefestigte Missionierung der Alamannen außerhalb der altchristlichen Romania, d. h. außerhalb des Einflußbereichs der Bistümer Chur, Augst-Basel und Straßburg, erst im frühen 7. Jh., also mit Dagobert I., in Gang gekommen sein. Die Christianisierung des alamannischen Kernraums zwischen Burgund und Rätien einerseits sowie zwischen Iller und Oberrhein andererseits war dann das Werk des neu gegründeten Bistums Konstanz.[26] Es hatte als einziges der vorbonifatianischen Bistümer des deutschen Südwestens keine römischen Wurzeln und mußte sich von Anfang an auf die neuen Gegebenheiten des Frühmittelalters einstellen. Ähnliches wird auch für das Bistum Augsburg als eine vorbonifatianische Gründung der Dagobertzeit gelten. Als Hauptstadt der römischen Provinz Raetia secunda ist wohl ein antikes Bistum anzunehmen, doch ist bis heute nicht geklärt, ob es ebenso fortexistiert hat wie das Märtyrerheiligtum der heiligen Afra am selben Ort. Möglicherweise können die Ergebnisse der Domgrabung weitere Auf-

---

[24] Agathias, Hist. I, 7, 18f.; GdV 2,7, 333f.; Agathias, Hist. II, 1, 40f.; GdV 2,7, 353f. (alle wie II, 4e); Prokop, Gothenkriege, II, 25, in: DERS., Werke, Hg. O. VEH, [2]1978, 393; dazu A. EBENBAUER, Ursprungsglaube, Herrschergott und Menschenopfer, in: Antiquitates indogermanicae (Gedenkschrift H. Güntert), Hg. M. MAYRHOFER, 1974, 233–249. Zu Agathias' Kenntnis der fränkischen Geschichte: A. CAMERON, Agathias on the Early Merovingians, in: Annali della Scuola normale superiore di Pisa 37, 1968, 95–140.

[25] Goldblattkreuze (wie § 8, Anm. 22). Vgl. aber G. FINGERLIN, Neue Funde christlichen Charakters aus dem Reihengräberfeld von Sasbach am Kaiserstuhl, in: Archäologische Ausgrabungen in Baden-Württemberg 6, 1986, 190–192, und allgemein: W. MÜLLER u. a., Heiden und Christen. Archäologische Funde zum frühen Christentum in Südwestdeutschland, 1987; vgl. KUHN u. a., »Alemannen« (wie § 10, Anm. 3), bes. 158f.; Mission und Christianisierung am Hoch- und Oberrhein, Hg. W. BERSCHIN u. a., 2000.

[26] S. o. § 8.

schlüsse bringen.[27] Es war dann vor allem die missionarische Kraft des Luxeuil-Mönchtums, die den Gang der Bekehrung in Alamannien bestimmte. Mit breiten Zonen synkretistischer Glaubensvorstellungen ist jedenfalls zu rechnen.[28] Waren auch die Bistümer das Rückgrat des kirchlichen Ausbaus, der mit Hilfe einer regen, von Königtum und Adel geförderten Mission zunehmend in die Tiefe und Breite ging,[29] so wurde Mission jetzt vornehmlich vom Mönchtum getragen. Sie griff mit bedeutenden gallischen Mönchsmissionaren und Bischöfen wie Eligius, Amandus, Filibert, Emmeram und Corbinian in den Norden und Osten aus.[30] Synkretismus begegnete schon dem heiligen Columban, als er am Beginn des 7. Jhs. am Bodensee missionierte und Alamannen, die sich teilweise als Christen fühlten, vor einem Bierkessel fand, aus dem sie die »Wodans-Minne« tranken. Columban zersprengte ihnen, den Vorfahren der Deutschen, – wahrlich ein tapferer Mann! – den Bierkessel mit seinem Hauch.[31] Ansonsten jedoch verläuft der Missionsvorgang weitgehend anonym, vieles, wie die Gründung der Abtei St. Trudpert im Breisgau, bleibt im dun-

[27] Ausgrabungen St. Ulrich, Afra (wie II, 5c); vgl. allgemein: L'inhumation priviléglée du IVe au VIIIe siècle, Hg. Y. DUVAL u. a., 1986.

[28] W. MÜLLER, Die Christianisierung der Alemannen, in: Zur Geschichte der Alamannen (wie § 10, Anm. 3), 401–429. – Zum Phänomen des Synkretismus scheinen sich nach archäologischen Befunden geschlechtsspezifische bzw. soziale Unterschiede anzudeuten, nämlich im Zusammenhang mit lateinischen und Runen-Inschriften auf Waffen, Gerät und Schmuck des 7. und 8. Jhs. Nicht nur, daß lateinische Inschriften mehr in Oberschichtengräbern vorkommen, Runeninschriften eher in Mittelschichtgräbern, sondern es findet sich Latein eher bei Männern, Runen vorwiegend bei Frauen. Lateininschriften signalisieren akzeptiertes Christentum, Runen jedoch eher zögerliche Annäherung an den neuen Glauben, verbunden mit synkretistischen Vorstellungen. Vgl. dazu K. DÜWEL, Epigraphische Zeugnisse für die Macht der Schrift im östlichen Frankenreich, in: Die Franken (wie § 5, Anm. 70), Bd. 1, 540–552.

[29] Zu südgallischen Magnaten im Nordosten: S. CORSTEN, Rheinische Adelsherrschaft im 1. Jahrtausend, in: RhV 28, 1963, 84–130, hier bes. 85 ff.

[30] DE MOREAU, Histoire (wie Anm. 10); PRINZ, Mönchtum (wie II, 5a), 300 ff. und 379 ff.; für Nordfrankreich jetzt: La Neustrie (wie II, 5c).

[31] Jonas de Bobbio, Vie (wie 14, Anm. 5), 148–224, I, c. 27, 211–217; dazu K. SCHÄFERDIEK, Columbans Wirken im Frankenreich (591–612), in: Die Iren (wie II, 5c), Bd. 1, 171–201, hier 197 f. – Zusammenfassung der Forschung über Columban in: Colombano, pioniere di civilizzazione cristiana europea. Atti del Convegno Internazionale di Studi Colombaniani 1965, 1973. – Zum archäologischen Nachweis von Synkretismus: W. JANSSEN, Das fränkische Reihengräberfeld von Rödingen, Kr. Düren, 1993; SCHÄFERDIEK u. a., »Christentum« (wie Anm. 1), hier 585–595.

keln.[32] Auch die Einsiedelei des Columban-Schülers Gallus im Steinachtal im frühen 7. Jh. war sicher noch kein Missionszentrum; erst mit der Entstehung des Klosters nach 700, an der Kräfte aus dem Bistum Chur beteiligt waren, konnte hier wirksam missioniert werden.[33] Hingegen gehören die Gründung der Abtei Reichenau 724 und damit auch die gesamte Tätigkeit Pirmins im Elsaß, in der Pfalz und im Bodenseeraum wie auch die St. Galler Filiationen Füssen und Kempten bereits einer Epoche an, in der weniger die bahnbrechende Missionsarbeit als die Festigung und kirchlich-organisatorische Vertiefung des Christentums im Vordergrund stand. Das Schicksal des wohl irofränkischen Klostergründers Pirmin, vor allem seine Vertreibung von der Reichenau, beweist aber auch die enge Verflechtung der kirchlichen Organisationsarbeit und Gründungstätigkeit mit den regionalen und überregionalen Gewalten und deren Konflikten.[34] Das gilt auch für die angelsächsische Festlandsmission.[35]

Ebenso wie in Alamannien sind die Spuren vorbonifatianischen Christentums in Bayern teilweise nur archäologisch zu erfassen, weswegen es besonders schwierig ist, zwischen ursprünglicher Mission und dem Auf- und Ausbau einer bereits im frühen 8. Jh. entstandenen Bistumsorganisation klar zu unterscheiden.[36] Mit der Völkerwanderung war das christliche Leben nicht völlig erloschen, doch ist dessen Nachweis mit vielen Unsicherheiten belastet. Immerhin lebten spätantike Heiligenkulte im agilolfingischen Bayern fort, so der Augsburger Afra-Kult und der Maximilianskult in Bischofshofen, der Florianskult an der Enns sowie die Verehrung des von Venantius Fortunatus er-

---

[32] T. MAYER, Beiträge zur Geschichte von St. Trudpert, 1937; H. BÜTTNER, Franken und Alemannen in Breisgau und Ortenau, in: ZGO 91 (NF 52), 1939, 323–359; Columbanus (wie § 14, Anm. 5).

[33] Zweifel an der Identität des heiligen Gallus mit dem Columban-Schüler sind wohl unbegründet: DUFT, Irische Einflüsse (wie § 14, Anm. 8); skeptisch: JÄSCHKE, Kolumban (wie § 14, Anm. 5), hier 112ff.; W. BERSCHIN, Gallus abbas vindicatus, in: HJb 95, 1975, 257–277.

[34] ANGENENDT, Monachi (wie § 14, Anm. 15); DERS., Pirmin (wie II, 5a), 251–304.

[35] SCHIEFFER, Winfrid-Bonifatius (wie II, 5a).

[36] Zusammenfassung: REINDEL, Grundlegung (wie II, 5b), 178–233, sowie: Das Christentum im bairischen Raum (wie § 10, Anm. 47); ferner BAUERREISS, Kirchengeschichte Bayerns (wie II, 5b); zur frühen monastischen Entwicklung: PRINZ, Mönchtum (wie II, 5a), 317ff. – Zum archäologischen Niederschlag der Luxeuilmission im 7. Jh.: BÖHME, Adelsgräber (wie § 8, Anm. 22); zu Salzburg: Virgil von Salzburg (wie § 14, Anm. 23).

wähnten hl. Valentin im Inntal.[37] Völlig unsicher ist die Herkunft der Heiligen Marinus und Anianus in Rott am Inn und am Irschenberg (Wilparting), doch Iren sind sie keinesfalls gewesen.[38] Diskutiert wird die Existenz eines vorrupertinischen Klosters in Juvavum (Salzburg), das antiken Ursprungs sein könnte. Das Weiterleben romanischer Bevölkerung im Alpenraum, die mindestens teilweise christlich war, steht aber außer Frage.[39] Während man bislang aufgrund der »Vita Severini« des Eugippius (um 511) eher von einem Abzug der christlich-romanischen Bevölkerung aus Ufernoricum ausging und damit auch von einem Ende der monastischen Gründungen Severins in Favianis (Mautern) und Boiotro (Passau-Innstadt), läßt ein neuer archäologischer Befund für Passau durchaus die Annahme zu, daß dort eine christliche Gemeinde weiterexistierte.[40]

Das 7. Jh. brachte mit der irofränkischen Mission in Bayern eine deutliche Verstärkung der bereits in Ansätzen vorhandenen Christianisierung.[41] Daß allerdings das Kloster Weltenburg bei Kelheim an der Donau eine irofränkische Gründung war, ist nach neuesten Untersuchungen eher unwahrscheinlich.[42] Wichtig ist in diesem Zusammenhang die Tatsache, daß Herzog Theodo am Beginn des 8. Jhs. von Rom zwar eine Bistumsorganisation erbittet, jedoch keine Missionare;[43] doch war wohl auf jeden Fall missionarische Arbeit für eine

---

[37] J. OSWALD, Der heilige Bischof Valentin, in: Bavaria Sancta (wie II, 5c), Bd. 2, 9–21; DERS., Der heilige Maximilian, in: ebd., Bd. 1, 59–69; gute zusammenfassende Wertung bei REINDEL, Grundlegung (wie II, 5b), 189ff.

[38] K. HAUSBERGER, Die heiligen Marinus und Anianus, in: Bavaria Sancta (wie II, 5c), Bd. 3, 21–32.

[39] Zu Salzburg: PRINZ, Mönchtum (wie II, 5a), 326ff. und 400f.; kritisch: H. KLEIN, Salzburg an der Slawengrenze, in: Südostdeutsches Archiv 11, 1968, 1–14; dazu PRINZ, Salzburg (wie § 10, Anm. 28); abwägend: WOLFRAM, Agilolfinger (wie II, 5b), 130f.

[40] CHRISTLEIN, Kastell (wie § 5, Anm. 80).

[41] S. o. § 8 mit Anm. 22f.; vgl. Jonas de Bobbio, Vie (wie § 14, Anm. 5), II, c. 8, 243ff.

[42] Die ältere Auffassung bei: B. PARINGER, Das alte Weltenburger Nekrologium, in: Verhandlungen des Historischen Vereins für Niederbayern 83, 1957, 140–154; dagegen: E. FREISE, Der Codex I 2 2 8 der Universitätsbibliothek Augsburg, in: Das Martyrolog-Necrolog von St. Emmeram zu Regensburg, Hg. E. FREISE u. a., 1986 (MGH LMN 3), 28–95 und 51–66. – Zu Staubing bei Kelheim: CHRISTLEIN, Stupinga (wie § 8, Anm. 22).

[43] Ganz Abschied zu nehmen ist von der weitverbreiteten Vorstellung, daß es in Bayern einen starken irischen oder gotisch-arianischen Einfluß gegeben habe: REINDEL, Grundlegung (wie II, 5b), 193f. und 201f.

durchgreifende Christianisierung Bayerns noch vonnöten, und ebenso ist es richtig, daß von der kirchlichen Organisation der römischen Provinzen Noricum und Rätien zu der des frühmittelalterlichen Bayern kaum ein Weg führt. Auch die räumliche Nähe Italiens konnte den Bruch nicht verhindern. Vielleicht wurde schon 716 von Herzog Theodo Salzburg als kirchliches Oberzentrum bestimmt.[44]

All dies wird man im Auge behalten müssen, wenn man die Tätigkeit der vier aus dem Westen nach Bayern kommenden »Missionare« Emmeram, Erhard, Rupert und Corbinian richtig beurteilen will.[45] Der heilige Emmeram, der nach seiner Vita wohl um 660 oder um 700 aus Poitiers kam und ursprünglich Awarenmission betreiben wollte, aber auf Einladung eines Herzogs Theodo dann doch in Bayern blieb, um auf herzoglichen Wunsch Abt aller Klöster des Landes (vielleicht auch Bischof) zu werden, ist biographisch sehr schwer zu fassen. Kernpunkt seiner Existenz war wohl ein schwerer Konflikt mit dem Herzogshaus, der mit seinem als Martyrium gedeuteten Tode endete.[46] Er wurde in Regensburg in einer alten, vielleicht spätantiken Georgskirche beigesetzt, und schon seit der Mitte des 8. Jhs. wurde sein Festtag gefeiert; damals war St. Emmeram sicher schon Kloster.[47] Ein anderer Regensburger Heiliger, Erhard, ist geschichtlich noch weniger greifbar; nach seiner späten Vita soll er aus Aquitanien stammen.[48] Wesentlich besser sind wir hingegen über Rupert (Hrodpert) von Salzburg informiert, der um 696 aus Worms, wo er Bischof gewesen sein soll, nach Salzburg kam. Ob er in diesem Ort, der offensichtlich als spätantikes Oppidum noch bewohnt war, das Peterskloster gründete oder dort eine bereits bestehende Mönchsgemeinde erneuerte, ist umstritten; jedoch hat er auf dem Salzburger Nonnberg sicher ein

---

[44] So die ansprechende Vermutung von REINDEL, Grundlegung (wie II, 5b), 226f. Zur Situation im Alpen-Adria-Raum: Karantanien (wie § 11, Anm. 20).

[45] PRINZ, Mönchtum (wie II, 5a), 379ff.; REINDEL, Grundlegung (wie II, 5b), 196ff.

[46] B. BISCHOFF, Leben und Leiden des hl. Emmeram, 1953; GRAUS, Volk (wie II, 5a), 121ff.; JAHN, Ducatus (wie § 10, Anm. 23), 40ff. – Zu den verschiedenen Datierungsvorschlägen vgl. REINDEL, Grundlegung (wie II, 5b), 196f.

[47] K. BABL, Emmeram von Regensburg. Legende und Kult, 1973.

[48] P. MAI, Der heilige Bischof Erhard, in: Bavaria Sancta (wie II, 5c), Bd. 2, 32–51; SCHWARZ, Grab (wie § 5, Anm. 74); DERS., Regensburg während des ersten Jahrtausends im Spiegel der Ausgrabungen in Niedermünster, in: Jahresberichte der bayerischen Bodendenkmalspflege 13/14, 1972/73, 20–98.

Kloster gegründet, in dem seine Verwandte Erintrud Äbtissin wurde.[49] Aus den Salzburger Güterverzeichnissen von 788/90 ist zu entnehmen, daß sich im weiteren Umland christliches Romanentum erhalten hat, daß »Romani exercitales«, also bewaffnete Romanen, in offenbar organisierter Form der Herzogsgewalt unterstellt waren und daß grundbesitzende Romanen als Schenker an das Peterskloster hervortraten: Restromanentum und fränkisch-agilolfingischer Neuansatz in den kirchlichen Verhältnissen sind hier sehr konkret zu fassen.

Über die Wirksamkeit des Freisinger Bistumsheiligen Corbinian im agilolfingischen Bayern sind wir am besten durch die Lebensbeschreibung unterrichtet, die ihm Bischof Arbeo von Freising aus relativer zeitlicher Nähe gewidmet hat.[50] Aus der Gegend von Melun um 716 nach Freising gekommen, ließ sich Corbinian auf dem Domberg neben der Herzogsburg nieder. Pippin der Mittlere hatte ihn noch finanziell gut ausgestattet, so daß er vom Freisinger Herzog Güter für die Kirche kaufen konnte. Zwei Klöster, Weihenstephan und das Domkloster auf dem Burgberg, gehen wohl auf ihn zurück; allerdings könnte Weihenstephan schon vor seiner Ankunft in Freising als Klösterchen oder zumindest als Kirche bestanden haben. Ein Konflikt mit dem Freisinger Herzog Grimoald wegen dessen unkanonischer Ehe

---

[49] PRINZ, Salzburg (wie § 10, Anm. 28); K. REINDEL, Die Organisation der Salzburger Kirche im Zeitalter des hl. Rupert, in: MGSL 115, 1975, 83–98; WOLFRAM, Agilolfinger (wie II, 5b); JAHN, Ducatus (wie § 10, Anm. 23), 48ff. – Vgl. auch BIERBRAUER, Rupertuskreuz (wie § 14, Anm. 23).

[50] H. LÖWE, Corbinians Romreisen, in: ZBLG 16, 1951/52, 409–420; DERS., Arbeo von Freising, in: RhV 15/16, 1950/51, 87–120; F. PRINZ, Arbeo von Freising und die Agilulfinger, in: ZBLG 29, 1966, 580–590; P. STOCKMEIER, Der heilige Bischof Korbinian, in: Bavaria Sancta (wie II, 5c), Bd. 1, 121–135; Vita Corbiniani (wie II, 4b); H. GLASER, Bischof Arbeo von Freising (764–783), in: Christenleben im Wandel der Zeiten, Bd. 1–2, 1987, Bd. 1, 21–34; JAHN, Ducatus (wie § 10, Anm. 23), 98ff. – Nicht haltbar ist die These, daß Corbinian aus Südtirol stammt, so L. VOGEL, Vom Werden eines Heiligen. Eine Untersuchung der Vita Corbiniani des Bischofs Arbeo von Freising, 2000. Dagegen mit Recht G. DIEPOLDER, Muß die Geschichte des frühen 8. Jahrhunderts umgeschrieben werden?, in: ZBLG 64, 2001, 1–38, und S. HAARLÄNDER, Von der »Destruktion« eines Heiligen, in: ebd., 39–57. – Zu Freising: H. GLASER, Über die Anfänge literarischer Produktion im agilolfingischen Baiern, in: Die Bajuwaren (wie § 2, Anm. 18), 353–361; DERS., Wissenschaft und Bildung, in: HBG 1, 519–527; F. BRUNHÖLZL, Die lateinische Literatur, in: ebd., 582–507, und J. REIFFENSTEIN, Die althochdeutsche Literatur, in: ebd., 607–623; J. MASS, Das Bistum Freising im Mittelalter, 1986, bes. 33ff.; G. DIEPOLDER, Freising – Aus der Frühzeit von Bischofsstadt und Bischofsherrschaft, in: Hochstift Freising. Beiträge zur Besitzgeschichte, Hg. H. GLASER, 1990, 417–468.

vertrieb Corbinian nach Mais in Südtirol, doch holte ihn der neue Herzog Hucbert zurück, als mit Karl Martells Einfall in Bayern Grimoald zugrunde ging und sich damit der karolingische Einfluß wieder stabilisierte. – Corbinians Schicksal wie das der übrigen »Missionare« Bayerns an der Wende vom 7. zum 8. Jh. läßt deutlich erkennen, welche Rolle der reichsfränkische Einfluß trotz aller Schwankungen gespielt hat und wie eng die politische Gesamtsituation mit der kirchlichen Entwicklung verbunden war.[51]

In der Forschung verschieden beurteilt bleibt für den gesamten Missionsvorgang die Frage, ob und in welcher Weise germanische Vorstellungen und Verhaltensweisen auf das Christentum eingewirkt haben, eine Frage, die dann auch für die Bekehrung der slawischen Völker relevant wurde.[52] Abstriche sind hier gegenüber zeitbedingt übertriebenen, älteren Vorstellungen nötig, etwa was die »germanische Wurzel« des Eigenkirchenwesens anbelangt.[53] Ähnliches gilt für das Fortwirken eines germanischen »Sakralkönigtums« im frühmittelalterlichen Herrscherkult. Auch die christliche Sakralisierung des frühmittelalterlichen Adels, die an die Stelle der heidnisch-mythischen Herkunft tritt, hat ihre Vorformen im christlichen Sendungsbewußtsein spätantiker Senatorenfamilien, doch dürfte hier das Selbstverständnis einer germanischen bzw. slawischen Führungsschicht diesen Trend wesentlich verstärkt haben.[54] In diesen Zusammenhang gehört seit dem 6./7. Jh. auch das häufige Auftreten von

---

[51] Vita Corbiniani (wie II, 4b); Österreichische Geschichte (wie I, 9), Bd. 1.

[52] Die ältere Literatur in: Kirchengeschichte als Missionsgeschichte (wie II, 5a), Bd. 2; dazu G. J. CUMING, The Mission of the Church and the Propagation of the Faith, 1970; Christianity and Paganism (wie Anm. 1); K. D. SCHMIDT, Germanischer Glaube und Christentum, 1948. – Zur Rolle des Wenzelskults als staatsbildende Kraft: GRAUS, Nationenbildung (wie II, 5b).

[53] S. o. Anm. 17.

[54] HEINZELMANN, Bischofsherrschaft (wie II, 5a), hier 186ff.; F. PRINZ, Heiligenkult und Adelsherrschaft im Spiegel merowingischer Hagiographie, in: HZ 204, 1967, 529–544. Die christliche Sanktionierung des frühmittelalterlichen Herrschertums betont mit Recht EWIG, Königsgedanke (wie § 8, Anm. 31); H. A. MYERS u. a., Medieval Kingship, 1982; J. L. NELSON, Politics and Ritual in Early Medieval Europe, 1986; U. SWINARSKI, Herrschen mit den Heiligen – Kirchenbesuche, Pilgerfahrten und Heiligenverehrung früh- und hochmittelalterlicher Herrscher (ca. 500–1200), 1991. – Zum Sakralkönigtum: The Sacral Kingship. Contributions to the Central Theme of the VIIth International Congress for the History of Religions, 1955, 1959; H. H. ANTON, Art. »König, Königtum«, in: LexMA 5, 1298–1306.

Königsgrabkirchen und Stiftergräbern in und bei Kirchen.[55] Schon die Tatsache synkretistischer Phänomene zeigt die Fortwirkung paganer Glaubensinhalte,[56] desgleichen das Auftauchen gefolgschaftlicher Vorstellungen im althochdeutschen biblischen Epos »Heliand«.[57] Methodische Vorsicht ist dennoch geboten, da von seiten der Missionare, wie schon Papst Gregors des Großen berühmte Missionsanweisung für die Bekehrung der Angelsachsen zeigt, ein gewisses Eingehen auf germanische Tradition für den Erfolg der Mission offenbar für unerläßlich gehalten wurde.[58] Eine Anpassung an germanische Denkmuster war also schon aus Gründen einer effektiven Mission unvermeidlich, wobei es letztlich unerheblich bleibt, ob dies – wie bei Gregor dem Großen – ein bewußtes Konzept war oder ob die Missionare, soweit sie dem germanischen Milieu entstammten, diese Anpassung schon innerlich selbst vollzogen hatten.[59] Mit Recht hat man schließlich darauf verwiesen, daß in der Frühphase der Mission, um die es hier geht, mit der Taufe sich noch keineswegs ein Bewußtsein von der Tragweite der ethischen Forderungen des Christentums einstellte. Schuldgefühl und Sündenbewußtsein – dies zeigt die althochdeutsche Wortgeschichte – konnten sich erst später entwickeln. Es kam vor allem auf den rituellen Vollzug der Liturgie, an der die Bevölkerung kaum beteiligt war, und auf die zumeist als magisch empfundene Präsenz der Eucharistie sowie auf die Wunderkraft von Reliquien an,

---

[55] KRÜGER, Königsgrabkirchen (wie II, 5b); BÖHME, Adelsgräber (wie § 8, Anm. 22). – Zum gemeinschaftsstiftenden, die Adelsfamilien wesentlich mitkonstituierenden Totenkult vgl. Memoria (wie § 1, Anm. 23) und: Memoria in der Gesellschaft des Mittelalters, Hg. D. GEUENICH u. a., 1994.

[56] S. o. Anm. 28.

[57] J. RATOFER, Der Heliand: Theologischer Sinn als tektonische Form, 1962; O. BEHAGHEL, Heliand und Genesis, ^{9}1984; G. R. MURPHY, The Saxon Savior: The Germanic Transformation of the Gospel in the Ninth-Century Heliand, 1989.

[58] W. BETZ, Lehnwörter und Lehnprägungen im Vor- und Frühdeutschen, in: Deutsche Wortgeschichte, Hg. F. MAURER u. a., Bd. 1–3, ^{3}1974–1978, Bd. 1, 135–160; H. RUPP, The Adoption of Christian Ideas into German, in: Parergon 21, 1978, 33–41; vgl. HAUBRICHS, Die Anfänge (wie II, 5c), bes. 44–60; D. KARTSCHOKE, Geschichte der deutschen Literatur im frühen Mittelalter, ^{3}2000, 22ff. (BUMKE u. a., Geschichte der deutschen Literatur im Mittelalter (wie I, 2), Bd. 1); S. SONDEREGGER, Althochdeutsch als Anfang deutscher Sprachgeschichte, 1996.

[59] Zu diesem Problemkreis zusammenfassend: RUSSELL, Germanization (wie § 1, Anm. 46), bes. 134–208. – Zur Rolle des Papsttums vgl. allgemein: SULLIVAN, Papacy (wie Anm. 1). – Zu Papst Gregors des Großen Missionsanweisung vgl. G. JENAL, Gregor der Große und die Angelsachsenmission, in: Angli e Sassoni (wie II, 5c), 793–849.

deren Nähe und Berührung man, allen theologischen Einschränkungen zum Trotz, als Schutz und unmittelbaren Segen empfand.[60] Vor der Epoche Karls des Großen ist außerhalb von Klerus und Mönchtum und vielleicht abgesehen von der länger christianisierten romanisierten Bevölkerung links des Rheins und südlich der Donau kaum mit einer vollen Akzeptanz christlicher Wertvorstellungen zu rechnen, schon gar nicht für die Masse der Bevölkerung, die erst im Zuge der Kirchenreformen des Hochmittelalters intensiver erreicht wurde. Deshalb hat man für die Epoche bis zum Ende der Karolingerzeit von einer »versuchten Christianisierung« (attempted christianization) gesprochen.[61]

Was die Mission als Gesamtphänomen betrifft, so hat man sich verschiedentlich wieder deren germanischen Vorbedingungen zugewandt und von einer »religionsgeschichtlichen Zweiteilung« der Nordhälfte Europas gesprochen, wonach die christliche Mission auf die »Expansionsdynamik des polytheistischen Nordens« stieß. Damit ließe sich die Verzögerung bei der Ausbreitung und Festigung der Kirche im 6. Jh. erklären.[62] Die Ikonologie der nordeuropäischen Goldbrakteaten des 5. und 6. Jhs. läßt Einflüsse der spätantik-römischen Reichskunst auf die Götterwelt der Germanen erkennen und damit alteuropäische Zusammenhänge. Es handelt sich um einen starken Polytheismus, gegen den anzukämpfen für die christliche Mission eine oft schwierige Aufgabe war. Hinzu kommt, daß mit dem planvollen Ausgreifen der Bekehrung über die Grenzen des Imperium Romanum seit Papst Gregor dem Großen eine Neuformulierung des kirchlichen Sendungsbewußtseins notwendig wurde. Nach Gregors Konzeption machte das erwartete baldige Weltende eine verstärkte

---

[60] W. BAETKE, Das Heilige im Germanischen, 1942; DERS., Die Aufnahme des Christentums durch die Germanen, 1962; R. A. MARKUS, From Rome to the Barbarian Kingdoms (330–700), in: The Oxford Illustrated History of Christianity, Hg. J. MCMANNERS, 1990, 62–91, bes. 88f.; R. MCKITTERICK, The Frankish Church and the Carolingian Reforms, 789–894, 1977, 183 und 202. – Zum Reliquienkult: GEARY, Furta sacra; ANGENENDT, Heilige und Reliquien; LEGNER, Reliquien (alle wie § 13, Anm. 6).

[61] RUSSELL, Germanization (wie § 1, Anm. 46), 213.

[62] K. HAUCK, Die kontinentale und insulare Überlieferung der seegermanischen Götterbildamulette, in: Angli e Sassoni (wie II, 5c), 249–278 (Zitat 254); vgl. auch DERS., Der religions- und sozialgeschichtliche Quellenwert der völkerwanderungszeitlichen Goldbrakteaten, in: Germanische Religionsgeschichte (wie § 4, Anm. 43), 229–269.

Weltmission erforderlich, um möglichst viele Seelen vor der ewigen Verdammnis zu retten.[63] Eine »dialogische« Auseinandersetzung mit der religiösen Vorstellungswelt der Germanen war unter diesen Umständen um so weniger zu erwarten, als allein schon die grundsätzliche Konfrontation von »archaischer Gedächtniskultur« und christlicher »Buchreligion« ein wirkliches Eingehen auf den paganen Polytheismus fast unmöglich machte. Aus den Quellen der Missionszeit ist jedenfalls kaum etwas Konkretes oder gar Objektives über die germanischen Götter zu erfahren, es bleibt zumeist bei schematischen Beschreibungen des heidnischen »Götzendienstes«. Unter diesem Aspekt wird man auch Vorsicht bei der Interpretation »synkretistischer« Phänomene walten lassen müssen, die zwar Mißverständnisse der Betroffenen signalisieren, aber relativ wenig Genaues über die paganen Voraussetzungen der Mission aussagen. Auf jeden Fall aber haben neue Forschungsansätze mit dem ideologischen Konstrukt eines spezifisch »germanischen Christentums« aufgeräumt, dessen zeitgeschichtliche Bedingtheit einer sachlichen Erforschung der germanischen Mythologie allzulang im Wege stand.[64] Eine zwangsläufige Folge der Mission war die Auseinandersetzung des Christentums mit magischen Vorstellungen und Praktiken, von denen aber die Kirche selbst in steigendem Maße beeinflußt wurde. Trotz der grundsätzlichen Konfrontation zwischen »Gut« und »Böse« erwies es sich oft als fragwürdig, zwischen Wahrsagerei und Prophetie, Zauberei und Wunder, Amuletten und Reliquien klar zu unterscheiden.[65]

Über den hier zu behandelnden Zeitrahmen hinaus führt eine unmittelbare Folge der Mission, die gesamteuropäische Bedeutung hat, weil sie die Entstehung der Sprachen dieses Kontinents bewirkte: Ohne auf die inhaltlichen Momente dieses umfassenden Vorgangs eingehen zu können, der für den deutschen Sprachraum erst in der zweiten Hälfte des 8. Jhs. beginnt, muß hier dennoch auf seine Anfänge in der germanischen und slawischen Welt sowie bei kleineren

---

[63] FRITZE, Universalis gentium confessio (wie § 1, Anm. 61), 113 und 123; SCHÄFERDIEK u. a., »Christentum« (wie Anm. 1), hier 506; L. E. VON PADBERG, Christen und Heiden, in: Iconologia Sacra (wie Anm. 23), 291–311; J. RICHARDS, Consul of God. The Life and Times of Gregory the Great, 1980 (dt.: Gregor der Große, 1983).

[64] ANGENENDT, Frühmittelalter (wie II, 5a), 36–50.

[65] Dazu provokant anregend: V. I. J. FLINT, The Rise of Magic in Early Medieval Europe, 1991; C. DAXELMÜLLER u. a., Art. »Magie«, in: LexMA 6, 82–88.

Ethnika mit einer eher allgemeinen Überlegung hingewiesen werden. Auszugehen ist dabei von einer Beobachtung, nämlich dem gravierenden Unterschied zwischen der antiken und der mittelalterlichen Sprachkultur.[66]

Die pagane antike Welt hat, als Folge der politischen Machtentfaltung, zwei große, bleibende Hochsprachen und »Weltliteraturen« hervorgebracht: die griechische und die römische. Demgegenüber entfaltete das mittelalterliche, christliche Europa eine Fülle von Nationalliteraturen hoher Qualität: so in Irland, England, Frankreich, Deutschland sowie in den skandinavischen und slawischen Ländern und Reichen. Italien und Spanien als unmittelbare Erben lateinischer Sprachkultur gingen hier zwangsläufig einen etwas anderen Weg zur eigenen Nationalkultur. Ursache dieses grundlegenden Unterschieds zwischen dem alles beherrschenden griechisch-römischen »Dualismus« der Literatur einerseits und der Vielfalt europäischer Literatursprachen irischer, germanischer und slawischer Herkunft andererseits war vor allem das christliche Missionsgebot. Durch die Erfordernisse einer tiefgreifenden Bekehrung der heidnischen Völker und durch den damit gegebenen Zwang zur engen Kommunikation mit ihnen bot sich als notwendiges Hilfsmittel der Exegese allein die Vermittlung und Interpretation in der Muttersprache an. Dies führte schon früh zu volkssprachlichen Glossierungen von Bibeltexten und Schriften der Kirchenväter und bald darauf zu deren Übersetzung in die jeweiligen Sprachen, die sich ihrerseits am Vorbild der beiden klassischen Sprachen grammatikalisch, d. h. strukturell, sowie durch ihre Bereicherung mit antik-christlichen Inhalten weitgehend erst konstituierten.[67] Darüber hinaus kam es aber auch schon seit dem 7. Jh. und am frühesten im irisch-angelsächsischen Bereich zur schriftlichen Fixierung mündlich tradierter heidnischer Kulturtraditionen in der Mutterspra-

[66] SCHMIDT, Bekehrung der Germanen (wie § 6, Anm. 13), Bd. 2: Die katholische Mission unter den Westgermanen; T. FRINGS, Antike und Christentum an der Wiege der deutschen Sprache, 1948; Deutsche Wortgeschichte (wie Anm. 58); H. EGGERS, Deutsche Sprachgeschichte, Bd. 1–2, [3]1991, 1992, Bd. 1: Das Althochdeutsche und das Mittelhochdeutsche; KARTSCHOKE, Geschichte der deutschen Literatur (wie Anm. 58), 52–59 und 96–114; vgl. allgemein: PRINZ, Konstantin (wie II, 5a), 334–367.

[67] E. VON STEINMEYER u. a., Die althochdeutschen Glossen, Bd. 1–5, 1879–1922 [Ndr. 1968 f.]; Die »Abrogans«-Handschrift der Stiftsbibliothek St. Gallen. Das älteste deutsche Buch, Hg. B. BISCHOFF u. a., 1977; K. RUH u. a., Zur althochdeutschen Benediktinerregel, in: DLMVerf 1, 702–710.

che. Ob bei dieser Verschriftlichung eher ein »antiquarisches« Interesse im Spiel war oder echter gentiler Traditionalismus der Bekehrenden und Bekehrten, kann nur im Einzelfall entschieden werden. Das Ergebnis ist in jedem Fall von entscheidender Bedeutung für die europäische wie deutsche Kulturentwicklung: Aus der Glaubenseinheit des lateinischen Westens und des griechischen Ostens entfaltete sich der faszinierende Reichtum der europäischen Nationalkulturen: ein Faktum von großer Tragweite, wenn man bedenkt, daß beispielsweise die römische Militärmonarchie die keltische Kultur Galliens, der noch jede schriftliche Fixierung fehlte, weitgehend auslöschte, desgleichen die germanischen Traditionen in den entsprechenden Provinzen des Imperiums. Das »romfreie« Irland hingegen entwickelte im Gefolge seiner christlichen Missionierung sehr bald eine reiche irische Literatur, in der das geistige Erbe der alten Sänger-Kultur, der »filid«, gleichsam im dreifachen Hegelschen Sinn »aufgehoben« wurde: Sie wurde einmal religiös-kultisch eliminiert, zugleich aber – wenigstens teilweise – schriftlich festgehalten und dann in den neuen Kontext einer christlich-frühfeudalen Gesellschaft emporgenommen.[68] Ähnliches gilt für die angelsächsische Literatur, die sich nach dem Abzug der römischen Okkupationsmacht ebenfalls aus den Erfordernissen einer umfassenden Volksmission entwickelte und – wie etwa das Epos »Beowulf« zeigt – paganes Erbe in die Schriftlichkeit herüberrettete.[69] Somit steht missionarische Überzeugungskraft in einem sehr konkreten Sinn am Beginn der europäischen Nationalliteraturen. Es ist das existentielle Interesse des Missionars an der Rettung heidnischer Seelen vor der ewigen Verdammnis, das hier wirksam war. Anfangs sprachlicher Notbehelf, der für die Bekehrung unumgänglich war, schuf er gleichzeitig Raum für eine Anerkennung des Eigenwerts heidnischer Sprachen und für deren Literalisierung. Griechen und Römer wären in der militanten Blütezeit des Imperiums wohl kaum auf die Idee gekommen, »barbarische« Sprachen zu pflegen. Erst der missionarische Impetus vermochte diese Barriere zur Mentalität anderer, noch heidnischer Völker zu überwinden; er wurde damit zum eigentlichen Auslöser der europäischen Nationalsprachen, die durch subtile

[68] M. RICHTER, The Formation of the Medieval West, 1994; Irland und die Christenheit (wie II, 5c).

[69] P. E. SZARMACH u. a., Art. »Altenglische Literatur«, in: LexMA 1, 467ff.; PRINZ, Konstantin (wie II, 5a), 225–239.

christliche Inhalte erst vergeistigt wurden.[70] Das gilt etwa für religiöse Grundbegriffe wie »Seele«, »Gnade«, »Barmherzigkeit«, die in schwierigen Anläufen ins werdende Althochdeutsche übertragen und interpretiert werden mußten. Damit erwies sich die oft gefahrvolle Missionssituation im Bereich der Sprache und Literatur des Frühmittelalters als vitale »junge Kirche in actu«.

Was die Entstehung des Althochdeutschen aus einem Vorausgegangenen anbelangt, aus dem durch Verschriftlichung eine mehr und mehr überregionale Sprache wurde, so sollte man nicht einfach deren faßbaren Ausgangspunkt in Glossen und Interlinearversionen zu lateinischen Grundtexten als normales »Übersetzen« bezeichnen. Denn Althochdeutsch als Schriftsprache erhielt erst durch die lateinische Vorlage als logisches Strukturmuster eine tradierbare, grammatikalische, d. h. verbindliche Form und wurde damit ein überdauerndes Gefäß für differenzierte Inhalte. Ohne den Wert der vorschriftlichen germanischen Kulturen in Frage zu stellen, deren Kraft sich später in den großen Werken der angelsächsischen und althochdeutschen Poesie manifestierte, waren die Übersetzungen aus lateinischen Vorlagen eben nicht »normale« Übertragungen aus einer Sprache, sondern zugleich kreative Neuschöpfungen – im vorliegenden Fall des Althochdeutschen. Kreativ war dieser zentrale kulturelle Transfer von einer Sprache in die (werdende) andere auch deshalb, weil es um wechselseitige Spracherhellung geht, d. h. um ein neues, geradezu »dialektisches«, didaktisches Prinzip, dessen Bedeutung gegen Ende der althochdeutschen Sprachperiode kein Geringerer als Notker der Deutsche in seiner Wechselwirkung erkannte und auf den Begriff brachte: eine sprachphilosophische Leistung von enormer kultureller Bedeutung für die Anfänge deutscher Geistesgeschichte. Das gilt auch für die anderen, nichtromanischen Nationalkulturen Europas: Latein als transethnische Sakralsprache steht in sehr konkretem Sinn am Beginn der europäischen Nationalkulturen, ein Faktum, das nicht nur für die neuen religiösen Inhalte, sondern auch für die rationalen Baufor-

---

[70] VON PADBERG, Mission (wie § 1, Anm. 19), passim; EGGERS, Deutsche Sprachgeschichte (wie Anm. 66), Bd. 1, bes. 111–143, der diesen sprachlichen Schöpfungsvorgang als »Revolution« (197) bezeichnet. S. SONDEREGGER, Sprachgeschichtliche Aspekte der europäischen Christianisierung, in: Sprachgeschichte, Hg. W. BESCH u. a., Halbbd. 1,1–2,2, 1984–1985, [2]1998–2000, hier Bd. 2,2, 1030–1061.

men der neuen Sprachen gilt. Latein ist in diesem komplizierten Sinn in der Tat auch deren gemeinsame, ordnende Mutter gewesen.

Als kultureller »Überbau« der Völker und überregionales Verständigungssystem blieben Latein und Griechisch im Mittelalter als internationale Sakral- und Gelehrtensprachen auch in anderer Weise lebensnotwendig und nach wie vor bis zum Beginn der Neuzeit führend. Sie waren die übergreifende geistige Essenz im weitverzweigten, auf Effektivität angewiesenen Kommunikationsnetz der europäischen Kirchen. Beide Kirchensprachen bewahrten als spiritueller »Überbau« die Nationalkulturen vor geistiger Verengung und Unfähigkeit zur Kommunikation.

D. Gesellschaft, soziale Gliederung und Wirtschaft

§ 16 Königtum, Adel, Grafschaft, Dukat

a) Das Königtum

So wie am Beginn des Frankenreiches das Zusammenwachsen zweier Kulturen steht, nämlich der christlich-spätantiken romanischen Welt einerseits und der noch weitgehend heidnischen Welt des Germanentums andererseits, so entstand das mittelalterliche Königtum ebenfalls aus diesen zwei Wurzeln. Der germanische König, wie er vor allem während der Völkerwanderungsepoche bei fast allen Völkern dieses Kulturkreises zu finden ist, steht an der Spitze eines Personenverbandes, der *gens*, er ist deren Repräsentant. Gegenüber dem nach städtischen Zentren organisierten Imperium Romanum, dessen Verwaltungsstruktur seit der Spätantike zunehmend durch die wachsenden Befugnisse des stadtsässigen Bischofs verändert wurde,[1] ist das Königtum der Germanen nur sehr bedingt mit einem klar umrissenen »Territorium« verknüpft, denn gerade in der Wanderzeit wird es über weite Strecken hin geradezu zum Träger der Identität der *gens*, die sich im übrigen aus sehr verschiedenartigen ethnischen Gruppen konstituieren konnte. Nur teilweise ergiebig erweist sich die neuerlich

---

[1] S. o. § 13 mit Anm. 4. – Zu den antiken Voraussetzungen vgl. J. F. FEARS, Art. »Gottesgnadentum (Gottkönigtum)«, in: RAC 11, 1981, 1103–1159; ANTON, Kaiserliches Selbstverständnis (wie § 13, Anm. 4).

wieder aufgenommene Diskussion darüber, ob für die Verfassung der jeweiligen Gesellschaften des europäischen Mittelalters die Bezeichnung »Staat« sachgerecht ist oder ob der Terminus »Herrschaft«, wie O. Brunner postulierte, zutreffender ist. Es geht letztlich darum, wie weit man den Begriff »Staat« faßt und welche Kriterien man jeweils pro und contra ins Feld führt. Immerhin darf man als Ertrag der Kontroverse verbuchen, daß die Elemente mittelalterlicher Staatlichkeit schärfer zu fassen sind und daß man die unübersehbaren Bestände spätantiker Staatlichkeit im Königtum des Frühmittelalters wie in seiner Rechtsordnung klarer vor Augen hat. Auf den Begriff der »Herrschaft« wird man andererseits schon deshalb nicht ganz verzichten können, da er für die vorhandenen Elemente personaler Herrschaft über Land und Leute steht, die im Begriff des »Staates« nicht untergebracht werden könnten. Man wird hinzufügen dürfen, daß »Staat« und »Herrschaft« nicht unbesehen mit »römisch« oder »germanisch« gleichgesetzt werden sollten, denn in der spätantiken Zerfallsphase römischer Staatlichkeit lassen sich im ausufernden Patrozinienwesen wie im Auftauchen regionaler Machthaber in Italien, Gallien und Spanien, die mit germanischen Häuptlingen konkurrierten oder kooperierten, bereits Elemente persönlicher Herrschaft ohne Legitimität im staatlichen Sinne fassen. Das sinkende Niveau römischer Staatlichkeit mag wohl die Integration der germanischen Völker auf dem Boden des westlichen Imperiums und besonders in Gallien gefördert haben, aber ihrem Wesen nach hatten solche spätrömischen Regionalherrschaften nur noch sehr bedingt etwas mit dem klassischen wie dem nachdiokletianischen Imperium und seinen Machtstrukturen zu tun.[2] Die Deutung mittelalterlicher »Staatlichkeit« wirkt sich auch auf den Begriff des Königtums aus, dessen Charakter bislang vor allem aus germanischer Wurzel interpretiert wird. Königtum, als Garant der Freiheit des Stammes oder Volkes, erwächst aus heidnisch-sakraler Autorität, ist also, wie schon Tacitus erkannte, an bestimmte Familien gebunden, denen eine magisch-numinose Herkunft und damit auch Heilskraft zuerkannt wurde. Es ist anzunehmen, daß bei den Germa-

---

[2] WENSKUS, Stammesbildung (wie II, 5a), 14ff., 409f.; H.-W. GOETZ, Regnum: Zum politischen Denken der Karolingerzeit, in: ZRG GA 104, 1987, 110–189; J. FRIED, Gens und Regnum. Wahrnehmungs- und Deutungskategorien politischen Wandels im früheren Mittelalter, in: Sozialer Wandel im Mittelalter, Hg. J. MIETHKE u. a., 1994, 73–104; vgl. oben § 4, passim.

nen ursprünglich dieses »Sakralkönigtum« die übliche Herrschaftsform gewesen ist. Der König garantierte der *gens* Fruchtbarkeit und Gedeihen in jeder Form, Wahrung des inneren Friedens, und oft war seine Stellung in frühgeschichtlicher Zeit mit priesterlichen Aufgaben verbunden.[3] Während der Wanderzeit trat neben das ältere »Sakralkönigtum« ein »Heerkönigtum«, das sich wohl aus der zeitlich befristeten Befehlsgewalt des germanischen Kriegs-Herzogtums entwickelte und mit einer geglückten Okkupation oder erlaubten Ansiedlung zu dauerhafter Herrschaft wurde. Neuerdings betont man allerdings, daß der Begriff *rex*, König, aus römischen Quellen, vor allem aus den Schriften Caesars und Tacitus' stammt, also eine »interpretatio romana« darstellt, und daher wenig über die dahinter stehende Realität verrät. Der »rex Ariovist« etwa, ein politisch-militärischer Gegenspieler Caesars in Gallien, sei demzufolge ein rein römischer Ehrentitel *ex autoritate romana*, womit den älteren Anschauungen über »Sakralkönigtum« und »Heerkönigtum« zumindest teilweise die Grundlage entzogen würde. Allerdings zeigt gerade das beträchtliche Machtpotential Ariovists, daß er eine offenbar herrscherliche Stellung besessen haben muß, die nicht nur aus dem Zufall einer politisch-militärischen Konstellation stammen kann. Auch was Ammianus Marcellinus im 4. Jh. über alamannische Könige berichtet, läßt geregelte Herrschergewalt bei germanischen Völkern erkennen.[4] Daß dieses Heerkönigtum eng mit römisch autorisierter Militärhoheit in einer

[3] Trotz teilweise ideologisierender Vorstellungen immer noch wichtig: O. HÖFLER, Germanisches Sakralkönigtum, 1–, 1952–; zurückhaltender: J. M. WALLACE-HADRILL, Early Germanic Kingship in England and on the Continent, 1971; HAUCK, Geblütsheiligkeit (wie II, 5a). – Kritisch: W. BAETKE, Yngvi und die Ynglinger. Eine quellenkritische Untersuchung über das nordische »Sakralkönigtum«, 1964 (dazu korrigierend H. BECK, Rezension, in: Deutsche Literaturzeitung für Kritik der internationalen Wissenschaft 86, 1965, 746–750); Königtum; SCHNEIDER, Königswahl (beide wie II, 5a); Early Medieval Kingship (wie II, 5c); vgl. allgemein: G. DEPEYROT, Richesse et société chez les Merovingiens et Carolingiens, 1994; Ideal and Reality (wie § 7, Anm. 18); WOOD, Merovingian Kingdoms (wie II, 5a); GEARY, Die Merowinger (wie § 1, Anm. 42). Vgl. auch E. HLAWITSCHKA, Stirps regia. Forschungen zu Königtum und Führungsschichten im frühen Mittelalter, Hg. G. THOMA u. a., 1988; M. J. ENRIGHT, Iona, Tara and Soissons, 1985; J. L. NELSON, Kingship and Royal Government, in: NCMH 2, 383–430.

[4] Grundlegend SCHLESINGER, Heerkönigtum; WENSKUS, Stammesbildung (beide wie II, 5a), 409f. und passim; BOSL, Frühformen (wie § 1, Anm. 26), bes. 62ff. und 80ff. Anders: S. DICK, Zu den Grundlagen des sogenannten germanischen Königtums in der Völkerwanderungszeit, Phil. Diss. Paderborn 2002.

bestimmten Region verbunden sein konnte, läßt sich am Beginn der politischen Laufbahn Childerichs von Tournai und mehr noch bei König Chlodwig I. erkennen. Mehrere Elemente verbinden sich zu etwas Neuem und ermöglichen Chlodwig die Monopolisierung seines Königtums auf Kosten anderer Stammeskönige: Damit waren zum einen heidnisch-sakrale Komponenten wirksam, und damit die Verfügung über das fränkische Heer, zum andern waren die staatlich-römischen und alttestamentlich-christlichen Leitbilder von prägender Kraft. Die römische Komponente begründete eine Gebietsherrschaft, ebenso aber Oberherrschaft über die bischöflichen Civitates, womit sich auch die innerfränkisch-gentilen Lebensordnungen grundlegend wandelten. Es versteht sich von selbst, daß damit das fränkische Königtum auch staatsrechtliche Vorstellungen der Spätantike übernahm und in Rechtskodifikationen festschreiben ließ.[5] Nun erst konnte sich ein neuer, christlicher Königsgedanke entwickeln, der für das gesamte Mittelalter konstitutiv werden sollte.

Die Vorstellung vom christlichen Herrscher fand ebenso in die Liturgie Eingang und manifestierte sich auch in den zahlreichen Königsgrabkirchen, allen voran in St. Denis, der wichtigsten Grablege der merowingischen Königsfamilie. Für die Legitimität von königlicher Gewalt und von Herrschaft überhaupt wurde für das Mittelalter die schon in der christlichen Spätantike entwickelte Idee wichtig, daß bereits mit dem Sündenfall Herrschaft zur Zügelung der menschlichen Gesellschaft notwendig geworden sei. Diese Vorstellung erhielt durch die Jahrhunderte hindurch sehr verschiedenartige Ausformungen bis hin zu gesellschaftskritischen Konzeptionen.[6] Die seit Konstantin dem

---

[5] S. u. § 17. – Zur mittelalterlichen Herrschaftsideologie: Intitulatio (wie II, 5a); L. BORNSCHEUER, Miseriae regum, 1968; Early Medieval Kingship (wie II, 5c); NELSON, Politics (wie § 15, Anm. 54); M. MÜLLER-WILLE, Königsgrab und Königsgrabkirche, in: Ber. RGK 63, 1983, 349–412. Vgl. auch F. S. PAXTON, Christianizing Death: The Creation of a Ritual Process in Early Medieval Europe, 1990. Zum Sündenfall als Ursache von Herrschaft: W. STÜRNER, Peccatum und potestas. Der Sündenfall und die Entstehung der herrscherlichen Gewalt im mittelalterlichen Staatsdenken, 1987; B. TÖPFER, Urzustand und Sündenfall in der mittelalterlichen Gesellschafts- und Staatstheorie, 1999.

[6] EWIG, Königsgedanke (wie § 8, Anm. 31), bes. 13ff.; SCHNEIDER, Königswahl (wie II, 5a), 64ff.; vergleichend für die germanische Welt: Early Medieval Kingship (wie II, 5c) und C. MURRAY, Germanic Kingship Structure, 1983. – Zum Spezialproblem der Adoption aus politischen Gründen: B. JUSSEN, Patenschaft und Adoption im frühen Mittelalter, 1991. – Zu den genealogischen Problemen: HLA-

Großen entwickelte Idee eines christlichen Kaisertums hat bei dem neuen Königsgedanken offenbar Pate gestanden, galt doch der seit den großen Reichskonzilien als *serenissimus*, *piissimus* und *tranquillissimus* bezeichnete Kaiser in römischen Augen als Vater der germanischen Könige an den Grenzen und später auf dem Boden des Imperium Romanum. Aus spätantiker Tradition stammen auch die ideellen Wechselwirkungen zwischen Gottesbild und Herrschaftsideologie. Christus als monumentaler »Pantokrator« bedeutete auch in gewisser Weise eine »Paganisierung des Christentums« (J. G. Deckers), die Hand in Hand ging mit einer Sakralisierung des spätantiken Herrschers, die ihn »dem tagespolitischen Kräftespiel von Senat, Militär und Volk entzog« (R. Warland) – ein Vorgang, der sich in der Bildpropaganda der spätantiken Staatskunst manifestierte, aber auch das Mittelalter prägte.[7]

Gregor von Tours nennt Chlodwig I. einen »novus Constantinus«, wobei ihm das Konstantinbild der römischen Kirche vorschwebte. Das bezog sich konkret auf Chlodwigs religiöse Motivierung seines Krieges gegen die arianischen Westgoten, auf seine Leitung der Kirche seit der Synode von 511 und ebenso auf seinen und seiner Nachfolger Anspruch, Bischöfe einzusetzen.[8] Die Verchristlichung des Königtums der Merowinger vollzog sich aber nicht in einem Zuge, denn noch im gesamten 6. Jh. überwiegen die traditionellen Prädikate für den Herrscher, nämlich *iustitia*, *pietas*, *clementia*, die zwar aus kirch-

---

WITSCHKA, Stirps regia (wie Anm. 3); Königswahl und Thronfolge in fränkisch-karolingischer Zeit, Hg. DERS., 1975; S. M. CROSBY, The Royal Abbey of Saint-Denis from its Beginnings to the Death of Suger, 475–1151, 1987.

[7] R. HELM, Untersuchungen über den auswärtigen diplomatischen Verkehr des römischen Reiches im Zeitalter der Spätantike, in: AUF 12, 1932, 375–436; vgl. generell: F. MILLAR, The Emperor in the Roman World, 1977, und S. R. F. PRICE, Rituals and Power, 1984. J. G. DECKERS, Göttlicher Kaiser und kaiserlicher Gott. Die Imperialisierung des Christentums im Spiegel der Kunst, in: Epochenwandel? (wie § 1, Anm. 60), 3–16; R. WARLAND, Die neue Symbolik der Macht, in: ebd., 17–26. – Zum umstrittenen Problem der Christlichkeit Konstantins vgl. oben § 5, Anm. 1. Das von B. Eusebius von Caesarea behauptete radikale Vorgehen Konstantins gegen die heidnischen Kulte ist unhistorisches Wunschdenken. Bei aller Bevorzugung christlicher Amtsträger war der Kaiser doch um eine Balance zum heidnischen Teil seiner Untertanen bemüht. Darüber zuletzt: T. S. SCHEER, Heidnische Vergangenheit und christliche Gegenwart, in: Epochenwandel? (wie § 1, Anm. 60), 36–44, unter Bezug auf Eusebius' Vita Constantini (wie § 5, Anm. 14), 3,54, 2ff. und 3,55.

[8] E. EWIG, Das Bild Constantins des Großen in den ersten Jahrhunderten des abendländischen Mittelalters, in: DERS., Gallien (wie II, 5a), Bd. 1, 72–113, bes. 95ff.

licher Sicht konzipiert sind – etwa bei Papst Gregor dem Großen –, die aber wohl kaum eine genuin christliche Sakralisierung des Herrschertums bedeuteten. Erst mit dem Beginn des 7. Jhs. verstärkt sich die christliche Komponente merowingischer Königstitel, ein Zeichen für den Wandel des königlichen Selbstverständnisses und zugleich ein Hinweis auf die Rolle der gallorömischen christlichen Senatorenaristokratie und der Bischöfe bei Hofe.[9] Ein weiterer Schritt in dieselbe Richtung und zugleich ein Hinweis auf die kirchenpolitische Realität in den neuen Germanenreichen bedeutete dann die bei Isidor von Sevilla (599–636) in den »Sententiae« formulierte Auffassung, der König übe innerhalb der Kirche Gewalt (*potestas*) aus. In der merowingischen Liturgie des 7./8. Jhs. wird um *pax, concordia* und *iustitia* für den König gebetet, und der »Liber Historiae Francorum« aus dem frühen 8. Jh. nennt rückblickend Dagobert I. *rex pacificus*. Gleichzeitig wird aber auch eine Art »Gegenrechnung« von kirchlicher Seite aufgemacht, wenn Isidor etymologisierend die Sentenz formuliert, daß die Könige zu rechtem Handeln berufen seien und daß der unrecht handelnde König wegen seiner Sünde den Herrschertitel einbüße.[10] Ob hinter solchen kirchlichen Auffassungen über die Absetzbarkeit sittlich untauglicher Könige schon reale Effizienz steht, bleibe dahingestellt, auf jeden Fall aber wurden hier bereits im 7. Jh. die Weichen für eine durchgreifende Verchristlichung des Herrschertums gestellt, wie sie sich in karolingischer Zeit in den »Admonitiones« der Konzilien und später in den »Fürstenspiegeln« genauer artikuliert, in denen sehr bewußt politische Macht an christlicher Ethik gemessen wird.

Es ist auch kein Zufall, daß die merowingischen Könige, anders als die germanischen Herrscher auf römischem Boden, nicht mehr vorwiegend repräsentative öffentliche Bauten errichteten, sondern der Bau großer Kirchen bei ihnen eindeutig im Vordergrund steht, wobei sicher das Vorbild Konstantins des Großen als des christlichen Herrschers par excellence eine Rolle spielte. Eine Erhöhung der sakralen Würde des Herrschers brachten auch seine Kirchenbesuche und Pil-

---

[9] Zur Herkunft des Funktionstitels *rex* für die germanischen Könige: Intitulatio (wie II, 5a), Bd. 1, 32ff. und 108ff.

[10] Isidor von Sevilla, Sententiae III, in: MIGNE, PL 83, 1862, c. 50, 6–8 (343), 722, und bes. c. 48, 7 (339), 719; dazu EWIG, Königsgedanke (wie § 8, Anm. 31), 28f.

gerfahrten mit sich.[11] Man sollte aber insgesamt nicht übersehen, daß Chlodwigs I. Verzicht auf den Mythos göttlicher Herkunft seiner Sippe, der mit der Taufe unvermeidlich war, keineswegs eine völlige Aufgabe heidnischer Herrschaftssymbolik bedeutete. Das lange Haar in der Königsfamilie und die sakrale Umfahrt in einem von Stieren gezogenen Wagen, die sich aber nur auf das Kerngebiet der Francia im Dreieck Paris, Chalon-sur-Saône, Metz bezog und später von der karolingischen Geschichtsschreibung ironisiert wurde, dies waren nach wie vor Zeichen des alten heidnischen Königsheils; desgleichen die Einweisung in die Herrschaft mit Speer und Thron. Auch die Schilderhebung wird man als heidnisches Ritual betrachten müssen, wenn sie auch meist nur ein spontaner Akt in offenen Machtkämpfen gewesen sein dürfte. Ein von christlichen Vorstellungen geprägtes Königszeremoniell entwickelte sich aber schon seit Chlodwig I. und erreichte unter Chlothar II. und Dagobert I. einen ersten Höhepunkt, was aber auch konsequent zu einer herben christlichen Kritik am Regierungsstil Dagoberts als Gesamtherrscher führte. Dennoch ist dieser König der erste Merowinger, dem auch spezifisch christliche Herrschertugenden zugeschrieben werden. Jedoch geriet diese aufsteigende Tendenz mit dem Verfall der Merowingerdynastie ins Stocken. Eine bemerkenswerte, in kein Schema passende Ausnahme macht hier die energische Regierung der Königin Balthilde (bis 665), die wegen ihrer Klostergründungen und Mildtätigkeit sowohl christliches Herrscherlob erntete, als auch wegen ihres Vorgehens gegen Bischöfe schärfste Kritik beim Biographen Erzbischof Wilfrids von York erfuhr.[12] Wie stark die archaische Komponente von Herrschaft dennoch weiterwirkte, zeigt die Tatsache, daß auch die Frühkarolinger sowohl in der Fredegar-Chronik als auch im »Liber Historiae Francorum« noch mit traditionell antiken Epitheta wie *strenuus*, *efficax*, *utilis*, *elegans* charakterisiert werden, die kaum von kirchlichem Geist durchdrungen sind. Erst der Hausmeier Grimoald II. († 714) wird als *pius*, *modestus*, *mansuetus* und *iustus* bezeichnet, also mit christlichen

[11] H. H. ANTON, Fürstenspiegel und Herrscherethos in der Karolingerzeit, 1968. – Zur Entwicklung der Fürstenspiegel seit der Antike: P. HADOT, Art. »Fürstenspiegel«, in: RAC 8, 1972, 555–632, bes. 617ff. – Zum Wandel der architektonischen Prioritäten vgl. B. PFERSCHY, Bauten und Baupolitik frühmittelalterlicher Könige, in: MIÖG 97, 1989, 257–328, bes. 304–319; SWINARSKI, Herrschen (wie § 15, Anm. 54).

[12] S. o. § 8 mit Anm. 31 und § 9 mit Anm. 6.

Herrschertugenden ausgezeichnet. Den entscheidenden Durchbruch einer konsequenten christlichen Herrscherethik brachte aber erst das karolingisch-päpstliche Bündnis von 750/51.[13]

Was die realen Grundlagen merowingischer Königsmacht und später des königsgleichen Hausmeieramtes anbetrifft, so waren das kraft Eroberungsrechts erworbene reiche Königsgut und die finanzielle Ergiebigkeit der Civitates die solide Basis.[14] Mag auch das Ausmaß der merowingischen Fiskalsukzession, also der königlichen Inbesitznahme antik-römischen Staatsgutes, umstritten sein, an der Massierung königlicher Macht in Neustrien, speziell im Pariser Becken, ist nicht zu zweifeln, denn die Topographie der Hauptorte des Frankenreiches und besonders der *sedes regiae* läßt einen herrschaftlichen Verdichtungsraum erkennen, in dem Paris, Soissons, Reims, Orléans und Tours liegen und der sich noch im 6. Jh. mit den Residenzen Chalon-sur-Saône und Metz nach Südosten und Osten erweitert. Zwar sind die *sedes regiae* keine Hauptstädte im antiken Sinn, weil sie keine Zentralbehörden beherbergen, aber als Mittelpunkt der Fiskalverwaltung, als Aufenthaltsorte der Herrscher, als Münzprägeorte und als königliche Grablegen – es gab deren 28 im Frankenreich – treten sie deutlich hervor. Im 7. Jh. verlagert sich der Ort der Herrschaft oft in Landpfalzen, was man als Zeichen merowingischen Machtverfalls in den bischöflichen Civitates gedeutet hat. Regional ist aber festzustellen, daß in Austrien schon seit Dagobert I. und erst recht nach ihm Arnulfinger und Pippiniden mit ihrer weitreichenden Klientel das Land beherrschten oder zumindest Teilhaber der politischen Macht waren: Das gilt für die *sedes regia* Metz ebenso wie für die Pfalzen und Klöster dieser Großregion.[15] Dennoch gab es auch an Mosel und

---

[13] Continuationes Fredegarii, 168–193, c. 6, in: Fredegarii et aliorum (wie II, 4a), hier 172: »... Fuitque vir mitissimus, omni bonitate et mansuetudine repletus, largus in elemosinis et in orationibus promptus.«

[14] BRÜHL, Fodrum; PRINZ, Stadtherrschaft (beide wie II, 5a). – Zur Fortexistenz römischen Großgrundbesitzes E. MAGNOU-NORTIER, Le grand domaine: des maîtres, des doctrines, des questions, in: Francia 15, 1987, 659–700.

[15] Leider fehlt es an eindeutigen Quellen zur Kontinuität zwischen römischem und merowingischem Fiskalland; man ist oft auf topographische Rückschlüsse bzw. auf ein *post ergo propter* angewiesen. Vgl. EWIG, Merowinger (wie II, 5a), 58; zu den merowingischen Zentrallandschaften: DERS., Gallien (wie II, 5a), Bd. 1, bes. 274–322, 409–434; J. BARBIER, Aspects du fisc en Neustrie (VIe-Xe siècle), in: La Neustrie (wie II, 5c), Bd. 1, 129–142. Zur Bedeutung der königlichen Grablegen als *imitatio imperii*: KRÜGER, Königsgrabkirchen (wie II, 5b).

Rhein Reste der spätantiken Fiskalorganisation, die nach dem Zusammenbruch der Reichsverwaltung in fränkische bzw. kirchliche Hand übergingen. Wenn von seiten der Archäologie festgestellt wurde, daß rein romanische Siedlungen ohne fränkischen Zuzug im Trierer Land alle in königlichem oder geistlichem Besitz waren, dann spricht das für eine merowingische Fiskalsukzession auch in diesem Raum; und wenn schon zur Zeit König Theuderichs I. (511–533) oberhalb von Trier ein fränkischer Herrenhof bezeugt ist, dann läßt sich daraus schließen, daß auch das Königsgefolge an der Inbesitznahme des Landes beteiligt war und vermutlich auch römische Landsitze (*villae rusticae*) übernommen hat. Den größeren Teil dürfte aber der Merowingerkönig okkupiert haben, da die Fiskalverwaltung vor allem in Städten und Kastellen, in Zülpich, Andernach und Koblenz verblieb. Für die Rechts- und Besitzgeschichte gleichermaßen wichtig ist die umstrittene Frage, ob die Landschenkungen der Merowingerkönige für die Beschenkten volles Eigentum begründeten oder jeweils nur für Lebenszeit galten. Anders als beim Lehen läßt sich kaum eine Entwicklung feststellen, da die Herrscher schon früh, aber doch nur von Fall zu Fall, Güter als echtes Eigentum vergaben.[16]

Die lange Anwesenheit der Franken in Gallien und die sich daraus ergebende Vertrautheit mit den römischen staatlichen Institutionen brachten es mit sich, daß die Merowinger nicht nur ein in weiten Bereichen noch funktionierendes Finanzwesen übernahmen, sondern daß sie es auch gemäß den gewandelten Gegebenheiten adaptierten und in den nordöstlichen Regionen ihres Reiches wiederherzustellen suchten. Das ging nicht immer ohne Widerstände ab.[17] Der Frankenherrscher trat in wichtige Rechte des spätantiken Staates ein, übernahm die noch vorhandenen Staatsdomänen (saltus, fisci), nutzte die Hoheitsrechte über Verkehrswege und Gewässer, sofern sie Zölle erbrachten, beanspruchte die Münzhoheit und die oberste Gerichtsbarkeit, die sich aus der königlichen Banngewalt ergab, nämlich aus dem Recht, unter der Androhung von Strafe zu befehlen. Es gab den Frie-

---

[16] EWIG, Frühes Mittelalter (wie II, 5b), 46f.; zur Ausbildung der frühmittelalterlichen Herrschaftsstruktur vgl. allgemein: G. TABACCO, Sperimentazione del potere nell' alto medioevo, 1993. – Zum Charakter königlicher Schenkungen: DORN, Landschenkungen (wie § 6, Anm. 27).

[17] Gregor von Tours, Historia Francorum (wie II, 4a), III, c. 36, 131. Kontrovers zur Kontinuität des spätantiken Steuerwesens im Frankenreich: DURLIAT, Les finances (wie § 5, Anm. 56); s. o. § 5, Anm. 56.

dens-, den Verwaltungs- und den Verordnungsbann, doch bleibt es fraglich, ob sich die königliche Banngewalt auch auf die aus genuinen Herrschaftsrechten des Adels entstandenen Grundherrschaften und auf die Immunitätsbezirke der Kirchen und Klöster bezog.

In die königliche Munt, »defensio« und »tuitio«, konnten sowohl Einzelpersonen, wie Kleriker, Witwen und Waisen, als auch Gruppen, wie Kaufleute, Juden, Spezialhandwerker sowie Kirchen und Klöster aufgenommen werden. Zweifellos genoß damit der Schützling ein höheres Maß an Rechtssicherheit, aber da dieses »mundeburdium« auch eine Kommendation, also eine teilweise rechtliche Statusminderung bedeutete, war man dem König damit auch zu Abgaben und Diensten verpflichtet. Später wurde der Königsschutz ein wichtiges Instrument der Frühkarolinger, um in großem Ausmaß eine straff geführte Kirchenherrschaft aufzubauen.[18] Aus diesen speziellen Schutzformen muß man aber doch wohl schließen, daß es beträchtliche Räume und Gesellschaftsformationen ohne Königsschutz gab, die vom Adel und von der vom Adel beherrschten Kirche organisiert worden sind. Das merowingische Königtum war schon deshalb keine »absolute« Monarchie, weil sich der Adel und die Kirche auch ein Mitspracherecht (*consensus fidelium*) bei der Wahl und Erhebung des Königs sicherten; es waren dies die Großen des Reiches, also eine »politisch, wirtschaftlich und sozial klar abgehobene Führungsschicht«, die in den Quellen terminologisch gut zu fassen ist.[19]

Dennoch wäre es falsch, die Macht des Königs und später die Vollzugsgewalt der für ihn handelnden Hausmeier zu unterschätzen; denn neben Einkünften aus den gallorömischen Civitates war es vor allem das Heer, das in massiver Weise den Herrschaftsanspruch auf das Gesamtreich nicht nur repräsentierte, sondern gegebenenfalls auch durchzusetzen imstande war.[20] Heeresmacht konnte nicht nur die Königswahl beeinflussen, sondern auch die »Privatarmeen« der Optimaten und der bischöflichen Stadtherren im Zaum halten, dies aller-

---

[18] Siehe § 12.

[19] IRSIGLER, Untersuchungen (wie II, 5a), 253 und passim; abweichend: GRAHN-HOEK, Oberschicht (wie § 7, Anm. 24) (dazu W. STÖRMER, Rezension, in: BDLG 116, 1980, 631 ff.). Für die weitere Entwicklung: HANNIG, Consensus fidelium (wie II, 5a).

[20] Einen guten Überblick über den Forschungsstand zum frühmittelalterlichen Heerwesen bieten: Ordinamenti (wie II, 5c) und BACHRACH, Merovingian Military Organization (wie II, 5a).

dings nur so lange, als der König mit seinen Gefolgschaftsverbänden und den Truppen aus dem Bereich der »altfreien« Bevölkerung Herr der Lage blieb. Auch hatte schon Chlodwig I. im Zuge seiner Eroberungen Teile der römischen Garnisonen und Militärbezirke seiner Heeresmacht eingegliedert, wodurch die Integration von Franken und Gallorömern gefördert wurde. Unabdingbar war für den Herrscher ein königlicher Schatz (*thesaurus*) zur Entlohnung der Anhänger, der wiederum zum großen Teil aus Kriegsbeute und den königlichen und bischöflichen Münzstätten kam. Die Königsnähe selbst war für das Gefolge auch ein entscheidendes Moment des eigenen Aufstiegs in politisch-administrative Karrieren; für den schriftkundigen Romanen bot das Amt des *referendarius* bei Hofe entsprechende Chancen.[21] Mit dem Verfall der merowingischen Zentralgewalt versiegten auch die finanziellen Mittel zur Anlage eines königlichen Hortes, und die weltlichen Regionalgewalten, d. h. vor allem die wechselnden Adelsfraktionen der Teilreiche Neustrien, Burgund und Austrien, beherrschten bald ebenso die Szene wie dies die kirchlichen Truppen der Bischofsstädte bewirkten.[22]

Wie umstritten auch Ausmaß und Effizienz der auf spätantiken Grundlagen ruhenden merowingischen Reichsverwaltung sein mögen, so gab es doch auf jeden Fall einen Personenkreis am Königshof, der für administrative wie militärische Aufgaben herangezogen werden konnte; dieser rekrutierte sich gleichermaßen aus Franken und Gallorömern. Eine bevorzugte Stellung nahm die Gefolgschaft (Antrustionen) ein, deren besonderer Schutz durch den König sich u. a. darin manifestierte, daß denen, die zu ihr gehörten, das dreifache Wergeld ihres jeweiligen Geburtsstandes zustand. Die Romanen, die als *convivae regis* mit am Tisch des Herrschers saßen, stellten wohl die Mehrzahl der *referendarii* der Königskanzlei, die Urkunden und Gesetze entwarfen, gegenzeichneten und auch die Steuereinnahmen kontrollierten. Zur Zeit Dagoberts I. stiegen manche von ihnen aus der

---

[21] Zum Königsschatz: D. CLAUDE, Beiträge zur Geschichte der frühmittelalterlichen Königsschätze, in: Early Medieval Studies 7, 1973, 5–24, und SCHNEIDER, Königswahl (wie II, 5a), 242ff. – Zur Bedeutung der Königsnähe: VON OLBERG, Freie (wie § 4, Anm. 52), hier 275 und passim. – Zu Formen der Kommunikation: D. A. BULLOUGH, Friends, Neighbours and Fellow-Drinkers: Aspects of Community and Conflict in the Early Medieval West, 1991.

[22] PRINZ, Klerus (wie II, 5a), 37ff.

schola palatii in Paris, einem königlichen Regierungsorgan, zu Reichsbischöfen auf.[23] Die materielle Versorgung der Referendare, die sie zum Dienst für den Herrscher als »missi« (Königsboten) und Verwaltungsmänner befähigte, bestand entweder in einträglichen Funktionen an der Spitze der Königsgüter, oder sie waren *comites*, d. h. Repräsentanten des Herrschers in wichtigen Regionen und, soweit dies durchsetzbar war, in den bischöflichen Civitates.[24] Eine Ämterordnung bildete sich erst allmählich aus.

Seit dem letzten Drittel des 6. Jhs. entwickelte sich das Amt des Maiordomus oder Hausmeiers als Leiter der Hofverwaltung, dem die Arnulfinger und Pippiniden ihren Aufstieg verdanken. Während in Neustrien die Wahl des Hausmeiers durch den Adel der Normalfall war, weshalb sich Erblichkeit des Amtes nur gelegentlich durchsetzen konnte, wurde diese von den Frühkarolingern zunächst in Austrien, dann im Gesamtreich erreicht, was auch den Sprung in eine königsgleiche Stellung bedeutete.[25] Weitere Hofämter, die sich aber politisch als weniger folgenschwer erwiesen, waren der »thesaurarius« (Schatzmeister) oder *cubicularius* (Kämmerer), der *comes stabuli* (Stallgraf), der Schenk und der Pfalzgraf als Vorsitzender des Königsgerichts. Pracht und Umfang einer königlichen Hofhaltung, die sich am Kaiserzeremoniell orientierte, erhellt aus einem Bericht Gregors von Tours, wonach König Childebert II. seinen Sohn Theudebert II. als Unterkönig nach Soissons und Meaux schickte und ihm Grafen, Haushofmeister, Verwalter, Edelknaben und »alle Personen mit[gab], die zu einer königlichen Hofhaltung nötig sind«.[26]

Die Frage nach der Effizienz des merowingischen Königtums ist nicht einfach zu beantworten. Zweifellos waren das Heer und die königlichen Domänen wichtige Elemente königlicher Herrschaft, des-

---

[23] BRESSLAU, Urkundenlehre (wie I, 11b), Bd. 1, 359–369; P. CLASSEN, Kaiserreskript und Königsurkunde, Tl. 1–2, in: AfD 1, 1955, 1–87 (bes. 53ff.), und AfD 2, 1956, 1–115 (bes. 71ff.); PRINZ, Mönchtum (wie II, 5a), 124ff.; SCHEIBELREITER, Audoin (wie II, 5b), und oben § 8 mit Anm. 32.

[24] CLAUDE, Comitat; DERS., Bestellung (beide wie II, 5a). Vgl. insgesamt: Histoire comparée de l'administration (IVe-VIIe siècles), Hg. W. PARAVICINI u. a., 1980, darin bes. K. F. WERNER, Missus – Marchio – Comes, 191–239.

[25] SELLE-HOSBACH, Prosopographie; EBLING, Prosopographie (beide wie II, 5a); HEIDRICH, Les maires (wie § 9, Anm. 1); SCHNEIDER, Frankenreich (wie II, 5a), 48ff.; WERNER, »Missus« (wie Anm. 24).

[26] Gregor von Tours, Historia Francorum, X, c. 36, 457 (AQMA 3, 293) (beide wie II, 4a).

gleichen Landschenkungen, Geschenke aus Kriegs- und Beutezügen, Einnahmen aus Zoll und Münze, also aus der Weiternutzung kaiserlicher Rechte.[27] Schwieriger ist es, die Wirksamkeit königlicher Gesetzgebung und Privilegierungen zu beurteilen.[28] Ähnliches gilt auch für die Grenzen der Königsmacht gegenüber den von der gallorömischen Aristokratie und den Bischöfen beherrschten Civitates; deren politische Struktur wurde weitgehend belassen, doch konnte der König in Zeiten normaler Machtausübung auf die Besetzung der Bistümer Einfluß nehmen und hatte damit auch Anteil an den finanziellen Ressourcen der Städte. Bei labiler Königsherrschaft, vor allem seit der zweiten Hälfte des 7. Jhs. und bis zur Wiederherstellung der Herrschermacht unter Karl Martell, entzogen sich die Regionen südlich der Loire und des Rhône-Raumes mehr und mehr der königlichen Gewalt und finanziellen Nutzung. Damit fiel eine der beiden Säulen merowingischer Macht, nämlich die Verfügung über die Civitates, weitgehend weg.[29] Die andere Säule merowingischer Herrschaft, Heer und fränkischer Adel, wurde ebenfalls seit der zweiten Hälfte des 7. Jhs. brüchig, und zwar aus zwei Gründen: zum einen aufgrund der Zunahme regionalisierter Adelsmacht und damit des Aufstiegs der jeweiligen neustroburgundischen und austrasischen Hausmeier, die damit unmittelbaren Einfluß auf das Königtum gewannen; zum anderen wurde dieser Prozeß durch die zahllosen Kämpfe der Merowingerkönige gegeneinander beschleunigt, die dem Adel jeweils politische Optionen für die eine oder andere Seite ermöglichten; das war mit Reduzierungen der Königsmacht fast zwangsläufig verbunden.[30]

Seit etwa 600 entzieht sich das Amt des Hausmeiers der Macht des Königs und wird eine Domäne der Adelsinteressen. Über den bisherigen Anteil an der Verwaltung des Königsgutes hinaus tritt der Hausmeier an die Spitze der königlichen Gefolgschaft (*trustis dominica*)

---

[27] Vgl. DORN, Landschenkungen (wie § 6, Anm. 27).

[28] S. u. § 17.

[29] Herrschaft und Kirche (wie II, 5c), dort bes. die Beiträge von HEINZELMANN, Bischof, und KAISER, Königtum (beide wie § 6, Anm. 21); G. SCHEIBELREITER, Der frühfränkische Episkopat, in: FMASt 17, 1983, 131–147. Vgl. unten § 17 mit Anm. 25f.

[30] S. o. §§ 7, 12f. und 15. – Umstritten sind in diesem Zusammenhang die Effizienz der Treueidleistungen für den König wie auch der Personenkreis, der dafür in Frage kam; vgl. U. ECKARDT, Untersuchungen zu Form und Funktion der Treueidleistungen im merowingischen Frankenreich, 1976.

und gewinnt damit eine machtvolle Stellung sowohl am Hofe selbst wie in den einzelnen Reichsteilen. Seine immer noch fortdauernde Abhängigkeit von den jeweiligen Adelsgruppen läßt sich aber am Scheitern des anfangs so erfolgreichen und energischen Hausmeiers Ebroin erkennen, der nach der Entmachtung des Königssohnes auch den Adel niederwerfen wollte, an dessen Widerstand aber zugrunde ging. Wie risikoreich der Weg vom Hausmeieramt und dessen Erblichkeit zur faktischen Herrschaft anstelle des Königs gewesen ist, zeigt insbesondere der mühsame, an Rückschlägen reiche Kampf der Arnulfinger und Pippiniden, also der Frühkarolinger um die Königsherrschaft.[31] Im Gegensatz zum hochmittelalterlichen Königtum, das überwiegend ein Wanderkönigtum auf der Grundlage von Pfalzen gewesen ist – nur die Spätzeit Karls des Großen in Aachen macht hier eine gewisse Ausnahme –, blieb die merowingische Herrschaft vorwiegend an Residenzen gebunden, die ausschließlich im Kernraum der Francia zwischen Kohlenwald (Carbonaria) und Loire lagen. Residenzstädte waren, neben dem Hauptort Paris, Soissons, Reims, Metz, Chalon-sur-Saône und Orléans. Im Bereich dieser Residenzen fanden auch die jährlichen »Märzfelder«, die Großversammlungen, die Reichs- und Reichsteilsynoden der Kirche und die meisten Königshuldigungen statt, und in diesem Raum massieren sich auch die Königsgrabkirchen. Die karolingische Machtverlagerung in den städtearmen Osten des Reiches bedeutete daher auch herrschaftsstrukturell einen Bruch, der mit dem Begriff der »Regermanisierung« kaum zutreffend umschrieben werden kann.[32]

b) Der Adel

Genealogische, archäologische sowie rechts- und gesellschaftsgeschichtliche Forschungen haben in den letzten Jahrzehnten neue Erkenntnisse hinsichtlich Art und Funktion jener militärisch-politischen Führungsschicht gebracht, die gemeinhin mit dem allzu plakativ

---

[31] Zum Faktischen vgl. EWIG, Merowinger (wie II, 5a), 142ff. und 181ff., sowie oben § 12; zum politisch-verfassungsrechtlichen Aspekt: HAAR, Studien zur Entstehung (wie § 9, Anm. 1); HEIDRICH, Titulatur (wie § 9, Anm. 15); Intitulatio (wie II, 5a), Bd. 1, 141–151.

[32] Vgl. die Karte bei EWIG, Merowinger (wie II, 5a), 38f.; KRÜGER, Königsgrabkirchen (wie II, 5b), 30–250.

gebrauchten Begriff »Adel« bezeichnet wird.[33] Die Skala der Lehrmeinungen über Adel im Frühmittelalter reicht von dessen völliger Leugnung, vor allem für die Frühzeit (6. Jh.),[34] bis zu dessen Rückverfolgung ins Germanische und konsequenterweise zur Annahme autogener Herrschaftsrechte über Land und Leute, die vor und neben den entsprechenden königlichen Rechten existierten. Eine Zusammenschau schriftlicher und archäologischer Quellen brachte in dieser Diskussion wesentliche Fortschritte, die durch die Analyse von »Stiftergräbern« wesentlich ergänzt und in ihrer Bedeutung modifiziert worden sind.[35] Von seiten der Vor- und Frühgeschichte wurden aufgrund der Grabbeigaben entscheidende Modifikationen der bislang nur auf schriftlichen Belegen basierenden Adelsdiskussion erzielt.[36] Die Forschung erbrachte dann aufgrund der Auswertung von Me-

---

[33] S. o. § 1, Anm. 22. Eine Übersicht bietet: The Medieval Nobility (wie § 1, Anm. 23). M. WEIDEMANN, Adel im Merowingerreich, in: JRGZ 40,2, 1993, 535–555, nimmt an, daß der Adel des 8. Jhs., die Agilolfinger und die »genealogiae« in Bayern eingeschlossen, sich aus einer von König Chlothar II. geschaffenen amtsadeligen Schicht ableitet (bes. 553ff.). – Zur Diskussion des Adelsbegriffs: O. VON DUNGERN, Adelsherrschaft im Mittelalter, 1927, und BLOCH, La société féodale (dt.: Die Feudalgesellschaft) (wie I, 10d); IRSIGLER, Untersuchungen (wie II, 5a); GRAHN-HOEK, Oberschicht (wie § 7, Anm. 24); SCHMID, Gebetsgedenken (wie II, 5a); STÖRMER, Früher Adel (wie § 1, Anm. 23). Knappe Problemübersichten bei SCHNEIDER, Frankenreich (wie II, 5a), 133ff.; H. KUHN u. a., Art. »Adel«, in: RGA 1, 1973, 58–75; WERNER, »Adel« (wie II, 5a); DERS., Naissance de la noblesse. L'essor des élites politiques en Europe, 1998; O. G. OEXLE, Memoria und Memorialüberlieferung im früheren Mittelalter, in: FMASt 10, 1976, 70–95. – Zum Forschungsstand allgemein: Nobilitas; LE JAN, Famille. – Zu Patenschaft und Adoption: ALTHOFF, Verwandte (alle wie § 1, Anm. 23); JUSSEN, Patenschaft (wie Anm. 6). – Zu Einzelfragen: K. SCHREINER, Adel oder Oberschicht? in: VSWG 68, 1981, 225–231, der mit Recht terminologische Kritik anmeldet; ebenso T. ZOTZ, Adel, Oberschicht, Freie – Zur Terminologie der frühmittelalterlichen Sozialgeschichte, in: ZGO 125, 1977, 3–20; H. EBLING u. a., Nomen et gens, in: Francia 8, 1980, 687–745. Über Umgangsformen der Oberschicht: Formen und Funktionen öffentlicher Kommunikation im Mittelalter, Hg. G. ALTHOFF, 2001. – S. u. § 20 zur »Adelsliteratur«.

[34] GRAHN-HOEK, Oberschicht (wie § 7, Anm. 24). – Die Entstehung des Adels als merowingischer Dienstadel nimmt an: BERGENGRUEN, Adel (wie II, 5a); SPRANDEL, Struktur (wie § 7, Anm. 26).

[35] IRSIGLER, Untersuchungen (wie II, 5a); zur Archäologie der Adels- und Stiftergräber s. u. Anm. 42.

[36] STEIN, Adelsgräber (wie II, 5a); H. AMENT, Fränkische Adelsgräber von Flonheim in Rheinhessen, 1970; abweichend: STEUER, Interpretation (wie § 10, Anm. 66) (zum Teil überzogene Kritik); CHRISTLEIN, Besitzabstufungen (wie § 10, Anm. 12), und zuletzt BÖHME, Adelsgräber (wie § 8, Anm. 22), überzeugend aufgrund archäologischen Materials.

morialbüchern, die dem liturgischen Totengedenken dienten, weiterführende Erkenntnisse sowohl über die familiären Zusammenhänge politisch führender, kognatischer Verbände als auch über adeliges Selbstverständnis und dessen Stabilisierung durch Königsnähe und Amt.[37] Wenn archäologische Befunde bezeugen, daß es außer dem Königtum noch eine Schicht mächtiger Familien gab, die sich eine Bestattung mit reichen Beigaben in Kirchen oder gar an berühmten Heiligengräbern leisten konnten,[38] dann ist der Adelsbegriff eine reine Definitionsfrage. Anachronistisch bleibt der Versuch, im Hinblick auf eine spätere »Institutionalisierung« des Adels dessen Existenz für das Frühmittelalter zu leugnen, denn am Vorhandensein einer Personengruppe »erhöhten gesellschaftlichen Ansehens« durch Geburt, kultisch gefestigte Familientradition und vererbbaren umfangreichen Besitz ist nicht zu zweifeln.[39]

Wenn man ganz allgemein Adelsherrschaft und Adelsführung als eine zentrale Organisationsform wenig entwickelter Gesellschaften versteht, dann wird man ihr im Frühmittelalter in den mannigfachsten

---

[37] Studien und Vorarbeiten (wie II, 5c); SCHMID, Gebetsgedenken (wie II, 5a); HLAWITSCHKA, Stirps regia (wie Anm. 3).

[38] L'inhumation (wie § 15, Anm. 27); G. P. FEHRING, Missions- und Kirchenwesen in archäologischer Sicht, in: Geschichtswissenschaft und Archäologie (wie II, 5c), 547–591; BORGOLTE, Stiftergrab (wie § 15, Anm. 17); Ausgrabungen St. Ulrich, Afra (wie II, 5c), darin bes. die Beiträge von J. WERNER, A. FRANCE-LANORD und F. PRINZ; vgl. auch H. DANNHEIMER, Epolding-Mühlthal. Siedlung, Friedhöfe und Kirche des frühen Mittelalters, 1968.

[39] R. WENSKUS, Adel und Amt in der früheren Merowingerzeit, in: Mitteilungen des Marburger Universitätsbundes, 1959, 40–56. – Zu eng definiert ist »Adel«, wenn man den Begriff auf solche Fälle beschränkt, »wo eine soziale Schicht mit besonderer Rechtsstellung auftaucht, wobei diese Stellung nicht an die Person gebunden ist, sondern entweder erblich ist oder von einem Herrscher gewissen Familien zugestanden wird«. So GRAUS, Volk (wie II, 5a), 201, und DERS., Hagiographie (wie II, 5a), bes. 159ff. – Zur kultischen Verankerung der Oberschicht, die ein wesentliches Moment der Ausbildung von Adel war: Memoria in der Gesellschaft (wie § 15, Anm. 55). Die vieldiskutierte Frage, warum bei Gregor von Tours der Adel als gesellschaftliche Formation nicht erkennbar ist, wird neuerdings damit erklärt, daß Gregors biblisch-ekklesiologische Konzeption seines Geschichtswerks dafür keinerlei Anlaß bot: HEINZELMANN, Gregor von Tours (wie § 7, Anm. 23). – Vgl. S. EISENSTADT, Patrons, Clients and Friends, 1984; zur Struktur archaischer Gesellschaften ferner A. FRIESE, Herrschaftsgeschichte (wie § 8, Anm. 25), und allgemein: H. VOLLRATH, Herrschaft und Genossenschaft im Kontext frühmittelalterlicher Rechtsbeziehungen, in: HJb 102, 1982, 33–71; HEWSG (wie I, 10d), Bd. 1, Hg. F. VITTINGHOFF, 1990; S. REYNOLDS, Fiefs and Vassals, 1994; Property and Power in Early Medieval Europe, Hg. W. DAVIES u. a., 1995. Immer noch grundlegend: BLOCH, La société féodale (wie I, 10d).

Ausformungen begegnen: als erbliche Teilhabe an der Macht infolge der Verfügungsgewalt über Menschen, als autogenes Herrenrecht in der allodialen Grundherrschaft, aber auch als Anspruch und Berechtigungsnachweis für ein Amt aus der Hand des Königs. Adelsherrschaft war anfangs ein Phänomen vorwiegend agrarischer Gesellschaften; sie wandelte sich im europäischen Frühmittelalter zum politischen Monopol einer bestimmten, durch Erbe und Amt legitimierten Gesellschaftsgruppe, die einen eigenen Lebensstil und ebenso kultisch begründete Legitimationsmodelle ihres Herrschaftsanspruchs entwickelte. Der enge Zusammenhang zwischen Adel/Oberschicht und Kult ist älter als das Christentum; im germanischen Bereich hatte u. a. der Ahnenkult legitimierende Funktion. Zu wenig bekannt ist bisher über den konkreten Strukturwandel mittelalterlicher Adelsgeschlechter, über Ursachen ihres Aussterbens, über die Rechte von Frauen und nachgeborenen Söhnen, über Heiratsalter und Erziehung. Funde von Jagdwaffen in reich ausgestatteten Grablegen, die wohl Adelsgräber waren, lassen vermuten, daß die Jagd als militärisches Training in Friedenszeiten schon in der Völkerwanderungsepoche und in der Merowingerzeit eine charakteristische Beschäftigung der Führungsschicht gewesen ist.[40]

Adelsburgen scheint es bei den Germanen, vom alamannischen Siedlungsraum abgesehen, nicht gegeben zu haben, doch sind schon früh Herrenhöfe bezeugt. Auf jeden Fall ist die Entstehung adeliger Macht kein einmaliger Vorgang, sondern läßt sich von germanischer Zeit an bis ins Hochmittelalter hinein immer wieder feststellen; sozialer Aufstieg über den Königsdienst ist ebenfalls seit taciteischer Zeit bezeugt. Die Wurt Feddersen Wierde bei Bremerhaven läßt nach den Funden erkennen, daß sich zwischen dem 1. und 3. Jh. n. Chr. aus einem zunächst gleichförmig strukturierten, bäuerlichen Siedlungsverband eine Familie durch einen zumindest zeitweise befestigten Herrenhof mit Getreidespeichern, Festhalle, Metallwerkstätten und römischer Importware von der übrigen Bevölkerung abgesondert hat.

[40] Memoria in der Gesellschaft (wie § 15, Anm. 55); OEXLE, Memoria (wie Anm. 33); DERS., Mahl und Spende im mittelalterlichen Totenkult, in: FMASt 18, 1984, 401–420; SCHMID, Gebetsgedenken (wie II, 5a). Kritik an der deutschen Adelsforschung und ihren Defiziten übt FREED, Reflections (wie § 1, Anm. 23). Zum archäologischen Aspekt vgl. J. WERNER, Bewaffnung und Waffenbeigabe in der Merowingerzeit, in: Ordinamenti (wie II, 5c), Tl. 1, 95–108; daselbst weitere einschlägige Beiträge.

Das war zwar noch kein Adelsgut, aber dennoch ein Zeichen für soziale Differenzierung und damit auch für die Bildung einer Oberschicht.[41] Die Völkerwanderung bot mit der kriegerischen Inbesitznahme weiter Landstriche dann die günstigste Gelegenheit, als Gefolgsmann mit dem Heerkönig zur Herrschaft über Land und Leute zu gelangen. Selbst wenig begüterte Freie oder gar ursprünglich Unfreie konnten im Dienst des Heerkönigs oder *dux* aufsteigen und sich materielle Mittel verschaffen, die zur wirtschaftlichen Grundlage politischer Adelsmacht wurden. Wenn man aus dem »Pactus legis Salicae«, der fränkischen Rechtsordnung, die kein spezielles Wergeld für einen Adel kennt, auf dessen Nichtexistenz geschlossen hat und sogar eine völlige Ausrottung der alten völkerwanderungszeitlichen Führungsgruppen durch Chlodwig annahm, dann ist dem entgegenzuhalten, daß es schon im 5. und bis zum 8. Jh. reich ausgestattete Gräber gibt, die wohl nur als Grablegen einer mächtigen, über Land und Leute gebietenden Oberschicht zu deuten sind. Die rheinischen Fürstengräber von Morken und ebenso die alamannischen von Gültingen, Niederstotzingen und Wittislingen bezeugen wie Flonheim, Krefeld-Gellep und die Grablegen des 6. Jhs. unter dem Kölner Dom sowie die des 7. Jhs. beim Augsburger Afra-Heiligtum durch ihre hochwertigen, teilweise aus dem Mittelmeerraum stammenden Beigaben die Existenz einer Herrenschicht, die sich internationale Luxusware leisten konnte.[42] Im Testament des *dux* Adalgisel-Grimo von 634 lassen sich

---

[41] WERNER, Burgen (wie § 4, Anm. 22), wendet sich mit Recht gegen den gleichsam automatischen Zusammenhang, den H. DANNENBAUER, Adel, Burg und Herrschaft bei den Germanen [1941], in: Herrschaft und Staat im Mittelalter, Hg. H. KÄMPF, 1964, 66–134, zwischen Adel und Burgenbau herstellt. Grundlegend: HAARNAGEL, Grabung (wie § 2, Anm. 7). Zur germanischen Viehwirtschaft vgl. P. DONAT, Stallgröße und Viehbesitz nach Befunden germanischer Wohnstallhäuser, in: Archäologie als Geschichtswissenschaft (Fs. K.-H. Otto), Hg. J. HERRMANN, 1977, 251–263.

[42] WERNER, Fürstengrab (wie § 10, Anm. 8); K. BÖHNER, Das Grab eines fränkischen Herren aus Morken im Rheinland, in: Neue Ausgrabungen in Deutschland, Hg. RGK, 1958, 432–468; PAULSEN, Adelsgräber (wie § 4, Anm. 23); AMENT, Adelsgräber (wie Anm. 36); G. FINGERLIN, Ein alamannisches Reitergrab aus Hüfingen, in: Studien zur vor- und frühgeschichtlichen Archäologie (wie § 3, Anm. 4), Bd. 2, 591–628; K. SIPPEL, Ein merowingisches Kammergrab mit Pferdegeschirr aus Eschwege, in: Germania 65, 1987, 135–158; DOPPELFELD u. a., Fürsten (wie II, 5b); Ausgrabungen St. Ulrich, Afra (wie II, 5c); P. DONAT, Die Adelsgräber von Großörner und Stößen und das Problem der Qualitätsgruppe D merowingerzeitlicher Grabausstattungen, in: Jahresschrift für mitteldeutsche Vor-

schon sehr früh weitreichender Besitz von Land und Leuten, städtisches Eigentum und ein adeliges Eigenkloster im Raum Metz, Tholey, Verdun erkennen.[43]

Auch wäre es ein Mißverständnis, wenn man aus der Frankengeschichte Gregors von Tours ableiten wollte, daß es im 6. Jh. keinen fränkischen Adel gegeben habe. Zwar behält sich Gregor als Abkömmling gallorömischer Senatorenfamilien die römische Adelsbezeichnung (*nobilitas*) für diese mächtige gallorömische Traditionsgruppe des Merowingerreiches vor, läßt aber durch seine Terminologie klar erkennen, daß es auch eine germanisch-fränkische Entsprechung gegeben hat, die er als *maiores natu*, *potentes* und *leudes*, d. h. als Leute von vornehmer Geburt, bezeichnet, öfter mit dem Zusatz »in ihrem Volke«; letzteres ein Beweis für die auch in den »Stammesrechten« noch bezeugte bewußtseinsmäßige Trennung zwischen Romanen und Germanen im 6. Jh., die erst seit dem 7. Jh. im Zeichen des Kreuzes überwunden wurde. Es sind bei Gregor noch die fränkischen Großen der Reichsteile, deren Macht neben und gegenüber dem Königtum in seinem Geschichtswerk immer wieder zutage tritt. Auch die bei ihm häufig genannten »Franci« meinen kaum alle Franken, sondern einen kleinen Kreis politisch führender Personen. Auf diese adelige Schicht war der Merowingerkönig bei der Ausbreitung und Organisation der fränkischen Reichsherrschaft angewiesen, sie wirkte bei allen wichtigen politischen Entscheidungen mit, etwa beim Beschluß von Kriegszügen und bei Friedens- und Bündnisverträgen. Die Annahme, der Adel sei als merowingischer Dienstadel am Königshof entstanden, ist angesichts der archäologischen Befunde nicht zu halten.[44]

---

geschichte 72, 1989, 184–204; E. KELLER, Ein frühmittelalterlicher Adelsfriedhof mit Kirche in Herrsching am Ammersee, in: Das archäologische Jahr in Bayern, 1983, 122–176; I. STORK, Ein alamannisches Adelsgrab aus Geisingen, Stadt Freiberg a. N., in: Archäologische Ausgrabungen in Baden-Württemberg 6, 1986, 192–195; EBLING, Nomen et gens (wie Anm. 33).

[43] W. LEVISON, Das Testament des Diakons Adalgisel-Grimo vom Jahre 634, in: DERS., Frühzeit (wie II, 5b), 118–138; RAACH, Kloster Mettlach (wie § 12, Anm. 11). Vgl. zur Grundherrschaft unten § 18a.

[44] IRSIGLER, Untersuchungen (wie II, 5a), bes. 82ff. und 221ff., unter Einbeziehung der archäologischen Ergebnisse von STEIN, Adelsgräber (wie II, 5a); abweichend: GRAHN-HOEK, Oberschicht (wie § 7, Anm. 24), die jedoch die Existenz einer »Oberschicht« nicht leugnet. Zur Bedeutung separierter Bestattungen bei oder in Kirchen für die Christianisierung der Oberschicht seit dem 7. Jh. siehe § 8,

Die gallorömische Senatorenaristokratie war aber ein mindestens ebenso wichtiger politischer Partner der Merowingerkönige, da sie schon vor der fränkischen Herrschaft die Reichsverwaltung beherrschte und teilweise riesigen Domänenbesitz hatte, der durch Immunitäten und durch eine zahlreiche, auch militärisch einsetzbare Klientelschaft gesichert war; sie konnte südlich der Loire bedeutende Regionalherrschaften ausbauen.[45] Gegenüber älteren Auffassungen ist zu betonen, daß der bestimmende Einfluß der Aristokratie auf die Kirche nicht erst germanischen Ursprungs war, sondern daß hier römische Adelsethik und faktische Familienpolitik vor allem über den Episkopat wirksam wurde. Beide Gesellschaftsformationen, die gallorömische Aristokratie wie der fränkische Adel, wuchsen unter der integrierenden Kraft des Königtums im 6. und besonders im 7. Jh. durch Konnubium und Ämterkarrieren zusammen; die teilweise Frankisierung des Episkopats war das deutlichste Zeichen dieser Symbiose, aus der später eine spezifisch merowingische Reichsaristokratie hervorging. Ein Indiz für die Verschmelzung und damit für die ideelle Gleichstellung der gallorömischen wie der fränkischen Führungsschicht war auch der Troja-Mythos des frühen 7. Jhs., wonach die Franken wie die Römer von den Trojanern abstammten, eine Legende, die sich auf den Namen der Colonia Ulpia Traiana (Xanten) stützte und auf die niederrheinische Herkunft der Franken verwies. Da der Kosmograph von Ravenna tatsächlich die Nachfolgesiedlung der Colonia Ulpia Traiana als Troja bezeichnet, hatte diese Herkunftssage eine nicht zu unterschätzende Bedeutung für das fränkische politische Selbstverständnis und damit auch Langzeitwirkung.[46] Mit den Karo-

---

Anm. 22. Vgl. allgemein: Nobilitas (wie § 1, Anm. 23); Feudalismus. Entstehung und Wesen, Hg. E. MÜLLER-MERTENS, 1985.

[45] F. VITTINGHOFF, Zur Verfassung der spätantiken »Stadt«, in: Studien zu den Anfängen (wie II, 5c), 11–39, bes. 26ff.; HEINZELMANN, Bischofsherrschaft (wie II, 5a); Kontinuitätsstränge der Entwicklung von der spätrömischen zur reichsfränkischen Aristokratie betont auch J. FOVIAUX, De l'Empire romain à la féodalité, 1986; MAGNOU-NORTIER, Le grand domaine (wie Anm. 14). – Vgl. auch für die spätrömische Zeit H. WIELING, Art. »Grundbesitz I. (rechtsgeschichtlich)«, in: RAC 12, 1983, 1172–1196, bes. 1182ff. (mit Literatur); ferner MARTIN, Spätantike (wie II, 5a), 180ff., und HEINZELMANN, Gallische Prosopographie (wie § 5, Anm. 19); vgl. auch oben § 12 mit Anm. 4 sowie § 13 mit Anm. 4.

[46] WERNER, »Adel« (wie II, 5a), 120f. – Zum Troja-Mythos: E. EWIG, Xanten dans la Chanson de Roland, in: La chanson de geste et le mythe carolingien (Mélanges R. Louis), Hg. E. BAUMGARTNER u. a., Bd. 1–2, 1982, Bd. 1, 481–490, bes. 486.

lingern stiegen dann im 7. und 8. Jh. austrasische Adelsgruppen vornehmlich des Maas-Moselraums auf, aus denen sich dann der Amtsadel der »karolingischen Reichsaristokratie« entwickelte. In dessen Reihen sind aber auch Mitglieder des älteren Regionaladels aufgenommen worden.[47] Ob sich im Frühmittelalter eine spezielle »Adelsheiligkeit« gebildet hat, die dem numinos begründeten, vorchristlichen merowingischen »Königsheil« in etwa entspräche, bleibe dahingestellt; wahrscheinlicher ist eine kultisch-christliche Legitimierung einer faktischen Vorrangstellung, die sich seit der Mitte des 6. Jhs. auch in adeligen Stiftergräbern in und bei Kirchen manifestierte. Ergebnisreicher als diese Kontroverse ist die sozial- wie stammesgeschichtliche Analyse adeliger Namen.[48]

c) Grafschaft und Dukat

Wie stark sich königlicher Dienst in jedem Fall auf die Stabilisierung und Ausweitung adeliger Herrschaft ausgewirkt hat, zeigt die neuere Diskussion um Wesen und Effizienz der Grafschaftsverfassung.[49] Schon der römische Amtstitel des *comes* bezeichnet seit dem 3. Jh. sehr verschiedene hohe Ämter in der Staatsverwaltung. Im Merowingerreich wechselte er des öfteren mit dem *dux*-Titel; er tritt schon seit dem 5. Jh. in Autun, Trier und Marseille auf, und zwar als *comes civitatis*, nunmehr ausdrücklich auf die Stadt als Zentrum einer Region bezogen; besonders gilt dies für die Städte südlich der Loire. Die Franken haben den Titel und wohl zum Teil auch dessen sachliche

---

[47] S. o. § 12 und allgemein: Nobilitas (wie § 1, Anm. 23).

[48] Zur christlichen Legitimierung und zum Selbstverständnis des frühmittelalterlichen Adels vgl. PRINZ, Mönchtum (wie II, 5a), 489ff.; SCHMID, Gebetsgedenken (wie II, 5a). – Zu Stiftergräbern: FEHRING, Missions- und Kirchenwesen (wie Anm. 38), 570ff., und bes. BÖHME, Adelsgräber (wie § 8, Anm. 22). Der Ausdruck »Adelsheiliger« ist umstritten: K. BOSL, Der »Adelsheilige«, in: Speculum historiale (wie § 4, Anm. 22), 167–187; dagegen GRAUS, Hagiographie (wie II, 5a), bes. 159ff. – Nomen et gens. Zur historischen Aussagekraft frühmittelalterlicher Personennamen, Hg. D. GEUENICH u. a., 1997 (RGA Erg.bd. 16).

[49] R. SPRANDEL, Dux und comes in der Merowingerzeit, in: ZRG GA 74, 1957, 41–84; WENSKUS, Adel und Amt (wie Anm. 39); CLAUDE, Comitat; SELLE-HOSBACH, Prosopographie; SCHULZE, Reich (alle wie II, 5a); mit Recht anders: BORGOLTE, Grafengewalt (wie § 8, Anm. 13); DERS., Die Grafen Alemanniens in merowingischer und karolingischer Zeit, 1986. Zum Anwachsen der Macht der Dukate insgesamt: A. R. LEWIS, The Dukes in the »Regnum Francorum«, A. D. 550–751, in: Speculum 51, 1976, 381–410.

Bedeutung aus der spätantiken Nomenklatur übernommen; jetzt aber war der *comes* Vertreter des Königs und als Richter auch mit der Friedenswahrung betraut. Zugleich stand er dem militärischen Aufgebot der Civitas vor und war für Steuereintreibung und Zollabgaben verantwortlich. Ob er das Fiskalgut verwaltete, ist unklar, doch trat er in Konkurrenz mit der bischöflichen Stadtherrschaft, der er in Zeiten der Schwäche des Königtums oft weichen mußte. Schon früh zeigen sich Tendenzen, das Amt erblich zu machen. Wenn von den etwa 70 namentlich bekannten *comites* des 6. Jhs. fast die Hälfte romanische Namen trug, dann läßt dies einerseits darauf schließen, daß die gallorömische Regionalaristokratie diese Domäne ihrer Herrschaft in Südgallien erfolgreich behaupten konnte, andererseits ist die Tendenz zur Frankisierung des *comitatus* unverkennbar und zeigt eine deutliche Parallele zum Trend im Episkopat: Im 7. Jh. tragen von 80 bezeugten *comites* nur noch sechs gallorömische Namen. Dafür tritt der »Comitat« jetzt auch im städtearmen Norden und Osten auf; seit 613 ist in dieser Region für *comes* auch der fränkische Titel *grafio* bezeugt. Anfang des 8. Jhs. kommen *comites civitatis* nur noch vereinzelt vor, desgleichen treten die Grafen zurück, die einem *pagus* vorstehen. Aus den meisten Regionen war damals dieser Amtstitel verschwunden, weshalb es fraglich ist, ob es eine Kontinuität zwischen dem merowingischen und karolingischen Comitat gegeben hat; auch in diesem Fall läßt sich die Merowingerzeit strukturell eher der Spätantike zuordnen als der Karolingerzeit.

Da das Edikt Chlothars II. von 614 die bereits angelaufene Entwicklung festschrieb, daß der *comes* nicht mehr vom Königshof, sondern aus der Region kam, in der er Besitz hatte,[50] wird man auch die Bedeutung des Grafenamtes für die Königsmacht in den Gebieten rechts des Rheins nicht überschätzen dürfen. Zwar tauchen seit Dagobert I. hier *comites* auf, doch bleiben sie relativ selten. Am Beginn des 8. Jhs. scheinen sowohl im Elsaß als auch in Alamannien die Grafen beim Verfall der Zentralgewalt von den Herzögen abhängig geworden zu sein, oder sie sind gar Mitglieder der Herzogsfamilien gewesen.[51] Ähnlich sporadisch sind die namentlich bekannten *comites* im agilol-

---

[50] S. o. § 7 mit Anm. 25 und SPRANDEL, Struktur und Geschichte (wie § 7, Anm. 26).

[51] BORGOLTE, Grafengewalt (wie § 8, Anm. 13). Ob man das in der unter Herzog Lantfrid († 730) revidierten Lex Alamannorum genannte Grafenamt als »zentral« für die Struktur des Dukats bezeichnen kann, ist fraglich.

fingischen Bayern; sie finden sich erst häufiger in der zweiten Hälfte des 8. Jhs., dann aber meist im Westteil des Herzogtums, was auf eine Schwäche des Dukats in dieser Region hindeutet.[52] Mag sich auch die Kompetenz der Grafen nicht nur auf die Verwaltung von Königsgut beschränkt haben, so ist doch nach wie vor die ältere, weitgehend anachronistische Vorstellung abzulehnen, es hätte rechts des Rheins eine quasi flächendeckende, von *comites* geleitete Verwaltungsorganisation gegeben.[53] Doch steht fest, daß sich mit der karolingischen Herrschaft das Grafenamt als regionale Vertretung des Princeps und späteren Königs wesentlich klarer ausprägte, was nicht nur mit der besseren Quellenlage zusammenhängt, sondern auch eine Intensivierung politischer Herrschaft signalisiert.[54]

Anders als beim *comitatus*, der vor allem im merowingischen Kernraum feststellbar ist, hat sich der *ducatus*, das Herzogtum, vor allem in den Randregionen des Frankenreiches voll ausbilden können.[55] Auch beim Dukat handelt es sich um ein ursprünglich römisches Amt bzw. um einen militärischen Rang, mit dem andere Aufgaben verbunden waren. Der Dukat umfaßte in der Regel mehrere Civitates. Während im Westgotenreich sich der Dukat an der alten römischen Provinzeinteilung orientierte, wurden im merowingischen Gallien nur gelegentlich Dukate eingerichtet, die in ihrer Funktion und in ihrem Umfang schwer zu bestimmen sind, aber zwischen *regnum* und *comitatus* angesiedelt sein dürften. Schon die immer wieder feststellbare Austauschbarkeit von *dux* und *comes* deutet darauf hin, daß es sich im 6. und 7. Jh. noch um keine feste, verfassungsmäßige Institution gehandelt haben dürfte. Im Kerngebiet der Francia deutet der *dux*-Titel eher auf eine regionale Herrschaft hin, die oft mit bi-

---

52 DIEPOLDER, Orts- und »in pago«-Nennungen (wie § 10, Anm. 45), und oben § 10.

53 So wenig überzeugend SCHULZE, Reich (wie II, 5a), und DERS., Die Grafschaftsverfassung der Karolingerzeit in den Gebieten östlich des Rheins, 1973. – Wesentlich differenzierter aufgrund prosopographischer Untersuchungen: BORGOLTE, Grafen Alemanniens (wie Anm. 49), und SCHNEIDER, Frankenreich (wie II, 5a), 112f.; vgl. auch U. NONN, Pagus und Comitatus in Niederlothringen, 1983.

54 PRINZ, Grundlagen (wie II, 5a), 250–254.

55 Siehe Literatur in Anm. 49; dazu WERNER, Les principautés (wie § 12, Anm. 1); Intitulatio (wie II, 5a), Bd. 1, 141ff. und 156ff.; REINDEL, Grundlegung (wie II, 5b), 234ff.; PRINZ, Entwicklung (wie II, 5b), 352ff.; BEHR, Herzogtum (wie § 10, Anm. 9); KELLER, Fränkische Herrschaft (wie II, 5b); weitere Literatur bei M. BORGOLTE, Art. »Dux, Dukat II.«, in: LexMA 3, 1487–1491; R. SCHEYHING, Art. »Dux«, in: HRG 1, 1971, 792f.

schöflicher Herrschaft in Zusammenhang stand oder auf diese abzielte. Regionale Adelsmacht war hier die Grundlage des Dukats, weniger jedoch Aufgaben der Reichsverteidigung.[56] Verschiedentlich setzten die Merowinger Söhne oder Verwandte ein, um eine erbliche Herrschaftsbildung zu verhindern. Mit schwindender Königsmacht war dies immer weniger möglich, dafür entwickelte sich der Dukat in den Randzonen zu einem wesentlichen und dauerhaften Element eines Herrschaftsaufbaus, den zwar die Merowinger einleiteten, der aber bald Eigendynamik entfaltete. Ob die alamannischen *duces* Leuthari und Butilin († 554/55) das ganze Alamannenvolk beherrscht haben, wie der Byzantiner Agathias annimmt, scheint fragwürdig. Ihre wirklich einwandfrei belegte Funktion war die von Heerführern unter dem Merowingerkönig Theudebald (548–555);[57] das schließt eine alamannische Regionalherrschaft allerdings nicht aus. Im merowingischen Teilreich Burgund sind um 600 eine ganze Reihe *duces* bezeugt, die vom König eingesetzt wurden. Mit dem merowingischen Herrschaftsaufbau rechts des Rheins unter Chlothar II. und Dagobert I. entsteht geradezu ein Gürtel von Dukaten, der von Ribuarien mit dem Zentrum Köln über Thüringen und die Maingegend um Würzburg bis ins Elsaß reichte, wobei offenbleiben muß, ob ältere Dukate erneuert oder neue erst eingerichtet wurden.[58]

Zu einer echten Konsolidierung herzoglicher Macht mit wachsender Tendenz zur Selbständigkeit kam es seit der zweiten Hälfte des 6. Jhs., und hier waren es besonders die sogenannten »älteren Stammesherzogtümer« Alamannien und Bayern, bis zu einem gewissen Grade auch die Etichonenherrschaft im Elsaß, die mit der Erblichkeit des Dukats auch eigene innere Herrschaftsstrukturen ausbildeten. Diese Herzogsfamilien nutzten dann die Schwäche des Königtums wie die schwierigen Aufstiegsphasen der Arnulfinger und Pippiniden, um eigene Politik auch nach außen zu betreiben. Am ausgeprägtesten war dies beim agilolfingischen Herzogtum der Fall, das am Beginn des 8. Jhs. mit Rom den Aufbau einer eigenen, vom Frankenreich unab-

---

[56] Gregor von Tours, Historia Francorum (wie II, 4a), V, c. 14, 209ff. (dux Gunthram Boso); Ex gestis episcoporum Autissiodorensium, Hg. G. WAITZ, 1881 [Ndr. 1985], 393–400 (MGH SS 13), hier I,27, 394: (B. Ainmar v. Auxerre) »... in tantum eius potestas seculariter excrevit, ut usque ad ducatum pene totius Burgundiae perveniret«; dazu PRINZ, Klerus (wie II, 5a), 62f.

[57] ZÖLLNER, Geschichte (wie II, 5a), 98ff.

[58] S. o. §§ 8, 13 und 15.

hängigen Kirchenorganisation vereinbaren und teilweise auch realisieren konnte.[59] Extrem war die politische Abschichtung Aquitaniens vom Merowingerreich seit etwa 673; sie wurde erst durch die Feldzüge Pippins des Mittleren teilweise rückgängig gemacht, bis die islamisch-arabische Invasion seit 711 die Verbindung zum Frankenreich vorübergehend völlig unterbrach.[60] Der frühkarolingische Machtaufbau von Austrien aus, bei dem neben der Funktion des Maiordomus auch der *dux*-Titel bis ins 8. Jh. hinein immer noch eine Rolle spielte, zeigt aber zur Genüge, daß in verschiedenen Perioden und Regionen der Dukat sehr unterschiedliche Herrschaftsformen abdeckte, so daß terminologische Kontinuitäten wenig über die reale Fortdauer von Institutionen aussagen.[61] Das gilt insbesondere für die Frage, ob und in welcher Weise der merowingische Dukat auch eine germanische Vorform hat, nämlich die schon bei Caesar bezeugte Rolle des *dux* oder Herzogs als Anführer gefolgschaftlich verfaßter Heerhaufen im Kriege. Tacitus (Germania, c. 7) unterscheidet sehr deutlich zwischen Würde und Funktion, wenn er feststellt, daß die Germanen ihre Könige (*reges*) aus dem Adel (*ex nobilitate*) wählten, die Herzöge (*duces*) aber nach dem Grade ihrer Tüchtigkeit (*ex virtute*): Die Grenze zum Heerkönigtum der Wanderzeit ist auf jeden Fall fließend. Die für Herzöge bezeugte Schilderhebung wurde in der Wanderzeit Bestandteil des Königsritus.[62]

---

[59] Sorgfältig abwägend: Reindel, Grundlegung (wie II, 5b), 234 ff. – Daß es innerhalb Bayerns dennoch Elemente dauerhafter Verbindung zum fränkischen Westen gab, bleibt davon unberührt.

[60] Rouche, L'Aquitaine (wie II, 5b).

[61] Grundlegende Untersuchungen zur sozialgeschichtlichen Terminologie bei R. Schmidt-Wiegand, Art. »Lex Salica«, in: HRG 2, 1978, 1949–1962, hier 1962 (Literaturverzeichnis); Wörter und Sachen (wie § 4, Anm. 48).

[62] Naumann u. a., »Dux« (wie § 8, Anm. 14), bes. der Beitrag(steil) von R. Wenskus, 301 ff.

§ 17 Die Rechtsordnungen aus spätantiker und germanischer Tradition

a) Die Leges

Einer Auswertung frühmittelalterlicher Rechtstexte zur Rekonstruktion gesellschaftlicher Wirklichkeit stehen verschiedene Schwierigkeiten im Wege. Neben der quasi normalen und starken Schwankungen unterworfenen, jedem Historiker bekannten Differenz zwischen Rechtsnorm und Realität ist es oft auch Quellenmangel, der weite Bereiche des realen Rechtslebens – vor allem in den Familienverbänden – verhüllt, weil diese nur sehr begrenzt für die legislative Tätigkeit der Könige relevant waren. Des weiteren wirft der Einstrom spätrömischen Vulgarrechts in die merowingischen Leges die Frage auf, inwiefern sich in diesen gesetzlichen Bestimmungen reale Zustände des Frankenreiches widerspiegeln oder ob hier nicht vielmehr vieles an längst obsoleter Rechtspraxis mitgeschleppt wurde.[1] Einigkeit besteht darüber, daß wir es bei den Leges weniger mit Volksrecht, wie die ältere Forschung meinte, als mit Königsrecht der germanischen Nachfolgestaaten des Imperiums zu tun haben und daß schon aus diesem Grunde viel an spätantik-römischer Rechtsmaterie

---

[1] Ältere Literatur bei BUCHNER, Rechtsquellen (wie II, 1); zur Forschungsdiskussion grundlegend: K. KROESCHELL, Germanisches Recht als Forschungsproblem, in: Fs. H. Thieme, Hg. DERS., 1986, 3–19; K. A. ECKHARDT, Studia Merovingica, 1975; HRG 2, 1978; SCHOTT, Stand (wie II, 5a); DERS., Anarchie und Tradition. Über Frühformen des Rechts in schriftlosen Gesellschaften, in: Begründungen des Rechts, Hg. N. NEMBACH, 1979, 22–48; H. VOLLRATH, Das Mittelalter in der Typik oraler Gesellschaften, in: HZ 233, 1981, 571–594; J. WEITZEL, Strafe und Strafverfahren in der Merowingerzeit, in: ZRG GA 111, 1994, 66–147. – Zu Einzelfragen: Studien zu den germanischen Volksrechten, Hg. G. LANDWEHR, 1982; G. VON OLBERG, Die Bezeichnungen für soziale Stände, Schichten und Gruppen in den Leges barbarorum, 1991; R. SCHMIDT-WIEGAND, Ausgewählte Aufsätze zu den Leges barbarorum, Hg. D. HÜPPER u. a., 1991. – Neueste Zusammenfassung: Recht im frühmittelalterlichen Gallien, Hg. H. SIEMS, 1995. Zum Verhältnis von Kodifikation und Rechtspraxis: Überlieferung und Geltung normativer Texte des frühen und hohen Mittelalters, Hg. H. MORDEK, 1986; Das Gesetz in Spätantike und frühem Mittelalter, Hg. W. SELLERT, 1992; S. ESDERS, Römische Rechtstradition und merowingisches Königtum, 1997; vgl. allgemein: Recht und Schrift (wie II, 5a). – Einen Überblick bietet: La giustizia nell' Alto Medioevo (secoli V-VIII), 1995 (Sett.Cent.it. 42). – Zur Auswirkung des Christentums auf Ethik und Recht: A. DIHLE, Art. »Ethik«, in: RAC 6, 1966, 646–796. Vgl. auch: Violence and Society (wie § 1, Anm. 23).

in die Texte einfloß, germanische Rechtszustände also nur partiell und mit methodischer Vorsicht aus ihnen erschlossen werden können. Als gesichert kann auch gelten, daß in der ältesten fränkischen Rechtsordnung, der »Lex Salica«, der Anteil germanischer Rechtsüberlieferung noch am größten ist.[2] Hinzu kommt, daß sich biblische, besonders alttestamentliche Vorstellungen nachweisen lassen. Dieser Aspekt ist bislang für die Leges zu wenig beachtet worden, obwohl man seine Bedeutung in anderen Bereichen des Rechts- und Verfassungslebens längst erkannt hat, etwa bei der Entstehung des vasallitischen Treuebegriffs oder des herrschaftsbegründenden Consens-Gedankens der Leges und später der karolingischen Kapitularien. Aus der Zusammenarbeit und Auseinandersetzung von Königtum und Episkopat und dem sich daraus ergebenden »Ineinandergreifen von königlicher Satzungstätigkeit und legislativer Aktivität der an gemeinschaftlich-solidarisches Handeln gewöhnten Bischöfe« ergab sich ein dritter, kirchenrechtlicher Traditionsstrang, der römisches wie germanisches Rechtsgut sowohl durchdrang als auch im Königsrecht auf neue Weise verknüpfte.[3] Die neuere Forschung hat auch übertriebene Vorstellungen über Wirkungsbereich und Effizienz der Leges kritisch reduziert. Zwar erlauben die Rechtstexte gewisse Einblicke in die vorhandene oder erstrebte Gesellschaftsstruktur, doch sind sie kaum Ausdruck einer gleichmäßig durchgesetzten und wirksamen Rechtsordnung. Andererseits ist aber festzuhalten, daß die Leges dennoch einen Versuch darstellen, nach der Völkerwanderungsepoche in Teilbereichen das gesellschaftliche Leben zu regulieren.[4] Auch die Tat-

---

[2] Bahnbrechend: E. LEVY, West-Roman Vulgar Law, 1951; DERS., Vulgarrecht. Vgl. allgemein: KÖBLER, Recht, sowie: Recht und Schrift (alle wie II, 5a). Die Kontinuität römischen Rechtsguts zeigt am Beispiel des Sklavenrechts NEHLSEN, Sklavenrecht, und an Testamenten NONN, Merowingische Testamente (beide wie II, 5a); Recht im frühmittelalterlichen Gallien (wie Anm. 1); Das römische Recht im Mittelalter, Hg. E. J. H. SCHARGE, 1987; P. KOSCHAKER, Europa und das römische Recht, 1953. – Zur spätrömischen Rechtskultur vgl. F. WIEACKER, Recht und Gesellschaft in der Spätantike, 1964.

[3] HANNIG, Consensus fidelium (wie II, 5a), passim, hier 299; GRAUS, Treue (wie § 13, Anm. 12); WOOD, Kings (wie § 7, Anm. 2); KOTTJE, Studien (wie § 13, Anm. 12).

[4] Zur Diskussion dieser zentralen Frage SCHOTT, Stand (wie II, 5a), bes. 48ff.; DERS., Zur Geltung der Lex Alamannorum, in: Die historische Landschaft (wie § 10, Anm. 1), 75–105, und bes. der Sammelband: Das Gesetz (wie Anm. 1). – Vorsicht ist auch gegenüber dem Argument geboten, zahlreiche Textzeugen der Leges ließen auf deren juristische Effizienz und Relevanz schließen. Davor warnt

sache, daß kirchliche und adelige Grundherrschaften zugleich Immunitätsbereiche der Grundherren gewesen sind und damit starke Barrieren gegen eine generelle Wirksamkeit königlicher Rechtspflege darstellten, mahnt zur Vorsicht gegenüber einer Überbewertung der Effizienz von Rechtstexten. Sie hatten nur dort Geltung, wo der rechtsetzende Herrscher in der Lage war, seine Autorität durchzusetzen, und diese endete zumeist an der autonomen Verfügungsgewalt der Herren über Leib, Leben, Heiratsverhalten und Arbeitsertrag der Grundholden ihrer *familia*; letztere war zugleich Rechtsgemeinschaft und Wirtschaftsverband, oft auch kirchliche Kultgemeinschaft; sie umfaßte den Großteil der Bevölkerung.[5] Ob die »Lex Salica« als Gerichtsbuch verwendet wurde, ist nach wie vor umstritten.[6] Allerdings kann die Frage der Effizienz nicht radikal in dem einen oder anderen Sinne entschieden werden; dies zeigt eine Analyse des gesamten Quellenbestandes (Leges, Formeln, Urkunden, literarische Zeugnisse), wonach sämtliche »Zitate« der »Lex Alamannorum« Leerverweisungen sind, also nichts über deren Effektivität aussagen. Anders steht es mit ihrer kirchenpolitischen wie herrschaftlichen Bedeutung, denn der kirchenrechtliche Teil der »Lex Alamannorum« wurde, wie das Urkundenwesen zeigt, von der karolingischen Reichskirche weitgehend in die Wirklichkeit umgesetzt. Das Herzogsrecht hingegen verlor mit dem Untergang des älteren »Stammesherzogtums« seine Bedeutung von selbst; auch der Bußenkatalog des dritten Teils scheint kaum in die Rechtspraxis eingegangen zu sein. Auf jeden Fall aber ergibt sich daraus die wachsende Rolle der Kirche im Rechtsleben, wie sich sehr deutlich in der fortschreitenden kanonischen Ordnung der Ehe manifestiert.[7]

Unter diesen Umständen und im Hinblick auf die normierende Tendenz der späteren karolingischen Leges-Redaktionen und Neufassun-

---

mit Recht NEHLSEN, Aktualität (wie II, 5a), 482f. – Günstiger beurteilt die Wirkung der Leges der Sammelband: Das Gesetz (wie Anm. 1).

[5] K. BOSL, Die »familia« als Grundstruktur der mittelalterlichen Gesellschaft, in: ZBLG 38, 1975, 403–424; SCHULZE, Grundstrukturen (wie I, 10a), Bd. 2, 9ff. – S. o. § 15, Anm. 1ff.

[6] NEHLSEN, Aktualität (wie II, 5a). Anderer Auffassung ist SCHMIDT-WIEGAND, »Lex Salica« (wie § 16, Anm. 61), hier 1959.

[7] C. SCHOTT, Pactus, Lex und Recht, in: Alamannen in der Frühzeit (wie § 2, Anm. 21), 135–168, hier 161ff.; DERS., Art. »Lex Alamannorum«, in: HRG 2, 1978, 1879–1886; Lex Alamannorum. Text, Übersetzung, Kommentar, Hg. DERS., 1993.

gen scheint es problematisch, daß die »Stammesrechte« immer wieder für »staatsrechtliche« Probleme als Beweismaterial herangezogen werden, etwa für die Frage der Abhängigkeit oder Selbständigkeit der Herzogtümer gegenüber der fränkischen Zentralgewalt.[8] Ähnliches gilt für die konkrete Wirkung merowingischer Kapitularien.[9] Damit hängt auch das Problem der verschiedenen Zeitschichten der Leges-Texte zusammen. Für den ältesten alamannischen Text, den »Pactus Alamannorum«, nimmt man heute aufgrund des Handschriftenbefundes zumeist eine Entstehung unter Chlothar II. (584–629) an, wohingegen die jüngere »Lex Alamannorum« als Werk Herzog Lantfrids († 730) gilt.[10] Sind schon diese Meinungen von manchen unsicheren Prämissen abhängig, so gilt dies in noch höherem Maße für die inhaltlich und strukturell nah verwandte »Lex Baiuvariorum«.[11] Deren Prolog spricht von einer Gesetzgebung der Frankenkönige Theuderich I., Childebert I., Chlothar II. und einer Überarbeitung durch König Dagobert I. Als Zeit der letzten Redaktion gilt 743/44; Einflüsse des Westgotenrechts, des burgundischen Rechts und der »Lex Salica« sind nachweisbar, werden aber verschieden gewichtet. Die im Titel III festgeschriebene Erblichkeit der Herzogswürde in der agilolfingischen Sippe hat man sowohl als Beleg für die Unterordnung des Dukats unter die merowingische Zentralgewalt herangezogen, weil der Merowingerkönig diesen Sonderstatus dekretiert, als auch als Hinweis auf eine ursprüngliche Selbständigkeit Bayerns, die durch einen politischen Kompromiß zwischen Merowingern und Agilolfingern abgelöst wurde.[12] Haben sich bei der »Lex Salica« und »Lex Alamannorum« kaum Beweise für deren Effektivität in der Rechtspraxis ergeben, so finden sich in bayerischen Urkunden des 8./9. Jhs. zahlreiche Hinweise auf die Verwendung der »Lex Baiuvariorum« im Gerichtswesen. Die konkreten Bestimmungen über Stellung und spezielles Wergeld der agilolfingischen Herzogsfamilie wie der fünf *genealogiae* der Anniona, Draozza, Fagana, Hahhilinga und Huosi

---

[8] Vgl. z. B. REINDEL, Grundlegung (wie II, 5b), 234f.

[9] I. WOLL, Untersuchungen zu Überlieferung und Eigenart merowingischer Kapitularien, 1995.

[10] SCHOTT, »Lex Alamannorum« (wie Anm. 7).

[11] H. SIEMS, Art. »Lex Baiuvariorum«, in: HRG 2, 1978, 1887–1901.

[12] Auf jeden Fall aber gilt die Feststellung von K. BOSL, Das bayerische Stammesherzogtum, in: ZBLG 25, 1962, 275–282, hier 276: »Von keinem Stammesherzog sind so viele Funktionen und Rechte überliefert.«

unterscheiden das Bayernrecht deutlich von allen anderen Rechtskodifikationen. Da in den Quellen des 8. Jhs. nur noch zwei der fünf *genealogiae* der »Lex Baiuvariorum« auftauchen (Huosi, Fagana), nimmt man an, daß die Bestimmungen über diese älter als das 8. Jh., also merowingisch sind; ähnliches gilt für den Passus über die Tötung eines Bischofs, für den man einen Zusammenhang mit dem Martyrium Emmerams angenommen hat.[13]

Bedenken gibt es auch hinsichtlich der Relevanz der Leges für die Erforschung der Sozialstruktur der frühmittelalterlichen Gesellschaft.[14] Am ehesten sind substantielle Informationen über Rechts- und Lebensordnungen der fränkischen Frühzeit wohl noch von der »Lex Salica« zu erwarten, dem ältesten Rechtstext des Merowingerreiches. Sie ist das legislative Werk Chlodwigs I. und schließt zeitlich an die Gesetzgebung der Westgoten und Burgunder an, erweist sich aber »im Stoff und Stil urwüchsiger« als diese (R. Schmidt-Wiegand).[15] Der Anteil volkssprachlicher Wörter (»Malbergische Glossen«) ist wesentlich größer als in anderen Leges, während es weniger spätrömische Traditionselemente gibt; desgleichen weist der angedeutete Geltungsbereich der Lex zwischen Kohlenwald (Carbonaria) und Loire auf ihr hohes Alter und auf ihre Verwurzelung in der alten Francia hin. Dennoch ist festzuhalten, daß wir es keineswegs nur mit germanischem Recht zu tun haben, sondern »daß – auf dem Boden der veränderten gesellschaftlichen und wirtschaftlichen Verhältnisse – vor allem die gallorömische Rechtspraxis beträchtlichen Einfluß auf das fränkische Recht ausgeübt hat«.[16] Eine Zeitschicht jünger ist der längere Prolog I, der das Lob der Franken im Stil geistlicher Hymnik enthält und mit der Erwähnung der Taufe Chlodwigs, der Bekehrung der Franken und ihrer Rechtgläubigkeit den wachsenden kirchlichen

---

[13] SIEMS, »Lex Baiuvariorum« (wie Anm. 11), 1898f.; zur zeitlichen Schichtung der Lex Baiuvariorum zuletzt STÖRMER, Prozeß (wie § 10, Anm. 35), 155–170.

[14] Wichtige methodische Überlegungen bei SCHOTT, Stand (wie II, 5a), 49ff.; abweichend: R. KOTTJE, Die Lex Baiuvariorum – das Recht der Baiern, in: Überlieferung (wie Anm. 1), 9–23.

[15] SCHMIDT-WIEGAND, »Lex Salica« (wie § 16, Anm. 61); dazu grundlegend DIES., Fränkische und frankolateinische Bezeichnungen (wie § 4, Anm. 31); DIES., Sali. Die Malbergischen Glossen der Lex Salica und die Ausbreitung der Franken, in: RhV 32, 1968, 140–166; VON OLBERG, Freie (wie § 4, Anm. 52). Vgl. auch allgemein: Sprache und Recht, Hg. K. HAUCK u. a., 1986.

[16] So NEHLSEN, Sklavenrecht (wie II, 5a), 354ff., unter Hinweis auf die »Lex Salica«.

Anteil an der Textfassung erkennen läßt. Für den schwierigen Übergang von der ursprünglichen Blutrache zu einer königlichen Rechts- und Friedenswahrung ist beispielsweise Titulus 58 aufschlußreich, der bei Mord im Falle nicht geleisteten Wergelds die Hausgenossen und schuldlosen Anverwandten zu dessen Aufbringung verpflichtet. Zur älteren Substanz der »Lex Salica« gehört zweifellos auch die Bestimmung, daß ein »Romanus« wesentlich weniger Wergeld beanspruchen kann als ein Franke. Doch scheinen sich innerhalb eines Jahrhunderts die anfangs sicher vorhandenen Gegensätze zwischen Franken und Romanen relativ rasch ausgeglichen zu haben, denn bei Gregor von Tours ist die bewußtseinsmäßige Diskrepanz kaum mehr spürbar. Er hat bereits als Romane ein durchaus politisches fränkisches Reichsbewußtsein und denkt nicht in ethnischen Kategorien. Sein Anliegen ist die Einheit von Frankenreich und Glauben, die als Grundmuster auch unter der Fülle seiner Anekdoten erkennbar bleibt. Ethnische Unterschiede werden zwar wahrgenommen, aber nicht bewertet, die romanisch-fränkische Ethnogenese, für die Forschung ein aktueller Aspekt, ist weder für Gregor von Tours, noch für die sogenannte Fredegar-Chronik ein Thema; letztere grenzt sogar die »Franci« als politischen Sammelbegriff gegenüber den »Germanen« ab, wobei Bayern und Sachsen als außerhalb der Einheit des Frankenreiches empfunden werden.[17] Reale politisch-ethnische Gegebenheiten reflektiert auch die Bestimmung, wonach die »Romani« in die Bußenskala einbezogen werden, desgleichen der Versuch, die Einheirat in eine »gens Romana« gesetzlich zu verhindern; letzteres fällt besonders deshalb auf, weil ansonsten eherechtliche Materien noch eine geringe Rolle spielen. Die »Lex Ribuaria« ist kein »Stammesrecht« im üblichen Sinne, sondern ein merowingisches »Gesetzbuch«, dessen Entstehung wahrscheinlich in die Regierungszeit Dagoberts I. (623–639) fällt, der für seinen unmündigen Sohn Sigibert III. ein austrasisches Kleinreich als Grenzmark gegen die Slawen einrichtete und damit Ribuarien sowohl fester an das Gesamtreich band als auch Ribuariens Streben nach Eigenständigkeit entgegenkommen wollte.[18] Insgesamt

[17] H.-W. GOETZ, Aspekte der Kultursynthese von Romanen und Germanen im Spiegel der Historiographie des späten 6. und 7. Jahrhunderts, in: Akkulturation. Probleme einer germanisch-romanischen Kultursynthese in Spätantike und frühem Mittelalter, Hg. J. JARNUT u. a. (im Druck).

[18] E. EWIG, Die Stellung Ribuariens (wie § 8, Anm. 27). Zur Lex Ribuaria selbst: R. SCHMIDT-WIEGAND, Art. »Lex Ribuaria«, in: HRG 2, 1978, 1923–1927.

scheint für alle Leges konstitutiv gewesen zu sein, daß ein vulgarisiertes spätrömisches Recht mit seiner rückgebildeten, undifferenzierten Terminologie am ehesten geeignet war, auf das fränkisch-merowingische Königsrecht wie auf alle »Stammesrechte« einzuwirken. Dies wäre eine Parallele zu der kulturmorphologischen Beobachtung, daß die allgemeine Reduktion der hochkulturellen Standards in der Spätantike deren Annahme durch die germanischen Völker wesentlich erleichterte. Ähnliches gilt für Religion und Kirche.[19]

b) Leges und Ständeordnung

Seit Justus Möser 1768 die Frage nach den Ursachen bäuerlicher Unfreiheit aufgeworfen hatte, stand im Mittelpunkt der Diskussion die sogenannte »Gemeinfreienlehre«, derzufolge es in merowingischer Zeit noch keinen Adel gegeben und sich das Gros der Bevölkerung unter königlichem Schutz in einem Zustande relativer Freiheit und Gleichheit befunden habe; erst mit dem karolingischen Lehnswesen sei durch einen neuen Dienstadel dieser Zustand beendet worden und die bäuerliche Bevölkerung in drückende Abhängigkeit geraten.[20] Mit gewissen Modifikationen übernahm der historische Materialismus diese Auffassung.[21]

Gegen diese Position, die sich stark auf die terminologischen Beobachtungen der Leges-Forschung stützte und den Wandel der so-

[19] H. AUBIN, Zur Frage der historischen Kontinuität im Allgemeinen [sic!], in: DERS., Vom Altertum zum Mittelalter, 1949, 33–73, hier 56f.; ANGENENDT, Frühmittelalter (wie II, 5a), 155ff. – Zu den Voraussetzungen von »Rechtskontinuität«: KÖBLER, Recht (wie II, 5a). – Eine spezielle Frage ist, ob die antik-römische Idee der herrscherlichen Rechtsgebundenheit von König Chlothar II. 616 für Burgund erneuert wurde, wie die Praescriptio Clotharii vermuten läßt: ESDERS, Rechtstradition (wie Anm. 1).

[20] Klassisch formuliert bei BRUNNER, Land (wie I, 10a), 332ff.; für das Weitere die knappen Problemübersichten bei: SCHOTT, Stand (wie II, 5a), 49ff., fortgeführt in HRG 2, 1978 (darin): DERS., »Lex Alamannorum« (wie Anm. 7); SIEMS, »Lex Baiuvariorum« (wie Anm. 11); DERS., Art. »Lex Frisionum«, 1916–1922; DERS., Art. »Lex Romana Visigothorum«, 1940–1949; R. SCHMIDT-WIEGAND, Art. »Lex Francorum Chamavorum«, 1915f.; DIES., »Lex Ribuaria« (wie Anm. 18); DIES., »Lex Salica« (wie § 16, Anm. 61); DIES., »Lex Saxonum«, 1962–1965; DIES., Art. »Lex Thuringorum«, 1965f.; vgl. auch SCHNEIDER, Frankenreich (wie II, 5a), 130ff., und bes. VON OLBERG, Stände (wie Anm. 1).

[21] BÖCKENFÖRDE, Forschung (wie I, 3c). – Die marxistische Variante noch bei A. I. NJEUSSYCHIN, Die Entstehung der abhängigen Bauernschaft als Klasse der frühfeudalen Gesellschaft in Westeuropa vom 6.–8. Jahrhundert, 1961.

zialen Schemata in den »Stammesrechten« entwicklungsgeschichtlich deutete, wandte sich seit den dreißiger Jahren eine neue Schule der Verfassungs- und Sozialgeschichte. Von zeitgemäßen Ideologien nicht unbeeinflußt, aber auch an den historisch-soziologischen Forschungsansätzen Max Webers orientiert, arbeitete man die entscheidende Rolle des Adels und seiner als autogen interpretierten Herrschaftsrechte als maßgebliche Komponenten der Entstehung der mittelalterlichen Gesellschaft heraus.[22] Mit dieser neuen Sicht ergab sich zwangsläufig auch eine Neuinterpretation der »liberi«, die nun nicht mehr als »Gemeinfreie« angesehen wurden, sondern als eine relativ homogene Gruppe der »Königsfreien«, deren »Freiheit« als Sonderstatus gerade durch die Bindung an einen Herrn entstanden sei.[23]

Kritik an diesem Forschungsansatz kam wieder von rechtshistorischer Seite, und zwar am Beispiel der bayerischen und alamannischen Verhältnisse mit dem Nachweis, daß sich die Leges nicht an den eingeschränkten Adressatenkreis von »Königsfreien« wenden, sondern an eine breite Bevölkerungsschicht.[24] Einen Schritt weiter führte die Erkenntnis, daß der Terminus »liberi«, »ingenui«, den die Leges relativ stereotyp verwenden, sehr verschiedenartige soziale Wirklichkeiten abdeckt.[25] Freie gab es als Inhaber von Allod, als Vasallen und Königszinser, aber auch in den unterschiedlichsten Formen grundherrschaftlicher Bindung. Fraglich geworden ist auch der Wirkungsbereich der »Sippe« als festgefügter Rechtsverband, ebenso der an-

---

[22] S. o. § 13 und K. KROESCHELL, Haus und Herrschaft im frühen deutschen Recht, 1968; DERS., Deutsche Rechtsgeschichte (wie I, 2), Bd. 1.

[23] Überblick der Forschungsdiskussion bei SCHMITT, Untersuchungen (wie § 1, Anm. 26); knappe Hinweise bei KAISER, Das römische Erbe (wie II, 5a), 99f.

[24] H. KRAUSE, Die liberi der Lex Baiuvariorum, in: Fs. M. Spindler, Hg. D. ALBRECHT u. a., 1969, 41–73; G. KÖBLER, Die Freien (liberi, ingenui) im alemannischen Recht, in: Beiträge zum frühalemannischen Recht, Hg. C. SCHOTT, 1978, 38–50; KÖBLER, Recht (wie II, 5a); K. NEHLSEN-VON STRYK, Die Freien im Frankenreich als ungelöstes Problem der Rechts-, Sozial- und Verfassungsgeschichte, in: Akten des 26. Deutschen Rechtshistorikertages 1986, Hg. D. SIMON, 1987, 427–441.

[25] SCHMITT, Untersuchungen (wie § 1, Anm. 26), 61–159 und 180ff.; STAAB, Untersuchungen (wie § 1, Anm. 16); C. SCHOTT, Freiheit und Libertas. Zur Genese eines Begriffs, in: ZRG GA 104, 1987, 84–109; DERS., Art. »Freiheit, Freie«, in: LexMA 4, 896–899; Schott bezeichnet hier den Freiheitsbegriff als »ein Produkt der germanischen Ethnogenese und einer Akkulturation«, wobei »römische Begrifflichkeit« mitgewirkt habe. MÜLLER-MERTENS, Karl der Große (wie II, 5a).

geblich spezifisch »germanische« Treuebegriff und vor allem die Lehre vom »guten alten Recht« als germanisches Rechtserbe. In den meisten Fällen handelt es sich um die Übernahme von römischem Rechtsgut oder, noch häufiger, um kirchliche Vorbilder, die in die mittelalterliche Rechtssphäre eingegangen sind.[26] Unberührt bleibt davon die Tatsache, daß sich in archaischen Gesellschaften vergleichbare Strukturen ausbilden und in ihnen, mangels einer effektiven staatlichen Rechtsordnung, Familie und kultisch legitimiertes Gewohnheitsrecht die entscheidende Rolle spielen.

c) Frieden und Krieg

Es gehört zu den Charakteristika der frühmittelalterlichen Welt, daß zwar das Christentum eine umfassende Friedensidee sowohl für den einzelnen wie für die Gesellschaft insgesamt entwickelt hat, daß es aber nichtsdestoweniger sehr schwierig war, den Gedanken einer effektiven Friedenswahrung in einer von Grund auf kriegerischen Welt mit ihren eigenen ethischen Standards zur Geltung zu bringen. Bei den germanischen Völkern war Friede in erster Linie auf den Familienverband bezogen – nicht zufällig hängt das Wort etymologisch mit »Freund« zusammen –, und nur im Bereich gentiler Verbände realisierte sich Friede als zentraler Begriff der Rechtsordnung.[27] Mit der Übernahme römischer Rechtsinhalte durch die Franken ging dann auch die Idee der Pax Romana, d. h. der Gedanke einer übergreifenden staatlichen Friedenswahrung als Aufgabe des Fürsten, in die merowingische Königsherrschaft ein. Auch in diesem Falle deutet der

---

[26] KROESCHELL, Germanisches Recht (wie Anm. 1), bes. 7f., 10ff. und 13f. – Zum »guten alten Recht«: F. KERN, Recht und Verfassung im Mittelalter, 1952; dagegen überzeugend: KÖBLER, Recht (wie II, 5a), bes. 223ff., der nachweist, daß es sich um den römischen Begriff des Gewohnheitsrechts handelt, der durch kirchliche Vermittlung für das Mittelalter relevant geworden ist. – Zur germanistischen Kritik an der »germanischen Kontinuität«: K. VON SEE, Altnordische Rechtswörter, 1964, und (gegen die Einwände O. HÖFLERS und seiner Schule) DERS., Kontinuitätstheorie und Sakraltheorie in der Germanenforschung, 1972.

[27] H. W. GENSICHEN u. a., Art. »Friede«, in: TRE 9, 1982, 543–646; W. JANSSEN, Art. »Friede«, in: GGr 2, 1975, 543–591; E. KAUFMANN, Art. »Friede«, in: HRG 1, 1971, 1275–1292, und E. DINKLER u. a., Art. »Friede«, in: RAC 8, 1972, 434–505; The Settlement of Disputes in Early Medieval Europe, Hg. W. DAVIES, u. a., 1986; Ordinamenti (wie II, 5c). Vgl. auch POHL, Konfliktverlauf (wie § 4, Anm. 68).

etymologische Zusammenhang von *pax* (Frieden) und *pacare* (unterdrücken, befrieden) auf den Zwangscharakter und damit auf die grundsätzliche Ambivalenz staatlicher Friedenswahrung hin. Als dritte Wurzel der mittelalterlichen Friedensordnung trat die christliche, umfassende und radikale Friedensidee hinzu, die den Herrscher zur Wahrung von *pax et iustitia* verpflichtete.[28] Augustinus definierte Frieden als *ordinata concordia* und *tranquillitas ordinis*, wenn er auch im Hinblick auf den Dualismus von »civitas Dei« und »civitas terrena« die Staaten sowohl als Instrumente der Friedenswahrung anerkannte als auch als *magna latrocinia* (große Räuberhöhlen) abwertete, insofern sie nicht der *iustitia* verpflichtet waren. Diese Gedanken wurden dann auch für die karolingische Herrschaftslehre wichtig.[29]

Allgemeiner Frieden war im Frühmittelalter nicht durchsetzbar, erst die hochmittelalterliche Gottesfriedensbewegung und die Landfrieden brachten hier Fortschritte.[30] Mit dem grundsätzlichen christlichen Friedensgebot stellte sich zwangsläufig die Frage der Legitimität des Krieges, ein Problem, das Augustinus durch seine Definition des »gerechten Krieges« zur Verteidigung des Vaterlandes oder zur Rückgewinnung geraubten Gutes zu entschärfen suchte. Für Augustinus wie für andere Kirchenväter war Krieg wegen des Sündenfalls im Grunde unvermeidlich und daher mit christlicher Lebenspraxis vereinbar.[31] Das seit den Konzilien von Toledo (400) und Chalcedon (451) festgelegte Waffen- und damit Kriegsverbot für Kleriker scheint nach kirchlichem Selbstverständnis zwingend zu sein; und doch sind es im Früh- und Hochmittelalter immer wieder hohe kirchliche Würdenträger, die kämpfend an Kriegszügen teilnehmen. Man wird dies nicht nur auf deren Herkunft aus dem kriegerischen Adel zurückführen können, denn schon in der Spätantike fielen den Bischöfen neben anderen staatlichen Pflichten auch militärische Aufgaben zu; es gab sogar »Privatarmeen« bischöflicher Stadtherren.[32]

---

[28] S. o. § 16, Anm. 6f.

[29] Augustinus, De civitate Dei, XIX, c. 13f., in: CC 48, 1955, 678ff. und passim sowie: ebd., IV, c. 4, in: CC 47, 1955, 101. Vgl. dazu unten Anm. 33 und Anton, Fürstenspiegel (wie § 16, Anm. 11).

[30] Vgl. R. Kaiser, Art. »Gottesfrieden«, in: LexMA 4, 1587–1592, und H.-J. Becker, Art. »Landfrieden«, in: ebd., 1657f.; E. Wadle, Frühe deutsche Landfrieden, 1986.

[31] Zur Auswirkung der Lehre vom gerechten Krieg vgl. C. Erdmann, Die Entstehung des Kreuzzugsgedankens, 1935, bes. 1–50. Vgl. dazu unten Anm. 33.

[32] Prinz, Klerus (wie II, 5a), hier 1ff. und 37ff.

Zeigt schon die Konfrontation von christlicher Norm und geschichtlicher Realität, wie schwierig es ist, die konkrete Entwicklung des Verhältnisses von Krieg und Frieden nachzuzeichnen, so erweist sich auch die christliche Tradition selbst als ambivalent. Schon die Gegenwart Gottes in den Schlachten des Alten Testaments – ein Gedanke, der mit ins Christentum übernommen wurde – bewirkte, daß Glaubenskriege oft schrecklicher waren als die Kämpfe der römischen Antike, weil es hier um »Gottes Willen« ging.[33] Auch Gregor von Tours schildert sowohl die Kämpfe der Frankenkönige gegeneinander wie auch die Kriege gegen Alamannen, Burgunder, Westgoten und Sachsen ohne grundsätzliche Verurteilung des Krieges, und für Papst Gregor den Großen ist der Kampf mit der Waffe zur Ausbreitung des Glaubens sogar ein verdienstvolles Werk.[34] Die eigentliche Rolle der Kirche war für das Mittelalter vor allem die Kanalisierung des Krieges, der Schutz der Nicht-Kombattanten sowie die Aussparung von Kirchen und Heiligtümern, aber auch geheiligter Zeiten und Kirchenfeste von jeglicher Form der Gewaltanwendung: Die Kirche verhinderte zwar keine Kriege, aber sie bereitete teilweise erfolgreich vor, was man euphemistisch als »Hegung des Krieges« bezeichnet hat.[35]

Was die militärische Organisation in fränkischer Zeit selbst anbelangt, so darf man dabei nicht außer acht lassen, daß schon seit dem 4. Jh. viele Franken und Alamannen im spätrömischen Bewegungsheer als Söldner und Offiziere eine Kampfausbildung erhalten hatten und auch Chlodwig I. eben nicht nur fränkischer »Volkskönig«, sondern auch römischer Regionalkommandant gewesen ist, ehe er zu seinen Eroberungskriegen aufbrach – wie so mancher römische oder barbarische Usurpator vor ihm.[36] Auch vollzogen sich vom 5./6. bis zum 7./8. Jh. sowohl Wandlungen der Kampfesweise wie eine aus den Grabbeigaben erschließbare Differenzierung der Bewaffnung. Eine zunehmende Bedeutung von Reitzubehör (Sporen, Pferdegeschirr und

---

[33] So J. M. WALLACE-HADRILL, War and Peace in the Earlier Middle Ages, in: TRHS, 5th ser. 25, 1975, 157–174, hier 158f. und 161f.

[34] S. Gregorii magni Registrum epistolarum, epist. I, 73, in: CC 140/140A, 1982, hier CC 140, 81f.

[35] C. SCHMITT, Der Nomos der Erde im Völkerrecht des Jus Publicum Europaeum, [4]1997, 112–115; Krieg im Mittelalter, Hg. H.-H. KORTÜM, 2001.

[36] S. o. § 6 mit Anm. 8 und WAAS, Germanen (wie § 6, Anm. 3); STROHEKER, Germanentum (wie § 4, Anm. 65), 9ff. und 30ff.; HOFFMANN, Bewegungsheer (wie § 5, Anm. 54).

Sättel) in einer begrenzten Zahl von Gräbern wird wohl zu Recht als ein Indiz für die Existenz einer Adelsschicht bewertet. Ursprünglich war das fränkische Heer, abgesehen von den Anführern, ein Fußheer mit der charakteristischen Wurfaxt, der Franziska, als wichtigster Waffe neben der Lanze und dem zweischneidigen Schwert (Spatha); letzteres führte aber nicht jeder Krieger. Die Franziska und andere Äxte wurden dann abgelöst durch das einschneidige Hiebschwert (Sax). Der Anteil der Reiter nahm, wie die archäologischen Befunde zeigen, merklich zu.[37] Umstritten ist hingegen, ob man die Erfindung und schnelle Verbreitung des Steigbügels sowie die allgemein bessere Bewaffnung zwischen dem 6. und 8. Jh. ursächlich mit der Entstehung des Lehnswesens in Verbindung bringen darf, was man damit begründet, daß die größere Kostspieligkeit der Ausrüstung eines Reiterheeres auch eine bessere Ausstattung des berittenen Kriegers mit mehr Land erforderlich gemacht habe.[38] Was die Heeresstärke anbetrifft, die eng mit der politisch-gesellschaftlichen Verfassung zusammenhängt, so kann man über mehr oder weniger begründete Vermutungen kaum hinauskommen. Man hat 5000 bis 6000 Mann für die Zeit Chlodwigs I. angenommen. Auch die soziale Zusammensetzung des Heeres bleibt weitgehend unklar; freie »Franci« sind ebenso möglich wie Heerhaufen, die von Gefolgsherren angeführt wurden.[39] Völ-

---

[37] WERNER, Bewaffnung (wie § 16, Anm. 40); F. STEIN, Adelsgräber (wie II, 5a), sowie § 10, Anm. 12 und Anm. 67, zudem § 16, Anm. 20. Vgl. auch K. RADDATZ, Art. »Bewaffnung«, in: RGA 2, 1976, 430–447, und H. STEUER, Zur Bewaffnung und Sozialstruktur der Merowingerzeit, in: Nachrichten aus Niedersachsens Urgeschichte 37, 1968, 18–87. Vgl. allgemein: BACHRACH, Merovingian Military Organization (wie II, 5a); J. F. VERBRUGGEN, The Art of Warfare in Western Europe in the Middle Ages, [2]1998; W. MENGHIN, Das Schwert im frühen Mittelalter, 1983. – Germanische Anführer konnten sich byzantinische Helme leisten oder bekamen sie als Ehrengeschenke: J. WERNER, Neues zur Herkunft der frühmittelalterlichen Spangenhelme vom Baldenheimer Typ, in: Germania 66, 1988, 521–528; J. OEXLE, Studien zu merowingerzeitlichem Pferdegeschirr am Beispiel der Trensen, Bd. 1–2, 1992; D. HÜPPER-DRÖGE, Schild und Speer. Waffen und ihre Bezeichnungen im frühen Mittelalter, 1983.

[38] L. WHITE jr., Die mittelalterliche Technik und der Wandel der Gesellschaft, 1968. Skeptisch gegenüber dieser monokausalen Erklärung: SCHNEIDER, Frankenreich (wie II, 5a), 117. – Von archäologischer Seite spricht dagegen, daß Steigbügel im Merowingerreich nicht zu finden sind.

[39] Für ein gefolgschaftsmäßig organisiertes Frankenheer plädieren CLAUDE, Comitat (wie II, 5a), bes. 59ff., und IRSIGLER, Untersuchungen (wie II, 5a), 96ff.; für »freie Franken« GRAHN-HOEK, Oberschicht (wie § 7, Anm. 24), 139f., und ZÖLLNER, Geschichte (wie II, 5a), 150ff. Vgl. allgemein: BEELER, Warfare (wie § 12,

lig offen ist schließlich, ob und auf welche Weise die gallorömische Bevölkerung zum Waffendienst herangezogen wurde. In der »Lex Salica« wird auf erhöhten Rechtsschutz der Franken und der königlichen Gefolgsleute auf einem Kriegszug verwiesen, Romani sind dabei aber nicht genannt. Für die folgenden Jahrzehnte scheint sich dies im Zuge der Integration von Franken und Gallorömern geändert zu haben. Es ist anzunehmen, daß auch die zahlreichen *comites* mit romanischen Namen in ihren gallorömischen Civitates militärische Befugnisse und damit auch Rekrutierungsrechte unter der einheimischen Bevölkerung hatten.[40]

§ 18 Lebensordnungen: Grundherrschaft, Familie, Frauen, Ernährung, Medizin

a) Grundherrschaft, Dorf und Basisgesellschaft

Königs-, Adels- und Kirchenherrschaft des Mittelalters konnten nur deshalb so wirksam und dauerhaft sein, weil sie im wesentlichen auf der Basis der Grundherrschaft beruhten, in deren Verband der Großteil der Bevölkerung des Frankenreiches wirtschaftlich, politisch, rechtlich und bei kirchlichen oder klösterlichen Besitzungen auch kultisch eingeordnet war. Über das Leben der Grundhörigen wissen wir relativ wenig, sie treten meist nur als »Zubehör« in Schenkungsurkunden und in Abgabeverzeichnissen als dienende Glieder der Arbeitsorganisation auf, über die fast nach Gutdünken verfügt werden kann. Auch darf nicht übersehen werden, daß wir dieses Wenige für das Frühmittelalter nur aus königlichen und kirchlich-klösterlichen Aufzeichnungen wissen; Analogieschlüsse auf die Zustände in der adeligen Grundherrschaft sind daher nur mit Vorsicht zu ziehen. Wenn Adelsherrschaft Verfügungsgewalt über Land und Leute bedeutet, und zwar bis zum Recht über Tod und Leben der Abhängigen,

---

Anm. 9); VERBRUGGEN, The Art of Warfare (wie Anm. 37); P. CONTAMINE, La guerre au Moyen Âge, ²1986; zur kirchlichen Position und deren Relativierung: F. PRINZ, Klerus (wie II, 5a). – Vgl. auch A. NOTH, Heiliger Krieg und heiliger Kampf in Islam und Christentum, 1966.

[40] F. LOT, L'art militaire et les armées au moyen âge, Bd. 1–2, 1946, Bd. 1, 76; ZÖLLNER, Geschichte (wie II, 5a), 151 mit Anm. 6.

dann bildet die mittelalterliche Grundherrschaft ihren dichtesten Kern, ohne den der Adel wohl keine selbständige Kraft der europäischen Geschichte geworden wäre. Umstritten ist, ob und in welcher Weise die Gewalt des Herrn über seine Grundholden durch Gewohnheitsrecht eingeschränkt worden ist.[1] Aus der grundherrschaftlichen Organisation entwickelten sich nach dem Ende der Eroberungs- und Beutezüge der Wanderzeit sowohl der materielle Status als auch die Lebensformen des Adels wie des Königtums, dessen Pfalzen und Höfe Mittelpunkte von Großgrundherrschaften gewesen sind.[2] Mit den materiellen Ressourcen arbeitsteiliger Grundherrschaften entfaltete sich auch das geistige Leben, denn nur in diesen Großverbänden konnten Menschen für Studium, Buchproduktion, für künstlerische Arbeiten für sakrale und laikale Zwecke sowie für die Erziehung freigestellt und trainiert werden. Wenn auch die Termini »Grundherr-

---

[1] Instruktiver Forschungsüberblick bei L. KUCHENBUCH, Die Klostergrundherrschaft im Frühmittelalter, in: Herrschaft und Kirche (wie II, 5c), 297–343; DERS., Grundherrschaft im früheren Mittelalter, 1991; Strukturen der Grundherrschaft (wie § 2, Anm. 21); H. K. SCHULZE, Art. »Grundherrschaft«, in: HRG 1, 1971, 1824–1842; Villa – Curtis – Grangia (wie § 2, Anm. 24); D. SCHELER, Grundherrschaft, in: Vom Elend der Handarbeit (wie § 13, Anm. 79), 142–157; Landwirtschaft zwischen Loire und Rhein von der Römerzeit zum Hochmittelalter, Hg. W. JANSSEN u. a., 1983; Grundherrschaft und Stadtentstehung am Niederrhein, Hg. K. F. LINK u. a., 1989. – Zur Einschränkung des Herrenrechts durch Gewohnheitsrecht: VOLLRATH, Herrschaft (wie § 16, Anm. 39); anders: H.-W. GOETZ, Herrschaft und Recht in der frühmittelalterlichen Grundherrschaft, in: HJb 104, 1984, 392–410. – Vgl. allgemein: Agricoltura (wie § 2, Anm. 26); B. H. SLICHER VAN BATH, The Agrarian History of Western Europe, A. D. 500–1850, 1963, 40–54; R. DOEHAERD, Le Haut Moyen Âge occidental, 1971, 153–204; G. DUBY, Krieger und Bauern, 1977, 41ff. und 86ff. – Vgl. auch K. SCHREINER, Grundherrschaft, in: Vorträge und Forschungen 27,1, 1983, 11–74; J.-P. DEVROEY, Art. »Grundherrschaft (Frühmittelalter, Frankenreich)«, in: LexMA 4, 1739–1744; Aux sources de la gestion publique, Hg. E. MAGNOU-NORTIER, 1993. – Wichtige Fallstudien: Das Prümer Urbar, Hg. I. SCHWAB, 1983; D. HÄGERMANN u. a., Das Polyptichon und die »Notitia de Areis« von Saint-Maur-des-Fosses, 1990; Das Polyptichon von Saint-Germain-des-Prés, Hg. DERS., 1993; Studien zum Polyptichon von Saint-Germain-des-Prés, Hg. K. ELMSHÄUSER u. a., 1993. – Zur inneren Organisation der Grundherrschaft und deren Auswirkungen auf die Bevölkerung vgl. J. RICHARZ, Oikos, Haus und Haushalt, 1991; U. MEYER, Soziales Handeln im Zeichen des »Hauses«. Zur Ökonomik in der Spätantike und im frühen Mittelalter, 1998.

[2] DKPf 1; G. BINDING, Deutsche Königspfalzen. Von Karl dem Großen bis Friedrich II. (768–1240), 1996; T. ZOTZ u. a., Art. »Pfalz«, in: LexMA 6, 1993–2001; M. GOCKEL, Karolingische Königshöfe am Mittelrhein, 1970; BRÜHL, Fodrum (wie II, 5a).

schaft« bzw. »Villikationsverfassung« moderne historisch-juristische Ordnungsbegriffe für eine Vielzahl von Einzelbefunden aus den Quellen sind, so werden damit doch sehr reale Lebensordnungen der frühmittelalterlichen Welt bezeichnet. Leges, Kapitularien, Urbare und Schenkungsurkunden kennen nur die Begriffe *dominatio*, *dominium*, *curtes*, *curiae* (Fronhöfe) mit ihrem Salland (»terra Salica«) und den von diesen herrschaftlichen Zentralorten abhängigen *mansus*, *hobae*, den Bauernstellen der Hörigen , die als *servi casati* (Behauste) die Felder bestellen und Hand- und Spanndienste für den Herrn leisten. Mit dem Ausbau und der inneren Differenzierung der Grundherrschaft im 8. und 9. Jh. werden nicht nur die pflichtmäßigen Leistungen (servitia) der Abhängigen und damit auch deren ursprünglich sehr unterschiedlicher Rechtsstatus vereinheitlicht, sondern es entstehen auch grundherrliche Institutionen wie Hofrechte, Hofgerichte, spezifische Landleiheformen und Organisationen für Handwerk und Handel. Gegenüber der älteren Auffassung, daß eine allmähliche Akkumulation oder Usurpation von Herrenrechten zur Grundherrschaft geführt habe, ist zu betonen, daß primär nicht der Besitz von Ländereien die Ursache war, daß vielmehr umgekehrt die ursprüngliche »autogene Herrengewalt« als Kernstück der frühmittelalterlichen Sozialordnung sich zur Grundherrschaft verdinglichte und weiterbildete, wobei dem Herrn »öffentlich-rechtliche« Befugnisse zuwuchsen. Dies führte zwangsläufig zu einer Abschnürung der bäuerlichen Bevölkerung von der Staatsspitze, da für den Abhängigen innerhalb der Grundherrschaft im allgemeinen kein Königs- und Landesrecht galt, sondern nur das grundherrliche Hofrecht. Man spricht daher von »autogener Immunität«, die keiner königlichen Privilegierung bedurfte.

Auch die Immunität steht in spätrömischer Rechtstradition; es handelte sich um eine Befreiung kaiserlicher Domänen von öffentlichen Abgaben, Diensten und öffentlicher Steuerleistung, und in dieser Form handhabten auch ursprünglich die Merowinger diese Privilegierung, dehnten sie aber über das Fiskalgut hinaus auf kirchliche Grundherrschaften aus, denen damit Steuerfreiheit, Freiheit von öffentlichen Lasten und ein eigenes Gericht für die grundherrschaftliche *familia* zugestanden wurde. Desgleichen war damit ein Verbot für königliche Amtsträger verbunden, den Immunitätsbezirk zu betreten (Introitusverbot), dort Steuern einzutreiben (*exactio*) und Straffällige ohne Genehmigung des Immunitätsinhabers zu verfolgen. Von den allgemeinen Leistungen wie vom Kriegsdienst waren die Immunitätsbezirke zwar grundsätzlich nicht befreit, aber eine Tendenz, sich auch von diesen Pflichten zu lösen, war in der späteren Merowingerzeit zweifellos vorhanden. Erst die Karolinger haben mit der energischen »Einstaatung« und »Instrumentalisierung« der Kirche und ihres Besitzes diese Entwicklung zu exemten, politisch-rechtlichen Sonderbereichen für ein Jahrhundert gestoppt, bis sie erneut zum Durchbruch kam.[3]

Als Ursprung der Grundherrschaft nimmt die ältere Forschung die germanische »Hausherrschaft« an, aus der sowohl die Grundherrschaft wie deren autogene Immunität hervorgegangen seien, später auch die Vogtei. Sie war Munt (»mundeburdium«) über Personen und Gewere, d. h. Verfügungsgewalt über Sachen und Rechte. Rechtmäßige Gewalt, Schutz und Schirm bilden nach dieser nicht unumstrittenen Lehre von der Hausherrschaft als Lebensordnung eine Einheit.[4] Mag dieses Konzept archaischer Herrschaftsinterpretation mit Begriffen wie Huld und Treue, Rat und Hilfe auch Gefahr laufen, die Beziehung zwischen Herr und Abhängigen allzu harmonisch zu sehen, wogegen schon die Häufigkeit bäuerlicher Erhebungen spricht,[5] so trifft es dennoch mit dem Aspekt der engen Verbindung von faktischer Gewalt und Rechtsordnung ein wesentliches Element mittelalterlicher Gesellschaftsorganisation, von dem vieles in die ›entwickeltere‹ Grundherrschaft eingegangen ist, die die spätere Trennung von privat und öffentlich noch nicht kannte.

Für die Genese der Grundherrschaft war aber nicht nur die germanisch-fränkische Komponente verantwortlich; sie ist komplexer, weil es auch spätantike Vorstufen grundherrschaftlicher Organisation gibt, die von den Franken mit dem römischen Fiskalgut übernommen und schon lange von der Kirche auf ihren Domänen praktiziert wurden.[6] Zwar sind nördlich der Loire die römischen *villae* nach der

---

[3] D. WILLOWEIT, Art. »Immunität«, in: HRG 2, 1978, 312–330; SCHNEIDER, Frankenreich (wie II, 5a), 47f.

[4] SCHLESINGER, Herrschaft (wie II, 5a), 9–52; kritisch dazu KROESCHELL, Haus und Herrschaft (wie § 17, Anm. 22). Die Hausherrschaft des *pater familias* kannte schon die Antike. Vgl. auch D. HERLIHY, Medieval Households, 1985, und bes. STEUER, Sozialstrukturen (wie II, 5a); dazu H. AMENT, Rezension, in: Germania 65, 1987, 293–297.

[5] Zum Widerstand gegen grundherrliche Belastung: EPPERLEIN, Herrschaft (wie II, 5a).

[6] Zu diesem Aspekt: KUCHENBUCH, Klostergrundherrschaft (wie Anm. 1), 300f. und

Völkerwanderungsepoche zugunsten neuer dorfähnlicher Siedlungen zumeist aufgegeben worden, und damit auch die antike Bewirtschaftungsform mit kasernierten Sklaven, doch war letztere wohl schon in spätrömischer Zeit wegen des starken Rückgangs versklavter Kriegsgefangener dem Kolonat, d. h. der Ansiedlung der arbeits- und abgabenpflichtigen Landbevölkerung, gewichen. So sind spätantike Betriebsformen zweifellos auch für die Ausbildung der frühmittelalterlichen Grundherrschaft wichtig geblieben. Strukturierend wirkte hier bereits das spätantike Steuersystem, das die großen Domänenbesitzer für das Steueraufkommen ihrer Güter haftbar machte: Seit dem 4. Jh. gab die staatliche Steueraufsicht (*inspectio*, *praequatio*, *ordinatio*) den Großgrundbesitzern die Möglichkeit, freie Bauernstellen zur Steuerleistung an ihre Domänen zu binden. Es war dies eine »Abgabenherrschaft«, die offenbar in der Merowingerzeit weiterlebte, denn noch Anfang des 7. Jhs. diente die *ordinatio* vor allem der königlichen Steuererhebung.

Wir haben es also mit einer langen Entwicklung bzw. Umformung seit dem 5. Jh. zu tun, in der die kirchliche wie die königliche frondienstbezogene Grundherrschaft sich konstituierte. Rechtsformen wie Agrartechniken wurden aus der Spätantike Südgalliens übernommen und mit der personalen Leibherrschaft germanischer Herkunft in mannigfachen Variationen kombiniert. Zwei Entwicklungsstränge verbanden sich hier: eine »protogrundherrschaftliche« Betriebsform germanischen Ursprungs und das römische Kolonat. Auch in diesem Falle hat die Absenkung des Organisationsniveaus in der Spätantike die Adaption durch die fränkisch-germanische Welt gefördert; ebenso wird dabei die vorbildliche vermittelnde Rolle der kirchlichen Güterorganisation deutlich, die quellenmäßig am besten zu erschließen ist. Auf diese Weise entstanden weitverstreute, vor allem klösterliche Be-

---

passim; zum Klosterbesitz vgl. z. B. PETERS, Entwicklung (wie § 14, Anm. 11); HÄGERMANN u. a., Polyptichon und die »Notitia des Areis«, und bes.: Polyptichon von Saint-Germain; dazu: Studien zum Polyptichon; Das Prümer Urbar (alle wie Anm. 1); C.-D. DROSTE, Das Polyptichon von Montierender, 1988; DEVROEY, »Grundherrschaft« (wie Anm. 1); vgl. allgemein: Strukturen der Grundherrschaft (wie § 2, Anm. 21); U. WEIDINGER, Untersuchungen zur Wirtschaftsstruktur des Klosters Fulda in der Karolingerzeit, 1991; W. GOFFART, From Roman Taxation to Medieval Seigneurie, in: Speculum 47, 1972, 373–394; E. MAGNOU-NORTIER, La terre. La rente et le pouvoir dans les pays de Languedoc, in: Francia 9, 1981, 79–116.

sitzkomplexe mit – wie im Fall von St.-Germain-des-Prés – mehr als 17000 Bauernstellen.[7]

Neuerdings hat man stärker als die germanische und spätrömische Wurzeln der Grundherrschaft deren Neubildung zwischen Loire und Rhein im 7./8. Jh. betont und sogar die antiken Vorformen bestritten. Danach hätte sich in diesem Raum nach dem Vorbild der merowingischen Fiskalorganisation und der geistlichen und weltlichen Führungsschichten eine zweigeteilte Domanialwirtschaft oder Betriebsgrundherrschaft entwickelt. In diesem »bipartiten« System ist der Grundbesitz in das vom Herren- oder Fronhof mit *mancipia, servi* bearbeitete Salland und in einen weiteren Bereich von Güterkomplexen gegliedert. Letztere sind an Abhängige (*servi casati*) aufgeteilt, die zu Abgaben und Dienstleistungen für den Grundherrn verpflichtet sind. Für den oft aus weitverstreuten Schenkungen an Kirchen und Klöster entstandenen Fernbesitz war diese Organisationsform besonders bedeutsam. Ob man das von der älteren Forschung als »Villikationsverfassung« bezeichnete bipartite Betriebssystem, welches offenbar nach dem Vorbild der merowingischen Fiskalverfassung entstand, als Neubildung des 7. Jhs. bezeichnen kann, bleibe aber dahingestellt. Wenn man der nicht unberechtigten Meinung ist, daß die Frankenkönige spätrömisches Fiskalgut und dessen Organisation übernommen haben, muß man wohl eine – wenn auch sicher modifizierte – Kontinuität der Wirtschafts- und Herrschaftsformen auf dem flachen Lande annehmen. An einer großräumigen Siedlungskontinuität im merowingischen Kernraum zwischen Loire und Rhein ist trotz regionaler Rückgänge und Menschenverluste ohnehin nicht zu zwei-

[7] GOFFART, Caput (wie § 5, Anm. 56); DERS., Old and New in Merovingian Taxation, in: PP 96, 1982, 3–21; KAISER, Steuer (wie § 5, Anm. 56); J.-P. DEVROEY, Les premiers polyptyques Rémois, VIIe-IXe siècles, in: Le grand domaine aux époques merovingienne et carolingienne, Hg. A. VERHULST, 1985, 78–97; D. HÄGERMANN, Einige Aspekte der Grundherrschaft in den fränkischen formulae und in den leges des Frühmittelalters, in: ebd., 51–77; DERS. u. a., Polyptichon und die »Notitia des Areis« (wie Anm. 1); DÖLLING, Haus und Hof (wie § 4, Anm. 23); DONAT, Haus, Hof (wie § 2, Anm. 21); J. HENNING, Mühlentechnologie und Ökonomiewandel zwischen Römerzeit und Frühmittelalter, in: Saalburg-Jahrbuch 47, 1994, 5ff.; DERS., Fortleben und Weiterentwicklung spätrömischer Agrartraditionen in Nordgallien, in: Acta Archaeologica Lovaninensa 20, 1991, 49–59; DERS., Zur Datierung von Werkzeugen und Agrargerätefunden im germanischen Landnahmegebiet zwischen Rhein und oberer Donau, in: JRGZ 32, 1985, 570–594. – Vgl. allgemein: DERS., Südosteuropa (wie § 2, Anm. 13).

feln. Schon wegen der starken regionalen Unterschiede – südlich der Loire erhält sich die spätantike Sozialstruktur bis ins 8. Jh.! – kann man mit dem schroffen Gegensatzpaar *Kontinuität – Diskontinuität* der differenzierten Wirklichkeit kaum gerecht werden.

Das wird besonders deutlich an einem viel diskutierten Sonderproblem, nämlich der Pflugforschung. Einerseits ist davon auszugehen, daß tiefpflügende, schollenwendende Kehrpflüge mit Rädern und eiserner Schar sich im Rahmen der Entfaltung der Grundherrschaft vom Pariser Becken ausgehend bis in die Regionen rechts des Rheins verbreiteten und somit eine bedeutende frühmittelalterliche Innovation darstellen. Andererseits ist nicht zu bezweifeln, daß nach archäologischen Funden und bildlichen Darstellungen bereits in der Antike diese »modernen« Pflüge existierten, wenn auch nicht als überregional benutztes Ackergerät, wobei die jeweilige Bodenbeschaffenheit eine Rolle gespielt haben könnte. Auch an der deutschen Nordseeküste sind im ersten vorchristlichen Jahrhundert differenzierte Pflüge mit eiserner, symmetrischer Schar und Streichbrett archäologisch bezeugt. Der agrartechnische Fortschritt bestände dann darin, daß sich aus einem naturbedingten Nebeneinander verschiedener Pflugformen der Mediterranée und Nordeuropas durch den nachweisbaren Kommunikationszusammenhang vor allem der kirchlichen und königlichen Großgrundherrschaften und dessen normierender Wirkung als Innovationsträger auf vielen Gebieten, auch die Vorrangstellung der schollenwendenden Kehrpflüge mit Rädern, Sech und verstellbarem Streichbrett ergeben hat. Eine ähnliche Entwicklung ist für die bereits in der Antike bezeugten Wassermühlen und deren rasche Verbreitung im Frühmittelalter anzunehmen. Auch die Großsense ist bereits in römischer Zeit nachweisbar. Vor dem suggestiven Reiz klarer Entwicklunglinien muß daher gewarnt werden.[8]

---

[8] Für eine gewandelte Kontinuität der Grundherrschaft seit der Antike: MAGNOU-NORTIER, Le grand domaine (wie § 16, Anm. 14); als Neubildung interpretiert sie A. VERHULST, Economic Organisation, in: NCMH 2, 481–509; vgl. auch J. PERCIVAL, Seigneurial Aspects of Late Roman Estate Management, in: EHR 332, 1969, 449–473. – Man hat von einer Zweiteilung des Merowingerreiches in zwei agrarische »Modelle« gesprochen: in den Süden, der nach dem Zusammenbruch der antiken Sklavenwirtschaft mit ihren Großdomänen eine auf Familienbetrieben ruhende Agrarstruktur entwickelte, was eine strukturelle Diskontinuität bewirkt haben soll; und in den Norden bzw. Nordosten, der mit der Grundherrschaft organisierende Zentralhöfe entwickelt habe. Ob sich diese klare Bipolarität zwischen

Mit den Anfängen der Grundherrschaft im Frankenreich wie auch mit der Stabilisierung der Verhältnisse insgesamt und der Bevölkerungszunahme hängt eine Ausdehnung der Feldflur zusammen, ein Vorgang, den es erst seit dem Frühmittelalter (7./8. Jh.) wieder gibt. Von der Eisenzeit bis ins Frühmittelalter hat es, was die Agrarlandschaft Mitteleuropas außerhalb des Limes betrifft, keine einheitliche Höherentwicklung der Kulturpflanzen, wie sie die Antike kannte, gegeben, wie sich aufgrund pollenanalytischer Untersuchungen sagen läßt. Vielmehr brachte die Völkerwanderungszeit einen deutlichen Bruch in der Ackerbautradition, der mit einem beträchtlichen Rückgang des Ackerlandes verbunden war. Für die bäuerlichen Unterschichten bedeutete dann die Ausbildung der Grundherrschaft nicht nur ein reguliertes Abgaben- und Leistungssystem, sondern auch eine festere Verknüpfung ihrer bislang ungesicherten Existenz mit einer Bauernstelle (Hufe, *hoba*). Die Hufe war wohl nicht das germanische Synonym zu *mansus*, sondern eher eine vorwiegend für Unfreie geschaffene Landausstattung. Ihre Verbreitung im germanischsprachigen Teil des Frankenreiches, also an Mosel, Rhein und östlich davon, signalisiert den Weg breiter Unterschichten aus der völligen Unfreiheit in die mittelalterliche Grundhörigkeit, ebenso aber das Absinken ursprünglicher bäuerlicher Freiheit in diesen Status. Keinesfalls läßt sich die Hufe bis in germanische Zeit zurückverfolgen. Karl der Große scheint dann die Hufe als Bemessungseinheit für den allgemein besteuerten Grundbesitz eingeführt zu haben.[9]

Nord und Süd wirklich nachweisen läßt, bleibe dahingestellt. Wichtig ist aber in unserem Zusammenhang, daß in beiden Regionen mit dem 7. Jh. ein lang anhaltender Siedlungsaufschwung mit Vergrößerung der agrarisch genutzten Flächen einsetzte; vgl. J.-P. DEVROEY, Wirtschaftsformen in den ländlichen Siedlungen, in: Die Franken (wie § 5, Anm. 70), Bd. 1, 529–533. – Zum Pflug: SCHULTZ-KLINKEN, Haken; HÄGERMANN, »Pflüge« (beide wie § 11, Anm. 26).

[9] Grundlegend: Untersuchungen (wie II, 5c), bes. die Beiträge von: W. SCHLESINGER, Die Hufe im Frankenreich, in: ebd., Bd. 1, 41–70; U. WILLERDING, Anbaufrüchte der Eisenzeit und des frühen Mittelalters, in: ebd., Bd. 2, 126–196, und H. JÄGER, Bodennutzungssysteme (Feldsysteme) der Frühzeit, in: ebd., Bd. 2, 197–228. W. SCHLESINGER, Vorstudien zu einer Untersuchung über die Hufe, in: Ausgewählte Aufsätze von W. Schlesinger, Hg. H. PATZE u. a., 1974, 485–542 und 543–586. – Zur Technologie in der Grundherrschaft: D. LOHRMANN, Le moulin à eau dans le cadre de l'économie rurale de la Neustrie, in: La Neustrie (wie II, 5c), Bd. 1, 367–404. Zuletzt zusammenfassend VERHULST, Economic Organisation (wie Anm. 8); Haus und Hof in ur- und frühgeschichtlicher Zeit, Hg. H. BECK u. a., 1996; Propyläen-Technikgeschichte (wie I, 10d), hier Bd. 1: D. HÄGERMANN u. a., Landbau und Handwerk. 750 v. Chr. bis 1000 n. Chr., 1991.

Schwer zu durchschauen ist auch die Genese des mittelalterlichen Dorfes. Faßt man den Begriff des Dorfes nicht zu eng, sondern lediglich als Umschreibung einer »ländlichen Gemeinschaft« (*villa*, *locus*, *marca*, *curia* und *vicus*, letzteres vermutlich der Begriff für größere ländliche Siedlungen), dann fällt es nicht schwer, sich von einem älteren Entwicklungsbegriff zu lösen, wonach das mittelalterliche Dorf bis zur germanischen Landnahme zurückreicht und sich durch Ausbau kontinuierlich vergrößert und differenziert habe. Vielmehr konnte die Siedlungsarchäologie das Nebeneinander von stark variierenden Siedlungsgrößen erschließen: Entsprechend existieren in der Merowingerzeit sowohl kleine Hofgräberfelder, die wohl »Adelshöfen« zuzuordnen sind, wie große »Dorfgräberfelder« mit sehr zahlreichen Bestattungen. Schon in keltischer Zeit treten ländliche Gemeinschaftssiedlungen neben die zentralen Oppida; in ihnen gab es neben Landwirtschaft auch gewerbliche Produktion. In der »Germania libera« finden sich ebenfalls dorfähnliche Siedlungen (Wurten), die sich zwischen dem 1. und 5. Jh. in steigendem Maße sozial differenzieren, aber in der Völkerwanderungsepoche zum großen Teil abbrechen. Seit dem 7. Jh. ist auch ein Aufschwung der schon seit römischer Zeit entwickelten Mühlentechnik festzustellen. In der Merowingerzeit entsteht somit ein neues Siedlungsbild, wobei bislang noch nicht geklärt ist, ob schon in dieser Zeit die Grundherrschaft maßgeblich an der nun entstehenden Siedlungsstruktur, d. h. am Anstieg der Siedlungsfläche und damit am Wachstum der Agrarwirtschaft, beteiligt ist. Für die Organisationsform dieser frühen, dorfähnlichen Siedlungen gibt es kaum Hinweise, das typisch mittelalterliche Gewanndorf mit Flurzwang entstand erst seit dem Hochmittelalter. Die höher entwickelte Anbau- und Organisationsform der Dreifelderwirtschaft (Dreizelgenwirtschaft) – ein Begriff, der in plakativer Weise viele zeitliche Entwicklungsstufen und regionale Unterschiede umfaßt, aber auch verdeckt – läßt sich für Alamannien wohl schon im 8. Jh. nachweisen. Die Abfolge von Pflügen und Säen im Frühjahr, von Brachpflügen im Frühsommer sowie Pflügen und Säen im Herbst ist wohl keine Übernahme aus der römischen Landwirtschaft, sondern eher eine Innovation des frühen 8., vielleicht auch schon des 7. Jhs.; doch werden auch Zusammenhänge mit der antiken Agrartechnik für möglich gehalten. Man sieht, daß divergierende Deutungen möglich sind. Dieses Bewirtschaftungssystem setzt eine gewisse Dorforganisation voraus, um den Fruchtwechsel der jeweiligen Großfluren (Zelgen) bewerkstelligen zu können. Ob dies durch die Grundherrschaft geschah oder durch Übereinkommen der Dorfbewohner, muß offenbleiben. Dörfliche Wüstungen gab es nachweislich schon seit dem Ende des 2. Jhs., dann im 7. und 8./9. Jahrhundert.[10]

b) Sklaven und Arme

Sachlich wie terminologisch schwierig ist die Sklavenfrage im Frühmittelalter,[11] weil nach wie vor unklar bleibt, ob der aus antiker

---

[10] Das Dorf (wie II, 5c), bes. die Beiträge von H. JÄGER, W. HAARNAGEL, W. JANSSEN, U. WILLERDING, R. SCHMIDT-WIEGAND und F. SCHWIND; Wort und Begriff »Bauer« (wie II, 5c), dort bes. R. WENSKUS, »Bauer«, 11–28, und R. SCHMIDT-WIEGAND, Der »Bauer« in der Lex Salica, 128–152; vgl. allgemein: W. RÖSENER, Bauern im Mittelalter, 1985; T. STRUVE, Pedes rei publicae. Die dienenden Stände im Verständnis des Mittelalters, in: HZ 236, 1983, 1–48; HÄGERMANN, Aspekte der Grundherrschaft (wie Anm. 7); JÄGER, »Dorf« (wie § 4, Anm. 19), 82–114. – Dreifelderwirtschaft in der Antike bezweifelt D. FLACH, Römische Agrargeschichte, 1990, allerdings ohne Angabe von Gründen. – Vgl. allgemein: HERLIHY, Households (wie Anm. 4). – Zur Lage der Landbevölkerung vgl. insgesamt: Popoli e paesi nella cultura altomedievale, 1983 (Sett.Cent.it. 29). Vgl. auch C. LORREN u. a., Einige Beobachtungen über das frühmittelalterliche Dorf in Nordgallien, in: Die Franken (wie § 5, Anm. 70), Bd. 2, 745–753; F. THEUWS, Haus, Hof und Siedlung im nördlichen Frankenreich (6.–8. Jahrhundert), in: ebd., 754–768; H. GEISLER, Haus und Hof der Franken, in: ebd., 769–773.

[11] Grundlegend: C. VERLINDEN, L'esclavage dans l'Europe médiévale, Bd. 1–2, 1955, 1977, und DERS., Wo und warum gab es einen Großhandel mit Sklaven während des Mittelalters?, 1977; DERS., Les »mariages« des esclaves, in: Il matrimonio nella società altomedievale, Tl. 1–2, 1977, Tl. 1, 569–593 (Sett.Cent.it. 24); DERS., The Decline of Slavery and the Early Middle Ages, in: PP 133, 1991, 195–203; M. I. FINLEY, Die Sklaverei in der Antike, 1981; H. BELLEN, Studien zur Sklavenflucht im römischen Kaiserreich, 1976; E. HERRMANN-OTTO, Ex ancilla natus. Untersuchungen zu den hausgeborenen Sklaven und Sklavinnen im Westen des römischen Kaiserreiches, 1994; NEHLSEN, Sklavenrecht (wie II, 5a); F. LAUB, Die Begegnung des frühen Christentums mit der antiken Sklaverei, 1982; J. VOGT, Sklaverei und Humanität, ²1983; W. ECK u. a., Sklaven und Freigelassene in der Geschichte der Kaiserzeit, 1993; H.-W. GOETZ, Serfdom and the Beginnings of a »seigneurial system« in the Carolingian Period, in: Early Medieval Europe 2, 1993, 29–51. – Zur Rolle der Kirche in der Sklavenfrage: M. BLOCH, Comment et pourquoi finit l'esclavage antique, in: DERS., Mélanges historiques (wie § 1, Anm. 50), 261–285; R. KLEIN, Die Sklaverei in der Sicht der Bischöfe Ambrosius und Augustinus, 1988; vgl. auch H. HOFFMANN, Kirche und Sklaverei im frühen Mittelalter, in: DA 42, 1986, 1–24; H. LANGENFELD, Christianisierungspolitik und Sklavengesetzgebung der römischen Kaiser von Konstantin bis Theodosius II., 1977; dazu A. STUIBER, Konstantinische und christliche Beurteilung der Sklaventötung, in: JAC 21, 1978, 65–73; N. BROCKMEYER, Antike

Lebens- und Rechtswirklichkeit in Güterverzeichnisse und Leges übernommene Terminus »servus« noch eine vergleichbare Bedeutung besessen hat. Der Ausweg, statt vom »Sklaven« jetzt vom »Unfreien« oder »Abhängigen« zu sprechen, verdeckt eher das Sachproblem, als daß dies weiterhilft. Hinzu kommt, daß im grundherrschaftlichen Verband sehr bald der ursprüngliche Rechtsstatus gegenüber der Funktion eines »servus« an Bedeutung zurücktrat. So waren im allgemeinen die *servi casati* mit einer eigenen Hofstelle besser gestellt als die *servi non casati*, weil sie trotz Abgaben und regelmäßiger Arbeitshilfe für den Grundherrn dennoch über Teile ihres Arbeitsertrags selbst verfügen konnten. Die Möglichkeiten der Kirche, in der Sklavenfrage zu intervenieren, waren relativ gering; auch beschäftigte sie selbst Sklaven. Daher gingen Ansätze zur Besserung des Sklavenloses, wie sie die heidnische und die christliche Antike kannte, nach der Völkerwanderung teilweise wieder verloren. Augustinus' Auffassung, Sklaverei entstehe durch schuldhaftes Verhalten, war ebenfalls nicht dazu angetan, grundsätzlich neuen Positionen zum Durchbruch zu verhelfen. Die germanischen Nachfolgereiche des Imperiums übernahmen weitgehend das antike Sklavenrecht. Dennoch hat die Kirche schon im Hinblick auf ihre Lehre von der Einmaligkeit jeder Menschenseele viel dazu beigetragen, um im Laufe des Mittelalters einen Mentalitätswandel herbeizuführen, so daß z. B. dem grundsätzlichen Tötungsrecht des Herrn gegenüber seinen Sklaven, wie es noch im Sklavengesetz römischer Provenienz bis weit über das 4. Jh. hinaus Rechtswirklichkeit gewesen ist, Einhalt geboten wurde. Generell spielte sicher auch eine Rolle, daß die *servi casati* mit ihrer Familie für den Ertrag einer bäuerlichen Hofstelle unentbehrlich waren, auch was die normale Reproduktion der Arbeitskraft betraf; beides war aber für den Lebensstandard des Grundherrn essentiell. Die *servi non casati* hingegen blieben »Zubehör« des Herrenhofes, der *domus instructa*, also unfreies Gesinde, oder sie wurden den Hofstellen der *servi casati* als Arbeitspersonal zugeteilt. Andererseits eröffnete die Tätigkeit der *servi non casati* in der *villa* oder der *curtis dominica*

Sklaverei, 1979; P. GUYOT, Eunuchen als Sklaven und Freigelassene in der griechisch-römischen Antike, 1980; H. GRIESER, Sklaverei im spätantiken und frühmittelalterlichen Gallien (5.–7. Jh.), 1997; L. SCHUMACHER, Sklaverei in der Antike, 2001; Bibliographie zur antiken Sklaverei, Hg. E. HERRMANN u. a., Bd. 1–2, 1983.

ihres adeligen oder kirchlichen Grund- und Leibherrn auch Chancen sozialer Mobilität und somit des Aufstiegs. Dies war vor allem der Fall, wenn sie sich als Spezialhandwerker qualifizierten oder im grundherrlichen Karawanenhandel zu eigenem mobilen Kapital kamen, womit sich für sie wiederum die Möglichkeit des Freikaufs und der Freilassung (*manumissio per chartam*) durch den weltlichen Herrn oder durch die Kirche in der Form der Wachszinsigkeit (Cerocensualität) eröffnete.[12]

Neben den *servi* der Grundherrschaft gab es immer auch echte Sklaven, die zumeist Beute aus Kriegszügen waren. Christliche, jüdische und arabische Fernhändler tauschten bei den Westslawen Sklaven gegen fränkische Waffen und mittelmeerische Luxuswaren ein, und auch im friesischen Fernhandelsnetz des 7./8. Jhs. spielten sie als »Ware« eine große Rolle. Doch dürfte der Sklavenanteil an der Gesamtbevölkerung relativ gering gewesen sein. Gegenüber älteren Auffassungen vom »statischen« Charakter der mittelalterlichen Gesellschaft ist mit Nachdruck der starke soziale Wandel zu betonen, der sich gerade in der frondienstbezogenen Grundherrschaft vollzogen hat, die Herrenland und Bauernland, Dienst und Schutz, Salhof und *mansus* als Lebensgrundlage der Bauernfamilie organisatorisch wie rechtlich verband. Insgesamt läßt sich die Entwicklung zwischen Spätantike und Frühmittelalter dahingehend charakterisieren, daß sich der einst juristisch klar definierte Sklavenstatus, je nach Zeit und Region in unterschiedlicher Weise, auflöste und daß er durch die allgemeineren, das Gros der Bevölkerung betreffenden Hörigkeitsverhältnisse der Grundherrschaft ersetzt wurde; das bedeutete zweifellos eine Verbesserung der Lebensverhältnisse.

Von den Sklaven im grundherrschaftlichen Verband sind die Armen zu unterscheiden, die sich zumeist ohne soziale Bindung durchbringen mußten. Oft waren es Hungersnöte, Seuchen, Verlust der Bauernstelle durch Verschuldung oder willkürliche Abstiftung durch den Grundherrn, übermäßige Abgaben oder Ruin durch Mißernten, die Massenarmut hervorbrachten. Schon Caesarius von Arles beklagt in seinen Predigten die Verschuldung der Bauern und die Not, in die sie durch einen Zwangsverkauf gerieten. Deshalb war es nur zu ver-

---

[12] Bosl, Frühformen (wie § 1, Anm. 26), 156–203; P. Bonnassie, The Survival and Extinction of the Slave System in the Early Medieval West, 1991.

ständlich, daß sich verarmte Bauern »freiwillig« in die völlige Abhängigkeit begaben, um sich ein Existenzminimum zu sichern. Aber nicht nur vertriebene *servi casati* tauchen in den Quellen des 6./7. Jhs. als *pauperes* auf, sondern gleichzeitig deutet die synonyme Verwendung von *rusticus – pauper* auf das gedrückte, von Not bedrohte Leben der Landbevölkerung insgesamt hin. Daß Armut etwas mit Abhängigkeit und Ohnmacht zu tun hat, ist sicher richtig, wenn es sich nicht um die freiwillig gewählte Armut der Askese handelt. Doch vermag eine rein gesellschaftsgeschichtliche Interpretation der Armut, so förderlich sie auch in wichtigen Punkten ist, kaum das weitläufige und aus unterschiedlichen Ursachen entstandene Phänomen hinreichend zu erklären. Auch stellt sich Armut im ländlichen Milieu anders dar als im städtischen und wechselt überdies im Laufe der Jahrhunderte, besonders mit der religiösen Bewegung des Hochmittelalters, ihren Charakter.[13]

Anderer Art als die Landarmut waren die strukturelle Dauerarmut und das Bettelwesen in den spätantiken Städten, wobei der orientalisch-byzantinische Bereich wohl stärker betroffen war als der lateinische Westen mit seinen schrumpfenden Städten. Der Kirche kam aber hier wie dort eine ihrem Selbstverständnis entsprechende tragende Rolle zu als Helferin der Armen, Witwen und Waisen; dennoch reichte dies nach neuen statistischen Untersuchungen nicht aus. Vor allem nach dem Zusammenbruch der spätantiken Staatsverwaltung sahen sich die Bischöfe der Civitates mit massenhafter Armut und mit Bettlertum und rechtsfreien Existenzformen außerhalb der Gesellschaft (Vagantentum) konfrontiert. Zweifellos hat die Kirche aber viel

---

[13] Caesarius von Arles, Sermones (wie II, 4e), Sermo 152, in: CC 104, 1953, 622–625, bes. (3), 624, und Sermo 182, in: ebd., 739–743, bes. (2), 740, und (5), 743; Formulae Turonenses Nr. 43 (MGH Formulae 1 [wie II, 3]), 158; dazu MOLLAT, Les pauvres (wie I, 10d), 36ff. Vgl. auch B. GEREMEK, Geschichte der Armut. Elend und Barmherzigkeit in Europa, 1988 (poln. 1978). Le travail au moyen âge, Hg. J. HAMESSE u. a., 1990; D. LAU, Der lateinische Begriff Labor, 1975. – Zur sozialstrukturellen Interpretation der Armut (*paupertas*) vgl. K. BOSL, Potens und Pauper, in: DERS., Frühformen (wie § 1, Anm. 26), 106–134; anders: O. G. OEXLE, Armut, Armutsbegriff und Armenfürsorge im Mittelalter, in: Soziale Sicherheit und soziale Disziplinierung, Hg. C. SACHSSE u. a., 1986, 73–100; B. BÜCHNER, Die Armut der Armen, 1980; vgl. auch: La concezione della povertà nel medioevo, Hg. O. CAPITANI, 1983; M. BORGOLTE, Conversio cottidiana – Zeugnisse vom Alltag in frühmittelalterlicher Überlieferung, in: Archäologie und Geschichte (wie § 2, Anm. 1) und H.-W. GOETZ, Leben im Mittelalter, 1986, bes. 240ff. Vgl. auch: Vom Elend der Handarbeit (wie § 13, Anm. 79).

getan, um den Armen ihren Platz in der Gesellschaft zu sichern. Die berühmte Erzählung vom heiligen Martin, der vor den Toren von Amiens seinen Mantel mit einem Bettler teilte, der ihm dann in einem Traumgesicht als Christus erschien, ist als Leitbild christlich-caritativer Gesinnung in Literatur und Kunst eingegangen.[14] Als Bestandteil asketischen Lebens, nämlich als »imitatio Christi«, hat die Armut in der mittelalterlichen Welt insgesamt eine hohe ideelle Bedeutung erhalten; sie wurde seit dem 11. Jh. aber auch ein Ansatzpunkt scharfer Kritik der asketischen Welt wie der Laien an der reichen Herrschaftskirche.

c) Die Familie

Am Bedeutungswandel des Wortes *familia* vermag man auch den Strukturwandel einer Gemeinschaftsform abzulesen, die nur teilweise biologische Voraussetzungen hat und vor allem in kulturanthropologischen und sozialen Zusammenhängen gesehen werden muß.[15] Für

---

[14] Gregor von Tours, Historia Francorum (wie II, 4a), IV, c. 31, 165f.; Concilium Turonense 567, c. 5, in: Concilia aevi Merovingici (MGH Conc. 1 [wie II, 2c]), 123, und Vita Arnulfi, Hg. B. KRUSCH, 1888 [Ndr. 1984], 426–446 (MGH SRM 2), c. 18, 439f.; Sulpicius Severus, Vita Martini, Hg. C. HALM, 1866 (CSEL 1), 109–137, c. II,3, 113f., bzw. Sulpice Sévère, Vie de Saint Martin, Hg. J. FONTAINE, Bd. 1–3, 1967ff., Bd. 1, 256–259 (mit frz. Übers.). Zur theologischen Deutung der Armut Literatur bei J. SCHLAGETER, Art. »Armut«, in: LexMA 1, 984–988, bes. 986f.; U. LINDGREN, Art. »Armut und Armenfürsorge, B. Armenfürsorge. I. Kirchliche Armenpflege«, in: ebd., 988f. – Vgl. allgemein zur Lage armer Frauen: J. LEIBOLDT, Die Frau in der antiken Welt und im Urchristentum, 1954, 201–211; H. G. MÜLLER-LINDENLAUF, Germanische und spätrömisch-christliche Eheauffassung in fränkischen Volksrechten und Kapitularien, 1969; B. KÖTTING, Die Bewertung der Wiederverheiratung (der zweiten Ehe) in der Antike und in der frühen Kirche, 1988. – Zur Effizienz kirchlicher Armenfürsorge s. u. Anm. 42f.

[15] BOSL, Grundlagen (wie I, 7), Tl. 1, 179ff. (*familia*); H.-W. GOETZ, Art. »Familie«, in: LexMA 4, 256f. und 270–275; M. M. SHEEHAN u. a., Family and Marriage in Medieval Europe, 1976 (Bibliographie); LE JAN, Famille (wie § 1, Anm. 23); G. DUBY u. a., Famille et parenté dans l'occident médiéval, 1977; Histoire de la vie privée, Hg. P. ARIÈS u. a., 1985, Bd. 1: De l'Empire romain à l'an mil (dt.: Geschichte des privaten Lebens, Bd. 1: Vom römischen Imperium bis zum Byzantinischen Reich, 1989); Histoire de la famille, Hg. A. BURGUIÈRE u. a., 1986; A. BORST, Lebensformen im Mittelalter, ^{4}1987; J. A. BRUNDAGE, Law, Sex and Christian Society in Medieval Europe, 1987; P. J. PAYER, Sex and the Penitentials, 1984; HERLIHY, Households (wie Anm. 4); SCHULZE, Grundstrukturen (wie I, 10a), Bd. 1, 9ff. Zum antiken Hausrecht des *pater familias* und dessen Fortwir-

das antike Recht bedeutete *familia* sowohl das Gesamtvermögen eines Mannes, zu dem ja auch die Sklaven gehörten, als auch eine Mehrzahl von Personen, die von Natur aus oder auf Grund des Rechtes einem Einzigen untersteht. Dieses fast unumschränkte Herrenrecht des *pater familias* über Frauen, Kinder und Gesinde findet sich in veränderter Form im Mittelalter wieder, doch trat die Kirche entschieden dem Tötungsrecht des Familienoberhauptes entgegen. Die Familie gab es damit als ein breites Spektrum möglicher Lebensgemeinschaften: als Verband der Abhängigen und Unfreien in der Grundherrschaft, als Klostergemeinschaft der Mönche und Nonnen unter der Herrschaft des Abtes oder der Äbtissin,[16] als Hausgemeinschaft und als breitgefächerter Verwandtschaftsverband adeligen Charakters.[17] Ob die kognatischen Verbände des Frühmittelalters, bei denen jede Ehe durch die Einbeziehung der Verwandtschaft der Frau einen neuen Familienkreis begründete, aus den bei Tacitus (Germania, c. 7) erwähnten germanischen Sippen (*familia et cognationes*) abzuleiten sind, bleibt offen, da diese im Frühmittelalter ihre Funktion verloren.[18] Auch das »Haus« als Organisationsform der frühmittelalterlichen *familia* (ahd. *hîwisk*) ist nicht nur Teil oder Fortsetzung der Sippe, sondern ersetzt diese eher. Ob die Munt (*mundeburdium*) als Herrenrecht über alle Hausgenossen ausschließlich germanischer Tradition entstammt, wie vielfach angenommen wird, bleibe dahingestellt; auf jeden Fall gibt es Entsprechungen zur Rolle des *pater familias* im römischen Recht, aus dem der Begriff ursprünglich stammt.[19] Doch kann man die Munt

ken: H. FICHTENAU, Lebensordnungen des 10. Jahrhunderts, Bd. 1–2, 1984, Bd. 1, 113–182 (*familia*), hier 134. J. GOODY, Die Entwicklung von Ehe und Familie in Europa, 1986.

[16] F. FELTEN, Herrschaft des Abtes, in: Herrschaft und Kirche (wie II, 5c), 147–296; zur Genese des geschichtswissenschaftlichen Begriffs »Herrschaft«: BRUNNER, Land (wie I, 10a), aufgrund spätmittelalterlicher Quellen, und oben Anm. 4.

[17] K. SCHMID, Zur Problematik von Familie, Sippe und Geschlecht, in: ZGO 105, 1957, 1–62.

[18] F. GENZMER, Die germanische Sippe als Rechtsgebilde, in: ZRG GA 67, 1950, 34–49; skeptisch: K. KROESCHELL, Die Sippe im germanischen Recht, in: ZRG GA 77, 1960, 1–25; ebenso MURRAY, Germanic Kingship Structure (wie § 16, Anm. 6); zu K. KROESCHELL, H. KUHN und F. GRAUS vgl. die Erwiderung von SCHLESINGER, Randbemerkungen (wie § 4, Anm. 52).

[19] S. o. Anm. 15. – Daß die Sippe in der Bedeutung von Verwandtschaft und personellem Friedensbereich eine fortwirkende Kraft war, betont R. SCHNEIDER, Brüdergemeine und Schwurfreundschaft, 1964, 119ff. – Zur künstlichen Verwandtschaft: JUSSEN, Patenschaft (wie § 16, Anm. 6).

wohl als eine wesentliche Wurzel aller mittelalterlichen Herrschaftsformen, einschließlich der Königsherrschaft, betrachten. Beim Tode des Hausherrn ging die Herrschaft an den ältesten Sohn über, die Witwe wurde dessen Munt unterstellt. War der Sohn noch minderjährig, verwaltete sie den Besitz; oft bekam sie auch einen Teil desselben auf Lebenszeit. Merowingerköniginnen wie Radegunde oder Balthilde konnten mit ihrem Witwengut Klöster gründen und reich ausstatten. Töchter waren erbberechtigt, wenn es keine männlichen Nachkommen gab. Neuere Forschung hat ergeben, daß z. B. im Fundus von 800 Urkunden des Klosters St. Gallen und in zwei Redaktionen des Alamannenrechts Frauen als Immobilienbesitzer einen Anteil von etwa 30 % hatten. Es waren also nicht nur Königinnen und Fürstentöchter erbberechtigt, sondern es gab eine offenbar generell mögliche weibliche Erbfolge, die auch Schwestern und Cousinen einschloß. Mit der Eheschließung erlosch keineswegs die Verfügung über das eigene Erbe, es scheint sowohl Gütertrennung wie eheliche Gütergemeinschaft gegeben zu haben. Auf jeden Fall besaßen in diesem konkreten Rechtsbereich die Leges durchaus Realitätsgehalt, doch darf diese Feststellung nicht verallgemeinert werden. Für die Erforschung negativer Entwicklungen in der Gesellschaft sind sie in jedem Fall aufschlußreich. Überdies kennen die Leges eine Fülle von Strafen für Mord, Verletzung, Berührung oder Kränkung einer Frau; vor allem die Schwangere wurde geschützt.[20] Vor Gericht war die Frau zwar nicht rechtlos, aber handlungsunfähig, sie mußte sich vom Vater, Bruder oder Gatten vertreten lassen.

Aus der Hausherrschaft kommt auch die Gefolgschaft, die schon in vorchristlicher Zeit unter keltischem Einfluß als germanischer Männerbund entstand und Elemente des Gastrechts und der Waffensohnschaft in sich aufgenommen hatte. Ihre Bedeutung für die Wanderzeit ist kaum zu überschätzen, doch verschwand sie als Institution aus denselben Gründen wie die Sippe. Ob es eine spezifische Gefolgschaftstreue gab, ist umstritten. In der merowingischen Königsherrschaft haben sich im »Antrustionat«, den *fideles regis*, der *trustis*

---

[20] K. KROESCHELL, Söhne und Töchter im germanischen Erbrecht, in: Studien zu den germanischen Volksrechten (wie § 17, Anm. 1), 87–116; I. HEIDRICH, Von Plectrud zu Hildegard, in: RhV 52, 1988, 1–15. Eine Fallstudie zum weiblichen Erbrecht bietet: HELLMUTH, Frau und Besitz (wie § 1, Anm. 25).

dominica Elemente des Gefolgschaftswesens erhalten. Die Vasallität knüpfte zwar an dieses an, kam aber vornehmlich aus der fürstlichen Hausgemeinschaft und war auf genau umschriebene Dienstleistungen und Unterordnung aufgebaut.[21]

Freiheit oder Unfreiheit spielten auch eine entscheidende Rolle bei der Ehe, und zwar nicht nur hinsichtlich der Standesgleichheit, sondern vor allem auch bei den Unterschichten. Hier hatten die *servi casati* meist schon aus wirtschaftlichen Gründen vom Herrn die Erlaubnis zur Heirat, denn die Frau war der wichtigste Partner und Gehilfe im Bauernhof; mit ihren Kindern wuchsen neue Arbeitskräfte heran, die dann teilweise wieder das Personal für das Herrenhaus abgaben. Bis zu einem gewissen Grade kann man das »Ehe- und Arbeitspaar« als eine soziale Form verstehen, »in der Frauen und Männern in erster Linie die Befreiung aus Abhängigkeiten von Eltern und Dienstherren gelingt«. Der Herr bestimmte aber nicht nur die Ehepartner, sondern konnte sie auch wieder trennen, etwa beim Verkauf. Dies war möglich, weil die Eheschließung lange Zeit ein weltlicher Akt war und sich die Kirche erst seit dem 9. Jh. stärker einschaltete und dafür dann auch einen festen kirchlichen Ritus entwickelte.[22] Besonders schwierig war es allerdings für die Kirche,

---

[21] Kritische Einschränkungen des Gefolgschaftsbegriffs bei KUHN, Die Grenzen; VON OLBERG, Freie. – Zur Diskussion um die germanische Treue vgl. SCHLESINGER, Randbemerkungen (alle wie § 4, Anm. 52).

[22] K. RITZER, Formen, Riten und religiöses Brauchtum der Eheschließung in fränkischer Zeit, 1962; MÜLLER-LINDENLAUF, Eheauffassung (wie Anm. 14); C. VOGEL, Les rites de la célébration du mariage, in: Il matrimonio (wie Anm. 11), 397–472; MIKAT, Ehe (wie II, 5a); DERS., Die Inzestgesetzgebung der merowingisch-fränkischen Konzilien (511–626/27), 1994; GOETZ, Herrschaft (wie Anm. 1), 39ff. und 43ff. – Zur emanzipatorischen Wirkung der Ehe von Abhängigen: W. AFFELDT, Einführung, in: Frauen in Spätantike und Frühmittelalter (wie § 1, Anm. 25), 9–29 (Zitat 10f.), unter Bezug auf H. WUNDER, Historische Frauenforschung, in: ebd., 31–41, hier 37; L. KUCHENBUCH, Trennung und Verbindung im bäuerlichen Werken des 9. Jahrhunderts, in: Frauen in der Geschichte (wie § 1, Anm. 25), 227–242. Vgl. GOODY, Entwicklung (wie Anm. 15); M. ROUCHE, Des mariages païens au mariage chrétien, sacre et sacrement, in: Segni e riti nella chiesa altomedievale occidentale, Tl. 1–2, 1985, Tl. 2, 835–873 (Sett.Cent.it. 33); F. GIES u. a., Marriage and the Family in the Middle Ages, 1987; J. GAUDEMET, Le mariage en occident, 1987; SALISBURY, Medieval sexuality (wie I, 1i); From Sappho to de Sade. Moments in the History of Sexuality, Hg. J. N. BREMMER, 1989; J. A. MCNAMARA u. a., Sainted Women of the Dark Ages, 1992; Eherecht und Familiengut in Antike und Mittelalter, 1992; Veuves et veuvages dans le Haut Moyen-Âge en occident, Hg. M. PARISSE, 1993; P. L. REYNOLDS, Marriage in the

gegenüber den überlieferten heidnischen Formen der Raub- und Kaufehe sowohl die Monogamie als auch die Unauflöslichkeit der ehelichen Bindung durchzusetzen. Die merowingischen Synoden schweigen sich über dieses sicherlich brennende Problem aus, und noch im 8. Jh. war man sich selbst in Rom über Möglichkeiten einer kirchlich erlaubten Scheidung im unklaren.

Ferner ist zu bedenken, daß eine legitime, dotierte Ehe nur für die Oberschicht von Bedeutung war, weil es hier um Besitz- und Erbverhältnisse ging, die mit der Eheschließung geregelt bzw. für die legitimen Nachkommen geändert werden mußten. Für den unbehausten Hörigen oder Sklaven änderte die »copulatio carnalis«, die Geschlechtsgemeinschaft, in dieser Hinsicht wenig oder nichts. Deshalb ist es auch umstritten, ob es für die Unterschichten im Frühmittelalter generell so etwas wie eine »legitime« Ehe gegeben hat. Skepsis ist hier am Platze, wenn man bedenkt, daß in den Reihengräberfriedhöfen des 7. Jhs. nur bei den reicher ausgestatteten Gräbern eine deutliche Zuordnung von Paaren feststellbar ist, die auf eheliche Zusammengehörigkeit schließen läßt, ansonsten jedoch bei den armen Grablegen eher ein beziehungsloses Neben- und Durcheinander vorherrscht.[23] In der Frage der Ehe für die Unterschichten tritt der Sachcharakter des *mancipium*, wie ihn das römische Recht festgeschrieben hat, auch später noch klar hervor. Offen bleibt, ob die Anläufe einer spätantiken humanen Philosophie und dann der Kirche, eine legitime Sklavenehe zu ermöglichen, im Frühmittelalter mehr Erfolg hatten.[24]

Western church, 1994; NOLTE, Conversio (wie § 1, Anm. 25). – Gegen die Existenz einer legalen »Friedelehe«: E. EBEL, Der Konkubinat nach altwestnordischen Quellen, 1993.

[23] Frau Kollegin F. STEIN verdanke ich den Hinweis auf diesen für die Ehefrage wichtigen archäologischen Befund, der sich auf das gruppenbelegte Gräberfeld von Köln-Müngersdorf bezieht. Positiver kirchlicher Einfluß macht sich erst seit dem 8./9. Jh. bemerkbar: VERLINDEN, Les »mariages« (wie Anm. 11). Daß die Ehemöglichkeit der *mancipia* und unbehausten *servi* anfangs gering war, betonen mit Recht STAAB, Untersuchungen (wie § 1, Anm. 16), 332f., und F. SCHWIND, Beobachtungen zur inneren Struktur des Dorfes in karolingischer Zeit, in: Das Dorf (wie II, 5c), 444–493, hier 484 mit Anm. 242. – Vgl. Die nichteheliche Lebensgemeinschaft, Hg. G. LANDWEHR, 1978; EBEL, Konkubinat (wie Anm. 22); vgl. allgemein: W. KNOCH u. a., Art. »Ehe, Ehebruch«, in: LexMA 3, 1616–1661. – Für die Eheverbindungen der Abhängigen immer noch wichtig: C. KOEHNE, Die Geschlechterverbindungen der Unfreien im fränkischen Recht, 1888; E. HOYER, Die Ehen minderen Rechts in der fränkischen Zeit, 1926.

[24] NEHLSEN, Sklavenrecht (wie II, 5a), 270ff., sieht im Vermögens-, Ehe- und Tö-

Eine spürbare Besserung der Ehefähigkeit Abhängiger gab es erst seit dem 9. Jh., und hier war es neben der wachsenden Intervention der Kirche vor allem das praktische Bedürfnis der grundherrschaftlichen Organisation, die zu einer »Verwandlung der patriarchalischen Hofsklaverei zur grundhörigen Unfreiheit« und zur Abschichtung Unfreier vom Herrenhof als *servi casati*, als behauste Unfreie führte. Damit eröffnete sich für große Teile der abhängigen Bevölkerung die Möglichkeit entweder einer legitimen Ehe oder eines geduldeten Konkubinats; auch hier wirkte sich die normative Kraft des Faktischen aus, der auch die Kirche Rechnung trug.[25]

Entgegen früheren Auffassungen hat es auch im Frühmittelalter schon die Kleinfamilie im heutigen Sinne gegeben, sie tritt nur in den vornehmlich organisatorischen Quellen zur Grundherrschaft nicht so deutlich in Erscheinung.[26] Was den Nachwuchs betrifft, so dürfte die bäuerliche Familie wegen der hohen Kindersterblichkeit nur zwei bis drei Kinder aufgezogen haben. Anders als in der Antike wird Abtreibung grundsätzlich bestraft: vor dem 40. Tag nur mit einjähriger Kirchenbuße, danach aber als Mord. Aufschlußreich ist, daß Armut strafmildernd wirkte, also eine Art sozialer Indikation praktiziert wurde. Die medizinischen Lehrbücher des Mittelalters kennen zahlreiche Abortiva und Kontrazeptiva aus römischer und islamischer Tradition, doch sind diese Mittel wohl nur der ärztlich besser versorgten Oberschicht vorbehalten gewesen. Tötung weiblicher Säuglinge und Kindesaussetzung sind noch im 9. Jh. bezeugt, doch geht es zu weit, daraus auf einen grundsätzlichen Mangel an Kindesliebe der Eltern zu schließen.[27] Die Hagiographie seit Gregor von Tours bietet genügend

tungsrecht eher eine Verschlechterung in merowingischer Zeit gegenüber der Spätantike. Vgl. auch die Beiträge von R. KOTTJE, Eherechtliche Bestimmungen der germanischen Volksrechte, in: Frauen in Spätantike und Frühmittelalter (wie § 1, Anm. 25), 211–220, und G. VON OLBERG, Aspekte der rechtlich-sozialen Stellung der Frauen in den frühmittelalterlichen Leges, in: ebd., 221–235.

25 ENNEN, Frauen (wie I, 10d), 85ff.

26 M. HEINZELMANN, Beobachtungen zur Bevölkerungsstruktur einiger grundherrschaftlicher Siedlungen im karolingischen Bayern, in: FMASt 11, 1977, 202–217; C. J. HAMMER, Family and Familia in Early-Medieval Bavaria, in: Family Forms in Historic Europe, Hg. R. WALL u. a., 1983, 217–248; kritisch: J.-P. DEVROEY, Les méthodes d'analyse démographiques des polyptyques du haut moyen âge, in: Histoire et méthode, Hg. M. A. ARNOULD, 1981, 71–88.

27 GOETZ, Herrschaft (wie Anm. 1), 61ff., und FICHTENAU, Lebensordnungen (wie Anm. 15), 437ff. und 472ff.; K. ARNOLD, Kind und Gesellschaft in Mittelalter und

Belege für eine innige Eltern-Kind-Beziehung und ebenso für eine in Wirklichkeit bessere familiäre und gesellschaftliche Stellung der Frau, als aufgrund der Leges vielfach angenommen wurde. Auch gab es im Recht Schutzbestimmungen für Minderjährige.[28]

d) Die Frauen in der Gesellschaft

Die Stellung der Frauen in der frühmittelalterlichen Welt wurde nicht nur durch ihren Rechts- und Sozialstatus bestimmt, sondern auch durch Traditionen unterschiedlichster Art, vor allem fränkisch-germanischer Herkunft (z. B. Raub- und Friedelehe) und spätantik-christlichen Ursprungs.[29] Zwar wirkte sich die Auffassung des Philosophen

---

Renaissance, 1980, bes. 43ff. und passim, gegen P. ARIÈS, Geschichte der Kindheit, 1975; A. KAMMEIER-NEBEL, Empfängnisverhütung, Abtreibung, Kindestötung und Aussetzung, in: Frauen in der Geschichte (wie § 1, Anm. 25), 136–151; R. JÜTTE, Lust ohne Last. Geschichte der Empfängnisverhütung von der Antike bis zur Gegenwart, 2003. – Zur Abtreibung: J. T. NOONAN, The Morality of Abortion, 1970. Materialreich die Arbeit von: H. W. SCHWARZ, Der Schutz des Kindes im Recht des frühen Mittelalters, 1993; vgl. auch R. METZ, La femme et l'enfant dans le droit canonique médiéval, 1985. Eine verbreitete Praxis der Mädchentötung bezweifelt: G. GRUPE, Die »Ressource Frau« – Aussagemöglichkeiten der Biowissenschaften, in: Frauen in Spätantike und Frühmittelalter (wie § 1, Anm. 25), 105–114; Historical Studies of Changing Fertility, Hg. C. TILLY, 1978; PAYER, Sex (wie Anm. 15); P. STAFFORD, Queens, Concubines and Dowagers, 1983; NELSON, Politics (wie § 15, Anm. 54); D. JACQUART u. a., Sexuality and Medicine in the Middle Ages, 1988; BRUNDAGE, Sex, Law (wie Anm. 15); Coercion to Sex and Marriage in Ancient and Medieval Societies, Hg. A. E. LAIOU, 1993. Eine besondere Form der Versorgung von Kindern war ihre Übergabe an ein Kloster: M. DE JONG, Kind en klooster in de vroege middeleeuven, 1986. Vgl. allgemein: S. SHAHAR, Childhood in the Middle Ages, 1990 (dt.: Kindheit im Mittelalter, 1991); Konzepte der Liebe im Mittelalter, Hg. W. HAUBRICHS, 1990; Königin, Klosterfrau, Bäuerin, Hg. H. BRANDT u. a., 1996; H. REICHERT, Art. »Eheschließung«, in: RGA 9, 1995, 487–490.

[28] Vgl. vorläufig: ARNOLD, Kind, 78ff., und SCHWARZ, Schutz (beide wie Anm. 27); vgl. auch E. SCHUBERT, Alltag im Mittelalter, 2002.

[29] Bibliographie: W. AFFELDT u. a., Frauen im Frühmittelalter, 1990; Quellen zur Geschichte der Frauen, Hg. B. PATZEK, Bd. 1–3, 1999f., hier Bd. 1, 2000: Antike. Einen guten Überblick bietet: ENNEN, Frauen (wie I, 10d). – Eine Zusammenfassung zum Thema »Frau« bietet: Frauen im Mittelalter, Hg. A. KUHN u. a., Bd. 1: Frauenarbeit; Bd. 2: Frauenbild und Frauenrechte in Kirche und Gesellschaft, 1983f.; GOETZ, Frauen (wie § 1, Anm. 25); Medieval Women (wie II, 5c); Western Sexuality, Hg. P. ARIÈS u. a., 1985; Medieval Women and the Sources of Medieval History, Hg. J. T. ROSENTHAL, 1990; Weiblichkeit in geschichtlicher Perspektive, Hg. U. A. J. BECHER u. a., 1988, bes. P. HEIDEBRECHT u. a., Leben im Kloster, in: ebd., 79–115; G. MUSCHIOL, Famula Dei. Zur Liturgie in merowin-

Aristoteles (348–322 v. Chr.), daß sich die Überlegenheit des Mannes durch die Verbindung der Elemente Luft und Feuer – Aktivität und Superiorität – erweise, erst wieder im Hochmittelalter aus, aber mit den Werte-Standards der patriarchalischen Kulturen der Antike und der germanischen Völker war von Anfang an auch eine Minderstellung der Frau gegeben. Die im Alten Testament sich widerspiegelnde patriarchalische Gesellschaftsauffassung stabilisierte diesen Trend ebenso wie die grundsätzliche Abwertung der Sexualität durch Paulus und die Kirchenväter, von der vor allem die Frauen betroffen wurden. Virginität und Witwenschaft wurden für besonders wertvoll gehalten, die eheliche Heilige kennt die Hagiographie überhaupt nicht, obwohl es in der heiligen Anna ein biblisches Vorbild dafür gab. Die Kirche entwickelte seit Ambrosius und Augustinus mit der Konzeption von Eva als »Schuldiger« am Sündenfall und Maria als Gottesgebärerin und »neuer Eva« eine breite Skala ambivalenter Wertungen der Frau, die durchweg folgenreich waren. Die zumeist positive Rolle des Marienkults für die Wertschätzung der Frau wirkte sich im Frühmittelalter allerdings noch nicht aus. Nur durch Sexualaskese konnte eine Frau ihre mindere Einstufung innerhalb der Kirche überwinden. We-

---

gischen Frauenklöstern, 1994. Vgl. allgemein: NELSON, Politics (wie § 15, Anm. 54); E. A. CLARK, Ascetic Piety and Womens' Faith, 1986; S. WITTERN, Frauen, Heiligkeit und Macht. Lateinische Frauenviten aus dem 4. bis 7. Jahrhundert, 1994; C. NOLTE, Conversio; SHAHAR, Frau (beide wie § 1, Anm. 25); A. M. LUCAS, Women in the Middle Ages: Religion, Marriage and Letters, 1983; M. PARISSE, Les nonnes au Moyen Âge, 1983; E. EYBEN, Mann und Frau im frühen Christentum, in: Aufgaben, Rollen und Räume von Frau und Mann, Hg. J. MARTIN u. a., Bd. 1–2, 1989, Bd. 2, 565–605; A. NITSCHKE, Frauen und Männer im Mittelalter, in: ebd., 677–707; K. ARNOLD, Die Frau als Autorin – und die Autorin als Frau – im europäischen Mittelalter, in: ebd., 709–729, und zusammenfassend: La femme au moyen âge, Hg. M. ROUCHE u. a., 1990; Mariage et sexualité au Moyen Âge, Hg. DERS., 2000; Femmes et pouvoir des femmes à Byzance et en occident (VIe-XIe siècles), Hg. A. DIERKENS u. a., 1999; H. LUTTERBACH, Sexualität im Mittelalter, 1999; Frauen in Spätantike und Frühmittelalter; Frauen in der Geschichte (beide wie § 1, Anm. 25); Weibliche Lebensgestaltung im frühen Mittelalter, Hg. H.-W. GOETZ, 1991, bes. die Beiträge von L. KUCHENBUCH, Opus feminile. Das Geschlechterverhältnis im Spiegel von Frauenarbeiten im frühen Mittelalter, in: ebd., 139–175; I. HEIDRICH, Besitz und Besitzverfügung verheirateter und verwitweter freier Frauen im merowingischen Frankenreich, in: ebd., 119–138; R. MCKITTERICK, Frauen und Schriftlichkeit im Frühmittelalter, in: ebd., 65–118. Zur aktiven amerikanischen Frauenforschung: Eine eigene Geschichte, Hg. B. S. ANDERSON u. a., Bd. 1–2, 1992, Bd. 1 (amerik. Ausgabe: 1988); Geschichte der Frauen, Hg. G. DUBY u. a., Bd. 1: Antike, Bd. 2: Mittelalter, 1993; P. DRONKE, Women Writers in the Middle Ages, 1984.

gen der kirchlich monopolisierten Schriftlichkeit des Frühmittelalters, die unsere Überlieferung weitgehend bestimmt, sollte man allerdings die Wirkung theologischer Vorstellungen in der Laiengesellschaft nicht überschätzen. Schon die Hagiographie, obwohl kirchliche Literatur, läßt andere Wertungen erkennen.[30] Aufschlußreich ist jedoch, daß zwar die Heilsgewißheit für Mann und Frau gleicherweise gilt, aber eine Statistik der Heiligenviten ergibt, daß nur 14 % aller Heiligen weiblich waren. Der Großteil von ihnen ist im Frühmittelalter bezeugt, zumeist entstammten sie dem Adel.[31] Die Einrichtung von Doppelklöstern für Männer und Frauen seit dem 7. Jh. hatte für die Frauen sicher auch einen emanzipatorischen Nebeneffekt, doch war dies kaum die entscheidende Motivation für deren Klostereintritt.[32] Vom römischen Recht bis zur Entwicklung des kanonischen Rechts im Hochmittelalter ist eine Verschlechterung der Rechtsstellung der Frau im öffentlichen Leben wie im liturgischen Bereich feststellbar. Man hat dies mit dem Einströmen germanischer Denkweisen in Verbindung gebracht; auf jeden Fall hat die mit der Munt gegebene personenrechtliche Gewalt des Mannes und des männlichen Verwandten dazu geführt, daß sich spätantike Ansätze zur Emanzipation der Frau, z. B. der Wegfall der Vormundschaft über erwachsene Frauen (*tutela mulierum*), wieder rückbildeten. Andererseits bot die Entwicklung des

---

[30] GRAUS, Volk (wie II, 5a), 117f.; WEMPLE, Women (wie II, 5a). Zur kirchlichen Position: K. THRAEDE, Zwischen Eva und Maria: das Bild der Frau bei Ambrosius und Augustin auf dem Hintergrund der Zeit, in: Frauen in Spätantike und Frühmittelalter (wie § 1, Anm. 25), 129–139, und A. DEMYTTENAERE, The Cleric, Women and the Stain, in: ebd., 141–165; I. MUNDLE, Augustinus und Aristoteles und ihr Einfluß auf die Einschätzung der Frau in Antike und Christentum, in: JAC 22, 1979, 61–69.

[31] J. T. SCHULENBURG, Sexism and the Celestial Gynaeceum from 500 to 1200, in: JMH 4, 1978, 117–133. Zur Entstehung der christlichen Sexualethik in der Spätantike zuletzt: P. BROWN, Die Keuschheit der Engel, 1991; PAYER, Sex (wie Anm. 15). Zum Witwenstand: Veuves (wie Anm. 22). – Zum Sonderfall »freier«, d. h. käuflicher Liebe, vgl. B. E. STUMPP, Prostitution in der römischen Antike, ²1998; I. BLOCK, Die Prostitution, Bd. 1–2, 1912, 1925, Bd. 1; J.-J. SERVAIS u. a., Histoire et dossier de la prostitution, 1965 (mit Bibliographie); L. L. OTIS, Prostitution in Medieval Society, 1987; J. ROSSIAUD, Dame Venus. Prostitution im Mittelalter, 1989.

[32] Schon die Institution des Doppelklosters spricht gegen die These von WEMPLE, Women (wie II, 5a), 190f., wonach generell der Klostereintritt von Frauen als Flucht aus einer von Männern beherrschten Welt zu verstehen sei. Zu den Doppelklöstern: S. HILPISCH, Die Doppelklöster. Entstehung und Organisation, 1928; M. PARISSE, Art. »Doppelklöster«, in: LexMA 3, 1257ff.

kirchlich beeinflußten Eherechts für die Frau größere Sicherheit, jedoch ohne daß damit die Munt des Mannes wesentlich abgeschwächt worden wäre.[33]

Im Hinblick auf die Lebenswirklichkeit des Frühmittelalters bleibt es problematisch, generell von *der* Lage der Frau zu sprechen. Die bäuerliche Frau unterstand zwar der Munt ihres Mannes, wie dies beim Adel der Fall war. Der Mann hatte ein Züchtigungsrecht; aber eine gewisse Ausnahmestellung nahm, wie bereits erwähnt, die schwangere Frau ein; hier waren Existenzfragen im Spiel, von denen auch der Mann betroffen gewesen ist, da Kinder in der Basisgesellschaft die wichtigste Form der Existenzsicherung waren. Beim Adel und bei der Mittelschicht der »ingenui« ging es etwa um Besitzsicherung durch den Leibeserben, ebenso um die Aufzucht von kampftüchtigem Nachwuchs. In der bäuerlichen Familie ging es außer der Besitznachfolge vor allem um den Nachwuchs für die Mitarbeit in der Landwirtschaft. Die Gebärfähigkeit der Frauen, deren Heiratsalter bei durchschnittlich 25 Jahren lag, war ein ebenso zentraler Wert wie die Wehrfähigkeit der Männer.[34] Im übrigen gab es geschlechtsspezifische Frauenarbeit wie Spinnen und Weben sowohl in den Gynäceen, den Häusern für Frauenarbeit am Herrenhof,[35] wie im bäuerlichen Haushalt. Im letzteren Fall war die Frau, die auch bei der Feldarbeit half,[36] eine unentbehrliche Mitarbeiterin des Mannes, was sicherlich ihrem Status ebenso zugute kam wie ihrer Rolle als Gebärerin, die ja zugleich Existenzsicherung im Alter bedeutete. Während die Lebenserwartung im Mittelalter schon allgemein niedrig war und kaum 40 Jahre erreicht haben dürfte, waren die Frauen durch zahlreiche Geburten und durch die ununterbrochene übermäßige Beanspruchung

---

[33] S. o. Anm. 22. – Aus der Tatsache, daß im Frühmittelalter die Ehe nur sehr zögerlich kirchlich institutionalisiert worden ist, sollte man nicht gleich auf »freiere Geschlechtsgemeinschaften« schließen, da die »Friedelehe« ein Vorrecht des Mannes war, außereheliche Beziehungen der Frau jedoch nach germanischem Recht schwer geahndet wurden, sogar mit Verkauf oder Tötung der Frau. S. u. Anm. 38.

[34] B. SASSE, Demographisch-soziale Untersuchungen an frühmittelalterlichen Frauengräbern im Bereich der Reihengräberzivilisation, in: Frauen in der Geschichte (wie § 1, Anm. 25), 56–87, hier 79–84; RÖSENER, Bauern (wie Anm. 10), 190ff.; VON OLBERG, Aspekte (wie Anm. 24), hier 225ff.

[35] W. RÖSENER, Art. »Frau IV.«, in: LexMA 4, 865f.

[36] B. HUPPERTZ, Räume und Schichten bäuerlicher Kulturformen in Deutschland, 1939, 304ff., unter Verweis auf sehr alte, zum Teil vorgeschichtliche, regionale Unterschiede; RÖSENER, Bauern (wie Anm. 10), 192ff.

durch Haus- und Feldarbeit im gebärfähigen Alter besonders gefährdet.[37] Erst wenn sie das Klimakterium erreichten, hatten sie größere Überlebenschancen als die Männer. Gleichermaßen betroffen wurden Frauen und Männer vom Recht des Grundherrn, Ehen zuzulassen oder zu verweigern. Freie Gattenwahl war eher die Ausnahme, die wirtschaftlichen Interessen des Herrn blieben hier ausschlaggebend; dies galt weitgehend für alle Schichten bis hinauf zum Adel.

Ob die »Friedelehe« – d. h. die freie Verbindung von Mann und Frau, die allerdings kaum so »frei« war, wie man vermutet hat, sondern oft als Folge von Entführung, Raub oder Kauf zustande kam – der legitimen, nämlich mit Eigenvermögen (*dos*) für die Frau ausgestatteten Muntehe der Oberschicht gleichgestellt war, ist umstritten.[38] Doch spricht die Erbfähigkeit der Kinder aus Friedelehen, wie sie bei Merowingern und Karolingern bezeugt ist, eher dafür, daß die »Friedelehe« bei den Germanen anerkannt war. Erst die Kirche hat sie zugunsten der Einehe als »Konkubinat« zurückgedrängt, bei Herrschern allerdings meist stillschweigend geduldet. Wie weit rechtliche Normen und Lebensrealität auseinanderklaffen können, beweist die Rolle fränkischer Königinnen und Herrscherinnen, ihre Macht als Regentinnen und ihr Selbstbewußtsein als Erbinnen großer Besitzungen und Stifterinnen von Klöstern. Das gilt für Chrodechilde, die Gattin Chlodwigs I., für Radegunde und Brunichilde im 6. Jh. und für Balthilde und Plektrud im 7. und frühen 8. Jahrhundert.[39] Ebenso aufschlußreich ist der erbitterte Kampf der Nonnen aus merowingischer

---

[37] J. C. RUSSELL, Die Bevölkerung Europas 500–1500, in: Europäische Wirtschaftsgeschichte, Hg. C. M. CIPOLLA u. a., Bd. 1–5, 1978–1980, Bd. 1, 26 und passim; J. VERDON, Les femmes laïques en Gaule au temps des Mérovingiens, in: Frauen in Spätantike und Frühmittelalter (wie § 1, Anm. 25), 239–261, hier 260f.

[38] R. KÖSTLER, Raub-, Kauf- und Friedelehe bei den Germanen, in: ZRG GA 63, 1943, 92–136, und MIKAT, Ehe (wie II, 5a); F. GEISSLER, Art. »Brautwerbung«, in: RGA 3, 1978, 421–425; K.-S. KRÄMER, Art. »Braut«, in: HRG 1, 1971, 514–517, und H. R. HAGEMANN, Art. »Brautlauf«, in: ebd., 517ff.; KOTTJE, Eherechtliche Bestimmungen (wie Anm. 24), hier 217f.; F. SIEGMUND, Pactus Legis Salicae § 13: Über den Frauenraub in der Merowingerzeit, in: FMASt 32, 1998, 101–123, betont mit Recht die vermögensrechtliche Seite von Frauenraub.

[39] Wichtig: NELSON, Queens (wie § 9, Anm. 6); DIES., Politics and Ritual (wie § 15, Anm. 54), 1–48; F. TENNER, Radegunde von Thüringen, 1973; S. WITTERN, Frauen zwischen asketischem Ideal und weltlichem Leben, in: Frauen in der Geschichte (wie § 1, Anm. 25), 272–294; STAFFORD, Queens (wie Anm. 27); DIES., Sons and Mothers, in: Medieval Women (wie II, 5c), 79–100; HEIDRICH, Von Plectrud (wie Anm. 20); HELLMUTH, Frau und Besitz (wie § 1, Anm. 25).

Familie im Radegundekloster von Poitiers gegen ihre Äbtissin und die Bischöfe. Auch die amüsante »Eheanbahnung« für die Königin Arnegunde († 565/70), Gattin Chlothars I., deren reiches Grab man 1959 in der Basilika von St. Denis entdeckte und deren Karriere Gregor von Tours schildert, spricht für eine gewisse Offenheit ehelicher Verbindungen, denn erst seit dem 9. Jh. entwickelte die Kirche festere, auch liturgisch fixierte Normen.[40]

In viel stärkerem Maße als dies später bei Stabilisierung der Sozialordnung möglich war, gelangten auch Konkubinen zur Königsherrschaft. Spektakuläres Beispiel war in der Merowingerzeit Fredegunde († 596/97), erst Geliebte, dann Gattin König Chilperichs I. und Erzfeindin der Königin Brunichilde. Ebenso gehört hierher die angelsächsische Kriegsgefangene Balthilde († nach 680), die nach dem Tode ihres Gatten Chlodwig II. († 657) das neustroburgundische Königreich bis zu ihrem Sturz 665 regierte und sich dann in ihre Klostergründung Chelles zurückzog.[41] Sicher gab es, wie kirchliches und weltliches Recht sowie biologische Gegebenheiten zeigen, Gemeinsamkeiten, die das Leben jeder frühmittelalterlichen Frau mitbestimmten; in der Realität jedoch war dennoch der gesellschaftliche Rang oder die weitgehende Abhängigkeit im Verband der Grundherrschaft ausschlaggebend für ihr Schicksal. Schwer zu entscheiden ist, ob und in welcher Weise es der Kirche gelang, notleidenden Witwen und Waisen hinreichend Hilfe zu gewähren.[42] Desgleichen ist neuerdings in Frage gestellt, daß die Kirche, wie allgemein angenommen wird, schon in der Spätantike die Frauen immer stärker als Funktionsträgerinnen verdrängte:[43] Auf jeden Fall war es aber zwischen Spätantike und Frühmittelalter ein gravierendes Problem, wie man das Eindringen religiös motivierter Witwen über diakonische Tätigkeit in den Klerus kanalisieren oder gar verhindern konnte. Seit dem 6./7. Jh.

---

[40] Gregor von Tours, Historia Francorum (wie II, 4a), IV, c. 4, 136f. – Zum Arnegunde-Grab: FRANCE-LANORD u. a., Grab der Arnegundis (wie § 6, Anm. 6); FLEURY u. a., Les trésors (wie § 13, Anm. 68).

[41] J.-P. LAPORTE, La reine Bathilde, in: La femme (wie Anm. 29), 147–169, und oben § 9, Anm. 6.

[42] J.-U. KRAUSE, Witwen und Waisen im Römischen Reich, Bd. 1–4, 1994f., Bd. 4: Witwen und Waisen im frühen Christentum (skeptisch); positiv hingegen: B. B. THURSTON, The Widows. A Women's Ministry in the Early Church, 1989.

[43] KRAUSE, Witwen (wie Anm. 42), Bd. 4, 52–73; dazu kritisch, aber kaum berechtigt G. SCHÖLLGEN, Rezension, in: Zeitschrift für antikes Christentum 1, 1997, 137–140.

veränderte sich diese Frage insofern, als der Klostereintritt eine neue Möglichkeit weiblicher religiöser Selbstverwirklichung bot. Es ist jedoch übertrieben, darin eine Form der Emanzipation zu sehen; ganz abgesehen davon, daß diesem modernen Begriff in der christlichen Spätantike wie im Frühmittelalter keine psychische und soziale Realität entspricht.[44]

e) Ernährung und Hunger

Zwischen Spätantike und Frühmittelalter wandelten sich auch die Grundlagen der Ernährung, und zwar sowohl aus ethnischen Gründen als auch durch die geographische Verlagerung und Vergrößerung der früheuropäischen Welt:[45] Es zeigt sich eine Zweiteilung dieser neuen Großregion, die sowohl die Mittelmeerwelt als auch West-, Nordwest- und bald auch Mitteleuropa umfaßte: Erstens gab es eine traditionell bleibende, südlich-mediterrane Zone, in der Getreide-, Hülsenfrüchte-, Obst- und Gemüseanbau vorherrschten, ebenso Weinbau und Oliven. Schafzucht und Kleintierhaltung deckten den Fleischbedarf, der teilweise durch Rinderzucht oder -import für die Oberschicht ergänzt wurde. Bereichert wurde diese überwiegend pflanzliche Ernährung des Mittelmeerraumes und seiner Anlieger durch Fischfang und Milchprodukte. Gegenüber Landwirtschaft und Baumzucht als Grundlage der griechisch-römischen Wirtschaft entwickelten die »Barbaren« des Nordens und Nordwestens, also Kelten und Germanen, eine recht unterschiedliche Weise, für Nahrung zu sorgen. Jagd und Fischerei, die Haltung wild lebender Tiere in den großen Wäldern, besonders von Schweinen, aber auch Pferde- und Rinderzucht bildeten die Grundlage der Ernährung; Speck und Butter standen als Fette zur Verfügung. In spätrömischer Zeit ist auch Rinderexport aus der ger-

[44] Veuves (wie Anm. 22); H. LE BOURDELLÈS, Les ministeres feminins dans le Haut Moyen Âge en occident, in: La femme (wie Anm. 29), 11–25; MUSCHIOL, Famula Dei (wie Anm. 29); NOLTE, Conversio (wie § 1, Anm. 25).

[45] S. o. § 2; HENISCH, Fast and Feast (wie § 2, Anm. 29); M. MONTANARI, Alimentazione e cultura nel Medioevo, 1988; DERS., Hunger und Überfluß (wie § 2, Anm. 27); DOEHAERD, Le Haut Moyen Âge (wie Anm. 1); DERS., Manger et boire au Moyen Âge, Bd. 1–2, 1982, 1984; Determinanten der Bevölkerungsentwicklung (wie § 2, Anm. 25); M. TOUSSAINT-SAMAT, Histoire naturelle et morale de la nourriture, 1987. Methodisch wichtig: Pour une histoire d'alimentation, Hg. J. J. HÉMARDINQUER, 1970; P. GARNSEY, Famine and food supply in the greco-roman world, 1988; European Food History, Hg. H. J. TEUTEBERG, 1992.

manischen Welt bezeugt. Im fränkischen Großreich, das auch am Nordufer des Mittelmeers Anteil hatte, aber auch schon in den anderen germanischen Herrschaftsbildungen auf römischem Boden, ergab sich eine teilweise Vermengung beider Ernährungsweisen, doch blieb das Grundmuster der Zweiteilung weitgehend erhalten. Eine Neuerung ergab sich aber insofern, als der antike, traditionelle Weizenanbau seit dem Frühmittelalter zugunsten neuer Getreidearten wie Gerste, Hafer und Spelt zurückging. Letztere Getreideart verschwindet aber seit dem 11. Jahrhundert. Als Neuzüchtung kam der Roggen hinzu, der auch auf den kargen Böden des Nordens gedieh.[46] Seit dem Frühmittelalter entwickelte sich eine zusätzliche Durchkreuzung der klimatisch-ethnisch bedingten Ernährungsweisen durch die wachsende Differenzierung der Gesellschaft. In der Oberschicht, bei Adel und höherem Klerus, aß man »internationaler« und versorgte sich sowohl mit der reichen Gewürzpalette des Orients als auch mit Zitrusfrüchten und Kompotten des Südens. Braten, Wildbret und Geflügel galten als »Herrenspeise«, während für die Basisgesellschaft, also für etwa 90 % der Bevölkerung, Mus, Brot und Suppenfleisch Hauptnahrungsmittel waren. Bei allgemeiner Nahrungsknappheit und häufigen Hungerkatastrophen blieb gutes und reichliches Essen ein Statussymbol. Aus der Antike stammende Kochbücher waren in Klosterbibliotheken keine Seltenheit, hinzu kam der Wein als kultisch legitimiertes Getränk, das sich auch nördlich der Alpen einbürgerte, soweit es nicht schon die Römer an Mosel, Rhein und Donau heimisch gemacht hatten. Die klösterlichen Fastenzeiten sowie die aus antiken medizinischen Werken bekannten, sehr differenzierten Diätvorschriften für Kranke, wie sie auch in der Regula S. Benedicti (c. 35–41) bezeugt sind, trugen sicher dazu bei, daß die mediterrane, weitgehend auf pflanzlicher Basis beruhende Ernährungsweise auch nördlich der Alpen teilweise Eingang fand und Verfeinerung erfuhr.[47]

---

[46] E. SCHIEMANN, Weizen, Roggen, Gerste. Systematik, Geschichte und Verwendung, 1948; BERTSCH, Geschichte unserer Kulturpflanzen; NÜRNBERG, Biologie und Geschichte; RUDORF, Kulturpflanzen (alle wie § 2, Anm. 27).

[47] Vgl. den frühmittelalterlichen Traktat Diaeta Theodori, der auf dem Corpus Hippocraticum und anderen antiken Quellen beruht: K. SUDHOFF, Diaeta Theodori, in: Sudhoffs Archiv 8, 1915, 377–403; zum Weinanbau: Weinbau zwischen Maas und Rhein in der Antike und im Mittelalter, Hg. M. MATHEUS u. a., 1997; LACHIVER, Vins (wie § 2, Anm. 20).

Hunger blieb seit der Antike ein fast ständiger, gefürchteter Begleiter des Menschen. Selbst unter Kaiser Augustus, als die Kornkammer Ägypten ein fester Teil des Imperiums geworden war, kam es in Rom noch zu Ernährungsengpässen, die den Kaiser veranlaßten, alle Fremden aus der Stadt auszuweisen; doch war es hier wohl in erster Linie ein logistisches Problem. Sicher war es auch kein Zufall, daß im vielfach von Hungersnöten heimgesuchten Mittelalter in zahlreichen Heiligenlegenden Nahrungswunder auftauchen. Im 5. und 6. Jh. stiegen Zahl und Ausmaß von Hungersnöten und Seuchen als Kriegsfolgen stark an. Der byzantinische Historiker Prokop (ca. 500–562) schildert anläßlich der Wiedereroberungskriege Justinians gegen das gotische Italien sehr drastisch die dortige Hungersnot, und Gregor von Tours berichtet von einer *magna famis* in fast ganz Gallien zum Jahr 585, allerdings ohne kriegerischen Hintergrund. In den Quellen der Zeit ist immer wieder von Kannibalismus die Rede.[48] Schon seit Diokletian, Konstantin und später bei Justinian werden in der kaiserlichen Gesetzgebung immer wieder *agri deserti* – verlassene Äcker – erwähnt, ohne daß diesem Mißstand Einhalt geboten werden konnte.[49] Das Schrumpfen der Anbauflächen in der Spätantike ist paläobotanisch zu erschließen. Erst seit dem 7. Jh. läßt sich im Merowingerreich neuerliche Aufsiedlung und bald auch Rodung und damit ein erneutes Anwachsen der Ackerflächen feststellen.[50] Mit der Einführung der Dreifelderwirtschaft auf den Grundherrschaften konnte durch die intensivere Bodennutzung seit dem 9. Jh. die Ernährungslage merklich verbessert werden. Allerdings sind auch in der Karolingerzeit größere Hungersnöte bezeugt, wobei sich aber die Frage stellt, ob solche Nachrichten nicht mit der wesentlich dichteren Quellenlage des 8./9. Jhs. zusammenhängen. Man kann insgesamt dennoch von einer beginnenden, durch den Landesausbau begünstigten »Vergetreidung Europas« sprechen, die einen starken, auch politisch relevanten Bevölkerungsanstieg bewirkte und zumindest teilweise den wachsenden Nahrungsbedarf der entstehenden Städte befriedigen konnte.

[48] BONNASSIE, Consommation d'aliments (wie § 2, Anm. 30). – Zum Hunger allgemein: CURSCHMANN, Hungersnöte (wie I, 10d); Determinanten der Bevölkerungsentwicklung (wie § 2, Anm. 25); Prokop, Gotenkriege (wie § 15, Anm. 24); Gregor von Tours, Historia Francorum (wie II, 4a), VII, c. 45, 365.

[49] JONES, Empire (wie § 1, Anm. 15), Bd. 1, 812ff.; C. R. WHITTAKER, Agri deserti, in: Studies in Roman Property, Hg. M. I. FINLEY, 1976, 137ff.

[50] S. o. § 2 mit Anm. 1–3.

f) Heilkunde, Krankenhaus, Klostermedizin

Heilkunst als wissenschaftliches Erbe, so wie sie von der Antike in die Welt des Mittelalters kam, war griechischen Ursprungs.[51] Sicher hat es schon zuvor im Orient medizinische Versorgung gegeben, aber diese war durchweg an kultisch-religiösen Vollzug, d. h. an Tempel, gebunden und damit Teil der alten Götterwelt. Das gilt auch noch weitgehend für die ältere, vor-perikleische Epoche Griechenlands. Mit dem rationalen Trend der griechischen Kultur, einem Novum der Weltgeschichte, löste sich die Medizin aus ihrem religiösen Kontext und wurde nunmehr streng auf die reale Physis des Menschen bezogen. Schlüsselfigur dieser rationalen Welterfassung war im Bereich der Heilkunde Hippokrates (460–375 v. Chr.), der wohl größte Arzt des Altertums, der aus der medizinischen Schule der Insel Kos (um 440/10 v. Chr.) kam und dessen schwer faßbare Persönlichkeit bereits seit dem 4. vorchristlichen Jh. zur »Symbolfigur des Arzttums« wurde. Mit seiner Lehre vollzog sich die Abkoppelung der Heilkunst vom Kult. Der rein empirischen Medizin wurde die logisch-rationale Komponente und damit eine systematische, d. h. schriftlich tradierbare Lehre gegenübergestellt. Das war, ideologisch gesehen, selbst im 5. Jh. v. Chr. nicht ungefährlich. Denn diese rationale Auffassung von Krankheit war um so bemerkenswerter, als zur selben Zeit in den großen Asklepios-Heiligtümern der Alten Welt noch eine durch Wunderheilungen berühmte religiöse Heilkunst florierte: so in Korinth, Athen, Epidauros und auch in Kos, der Heimatstadt des Hippokrates. In seiner Schrift »Über die heilige Krankheit« der Antike, die Epilepsie, umging Hippokrates deshalb den gefährlichen Vorwurf des Atheismus mit der Feststellung, daß alle Krankheiten zugleich natürlich wie göttlich seien und daher einer normalen Behandlung bedurften.

---

[51] A. Beccaria, I codici di medicina del periodo presalernitano, 1956; H. E. Sigirst, The Latin Medical Literature of the Early Middle Ages, in: Journal of the History of Medicine 13, 1958, 121–146; G. Baader, Early Medieval Latin Adaptions of Byzantine Medicine in Western Europe, in: DOP 38, 1984, 251–259; Antike Medizin, Hg. H. Flashar, 1971; Medizin im mittelalterlichen Abendland, Hg. G. Baader u. a., 1982; M. J. Imbault-Huart, La médicine au Moyen Âge, 1983; A. Krug, Heilkunst und Heilkult, [2]1993; J. Jouanna, Die Entstehung der Heilkunst im Westen, in: Die Geschichte des medizinischen Denkens, Hg. M. D. Grmek, 1996, 28–80; Frauenmedizin in der Antike, Hg. C. Schubert u. a., 1999; vgl. auch: Health, Disease and Healers in Medieval Culture, Hg. S. Campbell, 1992.

Das gelte auch für die »heilige Krankheit«.[52] Auch das »Corpus Hippocraticum«, der Grundtext der Überlieferung hippokratischer Medizin, ein Sammelwerk von ca. 60 Einzelschriften, das z. T. von Hippokrates selbst und z. T. von der Ärzteschule von Kos verfaßt wurde, hütete sich daher wohlweislich, rationale Medizin konfrontativ zur Heilkunst der reichen und mächtigen Asklepios-Tempel zu vertreten. Hier stand gewissermaßen »Heilkunst« gegen »Heilkult«. Die mit dem »Corpus Hippocraticum« eingeleitete rein wissenschaftliche Medizin hatte die entschiedene, allgemeine Hinwendung des griechischen Forschergeistes zur realen Welt der Natur zur Voraussetzung, die im 4. Jh. v. Chr. der Philosoph Aristoteles in seinem weitgespannten Œuvre logischer und besonders naturwissenschaftlicher Schriften vollzog.[53] Diesen realienkundlichen Trend philosophischen Denkens, also systematische Wirklichkeitserfassung, führte sein Schüler Theophrast (371–287 v. Chr.) konsequent weiter. Leider sind dessen Schriften nur bruchstückhaft überliefert oder nur mittelbar aus der Tradition zu erschließen.[54]

Anders als im byzantinischen und islamisch-arabischen Bereich rezipierte das europäische Mittelalter niemals das gesamte »Corpus Hippocraticum«.[55] Vielmehr hat der letzte große Arzt des Altertums

---

[52] Isidor von Sevilla, Etymologiae, Hg. W. M. LINDSAY, 1911. – Die hippokratischen Epidemien. Theorie – Praxis – Tradition, Hg. G. BAADER u. a., 1989, insbes.: F. KUDLIEN, Hippokrates-Rezeption im Hellenismus, in: ebd., 355–370; U. WEISSER, Das Corpus Hippocraticum in der arabischen Medizin, in: ebd., 377–408; G. BAADER, Die Tradition des Corpus Hippocraticum im europäischen Mittelalter, in: ebd., 409–419; V. NUTTON, Hippocrates in the Renaissance, in: ebd., 420–439; F. KUDLIEN, Der Beginn des medizinischen Denkens bei den Griechen, 1967; G. E. R. LLOYD, Magic Reason and Experience. Studies in the Origin and Development of Greek Science, 1979. Vgl. dazu: Hippokrates, De morbo sancto, c. 1f., in: Hippocrates. Sämmtliche Werke, Bd. 1–3, Hg., Übers., Komm. R. FUCHS, 1895–1900, oder in: Die Werke des Hippokrates. Die hippokratische Schriftensammlung in neuer deutscher Übersetzung, Hg. R. KAPFERER u. a., Bd. 1–5, 1933–1940; G. KEIL, Art. »Hippokrates«, in: LexMA 5, 31–33 (Zitat 33).

[53] S. D. WINGATE, The Medieval Latin Versions of the Aristotelian Scientific Corpus, 1931; F. KRAFFT, Dynamische und statische Betrachtungsweise in der antiken Medizin, 1970.

[54] Theophrastus of Eresus. Sources for his Life, Writings, Thought and Influence, Hg. W. W. FORTENBAUGH u. a., Bd. 1–2, [3]1993; dazu R. W. SHARPLES, Theophrastus of Eresus, Bd. 3,1–5, 1995–1999; H. SCHIPPERGES, Arabische Medizin im lateinischen Mittelalter, 1976.

[55] H. SCHIPPERGES, Die Assimilation der arabischen Medizin durch das lateinische Mittelalter, 1964; G. STROHMAIER, Die Rezeption und die Vermittlung: die Me-

und Leibarzt Kaiser Marc Aurels, Galenos aus Pergamon (129–199 n. Chr.), die Lehre des Hippokrates in kommentierter, systematisierter Form an das Mittelalter weitergegeben. Er blieb bis ins 16. Jh. die unbestrittene medizinische Autorität.[56] Die weitere Rezeption naturwissenschaftlich fundierter griechischer Medizin erfolgte zwischen dem 5. und 7. Jh. in lateinischen Übersetzungen, die meist zusammenfassende Kompilationen waren: so etwa das anonyme Werk »Sapientia artis medicinae«, worin die Lehren des Hippokrates und des Galenos mit Puls- und Harndiagnostik verbunden wurden.

Unmittelbares medizinisches Wissen, das im Mittelalter deshalb auch gut rezipiert wurde, boten die Bücher 20, 23 und 24–27 der weitverbreiteten »Naturalis Historia« Plinius' des Älteren (C. Plinius Secundus; 23/24–79 n. Chr.), die der Heilkraft von Gartenpflanzen und Bäumen gewidmet sind, wohingegen Buch 28 eher volksmedizinischer Art ist und auch menschliche Sekrete wie Kot und Urin behandelt. Eine Therapie »von Kopf bis Fuß« für Mensch und Tier bieten die Bücher 29–30, wobei neben einem medizingeschichtlichen Abriß auch Aphrodisiaka und Psychodrogen behandelt werden. Plinius' beträchtliches medizinisches Wissen gelangte entweder als »Medicina Plinii« oder in zahlreichen Kombinationen mit anderen Autoren ins Mittelalter. Den Theorien zur Physiologie des Menschen und den verschiedenen griechischen Medizinschulen stand Plinius eher skeptisch gegenüber, was vermutlich die Rezeption seines pragmatischen Wissens in späteren Epochen förderte. Anders als Marcus Porcius Cato (234–149 v. Chr.), aus dessen Lehrbuch der Landwirtschaft er viel Heilkundiges übernommen hat, hielt Plinius nichts von magischen Praktiken.

Der Hauptstrom medizinischen Wissens kam aber zweifellos aus dem griechischen Osten. Ravenna war daher in byzantinischer und gotischer Zeit ein wichtiger Vermittler heilkundlichen Wissens, vor allem auch durch lateinische Übersetzungen. Als Einführung in die Heilkunde diente ein Kommentar zu Galenos, der unter dem Namen

---

dizin in der byzantinischen und in der arabischen Welt, in: Geschichte des medizinischen Denkens (wie Anm. 51), 151–181; M. ULLMANN, Die Medizin im Islam, 1970.

[56] L. GARCIA BALLESTER, Galeno, 1972 (dt. Ausg.: Die Werke des Galenos, Hg. E. BEINTKER u. a., Bd. 1–5, 1939–1954); O. TEMKIN, Galenism. Rise and decline of a medical philosophy, 1973; W. D. SMITH, The Hippocratic Tradition, 1979; Galien de Pergame. Souvenirs d'un médecin, Hg. P. MORAUX, 1985.

des Metropoliten Agnellus von Ravenna (487–557) überliefert ist. Auch Cassidor bezeugt die Übersetzung hippokratischer und galenischer Schriften ins Lateinische; ebenso kannte er Auszüge aus dem Hauptwerk griechischer Pharmakologie des Pedanios Dioskurides (60–78 n. Chr.) »De materia medica«. Dieses grundlegende Werk der Botanik und Drogenkunde wurde schon im 6. Jh. ins Lateinische übersetzt und dann in zahlreichen Varianten im Mittelalter benutzt und tradiert. Es beeinflußte auch die arabische Medizin.[57]

Es ist dem unmittelbaren Lebensbezug der Heilkunde zu verdanken, daß exaktes medizinisches Wissen antiker Herkunft bereits vor der islamisch-arabischen Vermittlung desselben im Hochmittelalter relativ gut über die Schwelle der Völkerwanderungszeit und des Zusammenbruchs des Imperiums im Westen ins Frühmittelalter gelangte. Die Überlieferung erfolgte zwischen dem 5. und 7. Jh. in sehr heterogenen Texten, die von einfachen Rezepturen bis zu lateinischen Sammelwerken (Kompendien) auf der Grundlage älterer griechischer Originaltexte reichen. Unter dem Titel »articella« (ars parva, kleine Kunst) wurde eine medizinische Einführungsschrift für die europäischen Ärzte des Mittelalters wichtig. Ähnliches gilt für das heilkundliche Lehrgedicht des Quintus Serenus Sammonicus (2. Hälfte 4. Jh.), dessen Benutzung seit dem 7. Jh. bezeugt ist und das in 1107 Hexametern Rezepte für immerhin 64 Krankheiten enthielt. Die »Etymologiae« des letzten spätantiken Enzyklopädisten Isidor von Sevilla (ca. 560–636) bezeugen in einer berühmten Passage wie kein anderes Werk am Übergang von der Antike zum Mittelalter die wieder neu entstehende Wertschätzung der Heilkunde. Hippokrates wird einerseits als der Erste bezeichnet, der die Heilkunst »rationabiliter« aus-

---

[57] C. Plinius Secundus d. Ä., Naturkunde, Lateinisch und deutsch, Bücher 1–37, Hg. G. Winkler u. a., 1974–1988, ²1997; J. Hahn, Plinius und die griechischen Ärzte in Rom, in: Sudhoffs Archiv 75, 1991, 209 ff. – Zur umfangreichen Handschriftengeschichte der »naturalis historia«: H. Walter, Studien zur Handschriftengeschichte der naturalis historia des Älteren Plinius, in: Forschungsbericht der Universität Mannheim 1978–1982, 1983, 227–239. Zu Agnellus: N. Palmieri, Un antico commento a Galeno, in: Physis 23, 1981, 197–296. Zu Dioskurides: J. Berendes, Des Pedaios Dioskurides aus Anazarbas Arzneimittellehre in 5 Büchern, 1902 [Ndr. 1970]; M. M. Sadek, The Arabic Materia medica of Dioskurides, 1983; J. M. Riddle, Dioscorides on Pharmacy and Medicine, 1985. Zur wichtigen Rolle Ravennas als Residenz und für den kulturellen Transfer in den Westen vgl. F. W. Deichmann, Ravenna – Hauptstadt des spätantiken Abendlandes, Bd. 1–2, 1969, 1976.

übte (Etym. IV,4,2), andererseits wird die Medizin als »zweite« Philosophie bezeichnet und dies folgendermaßen begründet: »... tatsächlich nimmt die eine wie die andere Disziplin den ganzen Menschen in Anspruch. Wird durch die eine die Seele behandelt, so durch die andere der Körper.« Pointiert heißt es dann, Aristoteles zitierend, weiter: »Die Medizin ist die Philosophie des Körpers, die Philosophie ist die Medizin der Seele« (Etym. IV,13).

Mit dem Sieg des Christentums als Staatsreligion des Imperiums im 4. Jh. und mit der anschließenden Missionierung der neuen Völker kehrte die Heilkunst gleichsam in verwandelter Gestalt wieder zu ihren religiösen Ursprüngen zurück und wurde insgesamt, abgesehen von den weiterhin an Fürstenhöfen wirkenden jüdischen, arabischen und italienischen Ärzten, zur Klostermedizin des Frühmittelalters. Das war keine geradlinige Entwicklung, denn die gewaltsame Auslöschung berühmter Kultheilstätten, wie sie Theodosius der Große 391 etwa für das medizinisch wichtige Serapisheiligtum in Alexandria angeordnet hatte, zerstörte auch gewachsene Organisationsformen medizinischer Versorgung, für welche die spätantiken und frühmittelalterlichen christlichen Xenodochien als Pilgerherbergen und Orte medizinischer Betreuung nur teilweise Ersatz bieten konnten. Hinzu kam, daß an diesen Stätten keine ärztliche Wissenschaft schulmäßig gelehrt, sondern eher Bruchstücke überlieferter Heilpraxis angewandt wurden. Dies führte zu einer Vermischung von wissenschaftlicher Medizin und Volksheilkunde. Dennoch breitete sich im 5. und 6. Jh. das Institut der Xenodochien als Einrichtung caritativer Armen- und Krankenpflege in Italien, Gallien und Spanien aus, wobei der Terminus »Hospital«, der seit dem 6. Jh. verstärkt auftritt, den älteren Begriff schrittweise verdrängte und damit die Funktion des Krankenhauses mehr und mehr in den Vordergrund rückte. Unter Erzbischof Caesarius von Arles, dem großen Metropoliten Südgalliens, gab es eine relativ gut entwickelte Krankenpflege und Armenfürsorge.[58] Bistümer und Klöster waren gleichermaßen an caritativen Einrichtungen dieser Art beteiligt. In Gallien gab es von ihnen im 6./7. Jh. zwischen 40 und 50, die quellenmäßig erschließbar sind, doch dürften es in Wirklichkeit viel mehr gewesen sein.[59]

---

[58] NÜRNBERG, Askese (wie § 14, Anm. 4); STERNBERG, Orientalium more secutus (wie § 13, Anm. 79).

[59] STERNBERG, Orientalium more secutus (wie § 13, Anm. 79), 306. Vgl. dazu W.

Von den beträchtlichen Restbeständen des einst schulmäßig organisierten medizinischen Wissens profitierten also vor allem die Klöster, deren Bibliotheken die entsprechenden Texte samt Kommentaren überlieferten. Sie übernahmen auch die antike Botanik und die damit verbundene Bereitung von Drogen. Schon die Benedikt-Regel (6. Jh.) kennt medizinische Krankenpflege in gesonderten Räumen. Das Kapitel 36 der Benedikt-Regel, »De infirmis fratribus«, bringt Aufschlüsse über die medizinische Versorgung der Klosterbrüder, doch ist anzunehmen, daß sich eine solche Versorgung auch auf den außerklösterlichen Bereich erstreckte. Ebenso gibt es im St. Galler Klosterplan aus dem frühen 9. Jh. ein besonderes Ärztehaus, das mit dem Aderlaß-Haus, dem Heilkräutergarten, der Küche und dem Bad des Hospitals sowie mit der dazugehörigen Doppelkapelle eng verbunden war.[60] In welchem Maße aber Bistümer und Klöster als Herrschaftszentren zum Teil großer Grundherrschaften auch die medizinische Versorgung ihrer Grundholden besorgten, bedarf noch weitgehend der Klärung.

Die breite Rezeption griechischer Medizin vollzog sich allerdings erst im Hochmittelalter, und zwar mit wichtigen Kommentaren aus der Praxis versehen, über die islamische Welt, wobei auch die Übersetzerschule von Toledo wichtig wurde. In Italien hatte diese Brükkenfunktion zur lateinischen Heilkunde die berühmte Medizinerschule von Salerno. Sie ist seit dem Ende des 10. Jhs. nachweisbar und erreichte mit Constantinus Africanus um 1063 ihren ersten Höhepunkt. Hier ist der Einfluß der arabisch-islamischen Medizin unmittelbar greifbar, ebenso der durch diese vermittelte starke Einfluß Galens.

Es dürfte wohl mit der Herkunft grundlegenden heilkundlichen Wissens aus der islamischen Welt zusammenhängen, daß sich die mittelalterliche Heilkunst immer wieder von kirchlicher Seite Verdächtigungen ausgesetzt sah, da »weiße Magie«, d. h. ärztliche Kunst, und »schwarze Magie«, also Zauberei, je nach Standpunkt schwierig

---

Schönfeld, Die Xenodochien in Italien und im Frankenreich im frühen Mittelalter, in: ZRG KA 12, 1922, 1–54; H. T. Mayer, Charity in the Western Roman Empire, 1973; E. Boshof, Armenfürsorge im Frühmittelalter, in: VSWG 71, 1984, 153–174; Histoire des Hôpitaux en France, Hg. J. Imbert, 1982; D. Jetter, Das europäische Hospital, 1986.

[60] B. Bischoff, Der Klosterplan von St. Gallen [Karte], in: Großer Historischer Weltatlas (wie I, 12a), Tl. 2, Karte 9c; Erläuterungen, 54f.

voneinander zu trennen waren.[61] Innerhalb der Klostermedizin und in den mittelalterlichen Xenodochien kannte man offenbar schon früh solche Vorbehalte, denn in der Vorrede das Lorscher Arzneibuchs des späten 8. Jhs. verteidigt der Verfasser die Medizin gegen Kritiker und Verächter als ein gottgefälliges Werk.[62] Dabei beruft sich das Lorscher Arzneibuch nachdrücklich auf die lateinischen Übersetzungen der großen griechischen Ärzte, auf Plinius den Älteren und auf Dioskurides. Es waren also nicht erst die hochmittelalterliche Medizin von Salerno und die der arabisch-islamischen Welt, die eine Hochschätzung der Heilkunst propagierten, sondern schon die frühmittelalterliche Klostermedizin.[63]

Mit dem Sieg des Christentums wurde wie alle anderen heidnischen Kulte auch der Asklepios-Kult getilgt. Danach konnte die christlich-abendländische Medizin über die byzantinische wie die islamische Vermittlung und über die Klostermedizin schließlich die rationalen hippokratischen Lehren, zumeist in Galens Version und Kommentierung, ohne religiöse Bedenken übernehmen.[64] Ganz unangefochten war die Heilkunst im Mittelalter aber keineswegs, denn es gab immer wieder Angriffe mit dem Tenor, daß allein Gott über Krankheit oder Gesundheit zu befinden habe. Es dauerte noch gerau-

---

[61] Jetter, Geschichte des Hospitals (wie § 13, Anm. 79); G. Baader, Die Anfänge der medizinischen Ausbildung im Abendland bis 1100, in: La scuola (wie II, 5c), Tl. 2, 669–718; Das Lorscher Arzneibuch, Hg. U. Stoll u. a., 1989. – Zu Salerno: G. Baader, Die Schule von Salerno, in: Medizinhistorisches Journal 13, 1978, 124–154. – Zur Magie vgl. Magie und Religion, Hg. L. Petzoldt, 1978; K. Thomas, Religion and the Decline of Magic, 1978; R. Kieckhefer, Magic in the Middle Ages, ^{2}1990 (dt.: Magie im Mittelalter, 1992); D. Harmening, Superstitio. Überlieferungs- und theoriegeschichtliche Untersuchungen zur kirchlich-theologischen Aberglaubensliteratur des Mittelalters, 1979; Flint, The Rise of Magic (wie § 15, Anm. 65); vgl. auch: Of Strangers and Foreigners (Late Antiquity – Middle Ages), Hg. L. Mayali u. a., 1993; The Community, the Family and the Saint, Hg. J. Hill u. a., 1998.

[62] G. Keil, Das Lorscher Arzneibuch. Faksimile und Übersetzung, Bd. 1–2, 1989. – Zur christlichen Kritik an der heidnischen Medizin vgl. H. J. Frings, Medizin und Arzt bei den griechischen Kirchenvätern, Diss. Bonn 1959.

[63] A. Ohlmeyer, Die Rechtfertigung der Heilkunde (Lorscher Arzneibuch), in: G. Keil, Klostermedizin in der Karolingerzeit, 1989, 48–60. – Eine positive Neubewertung der Medizin erst seit dem 12. Jh. nimmt an: J. Agrimi u. a., Wohltätigkeit und Beistand in der mittelalterlichen christlichen Kultur, in: Geschichte des medizinischen Denkens (wie Anm. 51), 182–215, bes. 191ff.

[64] Jouanna, Entstehung der Heilkunst (wie Anm. 51), hier 46ff.; Ders., Hippocrates, 1992; Werke des Hippokrates (wie Anm. 52).

me Zeit, ehe es wie in der Antike den Arzt als normalen Beruf gab und sich damit wieder eine generelle Wertschätzung der Heilkunst durchsetzte, wie sie bereits an der Grenzscheide zwischen Spätantike und Frühmittelalter Isidor von Sevilla nach klassischem Vorbild formuliert hatte.

§ 19 Stadt, Handel, Handwerk, Bergbau

a) Vor- und Frühformen der mittelalterlichen Stadt

Die Stadt als ursprünglich orientalisch-mediterrane Lebensform haben die germanische wie die slawische Welt durch das Medium des Imperium Romanum und des Byzantinischen Reiches kennengelernt. Städtisches Leben, so empfindlich es auch durch die Völkerwanderungsepoche reduziert wurde, erwies sich in der Ausprägung der bischöflichen Stadtherrschaft als der wichtigste Träger kultureller Kontinuität zwischen Antike und Mittelalter.[1] Vorformen städtischen Le-

[1] Immer noch wichtig für die Kontinuitätsfrage: A. DOPSCH, Wirtschaftliche und soziale Grundlagen der europäischen Kulturentwicklung von Cäsar bis auf Karl den Großen, Bd. 1–2, 1923, 1924. Prägnante Zusammenschau bei: ENNEN, Stadt (wie I, 10f), bes. 15ff. und 31ff., und E. PITZ, Europäisches Städtewesen und Bürgertum, 1991; L. BENEVOLO, Geschichte der Stadt, 1983; Towns in Transition. Urban Evolution in Late Antiquity and the Early Middle Ages, Hg. N. CHRISTIE u. a., 1996; The City in Late Antiquity, Hg. J. RICH, 1992; F. KOLB, Die Geschichte der Stadt in der Antike, 1995; zur archäologischen Bauforschung: Stadt und Umland, Hg. E.-L. SCHWANDNER u. a., 1999; Topographie chrétienne des cités de la Gaule des origines au milieu du VIIIe siècle, Hg. N. GAUTHIER u. a., Bd. 1–10, 1986–2000, Bd. 1. – Weitere Literatur zum Problem der kulturellen Kontinuität zwischen Spätantike und Frühmittelalter s. o. § 1, Anm. 15. – Zur Entwicklung der Forschungsprobleme: Stadt des Mittelalters (wie I, 10f), Bd. 1; Studien zu den Anfängen (wie II, 5c) und DOEHAERD, Le Haut Moyen Âge (wie § 18, Anm. 1); Vor- und Frühformen; H. JANKUHN, Vor- und Frühformen der Stadt in archälogischer Sicht, in: Geschichtswissenschaft und Archäologie (beide wie II, 5c), 241–268; The Comparative History of Urban Origins in Non-Roman Europe: Ireland, Wales, Denmark, Germany, Poland and Russia from the Ninth to the Thirteenth Century, Hg. H. B. CLARKE u. a., Bd. 1–2, 1985; A. VERHULST, Zur Entstehung der Städte in Nordwesteuropa, in: Forschungen zur Stadtgeschichte, Hg. Gemeinsame Kommission der Rheinisch-Westfälischen Akademie der Wissenschaften und der Gerda-Henkel-Stiftung, 1986, 25–53; H. JANKUHN, Frühe Städte im Nord- und Ostseeraum (700–1100 n. Chr.), in: Topografia urbana (wie II, 5c), Tl. 1, 153–201. Methodisch wichtig: STOOB, Forschungen (wie I, 10f); Deutscher Städteatlas (wie I, 12d); Frühgeschichte der europäischen Stadt, Hg. H.

bens entwickelten aber schon die Kelten in West- und Mitteleuropa unter dem Einfluß der Mittelmeerwelt.[2] Max Weber betont in seiner Typologie des Städtewesens neben der politischen Funktion der Stadt als Herrschaftssitz und rechtlichen Einheit vor allem auch deren Bedeutung als Produktions- und Konsumentenzentrum, als Nahmarkt und Treffpunkt der Fernhändler; weitere Kriterien urbanen Lebens sind eine gewisse Größe, dichte Bebauung und die Ummauerung. Hinzuzufügen ist die wohl älteste Rolle der Stadt als Kultzentrum.[3] Da die Germanen ursprünglich zwar in Norddeutschland und Alamannien befestigte Siedlungen, aber keine Städte im Vollsinn kannten, ist Stadtgeschichte hinsichtlich ihrer Anfänge in Mitteleuropa zugleich eine zentrale Frage des genetischen Zusammenhangs zwischen Spätantike und Frühmittelalter.[4] Daß dabei die Stadt als Bischofssitz und die Kirche überhaupt wesentliche Momente der Kontinuität antiker Civitates sein konnten, wurde schon in anderem Zusammenhang

---

BRACHMANN u. a., 1991; Anfänge des Städtewesens an Schelde, Maas und Rhein bis zum Jahr 1000, Hg. A. VERHULST, 1996. – Zum Wandel der Stadttopographie: J. HUBERT, Évolution de la topographie et de l'aspect des villes de Gaule du Ve au Xe siècle, in: La città nell' alto medioevo, Tl. 1–2, 1959, Tl. 2, 529–558 (Sett.Cent.it. 6); FÉVRIER, Le développement (wie II, 5b); REEKMANS, Siedlungsbildung (wie § 13, Anm. 6); PIETRI, La ville (wie § 1, Anm. 14). – Zusammenfassung für Handel und Gewerbe: GANSHOF, Das Fränkische Reich, 182–189; VAN HOUTTE, Europäische Wirtschaft (beide wie § 2, Anm. 21), hier 1–49 (mit Literatur), und bes.: Handelsplätze (wie § 2, Anm. 7); H. SIEMS, Handel und Wucher im Spiegel frühmittelalterlicher Rechtsquellen, 1992; M. MCCORMICK, Origins of European Economy. Communications and Commerce A. D. 300–900, 2001. – Zur Entwicklung der Topographie ehemals römischer Städte zusammenfassend: BRÜHL, Palatium (wie § 5, Anm. 22); CEHE (wie I, 10d), Bd. 2.

[2] S. o. § 3. – R. HODGES, Dark Age Economics. The Origins of Towns and Trade A. D. 600–1000, 1982; The Rebirth of Towns in the West A. D. 700–1050, Hg. DERS. u. a., 1988.

[3] M. WEBER, Wirtschaft und Gesellschaft, Hg. J. WINCKELMANN, Bd. 1–2, 1964, Bd. 2, 735–749. – Vgl. Die Stadt in Oberitalien und in den nordwestlichen Provinzen des Römischen Reiches, Hg. W. ECK u. a., 1991, darin zu Fragen der Kontinuität städtischen Lebens bes. die Beiträge von V. BIERBRAUER, Die Kontinuität städtischen Lebens in Oberitalien aus archäologischer Sicht (5.–7./8. Jahrhundert), 263–286 (zu Oberitalien), und H. WOLFF, Die Kontinuität städtischen Lebens in den nördlichen Grenzprovinzen des römischen Reiches und das Ende der Antike, 287–318 (zu den nördlichen Provinzen).

[4] Das betont ENNEN, Stadt (wie I, 10f), 33f. Zu Europa insgesamt: Topografia urbana (wie II, 5c); The Comparative History (wie Anm. 1); D. A. BULLOUGH, Social and Economic Structure and Topography in the Early Medieval City, in: Topografia urbana (wie II, 5c), Tl. 1, 351–399; Stadt und Herrschaft (§ 5, Anm. 11).

dargelegt,[5] doch dürfen darüber nicht die schweren regionalen Substanzverluste, Schrumpfungen und radikalen Siedlungsabbrüche oder -verlagerungen innerhalb der städtischen Areale übersehen werden, die in jedem Fall eintraten. Es kam im Zuge der Christianisierung vielfach zu einer stadttopographischen Umpolung der spätantiken Civitates von den verfallenden, weil funktionslos gewordenen alten Stadtzentren – dem Forum, den staatlichen Verwaltungsbauten und Tempeln, den Großbädern, Theatern und Arenen als Stätten von Luxus und »luxuria« – auf die neuen Siedlungskerne um Kirchen, Domklöster und Märtyrergräber. Dabei rückten im letzteren Fall die neuen Siedlungskerne vielfach an die Peripherie der alten Städte, nämlich in den Coemeterialbereich. Das gilt gleichermaßen für Gallien wie für Italien und das Patriarchat Aquileia. An Städten wie Trier, Köln, Mainz und Augsburg läßt sich dieser topographische Wandel auch im späteren deutschen Sprachbereich nachweisen. Am Niederrhein wurde die Colonia Ulpia Traiana als zweitgrößte Stadt Niedergermaniens Mitte des 4. Jhs. verlassen. Eine Märtyrermemoria existierte aber fort, an die das karolingische Xanten anknüpfen konnte. Ähnliches gilt für Neuss, auf dessen spätrömischem Kultplatz sich St. Quirin und die mittelalterliche Stadt entwickelten.[6] Im Südwesten gingen etwa zur gleichen Zeit Cambodunum (Kempten), Sumelocenna (Rottenburg am Neckar) und Arae Flaviae (Rottweil) unter.[7] Weiter südlich zerfiel

---

[5] S. o. § 13.

[6] Xanten: H. BORGER, Bemerkungen zu den »Wachstumsstufen« einiger mittelalterlicher Städte im Rheinland, in: Landschaft und Geschichte (Fs. F. Petri), Hg. G. DROEGE u. a., 1970, 52–89; BADER, Stiftskirche des Hl. Viktor; T. OTTEN, Ausgrabungen; BORGER u. a., Xantener Viktorstift (alle wie § 5, Anm. 53); H. BORGER, Die Ausgrabungen an St. Quirin zu Neuss in den Jahren 1959–1964, in: Rheinische Ausgrabungen 1, 1968, 170–240; Novaesium. Neuss zur Römerzeit, Red. P. HOMMERS, 1989. – RÜGER u. a., »Xanten«; DERS., Großfestung (beide wie § 5, Anm. 53). – Zur topographischen Umpolung von Aquileia: C. JÄGGI, Aspekte der städtebaulichen Entwicklung Aquileias in frühchristlicher Zeit, in: JAC 33, 1990, 158–196.

[7] SCHLEIERMACHER, Cambodunum-Kempten (wie § 5, Anm. 32); KELLNER, Die Zeit (wie § 5, Anm. 2), 69ff., 73ff. und 85ff. (Cambodunum); H. CASTRITIUS, Das Ende der Antike in den Grenzgebieten am Oberrhein und an der oberen Donau, in: Archiv für hessische Geschichts- und Altertumskunde, NF 37, 1979, 9–32; KELLER u. a., Mittelalterliche Städte (wie § 5, Anm. 40). – Vgl. im einzelnen: Kempten und das Allgäu, Hg. W. CZYSZ u. a., 1995 (bes. die Beiträge von M. MACKENSEN und G. WEBER); K. HEILIGMANN, Sumelocenna. Römisches Stadtmuseum Rottenburg am Neckar, 1992; C. S. SOMMER, Municipium Arae Flaviae – Militärisches und ziviles Zentrum im rechtsrheinischen Obergermanien. Das römische Rottweil

Augusta Raurica (Augst), die älteste Römerstadt am Rhein, von der jedoch ein um 300 gebautes Kastell (Castrum Rauracense [Kaiseraugst]), das die Brückenstelle schützen sollte, weiterbestand. Es war Standort einer Legion und hat auch die Zivilbevölkerung aufgenommen. Seine umfangreiche Nekropole bezeugt das Weiterleben einer christlichen, romanischen Bevölkerung im 6. und 7. Jh., die alamannischen Zuzug erhielt.[8] Nach ähnlichem Muster wurde nicht das römische Castrum Bonna der Ausgangspunkt für das mittelalterliche Bonn, sondern die spätantike Märtyrerkirche St. Cassius außerhalb der Lagermauern, deren Friedhof weiterhin Bestattungsort der verbliebenen gallorömischen Bevölkerung in frühfränkischer Zeit war.[9] Die beiden letzten Beispiele zeigen, daß es oft nicht um radikalen Bruch oder geradlinige Kontinuität, sondern viel eher um Übergänge mittelbarer Art geht, die mit stark reduzierten Restsiedlungen ebenso zusammenhängen können wie mit Umverlagerungen innerhalb des weiteren städtischen Areals, wobei zumeist die neuen kirchlichen Siedlungskerne eine bedeutende Rolle spielten.[10]

Das gilt auch für die großen spätrömischen Metropolen an Rhein und Donau.[11] Köln in der Germania II, das den Franken am frühesten in die Hand fiel, scheint relativ unversehrt geblieben zu sein; es wurde

---

im Licht neuer Grabungen, in: Ber. RGK 73, 1992, 269–313; P. A. SCHWARZ, Die spätrömischen Befestigungsanlagen in Augusta Raurica, in: British Archeological Reports, International Series 704, 1998, 105–111.

[8] MARTIN, Besiedlung (wie § 2, Anm. 11), bes. 418ff. Dort auch über den Siedlungswandel des Untersuchungsgebietes mit dem Nachweis, daß sich zwischen dem späten 3. und dem 4. Jh. die ca. 350 ländlichen Siedlungsstellen auf höchstens 150 reduzierten; DERS., Gräberfeld von Kaiseraugst (wie § 5, Anm. 54).

[9] H. BORGER, Bemerkungen zur Entstehung der Stadt Bonn im Mittelalter, in: Aus Geschichte und Volkskunde von Stadt und Raum Bonn (Fs. J. Dietz), Hg. E. ENNEN, 1973, 10–42; K. BÖHNER, Bonn im frühen Mittelalter, in: BJ 178, 1978, 395–426; Spätantike und frühes Mittelalter (wie § 5, Anm. 47).

[10] S. o. § 6, Anm. 21. – Die Fortdauer und eventuelle Weiterbenutzung römischer Bauten besagt allerdings wenig über wirkliche Kontinuitäten, wie BRÜHL, Palatium (wie § 5, Anm. 22), Bd. 1, meint. Vgl. dazu kritisch F. PRINZ, Rezension, in: ZBLG 42, 1979, 168–171, und ENNEN, Stadt (wie I, 10f), 48; JANKUHN, Vor und Frühformen der Stadt (wie Anm. 1), 249f.; KAISER, Das römische Erbe (wie II, 5a), 92.

[11] Allgemein und für das Weitere: H. VON PETRIKOVITS, Die römischen Provinzen am Rhein und an der oberen und mittleren Donau, 1983; H. VETTERS, Die Kontinuität von der Antike zum Mittelalter im Ostalpenraum, in: Die Alpen in der europäischen Geschichte des Mittelalters, Hg. T. MAYER, 1965, ^{2}1976, 29–48; EWIG, Frühes Mittelalter (wie II, 5b), 36–43.

Sitz der rheinfränkischen Könige, doch war die vorgermanische Bevölkerung nicht untergegangen, wie der Fortbestand der Kirchen St. Severin, St. Gereon und St. Ursula beweist. Die Besiedlung innerhalb des Stadtbereichs ging weiter, vielleicht auch die Glasmanufaktur; selbst Hofgoldschmiede für die Kölner Teilkönige werden vermutet. Die Kölner Münze prägte Goldsolidi für König Theudebert I.; möglicherweise kam es auch zu einer Verlagerung des Siedlungsschwerpunktes nach Osten zum Rhein hin, wie dies ähnlich in Mainz der Fall war.[12] Auch Tongern und Nimwegen scheinen die fränkische Invasion überdauert zu haben.[13] Trier ist trotz mehrfacher fränkischer Eroberung nicht ausgelöscht worden. Es war insofern ein Sonderfall, als seine Blütezeit als Kaiserresidenz (284–406/07) in eine Epoche fällt, in der allgemein ein merklicher Rückgang des städtischen Lebens festzustellen ist, sei es durch kriegerische Ereignisse oder durch die wachsende strukturelle Schädigung, die das Imperium seit der diokletianischen Reichsreform erfahren hatte. Die konstantinische Doppelkathedrale erlitt zwar im 5. Jh. Schäden, doch wurden sie noch im 6. Jh. behoben; möglicherweise sind auch andere Kirchen im engeren Stadtbereich römischen Ursprungs. Mit Sicherheit überdauerten die Grabkirchen außerhalb der römischen Stadtmauer, nämlich St. Maximin, St. Paulin, St. Eucharius und Heiligkreuz-St. Martin, die sich in der Merowingerzeit weiterentwickeln konnten. Noch im 7. Jh. ist in Trier eine senatorische Familie bezeugt, ebenso ist das Weiterleben romanischer Bevölkerung in Stadt und Umland gesichert.[14]

---

[12] DOPPELFELD, Köln (wie § 13, Anm. 16); M. RIEDEL, Köln – ein römisches Wirtschaftszentrum, 1982; STEUER, Franken (wie § 5, Anm. 52). Vgl. jedoch unten Anm. 80f. – Zu den Kölner Kirchen des 5. Jhs.: BORGER, Abbilder (wie § 5, Anm. 69), 60–141; DOPPELFELD u. a., Ausgrabungen Köln (wie § 13, Anm. 32); DECKERS, St. Gereon (wie § 5, Anm. 70); DERS., Kult und Kirchen der Märtyrer in Köln, in: RQ 83, 1988, 25–43; PÄFFGEN, Ausgrabungen (wie § 5, Anm. 70); CLAUDE, Köln (wie § 5, Anm. 52). – Die Annahme, es hätte einen antiken Vorgängerbau des Kölner Doms gegeben, läßt sich in dem von W. WEYRES angenommenen Ausmaß nicht halten; vgl. dazu § 13a mit Anm. 32. – Zur kulturellen Kontinuität im Bereich der Diözese Mainz: Zur Kontinuität (wie § 1, Anm. 16); K. BÖHNER, Mainz im Altertum und im frühen Mittelalter, 1988.

[13] Vgl. VON PETRIKOVITS, Die römischen Provinzen (wie Anm. 11), 27.

[14] EWIG, Trier (wie II, 5b), 129; HEINEN, Frühchristliches Trier (wie § 5, Anm. 68); A. HAVERKAMP u. a., Trier im Mittelalter, 1996. – Zum Fortleben einer stadtrömischen Bevölkerung in Trier: BÖHNER, Altertümer (wie II, 5b), bes. Bd. 1, und Zusammenfassung bei R. SCHINDLER, Trier in merowingischer Zeit, in: Vor- und Frühformen (wie II, 5c), Bd. 1, 130–151. Vgl. zuletzt ANTON, Kontinuität (wie

Schon an der Zahl der vor und nach der Völkerwanderungsepoche überall in Gallien gebauten Kirchen läßt sich die Bedeutung der Kirche für die kulturelle Kontinuität ablesen: Ob es in Metz etwa 40, in Paris 26, in Reims 22, in Trier 20 waren, wie man aus frühmittelalterlichen Quellen rückgeschlossen hat, bleibe dahingestellt. Auch für Köln, Mainz und Besançon sind mehrere Kirchen bezeugt.[15] Da schon seit der Spätantike die städtische Selbstverwaltung und ihre Ämter sich auflösten und viele Kompetenzen an den bischöflichen Stadtherrn übergingen, kann es nicht verwundern, daß wir so wenig über die innere Organisation der Städte und deren Träger erfahren. Zu erwähnen sind hier, neben dem Bischof, besonders die Oberschicht der *honorati, possessores* und *nobiles*, die auch auf Grabsteinen genannt werden, eventuell noch die *curiales* und die *defensores* und *comites* als Vertreter der Staatsgewalt. Skepsis ist am Platze gegenüber Versuchen, fränkische Amtsinhaber in zufällig erhaltenen römischen Gebäuden zu lokalisieren.[16] Ähnlich wie in Trier läßt sich auch in Mainz, der obergermanischen Metropole, seit der Mitte des 6. Jhs. unter Bischof Sidonius eine Phase der Restauration feststellen. Die vorherige Entwicklung ist unklar, doch lebte um St. Alban mit Sicherheit eine christliche Bevölkerung fort; eine merowingische Stadtpfalz konnte bislang nicht festgestellt werden.[17] Für das 352 von den

§ 13, Anm. 25). – Zum Weiterleben der Romanen im weiteren Bereich ist die Untersuchung von STEIN, Bevölkerung (wie § 2, Anm. 12), auch methodisch wichtig. Zur Sprachentwicklung an der Mittelmosel: W. JUNGANDREAS, Zur Geschichte des Moselromanischen, 1979, und W. KLEIBER, Das moselromanische Substrat im Lichte der Toponymie und Dialektologie, in: Zwischen den Sprachen (wie § 6, Anm. 4), 153–192. – Zur Kontinuität des Weinbaus an der Mosel bis ins Frühmittelalter hinein: GILLES, Großkelteranlage, hier 58. – Zusammenfassend: CLEMENS, Trier (beide wie § 2, Anm. 20); vgl. auch KLEIBER u. a., Kontinuität (wie § 1, Anm. 24).

[15] ENNEN, Stadt (wie I, 10f), 47, unter Bezug auf HUBERT, Évolution (wie Anm. 1), und EWIG, Kirche (wie § 6, Anm. 21), Bd. 2, 1–20. Zur wichtigen Rolle der Kirche für die Transformation städtischen Lebens vgl. exemplarisch KRAUTHEIMER, Rom, und PIETRI, La ville (beide wie § 1, Anm. 14). Zu den antiken Voraussetzungen: KOLB, Stadt (wie § 5, Anm. 10).

[16] Problematisch: BRÜHL, Palatium (wie § 5, Anm. 22); DERS., Die Stätten der Herrschaftsausübung in der frühmittelalterlichen Stadt, in: Topografia urbana (wie II, 5c), Tl. 2, 621–640; skeptisch: JANKUHN, Vor- und Frühformen der Stadt (wie Anm. 1), 249, und ENNEN, Stadt (wie I, 10f), 48. Aus der Verbreitung frühmittelalterlicher Fibeln im römischen Stadtareal Triers schließt man auf dessen Weiterbesiedlung: L. CLEMENS, Fibeln des frühen und hohen Mittelalters in Trier, in: Trierer Zeitschrift (wie § 5, Anm. 50) 51, 1988, 513–540.

[17] Vgl. VON PETRIKOVITS, Die römischen Provinzen (wie Anm. 11), 23f.; dort auch

Alamannen eroberte Straßburg ist eine Stephanskirche des 5. Jhs. anzunehmen, desgleichen Reste der romanischen Bevölkerung im Areal des antiken Argentoratum.[18] Auch kleinere römische Orte wie *castra* und *castella* hatten Überlebenschancen, vor allem, wenn sie, wie Maastricht oder Bonn, entweder Heiligengräber besaßen oder früh zu politischen Zentralorten des Frankenreiches wurden. Maastricht war unter Childebert II. neben Köln und Andernach Ort fränkischer Heeresversammlungen (Märzfelder) und erlebte wie andere Orte an der Maas schon früh einen wirtschaftlichen Aufschwung; um 630 sind bereits Münzmeister bezeugt.[19] Römerzeitliche Kastellkirchen wurden in Bonn, Koblenz, Boppard, Kreuznach und Alzey gefunden, beschriftete christliche Grabsteine in Andernach, Worms und vor allem in Trier; sie sind Belege für die Fortdauer romanisch-christlichen Lebens im 6. und 7. Jahrhundert. An der Mosel überlebten auch unbefestigte Siedlungen wie Kobern und Gondorf, letzterer Ort hatte sogar nach Venantius Fortunatus einen intakten Flußhafen.[20]

Ein weiteres Phänomen ist wichtig, das gleichermaßen Kontinuität wie Diskontinuität signalisiert: der Rückzug der romanisierten Bevölkerung und des Militärs in ummauerte Siedlungen, des weiteren

---

über Speyer und Worms, die wohl ebenfalls das 5. Jh. überlebten; ENNEN, Stadt (wie I, 10f), 45, und EWIG, Frühes Mittelalter (wie II, 5b), 39f.; WEIDEMANN, Topographie (wie § 5, Anm. 45); zu Speyer H. BERNHARD, Speyer in der Vor- und Frühzeit, in: Geschichte der Stadt Speyer, Red. W. EGER, Bd. 1–3, 1982–1989, Bd. 1, 1–162, hier129–144; W. BOPPERT, Römische Steindenkmäler aus Worms und Umgebung, 1998.

[18] J. J. HATT, Argentorate – Strasbourg romain, in: Histoire de Strasbourg des origines à nos jours, Hg. G. LIVET u. a., Bd. 1–4, 1980ff., Bd. 1, 77–267, bes. 106–109.

[19] EWIG, Frühes Mittelalter (wie II, 5b), 40 (mit Literatur); dort auch Überblick über weitere *castra* der Rheinlande. In Gellep (Gelduba) beweisen große Gräberfelder den nahtlosen Übergang zwischen Römer- und Frankenzeit: PIRLING, Gräberfeld (wie § 5, Anm. 53); JANSSEN, Reihengräberfeld (wie § 15, Anm. 31). – Andernach: E. EWIG, Der Raum zwischen Selz und Andernach vom 5. bis zum 7. Jahrhundert, in: Von der Spätantike (wie II, 5c), 271–296; F.-J. HEYEN, Das Gebiet des nördlichen Mittelrheins als Teil der Germania prima in spätrömischer und frühmittelalterlicher Zeit, in: ebd., 297–315; EIDEN, Ergebnisse; AMENT, Mayen (beide wie § 13, Anm. 36). Allgemein: Archäologie und Geschichte (wie § 2, Anm. 1).

[20] EWIG, Frühes Mittelalter (wie II, 5b), 41; CÜPPERS u. a., Römische Siedlungen (wie § 5, Anm. 2); SCHULZE-DÖRRLAMM, Gräberfelder von Gondorf (wie § 5, Anm. 63); GILLES, Spätrömische Höhensiedlungen (wie § 1, Anm. 24); VON PETRIKOVITS, »Germania (Romana)« (wie § 5, Anm. 2); DERS., Der diachorische Aspekt (wie § 1, Anm. 50), der jedoch hinsichtlich einer Kontinuität in Speyer und Worms skeptisch ist. HAUBRICHS, Romanen (wie § 2, Anm. 12).

auch auf leichter zu verteidigende Anhöhen. Das gilt für Kaiseraugst, für Säben bei Brixen und vor allem für Orte im Raum zwischen Donau und Alpen.[21] Binnennoricum insgesamt, dessen spätantike Höhensiedlungen besonders gut erforscht sind, weist noch eine andere Besonderheit auf, denn neben den Bischofskirchen von Aguntum (Dölsach), Virunum (Zollfeld bei Klagenfurt) und Teurnia (St. Peter im Holz) fanden sich auf Anhöhen befestigte Kirchen und Pilgerheiligtümer wie Hemmaberg bei Globasnitz (Kärnten); hier kam die endgültige Zäsur wohl erst mit der slawischen Einwanderung an der Wende vom 6. zum 7. Jahrhundert.[22] Daß das im frühen 8. Jh. bezeugte Salzburger *castrum superius* auf dem Nonnberg ebenfalls in diese Kategorie gehört und sich auch im Bereich der alten Römerstadt Juvavum mit dem Peterskloster Reste der alten Bevölkerung erhalten haben, ist mittlerweile abgesichert.[23] Für das pannonische Carnuntum zwischen Hainburg und Deutsch-Altenburg, das um 400 zerstört worden ist, läßt sich bislang keine Fortdauer der Besiedlung feststellen, obwohl es vermutlich, wie Lauriacum und Mautern, Bischofssitz war.[24] Für Lauriacum/Enns ist im 4. Jh. eine frühchristliche Basilika im Legionslager und eine Laurentiuskirche bezeugt und damit Siedlungskontinuität über die Römerzeit hinaus.[25] Auch das Römerlager Vindobona (Wien), seit dem 3. Jh. *municipium*, fiel um 400 der Zerstörung anheim, doch beweisen Siedlungsreste unmittelbar oberhalb der Brandschicht den Zuzug einer neuen Bevölkerung im 5. und

---

[21] Zu Kaiseraugst vgl. § 5, Anm. 54, bes. MARTIN, Gräberfeld von Kaiseraugst (wie § 5, Anm. 54).

[22] G. PITTIONI, Frühes Christentum in Kärnten, in: Carinthia I. Geschichtliche und volkskundliche Beiträge zur Heimatkunde Kärntens 161, 1971, 3–33; REINDEL, Grundlegung (wie II, 5b), 182 (mit Literatur); KAHL, Zwischen Aquileja (wie § 14, Anm. 20). Methodisch wichtig für die Kontinuitätsfrage und für ethnische Integration: BIERBRAUER u. a., Ausgrabungen (wie § 8, Anm. 17); GLASER, Pilgerheiligtum (wie § 13, Anm. 43). – Auf die Fortexistenz christlicher Bevölkerung nach der slawischen Einwanderung verweist: SYDOW, Christentum (wie § 13, Anm. 43).

[23] H. DOPSCH, Kelten und Römer – als Salzburg noch Iuvavum hieß, in: Geschichte der Stadt Salzburg, Hg. DERS. u. a., 1996, 28–71; WOLFRAM, Agilolfinger (wie II, 5b), 128ff.; zur Kontroverse F. PRINZ-H. KLEIN vgl. § 15, Anm. 39.

[24] E. SWOBODA, Carnuntum. Seine Geschichte und seine Denkmäler, ^{4}1964; REINDEL, Grundlegung (wie II, 5b), 181f.

[25] VETTERS, Lauriacum (wie § 5, Anm. 35), und DERS., Lauriacum und seine Grabungsgeschichte, in: Enns, Lorch, Lauriacum (Fs. zur 750–Jahrfeier des Stadtrechtes von Enns), 1962; BARTON, Frühzeit (wie § 13, Anm. 40), 64ff.; Das Christentum im bairischen Raum (wie § 10, Anm. 47).

6. Jh., zu der vermutlich auch Germanen gehörten.[26] In Passau konnte die aus der Severins-Vita bekannte »basilica« beim spätantiken Militärkastell Boiotro in der Innstadt archäologisch nachgewiesen werden, bei der Severin ein Klösterchen gründete. Der Friedhof bei dieser Kirche wurde zwischen dem 7. und 10. Jh. weiterbelegt, weshalb Siedlungskontinuität anzunehmen ist.[27]

Castra Regina (Regensburg), das uns Arbeo von Freising im 8. Jh. als mauerbewehrten agilolfingischen Herzogssitz mit steinernen Gebäuden, hohen Türmen und als mit Brunnen reichlich versehene Stadt schildert, weist zwischen dem 4. und 8. Jh. eine »gebrochene Kontinuität« auf; der römische Friedhof bei St. Emmeram wurde offenbar weiterbelegt.[28] In Regensburg-Niedermünster hat man bei Grabungen einen spätrömischen Bau gefunden, dessen Fläche vom 5. bis zum 6. Jh. genutzt wurde, ehe man dort den heiligen Erhard bestattete. Da das Regensburger Umland Ende des 4. Jhs. vermutlich weitgehend siedlungsleer war, kann man annehmen, daß Bevölkerungsreste, soweit noch vorhanden, sich in die Stadt zurückgezogen haben.[29] Am schwersten zu durchschauen ist wohl die Situation in Augsburg, der alten Hauptstadt Rätiens, die Tacitus einst als »splendidissima Raetiae provinciae colonia« bezeichnet hat.[30] Seit der Mitte des 6. Jhs. ist der

---

[26] H. LADENBAUER-OREL, Der Berghof – Archäologischer Beitrag zur frühesten Wiener Stadtgeschichte, 1974; A. NEUMANN, Vindobona. Die römische Vergangenheit Wiens, 1972.

[27] Eugippius, Das Leben des Heiligen Severin (wie II, 4b), c. 22,1 und c. 36,1, 86ff. und 102f.; CHRISTLEIN, Kastell (wie § 5, Anm. 80), bes. 120ff.; Geschichte der Stadt Passau, Hg. E. BOSHOF u. a., 2002. – Zur Frage der romanischen Siedlungskontinuität vgl. auch V. TOVORNIK, Das bajuwarische Gräberfeld von Schwanenfeld, Oberösterreich, 2003.

[28] Vorsichtig urteilend: G. ULBERT, Das römische Regensburg, in: Römerstädte in Deutschland, Hg. D. BAATZ, 1960, 64–77, bes. 76f. (Germania Romana, Gymnasium, Beiheft 1); anders: W. GAUER, Castra Regina und Rom. Zu Ursprung und Erneuerung der europäischen Stadt, in: BJ 181, 1981, 1–88, und FISCHER, Römer (wie § 10, Anm. 34), bes. 43, sowie oben § 5, Anm. 74 und 76ff. SCHWARZ, Regensburg (wie § 15, Anm. 48).

[29] FISCHER, Umland (wie § 5, Anm. 74). – In gewissem Widerspruch dazu steht, daß sich in diesem Bereich romanische Ortsnamen erhalten haben: A. SCHMID, Regensburg zur Agilolfingerzeit, in: Die Bajuwaren (wie § 2, Anm. 18), 136–140, hier 137 (Prüfening, Barbing, Weichs, Winzer, Kareth); K. DIETZ u. a., Die Römer in Regensburg, 1996. Umstritten bleibt nach wie vor, ob man von einer völligen Siedlungsleere im Umland von Regensburg sprechen kann.

[30] KELLNER, Augsburg (wie § 5, Anm. 55); GOTTLIEB, Augsburg (wie § 5, Anm. 32); siehe auch oben § 8, Anm. 17.

Kult der spätantiken Märtyrerin Afra bezeugt, die inmitten eines spätrömischen Gräberfeldes mit vorwiegend christlichen Bestattungen beigesetzt und deren Grabstätte spätestens seit dem 6. Jh. in einem entsprechenden Heiligtum verehrt wurde. Während im Süden der Stadt durch das Afra-Grab die Fortdauer christlichen Kultes und damit zumindest eine »Insel« von Bevölkerungskontinuität gesichert ist, lassen die bisherigen Grabungen unter dem Augsburger Dom im Norden der Stadt noch keine sicheren Aussagen zu.[31] Offen bleibt, wie in den meisten Fällen, allerdings die Frage, ob man diese reduzierten Formen des Weiterbestehens einer christlich-romanischen Bevölkerung noch als Fortdauer städtischen Lebens bezeichnen darf. Noch schwieriger ist dies bei kleineren Siedlungskomplexen wie Epfach nachzuweisen. Hier bestehen gravierende quantitative wie qualitative Unterschiede zur Situation der Städte in der Provence und südlich der Loire.[32]

Neben dem Erbe antiker Stadtkultur auf deutschem Boden sind auch andere Ansätze für die städtische Entwicklung wichtig geworden, nämlich Höhensiedlungen, Burganlagen sowie Handels- und Handwerkersiedlungen in den bislang städtelosen Regionen rechts des Rheins und nördlich der Donau. Für das 7. und frühe 8. Jh. waren dies vor allem die Burganlagen von Würzburg, Erfurt und Büraburg, die durch ihre politisch-strategische Bedeutung, aber auch durch die Verbindung von Herrensitz und Handwerkersiedlung Vorformen städtischen Lebens in der ehemaligen »Germania libera« bildeten.[33] Ob das

---

[31] SAGE, Ausgrabungen Augsburger Dom (wie § 8, Anm. 17); DERS., Die Ausgrabungen in der Krypta des Augsburger Domes, in: Jahrbuch des Vereins für Augsburger Bistumsgeschichte 15, 1981, 115–139. – Zur Situation in Augsburg St. Afra vgl. Ausgrabungen St. Ulrich, Afra (wie II, 5c).

[32] Vgl. dazu FÉVRIER, Le développement (wie II, 5b). – Zu Epfach: Studien zu Abodiacum-Epfach, Hg. J. WERNER, 1964; Der Lorenzberg bei Epfach. Die spätrömischen und frühmittelalterlichen Anlagen, Hg. DERS., 1969.

[33] W. SCHLESINGER, Städtische Frühformen zwischen Rhein und Elbe, in: Studien zu den Anfängen (wie II, 5c), 297–362; N. WAND, Die Büraburg und das Fritzlar-Waberner Becken in der merowingisch-karolingischen Zeit, in: Althessen (wie II, 5b), 173–210; vgl. ebd. die Beiträge von K. WEIDEMANN und R. GENSEN. MILDENBERGER, Burgen (wie § 4, Anm. 20). Vgl. insgesamt: European Towns. Their Archaeology and Early History, Hg. M. W. BARLEY, 1977, dort bes. die Beiträge von U. LOBBEDEY, J. HERRMANN, W. HENSEL und H. JANKUHN; HODGES, Dark Age Economics (wie Anm. 2); einen vergleichenden gesamteuropäischen Ansatz mit wichtigen Ergebnissen über vorstädtische Zentren hat: The Comparative History (wie Anm. 1).

Erfurter Peterskloster in merowingische Zeit zurückgeht, ist umstritten;[34] jedenfalls steht eine vorfränkische Burg als Hauptzentrum des alten Thüringen am Beginn der städtischen Entwicklung.[35] Besser sind wir über die Frühzeit Würzburgs unterrichtet, das im 7. Jh. Herrschaftssitz (*castrum, castellum*) der thüringischen Herzöge war.[36] Auch in Magdeburg war eine vorkarolingische Burganlage im späteren Dombereich der Ausgangspunkt der Entfaltung als Herrschaftssitz, kirchliche Metropole und Handelsplatz.[37] Die Büraburg bei Fritzlar, schon in vorgeschichtlicher Zeit als Wohnsiedlung genutzt, ist vielleicht schon seit dem Ende des 7. Jhs. im Zuge der fränkischen Durchdringung Hessens als starke Festung mit Dauerbesiedlung und einer wohl gewerblich-agrarischen Vorburg ausgebaut worden; Winfrid-Bonifatius sah sie 741 als Bistumssitz vor, doch wurde die gesamte Anlage um 850 zugunsten des nahen Fritzlar aufgegeben.[38] Vergleichbare Anfänge finden sich im westslawischen Bereich, so etwa die großen Volksburgen der Wilzen und der Obodriten in Mecklenburg, die auch der ländlichen Bevölkerung bei Gefahr Schutz boten.[39] Daneben entwickelten sich auch bei den Fürstenburgen früh-

---

[34] M. WERNER, Die Gründungstradition des Erfurter Petersklosters, 1973 (negativ), anders: F. STAAB, Noch einmal zur Gründungstradition des Erfurter Petersklosters, in: Mitteilungen des Vereins für die Geschichte und Altertumskunde von Erfurt, H. 54, 1993, 19–53, bes. 35–40.

[35] GOCKEL, Erfurt (wie § 12, Anm. 18); H. TIEFENBACH u. a., Art. »Erfurt«, in: RGA 7, 1989, 488–497.

[36] S. o. § 12 mit Anm. 18f. und K. WITHOLD, Die frühgeschichtliche Entwicklung des Würzburger Stadtplanes, in: Studien zu den Anfängen (wie II, 5c), 363–388; 1250 Jahre (wie § 15, Anm. 22).

[37] B. SCHWINEKÖPER, Die Anfänge Magdeburgs, in: Studien zu den Anfängen (wie II, 5c), 389–450.

[38] WAND, Büraburg (wie § 2, Anm. 21), und DERS., Art. »Büraburg«, § 1, in: RGA 4, 1981, 98–102, sowie F. SCHWIND, Art. »Büraburg«, § 2, in: ebd., 102f.; kritisch zur Frühdatierung: SIPPEL, Grabfunde (wie § 10, Anm. 54).

[39] W. BASTIAN, Mittelslawische Höhenburgen mit Hang- und Böschungsanlagen in Mecklenburg, in: Bodendenkmalpflege in Mecklenburg, Jahrbuch 1955, Hg. E. SCHULDT, 155–177; DONAT, Die Mecklenburg (wie § 11, Anm. 28). Vgl. insgesamt: F. GRAUS, Die Vorläufer der Städte auf westslawischem Gebiet, in: Topografia urbana (wie II, 5c), Tl. 1, 231–266, und oben § 11 mit Anm. 10 sowie zuletzt: J. HERRMANN, Siedlungen und Burgen slawischer Stämme, in: Archäologie, Hg. HERRMANN (wie § 1, Anm. 13), Bd. 1, 313–329, und DERS., Archäologische Forschungen zur Herausbildung mittelalterlicher Städte, in: ebd., 330–343, und Bd. 2, 577–790. Vgl. aber zur neuen Chronologie der slawischen Besiedlung oben § 11 mit Anm. 8.

städtische Siedlungen. So entstand in strategisch günstiger Position am Havelübergang des Fernhandelswegs von Magdeburg zur Odermündung anstelle einer älteren Siedlung auf einer Insel inmitten des Flusses, der späteren Dominsel Brennabor in Brandenburg, schon sehr früh eine umfangreiche slawische Burg, in der Keramik und Gerät für die Region produziert wurden. Sie war ein Herrschaftszentrum der Heveller (Stodoranen); der Geographus Bavarus (9. Jh.) zählt sie zu den acht »Civitates« dieses slawischen Großstammes. Es handelt sich wohl um eine Fürstenburg, die man mit der 789 genannten »civitas Dragowiti« identifiziert.[40] Auch die bedeutendsten Siedlungszentren des späteren Großmährischen Reiches – Staré Město (bei Ungarisch Hradisch) und Mikulčice (bei Hodonín) – beginnen jeweils mit einer Siedlungsphase des ausgehenden 7. und frühen 8. Jhs., die deutlich durch Handwerk geprägt ist. Daraus entwickelten sich dann teilweise befestigte Zentralorte, die nicht nur für Schutz, Herrschaft und Kult angelegt waren, sondern schon Handwerkerviertel, Hafenanlagen und seit der Christianisierung auch zahlreiche Kirchen hatten.[41]

b) Der Handel

Wenn bei den frühmittelalterlichen Volks- und Herrenburgen die ältesten städtischen Funktionen, nämlich Herrschafts- und Kultzentren zu sein, eine primäre Rolle spielten, Handwerk wie Handel jedoch eher sekundär waren, so treten letztere Faktoren schon seit dem 6. Jh. als dynamisches Element bei der Entstehung der mittelalterlichen

---

[40] W. RIBBE u. a., Art. »Brandenburg, Stadt und Bistum«, in: LexMA 2, 550–554, und W. H. FRITZE, Art. »Geographus Bavarus«, in: LexMA 4, 1269f.

[41] V. HRUBÝ, Staré Město, Velkomoravský Velehrad – Staré Město, ein Zentrum des Großmährischen Reiches, 1965; J. POULÍK, Mikulčice, 1975; MILDENBERGER, Vor- und Frühgeschichte (wie § 11, Anm. 23), bes. 144ff., und RICHTER, Länder (wie § 11, Anm. 23), bes. 179ff.; J. POULÍK u. a., Velka Morava a počátky československé státnosti [Großmähren und die Anfänge tschechoslowakischer Staatlichkeit], 1985; J. DEKAN, Moravia Magna. Das großmährische Reich und seine Kunst, 1983. – Zweifel an der Lage und Ausdehnung dieses Reiches in Mähren und der Westslowakei äußert J. BOBA, Moravia's History Reconsidered, 1971, und grundsätzlich kritisch M. EGGERS, Das Großmährische Reich. Realität oder Fiktion?, 1995. Für die Richtigkeit der traditionellen Lokalisierung plädieren: WOLFRAM, Geburt (wie II, 5b), 360 und 539f., und (problematisch): D. TŘEŠTÍK, Rezension, in: Český Casopis Historický 94, 1996, 86–93. Sorgfältig abwägend hingegen: H. G. LUNT, Rezension, in: Speculum 71, 1996, 945–948.

Stadt in den mittel- und nordeuropäischen Handelsemporien in Erscheinung.[42] Diese finden sich als neue Siedlungskerne auch im Schutz alter Römerorte; Beispiele sind die merowingischen *vici* Namur, Huy, Dinant und Maastricht. Sie entstanden, weil im 7./8. Jh. die Maas-Route, die wirtschaftlich vom politischen Aufstieg der Karolinger profitierte, eine im Vergleich zum Rhein wichtigere Handelsstraße wurde. Eine ähnliche Entwicklung gilt für die »portus« von Tournai und Metz und für merowingische Münzorte, wie etwa Marsal, Vic-sur-Seille – letzterer ein Umschlagplatz für die Salzgewinnung dieser Region –, ferner für Moyenvic und Dieuze im Seille-Gebiet und ebenso für die späteren friesischen Niederlassungen bei Köln, Mainz und Worms.[43] Der topographische und wohl auch organisatorisch-soziale Dualismus zwischen Burg und Handwerkersiedlung findet hier seine folgenreiche Parallele in der Symbiose von älterer, herrschaftlicher Bischofsstadt und genossenschaftlicher Kaufleutesiedlung, in der sich dann auch, wie im städtischen Zentrum, das Handwerk entwickelte. Friesische und nordeuropäische Fernhändler waren wie jüdische Kaufleute am einträglichen Handel mit Luxusgütern, Wein, Glas, Gewürzen, ätherischen Ölen, orientalischen Spezereien und Stoffen sowie mit rheinischer Keramik beteiligt, aber auch am Sklavenhandel von Osten nach Westen. Sie beherrschten den Handelsverkehr zwischen der Mittelmeerwelt und dem Frankenreich; dabei kam es zu einem Abfluß der Goldvorräte nach Osten. Der awarisch-slawische Durchbruch von Osteuropa bis an die Adria unterbrach seit dem 6./7. Jh. die traditionellen Handelswege über den Balkan ans Schwarze Meer und damit auch die alte Verbindung zur Ostsee über die

---

[42] JANKUHN, Vor- und Frühformen der Stadt (wie Anm. 1), bes. 251 ff.; ENNEN, Stadt (wie I, 10f), 51 ff.; H. BÖHME, Europäische Wirtschafts- und Sozialgeschichte 1–, 1977–, Bd. 1: Morgenland und Abendland, Staatsbürokratie, Völkerwanderung und römisch-christliches Reich (300–750); A. VERHULST, Der Handel im Merowingerreich, 1970; CLAUDE, Handel (wie II, 5a); H.-C. SCHNEIDER, Altstraßenforschung, 1982; Untersuchungen (wie II, 5a), Bd. 5–6; Romeinen, Friezen en Franken in het hart van Nederland, Hg. W. A. VAN ES u. a., 1994; D. ELLMERS, Frühmittelalterliche Handelsschiffahrt in Mittel- und Nordeuropa, [2]1984; Voyages et voyageurs à Byzance et en Occident du VIe au XIe siècle, Hg. A. DIERKENS u. a., 2000.

[43] Einen gesamteuropäischen Forschungsüberblick bietet: Mercati e mercanti nell' alto medioevo, 1993 (Sett.Cent.it. 40); SIEMS, Handel und Wucher (wie Anm. 1); Geschichte der Stadt Mainz, Hg. A. P. BRÜCK u. a., Bd. 2, 3, 5, 1972 f., Bd. 2; E. WAMERS, Die frühmittelalterlichen Lesefunde an der Lehrstraße in Mainz, 1994 (Beleg für frühmittelalterliches Handelsquartier).

Bernsteinstraße. Nunmehr mußte der Fernhandel des Ostseeraums über das Rheinmündungsgebiet und über Maas und Seine zur Rhône und weiter zum Mittelmeer umgeleitet werden. Die Eroberung der südlichen Mittelmeerküste durch den Islam und dessen Vorstoß nach Spanien lösten eine byzantinische Blockade der Seewege aus, wodurch das antike Fernhandelsnetz zusätzlich verändert wurde; dies führte insgesamt zu einer Umverlagerung, in deren Verlauf Nordwesteuropa wirtschaftlich aufstieg. Die beträchtliche Vermehrung der Münzprägestätten an Maas und Rhein signalisiert diesen Wandel. Fränkische Kaufleute zogen aber auch nach Osten, so der aus Sens stammende Samo, der zwischen 620 und 658/59 über slawische Stämme in Böhmen und wohl auch an der Donau als König herrschte.

Neben den professionellen Fernhändlern spielte der Karawanenhandel der Großgrundherrschaften, vor allem der klösterlichen, eine bedeutende Rolle. Da die wirtschaftlichen Beziehungen nach Süd- und Mittelgallien seit dem 7. Jh. schwächer wurden und dafür der Güteraustausch mit England und Skandinavien in den Vordergrund trat, entwickelten sich in Nordwesteuropa an den Flußmündungen ins Meer von der Somme bis zur Ostsee selbständige Emporien, die hauptsächlich Handelsniederlassungen unter königlichem Schutz waren, die aber auch Handwerker beherbergten. Als Zentren des Fernhandels, aber auch als Produktionsstätten sind vor allem zu nennen: Quentovic an der Canche, dann der archäologisch erschlossene Vicus Domburg auf Walcheren, Dorestad an der Gabelung von Rhein und Lek sowie weiter östlich die Südsiedlung von Haithabu am Südufer der Schlei, ferner das schwedische Helgö im Mälarsee.[44] Helgö lag in

---

[44] JANKUHN, Vor- und Frühformen der Stadt (wie Anm. 1), 251ff., und WAND, »Büraburg« (wie Anm. 38), sowie H. TIEFENBACH u. a., Art. »Dorestad«, in: RGA 6, 1986, 59–82; Excavations at Dorestad, Hg. W. A. VAN ES u. a., Bd. 1–2, 1980, 1983. – Zu Helgö: Thirteen Studies on Helgö, Hg. A. LUNDSTRÖM, 1988; Excavations at Helgö, Hg. W. HOLMQUIST u. a., Bd. 1–13, 1961–1997; Die Ausgrabungen in Haithabu, Bd. 1–10, 1937–2002. Für Kulturpflanzen und Nahrung wichtig: K.-E. BEHRE, Ernährung und Umwelt der wikingerzeitlichen Siedlung in Haithabu, 1983; JANKUHN, Haithabu (wie II, 5b); S. LEBECQ, Marchands et navigateurs frisons du haut moyen âge, Bd. 1–2, 1983; Maritime Celts, Frisians and Saxons, Hg. S. MCGRAIL, 1990; J. DHONDT, Les problèmes de Quentovic, in: Anfänge des Städtewesens (wie Anm. 1), 183–223; DERS., L'essor urbain entre Meuse et Mer du Nord à l'époque merovingienne, in: ebd., 59–75; H. JANKUHN, Der Handelsplatz am Strand von Domburg, in: ebd., 137–144; W. A. VAN ES, Gedachten over Dorestads funktie, in: Westernheem 29, 1980, 174–189; T. CA-

einer Region hochentwickelter Metallproduktion, und ebenso in Haithabu verhüttete man schwedisches Erz. Auch der Handel im Ostseeraum und bis in das Kiewer Reich entwickelte sich in dieser Zeit.[45] Als Vorformen der mittelalterlichen Stadt und als Anzeichen einer kräftigen Belebung des Handels insgesamt im Merowingerreich und in Nordeuropa sind die Emporien auch dann zu werten, wenn sie durch Änderung der naturräumlichen Verhältnisse, wie in Dorestad und wohl auch in Quentovic, später untergingen oder wenn ihre Funktionen auf andere, nunmehr schon städtische Neugründungen übergingen. Die Initialzündung von Handel und Gewerbe für die Stadtentwicklung Nordwest- und Mitteleuropas war jedenfalls ein wichtiges Element dieser Entwicklung.

Neuere Detailforschungen[46] ergeben, daß H. Pirennes berühmte These,[47] der Zusammenbruch des alten mittelmeerischen Verkehrssystems durch die arabisch-islamische Expansion habe die ökonomi-

---

PELLE, Die frühgeschichtlichen Metallfunde von Domburg auf Walcheren, Bd. 1–2, 1976; K. BRANDT, Neue Ausgrabungen in Hollingstedt, dem Nordseehafen von Haithabu und Schleswig [Vorbericht], in: Offa (wie § 4, Anm. 19) 54/55, 1997/98, 289–307; V. ZEDELIUS, Zur Münzprägung von Quentowic, in: Studien zur Sachsenforschung (wie § 10, Anm. 67), Bd. 7, 1991, 367–377. – Nachfolger Helgös als Handelsplatz wurde Mitte des 8. Jhs. Birka: B. ARRHENIUS, Art. »Birka«, in: RGA 2, 1976, 25–28; Birka Studies, Hg. B. AMBROSIANI, 1–, 1992–; DERS., Birka and the Beginning of the Viking Age, in: Anfänge des Städtewesens (wie Anm. 1), 33–38. Vgl. allgemein: Studien zur Archäologie des Ostseeraumes (wie § 4, Anm. 62).

[45] Flächengrabungen haben fast überall erwiesen, daß die Emporien nicht nur Handelsplätze, sondern auch Produktionszentren gewesen sind und oft auch Kirchen hatten; H. STEUER, Die Südsiedlung von Haithabu, 1974; zusammenfassend: Handelsplätze (wie § 2, Anm. 7); JANKUHN, Haithabu (wie II, 5b). Zum Handel mit Osteuropa: Oldenburg – Wolin (wie § 11, Anm. 9). Vgl. generell: Untersuchungen (wie II, 5a), Bd. 5–6, und J. WERNER, Fernhandel und Naturalwirtschaft im östlichen Merowingerreich nach archäologischen und numismatischen Zeugnissen, in: Ber. RGK 42, 1961, 307–349; DERS., Metallarbeiten (wie § 4, Anm. 27); MÜLLER-WILLE, Schmied (wie § 4, Anm. 31).

[46] Grundlegend: Untersuchungen (wie II, 5a); vgl. A. VERHULST, Der Handel im Merowingerreich: Gesamtdarstellung nach schriftlichen Quellen, in: Early Medieval Studies 2, 1970, 2–54; DOEHAERD, Le Haut Moyen Âge (wie § 18, Anm. 1). Überblick zum Handel: STEUER, »Handel« (wie § 4, Anm. 8); vgl. auch: Mercati (wie Anm. 43); J. HENNING, Handel, Verkehrswege und Beförderungsmittel im Merowingerreich, in: Die Franken (wie § 5, Anm. 70), Bd. 2, 789–801; Römerstraßen (wie I, 10d).

[47] PIRENNE, Mahomet (wie II, 5a). Vgl. auch: Bedeutung, Hg. HÜBINGER; Kulturbruch (beide wie II, 5c).

schen Machtgrundlagen des merowingischen Königtums zerstört und damit die Karolinger ans Ruder gebracht, in dieser pointierten Form nicht haltbar ist. Schon vor 630 war der Handel zwischen den östlichen, südlichen und den westlichen Mittelmeerländern erheblich zurückgegangen und hatte sich zumeist auf Luxuswaren reduziert. Andererseits lief aber der Keramik-Import aus dem nunmehr arabischen Nordafrika jenseits der islamischen Zäsur weiter.[48] Gleichzeitig kam es zu einer Schwerpunktverlagerung vom Süden und Südwesten des Merowingerreiches nach Norden und Osten, wobei Maas und Rhein eine größere Bedeutung gewannen.[49] Archäologische Befunde, etwa in Haithabu, lassen ebenfalls erkennen, daß es im Norden nicht nur um Handel mit Luxusgütern ging, sondern auch um Waren des täglichen Bedarfs wie Getreide, Salz, Wein, Textilien und Metallwaren. An Bedeutung gewannen im Güterverkehr auch die Klöster mit ihren wohlorganisierten großen Grundherrschaften, und zwar sowohl als Produzenten wie als Konsumenten, so etwa Corbie, St. Calais und besonders St. Denis, das Kloster und Königspfalz war und im 7. Jh. Messeplatz wurde. Nivelles, Prüm und Lorsch besaßen Salinen, und aus Privilegien wissen wir, daß fränkische Klöster aus ihren südlichen Gütern Wein und andere mittelmeerische Produkte wie Öl und Gewürze einführen durften, ohne sie in Marseille (Fos) verzollen zu müssen. Aufschlußreich ist in diesem Zusammenhang der Bericht Gregors von Tours, wonach Bischof Desideratus von Verdun († ca. 550) von König Theudebert I. für seine darniederliegende Stadt zur Förderung des Handels 7000 Goldsolidi erhielt, eine Maßnahme, die

[48] Beste zusammenfassende Untersuchung und Korrektur H. PIRENNES: CLAUDE, Handel (wie II, 5a); dazu generell: La navigazione mediterranea nell' alto medioevo, Tl. 1–2, 1978 (Sett.Cent.it. 25), und HODGES u. a., Mohammed (wie § 1, Anm. 38). – Zur Fortdauer der Keramikproduktion: M. MACKENSEN, Die spätantiken Sigillata- und Lampentöpfereien von El Mahrine (Nordtunesien), 1993.

[49] D. CLAUDE, Aspekte des Binnenhandels im Merowingerreich, in: Untersuchungen (wie II, 5a), Bd. 3, 9–99; letzte Zusammenfassung über die Pirenne-These und deren Überwindung bietet: The Sixth Century. Production, Distribution and Demand, Hg. R. HODGES u. a., 1998. Siehe zum Thema Verkehr und Kaufmannswesen außerdem: Untersuchungen (wie II, 5a), Bd. 5–6; Voyages et voyageurs (wie Anm. 42); vgl. auch: Gilden und Zünfte. Kaufmännische und gewerbliche Genossenschaften im frühen und hohen Mittelalter, Hg. B. SCHWINEKÖPER, 1985; H. SIEMS, Die Organisation der Kaufleute der Merowingerzeit nach den Leges, in: Untersuchungen (wie II, 5a), Bd. 4, 62–145; P. R. REYNOLDS, Trade in the Western Mediterranean A. D. 400–700, 1995; Handelsplätze (wie § 2, Anm. 7); SIEMS, Handel und Wucher (wie Anm. 1).

Erfolg hatte und sowohl die Fürsorge des Bischofs für seine Bürger beweist wie auch dessen Teilnahme am wirtschaftlichen Geschehen.[50]

Syrer, Juden und Griechen spielten im Fernhandel mit Luxusgütern und Sklaven eine große Rolle, wobei dies vor allem für Südgallien zu gelten scheint, denn in Austrien überwogen fränkische, angelsächsische und friesische Fernhändler. Man nimmt daher an, daß der mittelmeerische Fernhandel die Regionen nördlich der Loire kaum erreichte und die Klöster Neustriens und Austriens deshalb gezwungen waren, selbst Handelsfahrten in die Provence zu organisieren.[51] Auch andere Faktoren waren für die Umstrukturierung des Handelsverkehrs seit dem 6. Jh. ausschlaggebend. Daß der Geldverkehr im unterentwickelten Osten des Frankenreiches schwächer war als im Süden und Westen, liegt auf der Hand. Doch ist es problematisch, daraus einen grundsätzlichen qualitativen Unterschied dieser Großregionen in »Monetärland« und »Feinwaagenlandschaft« abzuleiten.[52] Wichtig wurde, daß die Unterbrechung des Landweges nach Byzanz durch Awaren und Slawen seit dem 6. Jh. eine Umorientierung des gesamten Handels im Ostseeraum nach dem Westen bewirkte. So wurde über Rhein, Maas und Seine ein neuer Anschluß an den Mittelmeerhandel möglich, der naturgemäß die wirtschaftliche Bedeutung dieser Flußregionen erhöhte. Im Mittelmeerraum selbst scheint sich der Le-

---

[50] VERHULST, Handel (wie Anm. 46), 7ff.; CLAUDE, Aspekte (wie Anm. 49), 51ff.; ENNEN, Stadt (wie I, 10f), 49; P. JOHANEK, Der »Außenhandel« des Frankenreiches der Merowingerzeit nach Norden und Osten im Spiegel der Schriftquellen, in: Untersuchungen (wie II, 5a), Bd. 3, 214–254; H. NEHLSEN, Kaufmann und Handel im Spiegel germanischer Rechtsaufzeichnungen, in: ebd., 126–160. – ELLMERS, Handelsschiffahrt (wie Anm. 42); HODGES, Dark Age Economics (wie Anm. 2). – Zu Desideratus von Verdun: SCHEIBELREITER, Bischof (wie II, 5a), 177f.; Trade and Exchange in the Late Antiquity and Early Islamic Near East, Hg. L. CONRAD, 2000; zu Haithabu: W. JANSSEN, Die Importkeramik von Haithabu, 1987; H. ELSNER, Wikingermuseum Haithabu, 1988.

[51] W. BLEIBER, Naturalwirtschaft und Geld-Ware-Beziehungen zwischen Somme und Loire während des 7. Jahrhunderts, 1981, bes. 83; K. PETRY, Monetäre Entwicklung, Handelsintensität und wirtschaftliche Beziehungen des oberlothringischen Raumes (6.–12. Jahrhundert), Bd. 1–2, 1992.

[52] J. WERNER, Waage und Geld in der Merowingerzeit, 1954; DERS., Fernhandel und Naturalwirtschaft (wie Anm. 45). Dagegen kritisch: H. STEUER, Gewichtsgeldwirtschaft im frühgeschichtlichen Europa, in: Untersuchungen (wie II, 5a), Bd. 4, 405–527. S. u. Anm. 63. Zum Münzwesen grundlegend: P. GRIERSON, Medieval European Coinage, 1–, 1986–, Bd. 1: The early Middle Ages (5th–10th centuries); LAFAURIE, Eligius Monetarius (wie § 8, Anm. 28). Wichtig: Untersuchungen (wie II, 5a), Bd. 5, und: Gilden und Zünfte (wie Anm. 49).

vantehandel erst seit der zweiten Hälfte des 8. Jhs. stark reduziert zu haben; deshalb gab es weniger Orientalen in Italien und im Frankenreich.[53] Jüdische Händler spielten aber nach wie vor eine wichtige Rolle; sie wurden durch königliches Privileg in ihrer Freizügigkeit und in ihrer religiösen Sonderstellung geschützt, durften nicht zum Kriegsdienst herangezogen werden und blieben auch vom Gottesurteil der Feuer- und Wasserprobe verschont. Auch sicherte ihnen der König bei Streitigkeiten mit Christen ein relativ faires Beweisrecht zu.[54] Papst Gregor der Große verbot zwar grundsätzlich Zwangstaufen und setzte ganz auf eine Konversion durch Predigt, dennoch kam es im Frankenreich verschiedentlich zu erzwungenen Bekehrungen. Neben wirtschaftlichen und sozialen Gründen war es vor allem der theologische Ausschließlichkeitsanspruch beider Religionen, der schon früh die Judenschaft als eine mißtrauisch beobachtete Randgruppe von den Christen separierte. Ursprünglich als »religio licita« eine geduldete Minderheit, verbot bereits der Codex Theodosianus 438 den Juden die Bekehrung von Christen zum Judentum, ebenso Mischehen, Sklavenhaltung (aber nicht den jüdischen Sklavenhandel), ferner die Ausübung öffentlicher Ämter, den Heeresdienst, akademischen Unterricht sowie den Neubau von Synagogen. Ob diese gesetzlichen Bestimmungen nach der Völkerwanderungsepoche noch geltendes Recht waren, muß bezweifelt werden, aber die theologisch begründete Judenfeindschaft dauerte fort und verstärkte sich wieder seit dem 8./9. Jahrhundert. Dennoch blieb der Anteil der Juden am Wirtschaftsleben bedeutend, hier waren sie lange unentbehrlich.[55]

---

[53] CLAUDE, Handel (wie II, 5a), 185f. und 263ff.

[54] G. DILCHER, Marktrecht und Kaufmannsrecht im Frühmittelalter, in: Untersuchungen (wie II, 5a), Bd. 3, 392–417, bes. 400f. – Starke jüdische Kolonien gab es vor allem in Südgallien und in der Provence, so vor allem in Marseille, Arles, Narbonne und in den Städten auf dem Handelsweg rhôneaufwärts sowie über Clermont, Bourges, Orléans nach Paris, doch ist zu betonen, daß es sich nicht nur um Kaufleute handelte. Vgl. B. BLUMENKRANZ, Juifs et Chrétiens dans le monde occidental, 430–1096, 1960, hier 13; VERHULST, Handel (wie Anm. 46), 18f.; vgl. die Kontroverse zwischen F. Lotter und M. Toch, zuletzt M. TOCH, Mehr Licht: Eine Entgegnung zu Friedrich Lotter, in: Aschkenas 11, 2001, 465–487. – Zur spätantiken Vorgeschichte jüdischer Existenz: K. L. NOETHLICHS, Die Juden im christlichen Imperium Romanun (4.–6. Jahrhundert), 2001.

[55] Grundlegend: Regesten zur Geschichte der Juden im fränkischen und deutschen Reiche bis zum Jahre 1273, Bearb. J. ARONIUS, 1887–1902 [Ndr. 1970], GJ, I-III,3, 1917–2003; H. GROSS, Gallia Judaica, ^{2}1969; G. CARO, Sozial- und Wirtschaftsgeschichte der Juden im Mittelalter und der Neuzeit, Bd. 1–2, 1908, 1920;

Der Sklavenhandel scheint im Merowingerreich beträchtlich gewesen zu sein, hier erwies sich das angrenzende muselmanische Spanien als kapitalkräftiger Absatzmarkt, aber auch das Frankenreich selbst hatte Bedarf an unfreien Arbeitskräften.[56] Selbst Papst Gregor der Große wies seinen Priester Candidus an, in der Provence 17- bis 18jährige Sklaven, und zwar Angelsachsen, zu kaufen.[57] Angelsächsische Sklaven tauchen in den Quellen relativ häufig auf, während Handel mit slawischen Kriegsgefangenen erst seit dem Ende des 8. Jhs. sicher bezeugt ist. Wenn in der merowingischen Hagiographie das Motiv der Gefangenenbefreiung durch Kirchenmänner und Heilige sehr häufig vorkommt, so läßt dies darauf schließen, daß die Sklavenfrage offenbar ein Problem der Zeit war.[58]

Mit England und ebenso mit Skandinavien hängt auch der Aufschwung des friesischen Handels seit Beginn des 8. Jhs. zusammen.[59]

S. W. BARON, A Social and Religious History of the Jews, Bd. 1–8, 1952–1958; A. LINDER, Christlich-jüdische Konfrontation im kirchlichen Frühmittelalter, in: Kirchengeschichte als Missionsgeschichte (wie II, 5a), Bd. 2, 397–441; G. KISCH, The Jews in Medieval Germany, 1949; J. PARKES, The Jew in the Medieval Community, ²1976; H. SCHRECKENBERG, Die christlichen Adversus-Judaeos-Texte und ihr literarisches und historisches Umfeld, Bd. 1–3, 1982–1994; J. MAIER, Das Judentum, ³1988; G. I. LANGMUIR, History, Religion and Antisemitism, 1990; für das Frankenreich: M. ROUCHE, Les baptêmes forcés des Juifs en Gaule mérovingienne et dans l'Empire d'Orient, in: De l'antijudaisme antique à l'antisémitisme contemporain, Hg. V. NIKIPROWETZKY, 1979, 105–124; W. GOFFART, The Conversions of Avitus of Clermont and Similar Passages in Gregory of Tours, in: »To see ourselves as others see us.« Christians, Jews, »Others« in Late Antiquity, Hg. J. NEUSNER u. a., 1985, 473–497; zu diesem Sonderfall einer gut bezeugten frühmittelalterlichen Massentaufe außerhalb des Westgotenreiches mit Vergleichsmaterial zuletzt: D. CLAUDE, Gregor von Tours und die Juden: Die Zwangsbekehrung von Clermont, in: HJb 111, 1991, 137–147; allgemein: BEN SASSON, Geschichte (wie I, 2). – Vgl. auch M. THIEL, Grundlagen und Gestalt der Hebräischkenntnisse des frühen Mittelalters, 1973.

[56] JOHANEK, »Außenhandel« (wie Anm. 50), 251 ff.; J. HENNING, Gefangenenfesseln im slawischen Siedlungsraum und der europäische Sklavenhandel im 6. bis 12. Jahrhundert, in: Germania 70, 1992, 403–426.

[57] S. Gregorii magni Registrum epistolarum (wie § 17, Anm. 34), epist. V, 36, in: CC 140, 1982, 304–307, bes. 306, und epist. VI, 10, in: ebd., 378; dazu CLAUDE, Handel (wie II, 5a), 95 ff.; JOHANEK, »Außenhandel« (wie Anm. 50), 248 ff. – Sklavenhandel mit Slawen nimmt VERHULST, Handel (wie Anm. 46), 13 f., schon für das 7. Jh. an.

[58] GRAUS, Gewalt (wie § 13, Anm. 77).

[59] Grundlegend: LEBECQ, Marchands (wie Anm. 44); A. VERHULST, Der frühmittelalterliche Handel der Niederlande und der Friesenhandel, in: Untersuchungen (wie II, 5a), Bd. 3, 381–391.

Die günstige Lage im Mündungsgebiet der drei großen Ströme Rhein, Maas und Schelde verschaffte den friesischen und angelsächsischen Kaufleuten zeitweise eine Vorrangstellung, die sich auch in der Prägung von eigenen Silbermünzen, den »Sceattas«, zeigte.[60] Friesisches feines Wolltuch war ein Exportartikel; Händler in den südlichen Niederlanden verkauften im 7. und 8. Jh. massenhaft aus England und Osteuropa importierte Sklaven über Verdun nach Südeuropa in die islamischen Länder.[61] Sichere Indizien für die Ausweitung des merowingischen Handels nach Norden und Osten bietet die Münzgeschichte. Bis ins 6. Jh. hinein lassen sich in Gallien Nachahmungen jener echten römischen Goldmünzen (solidi) feststellen, die noch bis Mitte des 5. Jhs. in Lyon und Trier geprägt wurden.[62] Die Zahl der Nachahmungen stieg im 5./6. Jh. an, Prägestätten waren Amiens,

---

[60] Berghaus, Wirtschaft (wie § 8, Anm. 28); Verhulst, Der frühmittelalterliche Handel (wie Anm. 59), 389; Lebecq, Marchands (wie Anm. 44), Bd. 1, 54–60. Zu den Handelsbeziehungen Englands mit dem Kontinent vgl. A. Lohaus, Die Merowinger und England, 1974, 39–51, und D. M. Wilson, Trade between England and Scandinavia and the Continent, in: Untersuchungen (wie II, 5a), Bd. 3, 255–269; J. Haywood, Dark Age Naval Powe: A Reassessment of Frankish and Anglo-Saxon Seafaring Activities, 1991; Coins and the Archaeologist, Hg. J. Casey u. a., [2]1988; A. R. Lewis, The Northern Seas: Shipping and Commerce in Northern Europe A. D. 300–1100, 1958; Sceattas in England and on the Continent, Hg. D. Hill u. a., 1984.

[61] J. F. Niermeyer, De Friese Handel, in: W. Jappe Alberts u. a., Welvart in wording, 1964, 20–38, hier 25f.; Lebecq, Marchands (wie Anm. 44); J. Hägg, Friesisches Tuch, in: Archäologische Textilfunde (Textilsymposium Neumünster 1993), 1994, 82–94.

[62] Grundlegend: Grierson, Medieval European Coinage (wie Anm 52); P. Berghaus, Die frühmittelalterliche Numismatik als Quelle der Wirtschaftsgeschichte, in: Geschichtswissenschaft und Archäologie (wie II, 5c), 411–429; Ders., Wirtschaft (wie § 8, Anm. 28). Genereller Überblick in: Moneta e scambi nell' alto medioevo, 1961 (Sett.Cent.it. 8), darin bes. J. Lafaurie, Les routes commerciales indiquées par les trésors et trouvailles monétaires mérovingiens, 231–278, und F. Vercauteren, Monnaie et circulation monétaire en Belgique et dans le Nord de la France du VIe au XIe siècle, 279–311. – Umstritten: H. Witthöft, Münzfuß, Kleingewichte, pondus Caroli und die Grundlegung des nordeuropäischen Maß- und Gewichtswesens in fränkischer Zeit, 1984; Zum karolingischen Zoll: H. Adam, Das Zollwesen im fränkischen Reich und das spätkarolingische Wirtschaftsleben, 1996. Vgl. auch K. Petry, Die kartographische Wiedergabe von Münzfunden als Spiegelbild von wirtschaftlichen Beziehungen und Handelsintensität im frühen und hohen Mittelalter (bis Mitte des 12. Jahrhunderts), dargestellt am Beispiel Oberlothringen, in: Schriften der numismatischen Gesellschaft Speyer 30, 1990, 91–131, bes. 96ff. Zur spätantiken Vorgeschichte des Geldverkehrs vgl. R. Bogaert, Art. »Geld, Geldwirtschaft«, in: RAC 9, 1976, 797–907.

Arles, Lyon und Trier, doch traten seit dem 6. Jh. merowingische Königsmünzen in den Vordergrund, und zwar besonders unter Theudebert I. und Dagobert I. Die Zahl der Münzstätten hatte sich inzwischen bedeutend vermehrt – man nimmt etwa 800 an und kann an die 2000 »monetarii« (Münzmeister) identifizieren. Hatten sich um 650 schon die angelsächsisch-friesischen »Sceattas« als Silbermünzen für kleinere Teilbeträge eingebürgert, so begann man in der zweiten Hälfte des 7. Jhs. generell die Goldmünze, den Solidus bzw. den Triens, der den Wert eines Drittel Solidus hatte und nicht nur wie letzterer als Rechnungseinheit diente – durch den Denar in Silber zu ersetzen. Aber erst durch Karl den Großen erfolgte im Rahmen einer Münzreform eine Vereinheitlichung der neuen Silberwährung und deren zentrale Kontrolle durch den Herrscher. Es fällt auf, daß zwar zahlreiche Münzstätten im Linksrheinischen nachzuweisen sind, aber keine östlich des Rheins. Die Herkunft des Silbers seit dem 7. Jh. ist unklar; man hat sowohl an Import aus dem arabisch-islamischen Bereich gedacht wie auch an eine gesteigerte Produktion im Frankenreich selbst.[63]

Es gab drei münzprägende Institutionen: den König, die Kirche und die Münzmeister selbst, die besonders seit dem Ende des 6. Jhs. stark vertreten sind. Daß die »monetarii« meist »private« Unternehmer waren, wird zwar vielfach angenommen, muß aber schon wegen des

---

[63] BERGHAUS, Wirtschaft (wie § 8, Anm. 28), 194 und 197, ebenso für das Folgende. Die wichtigsten königlichen Münzorte waren Marseille, Viviers, Valence, Arles, Uzès, Rodez, Clermont-Ferrand, Banassac und Aire im Süden und Limoges, Tours, Orléans, ganz besonders aber Paris, ferner Trier, Toul, Reims, St. Maurice im Wallis und vor allem Chalon-sur-Saône. – Zum Übergang zur Silberwährung: GANSHOF, Das Fränkische Reich (wie § 2, Anm. 21), 201 ff., und P. GRIERSON, Money and Coinage under Charlemagne, in: KdG (wie II, 5a), Bd. 1, 501–536; DERS., Dark Age Numismatics, 1979. – Die Münze von Marseille dürfte zwischen dem 6. und 8. Jh. die wichtigste Münzstätte des Merowingerreiches gewesen sein: J. LAFAURIE, Les Monnaies de Marseille du VIe siècle, in: Société française de numismatique 6, 1981, 68–72. Vgl. allgemein: M. F. HENDY, From Public to Private: the Western Barbarian Coinages as a Mirror of the Disintegration of Late Roman State Structures, in: Viator 19, 1988, 29–78. Die zeitweilige Konzentration von Feinwaagen in Gräberfeldern des nordöstlichen Merowingerreichs des 7. Jhs. erklärt sich aus der Beigabensitte; im übrigen benutzte man schon in der Spätantike Feinwaagen zur amtlichen Münzprüfung. Für das europäische Frühmittelalter hat man daher insgesamt von »Gewichtsgeldwirtschaft« gesprochen: STEUER, Gewichtsgeldwirtschaft (wie Anm. 52); HENNING, Handel, Verkehrswege (wie Anm. 46), hier 797 f.

funktionierenden merowingischen Zollwesens bezweifelt werden. Es wird sich eher um delegierte Prägerechte handeln, wie sie auch die bischöflichen Civitates besaßen, von denen etwa 65 eigene Münzstätten hatten. Chalon-sur-Saône scheint eine »Verkehrsdrehscheibe« gewesen zu sein; ein Schatzfund zwischen Chalon und Metz markiert die große Fernhandelsstraße von der Rhône über die Saône und Maas bis Maastricht und weiter bis zur Nordsee.[64] Unklar ist, ob die zahlreichen merowingischen Münzmeister mit latinisierten germanischen Namen auch ethnisch Germanen waren oder ob es sich um eine »Personennamenmode« der Zeit handelt.[65] Das ungemein dichte Netz von Münzstätten an Maas und Rhein beweist die wachsende Bedeutung Austriens im Wirtschaftsleben; dies dürfte auch mit der ertragreichen Salzgewinnung des Seille-Gebietes bei Metz für den Fernhandel zusammenhängen.

Insgesamt änderte sich seit dem letzten Drittel des 7. Jhs. durch den Übergang zu spätmerowingisch-frühkarolingischen Silberdenaren bzw. friesisch-angelsächsischen »Sceattas« – und damit zu kleineren Münzen, die gegenüber den spätantiken Goldmünzen und deren Derivaten den Vorteil hatten, für den Markt geeignet zu sein – das gesamte Monetärsystem. König Pippin der Jüngere monopolisierte 755 die Münzprägung, und Karl der Große vollendete das neue Monetärsystem, mit dem dann auch Grundherren und Bauern ihre Naturalabgaben ablösen konnten.[66] Gleichzeitig wurden bei Bischofsstädten re-

---

[64] BERGHAUS, Wirtschaft (wie § 8, Anm. 28), 197ff. und 205. Die wichtigsten bischöflichen Münzstätten nach der Zahl der bezeugten *monetarii* waren: Chalon-sur-Saône (40), Poitiers (33), Orléans (23), Angers (21), Paris (16), wobei aber die königliche Münze die bedeutendste war. – Zum Zollwesen: G. DESPY, Les tarifs de tonlieux, 1976; R. DOEHAERD, Exemptions d'impôts indirects et circulation privilegiée en Europe occidentale pendant le haut moyen âge, in: Eventail de l'histoire vivante (Hommage à L. Febvre), Bd. 1–2, 1953, Bd. 2, 81–90; F. L. GANSHOF, A propos du tonlieu sous les Mérovingiens, in: Studi in onore di A. Fanfani nel venticinquennio di cattedra, Bd. 1–6, 1962, Bd. 1, 293–315; HENNING, Handel, Verkehrswege (wie Anm. 46). Auffällig sind der Reichtum und das Sozialprestige langobardischer Händler, die bereits Anfang des 7. Jhs. auf der Messe in St. Denis bei Paris bezeugt sind.

[65] E. FELDER, Germanische Personennamen auf merowingischen Münzen, 1978; J. WERNER u. a., Die Beinschnalle des Leobodus, in: Kölner Jahrbuch für Vor- und Frühgeschichte 23, 1990, 273–288, bes. 278.

[66] BERGHAUS, Wirtschaft (wie § 8, Anm. 28), 212, mit Karte 8; J.-F. BERGIER, Die Geschichte vom Salz, 1989; zur Salzgewinnung und deren Folgen für den Münzumlauf in Lothringen vgl. I. HEIDRICH, Die merowingische Münzprägung im Ge-

guläre Märkte eingerichtet und Maß und Gewicht kontrolliert (MGH Capit. 12, c. 6 vom Jahr 744). Im 9. Jh. gab es zwischen Rhein und Loire etwa 100 Märkte, auf denen auch die Großgrundherrschaften ihre Produkte absetzten.

Was das gesellschaftliche Ansehen der Händler anbetrifft, so wissen wir darüber hauptsächlich aus kirchlichen Quellen, und deren Urteil ist entschieden negativ. Augustinus nennt ihre Tätigkeit sündhaft, weil sie notwendigerweise mit Betrug verbunden sei. Salvian von Marseille erwähnt sie in einem Atemzug mit Kurialen sowie Zivil- und Militärbeamten und wirft ihnen insgesamt Betrug und Meineid vor; später warnen Cassiodor und Isidor von Sevilla vor der Unredlichkeit der Kaufleute.[67] Wenn Augustinus zusätzlich an ihnen kritisiert, daß sie sich ihrer Leistungen rühmten und deshalb nicht die Gnade Gottes erlangen könnten, dann läßt sich daraus aber doch eine positive Selbsteinschätzung dieses Standes erschließen, der vom kirchlichen Urteil unabhängig war.[68] Auch den merowingischen Kaufleuten mangelte es nicht an Selbstbewußtsein;[69] eine gildenmäßige Organisation dürfte es bei ihnen schon früh gegeben haben. Daß die Gilde (*gildonia*, *coniuratio*, Schwurgemeinschaft) im geistlichen wie im weltlichen Bereich auch eine antike Wurzel hat, daß sie ferner in mannigfachen Ausprägungen verbreitet war und nicht allein aus den germanischen Traditionen erklärt werden kann, ist mit Recht betont

---

biet von oberer Maas, Mosel und Seille, in: RhV 38, 1974, 78–91, bes. 87ff. – Zur Bedeutung der Mühlen: Geschichte der Wasserkraftnutzung, Hg. H. ECKOLDT u. a., 1985; K. ELMSHÄUSER u. a., Art. »Mühle, Müller«, in: LexMA 6, 886–891; HENNING, Mühlentechnologie (wie § 18, Anm. 7). – Zum Wandel des Monetärsystems: Capitularia (wie II, 2c), Nr. 13, 31f. (MGH Capit. 1); zu Händlern an den Hofhaltungen: D. CLAUDE, Hofkaufleute im Frühmittelalter, in: Akten des 26. Deutschen Rechtshistorikertages (wie § 17, Anm. 24), 403–409. Vgl. auch: L'économie médiévale, Hg. P. CONTAMINE u. a., 1997. Für die Karolingerzeit: P. JOHANEK, Der fränkische Handel der Karolingerzeit im Spiegel der Schriftquellen, in: Untersuchungen (wie II, 5a), Bd. 4, 7–68.

[67] Belege bei CLAUDE, Handel (wie II, 5a), 201ff. – Auch die spätantike Kaisergesetzgebung äußert sich negativ.

[68] Augustinus, Enarrationes in Psalmos, LXX, 1956, c. 17f., 954ff.

[69] Gregor von Tours, Historia Francorum (wie II, 4a), IV, c. 43, VII, c. 31, X, c. 26, 177, 350, 519. – Zum Rechtsstatus: H. SIEMS, Vorfragen zu einer Untersuchung über den Handel in den frühmittelalterlichen Rechtsquellen, in: Untersuchungen (wie II, 5a), Bd. 3, 100–125; NEHLSEN, Kaufmann und Handel; JOHANEK, »Außenhandel« (beide wie Anm. 50).

worden;[70] dennoch hat sie im frühmittelalterlich-fränkischen Umfeld andere Funktionen erhalten, vornehmlich im Handel. So schroff auch die Urteile der Theologen über die Händler und ihre Praktiken gewesen sein mögen, in die Praxis des frühmittelalterlichen Warenverkehrs haben sich Kirchen und Klöster bald eingefügt, mit eigenen *actores* Handel betrieben, die Überschüsse ihrer Großgrundherrschaften, Handwerksbetriebe und Salinen verkauft und von den Königen Zollprivilegien für den Gütertransport erlangt.[71]

c) Handwerk, Technik, Bergbau und Produktionszentren

Schriftliche und in steigendem Maße archäologische Quellen beweisen für die Merowingerzeit sowohl die Fortdauer antiker Techniken wie die Herausbildung neuer Produktionszentren und -zweige.[72] Wie nicht anders zu erwarten, ist südlich der Loire und in der Provence ein beträchtliches Maß an Kontinuität handwerklichen Könnens festzustellen. In Melle südlich Poitiers läßt sich mit ziemlicher Sicherheit kontinuierlicher Blei- und Silberbergbau bis zu Dagobert I. feststellen. Prokop berichtet im 6. Jh. über Goldgewinnung im Reich Theudeberts I., eine Nachricht, die sich auf die Goldbergwerke in Limoges und in den Cevennen beziehen dürfte.[73] Textilgewerbe gab es weiter-

---

[70] O. G. OEXLE, Conjuratio und Gilde im frühen Mittelalter, in: Gilden und Zünfte (wie Anm. 49), 151–214, hier 208, und DERS., Gilden als soziale Gruppen in der Karolingerzeit, in: Das Handwerk (wie II, 5c), Bd. 1, 284–354; vgl. ebd. die Beiträge von R. SCHMIDT-WIEGAND und K. DÜWEL.

[71] DOEHAERD, Exemptions, bes. 84ff.; GANSHOF, A propos (beide wie Anm. 64), bes. 305ff.; zahlreiche Belege bei LESNE, Histoire (wie § 13, Anm. 69).

[72] Grundlegend: Das Handwerk (wie II, 5c); CEHE (wie I, 10d), Bd. 2; S. THRUPP, Medieval Industry, 1972; H. ROTH, Kunst und Handwerk im frühen Mittelalter, 1986; Artigianato e tecnica nella società dell' alto medioevo occidentale, 1971 (Sett.Cent.it. 18); HÄGERMANN u. a., Landbau und Handwerk (wie § 18, Anm. 9); W. JANSSEN, Gewerbliche Produktion des Mittelalters als Wirtschaftsfaktor im ländlichen Raum, in: Das Handwerk (wie II, 5c), Bd. 2, 317–396. Vgl. auch F. SCHWIND, Zu karolingerzeitlichen Klöstern als Wirtschaftsorganismen und Stätten handwerklicher Tätigkeit, in: Institutionen, Kultur und Gesellschaft im Mittelalter (Fs. J. Fleckenstein), Hg. L. FENSKE, 1984, 101–123.

[73] R. SPRANDEL, Bergbau und Verhüttung im frühmittelalterlichen Europa, in: Artigianato (wie Anm. 72), 583–601, hier 591f. – Zum Bergbau allgemein: R. PITTIONI u. a., Art. « Bergbau«, in: RGA 2, 1976, 245–266; Montanarchäologie in Europa, Hg. H. STEUER u. a., 1993.

hin in Südgallien.[74] Insgesamt setzte seit dem 6. Jh. eine Süd-Nord-bewegung vor allem von Bauhandwerkern ein. Bischof Nicetius von Trier ließ sich um 560 durch Vermittlung seines Amtsbruders Rufinus von Octodurum (Martigny im Wallis) Bauhandwerker aus Italien kommen, und im 7. Jh. gingen aus dem Frankenreich sowohl Bauleute wie Glasmacher nach England. Bischöfe sind neben den Königen überhaupt die stärksten Förderer des Bauwesens. Bleiplatten auf den Dächern und Glasfenster sind für Kirchen vielfach bezeugt.[75] Mosaizisten werden im 6. und 7. Jh. öfters erwähnt, desgleichen Freskenmaler.[76]

Auch zwischen Loire und Rhein gab es Kontinuitäten im Gewerbe, wenn auch dort naturgemäß die Neuansätze stärker ins Gewicht fallen. Die Mayener-Niedermendiger Basaltbrüche produzierten auch noch in merowingischer Zeit Mühlsteine. Das Mittel- und Niederrheingebiet blieb eine »Töpferlandschaft«, jedoch mit bezeichnenden Unterschieden: Das in römischer Zeit in den Außenbezirken von Köln ansässige Töpfergewerbe verlagerte sich in das Rheinische Vorgebirge,[77] wo es sowohl die Tone gab wie noch genügend Wald zur Holzkohle-Herstellung, während im Neuwieder Becken die Mayener Keramikmanufakturen an Ort und Stelle weiter arbeiten konnten, weil hier von Anfang an Rohstoff und Energiequelle in unmittelbarer Nachbarschaft zur Verfügung standen. Noch deutlicher wird eine sol-

---

74 BUCHNER, Provence (wie II, 5b), 50f.; DOEHAERD, Le Haut Moyen Âge (wie § 18, Anm. 1), 207.

75 D. CLAUDE, Die Handwerker der Merowingerzeit nach den erzählenden und urkundlichen Quellen, in: Das Handwerk (wie II, 5c), Bd. 1, 204–266, hier 223ff., und ROTH, Kunst und Handwerk (wie Anm. 72), 116; SCHEIBELREITER, Bischof (wie II, 5a), 192ff. – Zu archäologischen Quellen: WERNER, Verbreitung (wie § 4, Anm. 27).

76 CLAUDE, Handwerker (wie Anm. 75), 226ff.; VIEILLARD-TROÏEKOUROFF, Les monuments (wie § 1, Anm. 13), 166 und passim.

77 H. ROTH, Handel und Gewerbe vom 6.–8. Jahrhundert östlich des Rheins, in: VSWG 58, 1971, 323–358, hier 337; AMENT, Mayen (wie § 13, Anm. 36); zusammenfassend: JANSSEN, Gewerbliche Produktion (wie Anm. 72), bes. 353ff.; W. HÜBENER, Eine Studie zur spätrömischen Rädchensigillata (Argonnensigillata), in: BJ 168, 1968, 241–298; D. BAYARD, L'ensemble du grand amphithéâtre de Metz et la sigillée d'Argonne au Ve siècle, in: Gallia 47, 1990, 271–319. – Zu Steinbrüchen: PITTIONI u. a., »Bergbau« (wie Anm. 73), 255–261; H. H. WEGNER, Archäologische Beobachtungen zur mittelalterlichen Keramikproduktion in Mayen, Kreis Mayen-Koblenz, in: Zur Keramik des Mittelalters und der Neuzeit im Rheinland, Hg. D. R. M. GAIMSTER u. a., 1988, 39–52; zuletzt zusammenfassend: Steinbruch und Bergwerk [Kataloghandbuch], 2000.

che Abhängigkeit angesichts erhöhter Transportschwierigkeiten auf den nicht mehr planmäßig instandgehaltenen Römerstraßen bei der Terra-Sigillata-Produktion. Die blühenden Manufakturen zwischen Mosel und Rhein – von Chémery bis Rheinzabern – produzierten bereits in der Spätantike nicht mehr, nur die Herstellung einfacherer Tonwaren wurde teilweise fortgesetzt. Kontinuierlich wurde dieses feine und begehrte Tongeschirr nur noch in den Töpfereien am westlichen und östlichen Argonnenrand in Form der »Rädchen-Sigillata« hergestellt. Die Argonnentöpfereien versorgten im 4. Jh. und auf jeden Fall noch bis zur Mitte des 5. Jhs. das gesamte Gebiet östlich der Seine. Unrentabilität war wohl der Grund für den Abbruch der großen römischen Töpfereien von Speicher und Herforst inmitten des Bitburger Beckens im Trierer Land; erst in karolingischer Zeit wurde die Keramikproduktion wieder aufgenommen. Geschlossene Siedlungen waren hier im Vorteil, dies zeigt z. B. der wichtige Handels- und Münzort Huy an der Maas, der in römischer wie in merowingischer Zeit ein überregionales Zentrum der Produktion von Gebrauchskeramik war. Neben Töpfern sind dort auch Kammacher und Goldschmiede archäologisch bezeugt.[78] Die Massenproduktion vor allem von Keramik setzt schon für das Frühmittelalter ein stark differenziertes Arbeitskräfteangebot in geschlossenen Siedlungen voraus, die grundherrschaftlich organisiert waren. Dieselbe Organisationsform ist für die Salzgewinnung in Lothringen und in Reichenhall sowie in Hallstatt und Hallein anzunehmen; in letzterem Fall war im frühen 8. Jh. der agilolfingische Herzog Herr der Salinen.[79]

Entgegen der generellen Auffassung, wonach sich das spätantike Gewerbe, falls es überleben konnte, auf das Land verlagert habe, vermutet man für Köln, daß berühmte Glasbläsereien des 3. und 4. Jhs. auch im Frühmittelalter – und Ähnliches gilt wohl auch für die Kölner

---

[78] J. WILLEMS, Le quartier artisanal gallo-romain et mérovingien de »Batta« à Huy, in: Archaeologica Belgica 148, 1973, 5–64; JANSSEN, Gewerbliche Produktion (wie Anm. 72), 381f. und 388ff.; Zur Keramik des Mittelalters (wie Anm. 77), darin bes. die Beiträge von M. REDKNAP und H.-H. WEGNER; M. FELLER u. a., Recherches sur les Ateliers des Céramique Gallo-Romaines en Argonne, in: Archeologica Mosellana 3, 1998, 229–368.

[79] CLAUDE, Handwerker (wie Anm. 75), 211; C. HIEGEL, Le sel en Lorraine du VIIIe au XIIIe siècle, in: Annales de l'Est 33, 1981, 3–48. Vgl. E. PENNINGER, Die Vorgeschichte, in: Geschichte Salzburgs (wie I, 9), Bd. 1, Tl. 1, 11–74, hier 58ff. Für Bayern-Österreich: Salz macht Geschichte, Hg. M. TREML u. a., Bd. 1–2, 1995; H. WANDERWITZ, Studien zum mittelalterlichen Salzwesen in Bayern, 1984.

Goldschmiedekunst – weiter produzierten, doch fehlt es an sicheren Belegen.[80] Wenig weiß man bis jetzt von der Fortdauer gewerblicher Produktionsstätten in Trier.[81] Das gilt ebenso für die zweifellos florierende Waffenproduktion, wie sie in den Bestattungen der Reihengräberzivilisation bezeugt ist. Daß damals auch schon rechts des Rheins technisch perfekte, vergoldete Schwerter hergestellt wurden, geht aus einem Brief Theoderichs des Großen an den Thüringerkönig im Elbe- Saalegebiet hervor.[82] Schmiede gehörten im Frühmittelalter zu jeder größeren Siedlung, wobei es sich sowohl um bäuerliches als auch um professionelles Handwerk handeln konnte.[83] Stadtsässige Handwerker für den gehobenen Bedarf finden sich in Limoges, Arles, Tournai, Huy und anderen Orten. Besonders die Goldschmiede, deren Werke in erstaunlich großer Zahl erhalten oder schriftlich überliefert sind, dürften durch ihre Arbeiten für Bischöfe, Könige und Adelige ein gewisses Prestige besessen haben. Berühmt ist Bischof Eligius von Noyon, Schatzmeister König Dagoberts I. und kunstreicher Goldschmied, dessen Arbeiten wenigstens teilweise rekonstruierbar sind.[84] Seine erstaunliche Karriere hängt aber wesentlich mit seinem Amt als oberster Münzmeister des Königs zusammen. König Chilperich I. (561–584) hatte sich auf seinem Hofgut Nogent-sur-Marne ein Goldschmiedeatelier eingerichtet, in dem er auch selbst kunstvolle Dinge anfertigte; Ähnliches ist für den Königshof Andernach unter Childebert II. anzunehmen. Auch traten die Merowinger und der Adel als Auftraggeber für Prunkwaffen, Tafelgeschirr, Ziergürtel und

---

[80] O. DOPPELFELD, Römisches und fränkisches Glas aus Köln, 1966; DERS., Köln (wie § 13, Anm. 16), bes. 124f.; mit Recht skeptisch: JANSSEN, Gewerbliche Produktion (wie Anm. 72), hier 322f. – Glas der Caesaren [Katalog], Hg. D. B. HARDEN, 1988.

[81] SCHINDLER, Trier (wie Anm. 14).

[82] Cassiodori senatoris variae, Bearb. T. MOMMSEN, 1894, V, c. 1, 143 (MGH AA 12); ROTH, Kunst und Handwerk (wie Anm. 72), 118. B. SCHMIDT, Theoderich der Große und die damaszierten Schwerter der Thüringer, in: Ausgrabungen und Funde (wie § 4, Anm. 44) 14, 1969, 38ff. – Aus dem Brief geht ferner hervor, daß der Warnenkönig außerdem versklavte blonde Knaben und Mooreichenstämme als Geschenke geschickt hatte. J. YPEY, Art. »Damaszierung«, in: RGA 5, 1984, 191–213.

[83] JANSSEN, Gewerbliche Produktion (wie Anm. 72), 341ff.; J. HENNING, Schmiedegräber nördlich der Alpen, in: Saalburg-Jahrbuch 46, 1991, 65–83; H. GÖLDNER, Studien zu rhein- und moselfränkischen Bügelfibeln, 1987.

[84] VIERCK, Werke des Eligius (wie § 8, Anm. 32); LAFAURIE, Eligius monetarius (wie § 8, Anm. 28).

Schmuck hervor. Wenn ungefähr 60 % der bekannten Edelmetallerzeugnisse der Merowingerzeit aus dem Rheinland, Alamannien, Bayern und Thüringen stammen, also aus Gebieten reduzierter oder fehlender römischer Stadtkultur, so läßt dies auf ein rasches Aufholen dieser Regionen in der materiellen Kultur schließen. Angestoßen wurde diese Entwicklung zweifellos von den alten königlichen Herrschaftszentren Galliens wie der Rhein- und Mosellande, wobei der Hof König Dagoberts I. und dessen kunstfertiger Goldschmied Eligius eine wichtige Rolle spielten. Aber schon während des 7. und im 8. Jh. übernahmen die rechtsrheinischen Königs- und Adelshöfe als Auftraggeber und Produktionsplätze diese Funktion. Ob bereits die frühalamannischen Höhenburgen als Herrschaftszentren des 4. und 5. Jhs. als Vorläufer dieses Aufschwungs der materiellen Kultur der Merowingerzeit östlich des Rheins anzusehen sind, bleibe dahingestellt. Ihre systematische Zerstörung durch Chlodwigs I. rigorose Integrationspolitik in Alamannien macht dies eher unwahrscheinlich.[85]

Kontrovers ist, ob die Handwerker insgesamt, wie nach den schriftlichen Quellen meist anzunehmen ist, unfreie Leute gewesen sind oder ob ein freies, teilweise mobiles Handwerkertum für begehrte Spezialtechniken existierte.[86] Sicher gab es sowohl freie wie unfreie Handwerker, wobei auch die Art ihres Gewerbes eine Rolle gespielt haben dürfte. Eine gewisse Mobilität ist uns vielfach bezeugt, etwa wenn sich Bischöfe oder Fürsten gegenseitig kunstfertige Handwerker »ausliehen«, wenn Glasmacher und Steinmetze aus dem Frankenreich nach England oder Bauleute aus Italien nach Trier geholt wurden. Das Verleihen von Handwerkern und Quellenbelege über die Latifundien der gallorömischen Aristokratie wie des merowingischen und frühkarolingischen Adels lassen aber erkennen, daß die Mehrzahl der Handwerker in den südlichen und zentralen Regionen des Merowingerreiches doch eher grundherrschaftlich gebunden war.[87] In den na-

---

[85] CLAUDE, Handwerker (wie Anm. 75), 238ff.; GÖLDNER, Studien (wie Anm. 83) (zu Andernach als Produktionsstätte); H. STEUER, Höhensiedlungen (wie § 2, Anm. 24); H. ROTH, Produktion und Erwerb von Edelmetallerzeugnissen, in: Marburger Studien zur Vor- und Frühgeschichte 16, 1994, 517–522; zur Verbreitung von Modeln im Kunsthandwerk: CAPELLE u. a., Modeln (wie § 4, Anm. 27).

[86] Für freie Wanderhandwerker: WERNER, Verbreitung (wie § 4, Anm. 27), 68ff.; für unfreie Handwerker: ROTH, Kunst und Handwerk (wie Anm. 72), 128–131. Zu den Kunstprodukten selbst: B. ARRHENIUS, Merovingian Garnet Jewellery, 1985.

[87] CLAUDE, Handwerker (wie Anm. 75), 228f., und 242ff. mit zahlreichen Belegen.

turalwirtschaftlichen Gebieten rechts des Rheins sprechen die archäologischen Befunde hingegen für überwiegend freies, teilweise mobiles Handwerkertum, wie es an der Wende vom 5. zum 6. Jh. die »Vita Severini« bezeugt: Goldschmiede arbeiten zeitweise für germanische Fürsten.

Eine generelle Aussage über die soziale Stellung der Handarbeiter und damit auch über die Wertung der körperlichen Arbeit insgesamt ist schwierig. Im allgemeinen scheint sich im Merowingerreich die traditionelle antike Verachtung der Handarbeit fortgesetzt zu haben, die sich erst viel später unter dem Einfluß einer neuen christlichen Arbeitsethik gemildert hat.[88] Die biblische Tradition war insofern zwiespältig, als einerseits körperliche Arbeit (*labor improbus*) Folge des Sündenfalls und somit Strafe, andererseits jedoch ein asketisches Mittel gegen sündhaften Müßiggang und ungeordnetes Triebleben war. Bei Augustinus wird Arbeit sogar aktive Mitwirkung an der Schöpfung Gottes. Aus dem Alten Testament kam die Vorstellung, daß Gott die Arbeit des Frommen segne; das apostolische Schrifttum betont deren Notwendigkeit für den Lebensunterhalt. Eine sinnerfüllte Einordnung der Arbeit in den Tagesablauf findet sich dann im frühen Mönchtum. Dessen Lebenspraxis war es wohl vor allem, die im weiteren Verlauf des Mittelalters den körperlich arbeitenden Menschen gesellschaftlich aufwertete. Nunmehr taucht dieser auch stärker in der bildenden Kunst auf. Aus schriftlichen Quellen wissen wir von Klosterwerkstätten in Corbie und in Centula (St. Riquier), für das frühe 9. Jh. gibt der St. Galler Klosterplan Aufschlüsse über ein reich differenziertes Handwerk.[89] Daß es sich nicht um eine Neuentwicklung

---

Grundherrschaftlich gebunden war etwa die Holzbearbeitung: P. PAULSEN u. a., Holzhandwerk der Alamannen, 1972. – Vgl. auch MÜLLER-WILLE, Schmied (wie § 4, Anm. 31).

[88] G. WIRTH u. a., Art. »Arbeit«, in: LexMA 1, 869–883; G. BINDING u. a., Art. »Arbeitsbilder«, in: LexMA 1, 883–888; M. D. CHENU, Die Arbeit und der göttliche Kosmos, 1956; F. STEINBACH, Der geschichtliche Weg des wirtschaftenden Menschen in die soziale Freiheit und politische Verantwortung, in: Collectanea Franz Steinbach (wie § 1, Anm. 24), 742–775, bes. 751 ff. – Daß die Handwerker selbst ein gewisses Selbstbewußtsein hatten und teilweise auch lesen und schreiben konnten, betont CLAUDE, Handwerker (wie Anm. 75), 259. – Vgl. allgemein: Histoire générale du travail, Hg. L. H. PARIAS, Bd. 1–3, 1961–1964; F. VAN DER VEN, Sozialgeschichte der Arbeit, Bd. 1–2, 1972.

[89] Grundlegend: W. HORN u. a., The Plan of St. Gall. A Study of the Architecture and Economy and of Life in a Paradigmatic Carolingian Monastery, Bd. 1–3, 1979; K.

der Karolingerzeit handelt, geht aus der Nachricht der Eligiusvita hervor, wonach im Kloster Solignac bei Limoges (7. Jh.) »zahlreiche Handwerker verschiedener Berufe« vorhanden waren.[90]

Technik und Handwerk lebten zwischen dem 6. und frühen 8. Jh. keineswegs nur von der teilweise mühsamen Aufrechterhaltung antiker Standards,[91] sondern waren auf manchen Gebieten, wie etwa in der germanischen Waffentechnik, durchaus innovativ. Eine zunehmende Neusiedlung zwischen dem 6. und 8. Jh. war dafür sicher eine Voraussetzung.[92] Dazu gehört die schon erwähnte lebhafte Bautätigkeit der Könige und Bischöfe, die sich nicht nur auf die Wiederherstellung von Stadtmauern und Aquädukten bezog, sondern in einem auch technisch bemerkenswerten Kirchen- und Klosterbau kulminierte.[93]

Neue gewerbliche Zentren bildeten sich in Nordwesteuropa, wo das »friesische Tuch« seit dem Ende der Merowingerzeit ein begehrter Exportartikel wurde, unter dessen Namen man wohl auch flandrisches und englisches Tuch verkaufte.[94] Wassermühlen zum Ersatz menschlicher Arbeitskraft hat es zwar schon in der Spätantike gegeben, doch scheint ihr Gebrauch seit dem 6. und besonders im 7. Jh. im Frankenreich sprunghaft zugenommen zu haben, vor allem in den germanischen Ausbaugebieten im Norden und Osten.[95] Die pragmati-

---

HECHT, Der St. Galler Klosterplan, 1983; Studien zum St. Galler Klosterplan, Hg. J. DUFT, 1962; Studien zum St. Galler Klosterplan II. Hg. P. OCHSENBEIN u. a., 2002.

[90] CLAUDE, Handwerker (wie Anm. 75), 235; SCHWIND, Zu karolingerzeitlichen Klöstern (wie Anm. 72).

[91] Das gilt z. B. für die Elfenbeinschnitzerei, die sich in Südgallien bis in die Merowingerzeit erhalten hat; der wirkliche Neuansatz gehört jedoch in die karolingische Renaissance. ROTH, Kunst und Handwerk (wie Anm. 72), 94ff.; A. VON EUW, Art. »Elfenbein«, in: LexMA 3, 1815–1818.

[92] W. JANSSEN, Dorf und Dorfformen des 7. bis 12. Jahrhunderts im Lichte neuer Ausgrabungen in Mittel- und Nordeuropa, in: Das Dorf (wie II, 5c), 285–356, hier 343f. und 354f.; DONAT, Haus, Hof (wie § 2, Anm. 21), und oben Anm. 82. – Literatur zur Bevölkerungsentwicklung: J. C. RUSSELL, F. IRSIGLER, in: LexMA 2, 11–17.

[93] S. o. §§ 13, 17 und unten § 20 sowie WERNER, Ursprünge (wie II, 5a), 371ff. – Das Weiterbestehen antiker Fernwasserleitungen nimmt für Trier und Bonn an: K. GREWE, Wasserversorung und -entsorgung, in: Die Wasserversorgung im Mittelalter, 1991, 9–86, bes. 13–18.

[94] CLAUDE, Handwerker (wie Anm. 75), 219; dort auch Literatur über die Herkunft des friesischen Tuchs.

[95] WHITE jr., Technik (wie § 17, Anm. 38), 72ff.; CLAUDE, Handwerker (wie

schen Neuansätze in Agrar- und Handwerkstechnik sind um so bemerkenswerter, als sie offensichtlich kaum von der Überlieferung und Verbreitung technischer Fachliteratur aus der Antike flankiert wurden. Erst seit dem späteren 8. Jh. regt sich das Interesse an überliefertem technischen Wissen, speziell an Werken der Bau- und Kriegskunst sowie der Medizin.[96] Der offensichtliche Bruch bei der technischen Fachliteratur ist aber wohl zu trennen von der Fortdauer handwerklicher und bautechnischer Praxis, wie sie für Italien und das Frankenreich südlich der Loire vielfach bezeugt ist.[97]

Immerhin gibt es auch im Frühmittelalter Belege für wichtige römische Autoren technischer Literatur, doch war deren Verbreitung sehr unterschiedlich. Das gilt auch für die römische Kunst der Feldvermessung, die seit dem Frühmittelalter in Italien und im Frankenreich nachweisbar ist. Zwar war im lateinischen Westen die Technik der Agrimensoren nicht so gut bezeugt wie in Byzanz, wo Landvermessung eine Grundlage für die Besteuerung war, doch finden sich auch bei Cassiodor und in den Briefen Papst Gregors des Großen Belege für deren Anwendung.[98] Auch antike Werke der Kriegskunst tauchen im Frühmittelalter auf. Hier war es besonders des Flavius Vegetius (Ende 4. Jh.) Handbuch des Kriegswesens, das seit der Wen-

---

Anm. 75), 230ff.; T. S. REYNOLDS, »Stronger than a Hundred Men«. A History of the Vertical Water Wheel, 1983; Ö. WIKANDER, Archaeological Evidence for Early Water-Mills, in: History of Technology 10, 1985, 151–179; D. LOHRMANN, Travail manuel et machines hydrauliques avant l'an mil, in: Le travail (wie § 18, Anm. 13), 35–47.

[96] B. BISCHOFF, Die Überlieferung der technischen Literatur, in: Artigianato (wie Anm. 72), 267–296; S. SCHULER, Vitruv im Mittelalter, 1999.

[97] Vgl. dazu L. CRACCO RUGGINI, Le associazioni professionali nel mondo romano-bizantino, in: Artigianato (wie Anm. 72), 59–193; C. G. MOR, Gli artigiani nell' alto medioevo, in: ebd., 195–213; J. LEGOFF, Arbeit, Techniken und Handwerker in den Wertsystemen des Frühmittelalters (5.–10. Jahrhundert), in: DERS., Für ein anderes Mittelalter (wie § 1, Anm. 12), 56–76. – Weiträumige Zusammenhänge kulturhistorischer Art erschließt die Spezialstudie von E. STAUCH, Merowingerzeitvertreib? Spielsteinbeigabe in Reihengräbern, 1994.

[98] Cassiodor, Variae III, c. 52, 107f. (wie Anm. 82); S. Gregorii magni Registrum epistolarum (wie § 17, Anm. 34), epist. VII, in: CC 140A, 1982, 36. Agrimensoren waren 626/36 auch bei der Festlegung der Diözesangrenzen zwischen Piacenza und Parma und bei der Fixierung der Besitzgrenzen des Klosters Bobbio 623 tätig: Codice diplomatico del monastero di San Colombano di Bobbio, Hg. C. M. CIPOLLA, Bd. 1–3, 1918, Bd. 3. Bobbio besaß auch die älteste erhaltene Handschrift des Corpus Agrimensorum (5./6. Jh.). L. TONEATTO, Codices artis mensoriae, Bd. 1–3, 1994f.

de des 8./9. Jhs. im Frankenreich wie im angelsächsischen England bekannt war.[99] Für die inzwischen archäologisch nachweisbare Wiederinstandsetzung römischer Aquädukte im Mittelalter war das Standardwerk des Sextus Julius Frontinus (ca. 30–104 n. Chr.) über die weiträumig organisierte römische Wasserversorgung unentbehrlich.[100] Allerdings ist die Überlieferung dieses Textes wesentlich dürftiger als die der Werke des Vegetius oder des Vitruvius Standardwerk über Architektur, das besonders für die Baukunst der Renaissance wichtig wurde.[101] Vitruvius widmete seine zwischen 33 und 22 v. Chr. verfaßten »De architectura libri decem« Kaiser Augustus. Schon in der Spätantike von Augustinus, Boëthius und Isidor von Sevilla rezipiert, beeinflußte es im Frühmittelalter Hrabanus Maurus, Einhard und Lupus von Ferrières. Etwa 55 mittelalterliche Handschriften sind erhalten.

§ 20 Von der Kultur der Spätantike zur fränkischen Reichskultur

a) Die Ausgangslage

Zur Genesis einer europäisch geprägten deutschen Kultur gehört wesentlich das geistige Erbe der christlichen Spätantike, mit dem die neuen Völker durch die Kirche konfrontiert wurden. Sie war eine Epoche *sui generis*, die sich einerseits bewußt und kämpferisch von der heidnischen Antike löste, aber deren geistiges Rüstzeug, christlich umgedeutet, weiterverwendete und damit die tiefste Wirkung auf das europäische Mittelalter erzielte. Dies gilt zum einen für die Philoso-

[99] Vegetius, Epitoma rei militaris (wie § 4, Anm. 10). Die »Epitoma« sind vermutlich Kaiser Theodosius dem Großen gewidmet; C. R. SHRADER, A Handlist of Extant MSS. Manuscripts Containing the De re militaria of F. V. R., in: Scriptorium 33, 1979, 280–305.

[100] M. SCHANZ, Geschichte der römischen Literatur bis zum Gesetzgebungswerk des Kaisers Justinian, in: Literatur des Umbruchs (wie § 20, Anm. 1), Bd. 2, 795 ff. – Frontinus verfaßte auch ein Werk über Kriegslisten, »Strategemata«, dessen Text im 9. Jh. bezeugt ist.

[101] Vitruv, Zehn Bücher über Architektur, Hg. C. FENSTERBUSCH, ^{4}1987; H. KNELL, Vitruvs Architekturtheorie, 1985; H.-W. KRUFT, Geschichte der Architekturtheorie, 1985, 20–30; G. BINDING, Der früh- und hochmittelalterliche Bauherr als sapiens architectus, 1996.

phie des Neuplatonismus, die in unterschiedlicher Weise die Theologie beeinflußte; desgleichen prägte das heidnisch-antike System der sieben »artes liberales« – vor allem das sprachliche Trivium von Grammatik, Rhetorik und Dialektik – bis in die Neuzeit hinein die Geisteskultur Europas. Mag die Rezeption der »artes liberales« lange Zeit vornehmlich formal und rein didaktisch gewesen sein, so füllten sich diese antiken »Begriffshülsen« bei steigendem Bildungspegel wieder mit realen Kenntnissen und Fähigkeiten auf, so lange nämlich, bis das mittelalterliche Europa geistig »auf eigenen Füßen« stand. Aus »Ausbildung« wurde »Bildung«, zuerst innerhalb, dann auch außerhalb von Kirche und Kloster. Die Hymnen des heiligen Ambrosius und die gregorianischen Gesänge aus päpstlich-römischer Tradition stehen am Beginn der europäischen Musik wie der kirchlichen Liturgie. Die kritische Selbsterfahrung der »Confessiones« des Kirchenvaters Augustinus eröffnete Wege zu einer subtilen Psychologie, die aus der orientalischen Asketenbewegung kam und beispielsweise in den »Apophthegmata patrum«, den »Sinnsprüchen« der Mönchsväter, ein neues christliches Menschenbild prägte. Augustinus personalisierte diese Gottes- und Selbsterfahrung und gab sie für die Praxis des europäischen Mönchtums weiter. Sein Zeitgenosse Hieronymus schuf mit seiner stilistisch hervorragenden lateinischen Bibelübersetzung aus dem Griechischen, der Vulgata, nicht nur ein literarisches Meisterwerk, sondern schlechthin das Grundbuch der lateinisch-westlichen Kultur. Man könnte zugespitzt sagen, daß Augustinus und Hieronymus und die anderen Kirchenväter Entscheidendes zur »Latinisierung« des Christentums beigetragen haben, ohne die Europa nicht denkbar wäre. Gleichzeitig bedeutete dies eine später vom Gang der Geschichte noch forcierte Loslösung vom griechischen Osten. Die Notwenigkeit der neuen lateinischen »Vulgata« des Hieronymus ist bereits ein früher Beleg für die unaufhaltsame Auseinanderentwicklung der östlich-griechischen und westlich-lateinischen Sprach- und Kulturwelt seit der Spätantike. In jedem Fall war die christliche Spätantike in vielen Bereichen eine Präfiguration des europäischen Mittelalters, wie sie intensiver kaum gedacht werden kann. Ihr organisatorisches Gefäß war die lateinisch-römische Kirche.

Es war dann auch die Kirche, deren räumliche Erweiterung durch Mission und organisatorische Stabilisierung nach dem Umbruch der Völkerwanderung jenes Kommunikationsnetz der Bistümer, Klöster und Pfarreien schuf, innerhalb dessen sich die abendländische Geisteskultur auch Deutschlands entwickeln konnte. In diesem langgestreckten Akkulturationsvorgang am Beginn Europas ist, neben und innerhalb der Mission, die Geschichte der Handschriften – als christliche Unterweisung wie als wichtigstes Medium spätantiker Geistestraditionen –, ihrer Wanderungen von Süden nach Norden, vom Westen nach Osten das klarste Indiz für die Rezeption und Weiterentwicklung eines kirchlich gefilterten antiken Erbes: Handschriftengeschichte ist daher für diese Übergangsepoche die konkreteste Form von Geistesgeschichte – bis hin zu der mühsamen Glossenarbeit und Übersetzertätigkeit des Frühmittelalters, mit der sich die germanischen und slawischen Völker die lateinisch-christliche Kultur schrittweise anverwandelten; dabei wandelten sie sich selbst und entwickelten ihre Nationalsprachen. Es war vor allem die logische Strukturierung der germanischen und westslawischen Sprachen durch das erhalten gebliebene, durch die Liturgie sakrosankt gewordene, kunstvolle Gerüst der lateinischen Sprachkultur, die einer geistigen Einheit der neuen europäischen Völker den Weg bahnte. Dabei konnte es nicht ausbleiben, daß die irisch-insulare Kultur wie die germanisch-slawische Welt teilweise auch Erben der Kontroversen und Konfrontationen der Spätantike geworden sind, welche die Kirche einst gegen die heidnische Hochkultur wie gegen pagane Volkskulturen durchzufechten hatte. Mehr noch: Auch die scharfen innerkirchlichen Kontroversen, die seit der Spätantike die Entfaltung eines verbindlichen theologischen Lehrgebäudes begleiteten, hatten die neuen Völker zu verkraften, auch wenn sie ihnen anfangs kaum verständlich waren.

Bereits innerhalb der Spätantike war es zu schweren Auseinandersetzungen zwischen den Kulturtraditionen der heidnisch-klassischen Antike einerseits und dem Christentum andererseits gekommen, die nach dem Sieg des letzteren in Staat und Gesellschaft zu gravierenden Eingriffen in die bisherige Pluralität des kultischen wie des kulturellen Lebens führten. Sie bewirkten schon vor der Völkerwanderungsepoche einen radikalen geistigen und teilweise auch einen gesellschaftlichen Wandel der mittelmeerischen Stadtzivilisation und Hochkultur. Die scharfen Angriffe gebildeter Heiden auf das Christentum, etwa aus dem Umkreis des römischen Senators Quintus Aurelius Symmachus (ca. 345–402), und die staatliche Reaktion der heidnischen Welt und Kaiser Julians I. Apostata (361–363) verschärften noch die geistige Konfrontation, die schließlich an der Wende vom 4. zum 5. Jh. zur staatlich forcierten, weitgehenden Auslöschung der paganen Kulturzentren führte.[1] Die christliche Spätantike und vor al-

[1] Für alles Folgende ist grundsätzlich heranzuziehen: TRAUBE, Vorlesungen und Abhandlungen (wie § 1, Anm. 22); O. BARDENHEWER, Geschichte der altkirchlichen Literatur, Bd. 1–5, ²1913–1932; E. AUERBACH, Literatursprache und Publikum in der lateinischen Spätantike und im Mittelalter, 1958 (engl.: Literary Language and its Public in Late Latin Antiquity and in the Middle ages, 1965); MANITIUS u. a., Geschichte (wie I, 10h), bes. Bd. 1; M. L. W. LAISTNER, Thought and Letters in Western Europe (A. D. 500–900), ²1957; DERS., The Intellectual Heritage of the Early Middle Ages, 1957; J. DE GHELLINCK, Littérature latine au moyen âge, Bd. 1–2, 1939, Bd. 1: Depuis les origines jusqu'à la fin de la renaissance carolingienne; Handbuch der Bibliothekswissenschaft, Hg. F. MILKAU, Bd. 1–4, 1952–1957, Bd. 3: K. CHRIST, Geschichte der Bibliotheken. Das Mittelalter, ergänzt von A. KERN, 1955; J. W. THOMPSON, The Medieval Library, 1957; J. FONTAINE, Naissance de la poésie dans l'occident chrétien, 1981. – Zur spätantiken Vorgeschichte: H. BLANCK, Das Buch in der Antike, 1993. Für die Rezeption antiker Autoren im Mittelalter vgl. auch M. VON ALBRECHT, Geschichte der römischen Literatur, Tl. 1–2, 1992; Haut moyen âge. Culture, éducation et société (Fs. P. Riché), Hg. C. LEPELLEY u. a., 1990; D. SCHALLER, Studien zur lateinischen Dichtung des Frühmittelalters, 1995; The Uses of Literacy in Early Medieval Europe, Hg. R. MCKITTERICK, 1990. – Zum linguistischen Aspekt dieses Umbruchs vgl. zuletzt BANNIARD, Europa (wie § 1, Anm. 30); CLA (wie II, 4f); LEHMANN, Erforschung des Mittelalters, und bes. BISCHOFF, Mittelalterliche Studien (beide wie I, 11m); Kulturbruch; Zur Frage der Periodengrenze; Bedeutung, Hg. HÜBINGER; La cultura (alle wie II, 5c); P. BROWN, The Making of Late Antiquity, 1978. Siehe auch unten in diesem Kap. mit Anm. 33ff. Erziehung und Bildung in der heidnischen und christlichen Antike, Hg. H.-T. JOHANN, 1976, bes. Abschnitt III, 487ff.; Das frühe Christentum (wie § 5, Anm. 14); R. KLEIN, Symmachus, 1971; J. J. O'DONNELL, The Demise of Paganism, in: Traditio 35, 1979, 45–88; Konstantin der Große (wie § 5, Anm. 14); I. OPPELT, Die Polemik der christlichen lateinischen Literatur von Tertullian bis Augustin, 1980; M. FIEDROWICZ, Apologie im frühen Christentum, 2000; P. STOCKMEIER, Glaube und Kultur, 1983. – Vgl. allgemein: The Role of the Book in the Medieval Culture, Hg. P. GANZ, 1986; DEMANDT, Spätantike (wie II, 5a), 93–109; J. FONTAINE, Christentum ist auch Antike, in: JAC 25, 1982, 5–21; B. ALAND, Christentum, Bildung und römische Oberschicht, in: Platonismus und Christentum, Hg. H. D. BLUME u. a., 1983, 11–30 (JAC Erg.bd. 10); H. GRUNDMANN, Litteratus – illiteratus. Der Wandel einer Bildungsnorm vom Altertum zum Mittelalter, in: AKG 40, 1958, 1–65. – Zur Bedeutung der spätantik-christlichen Literatur für die geistigen Anfänge Europas vgl. die glänzende Darstellung von FUHRMANN, Rom (wie § 1, Anm. 39); H. HAGENDAHL, Von Tertullian zu Cassiodor. Die profane literarische Tradition in dem lateinischen christlichen Schrifttum, 1983; F. KLINGNER, Römische Geisteswelt, ⁵1965; W. BERSCHIN, Griechisch-lateinisches Mittelalter. Von Hieronymus zu Nikolaus von Kues, 1980; Lateinische Kultur im VIII. Jahrhundert, Hg. DERS. u. a., 1989; Monks, Bishops and Pagans: Christian Culture in Gaul and Italy, 500–700, Hg. E. PETERS, 1975; außerdem: Culture and Christianity. The Dialectics of Transformation, Hg. G. SAUNDERS, 1988. – Vgl. auch: Das Buch als magisches

lem deren führende Geister – Ambrosius, Hieronymus, Augustinus, Papst Gregor der Große und andere – hatten einen schweren Kampf gegen die Traditionen heidnisch-klassischer Bildung geführt, der für sie oft deshalb so schwierig war, weil sie selbst noch an dieser Bildung in hohem Grade Anteil hatten. Gleichzeitig mußte man jedoch einsehen, daß das Christentum als »Buch-Religion« nicht gänzlich auf sie verzichten konnte, zumal sie für eine grammatische und allgemein sprachliche Schulung zum Verständnis der Heiligen Schrift unerläßlich war. Schon der Kirchenvater Augustinus hatte das Verhältnis zwischen Glauben und traditioneller antiker Bildung in seiner programmatischen Lehrschrift »De doctrina christiana« dahingehend geklärt, daß die letztere ohnehin bereits »in nuce« in der Heiligen Schrift enthalten und von den Grammatikern und Rhetoren gleichsam nur daraus entwickelt und »in extenso« entfaltet worden sei. Das war sicher eine kühne Behauptung des Kirchenvaters, denn die gebildeten Heiden hatten bislang reichlich Spott über die mangelhafte literarische Qualität der Heiligen Schrift der Christen ausgegossen. Aber gerade der berühmteste Zeitgenosse des heiligen Augustinus, der Kirchenvater Hieronymus, hatte, nach früheren Anläufen in seiner römischen Zeit, in Bethlehem mit einem Team versierter Philologen und Schreiber, zu dem für das Alte Testament auch ein Rabbiner herangezogen wurde, das erwähnte grandiose Werk einer völlig neuen lateinischen Bibelübersetzung begonnen, eine Großtat und Wendemarke in der Geschichte des lateinischen Christentums der Spätantike wie des Mittelalters und zugleich ein »Meisterwerk eines Gelehrten von souveräner Sprachbeherrschung«. Mit einem Schlag wurde die Heilige Schrift durch den hochkarätigen Philologen und Rhetor Hieronymus ein unantastbares christliches Erbe auch in sprachlicher Hinsicht. Auf die lateinische »Vulgata« bezogen, stimmte dann zweifellos die Feststellung des heiligen Augustinus, daß die Bibel auch im Sinne der alten Grammatiker und Rhetoren auf der Höhe der Zeit war. Mehr noch: Sie prägte für mehr als ein Jahrtausend die kirchliche

---

und als Repräsentationsobjekt, Hg. P. GANZ, 1992; Spätantike mit einem Panorama der byzantinischen Literatur, Hg. L. J. ENGELS u. a., 1997 (NHLW 4); Die Literatur des Umbruchs. Von der römischen zur christlichen Kultur (117 bis 284 n. Chr.), Hg. K. SALLMANN, 1997. – Zum Spektrum von Schriftlichkeit und Auftragskunst (z. B. Hagiographie) zwischen Spätanike und Frühmittelalter vgl. den instruktiven Überblick in: Committenti e produzione artistico-letteraria nell' alto medioevo occidentale, 1992 (Sett.Cent.it. 39).

Latinität Europas, aus ihr entstand dessen lebendige Bildungssprache. Allerdings trug der Siegeszug des durch Hieronymus wie Augustinus hochentwickelten Kirchenlateins auch zur fortschreitenden »Entkopplung« der beiden Sakralsprachen der Christenheit bei – des Griechischen und des Lateinischen – und damit auch mittelbar, wie angedeutet, zur Entfremdung zwischen Ost und West mit all ihren gravierenden Folgen. Doch steht dies auf einem anderen Blatt. Auf jeden Fall hatte aber Augustinus eine wichtige Entscheidung gefällt, als er dem wissenschaftlichen und literarischen Erbe der antik-paganen Hochkultur einen festen, legitimen Platz im christlichen Bildungswesen seiner Zeit und damit auch des Mittelalters zuwies.[2] Wie diese Grundsatzentscheidung in der kirchlichen und pädagogischen Praxis in dem gewaltigen politischen, ethnischen und gesellschaftlichen Umbruch, den der Übergang von der christlichen Spätantike zum europäischen Frühmittelalter mit sich brachte, unter völlig neuen Bedingungen realisiert werden konnte, blieb zunächst offen und bis in die Anfänge der sogenannten »karolingischen Renaissance« hinein umstritten.[3]

---

[2] Augustinus, De doctrina christiana, III, c. 29, in: CC 32, 1963, 94 ff.; dazu H.-I. MARROU, Augustinus und das Ende der antiken Bildung, 1981 (frz. [4]1958), bes. 281 ff.; Augustinus – Leben und Werk, Hg. W. GEERLINGS, 2002. – FUHRMANN, Rom (wie § 1, Anm. 39), 195–212. – Cassiodor ist ihm in dieser Auffassung, die Grammatik und Rhetorik zu einer brauchbaren Propädeutik für das tiefere und richtige Verständnis der Bibel machte, gefolgt: F. WEISSENGRUBER, Cassiodors Stellung innerhalb der monastischen Profanbildung des Abendlandes, in: Wiener Studien 80, 1967, 202–250, und DERS., Zu Cassiodors utrasque doctrinas, in: StAns 85, 1982, 33–47 (Fs. K. Hallinger), in Auseinandersetzung mit J. J. O'DONNELL, Cassiodorus, 1979. P. LEHMANN, Cassiodor-Studien, in: DERS., Erforschung des Mittelalters (wie I, 11m), Bd. 2, 38–108; A. MOMIGLIANO, Cassiodorus and Italian Culture of his Time, in: Proceedings of the British Academy 41, 1955, 207–245. Zur Weiterwirkung der strengen, christlich-monastischen Tradition im Mittelalter: C. LEONARDI, Alle origini della cristianità medievale: Giovanni Cassiano e Salviano di Marsiglia, in: StM XVIII,2, 1977, 491–608; Medioevo latino. Bolletino bibliografico della cultura europea dal secolo VI al XIII, Hg. DERS., 1980. – Zur Gesellschaftskritik Salvians: J. BADEWIEN, Geschichtstheologie und Sozialkritik im Werk Salvians von Marseille, 1980. – Zu Hieronymus: F. BRUNHÖLZL, Art. »Bibelübersetzungen«, in: LexMA 2, 88–93 (Zitat 92); Jérôme entre Occident et l'Orient, Hg. Y.-M. DUVAL, 1988; neueste Darstellung mit reicher Literatur: JENAL, Italia ascetica (wie § 13, Anm. 62), Bd. 1, 318–417 und passim; M. VAN UYTFANGHE, La Bible et l'instruction des laïcs en Gaule mérovingienne, in: Sacris erudiri 34, 1994, 67 ff. – Zum Spott der gebildeten Heiden über die sprachliche Qualität der Bibel und zur christlichen Reaktion darauf vgl. HAGENDAHL, Tertullian (wie Anm. 1), und BEUMANN, Gregor von Tours (wie II, 5a).

[3] Vgl. dazu P. BROWN, Augustinus von Hippo, [2]1982, bes. 227 ff., und K. FLASCH,

Zweifellos war es so, daß das ältere laikale, öffentliche Schulwesen der Spätantike verfiel, mochten sich auch südlich der Loire noch Reste davon erhalten haben und mochten auch antik-klassische Bildungstraditionen im Privatunterricht der Kinder der gallorömischen Aristokratie weiterleben,[4] so wie ihn Bischof Caesarius von Arles durch den Rhetor Julianus Pomerius erhalten hatte. Oft waren es die Bischöfe selbst, die auch im 6. Jh. noch klassische Bildung oder Rudimente derselben hatten. Allerdings mußte sich Bischof Desiderius von Vienne († 606/07), ein gebildeter Aristokrat, noch von Papst Gregor dem Großen tadeln lassen, weil er Grammatik im antiken, klassischen und damit umfassenden Sinn als »Kulturwissenschaft« unterrichtete.[5]

Wie sah es aber im Mönchtum als dem lebendigsten, radikalsten und wichtigsten Zweig kirchlicher Wirksamkeit hinsichtlich des Verhältnisses von Glauben und Bildung aus? Faßt man die monastischen Selbstzeugnisse zum Thema Glaube und Bildung zusammen, dann ergibt sich, daß es in den großen, geordneten Klöstern des lateinischen Westens noch viele traditionell, d. h. rhetorisch-grammatisch, Gebildete gab, daß aber gerade ihre rigoristische Entscheidung für das monastische Leben durch eine strenge Nahrungs- und Sexualaskese es

Augustinus. Einführung in sein Denken, 1980, bes. 260ff. und 286ff.; M. L. W. LAISTNER, Christianity and Pagan Culture in the Later Roman Empire, 1951; C. N. COCHRANE, Christianity and Classical Culture, 1944; W. JAEGER, Das frühe Christentum und die griechische Bildung, 1963; O. GIGON, Die antike Kultur und das Christentum, 1967; PRINZ, Mönchtum (wie II, 5a), 449ff.; G. GLAUCHE, Schullektüre im Mittelalter, 1970; D. ILLMER, Formen der Erziehung und Wissensvermittlung im frühen Mittelalter, 1971. Vgl. insgesamt: La scuola (wie II, 5c) und R. MACMULLEN, Paganism in the Roman Empire, 1981; FREND, The Rise (wie § 13, Anm. 1); De Tertullien aux mozarabes (Fs. J. Fontaine), Hg. L. HOLTZ u. a., 1992, Tl. 1–4, hier Tl. 1: Antiquité tardive et christianisme ancien (IIIe-VIe siècles).

[4] P. RICHÉ, Éducation et culture dans l'occident barbare, VIe-VIIIe siècle, [3]1973, 69ff. und 227–254 (für Gallien), über Nordgallien (Gaule barbare) 254ff.; M. M. HILDEBRANDT, The External School in Carolingian Society, 1992.

[5] S. Gregorii magni Registrum epistolarum (wie § 17, Anm. 34), epist. XI, 34, in: CC 140A, 1982, 922f.; vgl. ferner J. SPÖRL, Gregor der Große und die Antike, in: Christliche Verwirklichung (Fs. Romano Guardini), Hg. K. SCHMIDTHÜS, 1935, 198–211. – Zur »Umwertung« des Kulturbegriffs durch das Christentum s. u. Anm. 9; RICHARDS, Consul of God (wie § 15, Anm. 63); C. DAGENS, Saint Grégoire le Grand. Culture et expérience chrétiennes, 1977; J. FONTAINE u. a., Grégoire le Grand: Chantilly, Centre Culturel Les Fontaines, 15–19 sept. 1982. Actes, 1986; E. PITZ, Papstreskripte im frühen Mittelalter: Diplomatische und rechtsgeschichtliche Studien zum Brief-Corpus Gregors des Großen, 1990; G. R. EVANS, The Thought of Gregory the Great, 1986.

notwendig mit sich brachte, daß sie sich als Träger einer entschiedenen »Gegenkultur« von ihrer Erudition und Weltbildung lossagten, weil sie diese als »Versuchung« empfinden mußten.[6] Literarische Kultur konnte im frühen Klosterwesen kein eigenständiges und daher tradierbares »Gewächs« sein, sondern wurde in einer bestimmten, entscheidenden Phase eher als Hypothek und unfreiwilliges geistiges Erbe aus der Zeit vor der persönlichen »conversio«, vor dem Klostereintritt, empfunden. Cassiodors eher vermittelnder Standpunkt in dieser Frage hat wohl auch aus diesem Grunde keine Schule gemacht.

Cassiodor (ca. 485–580) sammelte eifrig antik-pagane Literatur in seiner Klostergründung Vivarium bei Squillace und ließ wichtige Texte aus dem Griechischen ins Lateinische übersetzen. Dabei war seine Art der Rezeption antiker Bildung kein Selbstzweck, sondern diente, ganz im Sinne von Augustins Propädeutik, zum besseren Verständnis der Heiligen Schrift. Darin unterschied er sich grundsätzlich von seinem unglücklichen Zeitgenossen und Amtsvorgänger am Hofe König Theoderichs in Ravenna, Anicius Manlius Boëthius (ca. 475/80–524), der ganz bewußt griechische Philosophie im lateinischen Sprachgewand der Nachwelt übermitteln wollte. Dies glückte ihm auch. Alkuin, der führende Kopf der karolingischen Renaissance, spendet ihm und seinen philosophischen Schriften hohes Lob, und in der Tat hat ihm das mittelalterliche Bildungswesen viel zu verdanken, da er bis zur arabischen Aristoteles-Rezeption des Hochmittelalters wohl der wichtigste Übermittler griechischen Geistes gewesen ist. Ob Boëthius eher Christ oder noch Heide war, ist umstritten. Auf jeden Fall war für ihn die pagane Bildungstradition nicht nur wünschenswertes Vorstadium christlicher Bildung, sondern Selbstzweck, und deren Tradierung galt ihm als ein hohes Ziel.[7] – Selbst noch gebildet,

[6] Prinz, Mönchtum (wie II, 5a), 462ff. – Doch zeigt gerade das Beispiel des Hieronymus die Faszination klassisch-antiker Bildung; diese Faszination verließ ihn bis ans Lebensende nicht. Jenal, Italia ascetica (wie § 13, Anm. 62), bes. Bd. 2, 534–599.

[7] S. o. Anm. 2. – O'Donnell, Cassiodorus, bes. 177–222, und Weissengruber, Zu Cassiodors utrasque doctrinas (beide wie Anm. 2); G. Ludwig, Cassiodor. Über den Ursprung der abendländischen Schule, 1967; F. Prinz, Cassiodor und das Problem christlicher Aufgeklärtheit in der Spätantike, in: HZ 254, 1992, 561–580; Jenal, Italia ascetica (wie § 13, Anm. 62), Bd. 2, 644–661; Boëthius, Hg. M. Fuhrmann u. a., 1984; Ders., Geschichte der römischen Literatur, 1999; J. Gruber u. a., Art. »Boëthius«, in: LexMA 2, 308–315. Vgl. allgemein: P. Courcelle, Les lettres grecques en occident. De Macrobe à Cassiodore, 1943; Römische Li-

haben aber, wie gesagt, Mönche und Nonnen des 5. und 6. Jhs. aus christlich-asketischer Überzeugung viel dazu beigetragen, spätantike Bildungstraditionen für sich selbst und mehr noch für nachfolgende Klostergenerationen zu beenden: Man stellte sich aus religiösen Gründen bewußt auf Diskontinuität ein.[8]

Unter diesen Umständen kann es nicht verwundern, daß von einer adäquaten Anverwandlung der hochentwickelten heidnisch-antiken Philosophie, etwa des symbolischen Rationalismus der platonischen Dialoge oder der analytischen Schärfe aristotelischer Sozialphilosophie, in dieser Epoche keine Rede sein kann. Vielfach bewegt sich die Auseinandersetzung mit zentralen Ideen der Antike, die ohnehin zumeist in der lateinischen Vereinfachung durch Cicero und andere Autoren auf die Kirchenväter gekommen waren, auf einer mittleren polemischen Ebene. Dabei ging es vorwiegend um den Nachweis der Gleichrangigkeit der christlichen Ideenwelt bzw. um deren a priori postulierte Überlegenheit. Das war nicht nur bei eleganten Stilisten und Rhetoren wie Lactantius (ca. 260–325) der Fall, sondern auch bei Augustinus' Polemiken gegen die heidnische Philosophie, die im Grunde keine sachbezogenen Auseinandersetzungen mit der klassisch-heidnischen Geisteswelt gewesen sind. Eine Ausnahme bildet noch am ehesten der große Philologe und Kenner der antiken Geistestradition Hieronymus. Seine lateinische Bibelübersetzung und seine Kommentare zeigen ihn auf der Höhe kultureller Traditionen, deren geistige und ästhetische Werte er trotz schwerer Irritationen bis an sein Lebensende schätzte.

Für den »Einstieg« der christlichen Bildungsschicht in die Denkkategorien der antiken Philosophie wurde aber, wie bereits angedeutet, in jedem Fall die neuplatonische Schule, besonders deren subtile philosophische Kategorien, für den Ausbau von Theologie und Dogmatik bedeutsam. Eine Weltreligion erhielt auf diese Weise für ihre »frohe Botschaft« eine klare, mitteilbare Begrifflichkeit und Struktur, womit eine Abgrenzung gegenüber anderen religiösen Vorstellungen

---

teratur, Hg. M. FUHRMANN, 1974; S. PRICOCO, Storia letteraria e storia ecclesiastica dal De viris illustribus di Girolamo a Gennadio, 1979; DERS., Monaci, Filosofi e Santi. Saggi di storia della cultura tardoantica, 1992.

[8] Der Bruch der Bildungstradition läßt sich exemplarisch an dem Lérins-Schüler Caesarius von Arles (469/70–542) erkennen; dazu BERSCHIN, Biographie (wie § 1, Anm. 12), Bd. 1, 241–258, hier 254f.; P. BLOMENKAMP, Art. »Erziehung, B. Christlich«, in: RAC 6, 1966, 520–559.

möglich wurde. Dies wiederum begründete eine Dauerhaftigkeit geistiger Traditionen, die in Zustimmung wie kritischer Distanz erst die europäische Geisteskultur ermöglichten.[9] Die Transformation der vom Christentum adaptierten Teile des antik-heidnischen Geisteserbes zum Aufbau des theologischen und dogmatischen Lehrgebäudes sowie des Kirchenrechts führte aber zwangsläufig, wenn auch in einem langwierigen Klärungsprozeß, zur Ausbildung scharfer Grenzen zwischen der Orthodoxie und jener Unzahl von Häresien, welche die Kirchengeschichte begleiteten. Das war die »andere Seite der Medaille«, wobei es sicher kein Zufall ist, daß in den häretischen Bewegungen der Spätantike wie des Mittelalters die Idee einer radikalen Rückkehr zur »idealen Urkirche«, also zur Zeit vor den genauen theologischen und dogmatischen Distinktionen, immer wieder eine große Rolle spielte. Die Rückkehr zu einem wirklichen oder vermeintlichen idealen Zustand der frühen christlichen Gemeinde wurde später zum stärksten Antrieb für alle Reformen und Reformationen der Kirchengeschichte.

Es genügt für das Verständnis des Mittelalters nicht, im Sinne humanistisch-philologischer Werte nur die wirklichen oder vermeintlichen literarischen Defizite zwischen christlicher Spätantike und Frühmittelalter aufzuzeigen, die es zweifellos gab, vor allem, wenn man diese Übergangsepoche an den ästhetischen Standards der klassischen Antike mißt. Vielmehr muß man sich den radikalen Werte- und damit Paradigmenwechsel vergegenwärtigen, den das Christentum verursachte und der zu einer »tiefgreifenden Veränderung der Lebensfunktion von Text, Schrift und Buch« bereits in der christlich-spätantiken Kultur geführt hatte. Wenn bereits damals im Zentrum der Lebensorientierung die Bibel und eine auch quantitativ beträchtliche Fülle kanonischer und exegetischer Schriften stand, die alle dem christlichen Leben und dem jenseitigen Ziel des Glaubens dienten, dann hatte dies auch für die germanischen und slawischen Nachfolger des Imperiums weitreichende Folgen: Das »heilige Buch« und dessen Kommentare sowie Psalter und christliche Dichtung bewirkten nicht nur im allgemeinen Bewußtsein eine »Umwertung aller Werte«, sondern sie veränderten radikal die Einstellung zur paganen Literatur, die bestenfalls noch als Propädeutik zur Interpretation der Heiligen

[9] Dazu grundlegend: FUHRMANN, Rom (wie § 1, Anm. 39); zu Lactantius: O. GIGON, Lactantius und die Philosophie, in: Kerygma und Logos (Fs. C. Andresen), Hg. A. M. RITTER, 1979, 196–213; Lactance et son temps, Hg. J. FONTAINE, 1978.

Schrift diente. Ansonsten jedoch ging es um das christliche Verständnis des wahren, jenseitsbezogenen Lebens. Deshalb veränderten sich auch die Formen literarischer Bildung, die dann von den neuen christianisierten Völkern als einzige Schriftkultur übernommen und im kirchlich-monastischen Bereich weiterentwickelt wurden. Daß dabei im »Nebenschluß« auch die pagane Literatur der Antike sowohl als »Hilfswissenschaft« zum besseren Bibelverständnis als auch, seit der karolingischen Renaissance, gleichsam als ästhetisches »Spielgut« rezipiert und tradiert werden konnte, erscheint unter dem Aspekt des radikalen christlichen Wertewechsels als das eigentliche, verblüffende Paradoxon der Geistesgeschichte zwischen Spätantike und Frühmittelalter. Ebenso zu beachten ist aber, daß sich der quasi geschlossene »Blutkreislauf« sich wechselseitig bestätigender religiöser Literatur in dem Maße wieder öffnen und zur profanen Welt erweitern mußte, wie sich eine differenziertere Gesellschaft mit ihren neuen Bildungsmöglichkeiten innerhalb wie neben der Kirche zu entwickeln begann, ein Vorgang, der seit dem Hochmittelalter einsetzte.[10]

Die Frage nach der Art und Fortdauer organisierter Bildung stellt sich verschärft für die Epoche nach der Völkerwanderung. Es kam zu einer Schrumpfung des antiken Städtewesens und teilweise zu dessen Untergang mit gravierenden Folgen für das kulturelle Niveau. Gerade die Mönche, die freiwillig den Bruch mit der antiken Tradition vollzogen hatten, sahen sich nun mit einer neuen Aufgabe konfrontiert: dem Ausbau der Kirchenorganisation in den kulturell neu erschlossenen Gebieten, Regionen ohne lateinische Kulturtradition, wo die Kirche selbst die einzige Trägerin lateinischer Schriftkultur wurde. Die klassische Literatur konnte dort keine existentielle Versuchung der Kleriker und Mönche mehr sein, da es im Missionsgebiet nicht mehr den Antipoden der heidnisch-antiken, hochkulturellen Traditionen gab. Der Schwerpunkt des Kampfes verlagerte sich dort auf ältere volkskulturelle Traditionen, und zwar sowohl im Bereich des ehe-

---

[10] H. KELLER, Vom »heiligen Buch« zur »Buchführung«, in: FMASt 26, 1992, 1–31, bes. 7–16; C. GNILKA, Der neue Sinn der Worte, in: ebd., 32–64; DERS., Usus iustus. Ein Grundbegriff der Kirchenväter im Umgang mit der antiken Kultur, in: Archiv für Begriffsgeschichte 24, 1980, 34–76, bes. 52ff. und 61ff.; vgl. auch STOCKMEIER, Glaube (wie Anm. 1). Es ist kein Zufall, daß bereits in der christlichen Spätantike ein merklicher Rückgang der Schriftlichkeit eingetreten war. Siehe KELLER, in: FMASt 26 (wie oben), 16.

maligen Imperium Romanum wie in den germanischen und slawischen Missionsgebieten. Von den Predigten des Bischofs Caesarius von Arles und den Wundergeschichten Gregors von Tours über entsprechende Strafbestimmungen in Konzilsbeschlüssen und Bußbüchern, die immer wieder eingeschärft werden mußten, bis zum Briefwechsel des Winfrid-Bonifatius läßt sich die Spur dieser Auseinandersetzung verfolgen. Wie beim Ringen mit dem hochkulturellen heidnischen Erbe reagierte die Kirche auf die tiefverwurzelte pagane Volkskultur sowohl durch Zerstörung wie durch Kriminalisierung und Abwertung, aber auch durch deren Umformung, was auf eine teilweise Aneignung gewisser Elemente, etwa im Reliquienkult, hinauslief.

Das Vorgehen der Kirche gegen heidnisch-magische Praktiken mit Bußen war gleichsam ein Stück »christlicher Aufklärung«, wobei der verurteilten »schwarzen Magie« die Wunder- und Heilkraft der Heiligen als »weiße Magie« entgegengesetzt wurde. Das erklärt auch die große Rolle der Heiligenwunder in hagiographischen Texten. Man hat daher nicht zu Unrecht den »Aberglauben« eine Nebenfolge der Christianisierung genannt; bemerkenswert ist jedenfalls, wie lange und hartnäckig sich magische Praktiken weit über das Mittelalter hinaus erhalten konnten.[11] Zweifellos ist die Gegenüberstellung von »Kleri-

[11] Zum Problem mittelalterliche Kirche und heidnische Kulturtradition: P. LEHMANN, Panorama der literarischen Kultur des Abendlandes im 7. Jahrhundert, in: DERS., Erforschung des Mittelalters (wie I, 11m), Bd. 5, 258–274; LAISTNER, Thought (wie Anm. 1); DERS., Christianity (wie Anm. 3); RICHÉ, Éducation (wie Anm. 4); F. WEISSENGRUBER, Monastische Profanbildung in der Zeit von Augustinus bis Benedikt, in: Mönchtum und Gesellschaft (wie II, 5c), 387–429; PRINZ, Mönchtum (wie II, 5a), 449ff. und 462ff.; C. MEIER, Kontinuität – Diskontinuität im Übergang von der Antike zum Mittelalter, in: Kontinuität – Diskontinuität in den Geisteswissenschaften, Hg. H. TRÜMPY, 1973, 53–94; R. A. MARKUS, From Augustine to Gregory the Great, 1983; s. u. Anm. 31–34; FUHRMANN, Rom (wie § 1, Anm. 39), 59–80. – Zur Volkskultur: J. LEGOFF, Culture cléricale et traditions folkloriques dans la civilisation mérovingienne, in: AESC 22/4, 1967, 780–791; Popular Belief and Practice, Hg. G. J. CUMING u. a., 1972; R. MANSELLI, La religion populaire au moyen âge, 1975; Magie und Religion (wie § 18, Anm. 61); FLINT, The Rise of Magic (wie § 15, Anm. 65). – Einen anderen wichtigen Aspekt dessen, was man wohl allzu gemütlich als »Volkskultur« bezeichnet, behandelt: Kannibalismus und europäische Kultur, Hg. H. RÖCKELEIN, 1996. – J.-C. SCHMITT, Heidenspaß und Höllenangst. Aberglaube im Mittelalter, 1993; KIECKHEFER, Magic (wie § 18, Anm. 61); La culture populaire au Moyen Âge, Hg. P. BOGLIONI, 1979; GURJEWITSCH, Volkskultur (wie § 1, Anm. 12); D. HARMENING, Superstitio (wie § 18, Anm. 61); DERS., Zauberei im Abendland, 1991; T. FREMER,

kerkultur« und »Volkskultur« manchmal simplifizierend, da sich auch die Oberschichten magischer Praktiken bedienten oder an sie glaubten und überdies die Gesellschaft in deutlich erkennbare Gruppen und Gemeinschaften gegliedert war, die kaum dem schematischen Begriff einer homogenen Oberschicht entsprachen. Dennoch wird man an dieser Dichotomie als heuristischem Prinzip festhalten müssen. Schon das »Schriftmonopol« der »Klerikerkultur« des Frühmittelalters legt diese grundsätzliche Unterscheidung nahe.[12]

Volksglaube, Wahrsagerei und Magie sind noch in anderem Zusammenhang für die mentale Entwicklung bedeutsam, nämlich als argwöhnisch registrierte Objekte staatlicher und kirchlicher Gesetzgebung. Hier ergeben sich ganz andere Aspekte von Kontinuität zwischen Antike und Mittelalter. Seit der christlichen Spätantike zeichnet sich nämlich die Tendenz ab, sehr verschiedenartige und disparate Gegenstände römischer Rechtsprechung, die ursprünglich nichts miteinander zu tun hatten, zusammenzufassen, was ein verstärktes Verfolgungspotential zur Folge hatte. A. Momigliano hat in diesem Zusammenhang mit Recht hervorgehoben, daß es für ein multikulturelles, multireligiöses Imperium wie das Römerreich zwangsläufig eine schwere Belastung werden mußte, die Anerkennung einer einzigen, monotheistischen Religion zu erzwingen. Alle anderen bisherigen Kulte wurden damit inkriminiert und kriminalisiert. Die schier endlose Geschichte der Häresien und der Rückfälle in ältere heidnische Vorstellungen und magische Praktiken kam nicht von ungefähr. Wie sich dann beim Übergang zum Mittelalter zeigen sollte, ergab sich damit ein neues, umfassendes Feindbild für die staatliche wie

Wunder und Magie. Zur Funktion der Heiligen im frühmittelalterlichen Christianisierungsprozeß, in: Hagiographica 3, 1996, 15–88; vgl. auch R. E. McLaughlin, The World Eclipsed? Preaching in the Early Middle Ages, in: Traditio 47, 1991, 71–122.

[12] Zum Problem: R. Chartier, Volkskultur und Gelehrtenkultur, in: Epochenschwellen und Epochenstrukturen im Diskurs der Literatur- und Sprachhistorie, Hg. Ders. u. a., 1985, 376–388; Haubrichs, Die Anfänge (wie II, 5c), 60–80; kritisch: Keller, Vom »heiligen Buch« (wie Anm. 10), 29f. mit Anm. 104. Zum Verhältnis Latein – Volkssprachen im Bereich der Romania: Latin and the Romance Languages in the Early Middle Ages, Hg. R. Wright, 1991. – Zum herrschaftlichen Aspekt literarischer Produktion: N. Staubach, Germanisches Königtum und lateinische Literatur vom fünften bis zum siebten Jahrhundert, in: FMASt 17, 1983, 1–54. – Zum Forschungsstand über den Beginn des Althochdeutschen vgl.: Sprachgeschichte (wie § 15, Anm. 70).

kirchliche Strafverfolgung. Bereits auf dem 16. westgotisch-spanischen Konzil von Toledo (693) wurden Gesetze beschlossen, um planmäßig gegen Wahrsager, Heiden, Juden und Homosexuelle vorzugehen, die – so die Begründung – gemeinsam die Stabilität des Reiches bedrohten und deshalb aufs schärfste zu verfolgen seien. Mit anderen Worten: Es wurde jetzt ein kollektiv definiertes Verfolgungsobjekt konstruiert, nämlich eine in sich kohärente »Gesellschaft des Bösen«, deren permanente Persekution sich zu einer der düstersten Seiten der mittelalterlichen Geschichte entwickelte.[13]

Auch in der Literatur ist der politisch-ethnische Umbruch in dem Raum, der Schauplatz der deutschen Geschichte werden sollte, weder »flächendeckend« noch gleichzeitig, sondern wird von den jeweiligen regionalen Verhältnissen maßgeblich mitgeformt. Wie schwierig es ist, im einzelnen kulturelle Kontinuität oder Diskontinuität festzustellen und qualitativ einzuordnen, zeigen Quellenbefunde aus verschiedenen Räumen: dem Trierer Land und in den Landen an der mittleren Donau gegen Ende des 5. Jahrhunderts. Von dem in Trier residierenden *comes* Arbogast erfahren wir etwa durch einen Brief des Dichters und Bischofs Sidonius Apollinaris von Clermont-Ferrand und durch eine lobrednerische metrische Epistel des Bischofs Auspicius von Toul; beide Texte sind an Arbogast selbst gerichtet. Ihnen entnehmen wir dessen fränkische Abstammung, seinen katholischen Glauben und seine antike Bildung. Wahrscheinlich gehörte seine Familie, die von einem mächtigen römischen Heerführer gleichen Namens abstammte, der im 4. Jh. am Trierer Kaiserhof eine maßgebliche Rolle gespielt hatte, schon der gallorömischen Senatorenaristokratie an. Wichtig ist in diesem Zusammenhang der Kontakt des Trierer Regionalherrschers zu Vertretern der spätlateinisch-christlichen Literatur Galliens und zum asketisch-monastischen Literatur-Kreis von Lérins; trotz der fränkischen Invasionen waren die weitgespannten kulturellen Verbindungen nicht völlig abgerissen, sondern an die neue politische Herr-

[13] N. ZEDDIES, Religio und sacrilegium. Studien zur Inkriminierung von Magie, Häresie und Heidentum (4.–7. Jahrhundert), Diss. Chemnitz 2001; NOETHLICHS, Maßnahmen (wie § 13, Anm. 9); MANSELLI, Resistenza (wie § 15, Anm. 3), hier 57–108; A. MOMIGLIANO, The Disadvantages of Monotheism for a Universal State, in: DERS., On Pagans, Jews and Christians, 1987, 142–158. – Zum Zugriff des christlichen Staates auf Wahrsagerei und Zauberei: M. T. FÖGEN, Die Enteignung der Wahrsager. Studien zum kaiserlichen Wissensmonopol in der Spätantike, 1993. Vgl. auch R. J. MOORE, The Formation of a Persecuting Society, 1987.

schaft weitergegeben worden. Das bedeutete Kulturtransfer auf höchster Ebene.[14]

Andere Nachrichten, die sich auf Ufernoricum, die mittleren Donaulande, am Ende des 5. Jhs. beziehen, lassen hingegen in wesentlich schrofferer Form den Zerfall und teilweisen Abbruch des kulturellen Geflechts und seiner Rückverbindungen erkennen: Vor allem die Lebensbeschreibung des heiligen Severin von Noricum aus der Feder des Eugippius (ca. 465/67–nach 533), die am Beginn des 6. Jhs. im Kloster Lucullanum bei Neapel geschrieben wurde, macht die Brüche deutlich. Sie schildert im Rückblick donauländische Zustände der zweiten Hälfte des 5. Jhs., die mit dem Leben und Wirken dieses Heiligen verbunden sind, teilweise sehr realistisch.[15] Eugippius hatte sich Severin und dessen Mönchen angeschlossen und war nach dem Tode des Heiligen (482) mitsamt den Brüdern nach Neapel ausgewandert. Als Abt des neuen Severins-Klosters in Lucullanum stand er in engem Kontakt mit christlichen Schriftstellern der Zeit. Sein Stil verbindet elegant spätantike Kunstprosa mit jener Einfachheit des Stils, wie sie christliche Autoren aus religiösen Gründen forderten.[16]

---

[14] Zu Sidonius Apollinaris: C. LOYEN, Recherches historiques sur les panégyriques de Sidoine Apollinaire, 1942 [Ndr. 1972], 7–25; C. E. STEVENS, Sidonius Apollinaris, 1933. – Zu Arbogast siehe § 6 mit Anm. 5.

[15] Beste Edition: Eugippius, Das Leben des Heiligen Severin (wie II, 4b), mit einem Beitrag von E. VETTER, Handschriftliche Grundlage und Textgestaltung, S. 27–35. Kaum Neues bietet die Eugippius-Ausgabe: Eugippe, Vie de Saint Séverin, Hg. P. RÉGERAT, 1991. – PRINZ, Mönchtum (wie II, 5a), 317–332; H. BALDERMANN, Die Vita Severini als literarisches Genos und als historische Quelle, Phil. Diss. Hamburg 1955. Eine neue, wenn auch umstrittene Deutung Severins bietet LOTTER, Severinus (wie II, 5b). Vgl. auch K. KNAPP-WENZEL, Mönchtum an Donau und Nil. Severin von Noricum und Schenute von Atribe, zwei Mönchsväter des 5. Jahrhunderts, 1997; BRATOŽ, Severinus (wie § 13, Anm. 41); H. VETTERS, Zur Geschichte Noricums in der Römerzeit, in: Die Römer an der Donau (wie § 5, Anm. 35), 17–30; H. DICKERHOF, De Instituto Sancti Severini. Zur Genese der Klostergemeinschaft des Hl. Severin, in: ZBLG 46, 1983, 3–36. Siehe auch oben § 13a, Anm. 40ff.

[16] E. M. RUPPRECHTSBERGER, Beobachtungen zum Stil und zur Sprache des Eugippius, in: Römisches Österreich 4, 1976, 227–299. – Zur Forderung einfachen Stils vgl. die instruktive Zusammenstellung bei LOTTER, Severinus (wie II, 5b), 42ff. Zum Stilproblem insgesamt immer noch grundlegend: E. NORDEN, Die antike Kunstprosa vom VI. Jahrhundert bis in die Zeit der Renaissance, Bd. 1–2, [3]1918; höchst anregend auch CURTIUS, Literatur (wie I, 10h); zur Kritik an Curtius vgl. K. VON SEE, Das Frühmittelalter als Epoche der europäischen Literaturgeschichte, in: NHLW 6, 1983, 5–70, hier 17 mit Anm. 15, 67.

Beide Beispiele, die Elogen für den Trierer *comes* Arbogast wie des Eugippius Schilderung der Zustände Ufernoricums am Ende des 5. Jhs., zeigen auf sehr unterschiedliche Weise das Fortwirken christlich spätantiker Geistigkeit in der Völkerwanderungszeit und deren Weiterwirken auf die neuen Völker. Im Falle der »Vita Severini« wird allerdings mit dem Abzug eines Teils der romanisierten Bevölkerung auch eine schwerwiegende kulturelle Zäsur dokumentiert, die von der Kirche in Ufernoricum nicht verhindert werden konnte.[17] Dagegen war das 6. Jh. in Tours und Poitiers geradezu eine »literarische Epoche«, denn südlich der Loire haben sich vielfach kulturelle Zustände und Gesellschaftsstrukturen der Spätantike erhalten, ebenso antike Rechtstraditionen und teilweise auch ein gewisses Maß von Schriftlichkeit der Verwaltung.[18]

b) Bildungsinhalte und ihr Verhältnis zur antiken Kulturtradition

In den Gebieten, die man für die Römerzeit mit dem Begriff der »Germania libera« oder »Germania barbarica« zusammenfaßt, fand die spätantik-christliche Schriftkultur erst seit dem 7. Jh. mit der irofränkischen und angelsächsischen Mission Eingang, die zugleich die kulturellen Inhalte grundlegend veränderte, gleichzeitig aber auch Elemente der vorausgegangenen germanischen Zivilisation aufnahm und später auch solche der slawischen Welt.[19]

Zu dem Zeitpunkt, als diese Entwicklung im späteren deutschen Sprachraum innerhalb des Frankenreiches zum Tragen kam, waren die grundlegenden dogmatischen Entscheidungen in den großen Reichskonzilien des 4. und 5. Jhs. längst gefallen. Die Inhalte kirchlicher Lehre samt den Kommentaren der Kirchenlehrer Ambrosius, Hieronymus, Augustinus und Gregors des Großen wurden nur noch tradiert und seit dem 6. und 7. Jh. meist in rudimentärer Form an die zu missionierenden Völker des Westens und Nordens weitergegeben. Man hat etwas mißverständlich von einer »Germanisierung des Chri-

---

[17] Zum Problem der Kontinuität zwischen Donau und Alpen vgl. Von der Spätantike (wie II, 5c); darin bes. für Severin: CHRISTLEIN, Kastell (wie § 5, Anm. 80); BERG, Bischöfe (wie § 13, Anm. 28), und oben §§ 4f.

[18] Beispielhaft STEIN, Bevölkerung (wie § 2, Anm. 12).

[19] Vgl. insgesamt: Kirchengeschichte als Missionsgeschichte (wie II, 5a), Bd. 2, und oben § 15.

stentums« gesprochen, die sich auch in der fränkischen Landeskirche auswirkte und sowohl in der Kirchenhoheit von Königtum und grundherrschaftlichem Adel zutage trat als auch insbesondere in einer schlichteren Mentalität sich zeigte, der die diffizilen Diskussionen der Spätantike, etwa um den Trinitätsbegriff und um die Wesenheit Christi, weitgehend entrückt waren. Es gab kaum eine eigenständige theologische Reflexion, sondern den rituellen Nachvollzug des Tradierten, Scheu vor dem Numinosen und die Magie von Segen und Fluch. Personalisierter Christus- und Heiligenkult und die strikte Erfüllung kirchlicher Vorschriften standen dabei im Vordergrund, ganz besonders bei den gewaltigen Aufgaben der Germanen- und Slawenmission.[20] So bedenklich der theologische Substanzverlust, der schon am Ende der Spätantike eintrat, auch war, so hinderte er doch nicht die Mission in der archaischen Welt der germanischen wie der slawischen Völker. Es zeigte sich im Gegenteil, daß sich mit der Minderung des philosophisch-theologischen Niveaus eine »den Bedürfnissen einer archaischen Gesellschaft angepaßte Frömmigkeitskultur« entwickeln konnte. Besonders die ebenfalls altertümliche Gesellschaft und Religion des Alten Testaments sprach die zu missionierenden Völker in ihrer hergebrachten Mentalität an: Gott als Richter und Vergelter der Werke des Menschen, als siegverleihende Macht und als Beschützer des Volkes. Dementsprechend trat auch Christus weniger als Verkünder der Bergpredigt denn als Gottkönig hervor, und magische Praktiken wie Dämonenfurcht konnten in den Traditionen einer weithin noch archaischen Kultur unter christlichem Vorzeichen weiterleben. Dessenungeachtet blieb es für die missionierenden Mönche und Kleriker eine an Rückschlägen reiche, mühsame Vermittlung genuin christlicher Grundbegriffe an die einst »barbarischen« Völker östlich des Rheins, die nun Mitglieder des Frankenreichs geworden waren. Sie konnten nicht mehr als »Barbaren« im antiken Sinne eingestuft

---

[20] T. SCHIEFFER, Reichskirche und Landeskirchen des 7. Jahrhunderts, in: HEG 1, 504–526, bes. 504–511, und DERS., Karolingerreich (wie § 13, Anm. 84), hier: Der Aufstieg der Karolinger (687–751), 527–541, bes. 532ff. – Zum geistigen Primitivierungsvorgang vgl. W. SPEYER, Art. »Fluch«, in: RAC 7, 1969, 1160–1287, hier 1161–1170. – Zur Bedeutung des Archaischen für die Christianisierung der Germanen: HAUBRICHS, Die Anfänge (wie II, 5c); zur Problematik »germanisierten Christentums«: ANGENENDT, Frühmittelalter (wie II, 5a), 36–41, und oben § 15 (passim).

werden, bedurften aber einer Mission von Grund auf,[21] die uns in den volkssprachlichen Glossen zu kirchlichen Texten auch als ein Ringen um adäquate Übersetzung schwieriger dogmatischer Inhalte entgegentritt.[22] Daß dabei die lateinische Bibelübersetzung des Hieronymus besonders starke, paradigmatische Wirkung hatte, liegt auf der Hand; ihre reiche Bilderwelt prägte, wie bereits dargelegt, bis in die feinsten Verästelungen von Diktion und Spruchweisheit auch die neuen Sprachen und begründete zugleich ihre innere Verwandtschaft.[23]

In der neuen christlich-asketischen Umwelt bestimmten aber nicht Grammatik und Rhetorik den Schulbetrieb, sondern der Fundus religiöser Schriften, der den weitaus größten Teil frühmittelalterlicher Handschriften ausmachte. Dagegen tauchten, aufs Ganze gesehen, literarische Texte und Naturwissenschaftliches relativ selten, manchmal nur sporadisch auf. Vor allem in den Klöstern, den Hauptträgern frühmittelalterlicher Schriftkultur, stand der Psalter im Mittelpunkt des mönchischen Tagesablaufs und seiner Liturgie: Er war religiöses Dokument, Geschichtsdeutung, Grammatik, Lexikon und Dichtung in einem und zugleich Propädeutik und Paränese. Semantische Untersuchungen haben erwiesen, daß »scola« im Kloster keineswegs Schule im herkömmlichen Sinne bedeutete, und ebensowenig war *lectio* eine organisierte Tradierung von Wissensnormen, sondern gemeinschaftliches Gebet, Gebetsunterweisung und Meditation über Texte. Es handelte sich also nicht um geordneten Schulbetrieb, sondern um

---

[21] EWIG, Volkstum (wie § 8, Anm. 10). Es war sicher kein Zufall, daß sich dieser entscheidende Wandel des Barbarus-Begriffs im 7. Jh. vollzog und daß dabei die Einbeziehung der rechtsrheinischen Germanen durch die Mission eine wichtige Rolle bei deren Integration in ein gemeinsames fränkisches Reichsbewußtsein spielte.

[22] DE BOOR u. a., Geschichte (wie I, 10h), Bd. 1, 15ff.; HAUBRICHS, Die Anfänge (wie II, 5c), 228ff. und 447; H. THOMA, Art. »Althochdeutsche Glossen«, in: RDL 1, 579–589; R. BERGMANN, Die althochdeutsche Glossenüberlieferung des 8. Jahrhunderts, 1983. Unentbehrlich: VON STEINMEYER u. a., Glossen (wie § 15, Anm. 67); B. LA FARGE, »Leben« und »Seele« in den altgermanischen Sprachen, 1991. – Vgl. allgemein: EGGERS, Deutsche Sprachgeschichte (wie § 15, Anm. 66); DERS., Volksname Deutsch, 1970; SONDEREGGER, Althochdeutsche Sprache (wie I, 11n); DERS. Althochdeutsch (wie § 15, Anm. 58); W. HAUBRICHS, Die Stellung althochdeutscher und altniederdeutscher Sprache und Literatur in der Kultur des frühen Mittelalters, 2000. – Zum bedeutsamen Vorgang der Entwicklung der Nationalsprachen s. o. § 15 mit Anm. 66–70.

[23] Vgl. auch oben § 15 mit Anm. 70.

»Erweckungserziehung« im Sinne Max Webers.[24] Die traditionellen Elemente und erlernbaren Fähigkeiten aus dem Bereich antiker Literatur und Wissensvermittlung bekamen, soweit sie noch vorhanden waren, im Kontext geistlich-asketischen Lebens einen anderen Stellenwert. Zum Verständnis der Bibel waren sie allerdings unentbehrlich, weshalb es relativ reichlich grammatische Literatur in den kirchlichen und monastischen Gemeinschaften gab, die man jedoch nach Möglichkeit von ihrem geistigen, nämlich heidnischen, Hintergrund abzulösen suchte. Grammatik wurde dadurch zu dem gemacht, was sie bis heute ist: zum technischen Mittel zur Aneignung einer Sprache. Grammatik als »Kulturwissenschaft« blieb der Kirche jedoch weiterhin verdächtig, und von Cassiodor bis Winfrid-Bonifatius rissen die Versuche nicht ab, die grammatischen Mustersätze aus dem Fundus der antiken Dichtung, Historiographie und Götterlehre durch biblische Exempla zu ersetzen.

Auch die Löschung profaner antiker Handschriften zwecks Neubeschriftung mit kirchlicher Literatur, wie sie im 7. Jh. in Klöstern vorgenommen wurde, spricht hier eine deutliche Sprache: Es war zumindest Interesselosigkeit gegenüber der antiken Literatur, die beispielsweise in Bobbio Ciceros große Staatsschrift »De re publica« unter Augustinus Psalmen-Kommentaren, also kirchlicher »Gebrauchsliteratur«, verschwinden ließ.[25] Immerhin fällt auf, daß die

[24] So ILLMER, Formen der Erziehung (wie Anm. 3), bes. 34ff. und 180f., unter Bezug auf WEBER, Wirtschaft und Gesellschaft (wie § 19, Anm. 3), Bd. 1, 1964, 185. ILLMER wendet sich damit sowohl gegen MARROU, Augustinus (wie Anm. 2), wie auch gegen RICHÉ, Éducation (wie Anm. 4), die von einer stärkeren Kontinuität eines traditionellen Schulbetriebs in den Klöstern ausgehen; ebenso BANNIARD, Europa (wie § 1, Anm. 30), bes. 25ff., 84ff. und 145, der auch die Fortexistenz von Rhetoren im 6. Jh. annimmt. Vgl. auch D. VON DER NAHMER, Dominici scola servitii. Über Schultermini in Klosterregeln, in: Regulae Benedicti Studia 12, 1983, 143–185, bes. 168f., mit der Feststellung, daß das Bild vom Kloster als der eigentlichen, rechten Schule im Gegensatz zu der »von Gott wegleitenden alten Schule der heidnischen Rhetoren« seinen Sinn verlor, als diese antike Schule untergegangen war und niemanden mehr prägen und irreleiten konnte. – Zur Laienbildung: HILDEBRANDT, The External School (wie Anm. 4). Zu Formen der Kommunikation im Mittelalter vgl. M. BANNIARD, Viva voce: Communication orale et communication écrite en occident latin (IVe-IXe siècles), 1992.

[25] CLA 3 (wie II, 4f), Nr. 365, und CLA 4, XXI f.; E. A. LOWE, Codices rescripti, in: Paleographical Papers (1907–1965), Hg. L. BIELER, 1972, 480–519; C. H. BEESON, The Palimpsests of Bobbio, in: Studi e Testi 126, 1976, 1–23, bes. 20f.; P. ENGELBERT, Zur Frühgeschichte des Bobbienser Skriptoriums, in: RevBén 78, 1968, 220–260, bes. 227ff. Vgl. auch W. SPEYER, Die Legende von der Verbren-

meisten Palimpseste aus irischen oder irofränkischen Klöstern wie Luxeuil, Bobbio, St. Gallen, Corbie und Fleury-sur-Loire stammen, so daß die Annahme nicht völlig von der Hand zu weisen ist, es sei asketisch-monastischer Rigorismus mit am Werke gewesen, wenn es um die Tilgung profan-antiker Literatur ging. In Bobbio, einem Zentrum der Antiarianer-Mission, wo sich 22 Palimpseste fanden, galt dies auch für die Reskribierung arianischer Texte. Um so auffälliger und erhellend für die wirklichen Bedürfnisse des 7./8. Jhs. ist es dann, wenn man auch in Bobbio wie anderswo großes Interesse an grammatischen Handschriften zeigte und diese sogar ergänzte und restaurierte. – Ähnliches gilt auch für antike medizinische Texte, die man aus einem anfangs radikalen christlichen »Medizinkritizismus« nur mit Vorbehalt reskribierte, bis dann, ab der zweiten Hälfte des 8. Jhs., im Zuge einer wieder positiveren Bewertung der Medizin die Zahl der heilkundlichen Handschriften sprunghaft anstieg.[26]

Eine Ausnahme machte man auch bei dem Klassiker Vergil, den das Mittelalter sehr verehrte, weil man dessen Prophezeiung über das Kommen eines göttlichen Kindes seit der Zeit Konstantins des Großen auf Christus bezog: So wurde der herrlich geschriebene und il-

---

nung antiker Werke durch Papst Gregor I., in: JAC 13, 1970, 78–82; zum Problem generell: DERS., Büchervernichtung und Zensur des Geistes bei Heiden, Juden und Christen, 1981.

[26] Vgl. auch SPEYER, Legende (wie Anm. 25). Vgl. z. B. CLA 3 (wie II, 4f), Nr. 397a und b (Grammatische Texte). Zur Bewertung der Medizin durch die Kirchenväter siehe W. VON SIEBENTHAL, Krankheit als Folge der Sünde, 1950; P. DIEPGEN, Über den Einfluß der autoritativen Theologie auf die Medizin des Mittelalters, 1958; H. SCHADEWALDT, Die Apologie der Heilkunst bei den Kirchenvätern, in: Veröffentlichungen der Internationalen Gesellschaft für Geschichte der Pharmazie, NF 26, 1963, 115–130; P. C. L. TRÜB, Heilige und Krankheit, 1978; H. SCHEFERS, Iste est laudabilis ordo. Ein Beitrag zum Stellenwert der Medizin am Hofe Karls des Großen und zum Problem der karolingischen »Hofschule«, in: Würzburger medizinhistorische Mitteilungen 11, 1993, 175–203, führt das Anwachsen medizinischer Literatur auf die Aachener Hofschule Karls des Großen zurück. – Vgl. allgemein: BAADER, Die Anfänge (wie § 18, Anm. 61), und H. SCHIPPERGES, Art. »Medizin«, in: LexMA 6, 452–459. Für das Aufblühen wissenschaftlichen Denkens grundlegend: W. H. STAHL, Martianus Capella and the Seven Liberal Arts, Bd. 1–2, 1971, 1977; M. FOLKERTS, Die älteste mathematische Aufgabensammlung in lateinischer Sprache, 1978; Science in the Middle Ages (wie I, 10k); D. C. LINDBERG, Von Babylon bis Bestiarium. Die Anfänge des abendländischen Wissens, 1994; Science in Western and Eastern Civilisation in Carolingian Times, Hg. P. L. BUTZER, 1993; Karl der Große und sein Nachwirken. 1200 Jahre Kultur und Wissenschaft in Europa, Hg. DERS. u. a., 1997. Zur Rezeption antiker Medizin s. o. § 18f.

lustrierte Codex Mediceus der Aeneis vom Ende des 5. Jhs. im Kloster Bobbio aufbewahrt.[27] Das irofränkische monastische Zentrum Luxeuil, die älteste Schreibschule des neuen fränkischen Mönchtums, die auch die erste kalligraphische Minuskel-Schrift des Mittelalters entwickelte, hat zwar durch die sarazenischen Plünderungen des frühen 8. Jhs. den Großteil seines Bücherbestandes verloren, doch läßt sich auch hier mit ziemlicher Sicherheit die Wiederverwendung antiker Pergamenthandschriften für kirchliche Texte feststellen. So wurde die Historia naturalis des Plinius in Luxeuilschrift mit Hieronymus' »Commentarius in Ecclesiasten« und Texte von Vergil, Livius, Euklid sowie ein philosophischer Traktat unbekannter Herkunft mit den »Moralia« Papst Gregors des Großen neu beschriftet.[28] Auch die 33 Palimpseste der St. Gallener Stiftsbibliothek mit antiken Autoren wie Terenz, Vegetius, Donatus und römischen Gesetzestexten sind hier zu nennen, doch wurden die wenigsten im Kloster selbst reskribiert, sondern stammen aus Norditalien oder aus Churrätien, einem relativ intakt gebliebenen Rückzugsgebiet der Romania.[29] Es ist wohl kein Zufall, daß sich Palimpseste gerade in den breiten Randzonen des spätantik-römischen Kulturbereiches von Verona über Bobbio, St. Gallen, Luxeuil, Autun, Fleury-sur-Loire bis Corbie finden, in denen die Schriftlichkeit als wesentliches Element der Kultur erhalten blieb, wenn sie auch durch die fränkische und alamannische Besiedlung dieser Räume und durch die notwendige Konzentration der kirchlich-monastischen Arbeit auf eine umfassende Mission qualitativ wie quantitativ schrumpfte und sich auf vorwiegend pastorale Bedürfnisse reduzierte.

Erst seit dem 8. Jh. konnten wieder innerhalb des Karolingerreiches antike Traditionen auch um ihrer selbst willen aufgenommen, gepflegt und systematisch erweitert werden. Dies erfolgte innerhalb des überregionalen Kommunikationsnetzes der Kloster- und Domschulen und führte zu einem neuen geistigen Verbundsystem, das wesentlich zu einem kulturellen Einheitsbewußtsein des mittelalterlichen Europa

---

[27] Bibliotheca Apostolica Vaticana, Vat. lat. 3225, und Florenz, Laurentiana IX,1 (CLA 3 [wie II, 4f], Nr. 269).

[28] CLA 10 (wie II, 4f), Nr. 1454, und CLA 4, Nr. 497–501.

[29] CLA 7 (wie II, 4f), Nr. 974, Nr. 962, Nr. 963, Nr. 968, Nr. 964, Nr. 1016 und ebd., Einleitung von E. A. LOWE, VII.

beitrug.[30] Dieser Prozeß war, auf die Mentalität bezogen, die Voraussetzung dessen, was man die »karolingische Renaissance« des späteren 8. und vor allem des 9. Jhs. nennt.[31] Die enge Verbindung zwischen Kloster und Adel brachte es auch mit sich, daß junge Adelige sich in den Klosterschulen außerhalb des Klausurbereichs Elemente literarischer Bildung aneignen konnten; auch der Königshof spielte als kultureller Vermittler hier eine Rolle.[32]

c) Handschriftenwanderungen im neuen Kommunikationsnetz der Kirche

Man mag sich vielleicht fragen, ob die Zirkulation antiker Handschriften im Frankenreich und auf später deutschem Boden überhaupt zur geistigen Frühgeschichte des deutschen Volkes gehört. Doch darf man diese Frage entschieden bejahen, denn es kann geistes- und mentalitätsgeschichtlicher Forschung nicht gleichgültig sein, von welcher Wissensbasis fränkische bzw. althochdeutsche Kleriker und Mönche ausgingen. Es ist sogar faszinierend, wie das große, wenn auch sehr fragmentarische Erbe der Mittelmeerwelt sie prägte, das ihnen als Grundlage ihrer eigenen Geistesentwicklung diente und dessen nachhaltige Wirkung sie mit den gentilen Traditionen ihrer eigenen Herkunft zu verbinden wußten. Es war allerdings – wie bereits dargelegt –

---

[30] Grundlegend für die Überlieferung kirchlicher und antiker Literatur in merowingischer und frühkarolingischer Zeit: CLA (wie II, 4f); vgl. dazu P. LEHMANN, Deutschland und die mittelalterliche Überlieferung der Antike, in: DERS., Erforschung des Mittelalters (wie I, 11m), Bd. 2, 149–172; B. BISCHOFF, Panorama der Handschriftenüberlieferung aus der Zeit Karls des Großen, in: DERS., Mittelalterliche Studien (wie I, 11m), Bd. 3, 5–38; DERS., Paläographie und frühmittelalterliche Klassikerüberlieferung, in: ebd., 55–72. – Zur Klassikerrezeption im Mittelalter: C. LEONARDI, I commenti altomedievali ai classici pagani: da Severino Boezio a Remigio d'Auxerre, in: La cultura (wie II, 5c), 459–504. – Zum Transfer antiker Fachliteratur vgl. A. STÜCKELBERGER, Bild und Wort. Das illustrierte Fachbuch in der antiken Naturwissenschaft, 1994.

[31] L. TRAUBE, Die römische Literatur im Mittelalter, in: DERS., Vorlesungen und Abhandlungen (wie § 1, Anm. 22), Bd. 2, 121–137, bes. 131 ff.; BISCHOFF, Paläographie (wie I, 11e).

[32] P. RICHÉ, Instruction et vie religieuse dans le Haut Moyen Âge, 1981, passim; DERS., L'enseignement et la culture des laïcs dans l'Occident pre-carolingien, in: La scuola (wie II, 5c), Tl. 1, 231–253, bes. 241 ff. – Vgl. NCMH 2, darin bes. die Beiträge von R. MCKITTERICK, J. J. CONTRENI und D. GANZ. – Zur geistigen Physiognomie des 7. Jhs.: Le septième siècle (wie II, 5c).

keineswegs selbstverständlich, daß antik-paganes Schrifttum in die christliche Welt des Frühmittelalters fand.

Die Kirche schrieb deshalb auch nach dem Vorbild des Eusebius von Caesarea und des Hieronymus ihre eigene Literaturgeschichte, in der nur noch kirchliche Autoren ihren Platz hatten. Doch bewirkte die Auffassung der Kirchenväter Hieronymus und Augustinus, daß die nichtchristliche traditionelle Literatur zur geistigen Schulung und Propädeutik herangezogen werden solle, daß zumindest ein schulisches und antiquarisches Interesse an deren Werken wach blieb. Welchen Anteil an solchen Bestrebungen, die der Erhaltung antiker Literatur förderlich waren, der auch politisch bedeutsame heidnische Symmachus-Kreis in Rom mit seinen emendierten Ausgaben römischer Klassiker hatte, ist schwierig zu bestimmen, doch ist mit Sicherheit anzunehmen, daß durch ihn das Potential an tradierbarer antiker Literatur für künftige Generationen erhöht wurde und damit auch die Chance einer Wiedergewinnung bedeutender Teile des heidnisch-klassischen Kulturerbes durch das Mittelalter.[33]

Es gehört zu dem bekannten historischen Phänomen der Gleichzeitigkeit des Ungleichzeitigen in der Geschichte, daß es parallel mit dem Erlöschen des literarischen Schulbetriebes im Mittelmeerraum bereits im 7./8. Jh. in den irofränkischen und angelsächsisch beeinflußten Klöstern des Frankenreiches zwischen Loire, Rhein und

---

[33] Hieronymus, De viris inlustribus, Hg. E. RICHARDSON, 1896; dazu SCHANZ, Geschichte der römischen Literatur (wie § 19, Anm. 100), Bd. 4,1, 447–451. K. BÜCHNER, Überlieferungsgeschichte der lateinischen Literatur des Altertums, in: H. HUNGER u. a., Die Textüberlieferung der antiken Literatur und der Bibel, 1961 [Ndr. 1975], 309–422, bes. Kap. 7: Zur Nachblüte um 400; Symmachuskreis, Christentum, 350–362, mit ausgewählten Textgeschichten einzelner Autoren, 375–422; P. COURCELLE, Histoire littéraire des grandes invasions germaniques, 1948. – Die Nachwirkung der durch den Symmachus-Kreis ermöglichten emendierten Klassikerhandschriften wurde erhöht durch den technischen Umstand, daß sich gerade damals der Übergang von empfindlichen Papyrushandschriften auf dauerhaftere Pergamenthandschriften vollzog. – Vgl. dazu allgemein: Pergament. Geschichte, Struktur, Restaurierung und Herstellung, Hg. P. RÜCK, 1991; zu den geistigen Folgen: E. LOMMATZSCH, Literarische Bewegungen in Rom im 4. und 5. Jahrhundert n. Chr., in: Zeitschrift für vergleichende Literaturgeschichte, NF 15, 1903, 177–192; F. KLINGNER, Vom Geistesleben im Rom des ausgehenden Altertums, in: DERS., Römische Geisteswelt, 528–578; KLEIN, Symmachus (beide wie Anm. 1), bes. 67ff. – Zur Auseinandersetzung zwischen Symmachus und B. Ambrosius von Mailand: FUHRMANN, Rom (wie § 1, Anm. 39), 59–80; H. E. CHADWICK, Early Christian Thought and the Classical Tradition, 1966.

Weser zu einer regen Sammeltätigkeit antiken Schrifttums kam und damit zu Handschriftenwanderungen quer durch Europa, die ein sicheres Indiz für den durch die fränkische Großreichsbildung ausgelösten Akkulturationsprozeß sind, den Klerus und Mönchtum trugen. Parallel dazu wuchs auch das kulturelle Verständnis für die pagane Vergangenheit und Kultur des eigenen Volkes. Musterbeispiel für diese kulturelle Ausweitung des bislang streng kirchlichen Horizonts war die Hinwendung der Mönche und Kleriker Altenglands zur eigenen angelsächsischen Tradition und damit zu deren schriftlicher Fixierung unter christlichem Aspekt, ein Vorgang, der sich auch auf dem Kontinent vollzog, der aber dort nicht so klar zu fassen ist wie in der ersten Literaturblüte Englands im 7., 8. und 9. Jahrhundert.[34]

Der angelsächsische Bereich spielte auch eine bedeutende Rolle bei dem kulturellen Sog, der seit dem 7. Jh. Handschriften aus dem Mittelmeerraum und vom Kontinent nach Britannien brachte. Dabei gelangten auch antike Autoren, neben der Hauptmasse kirchlicher Schriftsteller, in den Norden, wobei die seit Beginn der Mission unter Papst Gregor dem Großen engen Verbindungen der romverbundenen angelsächsischen Landeskirche und ihres Mönchtums wichtig wurden, desgleichen aber auch der Rückstrom von Handschriften ins Frankenreich, der durch die starke angelsächsische Missionstätigkeit auf dem Kontinent ausgelöst wurde.[35] So gelangte ein im 6. Jh. vielleicht in Sardinien geschriebener griechisch-lateinischer Codex der Apostelgeschichte (Laudianus) nach England, wo ihn im frühen 8. Jh. Beda Venerabilis benutzte; danach wanderte diese Handschrift in das Pirminkloster Hornbach und von dort noch im 8. Jh. nach Würzburg.[36]

---

[34] Literatur bei SZARMACH u. a., »Altenglische Literatur« (wie § 15, Anm. 69), hier 468f. – Große Schwierigkeiten bereitet es nach wie vor, im Einzelfall das angelsächsische Traditionsgut aus mündlicher Überlieferung von der christlichen Komponente zu trennen. – Zum Hauptwerk der angelsächsischen Literatur, dem in einer Handschrift um 1000 überlieferten »Beowulf«, der aber zwischen dem 7. und 9. Jh. entstanden sein muß, vgl. D. K. FRY u. a., Art. »Beowulf«, in: LexMA 1, 1925–1928.

[35] LEVISON, England (wie II, 5b), und bes. die jeweiligen Einleitungen zu den CLA-Bänden (wie II, 4f). Vgl. allgemein: BISCHOFF, Paläographie (wie I, 11e); J. VÉZIN, La réalisation matérielle des manuscrits latins pendant le Haut Moyen Âge, 1978; PRINZ, Mönchtum (wie II, 5a), 512ff. (Handschriftenwanderungen).

[36] CLA 2 (wie II, 4f), Nr. 251. Ebenso gingen aus Italien, wahrscheinlich mit der Augustin-Mission Papst Gregors des Großen, zwei Evangelienhandschriften nach England: CLA 2 (wie II, 4f), Nr. 126 und Nr. 230. Vgl. B. BISCHOFF u. a., Libri

Das Echternacher Evangelienbuch (Codex Epternacensis), das an der Wende vom 7. zum 8. Jh. entweder in Northumbrien oder in einem angelsächsischen Skriptorium auf dem Kontinent, vielleicht in Echternach selbst, entstand, weist nach seiner Subscriptio auf eine Vorlage, die in der Bibliothek des Severin-Biographen Eugippius in Lucullanum bei Neapel im Jahre 558 korrigiert worden ist.[37] Wichtig für die Nordwanderung italischer und südgallischer Handschriften waren Wilfrid von York († 709/10) und Benedict Biscop (ca. 628–ca. 690), Abt von Wearmouth und Jarrow. Die Bücherschätze, die sie auf dem Kontinent, besonders in Rom und Lyon, kauften, bildeten den Grundstock der reichhaltigsten Bibliotheken Englands, gleichzeitig brachten die Angelsachsen Miniaturmalerei und kostbare liturgische Geräte mit.[38] Von besonderer Bedeutung ist in unserem Zusammenhang der Rückfluß von Büchern aus angelsächsischen Bibliotheken in den späteren deutschen Sprachraum.[39] Würzburg, ein weiteres angelsächsisches Zentrum im Karolingerreich, dessen Bibliothek als »der umfangreichste angelsächsische Bestand einheitlicher Provenienz« gilt, hatte wohl schon zur Zeit Bischof Burchards († 753) eine itali-

---

Sancti Kyliani. Die Würzburger Schreibschule und die Dombibliothek im VIII. und IX. Jahrhundert, 1952.

[37] CLA 5 (wie II, 4f), Nr. 578. – In Northumbrien wurde auch in der ersten Hälfte des 8. Jhs. die Naturgeschichte des Plinius von einer älteren Vorlage abgeschrieben (CLA 10, Nr. 1578). Auf dem Umweg über England kam wohl auch eine Ambrosiushandschrift in Unzialschrift des 6. Jhs. in das Kloster St. Bertin (CLA 6, Nr. 735). – Northumbrischer Provenienz ist hingegen ein Echternacher Evangeliar vom Ende des 7. Jhs., das wahrscheinlich Willibrord geschenkt worden ist und sich durch prachtvolle Schrift und meisterhafte Evangelistensymbole auszeichnet (CLA 5, Nr. 578).

[38] Beda Venerabilis, Historia abbatum, in: DERS., Opera historica, Bd. 1, Hg. C. PLUMMER, 1896 [Ndr. 1961], 364–387, hier c. 5, 368; Bede. His life, times, and writings, Hg. A. H. THOMPSON, 1932, ^{2}1966; P. H. BLAIR, The World of Bede, 1970; LEVISON, England (wie II, 5b); MAYR-HARTING, The Coming (wie § 15, Anm. 1), 149–156; P. WORMALD, Bede and Benedict Biscop, in: Famulus Christi. Essays in Commemoration of the 13th Centenary of the Birth of the Venerable Bede, Hg. G. BONNER, 1976, 141–169. Vgl. auch WALLACE-HADRILL, Rome (wie § 13, Anm. 61), bes. 515f. und 532ff.; zu Wilfrid: LOHAUS, Merowinger (wie § 19, Anm. 60), 34ff.; PRINZ, Bekehrung (wie § 13, Anm. 61), hier 722f. – Vgl. auch M. L. W. LAISTNER, The Library of the Venerable Bede, in: DERS., The Intellectual Heritage of the Early Middle Ages, 1957, 117–149, hier 145ff.

[39] Zur geistigen Situation insgesamt zuletzt: NCMH 2, darin bes. Kap. IV: Culture and Intellectual Developments, 681–694; R. MCKITTERICK, The Scriptoria of Merovingian Gaul, in: Columbanus (wie § 14, Anm. 5), 173–207.

sche Unzialhandschrift des 6. Jhs., die wahrscheinlich im 7. Jh. nach Northumbrien und von dort nach Würzburg kam.[40]

Neben den entscheidenden Anstößen, welche die Literatur des Frankenreiches auf dem Umweg über die angelsächsische Mission empfing, dürfen aber jene Kulturströme nicht übersehen werden, die Italien unmittelbar mit Gallien und dem Merowingerreich verbanden und dort neue Entwicklungen auslösten. Schon Benedict Biscop holte für seine Klöster Wearmouth und Jarrow Bücher sowohl aus Italien wie aus Gallien. Lyon war bis zum 7. Jh. offenbar eine Fundgrube für Bücher; der spätere Erzbischof Wilfrid von York wurde nicht nur drei Jahre lang in Lyon »a doctoribus valde eruditis« unterrichtet, sondern kehrte später noch einmal in die Rhône-Stadt zurück, um dort Bücher zu erwerben.[41] Im Bereich des irofränkischen Mönchtums treten seit dem 7. Jh. neben dem Mutterkloster Luxeuil und neben Bobbio in Oberitalien vor allem die reichen Klöster Corbie in der Picardie, Chelles und St. Bertin-Sithiu/ St. Omer hervor, die vom Vorbild Luxeuil geprägt und durch reiche königliche Schenkungen schon früh in der Lage waren, Skriptorien und Bibliotheken aufzubauen.[42] Corbie wurde auf Wunsch der Königin Balthilde von Luxeuiler Mönchen besiedelt, doch gab es auch Schreiber angelsächsischer Herkunft im Skriptorium des Klosters. Seine Rolle als merowingisches Königskloster ergibt sich mittelbar aus der Tatsache, daß die Ende des 7. Jhs. dort entwickelte kursive Minuskel, eine Vorform der karolingischen Minuskel, sich auch in zeitgenössischen Merowingerdiplomen findet, was auf organisatorische Zusammenhänge mit der Königskanzlei hindeutet.[43] Corbie war aber auch einer der wichtigsten Sammelpunkte italischer Handschriften des 5. und 6. Jhs.; erwähnt sei der »Codex

---

[40] BISCHOFF u. a., Libri (wie Anm. 36), 6; E. A. LOWE, An Eighth-Century List of Books in a Bodleian Manuscript from Würzburg and its Probable Relations to the Laudian Acts, in: Speculum 3, 1928, 3–15.

[41] Zum Skriptorium von Lyon: E. A. LOWE, Codices Lugdunenses Antiquissimi, 1924, und einschränkend DERS., Einleitung, in: CLA 6 (wie II, 4f), XIIIf., mit der Liste gesicherter Lyoner Handschriften.

[42] The Uses of Literacy (wie Anm. 1); MCKITTERICK, Books (wie § 14, Anm. 13); NCMH 2, Kap. IV (wie Anm. 39).

[43] D. GANZ, The Merovingian Library of Corbie, in: Columbanus (wie § 14, Anm. 5), 153–172; MCKITTERICK, Scriptoria (wie Anm. 39), hier 192ff. – Zur Rolle der Iren bei der Verbreitung grammatischer Texte: L. HOLTZ, Irish Grammarians and the Continent in the Seventh Century, in: Columbanus (wie § 14, Anm. 5), 135–152.

Puteanus«, eine Unzialhandschrift des 5. Jhs. mit der 3. Dekade von Livius' Geschichtswerk, die sich bald nach der Niederschrift in Avellino bei Neapel befand und von der man um 800 in Tours eine Abschrift anfertigte.[44] Italischer Herkunft sind auch die Corbie-Handschrift mit Augustinus' Gottesstaat (6. Jh.), Exzerpte aus Flavius Josephus' Judenkrieg (6./7. Jh.) und ein Unzial-Codex mit Evangelientexten des 5. Jhs. sowie zwei Handschriften mit alten Klosterregeln, u. a. der Augustinus-Regel und der Regula Magistri, die man mit Cassiodor in Verbindung gebracht hat – ob zu Recht, bleibt ungewiß.[45] Auf jeden Fall hat der Verfasser der Regula S. Benedicti[46] im wesentlichen aus ihr geschöpft.

Der zweifellos umfangreiche Handschriftenimport und die Transkription von Texten in den fränkischen Klöstern und Domkirchen offenbaren den Gesamtcharakter der Epoche, speziell des 7. und frühen 8. Jhs.: Sie war ein Zeitalter der eifrigen Rezeption und neuen Aufbereitung dessen, was an kirchlich gefiltertem Kulturerbe aus der Spätantike an die germanischen Völker Mitteleuropas gegangen war. Man sammelte, vervielfältigte Texte je nach Bedarf, ganz gleich ob es sich um liturgisch-kirchliche Handschriften für Gottesdienst oder Mission handelte oder um grammatische, medizinische oder historische Werke.

Antike Grammatik-Texte spielten schon deshalb eine größere Rolle, weil sie eine unabdingbare Voraussetzung für die Erlernung der Sakralsprache gewesen sind. Typisch für den kulturellen Schrumpfungsprozeß zwischen Spätantike und Frühmittelalter sind die Florilegien und Kompendien, die Elemente der Bildung in meist knapper Form und oftmals auch in verballhornter, fehlerhafter Weise übermittelten, aber dennoch unentbehrlich waren. Eine im Mittelalter sehr verbreitete, allegorisch dargebotene Enzyklopädie dieser Art war das Werk des Martianus Felix Capella, eines Autors, der chronologisch schwer einzuordnen ist und dem 4. oder 5. Jh. angehört. Unter dem Titel »Die Hochzeit Merkurs und der Philologie« bietet er in den

---

[44] CLA 5 (wie II, 4f), Nr. 562. – Zum Skriptorium: O. DOBIAŠ-ROŽDESTVENSKAÏA, Histoire graphique de Corbie de 651 à 830 reflétée dans les Corbeienses Leninopolitani, 1934; D. GANZ, Corbie in the Carolingian Renaissance, 1990.

[45] CLA 5 (wie II, 4f), Nr. 635, Nr. 658, Nr. 666 (Evangelia antehieronymiana), Nr. 633 und 646 (Regula Magistri etc.).

[46] Zur neuerlichen heftigen Diskussion um die Identität des Autors der Regula S. Benedicti vgl. § 13 mit Anm. 62.

ersten zwei Büchern den mythologischen Rahmen seiner Darstellung, in den Büchern 3 bis 9 jedoch eine personifizierte Selbstdarstellung der sieben freien Künste, nämlich der Grammatik, Dialektik und Rhetorik – des Trivium – sowie der Geometrie, Arithmetik, Astronomie und Musiktheorie – des Quadrivium. Für den Schulunterricht der Klöster hatte dieses Kompendium große Bedeutung, es wurde vielfach kommentiert und später sogar von dem St. Galler Mönch und Schulmeister Notker dem Deutschen (ca. 950–1022) teilweise ins Althochdeutsche übersetzt.[47]

Noch wichtiger für die mittelalterliche Bildungsgeschichte sind die »Etymologiae« des Bischofs Isidor von Sevilla (ca. 570–636), dessen unvollendetes Hauptwerk, an dem er sieben Jahre arbeitete und das er dem Westgotenkönig Sisebut (612–621) widmete, dessen einflußreicher Berater er war. Isidor stammte aus einer alten spanisch-römischen Familie, war Kirchenfürst, Staatsmann und Gelehrter und besaß eine für damalige Zeiten umfangreiche Bibliothek, die gleichermaßen kirchliche wie weltliche Werke enthielt. Isidor, »ein Genie des Sammelns und Ordnens«, steht geistig gleichsam an der Grenzscheide zwischen Spätantike und Frühmittelalter und präsentiert sich damit als wichtigster Repräsentant einer janusköpfigen Epoche: des 7. Jahrhunderts. Noch ausgeprägter als bei Theoderichs Kanzler Cassiodor ist bei ihm das Bestreben, antik-paganes Wissen und dessen Kulturtechniken gleichberechtigt neben dem christlichen Erbe zu tradieren. Die »Etymologiae« sind eine Realenzyklopädie, wie sie vor Isidor schon Priscian, Martianus Capella, Boëthius und Cassiodor auf andere Art konzipiert hatten, ein oft abgeschriebenes Musterbeispiel dieser Gattung, wobei der Autor seinerseits viel aus anderen Sammelwerken dieser Art übernommen hat. »Die Etymologiae sind die umfassendste Summe aller Gegebenheiten, welche die untergehende Spätantike der Nachwelt hinterlassen hat«. Ihre breitgefächerte Überlieferungsgeschichte, die schon früh bis Irland und England reicht, beweist eine

[47] L. HOLTZ, Donat et la tradition de l'enseignement de l'art grammatical, 1981; DERS., Continuité et discontinuité de la tradition grammaticale au VIIe siècle, in: Le septième siècle (wie II, 5c), 41–54, hebt mit Recht den geographischen Aspekt hervor, wenn er einerseits die Ausbreitung lateinischer Kultur betont, aber andererseits ebenso deren gleichzeitige Veränderung. – Martianus Capella, Hg. A. DICK, 1978; STAHL, Martianus Capella (wie Anm. 26); H. BACKES, Die Hochzeit Merkurs und der Philologie, 1982; B. ENGLISCH, Die Artes liberales im frühen Mittelalter (5.–9. Jahrhundert), 1994.

nachhaltige Wirkung auf das Mittelalter und regte in besonderer Weise das Geistesleben der »karolingischen Renaissance« an. Ausgangspunkt ist – wie schon der Titel verrät – die eigentliche oder auch angebliche Herkunft der Wörter, von denen aus zu den dahinterstehenden Sachen oder Ideen fortgeschritten wird. Anders als die Naturgeschichte des Plinius und vor allem systematischer, umgreift das Werk die gesamte Zivilisation: Natur und Geist, Geschichte und Bildung. An ihm, wie an keinem anderen Buch zwischen Spätantike und Frühmittelalter, vermag man die Charakteristika dieser welthistorisch bedeutsamen Übergangsepoche abzulesen, ihren treuen Willen zur Bewahrung des Überkommenen, aber auch ihre wachsenden geistigen und wissensmäßigen Defizite, d. h. jenen fortschreitenden »Reduktionismus«, der sich aber schon seit langem aus dem intellektuellen Pragmatismus der römischen Wissenskultur entwickelt hatte. Seit dem 6. Jh. führte dieser unaufhaltsame Trend zu einer Art galoppierender »Entropie«, d. h. zu geistigem Energie- und Substanzverlust gegenüber dem Niveau der griechisch-hellenistischen Geisteswelt. Von den geplanten 20 Büchern handeln die Bücher 1–3 von den sieben artes liberales, 4 und 5 sind der Medizin und der Jurisprudenz gewidmet, 6 bis 8 der Theologie. Die paganen Kulturtraditionen, Philosophie, Dichtung und Mythologie schließen sich an, der Rest ist »Realienkunde« in systematischer Form. Der Schlüsselbegliff Isidors, die Etymologie, wird durchgängig mit den grammatikalischen Denkkategorien von Analogie, Glosse und Differenz ergänzt und konkretisiert. Für den noch unentwickelten zivilisatorischen Standard der neuen Germanenreiche des lateinischen Westens bedeutete Isidors enzyklopädisches Wissen eine beträchtliche Bereicherung, so reduziert auch dessen intellektuelles Niveau auf manchen Gebieten gewesen sein mag; hier hing der Autor oft von den noch verfügbaren Vorlagen seiner Zeit ab. Um es in ein Bild zu fassen: Zwar waren manche Lemmata in Isidors Lexikon kaum mehr als blind gewordene Wegweiser zu Sachverhalten und Begriffen, denen keine Realität mehr entsprach. Aber vielleicht reizte die neue christliche Bildungselite der »karolingischen Renaissance« gerade das Fragmentarische und teilweise Entleerte dieser Verweise, sich an antiken Originaltexten die dahinter liegende reale Fülle antiker Geisteskultur in mühsamer Rekonstruktionsarbeit wieder zu erobern. Fürwahr ein faszinierender Vorgang: Die Wiederkehr der Antike in einem Jahrhunderte währenden Kraftakt zu erzwingen und damit erst die schütter gewordene Rückverbindung des mittelalterlichen Europa zum gewaltigen Präludium europäischer Identität, der griechisch-römischen Antike, wieder herzustellen, ohne den Europa nicht jene einmalige Physiognomie bekommen hätte, die es vor anderen Kulturkreisen auszeichnet. Die kulturelle Transferleistung von Domkirchen und Großklöstern wie Köln, Trier, Mainz, Freising, Fulda, Corvey, Hersfeld, Lorsch, St. Gallen, der Reichenau, Murbach, Weißenburg, St. Emmeram und Salzburg – um im späteren deutschen Sprachraum zu bleiben – kann kaum überschätzt werden. Noch Abt Hrabanus Maurus in Fulda stützte sich im 9. Jh. auf Isidors Sammelwerke, als er selbst enzyklopädische Kompendien verfaßte. Als nach der islamischen Eroberung Spaniens viele westgotische Gelehrte mit ihren Büchern in den christlich gebliebenen Norden flüchteten, nahmen sie sicher auch Isidors Werke mit. Nur so ist es zu erklären, daß diese schon sehr früh in Irland, England und im Frankenreich verbreitet waren.[48]

Auch der althochdeutsche »Abrogans«, die Übertragung einer spätlateinischen Synonymensammlung, deren Entstehung man im Umkreis Bischof Arbeos von Freising (764–83) vermutet, steht in der Tradition der Weitergabe und Verdolmetschung spätantiken Wissens, bezeichnet aber zugleich den Beginn einer neuen volkssprachlichen Literatur.[49] Gerade die Wirkung der spätlateinischen Lexigraphie auf die althochdeutsche Glossenarbeit beweist, daß diese mühsame Arbeit

[48] Isidor von Sevilla, Etymologiae (wie § 18, Anm. 52); MANITIUS u. a., Geschichte, Bd. 1, 53–70; BRUNHÖLZL, Geschichte (beide wie I, 10h), Bd. 1, 74–90, und bes. B. BISCHOFF, Die europäische Verbreitung der Werke Isidors von Sevilla, in: DERS., Mittelalterliche Studien (wie I, 11m), Bd. 1, 171–194. Zu Isidors Bedeutung für das Frühmittelalter: H.-J. DIESNER, Isidor von Sevilla und das westgotische Spanien, 1977; grundlegend: J. FONTAINE, Isidore de Seville et la culture classique de l'Espagne visigothique, Bd. 1–3, [2]1983; FUHRMANN, Rom (wie § 1, Anm. 39), 351–355 (Zitate 98, 352); P. CAZIER, Isidore de Seville et la naissance de l'Espagne catholique, 1994.

[49] G. BAESECKE, Der deutsche Abrogans und die Herkunft des deutschen Schrifttums, 1930; W. BETZ, Der Einfluß des Lateinischen auf den althochdeutschen Sprachschatz, Bd. 1, 1936; Die »Abrogans«-Handschrift (wie § 15, Anm. 67); J. SPLETT, Abrogans-Studien, 1976. – Die Zuordnung des Abrogans zu Freising wird neuerdings bezweifelt: BERGMANN, Glossenüberlieferung (wie Anm. 22), 226–239, hier 238 f.; DERS., Verzeichnis der althochdeutschen und altsächsischen Glossenhandschriften, 1973; HAUBRICHS, Die Anfänge (wie II, 5c); vgl. auch KARTSCHOKE, Geschichte der deutschen Literatur (wie § 15, Anm. 58), und bes. S. SONDEREGGER, Grundzüge deutscher Sprachgeschichte, 1–, 1979–, Bd. 1.

des Sammelns, des Bewahrens, Ordnens und Tradierens, eine Leistung des 6. und 7. Jhs., die unabdingbare Voraussetzung der ersten europäischen Kulturblüte der »karolingischen Renaissance« gewesen ist. Man wird sich davor hüten müssen, das allzu pauschale Bild eines generellen Kulturverfalls ungeprüft zu übernehmen, da es nicht nur deutliche regionale Unterschiede, sondern auch einzelne Repräsentanten des geistigen Lebens gab, die auf ihre Weise für die Weitergabe intellektueller Standards auch im lateinischen Westen über das kritische 6. Jh. hinaus Sorge trugen. Cassiodor hat, wie beschrieben, in seiner berühmten Klosterbibliothek im kalabrischen Vivarium (bei Squillace) in diesem Sinn gewirkt und mehr noch sein Zeitgenosse Isidor von Sevilla. Aber gerade an der Art und Weise, wie Isidor als Persönlichkeit zwischen Spätantike und Frühmittelalter eine beträchtliche Fülle überlieferten antiken Wissens – in allerdings reduzierter Form – bewahrt, kann man ablesen, was nach dem grundlegenden geistigen Paradigmenwechsel, den das Christentum herbeigeführt hat, noch wissenswert war und in welcher oft geminderten Qualität antike Kulturtraditionen das Mittelalter erreichten. Es kam zu einer »Verschiebung der Präferenzen« aus religiösen Gründen, die den im lateinischen Westen besonders starken kulturellen Schwund in sehr charakteristischer Weise zusätzlich modifizierte. Mit Recht ist neuerdings darauf verwiesen worden, daß bereits die römische Literatur, im Vergleich mit der philosophisch-naturwissenschaftlich hochentwickelten griechischen, ein beträchtliches Theoriedefizit aufwies. Im Hinblick auf Mathematik und Naturwissenschaften kann man von einer eher rezipierenden als forschenden Haltung der Römer sprechen, d. h. von einer grundsätzlichen Praxisorientierung.[50] Ein Musterbeispiel für die schon seit der Antike einsetzende Ausdünnung des theoretischen, »operationalen« Wissens bietet die Überlieferung der Lehrbücher des Mathematikers Euklid (um 300 v. Chr.), der im griechischen Bereich zahlreiche Bearbeiter und Kommentatoren gefunden hat. Im lateinischen Westen hingegen mußten sich die Gelehrten lange Zeit mit Euklid-Exzerpten aus einer später verlorengegangenen lateinischen Übersetzung begnügen, die von Boëthius stammte. Erst seit dem 12. Jh. verstärkt sich die Euklid-Rezeption durch Übersetzungen aus dem Arabischen, im 13. Jh. verfaßte Albertus Magnus (ca. 1193–

---

[50] ENGLISCH, Die Artes liberales (wie Anm. 47).

1280) einen Euklid-Kommentar.[51] Vor dem Hintergrund des »römischen Pragmatismus« ergibt sich also ein Schwund originären, theoretischen Wissens, der schon früh begann. Selbst hochgebildete Römer wie Cicero, Seneca und Plinius der Ältere haben sich mit dem in Handbüchern gespeicherten Wissen zufriedengegeben und selten originäre Forschungsarbeit betrieben.[52] Letzterer hat in seiner umfangreichen »Naturalis Historia« in 37 Büchern, die in mehr als 200 mittelalterlichen Handschriften erhalten ist, vor allem dort solides Wissen vermittelt, wo er sich auf die naturwissenschaftlichen Schriften des Aristoteles und seiner Schüler stützen konnte, überdies hat er aber auch viel Historisches, Politisches, Anekdotisches und Skurriles überliefert. Gerade das scheint die Beliebtheit seines Mammutwerks und damit seine reiche Überlieferung im Mittelalter bewirkt zu haben. Ein produktiver Forscher und Wissenschaftler war er, verglichen mit der griechischen Gelehrsamkeit, jedenfalls nicht, aber als reinen Kompilator kann man ihn deswegen nicht abqualifizieren, denn seine Enzyklopädie zielte auf eine »an der Natur orientierte Allgemeinbildung« pragmatischen Charakters ab.[53] So verwundert es kaum, daß sich in der Spätantike der Verlust theoretischen Wissens fortsetzte und mit dem Abbau eines geordneten Schulwesens in den Zentren der Alten Welt noch beschleunigte. Auch in dem erwähnten enzyklopädischen Werk des Martianus Capella setzt sich dieser Schwund an exakter Wissenschaftlichkeit fort,[54] der dann in den »Etymologiae« des Isidor von Sevilla gleichsam festgeschrieben und Ausgangspunkt für die schrittweise Wiedereroberung originären theoretischen Wissens seit der erwähnten »karolingischen Renaissance« des 8./9. Jhs. wurde. Das »Moderne« dieser Epoche verdankt sich somit in fast paradoxer Weise einem immer tieferen Eindringen in die Geisteswelt der Antike, wenn auch unter anderen, christlichen Vorzeichen. Es war

---

[51] E. NEUENSCHWANDNER, Art. »Euklid«, in: LexMA 4, 91 f.

[52] W. H. STAHL, Dominant Traditions in Early Medieval Latin Science, in: Isis 50, 1959, 95–124; DERS., Roman Science, 1962. Einen Überblick bietet: Science in Western (wie Anm. 26), darin u. a. von BUTZER eine hilfreiche tabellarische Übersicht der wichtigsten Gelehrten und ihrer Schriften im lateinischen Westen, in Byzanz und im Islam (ca. 400–950); ebenso: Karl der Große und sein Nachwirken (wie Anm. 26).

[53] A. DIHLE, Die griechische und die lateinische Literatur der Kaiserzeit, 1989, 194–198. – Zu Plinius vgl. auch oben § 18 f mit Anm. 57.

[54] STAHL, Martianus Capella (wie Anm. 26); zur Verbreitung: C. LEONARDI, I codici di Marziano Capella, 1959 f. (Aevum 33 f.).

zugleich ein mühsames Wiedererklimmen lange geräumter geistiger Höhenlagen, woran die Völker Europas geistig wie sprachlich von Anfang an und immer intensiver partizipierten.

Der Abfluß antiker Handschriften aus dem Mittelmeerraum nach West- und Mitteleuropa, wie er an einigen Beispielen oben skizziert wurde, wäre kaum möglich gewesen, hätte es im Süden nicht noch Restbestände von Bibliotheken gegeben, die am ehesten noch im kirchlichen Bereich zu finden waren. Cassiodors Bücherei in seiner Klostergründung Vivarium bei Squillace, deren Bestände uns vor allem aus seinen Schriften bekannt sind und fast gleichzeitig die reichhaltige Büchersammlung profanen wie kirchlichen Inhalts, aus der Bischof Isidor von Sevilla, der letzte »Enzyklopädist« der Spätantike, für seine lexikalischen Werke schöpfen konnte, beweisen zur Genüge, daß es noch manche Orten mit literarischen Ressourcen, also Bibliotheken, gegeben haben muß. Rom, Neapel und Lyon gehörten sicher dazu. Im Vergleich aber zum griechischen Osten, wo in Alexandria und anderen Großstädten große Bibliotheken unversehrt in arabisch-islamische Hand übergingen, war die westlich-lateinische Buchkultur wesentlich stärker reduziert oder gar ausgelöscht worden als im byzantinischen Bereich; man wird hier wohl von Relikten sprechen dürfen, die aber innerhalb der Kirche erstaunlich lebendig blieben und schließlich an die neue germanische wie slawische Welt weitergegeben wurden. Den Bibliotheksbestand wird man sich zwischen dem 5. und 7. Jh. sehr disparat vorstellen müssen, da er von vielen Faktoren abhing: vom kulturellen Zustand der jeweiligen Landschaften nach der Völkerwanderungsepoche und deren Verlusten ebenso wie von der Intensität der Christianisierung und damit von den Möglichkeiten von Kirche und Mönchtum zu überleben. Es gehört zu den kreativen Paradoxien der Weltgeschichte, daß die Kirche, die einst um Christi Willen angetreten war, das pagane Kulturerbe der Antike auszulöschen, dennoch die wichtigste Brücke baute, um dieses Erbe zumindest teilweise dem Mittelalter zu überliefern.

§ 21 Kulturelle Traditionen und Neuansätze

a) Gestalten und literarische Werke

Von nachhaltiger Wirkung auf das Mittelalter war die christliche Poesie der Spätantike, vor allem deren Hymnik und religiöse Allegorese. Für die lateinische Sprachkultur Europas wurde bis zu Humanismus und Renaissance vor allem die christliche Dichtung des Spaniers Prudentius als vollendetes Vorbild wichtig. Seine an klassischen Mustern geschulten Hymnen, seine allegorische »Psychomachia« als Kampf zwischen Tugenden und Lastern und das dem Leiden und Lob der Märtyrer gewidmete Werk »Peristephanon« beeinflußten Avitus von Vienne, Gregor von Tours, Venantius Fortunatus, Isidor von Sevilla und Beda Venerabilis. Durch den Angelsachsen Alkuin wurde Prudentius zum am meisten gelesenen, kommentierten und nachgeahmten Dichter des Mittelalters. Die Kultur der christlichen Spätantike wirkte aber auch mit bedeutenden Gestalten weit in die Merowingerzeit hinein. Es gab schon seit dem 6., 7. und im frühen 8. Jh. eine Reihe von Persönlichkeiten und kulturelle Ausdrucksformen, die auf die erste nachantike Kulturblüte in der Karolingerzeit vorauswiesen.[1]

Zu den bedeutenden Gestalten gehört sicher Martin von Tours († 397), Wundertäter, Klostergründer und Bischof, dessen Biographie aus der Feder seines Schülers Sulpicius Severus († ca. 420) richtungsweisend für das Genre der gesamten lateinischen Hagiographie geworden ist.[2] Seine Herkunft aus dem Soldatenstande und die zahlreichen Wunder, die er selbst bewirkte oder die sich, nach dem Bericht Bischof Gregors von Tours, an seinem Grabe ereigneten, ließen ihn

---

[1] R. HERZOG, Die allegorische Dichtkunst des Prudentius, 1966; FUHRMANN, Rom (wie § 1, Anm. 39).

[2] Sulpice Sévère, Vie de Saint Martin (wie § 18, Anm. 14); STANCLIFFE, St. Martin; GIRARDET, Trier 385 (beide wie § 14, Anm. 26). – Zur Kultverbreitung: PRINZ, Mönchtum (wie II, 5a), 19–46, 88–94, 112–117, 452ff. und 481ff. Abstriche an der Bedeutung Martins als Klostergründer macht D. VON DER NAHMER, Martin von Tours: Sein Mönchtum – seine Wirkung, in: Francia 15, 1987, 1–41. Vgl. allgemein: M. VAN UYTFANGHE, Stylisation biblique et condition humaine dans l'hagiographie mérovingienne 600–750, 1987; DERS., »Heiligenverehrung II« (wie § 13, Anm. 6); zum sprachlichen Befund: DERS., Le latin des hagiographes mérovingiens et la protohistoire du français, in: Romanica Gandensia 16, 1976, 5–89. Zum Sprachwandel allgemein: Latin and the Romance Languages (wie § 20, Anm. 12).

zum fränkischen Reichsheiligen aufsteigen: Chlodwig I. verehrte ihn ebenso wie Karl der Große; sein berühmter Mantel, die »cappa sancti Martini«, wurde ein Heiltum beider fränkischer Dynastien, und dessen Aufbewahrungsort, die *capella*, ein Sakralraum, den die *capellani* kultisch behüteten. Letztere entwickelten sich seit dem 8. Jh. zu einem wichtigen Organ der Reichsverwaltung, nämlich zur karolingischen Hofkapelle.

Als Persönlichkeit besticht Martin auch durch seine Weigerung, der ersten staatlichen Christenverfolgung durch Christen zuzustimmen, die im Jahre 385 von einer gallischen Bischofssynode in Trier gegen die Sekte der Priscillianer beschlossen worden war. Die Martinsheiligtümer in Tours und besonders Marmoutier, das Kloster des Thaumaturgen außerhalb der Stadt, das eines der reichsten und bedeutendsten Frankreichs wurde, bezeugen als große Kultstätten die Wirkungsgeschichte des spätantiken Heiligen durch die Jahrhunderte, die auch für Deutschland wichtig geworden ist, nicht zuletzt durch zahlreiche Kirchenpatrozinien, beginnend mit der Mainzer Domkirche.[3] Für Martins Biographen Sulpicius Severus († nach 406), der nicht ohne Eitelkeit die große Wirkung seiner Martinsvita konstatiert,[4] ist es charakteristisch, daß er zwar ein Mann von hervorragender literarischer Bildung war, der sogar kritisch-philologische Methoden anwendete, daß er aber dennoch in scharfer Form als Christ die mythologische Seite der kulturellen Tradition ablehnte.[5] Auch er gehört zu jener maßgeblichen Gruppe von gebildeten Gläubigen, die bewußt mit einer mächtigen literarischen Kultur brachen und jeden nachfolgenden Schriftsteller auf diese Tendenz zu verpflichten suchten.

---

[3] SCHANZ, Geschichte der römischen Literatur (wie § 19, Anm. 100), Bd. 4,1, 371–385, Bd. 4,2, 472–479; zur Verfolgung der Priscillaner vgl. die Chronik des Sulpicius Severus: Sulpice Sévère, Chronique, Hg. G. DE SENEVILLE-GRAVE, 1999; vgl. auch: Atlas der deutschen Volkskunde, NF, Hg. M. ZENDER, Bd. 1: Erläuterungen zur 1. Lfg. Karten 9–12 zur volkstümlichen Heiligenverehrung, 1959, 153–232, hier 204f.

[4] Sulpicius Severus, Vita Martini (wie § 18, Anm. 14), epist. I,1 (ad Eusebium), 138, und Dial. I,23, 175f.; dazu SCHANZ, Geschichte der römischen Literatur (wie § 19, Anm. 100), Bd. 4,2, 472.

[5] Sulpicius Severus, Vita Martini, hier c. I,3, 110, und Sulpice Sévère, Vie de Saint Martin (beide wie § 18, Anm. 14), Bd. 1, 250ff.. – J. FONTAINE, Postclassicisme, Antiquité tardive, Latin des chrétiens: L'évolution de la problématique d'une histoire de la littérature romaine du IIIe au VIe siècle depuis Schanz, in: Bulletin de l'Association Guillaume Budé, 1984, 195–212; BERSCHIN, Biographie (wie § 1, Anm. 12), Bd. 1, 195–211.

Von wesentlich geringerer Weiterwirkung im Mittelalter als die Martinsvita war die reiche Literatur um Lérins.[6] Zum einen hing dies wohl mit dem Semipelagianismus des Klosters zusammen, der kirchlicher Verurteilung anheimfiel; zum anderen jedoch hatte dies auch mit einer christlichen Aufgeklärtheit dieser Literatur zu tun, die sich bewußt gegen die Ausbreitung eines extremen Wunderglaubens wendete, eine Haltung, die dem intellektuellen und sozialen Niveau des Lérins-Mönchtums entsprach. Dennoch wirkten etwa die monastischen Lehrschriften Cassians von Marseille, der dem Kreise von Lérins zuzuordnen ist, tief auf die geistige Entwicklung des abendländischen Mönchtums ein, obwohl seine semipelagianische Position gegen Augustins Gnadenlehre ihn und ebenso die Schule von Lérins ins dogmatische Abseits brachten.[7] Über die Benedikt-Regel ist cassianisches Gedankengut für das lateinische Mittelalter einflußreich geworden. Gleichermaßen bedeutungsvoll für die geistliche Kultur der folgenden Jahrhunderte wurde Bischof Caesarius von Arles durch das Corpus seiner Volkspredigten und durch seine Klosterregeln. Ursprünglich Zögling von Lérins, wandte er sich im Sinne der augustinischen Gnadenlehre gegen die semipelagianische Position des Klosters. Ob er an der Ausarbeitung der »Lex Romana Visigothorum« mitgewirkt hat, ist umstritten. Er ist wohl der größte Volksprediger, den das christlich-lateinische Altertum hervorgebracht hat. Dementsprechend ist auch die handschriftliche Überlieferung seiner Werke relativ dicht.[8] Durch den nordafrikanischen Rhetor Julianus Pomerius in Arles sprachlich geschult, zeichnet sich Caesarius' Stil durch kunstvolle Schlichtheit aus und unterscheidet sich dadurch vorteilhaft

---

[6] PRINZ, Mönchtum (wie II, 5a), 47ff., 457ff. und 636ff.; DERS., Cassiodor (wie § 20, Anm. 7). – Zur Theologie in Lérins: KASPER, Theologie (wie § 14, Anm. 4); J. HARPER, Cassian and Sulpicius Severus, in: Church History 34, 1965, 371–380; CHADWICK, Priscillian (wie § 14, Anm. 26); PRICOCO, Monaci (wie § 20, Anm. 7), 57–146. – Zu Lérins und der Abmilderung der Gnadenlehre Augustins vgl. oben § 14a mit Anm. 4.

[7] SCHANZ, Geschichte der römischen Literatur (wie § 19, Anm. 100), Bd. 4,2, 511–518; O. CHADWICK, John Cassian, ^{2}1968; P. CHRISTOPHER, Cassien et Césaire prédicateurs de la morale monastique, 1969; zur gallischen Herkunft Cassians zuletzt: K. ZELZER, Cassianus natione Scytica, ein Südgallier, in: Wiener Studien 104, 1991, 161–168; LEONARDI, Alle origini (wie § 20, Anm. 2).

[8] BERSCHIN, Biographie (wie § 1, Anm. 12), Bd. 1, 241–258, hier 254f.; VON DER NAHMER u. a., »Caesarius« (wie § 13, Anm. 80); SCHANZ, Geschichte der römischen Literatur (wie § 19, Anm. 100), Bd. 4,2, 556–564. – Zu Caesarius und verschiedenen Klosterregeln vgl. auch oben § 14d.

vom überladenen rhetorischen Prunk etwa seines Zeitgenossen Bischof Avitus von Vienne. Diese bewußte Schlichtheit aus christlichem Geist findet sich ebenso bei dem Presbyter Salvianus von Marseille (ca. 400–ca. 470). Auch er war ein Zögling von Lérins, seine authentischen Berichte von der fränkischen Eroberung Triers oder Kölns und von der drückenden Herrschaft der immerhin christlichen, galloromischen Latifundienbesitzer über die notleidende Landbevölkerung sind für unsere Kenntnis der sozialgeschichtlichen Seite der Völkerwanderungsepoche wichtig. Hatten die meisten christlichen Autoren, Augustinus eingeschlossen, die Germaneneinfälle lediglich als Zuchtrute Gottes für eine heillos gewordene Welt angesehen, so finden sich bei Salvian erste positive Erkenntnisse über diese Völker, die aber in ihrer Zeit noch recht vereinzelt dastehen.[9] Bemerkenswert ist seine scharfe Sozialkritik an der spätrömisch-christlichen Oberschicht, die seiner Meinung nach moralisch tief unter den Barbaren stand.

War bislang von dem Weiterwirken spätantiker Autoren die Rede, so betritt man mit der zweiten Hälfte des 6. Jhs. schon eine Welt, die vom neuen fränkischen Großreich geprägt ist, wenn sie auch noch kulturell weitgehend der christlichen Spätantike angehört. Herausragende Gestalt für die merowingische Geschichte ist der bereits mehrfach erwähnte Bischof, Hagiograph und Historiker Gregor von Tours (538/39–594), Mitglied einer gallorömischen Senatorenfamilie, der eine Reihe bedeutender Bischöfe angehörten.[10] In den blutigen Krie-

---

[9] SCHANZ, Geschichte der römischen Literatur (wie § 19, Anm. 100), Bd. 4,2, 523–528. Zur Literatur im Umkreis von Lérins vgl. ebd., 511ff. und 541ff.; PRINZ, Mönchtum (wie II, 5a), 457ff. und 470ff., und bes. KASPER, Theologie (wie § 14, Anm. 4). – Zum Wandel der lateinischen Schriftkultur seit der Spätantike und im Frühmittelalter grundlegend: E. AUERBACH, Lateinische Prosa des frühen Mittelalters, in: DERS., Literatursprache (wie § 20, Anm. 1), 65–133. – Zu Salvians Berichten vgl. FISCHER, Völkerwanderung (wie § 5, Anm. 61), hier 179ff. und 255ff.; BADEWIEN, Geschichtstheologie (wie § 20, Anm. 2).

[10] MANITIUS u. a., Geschichte (wie I, 10h), Bd. 1, 216–223; BRUNHÖLZL, Geschichte (wie I, 10h), Bd. 1, 128–140; WALLACE-HADRILL, Kings, 49–70; BEUMANN, Gregor von Tours (beide wie II, 5a); W. GOFFART, The Narrators of Barbarian History: Jordanes, Gregory of Tours, Bede and Paul the Deacon, 1988; Literatur bei H. H. ANTON, Art. »Gregor v. Tours«, in: LexMA 4, 1679–1682; Gregorio di Tours, 10–13 ottobre 1971, 1977 (Convegni del centro di studi sulla spiritualità medievale [Todi] 12), und BERSCHIN, Biographie (wie § 1, Anm. 12), Bd. 1, 288–303. Vgl. allgemein: M. REYDELLET, La royauté dans la littérature latine de Sidoine Apollinaire à Isidore de Séville, 1981; dazu STAUBACH, Germanisches Königtum (wie § 20, Anm. 12); J. VERDON, Grégoire de Tours, 1989; Nachrichten

gen der Merowingerkönige untereinander stand er auf der Seite König Gunthrams, des Herrschers des frankoburgundischen Teilreichs von Orléans, und des Königs Childebert II. im fränkischen Ostreich. Er war sogar an den Verhandlungen beteiligt, die zur Aussöhnung beider Herrscher und damit zur Bildung des Reichsteils Austrien führten. Neben kleineren theologischen Schriften standen im Zentrum seines Schaffens ein stattliches Corpus hagiographischer Schriften und seine »Decem libri historiarum«, für die sich die etwas irreführende Bezeichnung »Historia Francorum« eingebürgert hat. Mit Recht wird neuerdings der enge Zusammenhang zwischen Gregors Heiligengeschichten und seinem historiographischen Werk hinsichtlich der Entstehung und Motivation betont;[11] letzteres ist eine zentrale, unersetzliche Quelle für die fränkische Frühgeschichte. Gregor ist in hohem Maße kritischer Kompilator der literarischen Tradition. Das gilt sowohl für seine ausführliche Verwendung älterer und zumeist verlorengegangener schriftlicher Quellen wie für die Einarbeitung der gentilen fränkischen Traditionen, über die er mit einer Selbstverständlichkeit verfügt, die wiederum auf sein gefestigtes fränkisches Reichsbewußtsein deutet. Was Gregors literarische Fähigkeiten anbetrifft, vor allem die von ihm selbstkritisch angemerkte »rusticitas« seines Stils, so hat er sich zwar sehr weit vom klassischen Latein entfernt, bleibt aber durchaus in der Tradition einer spätlateinisch-kirchlichen Sprachpraxis, die sich bewußt vom rhetorischen Prunk spätgallischer Provenienz freigemacht hat. Dies ermöglicht einen richtungsweisenden einfachen Stil von hoher Plastizität des Ausdrucks, »die in Gallien bis in die Karolingerzeit nicht ihresgleichen hat und die Historia unter die größten Geschichtswerke des Mittelalters einreiht« (F. Brunhölzl). Das erklärt auch seine starke Nachwirkung, die sowohl durch die Handschriftenüberlieferung wie durch seine Verwendung in späteren Geschichtsdarstellungen erwiesen ist. Die vieldiskutierte Frage,

---

zur materiellen Kultur der Epoche bietet: WEIDEMANN, Kulturgeschichte (wie II, 5a); A. H. B. BREUKELAAR, Historiography and Episcopal Authority in Sixth-Century Gaul, 1994; WOOD, Gregory of Tours (wie § 6, Anm. 13). Zur biblisch-ekklesiologischen Konzeption seiner Frankengeschichte HEINZELMANN, Gregor von Tours (wie § 7, Anm. 23).

[11] GOFFART, Narrators (wie Anm. 10), 112–234; M. HEINZELMANN, Une source de base de la litterature hagiographique latine, in: Hagiographie, cultures et sociétés IVe-XIIe siècle, 1981, 235–259 (Études Augustiniennes 3).

ob Gregors Geschichtswerk vor allem »Nationalgeschichte« der Franken sei oder eher noch in der Tradition spätantiker Historiographie stehe, wird dem genuinen Charakter seines gesamten Œuvres nicht gerecht und bleibt anachronistisch. Im Grunde handelt es sich um heilsgeschichtliche Kategorien, die durch das gallorömische Kulturbewußtsein Gregors eine besondere Note erhalten; das gilt auch von seiner didaktisch-paränetischen Motivation. In diesem Kontext wird die fränkische Herrschaftsordnung bejaht und damit auch providentiell gerechtfertigt, wie z. B. Gregors alttestamentarischer Lobpreis Chlodwigs I. – trotz dessen Grausamkeiten – zur Genüge zeigt.[12] Neu ist auch, daß Gregor, anders als etwa Salvian von Marseille im 5. Jh., kein Dekadenzbewußtsein hat, das ihm den durchaus realistischen Blick auf das eher dramatische politische Leben seiner Zeit hätte trüben können. Lediglich beim literarischen Leben seiner Zeit konstatiert er, wohl mit Recht, Niedergang.

b) Hagiographie

Ein wirksames geistiges Bindeglied zwischen christlicher Antike und Frühmittelalter, griechisch-lateinischer und germanisch-slawischer Welt wurde die anwachsende hagiographische Literatur, deren frühe Protagonisten in Italien und im Frankenreich Sulpicius Severus mit seiner Martinsvita, dem Modell aller westlich-lateinischen Heiligenleben, und etwa 150 Jahre später Papst Gregor der Große, Bischof Gregor von Tours und Venantius Fortunatus geworden sind. Das Vorbild eines Märtyrers und Heiligen wirkte durch intensive Kultpropaganda stark auf die Entstehung eines christlichen Weltbildes in der Breite und Tiefe der Bevölkerung ein, wahrscheinlich stärker als die Bibel selbst, und spielte auch für die Bekehrung eine wichtige Rolle. Als Quelle für die Adelsgeschichte und den generellen gesellschaft-

---

[12] Brunhölzl, Geschichte, Bd. 1, 128–140 (Zitat 139); Manitius u. a., Geschichte (beide wie I, 10h), Bd. 1, 226ff. – Das merowingische Königskloster Corbie hatte die älteste Handschrift der Frankengeschichte Gregors in einer dem Luxeuil-Kreis zuzuweisenden Schrift, die zugleich in merowingischen Königsdiplomen auftaucht: CLA 5 (wie II, 4f), Nr. 671; dazu Dobiaš-Roždestvenskaïa, Histoire (wie § 20, Anm. 44), 47ff.; Ganz, The Merovingian Library (wie § 20, Anm. 43), 156; Gregor von Tours, Historia Francorum (wie II, 4a), II, c. 40, 91 (Schluß). Das negative Pauschalurteil über Gregors historiographische Qualität bei Wood, Gregory of Tours and Clovis (wie § 6, Anm. 13) ist kaum berechtigt.

lichen Wandel zwischen Antike und Mittelalter sind hagiographische Texte, ungeachtet ihrer starken Topik, ebenfalls von Bedeutung.[13]

Wie fragwürdig es ist, einer Epoche wegen angeblicher oder wirklicher Dekadenz literarische Qualität abzusprechen, zeigen das poetische wie das Prosa-Werk eines engen Freundes von Gregor von Tours,[14] des oberitalienischen Dichters Venantius Fortunatus (ca. 530–ca. 600). Aus Treviso stammend und in der Residenzstadt Ravenna literarisch gebildet, reiste er um 565 nach Tours, um dort dem heiligen Martin für die Heilung von einem Augenleiden zu danken. Sein Weg führte ihn über die Alpen nach Augsburg ans Afra-Heiligtum, dann nach Köln und moselaufwärts über Trier, Metz, Verdun, Reims, Paris und Soissons an Martins Grabstätte. In Poitiers lernte er

---

[13] CPL, Nr. 2076–2146 und 2156–2247; C. A. BERNOULLI, Die Heiligen der Merowinger, 1900 [Ndr. 1981]; H. DELEHAYE, Les origins du culte des martyrs, 1933; DERS., Les légendes hagiographiques, [4]1955 [Ndr. 1973]; Hagiographie, cultures et sociétés (wie Anm. 1); R. AIGRAIN, L'hagiographie, 1953; T. BAUMEISTER, Art. »Heiligenverehrung«, in: RAC 14, 1988, 96–150; C. LEONARDI, Art. »Hagiographie«, in: LexMA 4, 1840–1845; H. GÜNTER, Die christliche Legende des Abendlandes, 1910; M. ZENDER, Räume und Schichten mittelalterlicher Heiligenverehrung in ihrer Bedeutung für die Volkskunde, [2]1973; BROWN, The Cult (wie II, 5a); F. DOLBEAU u. a., Les sources hagiographiques narratives composées en Gaule avant l'an mil, in: Francia 15, 1987, 701–731; P. FOURACRE, Merovingian History and Merovingian Hagiography, in: PP 127, 1990, 3–38; vgl. allgemein: BERSCHIN, Biographie (wie § 1, Anm. 12); Saints and their cults, Hg. S. WILSON, 1985; M. HEINZELMANN, Studia Sanctorum. Éducation, milieu d'instruction et valeurs éducatives dans l'hagiographie en Gaule jusqu'à la fin de l'époque mérovingienne, in: Haut moyen âge (wie § 20, Anm. 1), 105–138; Ders., Translationsberichte und andere Quellen des Reliquienkultes, 1979; DERS., Manuscrits hagiographiques et travail des hagiographes, 1992; VAN UYTFANGHE, »Heiligenverehrung II« (wie § 13, Anm. 6); F. PRINZ, Das wahre Leben der Heiligen, 2003; Santi e demoni nell'alto medioevo occidentale, 1989 (Sett.Cent.it. 36); L. PIETRI, Culte des saints et religiosité politique dans la Gaule du Ve et du VIIe siècle, in: Les fonctions des saints dans le monde occidental (IIIe-XIIIe siècle), 1991, 353–369 (Collection de l'École française de Rome 149); T. J. HEFFERNAN, Sacred Biography, 1988; VAN UYTFANGHE, Stylisation (wie Anm. 2); F. PRINZ, Kirchen und Klöster als literarische Auftraggeber, in: Committenti (wie § 20, Anm. 1), 759–790; DERS., Hagiographie als Kultpropaganda, in: ZKG 103, 1992, 174–194; J. DUBOIS u. a., Sources et méthodes de l'hagiographie médiévale, 1993. Zu Kult und Herrschaft: SWINARSKI, Herrschen (wie § 15, Anm. 54); vgl. auch das Periodikum Hagiographica 1–9, 1994–2002.

[14] MANITIUS u. a., Geschichte, Bd. 1, 170–181; BRUNHÖLZL, Geschichte (beide wie I, 10h), Bd. 1, 118–128; C. LEONARDI, Fortunato e Baudonivia, in: Aus Kirche und Reich (Fs. F. Kempf), Hg. H. MORDEK, 1983, 23–32; BERSCHIN, Biographie (wie § 1, Anm. 12), Bd. 1, 277–287; J. W. GEORGE, Venantius Fortunatus. A Latin Poet in Merovingian Gaul, 1992.

Radegunde, die Witwe König Chlothars I., und deren Pflegetochter Agnes kennen, die Äbtissin im Heiligkreuzkloster, einer Stiftung Radegundes, war. Sein Martinsepos, das er zwischen 573 und 576 schrieb, war ihnen gewidmet, ebenso zahlreiche Gelegenheitsgedichte. Obwohl im Besitz einer bedeutenden literarischen Bildung, die sich bei seinen metrischen Werken im gewandten Gebrauch stilistischer Mittel nach dem Vorbild heidnischer und spätantik-christlicher Dichter verrät, schrieb Venantius seine Heiligen-Viten in betont einfachem Stil, womit er, wie Gregor von Tours in seiner Hagiographie, ein Wegbereiter des Mittelalters geworden ist. Dies gilt vor allem für die Vita seiner Gönnerin Radegunde, ein Werk, das in der Radegundis-Vita der Nonne Baudonivia eine wertvolle zeitgenössische Ergänzung fand. Drei seiner herrlichen geistlichen Hymnen haben Eingang in die Liturgie gefunden. Als charmanter Briefschreiber erweist er sich in seinen sehr persönlichen Episteln an Radegunde und Agnes. Hier ist er ganz »homme de lettres« im antik-klassischen Sinn und steht mit seiner Empfindsamkeit zwischen den Zeiten, d. h. er ist damit auch ein Beispiel für die Gleichzeitigkeit des Ungleichzeitigen in der Geschichte, das sich jeder chronologischen Schablone entzieht.[15] Der Angelsachse Alkuin feierte Venantius Fortunatus 200 Jahre später in einem eigenen Gedicht; es war dies Folge seiner literarischen Wirkung und zugleich Ausdruck der karolingischen Renaissance.[16] Der Freundschaftskult des Dichters mit der thüringischen Prinzessin und merowingischen Königin versinnbildlicht gleichsam in der sublimen Form von Dichtung und Hagiographie die Begegnung von Romanentum und Germanentum, von literarischer Tradition und asketischer Seelenkultur, die das Christentum den bekehrten Völkern eröffnete: erst im Medium des gemeinsamen Glaubens konnten beide Ethnika, konnten Adel und christliche Literatur zusammenfinden. Venantius Fortunatus schuf mit seiner Radegundis-Vita zugleich den Typus der dynastischen Heiligenvita, der in besonders sinnfälliger

[15] Venantius Fortunatus, Vita Sanctae Radegundis, Hg. B. KRUSCH, 1885 [Ndr. 1995], 38–49 (MGH AA 4,2), und Baudonivia, Hg. KRUSCH (wie § 15, Anm. 7); K. LANGOSCH, Profile des lateinischen Mittelalters, 1965, 49–79; L. A. MACCHIARULO, The Life and Times of Venantius Fortunatus, 1986; GEORGE, Venantius Fortunatus (wie Anm. 14); BERSCHIN, Biographie (wie § 1, Anm. 12), Bd. 1, 277–287.

[16] Poetae Latini aevi Carolini (I), Hg. E. DÜMMLER, 1881 [Ndr. 1997] (MGH PP 1), hier Gedicht XVII, 326.

Form die Verschmelzung von Herrschaft und christlicher Heiligkeit vorwegnahm, die für das Mittelalter kennzeichnend werden sollte.[17]

Die Kirche beschritt den Weg zur Sakralisierung politischer Herrschaft um so bewußter, als ihre Häupter, Päpste und Bischöfe, in den Nöten des Übergangs zwischen Spätantike und Frühmittelalter ohnehin gezwungen waren, sakrale Herrschaft, wie sie im Priesterkönigtum des Alten Testaments vorgebildet war, nunmehr selbst auszuüben. Das galt in besonders drängender Weise für Papst Gregor den Großen, den »Consul Dei«, der sowohl am Anfang einer planmäßigen Germanenmission steht, wie auch durch sein umfangreiches homiletisches, exegetisches und hagiographisches Œuvre am Beginn mittelalterlicher Literatur.[18] Zu derselben Zeit, in der Papst Gregor die Angelsachsenmission einleitete, begann mit dem irischen Mönchtum Columbans des Jüngeren auf dem Kontinent ein folgenreicher Wandel, der sich nicht auf den monastischen Bereich beschränkte.[19] Aus irisch-asketischem Geist kam die für Columbans Klöster Annegray, Luxeuil und Fontaines verfaßte Regula monachorum, eine Klosterordnung mit bemerkenswert harten körperlichen Strafen, die – sehr bald – von dessen Nachfolgern durch Kombination mit der Benedikt-Regel abgemildert worden ist. Seine Briefe und Homilien sowie einige erhaltene Gedichte lassen auf charismatische Energie und auf Kompromißlosigkeit schließen, vor allem aber auf eine entweder im irischen Heimatkloster Bangor oder erst auf dem Kontinent erworbene gediegene literarische Bildung: er kennt Juvenal, Martial, Sallust,

---

[17] M. ROUCHE, Le mariage et le célibat consacré de sainte Radegonde, in: La riche personnalité de Sainte Radegonde, Hg. Comité du XIVe Centenaire, 1988, 79–98; S. GÄBE, Radegundis: sancta, regina, ancilla. Zum Heiligkeitsideal der Radegundisviten von Fortunat und Baudonivia, in: Francia 16/1, 1989, 1–30; R. COLLINS, Observations on the Form, Language and Public of the Prose Biographies of Venantius Fortunatus in the Hagiography of Merovingian Gaul, in: Columbanus (wie § 14, Anm. 5), 105–131. Vgl. generell R. FOLZ, Les saints rois du moyen âge en Occident (VIe-XIIIe siècles), 1984.

[18] DAGENS, Saint Grégoire; EVANS, The Thought (beide wie § 20, Anm. 5); RICHARDS, Consul of God (wie § 15, Anm. 63); G. JENAL, Gregor I. der Große, in: Das Papsttum (wie § 1, Anm. 46), 83–99. FONTAINE u. a., Grégoire le Grand (wie § 20, Anm. 5); Gregorio Magno ed il suo tempo, 1991 (Studia Ephemeridis »Augustinianum« 33).

[19] S. o. § 15 mit Anm. 31; zur geistigen Welt Columbans und dessen Wirkung vgl. BERSCHIN, Biographie (wie § 1, Anm. 12), Bd. 2, 1–111; Columbanus (wie § 14, Anm. 5), bes. die Beiträge von L. HOLTZ, D. GANZ und R. MCKITTERICK; Die Iren (wie II, 5c), bes. die Beiträge von P. C. JAKOBSEN, D. SCHALLER und F. RÄDLE.

Vergil, Horaz, Ovid, ferner christliche Dichter der Antike wie Claudian, Juvencus und Prudentius. Eines seiner Gedichte mit dem Titel »Praecepta vivendi« enthält einige nur durch Columban auf diesem Wege überlieferte »Disticha Catonis«, eines Handbüchleins der Vulgärethik in Versen, das im 3. Jh. n. Chr. entstand und weit verbreitet war.[20] So dürfte wohl die Nachricht seines Biographen Jonas von Bobbio († nach 659) nicht übertrieben sein, wonach der Mönchsvater sich in den artes liberales und in grammatischen Studien seit seiner Jugend und bis ins Mannesalter ausgebildet habe.[21] Auch Jonas selbst, der unter Columbans Nachfolger, dem Burgunder Athala, in Bobbio eintrat, läßt Belesenheit erkennen, allerdings vor allem im engeren Bereich kirchlicher Autoritäten, doch finden sich auch verschiedentlich klassische Reminiszenzen.[22] Jonas' Columban-Viten sind die wichtigste Quelle für die Wirkung des irisch beeinflußten Mönchtums im Frankenreich, dessen Ausbreitung sich auch paläographisch im Auftauchen der sogenannten Luxeuilschrift fassen läßt.[23]

Hagiographie, wie sie sich in Jonas' Columban-Viten darstellt und im Frankenreich Verbreitung und Nachahmung fand, war aber mehr als wirksame Kultpropaganda für Heilige und mehr als ein rein monastisches oder innerkirchliches Phänomen. Denn gerade in den aus dem Luxeuil-Kreis stammenden Heiligenleben spiegelt sich eine neue

---

[20] Praecepta vivendi per singulos versus quae Monastica dicuntur, in: Poetae Latini 1 (wie Anm. 16), 275–281; MANITIUS u. a., Geschichte (wie I, 10h), Bd. 1, 181–187, bes. 184f.; F. RÄDLE, Die Kenntnis der antiken lateinischen Literatur bei den Iren in der Heimat und auf dem Kontinent, in: Die Iren (wie II, 5c), Bd. 1, 484–500; vgl. auch W. BERSCHIN, Griechisches bei den Iren, in: ebd., 501–510. Edition: Vitae Columbani discipulorum eius libri II auctore Iona, Hg. B. KRUSCH, 1902 [Ndr. 1997], 1–61 (MGH SRM 4), und Sancti Columbani Opera, Hg. G. S. M. WALKER, 1957 [Ndr. 1970], LXVIff. und Index, 221f. – Für Columbans literarische Ausbildung erst im Frankenreich spricht sich aus: B. BISCHOFF, Il monachesimo irlandese nei suoi rapporti col continente, in: DERS., Mittelalterliche Studien (wie I, 11m), Bd. 1, 195–205, bes. 196f. Radikal negativ über ein »klassisches Erbe« in Irland selbst: E. COCCIA, La cultura irlandese precarolingia – miracolo o mito?, in: StM VIII,1, 1967, Bd. 1, 257–420; WOOD, The Vita Columbani (wie § 14, Anm. 5). – Vgl. oben § 14d zu mönchischen Regeln.

[21] Jonas de Bobbio, Vie (wie § 14, Anm. 5) 1–294, hier I, c. 3, 155–158.

[22] BRUNHÖLZL, Geschichte (wie I, 10h), Bd. 1, 187–190; LEHMANN, Panorama (wie § 20, Anm. 11), hier 265f.

[23] CLA 6 (wie II, 4f), Einleitung von E. A. LOWE, XVIf.; zurückhaltender: MCKITTERICK, Scriptoria (wie § 20, Anm. 39), 173–207. Spuren der Luxeuilschrift führen auch nach Bayern: D. GANZ, The Luxeuil Prophets and Merovingian Missionary Strategies, in: Beinecke Studies in Early Manuscripts 66, 1991, 105–117.

reichsfränkische Gesellschaft gleichsam in statu nascendi. Anders als in Italien, wo die spätantike Märtyrerpassio überwiegt, sind die fränkischen Heiligenleben des 7. und 8. Jhs. ursächlich mit dem monastischen Frühling aus irischer und angelsächsischer Wurzel verbunden, gleichzeitig aber auch mit Adel und Königtum.[24] In dieser Epoche verschmolz die alte gallorömische Oberschicht mit dem neuen fränkischen Reichsadel, und in den zahlreichen Klöstern, die damals entstanden, wurde im Zeichen asketischen Lebens das bisherige Nebeneinander von Romanen und Germanen abgebaut und überwunden. Jonas bezeugt das Zusammenströmen junger Adeliger in Luxeuil[25] und desgleichen die damit entstehende enge Verbindung politisch bedeutender Adelsfamilien mit dem irofränkischen Mönchtum, die zu zahlreichen Klostergründungen führte. Viele politisch hervortretende Männer und Frauen des 7. und frühen 8. Jhs. haben daher in die Hagiographie der Zeit Eingang gefunden: so etwa Arnulf von Metz oder Gertrud von Nivelles, die Tochter Pippins des Älteren; dann Desiderius von Cahors, Praejectus von Clermont, Sulpicius von Bourges und Leodegar von Autun. Besonders wichtig wurden dabei Personen aus der Umgebung König Dagoberts I., etwa Wandregisel, der Gründer von St. Wandrille an der Seine, oder der fränkische Große Romarich, der Remiremont stiftete und ein Freund Arnulfs von Metz war; ferner Filibert von Jumièges, der Metropolit Audoenus von Rouen und vor allem auch die Mitglieder der Königs- und Hausmeierfamilien, allen voran Dagobert I. und die Königin Balthilde.[26] Es ist kein Zufall, daß in den meisten Viten die frühere weltliche Stellung und die adelige Herkunft der Klostergründer und Äbte hervorgehoben wird, denn Adel war gleichsam eine Vorstufe der Heiligkeit. So sind Agrestius von Luxeuil, Lantbert, Ansbert, Bonitus und Remaclus, der Gründer von Stablo-Malmedy, hohe Beamte am merowingischen Königshof gewesen. Ähnliches gilt für Geremar, Germanus von Gran-

---

[24] F. Prinz, Aspekte frühmittelalterlicher Hagiographie, in: Agiografia nell' occidente cristiano, secoli XIII-XV, Convegno Internazionale 1979, 1980, 9–30 (Atti dei convegni Lincei 48), hier 15 ff. – Methodisch wichtig: de Gaiffier, Études critiques (wie § 1, Anm. 12); van Uytfanghe, Stylisation (wie Anm. 2).

[25] Jonas de Bobbio, Vie (wie § 14, Anm. 5), I, c. 10, 169.

[26] Prinz, Mönchtum (wie II, 5a), 489 ff. – Zur Verschmelzung des gallorömischen und germanischen Adels vgl. R. Sprandel, Der merowingische Adel und die Gebiete östlich des Rheins, 1957, bes. 24 ff.; Irsigler, Untersuchungen (wie II, 5a); Scheibelreiter, Audoin (wie II, 5b).

felden, Leodegar, Audoenus und für dessen Freund Eligius von Noyon, einen der wenigen Hofleute ohne adelige Abstammung. Die merowingische Adelsgesellschaft kreierte mit Hilfe des Heiligenkults und der mit ihm ursächlich verbundenen Hagiographie einen neuen Typus des Heiligen, der bei aller Askese und christlichen Vorbildlichkeit doch mitten in dieser Welt stand; diese Heiligen waren überwiegend Standesgenossen und oft Verwandte der Träger politischer Herrschaft. Hatte der germanische Adel mit der Christianisierung wesentliche Elemente seiner alten »Geblütsheiligkeit« verloren, die seine politisch-charismatischen Funktionen sanktionierte, so wuchs ihm jetzt, mit den Heiligen aus den eigenen Reihen, eine neue, christliche Begründung seiner politischen Stellung zu. So war es kein Zufall, daß gerade im Frankenreich im 7. und frühen 8. Jh. die Hagiographie eine erste Blüte erlebte, die sich sowohl qualitativ wie quantitativ von der älteren Legendentradition unterschied.[27] Von dieser neuen Konstellation ausgehend, konnte sich auch im liturgischen Gedenken der Klöster das Selbstverständnis des fränkischen, alamannischen, bajuwarischen und später auch des sächsischen Adels manifestieren. Es ist dies eine Parallele zur Entstehung von Fürsten- und Adelsgrablegen bei oder in berühmten Heiligtümern und Kirchen. Auch die Reliquienkulte und die damit verbundenen Translationsberichte hatten ihre Bedeutung für die Ausbildung einer christlichen, reichsfränkischen Oberschicht. Umstritten ist neuerdings die Rolle literarischer Texte als »adelige Hausüberlieferung«, vor allem was ihre Wurzeln in vorchristlicher Zeit anbelangt; doch dürfte die Skepsis gegenüber diesem Phänomen überzogen sein.[28] Zahlreiche Viten entstanden zur Förde-

---

[27] HAUCK, Geblütsheiligkeit (wie II, 5a); K. SCHREINER, Zur biblischen Legitimation des Adels, in: ZKG 85, 1974, 317–357.

[28] Memoria (wie § 1, Anm. 23) und SCHMID, Gebetsgedenken (wie II, 5a). – Zu Grablegen vgl. KRÜGER, Königsgrabkirchen (wie II, 5b). Zur Rolle der Heiligenkulte HEINZELMANN, Translationsberichte (wie Anm. 13); K. HAUCK, Haus- und sippengebundene Literatur mittelalterlicher Adelsgeschlechter von Adelssatiren des 11. und 12. Jahrhunderts her erläutert, in: Geschichtsdenken und Geschichtsbild im Mittelalter, Hg. W. LAMMERS, 1961, 165–199; ALTHOFF, Verwandte (wie § 1, Anm. 23), hier 67–77; SCHMID, Gebetsgedenken (wie II, 5a), hier 82 mit Anm. 88; ideologiekritisch: K. SCHREINER, Die Wissenschaft von der Geschichte des Mittelalters nach 1945, in: Deutsche Geschichtswissenschaft nach dem Zweiten Weltkrieg, Hg. E. SCHULIN, 1989, 87–146, hier 128f.; skeptisch: K. GRAF, Literatur als adelige Hausüberlieferung?, in: Literarische Interessenbildung im Mittelalter, Hg. J. HEINZLE, 1993, 126–144.

rung lokaler Heiligenkulte, die damit oft überregionale Bedeutung erlangten; man kann hier von bewußter »Kultpropaganda« sprechen.[29]

c) Historiographie

Wenn man immer wieder mit Recht das Versickern einer umfassenden Historiographie seit dem Tode Gregors von Tours konstatiert – ein Manko, das durch die burgundische Chronik des sogenannten »Fredegar« nicht ausgeglichen wird –, so darf doch nicht übersehen werden, daß die Hagiographie des 7. und frühen 8. Jhs. vermöge ihrer Entstehungsart eine beträchtliche Fülle politischer und kulturgeschichtlicher Nachrichten über Königtum und Adelsfamilien enthält. Die literarische Produktion war also nicht erloschen, sondern hatte sich aus historisch erkennbaren Gründen in ein neues Genre verlagert. Daß dabei auch der Zerfall der königlichen Zentralgewalt in spätmerowingischer Zeit eine Rolle spielte, ist anzunehmen. Die Fredegar-Chronik, die wohl doch das Werk eines einzigen burgundischen Autors ist, entstand um 658/60. Der unbekannte Verfasser dürfte Romane gewesen sein; jedenfalls kann man sein Latein sowohl als »Sprachverwilderung« bezeichnen, wenn man es an der antiken Sprachtradition mißt, als auch mit den Anfängen des Altfranzösischen in Verbindung bringen, wodurch dieser Text eher in die Zukunft weisen würde. Neuere Untersuchungen bringen ihn mit Metz, dem Zentrum der Frühkarolinger, in Verbindung, denn alle Fredegar-Handschriften nehmen von dieser Stadt ihren Ausgang.[30] Was man schon lange für die Fortsetzungen der Fredegar-Chronik nachweisen kann –

[29] F. PRINZ, Hagiographische Texte über Kult- und Wallfahrtsorte; Auftragsarbeit für Kultpropaganda, persönliche Motivation, Rolle der Mönche, in: Hagiographica 1, 1994, 17–42.

[30] F. L. GANSHOF, L'historiographie dans la monarchie franque sous les Mérovingiens et les Carolingiens, in: La storiografia altomedievale, Tl. 1–2, 1970, Tl. 2, 631–685 (Sett.Cent.it. 17); MANITIUS u. a., Geschichte, Bd. 1, 208–242; BRUNHÖLZL, Geschichte (beide wie I, 10h), Bd. 1, bes. 117–142; A. ERIKSON, The Problem of Authorship in the Chronicle of Fredegar, in: Eranos 63, 1965, 47–76; Continuator Fredegarii (wie II, 4a). Für einen einzigen Autor spricht sich mit überzeugenden Argumenten aus: W. GOFFART, The Fredegar-Problem Reconsidered, in: Speculum 38, 1963, 206–242. Zur »Historia Francorum«: GERBERDING, The Rise (wie § 12, Anm. 6). Zur frühmittelalterlichen Historiographie vgl. allgemein: GOFFART, Narrators (wie Anm. 10), und bes.: Historiographie im frühen Mittelalter, Hg. A. SCHARER u. a., 1994. Vgl. auch A.-D. VON DEN BRINCKEN, Studien zur lateinischen Weltchronistik bis in das Zeitalter Ottos von Freising, 1957.

nämlich, daß sie bereits Historiographie aus dem Umkreis der Karolinger sind –, scheint auch für Fredegar selbst zu gelten: die Metzer Handschriftentradition spricht dafür ebenso wie die überaus positive Schilderung Pippins des Älteren. Die erste Fortsetzung Fredegars, die in ihrer Darstellung bis 736 reicht, ist genaugenommen eine Fortsetzung des »Liber Historiae Francorum«, Werk eines in Neustrien schreibenden Verfassers, der vor 737 starb. Mit diesem historiographischen Text klingt die merowingische Geschichtsschreibung gleichsam aus.[31] Die Fredegar-Fortsetzung unterscheidet sich vom »Liber Historiae Francorum« vor allem dadurch, daß sie von einem austrasischen Gesichtspunkt aus geschrieben ist. Die zweite Fredegar-Fortsetzung (736–751) wurde schon unter der Aufsicht des Grafen Childebrand, des Halbbruders Karl Martells und Onkels König Pippins, verfaßt, die dritte von Childebrands Sohn Nibelung.[32]

Insgesamt ist also anzunehmen, daß das Wiederaufleben der Historiographie nach dem Tode Gregors von Tours schon dem Bannkreis der neuen Dynastie entstammt und daher eher dem karolingischen Zeitalter als der Epoche der Merowinger zuzuordnen ist. Dies ändert aber nichts an der Tatsache, daß das bislang als dunkel bezeichnete 7. Jh. durch die Verschmelzung der alten romanischen mit der neuen fränkischen Oberschicht im Zeichen einer großen monastischen Bewegung die Grundlage für die Entstehung einer reichsfränkischen, nunmehr schon mittelalterlichen Adelskultur geworden ist.

d) Neuansätze in der Kunst

Die Kunstentwicklung seit der Spätantike zeigt bemerkenswerte Parallelen zum Wandel im Schrifttum des weströmischen Reiches. Die Werke paganer Literatur, zu der auch die Poesie des berühmten Symmachus-Kreises in Rom gehört, tragen bei aller Virtuosität meist epigonalen Charakter. Die herausragende Ausnahme in diesem paganen Freundeszirkel ist Macrobius (um 430) mit seinem satirischen, allegorisch-philosophischen Meisterwerk der »Saturnalia«. Aber auch dieser Text ist rein retrospektiver Art. Das unterscheidet solche Texte

---

[31] U. NONN, Art. »Fredegar-Chronik«, in: LexMA 4, 884f.
[32] KUSTERNIG, Einleitung, in: Quellen zur Geschichte (wie II, 4a), 7–9.

grundsätzlich von der neuen christlichen Dichtung, die mit Prudentius einen ersten Höhepunkt erreichte. Formale Virtuosität entwickelte auch die spätantike Buchmalerei, die mit dem Wechsel vom Papyrus zum dauerhaften Pergament ganz neue künstlerische Möglichkeiten hatte. Es gab einen geradezu modischen Trend zu illustrierten Prachthandschriften als Luxusgegenständen und Prestigeobjekten, der aber nicht selten mit Nachlässigkeit in der Textgestaltung verbunden war. Kein Geringerer als der große Philologe und Kirchenvater Hieronymus geißelte, zusammen mit dem Kleiderluxus seiner Zeit, die Üppigkeit »wuchtiger Bücher« in Unzialschrift: »Pergament wird mit prächtiger Farbe bemalt, Gold wird zum Beschriften eingeschmolzen, Codices werden mit Edelsteinen verziert und Christus stirbt nackt vor ihrem [der Reichen] Eingang.« Er selbst besitzt nur »armselige Papierblätter«, dafür aber philologisch verbesserte Texte.[33] Parallel dazu zeigen die Fresken- und Mosaikzyklen in den Wohnpalästen der immer noch reichen senatorialen Oberschicht zwar die Fortdauer der klassischen, erotischen Mythenwelt, gleichzeitig aber auch deren Privatisierung zu ästhetischen Accessoires des Lebensgenusses. Gleichwohl wirkte diese Kunstwelt der Spätantike nachhaltig auf das ganz anders geartete Kunstwollen des christlichen Frühmittelalters ein. Man wird daher nach wie vor vom »Epochenwandel« zwischen Spätantike und Frühmittelalter sprechen können, sollte aber dabei auf schroffe Zäsuren verzichten, wobei sich insgesamt Veränderung und Stagnation auf unterschiedlichen Feldern die Wage halten.

Hier, wie in anderen Lebensbereichen, zeigt sich einmal mehr die tiefe Widersprüchlichkeit dieser Übergangsepoche, aber auch deren faszinierender Charakter. Für das Frühmittelalter sind hingegen starke Trends zur Vereinheitlichung erkennbar, auch und gerade – und dies ist sicher kein Zufall – im Bereich der bildenden Kunst;[34] desgleichen

---

[33] S. E. Hieronymus, Prologus in libro Iob de hebraeo translato. Biblia sacra iuxta Vulgatam versionem, Hg. R. Weber, 1975, 731f.; Ders., Epistulae, Hg. I. Hilberg, Bd. 1–3, 1910–1918 [Ndr. 1996] (CSEL 54ff.), Ps. 1, epist. XXII, II, 193. Vgl. dazu auch: B. Zimmermann, Illustrierte Prachtcodices. Bücherluxus in der Spätantike, in: Epochenwandel? (wie § 1, Anm. 60), 45–56, hier 45.

[34] N. Åberg, Die Kunststile des siebenten Jahrhunderts, in: Caratteri del secolo VII in occidente, Tl. 1–2, 1958, Tl. 1, 357–370 (Sett.Cent.it. 5), hier 370: »Nie bevor [sic!] und nie nachher hat die germanische Welt einen so einheitlichen Kunststil gehabt wie im 7. Jahrhundert. Der Stil II wurde zur ersten grossen Synthese der mediterranen und germanischen Stilelemente und veranschaulicht die Rolle, die

stellte sich mit der »Reihengräberzivilisation« im existentiell so wichtigen Totenkult eine bemerkenswerte Einheitlichkeit ein, deren Ausgangspunkt und Zentrum das Merowingerreich gewesen ist.[35] Allerdings darf nicht vergessen werden, daß in der gesamten Epoche zwischen Justinian und Karl dem Großen die Schwerpunkte kulturellen Lebens weiterhin im Mittelmeerraum lagen, nämlich im Byzantinischen Reich. Konstantinopel, Antiochia, Alexandria, Caesarea und andere Zentren blieben nach wie vor Großstädte, auch die Zäsur der islamischen Eroberung im 7. Jh. änderte nur vorübergehend etwas daran, daß diese auch danach ihre Manufakturen und Werkstätten behielten und mit Luxusgütern, Stoffen, Elfenbeinarbeiten, Bronze- und Metallwaren, Papyrus und Gewürzen den lateinischen, germanisierten Westen belieferten.[36] Seit der zweiten Hälfte des 6. Jhs. gab es aber auch dort deutliche Anzeichen eines neuerlichen Aufstiegs in Architektur und bildender Kunst, wobei sich in letzterem Fall eine Zweiteilung der Entwicklung abzeichnet: Die stark irisch wie germanisch beeinflußte insulare Kunst unterscheidet sich seit dem 7. und 8. Jh. deutlich von der des Kontinents, wo die orientalisch-mediterranen Vorbilder bestimmend bleiben.

Der Gang der Entwicklung läßt sich vor allem an der Buchmalerei erkennen, deren spätantike Wurzeln unverkennbar sind. Bekannteste Beispiele sind hier zwei Vergil-Handschriften des 5. Jhs. mit zahlreichen prachtvollen Illustrationen.[37] In zwei frühmittelalterlichen Ko-

---

die Mittelmeerwelt in der germanischen Kulturentwicklung des 7. Jahrhunderts gespielt hat.« DERS., The Occident and the Orient in the Art of the Seventh Century, Bd. 1–3, 1945ff.; G. HASELOFF, Kunststile des frühen Mittelalters, 1979; DERS., Tierornamentik (wie § 4, Anm. 18); L. NEES, Art and Architecture, in: NCMH 2, 809–844. Siehe auch unten Anm. 36ff.

[35] S. o. § 1.

[36] HUBERT u. a., Frühzeit (wie II, 5a); vgl. auch dort das Schlußwort von J. HUBERT, 291–294, und DERS., L'art préroman, 1938 [Ndr. 1974]; N. ÅBERG, The Occident (wie Anm. 34), Bd. 3: The Merovingian Empire; ROTH, Kunst und Handwerk (wie § 19, Anm. 72); wichtige Hinweise bei WERNER, Ursprünge (wie II, 5a), 371ff.; Naissance des arts chrétiens, Hg. N. DUVAL u. a., 1991; zur Verbreitung von Elfenbeinkunst in Europa: W. F. VOLBACH, Elfenbeinarbeiten der Spätantike und des frühen Mittelalters, ^{3}1976.

[37] Bibliotheca Apostolica Vaticana, Vat. lat. 3225 (Vergilius Vaticanus), und ebd., Vat. lat. 3867; dazu und für das Folgende vgl. den Überblick von K. BIERBRAUER, Art. »Buchmalerei«, in: LexMA 2, 837–850 (mit Literatur); DIES., Die vorkarolingischen und karolingischen Handschriften der Bayerischen Staatsbibliothek, Bd. 1–2, 1990; K. WEITZMANN, Spätantike und frühchristliche Buchmalerei, 1977; J. ENGEMANN, Deutung und Bedeutung frühchristlicher Bildwerke, 1997.

pien eines astronomischen Textes des Grammatikers Aratos (um 315–305 v. Chr.) sind antike Sternbild-Illustrationen enthalten.[38] Als karolingische Kopie ist auch eine im 5. Jh. entstandene Terenzhandschrift mit Bildern erhalten geblieben.[39] Beispiele dieser Art belegen die Rezeption und Fortdauer antiker Vorbilder. Bald kam es aber zur Entfaltung eigenständiger Buchmalerei, wobei der Anstoß sowohl der irischen als auch der von ihr nachhaltig beeinflußten angelsächsischen Buchkunst entscheidend wurde. Wichtig waren in letzterem Fall die Klöster Lindisfarne an der Ostküste Northumbriens und Wearmouth-Jarrow sowie das Kathedralkloster in Canterbury, die Meisterwerke der Buchmalerei schufen. Höhepunkte dieser Entwicklung sind das »Book of Durrow« (zwischen 660 und 680), das »Book of Lindisfarne« (698), der »Codex Amiatinus« (Cassiodors »Codex Grandior«, vor 716 entstanden) und das »Book of Kells«.[40] Die fränkisch-merowingische Buchkunst ist vom insularen Stil stark beeinflußt worden, wobei irische oder angelsächsische Vorbilder oft schwer zu unterscheiden sind. Das älteste insulare Skriptorium auf dem Kontinent war Luxeuil; um 700 entstanden dort illustrierte Handschriften wie das »Missale Gothicum«, ferner ein Lektionar und ein Manuskript mit Texten Papst Gregors des Großen; doch endete die Buchproduktion schon 732 mit der Zerstörung des Klosters durch die Sarazenen.[41] Das 662 in der Picardie gegründete Kloster Corbie, eine Filiation von Luxeuil, folgte anfangs dem Formenschatz des Mutterklosters, entwickelte aber bald unter angelsächsischem, gallischem und italischem Einfluß einen eigenen Stil, wie es dann auch im 8. Jh. einen wesentlichen Beitrag zur Entstehung der karolingischen Minuskel leistete. Ähnliches gilt für das Kloster Echternach, eine Gründung des Angelsachsen Willibrord um 690, wo ebenfalls in der Folgezeit insulare und einheimische, merowingische Schrifttraditionen sich begegneten und verbanden.[42]

---

[38] Leiden, Univ. Bibl. Voss. lat. qu. 79, und London, British Library Harley 647; H. LEBOURDELLÈS, L'Aratus Latinus, étude sur la culture et la langue latines dans le Nord de la France au VIIIe siècle, 1985.

[39] Bibliotheca Apostolica Vaticana, Vat. lat. 3868.

[40] C. NORDENFALK, Insulare Buchmalerei, 1977. Nach Wearmouth-Jarrow, das 674/81 von Benedict Biscop gegründet worden war, kamen durch ihn zahlreiche Handschriften aus Italien und Gallien, u. a. der Codex Amiatinus.

[41] PRINZ, Mönchtum (wie II, 5a), 121–152, 466–489 und 514–525. S. o. in diesem Kapitel Abschnitte b und c mit Anm. 29f.

[42] DOBIAŠ-ROŽDESTVENSKAÏA, Histoire (wie § 20, Anm. 44); C. HIGOUNET, La créa-

Der komplizierte Mischcharakter der merowingischen Reichskultur und deren Verarbeitung spätantiker wie insularer Einflüsse wird am Beispiel der Buchmalerei sehr deutlich; dies ist ein wesentliches Unterscheidungsmerkmal gegenüber der vereinheitlichenden Tendenz der Karolingerzeit, wie sie sich gleichermaßen in Kunst, Staat, Münzprägung und Gesellschaft zeigte.[43] Ein weiteres Unterscheidungsmerkmal ist die Intensivierung des Kulturprozesses seit der zweiten Hälfte des 8. Jahrhunderts. Sind uns aus der Merowingerzeit bis 750 etwa 500 Handschriften erhalten geblieben, so waren es im Zeitraum zwischen 750 und 900 etwa 7000 Manuskripte, eine quantitative Relation, die für sich spricht und auch von qualitativer Bedeutung ist.

Insgesamt zeigt sich, daß die karolingische Renaissance des 9. Jhs. ohne die kulturelle Entfaltung des 7./8. Jhs. kaum denkbar ist. Die Merowingerzeit war eher eine Fortsetzung der Spätantike, wenn auch keine bruchlose, denn es fehlte nicht an neuen Elementen, etwa in der Goldschmiedekunst, in der Italien, Spanien und vor allem Gallien manches von den »Barbaren« lernten,[44] oder im Kirchen- und Klosterbau, der neue Wege ging.[45] Umgekehrt erhielten sich römische

---

tion de l'écriture caroline, 1958. – D. GANZ, The Preconditions for Caroline Minuscule, in: Viator 18, 1987, 23–44; DERS., Corbie (wie § 20, Anm. 44). – Reiches Bildmaterial zur Kunstentwicklung insgesamt, in: Universum der Kunst (wie I, 10j) in den Bänden: BIANCHI-BANDINELLI, Rom (wie § 5, Anm. 16) (Bd. 15 und 17); A. GRABAR, Die Kunst im Zeitalter Justinians, 1967 (Bd. 9); DERS., Die Kunst des frühen Christentums, 1967 (Bd. 10); HUBERT u. a., Frühzeit (wie II, 5a) (Bd. 12). – Spätantike und frühes Christentum, Hg. B. BRENK, 1977. Zu Echternach: D. Ó'CRÓINÍN, Rath Melsigi, Willibrord and the Earliest Manuscripts, in: Peritia 3, 1984, 17–49.

[43] B. BISCHOFF, Latin Palaeography: Antiquity and the Middle Ages, 1990, 208. Zum Problem der »Auftragsarbeit« in Kunst und Literatur vgl. Committenti (wie § 20, Anm. 1).

[44] V. H. ELBERN, Die Goldschmiedekunst im frühen Mittelalter, 1988; VIERCK, Werke des Eligius (wie § 8, Anm. 32).

[45] HORN u. a., The Plan (wie § 19, Anm. 89) (Standardwerk); abweichend: HECHT, Klosterplan (wie § 19, Anm. 89). – Zur Architektur insgesamt: Vorromanische Kirchenbauten [Katalog], Bearb. F. OSWALD u. a., 1991; W. JACOBSEN, Der Klosterplan von St. Gallen und die karolingische Architektur, 1992, demzufolge der Plan kein Idealentwurf für alle Klöster der anianischen Klosterreform, sondern ein konkreter Plan für Abt Gozbert von St. Gallen (816–837) gewesen sei. – Vgl. allgemein: J. A. SCHMOLL gen. EISENWERTH, Spätantik-frühchristliche und frühabendliche Sakralbaukunst, 1974, 87–222; GRABAR, Kunst des frühen Christentums; DERS., Kunst im Zeitalter Justinians (beide wie Anm. 41); HUBERT u. a., Frühzeit (wie II, 5a); BIANCHI-BANDINELLI, Rom (wie § 5, Anm. 16); H. FILLITZ, Das Mittelalter I, 1969.

Techniken nicht nur im Steinbau, sondern auch in der Glasindustrie und in der Mayener Keramik; auch die frühe germanische Tierornamentik erweist sich als mediterran beeinflußt.[46] Wenn auch die Buchkultur stark von mittelmeerischen Traditionen geprägt wurde, so entwickelten sich doch seit dem 7. Jh., wie etwa an der Schreibschule von Corbie festzustellen ist, unter italischem, irischem und angelsächsischem Einfluß neue Schrift- und Bildformen, die bald darauf in die Kunst und Schreibkultur der karolingischen Renaissance eingingen.[47]

In jedem Fall war mit dem überregionalen Kommunikationssystem der Kathedralkirchen und Klöster innerhalb der fränkischen Landeskirche ein geistiger Verbund zwischen Pyrenäen und Elbe entstanden, der die Basis einer karolingischen Gesamtkultur werden konnte: Die Regionen östlich des Rheins gewannen Anschluß an einen umfassenden gesellschaftlich-geistigen Umwandlungsprozeß, an dessen Ende die europäische Kultur stand. Anders ausgedrückt: Europa war als kultureller Entwurf lange vor Deutschland da. Man könnte, den Blick auf das Ganze der deutschen Geschichte und Kultur wendend hinzufügen, daß das Land in der Mitte Europas immer gut beraten war, wenn es seiner europäischen Herkunft treu blieb und trotzige Sonderwege mied.

§ 22 Zusammenfassung und Ausblick

Mit Chlodwigs I. Reichsgründung beginnt nicht nur die Geschichte Europas als eigenständige politisch-kulturelle Einheit im Mittelalter, sondern es werden auch jene Grundtatsachen geschaffen, die später eine Geschichte Deutschlands im engeren Sinne ermöglichten. Im fränkischen Großreich, dem Ergebnis einer romanisch-germanischen Kultursynthese, waren erstmalig jene Völkerschaften beiderseits des Rheins sowie an der oberen und mittleren Donau politisch zusammengefaßt und kulturell eingebunden, durch die sich dann seit dem

[46] S. o. § 19 mit Anm. 77.

[47] Grundlegend: DOBIAŠ-ROŽDESTVENSKAÏA, Histoire (wie § 20, Anm. 44), und BISCHOFF, Paläographie (wie I, 11e), bes. 243ff. Vgl. dazu die einschlägigen Nummern der CLA (wie II, 4f); ferner zu den ca. 300 Handschriften merowingischen Ursprungs in Corbie: GANZ, The Merovingian Library (wie § 20, Anm. 43), 153–172, und MCKITTERICK, Scriptoria (wie § 20, Anm. 39). Zur Tierornamentik s. o. § 4, Anm. 18 (G. HASELOFF).

9. Jh. in einem langgestreckten Prozeß eine eigenständige deutschen Geschichte entwickeln sollte. Eroberung und Mission, die einst die späteren deutschen Stämme ins Frankenreich der Merowinger und Karolinger eingegliedert hatten, entfalteten auch ihre Wirkung, als es seit dem 7./8. Jh. um die Integration der westslawischen Welt ging, die zur dritten wesentlichen Komponente der deutschen Geschichte wurde. Unter diesen Gesichtspunkten ist die fränkische Geschichte nicht nur eine Vorgeschichte der deutschen, sondern deren entscheidende europäische Grundlegung: nicht zuletzt deshalb, weil im weitgespannten organisatorischen wie geistigen Kommunikationssystem der fränkischen Reichskirche die späteren deutschen Stämme einen frühen Zugriff auf das kulturelle Erbe der heidnischen und christlichen Spätantike bekamen, der nach einem jahrhundertelangen Lernprozeß seit dem 6./7. Jh. dann in karolingischer Zeit zu einer ersten europäischen Kulturblüte zwischen Pyrenäen und Elbe führte.

Ein zentraler Aspekt des behandelten Zeitraums ist die institutionelle, ethnische, sozialstrukturelle und vor allem kulturelle Kontinuität zwischen Spätantike und Merowingerreich. Generelle Antworten sind nicht möglich, das verbieten schon die regionalen Unterschiede und ebenso die gravierenden Differenzen auf den einzelnen Lebensgebieten. Insgesamt wird man aber sagen dürfen, daß das 6. Jh. noch sehr stark der Spätantike zugewandt ist; auch die Wiederherstellung der durch die Völkerwanderung gestörten Kirchenorganisation war weitgehend Restauration, d. h. Anknüpfen an abgebrochene antike Traditionen im östlichen Frankenreich mit Hilfe der kirchlichen Ressourcen des Südens. Auch die Beteiligung der Bischöfe an der politischen Herrschaft ist spätantikes Erbe.[1] Das merowingische Frankenreich war zweifellos eine politisch-gesellschaftliche Neubildung, doch stand sie auf vielen Gebieten in der unmittelbaren Nachfolge des Imperium Romanum; das gilt vor allem für das 6. Jh., dessen Zugehörigkeit zum Mittelalter daher bezweifelt werden muß.

---

[1] Zur grundsätzlich positiveren Bewertung der Merowingerzeit und vor allem des 6./7. Jhs.: WERNER, Ursprünge (wie II, 5a), bes. 371–384 (eine Bilanz der Merowingerzeit), sowie PRINZ, Konstantin (wie II, 5a). Es dürfen aber nicht die Brüche und Defizite im kulturellen Bereich unterschätzt werden, die mit dem Ende des weströmischen Reiches eintraten. Allzu problemlos-glatt sieht den kulturellen Übergang zwischen Spätantike und Frühmittelalter BANNIARD, Europa (wie § 1, Anm. 30).

Im 7./8. Jh. tritt dann die Eigenständigkeit des Frankenreiches und das Gewicht der rechtsrheinischen germanischen Regionen deutlicher hervor, ohne daß man dabei die arabisch-islamische Expansion als maßgeblichen Faktor oder Katalysator ausmachen könnte. Es wäre aber falsch, eine scharfe Trennlinie zwischen beiden Epochen zu ziehen, meist sind es gleitende Übergänge von starker Lebenskraft in sowohl chronologischen als auch regionalen Varianten. Die imposante kirchliche Bautätigkeit der Merowingerkönige wie der Bischöfe und Äbte im 6. und 7. Jh. ist ein wichtiges Kontinuum. Die Goldschmiedekunst erlebte eine Blüte. Spätantike Technik überlebte in viel stärkerem Maße, als man bisher angenommen hat, und konnte durch die wiederhergestellte Verkehrsgemeinschaft im Frankenreich jetzt auch in Gebiete vordringen, die ihr vorher verschlossen waren. Daß im Merowingerreich unverändert die römischen Kopf- und Grundsteuern, selbst für die Kirchen, weiter erhoben wurden, bestätigt die fiskalische Kontinuität, auf der auch die Königsherrschaft mit beruhte. Im Rechtsleben zeigt sich deutlich der spätantike Einfluß auf die Leges, ebenso die Fortdauer römischer Traditionen im Bereich des Urkundenwesens und der königlichen Verwaltungspraxis. Maß und Gewicht lassen ihre antike Herkunft trotz ihrer Varianten erkennen, und im Münzwesen folgt auf eine an römischen Vorbildern orientierte Aufbauphase, die durch Goldmünzen aus fränkischen Münzateliers gekennzeichnet ist, um 680 mit der Einführung des Silberdenars eine Übergangszeit, die erst mit der Münzreform Karls des Großen beendet wurde.[2] Zugleich bedeutete dies eine Verlagerung der monetären und kommerziellen Schwerpunkte vom Südwesten in den Nordosten des Reiches, also parallel zur politischen Entwicklung.

Seit der Mitte des 7. Jhs. begann der unaufhaltsame Abstieg der merowingischen Königsfamilie, aber trotz territorialer Einbußen gegenüber der islamischen Welt im Süden und gegenüber den nur zeitweise fest eingegliederten Herzogtümern rechts des Rheins blieb der Bau des Frankenreiches im wesentlichen erhalten. Aus den »Diadochenkämpfen« der Hausmeier gingen die austrasischen Karolinger –

---

[2] Kontinuität von Maß und Gewicht aus römischer Zeit: WITTHÖFT, Maß (wie § 2, Anm. 8); zu Rechtsformen und Schriftlichkeit: P. CLASSEN, Fortleben und Wandel spätrömischen Urkundenwesens im frühen Mittelalter, in: Recht und Schrift (wie II, 5a), 13–54; E. EWIG, Das Fortleben römischer Institutionen in Gallien und Germanien, in: DERS., Gallien (wie II, 5a), Bd. 1, 409–434.

Arnulfinger – und Pippiniden siegreich hervor und konnten mit Pippin dem Mittleren († 714) und verstärkt mit Karl Martell, bei nomineller Fortdauer der merowingischen Königsherrschaft, erstmals die Gesamtherrschaft im »Regnum Francorum« erlangen. Von Austrien aus gelang ihnen auch endgültig die Integration der germanischen Stämme rechts des Rheins, die sich, wie Alamannien und Bayern unter den Agilolfingern um 700, fast verselbständigt hatten oder gar noch, wie Friesen und Sachsen, am Rande des Reiches bis zu Karl dem Großen noch ein Eigenleben führten.

Eine entscheidende Stärkung der frühkarolingischen Herrschaft bedeutete es, daß seit Karl Martell und Pippin dem Jüngeren (741–768) die Karolinger ihre Herrschaft über die Kirche durchsetzen konnten: Die »Bischofsrepubliken« der Merowingerzeit wurden beseitigt, und auch die großen Klöster des Reiches kamen weitgehend in karolingische Hand. Man kann von einer rigorosen Einstaatung der Kirche sprechen, bei der die Bischöfe und Reichsäbte als Herrschaftsträger und Exekutivorgane der Karolinger fungierten und ihnen zu finanziellen und militärischen Leistungen verpflichtet waren. Dies bedeutete einen qualitativen Sprung in der Intensität und Effizienz des Königtums, der die spätere karolingische Vorherrschaft in West- und Mitteleuropa, einschließlich Italiens, begründete.

Das gleichzeitige Zurückdrängen der islamischen Expansionswelle bis zu den Pyrenäen bewirkte zwar einerseits eine teilweise wirtschaftliche und kulturelle Abkoppelung von der Mittelmeerwelt, trug aber auch dazu bei, daß das erneuerte fränkische Großreich endgültig auf eigenen Füßen stehen konnte. Dies bedeutete zugleich eine Stärkung des germanischen Elements in fast allen Lebensbereichen, denn schon mit der festen Integration der rechtsrheinischen Lande in den Reichsverband gewann dasselbe seit dem 7./8. Jh. ein entschiedenes Übergewicht. Das brachte zugleich eine Schwerpunktverschiebung des Reiches mit sich, die etwa an der Verlagerung der Herrschaftszentren von Paris und Reims nach Herstal, Frankfurt und Aachen erkennbar ist. Gleichzeitig verfestigte sich als wirtschaftliche und verwaltungsmäßige Basis auf unterster Ebene die königliche, kirchliche und adelige Grundherrschaft, in deren Sozialverband die Masse der Bevölkerung kontrollierbar organisiert war. Auf dieser wirtschaftlichen wie organisatorischen Grundlage entstand aus der Anhängerschaft der Frühkarolinger ein überregionaler karolingischer Reichsadel als eine Führungsschicht, in die auch der regionale ältere Stammesadel aufgehen und in der er in wichtige Ämter gelangen konnte.

Was die Kulturentwicklung insgesamt anbelangt, so wird man auch hier das 7. Jh. wesentlich höher einschätzen müssen als bisher: in dieser Epoche entstand eine anfangs irisch beeinflußte Klosterkultur im Frankenreich, die seit dem Ende des 7. Jhs. durch eine kraftvolle angelsächsische Mission und Kirchenorganisation ergänzt und gesteigert wurde. Es bildete sich ein relativ dichter, später noch durch Gebetsverbrüderungen gestärkter Verbund zwischen den Klöstern und Kathedralkirchen aus, der zur Grundlage einer gesamtfränkischen Reichskultur werden konnte. Der organisatorische Ausbau der Macht einer neuen stirps regia seit dem ausgehenden 7. Jh., der allerdings nicht ohne Rückschläge vor sich gegangen ist, hatte auch zur Folge, daß seit etwa 732, d. h. seit dem langsamen Verebben der arabisch-islamischen Invasionen, für ein Jahrhundert das Frankenreich von äußerer Bedrohung verschont blieb und damit auch der sichere Rahmen für eine literarische und künstlerische Kultur abgesteckt war, deren Handschriften und Kunstwerke den Anfang einer genuin abendländischen Zivilisation bilden. Die allzu einseitige Fixierung auf das »verwilderte« Latein der Fredegar-Chronik des 7. Jhs. hat vielfach den Blick dafür verstellt, daß es ein ganzes Bündel von kulturellen Phänomenen gibt, die gegen die Unterschätzung der Merowingerzeit sprechen: Sie ist die erste früheuropäische Epoche, in der Erscheinungen der Kultur nicht nur aus dem Mittelmeerraum nach Norden kamen, sondern umgekehrt aus dem Frankenreich überformend nach dem Süden ausgriffen. Das gilt für den Impuls des irischen Mönchtums auf dem Kontinent und für die Ausbreitung des irofränkischen, vornehmlich durch die Benedikt-Regel geprägten Mönchtums vom Zentrum des Frankenreiches nach Süden wie nach Nordosten, und es gilt für die Entwicklung neuer europäischer Schriftformen bis zum »Endprodukt« der karolingischen Minuskel im selben Kernraum zwischen Loire und Rhein. Es hat ebenso Geltung für die erste Literaturblüte genuin christlich-mittelalterlicher Art im Zusammenhang einer neuen fränkischen Adelsgesellschaft, nämlich die merowingische und frühkarolingische Hagiographie, und desgleichen für die Entwicklung neuer Kunstformen in Architektur, Buchmalerei und Goldschmiedearbeit unter dem Einfluß insularer (irischer und angelsächsischer) Impulse. Mit Isidor von Sevilla und seinen Kompendien des verbliebenen antiken Bildungsgutes beginnt im gotischen Spanien, am Scheitelpunkt zwischen Spätantike und Frühmittelalter, der sich allmählich verstärkende Bildungstransfer, dessen Wege die Handschriftenwanderungen des 7. und 8. Jhs. markieren. Die aufblühende Schriftkultur der Iren und Angelsachsen hatte daran einen beträchtlichen Anteil.

Auch an den Organisationsformen der materiellen Kultur ist das 7./8. Jh., das man mit Recht als das erste Saeculum des Mittelalters bezeichnet hat, durch die Ausbildung der geistlichen und adeligen Grundherrschaft, durch ein neues Münzsystem und durch die Rolle des nordeuropäischen Handels der Friesen und Skandinavier maßgeblich beteiligt, und damit an einer wirtschaftlichen Umorientierung, die für die Entfaltung eines erneuerten oder völlig neuen Städtewesens, zumeist unter bischöflicher Leitung, ausschlaggebend wurde. Es war seit dem 7. Jh. auf mannigfache Weise der Boden für eine neue eigenständige Kultur bereitet. Mit dieser generellen »Achsendrehung der Weltgeschichte nach Norden« begann das Mittelalter als die Jugend unseres Kontinents, in der auch die Anfänge der deutschen Geschichte liegen: nämlich als frühe Wurzeln einer verspäteten Nation.[3]

---

[3] PIRENNE, Mahomet (wie II, 5a) (Zitat 260).

Orts- und Sachregister

Personenregister

Klett-Cotta

Printed in Germany
Einbandgestaltung: Philippa Walz, Stuttgart,
unter Verwendung des Bildes Thronender Christus/
Godescalc – Evangelistar, 781/783 Aachen
Gesetzt aus der Times New Roman von Porta Alba, Trier
Auf säure- und holzfreiem Werkdruckpapier gedruckt
von Gutmann, Talheim
In Fadenheftung gebunden von Lachenmaier, Reutlingen
ISBN 3-608-60001-9

Bibliographische Information Der Deutschen Bibliothek
Die Deutsche Bibliothek verzeichnet diese Publikation in der
Deutschen Nationalbibliographie; detaillierte bibliographische
Daten sind im Internet über <http://dnb.ddb.de> abrufbar